BEIJING XICHENG NIANJIAN

北京西城年鉴

北京市西城区地方志编纂委员会办公室　编

2020

中華書局

图书在版编目(CIP)数据

北京西城年鉴. 2020/ 北京市西城区地方志编纂委员会办公室编.—北京：中华书局，2020.11
ISBN 978-7-101-14911-1

Ⅰ. ①北… Ⅱ. ①北… Ⅲ. ①西城区-2020-年鉴
Ⅳ. ①Z521.3

中国版本图书馆CIP数据核字(2020)第222425号

责任编辑 李晓燕
版式设计 贺艳锋
封面设计 郇延珍

北京西城年鉴2020
北京市西城区地方志编纂委员会办公室 编
*
中华书局出版
(北京市丰台区太平桥西里38号 100073)
http://www.zhbc.com.cn
E-mail:zhbc@zhbc.com.cn
北京朝阳印刷厂有限责任公司印刷
*
889×1194毫米 1/16 28.75印张 36插页 1092千字
2021年1月第1版 2021年1月第1次印刷
印数:1000册 定价:260.00元

ISBN 978-7-101-14911-1

《北京西城年鉴》编辑部

编 辑 说 明

一、《北京西城年鉴》是一部综合性资料性工具书，在中共北京市西城区委和西城区人民政府的领导下，由区地方志编纂委员会办公室主持编纂。

二、《北京西城年鉴》以马克思列宁主义、毛泽东思想、邓小平理论、“三个代表”重要思想、科学发展观、习近平新时代中国特色社会主义思想为指导，坚持辩证唯物主义和历史唯物主义的立场、观点、方法，遵循实事求是的原则，科学、客观地反映实际情况，为领导决策提供可资参考的依据，为各行各业提供有价值的资料，为各方面人士了解西城、研究西城提供最新信息。

三、《北京西城年鉴》从2000年开始，逐年编纂出版。当年出版的年鉴，全面记述上一年度西城区在各条战线、各个方面所发生的重大事件和新的情况，系统汇集重要的文献。以记述西城区属各系统、各单位情况为主，对境域内中央、市属有关单位适当记述。

四、《北京西城年鉴》以条目体为主，用语体文记叙，直陈其事，文字力求言简意赅。文内一般直书月、日，不再书写上一年度年份。

五、《北京西城年鉴（2020）》记述2019年1月1日至12月31日期间情况，设有区情概述、特载、专文、大事记、中国共产党西城区委员会、西城区人民代表大会常务委员会、西城区人民政府、中国人民政治协商会议西城区委员会、民主党派、人民团体、法治、军事、功能区建设、经济管理、工商、金融、城市建设、交通邮电、城市管理、科技教育、文化旅游、卫生体育、社会生活、街道、人物、统计资料、附录共27个一级栏目。一级栏目下设二级栏目，二级栏目下设分目，分目下设条目。

六、《北京西城年鉴(2020)》收有西城区党、政、军、各民主党派、各人民团体、街道、部分企业负责人名录，驻区部分单位负责人名录，以及获国家、中央部委、北京市奖励与荣誉称号的单位和个人名单。所列均以2019年内为限。

七、《北京西城年鉴（2020）》所选文章和条目，均由各部门、各单位确定专人撰写，并经主管负责人审核。统计资料由区统计局提供。照片由各单位及区新闻中心提供。

八、《北京西城年鉴（2020）》由《北京西城年鉴》编辑部负责编辑，进行文字加工和版式设计。编辑部设在西城区地方志编纂委员会办公室。

九、《北京西城年鉴（2020）》在编辑出版工作中，得到了全区各单位和社会各界的大力支持和帮助，在此一并表示感谢。由于编辑水平所限，疏漏与不足在所难免，恳请广大读者批评指正。

中国共产党北京市西城区第十二届委员会第十一次全体会议（于志强 摄）

北京市西城区第十六届人民代表大会第七次会议（于志强 摄）

中国人民政治协商会议北京市西城区第十四届委员会第四次会议（区政协 供图）

西城区成立区委全面依法治区委员会并召开第一次会议（区司法局 供图）

10月1日，西城区干部群众参加庆祝新中国成立70周年群众游行“扬帆远航”方阵（区教委 供图）

6月17日，“我和我的祖国——西城区庆祝新中国成立70周年专场音乐会”在天桥剧场举办（闻昭 摄）

12月，西城区干部群众参观“伟大历程辉煌成就——庆祝中华人民共和国成立70周年大型成就展”（闻昭 摄）

国庆前夕，区退役军人事务局为152名军休干部颁发“庆祝中华人民共和国成立70周年”纪念章（于志强 摄）

4月16日，展览路街道启动“忆初心·红色征程再出发”主题教育系列活动（于志强 摄）

年内，区史志办举办的“不忘初心、牢记使命——纪念李大钊同志诞辰130周年专题展览”在全区巡展（区史志办 供图）

5月29至30日，2019金融街论坛年会举办（北京金融街服务局 供图）

11月22日，阿布扎比国际金融中心金融服务监管局北京代表处揭牌暨2019年“一带一路”中阿金融合作招待会在北京金融街举行（北京金融街服务局 供图）

11月11日，国家大剧院与北京金融街战略合作签约仪式举行（北京金融街服务局 供图）

6月21至24日，2019北京国际茶业展、北京马连道国际茶文化展、咸阳茯茶文化节在北京展览馆举行（闻昭 摄）

7月16日，2019北京西单时尚节开幕（闻昭 摄）

12月27日，长安商场举办转型升级开幕式（长安商场 供图）

年内，汉光百货开辟自营生活方式店（闻昭 摄）

11月，三里河二区社区百姓生活服务中心改造升级，成为“新发地菜篮子直营店”（闻昭 摄）

12月19日，西城区结对帮扶地青海省玉树州囊谦县的特色农副产品和非遗产品亮相“第十一届全国优质农产品展销周”活动（于志强 摄）

11 月 18 日，区妇联举办以“巧娘作品联展 助力巾帼脱贫”为主题的巧娘作品联展启动仪式（闻昭 摄）

3 月 14 日，2019 西城区“百姓戏剧展演”双百献礼活动开幕（于志强 摄）

4 月 15 日，2019 第二届海棠诗会开幕（于志强 摄）

4月16日，2019年西城区“春之声 科普汇”科普阅读季“读·享”系列活动开幕（姜真 摄）

4月22日，“京韵剧源——西城2019京剧发祥地艺术季”开幕（闻昭 摄）

4月23日，广安门外街道社区文化体育节开幕（刘骛 摄）

5月，2019“欢乐飞飏”北京社区舞蹈大赛复赛开赛（于志强 摄）

5月18日，展览路街道博物馆开馆（于志强 摄）

5月28日，西城区举办庆祝新中国成立70周年非遗演出季·传统武术专场演出（于志强 摄）

8月23日，2019北京西城区胡同文化节开幕（于志强 摄）

年内，陶然亭街道举办“非遗进社区”系列活动（刘骜 摄）

3月18日，广安门内街道街巷物业管理员培训夜校开班（闻昭 摄）

4月26日，西城区举行2019年庆祝五一国际劳动节暨先进个人、先进集体表彰大会（于志强 摄）

5月，月坛街道启动“家庭养老床位”试点项目工作（闻昭 摄）

10月，西城区评选表彰300名“孝顺之星”（闻昭 摄）

3月23日，展览路街道成立“珍爱动物，文明有我”反投喂志愿者联盟（于志强 摄）

3月1日，广安门外街道任命35名党员社区民警兼任社区党组织副书记（刘骛 摄）

9月20日，天桥街道举行“守初心、担使命”老社工传帮带做好群众工作大讨论系列活动（于志强 摄）

8月，西长安街街道联合首开集团房地首华物业公司开设物业快修线下实体店（姜真 摄）

6月5日，西城区开展世界环境日宣传活动（姜真 摄）

8月6日，区领导调研街道垃圾分类工作（新街口街道 供图）

10月，荷花市场完成提升改造（于志强 摄）

10月，黑天鹅首次造访什刹海西海湿地公园（刘骜 摄）

1月，环卫队装备的新设备提升工作效率（姜真 摄）

7月，牛街菜园北里胡同完成“微更新”（姜真 摄）

年内，全区各部门、街道协同合作，对中小型工地扬尘进行管控（姜真 摄）

年内，西城区每月定期开展环保设施向公众开放活动（姜真 摄）

北京市西城区行政区划图

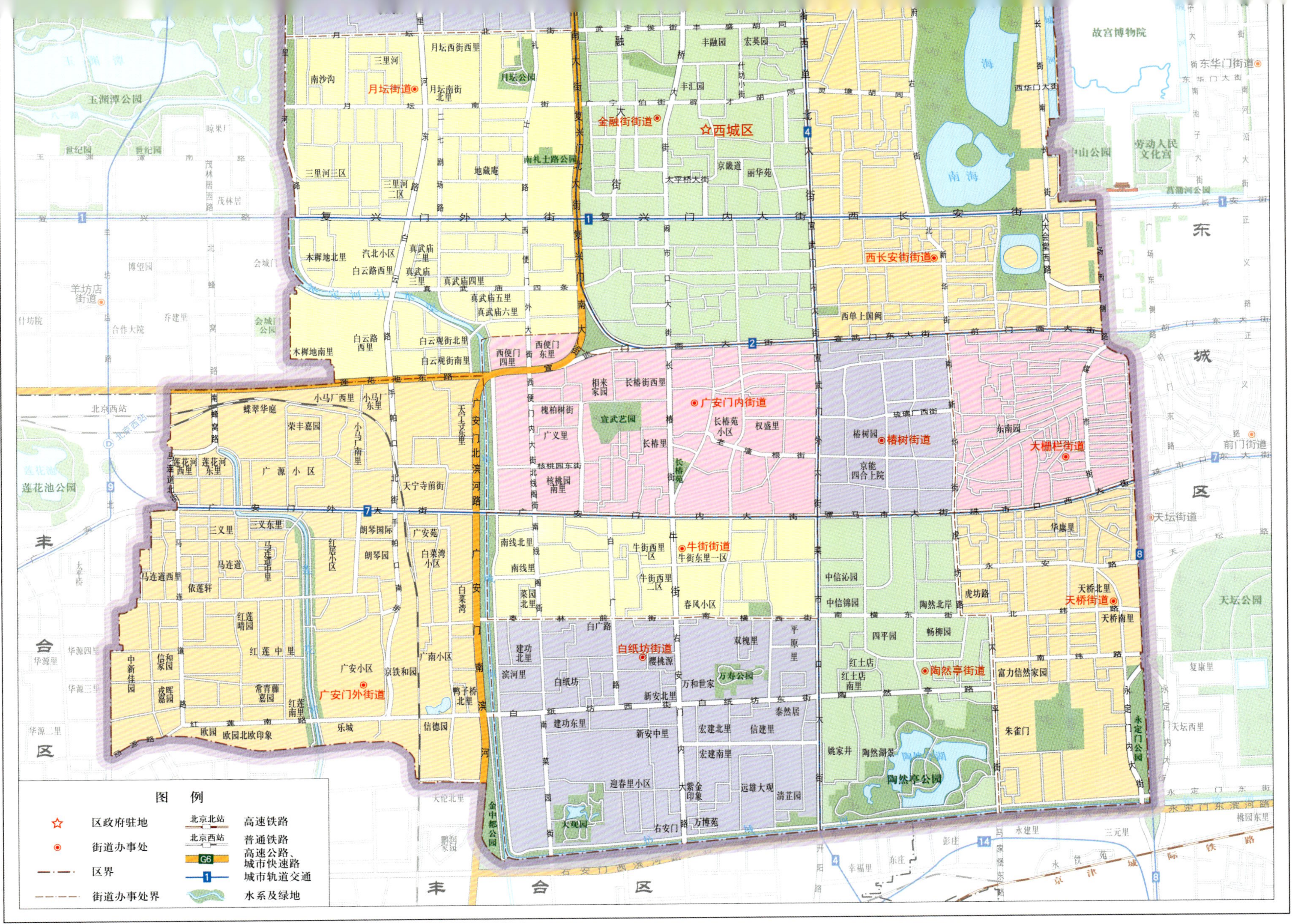

审图号：京S（2021）004号

北京市测绘设计研究院 制

目　录

区情概述

特　载

专　文

大事记

中国共产党西城区委员会

西城区人民代表大会常务委员会

西城区人民政府

中国人民政治协商会议西城区委员会

民主党派

人民团体

法 治

军　事

功能区建设

经济管理

工　商

金　融

城市建设

交通　邮电

城市管理

科技 教育

文化 旅游

卫生　体育

社会生活

街　道

人　物

统计资料

附　录

索　引

CONTENTS

区情概述

基本地情

西城区是中国首都北京的中心城区之一，位于市中心的西部，东以鼓楼外大街、人定湖北巷、旧鼓楼大街、地安门外大街、地安门内大街、景山东街、南长街、北长街、天安门广场西侧为界与东城区相连；北以南长河、西直门北大街、德胜门西大街、新街口外大街、北三环中路、裕民路为界与海淀区、朝阳区毗邻；西以三里河路、莲花池东路、马连道北路为界，与海淀区、丰台区接壤；南以永定门西滨河路、右安门东城根、右安门西城根为界，与丰台区相连。地理坐标东经116°18′55.00″~116°23′36.00″，北纬39°52′03.00″~39°58′18.00″。全区东西宽7.1公里，南北长11.2公里，总面积50.70平方千米。

西城区处于平原区中的“北京缓倾斜冲积平原区”内，地貌单元由古永定河、清水河、温榆河联合冲积而成，全区处于该地貌单元的中部。地面高程30至50米之间，由西北向东南缓倾，平均坡度为1.2‰至1.3‰。景山为原北京城区的制高点。

西城区气候属于典型的大陆性暖温带季风气候，四季分明，春季干旱多风，夏季炎热多雨，秋季凉爽湿润，冬季寒冷干燥。年平均气温为12℃左右，最高气温38℃，最低气温-15.4℃，年平均降水量626毫米。

西城区历史悠久，元、明、清三代均为都城西半部。元大都五十坊，今西城境内有十九坊。清八旗中有四旗驻防今西城境内。清光绪末年废除内八旗、外五城旧制以后，五十多年间行政区划多次变动。

1949年，治安区改行政区。1950年5月，内城并为5区，外城并为4区，辖区属第二、第四、第八3区全部，第五、第六、第九3区西半部。1952年7月，撤第五区，西部分别划归二区和四区；9月，第二区改名西单区，第四区改名西四区，第八区改名宣武区，第六区改名前门区，撤第九区，西部划归宣武区。1958年5月16日，西单、西四2区合并为西城区，辖二龙路、厂桥、月坛、丰盛、西长安街、展览路、福绥境、新街口、德胜门外9街道；6月，撤前门区，前门大街以西部分并入宣武区，宣武区辖白纸坊、牛街、广安门外、广安门内、椿树、天桥、陶然亭、大栅栏8街道。1980年6月，西城区增设阜外街道。1987年9月北京市将朝阳区马甸0.6平方千米划给西城。2002年9月，将丰台区菜户营桥东北角处的三角绿地划归宣武区。2004年9月，西城区街道调整为西长安街、什刹海、新街口、金融街、月坛、展览路、德胜7个。2010年6月，经国务院批准，撤销宣武区、西城区，设立新的北京市西城区。辖德胜、什刹海、西长安街、大栅栏、天桥、新街口、金融街、椿树、陶然亭、展览路、月坛、广内、牛街、白纸坊、广外15个街道。

西城区是党和国家首脑机关所在地，党中央、全国人大常委会、国务院、中央军委、中纪委、全国政协等党政军最高领导机关都设在西城区。境内还有丰富的历史文化遗产和人文景观，全区有各级文物保护单位189处，著名名胜古迹和旅游景点有什刹海、北京动物园、北海公园、恭王府及花园、首都博物馆、妙应寺白塔、宋庆龄故居、先农坛、郭沫若故居、历代帝王庙、湖广会馆等。西城区有昆曲、北京评书等国家级非物质文化遗产项目36项，北京仿古瓷、北京鬃人等市级非物质文化遗产项目67项，天桥拉洋片、泥塑等区级非物质文化遗产项目208项。

截至2019年底，西城区共有户籍人口149.9万人，常住人口113.7万人。以汉族为主，少数民族主要有回族、满族、蒙古族等。全年户籍出生人口14220人，出生率9.61‰；死亡6566人，死亡率4.44‰；自然增长率5.2‰。

2019年经济和社会发展情况

2019年，地区生产总值达到5007.3亿元，同比增长6.1%左右。区级一般公共预算收入完成431.1亿元，同比增长0.1%。完成全社会固定资产投资额（不含农户）比上年下降20.1%。社会消费品零售总额1085.1亿元，比上年增长4.0%。居民人均可支配收入为8.8万元，同比增长8.1%左右。恩格尔系数19.8%，比上年上升1.8个百分点。城镇登记失业率为0.86%，控制在1.5%以内，连续五年获评“北京市充分就业区”。单位地区生产总值能耗、水耗降低率完成下降3%的目标任务。全区细颗粒物（PM2.5）平均浓度预计为44微克/立方米。

年内，全力做好庆祝中华人民共和国成立70周年活动的服务保障工作。投入警力、群防群治力量、行业管理人员等90余万人次，高标准完成安全保卫、社会面防控、环境整治、景观布置和安全隐患整治等综合保障任务，加强大气污染防控、市政基础设施运行措施落实，城市运行安全有序。群众游行“扬帆远航”方阵和群众联欢“同心筑梦”演出展现出最佳状态。广泛开展“我和我的祖国”群众主题宣传教育活动，组织全区37处公园开展园艺展示和特色文化活动。圆满完成第二届“一带一路”国际合作高峰论坛、亚洲文明对话大会、2019年北京世界园艺博览会等重大活动服务保障任务。

持续深化“四位一体”金融街服务体制改革。做好北京金融街“6R”服务，建成金融街i客厅，刊发《金融街观察》。成立北京金融街合作发展理事会，跨界共治模式全面启动。加快推进金融街服务中心有限公司实质化运行。举办2019年金融街论坛年会及26场论坛系列活动。首次在伦敦金融城举办“走进北京金融街——2019（Feeling the Heartbeat of China’s Financial Industry）”活动，深化与阿布扎比、首尔、卡萨布兰卡等金融城的合作，面向国际金融机构推介北京金融街。推动环球银行金融电讯协会中国法人机构、工银理财等54家金融机构落户金融街，注册资本金653亿元。推动邮储银行等3家企业A股上市。助力1家民营企业登陆科创板，成为科创板首家网络安全公司。加快推进国家级“金科新区”建设，推动重点楼宇改造升级，构建“产学研用资”金融科技生态，成立北京金融科技研究院、北京金融科技产业联盟和保险科技联盟。探索研究中国版“监管沙箱”。19个金融科技应用试点项目通过中国人民银行等六部委评审。推动设立北京金融科技产业投资基金。举办首届成方金融科技论坛。赴香港参加亚洲金融科技论坛，举办招商推荐会。出台“金科十条”实施细则并启动兑现工作。吸引中证信息、相互帮等47家重点金融科技企业入驻，注册资本金超过700亿元，金融科技企业总数超过100家。

落实北京市新一轮服务业扩大开放综合试点要求，推出22项具体工作举措，金融、家政、医疗、养老等领域对外开放加快推进。牵头做好京交会、金融博览会，搭建“走出去”综合服务平台，组团参加第二届进口博览会、中国国际服务贸易交易会。新批设立外商投资企业35家，万事网联等4家外资金融机构落户西城。持续推动减量发展，新注册登记企业5267家，净减少5445户，市场主体总量7.3万户，企个比提升至4.5：1。发展“首店经济”，鼓励开设“深夜食堂”，西单、大栅栏等传统商业区加快转型，北京坊成为首都新的时尚打卡地。区属国企华方养老公司混改、华天集团公司制改革基本完成。

推出“e窗通”企业一日准营套餐服务，1500个事项可通过微信公众号办理，区政务服务大厅实现1092个事项“一窗”办理，占全部事项94%。探索“改革体验官”服务机制。深化“卡牌表榜会”服务模式，坚持“一企一策”，走访重点企业467家次，发放服务卡500张。兑现“金服十条”等政策资金19.9亿元。出台《西城区关于进一步支持民营企业发展的若干措施》，辖区内民营上市公司全部实现纾困。开发“灵溪指数晴雨表”，加强信用分级分类监管。落实减税降费系列政策。

落实新版北京城市总体规划，编制完成西城区建筑规模分区调控方案，配合做好核心区控制性详规编制。全面实施“疏整促”百日攻坚，44项年度任务全部完成。实施城管执法处罚2.4万余起，拆除违法建设12.5万平方米，整治无证无照经营69户、群租房213处、“开墙打洞”380处，实现占道经营动态清零。完成8个片区电力路灯架空线入地和787条支路胡同通信架空线入地，拔除线杆4990根。961条背街小巷通过达标验收，西海南沿、义达里胡同被评为“北京最美街巷”。3个商市场实现升级改造。新建和改造蔬菜零售、便利店等各类便民商业网点48个、百姓生活服务中心10个，增加小物超市10个。利用腾退空间建成西城区综合养老服务中心、裕中西里养老院等公共服务设施。启动25栋低效楼宇提升工作，完成7栋改造升级。完成太仆寺街等片区提升工程，11个街区整理展示中心建成开放，15个街道实现责任规划师全覆盖。新建14处小微绿地及口袋公园，完成什刹海环湖绿道建设，新增2处城市森林，建成绿地2.27万平方米，获得2019年全球国际花园城市竞赛城市类最高级别金奖。

建立实施城市部件应急维护更新管理机制，处置城市部件事件2189件。加强“城市大脑”建设，初步构建形成视频、物联、人工、业务四个维度的城市感知系统。推进智慧城市建设，以金融街地区为试点，建设街道大脑事件分中心。试点“智慧西海”。完善大数据中心平台功能，推动大数据、区块链等信息技术在城市管理、民生服务、政务保障等领域深度应用。创建防汛基础数据可视化平台，防汛点位综合信息实现“一张图”。推进33条市政道路建设，米市东胡同、燕京中街和广安门外南街南段建成通车。推进26条道路慢行系统治理。地铁12号线、16号线和19号线等轨道交通建设有序推进。配合京张高铁建设，完成北京北站广场设施改造工程。规范共享单车管理，投放总量由年初10万辆降至5万辆。306处交通信号灯配时优化，85所校园、10余家医院周边交通环境得到改善。推动3处立体停车设施建设。推进路侧停车电子收费及专项治理，在222条道路规划路侧车位9066个。推进北纬路、白纸坊东街等36条道路大中修，5条道路疏堵和30条排水管线改造工程。

推进“一微克”行动，完善空气重污染应急措施，联合执法检查重型柴油车5.7万辆次，查处排放超标车1万余辆。淘汰老旧柴油货运车605辆。完成餐厨油烟净化设备安装1782家。更新居民电采暖设备1.7万余台，发放“煤改电”补贴3581万元。全区细颗粒物（PM2.5）年均浓度44微克/立方米、下降17%。查处施工扬尘问题293起、道路遗撒问题295起。提高道路清扫保洁标准，新增329个监测点位，全区降尘量年平均值6.8吨/平方公里·月。持续推进“清河行动”，开展“清四乱”专项治理，上线水务集中管理平台，应用5G传感器对排水口开展动态监测，地表水水质监测4个市级考核断面均达标。筒子河等4个河湖入选首都“最美河湖”。推进“厕所革命”，完成169座公厕升级改造。完成5个街道垃圾分类示范片区创建工作，基本实现机关、学校和企事业单位垃圾分类全覆盖。

持续开展城市安全隐患专项治理行动，加大安全生产执法力度，全年出动检查人员3.4万人次，检查各类企业及单位2万余家次，挂账隐患销账率100%。推动119消防与120急救联动，构建消防“秒级响应”机制，建成12座小型消防站、1011个微型消防站，在老旧平房区新铺消防干管230条、4.9万米，全年火情数量下降34%。持续加大食品药品监管力度，重点食品、药品抽检合格率分别保持在98.8%、99.5%以上，消减不规范餐饮单位300余家，“阳光餐饮”覆盖率100%。

全区国家高新技术企业达930家，专利授权量8807件。支持科技企业孵化加速平台建设，普天德胜、康华伟业获国家级科技企业孵化器考核评价优秀（A类）。新认定2家孵化加速基地、备案1家孵化加速平台。中国北京出版创意产业园区通过“全国知名品牌示范区”市专家评审验收。设立北京设计之都创新研发平台，建立“全球创新智慧融媒体中心”，吸引47家知名企业入驻设计之都。

出台《西城教育现代化2035》和《加快推进西城区教育现代化实施方案（2018—2022年）》。新增公办幼儿园4所，新审批民办幼儿园5所，新增学前学位1560个。统筹资源应对义务教育入学高峰，新增在校学生12200名。不断优化学校布局，稳步推进集团办学、贯通培养、“校圆工程”和“城宫计划”等办学模式改革。实施“百年树人”工程和教育家工程，制定教育系统校长培养基地方案。深化校园安全管理，加强安全隐患排查和安全教育。不断加大校外培训治理力度。

落实《北京市西城区人民代表大会关于加强历史文化名城保护提升城市发展品质的决议》，加强文物保护利用，围绕北京中轴线申遗、大运河文化带传承保护等重点任务，推进先农坛、会贤堂和贤良祠文物腾退。湖广会馆、长椿寺入选全国重点文物保护单位，新认定砖塔胡同、关帝庙等8处区级文物保护单位。持续推进52处直管公房文物腾退收尾，30个项目完成腾退。历代帝王庙修缮工程完成80%，福州新馆修缮后作为北京市林则徐禁毒教育基地对外开放。打造“西城文化云”一站式服务云平台。推荐6个非遗项目参与国家级非遗代表性项目评审。实施系列文化惠民工程，创编《红星照我去战斗》《好角儿》等一批文艺作品。举办“京韵剧源——西城2019京剧发祥地艺术季”活动。第十八届什刹海文化旅游节、北京世园会西城文艺演出周、老舍戏剧节、中国国际芭蕾演出季、万人走进艺术殿堂等各类文化活动惠及群众100余万人次。新建7家特色阅读空间和2家24小时城市书房。

深化医疗体制改革，落实“4+7”国家药品集中采购和使用试点，医耗联动综合改革平稳有序。完成国家卫生城区市级和国家级复审，获“国家健康促进区”称号。紧密型医联体建设纳入国家级试点。全面推行家庭医生签约“四个一”服务，建立家庭医生签约服务区和签约电话回访中心。区级全民健康信息平台和健康西城App上线运行。

倡导全民健身运动，建成5公里健身步道，举办篮球赛、龙舟赛等体育活动。完善群众身边的体育设施和布局，推进月坛体育场滑冰馆建设。推广普及冰雪运动，举办首届北京西城奥林匹克文化主题展览，新建仿真冰场地5块，25万人次参与冰雪项目体验和冰雪知识普及。

推进党建引领“吹哨报到”改革，38项重点任务全面落地。建成12345市民热线办理“专班评审、双派双督”机制，强化“一个号码一张单子办到底”。深化民生工作民意立项机制，35个立项项目、141件街道为民办实事任务全部完成。持续深化街道大部制改革，全区执法力量向基层下沉。在15个街道政务服务中心试行“周六不打烊”服务，在259个社区全面推行全响应服务。推动社区服务站转型升级，创新推出群众“服务包”“服务卡”。搭建“西城家园”App服务平台，23万人实名注册，7万名党员亮明身份，覆盖15.6万户家庭。

帮助1.4万名登记失业人员、1.1万名就业困难人员实现就业，连续五年获评“北京市充分就业区”。城乡居民养老保险实现应保尽保。开展北京市社会救助综合改革试点工作，发放低保金1.8亿元、救助金1246万元。创建全国残疾预防综合试验区，为1.3万余名残疾人提供社区康复服务。深化全国居家和社区养老服务改革试点，新备案养老机构2家、社区养老服务驿站8家。探索建立家庭养老照护床位智能服务模式，654名社区养老顾问上岗服务。

完成7个老旧小区综合整治，增设12部电梯。完成237个院落雨污水管线和24个小区7100余户62万平方米老旧供热管网改造，为3000多户居民更换燃气软管。在菜市口西片区开展直管公房申请式退租试点，并在砖塔胡同复制推广成功经验。完成定向安置房建设2997套。白纸坊地区棚户区改造项目开工。创新党建引领物业管理新模式，53个住宅小区纳入北京市破解物业管理问题试点。

推进与门头沟区的结对协作，一次性出资4亿元，共同成立乡村振兴绿色产业发展专项资金。健全领导小组统筹、成员单位负主责、社会各界共同参与的工作机制。投入财政资金6.6亿元，引导企业赴贫困地区投资16.9亿元，实施帮扶项目115个，“小硒鸽”产业合作扶贫模式入选“2019年中国脱贫攻坚与精准扶贫十佳案例”。帮助2.5万名建档立卡贫困人口实现脱贫。助力喀喇沁旗巩固脱贫成果，张北县、阜平县、鄂伦春自治旗、囊谦县脱贫摘帽。

推进新时代文明实践中心建设，100家新时代文明实践基地向社会举办各类活动1200余场。宋庆龄同志故居、北京李大钊故居新增为全国爱国主义教育示范基地。弘扬“时代楷模”精神，李菲、霍淑凤登上“中国好人榜”。建成“双拥展室”，全国双拥模范城“十连冠”创建工作稳步推进。德胜街道、牛街街道获全国民族团结进步模范集体称号，赵丽、孟春燕获全国民族团结进步模范个人称号。

制定《区政府重大决策出台前向人大常委会报告工作办法》《关于落实向区人大常委会报告国有资产管理情况制度的实施意见》。全年办理人大议案1件、代表建议103件，办理政协提案214件。行政机关负责人出庭应诉50人次。拓宽群众参与政府决策渠道，坚持区政府领导班子向公众报告工作，开展政务开放日42次，区政府常务会微博直播14次。各部门、各街道向公众报告工作3万余次，依申请公开912件。开展“进千门走万户”行动，坚持“四不两直”常态化调研、蹲点调研。坚持区政府系统工作点评机制。创新政府系统工作“三维”督查闭环体系，强化督办落实。群众评议、第三方评估的绩效管理机制更加完善。

推进“平安西城”建设，实施“长安计划”升级版，持续推进“雪亮工程”，发挥“西城大妈”等群防群治力量作用。坚持和发展“枫桥经验”，完善社会矛盾纠纷多元预防调处化解综合机制，信访事项受理率99%，按期办结率100%。开展扫黑除恶专项斗争，聚焦违法犯罪问题和“医托号贩子”等治安顽疾，打掉涉恶因素团伙56个，破获九类涉恶因素案件282起。全区刑事类、治安类、秩序类警情分别下降22%、26%、48%。

（责任编辑　陈　艳）

特 载

在区委十二届十一次全会上的工作报告

中共北京市西城区委书记 卢映川

（2019年12月26日）

各位委员、同志们：

现在，我受区委常委会委托，向全会报告工作。

一、2019年工作情况

我们即将走过具有重大标志性意义的2019年。这一年，我们坚持以习近平新时代中国特色社会主义思想为指导，以迎接和庆祝中华人民共和国成立70周年为纲，积极把握新变化、适应新要求，大力践行“红墙意识”，坚决担当好核心区职责使命，持续深入扎实抓好发展治理和党的建设各项工作，全区各项事业取得了新的重大进展。一年来，区委常委会集中抓了三项大事：

一是圆满完成庆祝新中国成立70周年重大活动服务保障任务。我们深入落实“精精益求精、万万无一失”要求，注重统筹推进、靠前指挥、精神凝聚、科学管理，建立健全常态工作机制和实体化专班，加强平战结合、无缝衔接，有力保障了各项任务步调一致、互相促进。以实战标准加强训练、合练、演练，群众游行“扬帆远航”方阵和群众联欢“同心筑梦”演出展现了最佳状态、取得了良好效果。围绕重大活动安排、重要时间节点、重点区域部位，投入警力、群防群治力量、行业管理人员等90余万人次，全面做好安全保卫、社会面风险防控、安全隐患整治各项工作，做到了安全保障滴水不漏。广泛开展“我和我的祖国”群众性主题宣传教育活动，通过百姓宣讲、快闪、打卡红色地标等多种生动鲜明形式，切实营造了浓厚社会氛围。全区37处大小公园因地制宜，举办了丰富多彩的园艺展示和特色文化活动，展现了核心区良好风貌。高标准抓好设备安装、场地整理、净空、清障、环卫等各项交办任务落实，加强大气污染防控、市政基础设施运行措施落实，有力保障了活动期间城市高效运行。发动各类志愿者5千余人做好观礼、秩序维护、外围服务，为核心区增添了一道“志愿蓝”风景线。制定实施重大活动社会宣传动员规范，周密安排好各项生活服务保障，把少扰民、不扰民要求和细致贴心温暖落到了实处，受到了广大群众和社会的广泛赞誉。国庆70周年服务保障任务的圆满完成，是全区广大党员干部群众共同创造的经典实践案例和宝贵精神财富，不仅最直接地体现了新时代核心区的担当作为，也极大地促进了全区各项工作水平的提升，增强了不懈奋斗、团结奋进的凝聚力，为进一步推进核心区发展治理注入了新动力。

二是扎实开展“不忘初心、牢记使命”主题教育。我们坚决贯彻党中央决策部署和市委工作要求，坚持“四个贯穿始终”，自觉发挥好“头雁作用”，主题教育实现了紧锣密鼓、步步深入、以上率下、走深走实。坚持先动先学先改，精心做好组织准备和“一案一册”筹划，奠定了高起点开局的坚实基础。坚持以思想教育为引领，在抓好规定动作基础上，以“共产党人的初心使命和我”为题，围绕“怎么看、怎么办、怎么干”开展集中研讨，进一步提高了教育针对性、实效性。突出西城特色，深入挖掘整合红色文化资源，开展“追寻民族复兴红色密码三公里”体验活动，引导广大党员干部感悟叩问初心、自觉践行使命。坚持开门搞教育，区领导带头、广大党员干部积极参与，深入一线调研发现问题4359个，现场解决2853个，切实把初心使命转化为推动治理、服务群众的实际行动。坚持以实践成效检验教育成果，认真抓好党中央、市委“8+2”专项整治任务和我区1项重点整治任务落实，274条整改措施已完成247条，在老旧公房维修、物业管理改进、安全隐患排查、幼儿园办学条件改善等方面解决了一大批群众反映强烈问题，推动建立和完善了党建引领基层治理、市民热线诉求办理、满足群众“七有”“五性”需求等一批新机制新措施。调查评估显示，99.7%的党员群众对我区主题教育开展效果评价为“好”，“好”和“较好”评价为100%。开展主题教育，使全区广大党员干部受到了一次深刻的思想政治洗礼，取得了丰硕的实践成果、制度机制成果和作风建设成果，有力推动了全区党的建设。

三是认真抓好党的十九届四中全会精神学习宣传贯彻。我们紧密结合主题教育，组织全区各级班子、广大党员干部开展深入学习和专题研讨，深刻领会党的十九届四中全会精神实质和实践要求，切实增强制度自信、当好制度执行的表率。迅速掀起学习宣传热潮，制定宣讲工作方案，组建宣讲团，区领导带头开展宣讲，积极推进宣讲活动进社区、进企业、进学校、进社会单位，精心设计主流媒体宣传主题和内容，引领干部群众和社会各界切实坚定制度自信，以实际行动坚决拥护党的领导和中国特色社会主义制度。积极抓好党的十九届四中全会和市委十二届十次、十一次全会精神落实，立足核心区功能定位和职责使命，研究制订起草区委实施要点，聚焦重点领域和关键环节，提出创新基层治理体制机制的具体措施，积极推进核心区治理能力水平提升，切实在构建更加有效的首都治理体系进程中立标杆、作示范。

在抓好几件大事的同时，区委常委会坚持纲举目张，加强统筹协调，全面推进了全区各项事业发展。

我们深入落实首都城市战略定位，着力疏功能、促更新、强化城市管理服务，“四个服务”能力和城市品质实现了新提升。新总规推进实施取得扎实进展，研究制定了《西城区建筑规模分区调控方案》，积极推进核心区控制性详细规划编制，“双控”“四降”减量发展机制初步建立。菜西片作为全市首个平房直管公房自愿申请式退租更新试点取得良好效果，砖塔胡同城市保护更新工作顺利启动，在推进城市更新模式上实现了重要突破。“疏整促”专项行动不断深化，拆除违法建设12.5万平方米，治理开墙打洞380余处，完成三里河路等3条道路电力架空线、787条支路胡同通信架空线入地，拔除线杆4990根。人口规模调控扎实推进，全区常住人口预计减少3.7万人，年度调控目标可望如期实现。投入10.6亿元，推动东西部扶贫协作有力展开，助力张北县、阜平县、鄂伦春自治旗、囊谦县向提前脱贫摘帽扎实迈进，与门头沟区生态涵养发展协作取得良好成效。街区更新不断展现新风貌，17个首批亮相片区基本完成施工，11个展示中心对外开放，608条背街小巷通过市级验收，西海南沿、义达里胡同被评为“北京最美街巷”。认真落实城市体检制度，建立实施城市部件应急维护更新管理机制，及时处置城市部件事件909件，有力保障了城市安全高效运行。公共安全突发事件应急管理初步实现“秒级响应、分钟处置”，快速反应和处置能力明显提升。“城市大脑”建设取得突破性进展，初步构建形成视频、物联、人工、业务四个维度的城市感知系统，城市动态精细化智能化治理水平不断提高。深入实施“长安计划”2.0版，建立特殊人群定期走访评估和重大活动服务规范管理机制，推行安全手册管理，安全稳定维护整体能力继续增强。深入开展扫黑除恶专项斗争，大力整治秩序乱象，群众安全感、满意度实现新提升。全面推行中央政务办公区和集中生活区等重点区域动态诊断评估机制，设立“服务中央”专人专窗，加强驻区领导机关、央企常态化走访对接，中央政务长效常态服务保障机制进一步完善。

我们始终把群众满意作为评价工作成效的根本尺度，着力惠民生、办实事、增强市民群众获得感，精细服务效能和人居环境实现了新提升。切实抓好便利生活和服务提升三年行动计划实施，推行“百姓服务包”“群众服务卡”，新建和改造提升百姓生活服务中心10个、各类便民网点48个。连续5年成功创建“北京市充分就业区”。推出学区提升计划、“百年树人”工程等系列措施，新增学前教育学位1560个、在校学生1.22万个，高考本科上线率超过95%。推动医耗联动综合改革和家庭医生签约服务中心建设，健康西城品质进一步提升。国家级养老服务业标准化试点项目取得新进展，家庭养老床位实现签约118张，适老宜居改造工程加快推进。推进“厕所革命”，改造提升169座。完成铁狮子巷15号等4个老旧小区综合整治项目，实现2997套定向安置房竣工，棚改项目收尾工作提前超额完成全年任务，居民居住条件进一步改善。扎实展开“每一天每一微克”行动，新增329个监测点位，截至11月底PM2.5平均浓度为每立方米44微克，同比下降17%。加强居住区垃圾分类达标体系和平房区垃圾分类建设，垃圾分类管理服务水平不断提升。全面实行河湖长手册管理，国家和市级水质考核监测断面全部稳定达标，紫禁城护城河（筒子河）、南护城河（天桥段）、通惠河、大观园湖入选北京年度优美河湖。我区荣获“国际花园城市”金奖。加大“留白增绿”力度，完成广阳谷扩建、西单文化广场城市森林项目和什刹海环湖绿道建设，新建口袋公园8处、小微绿地6处，建成绿地2.27万平方米，为老城增添了更多绿色新景观。

我们聚焦完善“高精尖”经济结构，着力稳增长、促转型、优化营商环境，减量发展、创新发展和高质量发展水平实现了新提升。金融街服务体制改革扎实推进，成立北京金融街合作发展理事会，“四位一体”服务体系基本形成。系统实施金融街品质提升专项行动，生活便利、交通畅行、景观提升等有序推进。积极落实“金服十条”，促进环球融讯、工银理财等标志性机构落户金融街。首次走出去举办“走进北京金融街”活动，金融街国际化水平和影响力持续提升。国家级金融科技示范区建设和三年行动计划加快推进，街区更新和楼宇转型升级积极展开，万通金融中心正式亮相，北京金融科技研究院揭牌，首届成方金融科技论坛成功举办，国网区块链科技、蚂蚁金服保险科技板块等47家金融科技企业实现落户，注册资本金超过700亿元，金科新区呈现出全方位快速发展的良好态势。扎实推进服务业扩大开放试点，金融“监管沙箱”方案等项目入选北京市服务业扩大开放项目清单。制定实施老旧厂房利用专项规划和实施细则。加强低效楼宇转型升级，实现利用60万平方米。持续优化市场主体结构，企个比提升至4.4：1。积极落实营商环境优化政策，实现开办企业1个环节完成、不动产登记“一窗办成”，1500余项政务服务事项纳入“一网通办”，纳税时间减少到110小时以内，开辟“企业注销专区”，办事服务多项指标率先进入“1时代”。认真执行减税降费政策，全年实际减税降费21.2亿元。全区经济发展保持了平稳健康的良好态势，预计全区地区生产总值实现4500亿元，增长6%；一般公共预算收入完成431.1亿元，年度预算目标调整任务如期完成；居民人均可支配收入8.78万元，增长7.5%。

我们紧紧围绕更好地展现城市文化风采，着

力举旗帜、兴文化、加强老城保护和复兴，文化中心功能建设实现了新提升。严格落实意识形态管理责任制，组建区委网信委和区融媒体中心，搭建区、街、社区三级新媒体宣传矩阵，巩固发展网络宣传阵地，大力唱响新时代主旋律。宋庆龄同志故居、北京李大钊故居新增为全国爱国主义教育示范基地。积极推进新时代文明实践中心建设，100家实践基地面向社会举办各类活动1200余场。紧扣中轴线申遗、大运河文化带保护等重要节点，完成三官庙等5处文物腾退，“十三五”规划确定的52处直管公房文物腾退全部启动，30项腾退任务全面完成。制定实施促进文物建筑合理利用和开放管理若干意见，社会化利用试点工作有序展开。加强月坛雅集等非物质文化遗产传承基地品牌打造，持续扩大非遗影响力。有效利用老字号专项资金，积极扶持老字号发展。新建2家“24小时城市书房”、7家特色阅读空间，进一步营造了“书香西城”浓厚氛围。广泛开展公益惠民文化活动，推出《幸福里的春天》《红星照我去战斗》《好角儿》等一批文艺精品力作，“京剧发祥地”文化品牌影响力不断增强，群众享受公共文化服务更加便利丰富。

我们切实发挥全面深化改革牵引作用，着力建机制、重实效、深化党建引领作用发挥，城市基层治理体系和能力实现了新提升。制定实施党建引领“街道吹哨、部门报到”改革深化方案，38项重点任务扎实推进，街道运行效率和区街协同效能不断提升，基层治理格局不断巩固拓展。坚持“闻风而动、接诉即办”，研究制定群众诉求办理规范，建立“专班评审、双派双督”机制，挂账问题定期复议、跟踪办理机制，实施诉求问题台账底册管理、高频多发问题和热点区域专项治理，区领导带头开展“当好热线办理员”活动，截至11月底，共解决了5.6万余件群众身边操心事烦心事揪心事。探索构建以街巷长和社区党委为轴心的城市公共空间、居民小区问题主动治理机制，推进基层治理一线力量整合，强化主动治理，努力实现“未诉先办”，积极推行“西城家园”共建共治平台建设和应用，居民群众实名上线21.03万人，党员亮出身份6.74万人。推出加强党建引领改进物业服务管理工作14项举措，制定落实老旧小区物业管理实施工作方案，推动物业服务不断改进。区级机构改革顺利完成，机构设置和职能配备进一步优化。社区“两委”换届圆满完成，259个社区均一次选举成功，“一肩挑”比例达到89.96%，精心组织开展系列培训，提升新任社区“两委”班子能力素质，进一步夯实了基层治理的组织基础。

我们全面落实新时代党的建设总要求，着力转作风、见行动、增强政治功能和提升组织力，纵深推进全面从严治党取得了新成效。坚决落实“看北京首先要从政治上看”要求，建立区委常委会会前学习机制，及时传达学习习近平总书记最新重要讲话和批示指示精神以及党中央、市委重大决策部署要求，引领全区党员干部自觉用习近平新时代中国特色社会主义思想武装头脑、指导实践、推动工作，增强“四个意识”、坚定“四个自信”、做到“两个维护”。严格落实党的地方委员会工作条例，扎实推动各项制度规范和运行机制完善。坚持区委常委会向基层党组织、区政府向社会、街道社区向群众通报情况机制，今年以来开展通报3万余次。树立大抓基层鲜明导向，深入开展“进千门走万户”行动，落实“四不两直”常态化。持续深化“减会、压文、少说、多走、深谈、严管”行动，截至11月底，区委区政府及各部门会议和文件总量比去年分别下降53.9%和67.8%。制定20项为基层减负措施并严格执行，各类督查检查考核数量由104项缩减到21项，社区表格填报任务由95项压缩到5项并集成建立区级信息采集系统，进一步消减35%的填报内容。严把标准实施职务职级并行改革，进一步激励党员干部实干担当。制定实施组织力评价标准，通过2个维度70个要素，引导基层党组织组织力提升。多渠道巩固大统战格局，积极加强民主协商，探索创新民主监督形式，促进民族团结、宗教和睦，德胜街道、牛街街道荣获“全国民族团结进步模范集体”。完善监督全覆盖体系，优化监督方式、深化巡察整改，把全面从严治党主体责任层层压实。实施问责47起，运用监督执纪“四种形态”处理390人次，党风廉政建设和反腐败斗争取得新成效，进一步营造了风清气正的政治生态。

同志们，今年是充满挑战、紧张繁忙的一年，也是成果丰硕、收获满满的一年。这些成绩的取得，是我们在党中央、市委坚强领导下，齐心协力、拼搏奋斗、共同苦干实干出来的！奋斗者最光荣，奋斗的历程最难忘。在此，我代表区委常委会，向同志们和全区广大党员干部群众的辛勤付出致以崇高敬意！

与此同时，我们也要清醒看到前进中面对的困难和挑战，工作中仍然存在的问题与不足：纵深推进城市治理仍有许多硬骨头要啃，平房院落、老旧小区有机更新和人居环境改善任务仍很艰巨，破解拆迁停滞项目等历史遗留问题还要持续攻坚，大气污染防治还面临严峻挑战，城市动态精细管理常态长效巩固仍需下深功夫细功夫，一些区域、领域问题集中、多发现象还没有得到根本解决。同时，我们的治理方式、治理能力不适应问题仍然突出，特别是市民热线诉求办理成效大幅波动、基层一线服务效果群众感受不充分等现象，反映出党建引领基层治理各项机制落实还不到位，一些基层党组织基础工作还不扎实，一些干部精准精细服务能力和担当作为还亟需加强。对这些问题，我们要高度重视，在今后工作中采取有力措施加以解决。

二、2020年工作考虑和重点安排

2020年是全面建成小康社会和“十三五”规划收官之年，仍然是重大历史节点年份。实现全面建成小康社会目标，将在中华民族发展史上写下光辉灿烂一页，对我们进一步补齐民生短板、提高保障水平，更好满足群众“七有”“五性”需求等美好生活期待提出了新要求。贯彻落实党的十九届四中全会精神，积极构建更加有效的首都治理体系，进一步提出了深化基层治理创新和机制体系完善、全面提升治理能力的新要求。“十三五”规划收官，核心区控规即将出台实施，意味着一个发展新征程的展开，也进一步提出了推进城市深度精细治理、更好实现“双控”“四降”目标的新要求。当前外部环境深刻变化、宏观经济下行压力加大，对我们把握用好机遇、在调整中提升、保持区域经济持续平稳和促进高质量发展提出了新要求。面对这些新要求，我们要始终坚守核心区职责使命，坚定信心、奋发进取，以更大担当作为践行“红墙意识”，坚定不移推动核心区各项事业实现新发展。

明年工作的总体要求是：坚持以习近平新时代中国特色社会主义思想为指导，以习近平总书记对北京重要讲话精神为根本遵循，全面贯彻党的十九大、十九届二中、三中、四中全会和中央经济工作会议精神，认真落实市委十二届十次、十一次全会精神，紧扣全面建成小康社会目标任务和“为中央政务营造更好环境、让市民群众有更多获得感”要求，突出政治中心功能定位，突出以人民为中心的发展思想实践，着力在深化城市基层治理创新、提升治理能力上下深功夫细功夫，切实取得更多新进展新实效，不断开创核心区高质量发展、精细化治理新局面。重点抓好以下几个方面工作：

（一）着力把好方向、谋好全局，更加坚定自觉地把党的全面领导落到实处

更好发挥区委总揽全局、协调各方作用。进一步提升区委常委会班子自身建设水平，落实好坚持和完善党的领导的各项制度安排，抓好定期分析反思、重大政策措施效果评估、向基层通报情况、联系基层等制度完善和实施。发挥好区委领导全区重大工作机制作用，持续推进区级领导班子“四个轮子一起转”协调联动效能提升。

高水平谋划好全区“十四五”发展。“十四五”发展规划是全面建成小康社会后的第一个五年规划，意义重大。要坚持以习近平总书记对北京重要讲话精神为根本遵循，立足首都城市战略定位和新总规、核心区控规要求，着眼满足群众对美好生活更高期待，突出前瞻性、科学性、可行性，科学提出“十四五”时期发展目标、工作思路、重点任务。要扎实做好规划前期研究，加强对发展和治理各领域的分析评估，把发展现状盘点清、把发展机遇研判准、把困难挑战分析透，

提出切实可行的政策措施安排，为规划编制打好基础。要围绕“双控”“四降”、高质量发展、“七有”“五性”保障水平、治理体系和能力提升等重点目标任务，有针对性地加强重大项目前期论证，研究推出一批改革创新政策和重点工程项目，给社会良好预期，更好地激励全区上下努力奋进。要统筹谋划好规划建议、规划纲要和专项规划编制，加强各项规划对接衔接，切实形成重点突出、布局合理、支撑有力的规划体系。要精心组织编制工作，注重听取吸纳社会各方意见，集全区之力编制好“十四五”规划。

切实在服务国家重大战略中担当作为。深化京津冀产业对接，主动服务副中心和雄安新区建设，加强优质教育医疗等公共服务资源支持，推动重点项目不断取得新进展新成效。深化与门头沟区结对协作，加紧推进资金项目落地见效。巩固提升扶贫协作和对口支援工作质量，确保受援地区真脱贫、不返贫。

（二）扎实推进城市深度精细治理，在优化城市核心功能、提升城市品质上形成一批新成果

紧扣“双控”“四降”目标，推动疏解整治促提升专项行动实施取得新突破。坚持力度不减、标准不降，确保实现违法建设拆除不少于10万平方米、“开墙打洞”动态清零，积极创建无违建街道、无违建社区。强化产权单位责任落实，推进非区属直管公房违规转租转借清理扎实展开。积极推行自愿申请式退租模式，切实抓好砖塔胡同、铁树斜街等新试点项目。大力实施传统商业街区整治提升，进一步优化西单北大街、大栅栏环境秩序。认真落实新一轮背街小巷环境精细化整治提升三年行动计划，建成一批示范达标街巷，推动背街小巷环境面貌全面改善提升。

坚持重点项目实施和路径机制完善同步推进，推动街区更新切实展现新成效。聚焦中轴线、长安街“一轴一线”，集中用力推进长安街纵深一公里环境提升和城市设计落地，精细做好中轴线沿线风貌修复项目，把街区更新的区片成效更好展现出来。完善以指挥部为主、街道和部门为支撑的推进实施机制，抓好代表性项目的组织实施和效果展现。依托已经展开的街区更新片区，抓好大栅栏西街、地外大街、百万庄小区等重点项目，持续推进架空线入地，坚决避免“半拉子”工程。

积极推动构建城市可持续自我更新机制，围绕平房院落、老旧小区、私房、简易楼、文物、商业街区、开发停滞地块、边角地、老旧厂房和产业功能区、城市公共空间等10类不同项目，系统推进政策创制完善，逐步建立形成覆盖全面、科学有效的街区更新实施模式和政策框架。建立实施好风貌管控的技术规范、实施规则和监督机制，提升城市规划建设专业素养，严格落实街区更新导则，强化规划责任师职责履行，加强不合规制项目整改，切实把老城历史风貌、文化精神保护好、传承好。

（三）持续深化提升城市动态精细管理，更加有力保障安全高效运行

扎实推进“长安计划”升级措施落地见效，建设更高水平的“平安西城”。扎实做好特殊人群定期走访评估，用好“西城大妈”等群防群治力量，推动安全稳定整体维护能力不断提升。巩固拓展扫黑除恶专项斗争成果，积极“打伞破网”，深化秩序乱象整治，推动群众安全感指数不断提升。加强矛盾纠纷源头治理，持续深化领导包案、“诉源治理直通车”等多元预防调处化解机制，加强基层调解体系建设，提升社会和谐水平，切实守护好一方平安。

持续推进城市管理粒度、频度、维度精细化，实现动态精细管理水平新提升。加强城市体检和公共安全定期诊断，深化城市部件应急维护更新和老旧小区应急维护机制，深入抓好安全生产和食品药品安全监管，严防各类“黑天鹅”“灰犀牛”，真正把问题解决在萌芽之时、成灾之前。持续推进“城市大脑”和感知系统建设，加强应用服务系统建设。巩固提升重大活动、重点区域突发公共安全事件“秒级响应、分钟处置”能力。持续深化大气污染防治精细管理，把空间精细、领域精细、时段精细、措施精细各项安排有效固化下来，推动“每一天每一微克”行动取得更大成效。持续完善河湖长工作手册管理。

切实履行好“四个服务”职责，进一步提高为中央政务营造更好环境工作水平。深入发扬好庆祝新中国成立70周年重大活动服务保障工作成功经验，进一步完善重大活动服务保障机制，提升常态化保障能力。严谨细致落实好中央政务办公区和集中生活区等重点区域动态诊断评估和体检机制，深化联系走访对接和情况通报，做好服务中央“全事项”专网专窗专人受理，为中央机关日常工作提供更有力保障。

（四）推动实现“七有”“五性”保障水平新提升，让群众从身边变化中更好更直观感受小康

切实抓好已启动计划和行动深入实施。继续大力推进百姓生活服务中心、各类便民网点织补和服务提升，全面完成好便利生活与服务提升计划任务。深入抓好学区提升计划实施，切实增强学前教育、义务教育学位保障能力，推动教育高水平优质均衡发展。扎实推进“健康西城”行动，持续拓展家庭医生服务有效覆盖面，确保实现老年病、慢性病重点人群100%覆盖，切实做好健康服务主动上门。大力推动“留白增绿”“见缝插绿”，持续推进城市森林、口袋公园、小微绿地建设，努力为市民提供更多绿色休闲空间。切实抓好生活垃圾管理条例落实，周密做好配套准备工作，加强宣传推广、分类指导，促进良好习惯养成，推进清新整洁社区环境共创共享。继续加强普惠性、基础性、兜底性民生建设，全面落实好就业服务政策、提升技能培训实效，精细做好失业人员帮扶、困难群体生活保障和救济工作，让群众获得感、幸福感、安全感更加充实。

针对“七有”“五性”测评短板弱项，推出实施一批新行动计划。切实谋划好办实事安排，坚持把解决12345市民服务热线诉求反映突出问题作为重点，更加精准服务好群众需求。立足区情实际大力推进养老服务创新创优，加强社区和家庭适老化改造，拓展养老驿站和各类养老服务平台功能。推出体育健身专项行动，加强空间资源挖掘和综合利用，建成一批群众家门口的体育健身设施。继续围绕交通拥堵治理、慢行系统建设、停车难缓解、电梯加装等群众关切热点问题，进一步把群众身边操心事烦心事揪心事办实办好。

更加注重民生服务内在质量提升，让群众看到变化、感受到贴心。发挥好“西城家园”平台作用，增强线上服务功能，实现一批面向群众的常办事项网上办。优化提升线下服务效果，规范周末开门服务，全面实现街道政务服务大厅、社区服务站综合窗口受理，做到“一窗办、一人办”。加强面向企业、居民各类主体的服务集成，优化服务网点布局、服务流程设计，实现快捷、方便、易找寻。

（五）牢牢把握新发展理念和“高精尖”方向要求，在减量、创新和高质量发展上展现新作为

持续深化金融街服务改革，优化国家金融管理中心服务保障机制，抓好金融业扩大开放试点项目，制订实施“金开十条”支持政策，推动金融街创新发展。扎实抓好“金科新区”三年行动计划实施，积极配合国家金融科技创新监管试点任务落地，全面推进楼宇改造升级、街区品质提升各项任务落实，再吸引一批标志性金融科技机构落户，推动“金科新区”发展效果不断展现。盯紧央企和金融机构价值链、税源核心部分，落实好服务包、服务管家机制，进一步提高精准精细服务水平。加强资源投向精准调控，用好促进楼宇经济发展政策措施，加快实施一批低效楼宇腾退改造和业态升级。持续实施老字号振兴发展行动计划，助力老字号创新发展。积极繁荣夜间经济，持续提升西单、北京坊等重点商圈消费体验，激发消费活力。高标准抓好优化营商环境条例落实，积极构建完善企业全生命周期服务体系，深化“最多跑一次”“不见面审批”，优化服务环节、流程，推动政务服务效率和体验不断改善。坚持有求必应、无事不扰，认真做好企业12345市民服务热线问题解答和诉求办理，以精准优质服务增强企业发展信心和市场活力。

（六）大力加强文化中心功能建设，在更好展现城市文化风采上取得更多新成果

以社会主义核心价值观为引领，深化爱国主义、集体主义、社会主义教育，扎实推进新时代文明实践中心建设，拓展各类公共文明引导行动，

做好北京榜样等道德模范、最美人物选树工作，打造志愿服务靓丽“风景线”，切实推动价值引领、倡导文明新风。持续抓好中轴线申遗保护，加快贤良祠等重点项目文物腾退，推动北海医院降层等项目实施，丰富中轴线南段文化探访路线内涵，促进古老中轴线焕发新光彩。切实抓好重点文物腾退，启动谭鑫培故居征收，推进京报馆等文物修缮，努力实现“十三五”规划确定的文物腾退全面收官。加强非物质文化遗产保护利用，促进活态传承。积极利用老旧厂房拓展文化空间，统筹协调推进文创园区“一园一品”建设，推出更多文创产业领域新产品、新项目。积极建设公共文化服务体系示范区，持续抓好“书香西城”行动，增加公共阅读空间，精细落实好实体书店扶持措施。组织开展冰雪季活动，拓展群众冰雪体验项目，为冬奥会营造良好社会氛围。

（七）深化党建引领“吹哨报到”“接诉即办”机制改革和线下线上协同的社会治理平台构建，推进基层治理创新和治理能力实现新提升

牢牢把握党组织领导基层社会治理这条主线，抓好市域社会治理现代化试点工作，引领带动各类组织、各种力量有序参与基层治理，推动党委领导、政府负责、民主协商、社会协同、公众参与、法治保障、科技支撑的基层治理机制不断完善。健全“吹哨报到”有效衔接工作机制，强化部门行业管理责任履行，增进区街协同效能、提升“报到”实效，切实增强重难点问题解决能力。巩固提升“接诉即办”工作水平，深入加强各项机制完善和执行落实，用好指导手册推进诉求办理高效规范运行，把民有所呼、我有所应、办就办好落实到位。继续推进“西城家园”治理平台建设和功能增强，深化基层一线力量整合和作用发挥，切实打通服务群众的“最后一公里”。坚持把市民热线诉求难点问题作为主动治理、未诉先办重点，持续加大高频问题、热点区域专项治理力度，进一步提高主动治理能力和效果。认真执行街道办事处条例，完善街道大部制职责清单，促进街道统筹、服务、管理、动员“四个能力”整体提升。积极构建完善社区治理体系，提高小区业委会组建率、物业管理覆盖率、党的组织和工作覆盖率，扎实抓好党建引领物业管理工作和社区服务站转型，落实好为社区减负各项措施，让社区干部有更多时间和精力办好服务群众的事。进一步拓宽群众参与基层社会治理渠道，加强协商共治机制建设和公共沟通互动，完善街道、社区向群众报告工作、通报情况制度，主动设置议题、报告情况、听取意见，把群众组织起来、凝聚起来，推动群众关心关注的问题一块协商、一块解决。

三、进一步提升全面从严管党治党水平

推进核心区高质量发展、精细化治理，需要自觉坚持和加强党的全面领导、持续深化党的建设。我们要坚定不移落实好新时代党的建设总要求，严格执行全面从严治党制度安排，进一步提高管党治党水平，切实为推动核心区各项事业发展开创新局面提供坚强保障。

持续强化党的政治建设统领，推动学习贯彻习近平新时代中国特色社会主义思想不断走深走实。巩固拓展“不忘初心、牢记使命”主题教育成果，完善“红墙意识”党性教育实践机制，引领党员领导干部把“看北京首先要从政治上看”要求融入工作各方面各环节，切实增强“四个意识”、坚定“四个自信”、做到“两个维护”。健全习近平总书记重要批示指示精神和党中央、市委决策部署落实“回头看”制度，完善向市委请示报告制度，不断把习近平总书记对北京重要讲话精神转化为核心区发展治理生动实践。加强党的统战工作，深化多党合作，巩固发展爱国统一战线。推进政治监督具体化、常态化，紧紧围绕贯彻落实党中央、市委决策部署和区委重点任务跟进深化政治巡察，严格抓好巡察整改，确保各项工作不折不扣落实见效。

着眼更好发挥党建引领作用，切实提高党的组织体系建设水平。健全组织力评价体系，细化完善评价标准和实施规范，加强国企、学校、“两新”等领域基层党组织组织力建设，抓好社区党组织全面评估和评星定级，推动基层党组织组织力持续提升。加强基层党建制度落实，健全党支部规范化建设机制。持续深化作风建设，力戒形

式主义、官僚主义，健全“进千门走万户”行动常态化机制，积极探索完善走好新时代群众路线的实践机制，推动党员干部联系群众更加紧密。坚持在发展治理实践中检验基层党建成效，聚焦“吹哨报到”“接诉即办”，加强基层党组织建设靶向督导，持续推进基层党建全面过硬、全面进步。

紧扣强化制度意识、提升治理能力，切实提高高素质专业化干部队伍建设水平。加强干部工作制度化建设，规范完善干部选拔任用工作制度体系，健全班子常态化分析研判的实施办法，进一步完善选人用人“伯乐”机制。以处级班子为重点，加强综合分析研判，对症施策选优配强各级班子，用好各年龄段干部，提升班子整体功能。统筹做好优秀年轻干部发现培养选拔，抓好处科级年轻干部工作七条措施落实，进一步激发干部队伍活力。抓好区委加强干部教育培训工作实施意见落实，突出提升治理能力，完善干部立体化培训和能力提升机制，切实提高广大干部专业化素质。坚持把严管厚爱要求贯穿选育管用全过程，强化“一把手”从严管理职责履行，用好容错免责机制、绩效考评机制，引领广大干部增强制度意识、积极担当作为。健全完善具有西城特色的人才工作新格局，加强人才引进培养、联系服务和政治引领，集聚培养更多矢志爱国奉献、善于创新创造的优秀人才，为核心区治理提供充足人才支撑。

着力完善监督体系、深化正风肃纪反腐，不断提高风清气正政治生态建设水平。建立健全与权力运行框架相适应的监督体系，推进区属国有企业监察体制改革，增强社区纪检监察组专责监督能力，深化专项监督与信访受理、约谈提醒、谈话函询等工作结合，进一步提高监督手段综合运用水平。精准用好问责利器，加大“吹哨报到”“接诉即办”等领域问题监督检查力度，持续释放“失责必问、问责必严”强烈信号。建立健全政治生态状况综合评估体系并抓好落实，推动管党治党责任层层压实。加快北京市纪律主题教育基地建设，完善廉政教育矩阵，拓展警示教育的广度和深度，引导党员干部筑牢拒腐防变思想防线。旗帜鲜明深化反腐败斗争，深入开展规划和自然资源领域专项监督和巡察，持续加大对扶贫、民生、扫黑除恶等重点领域腐败和作风问题的整治力度，做到发现一起、坚决查处一起。

以上报告，请同志们审议。

政府工作报告

——2020年1月5日在北京市西城区第十六届人民代表大会第七次会议上

北京市西城区人民政府区长　孙　硕

各位代表：

现在，我代表西城区人民政府，向大会报告政府工作，请予审议，并请区政协委员提出意见。

一、2019年工作回顾

2019年，是极不平凡的一年，是令人难忘的一年。一年来，在市委市政府和区委的坚强领导下，在区人大及其常委会监督支持下，我们坚持以习近平新时代中国特色社会主义思想为指导，按照中央和市委市政府的部署，紧紧围绕庆祝新中国成立70周年这一主线，团结一心、砥砺奋进，圆满完成年度各项任务。地区生产总值预计达到4500亿元、增长6%，区级一般公共预算收入完成

431.1亿元、增长0.1%，居民人均可支配收入预计为8.8万元、增长7.5%，社会消费品零售总额预计实现1089亿元、增长4.5%，经济社会实现平稳健康发展。

（一）高水平完成重大活动服务保障任务

聚焦庆祝新中国成立70周年，我们强化统筹、科学管理，出色完成了庆祝活动服务保障任务。投入警力、群防群治力量、行业管理人员等90余万人次，保障了重要节点和重点区域的绝对安全。周密安排好各项生活服务保障，把少扰民、不扰民要求和细致贴心温暖落到实处，受到了群众和社会的赞誉。广大群众踊跃参与，驻区单位积极支持，凝聚了强大合力，激发了爱国热情，展现了新时代全区干部群众的精神风貌。我们还圆满完成第二届“一带一路”国际合作高峰论坛、亚洲文明对话大会等重大国事活动服务保障任务，常态化机制不断健全，服务保障能力进一步提升。

全面推行中央政务办公区和集中生活区等重点区域动态诊断评估机制，设立“服务中央”专人专窗，加强常态化走访对接，中央政务长效常态服务保障机制进一步完善。落实安全生产责任，开展城市安全隐患专项治理行动，加大安全生产执法力度，全年出动检查人员3.4万人次，检查各类企业及单位2万余家次，挂账隐患销账率100%。推动119消防与120急救联动，构建消防“秒级响应”机制，建成12座小型消防站、1011个微型消防站，在老旧平房区新铺消防干管230条、4.9万米，全年火情数量下降34%，老城火灾防控能力大幅提升。持续加强应急管理，建成四级指挥体系，建立实施城市部件应急维护更新管理机制，及时处置城市部件事件2189件，有力保障了城市安全高效运行。创建防汛基础数据可视化平台，制作防汛点位综合信息“一张图”，确保了汛期安全。持续加大食品药品监管力度，重点食品、药品抽检合格率分别保持98.8%、99.5%以上，消减不规范餐饮单位300余家，“阳光餐饮”覆盖率100%，有力保障了群众舌尖上的安全。

扎实推进“平安西城”建设，实施“长安计划”升级版，持续推进“雪亮工程”，发挥“西城大妈”等群防群治力量作用，社会安全稳定防护网进一步织密织牢。坚持和发展“枫桥经验”，完善社会矛盾纠纷多元预防调处化解综合机制，信访事项受理率99%，按期办结率100%。深入开展扫黑除恶专项斗争，聚焦违法犯罪问题和“医托号贩了”等治安顽疾，始终保持严打高压态势，打掉涉恶因素团伙56个，破获九类涉恶因素案件282起。全区刑事类、治安类、秩序类警情分别下降22%、26%、48%，群众安全感持续提升。

（二）城市动态精细治理全面展开

科学把握工作节奏，紧抓重要窗口期，全面实施“疏整促”百日攻坚，44项年度任务全部完成，其中37项提前完成、29项超额完成。实施城管执法处罚2.4万余起，拆除违法建设12.5万平方米，整治无证无照经营69户、群租房213处、“开墙打洞”380处，实现占道经营动态清零。完成8个片区电力路灯架空线入地和787条支路胡同通信架空线入地，拔除线杆4990根。961条背街小巷通过达标验收，西海南沿、义达里胡同被评为“北京最美街巷”。3个商市场实现了升级改造。新建和改造蔬菜零售、便利店等各类便民商业网点48个、百姓生活服务中心10个，增加小物超市10个。启动25栋低效楼宇提升工作，完成7栋改造升级。配合做好核心区控制性详规编制工作，不断优化城市功能布局。街区更新展现新风貌，完成了太仆寺街等片区提升工程，11个街区整理展示中心建成开放，15个街道实现责任规划师全覆盖。新建京韵园（三期）、蔺圃园（二期）等14处小微绿地及口袋公园，完成什刹海环湖绿道建设，新增广阳谷（三期）和西单文化广场（一期）2处城市森林，建成绿地2.27万平方米，为老城增添了更多绿色新景观。我区荣获2019年全球国际花园城市竞赛城市类最高级别金奖。

持续加大污染防治力度，推进“一微克”行动，完善空气重污染应急措施，保持联合执法高压态势，检查重型柴油车5.7万辆次，查处排放超标车1万余辆。淘汰老旧柴油货运车605辆。完成餐厨油烟净化设备安装1782家。更新居民电采暖设备1.7万余台，发放“煤改电”补贴3581万元。

全区细颗粒物（PM2.5）年均浓度44微克/立方米、下降17%。狠抓扬尘污染管控，加强施工工地管理和渣土运输监管，查处施工扬尘问题293起、道路遗撒问题295起。提高道路清扫保洁标准，新增329个监测点位，全区降尘量年平均值6.8吨/平方公里·月。持续推进“清河行动”，开展“清四乱”专项治理，上线水务集中管理平台，应用5G传感器对排水口开展动态监测，地表水水质监测4个市级考核断面均达标。筒子河等4个河湖入选首都“最美河湖”。深入推进“厕所革命”，完成169座公厕升级改造。倡导垃圾分类新时尚，完成5个街道垃圾分类示范片区创建工作，基本实现机关、学校和企事业单位垃圾分类全覆盖。

加强交通综合治理，推进33条市政道路建设，米市东胡同、燕京中街和广安门外南街南段建成通车。实施36条道路大中修、5条道路疏堵、26条道路慢行系统建设和30条排水管线改造工程，完成306处交通信号灯配时优化。加大交通违法行为处罚力度，现场执法30.2万起，非现场处罚11万次，校园、医院和旅游景点周边交通秩序得到了改善。严格落实“两条例一决定”，推进道路停车改革，编制地面停车专项规划，在182条道路设置禁停区，在222条道路规划路侧车位9066个，69条道路、5603个泊位实行电子收费。推动3处立体停车设施建设。发挥“车友会”“停车自管会”作用，推进错时停车、车位共享。规范共享单车管理，在地铁口等人员密集地区设置电子围栏150处，投放总量由年初10万辆降至5万辆。完善北京北站交通组织方案，完成广场设施改造，提前谋划京张高铁开通形成的大人流应对工作。

加快推动智慧城市建设，完成大数据顶层设计和基础平台建设，在全市率先实现政务服务目录区块链上线，推进社会数据统采共用。建成区人口数据监测系统。围绕生态环保、安全保障、精细治理和综合执法等，全面加强“城市大脑”建设，初步构建视频、物联、人工、业务四个维度的城市感知系统，完成188张城市图层和14个重点应用场景工作任务。物联感知设备接入5875个点位，实现问题隐患及时预警。试点建设“智慧西海”，推进基础设施智能化改造。

（三）经济高质量发展成效明显

围绕提升服务国家金融管理中心能力，持续深化“四位一体”金融街服务体制改革。做好北京金融街“6R”服务，建成金融街i客厅，刊发《金融街观察》。成立北京金融街合作发展理事会，跨界共治模式全面启动。加快推进金融街服务中心有限公司实质化运行。举办2019年金融街论坛年会及26场论坛系列活动。首次在伦敦金融城举办“走进北京金融街——2019（Feeling the Heartbeat of China’s Financial Industry）”活动，深化与阿布扎比、首尔、卡萨布兰卡等金融城的合作，面向国际金融机构推介北京金融街。开展金融街街区品质提升专项行动，金融大街及周边地区交通护栏全部拆除，建设18公里智能健走步道，优化景观照明设计，培育“怡己”等品牌服务，“首店、首展、首秀”场景不断丰富。制定人才奖励政策，实施优秀杰出金融人才服务支持计划。积极服务金融业新生板块落地，成功推动环球银行金融电讯协会中国法人机构、工银理财等54家金融机构落户金融街，注册资本金653亿元。推动邮储银行等3家企业A股上市。助力1家民营企业登陆科创板，成为科创板首家网络安全公司。金融业收入预计超过1万亿元、增长12%，实现利润总额4000亿元、增长25%，金融业主导地位更加稳固。

加快推进国家级“金科新区”建设，积极推动重点楼宇改造升级，构建“产学研用资”金融科技生态，成立北京金融科技研究院、北京金融科技产业联盟和保险科技联盟。探索研究中国版“监管沙箱”。19个金融科技应用试点项目，通过中国人民银行等六个部委评审，占全市项目总数的40%。推动设立北京金融科技产业投资基金。成功举办首届成方金融科技论坛。赴香港参加亚洲金融科技论坛，举办招商推荐会。出台“金科十条”实施细则并启动兑现工作。吸引中证信息、相互帮等47家重点金融科技企业入驻，注册资本金超过700亿元，金融科技企业总数超过100家，“金科新区”呈现出快速发展的良好态势。

落实北京市新一轮服务业扩大开放综合试点要求，推出22项具体工作举措，金融、家政、医疗、养老等领域对外开放加快推进。牵头做好京交会、金融博览会，搭建“走出去”综合服务平台，组团参加第二届进口博览会、中国国际服务贸易交易会，推动服务贸易开放发展。做好外资企业服务工作，新批设立外商投资企业35家、增长15%，万事网联等4家外资金融机构落户西城，预计实现进出口总额6709亿元、增长7.1%，其中出口总额1160亿元、增长3.6%，继续保持全市前列。

持续推动减量发展，新注册登记企业5267家，净减少5445户，市场主体总量7.3万户，企个比提升至4.5：1。全区国家高新技术企业达930家，专利授权量8807件。支持科技企业孵化加速平台建设，普天德胜、康华伟业获国家级科技企业孵化器考核评价优秀（A类）、占全市的33%。新认定2家孵化加速基地、备案1家孵化加速平台。中关村西城园总收入预计突破3300亿元、增长7%。中国北京出版创意产业园区通过“全国知名品牌示范区”市专家评审验收，图书零售市场占有率连续四年居全国首位。设立北京设计之都创新研发平台，建立“全球创新智慧融媒体中心”，吸引47家知名企业入驻设计之都。“天宁一号”二期项目列入全市老旧厂房拓展文化空间试点工程。文商旅融合发展三年行动计划顺利收官，46个项目按期完成。518家文化产业单位总收入预计实现1000亿元、增长2.3%。发展“首店经济”，鼓励开设“深夜食堂”，西单、大栅栏等传统商业区加快转型，北京坊成为首都新的时尚打卡地。区属国企改革稳步推进，华方养老公司混改、华天集团公司制改革基本完成，金融街物业和菜百上市工作进入冲刺阶段。预计区属国企资产总额实现5091亿元、纳税94亿元，分别增长10%、26%。

持续优化营商环境，推出“e窗通”企业一日准营套餐服务，推进政务服务“掌上办、马上办、就近办”，1500个事项可通过微信公众号办理，区政务服务大厅实现1092个事项“一窗”办理，占全部事项94%。探索“改革体验官”服务机制，打通政务服务微循环，提升服务对象获得感。深化“卡牌表榜会”服务模式，坚持“一企一策”，为企业精准定制“服务包”，走访重点企业467家次，发放服务卡500张。兑现“金服十条”等政策资金19.9亿元。出台《西城区关于进一步支持民营企业发展的若干措施》，加大对民营企业支持力度，辖区内民营上市公司全部实现纾困。开发“灵溪指数晴雨表”，加强信用分级分类监管。落实减税降费系列政策，改革红利持续释放，实实在在为企业减轻了负担。

（四）服务全国文化中心建设取得积极进展

深入践行社会主义核心价值观，紧紧围绕庆祝新中国成立70周年，广泛开展“我和我的祖国”群众性主题宣传教育活动，通过百姓宣讲、快闪、打卡红色地标等多种形式，营造了浓厚的社会氛围。打造100家新时代文明实践基地，开展1200余场活动。宋庆龄故居、李大钊故居成为全国爱国主义教育示范基地。大力弘扬“时代楷模”精神，李菲、霍淑凤登上“中国好人榜”。着眼群众多元化阅读需求，精心打造“书香西城”，新建7家特色阅读空间和2家24小时城市书房，举办特色阅读和荐书活动4000余场，惠及群众150万余人次，老城书香气息越来越浓厚。

配合开展北京中轴线申遗和大运河文化带传承保护工作。持续推进52处直管公房文物腾退工作，累计完成30处，腾退居民1872户，居民腾退比例达92%。编制14处直管公房文物保护单位修缮方案。湖广会馆、长椿寺入选全国重点文物保护单位。新认定西板桥等8处区级文物保护单位。完成护国观音寺、新市区泰安里文物主体结构修缮。福州新馆修缮工程顺利完工，作为北京市林则徐禁毒教育基地对外开放。历代帝王庙修缮工程完成80%。召开历史文化名城保护委员会2019年会。实施“四名汇智”计划。出台文物建筑社会化利用配套制度。开展非遗进校园、进社区活动。我区国家级非遗项目达到36个，国家级非遗代表性传承人达到39人。老城文化魅力进一步彰显。

推进公共文化服务体系示范区建设，打造

“西城文化云”一站式服务云平台，不断提升文化服务效能。推出系列文艺精品力作，完成电视剧《幸福里的春天》拍摄工作，创编《好角儿》等12个舞台艺术作品。58个优秀创作项目获得专项补贴支持。举办“京韵剧源—西城2019京剧发祥地艺术季”活动，全力打造京剧发祥地文化品牌。举办北京世园会西城文艺演出周、百姓戏剧展演、中国原创话剧邀请展、老舍戏剧节和“我们的节日”等品牌活动，开展文化活动近万场次，惠及100余万人次，群众文化生活更加丰富多彩。

（五）民生福祉不断增进

积极推进党建引领“吹哨报到”改革，38项重点任务全部落地落实。坚持民有所呼、我有所应，全力做好12345市民热线“接诉即办”工作，建立7×24小时全天候值守工作机制，落实“双反馈”“双告知”制度，强化三级响应、督办落实，着力解决群众操心事烦心事揪心事。坚持群众的事同群众多商量，深化民生工作民意立项机制，35个立项项目、141件街道为民办实事任务全部完成。落实全市街道工作会议精神，持续深化街道大部制改革，全区执法力量向基层下沉。在15个街道政务服务中心试行“周六不打烊”服务，在259个社区全面推行全响应服务。推动社区服务站转型升级，创新推出群众“服务包”“服务卡”，全科社工综合服务模式不断健全，群众办事更加便捷。搭建“西城家园”App服务平台，23万人实名注册，7万名党员亮明身份，覆盖15.6万户家庭，吸引更多青年人线上参与社区治理。服务群众制度机制更加完善。

切实加强民生保障，帮助1.4万名登记失业人员、1.1万名就业困难人员实现就业，城镇登记失业率0.86%，连续五年获评“北京市充分就业区”。城乡居民养老保险实现应保尽保。开展北京市社会救助综合改革试点工作，关怀特殊困难群体，发放低保金1.8亿元、救助金1246万元。创建全国残疾预防综合试验区，为1.3万余名残疾人提供社区康复服务。深化全国居家和社区养老服务改革试点，新备案养老机构2家、社区养老服务驿站8家。探索建立家庭养老照护床位智能服务模式，654名社区养老顾问上岗服务。

创新改善群众居住条件，推动完成7个老旧小区综合整治，增设12部电梯。完成237个院落雨污水管线和24个小区7100余户62万平方米老旧供热管网改造，为3000多户居民更换燃气软管。在菜市口西片区开展全市首例直管公房申请式退租试点，并在砖塔胡同复制推广成功经验，探索出老城保护和城市更新的一条新路径。完成定向安置房建设2997套。白纸坊地区棚户区改造项目实现开工。创新党建引领物业管理新模式，53个住宅小区纳入北京市破解物业管理问题试点，全力办好群众“家门口的事”。

召开全区教育大会，出台《西城教育现代化2035》等系列文件，与中国科学院、北京师范大学、首都师范大学加强合作，共同推进更高水平教育现代化建设。统筹资源应对学位紧张问题，新增公办幼儿园4所，新审批民办幼儿园5所，新增学前学位1560个，新增在校学生1.22万名。实施学区提升计划和“百年树人”工程，深化集团办学、贯通培养和“城宫计划”。推进校长贯通任用，实施校长职级制，加强教师队伍建设。着力提高教师待遇，教师绩效收入人均增长15%。深化校园安全管理，加大安全隐患排查和安全教育力度。西城教育更加优质均衡，2019年高考本科上线率93.4%，较2018年提高3个百分点，再创历史新高。

倡导全民健身运动，建成5公里健身步道，组织篮球、龙舟等体育赛事，推广“一街一品”。建成5块仿真冰场地，举办全民健身冰雪季，25万人次参与项目体验。深化医疗体制改革，“4+7”国家药品集中采购和使用试点工作深入落实，医耗联动综合改革平稳有序。顺利完成国家卫生城区市级和国家级复审，荣获“国家健康促进区”称号。紧密型医联体建设纳入国家级试点。全面推行家庭医生签约“四个一”服务，建立家庭医生签约服务区和签约电话回访中心，提升签约居民服务获得感。区级全民健康信息平台和健康西城App上线运行，20余项居民健康服务实现“指尖”办理，健康服务更加优质。

持续深化双拥共建，建成全市首个“双拥展室”，扎实做好退役军人和随军家属的安置工作，全国双拥模范城“十连冠”创建工作稳步推进。妇女儿童、档案史志、公益慈善事业取得新进展，民族宗教、侨务和对台工作进一步加强。德胜街道、牛街街道荣获全国民族团结进步模范集体称号，赵丽、孟春燕荣获全国民族团结进步模范个人称号。

做好区域协作和对口帮扶。主动融入京津冀协同发展，大力支持北京城市副中心建设。扎实推进与门头沟区的结对协作，一次性出资4亿元，共同成立乡村振兴绿色产业发展专项资金，支持带动门头沟区发展。实施精准帮扶，健全领导小组统筹、成员单位负主责、社会各界共同参与的工作机制。投入财政资金6.6亿元，引导企业赴贫困地区投资16.9亿元，实施帮扶项目115个，“小硒鸽”产业合作扶贫模式入选“2019年中国脱贫攻坚与精准扶贫十佳案例”。帮助2.5万名建档立卡贫困人口实现脱贫。助力喀喇沁旗巩固脱贫成果，张北县、阜平县、鄂伦春自治旗、襄谦县脱贫摘帽。

过去一年，我们在抓好各项工作的同时，不断加强政府自身建设，积极争创全国法治政府建设示范项目。落实全面从严治党主体责任，扎实开展“不忘初心、牢记使命”主题教育，坚持以实践成效检验教育成果，推动建立和完善了党建引领基层治理、市民热线诉求办理、满足群众“七有”“五性”需求等一批新机制、新措施，有效解决了市民热线群众诉求6.1万件。全面落实依法行政，坚持向区人大及其常委会报告工作，制定《区政府重大决策出台前向人大常委会报告工作办法》《关于落实向区人大常委会报告国有资产管理情况制度的实施意见》，落实区人大关于扎实推进街区整理、加强历史文化名城保护的决议。全年办理人大议案1件、代表建议103件，办理政协提案214件。行政机关负责人出庭应诉50人次。推动行政机构改革，区政府机构精简至32个。5家经营类事业单位转企改制工作基本完成。切实加强政府廉政建设，严格落实中央八项规定及其实施细则精神，牢固树立过紧日子的思想，大力压减一般性支出。持续强化审计监督和行政问责，着力营造风清气正的发展环境。西城区盘活财政存量资金等财政管理工作获得国务院真抓实干督查通报表扬。全力为基层减负，社区督查检查考核事项从104项减至21项，推广视频会议方式，政府系统全区性大会减少58%，以区政府名义发文下降40%。持续拓宽群众参与政府决策渠道，坚持区政府领导班子向公众报告工作，开展政务开放日42次，区政府常务会微博直播14次。各部门、各街道向公众报告工作3万余次，依申请公开912件。大兴调查研究之风，深入开展“进千门走万户”行动，坚持“四不两直”常态化调研、蹲点调研，狠抓问题解决。坚持区政府系统工作点评机制。创新政府系统工作“三维”督查闭环体系，强化督办落实。群众评议、第三方评估的绩效管理机制更加完善。

一年来，面对错综复杂的发展环境和经济下行压力，取得这样的成绩来之不易。这是习近平新时代中国特色社会主义思想科学指导的结果，是市委市政府和区委坚强领导的结果，是全区广大干部群众团结拼搏、努力奋斗的结果。在这里，我谨代表西城区人民政府，向全区人民，向全体人大代表、政协委员，向各民主党派、工商联、无党派人士、各人民团体和社会各界，向中央、市属单位和驻区部队，向所有关心支持西城建设的同志们、朋友们，表示诚挚感谢！

在看到成绩的同时，我们也清醒地认识到，当前世界经济增长持续放缓，一些不确定因素增多，我区减量发展正处于攻关期，高质量发展、精细化治理也面临一些问题和挑战。主要是：区域竞争加剧，税源建设、财政组收难度持续加大。空间资源还没有得到高效利用，低效楼宇改造提升进度慢，影响了优质企业的引进入驻。纵深推进城市治理仍有许多硬骨头要啃，平房院落、老旧小区有机更新和人居环境改善任务仍很艰巨，破解拆迁停滞项目等历史遗留问题还要持续攻坚，大气污染防治还面临严峻挑战，长效机制还不够健全。入园难、停车难等问题在一段时间内仍将存在。市民热线诉求办理效果群众感受还不充分，反映出城市基层治理各项机制落实还不到位，一些干部精准精细服务能力和担当意识还亟需加强。对这些问题，我们将在今后工作中切实加以解决。

二、2020年主要任务

2020年是全面建成小康社会和“十三五”规划收官之年，也是制定“十四五”规划、推动高质量发展的关键一年。做好各项工作至关重要。

今年政府工作的总体要求是：坚持以习近平新时代中国特色社会主义思想为指导，以习近平总书记对北京重要讲话精神为根本遵循，全面贯彻党的十九大和十九届二中、三中、四中全会精神，深入落实中央经济工作会议精神，不断增强“四个意识”、坚定“四个自信”、做到“两个维护”，坚持稳中求进工作总基调，践行新发展理念，认真落实市委十二届十次、十一次全会精神和区委十二届十一次全会精神，紧扣全面建成小康社会目标任务和“为中央政务营造更好环境、让市民群众有更多获得感”要求，坚持以人民为中心的发展思想，持续抓好“三件大事”，打好三大攻坚战，聚焦“七有”“五性”，深化“吹哨报到”和“接诉即办”工作机制，在推动首都高质量发展中走在前列、作出示范。

综合考虑各方面因素，今年全区经济社会发展的主要预期目标是：地区生产总值增长6%左右；区级一般公共预算收入增长2%左右；居民人均可支配收入增长与经济增长基本同步；城镇登记失业率控制在1.5%以内；万元GDP综合能耗、水耗降低率和细颗粒物（PM2.5）年均浓度完成市政府下达的指标。

为实现上述目标，重点做好以下工作。

（一）坚持规划引领，着力抓好核心区控制性详规落地落实

高水平谋划好全区“十四五”发展。“十四五”发展规划是全面建成小康社会后的第一个五年规划，意义重大。坚决落实首都城市战略定位和新版城市总规、首都功能核心区控制性详规，抓好规划和自然资源领域专项治理，维护规划严肃性、权威性。着眼满足群众对美好生活更高期待，突出前瞻性、科学性、可行性，科学提出“十四五”时期发展目标、工作思路、重点任务。围绕“双控”“四降”、高质量发展、“七有”“五性”、治理体系和能力提升重点目标任务，有针对性地加大重大项目前期论证，研究推出一批改革创新政策和重点工程项目。要开展好第七次全国人口普查工作，不断夯实编制“十四五”规划的基础。要坚持开门编规划，积极借助专家学者、智囊智库力量，注重发挥人大代表、政协委员、民主党派和社会各界作用，不断拓宽公众参与渠道，及时回应社会重大关切，把以人民为中心的发展思想贯穿“十四五”规划编制的全过程、全方面。

深入推进“疏整促”专项行动。发挥领导小组和工作专班作用，聚焦重点任务清单，确保取得实实在在的治理成效。强化疏解与提升同步推进，拆除违法建设10万平方米以上，确保新生违法建设零增长、“开墙打洞”和占道经营动态清零，积极创建无违建街道、无违建社区。认真落实新一轮背街小巷环境精细化整治提升三年行动计划，打造50条示范达标街巷，改善群众身边环境。抓好腾退空间统筹利用，优先用于教育、社区公共服务配套设施建设。继续实施便利生活与服务提升三年行动计划，新建和提升便民商业服务网点40个、百姓生活服务中心5个，推动生活性服务业向高品质和多样化不断升级。

持续深化街区更新工作。发挥好指挥部统筹协调作用。建立不同产权类型、不同建筑类型分类实施的更新模式和政策机制。完善城市更新导则，建立起风貌控制的技术规范和实施规则监督机制。围绕中轴线、长安街沿线等重点区域，抓好重点片区整理提升。完善责任规划师全程参与、履职评估机制。依托已开展的街区更新片区，抓好大栅栏西街、地外大街、百万庄小区等重点项目，完成13个片区电力架空线入地工程。推进国际化语言标识和语言环境建设，全面提升区域国际化水平和国际交往中心功能。

（二）坚持创新驱动，着力当好高质量发展排头兵

继续巩固金融业主导地位。发挥金融街“四

位一体”服务体制优势，推动北京金融街论坛升级为国家级论坛，全力办好论坛年会及系列活动，支持国家金融管理部门和金融机构举办国际高端金融交流活动，不断提升金融街服务能级和国际影响力。深入实施金融街街区品质提升专项行动，办好金融街灯会，全面提升金融街配套设施国际化水平。发展资产管理等新兴金融产业，吸引知名金融机构在金融街设立地区总部和分支机构。挖掘空间资源，加强区域联动发展，提升金融街辐射带动能力。推动金融更好服务实体经济，加强企业上市挂牌和融资等服务工作，利用好新三板改革带来的发展机会，支持更多企业在科创板、主板和新三板挂牌。不断完善区域金融风险防范机制，进一步推动金融业稳步发展。

加快国家级“金科新区”建设。启用10万平方米核心区升级改造楼宇空间，引入20家标志性金融科技机构落户。加强资源投向精准调控，用好促进楼宇经济发展政策措施，新启动20栋低效楼宇腾退改造和业态升级。加快筹建金融科技实验室，构建协同创新的产业生态。服务中国人民银行率先在“金科新区”启动实施中国版“监管沙箱”试点。提升成方金融科技论坛国际化水平，探索举办全球金融科技峰会2020，以全球视野搭建国际高端金融科技对话和交流合作平台。深入实施“金科新区”三年行动计划，巩固好“金科新区”良好发展态势，努力建设具有全球影响力的金融科技中心。

扎实推进服务业扩大开放综合试点工作。依托区域资源优势，服务金融业扩大开放，引进服务外资金融机构落地发展和相关业务先行先试，加快推动服务业扩大开放综合试点项目落地。在教育、医疗、家政等现代化服务领域寻求突破，培育跨境电商、跨国医疗等新业态新平台。瞄准国际趋势和市场需求，扩大高质量引资引企引智渠道，持续实施“老字号”振兴发展行动计划。助推“老字号”企业走出去，提升跨境服务能力。

深入挖掘经济增长潜力。鼓励科技企业和各类主体创新，完善促进科技成果转化机制。发挥三大通信运营商等央企总部资源优势，加快发展智慧教育、智慧城市等新兴产业。鼓励金融机构发展绿色信贷，支持绿色企业和绿色项目发展。深入实施“一店一策”，加速西单、大栅栏、马连道商圈提质，推动“首店经济”加速发展，提高商业活力，促进消费升级。深化国有企业股权多元化改革，推动金融街物业和菜百实现上市。落实支持民营企业发展的各项措施，持续加大对民营企业扶持力度。

大力优化营商环境。严格执行《优化营商环境条例》，对标北京营商环境改革3.0版，落实好新一轮营商环境改革推出的各项任务和国家减税降费政策。强化知识产权保护和服务能力提升。深化“最多跑一次”“不见面审批”改革成效，推进全区行政审批制度改革。深化“互联网+政务服务”建设，推进电子证照全面应用，让企业和群众在办事过程中享受到更多优质、便利、高效的服务。加强政策集成，量身定制“服务包”，发放1000张服务卡，做到“有求必应、无事不扰”，持续构建亲清政商关系。提高市场监管规范化水平和透明度，实现“双随机、一公开”全覆盖。

（三）坚持制度先行，着力提升首都功能核心区治理能力和治理水平

全面深化基层治理创新。坚持党建引领，深化“吹哨报到”改革，引导各方力量到基层一线、群众身边解决问题。落实《北京市街道办事处条例》，完善街道大部制职责清单，促进街道统筹、服务、管理、动员“四个能力”整体提升。抓好以社区党委和街巷长为轴心的力量整合。完善12345市民热线办理“专班评审、双派双督”机制，建立“接诉即办”监测评价制度、挂账问题定期复议、跟踪办理机制，强化“一个号码一张单子办到底”。领导干部带头当好热线办理员，着力解决共性难点问题。推动“接诉即办”与主动治理相结合，做好大数据分析，增强工作预见性，力争做到“未诉先办”、办就办好，让群众有更多获得感。落实区、街政务服务中心规范化、标准化建设指导意见，实行好差评制度，全面推行街道政务服务中心工作日“中午不打烊”和周六服务制度，方便群众办事。每个街道按照社区总数

30%的比例推进社区服务站转型升级。巩固社区减负成果，增强社区服务功能。

持续加大智慧城市建设力度。加强全区统筹，推进“城市大脑”建设，强化对城市运行状态指标的实时感知，不断提高智能发现、及时处置问题的能力。积极搭建应用场景，创造示范项目，推动5G、区块链、人工智能等信息技术在城市管理、民生服务、政务保障等领域深度应用。深化城市体检制度，完善以街区为单位的城市部件、城市运行、城市管理事件定期诊断评估机制，保障城市运行更加安全高效。完善城市资产管理机制，积极探索城市资产管理实施路径和政策。细化完善职责手册管理机制，落实好城市分级分类标准化管理，确保职责管理规范、岗位要求更加具体明确、权责赋予更加对称协调。积极用好第三方力量，科学衡量治理成效，及时完善治理方式和政策，不断提高治理水平。

积极构建共建共治共享格局。不断完善群众参与社会治理渠道，切实发挥民生工作民意立项机制作用，推动群众关心关注的问题一起协商、一起解决。健全向公众报告工作、通报情况制度，主动设置议题、听取意见，进一步加强协商共治和公共沟通互动，全区全年通报不少于3万次。创建楼门院治理示范点，引导提升社区共建共治共享水平。深化“三社联动”，发挥志愿者等社会力量作用。引导商户落实自治公约，推进5000家商户开展自治。用好“西城家园”App服务平台，进一步推动政府治理和居民自治良性互动。

（四）坚持重点攻坚，着力提升城市环境品质

持之以恒抓好污染防治工作。紧抓中央、北京市环保督察反馈问题的整改落实。深化“一微克”行动，深入实施蓝天保卫战三年行动计划。聚焦扬尘、油烟、柴油车等主要污染源，加大监管处罚力度，不断提升精细化管控水平。完成全部餐厨油烟净化设备安装工作。持续加强中小工程固废物管理和裸露地面整治。积极应对空气重污染天气，做好污染预警应急响应削峰工作。推进建筑垃圾资源化处理，促进渣土运输车辆规范化管理。深化“煤改电”设备更新，进一步巩固无煤化成果。加大道路清扫保洁力度。深入落实河长制，推进水务集中管理平台二期建设，实现无人船智能巡河，严守水资源三条红线。坚持节水优先，扎实推进污水处理和再利用工程。继续做好土壤污染防治工作。

扎实推动垃圾分类落地落细。落实《北京市生活垃圾分类条例》，以减量化、资源化、无害化为落脚点，推进“两网融合”，健全垃圾分类和资源化利用制度，努力提高生活垃圾资源化率。建立精细化管理体系，持续提升全流程作业规范水平。加大垃圾分类基础设施建设力度，推进陶然亭垃圾分类中心建设，实现垃圾总体减量率达到5%。深化全区公共机构开展强制分类。全面推进垃圾分类示范片区创建工作，实现覆盖率100%。建立分类投放管理责任人制度，制定奖励支持政策，持续开展主题宣传，培植垃圾分类理念，引导公众养成垃圾分类的良好习惯。

多措并举深化交通综合治理。通过调整道路交通组织、完善交通标识标线、增加非现场处罚等形式，持续开展140家中小学和幼儿园、24家医院周边交通综合治理工作，缓解交通拥堵。全面落实“金科新区”交通规划，完成区域整体交通工程的改造提升。推进地铁12号线、16号线和19号线建设。实施37条市政道路建设和征收工作，实现3条次支路建成通车。开展30条道路大中修、5条道路疏堵、16公里慢行系统建设和20条排水管线改造工程。完成2个立体停车楼建设。深入推进道路停车改革，实现路侧停车电子收费全覆盖。完善停车自治共治模式，做好城市支路、胡同路居民停车自治工作，缓解平房区和老旧小区停车难问题。

大力拓展绿色生态空间。坚持绿色发展理念，扎实推进“留白增绿”工程。加快绿地建设，新增城市绿地0.7公顷，提升公园绿地500米服务半径覆盖率。持续推进花园式单位和社区创建工作。实施好空中花园、紫藤廊架、生态植物墙等立体绿化工程，新增屋顶绿化1万平方米、垂直绿化1000延长米。推动西单文化广场城市森林（二期）建设。

（五）坚定文化自信，着力增强老城文化魅力和影响力

全面提升城市文明水平。全力做好新一轮全国和北京市文明城区创建工作，培育和践行社会主义核心价值观，精心创建文明单位、文明校园、文明家庭、文明街巷、文明商户。深入实施公民道德建设工程，持续开展理想信念教育，树立先进道德典范，推进社会公德、职业道德、家庭美德、个人品德建设。大力弘扬劳模精神、劳动精神和工匠精神，广泛开展主题劳动和技能竞赛，让向上向善的精神文明成为西城最美的风景。

深入推进历史文化名城保护。以中轴线申遗保护和大运河文化带建设为重点，加快推进贤良祠、庆成宫等文物保护利用。划定银锭桥等68处区级文物保护单位建控地带。启动谭鑫培故居征收工作，全力推动五道庙等7处文物修缮。发布西城区首批文物建筑活化利用计划，进一步探索文物保护利用新模式，设计历史文化名城保护旅游线路，讲好西城文物故事。健全非物质文化遗产传承保护体系，推进非遗文化收徒传艺、公益惠民，建设非遗剧院、小微博物馆等传习平台，让非遗文化更加生动鲜活。

加强公共文化服务供给能力。深化“书香西城”建设，推进图书馆、文化馆总分馆制和法人治理结构改革，新建公共阅读空间和实体书店不少于10处。研究制定博物馆规范及支持办法，推动具备条件的公园、博物馆、文化馆等文化场所延长开放时间。办好第七届百姓戏剧展演、第四届北京天桥音乐剧演出季等群众性文化活动。深化“文化惠民365工程”，实现全年天天有活动。加大文艺创作扶持力度，鼓励基层特色文化品牌建设，促进区域文艺创作繁荣。支持和振兴传统戏曲艺术发展，大力弘扬民族传统文化。灵活运用各种媒体媒介，提升公共文化传播能力。加快文化“走出去”，促进多元文化间的交流互鉴。制定2020年文化和旅游融合发展行动计划，促进旅游服务业品质提升。

（六）坚持围绕“七有”“五性”，着力保障和改善民生

稳步推动教育事业发展。围绕西城区教育现代化目标任务，加快推动重点项目落地。举全区之力，充分发挥学位专班统筹协调作用，着力破解学位缺口难题，新增义务教育学位5000个、学前教育学位2000个。加强中小学优质资源建设，完善教育资源合作共享机制，着力解决学区间、校际间、学段间发展不平衡问题。培育良好师德师风，高标准加强教师队伍建设。建立“学校吹哨、部门报到”工作机制，全力确保校园及周边安全。健全终身教育体系，深化学习型城区创建工作。

全面提升社会保障工作水平。研究出台西城区新一轮促进就业政策，实施职业技能提升行动。推广全民参保计划，着力提升养老待遇水平。实施辖区和谐劳动关系单位星级评价机制，加大劳动纠纷案前调解力度，切实保障务工人员合法权益。深化社会救助改革试点，稳步提升低保和特困人员基本生活保障水平。推进无障碍环境建设。为残疾人就近提供康复、就业、日间照料等服务。维护妇女、未成年人和残疾人基本权益。围绕居家为主、医养结合，完善养老服务体系。以全国居家和社区养老服务改革试点为契机，深入推进家庭养老照护床位建设，有序引导异地康养工作，合理布局养老驿站。新增家庭养老照护床位500个。实现养老服务机构和老年餐桌覆盖率100%。支持工会、共青团、妇联等开展工作，不断健全联系群众、服务群众的工作机制。开展“民族一家亲”等活动，持续推进民族团结进步创建工作。促进宗教和睦。着力推动退役军人组织领导、行政管理、服务保障三大体系协同化，逐步形成多元化保障格局，全力争创全国双拥模范城“十连冠”。

大力改善群众居住条件。做好菜园街、光源里重点棚改项目征收收尾工作，力争年内具备全面开工条件。加大失管脱管老旧小区综合整治工作力度，积极引导居民参与协商共治，设立专项资金，吸引社会资本，在有条件的老旧小区加快实施综合改造提升，探索建立老旧小区物业管理长效机制，巩固整治成果。将小区业委会与物业服务企业纳入社区治理范畴，提高小区自治组织

的组建率和物业管理覆盖率。完成不少于4个老旧小区综合整治提升。开展住宅老旧电梯风险评估预警工作。老楼加装电梯15部。完善直管公房申请式退租政策，加快推动砖塔胡同、铁树斜街、西板桥等新试点项目。加大住房保障力度，通过完善配租保障性住房、发放公共租赁住房补贴等措施，努力为群众改善居住条件。

持续深化健康西城建设。积极创建“国家全民运动健身模范区”，健全全民健身公共服务体系，编制群众身边体育场地建设三年行动计划，充分利用好边角地等资源，在群众家门口增加体育健身设施，每个街道至少建成1片健身活动场地。连通健身步道和城市绿道，高标准铺设健走步道5公里。加快月坛体育场滑冰馆工程建设，新建仿真冰场地5块，继续推广普及冰雪运动，培养冰雪类社会体育指导员200人，实现30万人次上冰雪。以“一季一节两品”为抓手，推动群众体育赛事活动深入发展。探索医武结合，实施“体医融合”项目。统筹推进国家健康城区、国家慢性病综合防控示范区建设。加快区域肿瘤、脑病、心血管疾病防治中心建设工程。增强院前急救服务能力。引导多方力量办好社区医疗机构，全面提升基层医疗卫生服务水平。推动中医药在传承创新中发展，促进中医药和西医药协调互补发展。深化医药卫生体制改革，发展“互联网+医疗健康”，积极开展紧密型医联体建设试点。以健康为中心，试点建设健康服务联合体。推进“一键式”家庭医生服务，提高重点人群签约覆盖及管理率至95%以上。探索流程便捷的医疗救助工作模式，加大对医保定点医药机构监测督导，维护医保基金安全运行、促进提质增效。健全社会心理服务体系和危机干预机制，推动完成10个社会心理服务站建设，为居民提供心理咨询与辅导、心理疏导与干预等专业服务。

全力维护社会和谐稳定。深入推进“长安计划”升级版和“雪亮工程”，巩固扫黑除恶专项斗争成果，充分发挥群防群治力量，全面筑牢安全防线，保障群众安居乐业。健全重大国事活动常态化服务保障机制，持之以恒做好中央政务办公区、校园、医院等重点区域安全稳定工作。落实安全生产责任和管理制度，建立健全公共安全隐患排查和安全防控机制。组织开展消防安全知识培训，提高消防“秒级响应”和风险防控能力。深入推进“阳光餐饮”工程和品质提升工作。完善食品药品安全监管制度，继续加强执法监管力度，全面加强质量建设。

积极服务国家重大战略。持续推动京津冀协同发展，充分发挥市场主导和政府引导作用，在产业、教育、医疗等领域积极开展合作。深化与通州区交流合作，在政策互联互通、产业双向协同、公共服务对接、人才资源共享等方面，支持北京城市副中心高质量发展。推进与门头沟区的结对协作，强化优势资源互补，实现区域协同发展。完善结对帮扶长效机制，加大智力扶贫、产业扶贫、就业扶贫、消费扶贫力度，巩固脱贫摘帽成果。

各位代表！适应新形势、新任务、新要求，政府系统要进一步提高政治站位，强化党建引领，以强烈的责任担当、深厚的为民情怀和务实的工作作风，不断加强政府自身建设，高标准完成各项工作。

我们要不断加强政府系统党的政治建设。坚决维护习近平总书记党中央的核心、全党的核心地位，坚决维护党中央权威和集中统一领导。自觉在思想上政治上行动上同以习近平同志为核心的党中央保持高度一致。严格执行请示报告制度和中央、市委市政府、区委决策部署“回头看”制度，确保中央、市委市政府、区委决策部署，特别是习近平总书记对北京重要讲话精神不折不扣落实。巩固“不忘初心、牢记使命”主题教育成果，抓好整改措施落实。健全党组议事规则，落实好“三重一大”制度。不断强化制度意识，加强制度执行，更好地发挥制度的作用和优势。

我们要切实增强做好“四个服务”的能力。全面提升改革创新能力，带头深化行政体制改革、“放管服”改革、“吹哨报到”改革，以改革促发展，以创新增活力，在攻坚克难上求突破。全面提升应对风险能力，牢固树立底线思维，切实增强忧患意识，强化对各种风险的准确识别、科学判断、快速反应和有效应对，切实提升风险防控、应急管理、危机治理水平。全面提升基层治理能力，带头树立精治共治法治意识，汇聚各方面智慧，统筹发挥政府、社会和居民的力量，进一步夯实社会和谐稳定的基础。全面提升服务群众能力，脚步为亲，深入群众，及时了解群众的意见和要求、批评和建议，紧紧围绕“七有”“五性”，真抓实干解民忧、纾民怨、暖民心，切实做到与群众心连心、同呼吸、共命运，进一步赢得群众的理解和支持。

我们要全面提升法治政府建设水平。自觉接受人大及其常委会的法律监督，主动接受人民政协的民主监督，积极接受社会监督和舆论监督。坚持向区人大及其常委会报告工作制度，抓好人大议案建议和政协提案办理工作。完善法治政府建设评估机制，继续开展对依法决策和监督、依法行政与监管、守法普法等情况的全方位评估。深入落实《法治政府建设与责任落实督察工作规定》，加强对政府系统行政负责人推进法治建设的考核力度。整合行政执法队伍，深化综合执法，推动执法重心下移。推进公正文明执法，落实行政执法责任制和责任追究制度。加强政府网站建设，完善政务开放日等制度，做好政府信息公开。建设区级公共法律服务中心，为居民提供法律咨询、援助、调解等服务。加强法治教育宣传，不断增强全社会法治意识。

我们要持续推动党风廉政建设向纵深展开。严格落实中央八项规定及其实施细则精神，加强警示教育和反腐倡廉宣传，切实加强廉洁政府建设。坚决反对和整治形式主义、官僚主义，坚决防止“四风”反弹回潮。全面开展自查自纠，持续在精简文件会议、督检考和社区填报表格上发力，巩固和深化为基层减负成果。深入基层蹲点调研，以钉钉子精神解决实际问题。拓展审计监督的深度和广度，强化行政问责，推动权力规范运行。持续强化过紧日子思想，提高过好紧日子的能力和水平，大力压减一般性支出。

各位代表！实现第一个百年奋斗目标，任务艰巨、使命光荣。让我们更加紧密团结在以习近平同志为核心的党中央周围，在市委市政府和区委的坚强领导下，深入践行“红墙意识”，不忘初心、牢记使命，只争朝夕、真抓实干，共同唱响新时代砥砺奋进最强音，奋力谱写首都新发展的西城篇章！

（责任编辑　华大友）

专文

西城区以党建引领“吹哨报到”改革为牵引推动基层治理体系和治理能力现代化的实践与思考

中共北京市西城区委书记　卢映川

党的十九届四中全会对坚持和完善中国特色社会主义制度、推进国家治理体系和治理能力现代化作出了重大战略部署。基层治理是国家治理的基础基石。西城区作为首都功能核心区，地位特殊而重要，情况错综复杂，工作千头万绪。如何准确把握好核心区区位特点和工作实际，推动基层治理体系和治理能力现代化，亟需在基层治理实践中探索破解。

一、新时代城市基层治理的新挑战和新要求

随着中国特色社会主义进入新时代，对于特大城市而言，城市化、市场化、工业化/后工业化、老龄化、信息化和全球化等宏观趋势压缩重叠在同一时空坐标之中，城市基层治理的复杂性和难度前所未有。

一是城市发展转型对基层治理提出了新的更高要求。城区规模急剧膨胀，城市人口迅速增长、构成日益复杂，城市内部不同区域的经济社会发展不平衡凸现，同时，城市建设管理上的短板逐渐显现，环境污染、交通拥堵等“城市病”伴生蔓延。2020年伊始爆发的新冠肺炎疫情更是突显了现代城市生活高流动性和高风险性，是对城市基层治理能力的一场严峻“大考”，反映出基层治理体系和治理能力现代化刻不容缓、任重道远。

二是人民美好生活需要亟待以基层治理改革来回应。新时代人民群众的诉求更加多元，不仅对物质文化生活提出了更高要求，而且在民主、法治、公平、正义、安全、环境等方面的要求日益增长，需求层次差异日益加大。基层治理要与之相适应，更加强调从单纯行政管理转向全方位服务，从提供大众化服务转向日益追求个性化精准化服务，以更好地回应公众对美好生活的需要。

三是新技术革命给城市基层治理带来了许多新的变化和挑战。新技术革命在加速产业变革、带来生活便利的同时，正深刻改变着人们的行为方式和社会参与方式，也带来诸多风险和新的治理难题，让背负老问题的基层治理又要面对新挑战负重前行。

西城区作为首都功能核心区，是全国政治中心、文化中心和国际交往中心的核心承载区，是历史文化名城保护的重点地区，是展示国家首都形象的重要窗口地区，特殊的区位为城市基层治理提出了更高标准更高要求。一方面，西城无小事，事事连政治，社会各界对首都核心区的基层治理能力和治理水平要求更高。另一方面，西城区驻地单位主体多元、隶属各异、层级跨度大、统筹协调难。老旧小区、平房院落多，历史遗留问题积累矛盾多，需求层次差异大，面临人居环境改善，产业转型升级等多样化的治理挑战。基层治理面对着错综复杂的利益关系、多样化的群众需求和意见分歧等现实难点，同时也暴露出传统城市基层治理体制的缺陷和治理能力的不足，迫切需要补短板强弱项，并由此推进基层治理改革不断深入。

二、西城区党建引领基层治理创新的做法及成效

近年来，西城区坚持以习近平新时代中国特色社会主义思想为指导，以习近平总书记对北京重要讲话精神为根本遵循，以党建引领“吹哨报到”机制改革为牵引，有效推动了基层治理体系和治理能力的现代化进程。

（一）坚持把党建作为基层治理的导航仪，推动基层党组织从传统管理体系的“末梢”向引领基层治理的“引擎”转变

坚持以组织体系建设为重点，不断完善城市基层党建体制机制，扎实推进区域化党建工作，着力为基层治理提供核心驱动力、强大整合力和坚强保障力。坚持做实三级党建工作协调委员会调动各方积极性，全区15个街道、259个社区成立了党建协调委员会，通过建立“三项清单”、开展双向服务、探索激励机制和鼓励社会参与等方式，加强社区党建、单位党建、行业党建横向联动，推动实现事务共商、平台共建、资源共享，培育治理共同体。坚持强化治理主干和打通经络激活细胞并重，创新组织设置，建立了覆盖 6个指挥部的联合党组和411个街巷治理临时党支部，在疏解整治促提升、背街小巷治理和实施街区更新等重大任务中，发挥战斗堡垒作用。坚持推行基层党组织和在职党员“双报到”工作，拓展以“西城大妈”为代表的基层治理骨干队伍建设，积极探索推进社会组织组织化，努力用广泛的组织网络密切联系各类组织，用丰富的组织资源撬动社会资源，用强大的组织力量破解治理难题，进一步将党的政治优势、组织优势转化为基层治理优势。

（二）建立“三级吹哨、多方报到”的条块协力机制，推动基层治理格局从“条块分隔”向“协同治理”转变

全区不断强化纵向同轴、横向同心的基层治理责任体系和响应体系，建立街道工委书记、社区党组织书记、街巷长三级“吹哨”，区级部门、街道科站队所和社会单位等多方“报到”的“多级吹哨、多级报到”条块协力机制。依托“全响应”社会治理平台，利用信息化手段优化问题转办流程，强化反馈督办，进一步打通自下而上的管理链条，减少了行政管理体系内部的摩擦损耗，增强了协同合作效能。深化街道管理体制改革，街道社区在基层治理中获得了更多的自主性和治理资源，眼睛向下、心系群众，密切了党和政府与群众之间的联系，街道办事处逐渐从被动完成上级任务的“基层办事员”向协调各方力量与整合地区资源的“统筹指挥员”转变。随着工作机制和考核机制的变化，区级职能部门主动“向前一步”，与街道社区共同站到治理一线，实现了从向下布置工作的“二传手”向与街道社区共同解决治理难题的“解题人”转变。

（三）坚持破解“大难题”与“微改革”并举，推动基层治理观念由“粗放”向“精细”转变

始终坚持问题导向需求导向并重，围绕违法建设拆除、老旧小区综合治理、街巷胡同停车等城市治理中的八类痛点、难点问题选定“吹哨报到”项目，明确街道、区级主责部门及配合部门的权力和责任，凝聚最大合力化解基层治理难题。坚持从“小切口”入手，围绕办事便利、惠民福利、城市宜居、和谐共治、依法治理等切口小、措施实、接地气、见效快、可推广的改革事项，从细节处着眼、从细微处创新，通过实施“微改革”，助推城市基层治理堵点痛点问题解决，实现

“小切口”推动“大变化”，精准提升群众的获得感和幸福感。

（四）坚持“以民议聚民意”，推动群众在基层治理实践中由“要我参与”向“我要参与”转变

切实发挥基层党组织引导、党员带动和专家智库等专业力量的智力支撑作用，大力推动线上线下多种协商平台建设。积极推进草根自治组织、社区物业联席会等多样化协商组织建设，不断提升居民协商意识和能力，形成了街道、社区、院落、楼门等多级协商层次。建立完善以“民生工作民意立项”为代表的参与式多层协商机制，保障利益相关方参与民主协商。不断拓展丰富协商议题，促进了物业管理、环境绿化、停车管理、养老服务和精神文明等多领域难点问题的解决。积极推行居规民约、临街公约和社会公共责任告知，加强门前三包责任落实，通过居民议事会、胡同论坛等方式，寻求共识、对症下药，引导居民群众共同解决身边的问题。

（五）探索运用现代科技信息手段，推动基层治理方式由“单一”向线上线下“集成”转变

鼓励街道社区探索运用新技术手段提高治理能力，形成了西长安街街道“e动红墙”App、德胜街道“德胜共享停车”App等实践经验。从2018年底开始，在全区推广展览路街道的“社区通”App应用做法，并进行功能优化升级，搭建“西城家园”治理平台，集成了社区公告、党建园地、身边事、议事厅、办事指南、邻里社交、社区服务、吹哨报到等8个功能模块，初步形成了集沟通、服务、管理、动员、认同等功能于一体的线上线下互动综合治理平台，让居民不只是社区服务的被动接受者，更是社区治理的参与者。

三、存在的问题与挑战

在推进党建引领“吹哨报到”机制改革的进程中，通过明责、赋权、下沉、减负等一系列措施，街道社区逐步做实做强，基层治理根基得到不断巩固。但适应发展变化要求，构建更加有效的首都治理体系，西城区作为首都核心区的基层治理还面临着一系列问题和挑战。基层党建引领各方优势发挥尚不充分，政治和组织优势还未有效转化为治理效能；“条块”关系没有完全捋顺，行政体系内部还没有形成高效协同的合力；市场作用发挥不够明显，企业组织的积极性和责任感没能有效调动；居民自治和社会参与缺乏足够活力，群众参与基层社会治理的制度化渠道还不健全，等等，这些问题短板与基层治理体系和治理能力现代化的目标之间还存在很大距离，基层治理仍然任重道远。主要表现在：

党的基层组织和党的工作还没做到全覆盖，党建引领作用发挥还不充分。“两新”组织、物业组织、业委会等的党组织覆盖还有空白点；针对流动党员、退休党员等的管理服务覆盖还有死角；如何把社会组织中的党员培养成团队带头人，把优秀的团队带头人培养成党员，推动社会组织组织化还缺乏有效办法。一些基层党组织联系服务群众、教育引导群众能力还有欠缺；在发挥党建工作协调委员会作用，打通单位与辖区、工作领域和居住场域之间隔阂的办法不多、成效不够，在一些新兴领域和“两新组织”中还缺乏有效抓手。在职党员“双报到”还存在形式化问题。工作领域党建和以街道社区为主的城市基层党建之间缺乏制度化联动，“双报到”的方式方法比较单一甚至流于形式，辖区工作人群广泛实质性地参与基层治理服务还没有真正破题。

“吹哨报到”存在梗阻失灵和协同欠缺，上下贯通的配套衔接制度机制还不完善。“吹哨报到”中还存在空转现象，影响了难题的实质解决。比如一些部门报到存在一定随意性，有时“人到权不到”；涉及多个部门相互配合的吹哨，对于报到之后谁来主责、谁来落实、谁来督查等问题缺乏配套保障机制；还存在个别职能部门被动等待街道吹哨，不主动履职尽责的问题；部分吹哨问题超出了区级部门的权责范围，需要突破现有政策范围，导致了所谓“点卯哨”“围观哨”“踢皮球哨”甚至打政策擦边球的现象。条块间责权不对等不统一的问题仍然没有充分解决。虽然通过“吹哨报到”、街道大部制改革，特别是随着新街道条例落地实施，街道职责进一步明确，但受原有的工作惯性、思维方式、工作理念的影响，条

块分割、机制不顺、统筹不够的现象仍然存在，还未完全形成区、街、社区面向基层治理为出发点和落脚点的上下贯通的制度机制体系。比如，街巷长、网格员、各类协管员、准物业管理、社区工作者等基层一线力量整合还不够，存在着队伍众多、多头管理、各自为政、职能重叠、聘管分离、素质不均等诸多问题。政府对基层治理资源投入不少，但投入与产出的效果不匹配，治理效果并不理想，没有达到预期成效。

基层党组织社会组织动员能力还不强，社会各主体主观能动性和自治活力还未充分激活。核心区基层治理面临着重大活动服务保障、疏解整治促提升、街区更新、背街小巷整治、老旧小区综合治理等重大任务，对基层社会动员组织能力提出了更高要求。从实践来看，围绕提升基层党组织组织力，引领带动各类组织、各种力量有序参与基层治理，各部门、各领域做了积极努力，但是多元化社会力量广泛参与的社会动员响应体系还有待完善，参与基层社会治理的制度化渠道和方式还不够多，各类社会组织的内生资源深度挖掘还不够，还不能引领带动更多的驻区单位、社会组织和居民群众主动、深度地参与到城市基层治理之中。同时，也存在着社区公共精神缺乏的问题，居民尚未实现从“单位人”到“社区人”的转变。如在老旧小区特别是房改房小区、失管弃管小区治理中，需要相关责任单位和居民承担起相应的义务和职责。但一些老旧小区的居民没有付费购买服务和承担自身责任的意识，在原有单位无力或不愿承担管理职责的情况下，转而高度依赖政府和社区解决各种问题。弃管失管的老旧小区中社区公共精神和社区社会资本匮乏，难以形成自我管理和服务。

科技融入治理的方式还不够多，智慧治理水平还需要提高。基层治理体系和治理能力现代化离不开现代科技手段的有力支撑，特别是移动互联网、云计算、大数据、人工智能、区块链等新一代信息技术等在基层治理中的充分运用。但当前信息技术手段对基层治理的支撑作用还处于碎片化的阶段。基层社会治理各主体间还不能充分运用技术手段实现全面联动。比如，目前虽然开发出记录“吹哨报到”流程的信息管理系统，但主要局限在政府内部，还未能与广大居民自发的信息发布、沟通和反馈平台形成桥接，广大居民和政府部门及街道、社区的信息互动有限。对治理平台的系统整合还需要加强。全区各部门和街道社区在平台建设上进行了积极探索，形成了不同的侧重和亮点，但分散在各街道社区中的信息技术和平台创新还未系统整合或者与政府自上而下建设的信息管理系统有效对接，形成整体治理平台。对各类数据的利用还不充分。在基层服务管理中产生的一些数据未及时纳入统一平台。街道社区在数据采集、录入、分析等方面还处于手工阶段，数据的准确性还有待提高，还不能充分运用大数据进行分析研判和预测。如在新冠肺炎疫情的防控中，也暴露出了相关的问题。

四、准确把握核心区基层治理的“魂”与“体”，着力提升基层治理效能

西城区作为首都核心区的特殊的区位决定了基层治理必须同时从“政治”和“治理”两个层面来考量。前者是基层治理无形之“魂”，后者是基层治理有形之“体”。“魂”是将“红墙意识”贯穿到基层治理的全过程，始终把“绝对忠诚、责任担当、首善标准”作为思想行为准则，紧扣“为中央政务营造更好环境、让市民群众有更多获得感”要求，积极适应核心区治理阶段特点和变化要求，不断强化党建的政治引领和思想引领，树牢“四个意识”、坚定“四个自信”、做到“两个维护”，为推进核心区治理体系和治理能力现代化始终走在前列提供坚强政治保证。“体”是指基层治理的基本格局及其功能发挥，是党组织、政府、社区、居民、辖区单位和社会组织等各方主体间的权责关系和互动合作。通过不断强化党建的组织引领和机制引领，形成有力党建、有为政府、活力社会三者协调统一，互补协同的基层治理体系，为推进核心区治理提供有力保障。

（一）围绕建强“有力党建”，构建“纵向同力、横向同心”党建引领基层治理新格局

一是继续做实三级党建协调委员会，为推动

基层治理和服务创新搭建平台。进一步完善三级党建工作协调委员会组织架构和工作机制，完善社区党建、单位党建、行业党建互联互动机制，推动实现事务共商、平台共建、资源共享，激活基层党组织细胞。发挥街道党工委、社区党委统领各方和组织动员的核心作用，有效凝聚各类党组织，协同各方资源力量，形成治理合力。健全社区党组织体系，完善以社区党组织为核心，网格党支部为支撑，楼门院党小组为基础的基本组织架构，推动社会治理重心向基层下移，把更多资源、服务、管理放到社区，畅通“毛细血管”，激活“组织细胞”。切实推进在职党员回社区报到的再组织化，通过临时党支部、功能型党支部、兴趣型党支部、社区支部“编外党员”、抱团认领公益项目等多种途径，激发在职党员参与社区治理的责任感和积极性，使“悬浮的”在职党员真正成为基层治理的“在地化”中坚力量。

二是围绕街巷长和社区党委两个轴心加强基层一线各种力量的整合，让社区党委真正成为组织指挥基层一线治理的“战区司令”。立足核心区治理需要，发挥街巷长和社区党委作用，针对城市空间治理和居住小区管理特点，根据不同治理事务的需求统筹归纳一线力量，切实把社区工作者、网格员、准物业、协管员等一线管理队伍统筹起来。建立街道管理、社区统筹的体制机制，做实用好手册管理，统一工作职责，统一经费渠道，统一考核管理，不断提高群众身边问题及时发现、动态感知和主动治理能力。做实“双报到”　“进千门走万户”、机关干部下沉社区等工作机制，加强各方力量协同，引导全社会广泛参与基层治理。

三是积极扩大党组织在物业服务单位、业委会、各类基层社会组织以及新经济组织中的有形和有效覆盖，延伸党的工作手臂。抓好北京市物业管理条例的落实落地，理顺社区党组织和居委会、业委会、物业服务企业之间的关系，完善社区党组织对业主委员会和物业服务企业的监督、评议、管理体系。全面推行在物业服务企业、业主委员会、物业管理委员会中建立党组织，社区党组织引导和支持业主中的党员积极参选业主委员会委员，通过法定程序担任业主委员会委员等措施，切实发挥党建引领作用。进一步丰富途径方法，通过把社会组织中的党员培养成团队带头人，把优秀的团队带头人培养成党员，不断扩大党在城市基层各类社会组织中的覆盖面和渗透力，把分散、孤立的群众和社会组织再组织化，联系整合起来参与基层治理，切实把党的组织优势转化为基层治理优势。以区域化党建为龙头，加大新兴领域和非公企业党建力度，采取单建、联建、挂靠多种方式组建党组织，及时跟踪指导，不断扩大企业党建的组织和工作覆盖面，引导鼓励企业主动承担社会责任提升公众形象和社会影响力。

四是坚持以德化人，努力把更多居民培育成为基层治理主力军。注重加强典型示范和正面舆论引导，巩固拓展“西城好人”“感动西城”人物等品牌活动，引导形成“崇德向善，见贤思齐”浓厚氛围。通过广泛开展“爱祖国、爱北京——文明西城创建有我”等系列活动，培养居民群众的主人翁意识。通过大力弘扬志愿精神，组织动员居民群众积极参与“抗疫防控　共克时艰”社区服务、治安巡逻、邻里守望、扶弱助残、垃圾分类推广等基层治理实践，进一步壮大基层治理力量。

（二）围绕打造“有为政府”，强化主动治理、系统治理

一是强化主动治理、未诉先办，推动群众身边的操心事、烦心事、揪心事一件一件切实得到解决。坚持把市民热线诉求难点问题，涉疫情问题治理作为主动治理、未诉先办重点，持续加大高频问题、热点区域专项治理力度，强化复杂矛盾问题主动治理，进一步健全协调调度机制，常态长效持续推进，积极推动历史遗留问题、痛点堵点问题、重点难点问题的有效解决，切实提高主动治理能力和效果。探索建立以居民和驻区单位为主体来考核监督社区和街道、以街道为主体来考核监督区级职能部门的自下而上逆向考核评价机制，对热线诉求办理效果、“七有”“五性”问题解决要增加权重，对历史遗留问题和重点难

点问题解决要给予激励，对“新官理好旧账”要加分。对推诿扯皮、不担当、不作为等坚决查处、严肃问责，推动基层治理难题解决和各项工作落实“向前一步”。

二是强化治理根本，实施系列行动计划，提升“七有”“五性”保障水平。基层治理直接面对民众、直接关系民众切身利益，必须把提升“七有”“五性”保障水平作为根本，抓好民生实事办理。实施好便利生活和服务提升三年行动计划，大力推进百姓生活服务中心、各类便民网点织补和服务提升。实施街区更新三年行动计划，精心打造一批精品街区，让群众过上现代生活。深入抓好学区提升计划实施，切实增强学前教育、义务教育学位保障能力，推动教育高水平优质均衡发展。扎实推进“健康西城”行动，持续拓展家庭医生服务有效覆盖面，为居民提供覆盖生命全周期的健康服务。加强老旧小区综合整治三年行动计划，进一步改善居民居住条件和环境。实施群众身边体育设施建设三年行动计划，加强空间资源挖掘和综合利用，建成一批群众家门口的体育健身设施，方便群众日常健身。此外，针对“七有”“五性”测评短板弱项，推出实施一批新行动计划，更加精准服务好群众需求，让群众获得感、幸福感、安全感更加充实。

三是强化基层治理的制度保障，持续推动制度机制的健全完善和政策机制之间的配套衔接。加大探索实践的力度，进一步建立健全务实管用的制度机制，适应新的治理需要。比如，围绕推进城市精细化治理，进一步健全完善岗位职责手册管理、城市部件应急维护机制、突发事件快速响应与应急处置机制、重点区域定期诊断评估机制等。比如，围绕推进“吹哨报到”改革向社区延伸，建立困难群众生活问题的应急资金管理机制；加强社区调解体系建设，完善基层社会矛盾化解相关机制。同时，要强化系统思维，更加注重整体设计、机制衔接、政策集成，避免“单打一”。比如，不断健全“吹哨报到”有效衔接工作机制，进一步明确问题解决的主责方与辅助办理方，建立督查督办落实制度；比如，疏解整治工作要和完善便民服务设施和帮助弱势群体就业配合衔接好，老旧小区更新要根据不同类型产权、长效管理机制等做好系统谋划和政策设计，推动治理效果更好更可持续呈现。

四是强化公共沟通互动，积极回应群众关切，赢得群众支持认同。主动适应互联网发展和社会环境变化，注重加强信息发布和政策解读，注意在事前、事中和事后及时听取群众意见建议，使各项政策措施更好地深入人心、赢得认同。区级层面采取向社会公开区委常委会决策结果、政府常务会微博直播、政府向公众报告工作、建立政府开放日、议政日、听证会等方式，主动向公众通报情况。街道社区层面紧紧围绕宣传党的政策、了解社情民意、办好惠民实事，推动重点工作开展，建立起面向社区、面向居民的通报机制，努力用真诚沟通赢得居民群众的认可支持。深入推进重点工程建设项目实施信息、重要事项办理信息、重大政策实施执行信息规范公开，特别是在街区整理更新和背街小巷治理中，加强各类施工和整治措施的现场信息公开显露，让整治和施工现场成为尊民意、善沟通、获理解、赢认同的平台。

五是强化科技的基础性支撑作用，为推进基层治理能力现代化助力。紧紧围绕民生保障、政务服务、社会治理、城市精细化管理等重点领域，更好地运用区块链、5G网络、物联网、人工智能等先进技术手段，推动智慧城市、智慧党建、智慧社区等新模式、新实践在基层治理层面广泛发展，让城市管理更加智能化、精准化，推动政策、资源、人力向基层倾斜，从而为基层治理技术赋能。加强统一数据与指挥平台的构造，推动各种手持终端与大数据平台整合，统一标准，实时更新数据，结合疫情防控中暴露出来的问题，强化应用服务，注重应用场景搭建和客户体验挖掘，进一步扩大社会参与在空间、时间和人群上的覆盖。特别是抓好“西城家园”平台的覆盖，发挥好平台作用，使之成为有效沟通互动、凝心聚力、走好新时代群众路线、做好群众工作的协同共治平台。

（三）围绕培育“活力社会”，推动多元主体广泛参与，实现共建共治共享

一是加快构建良性互动、带头守法、主动履责的社会公共责任体系，引导社会成员自觉强化公共责任意识主动承担社会责任。制定社会责任星级评价体系，　分类明确社会公共责任具体规范，加强公共责任告知，引导促进更多企业、单位为地区发展和民生服务贡献力量。健全合理的信用制度和有据可查的信用体系，以现有的企业监管信息共享平台为基础，加快实现信用信息互联互通和交换共享。完善诚信联合奖惩机制，建立违法失信“黑名单”和行业禁入制度，构建“一处失信、处处受限”的信用惩戒格局。不断完善居规民约，培育居民公共意识。分区域制定和推广临街公约，进一步完善“门前三包”制度，落实背街小巷整治标准，推动临街单位、门店和住户等临街主体履行社会公共责任。

二是推进现代社会组织发展，培育社会组织“生态圈”，推动形成多元共治格局。积极支持枢纽型、支持型和专业型社会组织深度参与社区治理，鼓励支持地区性行业协会和商会等枢纽型组织发挥“杠杆作用”，探索将部分政府管理职能委托给地区商会、行业协会，引导会员企业积极配合政府部门参与环境治理、质量监督、垃圾分类、法治宣传、便民服务等领域的工作；发挥职业社团（律师、医生、教师、规划师等）和学会等专业优势参与基层治理服务。大力培育发展社区社会组织、草根型公益组织和微型自治组织。鼓励探索社区基金会、社会企业等新型社会组织的创新实践，让更多的专业社会组织深度参与小区治理服务，成为街道社区的好帮手。

三是完善社区居民自治的组织体系，激发居民主体意识、提升自治能力，培育“能自治、会共治”的现代市民主体。深化社区居民自治，增强社区居委会七个专业委员会的组织化程度，做实各功能委员会，建立健全居务监督委员会。深入推动社区服务站改革，推行一站式服务，更加注重“场景搭建”和群众体验，让党员群众在家门口就能享受到便利服务。进一步完善社区工作准入机制，让社区干部和社区工作者有更多时间俯下身子、进门入户做好服务群众工作。抓好社区“带头人”队伍建设，提升社区党组织书记、居委会主任的综合能力素质。推进社区工作者专业化职业化体系建设，提升做好社区工作的能力水平，增进居民群众对社区的归属感、认同感。因地制宜地探索完善各类居民自治组织，如居民代表常务制、院落（小区）自管会、停车（环境）自管会、社区居民听证会等，抓好骨干群众的拓展，让更多群众都能找到并加入适合自己的组织，把分散的“社会人”再组织化，以更加多元化的形式和途径，凝聚起社区治理的强大合力。

四是巩固创新民主协商机制，不断完善基层民主协商的平台、规则、流程和方法，推动基层协商制度化规范化。进一步巩固扩大“民情坊”“社区茶馆”“五民工作法”“民生工作民意立项”等有益经验，支持和帮助居民群众养成协商意识，掌握协商方法，提高协商能力，推动形成既有民主又有集中、既尊重多数人意愿又保护少数人合法权益的社区协商机制；完善多级分类的社区民主协商机制，结合不同的社区公共议题，进一步明确协商主体、协商平台、协商流程、议事规则、结果运用等环节，着力提高民主协商的公开性、透明性和公正性，让“有事好商量、遇事多商量”“众人的事众人商量”成为浓厚的社会氛围和自觉的生活方式。

以金融街和金科新区建设为龙头推动区域经济高质量发展的实践与思考

中共西城区委副书记、西城区人民政府区长 孙 硕

习近平总书记多次强调，进入新时代，我国经济已由高速增长阶段转向高质量发展阶段。推动高质量发展，是保持经济持续健康发展的必然要求，是适应我国社会主要矛盾变化和全面建成小康社会、全面建设社会主义现代化国家的必然要求，是遵循经济发展规律的必然要求。蔡奇同志强调，推动北京高质量发展，要牢牢把握首都发展的要义；要牢牢把握减量发展这个特征；要牢牢把握创新发展这个唯一出路；要牢牢把握以人民为中心的发展这个根本落脚点。毫无疑问，西城区作为首都功能核心区，面对首都减量发展空间资源硬约束的要求、面对金融与科技融合发展对传统金融业产生引领和重塑之大趋势，以金融街和金科新区建设为龙头，作为推动西城区经济高质量发展的重中之重，既是进一步发挥金融街、金融业对区域经济高质量发展的引领作用，更是落实首都“四个中心”战略定位的题中应有之义。

一、西城区经济高质量发展面临的形势要求

（一）落实新版总规、立足区域功能定位之必然要求

2017年9月，《北京城市总体规划（2016年—2035年）》颁布实施（以下简称北京新总规），明确了西城区作为首都功能核心区，是“全国政治中心、文化中心和国际交往中心的核心承载区，历史文化名城保护的重点地区，是展示大国首都形象的重要窗口地区”。新版总规还明确提出减量发展的理念，对于中心城区总规明确提出“三减三严控”措施。所谓“三减”，即减人口规模，减建设用地规模，减产业用地；所谓“三严控”，即严控规划的总建筑规模，严控非首都功能的增量，严控超高层建筑的高度和选址布局。新版总规本质上要求核心区在“增量减量”的约束下，通过功能优化和空间布局优化，创新发展新动能，转换发展新动力，构建发展新格局，实现高质量的发展。西城作为首都核心功能区，必须从特殊区位出发，既要把落实减量发展之要求作为一项长期的重大政治任务，也要作为推动区域经济高质量发展的必由之路。

（二）顺应产业发展趋势之必然要求

当前，在转向高质量发展阶段的过程中，新经济模式不断涌现，金融需求更强调智能与便捷，金融供给更重视合规与结构优化。金融科技由此应运而生，它依托云计算、大数据、人工智能、区块链等新技术，不断打破现有金融边界，推动金融业向移动化、数字化和智能化加速发展，在提高金融服务效率、降低金融服务成本、拓展金融服务边界方面发挥巨大作用，对于提升国家金融核心竞争力具有重大意义。发展金融科技不仅是国家金融安全体系的重要组成部分，而且是应对国际金融危机外溢冲击和国内金融风险的创新手段，更是实施创新驱动战略、建设现代经济体系的战略支撑。西城区作为国家金融战略实施的重要载体，依托丰富的金融资源，理应成为加快金融科技发展的龙头。

（三）遵循经济发展规律之必然要求

从区域经济发展规律来看，当一个区域或一个区域的某一产业形成一定规模时，往往会产生

扩散效应，带动经济总体效率提升。经过近30年的发展，金融街已经成为带动区域发展的空间动力源，金融业已经成为带动区域发展的产业动力源。在这种情况下，西城区应在做强金融街、金融业既有发展优势能级的同时，进一步发挥金融街作为国家金融管理中心的金融优势、公共服务资源丰富的政务优势、文化底蕴深厚的人文优势、中关村西城园的科技优势、北展地区链接金融街和中关村的区位优势以及“动批”疏解楼宇的空间优势，推动金融科技产业集聚发展，努力将金科新区打造成为产业高质量发展服务平台和创新辐射中心，在落实首都城市战略定位、构建高精尖经济结构和核心区城市转型发展等方面做出新的贡献。

二、西城区经济高质量发展实践

党的十九大以来，西城区紧扣首都城市战略定位，聚焦服务国家金融管理中心建设，充分发挥金融街和中关村西城园两大功能平台作用，挖掘创新动能、激发新活力，积极探索减量、创新、转型的高质量发展之路，全区经济发展保持了平稳健康的发展态势。2019年，全区实现地区生产总值5007.3亿元，同比增长6.1%，占北京市地区生产总值的15.3%。从结构来看，第三产业实现增加值4728.5亿元，同比增长6.5%，占地区生产总值的94.4%，高于全市第三产业比重10.9个百分点；金融业增加值在西城区GDP中占比约五成，经济增长贡献率达86.8%。

（一）紧扣定位、深化改革、发挥优势，促进国家金融管理中心发展取得新成效

西城区坚决贯彻市委关于推进首都高质量发展各项部署，紧扣核心区功能定位和发展要求，深化金融街服务改革，连续出台实施一系列政策措施，综合施策，打出了一套发挥金融街先发优势，促进国家金融管理中心建设和发展的“组合拳”。一是深入推进金融街服务体制改革，组建北京金融街合作发展理事会、北京金融街服务中心有限公司，完善金融街“四位一体”服务体系。二是研究出台《加强服务金融街国家金融管理中心功能建设的若干意见》及人才奖励政策，设立年度优秀杰出金融人才服务支持计划，实施管家式服务模式，落实“金服十条”，推动环球银行金融电信协会中国法人机构，工银理财、中银理财、邮储理财等54家标志性总部机构及金融机构落户金融街。三是系统实施金融街品质提升专项行动，生活便利、交通畅行、景观提升等有序推进。四是成功举办金融街论坛、成方金融科技论坛、走进北京金融街等品牌宣介活动，持续提升金融街国际化水平和影响力。五是支持驻区外资机构申请综合试点先行先试政策，促进金融对外开放。六是积极防控金融风险，有效维护金融安全稳定。截至2019年底，金融街区域实现地方级税收471亿元，年均增速达21.7%，高于全市地方级税收年均增速7.7个百分点，占全市税收比重10.6%，对全市税收增长贡献率达13.9%，占全市地方级税收比重达到10%；金融街实现区级税收年均增速达18.2%，高于全区区级税收增速2.7个百分点，占全区区级税收比重稳定在45%左右，对全区税收增长贡献率达56.3%。总的来看，金融街以不足全区7.5%的面积和38.3%的从业人员，创造了全区52%的区收贡献，以全市0.02%的面积创造了占全市近10%的地方级贡献。高端、高效、高辐射的发展特征日益突出。

（二）紧扣要求，精心谋划、厚植优势，加速推动国家级“金科新区”建设取得新进展

西城区坚决贯彻国务院批复的《关于全面推进北京服务业扩大开放综合试点工作方案》，紧扣核心区减量发展新要求，充分发挥区位资源优势，围绕金融安全、金融科技创新等领域，着力下好发挥金科新区后发优势的“先手棋”。一是积极配合国家金融科技创新监管试点任务落地，探索研究中国版的“监管沙盒”，19个金融科技应用试点项目通过了中国人民银行等六个部委的应用评审，占全市项目总数的40%。二是成立北京金融科技研究院、北京金融科技产业联盟和保险科技联盟，构建产学研融合的金融科技生态。三是落实“金科十条”政策兑现进度，设立北京金融科技产业投资基金，吸引包括“相互帮”等47家重点金融科技企业入驻，注册资本金超过700亿元，金融科技总数超过100家。四是推进核心区内水、电、热等基础管线的改造，优化交通组织，建立慢行系

统，规划公共区域道路和景观、照明和绿化设施，加快中心花园绿化建设，实现街区品质整体提升。五是加强“金科新区”的建筑改造，实施老旧厂房利用专项规划和实施细则，大力展开街区更新和楼宇转型升级，北矿金融大厦、首建金融中心等初步实现转型，吸引一批标志性金融科技机构落户，增强金融科技企业的集聚效应。六是加强重点项目服务，围绕金融安全、金融科技创新等领域，实施产业扶持政策，吸引国网区块链科技、蚂蚁金服保险科技、监管科技、金融科技基础设施等重要项目落地，完善金融科技产业生态。七是落实好服务包、服务管家机制，盯紧央企和金融机构价值链核心部分，促进生产性服务业向专业化和价值链高端延伸。八是加强主动对接和精准服务，注重场景搭建和客户体验，加快推进政务智能自助服务，同步推进线下网点布局优化和线上流程再造，推动营商环境持续优化。九是提升“成方金融科技论坛”的规格，扩大国际交流与合作。截至2019年底，园区现有高新技术企业898家，国家高新技术企业600家，中关村高新技术企业667家；西城园279家规模以上高新技术企业，累计实现总收入2526.8亿元，同比增长7.7%，预计全年实现收入3300亿元。园区企业申请专利2571件、获得专利授权1894件，分别同比增长10.3%和10.8%；园区规模以上高新技术企业，累计实现总收入2225.4亿元、利润总额234亿元，分别同比增长6.9%和15.8%。

三、以金融街和金科新区建设为龙头推动区域经济高质量发展的基础

（一）从区位优势来看，金融街和金科新区都具有承接发展金融科技的独特优势。金融街和金科新区共同位于西城区内，区内金融资源的优势辐射能有效推进金科新区的建设，使金科新区具备其他城市地区发展金融科技不具备的独特优势。

1.金融监管要素集聚。金融监管是金融科技发展的最重要核心因素。监管要素集聚可以为探索开展金融科技监管创新试点等提供支撑，并以此为发力推进金融科技企业的发展。西城区是国家金融管理中心的承载地，是中国人民银行、银保监会、证监会等政府监管职能部门办公所在地。

2.金融总部集聚。金融街庞大的资产规模及其在全国金融机构资产总量中的高占比，显示了它在我国金融体系运行中的枢纽地位。金融机构总部是未来金融科技行业的领军者以及重要需求方，对于打造金融科技实践、推动金融科技创新企业业务有不可比拟的重要作用。区域内汇集了国内众多的大型金融机构总部和大型国企总部和国际大型金融机构中国区总部。截至目前，西城区拥有境内上市企业34家，境外上市企业25家，其中12家世界500强企业，20家中国500强企业，上市企业总市值超过8万亿，资产总额超过97万亿。区域金融机构资产总规模达99.5亿元，占全国金融资产总规模的近40%，驻区商业银行资产规模占全国商业银行的41%。

3.枢纽优势。西城区大型金融企业集聚，具备大量既有理论又有实践的高端金融人才；海淀区科技要素和高科技企业聚集，科技人才丰富。而金科新区核心区恰好处于金融街与中关村之间连接地带的西城北展地区和海淀北下关地区，其枢纽位置使其具备发展金融科技的金融与科技要素，是发展金融科技的最佳区域。金科新区核心区作为西城与海淀的枢纽位置，具有联动金融和科技的独特优势，能从地理上、营商环境、人才交流与业务合作上有机结合金融、科技两大产业。伴随金融科技成为未来金融竞争重点的这一改变，金科新区的建设对于推动区域经济下一轮高质量发展具有十分重要的意义。

4.政策空间优势。2019年1月，国务院正式批复《关于全面推进北京服务业扩大开放综合试点工作方案》，明确提出在西城区建设“国家级金融科技示范区”。作为北京非首都功能疏解促进城市转型升级的代表区域——北展地区约60万平方米的疏解空间资源和80万平方米的优质楼宇可直接用于金融科技发展。

（二）从发展压力来看，金融街和金科新区发展创新发展遇到瓶颈和挑战的问题，包括来自外部区域的竞争压力，同时也有来自自身的不足。

1.从与国际金融城市相比来看，还存在一定差距。经济总量上，与伦敦金融城等全球知名金融功能区相比仍有不足。2017年，与金融街同等面积的伦敦金融城（1平方英里）GDP达到916.45亿美元，约合6048.57亿元人民币，占英国GDP的比重高达3%，高于2019年西城区地区生产总值。国际化程度上，金融街外资金融机构143家，缺乏全球性的金融交易市场，国际业务相对较少，主要管理国内资产，在全球资产管理中所占份额较少。而伦敦金融城聚集了520多家外资银行，管理着全球近44%的资产。空间资源上，伦敦金融城、曼哈顿CBD的写字楼面积超过800万平方米，均超过金融街。

2. 从金融业和金融科技发展来看，主要存在“传统相对有余，新兴相对不足”的问题。在目前去杠杆和强监管的背景下，金融监管部门牌照审批明显从严，新设金融机构数量大幅减少。从金融业内部看，金融子行业发展传统的以银行业为主的货币金融服务业超过50%。同时，目前金融科技产业还尚未对区域发展形成有效支撑。

3. 从金融街硬件环境建设来看，主要存在三类问题：一是存在信息不对称的问题，配套服务的信息较为零散，缺少权威、统一的信息整理和发布平台，限制了现有资源的服务能级。二是资源供给存在结构性矛盾，金融街发展对硬环境资源的需求在不断地增长，而供给端存量资源尚存在独立封闭、未充分利用、甚至闲置资源的现象。三是高端、特色、个性化的硬环境资源相对不足，特别是现阶段金融街及周边地对于高层次人才的住宿、国际性医疗、教育等资源还相对不足。

4. 从金融街软环境建设来看，主要存在三类问题：一是金融街得天独厚的优势条件没有被充分利用的问题，金融街在发展历史、功能定位、区位条件、品牌文化等方面具有其他地区无可比拟的优势，但是这些优势并没有被充分开发和利用，间接放缓了金融街发展步伐。二是管理职能和服务方式转变有待进一步加强，无论是政府职能部门，还是楼宇物业，管理思路较为老旧，服务模式亟需创新。三是对政策中心的决策支持力度不到位。目前，西城区对政策中心的支持，更多体现在住房、教育、医疗等后勤保障措施方面，对政策中心的决策支持作用并没有充分发挥出来，相比于金融市场繁荣的国外城市，整体开放力度及政策支撑不足。

5. 从金科新区软环境建设来看，主要问题是各类发展主体欠缺融合联动发展机制。金科新区已经初步形成了以北展地区为核心区，以德胜地区、广安地区为拓展区的布局清晰、功能明确、协同联动的产业空间发展格局，但是各类金融主体之间缺乏联动发展机制。特别是金融科技类论坛、沙龙等较少，企业同企业、企业同监管、企业同国际市场间的沟通机会有限。金科新区虽然囊括了高校资源、研究机构、金融机构、金融科技企业、科技企业等众多的发展主体，但相较于成熟的示范区而言，各个发展主体相对独立，彼此之间缺少合作和互动，欠缺融合联动发展机制，尚未形成产业集群发展态势。

6. 从人才发展情况来看，主要问题是创新型高质量人才不足。从区级层面来看，对于金融科技行业发展的基础研究相对不足，对行业发展情况不清楚、发展思路不明确，特别是对于新形势下应该重点发展哪些细分领域尚缺乏清晰的认识。这导致在专项政策、财政补贴、空间楼宇、人才引进等资源投入方面的服务精准度不够，对精细化服务产业发展造成一定的影响。

四、以金融街和金科新区建设为龙头推动区域高质量发展的对策建议

推动西城区经济高质量发展，必须牢牢把握首都城市战略定位，顺应城市功能调整的要求，落实城市总体规划的空间安排，推动产业布局和发展与城市战略定位相适应、相一致、相协调；必须深入把握减量发展的新特征，强化创新发展的新动能，推动经济发展质量变革、效率变革、动能变革；必须积极推进与周边地区协同发展，加快建设协同创新共同体，在构建世界级城市群的过程中，提升首都核心区经济的核心竞争力、影响力和辐射带动力。

（一）重塑产业发展空间格局。一是统筹调整产业布局。细化金融街和金科新区产业定位，避免同质化竞争。在继续做强做大金融街的同时，发挥金融街与金科新区空间上绵延相接的区位优势，以“一核两翼”为抓手进行空间布局，高效利用北展地区“动批”腾退空间等区域，加大布局金融科技服务业，构筑与国家金融管理中心相互支撑、相互呼应，科技资源为金融机构赋能、金融要素助力科技创新协同发展的新格局，实现区域经济高质量发展。二是加强对金科新区现有存量资源利用政策的研究，特别是要明确腾退楼宇的自主升级改造、调整规划用途等操作细则。

（二）完善产业支撑体系。一是从全国科技创新中心功能出发，谋划发展科技创新等与核心区功能匹配的产业形态，持续吸引聚集重点领域的人才、技术、资本、研发机构、金融机构总部、国际组织等高端要素，增强对国家战略服务能力。二是鼓励引导辖区内大型金融机构总部在“金科新区”设立金融科技事业部、特色支行或金融科技公司等，推动补贴政策的落地，并加强与中关村等技术较为成熟的园区合作，延伸业务链，提高核心竞争力，鼓励民营资本参与国有企业混改，促进行业整合和产业升级。三是积极吸引辖区外银证保等大型机构设立的金融科技子公司或是赋能传统金融机构的金融科技初创公司入驻“金科新区”，借助互联网新兴技术，简化供需双方交易流程、降低融资边际成本，推动金融机构在盈利模式、业务形态等方面持续优化，不断增强核心竞争力。四是利用现有的国家级金融机构存量资源，推动机构间交流与合作，吸引挪威政府养老基金，新加坡政府投资公司等国家主权财富基金的总部入驻等。同时，引进一些功能性金融机构，尤其是国际一流金融机构的研究发展中心。五是加大力度培育以金融安全、金融科技创新为重点的战略性新兴金融产业，实施服务金融科技监管的“金眼工程”、服务金融基础设施的“金基工程”、服务金融风险防控的“金盾工程”，建立监管科技创新体系、产业创新体系等创新体系，逐步形成金融监管示范、产业发展示范等高端高效、融合协调的产业架构。

（三）培育经济发展新动能。一是以监管沙盒落地为突破口，加快建设监管创新高地。充分发挥监管沙盒连接企业和监管沟通的纽带作用，帮助初创企业依法合规、有序创新，推动创新要素在金融街和金科新区中跨机构、跨领域聚集，使各个发展主体由“孤岛”变为“群岛”。同时建设相关创新实验室，构建与金融创新的沟通桥梁，营造金融创新的软环境。二是推动创新资源与金融资本、专业服务有机融合，聚集创业投资与知识产权、人力法律财务专业服务机构，完善创新创业生态。三是注重为创新创业保留或提供低成本空间，保护好创新发展的底层元气。

（四）强化发展质量评价。一是建立高质量的评价考核体系。建立以地均产值、人均税收、单位产值能耗、水耗等效率指标为主的评价指标体系，鼓励引导金融街、金科新区两大龙头转向更高质量的发展。二是构建评价产业发展的大数据管理平台。整合统计、税务、国土、规划、供电等部门数据，逐步建立起重点产业发展的信息数据平台，为精确服务企业、精准考核发展提供信息支持。

（五）建设创新系统共同体。一是优化区域内产业分工。立足核心区功能定位和各自的资源禀赋，推动产业要素聚集，培育协同发展的产业带。二是创新合作模式。依托区域内西城区金融监管优势和总部优势，联合相邻的科技发展主区海淀区，打造“多区金融协同发展生态体系”，推动区域之间形成借势发展、共同发展局面。

（六）优化区域环境品质。一是在人才引进方面，加强与国内外高校、研究机构和专业服务机构等开展金融科技人才培养合作。加强高端金融科技人才引进服务的政策落地力度。做好优秀人才落户、子女教育等服务保障工作。二是在人才园区建设方面。建设包括设置人才公寓、创新孵化实验室、共享办公室、智慧城市试点、立体停车场等，集居住、商务沟通、移动办公为一体的人才园区等。在宜居环境建设方面，充分利用金融街、金科新区的地下环廊和楼顶天台等区域，打造休闲、健身新空间。三是在交通体系建设方面，进一步优化区域交通组织体系，优化路网结构，增强金融街功能区的交通引导系统建设，提高区域内交通微循环能力。四是在医疗和教育方面，进一步增强高端医疗、教育资源供给。加强与协和、广安门中医院等大型医院国际医疗部的对接，增加和完善国际化医疗服务项目及相关产品，提升医疗的国际化水平；增设国际托儿所、幼儿园等国际性教育资源。五是在专业服务配套方面，吸引包括招引法律、财税、担保、咨询、投资等专业化服务机构入驻以及金融科技相关产业链机构。

（七）加强品牌打造。一是打造金融科技跨区域联动平台，构筑“京伦通”“京纽通”等沟通平台，积极推动北京--巴黎创新中心建设。二是依托金融街论坛、中关村论坛，常态化举办金融科技国际论坛，定期面向全球发布《北京市金融科技发展报告》。三是成立国际金融科技产业联盟，搭建具有国际影响力的金融科技交流展示平台，开展多层次金融、科技交流对接活动。

（责任编辑　贾国平）

大 事 记

1月

3日　西城区与河北省张家口市签订协同发展框架协议。

☆　西城区召开落实北京市推进全国文化中心建设领导小组第二次会议。

4日　西城区与上海市普陀区签订友好城市协议。

☆　马连道东三号路（红莲路）建成通车，原8米宽的单行道拓宽为20米的双向道路。

7至10日　政协北京市西城区第十四届委员会第三次会议在国谊宾馆召开。

8至11日　北京市西城区第十六届人民代表大会第五次会议在中国职工之家召开。

8日　北京市西城宣师一附小右安校区内发生一起男子伤害学生事件，造成20名学生受伤，其中3人重伤，嫌疑人被警方当场控制。

10日　区委书记卢映川带队走访国家发展和改革委员会，国家发展和改革委员会主任、党组书记何立峰接见。

12日　市委书记蔡奇，市委副书记、市长陈吉宁到西城区就“进一步做好‘四个服务’”进行主题调研，察看西城区红墙意识党性教育基地，并在西长安街街道办事处召开座谈会。

15日　国家主席习近平夫人彭丽媛同芬兰总统夫人豪吉欧相聚前门北京坊，欣赏音乐诗会。

28日　区党建工作协调委员会成立大会暨第一次全体（扩大）会议召开，审议通过《西城区党建工作协调委员会运行机制》，标志着西城区区级党建工作协调委员会正式成立。

2月

1日　中共中央总书记习近平到西城区慰问大栅栏街道居民群众。习近平前往大栅栏街道石头胡同南口，步行察看街巷风貌，看望老城居民，并向地区群众致以新春祝福。

11日　区委书记卢映川召开对全区各委办局党政主要负责人集体谈心谈话会。

12日　市委书记蔡奇到西城区陶然亭街道办事处座谈，听取区委书记卢映川、朝阳区区委书记王灏和城六区街道党工委书记对加强新时代街道工作的意见建议。

13日　区领导卢映川、杜灵欣、章冬梅、孙硕、徐利、缪剑虹与各民主党派、工商联负责人和无党派代表人士举行新春座谈会。

☆　区委书记卢映川参加西长安街街道西交民巷社区党委扩大会议，讨论街巷胡同品质提升、停车自治管理、支部党建、安全服务保障等内容。

14日　世界卫生组织西太区主任葛西健一行到西城区新街口社区卫生服务中心调研社区卫生工作。

19日　中共北京市西城区第十二届纪律检查委员会四次全体会议召开。

☆　德胜门城楼首次上演灯光秀，展示元宵节习俗的缘起、古今盛况等内容。元宵节期间，西城区还在景山公园、大观园分别举办元宵灯会活动。

20日　西城区召开全区领导干部大会，学习贯彻全市街道工作会议精神，部署西城区贯彻落实工作。

22日　西城区第一家社会组织联合会——什刹海街道社会组织联合会第一届会员代表大会召开。

26日　西城区召开2019年组织、宣传、统战工作部署会。

27日　区政协与区政府召开2019年“两政”联席会。

3月

2日　市委书记蔡奇，市委副书记、市长陈吉宁带队先后到东城区朝阳门街道公共服务中心大厅、西城区政务服务中心，围绕“提高‘四个服务’水平”主题进行拉练式检查并在西城区召开现场推进会。

2至3日　区四套班子领导带头参与志愿服务活动。

3日　区妇联在天桥艺术中心举办“家国情·同欢庆”主题家庭日活动，辖区内近千名妇女参加活动。

4日　民政部部长黄树贤到西城区百万庄中里调研社区治理和社区养老工作开展情况。

5日　香港特别行政区行政长官林郑月娥率团访问西城区，参观天宁1号文化科技创新园，走访新华网媒体创新工场、珠江钢琴北京艺术之家等入驻企业。

6日　区委书记卢映川“四不两直”到什刹海街道爱民街社区和西什库社区调研。

7日　西城区召开2019年深入推进疏解整治促提升全面促进精神文明和生态文明建设动员大会暨河长制工作会议。

13日　呼伦贝尔市政协副主席、鄂伦春自治旗旗委书记吕建伟带领鄂伦春自治旗党政代表团到西城区就2019年扶贫协作工作召开联席会。

14日　喀喇沁旗旗委书记高希华带领喀喇沁旗党政代表团到西城区就2019年扶贫协作工作召开联席会。

18日　西城区召开机构改革动员部署会启动机构改革组织实施工作。

19日　区委常委、常务副区长孙硕率代表团前往河北省阜平县进行座谈签约，并赴阜平县食用菌生产基地和城南庄镇木耳种植基地实地考察调研。

☆　北京华天饮食集团的地安门马凯餐厅正式重张开业。该餐厅是66岁的中华老字号，有着“北中轴线上的美食明珠”美誉。

20日　第11届中国·贵州国际茶文化节（茶产业博览会）宣传推介暨“我有贵州半亩茶”网络名人公益活动在马连道工作站举行，其间西城区与贵州省农业农村厅签署《推动贵州茶产业发展合作框架备忘录》。

21日　由北京金融街服务局、伦敦金融城联合承办的“2019北京金融街——伦敦金融城对话交流活动”在北京劝业场文化艺术中心（北京坊）举行。

24日　市委书记蔡奇“四不两直”到白纸坊街道右内西街甲10号院走访调研并座谈。

26日　北京市深化党建引领“街乡吹哨、部门报到”改革理论研讨会西城区分论坛召开。

26至27日　北京市西城区德胜商会成立暨第一届第一次会员大会召开，成为西城区首个独立登记注册的街道地域性综合商会。

30日　全区15个街道259个社区居委会换届选举工作结束，均为一次选举成功，产生全区新一届社区“两委”班子。

4月

13日　全国人大常委会副委员长、全国妇联主席沈跃跃到西城区德胜街道新风中直社区参加“巾帼心向党　礼赞新中国”群众性宣传教育活动。

16日　北京市政协主席、党组书记吉林，北京市政协副主席、全国妇联副主席程红到西城区北京坊劝业场、pageone书店、muji酒店、杨梅竹斜街调研。

☆　2019年西城区“春之声　科普汇”科普阅读季“读·享”系列活动在北京科学中心开幕。

18日　副市长王红到西城区政务服务中心就优化营商环境新政策落地及应知应会情况进行实地调研。

19日　全国首例区块链公证书在西城区的北京市中信公证处开出、使用。

21日，长安商场闭店改造。12月27日，升级改造工程完工并开业。

22日　西城区在京剧发祥地地标石广场举办“京韵剧源——西城2019京剧发祥地艺术季”活动。

23日　西城区召开2019年第一期街巷长能力提升培训班开班动员会。

☆　位于西城区莲花池东路16号的“24H城市书房”正式投入使用，采用手机扫码自助办理文献借阅手续。

26日　西城区2019年庆祝“五一”国际劳动节暨先进个人、先进集体表彰大会在梅兰芳大剧院举行。

28日　第三届“西城青年之星”颁奖典礼在天健宾馆举行。

29日　西城区监委第一届特约监察员聘任大会暨2019年全区监察工作会议召开。

5月

4日　西城区与内蒙古自治区鄂伦春自治旗共同组织开展的2019年鄂伦春文化旅游特色产品推介周在天桥艺术中心开幕。

10日　区委书记卢映川带队调研金融街配套提升工作。

11日　市委书记蔡奇，市委副书记、市长陈吉宁到西城区调研中轴线申遗保护工作。

☆　西城区召开教育大会，推出《西城教育现代化2035》和《加快推进西城区教育现代化实施方案（2018—2022年）》。

14日　区人大常委会执法检查组深入相关社区、街巷，对“两条例一办法”在西城区的落实情况开展执法检查。

15日　重庆市江津区区委书记程志毅、副区长吴晓琳一行到西城区华远集团考察。

16日　西城区委区政府推进京津冀协同发展领导小组第一次会议召开。

19日　2019年西城科技周主场活动暨广外街道青少年科技节在北京小学红山分校举办。

21至22日　区委书记卢映川率团赴河北省阜平县考察。

23日　孙硕任中共北京市西城区委副书记，区政府党组书记、副区长、代理区长。

28日至6月1日　西城区组团参加2019年中国国际服务贸易交易会（简称京交会），达成意向签约项目11个，西城区政府获得2019年中国国际服务贸易交易会最佳专题展区奖。

29至30日　2019金融街论坛年会在北京金融街举办，并举行金融街合作发展理事会揭牌仪式、建设国家级金融科技示范区启动仪式和金融科技研究院揭牌仪式。

6月

2至5日　区委副书记、代区长孙硕率西城区对口帮扶考察团深入青海省玉树藏族自治州囊谦县开展精准扶贫实地调研。

3至9日　西城区试行“无会周”。

5日　清华池博物馆落成并正式向市民免费开放。

6日　全国政协副主席刘奇葆带队赴中关村西城园中国北京出版创意产业园区调研。

10日　菜市口西片老城保护和城市更新试点工作启动，成为本市首例实施的直管公房申请式退租区域。

17日　市委副书记、市长陈吉宁到基层联系点西城区椿树街道开展“不忘初心、牢记使命”主题调研。

20日　西城区召开顾问团换届大会。

21日　“2019北京国际茶业展、北京马连道国际茶文化展、咸阳茯茶文化节”在北京展览馆和马连道中国茶叶第一街开幕，其间西城区和陕西省咸阳市签署缔结友好城市战略合作协议。

7月

1日　西城区成立区委全面依法治区委员会并

召开第一次会议。

☆ 蚂蚁金服将旗下全资金融科技板块——相互帮健康科技（北京）有限公司落户金科新区，实现国内首家互联网龙头企业的金融科技板块在金科新区注册落地。

2至3日 北京市西城区第十六届人民代表大会第六次会议召开，依法选举孙硕为西城区人民政府区长。

4日 西城区召开区委生态文明建设委员会第一次会议。

6日 西城区开展在职党员社区统一行动日活动。

11日 什刹海文化展示中心在位于烟袋斜街的广福观内正式落成，并举办主题为“广汇什刹海，福传北京城”的开幕仪式，同时授予“文明实践基地”“什刹海教育文化融合基地”“青少年志愿服务实践基地”牌匾。

☆ 市委副书记、市长陈吉宁以普通党员身份到基层联系点西城区椿树街道参加党员“双报到”活动。

12日 市委书记蔡奇，市委副书记、市长陈吉宁到西城区德胜街道调研垃圾分类工作。

13日 通州区与西城区、朝阳区、海淀区签署结对协议。

16日至8月31日 西城区举办2019（第十届）北京西单时尚节。

26日 中国共产党北京市西城区第十二届委员会第十次全体会议召开。

8月

2日 退役军人事务部党组书记、部长孙绍骋到广内街道调研退役军人服务管理工作。

5日 区委副书记、区长孙硕会见瑞士蒙特勒市师生代表团。

13至15日 区委副书记、区长孙硕率西城区党政代表团赴河北省张北县、内蒙古自治区喀喇沁旗调研扶贫协作工作。

15日 广安门外南街南段完成道路建设。

24日 由北京市委宣传部与西城区委区政府联合主办的首届“北京书店之夜”活动在北京坊举办。

28日 西城区召开区政府全体会暨区政府工作点评会议。

31日 区政府连续第三年向公众报告工作。

☆ 两岸企业家峰会台湾方理事长萧万长、大陆方理事长郭金龙一行到大栅栏商业街参观考察。

9月

1日 西城区京华实验学校正式开学，为新增九年一贯制公立改革实验学校，首届招生2个班一年级新生。

2日 西城区人民法院正式启用多元解纷诉调对接中心。

4日 全国人大常委、农工党中央专职副主席杨震到展览路社区卫生服务中心进行“推进健康中国战略”主题调研。

6日 中关村西城园北京安博通科技股份有限公司在上海证券交易所举行科创公司上市仪式，成为西城区首家科创板上市企业。

☆ 西城区首次在机关办公楼举行建筑火灾消防救援疏散演习。

9日 西城区召开“不忘初心、牢记使命”主题教育动员部署大会。

10日 2019北京坊生活方式设计节暨北京国际CG艺术双年展在北京坊劝业场开幕。

☆ 烂缦胡同完工，开街亮相。

16日 徐悲鸿纪念馆改扩建工程完工，举行开馆仪式。

17日 北京燕京八绝艺术馆分馆暨北京燕京八绝工艺精品馆开馆仪式在马连道举行。

20日 南中轴天桥南大街段绿地景观修复完成，御道贯通。

23日 “伟大历程 辉煌成就——庆祝中华人民共和国成立70周年大型成就展”开幕式在北京展览馆举行。中共中央政治局常委、国务院总理李克强出席并讲话，中共中央政治局常委、中央书记处书记王沪宁主持开幕式并宣布成就展开幕。

☆ 西单文化广场“城市森林”向公众开放。

25日 首都金融科技发展研讨会在金融街中心召开。

29日 区委书记卢映川，区委副书记、区长孙硕分别前往西长安街街道和大栅栏街道，开展“不忘初心、牢记使命”主题教育调研。

10月

8日 市委副书记、市长陈吉宁到什刹海街道、新街口街道调研“不忘初心、牢记使命”主题教育工作。

10日 西城区召开创建全国双拥模范城迎检工作动员部署大会。

11日 北京市退役军人服务保障体系建设现场会在广内街道召开。

16日 北京市首个政务服务“一网通办”平台在西城区上线。

17日 故宫博物院院长王旭东到西城区访问。

18日 2019北京大栅栏琉璃厂精品交易文化季启动仪式在大栅栏三庆园举行。

19日 西城区举办“孝老敬亲 向上向善”重阳敬老月主题宣传活动，发布西城区养老服务为民十大项目。

22日 “品天桥文化、享民俗盛宴”第九届天桥民俗文化节在天桥艺术中心开幕。

22至25日，西城区20家委办局、13个街道办事处集中开展“初心 同行”政务开放日系列活动。

23日 国内首个保险科技孵化加速器“保创空间”入驻金科新区。

24日 西城区召开领导干部警示教育大会。

25日 西城区纪念李大钊诞辰130周年系列活动在李大钊故居开幕。

29日 西城区推出“探寻民族复兴密码”红色体验活动，首站“初心始点”在李大钊故居启动。

30日 市政协主席吉林到牛街街道走访调研民族团结创建工作。

11月

1日 中华人民共和国成立70周年庆祝活动西城区服务保障工作总结大会召开。

1至3日 2019年全国国有文物经营单位文物艺术品交流会在琉璃厂举办。

5至10日 第二届中国国际进口博览会在国家会展中心（上海）举办，西城交易团共计达成五年内意向采购额3.53亿美元，交易涉及服务贸易、品质生活、医疗器械及医疗保健等领域。

11日 国家大剧院与北京金融街战略合作签约仪式暨“乐聚金融街”系列活动启动仪式在金融街i客厅举行。

13日 区委书记卢映川到西城法院调研多元纠纷、诉源治理工作。

14日 全国政协常委、民盟中央副主席、北京市政协副主席、民盟北京市委主委程红率领民盟市委专家组到广内街道召开专题调研座谈会。

16日 市委书记蔡奇，市委副书记、市长陈吉宁到金融街街道，调研街道政务服务中心运营、全响应指挥管理分中心运行、大部制改革等情况。

18日 西城区最大的棚户区改造项目——白纸坊地区重点棚改项目正式启动开工建设。

20日 通州区党政代表团到西城区交流考察，推动各种资源和要素的汇聚融合，实现优势互补助力北京城市副中心建设。

21日 西城区举行“不忘初心、牢记使命”主题教育先进事迹报告会。

22日 西城区举办首届“成方金融科技论坛”。

☆ 市委书记蔡奇到西城区检查2019年重要民生实事项目落实情况。

29日 西城区启动学习贯彻党的十九届四中全会精神集中宣讲，区委书记卢映川作首场宣讲报告。

12月

2日 市委副书记、市长陈吉宁参加并指导西城区“不忘初心、牢记使命”专题民主生活会。

☆ 区委书记卢映川到月坛街道三里河一区，就“12345”市民服务热线反映的问题进行调研，并与相关部门人员召开座谈会。

☆ 开通免费公交3号线，实现金融街与西单商圈无缝连接。

3日 北京金融街合作发展理事会召开第一届一次大会。

5日 “走进北京金融街—2019”对话交流活动在英国伦敦举办。

9日 副市长卢彦到西城区调研医养结合和医联体建设工作。

11日 2019中国设计红星奖颁奖活动在北京天桥艺术中心举行。

13日 西城区获2019国际花园城市比赛城市类最高级别金奖。

14日 西城区所有街道正式实行“周六不打烊”服务，方便群众周末办事。

☆ 西城名城委2019年会在广宁园活动厅举行，年会主题为“老城保护和街区更新：转型发展，再出发”。

17日 福州新馆作为北京禁毒主题教育基地向社会公众开放。

18日 马连道文化创意街区项目的试点项目陆羽广场升级改造项目建设完成。

19日 西城区人力社保局发布人力社保业务办理“一件事流程图”。

24日 市委书记蔡奇，市委副书记、市长陈吉宁到西城区就推动金融业高质量发展调查研究，并召开金融工作座谈会。

26至27日 中国共产党北京市西城区第十二届委员会第十一次全体会议召开。

30日 京张高铁开通运营。起始站为位于西城区的北京北站。

31日 中国工商银行北京金融街智慧银行旗舰店开业。

（责任编辑 陈 艳）

中国共产党
西城区委员会

北京西城年鉴2020

2月22日，西单商圈党建联盟成立（西长安街街道 供图）

4月29日，西城区监委第一届特约监察员聘任大会暨区纪委区监委监督工作会召开（区纪委 供图）

7月6日，西城区开展在职党员社区统一行动日活动（于志强 摄）

7月16日，清华大学学生社会实践基地落户西城（西长安街街道 供图）

7月30日，区领导到新街口街道调研党建引领基层治理、整合一线力量、市民热线办理情况（新街口街道 供图）

年内，各街道成立区委党校分校（西长安街街道 供图）

概 述

年内，在市委的领导下，中共北京市西城区委员会坚持以习近平新时代中国特色社会主义思想为指导，以迎接和庆祝中华人民共和国成立70周年为纲，大力践行“红墙意识”，担当好核心区职责使命，扎实抓好发展治理和党的建设各项工作，全区各项事业取得新的重大进展。全区地区生产总值实现5007.3亿元，增长6.1%；一般公共预算收入完成431.1亿元，居民人均可支配收入8.8万元，增长8.1%。

完成庆祝新中国成立70周年重大活动服务保障任务。组织参加群众游行“扬帆远航”方阵和群众联欢“同心筑梦”演出。围绕重大活动安排、重要时间节点、重点区域部位，投入警力、群防群治力量、行业管理人员等90余万人次，做好安全保卫、社会面风险防控、安全隐患整治各项工作。开展“我和我的祖国”群众性主题宣传教育活动，通过百姓宣讲、快闪、打卡红色地标等多种形式，营造浓厚社会氛围。全区37处大小公园举办丰富多彩的园艺展示和特色文化活动。高标准抓好设备安装、场地整理、净空、清障、环卫等各项交办任务落实，加强大气污染防控、市政基础设施运行措施落实。发动各类志愿者5000余人做好观礼、秩序维护、外围服务。制定实施重大活动社会宣传动员规范，周密安排各项生活服务保障，将少扰民、不扰民要求和细致贴心温暖落到实处。

开展“不忘初心、牢记使命”主题教育。坚持“四个贯穿始终”，自觉发挥好“头雁作用”，主题教育坚持先动先学先改，做好组织准备和“一案一册”筹划。坚持以思想教育为引领，以“共产党人的初心使命和我”为题，围绕“怎么看、怎么办、怎么干”开展集中研讨。突出西城特色，深入挖掘整合红色文化资源，开展“追寻民族复兴红色密码三公里”体验活动。坚持开门搞教育，深入一线调研发现问题4359个，现场解决2853个。坚持以实践成效检验教育成果，抓好党中央、市委“8+2”专项整治任务和西城区1项重点整治任务落实，274条整改措施已完成247条，解决一大批群众反映强烈问题，推动建立和完善党建引领基层治理、市民热线诉求办理、满足群众“七有”“五性”需求等一批新机制新措施。调查评估显示，99.7%的党员群众对主题教育开展效果评价为“好”，“好”和“较好”评价为100%。抓好党的十九届四中全会精神学习宣传贯彻。组织全区各级班子、广大党员干部开展深入学习和专题研讨，制定宣讲方案，组建宣讲团，区领导带头开展宣讲，推进宣讲活动进社区、进企业、进学校、进社会单位，精心设计主流媒体宣传主题和内容，立足核心区功能定位和职责使命，聚焦重点领域和关键环节，提出创新基层治理体制机制的具体措施，推进核心区治理能力水平提升，切实在构建更加有效的首都治理体系进程中立标杆、作示范。

落实首都城市战略定位，着力疏功能、促更新、强化城市管理服务，“四个服务”能力和城市品质实现新提升。研究制定《西城区建筑规模分区调控方案》，推进核心区控制性详细规划编制，“双控”“四降”减量发展机制初步建立。菜西片作为全市首个平房直管公房自愿申请式退租更新试点取得良好效果，砖塔胡同城市保护更新工作顺利启动。“疏整促”专项行动不断深化，人口规模调控扎实推进，全区常住人口减少3.9万人。投入10.6亿元，助力张北县、阜平县、鄂伦春自治旗、囊谦县向提前脱贫摘帽扎实迈进，与门头沟区生态涵养发展协作取得良好成效。街区更新不断展现新风貌，961条背街小巷通过市级验收，西海南沿、义达里胡同被评为“北京最美街巷”。建立实施城市部件应急维护更新管理机制，及时处置城市部件事件2189件。公共安全突发事件应急管理初步实现“秒级响应、分钟处置”。“城市大脑”建设取得进展，初步构建形成视频、物联、人工、业务四个维度的城市感知系统，城市动态精细化智能化治理水平不断提高。实施“长安计划”2.0版，建立特殊人群定期走访评估和重大活动服务规范管理机制，推行安全手册管理。开展扫黑除恶专项斗争，整治秩序乱象，群众安全感、满意度实现新提升。全面推行中央政务办公区和集中生活区等重点区域动态诊断评估机制，设立“服务中央”专人专窗，加强驻区领导机关、央企常态化走访对接，中央政务长效常态服务保障机制进一步完善。

抓好便利生活和服务提升三年行动计划实施，推行“百姓服务包”“群众服务卡”，新建和改造提升百姓生活服务中心10个、各类便民网点48个。连续5年成功创建“北京市充分就业区”。推出学区提升计划、“百年树人”工程等系列措施。推动医耗联动综合改革和家庭医生签约服务中心建设。家庭养老床位实现签约118张，适老宜居改造工程加快推进。推进“厕所革命”，改造提升169座。完成4个老旧小区综合整治项目，实现2997套定向安置房竣工，棚改项目收尾工作提前超额完成全年任务。展开“每一天每一微克”行动，新增329个监测点位，PM2.5平均浓度同比下降15.4%。加强居住区垃圾分类达标体系和平房区垃圾分类建设。全面实行河湖长手册管理，国家和市级水质考核监测断面全部稳定达标，紫禁城护城河（筒子河）、南护城河（天桥段）、通惠河、大观园湖入选北京年度优美河湖。获“国际花园城市”金奖。完成广阳谷扩建、西单文化广场城市森林项目和什刹海环湖绿道建设，新建口袋公园8处、小微绿地6处，建成绿地2.27万平方米。

聚焦完善“高精尖”经济结构，优化营商环境，减量发展、创新发展和高质量发展水平实现新提升。成立北京金融街合作发展理事会，“四位一体”服务体系基本形成。系统实施金融街品质提升专项行动。落实“金服十条”，促进环球融讯、工银理财等标志性机构落户金融街。首次走出去举办“走进北京金融街”活动，国家级金融科技示范区建设和三年行动计划加快推进，街区更新和楼宇转型升级积极展开，万通金融中心正式亮相，北京金融科技研究院揭牌，首届成方金融科技论坛成功举办，47家金融科技企业落户，注册资本金超过700亿元。金融“监管沙箱”方案等项目入选北京市服务业扩大开放项目清单。制定实施老旧厂房利用专项规划和实施细则。加强低效楼宇转型升级，实现利用60万平方米。持续优化市场主体结构，企个比提升至4.4：1。落实营商环境优化政策，实现开办企业1个环节完成、不动产登记“一窗办成”，1500余项政务服务事项纳入“一网通办”，纳税时间减少到110小时以内，开辟“企业注销专区”，办事服务多项指标率先进入“1时代”。执行减税降费政策，全年实际减税降费21.2亿元。

组建区委网信委和区融媒体中心，搭建区、街、社区三级新媒体宣传矩阵，巩固发展网络宣传阵地。宋庆龄故居、北京李大钊故居新增为全国爱国主义教育示范基地。推进新时代文明实践中心建设，100家实践基地面向社会举办各类活动1200余场。紧扣中轴线申遗、大运河文化带保护等重要节点，完成5处文物腾退，“十三五”规划确定的52处直管公房文物腾退全部启动，30项腾退任务全面完成。制定实施促进文物建筑合理利用和开放管理若干意见。加强月坛雅集等非物质文化遗产传承基地品牌打造。利用老字号专项资金扶持老字号发展。新建2家“24小时城市书房”、7家特色阅读空间。推出一批文艺精品力作，“京剧发祥地”文化品牌影响力不断增强。

切实发挥全面深化改革牵引作用，着力建机制、重实效、深化党建引领作用发挥，制定实施党建引领“街道吹哨、部门报到”改革深化方案，38项重点任务扎实推进，街道运行效率和区街协同效能不断提升。坚持“闻风而动、接诉即办”，研究制定群众诉求办理规范，建立“专班评审、双派双督”机制，挂账问题定期复议、跟踪办理机制，实施诉求问题台账底册管理、高频多发问题和热点区域专项治理，区领导带头开展“当好热线办理员”活动，共解决6.1万余件群众身边操心事烦心事揪心事。探索构建以街巷长和社区党委为轴心的城市公共空间、居民小区问题主动治理机制，推进基层治理一线力量整合，强化主动治理，努力实现“未诉先办”，推行“西城家园”共建共治平台建设和应用，居民群众实名上线23万人，党员亮出身份7万人。推出加强党建引领改进物业服务管理工作14项举措，制定落实老旧小区物业管理实施工作方案。区级机构改革顺利完成，机构设置和职能配备进一步优化。社区“两委”换届完成，259个社区均一次选举成功，“一肩挑”比例达到89.96%，组织开展系列培训，夯实基层治理的组织基础。

全面落实新时代党的建设总要求，坚决落实“看北京首先要从政治上看”要求，建立区委常委会会前学习机制，及时传达学习习近平最新重要讲话和批示指示精神以及党中央、市委重大决策部署要求，严格落实党的地方委员会工作条例，扎实推动各项制度规范和运行机制完善。坚持区委常委会向基层党组织、区政府向社会、街道社区向群众通报情况机制，全年开展通报3万余次。深入开展“进千门走万户”行动，落实“四不两直”常态化。持续深化“减会、压文、少说、多走、深谈、严管”行动，区委区政府及各部门会议和文件总量比上年分别下降44.5%和63.2%。制定20项为基层减负措施并严格执行，各类督查检查考核由104项缩减到21项，社区表格填报任务由95项压缩到5项并集成建立区级信息采集系统，进一步消减35%的填报内容。严把标准实施职务职级并行改革，制定实施组织力评价标准，通过2个维度70个要素，引导基层党组织组织力提升。多渠道巩固大统战格局，探索创新民主监督形式，促进民族团结、宗教和睦，德胜街道、牛街街道被评为“全国民族团结进步模范集体”。完善监督全覆盖体系，优化监督方式、深化巡察整改，全面从严治党主体责任层层压实。建立警示教育和日常通报制度，召开全区警示教育大会，筑牢拒腐防变思想防线。

（陆　羽）

区委主要工作和重大活动

【中央、国家领导人及部委领导到西城调研】 1月15日，国家主席习近平夫人彭丽媛同芬兰总统夫人豪吉欧相聚前门北京坊，欣赏音乐诗会。2月1日，总书记习近平到西城区慰问大栅栏街道居民群众。习近平总书记前往大栅栏街道石头胡同南口，步行察看街巷风貌，看望老城居民，并向地区群众致以新春祝福。2月27日，国家市场监管总局副局长孙君梅带队对西城区全国“两会”重点场所特种设备服务保障工作进行检查。3月4日，民政部部长黄树贤一行到西城区百万庄中里调研社区治理和社区养老工作开展情况。3月5日，香港特别行政区行政长官林郑月娥率团访问西城区，参观天宁1号文化科技创新园，走访入驻企业。4月12日，全国政协常委，民盟中央副主席，市政协副主席、民盟市委主委程红率民盟市委专家组到西城区调研座谈。4月13日，全国人大常委会副委员长、全国妇联主席沈跃跃一行到西城区德胜街道新风中直社区，参加由全国妇联主办的“巾帼心向党　礼赞新中国”群众性宣传教育活动。6月6日，全国政协副主席刘奇葆带队赴中关村西城园中国北京出版创意产业园区调研。9月4日，全国人大常委、农工党中央专职副主席杨震到展览路社区卫生服务中心进行“推进健康中国战略”主题调研。9月23日，“伟大历程　辉煌成就——庆祝中华人民共和国成立70周年大型成就展”开幕式在北京展览馆举行。中共中央政治局常委、国务院总理李克强出席开幕式并讲话，中共中央政治局常委、中央书记处书记王沪宁主持开幕式并宣布成就展开幕。10月17日，故宫博物院院长王旭东一行到西城区访问，希望未来双方能在老城改造、文物展示、文物“活”化等方面，探索出一条成功的合作模式。11月14日，程红率领民盟市委专家组到广内街道召开专题调研座谈会。民盟北京市委调研组专家就如何做好“街道吹哨”“接诉即办”相关工作与街道相关负责人进行了沟通交流，并对工作中存在的问题提出指导性意见。12月3日，北京金融街合作发展理事会第一届一次大会召开，十二届全国政协副主席陈元、清华大学五道口金融学院教授谢平，财政部等指导单位领导及百余家理事单位代表出席大会，北京市委常委、副市长殷勇主持大会。12月14日，公安部常务副部长、北京市公安局局长王小洪，国家禁毒委副主任曾伟雄到西城区福州新馆，出席《禁烟英雄林则徐》主题展开幕仪式并参观展览。

（邢晶晶）

【市领导及委办局领导到西城调研】1月12日，市委书记蔡奇，市委副书记、市长陈吉宁到西城区就“进一步做好‘四个服务’”进行主题调研，察看西城区红墙意识党性教育基地，并在西长安街街道办事处召开座谈会。1月23日，市委常委、政法委书记、国家安全委员会办公室主任张延昆到西城区广内街道，查看相来家园地下空间群租房整治及再利用建成的智能仓储项目，了解街道综治中心的建设情况及运行机制，并主持召开座谈会。1月30日，蔡奇、陈吉宁到西城区调研检查公共安全和市场供应情况。2月1日，市委常委、宣传部长杜飞进一行对西单图书大厦、首都电影院和先农坛进行安全检查。2月4日，蔡奇、陈吉宁到西城区慰问春节期间坚守岗位一线的环雅清扫保洁服务中心机扫队干部职工。2月12日，蔡奇到西城区陶然亭街道办事处座谈，听取区委书记卢映川、朝阳区区委书记王灏和城六区街道党工委书记对加强新时代街道工作的意见建议。2月18日，北京市商务局巡视员、全国“两会”食品供应和食品安全小组副组长闫小彦一行到西城区护国寺小吃（地安门店）检查食品供应准备情况。3月2日，蔡奇、陈吉宁、市人大常委会主任李伟、市政协主席吉林带领十六区和相关部门主要负责人，围绕“提高‘四个服务’水平”主题，到西城区政务服务中心进行拉练式检查，并召开现场推进会。3月11日，杜飞进到西城区调研红楼公共藏书楼及大栅栏街道前门西河沿社区。3月12日，市政府副秘书长、市政务服务管理局党组书记、局长王军一行到广外街道，座谈市民热线接诉即办相关工作。3月24日，蔡奇“四不两直”到白纸坊街道右内西街甲10号院走访调研并座谈。4月13日，市委常委、市纪委书记、市监委主任陈雍到西城区调研。实地走访西城区红墙意识党性教育基地、区城管监督指挥中心、展览路街道阜外西社区及区纪委区监委机关，了解“12345”工作情况及社区纪检监察监督组工作开展情况并召开座谈会。4月16日，北京市政协主席、党组书记吉林，北京市政协副主席、全国妇联副主席程红到西城区北京坊劝业场、pageone书店、muji酒店、杨梅竹斜街调研。4月22日，蔡奇到北京动物园察看安全生产运行，检查文物保护、游客接待、大客流疏导、消防安全、食品安全、动物疫病防治等工作。4月26日，市政协党组副书记、副主席杨艺文率老城保护与有机更新调研组到西城区参观、调研。5月10日，蔡奇“四不两直”到广外街道红莲中里社区调研老旧小区改造提升并召开座谈会。5月11日，蔡奇、陈吉宁到西城区调研中轴线申遗保护工作，在太庙腾退现场察看太庙住户腾退及环境整治情况，并在劳动人民文化宫召开座谈会。6月1日，蔡奇、杜飞进一行到第十四届北京国际文化创意产业博览会西城区展会现场参观。6月17日，陈吉宁到椿树街道开展“不忘初心、牢记使命”主题大调研。7月12日，蔡奇、陈吉宁就推进垃圾分类工作到西城区德胜街道调研。在新风街1号院，详细了解垃圾分类情况，走进厨余垃圾处理站察看处理流程，“四不两直”检查德隆家园小区。7月23日，杜飞进一行到民族文化宫对第五届中国童书博览会调研，分别参观了国内图书展示区的重点参展出版社、国际插画展和海外图书展示区、国际绘本展等展区。8月1日，蔡奇“四不两直”到西长安街街道和平门小区调研。实地察看社区垃圾分类、物业管理工作情况，并在社区服务站召开座谈会，以市人大代表身份听取群众对市人大常委会正在组织制定物业管理条例、修订生活垃圾管理条例的意见建议。8月23日，副市长张家明带队市第六督查组对西城区国庆70周年维稳安保工作暨扫黑除恶专项斗争整改工作落实情况进行督查，实地查看西城公安分局合成作战指挥平台并开展座谈。

9月6日，市委常委、组织部长魏小东到老舍茶馆慰问志愿者。9月6日，市委常委、市政法委书记张延昆到六号线平安里地铁站、新街口街道大觉社区一号微型消防站进行安全检查。9月19日，蔡奇、陈吉宁检查长安街及其延长线景观布置、宣传环境布置情况。到西城区察看西单文化广场景观提升情况、复兴门桥主题花坛及周边景观布置情况。10月2日，蔡奇到北海公园检查游园服务接待情况，慰问一线执勤值守人员。10月8日，陈吉宁到什刹海街道柳荫街社区对西城区开展第二批“不忘初心、牢记使命”主题教育工作进行调研。10月28日，杜飞进一行到大栅栏地区调研老字号，先后参观内联升、张一元等企业，实地察看非遗技艺展览、国家技艺传承人工作室、文创产品、茶文化展示、丝绸制作、小微博物馆，了解企业文化并详细听取各企业的生产经营情况汇报，并与企业代表座谈。10月30日，市政协主席吉林、副主席程红及民族、宗教领域的政协委员等30余人到牛街街道调研。在牛街礼拜寺、牛街民族敬老院、牛街少数民族流动人口服务站实地考察后，召开“深化民族团结进步创建工作不断提高首都民族工作水平”协商恳谈会。11月16日，蔡奇、陈吉宁到金融街街道，先后调研街道政务服务中心运营、全响应指挥管理分中心运行、大部制改革等情况，对街道工作给予充分肯定。11月19日，市交通委党组书记、主任李先忠一行到西城区调研。察看动物园公交枢纽升级改造和金科新区区域交通规划工作情况。11月22日，蔡奇到广安门内街道西便门社区、长椿街社区检查西城区年度重要民生实事项目落实情况，并召开座谈会。12月2日，陈吉宁到西城区参加区委常委班子“不忘初心、牢记使命”主题教育专题民主生活会。区委书记卢映川代表区委班子作对照检查发言，班子成员依次进行对照检查，开展严肃认真的批评和自我批评。12月3日，北京市人大常委会副主任闫傲霜、市人大常委会副秘书长刘玉芳到西城区参加国家宪法日宪法宣传周系列宣传活动启动仪式，并就加强宪法宣传，推进宪法贯彻落实召开征求意见座谈会。

（邢晶晶）

【街道工委书记（扩大）会议】1月29日，西城区街道工委书记（扩大）会议召开，区委书记卢映川传达习近平总书记在省部级主要领导干部专题研讨班上的重要讲话精神和蔡奇在市委常委（扩大）会议上的要求，副区长朱国栋通报全区城市运行保障、安全生产、环境布置等有关工作情况，区委常委、区委政法委书记王旭通报全区维护稳定有关工作情况，卢映川讲话。区四套班子主要领导（不含不驻会领导）、区长助理；区法院院长、区检察院检察长；全区各单位（不含学校、医院）党政主要负责人参加会议。区长王少峰主持会议。

（徐永吉）

【区委书记集体谈心谈话】2月11日，区委书记进行集体谈心谈话，区委书记卢映川讲话。区四套班子领导（含不驻会领导）、区长助理；区法院院长、区检察院检察长；区人大常委会、区政协各委室主要负责人，区法院、区检察院正处职领导干部；区委区政府各部、委、办、局，双管单位，各街道，人民团体，企事业单位（含学校、医院）党政主要负责人参加集体谈心谈话。

（徐永吉）

【西城区领导干部会议】2月15日，西城区领导干部会议召开，区委常委、区纪委书记虞宝才传达市委十二届八次全会精神，区委书记卢映川传达蔡奇总结讲话并提要求。区四套班子领导（含不驻会领导）、区长助理；区法院院长、区检察院检察长；各民主党派主委、驻会副主委，工商联负责人，无党派人士代表；区纪委区监委领导班子成员；区委区政府各部、委、办、局，双管单位，各街道，人民团体，企事业单位（含学校、医院）领导班子成员；区人大常委会、区政协各委室主要负责人参加会议。卢映川主持会议。

（徐永吉）

【“一报告两评议”工作会】2月20日，2018年度区级领导班子和领导干部年度测评暨干部选拔任用“一报告两评议”工作会召开，区委书记卢映川作区委班子2018年度工作总结，区长王少峰作区政府班子2018年度工作总结，区委常委、区委组织部长程昌宏作区委2018年度干部选拔任用工作报告并进行民主测评。区四套班子领导（含不驻会领导），区长助理；区法院院长、区检察院检察长；享受或保留区县级待遇的在职干部，曾担任过区县正职领导职务的老干部；区委委员、纪委常委；区委区政府各部、委、办、局、双管单位、各街道、人民团体、区属事业单位（含学校、医院）党政主要负责人及正处级常务副职；区人大常委会、区政协各委室主要负责人；区委授权国资委党委管理的企业党政主要负责人；部分全国、市、区党代表、人大代表、政协委员参加会议。卢映川主持会议。

（徐永吉）

【区委组织、宣传、统战工作会议】2月26日，西城区2019年组织、宣传、统战工作部署会议召开。区委常委、区委组织部长程昌宏，区委常委、区委办公室主任徐利，区委常委、区委统战部长王旭分别传达全国、全市组织部长、宣传部长和统战部长会议精神，总结2018年相关工作，部署2019年组织、宣传、统战工作重点任务。区委书记卢映川讲话。会议采用视频形式，设立二龙路办公区主会场和66个视频分会场。区四套班子主要领导，区委常委，相关区领导；区委区政府各部、委、办、局，双管单位，人民团体，各街道，区属企事业单位（含学校、医院）党政主要负责人；各单位组织、宣传、统战工作主管领导、科室负责人和相关工作人员参加会议。王旭主持会议。

（徐永吉）

【全区办公室系统工作会议】3月13日，西城区办公室系统工作会议召开，部署全面清理有关信息工作，区委常委、区委办公室主任徐利讲话。会议采用加密视频形式召开，全区设立二龙路办公区三层报告厅主会场和42个视频分会场。区委区政府各部、委、办、局，双管单位，人民团体，各街道，区属企事业单位（含学校、医院）主管办公室工作领导和办公室主任参加会议。

（徐永吉）

【西城区机构改革部署会】3月18日，西城区机构改革动员部署会议召开。区政府常务副区长孙硕宣读《西城区机构改革方案》，区委常委、区委组织部部长程昌宏部署全区机构改革工作并宣读区委有关决定，区委书记卢映川讲话。区四套班子领导（含不驻会领导）、区长助理；区法院院长、区检察院检察长；区人大常委会办公室主任、区政协秘书长；区委区政府各部、委、办、局，双管单位，各街道，人民团体，直属事业单位（不含医院、学校）党政主要负责人参加会议。孙硕主持会议。

（徐永吉）

【“四大活动”服务保障工作领导小组会议】4月3日，中华人民共和国成立70周年庆祝活动、第二届“一带一路”国际合作高峰论坛、北京世界园艺博览会、亚洲文明对话大会西城区服务保障工作领导小组（扩大）会议召开。会议通过加密视频会议系统召开，全区设立二龙路办公区二号楼2709主会场及40个视频分会场。区政府常务副区长孙硕部署全区服务保障工作，区委常委、区委办公室主任徐利宣读《中华人民共和国成立70周年庆祝活动、第二届“一带一路”国际合作高峰论坛、北京世界园艺博览会、亚洲文明对话大会西城区服务保障工作领导小组组成人员及工作机构方案》，区委书记卢映川讲话。区四套班子领导（不含不驻会领导）、区长助理；区法院院长、区检察院检察长；区委区政府各部、委、办、局，双管单位，人民团体，事业单位（不含学校、医院）相关负责人；区政协秘书长，区人大常委会、区政协各委室相关负责人；各街道工委、办事处领导班子成员参加会议。王旭主持会议。

（徐永吉）

【区委十二届十次全会】7月26日，中共北京市西城区第十二届委员会第十次全体会议召开。区委副书记，区政府区长孙硕传达市委十二届九次全会精神，区委书记卢映川作区委常委会工作报告。会议观看《西城区扬尘管控工作专题片》。书面报告2019年上半年经济社会发展情况报告、党风廉政建设和反腐败工作报告和干部选拔任用工作情况。会议审议通过《中国共产党北京市西城区第十二届委员会第十次全体会议决议（草案）》《中国共产党北京市西城区第十二届委员会第十次全体会议关于同意辞去区委委员的决定（草案）》《中国共产党北京市西城区第十二届委员会第十次全体会议关于递补区委委员的决定（草案）》。

（徐永吉）

【“不忘初心、牢记使命”主题教育会议】9月9日，西城区召开“不忘初心、牢记使命”主题教育动员部署会议。会议采用加密视频系统召开，在二龙路办公区设立主会场并在广安办公区、相关部门和街道设立分会场。区委书记卢映川进行动员部署，市委“不忘初心、牢记使命”主题教育第二巡回指导组组长张雪讲话。区四套班子领导（含不驻会领导）、区长助理；区法院院长、区检察院检察长；区人大常委会、区政协各委室正处职领导干部；区委区政府各部、委、办、局，人民团体，各街道领导班子成员；区法院、区检察院正处职领导干部；事业单位（含学校、医院）、企业党政主要负责人；社区党组织负责人；区委“不忘初心、牢记使命”主题教育领导小组办公室全体人员，巡回指导组全体成员及教育、卫生、国资系统巡回指导组全体成员参加会议。卢映川主持会议。10月15日，西城区进行“不忘初心、牢记使命”主题教育区委书记讲党课。会议通过视频系统召开，全区设立二龙路办公区会议楼三层报告厅主会场及66个视频分会场。区四套班子领导（含不驻会领导）、区长助理；区法院院长、区检察院检察长；区政协秘书长，区人大常委会、区政协各委室班子成员，区法院、区检察院正处职领导干部；区委区政府各部、委、办、局，双管单位，各街道，人民团体，事业单位（含学校、医院）、企业领导班子成员；各社区党组织负责人参加会议。区委常委、区委组织部部长程昌宏主持会议。10月24日，西城区警示教育大会召开。会议集体观看警示教育片，卢映川讲话。会议通过加密视频系统召开，全区设立二龙路办公区主会场及各相关单位视频分会场。区四套班子领导（含不驻会领导）；区法院院长、区检察院检察长，区长助理；区人大常委会、区政协各委室正处级领导干部；区委区政府各部、委、办、局，双管单位，各街道，人民团体，事业单位（含学校、医院），企业领导班子成员；区委委员、候补委员；区法院、区检察院正处级领导干部；区纪委监委领导班子成员，区委巡察办主任，区纪委委员、区委巡察组组长、派驻纪检监察组组长、街道纪（工）委书记；各街道社区党组织负责人、科站队所负责人参加会议。孙硕主持会议。11月29日，西城区“不忘初心、牢记使命”主题教育测评会议召开。卢映川讲话，市委“不忘初心、牢记使命”主题教育第二巡回指导组组长张雪做测评说明。市委“不忘初心、牢记使命”主题教育第二巡回指导组出席会议。区四套班子领导，区法院院长、区检察院检察长，全区正处职领导干部和部分党员群众代表参加会议。卢映川主持会议。

（徐永吉）

【区委人大工作会】10月29日，中共北京市西城区委人大工作会议召开。会议采用加密视频系统召开，全区设立二龙路办公区主会场及各相关单位视频分会场。区人大常委会主任杜灵欣就《中共北京市西城区委关于新时代加强和改进人大工作的意见》主要内容和区人大常委会党组贯彻落实举措作说明，区委书记卢映川讲话。区四套班子主要领导；区委常委、区人大常委会副主任、区政府副区长；区法院院长、区检察院检察长，区长助理；区政协秘书长、区人大常委会各委室正处级领导干部；区委区政府各部、委、办、局（不含双管单位、人民团体、事业单位、企业）主要负责人；各街道工委书记、人大办主任；部分区人大代表参加会议。区委副书记、区长孙硕主持会议。

（徐永吉）

【西城区服务保障工作总结大会】11月1日，中华人民共和国成立70周年庆祝活动西城区服务保障工作总结大会召开。会议采用加密视频系统召开，全区设立二龙路办公区主会场及各相关单位视频分会场。区委常委、区委政法委书记、区委统战部部长王旭作中华人民共和国成立70周年庆祝活动西城区服务保障工作总结，卢映川讲话。区四套班子领导（含不驻会领导）；区法院院长、区检察院检察长，区长助理；区人大常委会、区政协各委室正处级领导干部；区委区政府各部、委、办、局，双管单位，各街道，人民团体，事业单位（含学校、医院），企业领导班子成员；区委委员、候补委员；区法院、区检察院正处级干部；区纪委监委领导班子成员，区委巡察办主任；“重大活动”区服务保障各指挥部内设机构负责人；各街道社区党组织负责人、科站队所负责人参加会议。孙硕主持会议。

（徐永吉）

【十九届四中全会精神宣讲报告会】11月29日，西城区党的十九届四中全会精神宣讲报告会召开。区委书记卢映川作宣讲报告。区四套班子领导（含不驻会领导）；区法院院长、区检察院检察长；各民主党派、工商联负责人，无党派人士代表；区人大常委会、区政协各委室正处级领导干部；区委区政府各部、委、办、局，双管单位，各街道，人民团体，事业单位（含学校、医院）、企业正处级领导干部；区法院、区检察院正处级领导干部；区委委员、候补委员，纪委委员；各街道科级以上干部，社区代表，小巷管家和社区志愿者代表参加会议。区委常委、区委宣传部长郁治主持会议。

（徐永吉）

【西城区2020年工作务虚会】12月12至13日，西城区2020年工作务虚会议召开。区四套班子主要负责人、区委常委、区政府副区长、区法院院长、区检察院检察长围绕贯彻落实党的十九届四中全会精神和市委十二届十次全会精神，结合2020年全区中心工作、重点任务进行务虚发言。区四套班子领导（含不驻会领导）；区法院院长、区检察院检察长；区委区政府各部、委、办、局，双管单位，各街道，人民团体，事业单位（含学校、医院）、企业相关负责人参加会议。卢映川主持会议。

（徐永吉）

【区委第五次政协工作会】12月25日，中共北京市西城区委政协工作会议召开。会议采用加密视频系统召开，全区设立二龙路办公区主会场及各相关单位视频分会场。区政协主席章冬梅就《中共北京市西城区委关于新时代加强和改进政协工作的实施意见》主要内容和区政协党组贯彻落实举措作说明，区委书记卢映川讲话。区四套班子主要领导；区委常委、区政府副区长、区政协副主席；区法院院长、区检察院检察长；区政协秘书长、区人大常委会办公室主任、区政协各处室正处级领导干部；区委区政府各部、委、办、局（不含双管单位、人民团体、事业单位、企业）主要负责人；各街道工委书记、街道政协委员联络工作办公室主任和部分区政协委员参加会议。孙硕主持会议。

（徐永吉）

【区委十二届十一次全会】12月26至27日，中共北京市西城区第十二届委员会第十一次全体会议召开。区委书记卢映川作区委常委会工作报告，区委副书记、区政府区长孙硕作关于全区经济社会发展工作的报告，区委常委、区委政法委书记、区委统战部长王旭作关于《中共北京市西城区委关于贯彻党的十九届四中全会决定和北京市委实施意见的实施要点（审议稿）》的说明。书面报告2019年区委常委会抓党建工作情况、全区党风廉政建设和反腐败工作情况、落实意识形态责任制工作情况和2019年下半年干部选拔任用工作情况。会议审议通过区委常委会工作报告、《中共北京市西城区委关于贯彻党的十九届四中全会决定和北京市委实施意见的实施要点》、《中国共产党北京市西城区第十二届委员会第十一次全体会议决议（草案）》。

（徐永吉）

【区委常委会会议】年内，共召开区委常委会议44次，完成议题263个。其中学习传达类议题31个，党的建设方面议题51个，重大经济发展事项及全区重点工作方面议题51个，区经济社会发展战略、重大改革方面议题30个，组织工作及人事任免方面议题50个，宣传思想文化工作方面议题10个，纪律检查工作方面议题11个，统一战线工作方面议题2个，政法工作方面议题14个，群众及人民团体方面议题5个，议军及双拥工作方面议题5个。

（徐永吉）

【区委办公室】中共北京市西城区委办公室（简称区委办公室）

是区委的综合办事部门。内设综合科、会议科、文书科、秘书科、信息科、区委主体责任办公室、机要密码通讯科、党委信息化科、督查一科、督查二科、法规科、保密管理科、档案指导科、机关党委、离退休干部科、在职人员55人。年内，区委办公室贯彻落实党的十九大、十九届二中、三中、四中全会精神，学习习近平总书记系列重要讲话精神，牢记习近平总书记提出的“五个坚持”工作标准，转作风、提能效、促发展，着力提升服务发展、服务决策、服务落实工作水平，打造区委敏锐“前哨”和坚强“后院”。以“同心、同向、同力、同步”的工作理念不断完善“大办公室”工作体系；以“上级指示清楚、部门交流广泛、基层联系密切、内部沟通顺畅”的协调网络凝聚推动全区落实中央、市委精神的强大合力，发挥办公室参谋助手、统筹协调、出谋划策、督促检查、服务保障作用，确保各项工作高效运转。年内，完成区档案局（馆）、区委保密委员会办公室（区国家保密局）转隶工作。地址：北京市西城区二龙路27号。邮编：100032。电话：88064211。

（王　林）

【区委办综合工作】发挥“总枢纽”职能，建立完善“四办”每周会商工作机制，加强同各层级沟通联系，形成“上级指示清楚、部门交流广泛、基层联系密切、内部沟通顺畅”的协调网络。全面落实从严治党主体责任，召开办公室党风廉政建设工作会议，抓紧抓实意识形态工作，制定领导班子“两个责任”任务分解表，召开专题组织生活会，开展作风专项治理，持续改作风转作风。完成国庆重大活动各项保障任务。积极落实市民热线接诉即办工作，服务保障上级领导到西城区调研活动共计64次，走访中央单位26次，金融机构13次，安排区委主要领导调研113次，其中“四不两直”61次，占比54%。

（王　林）

【会议服务与管理】承办区委全会2次，区委常委会会议44次，区委书记专题会议35次，书记议事协调会议33次，区委班子民主生活会3次，区委常委会班子专题组织生活会1次；区委常委会（扩大）会议8次，区委常委（扩大）会暨西城区街道工委书记工作点评会5次，全区性会议24次；组织保障市委主要领导调研7次，区委书记月度工作点评会10次，市委市政府理论中心组（扩大）学习6次，全市领导干部会议2次。组织服务保障的会议共计272余次。修改完善《2019年区委常委会工作手册》，研究制定《北京市西城区党政机关桌面视频管理规定》。

（徐永吉）

【区委主体责任办公室】年内，以“不忘初心，牢记使命”主题教育活动为抓手，构建全面从严治党闭环责任体系，细化完善全区责任落实机制。完善全区范围的全程纪实、分工负责、工作报告、党建督导等制度，细化工作手册和责任清单。组织全区上下层层签订落实主体责任书；发放《局级班子落实全面从严治党主体责任重点工作提示》和《领导干部全程纪实手册》；针对部分单位存在主体责任清单职责不清、层级不清的问题，依据法律法规和“三定”职责制定个性化事项，形成领导班子、主要领导、班子成员3类责任清单，推动主体责任落细落深落实。创新常态化责任落实考评机制，完善《2019年西城区全面从严治党主体责任考核工作方案》，构建“日常+专项+系统”考核体系。狠抓常态化建设，加大日常检查，开展全区85家单位全面从严治党工作阶段性调研。强化结果运用，将全年考核结果在全区进行通报，作为领导班子总体评价和领导干部奖励惩处、选拔任用的重要依据，区委主要领导对考核排名靠后的单位主要负责人进行约谈。

（邓　悦）

【区委办信息工作】年内，适应信息工作新形势新要求，立足首都城市战略定位，践行“红墙意识”，庆祝中华人民共和国成立70周年、“不忘初心、牢记使命”主题教育、党的十九届四中全会等重大活动节点，及时向中办、市委报送西城区各项服务保障工作开展情况。推进信息工作改革创新，“两办”信息科采取轮值机制，融合开展工作，聚焦党的建设、高质量发展、接诉即办、基层治理等内容主题采集编辑信息，编报《西城信息》普刊194期、特刊107期、调研与参阅4期，整合拓展信息资源渠道，与城管委、规划、文旅、环保等专业部门增强联系，开展专题类信息策划工作，实地跟踪调研走访，专题刊登《西城区“四抓四心”工作法推动市民服务热线“接诉即办”工作优化提升》《党建引领精细化治理　破解老旧小区治理难题——以德胜街道教场口街2号院为例》等调研材料，获得区领导批示30余条。加强信息队伍建设指导，建立重点单位、街道信息员微信群，每月进行重点工作预判，实时开展点题、约报，为基层单位提供优秀信息学习借鉴平台，加强与应急局对接，确保重要紧急情况及时反馈上报，保障党委信息主渠道作用的发挥。与市委信息综合室增进联络，提高市区工作重心的一致性，策划刊登“西城区探索三种党建引领物业管理模式”“西城区着力发展夜间经济提升消费潜力”“全市首个‘一站式’小巷管家落户白塔寺”“西城区积极推动北京金融科技与专业服务创新示范区建设”等重要信息，上报市委工作信息700余件、紧急信息近百件，采用率达到20%。

（邢晶晶）

【区委办文书工作】年内，严格落实重大事项请示报告制度，实行清单化管理，常态工作定期主动报告、重点领域事项专项报告、突发事件及时报告。落实关于解决形式主义突出问题为基层减负要求，增强审核把关和指导，提高规范好区属各单位向区委区政府报送文件质量。在全区推广电子政务内网协同办公平台应用，推进“无纸化”办公。完善公文管理制度，建立领导批示件在内网协同平台传阅机制，规范公文办理程序，提高公文办理效率，做到案无积卷、事不过夜。增强发文计划性，完善文件审核机制，对发文必要性、合法合规性等严格审核，实现区委文件总量比2018年下降52.8%。共审核制发京西发13件、京西办发9件，京西文36件，京西办文1件，京西字9件、京西办字45件，西办通报11期、情况通报5期、区领导批示摘编9期。共处理各类文件1800余件，处理给区委主要领导、区委办公室主要领导来信280余件，确保公文流转及时、准确、有效。

（周　琦）

【区委系统财务工作】年内，召开区委系统财务工作会、预算培训会，安排年度财务工作和经费收支管理要求。完成2018年部门决算和2019年部门预算信息公开，对100万元以上项目支出实施绩效跟踪。贯彻《政府会计准则》，实行财务会计和预算会计账务在同一系统平台记账，清晰反映单位财务收支和预算执行情况。完成组织人才建设、主题新闻宣传、融媒体建设、文化创意、平安西城维稳、主题教育、国庆70周年等重大活动的经费保障任务。做好机构改革期间各单位资金划拨、资产调拨任务。财务机构改革稳步推进，撤销区委办财务科机构编制，保留相关工作人员，财务工作逐步移交过渡。

（廖长兵）

【督查与建议提案办理】年内，区委督查工作围绕市委、区委的重要决策，按照市委、区委主要领导批示指示精神，对全区重点工作任务和专项工作进行督查，全年完成市委、区委督查事项405项；编辑各类督查刊物36期。办理建议提案34件，其中政协党派团体提案17件，至6月底，提案办理工作全部完成，办结率为100%。

（徐士喆）

【保密工作】年内，召开区委保密委全会，传达市委保密委会议精神，总结2018年工作和部署2019年工作，调整区委保密委员会成员单位和委员。原西城区国家保密局转隶到区委办公室。完善保密工作纳入绩效管理考评体系和综治考评体系，与区属单位签订保密工作责任书。邀请市保密局领导为区委和处级理论学习中心组成员及区国庆70周年服务保障工作领导小组相关人员，作保密专题辅导报告，500余人参加；制发《西城区庆祝活动保密管理专项指导手册》，先后开展保密教育培训24场次，8000余人次受教；抽调专人进入区服务保障工作专班，成立2个保密专项巡查组，对各指挥部和成员单位进行了2轮以上巡回指导和督查；加强对9个训练场、3次全流程演练现场周边环境摸排和督查。加强保密宣传教育工作，将各级领导干部培训班保密教育纳入区委党校必修课，全年组织6次保密辅导，同时为区属单位保密辅导授课6次；举办全区保密工作培训会，400余人参加；组织开展普法知识竞赛答题和保密教育宣传作品征集活动，29170人参加知识答题；开展“4·15”、“12·4”和《保密法》颁布纪念日保密宣传活动，制作宣传展板4块，发放保密宣传材料1.7万册。加强保密依法行政，梳理行政职权目录，对机构改革保密行政执法事项进行交接，规范行政许可审批流程，调整执法岗位设置，重新确定执法岗位人员。成立3个检查组，对全区各单位保密自查自评工作进行全覆盖督查，形成常态化、精细化保密检查服务指导模式；对区域内涉密企业进行“双随机”保密检查；对区高考、中考各考点校考试考务工作进行保密检查。加强对政务内网建设保密监管，对10家区属单位进行现场核查。制发《关于加强自媒体平台和电子邮箱使用保密管理的通知》，确保信息安全保密。

（马清营）

【档案工作】年内，加强对全区档案工作的指导和监督，下发《关于填报区属立档单位档案归档情况统计表的通知》对各单位当年归档情况进行备案，完善《西城区档案监督指导单位统计表》，形成指导记录单54张。区档案局（馆）将其行政职责划至区委办，建立“西城区委办公室（区档案局）与区档案馆联动工作机制”，加强局馆沟通。重点对国庆70周年服务保障专班和“不忘初心，牢记使命”主题教育档案工作进行指导和培训，年末完成移交进馆。强化档案法制建设，制定《行政执法公示制度》《执法全过程记录制度》《重大执法决定法制审核制度》，完成2项档案行政许可审批，完成季度“双公示”台账；推进档案执法，检查39家单位形成122张行政执法检查单，全年无案件无行政复议；推进服务事项标准化，梳理14项行政服务事项，共有1项行政许可，1项行政裁决，5项行政处罚，1项行政强制，1项行政检查，5项其他行政权力，对7项依申请事项的办理流程进行优化，将“到办事现场次数”降到0次。加强档案宣传工作，参与“建设项目档案微视频征集”活动；参与西城区“12·4”宪法宣传周系列宣传活动，举办“单位档案管理归档与交接常见问题及防范”档案法律知识讲座；参与《新中国的记忆》全国征文活动，获活动优秀组织奖。

（周旭辉）

组　织

【概况】中共北京市西城区委组织部（简称区委组织部）是区委主管党的组织工作、干部工作和人才工作，统一管理公务员工作的职能部门，内设办公室、调研宣传科、组织一科、组织二科（党建办秘书科）、组织三科、干部调配科、干部一科、干部二科、公务员一科、公务员二科、人才工作科、干部教育科、干部监督科。区委组织部行政编制62名，在职人员57名。年内，区委组织部深入学习贯彻全国、全市组织工作会议及区委全会精神，紧紧围绕全区建设发展大局和工作重点，坚持以服务保障机构改革为着力点，进一步加强领导班子、干部队伍和人才队伍建设，坚持不懈抓好基层组织和党员队伍建设，加大组织部门自身建设力度，与时俱进，开拓创新，开创组织工作新局面，为推动全区经济社会发展提供了坚强的组织保证。

地址：西城区二龙路27号

邮编：100032

电话：88064079

（雍颜嘉）

【“不忘初心、牢记使命”主题教育】年内，落实组织开展主题教育的重要职责，组建工作专班及11个区委巡回指导组，制定下发主题教育“实施方案”“工作手册”，指导基层区分层次和类别组织开展主题教育。指导全区围绕国庆70周年重大活动服务保障、12345市民服务热线“接诉即办”、党建引领基层治理创新等任务找差距和抓整改，提升主题教育的质量和效果。按照“自由、生动、欢愉、活泼”的要求，组织好国庆群众游行和志愿服务工作，完成上级交给的重大政治任务。

（雍颜嘉）

【完成区级机构改革任务】年内，积极稳妥推进区级机构改革各项任务，研究设置16个党组、任命16名党组书记、配备60名党组成员。按照机构改革方案要求，新组建单位、职能调整单位、更名单位等不同情况，坚持能上能下、人岗相适，分批次分阶段研究干部任免事项，确保机构改革期间思想不乱、工作不断、队伍不散、干劲不减。

（雍颜嘉）

【落实公务员职务与职级并行制度】年内，贯彻落实新修订的《中华人民共和国公务员法》《公务员职务与职级并行规定》等法律法规和政策文件，做好西城区公务员职务与职级并行制度组织实施。制定《西城区公务员职务与职级并行制度设置方案》，提请区委常委会进行审议。组织召开动员部署会，在全区部署公务员职务与职级并行工作；组织开展专题培训，进行政策宣传与解读；组织开展政策答疑会，逐项答疑解惑，确保各单位全面掌握文件规定和工作流程。

（雍颜嘉）

【处级干部队伍综合分析】年内，坚持把全面掌握领导班子的运行状况和准确把握领导干部的德才表现，作为打造核心区建设发展需要的高素质干部队伍的基础工作来抓，通过领导班子和领导干部分析研判，有效延长领导班子“管理链条”、缩短干部“监控周期”，提升民主用人、科学用人、规范用人工作水平。结合区级机构改革任务推进、干部职级套转晋升、“好队伍好班子好班长”创建命名等深入搞好调研，采用“一班一表”模式分析领导班子结构、评价领导班子和班子成员现实状况，为区委配班子和选干部提供客观详实的参考依据。

（雍颜嘉）

【处级干部队伍建设】年内，落实干部选育管用的工作机制，运用立体化干部考核评价体系，锻造“忠诚干净担当”和具有“红墙意识”特质的党员干部队伍，为西城区经济社会发展提供坚强的组织保证。坚持“干部工作围着干部转”，注重在机构改革、重大任务攻坚和基层一线选拔任用干部，考虑全区干部队伍梯次配备和结构需要，科学合理使用各年龄段的干部。全年共提任处级领导干部37名，其中正处职14名，副处职23名；晋升一级调研员126名。涉及机构改革等共交流调整、任免干部320名。

（雍颜嘉）

【干部管理监督】年内，坚持把干部监督严在平常和抓在日常，围绕领导干部选拔任用、违规兼职、违规办理和持有因私出国（境）证件等突出问题集中开展专项整治行动，组织对262名领导干部个人有关事项报告情况进行抽查核实。开展选人用人工作“一报告两评议”，全区区管87家单位4613人参加评议工作，对359名新提任干部进行民主评议，干部选拔任用工作总体评价评议平均分为96.43分，群众满意度较高。贯彻干部关爱和容错有关机制措施，推动干部管理监督工作严起来实起来硬起来。

（雍颜嘉）

【干部思想理论教育】年内，坚持把习近平新时代中国特色社会主义思想作为干部教育培训的必修课，坚持把党性教育和理论武装作为干部教育培训的首要任务，制定下发《关于进一步加强干部教育培训工作的实施意见》，为新一轮干部培训奠定基础。组织开展春秋季处级干部进修班、优秀年轻干部培训班各两期，新任职处级干部培训班两期，与中央党校（国家行政学院）、北京大学、浦东干部学院、延安干部学院、井冈山干部学院合作举办培训班各一期，共培训处级干部388人，优秀年轻干部74人；完成处级干部专题自选班三期，培训处级干部4000多人次。

（雍颜嘉）

【压紧压实基层党建主体责任】年内，紧紧抓住基层党建主体责任这个“牛鼻子”，结合推进党建引领“街道吹哨、部门报到”，建立健全专班联席会议制度，明确街道党建工作38项重点任务和“吹哨报到”17项重点任务。搭建国企党组织与“两新”党组织的交流平台，建立国企党组织和非公企业党组织结对共建机制，明确各自责任分工，定期以座谈会形式晒党建工作落实“清单”，实现党建责任共担、党建方法互促、党建资源共享。制定关于加强“两新”组织党建工作的“十项措施”，定期组织“两新”组织依托党建工作联席会、街道党建工作片会、基层党建意见征询会等方式，共同解决共性问题和难点问题。组织召开全区各委办局党组（党委）书记抓基层党建工作述职评议会，指导各直属党工委在本系统本领域基层党组织开展基层党建年度考核，建立考核问题清单，推动述职问题的整改落实。

（雍颜嘉）

【提升基层党建规范化水平】年内，按照“组织保障规范化、活动阵地规范化、教育管理规范化、运行机制规范化、档案资料规范化”的目标，坚持“五好”标准和“十不能”资格，完成社区居委会换届选举，选优配强社区“两委”班子。建立社区工作者资格联审长效机制，确保基层党务干部队伍干净纯洁。坚持以整治社区党组织“十种情形”为重点，对全区后进社区党组织进行集中整顿。组织基层党组织书记全员培训和各党（工）委、部分委办局以及“两新”组织党建工作负责人赴上海、厦门学习考察。联合区委党校举办3期“党员干部教育管理”大讲堂。指导基层党组织用好1000万元党建服务群众经费，坚持民意立项推进在职党员积分管理，破解基层党组织自身建设中存在的困惑和服务群众中遇到的重难点问题。打造建成近30个区和街道党群服务中心，提档升级近20个社区党群服务站。全年党群服务中心（站）开展各类活动约2800余场，服务群众约8.3万余人次。

（雍颜嘉）

【破解基层建设重难点问题】年内，探索“把方向凝共识，强组织建队伍，固机制统资源，解难题督实效”的党建引领改进物业管理新路径，挑选全区9个不同房产类型小区开展党建引领物业管理试点，制定加强党建引领改进物业服务管理“1+N”系列文件，召开党建引领改进物业服务管理推进会，形成“物业服务合同型”“多方联动共治型”“政府托底居民自治型”三种物业管理模式，配合运用在职党员“双报到”和“进千门走万户”等工作机制，发挥党建作用引领基层治理，解决居民群众反映多年未能解决的实际问题。创新打造重点领域党建典型，组织基层党组织将党建融入群众生活开展“红色漫步”“非遗传承”“交友联谊”等喜闻乐见的情景活动，提升基层党建工作的影响力和吸引力。

（雍颜嘉）

【优化区域人才发展环境】年内，围绕贯彻新时代推动首都高质量发展人才支撑行动计划，开展专项调研分析，完成《新时代西城区人才工作实践与发展研究》课题。会同区人力社保局制定《西城区〈北京市工作居住证〉管理办法》，支持引进金融、科技等国际高层次人才。会同区房管局制定《西城区人才公共租赁住房保障工作暂行办法》，为优秀人才提供住房保障。开展年度人才资助工作，对拔尖团队、骨干个人和集体项目类别优中选优进行资助，共资助53个项目，资助金额共计461.5万元。围绕推进世界优秀杰出金融人才集聚区、国家金融科技示范区建设，统筹金融街服务局落实《关于促进金融人才发展的奖励办法》，全年共兑现奖励资金近2亿元。

（雍颜嘉）

【搭建区域人才发展平台】年内，落实党管人才要求和党委联系服务专家制度，搭建区域人才服务保障平台，定期组织区领导联系服务专家，对20余名专家人才进行常态走访慰问和健康体检。支持人才参与国家和市级人才项目及奖励评选，搭建事业发展平台，全年共推荐20余人参选“国家百千万工程”“北京学者”“青年北京学者”等项目。在全区人才队伍中开展“弘扬爱国奋斗精神、建功立业新时代”活动，举办“专家大讲堂”、第三期百名英才国情研修班，对隋强等30余名优秀人才进行广泛宣传。牵头举办以“培育集聚优秀杰出金融人才，推动金融业高水平开放、高质量发展”为主题的金融人才发展分论坛，持续打造首都金融人才发展“金名片”。研发“金融人才服务管理系统”，开通“金融人才之家”网上平台，开展“激扬青春、助飞梦想”高校专场招聘、“惠质兰心”等培训活动10余场次，持续打造金融人才之家。

（雍颜嘉）

【全区公务员考试录用和培训】年内，按照市委组织部有关精神依法做好公务员考试录用，统筹全区28家单位65个职位招录公务员108人，高学历公务员比例有所增加。坚持公开、平等、竞争、择优的原则，依法开展2020年公务员考试录用工作，规范面试考官队伍管理，组建考官库，开展专业培训，统筹建立起一支高素质专业化的公务员录用面试考官队伍，全面提高面试工作的质量和效果。着眼和立足提高公务员队伍政治素质和专业能力，加强同清华大学、中国人民大学等知名高校合作交流，全年共组织公务员各类培训班次15个，调训公务员840余人。

（雍颜嘉）

【科级公务员职位和信息管理】年内，贯彻落实区机构改革工作总体要求，开展机构改革后人员转隶、人员定岗、职务任免备案、信息变更等相关工作，会同区人力社保局梳理形成西城区公务员转任、调动等内部工作程序，为各单位机构改革后进行人员调动提供依据。依托“北京市公务员综合信息系统”和“全国公务员管理信息系统”，指导各单位开展公务员信息系统维护工作，加强对各单位人事干部的培训和指导，定期抽查各单位数据维护情况，对发现的问题及时督促整改。

（雍颜嘉）

宣传

【概况】中共北京市西城区委宣传部（简称区委宣传部）是区委主管意识形态工作的职能部门，机构改革后，区文明办并入宣传部。负责全区党的思想理论建设、全区党员、干部的理论学习；负责规划、部署、协调全区性的思想政治教育工作。指导、协调全区综合宣传工作；负责全区文艺创作和文化活动等文化建设的指导工作，协调文化市场管理工作。组织协调全区对外宣传报道、新闻发布和对外文化交流工作；负责全区新闻宣传队伍管理和培训；精神文明创建工作；联系、团结社会科学工作者、文艺工作者及部分专家学者工作；负责全区宣传文化发展专项资金的使用管理及监督检查工作；承担区委和上级业务指导部门交办的其他事项。组织制定全区对外宣传工作总体规划；指导、协调全区新闻宣传报道工作；全区新闻发言人队伍建设；指导、协调全区新闻发布工作；研究制定全区对外文化交流工作规划并组织实施，指导、协调全区对外文化交流工作。内设办公室、党建研究室、理论科、宣教科、文化科、新闻出版科、创建科。编制33人，实有32人。年内，宣传思想战线坚决贯彻落实党中央、市委和区委决策部署，紧紧围绕中心、服务大局，正本清源、开拓创新，宣传思想工作取得突出成效。深入学习宣传贯彻习近平新时代中国特色社会主义思想和党的十九大精神，理论武装全面深化。筑牢意识形态安全防线，守土尽责局面基本形成。进一步将社会主义核心价值观落细落小落实。积极营造良好的舆论氛围，新闻舆论主题主线鲜明突出。扎实推进全国文化中心建设，文化发展内生活力不断提升。

地址：西城区二龙路27号

邮编：100032

电话：88064649

（蒋苏菲）

【推动意识形态责任制落实】年内，区委常委会听取意识工作专题汇报、研究涉及意识形态的议题49个。在2月15日召开的全区党工委（党组）书记抓基层党建工作述职评议考核会上，区委常委、区委办主任徐利对全区落实意识形态主体责任情况进行点评，对落实好意识形态工作责任制提出要求。加强教育培训，在全区宣传系统专题培训班、社区“两委”带头人培训班、区委党校处级干部培训班、老干部党校培训班等班次中，都将意识形态工作作为重点培训内容。加强检查指导，开展全面从严治党意识形态专项考核，对87个党委（党组）落实意识形态工作责任制情况进行督查。制定《关于开展意识形态责任制示范点建设的工作方案》，成立西城区意识形态责任制示范点建设工作领导小组和办公室。召开工作部署会，区文化和旅游局党组、西长安街街道工委等六家意识形态责任制示范点单位，按照《西城区党委（党组）意识形态工作责任制实施细则》和《西城区党委（党组）意识形态工作责任制考核评价指标体系》，区委宣传部、区委网信办联合进行督查，对示范点单位开展调研，形成《意识形态工作责任制示范点建设调研报告》。制定《西城区城市公共空间艺术品建设管理联席会议制度》，7月17日召开工作部署会，妥善处置什刹海地区“人兽雕塑”相关案件。根据市区两级机构改革相关精神，调整西城区“扫黄打非”工作领导组织机构和人员，召开工作推进会，开展“扫黄打非”“净网”“清源”“护苗”等专项行动。

（蒋苏菲）

【抓好党委（党组）理论中心组学习】制定《2019年西城区委理论学习中心组学习安排》《2019年区委理论学习中心组专题交流研讨方案》《2019年全区党委（党组）理论学习中心组专题学习重点内容安排》。全年开展学习32次，其中辅导报告16次、集中学习研讨5次、专题研讨2次、专题调研2次、专题教育5次、个人自学2次。制定《2019年西城区处级党委（党组）理论学习中心组巡听旁听工作安排》，会同区委组织部组成巡听旁听工作组，对6家处级中心组学习进行巡听旁听，推动处级中心组学习开展。为区、处两级中心组成员配发学习书籍7878册，编印《中心组学习专刊》800余册，制定《区委常委会“不忘初心、牢记使命”主题教育学习研讨具体安排方案》，围绕党的政治建设、全面从严治党等8个方面，并以“共产党人的初心使命和我”为题，从“怎么看、怎么办、怎么干”三个角度组织开展集中学习研讨5次，组织党史新中国史、70年成就展等专题教育5次。西城区被北京市推荐为中宣部开展的党的十八大特别是十九大以来各级党委（党组）理论学习中心组先进典型。区委理论学习中心组学习经验文章刊登在中宣部《党委中心组学习专刊》2020年第1期。

（蒋苏菲）

【理论宣讲工作】下发《关于做好2019年基层理论宣讲工作的通知》，指导全区紧紧围绕学习贯彻习近平新时代中国特色社会主义思想、党的十九大精神、党的初心和使命、庆祝新中国成立70周年、党的十九届四中全会等主题开展系列宣讲。组建四中全会精神宣讲团，边宣讲精神、边听取民意、边交流互动、边解决问题。区领导带头宣讲，11月29日，区委书记卢映川以《坚定制度自信践行“红墙意识”切实推进制度优势更好转化为首都核心区治理效能》为题作宣讲报告。区四套班子领导深入街道、社区，面对面向党员干部群众宣讲。组织全区各单位党政主要领导开展“十进”宣讲活动（进机关、进社区、进企业、进学校、进军营、进“两新”组织、进街巷、进网络、进家庭、进新时代文明实践基地）。组建百姓宣讲团，推荐19名基层理论宣讲骨干进入北京市理论宣讲储备人才库。全区开展理论宣讲700余场，受众近6万人次。在市委讲师团开展的“2019年度宣讲家杯优秀报告（党课）征集和展播活动”中，区12个宣讲报告被评为优秀作品，获奖作品数在全市名列第一，区委宣传部被市委讲师团评为先进组织单位，焦勇被评为组织工作先进个人。开展“品读经典”学习活动，邀请中央党校党史教研部教授张卫波、人民大学哲学院副院长臧峰宇等围绕共产党人的初心和使命为品读经典学习小组开展经典解读。加强“学习强国”阵地建设，抓好“学习强国”学习平台注册。

（蒋苏菲）

【强化全区思想政治工作】根据北京市政研会开展2019年重点课题立项工作的通知要求，开展北京市重点课题立项申报工作。协助市政研会以区月坛街道、西长安街街道、广外街道等5个街道和5个社区为调研对象，完成市重点课题《打通服务群众“最后一公里”，“接诉即办”工作创新经验》，得到市委书记蔡奇，市委常委、宣传部长杜飞进的肯定，并在北京日报上刊登。积极推进全区思想政治工作，广内街道在“北京市思想政治工作理论与实践经验交流会”发言，区司法局、展览路街道思想政治工作的先进经验被收入到《2019年北京市基层思想政治工作优秀成果集》。做好《西城宣传》编辑工作，结合庆祝新中国成立70周年、“不忘初心、牢记使命”主题教育和全区重大工作，设立专题专栏，宣传习近平新时代中国特色社会主义思想及全区宣传思想文化建设典型经验。全年编辑《西城宣传》6期。

（蒋苏菲）

【推进西城区传统节日文化活动】 印发《北京市西城区2019年传统节日文化活动工作方案》，以“春节、元宵节、清明节、端午节、七夕节、中秋节、重阳节”为重点，分别以“福、忆、和、爱、月、孝”为核心要义，推进全区传统节日文化活动。以“忆满京城　情思华夏”为主题，开展祭奠英烈、清明诗会、扫墓踏青、讲座展览、网上祭奠等120余项活动来缅怀先烈，爱国主义教育基地设立5处寄语台。清明节期间区有6万余人次参与缅怀活动。以“和满京城　奋进九州”为主题，开展赛龙舟、端午主题游园、包粽子、做香囊、挂艾草等210余项活动。6月5日，东西城在龙潭湖公园首次联合承办端午文化节主场活动，开展龙舟赛、歌伴舞、非遗展、包粽子等活动。端午节有15万余人次参与活动。七夕节组织四大品类30余项文化活动，传承优秀传统文化。开展“月圆京城·情系中华”和“我和我的祖国”中秋国庆灯光秀活动。中央电视台新闻联播、北京电视台BTV新闻、北京日报、人民网等电视、报纸和网络媒体报道20余篇（条）。“今夜，中秋光影盛宴闪耀西城！”微视频阅读量达10万+，并被新华社《东方瞭望周刊》等转发。开展“孝满京城德润人心”重阳节文化活动。组织敬老孝亲、暖心助老、文化孝老、夕阳风采、游园赏菊、重阳诗诵、重阳记忆、登山祈福等各类文化活动217场次，参与人数5万余人次。

（蒋苏菲）

【“我们的中国梦”文化进万家活动】 以“福满京城　春贺神州”为主题，开展庙会、文化场所、网络、基层、文明过大年五大品类400余项群众文化活动。以“福满京城　春贺神州”——“华彩闹元宵　共贺中国年”为主题，打造“一门两园”元宵节灯会及灯光秀活动。新华社、光明日报、中央电视台、人民网、北京日报、北京电视台、北京时间等40余家媒体，70余名记者前往三个点位进行全媒体报道。德胜门灯光秀活动当晚，北京时间、@北京西城两家直播平台共吸引超过200万人次在线观看网络直播。“北京西城”微信公众号德胜门灯光秀单条文章阅读量超过14万。组织“金猪迎春民康泰　己亥文昌国运兴”厂甸庙会、大观园第二十四届红楼庙会、天桥小年文化庙会暨老舍京味文化节、北京坊新春坊会等春节“四大庙会”庆节日。各街道社区、公共文化场馆等通过庙会、灯会、灯光秀、游园会、联欢会、冰雪、曲艺民俗等形式，为群众奉献文化大餐。春节期间向市委宣传部报送文化进万家视频17个。

（蒋苏菲）

【打造“京剧发祥地”文化品牌】 2019春节北京坊会活动推出“数剧京韵国粹体验”，初一到初六进场参观2万余人次，体验人数逾7000人。引入原创京剧虚拟偶像作为主持人互动，现场共设置穿戴VR设备体验《湖广听曲》多人VR、《三岔口》全息京剧、《京城盛景》交互画卷、互动京剧人偶自拍等4个体验项目，并推出京剧文创产品11个品类。中国新闻网、人民网、中国旅游报、CGTN等媒体发稿42篇，央视新闻直播间、北京卫视、北京时间进行现场直播报道。举办“西城2019京剧发祥地艺术季”“我眼中的京剧发祥地”——百姓摄影作品征集与评选活动、“京剧行当艺术经典剧目展演”、西城区票房大赛、第十七届“椿树杯”票友大赛等品牌活动。启动数字资产高保真还原工作，推进以西城京剧发祥地故事背景的数字化创作，开展京剧数字创意设计的硬件载体研究，完成“全息投影+智能手机”的京剧体验展示模式设计。出版《〈京韵剧缘〉——京剧发祥地的历史记忆》，完成《京剧文化IP　重构与创新》课题。

（蒋苏菲）

【举办国庆70周年系列展】 收集200多位名人名家的500余件手迹、手稿及200多册连环画原书、50余幅原稿，举办系列展。重温70年来新中国的建设者在各条战线的奋斗精神，展现新中国发展变化和光辉历程。自9月20日至10月15日，参观团体155批次、4500人，个人2万余人次。北京电视台、光明日报等20余家电视报纸网络媒体进行报道，并被学习强国推荐刊发。

（蒋苏菲）

【全国文化中心建设】依据京文建办发〔2019〕4号文件精神，从文物腾退修缮利用、环境整治、设施建设、文化精品创作、文化品牌塑造、历史文化传承挖掘等方面，确定41项年度重点项目（其中承接市级重点项目30项、区级重点项目11项）。持续推进中轴线申遗和大运河文化带建设，加强老城整体保护与复兴，推动文化事业与文化产业协同发展，挖掘区域文化内涵。

（蒋苏菲）

【文化内涵挖掘和利用】推进建国70周年主题精品创作。电视剧《幸福里的春天》（原名《北京西城故事》）完成拍摄进入后期制作阶段。《梦开始的地方》剧本进行二次修改中。报告文学《红墙根儿》（暂定名）完成实地采访及素材整理，进入写作阶段。《父亲李大钊》《长椿寺1927》《闪闪的红星》《角儿》《影戏传奇》《牛天赐》等一批作品相继推出。完成年度区文艺创作扶持专项资金补贴项目及额度测算，59个项目入围，补贴资金总额1750万。深化胡同文化内涵挖掘工作。推进《西城街巷胡同文化丛书》编撰工作，完成月坛《朗月清风》、新街口《闾巷塔影》和展览路《宛然西郊》3本丛书出版印刷及德胜等6个街道丛书编辑工作。推出烂缦胡同、南半截胡同街区文化深度展示项目，完成部门网站、手机App和微信小程序等传播平台上线工作。推出“追寻民族复兴红色密码3公里”地图，打造红色文化探访线。推进“西城老干部口述史”项目，完成10位老干部口述采集。完成《“红色记忆”百万庄》《西城党史初心系列故事》编辑出版和《中国共产党初心视阈下西城早期红色文化研究》课题。

（蒋苏菲）

【国庆70周年主题宣传】开展“壮丽70年·奋斗新时代”等10余场大型主题采访活动，接待新华社、人民日报、中央电视台、人民网、北京日报、北京广播电视台等中央、市属媒体30余家，中外注册媒体记者200余人次，在报端、广播、电视、网络上刊发各类报道200余篇，并在学习强国平台转载。西城区级传统媒体、微博、微信开设“壮丽70年·奋斗新时代”“爱国情·奋斗者”“我在西城为祖国庆生”等专栏、专版，特别推出H5、动漫、会聊、短视频等一系列新媒体产品，得到1亿余人次点击量，逾200万人次点赞。

（蒋苏菲）

【国庆70周年中外注册媒体接待服务】9月底，国庆70周年新闻中心与北京市人民市政府新闻办共同组织8场北京城市主题采访活动，400余人次中外注册媒体记者参加，其中3场活动在西城区举办。区委宣传部配合做好接待工作，组织媒体记者参观体验中国京剧文化、首都电影院宽银幕电影、天桥艺术中心舞台剧等。

（蒋苏菲）

【加强权威信息发布】1月7至11日，利用市、区“两会”，针对社会各界关心的热点敏感话题，召开多场西城区新闻发布会，全区16家单位“一把手”进行现场发布，连同书面发布单位计24家，围绕城市精细化治理、历史文化名城保护、优化营商环境、保障及改善民生等重点工作，涉及街区整理更新、生态环境建设、文物腾退修缮、老旧小区综合整治等23项热点难点问题，权威解读政策，现场回应社会关切。配合市“两会”新闻发布，区委书记卢映川、区长王少峰接受北京日报、北京晚报、北京青年报、新京报、北京时间等媒体采访，就群众关切的重点难点问题进行回应和解答。

（蒋苏菲）

【“不忘初心、牢记使命”等重大主题宣传】做好“不忘初心、牢记使命”主题教育、十九届四中全会精神等重大主题宣传，在区属各类媒体平台开设“不忘初心、牢记使命”、学习贯彻十九届四中全会精神等专栏，进行多角度全方位报道。加强选题策划，挖掘资源，围绕“初心使命”的重点，紧扣“溯源—铸魂—寻根—实践”的主线，精选初心起点—北京李大钊故居、奋斗不息—北京鲁迅中学、胜利曙光—北京国会旧址、牢记使命—西城区红墙意识党性教育基地4个点位，推出“追寻民族复兴红色密码3公里”体验线。绘制《初心之旅红色地图》，供党员干部学习。10月29日，北京市委

“不忘初心、牢记使命”主题教育第二巡回指导组、西城区四套班子，走进“追寻民族复兴红色密码3公里”学习体验。全区以党支部为单位，组织10700余名党员干部参加体验。西城区“一网通办”正式上线、德胜街道“全域停车自治模式”、改革体验官、天桥街道“多居一站”等，被央媒刊发相关报道100余篇，市媒200余篇，区媒400余篇，区委书记卢映川就“基层社会治理”接受中央电视台采访，并在《新闻联播》刊播。

（蒋苏菲）

【打造新媒体新闻宣传矩阵】利用《北京西城报》、《都市阳光电视》节目、“北京西城”官方微博、微信公众号等平台，开设“我在西城为祖国庆生”等专栏，进行媒体报道。推出H5、短视频等新媒体产品与《北京西城故事》剧组合作，剧组演职人员向祖国比心视频，在“北京西城”官方微博、微信公众号发布，微博文章列入热门，当天阅读量突破65万，微信阅读量突破3万；在“北京西城”官方微博开展“我在西城为祖国庆生”12小时直播活动，并与北京交通台《一路畅通》栏目直播互动，6位网络大V在西城32个点位采访48位普通工作者，活动话题阅读量达到8839万余次，其中单条微博最高阅读量达到554万，直播观看量达到217万，互动量达到2300余次，活动视频集锦及形象宣传片登陆学习强国平台。

（蒋苏菲）

【重点工作宣传引导】围绕“老城保护”“街区更新”等主题，接待人民日报、新华社、光明日报、中央电视台、北京日报等中央、市属媒体采访、拍摄300余人次，在中央、市属媒体平台刊发850余篇报道，《北京西城报》刊发175篇，借助微博、微信、App等新媒体平台策划报道近400条。配合《向前一步》栏目，深入挖掘区“疏整促”工作中的痛点、难点、堵点问题的线索，协调区重大办、白纸坊街道等参与录制4期。

（蒋苏菲）

【扫黑除恶专项斗争宣传】在“北京西城”官方微博、微信公众号，各街道、各成员单位微信公众号发布相关信息570余条。利用区LED电子大屏、横幅、宣传橱窗和新媒体资源，刊登《关于依法严厉打击黑恶势力违法犯罪的通告》及举报方式，做好宣传信息收集工作。做好中央扫黑除恶督导组迎检工作，指导全区开展扫黑除恶专项斗争宣传，开设《中央扫黑除恶督导在北京》专栏，做到扫黑除恶宣传进商场、进企业、进社区。

（蒋苏菲）

【讲好西城故事】在第二届“一带一路”国际合作高峰论坛期间，接待来自荷兰、哈萨克斯坦、乌克兰等42个国家和地区的50余名中外记者，参观采访北京坊、杨梅竹斜街等西城历史文化街区保护与改造情况；走进首都电影院西单影城，体验全球最大LED屏电影播放技术。以老北京胡同文化、历史文化街区保护与改造为主题，通过This is Beijing、Stories of Beijing、Visit Beijing及人民日报英文客户端、光明日报、中国网等海外社交媒体账号进行报道。

（蒋苏菲）

【“我和我的祖国”主题宣传教育】制发西城区“我和我的祖国”群众性主题宣传教育活动方案。全区围绕学习体验、主题宣讲、共和国故事汇、缅怀革命先烈、先进模范学习宣传、同升国旗同唱国歌、主题作品征集展示、“开学第一课”教育、节日文化、国防教育、网上主题宣传教育、各类群众性文化和教育、精心打造社会公共环境等13个方面、42项重点任务，开展形式多样的主题宣传教育活动，组建百姓宣讲团近300支，打造“我和我的祖国”“初心与使命”“十九届四中全会”等区级主题百姓宣讲团，全年开展各级各类百姓宣讲活动近千场。

（蒋苏菲）

【国庆70周年宣传环境布置】国庆节期间，全区升挂国旗2.6万面，布置硬质横幅455条，设置主题花坛15处，布置建筑围挡、橱窗宣传栏、LED户外大屏、三面翻等920余处，举办“我爱你中国”主题灯光秀1处。

（蒋苏菲）

【爱国主义教育示范基地推荐考核评审】按照中宣部和市委宣传部要求，开展全国示范基地评选推荐工作，西城区宋庆龄故居、李大钊故居被评为全国爱国主义教育示范基地。按照市委宣传部要求，对西城区内21家北京市爱国主义教育基地进行考评和奖励申报。考评采取“基地自评+区初评+市复评”的方式，北京李大钊故居、北京鲁迅博物馆获优秀奖，宋庆龄故居、首都博物馆获良好奖。

（蒋苏菲）

【榜样人物学习宣传活动】 开展“2019北京榜样”、中国好人榜、全国道德模范举荐以及“最美奋斗者”学习宣传活动。西城区公安分局厂桥派出所政委张卫东被评为2019年“北京榜样”十大人物之一。李菲、霍淑凤、刘云军登上“中国好人榜”，王志强、贺媛丽、夏伯渝、李润梅获得“中国好人榜”提名奖。结合“最美奋斗者”“北京榜样”举荐和学习宣传活动，组建“初心与使命”先进事迹报告团。

（蒋苏菲）

【“公德之星”评选推荐活动】 西城区2018—2019年度“公德之星”暨第七届首都道德模范候选人评选推荐活动于11月7日启动，由区委宣传部（区文明办）、区委社会工委区民政局、区市场监管局、区总工会、团区委、区妇联共同主办。经过各系统各街道推荐、组委会初选、评审会评审、公示、区委常委会审批等程序，评选出西城区2018—2019年度助人为乐之星、见义勇为之星、诚实守信之星、敬业奉献之星、孝老爱亲之星5类“公德之星”共计19名。推荐刘云军等10人作为西城区首都道德模范候选人上报首都文明办，刘云军获第七届首都道德模范，夏伯渝获第七届首都道德模范提名奖。

（蒋苏菲）

【未成年人思想道德建设】 以“扣好人生第一粒扣子”为主题，开展西城区“新时代好少年”学习宣传，2019年“首都未成年人思想道德建设创新案例”推荐评选，“家风故事宣讲”、“多彩童谣　绘美中国”新童谣作品宣传展示等未成年人思想道德实践活动。西城区丘梓铭、党紫萱获“新时代好少年”，涌现出“红领巾讲红故事，好少年学好传统”党史文艺宣传小分队、“社区青教主任助理”志愿服务等一批未成年人思想道德建设创新案例。

（蒋苏菲）

【红色故事讲解员比赛】 5月至7月，西城区委宣传部联合区文旅局、区委党史办等单位，以“讲好红色故事　凝聚爱国力量”为主题，举办红色故事讲解员比赛。北京市陶然亭公园李湛凝等3名讲解员获得专业组金牌讲解员，北京雷锋小学刘欣祺等3名讲解员获得志愿组金牌讲解员，宋庆龄故居的常淑君等14名讲解员分别获得专业组、志愿组优秀讲解员。10月在北京市比赛中，刘洋、李湛凝获专业组金牌讲解员；刘欣祺、杨威获志愿组金牌讲解员。李大钊故居刘洋代表北京市参加全国比赛，并获全国“优秀志愿讲解员”。

（蒋苏菲）

【群众性精神文明创建活动】 落实中央文明办2018年版《全国文明城区测评体系》和2019版《全国文明城区测评体系操作手册》要求，编制2019版《西城区全国文明城区创建指标任务分解》，发放到全区75个责任单位对照创建落实。召开西城区2019年文明城区创建迎检工作动员暨培训会，全面部署创城工作；开展西城区文明城区创建主题推动日活动，全区联动形成创建高潮；通过北京移动、北京联通推送文明城区创建温提示短信，在全区各主要路口设置硬质“文明城区创建宣传横幅”196块，共计1997平方米。在首都文明委组织的文明城区测评中，获得全国文明城区组综合成绩第一名。

（蒋苏菲）

【文明单位、文明商户、文明街巷创建活动】 优化“西城区文明单位联盟管理系统”，发起“盟主有约”活动37次、“联盟有约”活动102次、共享活动案例消息341条，联创共建活动参与人数达近4000人次。发放文明单位创建学习手册2万册。开展文明街巷、文明商户创建活动，评选2018年度区级文明街巷126条，文明商户203个。2018年西城区43条背街小巷被评为“首都文明街巷”，52家商户被评为“首都文明商户”，广宁公园、京韵园、文华胡同、铁鸟胡同、天桥街道社区口袋公园获得“美丽街巷我的家”最佳作品奖。

（蒋苏菲）

【文明校园创建】 协调区教委，开展年度文明校园创建工作，提前实现100%的覆盖目标。北京小学红山分校等5所学校被推荐为“全国文明校园先进学校”候选对象。在庆祝新中国成立70周年活动中，利用各类宣传阵地开展文明校园创建成果展示与宣传，向上级推荐文明校园创建案例10篇。

（蒋苏菲）

【文明家庭创建】下发《关于开展2019寻找“西城最美家庭”活动的通知》，推进全区文明家庭创建工作。举办“相伴同悦读　共抒家国情”——2019年国际家庭日主题活动，组织“最美家庭”30余人参加“紫禁城上元之夜”文化活动，200个家庭观看《你是演奏家》，举办“家　最美有我”家庭故事分享会。制作发放创建公益宣传品1万个，推动文明家庭创建活动。

（蒋苏菲）

【西城区新时代文明实践中心建设】制定《西城区推进新时代文明实践中心建设工作方案》，成立区新时代文明实践工作专班，召开“推进新时代文明实践中心建设工作会”，建立区新时代文明实践中心和区志愿服务总队，设立15个新时代文明实践所、259个新时代文明实践站、100个新时代文明实践基地。建立工作会商、信息报送、沟通联络、活动周、融合对接等“六项机制”，确保全区文明实践建设工作稳步发展。区新时代文明实践三级组织体系和志愿者队伍三级组织体系按照各自职责分工推进新时代文明实践活动有序开展。截至12月底，开展7次推动周活动，全区8个系统、15个街道开展各具特色的活动1500余场，近10万余人受益，志愿者参与3万余人次。

（蒋苏菲）

【志愿服务活动】年内，部署推进全区志愿服务工作，开展学雷锋志愿服务活动，在各主要路口制作安装学雷锋志愿服务宣传标语196块，1997平方米。协调完成第五批全国学雷锋活动示范点和岗位学雷锋标兵推荐工作。推选全国学雷锋志愿服务“四个100”先进典型活动，向首都文明办推荐“最美志愿者”3个、“最佳志愿服务组织”3个、“最佳志愿服务项目”3个、“最美志愿服务社区”3个。

（蒋苏菲）

【站台公共文明引导】做好重点地区、重点站台、主要公园景区、亚洲文明对话大会等重大活动期间的公共文明引导工作，完成亚洲文化嘉年华系列活动观众组织工作。围绕“迎国庆展形象　做新时代文明北京人”宣讲主题，在21个中队广泛开展50场文明引导员宣讲活动，其中到石景山、门头沟区串讲2场。全年参与宣讲队员59名，宣讲153人次，参与社会志愿者199名，宣讲受众达2677人次。

（蒋苏菲）

【网络文明传播志愿服务活动】年内，北京西城文明网发布信息3889条；报送首都文明网信息2343条，被采用2182条；报送中国文明网信息280条，被采用49条；制作《我们的节日·又是中秋月圆时》《西城最美校园竞晒》等专题14个。“文明西城”微信公众号发布信息文章700篇，阅读量188447次。《西城文明引导》微信公众号全程跟踪多媒体连载报道25期，点击人次过万。开展网络文明传播志愿者活动，线上活动4次。

（蒋苏菲）

统一战线

【概况】中共北京市西城区委统一战线工作部是中共西城区委主管统一战线工作的职能部门（简称区委统战部）。内设办公室、党派科、联络科，党外知识分子工作科、新的社会阶层人士工作科，西城区社会主义学院是区委统战部的直属事业单位。3月13日，经区委区政府批准，区委统战部增加侨务职能，具体承担宣传和贯彻执行国家侨务政策，开展涉侨宣传、文化交流和华文教育工作，办理归侨、侨眷、外籍华人亲属身份确认等事项，其具体工作由联络科负责，增加人员编制1名。在职公务员共19人，社会主义学院4人，工勤1人。年内，深入贯彻习近平关于加强和改进统一战线工作的重要思想和对北京重要讲话精神，按照全国、全市统战部长会议和市委、区委全会的要求部署，紧扣加强党对统战工作的集中统一领导这个根本，执行统战部了解情况、掌握政策、协调关系、安排人事、增进共识的职责。着力推进统战工作理论、机制、实践创新，着力破解各领域重点难点问题，着力构建大统战工作格局，着力提升履职尽责能力和水平，凝心聚力推动首都新发展。

地址：西城区二龙路27号

邮编：100032

电话：88064280

（陈昌杰）

【中央统战部调研】 1月9日，中央统战部六局局长张明、副局长梁智卫带领新阶层人士统战工作联席会议联络员培训班学员和相关处室领导20余人，赴西城区“聚力•金融街”调研。王旭及其他相关领导陪同调研。7月11日，中央统战部四局副巡视员李慧敏一行到西城区就非公有制经济代表人士综合评价工作开展专题调研，西城区非公有制经济代表人士综合评价工作14家评价单位工作负责人参加调研座谈。

（陈昌杰）

【新春座谈会】 2月13日，西城区召开区四套班子领导与民主党派和工商联负责人、无党派人士代表新春座谈会。区领导卢映川、杜灵欣、章冬梅、孙硕、徐利、缪剑虹出席会议，王旭主持会议。

（陈昌杰）

【统一战线工作领导小组会】 2月20日，西城区召开区委统战工作领导小组全体会议，传达学习全国、全市统战部长会议精神并研究部署年度工作。区领导卢映川、徐利、张宗禹、缪剑虹、程军以及区相关部门负责人出席会议，王旭主持会议。7月8日，西城区召开2019年区委统战工作领导小组专题会议暨党外知识分子、新的社会阶层人士、归国留学人员统战工作联席会议和基层党组织统战工作示范点建设推进会议，王旭参加会议并讲话。

（陈昌杰）

【民主党派工作会议】 3月22日，西城区民主党派工作会议召开，王旭出席会议并讲话，各民主党派区委领导班子成员50余人出席会议。区委统战部及各民主党派区委总结2018年的工作情况，交流2019年的工作思路与安排，表彰2018年各民主党派调研、信息工作。

（陈昌杰）

【专项民主监督】 年内，全国政协常委，民盟中央副主席，市政协副主席、民盟市委主委程红率领民盟市委专家组赴西城区围绕“街乡吹哨、部门报到”改革实施、居民生活的便利性情况等专题开展专项民主监督，深入推进“疏解整治促提升”“背街小巷环境整治提升”等重点任务。区领导卢映川、孙硕、王旭等分别陪同调研。

（陈昌杰）

【市委统战部调研】 5月8日，市委统战部相关领导一行4人到“聚力•金融街”调研新阶层人士统战工作和统战社团创新发展工作。5月16日，市委常委、统战部长齐静带领市级统战社团负责人到西城区，围绕推进统战社团创新发展工作进行调研并召开现场调度会。市委统战部副部长严卫群、祁金利，区委统战部长王旭陪同调研。7月10日，市委统战部副部长刘先传，党派处等一行3人到西城区围绕民主党派自身建设工作进行考察调研，王旭陪同调研。

（陈昌杰）

【政党协商会】 5月27日，围绕推进减量发展、创新发展、促进区域高质量发展召开政党协商会，区领导孙硕、王旭出席会议。12月19日，围绕《中共西城区委十二届十一次全会工作报告》《区委关于贯彻党的十九届四中全会决定和北京市委实施意见的实施要点》《全区经济社会发展工作报告》及重要人事安排进行协商。区领导卢映川、孙硕、程昌宏、徐利、程军出席会议，各民主党派区委、总工会、青联、妇联、科协、侨联、工商联、无党派代表等20余人参会。

（陈昌杰）

【统一战线重要活动】 6月15日，西城区统一战线庆祝新中国成立70周年“同心同行七十年建功红墙展风采”主题教育活动启动仪式在北京传承紫砂艺术馆举行。全区统一战线各领域成员120余人参加，王旭出席活动并讲话。

（陈昌杰）

【民进市委领导调研】 10月14日，民进中央副主席、北京市人大副主任、民进北京市委主委庞丽娟到西城区调研“推进全国文化中心建设”及“民进基层组织建设”。区领导卢映川等会见调研组一行，王旭主持会议。

（陈昌杰）

【统战工作交流考察】10月15日，广东省委统战部副部长李阳春一行11人到“聚力•金融街”、北京坊考察调研。市委统战部副部长严卫群、区委统战部长王旭陪同调研。11月8日，杭州市上城区委常委、统战部长来剑波一行4人到西城区开展工作调研，交流新的社会阶层人士统战工作情况。11月12日，山东省东营市委常委、统战部长聂建军一行7人赴西城进行统战工作调研座谈，双方签订友好合作协议。

（陈昌杰）

【庆祝新中国成立70周年】年内，通过自愿报名和组织推荐等方式，组织民族、宗教、新阶层、侨界等领域统战人士参加国庆群众游行、观礼、书画展、微视频制作、演讲比赛等活动。其中51名统战人士组成北京市委统战部大队第二中队，作为“中华儿女”方阵参加庆祝中华人民共和国成立70周年群众游行；5名统战人士参加群众观礼。

（陈昌杰）

【主题教育活动】年内，在全区开展“同心同行七十年•建功红墙展风采——五个一”系列主题活动，召开“庆祝新中国成立70周年暨多党合作制度确立70周年”主题座谈会、组织以“我和我的祖国”为主题的统一战线专场文艺演出、学树一批统战工作和统战人物典型、开展系列主题培训、助力重大攻坚任务。

（陈昌杰）

【政党协商工作】年内，围绕区委常委会工作报告、西城区经济社会发展、重要人事安排等议题开展政党协商4次，“以深化‘街道吹哨、部门报到’改革为牵引，健全完善城市基层治理机制”“全面落实新版城市总体规划，推动老城整体保护与提升”“积极推进首都核心功能空间布局优化，提升‘四个服务’水平”等区域发展重要问题开展专题协商座谈4次；全年各民主党派、无党派人士完成调研47篇。

（陈昌杰）

【党外代表人士队伍建设】年内，制定《〈中共北京市西城区委关于加强新时代党外代表人士队伍建设的实施意见〉重点任务职责分工方案》，制定并落实各领域党外代表人士建设规划，推动党外干部培养使用，推荐提任党外正处职领导2人，配齐法院领导班子中的党外干部。建成西城区党外代表人士数据库，其中党外代表人士共计1490人，储备中青年骨干数474人，有较大影响力高层次代表人数267人，在国外内外有较大影响力人数134人。全年各领域党外人士参加各类调研座谈、协商通报、民主监督、议政建言等统一战线活动近5000余人次。

（陈昌杰）

【民族宗教工作】年内，完善“一个组织、两支队伍、三级网络”民族工作格局，强化少数民族流动人口服务管理。坚持宗教中国化方向，持续推进和谐寺观教堂创建，支持宗教界开展公益慈善活动，做好宗教活动场所服务保障工作。成立西城区道教协会，团结和带领全区道教界继承发扬爱国爱教优良传统。

（陈昌杰）

【非公经济】年内，服务非公企业发展，帮助民营企业反映合理利益诉求，推动构建亲清新型政商关系。促进非公有制经济人士健康成长，不断加强非公有制经济代表人士队伍建设。加强非公经济领域党的建设，探索基层商会党建工作的有效模式，发掘和培育符合西城发展方向的商会组织。

（陈昌杰）

【新的社会阶层人士工作】年初，“聚力•金融街”被确定为全国新的社会阶层人士统战工作实践创新基地第三批重点项目。年内，落实《关于加强新的社会阶层人士统战工作的实施意见》，完善全区新的社会阶层人士统战工作格局。加强新阶层统战工作实践创新工作经验和成果的总结和提炼，形成并推广新的社会阶层人士统战工作实践创新“5+”工作模式。

（陈昌杰）

【港澳台统战工作】年内，推动统战社团创新，加强海联会、留联会平台建设，打造对台工作亮点，组织天桥大戏宝岛秀，举办2019海峡两岸武术交流，“广内空竹交流”“月坛白云杯太极拳交流”等品牌系列活动，构建“一区多品”、“一街一特色”京台基层社区交流工作格局。

（陈昌杰）

【侨务工作】年内，区委统战部（区政府侨办）开展“家国情怀，不忘初心”西城区侨界庆祝新中国成立70周年主题图片展，宣传侨界为国效力的事迹。开展以基层为主体“侨法宣传月活动”，组织侨法宣传活动15场，设立1个“侨法宣传站”、29个“侨法宣传角”。梳理区级公共服务事项，完成调整和发布工作，实现全程网办，提升审批服务事项办理便利度。开展困侨侨情摸排统计，全力做好侨界困难群体精准帮扶工作，开展“送健康、送营养、送温暖”活动。加强侨界文化交流基地的建设与推广，深化“侨之家”建设。

（陈昌杰）

【基层统战工作】年内，坚持“以党建带统战，以统战促党建”的工作思路，推动统战工作进楼宇、进社区工作，全年新增楼宇统战工作站5个，实现全区80个工作站统战工作全覆盖。全区57名规划顾问参与街道规划工作，定期进行指导、交流，优化规划设计。召开规划顾问推进会、现场调研工作会，研究工作推进方案、实地考察调研，发挥规划顾问的作用，为街区发展献智献策。

（陈昌杰）

【对口扶贫工作】年内，统筹区内统战力量开展对口扶贫协作，聚焦产业、规划、医疗、文化等方面，开展多领域帮扶。围绕“万企帮万村”、张北村庄规划、对口扶贫囊谦教育协作“新苗计划”等重点项目，推动与门头沟区“新阶层•新农村”同心共建活动等系列脱低帮扶项目落地。

（陈昌杰）

【社院培训】年内，落实《社会主义学院工作条例》，举办西城统战大讲堂，组织各类培训班20期、专题报告会8场，培训人员2000余人次，其中4月16日举办西城区民主党派新成员第一期培训班，各民主党派160余名新成员参加培训。5月30至31日，举办西城区民主党派中青年骨干培训班，各民主党派区委的80余名骨干成员参加了培训。8月15至26日，举办“2019年民主党派区委负责人研修班”，各民主党派区委副主委及区委委员等18人参加研修班，以区统战理论研究小组为平台，召开新时代统一战线理论政策创新与发展研讨会。

（陈昌杰）

对台工作

【概况】中共北京市西城区委台湾工作办公室、北京市西城区人民政府台湾事务办公室（简称区台办）是西城区委、区政府负责辖区涉台事务的工作机构，在职人员6人。主要职能是“组织、指导、管理、协调、服务”辖区的对台工作，处理日常涉台事务，动员社会各界人士积极做促进祖国统一工作。年内，区台办贯彻落实中央及北京市对台工作精神，以巩固深化两岸关系和平发展为主要任务，推进落实北京市惠台《55条措施》、组织北京天桥大戏宝岛秀——京话剧《角儿》入岛交流演出等重点交流活动，加强对台交流交往工作的实效性，做好对台宣传，努力为台商创造公平公正的经营环境；及时、妥善处理涉台突发事件，确保辖区涉台发展环境的稳定。区台办被国台办评为《两岸关系》、《台湾工作通讯》刊物宣传工作先进单位。

地址：西城区二龙路27号

邮编：100032

电话：88064282

（刘　杰）

【涉台教育】年内，下发《2019年西城区深入开展涉台宣传教育工作的通知》，以习近平新时代中国特色社会主义思想为指导，全面贯彻落实习近平总书记在《告台湾同胞书》发表40周年纪念会上的重要讲话精神，指导全区各单位开展涉台宣传教育活动。与台盟西城区委共同组织来自中央音乐学院的台湾学生10余位参加五四青年节联谊活动。与区教工委共同组织辖区在校就读的20多名台湾中小学生赴朝阳体育中心参观国庆彩车展览。特邀中央人民广播电台主任编辑、时事评论员特约嘉宾张彬研究员到西长安街街道进行《当前两岸关系形势与走向》授课，从“1840年到2019年两岸关系发展脉络”“台湾问题与祖国统一”“新时代、新思想、新论述”三个方面阐述台湾和大陆文化的异同以及形成的历史原因，分析台海形势。邀请台湾问题专家、北京联合大学教授刘红到德胜街道、广内街道举办台湾形势报告会。年内，完成2期《西城对台工作》的编发工作，向北京市台办报送工作信息22件。

（刘　杰）

【组团赴台交流】4月12至18日，西城区人大考察团赴高雄、新北、屏东等地参观考察台湾地区残疾人福利事业的运作模式和残疾人事业发展情况。6月6至12日，什刹海街道受邀赴台参加“粽意高雄，龙耀爱河”端午龙舟嘉年华活动，并就社区建设、社区营造进行交流，与屏东县潮州镇新荣里社区签订《京台社区交流项目框架协议》。9月20至26日，西城区人力社保局组织社会协会组成考察团，赴台围绕农民工“治欠保支“工作、维护保障劳动者合法权益、规范企业劳动用工行为等方面进行参观访问。10月16日至10月22日，由区台办、区文化和旅游局联合组织开展台湾文化创意产业和市场管理考察活动。年内，组织全区共计35个团组赴台交流，全年办理公职人员398人、非公职人员99人赴台手续。

（刘　杰）

【接待来访交流】3月4日，接待高雄市左营区新福山社区发展协会理事长黄国栋率领的基层社区参访团一行20人参访交流。3月29日，接待台湾中华民族致公党青年参访团一行25人参访交流，成员主要由台湾中华民族致公党干部、部分金融企业人士及台湾在校大学生组成，到北京金融街及台资企业北京君太太平洋百货有限公司参访。6月2至6日，接待高雄市左营区新下里社区发展协会一行25人参访交流。组织参加什刹海街道组织的划龙舟活动、西长安街街道参访、故宫、长城等传统名胜古迹。6月11至15日，接待参加椿树杯票友大赛的台湾高雄市戏曲参赛参访团20人。区委常委、统战部长王旭出席活动，包括京剧票友、非公企业经济人士、书画家、中华海峡两岸企业交流协会等50余人参加。6月20至23日，接待高雄茶道文化参访团11人，安排参观茶文化展览、茶叶文化博物馆、紫砂传承艺术馆，参观京铁和园社区，了解社区为老服务，学龄前儿童教育等建设情况。9月9日，接待台湾高雄市议员陈玫娟团队参访团，安排参观德胜街道庆祝新中国成立70周年“翰墨迎华诞　丹青颂党恩”主题书画摄影展、德胜门箭楼、六铺炕南小街社区和煤炭养老驿站。

（刘　杰）

【话剧《角儿》赴台交流演出】年内，区台办、区文旅局和天桥盛世投资集团持续推动“北京天桥大戏宝岛秀”优秀文化作品赴台交流。京话剧《角儿》是继《网子》《绛丝箭衣》之后的梨园三部曲之三，8月5至6日首度赴台湾高雄演出。高雄市共计演出2场，容纳1200人的演艺厅上座率超过80%。高雄市立社会教育馆馆长沈坤佑到场祝贺，表示京话剧结合传统国剧和现代的艺术形式，有助于年轻人认识和传承京剧这种中华文化的精髓。区政协副主席姜兆春出席演出及相关交流活动。姜兆春向台湾朋友介绍了北京市及西城区各方面发展情况，邀请高雄的同胞及家人、朋友到西城区旅游、投资、就业。

（刘　杰）

【参加“两岸关系与民族复兴”座谈会】6月28日，海峡两岸关系研究中心与台湾两岸和平发展论坛组织“两岸关系与民族复兴”座谈会在京举办。中共中央台办、国务院台办主任刘结一，台湾民意代表、两岸和平发展论坛荣誉顾问高金素梅及两岸各界人士100余人出席。区台办、广内街道、月坛街道领导参加并发言。座谈会围绕“两岸关系与民族复兴”主题，扩大两岸基层交流合作等议题开展。广内街道作为两岸基层代表作“空竹为媒，文化为魂，深耕京台基层社区交流”的主题发言。以空竹为载体增进两地民众相互了解，融洽感情。月坛街道会上介绍街道开展京台社区交流工作的做法和亮点。通过坚持开展“太极达人”月坛会、“海峡两岸暨香港道教宫观联谊会”、以书画展览、古琴、茶道、香道、传统服饰、武术等多种形式来促进两岸太极爱好者交流。

（刘　杰）

【首邀台湾地区爱好者参加地书邀请赛】10月29日至11月1日，由区台办、区文化和旅游局、区体育局、陶然亭街道办事处、陶然亭公园管理处共同主办，第十七届“陶然杯”地书邀请赛及系列活动。以“共庆新中国七十华

诞 谱写陶然美好篇章”为主题，邀请来自全国各地的32支代表队、共86名地书爱好者参加，其中包括来自台湾地区代表队11名参赛队员。这是赛事举办以来，首次邀请台湾地区地书爱好者参加。决赛依次按照行书、楷书、隶（篆）书、草书分四组进行，通过互联网新媒体进行网络直播。来自台湾地区台北市代表队的潘庆忠获大赛二等奖、林金豊获大赛三等奖。区委统战部副部长、区台办主任致辞。

（刘 杰）

【对台经济工作】1月23日，区台办和北京台协西城分会共同举办“两岸情•迎新春”联谊活动。市台办副主任李长远，区委常委、统战部长王旭，北京台协西城分会总干事陈 艳媚分别向到场来宾致辞。副区长李异、区政协副主席程军、市台胞权益保障中心主任郑实及区20多家相关部门领导出席，60余位辖区台胞台商参加活动。3月7日，区台办、区政协港澳台侨、民族和宗教专委会共同举办“2019年西城区女台胞、女政协委员欢庆国际劳动妇女节联谊”活动。程军出席致辞。辖区女台胞、女台商代表、区政协港澳台侨、民族和宗教专委会各位女委员以及海峡旅行社女性代表共计50余人参加活动。10月15日，组织区政协港澳台侨专委会委员一行30余人，视察台资企业北京盛妆家化有限公司。区委统战部副部长、区台办主任赵玲会上通报2019年西城区对台工作的情况。各位委员走访台资企业，在厂房实地参观、体验。

（刘 杰）

【台胞台属工作】4月15日，组织台胞台属参加“同心同行七十年 坚定不移跟党走—首都统一战线庆祝新中国成立70周年”主题活动启动仪式西城区分会场活动。5月6日，组织30余名台胞台属参观北京世园会园区。与回乡祭祖上层台属——原国民革命军第29军军长宋哲元将军儿媳、陆军二级上将孙连仲之次女孙又如女士联情联谊。年内，接待台胞关于入学工作的咨询与政策宣讲、来访及电话咨询200余件；做好台籍学生统计工作，年内辖区就读的大中小学台籍学生共计80余位；完成4名台胞子女义务教育阶段就学身份认定审核。

（刘 杰）

【处理涉台突发事件】区台办与公安等有关部门协调配合，共处理涉台突发事件5件，确保区域涉台环境安全稳定。

（刘 杰）

决策服务与调查研究

【概况】中共北京市西城区委北京市西城区人民政府研究室（简称区委区政府研究室）是负责全区综合性调查研究工作、为区委区政府决策服务的工作部门。根据京西办字〔2019〕21号文的通知精神，将区委全面深化改革领导小组改为区委全面深化改革委员会，作为区委议事协调机构。区委全面深化改革委员会办公室设在区委区政府研究室，不再加挂区委改革办牌子。部门内设综合科、政治科、文化科、社会科、经济科、城市科、改革秘书科、改革协调科共8个科室。部门行政编制32名，其中主任1名，副主任4名，区委改革办副主任1名（副处级）；科级领导职数8正2副，政治科、改革协调科编制为4名，设科级领导职数一正一副；其余6个科室编制为3名，只设科级正职。年内，区委区政府研究室坚持以习近平新时代中国特色社会主义思想为指导，深入贯彻党的十九大和十九届二中、三中、四中全会精神，落实习近平总书记对北京重要讲话精神，紧扣首都城市战略定位和高质量发展要求，围绕全区工作大局，进一步加强和改进调查研究工作，切实当好区委区政府参谋助手，更好地服务科学决策和推动改革发展。

地址：西城区二龙路27号

邮编：100032

电话：88064257

（戎庚申）

【调查研究】年内，坚持统筹联动的全区大调研工作格局，以“不忘初心、牢记使命”主题教育为契机，推动调查研究工作深入开展。组织召开全区调研工作联席会，通报全区调研工作开展情况，研究审议2018年度优秀调研课题评选结果，评选确定年度优秀调研成果58篇，其中，一等奖7篇，二等奖13篇，三等奖15篇，优秀奖23篇。编纂形成《北京市西城区2018年度重点课题汇编》《北京市西城区2018年度优秀调研成果选编》。制定《西城区2019年调查研究工作要点》，聚焦7个领域、55个课题方向开展调研。组织形成区级重点课题13篇，部门关注课题101篇。以调研成果展示、调研信息交流为宗旨的《西城调研与决策》刊发12期，以突出思想性、知识性、丰富性为定位的《西研荐文》刊发5期，为领导和部门决策提供服务参考的《决策小建议》完成2期，进一步支撑了区域科学决策。

（戎庚申）

【调研工作实践】年内，聚焦西城基层治理重点难点问题，完成《关于以深化党建引领"街道吹哨、部门报到"改革为牵引，推进城市基层治理体系和能力现代化的实践与思考》等重大课题研究，为进一步落实首都城市战略定位进行了有益探索；聚焦"十三五"中期评估、"十四五"前期研究等事关全局的重大问题深入开展调查研究，形成《以金融街和金科新区建设为龙头，推动区域高质量发展的实践与思考》系列研究成果；聚焦群众身边操心事烦心事揪心事，结合"12345市民热线"反映最突出的问题和"接诉即办"工作，深入走访调研基层社区30余次，加强全区重点调研课题的指导，形成一批小切口选题、解决实际问题的研究成果，及时回应民生关切。

（戎庚申）

【文稿起草】年内，围绕区委、区政府中心工作，完成区委十二届十次和十一次全会、国庆70周年庆祝活动服务保障、"不忘初心、牢记使命"主题教育等各类文稿200余篇。系统总结梳理全区推进科学发展、精细化治理的做法和经验，《红墙意识的时代内涵及实践意义》《积极探索推进基层治理创新》《关于老城再造与文化复兴》《西城区"接诉即办"工作情况》等理论文章发表在《人民日报》《半月谈》《前线》《北京工作》等中央、市级期刊上，较好发挥了以文辅政的作用。

（戎庚申）

【决策咨询服务】年内，坚持以专业化、建设性、实用性为标准用好西城区顾问团专家资源，召开顾问团换届大会，由14支专委会、148名专家学、8个顾问单位形成新一届专家智库组织架构，切实发挥好专家顾问作为"智囊""医生""大使""导师"的作用。年内共组织专家25人次列席区委区政府重要会议，积极开展会前学习辅导、决策建议，30余条建议被采纳并转化到工作实践中。收集专家建言文章50余篇，其中《强化红墙意识需要文化涵养》《北京市西城区义务教育质量状况及发展建议》以专报形式为区领导提供决策咨询服务。配合组织有关专家对张北县党政干部开展扶贫扶智对口支援工作，参与组织中国政法大学相关专家完成法制政府建设第三方评估，促进专家为西城发展助力。

（戎庚申）

【调研队伍建设】年内，召开全区调研工作培训会，全区105名干部参与。在全区范围内开展重要文稿起草培训工作，针对不同部门进行分类指导。深化"以干代训"工作，全区各部门10余人到研究室工作锻炼，强化与各部门间的调研工作联系。完善以"西城调研微信群"为媒介的全区专兼职调研人员联络平台。

（戎庚申）

【健全改革工作领导体制】年内，贯彻落实中央、市委机构改革要求，区委全面深化改革领导小组改为区委全面深化改革委员会，制定区委深改委工作规则、专项小组工作规则、区委改革办工作细则，加强和改善党对全面深化改革的统筹领导。

（齐　勇）

【发挥决策议事协调作用】年内，区委深改委发挥决策议事协调作用，加强对全区改革工作的战略研究、统筹谋划、综合协调、整体推进，召开区委深改委会议4次，审议议题25项，将"微改革"确定为区委深改委会议固定议题，推动区内各领域改革工作不断深化。

（齐　勇）

【研究制定改革实施要点】年内，结合首都核心区发展治理实践，研究制定《中共北京市西城区委关于贯彻党的十九届四中全会决定和北京市委实施意见的实施要点》，围绕创新基层治理体制机制，提出10个方面63条务实举措，区委十二届十一次全会审议通过。

（齐 勇）

【制定年度工作要点】年内，制定年度全面深化改革工作要点。涵盖9个领域的改革任务50项，明确关乎区域发展大局的重点改革任务12项。50项改革任务全部完成。

（齐 勇）

【实施“微改革”行动计划】年内，围绕群众身边的痛点、难点问题，对区内各单位申报的改革方案进行研究筛选，确定10项“微改革”措施。

（齐 勇）

【调查研究工作】年内，围绕全面深化党建引领“街道吹哨、部门报到”、街区更新及基层管理体制改革等重点改革任务，组织开展调研30余次，在街道“大部制”改革、一线力量整合规范、街区更新背景下，指挥部在体制改革等方面推出系列改革调研成果，为推进首都核心区基层治理体系建设提供参考借鉴。

（齐 勇）

【建立双周会工作机制】年内，建立“改革双周会”工作机制。召开“改革双周会”19次，邀请专家学者37人参与讨论，区委区政府、街道办事处、社区、区属企业相关人员62人参与研究工作。

（齐 勇）

【加强改革工作督察督办】年内，制定改革督察方案，确定8项重点督察任务，其中区领导牵头督察党建引领“街道吹哨、部门报到”、深化街区更新工作等5项改革任务，采取日常督察、专项督察、重点督察、联合督察、整改复查“回头看”等方式，开展各类督察20余次。

（齐 勇）

【重点改革取得成效】年内，深入实施“长安计划2.0”。进一步深化大数据、模块化、分布式管理理念运用，不断创新完善重点地区防控机制、“秒级响应、分钟处置”的应急处突机制、群众工作机制等一批工作机制，在推动实现“五个能力”上下功夫。健全街区更新实施推动机制。17个首批亮相片区完成施工，11个展示中心对外开放，608条背街小巷通过市级验收，西海南沿、义达里胡同被评为“北京最美街巷”。菜市口西片作为市首个平房直管公房自愿申请式退租更新试点，砖塔胡同、北海公园东片区城市保护更新工作启动。创新城市部件维护更新管理机制，全面梳理城市部件应急维护管理中的薄弱环节，制定《西城区城市部件维护更新管理手册》；建立纵向到底至社区单元、横向到边至企业作业单位管理网络，打通传输梗阻；建立健全24小时专业保障队伍。推行“百姓服务包”“群众服务卡”机制，梳理居民生活中各类服务信息9类81项，制作成“便民服务卡”和《百姓生活服务包指导手册》1.3万余册。利用“西城家园”共建共治平台，推送“百姓服务包”。深化“主动治理”机制，构建以街巷长和社区党委为轴心，针对城市公共空间、居民小区的问题主动治理机制。聚焦特大城市精细化治理和社会协同治理，推进基层一线力量整合规范，根据城市规划的实现程度，选择不同的治理组织形式，精准配置和动态调整一线力量。推行“西城家园”共建共治平台建设和应用。进一步深化“吹哨报到”改革，运用互联网技术、大数据手段、分布式理念，将诉求响应、办事服务、情况沟通、媒体交互、政策宣传等多功能集合一个平台，打造对接社区、直连群众的网上家园。开展社区服务站综合设置改革，以广内街道老墙根社区服务站为试点，构建党建、政务、物业、公益的综合服务模式，提供管家式全程优质服务。引入全科社工，实现“一门一次一窗”，可直接办结48项服务事项。创新灵溪指数（2.0版）企业信用监管体系，联通区域38家政府部门企业信用数据，融合社会信用信息，综合评定企业信用等级，形成“一处失信、处处受限”的监管格局。推行“改革体验官”制度，邀请社会各层面不同群体担任体验官，对政务服务进行体验和监督。200余人次参与体验，发现问题359条，涉及服务品质、服务环境、办事流程、网办深度、工作机制等多方面。

（齐 勇）

【各领域改革全面推进】年内，

出台《西城区关于进一步支持民营企业发展的若干措施》《北京市西城区全面推开“证照分离”改革工作实施方案》，1500余项政务服务事项纳入“一网通办”。出台《西城区全面推进落实北京市服务业扩大开放实施方案》，金融“监管沙箱”方案等项目入选北京市服务业扩大开放项目清单。实施便利生活和服务提升3年行动计划，新建和提升改造各类便民商业网点48个。建成运营百姓生活服务中心46个。出台《西城区企业统计信用管理暂行办法》，成立北京金融街合作发展理事会，出台《西城区关于促进金融人才发展的奖励办法》《西城区政府性债务风险应急处置预案》，编制《金融街优化提升规划（2019—2035）》。推进区属国有企业改革，推动具备条件的企业建立现代企业制度。以混合所有制改革为突破口，持续推进企业引入非公资本战略投资人，构建多元化股权结构。制定《西城区对口扶贫协作三年行动计划2018—2020年》《一县一策一方案》。历史文化名城保护与城市规划建设管理体制改革，制定《西城区建筑规模分区调控方案》，“双控”“四降”减量发展机制初步建立。启动《两广大街（西城段）整体品质提升研究方案》编制工作。建立街区问题库，推进街区更新问题底册管理。落实《关于加强城市精细化管理工作的意见》，制定国家级城市精细管理标准，在国际花园城市竞赛评比中获城市类金奖。完成西城区地面停车专项规划招标工作。初步构建形成视频、物联、人工、业务四个维度的城市感知系统。实现辖区城市内事件、事故、诉求的全方位实时感知和全时全域主动预警。搭建“全响应”网格化社会服务管理平台，成立“全响应”网格化社会服务管理指挥中心，形成“1 + 5 + 15 + N”的区级平台框架。纪律检查体制改革，完善专责监督体系，把纪律监督、监察监督、派驻监督、巡察监督等扎为一张“监督网”，初步形成点面结合的“1+3+N”监督体系。把贯彻落实“扫黑除恶”、扶贫专项资金使用、“12345市民热线”等纳入区委巡察工作内容和派驻派出机构日常监督重点。制定《关于开展社区巡察监督“全覆盖”的实施办法》，259个社区党委全部设置专职纪检委员，设置77名社区纪检专员。出台《西城区监察委员会特约监察员工作办法》，聘请36名特约监察员。文化体制改革，深化融媒体中心、新时代文明实践中心、政务服务中心三个中心贯通。打造100家西城区新时代文明实践基地。文明实践工作和志愿服务工作三级组织体系建成运行。制定《西城区委网络安全和信息化委员会办公室工作规则》《西城区党委（党组）网络意识形态工作责任制实施细则》。健全完善区政府常务会定期网络直播工作机制。对舆情诉求推行双回应，建立联动转办机制。制定《关于政府向社会力量购买公共文化服务的实施意见》。出台《北京市西城区人民政府关于促进文物建筑合理利用和开放管理的若干意见（试行）》，完成“文物建筑社会化利用申报和评审流程”相关配套制度的编制工作。推进天宁1号文化科技创新园区一期提升优化。编制《北京市西城区公共文化服务体系建设实施方案（2020—2022）》。制定实施党建引领“街道吹哨、部门报到”改革深化方案，推进38项重点任务。推出加强党建引领改进物业服务管理试点工作14项举措，下发《西城区加强党建引领改进物业管理的意见》《西城区综合整治老旧小区实施物业管理的工作方案》《西城区解决12345热线群众集中反映物业管理问题的办理指导意见》等。制定《西城区社区党组织组织力评价标准说明》。出台《关于全面加强党的领导提升学校治理水平的意见》，以“1+1结对共建”方式探索民办学校党建工作新方式，促进民办学校和公立学校党建工作相互交流。落实处级领导班子“一班一表”分析研判模式。制定《西城区工作手册系列丛书》。制定推动西城区高质量发展人才落实措施。科技教育体制改革，加快推进国家级金融科技示范区建设和3年行动计划，万通金融中心正式亮相，47家金融科技企业实现落户。制定《西城区大数据顶层设计方案》《西城区大数据行动方案》。全市率先建成政务资源目录实现目录上链。大数据中心形成以人口、法人等基础数据、五大领域数据为补充的数据分层、分类管理模式。出台学区提升计划、百年树人工程、教师队伍改革意见等方案。探索素质教育新经验和教育教学新方法，形成幼、小、中各学段无缝衔接、畅通连贯的教育培养机制。针对不规范民办培训机构，出台专项治理集中整改工作方案，组建备案审核专家团队，强化收退费管理机制。生态文明体制改革，制定《北京市西城区污染防治攻坚战2019年行动计划》，完善“日通报、周调度、月点评，区委区政府主要领导约谈”的大气环境治理专项机制。开展“每一天每一微克”行动，1—11月PM2.5累计浓度44微克/立方米，同比下降17.0%。推进广阳谷城市森林（北扩）建设，9月底免费向市民开放。出台《北京市西城区用能单位能源审计暂行办法》，完善能源审计工作范围、要求、成果应用、监督管理等制度，规范能源审计工作流程及标准要求。协商民主和社会体制改革，落实《西城区委统战部关于进一步加强新的社会阶层人士统战工作实践创新基地建设的工作意见》，推进区各实践创新基地建设。出台《北京市西城区医耗联动综合改革实施方案》，332家医疗机构参改。组织175家公立医疗机构落实国家药品集中采购和使用试点工作。制定《西城区重点慢性病综合防治中心建设规划方案》，在第二医院、回民医院、复兴医院和广外医院分别启动西城区区域肿瘤防治中心、区域脑病防治中心、区域心血管疾病防治中心建设，为辖区居民提供三类重点慢性病预防、治疗、康复等一体化服务。国家级养老服务业标准化试点项目取得新进展，社区和家庭适老化改造工程加快推进。落实加强街道工作的任务分解落实方案，确定38项重点任务。制定《西城区加强社区工作者队伍建设的意见》《西城区加强社区工作者教育培训工作的意见》等文件。开展西城萤火计划，加强社区工作者培训。编印《社区工作手册》。加强区—街—社区三级心理服务体系建设，完成3个社区心理服务站点建设。制定《西城区街道社区向居民通报情况制度（试行）》。法治建设领域改革，健全“秒级响应、分钟处置”的应急处突机制。健全完善平安西城建设体制机制，形成区、街道、社区三级上下贯通、协调有力的平安西城建设工作体系。依托“西城家园”治理平台，提供公检法司消交六位一体的线上线下法律服务，推进公共法律服务、多元解纷和全覆盖普法。推进公共法律服务体系建设，15个街道公共法律服务站、259个社区公共法律服务室建设完成。区法院建成全国首家多元解纷诉调对接中心，规范解纷流程、分层递进、繁简结合、衔接配套的一站式纠纷解决机制。推进以审判为中心的刑事诉讼制度改革。在全市率先探索行政公益诉讼监督整改工作建议函，通过诉前程序维护公益。

（齐　勇）

机构编制

【概况】中共北京市西城区委机构编制委员会办公室（简称区委编办）是区委机构编制委员会的常设办事机构，负责本区机构改革、行政管理体制改革及机构编制日常管理工作，是区委工作机关。年内，区委编办坚持机构编制部门是党的机关、政治机关的角色定位，把握机构编制资源是重要政治资源、执政资源的战略定位，重点做好区级机构改革、机构编制日常管理，进一步理顺核心区体制机制，不断优化机构编制资源配置，切实服务地区发展转型、提升核心区发展品质。

地址：西城区西直门南小街20号

邮编：100035

电话：66205928

（张戈　乔泽蕾）

【完成区级机构改革】3月，根据市委、市政府批准的西城区机构改革方案，开展西城区机构改革，制定涉改部门“三定”规定，完成新机构组建、挂牌及人员转隶工作。改革后，全区共设置党政机构44个，其中区委工作机关12个，区政府工作机构32个。同时，组建和调整部分区委议事协调机构，进一步健全和优化区委对重大工作的领导体制机制。

（张戈　乔泽蕾）

【调整区委办公室设置】3月，根据机构改革方案，中共北京市西城区委办公室（简称区委办公室）加挂区委机要局（区密码管理局）、区档案局牌子，区委保密委员会办公室（区保密局）设在区委办公室。

（张戈　乔泽蕾）

【区委组织部加挂牌子】3月，根据机构改革方案，区委组织部划入公务员综合管理等职责，加挂北京市西城区公务员局（简称区公务员局）牌子。

（张戈　乔泽蕾）

【区委宣传部加挂牌子】3月，根据机构改革方案，区委宣传部加挂北京市西城区人民政府新闻办公室（简称区政府新闻办）、北京市西城区新闻出版局（简称区新闻出版局）牌子，北京市西城区精神文明建设委员会办公室（简称区文明办）设在区委宣传部。

（张戈　乔泽蕾）

【调整区政府外办、台办设置】3月，根据机构改革方案，将原区政府外事侨务办的侨务职责划入区委统战部，加挂区政府侨务办公室牌子；台湾工作办公室（区政府台湾事务办公室）与区委统战部合署办公。

（张戈　乔泽蕾）

【调整区委政法委设置】3月，根据机构改革方案，不再设立区社会治安综合治理委员会及其办公室、区维护稳定工作领导小组及其办公室，有关职责交由区委政法委员会承担。不再设立区流动人口和出租房屋管理委员会及其办公室，有关职责交由市公安局西城分局、区发展和改革委员会、区房屋管理局承担。将区委防范和处理邪教问题领导小组及其办公室（区政府防范和处理邪教问题办公室）职责交由区委政法委员会、市公安局西城分局承担。

（张戈　乔泽蕾）

【调整区委区政府研究室设置】3月，根据机构改革方案，中共北京市西城区委全面深化改革委员会办公室（简称区委改革办）设在区委区政府研究室，承担中共北京市西城区委全面深化改革委员会日常工作。

（张戈　乔泽蕾）

【调整区委编办设置】3月，根据机构改革方案，将北京市西城区机构编制委员会改为中共北京市西城区委机构编制委员会，作为区委议事协调机构。中共北京市西城区委机构编制委员会办公室（简称区委编办）为中共北京市西城区委机构编制委员会（简称区委编委）的常设办事机构，承担区委编委日常协调服务工作，为正处级，列入区委工作机关序列，归口区委组织部管理。

（张戈　乔泽蕾）

【组建区委巡查办】3月，根据机构改革方案，组建中共北京市西城区委巡察工作领导小组办公室（简称区委巡察办）是区委巡察工作领导小组的常设办事机构，负责区委巡察工作领导小组日常协调服务工作，为正处级，设在区纪委，列入区委工作机关序列。

（张戈　乔泽蕾）

【区委社会工委、民政局合署办公】3月，中共北京市西城区委社会工作委员会、北京市西城区民政局合署办公，简称区民政局、区委社会工委。

（张戈　乔泽蕾）

【调整区政府教育督导室设置】3月，根据机构改革方案，将西城区政府教育督导室由区教委代管调整为在区教委加挂牌子，其内设科室和人员编制纳入区教委统一管理。

（张戈　乔泽蕾）

【重新组建区司法局】3月，整合区司法局、区政府法制办职责，重新组建北京市西城区司法局（简称区司法局），作为区政府工作部门，为正处级。不再保留区政府法制办公室。

（张戈　乔泽蕾）

【组建规划自然资源委西城分局】3月，组建北京市规划和自然资源委员会西城分局（简称市规划自然资源委西城分局），实行市、区双重管理体制，既作为市规划自然资源委的派出机构，同时也是区政府工作部门，为正处级。

（张戈　乔泽蕾）

【组建区生态环境局】3月，组建北京市西城区生态环境局（简称区生态环境局），是区政府环境保护行政主管部门，对本辖区的环境保护工作实施统一监督管理，作为区政府工作部门，为正处级。不再保留区环境保护局。

（张戈　乔泽蕾）

【组建区文化和旅游局】3月，将区文化委员会、区旅游发展委员会的职责整合，组建北京市西城区文化和旅游局（简称区文化和旅游局），作为区政府工作部门，为正处级。不再保留区文化委员会、区旅游发展委员会。

（张戈　乔泽蕾）

【组建区委卫生健康工委区卫生健康委】3月，组建中共北京市西城区委卫生健康工作委员会（简称区委卫生健康工委）为区委派出机构，组建北京市西城区卫生健康委员会（简称区卫生健康委）为区政府工作部门。区委卫生健康工委与区卫生健康委合署办公，为正处级。区委卫生健康工委、区卫生健康委整合原区委卫生计生工委、原区卫生计生委的职责，以及区安全生产监督管理局的职业安全健康监督管理职责，相关机构的深化医药卫生体制改革工作、老龄工作职责。不再保留区委卫生工委、区卫生计生委。

（张戈　乔泽蕾）

【组建区退役军人局】3月，组建北京市西城区退役军人事务局（简称区退役军人局），作为区政府工作部门，为正处级。负责全区退役军人教育管理、服务保障、安置和权益维护、拥军优抚等工作。

（张戈　乔泽蕾）

【组建区应急局】3月，组建北京市西城区应急管理局（简称区应急局），作为区政府工作部门，为正处级。区突发事件应急委员会办公室设在区应急局。不再保留区安全生产监督管理局。

（张戈　乔泽蕾）

【组建区市场监管局】3月，组建北京市西城区市场监督管理局（简称区市场监管局），为区政府工作部门，为正处级，加挂北京市西城区食品药品安全委员会办公室、北京市西城区知识产权局牌子。不再保留市工商行政管理局西城分局、区质量技术监督局、区食品药品监督管理局。区科信局不再保留北京市西城区知识产权局牌子。

（张戈　乔泽蕾）

【组建区医保局】3月，组建北京市西城区医疗保障局（简称区医保局），作为区政府工作部门，为正处级。负责本区医疗保险、生育保险、医疗救助等医疗保障工作。

（张戈　乔泽蕾）

【不再保留区产业发展局】3月，根据机构改革方案，不再保留北京市西城区产业发展促进局（简称区产业发展局）。有关职责交由区发展改革委、区文化旅游局、区商务局承担。

（张戈　乔泽蕾）

【调整区档案局区档案馆设置】3月，根据机构改革方案，将区档案馆调整为区委直属正处级财政补助事业单位，归口区委办公室管理。不再保留与区档案馆合署办公的区档案局。将原区档案局（馆）的行政职能划转至区委办公室。

（张戈　乔泽蕾）

【组建区融媒体中心】3月，根据机构改革方案，在北京市西城区新闻中心（区融媒体中心）的基础上，组建北京市西城区融媒体中心（简称区融媒体中心），作为区政府直属相当正处级公益一类财政补助事业单位。

（张戈　乔泽蕾）

【部分机构更名】本次机构改革后，部分机构名称变更。具体为：原区科信委更名为北京市西城区科学技术和信息化局（简称区科技和信息化局），加挂北京市西城区大数据管理局（简称区大数据局）牌子；原区商务委更名为北京市西城区商务局（简称区商务局）；原区外事办更名为北京市西城区人民政府外事办公室（简称区政府外办）；原区民防局更名为北京市西城区人民防空办公室（简称区人防办）；原区政府信访办更名为北京市西城区信访办公室（简称区信访办）；原区外联办更名为北京市西城区服务联络和扶贫协作办公室（简称区服务联络办）。

（张戈　乔泽蕾）

【成立北京市西城区图书馆】3月13日，根据《中共北京市西城区委机构编制委员会关于成立北京市西城区图书馆和北京市西城区阅读推广中心的批复》（西编发〔2019〕8号），整合北京市西城区第一图书馆与北京市西城区第二图书馆，成立北京市西城区图书馆，为区文化和旅游局所属相当科级财政补助公益一类事业单位。

（张戈　乔泽蕾）

【成立西城区阅读推广中心】3月13日，根据《中共北京市西城区委机构编制委员会关于成立北京市西城区图书馆和北京市西城区阅读推广中心的批复》（西编发〔2019〕8号），成立北京市西城区阅读推广中心，为区文化和旅游局所属相当科级财政补助公益一类事业单位。

（张戈　乔泽蕾）

【撤销区卫生服务事业管理处】3月13日，根据《中共北京市西城区委机构编制委员会关于撤销北京市西城区卫生服务事业管理处的批复》（西编发〔2019〕9号），撤销原区卫生计生委所属北京市西城区卫生服务事业管理处事业单位建制。

（张戈　乔泽蕾）

【撤销西城区银龄老年公寓】3月13日，根据《中共北京市西城区委机构编制委员会关于撤销北京市西城区银龄老年公寓、北京牛街民族敬老院的批复》（西编发〔2019〕10号），撤销区民政局所属北京市西城区银龄老年公寓事业单位建制。

（张戈　乔泽蕾）

【撤销北京牛街民族敬老院】3月13日，根据《中共北京市西城区委机构编制委员会关于撤销北京市西城区银龄老年公寓、北京牛街民族敬老院的批复》（西编发〔2019〕10号），撤销区民政局所属北京牛街民族敬老院事业单位建制。

（张戈　乔泽蕾）

【成立西城区京华实验学校】4月30日，根据《中共北京市西城区委机构编制委员会关于同意区教委成立北京市西城区京华实验学校的批复》（西编发〔2019〕12号），成立北京市西城区京华实验学校，为区教委所属相当科级财政补助公益一类事业单位，　主要承担小学、初中的义务教育职责。

（张戈　乔泽蕾）

【成立西城区退役军人服务中心】4月30日，根据《中共北京市西城区委机构编制委员会关于成立北京市西城区退役军人服务中心的批复》（西编发〔2019〕13号），成立北京市西城区退役军人服务中心，为区退役军人局所属相当科级财政补助公益一类事业单位。

（张戈　乔泽蕾）

【街道加挂退役军人服务站牌子】4月30日，根据《中共北京市西城区委机构编制委员会关于在街道市民服务中心加挂退役军人服务站牌子的通知》（西编发〔2019〕14号），在各街道市民服务中心加挂退役军人服务站牌子，并核增事业编制用于退役军人服务工作。

（张戈　乔泽蕾）

【组建街道综合行政执法队】3月30日，根据《中共北京市西城区委机构编制委员会关于组建街道综合行政执法队的通知》（西编发〔2019〕16号），以各街道城管执法队为基础，组建北京市西城区××街道综合行政执法队，加挂北京市西城区城市管理综合行政执法监察局××执法队牌子，仍以区城管执法监察局名义开展执法工作，其他保持不变。

（张戈　乔泽蕾）

【调整组建部分行政执法机构】6月4日，根据市委编办下发的《关于调整组建部分领域区级行政执法机构的通知》（京编办行〔2019〕61号），组建北京市西城区市场监管综合执法大队，为区市场监督管理局管理的副处级行政执法机构，以区市场监督管理局名义执法，不再保留北京市工商行政管理局西城分局稽查大队、北京市西城区食品药品稽查大队、北京市西城区质量技术监督稽查队、北京市西城区物价检查所；组建北京市西城区生态环境综合执法大队，为区生态环境局管理的副处级行政执法机构，以区生态环境局名义执法，不再保留北京市西城区环境保护监察支队；组建北京市西城区文化市场综合执法大队，为区委宣传部与区文化和旅游局双重管理的副处级行政执法机构，以区文化和旅游局名义执法，不再保留北京市西城区文化委员会行政执法队；组建北京市西城区住房和城市建设综合执法大队，为区住房和城市建设委管理的副处级行政执法机构，以区住房和城市建设委名义执法。

（张戈　乔泽蕾）

【区城管执法监察局更名】6月4日，根据《中共北京市西城区委机构编制委员会关于北京市西城区城市管理综合行政执法监察局更名的通知》（西编发〔2019〕24号），将北京市西城区城市管理综合行政执法监察局（简称城管执法监察局）更名为北京市西城区城市管理综合行政执法局（简称区城管执法局），其他保持不变。

（张戈　乔泽蕾）

【区卫生和计划生育监督所更名】6月4日，根据《中共北京市西城区委机构编制委员会关于北京市西城区卫生和计划生育监督所更名的通知》（西编发〔2019〕

25号），将区卫生健康委所属的北京市西城区卫生和计划生育监督所更名为北京市西城区卫生健康监督所，其他保持不变。

（张戈　乔泽蕾）

【撤销区集体经济咨询服务中心】 8月27日，根据《中共北京市西城区委机构编制委员会关于撤销北京市西城区集体经济咨询服务中心、北京市西城区商业网点规划管理处的通知》（西编发〔2019〕39号），撤销区商务局所属北京市西城区集体经济咨询服务中心事业单位建制。

（张戈　乔泽蕾）

【撤销区商业网点规划管理处】 8月27日，根据《中共北京市西城区委机构编制委员会关于撤销北京市西城区集体经济咨询服务中心、北京市西城区商业网点规划管理处的通知》（西编发〔2019〕39号），撤销区商务局所属北京市西城区商业网点规划管理处事业单位建制。

（张戈　乔泽蕾）

【成立西城区公园管理中心】 8月27日，根据《中共北京市西城区委机构编制委员会关于成立北京市西城区公园管理中心的通知》（西编发〔2019〕40号），成立北京市西城区公园管理中心，为区园林绿化局所属相当副处级财政补助公益一类事业单位。

（张戈　乔泽蕾）

【组建北京开放大学西城分校】 8月27日，根据《中共北京市西城区委机构编制委员会关于北京广播电视大学宣武分校更名及整合北京宣武老龄大学的通知》（西编发〔2019〕41号），整合北京广播电视大学宣武分校、北京市宣武老龄大学和北京市西城经济科学大学承担的北京广播电视大学西城分校职责，组建北京开放大学西城分校，为区教委所属相当副处级财政补助公益二类事业单位，不再保留北京广播电视大学西城分校独立法人资格，撤销北京市宣武老龄大学事业单位建制。

（张戈　乔泽蕾）

【成立转企离退休人员管理机构】 10月29日，根据《中共北京市西城区委机构编制委员会关于成立北京市西城区转企改制单位离退休人员管理中心的批复》（西编发〔2019〕48号），成立北京市西城区转企改制单位离退休人员管理服务中心，为区国资委所属相当科级财政补助公益一类事业单位，负责转企改制单位离退休人员及其他相关人员的待遇保障和管理服务工作。

（张戈　乔泽蕾）

【为部分街道增编招录社区书记】 10月22日，根据《中共北京市西城区委机构编制委员会关于同意为部分街道增加编制用于招录社区党组织书记的批复》（西编发〔2019〕49号），同意为天桥、新街口、广内、西长安街街道增加相应编制，用于招录优秀社区党组织书记，专编专用，动态管理。

（张戈　乔泽蕾）

【推进机关财务集中核算】 8月23日，根据《中共北京市西城区委机构编制委员会关于同意区机关事务服务中心增加职能调整编制的批复》（西编发〔2018〕72号），开展机关财务集约改革，将区委、区政府、区人大、区政协相关职能部门的会计核算工作职责划入区机关事务服务中心。

（张戈　乔泽蕾）

【撤销区文旅局经营类事业单位】 12月27日，根据《中共北京市西城区委机构编制委员会关于撤销区文化和旅游局所属北京市首都电影院等经营类事业单位的批复》（西编发〔2019〕56号），撤销区文化和旅游局所属北京市首都电影院、北京市红楼电影院、北京市胜利电影院及北京市新街口电影院事业单位建制。

（张戈　乔泽蕾）

【撤销大众剧场、天桥杂技剧场】 12月27日，根据《中共北京市西城区委机构编制委员会关于撤销北京市大众剧场　北京天桥杂技剧场的批复》（西编发〔2019〕57号），撤销天桥盛世集团所属北京市大众剧场、北京天桥杂技剧场事业单位建制。

（张戈　乔泽蕾）

【组建基层市场监管所】 12月27日，根据《中共北京市西城区委机构编制委员会关于核定区市场监管综合执法大队编制及组建基层市场监管所的批复》（西编发〔2019〕61号），整合原工商监管所、食品药品监管所和广安门火车站工商检查站，按照“一街一所”原则，设置15个街道市场监管所。设置北京市西城区市场监督管理局天安门地区所（简称天安门地区市场监管所）、北京市西城区市场监督管理局北京西站地区所（简称西站地区市场监管所）。各基层市场监管所为区市场监管局派出机构，以区市场监管局领导和管理为主，纳入街道统一指挥协调，机构规格为正科级。

（张戈　乔泽蕾）

老干部工作

【概况】中共北京市西城区委老干部局（简称区委老干部局）是西城区委管理全区离退休干部工作的职能部门。在职人员67人。管理服务离休干部887人（含异地安置），处级及以上退休干部2657人，离退休干部党支部164个。年内，认真落实全国老干部局长会议、全市老干部工作会议部署要求，着力提升离退休干部工作信息化、精准化、规范化服务管理水平。坚持让党放心、让老干部满意和首善工作标准，立足核心区功能定位，聚焦中心任务，求真务实，锐意进取。全面落实政治待遇、生活待遇；突出全面从严治党主题，在“和谐西城、魅力西城、人文西城”建设中，发挥好离退休干部的作用；利用社区资源做好老干部工作，提升老干部管理服务水平；开展主题实践活动、示范性学习阵地建设，加强对老干部党校、老干部活动中心和老干部大学建设的指导，老干部工作取得实效。

地址：西城区双槐里小区23号楼
邮编：100054
电话：83525651

（孙高升）

【老干部领导小组（扩大）会】3月21日，召开老干部工作领导小组会。区委常委、区政府常务副区长孙硕，区委常委、组织部长程昌宏出席会议并讲话，老干部工作领导小组28家成员单位领导参加会议。区委组织部副部长、老干部局局长王晓谦总结2018年老干部工作，汇报2019年工作思路。会议就区2019年老干部工作思路，协调落实离休干部生活待遇，以及在机构改革中做好离退休干部服务管理工作相关事宜进行研究和探讨。孙硕在会上强调，各单位要提高政治站位，在机构改革中做好工作衔接，落实老干部工作领导责任制相关要求；要保持老干部工作人员的相对稳定，做好老干部服务工作；要全力以赴保障好离退休干部工作经费，老同志是我们党的宝贵财富，要传承优良传统，组织好老同志发挥优势作用助力社会发展。程昌宏同志在会议上对全区老干部工作提出要求，一要充分认识新时代老干部工作的重要性；二要强化政治引领，全面加强老干部党的建设，组织引导老同志发挥作用；三要增强精准服务意识，尽心尽力为老同志办好实事；四要进一步加强工作领导，科学构建离退休干部工作机制。老干部工作领导小组及其成员、组织人事部门、涉老工作部门、街道党工委及各单位要持续通力合作，把老干部工作与基层治理、社会治理和城市治理结合起来。各单位、各部门要主动落实，在机构改革中做好离退休干部工作的归属交接、服务管理调整等工作，确保离退休干部的事情有人管、工作经费有保障、党组织活动不断线、服务水平不降低，共同推进西城老干部工作再上新台阶，以积极姿态和优异成绩庆祝新中国成立70周年。

（孙高升）

【老干部工作会】3月28日，召开2019年老干部工作会议。区委书记卢映川出席会议通报区情并讲话，市委老干部局副局长姜琳娅，区领导杜灵欣、程昌宏、徐利出席会议。会议由孙硕主持。原区委老领导刘贵岭出席。老干部工作领导小组成员单位主要领导及相关工作人员、局职离退休干部、离退休干部党支部书记等200人参加会议。程昌宏传达全国和北京市老干部工作会议精神，汇报2018年老干部工作情况，部署2019年老干部工作。到会领导为获第四届“五星”老干部颁奖。“五星”老干部代表德胜街道退休干部张宝英、北京金座投资管理有限公司离休干部关金城分别作了《坚持党建引领　发挥老党员先锋模范作用》《初心不能忘　丹心永向党》的交流发言。姜琳娅对西城区特色创新工作——西城地区老干部（老年）大学教育联盟、离退休干部党建“微+”、“四就近”项目制和志愿服务月等方面工作取得的新进展和新成效给予了充分肯定。卢映川通报2018年西城区发展情况和2019年全区工作的主要思路、重点任务。对于如何做好新时代老干部工作提出四点意见：一要坚持政治建设统领，引导广大离退休干部用习近平新时代中国特色社会主义思想武装头脑；二要注重发挥老干部优势和作用，切实为党和人民事业增添正能量；三要加强信息化、精准化、规范化建设，满怀深情为老干部办实事做好事；四要突出加强工作领导，为做好新时代老干部工作提供坚强保证。

（孙高升）

【老干部管理服务】年内，贯彻市、区老干部政策，提高抗战时期参加工作的离休干部护理费，由每人每月2500元提高到每人每月2700元。将去世离休干部配偶无工作、有子女的生活困难补助费由每人每月1040元调整为每人每月1140元；去世离休干部配偶无工作、无子女的生活困难补助费由每人每月1555元调整为每人每月1705元；继续将节日走访与日常走访有机结合，加大对生活困难、身患重病、孤老、离休支部书记、局职离退休干部的走访慰问。在中华人民共和国成立70周年之际开展专访慰问老干部、老党员活动，全年共走访慰问老干部近300人次；为16位生活有困难的老干部给予困难帮扶3.5万元，为46位因患各种疾病、自费部分较高且家庭承担有困难的老干部给予困难帮扶59.29万元。全年困难帮扶总金额为62.79万元。为848名区属单位离休干部每人每月发放100元养老服务津贴。灵活设置体检方式供老干部选择以满足其不同需求，完成离休干部及局职老干部的健康体检工作。

（孙高升）

【老干部思想政治引领和党组织建设】年内，区老干部工作立足于体现老干部的政治特性，以“红墙意识”为引领，坚持把学习习近平新时代中国特色社会主义思想和总书记关于老干部工作重要论述作为首要工作抓紧抓好。发挥老干部党校、老干部（老年）大学、老干部活动中心、老党员之家主阵地作用，通过情况通报、专题学习、座谈研讨、形势政策辅导，强化离退休干部的理论武装和思想引领；加大离退休干部、党支部书记和理论学习骨干的教育培训，老干部党校集中轮训13期，培训老干部1400余人次，制定下发《关于离退休干部党组织和党员“不忘初心、牢记使命”主题教育指导方案》、开展通读论述摘编、组织交流、开展主题党日、专题党课、召开专题组织生活会等形式，抓好新思想新理论的学习。设立“初心讲堂”，邀请西城区全国、北京市离退休干部先进集体、先进个人、区“五星”老干部回顾革命经历、讲述初心故事、抒发爱党情怀，引导在职党员干部和离退休干部党员“悟初心、守初心、践初心”。《西城老干部》报、西城老干部思政会会刊和“西城老干部”微信公众号，围绕喜迎建国70周年、全面从严治党等重要时间节点和重大事件，开设专题专栏，主题征文，收到征文百余篇，全年微信公众号推送60余期，线上线下共计刊载老干部自创作品近300篇。在兴趣团队、老干部（老年）大学各班次成立功能性党组织近百个，明确职责任务，在学习教育制度化、常态化中发挥着凝心聚力的作用。全区各离退休干部党支部开展“不忘初心、牢记使命”主题党日活动，通过党课、座谈等多种形式坚定理想信念、提高政治站位。

（孙高升）

【利用社区资源做好老干部工作】年内，确立项目15个，累计投入资金7.2万元。“项目制”实施是党建引领老干部工作向基层延伸的平台载体，街道社区通过寻找老干部工作与社区工作的契合点，整合辖区资源，提供精准的服务。

（孙高升）

【老党员先锋队活动】年内，全区15个街道有256支老党员先锋队3600余名老同志加入志愿服务。命名了46支发挥作用突出的先锋服务示范队。围绕“街乡吹哨　部门报道”工作，助力首都“三件大事”等，推动先锋队在疏解整治、背街小巷环境治理、帮扶助老助残、关心教育下一代、建言献策等领域开展志愿服务，打造6月“我在红墙边”志愿服务月活动品牌，老党员先锋队参与全国“两会”、“70年大庆”等重大活动期间的安保工作。围绕学习宣传贯彻习近平新时代中国特色社会主义思想、党的十九大精神、“不忘初心、牢记使命”主题教育和先进事迹等宣讲近百场（次）。与区档案部门联手打造西城“老干部口述史”——新中国成立70周年系列口述档案项目，通过老同志口述，用文字、声音、影像等手段记录新中国成立70年来首都经济社会发展变化以及各项事业取得的新成就。西城区离退休干部举办文艺展演、座谈交流、书画展示、参观实践等“庆祝新中国成立70周年”系列活动，整合利用资源，打造占地近300平方米的离退休干部党建学习教育阵地——西城“老党员之家”。离退休干部党组织和离退休干部党员典型事例、先进事迹、离退休干部创作的书画、手工作品在老党员之家展示。定期组织党建和学习交流活动，先后举办离退休干部“青春献给祖国”纪念五四运动100周年座谈会、“初心讲堂”、老干部兴趣团队临时党组织党建活动、老干部庆祝新中国成立70周年书画作品展等系列活动。

（孙高升）

【**老干部活动阵地建设**】年内，整合区域教育资源，构建西城地区老干部大学教育联盟。将老干部的学习教育纳入西城学习型城区建设的“大盘子”，为老干部办理“西城区市民终身学习成果认证制度”学习卡，衔接市民终身教育体系；将离退休干部党校的学习培训班次纳入全区教育课程体系。加强区域内央属、市属老干部教育资源的共享共用，通过联盟校之间定期的培训研讨、活动交流，加强资源融合和工作的互联互通，提升涉老教育水平。不断完善“区—街—社区”三级老干部（老年）大学阵地建设，全区3家区级老干部（老年）大学共开设106个班，在校学员4547人，全年上课达1.35万人次。年内，继续投入资金支持老干部（老年）大学示范校精品课堂建设，开设30门老年教育精品课、特色课70门、技能体验课9门，全年教学量达到3105课时。开展庆祝新中国成立70华诞系列主题活动，举办新春联欢会、书画笔会、全区离退休干部举办诗文诵读、征文、舞蹈、歌曲、棋牌赛、迎国庆趣味运动会等系列活动。重点抓好兴趣小组骨干队伍建设，不断提高老干部团队自我服务、自我管理水平。22个老干部兴趣团队共计约1.4万人次定期在活动中心开展手工、合唱、舞蹈、球类等各种活动。继续培育老干部骨干人才，发挥所长服务基层，输送文体“小教员”到社区、学校发挥作用。

（孙高升）

【**老干部工作队伍建设**】年内，邀请4位老干部讲历史、讲心得，引导激励党员干部坚守初心使命；组织开展“学党规、学经典、讲业务”活动，加大老干部工作人员培训力度，召开老干部工作人员培训会，分别围绕信息化建设、老干部宣传工作和信息写作进行专题辅导授课。

（孙高升）

区直机关党建

【**概况**】中共北京市西城区委区直属机关工作委员会（简称区直机关工委）是区委的派出机构，主要负责区直属机关党的建设和思想政治工作。内设工委办公室、工委组织部、工委宣传部、机关纪工委（内设监察科）、机关工会、机关团工委，在职人员17人。年内，以习近平新时代中国特色社会主义思想为指导，突出服务保障新中国成立70周年庆祝活动这条主线，深刻领会、认真落实习近平总书记在中央和国家机关党的建设工作会议上的讲话精神，切实增强“四个意识”、积极践行“红墙意识”，扎实推进机关党建重点工作落地落实。

地址：西城区二龙路27号

邮编：100032

电话：88064356

（李博洋）

【**服务保障新中国成立70周年活动**】坚持把服务保障重大活动作为增强“四个意识”、坚定“四个自信”、做到“两个维护”，践行“红墙意识”，强化机关系统政治引领的直接体现。5月中旬起，组织65个机关单位近5000名机关干部参加新中国成立70周年重大活动服务保障工作，组织各直属党组织开展“守初心、担使命、强作风、展形象”主题党日活动。10月1日，区直机关系统完成国庆群众游行，群众联欢等各项任务。

（李博洋）

【“不忘初心、牢记使命”主题教育】根据中央和市委、区委主题教育部署，工委召开“不忘初心、牢记使命”主题教育动员部署会，对工委机关和机关党总支的2个党支部开展主题教育作部署安排。工委领导班子坚持把学习贯彻习近平新时代中国特色社会主义思想作为重中之重，及时跟进学习宣讲贯彻党的十九届四中全会、中央和国家机关党的建设工作会议、北京市直机关党的建设工作会议等重要精神，开展集中学习29次，班子成员聚焦党的政治建设、全面从严治党等八个方面内容，开展7次专题交流研讨。围绕解决机关党建和业务工作“两张皮”问题，工委班子深入基层开展集体调研2次，个人调研41次，召开座谈会4次。在系统内启动“初心分享会”活动，通过党课辅导、主题党日、报告宣讲、为群众办实事等形式，引领机关基层党组织和普通党员做到“六个一”。工委召开调研成果交流会和对照党章党规找差距专题会议。召开工委主题教育专题民主生活会。制定工委领导班子整改方案，明确提出10项整改任务，并细化分解成30项可操作、可落实、可检查的具体措施，责任到人、明确时限，确保件件有着落、事事有回音。

（李博洋）

【落实意识形态工作责任】年内，工委以庆祝中华人民共和国成立70周年为主线，强化党对意识形态工作的领导。举办区直机关系统宣传委员、宣传报道员、舆情信息员业务培训，重点进行舆情专题工作培训。结合做好北京亚洲文化嘉年华、美食节等重大活动的服务保障工作，召开意识形态研讨会。围绕服务保障新中国成立70周年重大活动各项任务，召开舆情分析会。召开区直机关系统2019年度意识形态工作分析研讨会，集体会商研究机关思想建设新路径。组建“我和我的祖国”机关百姓宣讲团，举办西城区百姓宣讲全区巡讲区直机关系统专场报告会，130余名干部职工参加报告会，利用好集中宣讲、线上推送等形式讲好身边的“红墙故事”、凝聚机关合力。

（李博洋）

【机关文化建设】年内，组织系统各级党组织和党员干部开展富有时代性、教育性、群众性、艺术性的文化活动，加强机关文化建设。举办“拼搏红墙人、奋进新时代”——区直机关系统拔河比赛，共有29支队伍、近400名干部职工报名参赛。举办“致敬新时代——区直机关系统2019年春节联欢会”，区四套班子领导与机关干部一同参加联欢活动。开展“我和我的祖国”第四届机关文化节，举办“书香西城·我心中的经典”读书分享会，畅谈机关干部职工和团员青年读书经历及阅读心得体会，200余名干部职工和机关青年参加；举办区直机关“我和我的祖国”歌咏比赛，58个机关单位1500余名党员干部组队参加。区直机关在缤纷剧场召开庆祝中国共产党成立98周年大会暨“我和我的祖国”合唱比赛决赛，16支决赛队伍用歌声抒发对祖国的热爱。举办“龙舟竞渡美西城”第五届区直机关系统龙舟比赛，32支队伍、近400名干部报名参加。举办“第四届区直机关工会职工羽毛球联赛”共有14支队伍，近140名队员参赛。文化节期间，系统各直属党组织还踊跃参加主题征文、书画摄影比赛等系列活动，为历次文化节覆盖面最广、参与度最高。

（李博洋）

【基层党组织规范化建设】年内，工委为直属党组织发放修订完善后的《区直机关工委组织工作实用手册》，手册梳理了机关党支部日常工作所需的文件、制度、规程，作为新、老党务干部的“实用教科书”。进一步健全党组织委员设置，在65个直属党组织增设统战委员、青年委员，完善机关党组织委员设置和职能职责。强化机关党建制度建设，印发《西城区直机关系统党支部规范化建设工作标准》，明确组织建设、党员发展和管理教育、党费收缴使用和管理，共三大类工作61项内容。年内，工委坚持用好党费交纳、主题党日情况月报制度，党组织换届、发展党员、双重组织生活季度督促机制，规范党务工作。

（李博洋）

【压实机关党建工作责任】年内，工委搭建“目标管理、过程管控、综合评价、情况反馈、整改落实”五位一体机关党建工作闭环管理体系，建立“双述、双谈、双通报”工作机制。召开2018年度区直机关直属党组织书记抓基层党建工作述职评议会，62位直属党组织书记现场述职，实现现场述职全覆盖要求。召开2019年机关党建工作部署会，制发党建重点任务清单，明确29项党建工作安排。制发《区直机关系统基层党建工作评价办法（试行）》，将年底一次性考核变为日常综合评价，推动机关党建工作由“软指标”向“硬任务”转变。每季度分组召开基层党组织书记联席会议，交流学习机关党建工作，加强精准施策和跟踪督导。针对《党章》中关于党组“领导机关和直属单位党组织的工作”的新变化新要求，探索建立机关党建主体责任“双述、双谈、双通报”机制，工委每半年向单位（部门）党组书记通报工委党建工作整体情况，以及本单位党建工作完成情况。工委举办首次新任直属党组织书记集体谈话，20位直属党组织书记参加。

（李博洋）

【服务中心工作】组织召开区直机关“担当作为 真抓实干”座谈会，12位直属党组织书记、工会主席、团委书记围绕如何在非首都功能疏解、城市精细化治理以及重大活动服务保障等中心工作中发挥党建引领和推动作用进行深入交流，提出意见建议。落实区委关于机构改革的部署，工委制发《关于切实做好机构改革涉改部门机关党建工作的通知》，从强化思想政治工作、加强涉改部门机关党建工作、工会工作等方面做出具体安排。同步指导39个涉改机关单位做好党组织组建、合并、撤销、更名等工作，健全党的组织，配齐党务力量，跟进党的工作。推进基层党组织和在职党员“双报到”工作，印发《区直机关2019年基层党组织和在职党员“双报到”工作行动计划》，要求机关党组织和党员干部紧密结合党建引领“街道吹哨、部门报到”“接诉即办”以及“进千门走万户”等工作，主动与社区对接，走进社区，服务群众，广泛开展志愿服务等活动。在系统内发布10个优秀基层党建创新项目，展示一年来机关党建“服务中心、建设队伍”的成果。工委向65个机关直属党组织发出号召，积极参加全区“在职党员社区统一行动日”活动，发挥职能优势为结对社区和居民群众提供服务帮助。

（李博洋）

【党员教育管理】落实《西城区2017—2019年党员教育培训工作计划》。5月17日，西城区委党校区直机关工委分校正式揭牌，围绕增强“八个方面”本领，持续完善“1+2+N”机关党员教育培训体系。举办区直机关“共产党员献爱心”捐献活动，来自区委办、组织部、宣传部、统战部、政法委、政府办、机关服务中心等部门的近200名党员干部参与了现场捐献活动，共计捐款46990元。8至9月，指导机关单位依据《西城区直机关工作人员行为规范》，修订本单位文明行为规范，并通过“西城机关党建”微信公众号进行摘要刊登。10月29至31日，区直机关工委、区委党校区直机关工委分校举办“2019年基层党组织书记培训班”，突出政治历练和岗位锻炼，机关系统各级党组织书记350余人参加培训。

（李博洋）

【机关群团组织工作】年内，落实关爱劳模政策，开展劳模的休养体检、慰问、帮扶工作。夯实工会组织基础，召开区直机关工会工作会，区直机关各基层工会主席、工会干部近百人参加。举办中、高考毕业生志愿填报专题辅导讲座。在春节、五一、端午、十一等节日前开展“送服务进机关”活动。关注机关青年群体，组织系统200余名团员青年参与各类不同形式的“学雷锋志愿服务活动”。举办“凝心聚力 担当作为”主题团课培训，29个基层团组织、90余名团干部参加培训。组织开展“缅怀革命先烈 争做时代先锋”暨“骑心协力 你我同行”五四主题团日活动，带领82名机关青年瞻仰怀柔沙峪抗日纪念碑。

（李博洋）

【落实全面从严治党主体责任】坚持把全面从严治党纳入工委总体工作布局，召开落实全面从严治党主体责任工作会，制定《区直机关工委2019年落实全面从严治党责任工作要点》，对全年工作进行部署安排。工委分层次签订《工委党员领导干部党风廉政建设责任书》，全体在职党员签订《机关工作人员廉洁从政承诺书》。主要负责人把党风廉政建设列入重要工作日程，切实做到重要工作亲自部署、重大问题亲自过问、重点环节亲自协调、重要案件亲自督办。认真执行民主集中制，召开工委委员会议16次，严格落实主要领导末位表态和“一把手”不直接分管人财物制度规定。定期在工委全体会上通报中央、市、区违纪案例，组织全体在职党员赴香山革命纪念地、受水河社区廉政教育基地进行专题教育，在元旦、春节、五一、端午、中秋、十一等重要节日开展针对“四风”问题的廉政教育及监督提醒、发送廉洁提示短信微信，警醒干部廉洁从政，强化纪律约束。年内工委未发生违反中央八项规定的情况。

（李博洋）

党校教育

【概况】 中共北京市西城区委员会党校（简称区委党校）、西城区行政学院，是中共西城区委领导下的培养党员领导干部和理论干部的学校，是培训轮训党员领导干部的主渠道，是党的哲学社会科学研究机构。主要负责全区处级党政干部、中青年后备干部、企事业单位领导干部及公务员的教育培训工作，并担负全区19个党校分校组织培训轮训的业务指导工作。大专体制。内设校务办公室、党群工作办公室、教务一科、教务二科、科研室、政治理论教研室、管理学教研室、社会学教研室、对外培训一科、对外培训二科、教学保障科、财务科、总务科、离退休干部科等14个科室。在职教职工73人，包括专职教师16人，其中教授3人、副教授11人。年内，区委党校按照中央和市委两级党校工作会议精神，围绕落实区委各项部署和全区干部教育培训工作要求，牢牢把握党的理论教育和党性教育这一党校工作重心，进一步加大培训力度，全年举办各类班次35期，培训学员总计5500余人次，完成西城区干部培训计划中确定的各项任务。

地址：西城区南菜园49号

邮编：100054

电话：83975808

（郭宗业）

【第九期一年制处级干部研修班】 年内，在区委党校开展一年制处级干部研修班区情调研阶段和党性教育阶段的培训，参训学员18人。区情调研阶段，结合首都功能核心区定位，围绕区域经济社会发展的中心任务，邀请区发改委、市委党校、区委党校等领导和学者，讲授“西城区‘十三五’规划进展情况”“落实北京城市总体规划　谱写新时代北京篇章”“如何撰写调研报告”等课程，到北京市规划展览馆、西城区档案馆、金融街街道、什刹海街道、白纸坊街道、新街口街道、大栅栏街道、广外街道和西城外国语学校进行现场教学，了解北京市规划、西城区历史、社区居民自治、社区动员群众等情况。党性锻炼阶段，通过课堂讲授、现场教学、谈话教学、小组讨论、全班交流、自主学习等教学方式，对学员开展系统的党性教育，引导学员系统学习马克思列宁主义、毛泽东思想和中国特色社会主义理论，重点深入学习贯彻习近平新时代中国特色社会主义思想，扎实开展“两学一做”学习教育，夯实理论基础，坚定理想信念，增强党性修养。

（郭宗业）

【处级干部进修班】 年内，区委党校举办处级干部进修班2期，来自区属各委、办、局、街道的118名处级领导干部参加集中脱产培训。培训中深入学习贯彻习近平新时代中国特色社会主义思想和党的十九大及十九届二中、三中全会精神，学习贯彻习近平总书记视察北京重要讲话精神，学习贯彻市、区第十二次党代会精神，扎实开展党的理论教育、党性教育和素质能力培训。培训内容设置了马克思主义基本理论与马克思主义中国化、习近平新时代中国特色社会主义思想、党性教育和能力素质提升单元等的学习。培训形式包括入学测试、小组交流、小组自学、小组调研、课堂授课、午间课堂、学员微党课、影视教学、异地教学等。进修班赴浙江开展以“不忘初心、牢记使命 立党为公 忠诚为民”为主题的异地教学活动。培训期间，分别邀请中央党校、市委党校、区委党校、区政协、区委组织部、区委宣传部和区教委的领导及教师到校授课。

（郭宗业）

【优秀年轻干部培训班】年内，区委党校举办优秀年轻干部培训班2期，共培训学员66人。培训班安排了课堂授课、影视教学、现场教学、异地教学、小组调研、微党课、小组学习、党日活动等培训内容，邀请中央党校、人民大学、南开大学、北京市委党校等高校学者和西城区领导授课，以马克思主义基本理论与马克思主义中国化、习近平新时代中国特色社会主义思想、党性教育、异地教学、领导干部能力素质提升作为主要培训内容，安排了新华社历史陈列馆、李大钊故居、西城区红墙意识党性教育基地、中国人民抗日战争纪念馆等现场教学。为落实“沿着习总书记的脚步”要求，春季优秀年轻干部培训班赴福建省宁德市开展以“寻理论源头 探实践前路”为主题的异地教学活动。秋季优秀年轻干部培训班赴遵义市开展以“学习革命历史、坚守理想信念、发扬斗争精神，维护党中央权威和集中统一领导”为主题的异地教学活动，追寻着革命先辈的足迹，沿着红军所走的路线，一路体验，一路感悟。

（郭宗业）

【科级公务员任职培训班】年内，举办3期科级公务员任职培训班，共培训学员173人。培训采取全脱产形式，针对科级公务员的职位特点和要求，以提高公务员素质和行政能力为核心，把公仆意识、职业道德、政府管理、依法行政作为教学重点，严格按照市委组织部下发的必修课程进行教学设计。培训采取小组讨论、谈话式教学、现场教学、影视教学、班级讨论等多种教学形式，着重加强对公务员的区情教育以及岗位履职所需的基本素质、基本技能和依法行政能力的培训。开拓异地教学新线路，组织第44期科级公务员任职培训班赴广州、深圳，学习改革开放以来特区城市在城市治理、社会发展、粤港澳大湾区建设等方面的先进理念和经验做法；组织第45期科级公务员任职培训班赴昆山学习“昆山之路”发展历程及其精神内涵；组织第46期科级公务员任职培训班赴湖州、绍兴学习“两山”理论、“枫桥经验”。

（郭宗业）

【科研工作】年内，区委党校结合教学工作需要，加强对区情及经济和社会发展实际的研究。共立项各级课题8项，其中北京市思想政治工作研究会课题1项、区委区政府研究室一把手调研课题1项、校内课题6项，组织完成2018年度校内2项重点课题的结项评估。全年共发表科研成果16篇，其中国家级刊物1篇，省市级刊物9篇，区级刊物6篇。发挥学员和教师两方面作用，围绕区域发展中的重点难点问题开展调查研究，努力发挥党校资政作用，积极撰写决策咨询报告。共报送决策咨询稿件7篇，其中有5篇获区委主要领导批示。完成校刊《西城论坛》4期，选编各类文章约80篇，共约30万字。发挥校刊宣传作用，重要节点发声音亮观点，增加学员调研专栏，共选编各班次学员调研成果12篇。编辑印刷《党校工作通讯》10期。向北京市委党校、北京干部教育报、区委区政府办公室、区新闻中心报送信息120余篇，其中北京市委党校网站采用17篇，北京干部教育报采用11篇，北京市委党校微信公众号采用4篇。

（郭宗业）

【市委党校督查评估】年内，市委党校对区委党校落实《中国共产党党校工作条例》《行政学院工作条例》情况进行综合督查评估。督查评估分为自查自评和现场考评。区委党校高度重视此次评估工作，坚持以评促建、以评促发展，对标33个评估要点逐项进行梳理自查，力求客观全面展现工作状态。5月中旬由北京市委党校、市委组织部组成的评估工作组来校进行现场考察，实地查看了校园基础设施、档案资料并给予了综合评价。评估反馈区委党校近年来建设发展成果丰硕，特色创新可圈可点，督查评估准备工作扎实认真，基础材料齐备完整。此外针对区委党校进一步加强基础设施建设、完善体制机制、服务全区中心工作等方面提出建议。

（郭宗业）

【编写《西城区工作手册》】为落实区委书记卢映川提出的制定和完善各类管理手册的要求，以编写一本手册能够真正指导和落实一项工作为目标，由区委组织部和区委党校联合组织实施《西城区工作手册》的编写工作。2019年西城区工作手册系列丛书聚焦全区城市基层治理领域，分别由区城管委、区社工委民政局、区房管局和区全响应服务中心具体承担编写任务，完成《民生工作民意立项工作手册》《城市公共设施事件处置工作手册》《解决群众反映的物业管理突出问题工作手册》《河长制工作手册》《街巷长工作手册》5本在全区城市基层治理中急需的工作手册并陆续付印。

（郭宗业）

【党校分校建设】1月，区内原19个基层党建讲习所更名为党校分校，由区委组织部牵头，联合区委党校对党（工）委和各分校运行情况进行检查督导和评估考核。区委党校在党校分校制度建设、班次指导、课程设计、师资支持、培训者培训等方面加强业务指导，发布党校分校“工作职责”“工作管理制度”“师资管理制度”“学员管理制度”等四项基本管理制度模板，推动分校规范化运行。组织分校相关人员参加全区干教培训者培训、分校观摩示范培训等，充分发挥示范带动作用，为各分校规范开展培训，优化培训内容和形式提供样板。

（郭宗业）

【教材建设】结合西城区各部门各单位实际，分批向党员干部推荐学习书目，开发适应干部履职需要和学习特点的各具特色、务实管用的培训课程和教材。陆续编写印发了《党性锻炼资料汇编》《习近平讲话汇编》《新任职处级干部学习资料》等自编教材作为学员学习辅助资料，同时建立党性教育影视资料库，收集整理各类党性锻炼视频资料、音频资料和图书资料等近16T的内容。继续依托党校微信公众号，刊发学员学习资料，内容涉及习近平新时代中国特色社会主义思想，中央制度政策、决策决议精神的解读，党的建设，市委区委各类精神的解读等，形成党校特色系列教材。

（郭宗业）

【精品课评选】区委党校坚持用学术讲政治，用学术讲好政治，按照学科分类与党校办学特色相结合、主课教育与区情教学相结合的原则，进一步加强具有基层党校特点的学科建设，本土课程涵盖中国特色社会主义理论、党史、社会主义核心价值观、新媒体舆情引导、依法治国、党规党纪、党员的权利和义务等方面，多位老师的课程登上北京干教网西城分中心的平台。为贯彻落实全国党校系统“用学术讲政治”精神，年内成立区委党校精品课评选委员会，组织开展精品课评选活动，最终评选出精品课一等奖1堂、二等奖3堂。

（郭宗业）

党史征研

【概况】中共北京市西城区委党史工作办公室（北京市西城区地方志编纂委员会办公室）是区委区政府主管党史、地方志工作的职能部门（简称区史志办）。内设办公室、党史科、志鉴科、宣传科，在职人员17人。党史工作的主要职责是组织、指导全区党史工作开展，征集、整理、编纂全区党史资料，承担市委和区委部署的党史资料征研任务，开展地域党史资料编研；配合相关部门对党员、群众进行党史、新中国史、改革开放史、社会主义发展史教育，面向社会开展党史宣传。年内，西城区党史工作全面推进《中国共产党北京市西城区历史》编写，召开初审会，通过初审。开展改革开放时期党史专题研究，出版《牢记使命　勇于担当　努力践行“红墙意识”——西城区改革开放纪实》专题文集。推进党史资料征集工作，加强党史资料室建设。

地址：西城区南菜园街51号

邮编：100054

电话：83975321

（董盼盼）

【《中国共产党北京市西城区历史》编写工作】年内，全面推进党史基本著作《中国共产党北京市西城区历史》编写工作。在上年编写工作基础上，坚持问题导向，落实市委党史研究室、区委主管领导和党史专家对书稿的修改意见，完善结构与内容。坚持开门写史，向编委会成员单位广泛征求意见，召开区委组织、宣传、综治等部门老干部以及初审专家座谈会，进一步补充资料，突出区域特色和时代特点。坚持重点突破，分专题梳理改革开放新时期各领域工作的发展脉络，体现不同阶段的发展特征和西城特色，加强党史味道，精简文字内容。完成序言、配图和附录的编辑工作。全年组织召开编写研讨会和专题座谈会10次，形成初审稿约50万字，做好向市委党史研究室和有关专家、老干部送审工作，并于年底通过初审。

（董盼盼）

【《中国共产党北京市西城区历史》初审会】12月24日，《中国共产党北京市西城区历史》初稿评审会召开。北京市委党史研究室、市地方志办副主任陈志楣，西城区委常委、组织部长程昌宏，海淀区、丰台区、石景山区等党史部门负责人参加会议。会议认为该书初稿政治导向正确，主题主线清楚，结构完整，内容充实，重要史实准确，语言平实流畅，具有西城地方特点，并就进一步深入反映西城区特色和突出党史味道提出意见建议。会议决定《中国共产党北京市西城区历史》通过初审。

（董盼盼）

【西城区改革开放纪实出版】7月，《牢记使命　勇于担当　努力践行“红墙意识”——西城区改革开放纪实》党史专题文集由北京出版社出版，作为“不忘初心、牢记使命”主题教育学习材料，向全区各委办局和各街道发放。全书以“红墙意识”为主线，以改革任务为重点，以西城经验为特色，按照“绝对忠诚、责任担当、首善标准”分为三个部分，共计60余万字，共收录专题文章94篇，资料图片100余张，附有全面深化改革文件目录、全面深化改革大事记和热点名词注释。文集多角度全方位反映党的十八大以来，西城区全面落实中央和市委部署要求，大力推动习近平新时代中国特色社会主义思想在西城落地生根，形成生动实践的努力探索和突出成就，深刻挖掘“红墙意识”的文化内涵、时代意义和实践价值，真实记录区委领导西城人民牢记使命、砥砺前进的奋斗历程，体现了西城区善谋者行远、实干者乃成的勇气智慧与必胜信心。

（董盼盼）

【党史资料征集整理工作】年内，开展《中国共产党北京市宣武区大事记（1991—2000）》编写工作。全年共计查阅整理档案2000余份、50余万字，完成大事记初稿撰写，共计10万余字。全年收集西城区政治、经济、文化、社会、生态和党的建设等方面文字资料450余条，约200余万字，收集图片资料600余件。根据编研任务和学习教育需要，征集购买资料图书100余册，持续建设党史资料库和数据库。

（董盼盼）

【纪念李大钊诞辰130周年主题活动】联合北京李大钊故居举办“不忘初心牢记使命——纪念李大钊诞辰130周年专题展览”巡展。通过“刻苦求知立志、寻求救国良策”“创新文化思潮、投身五四运动”“传播马克思主义、创建中国共产党”“发展党团组织、领导工人运动”“从容舍生取义、革命精神永存”5个部分，回顾李大钊短暂而辉煌的一生，深刻展现他的初心与信仰。5至11月先后在天宁1号文化创新科技园、森林消防局、广外党群服务中心、展览路街道等地巡展26场，直接受众1万余人；开展《追寻初心之旅——纪念李大钊诞辰130周年》在线答题活动，以竞答形式引导大家缅怀革命先烈，传承革命精神；联合北京市委党史研究室，采访李大钊之孙李建生，分别在《百年潮》《北京西城报》上发表口述文章《怀念我的爷爷李大钊》《先辈高风励后人》。

（阮珍珍）

【庆祝中华人民共和国成立70周年主题活动】8至9月录制《学党史　游西城　爱祖国》《智送情报》《我爱你　中国——西城区社会各界向祖国送祝福》等微视频，利用网站、微信公众号等宣传平台进行展播；10月，以H5形式在线上推出“我和我的祖国——看看你具备哪种红色基因”测试题，通过答题，形成“忠诚”“担当”“干净”“为民”“奋斗”“追梦”　6种红色基因，吸引社会民众通过手机参赛答题，推动党史宣传大众化。

（阮珍珍）

【“不忘初心、牢记使命”主题教育系列活动】为给主题教育提供学习资料，讲好身边的西城红色故事，选取中国革命的“播火者”、第一位中共女党员的“光明之路”等12个西城重要革命人物和事件，编制《西城党史初心系列故事》宣传读本，被列为全区主题教育学习书目，共印制8800册向全区机关单位、街道社区等基层党组织发放。设计制作12篇初心故事微信文章，采用历史图片和复原手绘图等85张，通过图文、H5、手绘等形式，还原历史细节、再现英烈风采，在“北京西城”“西城组工”“前线”“学习强国”等公众号和App上陆续推出，阅读量达到30万以上。

（阮珍珍）

【史志主题宣讲活动】年内，组织史志宣讲员走进北京市监狱系统、广内街道党群服务中心、首都开发有限公司、天桥街道等单位，举办“不忘初心学党章”“初心与共产党人的信仰”等20余场宣讲，监狱管理人员与服刑人员、街道基层支部书记、国企员工、社区群众、机关干部共6000余人参加。宣讲员鲁杨被聘为北京市监狱政治改造教师。

（阮珍珍）

【史志文艺宣传队伍建设】年内，组织西城史志文艺宣传小分队录制《习大大视察来我家》《京华抗战英雄谱》等6个节目，创编《古都红色交通站》《天安门广场国旗升》等节目，围绕“我的祖国我的家”宣传主题，组织小分队走进自新路社区、北京第四社会福利院、天悦养老照料中心、2019年国际妇女节中外妇女联谊会等演出15场，用快板、评书、相声、数来宝等形式讲好红色故事，传承红色基因，歌颂伟大成就，直接受众3000多人。

（阮珍珍）

【配合开展红色体验活动】年内，配合区委组织部、区委宣传部，深入挖掘全区红色文化资源，选取“初心起点”的溯源地——北京李大钊故居、“奋斗不息”的铸魂地——北京市鲁迅中学、“胜利曙光”的寻根地——北京国会旧址和“牢记使命”的实践地——西城区红墙意识党性教育基地，形成“北京西城区追寻民族复兴红色密码3公里体验线”。发挥优势，反复核准史实，撰写讲解词，参与培训讲解员、绘制红色地图，为广大党员在主题教育中开展学习实践提供有力支持。从11月中旬至12月底，有623个单位1万余人参加体验，共讲解521场。

（阮珍珍）

【史志文化寻踪活动】为弘扬红色文化和优秀传统文化，组织机关党员干部、史志宣传队伍，开展“回顾北平和平解放，牢记使命坚定信仰”“重温历史，奋力前行”“探寻遗迹，追忆初心”等主题寻访活动，通过参观、体验、品读等形式，深入理解寻访地展示的优秀文化内涵，激发大家不忘初心、牢记使命，锐意进取、开拓创新，进一步提高践行“红墙意识”、服务中心工作的能力。

（阮珍珍）

【拓展史志宣传阵地】与区委宣传部、区网信办、区退役军人事务局、金融街购物中心等数十家单位强化合作，联合举办“西城区红色故事讲解员比赛”“光荣　传承——老战士肖像摄影展”“秋韵国风——金融街购物中心12周年庆”等活动，弘扬红色传统、重温红色记忆，实现资源共享、活动共办、党员干部共同受教育；在《北京党史》《西城追忆》发表《再现古都风韵，擦亮老城保护的金名片——大栅栏琉璃厂历史文化街区的保护与传承》《1949年西城区大事记（1—12月）》；为史志办入选全区“十优”党建项目《红色基因代代传五步工作法》制作宣传片；邀请北京电视台、北京时间、人民网、千龙网、《北京西城报》等媒体报道史志宣传活动20余次。

（阮珍珍）

纪检监察

【概况】中共北京市西城区纪律检查委员会、北京市西城区监察委员会，实行一套工作机构、两个机关名称，履行党的纪律检查和国家监察两项职责。具体履行监督、执纪、问责和监督、调查、处置职责。设办公室、组织部、宣传部、研究室、党风政风监督室、信访室、案件监督管理室、第一至第三监督检查室、第四至第九审查调查室、案件审理室、纪检监察干部监督室、机关党委，代管区委巡察办、区委巡察组，下设北京市西城区纪委监委反腐倡廉宣传教育信息中心（事业单位）、北京市西城区纪委监委审查调查保障中心（事业单位）。派驻区级党和国家机关纪检监察机构21个（不含法、检），派出区直机关工委和各街道工委纪检监察机构16个。委机关编制139名，区委巡察办7名，区委巡察组10名，派驻机构编制107名，反腐倡廉宣传教育信息中心编制15名，审查调查保障中心编制7名。区纪委区监委的主要职责是：负责本区党的纪律检查工作。贯彻落实党中央、市委、区委关于纪律检查工作的决定、部署，维护党的章程和其他党内法规，检查党的路线方针政策和决议的执行情况，协助区委推进全面从严治党、加强党风建设和组织协调反腐败工作。依照党的章程和其他党内法规履行监督、执纪、问责职责。负责经常对党员进行遵守纪律的教育，作出关于维护党纪的决定；对区委工作机关、区委批准设立的党组（党委）等党的组织和区委管理的党员领导干部履行职责、行使权力进行监督，受理处置党员群众检举举报，开展谈话提醒、约谈函询；检查和处理上述党的组织和党员违反党的章程和其他党内法规的比较重要或者复杂的案件，决定或者取消对这些案件中的党员的处分；进行问责或者提出责任追究的建议；受理党员的控告和申诉；保障党员的权利。负责本区监察工作。贯彻落实党中央、市委、区委关于监察工作的决定、部署，维护宪法法律，依法对区委管理的行使公权力的公职人员进行监察，调查职务违法和职务犯罪，开展廉政建设和反腐败工作。依照法律规定履行监督、调查、处置职责。推动开展廉政教育，对区委管理的行使公权力的公职人员依法履职、秉公用权、廉洁从政从业以及道德操守情况进行监督检查；对涉嫌贪污贿赂、滥用职权、玩忽职守、权力寻租、利益输送、徇私舞弊以及浪费国家资财等职务违法和职务犯罪进行调查；对违法的公职人员依法作出政务处分决定；对履行职责不力、失职失责的领导人员进行问责；对涉嫌职务犯罪的，将调查结果移送人民检察院依法审查、提起公诉；向监察对象所在单位提出监察建议。负责组织协调本区全面从严治党、党风廉政建设和反腐败宣传教育工作。负责综合分析本区全面从严治党、党风廉政建设和反腐败工作情况，对纪检监察工作重大问题进行调查研究；参与起草制定本区相关规范性文件。负责统筹协调本区反腐败国际追逃追赃和防逃工作，督促有关单位做好相关工作。根据干部管理权限，负责本区纪检监察系统领导班子建设、干部队伍建设和组织建设的综合规划、政策研究、制度建设和业务指导；会同有关方面做好区纪委区监委派驻（派出）机构、区管国有企业纪检监察机构领导班子建设有关工作；组织和指导本区纪检监察系统干部教育培训工作等。完成市纪委市监委和区委交办的其他任务。年内，全区纪检监察组织忠实履行党章和宪法赋予的职责，坚持稳中求进、实事求是、依规依纪依法，强化监督执纪问责和监督调查处置，以改革创新激发的内生动力促进纪检监察工作提质增效，全区党风廉政建设和反腐败斗争取得新进展新成效。

地址：西城区西直门南大街6号
　　　国二招宾馆北楼
邮编：100035
电话：83926110

（李天恩）

【全面压实管党治党政治责任】 协助区委压紧压实主体责任，牵头开展对87家单位的全面从严治党（党建）工作检查考核，发现问题300余个。推行以各级纪检监察组织为谈话主体，与“一把手”进行全面从严治党警示谈话，通过管住“关键少数”，督促基层党组织履行职责来完成对大多数的监督。年内，全区共问责2个党组织和46名党员领导干部，通过问责倒逼全面从严治党责任落实。

（李天恩）

【纪检监察监督工作】 全力以赴开展新中国成立70周年庆祝活动服务保障工作监督，组建工作专班对西城区群众游行和志愿者工作、区域整治提升、社会治安综合治理、突发事件处置等开展监督检查，确保国庆服务保障工作规范有序推进。围绕“吹哨报到”“接诉即办”强化民生领域监督，共检查发现“接诉即办”问题2个，给予党纪政务处分4人，通报曝光4人。牵头抓好漠视侵害群众利益问题专项整治，解决群众急难愁盼问题35个，查处侵害群众利益问题3个、6人。深化巡察监督，组织开展5轮对142个党组织的巡察，共发现问题1207个，移交问题线索123件。全区纪检监察组织运用“四种形态”批评教育帮助和处理390人次，用好用足第一种形态，约谈函询、批评教育239人次，增长27.1%，占总人次的61.3%。建立健全具有西城特色的“1+3+N”监督体系，推行清单化履职的方式，以发现问题为导向，量化监督频次和考核指标，通过监督发现的各类问题线索已成为案件主要来源，占比达43.4%。创新社区监督模式，77名社区纪检专员分别与3至5个社区党委纪检委员组成社区纪检监察监督组，名称标识、场所配置、办公设备、办公用书实行“四统一”，开展各类监督检查共8427次，谈心谈话4376人次，督促整改问题3082个。

（李天恩）

【正风肃纪工作】年内，全区纪检监察组织共接受群众信访举报1349件次；立案152件，增长4%，其中上级指定管辖29件，增长31.8%；给予党政纪处分123人；采取留置措施19人；涉嫌犯罪移送司法机关23人。在追逃追赃方面取得重大突破，追回外逃美国18年的职务犯罪嫌疑人李海鹰等在逃人员3名。协助区委召开警示教育大会，区委书记通报典型案例31件、48人，在西城纪检监察网站、“廉洁西城”官方微信等媒体点名道姓通报案例11件、29人，收录编印并向全区印发54个典型案例，以案明纪，敲响警钟。

（李天恩）

【纪检监察干部队伍建设】加大干部选拔任用力度，增进系统内外干部交流，平稳推进区纪委区监委机关、派驻机构和区委巡察机构职务职级并行工作。开展多层次全员培训，学习贯彻监督执纪工作规则和监督执法工作规定，培训干部2600余人次，严格进行全员闭卷测试，实现培训范围和业务流程全覆盖。在全系统营造“红莲”特色机关文化，组织多项主题文化活动，推动干部队伍凝心聚力。强化自我监督，单独组建干部监督室，严格执行打听、干预监督检查审查调查工作和请托违规办事登记备案制度。聘请36位特约监察员，主动接受外部监督。全区共谈话函询纪检监察干部2人，组织处理1人。

（李天恩）

（责任编辑　贾国平）

西城区人民代表大会常务委员会

1月23日，区人大走访慰问地区困难户和优抚对象（新街口街道 供图）

3月26日，区人大常委会任命区政府15名工作部门负责人，并组织集体向宪法宣誓（闻昭 摄）

概　述

北京市西城区人民代表大会是西城区地方国家权力机关，区人大常委会是本级人民代表大会的常设机关，下设办公室、研究室、代表联络室、法制办公室、财政经济办公室、预算审查办公室、教科文卫体办公室、城建环保办公室等8个办事机构。区人大常委会在区委的坚强领导下，坚持以习近平新时代中国特色社会主义思想为指导，深入学习贯彻习近平关于坚持和完善人民代表大会制度的重要思想，深入学习贯彻党的十九大和十九届二中、三中、四中全会精神，深入贯彻落实习近平对北京重要讲话精神，不断增强“四个意识”，坚定“四个自信”，做到“两个维护”，坚持党的领导、人民当家作主、依法治国有机统一，扎实开展“不忘初心、牢记使命”主题教育，认真落实市委、区委第五次人大工作会议要求，紧扣首都核心区职责使命，大力践行“红墙意识”，全力做好庆祝中华人民共和国成立70周年活动的服务保障工作，全面履行宪法法律赋予的各项职责，各项工作实现新发展。全年召开区人民代表大会会议2次，审议和批准各项报告，依法选举区人民政府区长、区人大常委会副主任1名和区人民法院院长。全年召开常委会会议11次、主任会议21次，常委会听取和审议议题55项，作出决议决定6项，形成审议意见书9份。围绕深化地方机构改革和司法体制改革，全年共任免国家机关工作人员176人次、人民陪审员256人次，接受6名区级国家机关领导人员辞去职务。

地址：西城区广安门南街68号

邮编：100054

电话：83976304

（李　锟）

重要会议

【十六届人大五次会议】1月8至11日，北京市西城区第十六届人民代表大会第五次会议在中国职工之家举行。357名代表出席会议。会议听取和审议区长王少锋所作的西城区人民政府工作报告；审议西城区2018年国民经济和社会发展计划执行情况与2019年国民经济和社会发展计划草案的书面报告；审议西城区2018年财政预算执行情况和2019年财政预算草案的书面报告；听取和审议区人大常委会主任杜灵欣所作的西城区人民代表大会常务委员会工作报告；听取和审议区法院院长蔡慧永所作的西城区人民法院工作报告；听取和审议区检察院检察长李卫国所作的西城区人民检察院工作报告；会议表决通过以上报告的决议。

（李　锟）

【十六届人大六次会议】7月2至3日，北京市西城区第十六届人民代表大会第六次会议在中国职工之家举行。362名代表出席会议。会议依法选举孙硕为西城区人民政府区长，魏建明为西城区人大常委会副主任，刘双玉为西城区人民法院院长，并进行宪法宣誓。会议听取了区政府2019年上半年工作情况。

（李　锟）

【十六届人大常委会第二十一次会议】西城区第十六届人大常委会第二十一次会议于2月28日召开，副主任杜黎彬主持会议。会议审议通过了西城区与六城市（区）缔结友好关系的报告。会议决定：同意西城区与甘肃省嘉峪关市、陕西省延安市、上海市普陀区、海南省三沙市、广西壮族自治区梧州市、内蒙古自治区呼伦贝尔市等六城市（区）正式缔结为友好城市；传达学习了北京市十五届人大二次会议精神；审议通过了西城区人大常委会2019年工作要点和会议议题预安排，决定印发实施并向社会公布；听取了关于区十六届人大五次会议代表议案、建议情况分析的报告；审查了区法院落实区人大常委会关于加强金融案件审判、服务区域金融健康发展报告审议意见的书面报告；审查了区政府落实区人大常委会关于全面推动街道大部制改革议案办理工作审议意见的书面报告；审查了区政府落实区人大常委会关于扎实推进街区整理、不断提升核心区品质的决议落实工作和关于加强街区整理、打造精品街区、提升城市品质的议案办理工作审议意见的书面报告；审议并表决通过了关于接受李钢辞去北京市西城区第十六届人民代表大会代表职务请求的决定；审议并表决通过了关于接受王少峰辞去北京市西城区人民政府区长职务请求的决定；审议并表决通过了关于接受司马红辞去北京市西城区人民政府副区长职务请求的决定；审议并表决通过了免去陈冲北京市西城区人民政府副区长职务的决定；审议并表决通过了区法院提请的有关人事免职事项。

（李　锟）

【十六届人大常委会第二十二次会议】西城区第十六届人大常委会第二十二次会议于3月26日召开，杜灵欣主持会议。根据北京市委市政府批准的《北京市西城区机构改革方案》，会议审议并表决通过了区政府提请的有关人事任免事项；被任命的区政府人员进行了宪法宣誓。

（李　锟）

【十六届人大常委会第二十三次会议】西城区第十六届人大常委会第二十三次会议于4月25日召开，杜灵欣主持会议。听取和审议了区检察院关于开展公益诉讼工作情况的报告；审议通过了《北京市西城区人大常委会检查法律法规实施情况办法》《北京市西城区人大常委会组成人员守则》。会议决定，由区人大常委会机关根据会议审议意见作适当修改后，印发实施；审议并表决通过了区政府提请的有关人事任免事项；被任命的区政府人员进行了宪法宣誓；根据常委会学习计划和会议议题安排，会议以导读形式集中学习了《中华人民共和国民事诉讼法》《中华人民共和国行政诉讼法》《中华人民共和国英雄烈士保护法》中关于公益诉讼工作的相关条款。

（李　锟）

【十六届人大常委会第二十四次会议】西城区第十六届人大常委会第二十四次会议于5月23日召开，杜灵欣主持会议。会议审议并表决通过了关于接受王建华辞去北京市西城区人大常委会副主任及代表资格审查委员会主任委员职务请求的决定；审议并表决通过了关于接受郁治辞去北京市西城区人民政府副区长职务请求的决定；审议并表决通过了关于接受蔡慧永辞去北京市西城区人民法院院长、审判委员会委员、审判员职务请求的决定；审议并表决通过了关于任命孙硕为北京市西城区代理区长，喻华锋为北京市西城区副区长，魏建明为北京市西城人大常委会代表资格审查委员会主任委员，刘双玉为北京市西城区人民法院副院长、代理院长、审判委员会委员、审判员，夏淑敏为北京市西城区政务服务管理局局长的有关人事任职事项；审议通过了关于召开区十六届人大六次会议的决定；被任命的人员进行了宪法宣誓。

（李　锟）

【十六届人大常委会第二十五次会议】西城区第十六届人大常委会第二十五次会议于6月20日召开，杜灵欣主持会议。会议听取和审议了区政府关于大数据工作情况的报告以及区人大教科文卫体委员会预先审议情况报告；听取和审议了区人大常委会执法检查组关于贯彻实施《北京市机动车停车条例》《北京市非机动车管理条例》《北京市实施〈中华人民共和国道路交通安全法〉办法》（简称“两条例一办法”）执法检查情况的报告；审议通过了《北京市西城区人大常委会关于讨论决定重大事项的规定》，决定会后印发实施；听取和审议了区十六届人大常委会代表资格审查委员会关于代表资格审查情况的报告，决定将代表资格审查情况向区十六届人大六次会议报告；审议通过了区十六届人大六次会议的有关事项，同意将议程草案、各项名单草案及选举办法草案提交各代表联组讨论；依法审议了区人民检察院提请的人事任免议案，表决通过了各项人事任免事项。

（李　锟）

【十六届人大常委会第二十六次会议】西城区第十六届人大常委会第二十六次会议于7月25日召开，杜灵欣主持会议。会议听取和审议了区政府关于西城区2019年上半年国民经济、社会发展计划执行情况的报告；听取和审议了区政府关于西城区2019年上半年预算执行情况的报告、关于西城区2018年决算的报告、关于西城区2018年度预算执行情况和其他财政收支情况审计工作的报告；表决通过了北京市西城区人民代表大会常务委员会关于批准西城区2018年决算及其报告的决议和关于批准西城区2018年预算执行和其他财政收支情况审计工作报告的决议；审查了区检察院落实区人大常委会关于开展公益诉讼工作审议意见的书面报告；审议并表决通过了区政府提请的关于任命周金桩为西城区人民政府副区长（挂职至2020年6月）的任职议案；会议审议并表决通过了关于接受张艳辞去北京市西城区监察委员会委员职务请求的决定；被任命的人员进行了宪法宣誓。

（李　锟）

【十六届人大常委会第二十七次会议】西城区第十六届人大常委会第二十七次会议于8月22日召开，杜灵欣主持会议。会议听取和审议了区政府关于全区国有资产管理情况的综合报告、关于企业国有资产管理情况的专项报告；听取和审议了区政府关于支持民营企业发展情况的报告；审议通过了《北京市西城区人大常委会规范性文件备案审查办法》（修订案）；审议并表决通过了区法院、区检察院提请的任免职议案。

（李　锟）

【十六届人大常委会第二十八次会议】西城区第十六届人大常委会第二十八次会议于10月31日召开，杜灵欣主持会议。会议听取和审议了区政府关于西城区2019年1—9月国民经济、社会发展计划执行和调整情况的报告；听取和审议了区政府关于西城区2019年1—9月预算执行情况和预算调整的报告；听取和审议了区政府关于西城区2018年预算执行情况和其他财政收支情况审计查出问题整改情况的报告；表决通过了区人大常委会关于批准西城区财政预算调整方案的决议；听取和审议了区政府关于加强历史文化名城保护、提升城市发展品质的决议落实情况的报告；审查了区政府落实区人大常委会关于大数据工作情况报告审议意见的书面报告；审议并表决通过了关于接受王建华辞去北京市西城区十六届人民代表大会代表职务请求的决定；审议并表决通过了关于免去贾蔚北京市西城区人民政府副区长职务的决定；审议并表决通过了关于接受段辉建辞去北京市西城区监察委员会副主任职务请求的决定；审议并表决通过了区法院、区检察院提请的任免职议案，组织新任命的区法院两名副院长进行了宪法宣誓。

（李　锟）

【十六届人大常委会第二十九次会议】西城区第十六届人大常委会第二十九次会议于11月21日召开，杜灵欣主持会议。会议听取和审议了区政府关于西城区第四次全国经济普查工作情况的报告；听取和审议了区政府落实区人大关于扎实推进街区整理、不断提升核心区品质的决议情况的报告；听取和审议了区政府办理区人大关于加大文物腾退项目工作力度、促进文物腾退项目尽早收官的议案情况的报告；听取和审议了区政府关于区十六届人大五次会议代表议案、建议办理情况的报告；审议通过了关于举行区十六届人大七次会议的决定。会议决定，2020年1月5日，召开区十六届人大七次会议；由区人大常委会机关按规定向社会予以公布，并抓紧进行大会筹备工作；审查了区政府落实区人大常委会关于西城区2018年决算报告审议意见的书面报告、区政府落实区人大常委会关于西城区2018年预算执行情况和其他财政收支情况审计报告审议意见的书面报告、区政府落实区人大常委会关于国有资产管理情况报告审议意见的书面报告、区政府落实区人大常委会关于支持民营企业发展情况报告审议意见的书面报告等四项报告；审议并表决通过了区法院提请的任职议案。

（李　锟）

【十六届人大常委会第三十次会议】西城区第十六届人大常委会第三十次会议于12月19日召开，杜灵欣主持会议。会议初步审议了区政府、区法院、区检察院工作报告，讨论了区人大常委会工作报告，决定将这四项报告作适当修改后交各街道代表联组讨论；听取和审议了区人大常委会关于区十六届人大五次会议代表议案、建议办理情况的报告；听取和审议了区人大常委会代表资格审查委员会关于代表资格审查情况的报告，依法确认415名区十六届人民代表大会代表的代表资格有效；审议通过了关于举行区十六届人大七次会议的有关事项；审议并表决通过了区政府提请的有关人事免职事项；审议并表决通过了关于接受沙秀华辞去北京市西城区人大常委会副主任职务的请求的决定。

（李　锟）

【十六届人大常委会第三十一次会议】西城区第十六届人大常委会第三十一次会议于12月24日召开，杜灵欣主持会议。会议审议并表决通过了关于接受王飞辞去北京市第十五届人民代表大会代表职务请求的决议，会后报北京市人民代表大会常务委员会备案；补选郭广生为北京市第十五届人民代表大会代表，会后向北京市人民代表大会常务委员会呈送书面报告。

（李　锟）

【第四十二次主任会议】西城区十六届人大常委会第四十二次主任会议于2月18日召开。杜灵欣主持。会议研究了区人大常委会2019年工作要点和议题安排（讨论稿）；研究确定了区人大常委会2019年学习计划；听取了区十六届人大常委会第二十一次会议有关议题准备情况的报告。

（李　锟）

【第四十三次、四十四次主任会议】西城区十六届人大常委会第四十三次主任会议于2月25日召开。杜灵欣主持。会议研究了人事任免议案。西城区十六届人大常委会第四十四次主任会议于3月21日召开。杜灵欣主持。会议研究了人事任免议案；研究了《北京市西城区人大常委会组成人员守则》（讨论稿）；研究了《北京市西城区人民代表大会代表履职管理办法》（草案）。

（李　锟）

【第四十五次、四十六次主任会议】西城区十六届人大常委会第四十五次主任会议于3月25日召开。杜灵欣主持。会议研究了人事任免议案。西城区十六届人大常委会第四十六次主任会议于4月18日召开。区人大常委会副主任杜黎彬主持。会议研究了人事任免议案；听取了区政府关于2019年蓝天保卫战实施情况的报告；研究确定了区人大常委会推进区人大预算联网监督工作方案；听取了关于区十六届人大常委会第二十三次会议有关议题准备情况的汇报。

（李　锟）

【第四十七次主任会议】西城区十六届人大常委会第四十七次主任会议于5月8日召开。杜灵欣主持。会议研究了人事任免议案；研究了区人大常委会关于贯彻实施《北京市机动车停车条例》《北京市非机动车管理条例》《北京市实施〈中华人民共和国道路交通安全法〉办法》执法检查的实施方案（草案）。

（李　锟）

【第四十八次主任会议】西城区十六届人大常委会第四十八次主任会议于5月16日召开。杜灵欣主持。会议研究了人事任免议案；听取了区法院部分审判员、区检察院部分检察员向区人大常委会书面述职情况的报告；研究确定了北京市西城区人大常委会主任会议议事规则；研究确定了北京市西城区人大常委会预算监督顾问工作规则；研究确定了北京市西城区人大常委会预算监督代表小组工作规则；研究确定了区人大常委会关于区检察院开展公益诉讼工作情况报告的审议意见；研究确定了北京市西城区人大常委会关于创建“代表之家”“代表联络站”工作的指导意见；研究了北京市西城区人民代表大会常务委员会关于召开北京市西城区第十六届人民代表大会第六次会议的决定（草案）。

（李　锟）

【第四十九次主任会议】西城区十六届人大常委会第四十九次主任会议于6月13日召开。杜灵欣主持。会议研究了人事任免议案；听取了区政府关于贯彻落实《中华人民共和国中医药法》促进西城区中医药事业更好更快发展的报告；听取了区法院关于推动家事审判改革、促进家庭社会和谐工作情况的报告；研究了北京市西城区人大常委会关于讨论决定重大事项的规定（修订稿）；研究了区人大常委会关于贯彻实施《北京市机动车停车条例》《北京市非机动车管理条例》《北京市实施〈中华人民共和国交通安全法〉》执法检查情况的报告；研究了举行区十六届人大六次会议的有关事项；听取了关于区第十六届人民代表大会代表资格的审查报告；听取了区十六届人大常委会第二十五次会议有关议题准备情况的报告。

（李　锟）

【第五十次主任会议】西城区十六届人大常委会第五十次主任会议于6月17日召开。杜黎彬主持。会议研究了区十六届人大六次会议的有关事项；研究了区人大常委会2019年上半年工作情况和下半年工作安排。

（李　锟）

【第五十一次、五十二次主任会议】西城区十六届人大常委会第五十一次主任会议于6月27日召开。杜灵欣主持。会议听取了区十六届人大六次会议会前活动情况汇报。西城区十六届人大常委会第五十二次主任会议于7月10日召开。杜灵欣主持。会议研究了人事任免议案；听取了区监委2019上半年工作情况的报告；听取了区政府关于“西城区旅游与文化、商业及相关产业融合发展三年行动计划（2017年—2019年）”落实情况的报告；研究确定了区人大常委会关于西城区大数据工作情况报告的审议意见；听取了区十六届人大常委会第二十六次会议有关议题准备情况的报告。

（李　锟）

【第五十三次、五十四次主任会议】西城区十六届人大常委会第五十三次主任会议于7月22日召开。杜灵欣主持。会议研究了人事任免议案。西城区十六届人大常委会第五十四次主任会议于8月8日召开。杜灵欣主持。会议研究了人事任免议案；研究确定了区人大常委会关于西城区2018年决算及其报告的审议意见；研究确定了区人大常委会关于西城区2018年审计工作报告的审议意见；研究了北京市西城区人大常委会规范性文件备案审查办法（草案）；听取了区十六届人大常委会第二十七次会议有关议题准备情况的报告。

（李　锟）

【第五十五次主任会议】西城区十六届人大常委会第五十五次主任会议于9月12日召开。杜灵欣主持。会议研究确定了区人大常委会关于西城区2018年度国有资产管理情况的综合报告和西城区2018年度企业国有资产管理情况的专项报告的审议意见；研究确定了区人大常委会关于支持民营企业发展情况报告的审议意见。

（李　锟）

【第五十六次、五十七次主任会议】西城区十六届人大常委会第五十六次主任会议于10月11日召开。杜灵欣主持。会议听取了西城区政府关于西城区生活服务业发展情况的报告；听取了西城区政府关于西城区学位保障工作情况的报告；听取了区十六届人大常委会第二十八次会议有关议题准备情况的报告。西城区十六届人大常委会第五十七次主任会议于10月28日召开。杜灵欣主持。会议研究了人事任免议案。

（李　锟）

【第五十八次主任会议】西城区十六届人大常委会第五十八次主任会议于11月7日召开。杜黎彬主持。会议研究了人事任免议案；听取了西城区政府研究处理区十六届人大五次会议代表关于政府工作意见和建议情况的报告；听取了区人大各专委会2020年部门预算初步审查情况报告；研究确定了区人大常委会对区政府关于落实加强历史文化名城保护提升城市发展品质的决议的工作报告的审议意见；研究了北京市西城区人大常委会关于召开北京市西城区第十六届人民代表大会第七次会议的决定（草案）；听取了区十六届人大常委会第二十九次会议有关议题准备情况的报告。

（李　锟）

【第五十九次主任会议】西城区十六届人大常委会第五十九次主任会议于12月5日召开。杜灵欣主持。会议听取了西城区人大常委会代表资格审查委员会关于区十六届人大代表代表资格的审查报告；研究了举行区十六届人大七次会议的有关事项；研究确定了区人大常委会关于对区政府落实区人大关于扎实推进街区整理不断提升核心区品质的决议情况报告的审议意见；研究确定了区人大常委会关于区政府办理“加大文物腾退项目工作力度，促进文物腾退项目尽早收官”议案情况报告的审议意见；听取了区十六届人大常委会第三十次会议有关议题准备情况的报告。

（李　锟）

【第六十次主任会议】西城区十六届人大常委会第六十次主任会议于12月12日召开。杜灵欣主持。会议研究了北京市西城区第十六届人民代表大会社会建设专门委员会主任委员、副主任委员、委员名单（草案）；研究了北京市西城区第十六届人民代表大会第七次会议关于通过北京市西城区第十六届人民代表大会社会建设委员会组成人员人选的表决办法（草案）；研究了关于北京市西城区第十六届人民代表大会第七次会议列席人员范围的说明。

（李　锟）

【第六十一次主任会议】西城区十六届人大常委会第六十一次主任会议于12月16日召开。杜灵欣主持。会议研究了人事任免议案；研究了北京市西城区第十六届人民代表大会第七次会议有关名单草案和选举办法（草案）；研究了北京市西城区第十六届人民代表大会第七次会议执行主席分组名单。

（李　锟）

【第六十二次、六十三次主任会议】西城区十六届人大常委会第六十二次主任会议于12月24日召开。杜灵欣主持。会议研究了人事任免议案。西城区十六届人大常委会第六十三次主任会议于12月25日召开。杜灵欣主持。会议听取了区十六届人大七次会议代表会前活动情况汇报。

（李　锟）

监督工作

【推动历史文化名城保护决议落实】年内，常委会组织代表视察福州新馆、林白水故居，听取和审议了区政府落实关于加强历史文化名城保护提升城市发展品质决议情况的报告，提出了探索非直管公房腾退办法、加强专业队伍建设、挖掘文物文化内涵等审议意见。坚持将督办议案与推动决议落实相结合，组织代表视察了沈家本故居、杨椒山祠，听取和审议了区政府关于加大文物腾退项目工作力度促进文物腾退项目尽早收官议案办理情况的报告，提出了加强文物腾退宣传工作、加大腾退项目投资和保障力度、积极吸引民间资本参与文物保护利用等审议意见。区政府认真落实决议，持续推进52处直管公房文物腾退工作，30个项目完成腾退，累计腾退居民1872户，占总户数的92%，沈家本故居、林白水故居等一批文物相继对外开放，古都风韵进一步彰显，城市内涵更加丰富。

（李　锟）

【推动街区整理决议落实】年内，常委会组织代表视察广阳谷城市森林三期工程和菜西恢复性院落修建项目，现场调研本市首例平房直管公房自愿申请式退租更新试点项目实施情况，听取和审议了区政府落实关于扎实推进街区整理不断提升核心区品质决议情况的报告，提出了细化街区更新项目规划、重视项目风貌特色设计、统筹做好街区更新和民生改善、持续完善街区更新工作机制等审议意见。区政府认真落实决议，系统开展城市设计，创新街区更新模式，推进老旧小区整治，加强生态环境修复，优化公共服务设施，11个街区整理展示中心建成开放，15个街道实现责任规划师全覆盖，城市品质持续提升，城市环境更加宜居宜业。

（李　锟）

【推进城市精细治理】常委会关注智慧城市建设，组织代表视察西城区全响应服务中心及金融街街道分中心，听取和审议了区政府关于大数据工作情况的报告，提出了加强大数据基础建设和资源整合、提升大数据应用能力、保护数据信息安全等审议意见，促进政府更好发挥大数据在城市治理、公共服务等方面的重要支撑作用，让大数据更好服务市民生活。推动协同发展，常委会听取和审议了西城区与六城市（区）缔结友好关系的报告。助力打好污染防治攻坚战，在通过执法检查、听取审议专项报告等方式连续五年开展监督的基础上，主任会议听取了区政府2019年蓝天保卫战实施情况的报告，切实促进大气质量持续改善。

（李　锟）

【推进民生改善】年内，常委会聚焦教育均衡优质发展，组织代表视察三帆中学裕中校区和西师附小，主任会议听取了区政府关于统筹教育资源、增扩义务教育学位工作情况的报告，促进教育改革发展成果更多更公平惠及人民群众。连续三年聚焦市民便利生活，组织代表视察广内街道“智能方·便民仓”共享空间和西单北大街百姓生活服务中心，主任会议听取了区政府关于完善生活性服务业布局提升品质情况的报告，持续推动全区生活性服务业均衡化优质化，让市民群众生活更加便利、更有品质。围绕居民多样化需求，组织代表视察北京郭守敬纪念馆和中国书店雁翅楼店，主任会议听取了区政府关于旅游与文化、商业及相关产业融合发展三年行动计划（2017—2019）落实情况的报告，促进了西城区文商旅产业发展转型和综合公共服务能力的提升。

（李　锟）

【加强经济工作监督】年内，常委会听取和审议了区政府关于2019年上半年和1—9月计划执行及调整情况的报告。加强对政府投资计划及执行情况的监督，首次安排区政府在计划草案和执行情况的报告中进行集中说明。促进民营经济持续健康发展，听取和审议了区政府关于支持民营企业发展情况的报告，推动营商环境进一步优化。关注全区经济整体情况，听取和审议了区政府关于西城区第四次全国经济普查工作情况的报告。

（李　锟）

【拓展预算审查监督】年内，常委会继续做好法定预算监督工作，常委会听取和审议了2018年决算报告、审计工作报告及审计查出问题整改情况的报告、2019年上半年和1—9月财政预算执行和调整情况的报告，并依法作出相关决议。落实预算联网监督工作要求，区人大预算联网监督系统正式上线运行，增强了预算监督的时效性。首次确定北京市第一六一中学南校区改扩建工程等7个项目为2019年重点支出和重大投资项目，并将其纳入计划和预算执行情况报告，拓展了计划执行和预算支出监督的深度。

（李　锟）

【强化国有资产监督】年内，常委会履行人大国有资产监督职能，在组织代表深入调研区属国有企业的基础上，常委会首次听取和审议了区政府2018年度国有资产管理情况的综合报告和2018年度企业国有资产管理情况的专项报告，首次亮出西城区国有资产家底，区政府审计部门向会议提交了专项审计报告，发挥了专项审计的监督作用，形成了监督合力，促进国有资产更加公开透明，推动国有资产更好地服务区域经济社会发展。

（李　锟）

【提升计划预算草案初审质量】年内，常委会坚持专门委员会参与部门预算初审机制，四个专门委员会对区发改委、区国资委、区文化和旅游局、区全响应服务中心、区妇联等5个单位2020年部门预算和政府投资计划、国有资本经营预算进行了初步审查。在区级计划和预算草案初审会议上，安排区发改委、区财政局、区商务局、区国资委、区统计局、区金融办、区税务局、区市场监管局围绕计划、预算报告主要内容进行专题解读，提高了计划预算初步审查的针对性，推动计划预算草案编制更加科学高效。

（李　锟）

【加强对法律法规实施情况的监督】年内，常委会对《北京市机动车停车条例》《北京市非机动车管理条例》《北京市实施〈中华人民共和国道路交通安全法〉办法》3部法规的实施情况开展了执法检查，组织代表视察了宣西社区停车自治情况、大木仓胡同非机动车管理情况、长椿街路侧电子停车收费情况，听取和审议了执法检查报告，推动了相关法规在本行政区域内正确实施，切实为市民安全出行保驾护航。组织代表视察宣武中医医院、陶然亭社区卫生服务中心，主任会议听取了区政府关于《中华人民共和国中医药法》贯彻执行情况的报告，推动了全区中医药事业更好更快发展。坚持有件必备、有备必审、有错必纠，认真执行规范性文件备案审查有关规定，依法对区政府关于促进文物建筑合理利用和开放管理的若干意见（试行）等规范性文件进行备案审查，切实维护了国家法制统一。

（李　锟）

【加强对监察和司法工作的监督】年内，常委会围绕落实深化国家监察体制改革的要求，主任会议听取了区监察委员会上半年工作情况的报告。关注社会公共利益维护，组织代表视察牛街富民牛羊肉市场食品安全、北京动物园水资源保护等公益诉讼开展情况，常委会听取和审议了区人民检察院开展公益诉讼工作情况的报告，从加强公益诉讼宣传、完善制度机制、更好发挥公益司法保障职能等方面提出了审议意见，为推动西城区公益诉讼司法实践向纵深发展发挥了重要作用。关注家事审判方式和工作机制改革，主任会议听取了区人民法院关于家事审判工作情况的报告，推动家事审判改革更好守护家庭温馨港湾。加强对司法工作人员的监督，组织20名区人民法院审判员、14名区人民检察院检察员向常委会进行了书面述职。

（李　锟）

【加强对立法机关立法工作的参与】年内，常委会充分发挥人大代表密切联系人民群众的优势，在市人大常委会“万名代表下基层、全民参与修条例”活动中，组织市、区人大代表深入选区征求对《北京市生活垃圾管理条例》修订工作的意见建议，354名市、区人大代表参加，共征求了6864名市民、社区工作者、物业管理人员和335家单位的意见。常委会、各专门委员会和市、区人大代表还参与了《中华人民共和国未成年人保护法（修订草案）》《北京市街道办事处条例（草案）》《北京市文明行为促进条例（草案）》《北京市物业管理条例（草案）》等近20部法律法规征求意见工作，并提出了建设性意见建议。

（李　锟）

代表工作

【推进代表联系选民月活动】年内，参加闭会期间各类会议、活动的代表共4120人次。人大代表和代表所在单位积极参与接诉即办有关工作，推动解决了一批群众高度关注的民生事项。继续第三年开展区人大代表联系选民月活动，372名代表参加，组织接待选民活动235场次，共接待选民和群众4429人次，征集意见建议665件。持续扩大参与活动的工作人员范围，15个街道418名处、科级干部和887名社区工作者参加，首次安排街巷长及部分社区管片民警共同参与。加强选民意见处理工作，坚持向区委进行专题报告，完善解释说明、街道协调处理、部门办理、市代表平类建议的分级分类处理机制，320件当场或事后向选民作出说明和解释，299件由街道通过“吹哨报到”工作机制协调处理，16件梳理后作为代表建议交区政府部门办理，22件转交区政府参阅，8件由市人大代表以代表建议提交市人大常委会。

（李　锟）

【加强服务保障和监督管理】年内，常委会为拓宽代表履职阵地，启动并推进街道人大代表之家和社区人大代表联络站建设，为代表联系选民搭建更加综合规范的载体和平台。坚持代表自主选择列席常委会会议、参加执法检查和视察调研工作机制，全年共有代表112人次列席常委会会议，共有代表580人次参加执法检查和视察调研，拓展了代表对常委会、专门委员会工作参与的深度广度。各街道人大工作机构开展了形式多样、内容丰富的代表履职活动，全年15个街道共组织代表活动358次。坚持代表述职制度，组织区人大代表向选区选民报告年度履职情况。按照市人大常委会要求，组织部分市人大西城团代表报告履职情况。受市人大常委会委托，做好市人大西城团代表联络服务工作，组织市人大代表围绕养老工作、传统商业业态转型、历史文化名城保护等开展了视察调研。

（李　锟）

【做好代表建议督办工作】年内，区十六届人大五次会议期间收到的代表建议90件（含议案转建议1件）已经全部办复，其中已经或部分解决、采纳的64件，列入计划的18件，作为工作参考的8件。闭会期间代表提出建议共16件，均已办复。坚持常委会主任、副主任牵头重点督办，专门委员会分类督办，代表联络部门协调督办的全体系督办机制，推动解决了一批群众关注的教育、医疗、养老、交通和文化生活等民生领域的热点问题。坚持向社会公开建议内容和办理情况，主动接受代表和群众的监督。持续推动代表大会期间代表审议意见的处理，主任会议听取了区政府关于区十六届人大五次会议代表审议意见和建议研究处理情况的报告，督促代表审议意见办理取得更好实效。

（李　锟）

党建引领与制度建设

【发挥党建引领作用】年内，常委会切实履行全面从严治党主体责任，严格执行常委会党组工作规则，修订完善党组“三重一大”事项决策制度，充分发挥党组领导作用。认真落实党风廉政建设各项责任，坚持以案为鉴、以案促改开展机关廉政警示教育。推进理论学习、履职培训常态化，常委会党组、常委会组成人员、专门委员会组成人员、区人大代表、常委会机关党员干部以分类联动方式开展学习。坚持以机关党建推动机关建设，完成3个机关党支部换届工作，强化机关干部的教育管理服务，机关运行更加高效，服务保障能力实现新提升。

（李　锟）

【推进制度建设】年内，制定常委会组成人员守则、代表履职管理办法等制度，常委会组成人员和代表履职行为更加规范。修订检查法律法规实施情况办法、规范性文件备案审查办法、预算监督顾问工作规则等制度，充分发挥法律顾问、预算监督顾问、预算监督小组作用，人大工作制度更加完善。认真执行议事规则，坚持出席列席、文件提交、审议表决、会议公开、监督落实等工作机制，会议审议质效持续增强。

（李　锟）

【做好宣传工作】年内，继续办好“西城人大”微信公众号、《西城人大》刊物、常委会公报、常委会网站，深入宣传贯彻习近平新时代中国特色社会主义思想、习近平总书记关于坚持和完善人民代表大会制度的重要思想、人民代表大会制度理论，及时公开重大事项决定、监督、任免、代表工作、自身建设等方面的进展和成效，持续做好代表履职宣传，更好展示代表履职风采，促进常委会和广大代表更好履职。

（李　锟）

（责任编辑　陈　艳）

西城区人民政府

北京西城年鉴2020

3月6日，西城区召开安全发展示范城区创建工作启动大会

（区应急局 供图）

3月26日，西城区应急管理局揭牌（区应急局 供图）

6月16日，西城区在天桥市民广场开展安全生产宣传咨询日活动

（闻昭 摄）

8月31日，西城区政府向公众报告工作（于志强 摄）

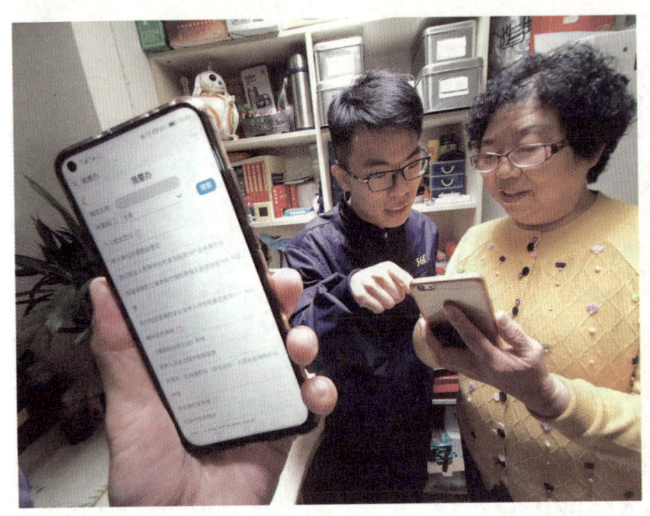

10月16日，西城区结合互联网、物联网、大数据等技术打造的全区“一网通办”平台正式上线（姜真 摄）

10月22日，西城政务大厅首次开放后台（姜真 摄）

年内，西城区推出政务服务“午间不打烊”“周六不打烊”行动（于志强 摄）

概 述

2019年，西城区人民政府（简称区政府）坚持以习近平新时代中国特色社会主义思想为指导，按照中央和市委市政府的部署，紧紧围绕庆祝新中国成立70周年这一主线，团结一心、砥砺奋进，圆满完成年度各项任务。地区生产总值实现5007.3亿元、增长6.1%，区级一般公共预算收入完成431.1亿元、增长0.1%，居民人均可支配收入预计为8.8万元、增长8.1%，社会消费品零售总额实现1085.1亿元、增长4.0%，经济社会实现平稳健康发展。

一、完成重大活动服务保障任务

投入警力、群防群治力量、行业管理人员等90余万人次，保障了重要节点和重点区域的绝对安全。周密安排好各项生活服务保障，把少扰民、不扰民要求和细致贴心温暖落到实处。广大群众踊跃参与，驻区单位积极支持，凝聚了强大合力，激发了爱国热情，展现了新时代全区干部群众的精神风貌。圆满完成第二届“一带一路”国际合作高峰论坛、亚洲文明对话大会等重大国事活动服务保障任务，常态化机制不断健全，服务保障能力进一步提升。

全面推行中央政务办公区和集中生活区等重点区域动态诊断评估机制，设立“服务中央”专人专窗，加强常态化走访对接，中央政务长效常态服务保障机制进一步完善。落实安全生产责任，开展城市安全隐患专项治理行动，加大安全生产执法力度，全年出动检查人员3.4万人次，检查各类企业及单位2万余家次，挂账隐患销账率100%。推动119消防与120急救联动，构建消防“秒级响应”机制，建成12座小型消防站、1011个微型消防站，在老旧平房区新铺消防干管230条4.9万米，全年火情数量下降34%，老城火灾防控能力大幅提升。持续加强应急管理，建成四级指挥体系，建立实施城市部件应急维护更新管理机制，及时处置城市部件事件2189件。创建防汛基础数据可视化平台，制作防汛点位综合信息“一张图”，确保了汛期安全。持续加大食品药品监管力度，重点食品、药品抽检合格率分别保持在98.8%、99.5%以上，消减不规范餐饮单位300余家，“阳光餐饮”覆盖率100%。

推进“平安西城”建设，实施“长安计划”升级版，持续推进“雪亮工程”，发挥“西城大妈”等群防群治力量作用，社会安全稳定防护网进一步织密织牢。坚持和发展“枫桥经验”，完善社会矛盾纠纷多元预防调处化解综合机制，信访事项受理率99%，按期办结率100%。开展扫黑除恶专项斗争，聚焦违法犯罪问题和“医托号贩子”等治安顽疾，始终保持严打高压态势，打掉涉恶因素团伙56个，破获九类涉恶因素案件282起。全区刑事类、治安类、秩序类警情分别下降22%、26%、48%。

二、城市动态精细治理全面展开

全面实施“疏整促”百日攻坚，44项年度任务全部完成，其中37项提前完成、29项超额完成。实施城管执法处罚2.4万余起，拆除违法建设12.5万平方米，整治无证无照经营69户、群租房213处、“开墙打洞”380处，实现占道经营动态清零。完成8个片区电力路灯架空线入地和787条支路胡同通信架空线入地，拔除线杆4990根。961条背街小巷通过达标验收，西海南沿、义达里胡同被评为“北京最美街巷”。3个商市场实现升级改造。新建和改造蔬菜零售、便利店等各类便民商业网点48个、百姓生活服务中心10个，增加小物超市10个。启动25栋低效楼宇提升工作，完成7栋改造升级。配合做好核心区控制性详规编制工作，不断优化城市功能布局。完成太仆寺街等片区提升工程，11个街区整理展示中心建成开放，15个街道实现责任规划师全覆盖。新建京韵园（三期）、蔺圃园（二期）等14处小微绿地及口袋公园，完成什刹海环湖绿道建设，新增广阳谷（三期）和西单文化广场（一期）2处城市森林，建成绿地2.27万平方米。西城区获得2019年全球国际花园城市竞赛城市类最高级别金奖。

持续加大污染防治力度，推

进“一微克”行动，完善空气重污染应急措施，保持联合执法高压态势，检查重型柴油车5.7万辆次，查处排放超标车1万余辆。淘汰老旧柴油货运车605辆。完成餐厨油烟净化设备安装1782家。更新居民电采暖设备1.7万余台，发放“煤改电”补贴3581万元。全区细颗粒物（PM2.5）年均浓度44微克每立方米、下降17%。加强施工工地管理和渣土运输监管，查处施工扬尘问题293起、道路遗撒问题295起。提高道路清扫保洁标准，新增329个监测点位，全区降尘量年平均值6.8吨每平方公里·月。持续推进“清河行动”，开展“清四乱”专项治理，上线水务集中管理平台，应用5G传感器对排水口开展动态监测，地表水水质监测4个市级考核断面均达标。筒子河等4个河湖入选首都“最美河湖”。深入推进“厕所革命”，完成169座公厕升级改造。倡导垃圾分类新时尚，完成5个街道垃圾分类示范片区创建工作，基本实现机关、学校和企事业单位垃圾分类全覆盖。

加强交通综合治理，推进33条市政道路建设，米市东胡同、燕京中街和广安门外南街南段建成通车。实施36条道路大中修、5条道路疏堵、26条道路慢行系统建设和30条排水管线改造工程，完成306处交通信号灯配时优化。加大交通违法行为处罚力度，现场执法30.2万起，非现场处罚11万次，校园、医院和旅游景点周边交通秩序得到了改善。严格落实“两条例一决定”，推进道路停车改革，编制地面停车专项规划，在182条道路设置禁停区，在222条道路规划路侧车位9066个，69条道路、5603个泊位实行电子收费。推动3处立体停车设施建设。发挥“车友会”“停车自管会”作用，推进错时停车、车位共享。规范共享单车管理，在地铁口等人员密集地区设置电子围栏150处，投放总量由年初10万辆降至5万辆。完善北京北站交通组织方案，完成广场设施改造，提前谋划京张高铁开通形成的大人流应对工作。

加快推动智慧城市建设，完成大数据顶层设计和基础平台建设，实现政务服务目录区块链上线，推进社会数据统采共用。建成区人口数据监测系统。围绕生态环保、安全保障、精细治理和综合执法等，全面加强“城市大脑”建设，初步构建视频、物联、人工、业务四个维度的城市感知系统，完成188张城市图层和14个重点应用场景工作任务。物联感知设备接入5875个点位，实现问题隐患及时预警。试点建设“智慧西海”，推进基础设施智能化改造。

三、经济高质量发展成效明显

围绕提升服务国家金融管理中心能力，持续深化“四位一体”金融街服务体制改革。做好北京金融街“6R”服务，建成金融街i客厅，刊发《金融街观察》。成立北京金融街合作发展理事会，跨界共治模式全面启动。加快推进金融街服务中心有限公司实质化运行。举办2019年金融街论坛年会及26场论坛系列活动。首次在伦敦金融城举办“走进北京金融街——2019（Feeling the Heartbeat of China’s Financial Industry）”活动，深化与阿布扎比、首尔、卡萨布兰卡等金融城的合作，面向国际金融机构推介北京金融街。开展金融街街区品质提升专项行动，金融大街及周边地区交通护栏全部拆除，建设18公里智能健走步道，优化景观照明设计，培育“怡己”等品牌服务，“首店、首展、首秀”场景不断丰富。制定人才奖励政策，实施优秀杰出金融人才服务支持计划。积极服务金融业新生板块落地，成功推动环球银行金融电讯协会中国法人机构、工银理财等54家金融机构落户金融街，注册资本金653亿元。推动邮储银行等3家企业A股上市。助力1家民营企业登陆科创板，成为科创板首家网络安全公司。金融业收入预计超过1万亿元、增长12%，实现利润总额4000亿元、增长25%，金融业主导地位更加稳固。

加快推进国家级“金科新区”建设，积极推动重点楼宇改造升级，构建“产学研用资”金融科技生态，成立北京金融科技研究院、北京金融科技产业联盟和保险科技联盟。探索研究中国版“监管沙箱”。19个金融科技应用试点项目，通过中国人民银行等6个部委评审，占全市项目总数的40%。推动设立北京金融科技产业投资基金。成功举办首届成方金融科技论坛。赴香港参加亚洲金融科技论坛，举办招商推荐会。出台“金科十条”实施细则并启动兑现工作。吸引中证信息、相互帮等47家重点金融科技企业入驻，注册资本金超过700亿元，金融科技企业总数超过100家，“金科新区”呈现出快速发展的良好态势。

落实北京市新一轮服务业扩大开放综合试点要求，推出22项具体工作举措，金融、家政、医疗、养老等领域对外开放加快推进。牵头做好京交会、金融博览会，搭建“走出去”综合服务平台，组团参加第二届进口博览会、中国国际服务贸易交易会，推动服务贸易开放发展。做好外资企业服务工作，新批设立外商投资企业35家、增长15%，万事网联等4家外资金融机构落户西城，预计实现进出口总额6709亿元、增长7.1%，其中出口总额1160亿元、增长3.6%，继续保持全市前列。

持续推动减量发展，新注册登记企业5267家，净减少5445家（户），市场主体总量7.3万户，企个比提升至4.5：1。全区国家高新技术企业达到930家，专利授权量8807件。支持科技企业孵化加速平台建设，普天德胜、康华伟业获国家级科技企业孵化器考核评价优秀（A类）、占全市的33%。新认定2家孵化加速基地、备案1家孵化加速平台。中关村西城园总收入预计突破3300亿元、增长7%。中国北京出版创意产业园区通过“全国知名品牌示范区”市专家评审验收，图书零售市场占有率连续四年居全国首位。设立北京设计之都创新研发平台，建立“全球创新智慧融媒体中心”，吸引47家知名企业入驻设计之都。“天宁一号”二期项目列入全市老旧厂房拓展文化空间试点工程。文商旅融合发展三年行动计划顺利收官，46个项目按期完成。518家文化产业单位总收入预计实现1000亿元、增长2.3%。发展“首店经济”，鼓励开设“深夜食堂”，西单、大栅栏等传统商业区加快转型，北京坊成为首都新的时尚打卡地。区属国企改革稳步推进，华方养老公司混改、华天集团公司制改革基本完成，金融街物业和菜百上市工作进入冲刺阶段。预计区属国企资产总额实现5091亿元、纳税94亿元，分别增长10%、26%。

持续优化营商环境，推出“e窗通”企业一日准营套餐服务，推进政务服务“掌上办、马上办、就近办”，1500个事项可通过微信公众号办理，区政务服务大厅实现1092个事项“一窗”办理，占全部事项94%。探索“改革体验官”服务机制，打通政务服务微循环，提升服务对象获得感。深化“卡牌表榜会”服务模式，坚持“一企一策”，为企业精准定制“服务包”，走访重点企业467家次，发放服务卡500张。兑现“金服十条”等政策资金19.9亿元。出台《西城区关于进一步支持民营企业发展的若干措施》，加大对民营企业支持力度，辖区内民营上市公司全部实现纾困。开发“灵溪指数晴雨表”，加强信用分级分类监管。落实减税降费系列政策，改革红利持续释放，实实在在为企业减轻了负担。

四、服务全国文化中心建设取得积极进展

广泛开展“我和我的祖国”群众性主题宣传教育活动，通过百姓宣讲、快闪、打卡红色地标等多种形式，营造了浓厚的社会氛围。打造100家新时代文明实践基地，开展1200余场活动。宋庆龄故居、李大钊故居成为全国爱国主义教育示范基地。大力弘扬“时代楷模”精神，李菲、霍淑凤登上“中国好人榜”。着眼群众多元化阅读需求，精心打造“书香西城”，新建7家特色阅读空间和2家24小时城市书房，举办特色阅读和荐书活动4000余场，惠及群众150万余人次。

配合开展北京中轴线申遗和大运河文化带传承保护工作。持续推进52处直管公房文物腾退工作，累计完成30处，腾退居民1872户，居民腾退比例达到92%。编制14处直管公房文物保护单位修缮方案。湖广会馆、长椿寺入选全国重点文物保护单位。新认定西板桥等8处区级文物保护单位。完成护国观音寺、新市区泰安里文物主体结构修缮。福州新馆修缮工程完工，作为北京市林则徐禁毒教育基地对外开放。历代帝王庙修缮工程完成80%。召开历史文化名城保护委员会2019年会。实施“四名汇智”计划。出台文物建筑社会化利用配套制度。开展非遗进校园、进社区活动。全区国家级非遗项目达到36个，国家级非遗代表性传承人达到39人。

推进公共文化服务体系示范区建设，打造“西城文化云”一站式服务云平台，不断提升文化服务效能。推出系列文艺精品力作，完成电视剧《幸福里的春天》拍摄工作，创编《好角儿》等12个舞台艺术作品。58个优秀创作项目获得专项补贴支持。举办“京韵剧源——西城2019京剧发祥地艺术季”活动，全力打造京剧发祥地文化品牌。举办北京世园会西城文艺演出周、百姓戏剧展演、中国原创话剧邀请展、老舍戏剧节和“我们的节日”等品牌活动，开展文化活动近万场次，惠及100余万人次。

五、民生福祉不断增进

积极推进党建引领“吹哨报到”改革，38项重点任务全部落地落实。全力做好12345市民热线“接诉即办”工作，建立7×24小时全天候值守工作机制，落实“双反馈”“双告知”制度，强化三级响应、督办落实，着力解决群众操心事烦心事揪心事。深化民生工作民意立项机制，35个立项项目、141件街道为民办实事任务全部完成。落实全市街道工作会议精神，持续深化街道大部制改革，全区执法力量向基层下沉。在15个街道政务服务中心试行“周六不打烊”服务，在259个社区全面推行全响应服务。推动社区服务站转型升级，创新推出群众“服务包”“服务卡”，全科社工综合服务模式不断健全，群众办事更加便捷。搭建“西城家园”App服务平台，23万人实名注册，7万名党员亮明身份，覆盖15.6万户家庭，吸引更多青年人线上参与社区治理。服务群众制度机制更加完善。

切实加强民生保障，帮助1.4万名登记失业人员、1.1万名就业困难人员实现就业，城镇登记失业率0.86%，连续五年获评“北京市充分就业区”。城乡居民养老保险实现应保尽保。开展北京市社会救助综合改革试点工作，关怀特殊困难群体，发放低保金1.8亿元、救助金1246万元。创建全国残疾预防综合试验区，为1.3万余名残疾人提供社区康复服务。深化全国居家和社区养老服务改革试点，新备案养老机构2家、社区养老服务驿站8家。探索建立家庭养老照护床位智能服务模式，654名社区养老顾问上岗服务。

创新改善群众居住条件，推动完成7个老旧小区综合整治，增设12部电梯。完成237个院落雨污水管线和24个小区7100余户62万平方米老旧供热管网改造，为3000多户居民更换燃气软管。在菜市口西片区开展全市首例直管公房申请式退租试点，并在砖塔胡同复制推广成功经验，探索出老城保护和城市更新的一条新路径。完成定向安置房建设2997套。白纸坊地区棚户区改造项目实现开工。创新党建引领物业管理新模式，53个住宅小区纳入北京市破解物业管理问题试点，全力办好群众“家门口的事”。

召开全区教育大会，出台《西城教育现代化2035》等系列文件，与中国科学院、北京师范大学、首都师范大学加强合作，共同推进更高水平教育现代化建设。统筹资源应对学位紧张问题，新增公办幼儿园4所，新审批民办幼儿园5所，新增学前学位1560个，新增在校学生12200名。实施学区提升计划和“百年树人”工程，深化集团办学、贯通培养和“城宫计划”。推进校长贯通任用，实施校长职级制，加强教师队伍建设。着力提高教师待遇，教师绩效收入人均增长15%。深化校园安全管理，加大安全隐患排查和安全教育力度。西城教育更加优质均衡，2019年高考本科上线率93.4%，较上年提高3个百分点，再创历史新高。

倡导全民健身运动，建成5公里健身步道，组织篮球、龙舟等体育赛事，推广“一街一品”。建成5块仿真冰场地，举办全民健身冰雪季，25万人次参与项目体验。深化医疗体制改革，“4+7”国家药品集中采购和使用试点工作深入落实，医耗联动综合改革平稳有序。顺利完成国家卫生城区市级和国家级复审，获“国家健康促进区”称号。紧密型医联体建设纳入国家级试点。全面推行家庭医生签约“四个一”服务，建立家庭医生签约服务区和签约电话回访中心，提升签约居民服务获得感。区级全民健康信息平台和健康西城App上线运行，20余项居民健康服务实现“指尖”办理，健康服务更加优质。

持续深化双拥共建，建成“双拥展室”，扎实做好退役军人和随军家属的安置工作，全国双拥模范城“十连冠”创建工作稳步推进。妇女儿童、档案史志、公益慈善事业取得新进展，民族宗教、侨务和对台工作进一步加强。德胜街道、牛街街道获全国民族团结进步模范集体称号，赵丽、孟春燕获全国民族团结进步模范个人称号。

做好区域协作和对口帮扶。主动融入京津冀协同发展，大力支持北京城市副中心建设。扎实推进与门头沟区的结对协作，一次性出资4亿元，共同成立乡村振兴绿色产业发展专项资金，支持带动门头沟区发展。实施精准帮扶，健全领导小组统筹、成员单位负主责、社会各界共同参与的工作机制。投入财政资金6.6亿元，引导企业赴贫困地区投资16.9亿元，实施帮扶项目115个，“小硒鸽”产业合作扶贫模式入选“2019年中国脱贫攻坚与精准扶贫十佳案例”。帮助2.5万名建档立卡贫困人口实现脱贫。助力喀喇沁旗巩固脱贫成果，张北县、阜平县、鄂伦春自治旗、囊谦县脱贫摘帽。

在抓好各项工作的同时，不断加强政府自身建设，积极争创全国法治政府建设示范项目。落实全面从严治党主体责任，扎实开展“不忘初心、牢记使命”主题教育，坚持以实践成效检验教育成果，推动建立和完善了党建引领基层治理、市民热线诉求办理、满足群众“七有”“五性”需求等一批新机制、新措施，有效解决市民热线群众诉求6.1万件。全面落实依法行政，坚持向区人大及其常委会报告工作，制定《区政府重大决策出台前向人大常委会报告工作办法》《关于落实向区人大常委会报告国有资产管理情况制度的实施意见》，落实区人大关于扎实推进街区整理、加强历史文化名城保护的决议。全年办理人大议案1件、代表建议103件，办理政协提案214件。行政机关负责人出庭应诉50人次。推动行政机构改革，区政府机构精简至32个。5家经营类事业单位转企改制工作基本完成。切实加强政府廉政建设，严格落实中央八项规定及其实施细则精神，牢固树立过紧日子的思想，大力压减一般性支出。持续强化审计监督和行政问责，着力营造风清气正的发展环境。西城区盘活财政存量资金等财政管理工作获得国务院真抓实干督查通报表扬。全力为基层减负，社区督查检查考核事项从104项减至21项，推广视频会议方式，政府系统全区性大会减少58%，以区政府名义发文下降40%。持续拓宽群众参与政府决策渠道，坚持区政府领导班子向公众报告工作，开展政务开放日42次，区政府常务会微博直播14次。各部门、各街道向公众报告工作3万余次，依申请公开912件。大兴调查研究之风，深入开展“进千门走万户”行动，坚持“四不两直”常态化调研、蹲点调研，狠抓问题解决。坚持区政府系统工作点评机制。创新政府系统工作“三维”督查闭环体系，强化督办落实。群众评议、第三方评估的绩效管理机制更加完善。

（周圆圆）

区政府重要会议及主要工作

【政府决策会议】年内，区政府召开政府常务会议35次、政府专题会议42次，共讨论议题293个。1月2日，第68次会议听取关于《西城区贯彻落实北京市环境保护督察反馈意见整改情况报告》有关情况的汇报。1月23日，第69次会议听取关于西城区2018年安全生产工作情况及2019年工作思路、2018年对口扶贫协作工作、2018年第四季度政府服务热线工作、2018年“疏解整治促提升”专项行动完成和2019年工作计划有关情况的汇报。1月23日，第69次会议听取关于西城区2018年安全生产工作情况及2019年工作思路、2018年对口扶贫协作工作、2018年第四季度政府服务热线工作、2018年“疏解整治促提升”专项行动完成和2019年工作计划有关情况的汇报。1月29日，第70次会议听取关于西城区政府绩效管理2018年工作情况及2019年考评体系的汇报。2月20日，第71次会议听取关于西城区2019年为群众拟办重要实事、区政府重点工作2018年督办落实及2019年任务分解、2019年人大代表议案建议和政协委员提案承办、区政府重要会议议题计划2018年执行及2019年编制有关情况的汇报。2月27日，第72次会议听取关于人事任免有关情况的汇报。3月20日，第73次会议听取关于人事任免有关情况的汇报。3月25日，第74次会议听取关于人事任免有关情况的汇报。3月27日，第75次会议听取关于西城区2019年园林绿化重点工作任务、《北京市西城区污染防治攻坚战2019年行动计划》、人事任免有关情况的汇报。4月16日，第76次会议听取关于人事任免有关情况的汇报。4月20日，第77次会议听取关于《西城教育现代化2035》有关情况的汇报。4月25日，第78次会议听取关于西城区2019年一季度大气污染防治工作进展、2019年第一季度政府热线工作进展、2019年第一季度安全生产工作和第二季度重点工作、2019年第一季度城市管理工作进展、2019年第一季度经济社会发展形势分析、《区政府重大决策出台前向区人大常委会报告工作办法》、人事任免有关情况的汇报。5月8日，第79次会议听取关于西城区2019年第一季度“疏解整治促提升”专项行动进展、西城区扫黑除恶工作、人事任免有关情况的汇报。5月15日，第80次会议听取关于《西城区人民政府关于落实向区人大常委会报告国有资产管理情况制度的实施意见》、人事任免有关情况的汇报。5月30日，第81次会议听取关于人事任免有关情况的汇报。6月12日，第82次会议听取关于《西城区开展质量提升行动的实施方案》、落实“谁执法谁普法”普法责任制、西城区开展大数据工作有关情况的汇报。6月26日，第83次会议听取关于《2019年上半年区政府工作情况通报》、《西城区安全发展示范城区创建工作实施方案》有关情况的汇报。7月1日，第84次会议听取关于《西城区扬尘管控工作整改方案》《西城区市民服务热线“接诉即办”工作整改方案》有关情况的汇报。7月10日，第85次会议听取关于人事任免有关情况的汇报。7月16日，第86次会议听取关于西城区2018年度预算执行和其他财政收支审计、2018年财政决算、2019年上半年财政预算执行、2019年上半年国民经济和社会发展计划执行、2019年上半年经济社会发展形势分析、2019年第二季度疏解整治促提升专项行动进展有关情况的汇报。7月24日，第87次会议听取关于西城区2019年上半年安全生产工作情况及下半年重点工作、2019年上半年消防安全工作情况和下一步工作要点、进一步落实北京市价格调控工作和启动实施价格联动机制的意见有关情况的汇报。7月31日，第88次会议听取关于《2018年度西城区依法行政专项工作数据监测报告》、西城区2018年度国有资产管理、2019年上半年政府热线工作、2019年上半年污染防治攻坚战进展有关情况的汇报。8月7日，第89次会议听取关于西城区2019年上半年城市管理工作、2019年上半年对口扶贫协作和支援合作有关情况的汇报。8月21日，第90次会议听取关于西城区2019年上半年信访工作、西城区支持民营企业发展、人事任免有关情况的汇报。9月18日，第91次会议听取关于人事任免有关情况的汇报。10月9日，第92次会议听取关于人事任免有关情况的汇报。10月16日，第93次会议听取关于西城区2019年第三季度政府热线工作、《落实加强历史文化名城保护 提升城市发展品质决议的工作报告》、2019年第三季度“疏解整治促提升”专项行动进展有关情况的汇报。10月23日，第94次会议听取关于西城区2019年前三季度经济社会发展形势分析、2019年1—9月国民经济和社会发展计划执行和调整、2019年1—9月财政预算执行和调整、2018年度预算执行和其他财政收支审计查出问题整改有关情况的汇报。10月30日，第95次会议听取关于西城区2019年第三季度城市管理工作、2019年前三季度安全生产工作和第四季度重点工作、人事任免有关情况的汇报。11月7日，第96次会议听取关于西城区蓝天保卫战前三季度进展、《西城区垃圾分类工作行动方案》、2019—2020年冬季供热暨扫雪铲冰工作、“十四五”规划编制工作有关情况的汇报。11月13日，第97次会议听取关于西城区2019年市场监管暨食品药品安全工作、区十六届人大五次会议代表议案和建议办理工作、落实区人大关于扎实推进街区整理—不断提升核心区品质的决议、加大文物腾退项目工作力度—促进文物腾退项目尽早收官的议案办理工作、第四次全国经济普查工作和主要数据有关情况的汇报。11月20日，第98次会议听取关于《西城区新增产业的禁止和限制目录（2019年版）》修订工作有关情况的汇报。11月27日，第99次会议听取关于《西城区海绵城市专项规划》、2019年市区政府绩效管理工作有关情况的汇报。12月2日，第100次会议听取关于《北京市西城区进一步促进无障碍环境建设2019—2021年行动实施方案（审议稿）》有关情况的汇报。12月18日，第101次会议听取关于2020年《政府工作报告》起草、2019年国民经济和社会发展计划执行情况与2020年国民经济和社会发展计划（草案）、2019年财政预算执行情况及2020年财政预算草案、向区军休安置中心出借财政资金、《北京市西城区贯彻落实〈北京市老年人养老服务补贴津贴管理实施办法〉的实施细则》、2019年对口帮扶工作、人事任免有关情况的汇报。12月25日，第102次会议听取关于西城区2019年环境质量完成、2019年河（湖）长制工作、做好西城区今冬明春火灾防控工作、2019年人力社保工作、修订《北京市西城区人民政府办公室关于加强西城区非物质文化遗产保护工作的意见》、修订《北京市西城区促进出版创意产业园区发展办法》、与咸阳市缔结友好城市、华天集团公司制改制工作、2019年政府投资计划执行及2020年政府投资计划安排、向北京市第二医院和北京市回民医院出借财政资金有关情况的汇报。

（张凯奇）

【20件区实事完成情况】 1.持续推进保障性住房项目建设，华嘉胡同项目和京粮南苑植物油厂项目共2997套定向安置房完工。2. 完成平房翻建2035间，平房综合修缮5004间，楼房综合修缮116栋，对平房院落雨污水进行改造251处，全部超额完成年度计划。3.完成22部老楼增设电梯审批工作，建成12部。4. 西城区三类公厕整体提升改造项目全部竣工验收，实际改造三类公厕169座，其余17座暂不改造。5. 完成区级食品监督抽检5046件，达到4份/千人的标准，超额完成全年任务，合格率达98.8%以上。加大药品监管力度，全年共完成药品、医疗器械、化妆品抽验916批次（含国家级、市级和区级），总体合格率稳定在99.5%以上。6. 评选出品质餐厅800家，其中市级品质餐厅260家、区级品质餐厅540件。7.完成100条示范背街小巷整治。西海南沿、义达里胡同被评为“北京最美街巷”。8. 新增绿地约2.27万平方米；屋顶绿化完成13668平方米；垂直绿化5282延长米；开展园艺文化推广活动400余场，均超额完成全年任务。9. 米市东胡同、广安门外南街南段和燕京中街3条道路实现完工通车。10. 5条道路疏堵工程与26条慢行系统改造工程全部完成。11. 受国庆70周年活动安保和环保要求等因素影响，北京健宫医院立体停车楼、广内街道宣外大街立体停车楼建设尚未完工。牛街莲花胡同立体停车楼项目受制于菜西片区危改项目改造工程的整体推进进度影响，未实现开工。年内新增机械车位200个未能按期实现投用。12. 地下早期人防工程8000平方米治理工作全部完成，新增人防停车位530个。13. 出台《西城区学区提升计划》，整合多方力量，共同推进学区计划落实工作，统筹资源应对义务教育入学高峰，新增在校学生12200名。成立四中、七中，八中、宣武外国语，十五中、四十三中，铁二中、五十六中，研修学院、教院附中共5个学校发展共同

体，推进教育优质均衡发展。新增学前教育学位1560个。14.充分利用“三社联动”机制，完成覆盖全区15个街道的困难群众救助服务所。15家困难群众救助服务所共完成个案帮扶376户，超额完成全年任务。组织各街道在全区开展20余场现场服务活动，服务企业参与460余次，累计发放宣传品7万余份，受益居民近10万人次。为全区1395位老人进行了白内障免费筛查服务。15.建立应急保障联动机制，以内植方式在消防站内嵌入2个120急救站点，设置院前急救网络。新建急救站设在广外街道白菜湾和德胜街道邮币市场附近。16.区公共法律服务中心装修改造工程完工。15个街道公共法律服务站、259个社区公共法律服务室建设完成。17.完成窝沟封闭人数27755人，牙数29207颗。18.完成新建和规范提升蔬菜零售、早餐、便利店等便民商业网点48个。19.制定完成《西城区公共文化服务体系建设标准》，编制《北京市西城区推进公共文化服务体系示范区建设实施方案（2020—2022年）》和《北京市西城区公共文化服务体系建设标准》。共开展群众文化活动近万场次，惠及群众100余万人次。举办特色阅读和荐书活动4000余场，惠及群众150万余人次。新建7家特色阅读空间和2所24小时城市书房。20.培训社会体育指导员706人。完成25万人参加的全民冰雪季冰雪体验活动。

（于明艳）

【区政府办公室】北京市西城区人民政府办公室（简称区政府办公室）是负责协助区政府领导处理区政府日常工作的区政府工作部门。主要职责是：协助区政府领导组织起草、审核以区政府和区政府办公室名义发布的公文。研究区政府各部门、各街道以及其他机构请示（商洽）区政府的事项，提出审核意见，报请区政府领导审批。承办市政府、市政府办公厅相关文件。负责区政府会议的会务组织工作。负责区委区政府总值班工作。协助安排区政府领导参加重要政务活动。负责督促检查国务院及市政府规范性文件的执行落实情况；负责区政府重大决策、重要部署、重要会议议定事项、规范性文件、领导批示指示和交办事项的督促检查、协调和反馈工作。负责统筹区政府部门绩效管理、市政府绩效任务承接工作。负责为区政府领导提供重要政务信息。负责联系区人大、区政协有关工作。完成区委、区政府交办的其他任务。地址：西城区二龙路27号。邮编：100032。电话：88064002。

（张　宴）

【文书和档案工作】共处理各级各类文件5746件。其中办理收文4441件，以区政府、区政府办公室名义制发文件398件，与区委办联合会签文件84件，处理机要文件及密码电报636份，处理群众来信187件。在区政府部门开展公文处理工作培训会，共190余人参加。完成2018年度文书档案归档3899件。区政府用印共5127次，区政府办公室用印共2764次；开具区政府办公室介绍信共45件。

（许寅佩）

【信息工作】编发《西城信息》（普刊）40期、（特刊）73期，卢映川、孙硕等区领导批示29条。上报市政府信息580条、12篇，被市政府刊物采用166条、9期，得到中央领导批示1条，市领导批示9条，信息排名在全市保持领先。上报的西城区政务服务“好差评”制度建设的创新做法得到国务院总理李克强批示，给予充分肯定。

（潘　江）

【人大建议政协提案办理工作】年内，西城区政府承办全国、市、区三级人大代表建议和政协委员提案共372件，其中承办全国人大建议2件，全国政协委员提案2件，北京市人大代表建议25件，北京市政协委员提案25件，西城区人大代表议案1件，西城区人大代表建议87件，区政协委员提案210件，区级平类建议、提案20件。所有建议提案全部按期办理完毕。

（刘　惟）

应急管理

【概况】北京市西城区应急管理局（简称区应急局）是区政府工作部门，为正处级。区应急局整合原区安全监管局（除职业安全健康监督管理）的职责，以及区政府办公室的应急管理职责，市公安局消防局西城支队的消防管理职责，区民政局的救灾职责，区民防局（区地震局）的地震管理职责，区城市管理委（区水务局）的水旱灾害防治相关职责，相关机构的防汛抗旱、减灾、抗震救灾等职责。内设11个科室，行政编制43人，下属参公编事业单位4个，编制36人。年内，区应急局贯彻落实党中央关于应急工作的方针政策、决策部署和市委、区委有关工作要求，在履行职责过程中坚持和加强党对应急工作的集中统一领导。

地址：西城区南菜园街51号

邮编：100054

电话：83975375

（王卫婷）

【机构改革】3月18日，西城区召开机构改革动员部署会，宣布区应急局班子成员任免决定。3月26日西城区第十六届人大常委会举行第22次会议，正式任命区应急局党组书记、局长，并于当天举行挂牌仪式。年内区应急局行政编制43人，参公事业编制40人，事业编制34人，共计117人。设局长1名，副局长4名，科级领导职数16正14副。将原区应急办行政编制7人，区民政局行政编制1人、事业编制8人，区民防局（区地震局）行政编制3人、事业编制4人，区城管委行政编制4人划入区应急局。内设11个科室，分别为办公室、法制科、应急指挥科、应急管理科、防火管理科、减灾救灾科、安全监管科、综合协调科、科技信息科、党建人事科、防汛办；下设5个事业单位，分别为4个安全生产执法监察队和应急事务管理中心（加挂北京市西城区应急救助和宣教中心、北京市西城区气象灾害防御中心牌子，申请为科级公益一类事业单位、财政补助编制34名，科级领导职数1正2副。在原有12名编制的基础上新增编制22名）。

（王　琳）

【生产安全事故情况】年内，全区发生生产安全事故、火灾、道路交通和铁路交通事故共65起、死亡20人，同比减少28起1人。其中：生产安全事故3起3人，同比增加2起2人；生产经营性火灾事故7起0人，同比持平，非生产经营性火灾事故40起2人，同比减少26起2人；生产经营性道路交通死亡事故0起0人，同比减少4起4人，非生产经营性道路交通死亡事故15起15人，同比减少0起1人；未发生铁路交通事故，同比持平。

（郑　昊）

【突发事件应急处置】年内，共承担区委区政府应急值守任务238人次，协调处置突发事件90余件，其中赴突发事件现场开展协调处置工作20次，制发各类文件80余件，组织筹备区应急委全会、安全形势分析会、应急指挥协调会、全市应急系统视频会等各类会议100余次。

（樊　磊）

【汛期保障】年内，修订《北京市西城区防汛应急预案（2019年版）》，组建6200多人的防汛抢险队伍，结合在建工地、危房、排水、提闸、道路、医疗救护、群众避险等开展应急抢险演练102场次。执行24小时值班和领导在岗带班制度，视频会商系统24小时开启，全区相关部门和各街道岗值班备勤35469人次，出动抢险人员4697人次、巡查人员18482人次，及时有效处置安全隐患、汛情险情，保证安全度汛。

（田康达）

【安全发展示范城区创建】年内，以区安委会名义印发《西城区安全发展示范城区创建工作实施方案》，明确创建工作任务及要求，编写《创建方案解读》《创建任务报表》及《各部门、街道创建任务及资料清单》。对15个街道及23个重点创建单位开展“一对一”“点对点”调研，完成《创建工作专班会议纪要》8期，编写《创建专刊》9期，编写《创建咨询服务中期报告》及《创建工作手册》。充分利用各种媒介广泛宣传创建工作，邀请北京电视台到德胜、什刹海等街道拍摄新闻专题片。截至12月底，完成全部创建任务的95%。

（王　蕾）

【全国“两会”安全生产保障】全国“两会”期间，对会场、代表驻地周边200米范围内生产经营单位持续开展执法检查，组织开展执法检查“回头看”活动，查找各类生产安全隐患，对发现的隐患反弹现象及时查处。截至

3月12日，共出动执法人员68人次，检查生产经营单位88家次，下达责令限期整改指令书16份，发现隐患20处，立案4起，罚款1.7万元。

（王　瑞）

【城市风险评估】3月28日，召开城市风险评估座谈会，督促行业部门与各街道开展城市风险评估工作，完成《北京市西城区重点区域风险评估与控制对策报告》编制工作。每季度进行辖区自然灾害风险形势分析，对6150家企业20759项风险源进行评估，占北京市34%。

（颜　伟）

【全国防灾减灾日】5月10日，区政府在展览馆路南广场集中开展全国防灾减灾日主题宣传活动。活动由区应急局统一组织，区教委、区生态环境局、区城管委等单位联合承办，通过西城区应急体系减灾知识展板、发放减灾宣传材料、展示应急救援装备等形式，宣传防灾减灾法规政策和知识、普及自救互救技能，进一步提升了居民的防灾减灾意识和应对灾害的能力。北京四十四中学的学生表演了急救包扎操。消防等相关部门进行装备、技能展示，市、区领导在活动现场进行宣传并向群众代表发放宣传品。23家单位的300余名工作人员参加活动，发放宣传材料4000余份。

（高永红）

【安全生产月咨询日】6月16日，区应急局联合区委宣传部、天桥街道办事处、市燃气集团等26个部门在天桥市民广场联合开展安全生产宣传咨询日服务。300余人参与现场宣传咨询，5000余名群众接受宣传，设置展板80个，发放安全书籍、安全折页和宣传折页等各类宣传资料共计2.5万余份。各街道和辖区企事业单位同步举办宣传展览、现场咨询、应急演练、演讲比赛和知识竞赛等形式多样的安全生产宣传活动。

（陈潇阳）

【生产安全事故综合应急演练】6月25日，区应急局会同德胜街道办事处在北广大厦开展生产安全事故综合处置应急演练，区安委会成员单位、各街道办事处、各街道地区企业代表共130余人现场观摩。演练按照既定方案有序进行，各部门紧密配合、协调运行，疏散紧张有序，救援及时到位，提高了从业人员风险防范意识、生产经营单位应急处置能力和政府有关部门协调配合的能力，达到了预期效果。

（颜　伟）

【特种作业考核】年内，共组织特种作业理论考试4235人，实操考试3843人。到各考点检查巡考98场次。接待群众关于特种作业方面答疑、面询12人，电话咨询16人次。

（宋志娟）

【危化品经营许可和备案】年内，共办理危险化学品经营许可证延期、变更及新增企业44家；办理第二类、三非药品类易制毒化学品经营备案3家。

（潘海燕）

【降雨情况】6月1日至9月15日期间，全区累计平均降雨量348.9毫米，比上年同期累计平均降雨量减少28.1毫米，降雨呈现出时空分布不均、小雨等级次数多、雷电大风天气多等特点。

（田康达）

【防汛综合演练工作】7月31日，区防汛指挥部组织开展全区防汛综合演练，区城管委、区房管局等20个防汛成员单位在区政府2号楼视频会议室主会场参会，各街道设立分会场。防汛主管副区长朱国栋、区应急局局长李华、市防汛办副处长王洪志等领导出席。此次演练模拟西城区暴雨黄色预警应对过程，具体演练了调度与响应、道路积水排除、树倒压房救援抢险、人防工程抢险等防汛内容，达到了检验预案、锻炼队伍、完善措施的预期目的。

（田康达）

【灾害信息员培训】年内，区应急局分两批举办灾害信息员培训班，全区259个社区300名灾害信息员参加培训。培训内容包括社区风险治理、灾害识别与预警、自然灾害灾情报送实务、地震灾害与减灾、社区综合防灾减灾体系等课题。

（高永红）

【应急第一响应人培训】10月9日，区应急局分两批次开展为期四天的“应急第一响应人”专项培训，各部门、街道共667人参加培训。市应急局宣传动员中心处长薛映宾做动员讲话，并就“第一响应人”的概念、职责、意义以及现在应急管理工作的严峻形式进行具体阐述。授课老师分别从不同角度介绍灾害形势评估、灾害现场危险识别、灾害心理应对策略与紧急救援理论实操等应急管理核心内容进行培训。

（李雅斯）

【国际减灾日宣传】10月12日，区应急局在天桥街道市民广场举办国际减灾日宣传活动，主题是“加强韧性能力建设，提高灾害防治水平”。全区各街道同时开展宣传活动，共计5000余人参与，向居民群众发放各种宣传材料5000余份。

（高永红）

【国庆70周年服务保障】年内，统筹协调做好国庆70周年应急和安全生产保障工作，累计出动7705人次、1050车次。在牛街街道、新街口街道设立备勤点，储备300余人应急力量，用于重大活动期间疏散秩序维护和重大突发事件应对工作。制定活动期间西城区突发事件应急处置总体方案及暴雨、大风、大雾等极端天气应急预案，制定细化空中梯队迫降点位应急预案，落实迫降点位应急保障装备物资。组织多部门共计开展9场应急演练，提高全区协调配合和现场处置能力。对市属重点公园、区属重点公园周边生产经营单位开展全覆盖执法检查，对重点区域、相关场地、路线周边生产经营单位开展三轮全覆盖执法检查，查处各类安全隐患2422处。国庆70周年大型成就展现场值守保障81天，发现并整改安全隐患160余处。

（张　峥）

【城市安全隐患治理三年行动】年内，西城区各有关部门、各街道集中人员力量，有计划、有步骤地开展监督检查，并通过城市安全隐患治理三年行动信息系统，全过程记录工作开展情况和隐患台账情况。截至12月底，全区各有关单位、各街道累计出动检查人员3.6万人次，组织检查企业和单位19740家次，完成率160.4%。本年度西城区挂账各类安全隐患178项，已整改并验收销账178项，销账率100%，区应急局核查27项，全部整改完毕，核查率15%。

（张　峥）

【专职安全员国庆保障及游行】年内，专职安全员全面排查重点场所安全隐患、全覆盖检查辖区生产经营单位。由于工作出色、成绩突出，被北京市应急管理局通报表扬，并授予中华人民共和国成立70周年庆祝活动服务保障及“护航·70”专项行动成绩突出贡献奖牌；西城区74名专职安全员被授予中华人民共和国成立70周年庆祝活动服务保障及“护航·70”专项行动优秀专职安全员称号，15名专职安全员被授予“护航·70”专项行动优秀专职安全员称号。

（刘林婧）

【举报投诉处理】年内，共接到举报投诉61件，办结61件。其中接市局12350举报平台39件、区政府热线14件、电话举报4件、来访人员3件、来信举报1件，均在规定时间内办结。投诉反映的问题包括：人员密集场所存在安全隐患14件，占22.9%；危险化学品6件，占9.8%；配电间作业18件，占29.5%；安全生产事故6件，占9.8%；经营场所人员安全教育培训2件，占3.3%；投诉街道安全员执法不合理问题2件，占3.3%；咨询证件审核4件，占6.6%；其他9件，占14.8%。

（李家麟）

政务服务管理

【概况】西城区政务服务管理局（简称区政务服务局，原区政务服务办）是区政府工作部门，按照区委区政府关于机构改革的批复精神，2019年3月26日，区政务服务局正式挂牌，主要职责是：负责统筹推进本区简政放权、放管结合、优化服务改革和行政审批制度改革工作。研究拟订改革规划、计划和相关政策措施并组织实施。协调解决改革中遇到的重点难点问题。协调、指导、督促各部门、各街道办事处落实改革重大任务。负责协调推进本区政务服务体系建设。负责区政务服务中心的建设、运行和管理。负责组织推动政务服务方式创新。负责政务服务事项规范管理，推进政务服务标准化、集成化、一体化、便民化。负责协调推进本区“互联网+政务服务”工作。负责全区政务服务体系信息化建设的管理工作。负责推进、指导、监督本区政府网站建设、发展及区政府门户网站的管理工作。负责推进、指导、协调、监督区政府信息和政务公开工作。依法协调受理公民、法人或其他组织提出获取区政府信息的申请。组织推进政务公开制度化、标准化建设。统筹协调区政府政务公开渠道建设工作。完成区委、区政府交办的其他任务。根据京西办字〔2019〕19号《北京市西城区政务服务管理局职能配置、内设机构和人员编制规定》，区政务服务管理局机关行政编制由21名增至27名。其中局长1名，二级调研员1名，副局长3名，四级调研员1名；设置办公室、改革协调科、体系管理科、信息化科、政务公开科、政府信息公开科6个科室，科级领导职数6正5副。下属区政务服务中心编制25名，科级领导职数1正2副。

地址：西城区西直门内大街275号

邮编：100035

电话：82141596

（赵　娜）

【行政审批制度改革】年内，区政务服务局全面落实“放管服”改革。一是统筹调度区内政务服务事项精简材料工作。区政务服务局指导督促区属各委办局和各市级业务主管部门对接，采取第三方调查和工作人员深入各单位调研检查的方式，对精简材料后各部门的落实情况进行检查指导。市区两级依申请政务服务事项申请材料减少2.1万余份，精简比例达60%。作为清理变相审批的试点区，开展了是否存在仍收取已经取消或其他材料的调研。二是高位统筹全面压缩审批服务事项跑动次数。通过区长调度会、单位业务研讨会、一对一指导帮带等多种方式，加快推进审批服务全流程网上办理、电话办理、自助终端和移动端办理，区级依申请政务服务事项的平均跑动次数压减至0.249，有1150个（系统实时更新）政务服务事项实现办理“零跑动”。三是推出政务服务“改革体验官”机制。此项工作列入区委微改革项目。以打通政务服务微循环为目标，组建涵盖企业群众、代表委员、机关干部、综窗人员、高等院校、第三方机构六大群体的体验队伍，通过实体大厅和若干网办系统线上线下同步体验，发现一批难点，解决一批痛点，打通一批堵点。年内共200余人次参与体验，发现问题359条，解决率达90%。

（赵　娜）

【政务服务改革】年内，区政务服务局一是对标国际一流，优化营商环境。落实市优化营商环境2.0新政，建立多部门联动机制，强化政策解读、政策成果转化，夯实新政落地保障机制。围绕企业全生命周期，设置企业开办、变更、注销等功能区，在北京市率先实现企业准入一日办结，变更即提即核，企业注销只跑一次，受到国务院督察组表扬并作为典型经验在全国推广。二是推进线下政务服务“一窗”办理。全面推行“前台综合受理、后台分类审批、窗口统一出件”的“一窗”综合受理模式。区大厅1092个事项“一窗”办理，占进厅事项93.57%，15个街道全部实现综窗全覆盖。三是推进政务服务“掌上可办、马上就办、就近能办、全区通办”。建立西城区“一网通办”综合受理平台，实现事项可选择、只填一张表、信息能复用、疑惑即时答、过程可追溯、就近能办理最多跑一次。办事群众通过“西城家园”App、“西城e办事”微信公众号，就可办理公众服务事项，766项高频事项实现“西城e办事”掌上办。四是构建区、街道、社区三级贯通的政务服务“一张网”。开展西城区政务服务综合管理平台升级项目建设，扩大综合受理范围、延伸无差别服务、实现街道和社区全覆盖。完成区政务服务中心、15个街道政务服务大厅、部分社区服务站部署。五是开展延时服务。12月起，推行“中午不间断”“周六不打烊”，截至年底，区大厅及15个街道大厅共为3400余人次提供延时服务。年内重点工作得到国务院总理李克强批示，获国务院督查组表扬通报，政务服务“好差评”“改革体验官”等多项利企便民举措在国办要情、昨日市情刊登并获市区领导批示肯定。2个改革创新典型案例入选北京市政务服务十佳案例及优秀案例。在中国数字政府特色50强评选活动中获“创新奖”，人民网、北京日报等近20家媒体进行了报道。

（赵　娜）

【区政务服务大厅业务办理】年内，区政务服务大厅持续提高“四个服务”水平，提供贴心服务。一是服务中央和驻京部队。在区大厅增开“大宗业务办税服务专区”，精准做好央企一对一服务，办理业务2000多笔。设置军人优先窗口，开设绿色通道。二是打造37°温馨服务大厅。增设悉心听、主题事项、小额续贷窗口。推行“微笑服务”“暖心服务”。实行帮办代办模式，开展延时服务。打造“有事请找我”服务品牌，主动上前。设立投诉留言区、表扬展示区、温馨提示区，对问题意见接诉即办、未诉先办。三是办事更便利。1至12月底，区政务服务大厅共进驻部门41家，进驻事项1200余项。大厅接待总量为808539人次，同比上升13%。其中窗口业务受理617235件，占总接待量的76.3%；日均接待量为3234人次，同比上升22.5%，日均业务受理为2468次，同比上升22%。全年区大厅共收到表扬信267封、锦旗13面，同比增长300%。

（赵　娜）

【窗口标准化、规范化管理】年内，区政务服务局一是推进服务体系标准化：继续用标准规范三级政务服务体系建设，推行统一标识，规范各级各类政务服务中心、部门专业大厅建设运行、管理服务、监督保障；建立健全区级《服务承诺制度》等基本工作制度并对外进行了公示，同时指导街道及专业大厅建立健全符合工作实际的10项工作制度，并对外公示；不断优化调整窗口，在区政务大厅设立企业开办专区、企业变更专区、企业注销专区、税务专区、综合一窗受理专区，与市场监管、税务、公安、人社等部门协调配合，简化优化窗口办事流程，在政务服务大厅内完成受理、审批、办结等全流程工序，推进审批事项在政务服务大厅全程闭环、一窗办结。二是推进政务服务事项标准化：根据北京市“2019年政务服务事项标准化和持续优化”统一部署，统筹全区各部门、各街道梳理填报成行政许可等7类依申请办理事项、行政检查等4类办理事项，街道实施清单和受理服务，形成全市统一的政务服务事项规范和办事指南，将标准化梳理工作推广至街道、社区，实现政务服务事项标准全覆盖；聚焦企业群众生产生活密切相关的高频事项，围绕“办好一件事”、理清“一次办什么事”，梳理完成60个主题事项。

（赵　娜）

【政府热线咨询】年内，区政务服务局按照北京市机构改革要求，4月关闭西城区原12341政府热线，同时启用新的西城区政务服务业务咨询电话66007070，为辖区公众提供业务咨询解答。一是推进“一号”咨询服务。整合全区66家咨询电话，实现7×12小时的标准化咨询解答。年内为企业及群众提供咨询46万次，其中为企业解答32万件，为个人解答14万件，接听公众来电表扬243件。二是形成标准解答知识库。对全区业务部门电话解答知识库进行逐项梳理确认，确保线上线下解答一致性。形成包含企业证照、建设审批、社保医保、不动产登记，民政局婚姻登记、便民服务、养老业务、公共企业水、电、气、热服务、交通支队车驾管业务等，共计8.2万条政务服务事项动态更新知识库。三是提供政民互动平台上线咨询解答服务。全年网上咨询解答1607件（含西城e办事和互动响应平台），当日答复率100%。

（赵　娜）

【政府信息公开】年内，区政务服务局指导全区政府信息公开工作实现“依法依规受理，平稳有序过渡”。全区共受理依申请件973件，区政务服务局代西城区政府受理信息公开申请187件，主要围绕房屋征收拆迁、重点工程项目、疏解腾退、公房管理等。连续第三年保持以西城区政府名义受理的信息公开类行政诉讼案件“零败诉”。与政府法制部门、专项法律顾问、业务部门共同建立“公开部门统筹、业务部门参与、法律顾问建议、法制部门把关”的常态运转机制。召开研判例会，研讨答复口径，严控法律风险。根据新条例，第一时间更新调整并公布西城区政府信息公开指南2019版，通过多媒体宣传、分层培训、通知传达等多种方式指导全区顺利完成新旧条例过渡。持续推动“普适性培训”“点对点培训”及“沙龙式培训”相结合的多元培训模式向纵深发展。定期排查信息公开指南中各部门公开要素的准确性，确保受理渠道畅通。配合优化营商环境提升政务服务相关工作要求，在区政务服务大厅开设政府信息公开受理窗口，提升服务温度与质量。

（赵　娜）

【政务公开】 年内，区政务服务局整合优化“北京西城”官方网站栏目设置，并对政府信息公开专栏进行升级改造，制定《北京市西城区人民政府办公室关于推进若干重点领域政府信息公开的通知》，指导47家单位梳理完成4699条主动公开全清单目录，在政府门户网站信息公开专栏中进行公开。围绕2019年全区重点工作任务，坚持重要文件、重大决策、重点工作信息公开与政策解读“三同步”。完善《西城区重大行政决策预公开与政策解读工作流程》《西城区重大行政决策征集意见与政策解读工作办法》等相关机制和制度，持续深化会议开放，区政府共组织12次会议开放和区政府常务会微直播。在西城区政府门户网站设立“行政许可和行政处罚双公示”“行政执法检查双随机”栏目，依法公开行政执法职责、执法依据、执法程序、监督途径和执法结果等信息。在网站定期向社会公开政府重点工作、为民办实事等工作的进展情况。举办以“坚持发展为民，共创美好生活”为主题的2019年西城区政府向公众报告工作活动，区长孙硕率5位副区长向259个社区居民及驻区部队、中央企业、专家学者等各界代表500余人报告西城工作，活动已连续开展三年。指导全区22家委办局、13个街道办事处共35个部门共同开展政务开放日活动，推进法治和服务型政府建设。坚持把政务新媒体作为政务公开、服务群众的新渠道、新载体，进一步理顺管理机制，建立健全相关制度，科学统筹、密集调研、严格监管，提升信息发布、解读回应、政民互动、办事服务的整体水平。西城区政务公开全市年度评估排名第一。

（赵　娜）

【政府网站建设】 年内，区政务服务管理局秉持集约、体验、响应、智能、融合的原则，全面开展政府网站集约化工作，通过统一标准规范要求、统一身份认证、建设“用户空间”、升级网站检索等重点举措，不断完善政府网站集约化平台建设及功能，不断优化政务服务。顺利完成“全区一网”的全部建设工作，通过统一运维，集中发布的方式，让西城区集约化门户网站集中发声，促进全区各部门、各街道形成合力，将区政府门户网站打造成更加及时、准确、有效的政府信息发布、互动交流和公共服务平台，建设利企便民、精准服务、整体协同、透明高效的一体化网上政府。为高标准完成北京市政府网站建设工作考核，牵头成立政府网站工作专班，对照《国务院办公厅秘书局关于印发政府网站与政务新媒体检查指标、监管工作年度考核指标的通知》中的各项指标要求，逐条梳理研究，密集走访市政务服务局网站处、首都之窗运营中心等多家专业机构交流经验，找问题、找差距，立行立改。年底政府网站工作在全市排名第二。在完成与全市统一网上政民互动平台对接的基础上，对区政府网站现有互动平台进行优化升级，持续提升政民互动栏目功能。相继完成咨询、建议、投诉模块和智能问答组件的部署工作，在原有“区长信箱”的基础上增设“我要咨询”入口，持续做好群众网上咨询事项承接办理工作，进一步拓宽为群众服务渠道。

（赵　娜）

对外事务 港澳事务

【概况】 北京市西城区人民政府外事办公室（简称区政府外办）是负责本区外事工作、港澳事务的区政府工作部门。在外事领域，主要负责外事统筹协调归口管理，具体承担因公出入境管理、以友城为重点的国际交流、国际语言环境建设及外国媒体、外籍人员、非政府组织等涉外管理职责。内设因公出入境管理科、国际交流和侨务科、涉外管理科，行政编制15名。年内，区政府外办全力服务中央总体外交和首都外事。有序开展服务业扩大开放综合试点，落实外商投资新制度，梳理国际高端专业服务机构清单，进一步吸引首都功能产业项目落户，为优化区域高精尖服务业结构赋能。进一步拓宽合作渠道，通过“请进来”与“走出去”积极推进金融科技、历史名城保护、商贸旅游、友城交流等领域的对外合作，支撑区域高水平开放高质量发展。扎实推进国际交往中心建设。涉外管理服务能力水平稳步提升。积极开展港澳工作，收到良好的社会和经济效益。全年接待团组33批次805人次，服务保障大型外事活动4次，参加人员426人次。西城区共有国际友好（交流）城市（区）23个，分布在4个大洲19个国家，其中亚洲8个、美洲6个、欧洲8个、大洋洲1个。

地址：西城区二龙路27号

邮编：100032

电话：88064597

（刘　然）

【机构改革】年内，区政府外办完成区委外事工作委员会及办公室的机构改革任务，调整成员名单，明确工作规则，印发相关指导制度文件，全区外事工作领导体制进一步健全。严格党的政治纪律和外事纪律，严格重大事项请示报告制度，切实加强党对外事工作的集中统一领导。

（刘　然）

【服务中央总体外交和首都外事】年内，区政府外办以新中国成立70周年庆祝活动为纲，高质量做好第二届“一带一路”国际合作高峰论坛、2019北京世园会和亚洲文明对话大会服务保障工作。高水平完成党宾国宾接待任务，服务保障彭丽媛教授和芬兰总统夫人参观北京坊，捷克总统夫人、埃塞俄比亚人民革命民主阵线干部考察团访问西城等活动。与市友协共同主办2019“太极·北京”国际健身交流大会活动；配合举办2019年“中国东盟日”活动；组派非遗及茶文化团队赴吉尔吉斯斯坦、俄罗斯进行“北京——一带一路文化之旅”展演展示；配合中蒙建交70周年、北京和乌兰巴托结好5周年，承办蒙古乌兰巴托“北京日”活动。

（刘　然）

【金融科技外事服务保障】年内，区政府外办服务保障西城区派员赴英国、德国、阿联酋、以色列、香港、澳门等地交流推介，比如赴英国与伦敦金融城及中国银行共同主办“走进金融街—2019”对话交流活动，赴香港开展金科新区推介交流活动，赴香港参加第十二届亚洲金融论坛等。举办高端论坛活动，比如金融街论坛、成方金融科技论坛、北京金融街与伦敦金融城对话交流、“一带一路”国家大使走进金融街访谈交流、“中国—丹麦金融科技交流座谈会”等。与世界著名金融科技机构和国际金融中心管理机构高管洽谈合作，比如香港太古集团高管与“天宁1号”洽谈合作，俄华战略协会与马连道建设指挥部对接项目合作，北京金融街与摩根士丹利中国区、日本大和证券、高盛集团、阿布扎比国际金融中心交流会谈等。

（刘　然）

【历史文化名城保护】年内，服务保障西城区赴葡萄牙、摩洛哥洽谈历史文化名城保护合作项目，在摩洛哥非斯举办“西城区历史文化名城保护成果图片展”。在第二届“一带一路”论坛期间，接待来自荷兰、哈萨克斯坦、乌克兰等42个国家和地区的51名中外注册记者，参观采访北京坊、杨梅竹斜街等地，宣传西城历史文化街区保护与改造情况。

（刘　然）

【商贸旅游】年内，举办“2019北京国际茶业展、北京马连道国际茶文化展、咸阳茯茶文化节”“青年国际茶会之中国—印度茶会”；赴意大利参加“第三届国际绿色城市化会议·第十九届国际花园城市总决赛”，获国际花园城市竞赛城市类金奖；赴澳门参加第二十四届澳门国际贸易投资展览会；赴哈萨克斯坦参加2019年亚太协会旅游交易会。

（刘　然）

【友城交流】年内，服务保障西城区与蒙古乌兰巴托市青格尔泰区签署友好交流意向书，与摩洛哥非斯市达成结好意向，积极回应秘鲁利马市米拉弗洛雷斯区开展友好交流的倡议，优化友城布局。围绕区域中心工作，与日本东京都中野春秋会等友城代表团开展民间交往活动，持续开展与瑞士蒙特勒市、日本东京都涩谷区学生民宿交流活动。

（刘　然）

【国际交往中心建设】年内，区

政府外办落实市领导指示，积极推进金融街核心区外语标识核查整改工作，发布《金融街核心区外语标识核查工作成果报告》，将外语标识规范工作与提升街区品质和优化营商环境挂钩。联合举办“西城区第十二届市民讲外语风采大赛”、“金融街第二届外语风采汇演”和马连道茶文化外语服务个性化培训，搭建各层次市民讲外语交流学习平台。举办“国际交往中心建设素质提升——西城区2019年外事业务培训班”，加强外事队伍建设。与智库合作，研究形成10期《国际信息参阅》，为区委区政府决策提供参考。优化重大国际活动服务保障机制，扎实推进国际交往中心建设。

（刘　然）

【因公出入（境）管理】西城区作为北京市唯一具有一定出访外事审批权的区级政府，正式启动本区处级及以下经贸、科技人员因公临时出国审批工作。全年严格按照计划审核全区因公出国赴港澳任务92批次251人次；教育系统出访团组36个，涉及教师124人，出访学生约400人。区政府外办持续完善因公出国管理规定和工作流程。印发《西城区关于进一步加强因公出国（境）监督管理实施细则》，进一步规范因公出国事前事中事后全流程监管。创新超前开展信息化建设，因公出国（境）管理系统升级改造项目进入开发阶段。举办西城区2019年因公出国赴港澳工作培训会，培养专业的外事专办员队伍。受理APEC商务旅行卡申请14人次，办理外国人来华签证邀请函审核3人次。

（刘　然）

【涉外管理与服务】年初，区政府外办做好重点涉外活动的申报和备案。完成“金融街论坛”和“成方科技金融论坛”国际会议申报工作。配合“一带一路高峰论坛”、世园会、亚洲文明对话和国庆70周年等重大活动和重要敏感时间节点，开展涉外政策指导和境外媒体应对工作。开展预防性领事保护工作。制定西城区出境旅游境外安全工作方案，为企业、师生、非遗传承人、社区居民等不同群体“走出去”服务，普及领事保护知识，提高公民的海外安全意识。修订西城区涉外突发事件应急预案，举办西城区涉外突发事件应急演练，完善涉外应急工作体制机制，切实维护西城区安全稳定的社会环境。

（刘　然）

【港澳工作】3月5日，区政府外办服务保障香港特别行政区行政长官林郑月娥率团参观天宁1号文化科技创新园，就园区老旧厂区再利用等工作走访了园内“壹空间”、新华网媒体创新工场、珠江钢琴北京艺术之家等企业。5月10日，香港太古集团董事及驻中国首席代表、国泰航空中国区总经理刁志辉一行3人访问西城区，参观天宁1号文化科技创新园。7月4日，西城区代表团拜会香港金融管理局并洽谈金融科技交流合作，宣传推介北京金融科技和专业服务创新示范区。10月16至19日，服务保障西城区代表团赴澳门参加第24届澳门国际贸易投资展览会，开展北京老字号展览、展示、展销及非遗项目展示活动。西城区政府与北京市政府港澳办、北京市贸促会共同承办“北京西城区政府与澳门商界交流活动”，收到了良好的社会和经济效益。

（刘　然）

服务联络与扶贫协作

【概况】北京市西城区服务联络和扶贫协作办公室（简称区服务联络办）成立于2004年10月，原名为西城区对外联络办公室，为区政府办公室内设机构。2009年8月，更名为西城区对外联络服务办公室，作为区政府组成部门履行职能。2019年3月，按照区委机构改革工作实施方案部署，更名为西城区服务联络和扶贫协作办公室，下设综合科、服务联络科、扶贫协作科等3个科室，编制15人，年末在岗人数13人。年内完成三定方案报审及公务员职务与职级并行套改工作。作为区政府组成部门，负责指导、协调区属有关部门做好服务驻区中央国家机关、开展对口帮扶扶贫协作，以及与外省市友好交往交流等方面工作，主要职责是：组织、协调本区有关部门做好为驻区中央国家机关及所属事业单位、外省市驻京机构的综合服务工作。负责本区与外省市、友好城市开展合作交流和交往工作，承担外省市来访接待、区级领导赴外省市考察调研的组织协调工作。统筹本区扶贫协作和支援合作工作，研究拟订本区扶贫协作和支援合作的中长期规划、工作计划和政策措施并组织实施。组织、协调本区有关部门、单位开展扶贫协作和支援合作、对口协作、对口合作工作，落实相关工作制度标准、评估考核办法的组织实施工作。协调相关部门完成市政府下达的服务中央国家机关及所属事业单位、外省市驻京机构以及扶贫协作方面的折子工程，并督促落实。年内，区服务联络办坚决贯彻“四个服务”工作要求，及各级党委、政府关于对口帮扶工作有关决策部署，坚持首善标准、示范引领，助力首都“四个中心”建设和全面打赢脱贫攻坚战。

地址：西城区二龙路27号

邮编：100032

电话：88064715

（韩　颖）

【加强与中央和国家机关沟通联络】年内，安排区领导走访中央纪委、中组部、中央统战部、国家发改委等9家中央和国家机关，通报情况、征求意见、征询需求。创新日常联系机制，按照属地管理、相对集中原则将51家驻区中央和国家机关划分成8个片区并分别召开片区座谈会，加强日常沟通联系，推进重难点工作落实。制发《服务中央和国家机关手册》，通报服务理念和各类服务信息，力求服务更加精细。

（苗林林）

【落实中央单位服务需求】区外联办全年通过走访征询、市政务服务局《交办通知单》和中央单位来函等渠道，共收到60项服务需求事项。通过建立“接诉即办”快速反应机制和“3+N”协调办理机制，推动中央单位服务事项落实，办理实效得到中央单位肯定。稳妥推进入学保障工作。

（苗林林）

【驻区中央和国家机关参与共驻共建共享】年内，中央和国家机关集体户迁出565人。与中直管理局、国管局共商方案，推进中央单位食堂餐饮设备改造和废气治理工作，打好蓝天保卫战。国家发改委、自然资源部地质调查局安排项目经费2220余万元，帮助西城区帮扶的张北县、阜平县、囊谦县等地建档立卡贫困人口打井找水、勘测土地。充分发动中央单位干部职工助力西城区全国双拥模范城创建。

（苗林林）

【与普陀区政府缔结友好城市】1月4日，上海市普陀区区长周敏浩一行到西城区学习考察，先后到北京金融街中心、北京产权交易所、全国中小企业股份转让系统（新三板）考察调研，并与西城区签署缔结友好城区协议。区委常委、常务副区长孙硕主持签约仪式，区委书记卢映川出席签约仪式并讲话。区领导王少峰、徐利、李异陪同，区科委、区外联办、北京金融街服务局等部门负责人参加上述活动。

（苗林林）

【服务驻区中央和国家机关座谈会】1月23日，西城区召开2019年度服务驻区中央和国家机关座谈会，邀请中央纪委、中央办公厅、国务院办公厅、国家发改委等30家单位出席，区委书记卢映川，区委常委、常务副区长孙硕，区委常委、区委办主任徐利，副区长缪剑虹参加。

（苗林林）

【与咸阳市缔结友好城市】6月21日，陕西省咸阳市委副书记、市长卫华一行到西城区学习考察，并与西城区签订《缔结友好城市合作协议》。西城区委副书记、代区长孙硕，咸阳市委副书记、市长卫华分别代表两区（市）在协议上签字。

（苗林林）

【地区间合作交流】年内，共接待海南省三沙市、上海市普陀区、广州市海珠区等外省市考察团组24批次，安排区领导赴外省市考察5批次。

（苗林林）

【对口帮扶工作】年内，区委常委会、区政府专题会先后7次研究对口帮扶工作，区委区政府主要领导6次赴帮扶地区调研对接，召开联席会9次，与帮扶地区研讨解决重难点问题。投入财政资金1.01亿元实施帮扶项目115个，其中70%资金投向产业领域，近90%投向深度贫困村镇。援受双方共同发力，引导企业赴受援地投资兴业，实际投资额达16.9亿元。助力建设产业园区10个、扶贫车间41个。成立华远三农公司，打造以2家区级消费扶贫双创中心+15个消费扶贫产品专柜为核心的扶贫产品销售体系，实现消费扶贫金额1.97亿元。深入推进结对帮扶，实现街道对贫困乡镇、辖区企业对深度贫困村、医疗机构结对三个全覆盖，学校达到39所结对44所。街道共投入1793万元实施产业、基础设施项目53个，助力结对帮扶贫困乡镇（村）脱贫攻坚。区教委、区卫健委组织各类讲座培训参与者达6000余人次，义诊7700余人次。辖区企业通过技术指导、消费帮扶和捐助等多种形式开展帮扶。统战、工商联及各类社会组织捐款捐物4246万元。选派挂职干部12名，选派教育医疗专业人才141名开展人才交流互学互鉴。建立12个致富带头人实训基地，培训致富带头人12期369人，带动847名贫困人员实现脱贫。开展贫困人口技能培训5538人，4432人实现就业，加强在京就业人员服务，确保贫困人口就业稳定。截至年底，西城区帮扶的三省五地均已脱贫摘帽。

（叶　丹）

【区代表团赴阜平县调研】 3月19至20日，西城区委常委、常务副区长孙硕率代表团前往河北省保定市阜平县调研扶贫攻坚工作，其间与阜平县委书记刘靖座谈，座谈会上，中证焦桐基金与阜平县政府签订战略合作协议，金融街集团与城南庄镇大岸底村签订产业帮扶协议，长城人寿保险股份有限公司与石猴小学签订捐赠协议，领天英才（北京）企业顾问有限公司与阜平职教中心签订战略合作协议。5月21至22日，区委书记卢映川率代表团前往阜平县调研扶贫攻坚工作，其间调研金融街集团黑木耳扶贫项目、慰问贫困户，并与阜平县委书记刘靖、县长贾瑞生座谈交流。区领导郁治、缪剑虹、邓怡陪同考察交流。

（叶　丹）

【区代表团赴鄂伦春自治旗调研】 4月17至19日，西城区委书记卢映川率代表团共10人赴内蒙古自治区呼伦贝尔市鄂伦春自治旗调研扶贫攻坚工作，其间出席西城区帮扶食用菌菌包厂项目揭牌仪式，慰问贫困户，并与鄂伦春自治旗委书记吕建伟座谈交流。区领导姜立光、程昌宏、徐利陪同考察交流。

（叶　丹）

【区代表团赴囊谦县调研】 6月2至5日，西城区委副书记、代区长孙硕率代表团一行7人，赴青海省玉树州囊谦县座谈交流，考察扶贫攻坚工作。区领导邓怡陪同考察交流。

（叶　丹）

【区代表团赴张北县、喀喇沁旗调研】 8月13至15日，区政府区长孙硕率代表团一行33人先后赴河北省张北县、内蒙古自治区喀喇沁旗调研，其间出席穆森肉牛养殖综合扶贫项目开工仪式，与喀喇沁旗委书记高希华座谈交流，调研危房改造项目，慰问贫困户。区领导姜立光、李异、缪剑虹、周金桩陪同考察交流。

（叶　丹）

【与阜平县接受国务院扶贫办考核】 12月19日，国务院扶贫办考核组一行赴河北省阜平县开展考核，考核组以实地调研、查阅资料、座谈交流等形式对西城区与阜平县东西部扶贫协作工作开展情况及工作成效进行评测。区委副书记、区长孙硕，副区长李异代表西城区迎检。西城区、阜平县在国务院扶贫办东西部扶贫协作考核中均被评定为“好”，并分别获得北京市、河北省省级考核第一名。

（叶　丹）

信访工作

【概况】 北京市西城信访办公室（简称区信访办，原中共北京市西城区委北京市西城区人民政府信访办公室，3月更名）是区委、区政府受理人民群众来信来访的工作部门。区信访办内设5个科室：综合科、办信科、接访科、排查调处科、法制宣传科。办公地点在南菜园街51号。区信访办机关行政编制23名，其中主任1名、副主任4名，科级领导干部5正4副。年内，区信访办开展“不忘初心、牢记使命”主题教育和领导班子理论中心组学习，带领党员干部深入学习贯彻习近平新时代中国特色社会主义思想，学习十九大及十九届历次全会精神、十二届市委七次、八次、九次、十次、十一次全会精神，开展交流研讨、调查研究、对照检查和整改提高，实现了理论学习有收获、思想政治受洗礼、干事创业敢担当、为民服务解难题、清正廉洁作表率。

地址：西城区南菜园街51号

邮编：100054

电话：83975008

（侯璐璐）

【完善信访联席会议工作机制】 年内，区信访办结合机构改革部门调整，对区信访工作联席会议组成人员进行调整完善，确定联席会议2名召集人和联席会议51家单位人员名单，为联席会议开展奠定了组织基础。联席会议始终坚持问题导向，不断完善信访联席会议工作机制。按季度召开4次信访联席会议暨矛盾纠纷形势分析例会，区委、区人大、区政府、区政协四套班子主要领导参会。会议分别对区领导包案工作和信访积案推进工作进行部署安排，并提出具体工作要求。对全区矛盾纠纷及信访形势进行分析、研判，对复杂疑难信访问题加大统筹，进一步增强化解力度。

（侯璐璐）

【发展和创新"枫桥经验"】 年内，继续充分发挥律师和心理咨询师的作用，律师参与信访接待661人次，心理咨询师接待来访群众303人次。继续发挥"西城区信访诉求人民调解委员会的作用，接待调解、法律咨询133件，口头调解、心理疏导91件，调解成功经法院确认11件。建立健全信访诉求评议工作机制，制定《西城区信访诉求民主评议办法》，组建由律师牵头，人大代表、政协委员、专家学者组成的30名信访评议员队伍，并首次尝试由第三方组织对信访疑难复杂问题的信访评议工作。

（侯璐璐）

【扫黑除恶专项斗争】 年内，成立专项工作小组，拟定《区信访办关于开展扫黑除恶专项斗争工作分方案》《区信访办涉黑涉恶线索流转工作规则》等制度文件，完成自查、整改、迎检以及各项工作开展落实情况的报告，完成信息报送工作。严格按照区扫黑除恶工作的要求部署，做好线索搜集、排查、整理、流转工作。

（侯璐璐）

【源头预防和风险防控】 年内，围绕全区年度重点任务和中心工作，广泛开展人民建议征集活动，办理人民建议征集件493件次、495人次。建立"信访双月例会"制度，制定《西城区信访业务工作双月例会实施方案》，每2个月组织重点部门和街道召开业务例会，听取相关工作情况及意见建议，专题研究重点领域突出问题，提高了解决复杂疑难信访问题、防范处置重大突发信访事件的针对性和有效性。

（侯璐璐）

【建立健全信访业务标准化体系】 年内，规范办信、接访、复查、排查、网上信访、人民建议征集等信访事项办理流程，印制《信访工作业务规范与要求》，形成统一规范的全区信访业务工作手册。开展基础业务规范化检查，对纸信办理情况抽查近800件，反馈责任单位400余件，退办60件，减少了业务办理不规范等问题。

（侯璐璐）

【社会矛盾排查化解】 围绕新中国成立70周年、全国"两会"、第二届"一带一路"国际合作高峰论坛和2019年中国北京世界园艺博览会、亚洲文明对话大会、暑期办公安保等重点时期、重大政治活动及疏解非首都功能、推进京津冀协同发展、供给侧结构性改革等重点工作，加强矛盾纠纷排查，各项工作稳步进行。

（侯璐璐）

【落实信访工作责任制】 年内，以落实中办国办《信访工作责任制实施办法》《北京市信访工作责任制实施细则》以及《西城区关于进一步加强和完善信访工作机制的意见》为抓手，健全完善党委政府研究信访工作制度，与58家单位和街道签订《西城区2019年度信访工作责任书》，明确各级信访部门、有权处理机关和属地党委政府的责任。

（侯璐璐）

【"信访积案化解年"活动】 针对市级交办、信访积案制定专项工作方案，组织召开全区动员部署会议及阶段性积案推进工作会议，以"事要解决"和不再产生越级信访为工作目标，加强督查督办，加大信访积案化解力度，严格"五个一"标准，信访积案化解工作列为单位"一把手"工程，区级主要主管领导带头包案，各涉及积案单位处级领导包案，带案下访、约访，推进重点矛盾纠纷有效化解。

（侯璐璐）

【新时代信访工作研究】年内，加强信访信息资源整合利用，开展大数据分析和形势研判，撰写《2018年西城区信访情况解析》，从信访反映中加强对民生领域政策落实情况的跟踪，发掘苗头性、倾向性问题，有针对性地提出改进工作、完善政策的建议，获得区委书记卢映川的肯定性批示。以《大数据视阈下西城区信访工作效能提升研究》《西城区国有企业改制遗留问题梳理及对策建议》为题，进行调查研究，指导工作实践。

（侯璐璐）

【信访工作宣传活动】年内，组织全区开展以“打造网上主渠道，智慧信访更阳光”为主题的信访条例宣传月活动，以“我在基层做信访”为主题宣传优秀信访干部事迹，展示信访干部的风采，讲好信访故事。拓宽宣传媒介和平台，《北京日报》发文1篇、《北京晚报》发文2篇，国家信访局、市信访办网络平台分别采用1篇、3篇，《北京信访》推广工作经验1篇。

（侯璐璐）

【依法维护信访工作秩序】年内，坚持双向规范信访秩序，制定出台《西城区依法规范信访秩序切实做好信访工作的有关规定》，进一步规范信访人的行为；制定“六心助力三到位”信访干部行为准则，进一步规范全区信访干部的行为，努力实现阳光信访、责任信访、法治信访。

（侯璐璐）

（责任编辑　陈　艳）

中国人民政治协商会议
西城区委员会

北京西城年鉴2020

7月23日，区政协组织政协委员开展“便利生活与服务提升三年行动计划”专题协商视察活动（孙昊 摄）

10月24日，区政协和区委统战部联合召开“聚焦首都城市战略定位，增强首都核心区服务保障能力”议政会（孙昊 摄）

概　述

中国人民政治协商会议北京市西城区委员会（简称区政协）是中国人民政治协商会议的地方组织，主要职责是政治协商、民主监督、参政议政。区政协第十四届二次全会共有委员413人，常务委员75人。设学习指导和文史资料委员会、提案委员会、教文卫体委员会、社会和法制委员会、经济科技委员会、城建环保委员会、民族和宗教委员会、港澳台侨委员会8个专门委员会。机关设办公室、研究室、专委会工作一室、专委会工作二室、专委会工作三室、专委会工作四室、专委会工作五室、专委会工作六室8个办事机构，行政编制37人（不含局级）。年内，在中共西城区委领导下，政协北京市西城区第十四届委员会及常务委员会深入学习贯彻习近平新时代中国特色社会主义思想、中共十九大精神和习近平关于加强和改进人民政协工作的重要思想，贯彻落实全国政协系统党的建设工作座谈会和习近平关于加强和改进人民政协工作的重要思想理论研讨会精神，紧紧团结和依靠各界委员，充分发挥人民政协作为协商民主重要渠道和专门协商机构作用，认真履行政治协商、民主监督、参政议政三大职能，为西城区经济社会各项事业发展做出了积极贡献。全年共召开常委会会议、主席会议、秘书长会议11次，开展重要协商活动24次，形成专题协商报告和调研报告21篇，组织视察、座谈、通报等各类履职活动152次。

地址：西城区广安门南街68号
邮编：100054
电话：83976102

（朱　珊）

常务委员会会议

【第十七次会议】1月8日，区政协召开第十四届委员会常务委员会第十七次会议。区政协副主席李建国主持会议。会议听取各小组讨论《中国人民政治协商会议北京市西城区第十四届委员会常务委员会工作报告》和《中国人民政治协商会议北京市西城区第十四届委员会常务委员会提案工作报告》的情况汇报，委员们对区政协2018年的工作给予充分肯定，同时对区政协工作提出希望和要求。区政协主席章冬梅，副主席程军、姜兆春、王奇、荣洋、刘学增、张培彤，秘书长王申恒出席会议。

（朱　珊）

【第十八次会议】1月9日晚，区政协召开第十四届委员会常务委员会第十八次会议，区委常委、区政府常务副区长孙硕应邀出席会议。区政府办、区发改委、区财政局、区法院、区检察院等部门的负责人参加会议。区政协副主席刘学增主持会议。会议听取政协北京市西城区第十四届委员会第三次会议期间各小组讨论《政府工作报告》《关于北京市西城区2018年国民经济和社会发展计划执行情况与2019年国民经济和社会发展计划草案的报告》《北京市西城区2018年预算执行情况和2019年预算（草案）》《关于北京市西城区2018年财政预算执行情况和2019年财政预算草案的报告》《北京市西城区人民法院工作报告》《北京市西城区人民检察院工作报告》的情况，各小组在汇报中对区政府工作给予充分肯定，并对西城区未来发展提出意见建议。会后将委员们的意见建议进行集中归纳、整理，报送区委、区政府研究参考。会议听取并讨论《中国人民政治协商会议北京市西城区第十四届委员会第三次会议期间提案审查情况的报告（草案）》，审议《中国人民政治协商会议北京市西城区第十四届委员会第三次会议决议（草案）》，决定提交1月10日闭幕会，向全体委员报告。孙硕、章冬梅先后讲话。区政协副主席程军、姜兆春、王奇、李建国、荣洋、张培彤，秘书长王申恒出席会议。

（朱　珊）

【第十九次（扩大）会议】3月28日，区政协召开第十四届委员会常务委员会第十九次（扩大）会议，章冬梅主持并讲话。会议听取副主席荣洋谈参加全国“两会”的体会；审议通过《政协北京市西城区第十四届委员会常务委员会2019年工作要点》；通报《中共北京市西城区委办公室关于印发〈西城区政协2019年协商工作计划〉的通知》；常委何悦明、施宏、赵芙蓉述职。章冬梅结合到全国妇联工作的体会就高质量完成好全年工作任务提出要求。副主席程军、姜兆春、李建国、刘学增、张培彤，秘书长王申恒出席。各专委会主任、副主任列席会议。

（朱　珊）

【第二十次（扩大）会议】6月24至25日，区政协召开第十四届委员会常务委员会第二十次（扩大）会议，围绕“把握人民政协新的历史方位，创新开展政协工作”进行专题研讨。6月24日，章冬梅进行开班动员，副主席程军传达学习全国地方政协工作经验交流会会议精神。委员杨晓燕、李新、苏金柱、李墨白、郭君瑛、古波从学习是不断推进人民政协工作前进的动力；关于提高提案撰写质量的思考；夯实委员履职主渠道，进一步探索委员参与基层社会治理的有效路径；让制度创新提高提案工作实效和水平；加强界别建设，提升参政议政水平；以智慧政协建设开创西城政协工作新局面等方面就创新开展政协工作作了大会发言。6月25日，中央党校（国家行政学院）领导科学研究中心副主任邱霈恩教授为参会委员作了题为“中国社会主义民主政治”的辅导报告。委员们围绕“如何贯彻落实习近平总书记关于加强和改进人民政协工作的重要思想”等内容分三组进行研讨交流。在开班动员讲话中，章冬梅从充分认识人民政协新的历史方位、明确新使命新任务，在建言资政和思想政治引领两方面双向发力，进一步发挥政协委员主体作用三个方面提出了要求。区政协副主席姜兆春、王奇、李建国，秘书长王申恒出席会议，政协常委、部分政协委员和政协机关干部参加会议。

（朱　珊）

【第二十一次（扩大）会议】9月24日，区政协召开第十四届委员会常务委员会第二十一次（扩大）会议，章冬梅主持并讲话。会议听取西城区委常委、区委办公室主任徐利通报2019年党派团体提案办理情况；审议通过《加强金融与科技的融合，提升西城金融发展品质——西城区金融科技发展趋势分析及对策建议的建议案》（讨论稿）；常委宋坪、王晓敏、李庆保述职。章冬梅讲话。副主席程军、姜兆春、荣洋，秘书长王申恒出席。各专委会主任、副主任列席会议。

（朱　珊）

【第二十二次（扩大）会议】12月24日，区政协召开第十四届委员会常务委员会第二十二次（扩大）会议，程军主持。会议听取区委常委、区纪委书记、区监委主任虞宝才关于2019年西城区党风廉政建设和反腐败工作情况的通报，听取区政府办公室主任桑硼飞关于区政协十四届三次会议委员提案办理工作有关情况的报告，听取区委常委、区委政法委书记、区委统战部部长王旭关于委员调整情况的通报。会议审议通过《政协北京市西城区第十四届委员会常务委员会关于孟红伟等15名同志不再担任委员的决定（草案）》《政协北京市西城区第十四届委员会常务委员会关于增补委员的决定（草案）》《关于召开中国人民政治协商会议北京市西城区第十四届委员会第四次会议的决定》《政协北京市西城区第十四届委员会常务委员会关于表彰2019年度优秀提案的决定》《政协北京市西城区第十四届委员会常务委员会关于表彰2019年度优秀社情民意信息、社情民意信息工作先进单位、优秀信息员的决定》。会议还审议了《中国人民政治协商会议北京市西城区第十四届委员会常务委员会工作报告（讨论稿）》《中国人民政治协商会议北京市西城区第十四届委员会常务委员会提案工作报告（讨论稿）》，决定提交区政协十四届四次会议审议；审议《政协北京市西城区第十四届委员会第四次会议议程（草案）》《政协北京市西城区第十四届委员会第四次会议日程（草案）》《政协北京市西城区第十四届委员会第四次会议决议起草委员会建议名单（草案）》《政协北京市西城区第十四届委员会第四次会议小组召集人建议名单（草案）》，决定提交区政协十四届四次会议预备会议审议通过；常委甘力鹰、郭君瑛、付建新、刘昊扬述职。程军讲话。副主席姜兆春、王奇、李建国、荣洋，秘书长王申恒出席。各专委会主任、副主任列席会议。

（朱　珊）

专门委员会工作

【提案委员会】全年共提出提案276件（包括平时提案5件），经提案委员会审查立案245件，立案88.77%。其中党派团体提案17件，界别提案17件，街道联组提案6件，委员提案205件。共有301名委员提交提案，占委员总数（412名）的73.06%。所有立案提案按照归口交办的原则分别送交全区90个部门办理，截至年底，245件提案全部办复，委员对办理结果表示满意的119件，表示同意的126件。提案内容涉及全区经济、政治、文化、社会和生态文明建设等各个方面，为促进西城区改革发展稳定发挥了积极作用。按照做好新时代政协提案工作的要求，聚焦重点，聚力难点，持续推进提案由数量型向质量型转变、办理工作由答复型向落实型转变、服务工作由事务型向创新型转变，努力为委员智慧融合迸发提供更加快捷、高效的服务。

（朱　珊）

【学习指导和文史资料委员会】年内，学习指导和文史资料委员会围绕习近平关于加强和改进人民政协工作的重要思想组织学习培训，夯实共同思想政治基础。围绕“把握人民政协新的历史方位，创新开展政协工作”开展主题研讨会。结合主题研讨活动，组织委员开展调研考察。分别赴陕西汉中、吉林延吉、内蒙古达拉特旗、甘肃嘉峪关学习调研。推动《西城区街巷胡同文化丛书》编辑出版，展览路街道街、月坛街道、新街口街道、西长安街街道4个分册已印刷完毕，正式与委员见面。牵头承办“翰墨丹青颂伟业、协同发展铸辉煌”主题书画联展筹备工作。与天津市和平区政协、河北省石家庄市政协共同为庆祝中华人民共和国成立70周年和人民政协成立70周年，推进京津冀协同发展战略而努力。

（朱　珊）

【教文卫体委员会】全年组织开展各类活动22项，委员参与近242人次。专委会采取召开会议、调研视察、走访座谈、界别活动等多种形式，帮助委员学习掌握国家关于教育、文化、卫生、体育等领域的大政方针。开展“互联网+”教育如何助推西城教育现代化专题协商，组织委员走进北京市月坛中学、师大二附中、海淀区中关村互联网教育创新中心实地调研，组织召开专题协商会议，委员意见建议已形成协商报告报区委。主动开设中餐烹调、高雅音乐鉴赏、游学美加等公益讲座。庆祝新中国成立70周年之际，为委员体验相声、感受交响乐独特的文化魅力提供条件。举办西城区2019学年升学、入学政策咨询及相关志愿填报讲座。

（朱　珊）

【社会和法制委员会】年内，围绕“以深化‘街道吹哨、部门报到’改革为牵引，健全完善城市基层治理机制”开展专题协商工作。10月17日，区政协组织常委和部分委员，视察调研西城区人口疏解重点项目。10月31日，召开“深入推进科学治理、全面提升发展品质”议政会进行协商议政。在视察调研、议政会委员发言的基础上，结合委员提交的18篇征稿内容，社会和法制专委会对这些资料进行了筛选和整理，归纳出三方面协商建议，由区政协研究室修改完善后，经区政协党组审议通过后报区委。根据市政协关于“坚持民有所呼、我有所应，进一步深化‘街乡吹哨、部门报到’改革”专题协商工作对西城区政协的有关要求，区政协社会和法制专委会围绕“深化街道体制改革”专题开展分调研。调研由郭昊委员执笔，重点研究如何推进行政执法权限和力量向基层下沉，实现联合执法向综合执法转变的过程中，出现的问题和解决对策。结合市政协分调研和政协重点协商，深化街道体制改革和“吹哨报到”工作也成为社会治理民主监督小组的监督重点。根据西城深化街道体制改革的实际情况，监督小组形成了专项民主监督报告。加强与其他区县和外地政协的工作联系，交流经验互通有无。与通州区政协社法委开展双向交流，接待通州区政协社法委调研组，介绍西城区“吹哨报到”工作情况。此外，专委会还接待了上海市虹口区政协、河北省秦皇岛市政协的调研活动。

（朱　珊）

【经济科技委员会】全年组织各项活动14次，其中通报、调研、协商议政、视察活动、评议会12次，召开分党组会议1次，全体委员会议1次，委员参加活动268人次。完成专题调研1项、协商议政报告1篇、财政预算民主监督报告1篇。围绕“西城区落实便利生活与服务提升三年行动计划”这一协商议题，从4月份开始，先后组织视察、考察、通报及座谈。在专题协商座谈会上，7位委员重点发言，提出9条意见建议，经党组研究，书面报送区委、区政府决策参考。结合首都城市战略定位，围绕“金科新区”建设、构建高精尖经济结构，组织委员前往中关村创业大街和中关村智造大街调研中关村科技创新工作，调研报告经区政协党组研究，以建议案形式报区委、区政府决策参考。组织委员赴怀柔雁栖湖“一带一路”国际合作高峰论坛国际会议中心参观学习。区政协财政预算民主监督组对《西城区2018年决算的报告》《西城区2019年上半年财政收支预算执行情况的报告》进行评议，撰写完成《西城区政协财政预算民主监督组对西城区2018年财政决算和2019年上半年预算执行情况的监督工作报告》。

（朱　珊）

【城建环保委员会】全年就非首都功能疏解、街区更新和老城保护、环境改善等重点工作，谋良策、建真言、凝共识、聚合力，切实发挥协商民主重要渠道和专门协商机构的作用，全面提升核心区发展品质，为建设国际一流和谐宜居之都的首善之区贡献力量。分别围绕“全面落实城市总体规划，深入推进城市修补和生态修复”和“创造整洁有序城市环境，全力服务保障首都功能”两个主题开展专题协商，组织委员实地调研新街口城市森林公园、西海湿地公园、红楼公共藏书楼，实地了解新街口街道大乘巷教师楼小区垃圾分类情况、西长安街街道和平门小区城市部件应急维护更新工作情况、广内街道宣西片区停车自治管理工作情况，并分别召开专题协商会，两份协商报告通过区政协党组会议审议后，报请区委区政府参考。完成《关于在金融科技示范区运用大数据技术推动城市精细化管理的思考》的调研报告，提交区政府主管领导参考。围绕“核心区要营造一流政务环境，服务保障首都功能”，组织开展园林绿化建设和管理专项民主监督活动，形成《西城区政协园林绿化建设和管理专项民主监督工作报告》，报区政府主管领导，为科学决策提供参考。

（朱　珊）

【民族和宗教委员会】4月16日，区政协组织开展《新形势下进一步加强和改进宗教活动场所自身建设》调研跟踪视察，并就宗教事务条例的落实情况进行座谈。民族和宗教委员会副主任、北京市道教协会秘书长姜涛主持，中国道教协会副会长、中国道教学院副院长孟至岭委员介绍了白云观及中国道教学院的具体情况，并以“道教和中国传统文化”为主题与委员们交流座谈。委员们充分肯定了西城区贯彻实施新修订《宗教事务条例》的各项工作并提出具体意见建议。围绕“强化保障措施，提升民族团结进步创建工作水平”专题，配合市政协开展好相关分调研工作，调研报告于7月完成并上报市政协。利用全体会议、视察调研等形式开展学习活动，邀请有关领域的专家委员讲授民族和宗教政策、中国传统文化知识等。

（朱　珊）

【港澳台侨委员会】年内，按照区政协第十四届委员会2019年度工作部署，港澳台侨委员会于8月上旬围绕优化营商环境、服务企业发展工作赴台湾学习考察，课题组由区政协专委会六室主任章卫带队，交流了两岸基层相关工作经验，在深入研究分析的基础上形成考察报告。10月，组织委员视察台资企业北京盛妆家化有限公司，并听取区台办2019年对台工作的情况通报。发挥界别优势，开展凝心活动，与区台办共同组织迎“三八”联谊会，组织开展“关爱女性健康与美丽”专题讲座等。

（朱　珊）

【街道联组工作】年内，把提案作为15个街道联组工作的重要抓手，围绕街区中心工作建言献策，发挥政协委员优势开展民主监督，围绕背街小巷整治工作深入调研，参与《西城区街巷胡同文化丛书》编写工作。坚持以人民为中心，在履职实践中彰显为民担当职责，以务实行动增进民生福祉。围绕庆祝中华人民共和国成立70周年和人民政协成立70周年，组织委员开展各项活动。北京市西城区政协、天津市和平区政协、河北省石家庄市政协三地政协联合举办“翰墨丹青颂伟业，协同发展铸辉煌”主题书画展，15个街道联组组织300多名委员和社区居民代表参观了书画展。

（朱　珊）

重要活动

【第十四届委员会第三次会议】1月7至10日，政协北京市西城区第十四届委员会第三次会议召开，393名委员出席开幕会。大会期间，区政协主席章冬梅作政协常委会工作报告，区政协副主席姜兆春作提案工作报告。大会听取《中国人民政治协商会议北京市西城区第十四届委员会提案委员会关于第三次会议期间提案审查情况的报告》，审议通过《中国人民政治协商会议北京市西城区第十四届委员会第三次会议决议》。会议期间，与会委员们列席了北京市西城区第十六届人民代表大会第五次会议，审议通过区政协常委会工作报告和提案工作报告，听取并讨论《政府工作报告》及其他报告。

（朱　珊）

【2019年度“两政”联席会议】2月27日，区政协与区政府召开2019年“两政”联席会。区委常委、常务副区长孙硕出席会议并讲话，区政协副主席程军主持会议。区委常委、区政府副区长姜立光，区政府副区长朱国栋、郁治、贾蔚，区长助理杨青、刘蓬、宋李健，区政协副主席程军、姜兆春、王奇、刘学增、张培彤，秘书长王申恒，区政协各室主任参加会议。会上，程军通报了2019年政协工作要点、全年重点工作。姜兆春通报了政协西城区第十四届委员会第三次会议提案有关情况，区政府各位副区长通报了分管工作并对区政协2019年相关工作提出建议。

（朱　珊）

【迎“三八”联谊活动】3月7日，区政协港澳台侨委员会、民族和宗教委员会与区台办共同组织迎“三八”联谊活动，各位女委员听取了“关爱女性健康与美丽”专题讲座，并就西城区新时代下的新发展进行座谈。区政协副主席程军，区委统战部副部长、区台办主任赵玲及女委员、女台商参加。

（朱　珊）

【参观大兴国际机场】3月12日，区政协组织部分委员参观北京大兴国际机场。委员们观看了专题片，听取了新机场规划、功能分区、创新亮点及建设情况等介绍，并实地参观了东方航空公司及新机场主航站楼施工现场。区政协副主席程军、姜兆春与60余位委员参加活动。

（朱　珊）

【调研金融街街道】3月26日，通州区政协副主席石宝玉带队到西城区金融街街道调研“街乡吹哨、部门报到”工作。区政协副主席姜兆春陪同调研并主持座谈。金融街街道办事处主任宫浩带领调研组一行参观“一窗式”政务服务大厅，并配合视频短片介绍近些年街道在疏解整治促提升、落实“街乡吹哨部门报到”、深化“访民情　听民意　解民情”等工作中取得的成果。调研组前往丰汇园社区养老服务驿站、社区服务站、防震减灾体验中心和京畿道社区地下活动中心，实地体验“疏整促”取得的阶段性进展，以及街道和社区为居民提供的便利服务、更贴近居民需求的生活设施。

（朱　珊）

【调研通州区社会治理情况】4月9日，区政协副主席姜兆春率社会和法制委员会部分委员赴通州区调研社会治理情况。通州区政协副主席石宝玉陪同调研。在文化旅游区规划展厅和北京城市副中心规划展厅，结合沙盘和立体模型，各位委员听取了北京市城市副中心和通州文化旅游区建设情况介绍。在大运河森林公园，委员们实地察看了大运河沿岸生态环境治理成果，对北京东部地区水系治理、园林绿化等情况有了进一步了解。委员们表示，通州区承担着北京中心城区疏解人口的重要作用，希望以此调研活动为契机，深入交流社会治理中人口、社区、民生等问题，促进西城、通州两区共同发展。

（朱　珊）

【调研保障性住房建设情况】4月16日，区政协城建环保委员会常务副主任、专委会工作五室主任何绪明率专委会部分委员，在区建委副主任张东艳的陪同下，对西城区保障性住房建设情况开展调研。委员们到位于槐房南里的京粮南苑保障房项目施工现场，听取工程负责人对项目进展情况的介绍，察看这片保障房的小市政道路、管线工程、室内机电安装等完成情况。随后，张东艳为委员们做了《关于西城区保障性住房建设情况的汇报》。委员们就现有保障性房源数量与实际需要腾退居民之间是否匹配、全部完成疏解腾退工作到底需要多少房源、建成后的便民服务设施如何考虑布局、如何缩小内城腾退居民到外城居住的心里落差感、增强保障房项目对居民外迁安置的吸引力等问题进行了交流座谈。

（朱　珊）

【组织委员学习培训】4月18日，区政协举办2019年委员学习培训——习近平新时代中国特色社会主义思想辅导报告。中国人民大学经济系主任、院长助理于泽教授主讲。部分政协委员和党派人士参加。区政协副主席姜兆春主持会议，秘书长王申恒参加了讲座。于泽教授围绕习近平新时代中国特色社会主义经济思想、当前经济的结构性问题、发展方向和解决思路等内容进行了深入浅出的讲解。

（朱　珊）

【调研“互联网+”教育工作】为切实做好“互联网+”教育如何助推西城教育现代化专题协商工作，4月17日，教文卫体专委会近40名委员赴月坛中学调研，委员们就学校如何在运用信息化手段管理师资队伍、如何树立和培养学生的国际视野、如何提升学校办学质量及社会影响力等方面展开交流互动。4月24日，教文卫体委员会组织30余名委员赴海淀区中关村互联网教育创新中心参观学习，委员们先后参观了中关村互联网教育创新中心的育见未来展厅、码高机器人展示、苗圃—教育+咖啡馆、课件基地、双师教学—100课堂和未来教室场景体验等，在未来教室，委员们与中心的工作人员座谈互动。5月15日，组织30余名政协委员视察北京师范大学第二附属中学的教育现代化工作情况。北师大二附中校长曹保义对“互联网+”教育实施情况进行汇报，学校7名教师结合“互联网+”教育的工作实践，分享了差异化教、个性化学、智能化管的工作成果。围绕“互联网+”教育的发展，委员们与学校老师进行了互动交流。

（朱　珊）

【调研通州国家现代农业科技园】4月25日，区政协经济科技委员会结合“便利生活与服务提升三年行动计划”协商议题，组织委员参观北京通州国家现代农业科技园。区政协副主席王奇出席活动并讲话。专委会工作四室主任、经济科技委员会常务副主任李占文主持座谈会。北京市政协委员、北京东昇农业技术开发（集团）有限公司董事长刘宝平陪同参观。区商务局副局长刘军参加活动。委员们首先到国际种业科技园区会展中心参观了园区规划沙盘，并观看了园区宣传片。随后，参观了园区航天育种中心——北京神舟绿鹏农业科技有限公司。座谈会上，刘宝平介绍了生产建设基地总体情况，委员们进行了交流发言。

（朱　珊）

【专题通报座谈会】5月9日，经济科技委员会组织召开《西城区便利生活与服务提升三年行动计划》（简称《行动计划》）通报座谈会。区政协专委会工作四室主任、经济科技委员会常务副主任李占文主持会议。区商务局党组书记、局长袁利通报了关于《行动计划》的相关情况，委员们围绕西城区新一轮的《行动计划》发言，区政协副主席王奇出席并讲话。区商务局副局长刘军等相关单位负责人及20余名政协委员参加会议。

（朱　珊）

【教育专题协商座谈会】5月23日，区政协召开关于“互联网+”教育如何助推西城教育现代化专题协商座谈会。区政协副主席程军主诗并讲话。区政府副区长缪剑虹，区政协副主席姜兆春、秘书长王申恒出席会议，区教委、区发改委、区财政局、区科技与信息化局、区科协负责人列席会议，30余名区政协委员参加会议。会上，区教委副主任唐挈通报了西城区教育信息化工作开展情况。苏金柱、寿延、李文义、黄向伟、桑海燕等5名委员围绕“树立‘互联网+’思维，综合施策，助推西城教育实现更高水平的现代化”“借助‘互联网+’加快推进西城教育现代化”等领域作重点交流发言，为助推西城教育现代化建言献策。缪剑虹在会上向与会委员通报了西城教育现代化工作取得的成效和未来规划重点抓好的工作。

（朱　珊）

【调研华远集团】5月28日，城建环保委员会调研课题组组织委员赴华远集团调研，调研主题为利用大数据技术加强科技金融园区精细化建设管理。华远集团向委员介绍了企业整体运行情况和“国家级金融科技示范区及北京金融科技中心项目智能化运营方案”。

（朱　珊）

【调研中关村科技创新工作】5月29日，经济科技委员会组织委员调研中关村科技创新工作，副主席王奇带队。委员们参观了中关村创业大街创新展示中心、百度大脑创新体验中心、创业会客厅、全球创新社区等创新展示区，通过图文展示、产品体验、虚拟互动等多种方式体验创新产品和服务。随后到中关村智造大街参观智造大街公共服务平台及科技转化平台、清华大学学生创业起航基地、快制实验室、智造智测实验室等创新服务平台，走访了星云环影、PNP　中国总部等社区内企业。

（朱　珊）

【民族宗教工作分报告调研座谈会】6月18日，民族和宗教委员会召开“深化民族团结进步创建工作　积极营造首都民族团结浓厚氛围”分报告调研座谈会。副主席程军主持并就做好下一步调研工作提出要求。区民族宗教办公室主任韩俊田，德胜街道工委书记孙广俊，牛街街道工委副书记、办事处主任李丽京向委员们通报了相关工作情况。委员刘克杰、张锋建议要把宗教和民族工作有效融合；委员何雷建议要加大宣传力度，让世界了解中国民族团结工作。座谈会还邀请国家民族事务委员会监督检查司副司长李钟协给予了政策指导。国家民族事务委员会的有关领导参加座谈会并与委员们交流座谈。

（朱　珊）

【参观调研怀柔科学城】6月19日，经济科技委员会分党组组织委员赴怀柔雁栖湖“一带一路”国际合作高峰论坛国际会议中心及怀柔科学城参观学习。区政协副主席姜兆春、王奇，秘书长王申恒参加。委员们参观了北京雁栖湖生态发展示范区，调研了怀柔科学城国家重大科技基础设施——综合极端条件实验装置工程、材料基因组平台、先进能源材料交叉研究平台施工建设现场、怀柔科学城创新小镇创新中心及怀柔科学城管理委员会怀柔科学城展示中心。

（朱　珊）

【召开主题研讨会】6月24至25日，区政协召开“把握人民政协新的历史方位，创新开展政协工作”主题研讨会暨十四届区政协第二十次常委会议。副主席程军主持会议。主席章冬梅出席并讲话。副主席姜兆春、王奇、李建国，秘书长王申恒出席会议。6月24日，章冬梅作开班动员讲话，程军传达并带领大家学习全国地方政协工作经验交流会议精神。委员杨晓燕、李新、苏金柱、李墨白、郭君瑛、古波从加强学习、提高提案工作实效及提高提案撰写质量、委员参与基层社会治理、加强界别建设、加强智慧政协建设等方面就创新开展政协工作作大会发言。6月25日，中央党校（国家行政学院）领导科学研究中心副主任邱霈恩教授为委员们作“中国社会主义民主政治”专题辅导报告。程军作总结讲话。

（朱　珊）

【双月协商座谈会】7月4日，区政协与区委统战部联合召开“全面落实城市总体规划，推进城市‘双修’与老城保护”双月协商座谈会。区委常委、统战部部长王旭主持会议。区委常委、区政府副区长姜立光，副区长朱国栋，区政协副主席程军、姜兆春，秘书长王申恒出席会议。会上，姜立光围绕议题进行了情况介绍。区政协委员朱桂林、杨文玲、田申申、古波及区民主党派代表人士，从不同角度就如何落实总规要求、推进城市“双修”问题发言。会后，区政协和区委统战部对会议的协商成果以及委员和民主党派人士的意见建议，进行梳理归纳后报送区委。8月15日，区政协、区委统战部联合召开“以深化‘街道吹哨、部门报到’改革为牵引，健全完善城市基层治理机制”双月协商座谈会。区委常委、统战部部长王旭主持会议。区委常委、区委组织部部长程昌宏通报工作情况。区政协副主席程军、姜兆春、王奇，秘书长王申恒出席会议，区政协各室主任、区委统战部相关负责人参加会议。区社工委民政局负责人到会听取意见。程昌宏围绕协商议题，从“吹哨报到”实施的背景、西城区经验做法、问题分析和改进计划四个方面介绍有关工作情况。区政协委员王洪涛、李新、郭昊以及区民盟盟员、区政协委员裴金钢、民进区委委员祝倩懿、农工党党员冯帆、无党派代表人士、区政协委员汪涌先后发言。

（朱　珊）

【专题协商视察】7月23日，经济科技委员会组织委员开展“便利生活与服务提升三年行动计划”专题协商视察活动。区政协副主席程军、姜兆春、王奇，秘书长王申恒及机关各室主任、部分政协委员参加。区商务局副局长刘军陪同视察。委员们先后来到月坛街道百姓生活服务中心和广内智能方·便民仓，听取区商务局负责人介绍情况，了解两个地区疏解整治改造前后的情况。

（朱　珊）

【“三年行动计划”专题协商座谈会】7月30日，区政协召开“便利生活与服务提升三年行动计划”专题协商座谈会。区政协副主席王奇主持。副区长缪剑虹出席并讲话，区政协副主席程军、姜兆春，秘书长王申恒出席座谈会，各室主任、部分政协委员参加座谈会；区商务局、区发展改革委、区财政局等单位负责人到会听取意见。区商务局局长袁利介绍西城区落实便利生活与服务提升三年行动计划工作开展情况。委员刘宝平、陈锐军、曲宏、梁军、李宏颀、朱桂林和王强就此项工作提出运用大数据分析， 科学合理配置商业服务网点、增加净菜半加工菜和商品种类，丰富百姓不同需求、构建首都现代城市运维智能服务网络体系、遴选部分优秀社会组织，公益服务品牌植入百姓生活服务中心、动态跟踪和统计西城区的生活服务业的进展情况和已经完成的指标体系等意见建议。

（朱　珊）

【视察城市管理工作】8月20日， 区政协组织开展“创造整洁有序城市环境，全力服务保障首都功能”专题协商工作视察活动，副主席姜兆春率队先后视察新街口街道大乘巷教师宿舍楼垃圾分类、西长安街街道和平门小区城市部件应急维护更新、广内街道宣西片区停车自治管理情况。近30名关心这项工作的政协委员参加视察。区城市管理委（区环境建设管理办）党组书记宋甲乐陪同，新街口街道工委副书记、办事处主任郭海龙，西长安街街道工委副书记、办事处主任郦浩，广内街道工委副书记、办事处主任史锋分别介绍了相关情况。姜兆春提出工作要求。

（朱　珊）

【区情通报会】8月22日，区政协与区委统战部联合召开西城区区情通报会。区政协主席章冬梅主持会议。区委副书记、区长孙硕为政协委员及党派团体成员作区情通报。区政协副主席程军、王奇、张培彤，秘书长王申恒出席。区委统战部相关负责人、政协委员及党派团体成员共300余人参加会议。会上还通报了区政协委员提案办理情况和区街两级为群众办实事情况。

（朱　珊）

【城市管理专题协商座谈会】8月27日，区政协召开“创造整洁有序城市环境，全力服务保障首都功能”专题协商座谈会。副主席王奇主持。副主席程军，区长助理宋李健，秘书长王申恒出席会议。区住建委、区城管执法局、区生态环境局、区城管监督指挥中心、区园林绿化局、市规自委西城分局、各街道办事处相关负责人，区政协机关各室主任、部分政协委员参加会议。会上，区城市管理委（区环境建设管理办）党组书记宋甲乐围绕议题通报了相关工作情况。季节、刘跃福、陈光宪、铁伟、蔺炜、陈锐军、李京燕、宋建国等政协委员先后发言，从不同角度提出意见建议。会后，区政协及时将会议的协商成果以及委员意见梳理归纳后报送区委。

（朱　珊）

【京津冀三城区政协书画展】9月9至12日，为庆祝中华人民共和国成立70周年、人民政协成立70周年，北京市西城区政协联合天津市和平区政协、河北省石家庄市政协，在中国政协文史馆举办“翰墨丹青颂伟业协同发展铸辉煌”京津冀三城区政协在京书画联展。北京市政协副主席牛青山出席开幕式并宣布书画展开幕。区政协副主席姜兆春主持开幕式。天津和平区政协副主席赵昔涛，石家庄市政协副主席闫纯锴和民建中央书画院艺委会副主任、北京市西城区书画家协会副主席、书画家代表任力分别致辞。书画展共征集参展作品82幅，40幅参展。全国政协副秘书长邓宗良、人口资源环境委员会原驻会副主任凌振国参观了画展。中国政协文史馆馆长刘华林、副馆长王京平，天津和平区政协副主席郭景平、朱建元及秘书长张丽，北京西城区区委常委、统战部部长王旭，北京市西城区政协副主席王奇，秘书长王申恒等参加开幕式。9月10日，西城区政协邀请故宫博物院原院长单霁翔，以“不忘初心牢记使命，做中华传统文化的忠实守望者”为主题进行讲座，作为书画联展的组成部分，与“不忘初心、牢记使命”主题教育紧密结合，300余名政协委员、民主党派成员、区相关机关单位干部及街道居民参加。

（朱　珊）

【召开议政会】10月24日，区政协和区委统战部联合召开议政会，围绕“聚焦首都城市战略定位，增强首都核心区服务保障能力”议题，听取各民主党派、无党派、工商联的意见建议。区政协主席章冬梅主持会议，区委副书记、区长孙硕出席会议并讲话。各民主党派、无党派、工商联代表围绕城区整体数字化建设、核心区功能布局、推进区域国际化发展、搞好区域“夜经济”、更好建立“金科新区”、提升科技服务质量等方面的问题，从不同视角、不同层面提出具有针对性、前瞻性和可操作性的意见建议。孙硕讲话。副区长（挂职）周金桩，区政协副主席程军、姜兆春、王奇、刘学增、张培彤，区人大常委会副主任张礼斌，区政协秘书长王申恒，区政协部分常委、委员，区各民主党派、无党派、工商联的负责人及成员参加会议。区委办及区政府相关部门领导到会听取意见。

（朱　珊）

【组织开展视察工作】10月15日，港澳台侨委员会组织委员视察台资企业北京盛妆家化有限公司，并听取2019年西城区对台工作的情况通报。区委统战部副部长、区台办主任赵玲分别从圆满完成国台办、市台办重点交流项目；深入开展以京台基层社区交流为主的交流交往工作；广泛深入做好涉台宣传教育工作；优化发展环境，为台商、台胞台属做好服务；妥善处理突发事件等五个方面向委员进行了情况通报。北京盛妆家化有限公司董事长宁剑冰向委员们介绍了企业的发展历史及现状，并邀请委员们进行参观、体验。

（朱　珊）

（责任编辑　陈　艳）

民主党派

北京西城年鉴2020

民革西城区委员会

【概况】中国国民党革命委员会北京市西城区委员会（简称民革西城区委）下设6个专门委员会（祖国统一和平促进委员会、社会和法制委员会、经济委员会、老年妇女和青年委员会、教科文卫体委员会、人口资源环境委员会）。有区委委员24人，其中主任委员1人，副主任委员4人，秘书长1人。截至年底，有党员1145人，支部32个。党员中有全国政协委员2人；市人大代表2人，市政协委员8人；区人大代表2人，区政协委员21人；民革中央委员3人，民革市委委员14人（其中主委1人、常委4人、委员9人）。国家特约工作人员1人，市特约工作人员4人，区特约工作人员10人，民革中央和民革市委专委会委员70人。

地址：西城区牛街20号楼301、302室

邮编：100054

电话：83490897

（魏　威）

【参政议政】年内，民革西城区委围绕中共西城区委、区政府的中心工作和区域发展的全局性、战略性问题，组织广大党员参加多种形式的参政议政会议。民革西城区委参加区政协召开的议政会1次，中共西城区委统战部召开的双月政党协商会6次。各专委会撰写调研报告10篇：《推进社会组织融入社会治理　培育社区共同体》《以政府统筹规划为主导　促进首都城市更新建设——关于西城区城市更新项目的调研及建议》《关于打造大栅栏街区——琉璃厂古文化街区“街巷长廊”的建议》《中央核心区绿色出行　缓解停车行车难问题》《建设消费型城市，推进首都特色商业区发展——聚焦特色商业区，“老字号”品牌优化升级的研究》《全面落实城市总体规划　深入推进西城区城市修补和生态修复》《加强精细管理，推进老旧小区整治顺利进行——关于西城区老旧小区综合整治项目的调研报告》《关于全面推进依法治国的建议》《关于大力推动消费扶贫工作开展　助力贫困地区打赢脱贫攻坚战》和《让清洁能源助力城市创新发展的建议》。其中1篇获得2019年度西城区民主党派优秀调研成果一等奖，4篇获得三等奖，民革西城区委被评为“2019年度西城区民主党派调研工作优秀单位”。全年向西城区政府、中共西城区委统战部及民革市委等相关部门报送意见和建议类信息共计227篇，其中19篇被民革北京市委采用，1篇被民革中央采用，4篇被市政协采用，2篇被中共中央领导批示。编写《西城民革》刊物4期，民革西城区委被评为“2019年度西城区民主党派优秀信息单位”。年底，按照《民革西城区委信息调研表彰办法》，评选出信息工作优秀支部10个，信息工作先进个人10名，参政议政先进个人14名。年内，在政协西城区第十四届三次全会上提交《关于首都功能核心区产业聚集联动发展的建议——以金融街和西单联动发展研究思路为例》和《深化依法治国实践　促进基层普法进程》2篇党派提案。

（魏　威）

【思想建设】1月，组织祖统专委会委员参加民革市委台胞台属迎新春联谊会。3月，组织祖统专委会与三十支部开展参观“民革党员之家　传承民革优良传统”座谈会。组织区委委员、支部主委参加中共西城区委统战部十三届全国人大二次会议精神学习报告会。4月，组织新党员参观北京重大历史题材画展，举办“文化同源”国学专题讲座。5月，组织党员参加民革北京市委“同心同行七十年　坚定不移跟党走——讲述先贤故事会”。7月，组织党员参加西城区民主党派加强参政党建设专题辅导培训会。组织党员参加中共北京市委统战部“与共和国同行”主题艺术展和中共西城区委统战部“同心同行七十年　建功红墙展风采”主题艺术展。8月，开展“不忘合作初心，继续携手前进”主题教育活动。组织班子成员参加中共西城区委统战部领导班子成员研修班。9月，组织党员参加民革市委迎中秋音乐会和民革市委全国道德模范事迹报告会。组织党员参加区政协“坚定文化自信，弘扬中华优秀文化”专题

讲座。10月，组织区委委员赴福建宁德开展为期5天的主题教育活动。年内，各支部举办信息专题讲座、“家庭急症与意外的处理”讲座和学习十九届四中全会的读书分享会；部分支部组织党员赴雄安新区参观；17支部主办第二十三届京津冀基层组织交流活动；20支部举办祭奠佟麟阁将军活动和传承民革优良传统座谈会。各支部在春节和重阳节开展慰问老党员活动、召开主题教育学习座谈会和宪法答题活动。

（魏　威）

【组织建设】1月，召开二届十八次主委会、二届八次全委会和二届九次全委会暨届中民主评议会。2月，参加西城区组织、宣传、统战工作部署会。4月，组织17名党员参加中共西城区委统战部举办的2019年第一期民主党派新成员培训班。5月，召开二届十九次主委会，给予1名党员开除党籍处分。组织26名党员参加了西城区民主党派中青年骨干培训班。8月，召开二届二十次主委会，审议通过2名党员参与市特约人员参选。协助中共北京市委统战部完成2名党员担任特约人员考察工作。9月，召开二届二十一次主委会，推荐2个支部参选民革北京市委示范支部。11月，召开二届二十二次主委会。12月，召开二届二十三次主委会。年内，民革西城区委新发展党员99名，转入党员5人，转出6人，开除1人，去世4人。

（魏　威）

【社会服务】1月，向全体党员发出捐赠号召，共向对口帮扶地区捐款9万余元，捐赠图书740本，捐赠冬季衣物325件。衣物于1月中旬寄至贵州省纳雍县羊场乡中小学，图书于11月中旬捐赠给对口帮扶的河北省阜平县大台村图书室。年内，区委带领党员中的企业家、书法家、医疗专家先后赴门头沟区斋堂镇高铺村和河北省阜平县大台村开展对接座谈、慰问残疾低收入农户、开展义诊等。

（魏　威）

【纪念活动】4月，参加民革北京市委庆祝新中国成立70周年主题征文，报送作品13篇，1篇入选北京社会主义学院学报。6月，3名党员参加民革市委庆祝新中国成立70周年、北京民革组织成立70周年演讲比赛，1人获三等奖，2人获优秀奖，区委获优秀组织奖。8月，参与协办西城区民主党派庆祝新中国成立70周年文艺演出。9月，组织党员录制庆祝新中国成立70周年微视频，召开庆祝新中国成立70周年座谈会。参加京津冀民革组织庆祝新中国成立70周年系列活动。10月，开展庆祝新中国成立70周年观影活动。6名党员参加庆祝新中国成立70周年大会群众游行方阵，7名党员参加国庆阅兵观礼，13名党员参加国庆保障工作。参加民革市委北京市民革组织成立70周年庆祝大会。

（魏　威）

民盟西城区委员会

【概况】中国民主同盟北京市西城区委员会（简称民盟西城区委）下设组织部、宣传部、调研部、社会服务部、统战理论研究室、教育委员会、文化艺术委员会、科技委员会、金融经济委员会、医疗卫生委员会、妇女委员会、青年委员会、老龄委员会。截至年底，有盟员2441人，基层委员会1个，支部70个。区盟员中有第十二届全国政协委员3人，其中常委2人。第十五届市人大代表2人，其中常委1人；第十三届市政协委员3人，其中常委1人。第十六届区人大代表7人，其中常委1人；第十四届区政协委员23人（2019年增补沈俊宇为政协委员），其中常委6人。第十二届民盟中央委员7人，其中常委2人。第十二届民盟北京市委委员10人，其中副主委1人，常委1人。中国工程院院士1人。在西城区政协十四届三次全会上提交党派团体提案2件；民盟界别提案1件；提交委员个人提案52件，其中主提17件，附议35件；大会发言1篇；完成2个党派提案的答复办理工作。在西城区政协十四届三次全会上提交的《关于在西城区开展“厕所革命”相关工作的提案》获2019年度党派团体优秀提案。民盟西城区委被评为2019年度西城区民主党派调研工作优秀单位。民盟西城区委获2019年度反映社情民意信息工作先进单位一等奖。

地址：西城区牛街20号楼3层

邮编：100053

电话：83495372

（宋小华）

【参政议政】年内，民盟西城区委参加中共区委和区政府召开的重大问题协商会4次、议政会1次、双月协商座谈会2次、专题协商会2次。在西城区“聚焦首都城市战略定位，增强首都核心区服务保障能力”议政会上，民盟西城区委作《持续优化空间布局，提升“四个服务”水平》的发言。完成《北京中轴线保护与利用调研报告》《2019年专项民主监督—“居民生活便利性”调研报告》《关于优化核心区功能空间布局，持续提升四个服务水平的建议》《关于以吹哨报到为牵引健全完善城市基层治理体制的建议》《金融支持乡村振兴的有关建议》《推动金融行业助力非物质文化遗产发展》《推进失信联合惩戒制度的思考与建议》《关于〈西城区实施学区提升计划〉的调查研究报告》《关于推动减量发展加强垃圾焚烧飞灰处置形成示范的建议》《提高站位打好污染防治攻坚战树牢意识推进供给侧改革京津冀及周边地区错峰生产成效与建议》《阅读西城之基于分级技术的语文大阅读测评调研报告》《关于推进银政大数据融合完善小微企业风险管理的调研》《人流密集区域动态秩序治理问题研究》《大型居住社区精治共治研究》《“十四五”时期以国家实验室为抓手构建新型科技举国体制的建议》《关于完善综合改革授权等配套政策更好支持深圳创建社会主义现代化强国城市范例的建议》《农民工尘肺病重点行业落实用人单位主体责任建立职业健康权益保障机制》《职业健康保护行动政策调研报告》18篇调研报告。其中《北京中轴线保护与利用调研报告》《2019年专项民主监督——“居民生活便利性”调研报告》两篇调研报告获2019年度西城区民主党派优秀调研成果一等奖。2019年区盟员提供社情民意信息176篇。其中1篇获得李克强总理、孙春兰副总理的批示；1篇获得副市长杨斌的批示；2篇作为提案素材被民盟中央采用，作为民盟中央的集体提案提交全国政协十三届二次大会；4篇信息被盟中央采用；2篇信息被北京市政协或民盟北京市委采用；另有多篇优秀信息在《北京晚报》《北京日报》上刊发，得到了北京市相关委办局的回复和采纳。3名盟员获民盟中央“2018年度民盟反映社情民意信息工作先进个人”。

（宋小华）

【组织建设】年内，民盟西城区委发展新盟员94名，其中男38人，女56人，平均年龄37.9岁；研究生以上学历55人，占58.5%，其中博士9人，占9.57%；中高级以上职称34人，占36.2%。调入盟员5名，调出盟员4名，死亡14名。对16个基层支部进行换届调整，选举一批年轻盟员担负主委、副主委职责。

（宋小华）

【思想建设】围绕庆祝新中国成立70周年，民盟西城区委开展“壮丽70年·奋斗新时代——我爱我的祖国”系列庆祝活动。组织参加首都统一战线庆祝新中国成立70周年主题教育活动启动仪式；召开“迎国庆·守盟魂”暨庆祝新中国成立70周年座谈会；组织盟员重走习近平总书记2019年春节前夕看望慰问北京胡同老街坊路线，感受前门三里河地区东草厂四条胡同70年来翻天覆地的变化；举办“壮丽70年·奋斗新时代——庆祝新中国成立70周年中外名曲交响音乐会”；参加“同心同行七十年·坚定不移跟党走——首都统一战线庆祝新中国成立70周年”主题征文活动，3名盟员获奖，其中一等奖、三等奖、优秀奖各1名；主办“贺新中国70华诞首届‘古井贡民盟杯’诗歌大赛”。举办二届十四次全委（扩大）会暨秋季培训班，向区委委员、基层支部负责人传达和学习中央、北京市、西城区的最新精神和动态；组织30余名盟员赴天津参观航天长征火箭制造有限公司。举办民主党派骨干成员异地培训班，组织骨干盟员赴井冈山进行异地学习培训。召开“不忘合作初心，继续携手前进”主题教育活动——“口述历史”座谈会；全年出版《西城盟讯》4期，开设“建国70周年”“我与改革开放”“参政议政”“民主监督”“社会服务”等栏目，共刊登稿件20余篇。各基层支部、基层委员会13篇“建国70周年”征文在盟市委网站刊登。组织区盟员参加民盟市委与中共西城区委统战部组织的专题报告会、讲座以及座谈会等学习活动。

（宋小华）

【自身建设】全年组织召开主委会议7次、全委（扩大）会议2次，四部一室八委分别召开工作会或组织活动1—6次，组织盟员100余人参加党派新成员培训班4次，80人参加基层组织负责人培训班1次，30余人参加骨干盟员培训班1次。修订《民盟北京市西城区委领导班子集中学习制度》，增加学习十九届四中全会精神和与“不忘合作初心，继续携手前进”主题教育活动相关内容。

（宋小华）

【民主监督】年内，制定《民盟西城区2019年专项民主监督工作实施方案》，成立专项民主监督领导小组及工作小组；协助民盟北京市委开展“疏解整治促提升”相关工作；召开专项民主监督工作会议3次，与西城区8个街道、6个委办局就“吹哨报到”“居民生活便利性”协商座谈、实地走访调研9次；发动全区2000余名盟员及西城区15个街道社区居民填写“居民生活便利性”调查问卷4093份，为民盟市委“吹哨报到”和“居民生活便利性”两项专项民主监督内容提供了第一手调研资料，并于9月底前完成初步调查报告报送盟市委。

（宋小华）

【社会服务】年内，开展“与国同庆·让爱同行”系列帮扶慰问活动。赴门头沟区清水镇达摩庄村开展精准调研、“送福进农家”、慰问残疾人家庭的帮扶活动；走访慰问金融街宏汇园社区2户贫困残疾家庭；依托盟员舒子原发起的“大手拉小手”公益平台组织，召开民盟“大手拉小手”全国青少年科普公益课堂暨天文公益课堂启动发布会；赴延庆区刘斌堡乡下虎叫村举行“文化帮扶·科技进村”帮扶活动；黄向伟、养蕊分别代表民盟跟随西城区德胜街道和西城区科协赴张北县和喀喇沁旗深度对接精准扶贫工作；刘长铭等7名教育专家赴黔西南州兴义三中开展“名师大讲堂”教育帮扶活动；依托“大手拉小手”公益平台组织，对口帮扶门头沟区军庄小学，进行诗词、天文科普、非物质文化遗产面人艺术等各类公益讲座和师资培训。

（宋小华）

民建西城区委员会

【概况】中国民主建国会北京市西城区委员会（简称民建西城区委）下设组织部、宣传部、参政议政部、信息部、社会服务部、会员培训部、经济委员会、企业委员会、金融委员会、联络委员会、法制委员会、妇女委员会、卫生委员会、环保委员会、文化委员会、科技委员会、青年委员会、城建委员会、投资委员会、女企业家委员会、餐饮委员会、国企委员会、教育委员会、慈善工作委员会、老年工作委员会、社会工作委员会、会员服务工作委员会、摄影学会、西城民建书画院、西城民建艺术团。民建西城区委共有委员25人。其中，主任委员1人、副主任委员7人、秘书长1人。截至年底，民建西城区委有基层支部19个。其中，综合性支部16个，单位支部3个，会员2504人。会员中有全国政协委员3人，其中常委1人；市人大代表3人，其中常委1人；市政协委员7人，其中常委2人；区第十六届人大代表6人，其中常委1人；区第十四届政协委员38人，其中副主席1人、常委6人。

地址：西城区牛街20号303、304室

邮编：100053

电话：83490530

（李　鹏）

【政治建设】年内，民建西城区委按照“四新”“三好”总体要求，开展“不忘合作初心，继续携手前进”主题教育活动，围绕学习教育、履职尽责、查找不足、落实整改开展工作。区委组织座谈会、报告会，带领骨干成员和年轻后备先后赴中共一大、二大会议旧址等地，重温中共党史、统战史、民建会史。年内，民建西城区委举办庆祝中华人民共和国成立70周年系列活动，征集文章12篇，开展笔会3场，举办公益慰问演出5场。

（李　鹏）

【参政议政】年内，民建西城区委围绕中共西城区委、西城区政府中心工作开展调研活动，完成《西城区金融科技发展趋势分析及对策建议》《社区通管理服务平台应用问题与对策研究》《关于公共文化服务扩展与提升的实践与思考——以北京市西城区为例》《关于在金融科技示范区运用大数据技术推动城市精细化管理的思考》《关于发挥区域资源优势，实现文创产业高端发展——聚焦特殊、打造品牌，服务首都全国文化中心建设的调研》等调研报告5篇。经政协北京市西城区第十四届委员会常务委员会第二十二次会议通过，《关于发挥区域资源优势，实现文创产业高端发展——聚焦特殊、打造品牌，服务首都全国文化中心建设的调研》获得2019年度优秀党派团体提案，民建西城区委获得2019年度社情民意信息工作先进单位一等奖。年内，民建西城区委共收集社情民意信息199篇，向民建北京市委和中共西城区委统战部报送194篇信息，有23篇信息被民建中央、北京市政协、中共北京市委统战部、民建北京市委等单位采纳。

（李　鹏）

【组织建设】年内，民建西城区委发展会员68人，平均年龄37岁，经济界别会员占76%。年内，从其他地区转入西城区17人，转出8人，去世8人。年内，民建西城区委获得“民建脱贫攻坚先进集体”；会员李海丽获得“民建脱贫攻坚突出贡献奖”；会员马庆春等13人获得“民建脱贫攻坚先进个人”；综合三支部、综合五支部、综合七支部、建材支部、全国工商联支部获得“民建北京市委2015—2018年度先进基层组织”；会员郑鹏等82人获得“民建北京市委2015—2018年度优秀会员”。年内，民建西城区委不再保留文艺委员会，成立西城民建艺术团；不再保留书画委员会，成立西城民建书画院；不再保留会员服务部，成立会员服务工作委员会；成立新会员支部；成立社会工作委员会。

（李　鹏）

【自身建设】年内，民建西城区委召开5次主委会、2次全委会，研究议定工作方案、专委会设置及人员调整等重要事项，完善《基层支部、专委会财务报销制度》，成立学习座谈小组，召开领导班子专题民主生活会，查改问题。全年有300余人次参加中共北京市委统战部、民建北京市委、中共西城区委统战部、民建西城区委组织的民主党派基层骨干培训班、新会员培训班、信息员培训班。

（李　鹏）

【精准帮扶】年内，民建西城区委携手大栅栏街道举办“公益行——捐资助学”活动，为大栅栏辖区内15名困难学生提供助学金1.9万元。年内，民建西城区委积极响应精准扶贫号召，为北京市门头沟区雁翅镇芹峪村捐资9万元，用于修建花椒种植基地的围栏；帮助河北省承德市丰宁满族自治县销售杂粮，货值4.2万元；为河北省承德市丰宁满族自治县大下营村、喇嘛波罗村贫困户捐资10万元，用于整修房屋；为河北省承德市丰宁满族自治县胡麻营乡塔沟小学捐赠价值15万元的电脑、图书、体育用品等教学物资；为河北省保定市阜平县寿长寺村捐资9万元，用于民宿房屋的升级改造；同内蒙古自治区呼伦贝尔市鄂伦春自治旗签订农产品销售帮扶协议，帮助销售木耳1.35万斤，货值46万元；组织城建专委会成员赴河北省张家口市张北县大西湾乡闫家坡村开展村域规划设计工作；组织企业界会员、医药卫生界会员、文艺界会员赴贵州省贵阳市、毕节市黔西县、遵义市播州区团结村开展对口帮扶工作。

（李　鹏）

民进西城区委员会

【概况】中国民主促进会北京市西城区委员会（简称民进西城区委）下设组织部、宣传部、社会服务部、议政调研部、初高等教育专委会、幼小教育专委会、社会法制专委会、医药卫生专委会、统战理论专委会、经济金融专委会、文化传媒专委会、企业联合会、青年委员会、老龄工作专委会、政府协会特约专委会。有主任委员1名、副主任委员7名，秘书长1名，委员23名。截至年底，有基层支部56个，会员1678人。区会员中有全国人大代表1人，全国政协委员1人；市人大代表1人；市政协委员3人；区人大代表4人，区政协委员21人，区青联委员5人；国家监察部特约监察员1人，区纪委监委特约监督员2人；市特约工作人员5人；区法院人民陪审员8人。年内，民进西城区委坚持以习近平新时代中国特色社会主义思想为指导，按照民进北京市委和中共西城区委工作部署要求，围绕纪念新中国成立70周年，开展“不忘合作初心，继续携手前进”系列活动，以“强组织、增活力、有作为”为目标，不断加强自身建设，扎实推进并完成全年各项工作。民进西城区委被民进中央评为民进全国组织建设先进组织。

地址：西城区牛街20号305、306室

邮编：100053

电话：83495331

（刘笑岩）

【参政议政】年内，民进中央副主席、市人大常委会副主任、民进北京市委主委庞丽娟赴西城开展“推进全国文化中心建设”、“基层组织建设”调研。民进区委派员参与区专题协商会，2名会员以“全面落实城市总体规划，推进城市双修与老城保护”“以深化‘街道吹哨、部门报道’改革为牵引，健全完善城市基层治理机制”为专题做主题发言；在区政协和区委统战部召开的“聚焦首都城市战略地位，增强首都核心区服务保障能力”专题议政会上发言。民进西城区委在政协北京市西城区第十四届委员会第三次会议上提交《关于构建高精尖经济结构、建设高标准金融科技服务示范区的提案》《关于改善营商环境、构建和谐劳动关系的提案》2件党派集体提案。其中《关于构建高精尖经济结构、建设高标准金融科技服务示范区的提案》在政协大会发言，并被评为优秀提案。年内，13位政协委员参与的团体、联组提案获得优秀奖，5位政协委员提案获得个人优秀提案奖。专委会组织课题组成员在全面把握区情基础上，有针对性开展调研活动，共提交10篇调研报告。其中，《北京市社区居家养老服务调研报告》《利用信用应用创新破解小微企业融资难的问题》两篇课题在民进北京市委立项；《关于我国基于区块链技术的加密警容行业的发展规划的建议》《加快完善中国未成年人网络保护法律体系的相关调研》《关于如何更好建立“金科新区”的建议》3篇调研入选《2019年民进北京市委调研成果汇编》。向西城区委统战部提交的《深化“街道吹哨　部门报到”改革，完善城市基层治理机制》获二等奖，《关于如何更好建立“金科新区”的建议》《社区居家养老服务调研》《关于中轴线地面改造与地下文物保护利用的调研报告》获三等奖。民进西城区委向民进北京市委和中共西城区委统战部报送信息170余条。其中《关于用新技术推动首都主流媒体加大媒体融合力度的建议》被市政协采用；《银行业要高度重视经营风险防范工作》《商业银行要强化事前防范，规避贷款风险》《防范金融风险应规范发展金融科技》《建设高标准金融科技服务示范区的建议》《扩大含铬皮革废碎料豁免范围，疏通其合法利用渠道》《“两翼”协同发展格局下应进一步疏解北京非首都功能》获得2019年民进北京市委社情民意信息三等奖。

（刘笑岩）

【组织建设】年内，民进市委实施市属支部属地化，高等教育出版社支部、北方昆曲剧院支部、中国轻工联合支部、国际图书贸易总公司支部、政法支部、新闻出版联合支部、北京大学人民医院支部、文艺联合支部、政府事业联合支部、科技联合支部共10个支部落户西城。发展新会员54人，其中硕士研究生17人，博士4人，占38.9%；中高级职称职务25人，占46.3%；教育、文化、出版界25人，占46.3%，医卫界5人，占9.3%，科技、经济、政府机关、新阶层及其他人士24人，占44.4%；平均年龄39.9岁。调入8人，调出3人，去世2人。

（刘笑岩）

【思想建设】1月，走访慰问老会员。3月，举办“浓情三八·品最美生活——民进区委2019妇女节葡萄酒知识讲座暨品鉴活动”；老龄委组织参观罗红艺术馆；参与区委统战部召开的党派工作会。4月，组织“不忘合作初心 继续携手前进”庆祝新中国成立70周年奥森健步行活动；老龄委组织天津蓟州梨木台春游。6月，组织“庆祝新中国成立70周年歌唱祖国”创意快闪活动。7月，举办“立足多党合作 共鉴历史伟业”2019年暑期培训班。8月，组织会员观看曲剧《方珍珠》、儿童剧《嗨，老爸》。9月，举办“不忘合作初心，继续携手前进”主题教育活动。10月，组织观看爱国主义教育电影《我和我的祖国》；老龄委组织河北定州古城重阳节登高活动。11月，举办民进西城区委主题教育培训班。年内，参加市委统战部、市社院举办的区级组织负责人培训班；组织区委委员参加区委统战部举办的民主党派区委委员培训班、政党协商会；组织委员、支部主任、骨干会员参加民进中央、民进北京市委、区委统战部等组织的“两会”精神座谈会、台湾形势讲座、统战大讲堂、学习实践活动经验交流会、“不忘初心，重温五四”民进青年活动；承办西城区统一战线“同心同行七十年 建功红墙展风采”庆祝新中国成立70周年文艺演出、助力结对的白纸坊街道开展“统战人士庆祝新中国成立70周年”文艺演出；组织开办西城民进大讲堂、传统文化暑期系列讲座、“民进人，民进情，民进事”征文活动、“我眼中的新北京”摄影展、“我和我的祖国”摄影展等。全年召开3次全委（扩大）会。截至12月底，参加培训活动共300人次。全年出版《西城民进》6期。

（刘笑岩）

【社会服务】年内，区委全面落实脱贫攻坚相关部署，充分发挥自身特点和优势，稳步推进社会服务工作。对口帮扶门头沟区，联合民进市委助力门头沟精品民宿发展，帮扶低收入村；开展“乡村教师培训计划”；向内蒙古自治区呼和浩特市攸攸板小学捐赠书籍400余册；5位专家参与区党派赴张北规划扶贫调研；区委与右北大街社区联合举办社区咨询日活动；参与民进市委暑期扶贫夏令营；向张北县捐赠航模器材；组织专家参加区非公企业“万企帮万村”工作座谈会；参与民进市委贵州黔西南州安龙县教育医疗帮扶活动；组织会员参加民进市委社会服务表彰工作会。

（刘笑岩）

【总结表彰】12月26日，民进西城区委召开总结暨表彰大会，150余人参加大会。民进北京市委、区委统战部领导出席大会并致贺词。会议表彰先进支部18个、年度人物9名、民进全国组织建设先进个人4名、议政调研先进个人10名、信息宣传先进个人18名、社会服务先进个人22名、参与新中国成立70周年庆祝活动先进个人9人、先进个人64名。

（刘笑岩）

农工党西城区委员会

【概况】中国农工民主党北京市西城区委员会（简称农工党西城区委）下设参政议政工作委员会、老龄工作委员会、妇女工作委员会、社会服务工作委员会、青年工作委员会、理论研究小组。有区委委员23人，其中主任委员1人，副主任委员6人，秘书长1人（专职副主委兼），副秘书长1人。截至年底，有基层支部32个，党员1269人。党员中有全国政协委员1人，市政协委员3人（常委1人）；区人大代表1人，区政协委员20人（其中副主席1人，常委4人，副秘书长1人）；西城区特约监察员3人。

地址：西城区牛街20号307、308室

邮编：100035

电话：83490517

（穆瑞华）

【参政议政】年内，在区政协召开的十四届三次全会上，农工党西城区委提交党派提案2件，《关于疏解北京非首都功能为主线 促进西城区人口、产业协调发展的提案》被区政协评为2018年度优秀党派团体提案。结合区政协、区委统战部双月协商会和议政会主题开展调研，冯帆在双月协商会作《关于对西城区基层治理的几点建议》主题发言，李伟在议政会作《关于西城区加强城区数字化建设和运营的建议》主题发言。党派调研《以疏解目标为指导的西城区人口调控思路及措施》《对西城区家医服务团队建设现状的调研与建议》《西城区应进一步推进中医药文化的传承与发展》《加强西城社区紧急医学救援能力建设构建减灾型社区的调研》分别获区委统战部2018年调研二、三等奖。年内，王秀玲执笔《诗歌（五首）》、冯帆执笔《七十年的记忆》获“同心同行七十年　坚定不移跟党走——首都统一战线庆祝新中国成立70周年”主题征文三等奖。年内，农工党西城区委向农工党北京市委、西城区委统战部报送各类信息136条。

（穆瑞华）

【民主监督】年内，落实中共西城区委统战部《关于支持民主党派区委成立民主监督工作机构的通知》，召开农工党西城区委监督专委会一次工作会议。根据区委统战部《西城区民主党派、无党派人士民主监督“背街小巷环境整治提升”专项行动工作方案》要求，开展“针对背街小巷——农工党西城区委在行动”系列工作，2019年是背街小巷专项民主监督工作收尾之年，6个背街小巷专项工作组继续深入对口联系的金融街街道和广外街道，对有所提升和仍需改善的情况开展明察暗访和调研工作，并将三年工作汇总上报区委统战部。

（穆瑞华）

【组织建设】年内，农工党中央常务副主席何维等领导一行，走访调研农工党西城区委宣武医院支部思想政治建设情况，就思想政治建设、参政议政、社会服务等方面情况进行交流座谈。农工党北京市委主委于鲁明等领导一行，走访调研农工党西城区委宣武医院支部，召开“深化医药卫生体制改革　推进医保政策实施”座谈会。年内，农工党北京市委主委于鲁明出席区委主题教育活动专题座谈会，区委汇报开展廉洁风险预警提示活动的计划安排，开展“不忘合作初心　继续携手前进”主题教育相关会议和系列活动。农工党西城区委班子成员坚持集体走访基层支部和所在单位中共党组织，以促进各基层支部按照区委的工作要求开展活动。做好新党员教育工作，履行新党员见面会制度，驻会副主委向新党员们介绍农工党党史及区委基本情况、主要工作。做好后备干部的培养考查，补充完善区委后备干部人才库。年内，农工党市委审批新党员34人，组织关系转入10人、转出1人，去世3人。

（穆瑞华）

【自身建设】年内，农工党西城区委先后开展“不忘合作初心　继续携手前进”“喜迎新中国成立70周年”等主题活动，教育引导农工党党员拥护中国共产党领导和多党合作制度，履行好民主党派的责任和使命。区委在福建宁德党校举办为期五天的党员骨干培训班，以理论授课和现场教学为主要形式，学习习近平在宁德工作时的好思想和好作风，透过“摆脱贫困之路”的宁德发展模式，回顾新中国发展的历程。年内，农工党西城区委获农工党中央2019年《前进论坛》征订发行工作先进单位和农工党北京市委2018年度先进集体。党员支修益科研项目“肺癌微创治疗体系及关键技术的研究与推广”获国家科学技术进步二等奖，92名党员获农工党北京市委2018年度优秀党员，3名党员获农工党北京市委2018年度参政议政先进个人，6名党员获农工党北京市委2018年度思想理论研究先进个人，3名党员获农工党北京市委2018年度社会服务先进个人，5名党员获农工党北京市委2018年度组织工作先进个人。全年编辑出版《西城农工》4期。

（穆瑞华）

【主要活动】年内，按照农工党北京市委和中共西城区委统战部的部署，开展“喜迎新中国成立70周年”系列活动，先后组织党员参观奥运印社，调研西城区三官庙“京都北韵禅乐”非遗传承与发展，赴北京市红十字会、999紧急救援中心开展“应急救护”培训和调研，观影《烈火英雄》《我和我的祖国》，录制诗朗诵微视频《可爱的中国》，参观北京展览馆“伟大历程　辉煌成就——庆祝中华人民共和国成立70周年大型成就展”。开展“不忘合作初心　继续携手前进”主题教育活动，举办主题教育活动培训和专题座谈会，召开学习中共十九届四中全会精神座谈会。

召开年度信息工作暨基层支部主任工作会议，对信息工作进行总结部署，对2018年度信息工作先进支部，信息工作先进个人，理论研究工作先进个人，调研工作先进个人进行表彰。

（穆瑞华）

【社会服务】年内，参加中共西城区对口扶贫工作，农工党西城区委组织医学专家前往阜平县中医院、张北县小二台镇卫生院开展义诊和医学讲座，对医院的整体情况进行调研，着力提升医院的医疗卫生管理质量和服务能力。落实农工党北京市委“京津冀结对帮扶”和“农工党名医工作室”工作，组织医学专家前往结对帮扶点河北衡水市冀州区医院举办大型义诊活动，开展“牵手怀柔雁栖　助力精准帮扶”主题活动，在怀柔区雁栖医院挂牌“农工党名医工作室”，并按计划每两个月组织医学专家开展义诊帮扶活动。落实农工党中央“星火计划”，做好精准扶贫工作，组织医学专家赴新四军根据地江苏省盱眙县天泉湖镇进行医疗帮扶，助力健康中国。落实中共西城区委统战部关于民主党派与街道对口联系制度，组织医学专家参加对口联系金融街街道在金融街购物中心广场开展的“共筑健康西城”义诊咨询活动。全年义诊受益群众约500人次。农工党西城区委所属展览路医院支部继续与怀柔渤海镇政府开展“居家养老与医养结合”合作，宣武医院支部组织党员到河北易县杏林医院开展义诊和带教服务。高岱佺医疗支援西藏拉萨，沈英医疗支援新疆石河子，赵炜医疗支援河北阜平，张秋实医疗支援河北张北，杜巨豹参加西藏比如县“医疗专家面对面”医疗扶贫活动，种屹峰参加北京市医疗专家赴阜平县帮扶交流活动，沈忠诚、刘军岗教育支援新疆和田。

（穆瑞华）

致公党西城区委员会

【概况】中国致公党北京市西城区委员会（简称致公党西城区委）下设参政议政工作委员会、社会服务工作委员会、文化工作委员会、老龄党员工作委员会、青年党员工作委员会和16个综合党支部，1个医疗卫生总支，4个单位支部。党员中有全国人大代表2人；市人大代表3人，市政协委员2人；区人大代表3人（其中常委1人），区政协委员21人（其中副主席1人、常委3人、副秘书长1人）；致公党中央委员3人（其中常委2人），致公党市委委员8人（其中主委1人、专职副主委1人、常委2人）。

地址：西城区牛街20号520、522室

邮编：100053

电话：83194292

（梁训新）

【参政议政】年内，提交2件党派提案。向致公党北京市委、区委统战部、区政协报送社情民意信息94篇。被中央统战部、全国政协、致公党中央、北京市政府、北京市政协、中共北京市委统战部、致公党北京市委等单位采用51篇。在区委统战部进行的2018年度参政议政工作评比工作中，区委提交的2篇调研报告获“2018年度西城区民主党派优秀调研成果二等奖”，1篇调研获三等奖。年内区委共提交调研报告6篇。

（梁训新）

【组织建设】全年新增党员50人，全区共有党员716人。年内，致公党西城区委举办全区干部和骨干党员暑期学习班，与区社院联合举办2次专题培训班。组织新党员参加致公党北京市委新成员学习班2次，参加区委统战部举办的西城区民主党派新成员培训班1次。完成区委第二届委员会届中民主评议。

（梁训新）

【自身建设】年内，召开3次主委会，3次全委会。举办党员迎新春茶话会、老党员祝寿会等活动，各专委会和支部也分别组织党员进行了调研察访、扶贫捐助、义诊服务、座谈交流、观看演出、郊游考察等活动。

（梁训新）

【社会服务】年内，医疗卫生总支部开展老党员健康关爱检查活动，为老党员和家属进行免费的综合健康体检。同时到首钢京唐公司和通州潞城镇开展了义诊活动。按照区委统战部的扶贫统一部署，到张北县小二台镇医院捐赠医疗器械。

（梁训新）

九三学社西城区委员会

【概况】九三学社北京市西城区委员会（简称九三学社西城区委）下设组织部、宣传部、办公室、参政议政工作委员会、社会服务工作委员会、青年工作委员会、妇女与老龄工作委员会、城市建设专委会、医药卫生专委会、文化教育专委会、经济科技专委会、社会法制专委会。截至年底，共有29个支社，社员1499人。区社员中有九三学社中央常委1人、委员2人，九三学社市委常委1人、委员8人；全国政协委员2人；市人大代表3人，市政协委员3人，市青联副主席1人、委员1人；区人大常委2人、代表3人；区政协委员17人；区法院人民陪审员15人；区青联委员6人。年内，区委被九三学社中央评为2019年度机关正规化建设交叉检查市级组织机关规范建设先进单位。

地址：西城区牛街20号510、512室

邮编：100053

电话：83490296、83495029

（宋淙淙）

【参政议政】年内，在参政议政工作委员会下成立5个专委会，分别为城市建设、医药卫生、文化教育、经济科技、社会法制专业委员会，任命各专委会正、副主任各1人，增补参政议政工作委员会副主任1人。向区委统战部报送调研报告7篇，被采用5篇，其中《弘扬文化自信、擦亮西城名片——关于西城区老城保护与振兴的调研报告》获调研报告评比一等奖；《加快升级转型、推进连锁经营、优化营商环境——“疏整促”专项行动对西城区商业影响的调研报告》获二等奖；《提升“夜经济”活力　让西城成为夜经济的网红打卡地》获三等奖。全年报送信息118篇，被九三学社中央采用4篇，全国政协采用2篇。向区政协提交提案两篇，其中《关于发挥科技对金融的支撑作用 推动西城金融科技发展模式创新的提案》获优秀党派团体提案。

（宋淙淙）

【民主监督】年内，受邀对德胜、天桥街道“疏解整治促提升”专项行动开展民主监督，选派10名规划专家担任全区8个街道的规划顾问，为街区规划提供决策咨询，为环境整治项目提供指导，与街道共同行动，推进“疏整促”工作取得新成果。

（宋淙淙）

【组织建设】年内，新发展社员109人，研究生学历86人，中级及以上职称75人。继续落实“人才强社”战略，对社员尤其是中青年社员进行了详细考察分析，将一批年富力强、有责任心和奉献精神的社员培养为骨干力量。组织建设与思想建设良性互动结合，组织中青年骨干社员赴山东临沂开展“不忘合作初心，继续携手前进”主题教育活动培训。向社市委优秀人才库推荐40余名中青年骨干。

（宋淙淙）

【制度建设】年内，根据实际工作情况，结合新时期对民主党派工作的新要求，制定《九三学社西城区委微信工作群管理办法》，加强信息交流平台管理，确保信息发布合规严谨。坚持主委会学习制度，主委会成员坚持参加各种研讨会、报告会和培训会，及时传达通报全国两会情况。健全档案管理制度，完善全区社员资料库、文书档案和照片档案。

（宋淙淙）

【思想建设】年内，根据九三学社中央、社市委“不忘合作初心，继续携手前进”主题教育的部署，成立由主委任组长的主题教育领导小组，学习贯彻中共十九届四中全会精神、习近平总书记系列重要讲话精神，制定主题教育方案，围绕“五四”“九三”等重要时间节点，开展主题教育活动。出版4期内部刊物《西城九三》，同步发布电子版刊物，用好博客、微博这两大新媒体宣传平台，加强舆论宣传和思想学习。

（宋淙淙）

【自身建设】年内，依托工作委员会和支社开展丰富多彩的活动。组织羽毛球团体邀请赛，来自社中央、社海淀区委、社朝阳区委的多支队伍参赛；组织食品标签识别、自制化妆品活动；举办基因编辑、宝石鉴赏、保险、遗产继承等各类讲座；举办合唱团、太极班、书法班、绘画班等，吸引社员参与；9月3日前，组织全区社员及家属观看影片，给九三人自己庆生。

（宋淙淙）

【社会服务】年内，根据自身特点和优势，开展扶贫帮困、医疗服务、社会公益等社会服务活动。赴内蒙古喀喇沁旗，向西桥镇宫营子小学捐助价值2万元的学习用品；组织7名社员医生到喀喇沁旗人民医院开展义诊活动、指导外科临床手术。疾控二支社向湖北恩施巴东县界岭村捐赠图书百余本；燃气集团支社向甘肃兰州清水县新城乡蒲魏小学捐赠棉衣43件；复兴医院支社联合一、三综合支社，为广外街道红居街“有氧街区”作科普讲座；发改委支社的“发枝荟”沙龙以西城为中心，辐射北京乃至全国；环保支社联合单位党支部连续3年为太阳村孩子们捐款捐物，种植爱心林；西城医卫支社、儿童医院支社在海淀温泉镇、延庆八达岭镇营城子村联合举办两次大型义诊活动；第三综合支社组织“彩虹的约定——心智障碍2019年九九公益日义卖活动”，关爱心智障碍家庭。

（宋淙淙）

【举办庆祝新中国成立70周年系列活动】组织近百名社员在德胜门箭楼录制微视频《我和我的祖国》、参观德胜街道办事处组织的新中国成立70周年书画摄影作品展；举办电影招待会，庆祝新中国成立70周年；选派3名区委委员参加国庆群众游行方阵；组织社员观看“同心同行七十年建功红墙展风采”西城区统一战线庆祝新中国成立70周年文艺演出，中央音乐学院支社主委彭康亮代表区委登台独唱；组织社员参加了社市委、区委统战部举办的各类庆祝建国70周年活动。

（宋淙淙）

台盟西城区委员会

【概况】台湾民主自治同盟北京市西城区委员会（简称台盟西城区委）有参政议政、社会服务、妇女工作3个专项工作委员会。有区委委员9人，其中主任委员1人、副主任委员3人、秘书长1人。截至年底，有2个支部，盟员114人。盟员中有全国人大代表1人（任常委）；市人大代表1人，市政协委员2人（其中常委1人）；区人大代表1人（任常委），区政协委员6人（其中常委2人）；台盟中央委员2人（其中主席1人）；台盟市委委员9人（其中副主委1人、常委3人）；区特约工作人员9人。

地址：西城区牛街20号514室

邮编：100053

电话：83495426

（胡　悦）

【参政议政】台盟西城区委《关于夜间经济发展现状与问题的调研》获台盟北京市委年度优秀调研报告二等奖，《关于社会参与学校治理的现状与问题研究》报告，获年度西城区民主党派调研成果二等奖。在区政协十四届三次会议上，作《提升普惠幼儿园建设水平，促进学前教育事业发展》大会发言，《关于西城区金融科技创新发展的建议》提案，被评为年度优秀提案；台盟的区人大代表提交1件代表建议案；区政协委员提交7件个人提案，其中1件被评为年度优秀委员提案。1位盟员在台盟中央“推进新时代我国区域经济高水平开放及高质量发展”协商议政论坛演讲中获最具魅力奖（一等奖）。在区政协和中共西城区委统战部联合召开的“聚焦首都城市战略定位，增强首都核心区服务保障能力”议政会上，台盟作《加强学校治理的社会参与，构建多方协作的育人格局》发言。参加西城区双月专题协商会2次。参加4次西城区政党协商会，对中共西城区委会工作报告和组织人事工作提出意见和建议。在“推进减量发展、创新发展、促进区域高质量发展”政党协商会上，作《构建优质服务平台，打造行业联动新生态》的发言。区委负责人列席中共西城区委十二届全体会议2次。派员参加“西城区监委第一届特约监察员聘任大会暨区纪委区监委监督工作会”，受聘担任特约监察员。参加区委统战部召开的“背街小巷环境整治提升”专项民主监督工作现场推进会。区委主委带队赴广内街道开展“背街小巷环境整治提升”专项民主监督活动。全年报送社情民意信息44条。台盟西城区委获台盟中央2019年市级组织参政议政突出进步奖。2位盟员被评为台盟市委年度参政议政先进个人。2位盟员获得台盟北京市委年度信息先进三等奖。台盟西城区委获年度西城区政协反映社情民意信息工作三等奖、西城区民主党派年度优秀信息单位，1位区政协委员被评为西城区政协年度优秀信息员。

（胡　悦）

【组织建设】7月3日是北京台盟组织成立70周年纪念日，撰写5篇纪念文章，举办纪念展板巡展。10位70岁以上30年盟龄的西城盟员获得荣誉证书。台盟北京市委主委陈军率队到西城区就推动组织建设等问题调研。北京市委统战部副部长刘先传一行到西城区围绕民主党派自身建设工作进行调研，台盟区委汇报工作并参与座谈。台盟区委召开5次主委会议、1次全委（扩大）会议，在区委统战部指导下开展班子届中民主评议。区委主委参加西城区四套班子主要领导与各民主党派、工商联负责人和无党派代表人士座谈会。领导班子成员参加台盟中央“领导班子建设工作会议”。市委委员和专职干部参加6次台盟北京市第十一届委员会理论中心组集体学习会。专职干部参加区委统战部加强中国特色社会主义参政党建设专题辅导培训会和台盟中央新媒体宣传骨干培训班。举办暑期读书班等，新发展4名盟员。组织新盟员参加北京市和西城区民主党派培训班，全年组织100余人次参加统战系统各级部门举办的学习活动20余项。参加台盟建盟72周年暨蔡啸同志诞辰100周年座谈会和原故宫博物院院长单霁翔“做中华传统文化的忠实守望者”主题讲座。在台盟中央“我为台盟自身建设献一策”征文活动中，1位盟员的文章获得三等奖。召开老盟员新春团拜会、举办三八妇女节联谊活动等。在台盟市委第十一届“同心杯”比赛活动中，台盟西城区委获得最佳团队奖。

（胡　悦）

【思想建设】参加“同心同行七十年•坚定不移跟党走——首都统一战线庆祝新中国成立70周年”主题教育活动启动仪式。在首都统一战线庆祝新中国成立70周年“与共和国同行”主题艺术作品展中，台盟区委报送的书法作品《政通人和》入选。参加西城区统一战线庆祝新中国成立70周年“同心同行七十年，建功红墙展风采”主题教育活动启动仪式，协办西城区统一战线“我和我的祖国”文化节系列活动。组织“同心同行七十年，建功红墙展风采”西城区统一战线喜迎新中国成立70周年文艺汇演，派员携乐队参与表演节目。撰写的《国庆节的日子》获首都统一战线庆祝新中国成立70周年主题征文活动三等奖。在台盟北京市委庆祝新中国成立70周年“我为首都建设献一策”活动中，报送25篇征文。举办“辉煌70载”庆祝新中国成立70周年微信答题活动。制作“致敬新中国，奋进新时代”沙画视频。8位盟员完成新中国成立70周年群众游行任务。制定《台盟西城区委开展“不忘合作初心，继续携手前进”主题教育活动方案》，开展主题教育活动，举办主题教育活动分享会及观影活动。召开主题教育活动民主生活会，建立主题教育微信领学群，由区委委员、专委会负责人、支部主任和专职干部推送学习材料，分享学习体会。在台盟北京市委“忆前辈、担使命”主题活动中，2位盟员讲述自己的父辈、祖辈参与新中国建设和台盟发展的故事。组织观看、收听习近平总书记在《告台湾同胞书》发表40周年纪念会上的重要讲话精神。参加全国“两会”精神报告会、中共十九届四中全会、中共北京市十二届十次会议精神宣讲报告会等。组织新盟员及待入盟台胞参加第九届“走近台盟、认知台盟”主题活动。编印刊发4期纸质版《西城台盟简报》，完成宣传报道100余篇，同期制作刊物全彩色在线电子杂志版，以微信链接形式向盟员、其他区级组织和统战群体等进行推送。通过“西城统战”和“北京台盟”微信公众号，展示台盟西城区委各项工作情况。

（胡　悦）

【涉台工作】新年，台盟西城区委与西城区总工会、西城区团委等单位共同举办“两岸青少年文化庙会”，邀请中央音乐学院在读台湾学生演奏民族乐曲，促进两岸同胞交流。关心中央音乐学院就读台湾学生，举办五四青年节联谊活动，参加2位台生的专业音乐会，送上毕业祝福。组织盟员参加3次“与经典同行——京台青年读书会”活动，与台湾青年畅谈心得体会。参与台盟北京市委第七届京台文化研习营暨第一届京津冀文化研习营。在台盟市委第十二届“交流与共享”研讨会上，与来自台湾的政党、社团、文教领域专家学者等坦诚交流。参加台盟北京市委台情报告会和研讨会。专职干部参加了西城区对台工作培训班。

（胡　悦）

【社会服务】参加第一季度西城区扶贫协作和支援合作工作调度会；参加区委统战部和区外联办召开的党外专家顾问参与张北县规划设计工作研讨会；参加西城统战系统赴门头沟区助推结对帮扶工作实地考察和座谈会。与结对的广内街道开展“七彩祝福美丽祖国”主题绘画共建活动，选出50件优秀作品展示。在台盟北京市委“同一蓝天下、共上一堂课”活动中，协调区委统战部、区教委等，促成北京志成小学与贵州赫章三小、甘肃果园小学的师生通过网络直播课形式，共享北京教育资源。在台盟北京市委“助梦启航”活动中，捐款3350元。在2018—2019年度“台盟之星”活动中，将捐款送到门头沟付家台中心小学优秀师生手中。持续第十六年开展环保公益活动，到昌平区开展植树活动。

（胡　悦）

（责任编辑　贾国平）

人民团体

北京西城年鉴2020

4月28日，第三届“西城青年之星”表彰大会召开（团区委 供图）

11月17日，西城区青少年科技创新大赛举办（区科协 供图）

三八妇女节前夕，西城区表彰十佳女企业家（区妇联 供图）

西城区总工会

【概况】北京市西城区总工会（简称区总工会）是中国共产党领导下的职工群众自愿结合的群众组织。区总工会受中共北京市西城区委和北京市总工会双重领导，负责指导全区各行各业的基层工会工作。区总工会机关设7部室：党建工作部、办公室、财务资产部、权益维护部、基层工作部、职工发展部、宣教网络部。在区委和市总工会的正确领导下，全区各级工会组织，以习近平新时代中国特色社会主义思想和党的十九大精神为指导，以迎接和庆祝中华人民共和国成立70周年为纲，深入学习贯彻党的十九届四中全会精神和习近平总书记关于工人阶级和工会工作的重要论述，扎实开展“不忘初心、牢记使命”主题教育，全面贯彻落实中国工会十七大、北京市工会十四大精神，在加强思想政治引领、构建和谐劳动关系、扩大基层组织覆盖、落实工会改革措施、推进产业工人队伍建设、竭诚服务职工群众等方面，做了大量的工作并取得了新的成效，为实现新时代西城高质量发展作出了贡献。

地址：西城区北营房东里12号楼（北区）

邮编：100037

电话：68300043

（刘　鹏）

【机构改革】2月21日，区总工会召开机构改革工作推进会，对区总工会机构改革工作进行部署，并宣布内设机构设置、各部室职责调整以及人员任免情况。改革后，机关内设党建工作部、办公室、财务资产部、权益维护部、基层工作部、职工发展部、宣教网络部；所属事业单位有区职工服务中心、区职工文化宫、区职工技能交流创新中心。年内，区总工会优化职能职责，完成区总工会机构改革。强化基层基础，先后建立金融、互联网、人工智能等区级行业工会联合会。落实职工群众共享活动阵地23处；在全市率先建立职工事务经费保障联席会机制；组织全区直属基层工会主席脱产轮训；招聘专职工会社会工作者126人，工会工作重心下移、力量下沉。创新方式方法，建立联系基层、联系职工制度，解决基层工会和一线职工诉求572项。利用银行、商店等场所，建设暖心驿站900家。推进“互联网+工会”，建成职工服务需求数据库、劳模推荐提名库，实现工会工作线上线下互动，服务职工群众全方位、全天候。改善服务供给，累计开发职工普惠、精准服务587项，参与职工达529248人次。《西城区总工会改革方案》提出的5个方面20条改革举措，65项具体改革任务均落实到位，将改革实践经验转化为区总工会制度35项。

（刘　鹏）

【二届九次委员（扩大）会议】1月14日，西城区总工会召开第二届委员会第九次全体（扩大）会议。市总工会党组副书记、副主席潘建新，区委常委、区委组织部部长程昌宏，区人大常委会副主任、区总工会主席李会增，区总工会党组书记、常务副主席张中喜及领导班子成员出席会议，区总工会第二届委员会委员、经费审查委员会委员、区总工会直属基层工会主席、工会干部及部分职工代表等100余人参加会议。会议听取审议并通过了《西城区总工会2018年工作报告》《西城区总工会经费审查委员会2018年工作报告》。大栅栏街道总工会、区直机关工会、91科技集团工会3位代表做交流发言。

（刘　鹏）

【迎新春劳模茶话会】1月21日，区总工会在湖广会馆开展以“劳动绽光芒　建功新时代”为主题的新春劳模专场慰问演出，区四套班子领导及工作在西城区的各级在职劳动模范、先进集体代表、职工代表等150余人共聚一堂，观看演出。活动现场，区总工会表彰了在“2018年绽放舌尖上的味蕾餐饮大赛”中获得优秀成绩的组织和个人。

（臧　璐）

【庆祝“五一”表彰大会】4月26日，西城区庆祝“五一”国际劳动节表彰大会在梅兰芳大剧院举行。区委书记卢映川，区人大主任杜灵欣，区政协主席章冬梅，市总工会党组副书记、副主席潘建新，区委常委、常务副区长孙硕等区其他领导及22位先进个人和先进集体代表、50名西城大都工匠参加。会上，李会增宣读了获得全国、市级先进集体、先进个人名单；区总工会党组书记、常务副主席张中喜宣读了获得西城大都工匠名单。卢映川代表区委、区政府、区人大和区政协向受到表彰的先进集体和个人表示敬意和祝贺，向辛勤工作在全区各行各业的广大干部职工致以亲切的问候和祝愿。

（臧　璐）

【国庆服务保障】年内，区各级工会组织第一时间进行专题研究，确定工作方案，强化问题导向，聚焦风险防范，安排专人政审，排查安全隐患，召开动员大会6次；报备检查倒查表179份；慰问全区国庆活动服务保障人员1.36万人次。走访慰问劳模，为27名全国劳模颁发庆祝中华人民共和国成立70周年纪念章。组织15名劳模参加国庆观礼活动，组织46名劳模和首都劳动奖章获得者分别参加了在人民英雄纪念碑、陶然亭公园高君宇烈士墓举办的公祭献花活动，组织200人参加国庆“同心筑梦”方阵的舞蹈表演，组织40人到大栅栏地区参加国庆安保执勤。投入资金91.05万元，为一线职工发放清凉慰问品近1万件，确保了国庆期间参与的各项服务保障工作万无一失。

（刘　鹏）

【劳模匠人管理】年内，首次从劳模提名库中选拔、推荐了2019年全国五一劳动奖和首都劳动奖的人选。评选出全国工人先锋号2个、全国五一劳动奖章1名、首都劳动奖状2个、北京市工人先锋号5个、首都劳动奖章13名。举办“峥嵘七十载，奋进新时代”五一国际劳动节表彰及在科技、园艺、非遗、餐饮、物业等特色行业开展“大都工匠”选树活动，评选西城“大都工匠”50名。成立西城区匠人联盟，通过西城“金剪子”“我是西城手艺人”等匠人品牌技能大赛，储备西城匠人300余名。以铸造劳模鼎、打造匠人一条街、建设匠人生涯步道、修建匠人主题公园、搭建匠人长廊等形式，在德胜街道、园林公园等7个区域，建成西城区“党建+工会”劳模匠人五星矩阵。创新职工刷卡积分兑换奖品的方式，提高了职工融入劳模匠人五星矩阵的参与率。投入经费43.65万元，组织291名劳模参加体检。组织656名劳模、先进职工及西城“大都工匠”参加市总疗休养活动。

（臧　璐）

【职工文体活动】年内，举办职工文化节启动仪式暨职工胡同微型马拉松、合唱比赛、台球比赛，与区直机关、体育局联合举办区直机关系统龙舟比赛，与区文化旅游委共同开展职工阅读行走活动。组队参加市总工会健步行、航空飞行员职业体验、羽毛球比赛。常年为职工提供舞蹈、合唱、电影、瑜伽等公益服务，职工文化宫舞蹈队先后参加北京、邯郸、广州、上海等地举办的舞蹈赛，获得国内冠军5项、国际公开赛冠军1项。

（张燕峰　王怀起）

【经费审查委员会工作】1月7日，召开第二届经费审查委员会第十次会议，审查区总工会上年度预算执行情况及财务收支管理情况、区总工会2019年预算（草案）编制情况及区总工会第二届经费审查委员会2018年度工作报告（审议稿）。8月8日，召开第二届经费审查委员会第十一次会议，会议审查区总工会1至6月预算执行情况及财务收支管理情况，听取区总工会财务部1至6月预算执行情况的汇报，对1至6月凭证进行了实地审计。11月21日，召开第二届经费审查委员会第十二次会议，审议区总工会年度本级工会经费收支预算调整情况；听取区总工会对直属基层工会经费的审查审计情况。12月25日，召开第二届经费审查委员会第十三次会议，审查区总工会1至12月预算执行情况及财务收支管理情况；审议西城区总工会第二届经费审查委员会年度工作报告（审议稿）。4月19日，区总工会召开年度经审工作培训会，特邀北京中路华会计师事务所注册会计师王建华为大家授课。区总工会经审会委员、全区各直属基层工会经审主任、区总工会特邀审计员100余人参加会议。

（韩悦彤）

【工会组织建设】年内，集中力量对辖区未建会企业税务系统数据进行核查，成功剔除央企、市属企业、外地集团式建会企业63

家，异地经营企业39家。研究制定《西城区机构改革有关工会组织关系及经费管理使用的意见（试行）》，指导完成13家成立直属基层工会组织、换届和更名等工作。推进建家、建站工作，建成广内街道、天桥街道工会服务站公共区域职工之家2家，华联综合超市股份有限公司工会、百盛商业股份有限公司工会等示范职工之家36家，新建会百人以上企业工会职工之家23家。全区新建独立工会118家，新发展会员22249人，累计采集合格会员220702人，完成全区社区联合工会换届工作，选举社区联合工会主席253人、副主席243人、委员927人。选好配强直属基层工会主席20名，完成全区各联合工会主席培训工作。

（赵彦芳）

【维护职工合法权益】年内，研究制定《职工队伍矛盾纠纷排查化解工作方案》，逐月开展职工队伍隐患排查。落实工资集体协商“四必谈”，印制《西城区落实〈北京市总工会深入推进集体协商行动计划（2015—2018年）〉经验材料选编》。细化集体协商质效评估体系，区百人以上企业质效评估优秀达标率达到80%以上。召开区厂务公开协调联席会议，审议通过《关于推进企事业单位“互联网+民主管理”工作的实施意见》。深入企业、车间开展“遵法守法，携手筑梦”普法宣传活动，发挥公益调解律师的作用，为52名职工提供法律援助服务。与劳动争议调解“六方联动”各成员单位沟通协调，进一步畅通劳动争议案件转送渠道，妥善处理并成功调解劳动争议案件120余件。落实区安全发展示范城区创建工作，研究制定《西城区总工会安全发展示范城区创建工作实施方案》。联合区应急管理局、区卫生健康委、区红十字会等单位，在全区开展职工安全健康保护进机关、进企业、进街道、进社区、进家庭活动，面向全区产业工人发放“动漫急救”App卡3万余张；开展“安康杯”竞赛活动；编写《劳动保护强基础 隐患排查保安全》手册，发放《法律常识一本全》《农民工城市生活指南》等图书，先后开展逃生演练、消防培训和安全练兵。下发“农民工市民化”宣传画1000余份，维护农民工的合法权益。

（刘世鹏）

【开展普惠服务】区总工会投入625.24万元，走访慰问劳模、参加国庆活动服务保障人员、快递员、困难职工等26897人次。区各级工会投入800万元组织送清凉活动，惠及职工14万余人。开展“春风行动”等工会专场招聘会，为困难职工提供就业岗位400余个。开展金秋助学活动，救助学生21人，发放助学金26万余元。研究制定《西城区总工会托管班经费补贴制度》，下拨经费补助36.07万元，开办儿童暑期托管10个班次。落实精准扶贫工作要求，投入89.25万元，完成河北省张北县、内蒙古喀喇沁旗、河北省阜平县、青海省囊谦县、内蒙古鄂伦春旗5个对口地区扶贫工作。

（臧璐　朱莉）

【群众性经济技术创新工程】年内，区总工会挂牌设立产业工人技能培训基地2家，启动西城区高技能产业工人素质提升三年计划。参加北京市职工厨艺比赛，与区科技园联合主办首届西城园职工科技创新大赛，开展“安居杯”物业管理技能竞赛。6月，区总工会代表北京市参加台湾高雄市第三届京台职工厨艺比赛，获创意金奖3项、银奖1项。

（李　伟）

【学雷锋日活动】3月5日，组织开展“学雷锋，做公益，助环保”旧衣物回收活动。机关工会干部职工向北京慈善义工联合会捐赠鞋子、床单、衣服、毛绒玩具等500余件。

（臧　璐）

【女工工作】“三八”妇女节前夕，组织120余名女职工到大兴区长子营顽宝农创基地参观，体验绿色蔬菜种植并进行环保酵素制作。组织300余名女职工体验团扇绘制，亲手制作团扇，劳动人民文化宫老师为大家解读中国扇文化、制扇工艺。为关爱女性职工，在区内建成母婴关爱室29家。

（臧　璐）

【职业介绍】年内，举行2019年“春风行动”专项活动，开展工会专场招聘会，为困难职工提供就业岗位400余个。涉及行政、人事、展厅服务、财务、综合维修、营养师、收银员等

30余个工种。

（臧　璐）

共青团西城区委员会

【概况】中国共产主义青年团北京市西城区委员会（简称团区委）是西城区先进青年的群众组织。团区委下设办公室、组织部（社会部）、宣传部、统战部、权益部5个部室和直属事业单位北京市西城区志愿服务指导中心。西城区未成年人保护委员会（简称区未保委）办公室设在团区委。主要职责是积极发挥党联系青年的桥梁和纽带作用，组织青年、引导青年、服务青年、维护青少年权益，指导全区各级团组织开展工作。年内，西城团区委围绕中心、服务大局，高标准完成新中国成立70周年庆祝活动服务保障任务，积极投身推动区域社会经济发展的各项工作，结合实际需求，竭诚服务青少年成长发展，构建区域志愿服务体制机制，全面推进“聚力·金融街”党建中心和社区青年汇建设，推动西城共青团事业全面发展。截至年底，西城区共有团组织1470个，其中基层团委78个，基层团工委19个，基层团总支27个，基层团支部1346个；有团员15540名，团干部2188名，其中专职团干部59人，兼职团干部2129人。团区委下辖46个直属团组织，其中机关事业单位团组织21个，国有企业团组织18个，非公企业团组织7个。

地址：西城区南菜园街51号

邮编：100054

电话：83975420

（何　铮）

【思想政治建设】年内，深入学习贯彻习近平总书记在纪念五四运动100周年大会上的重要讲话精神。组织各级团组织开展“青春心向党　建功新时代”主题团日活动100余场。举办专题学习班、交流分享会300余场，参与团员青年1.3万余人次。结合“青年大学习”推送微团课，打卡学习人次达10万。开展第三届“西城青年之星”评选表彰，设立“红墙卫士之星”等10个奖项，35名个人和15个集体获奖。发起网络点赞，阅读量达10万+，点赞62万余次，同比增长124%。开展“我和我的祖国”主题教育活动，收到征文作品206篇，朗诵作品64个，短视频作品29个。开展“祖国，我要对你说”“我要成为飞行员”等活动。发挥青年先锋讲堂平台作用，组建“青年讲师团”，开展宣讲50余次。发挥“青春西城”微博、微信、快手、抖音、头条号等新媒体平台作用，微信公众号增设“西游记”“青年讲堂”“志愿播报”等原创栏目，推送文章503篇，年总阅读量达83万，各类平台“粉丝”5万余人。线上线下推出“穿越时空玩转故宫”“书香满西城”等活动，覆盖青年5000余人。联合区委网信办开展“我在西城为祖国庆生”12小时超长直播，打造200余名团员青年组成的网络文明志愿者队伍。

（肖　珊）

【未成年人保护和预防犯罪】为区中小学配备法治副校长123名，配备率达100%。将法治教育延伸至幼儿阶段，为区内84家幼儿园配备了法治副园长。年内，面向全区法治副校长，开展少年法治教育工作培训会，将社区青教主任纳入培训范围。组织合适成年人工作培训，规范管理和使用流程，派出合适成年人42次。在区15个街道开展寒暑假“星光自护”活动47场，将“皮皮鲁送你100条命”假期贴士课程引入学校，覆盖青少年1300余人次。连续20年坚持开展“西检杯”中学生思想道德法律知识竞赛，年内组织的赛事有33支代表队参与，通过“一直播”平台直播后，3小时内获得57万人次的浏览量。依托区内250余个社区，发放“唱响国歌　守护国旗　致敬国徽”主题系列宣传折页3000余套。精心制作普法Flash短片“唱响国歌　守护国旗　致敬国徽”，在区内社区青年汇及中小学展播。

（王　迪）

【“面对面”调研】年初，撰写的《西城区小微企业从业青年社会参与》调研报告，在2019年团中央面对面调研活动中获地市级一类调研报告。协助1名区政协委员在区“两会”期间，就《关于加强西城区小微企业从业青年社会参与问题》形成委员提案，提交区政协大会。年底，以

"引导青年参与基层社会治理创新"为主题，开展"面对面"调研并形成调研报告，邀请22位市、区人大代表、政协委员及相关行业人员召开面对面座谈会，推动代表、委员两会期间为青年发声呼吁。

（王　迪）

【发挥"阳光地带"的作用】年内，团区委着力提升"阳光地带"社区青年汇工作水平，发挥"阳光地带"在维护青少年合法权益、服务青少年健康成长、预防青少年违法犯罪方面的作用。制定《西城区阳光地带社区青年汇绩效奖励办法（试行）》，为社工提供生活、活动、硬件等各项保障，从制度和资金上落实对社工的培养及绩效奖励等，创造社工间形成良性竞争的氛围；强化总干事对"阳光地带"运行及社工的指导与监督，有效提升帮扶效果。"阳光地带"社工开展个案30例，组建小组4个。持续开展"阳光进校园"自护与法治课程公益巡讲项目，开展青少年权益维护讲座、禁毒法治宣传等公益巡讲49场，覆盖青少年3万余人次。

（王　迪）

【精准帮扶区域困境青少年】年内，团区委组织各街道对帮扶对象进行新一轮摸排，核准"北京共青团"线上系统库内人员信息，为社会救助兜底保障奠定基础。实施区级精准帮扶项目5个，涉及经济资助、教育辅导、个案帮扶、情绪管理、才艺培养、艺术体验等服务内容，其中包括：寻求党委政府及其他群团组织的支持，向区民政局、红十字会申报"七彩梦""寒窗助学"帮扶项目，为帮扶对象提供经济资助和才艺陪伴资金5.4万元；持续四年实施"青春助跑·学习伙伴"项目，招募大学生志愿者牵手30名精准帮扶对象，提供生活陪伴和学业辅导；组织300名困境青少年及家长观看儿童剧"古风京韵　武动猴山"；组织65名青少年参加"穿越时空　玩转故宫"活动。依托"青桥计划"，下沉区级帮扶项目4个，涉及心理咨询、学业辅导等，服务资金达8.8万元。集中开展共青团"两节送温暖"活动，向135户困境青少年家庭发放慰问金8.7万元，慰问物资54份。为34名生活困难家庭青少年发放"希望之星1+1"助学金3.99万元。

（王　迪）

【中韩大学生交流活动】3月27日，在翔达大厦举行欢迎晚宴，接待中韩青年志愿者交流营（未来林）一行130人来西城区进行为期一天的交流访问。安排来访者在北京坊体验了非物质文化遗产制作。

（陈晓蕊）

【"红墙助学"爱心帮扶活动】年内，组织区青联委员先后4次赴河北省阜平县、张北县和内蒙古自治区喀喇沁旗开展"红墙助学"爱心帮扶活动，发放"红墙助学金"1.26万元，捐赠价值9.1万元的学习礼包455套；动员青联委员捐赠图书绘本1500余本、体育用具80套、保暖衣物120余件，电脑、打印机、投影仪等设备5万余元。与当地教育局、团县委、企业召开扶贫工作对接工作会，了解当地实际需求困难，为后续制定多项帮扶措施，形成一对一精准帮扶打下基础。

（陈晓蕊）

【为大型活动提供志愿服务】4月25至27日，第二届"一带一路"国际合作高峰论坛在京开幕。西城区在15个街道客流量密集的商场和旅游景点设立城市运行志愿服务点位，为市民和国内外游客提供信息咨询、便民和应急服务、语言翻译体现所在地特色的志愿服务。发放北京市地铁图和西城区旅游图9000余份，360名西城青年志愿者累计服务4600余人次，服务时长4800小时。6月2至9日，组织44名志愿者赴延庆参加2019北京世园会志愿服务，志愿者在欧洲馆和国际组织馆完成为期7天的志愿服务。为庆祝建国70周年，招募4161名志愿者分为庆典服务、外围保障、游园志愿者和城市志愿者四大类，12个志愿服务岗位。其中1161名志愿者直接服务于国庆当天的庆祝大会和联欢活动，78名志愿者承担10月1至2日的国庆游园活动志愿服务保障工作，2922名城市志愿者在9月1至10月30日参与全区15个城市志愿服务站点和重点社区志愿服务。

（李彬彬）

【完善志愿服务工作体系】年内，参与西城区新时代文明实践中心创建工作，制定《西城区加强新时代文明实践志愿服务工作措施》，推动新时代文明实践志愿服务工作向科学化、制度化、规范化、常态化发展。正式发布《西城区志愿服务三年行动计划（2019—2021）》，科学规划西城区志愿服务工作，充分发挥志愿服务在加强社会建设、创新社会治理、提升社会文明、促进社会和谐的优势和作用。

（李彬彬）

【志愿者规模与荣誉】截至年底，有实名注册志愿者298715人，占全区常住人口的24%，年内，开展志愿服务项目4896个，记录时长348万小时，注册志愿团体5144个。志愿至美——区级志愿服务模式研究项目、“爱满夕阳青春助老”北京市西城区金融法律知识进社区志愿服务项目、新时代小先生志愿讲解项目获得第十二届中国青年志愿者优秀项目奖。

（李彬彬）

【聚焦青年再组织化】结合西城区区位特点，采取党委领导、政府支持、公益性服务、项目化运作的方式，推动“聚力·金融街”阵地建设，并形成党建带团建的工作品牌；围绕“精准回应需求，精心设计项目，注重培养骨干，注重实际成效”的整体要求，依托“两微一端”线上平台，通过组织化、社会化、再组织化的过程，实现对金融从业人员的服务、凝聚、引领；发挥青年自组织优势，成立足球、篮球、读书、金融、话剧、志愿服务、交友联谊、舞蹈、瑜伽、亲子、绘画、乐器、美食、时尚等18个社团自组织；开展以“聚”为主题的七大类活动1312场，覆盖青年3万余人次，微信关注量超6000人，累计阅读量达1.8万人次。

（杨　超）

【社区青年汇建设】年内，团区委在团市委《关于做好社区青年汇巩固提升第二阶段工作的意见》的指导下加强工作统筹、不断夯实提升，修订《西城区社区青年汇绩效奖励办法》。区内24家社区青年汇开展市级、区级、事务所及自主等各类活动1300余次，参与青年2.73万余人次。举办区级品牌活动“书香满西城”“聚力篮球赛”，创新性地开展“逐梦冬奥　汇聚力量”等迎冬奥主题品牌项目，参与青年480余人次。在“社区青年汇专项考核评估”中获精品活动1个、优秀群体活动3个、优秀项目5个。在年度考核评估中，西城区6家社区青年汇被评为市级“优秀社区青年汇”，占全区社区青年汇的25%，高于全市20%的平均水平，优秀率列城六区第一名。做好社区青年汇专职社工激励保障工作，通过为社工发放不低于市级奖励、给予交通补助、组织社工体检、制作专职社工工装等措施，提高专职社工的个人保障。

（杨　超）

【青桥计划】结合“四个中心”建设，鼓励各直属团组织将共青团工作以项目化运作的形式向团区委申请支持。团区委对符合青年需求和申报规范的服务项目给予资金支持，解决部分基层团组织和社区青年汇活动资金不足的问题，为基层团组织输送资源，调动基层团组织想做事、做成事的工作热情，发挥主观能动性。项目分为精准帮扶、团建创新、社区青年汇建设等三个类型，包括学习贯彻党的十九大精神、助力2022年冬季奥运会、文化传承、国际文化交流、科技创新普及、青少年权益维护、青年交友联谊、志愿服务、背街小巷治理等。从全区各直属团组织、基层团组织、各社区青年汇上报的40余个项目中评议筛选出34个入围项目予以经费执行，分别为“精准帮扶”4个、“团建创新”10个、“社区青年汇建设”20个，投入70余万元。截至年底，“青桥计划”活动235场，服务覆盖青年10356人次。团区委还委托第三方社会组织，组建专家组，从项目申报、中期评估、终期结项等关键环节对项目予以支持和指导，并委托专业社工对项目中的153场活动进行深度监测，面对面当场对活动进行评价和指导，助力提升活动效果，达到良好的社会服务和示范引领作用。

（杨　超）

【群众游行方阵组织工作】按照市庆祝大会服务保障和游行指挥部工作安排，西城区作为第四分指挥部第35方阵主责单位，北京建筑大学为配合单位，共同成立总队。总队由3221人组成，其中西城区组织各界群众代表2060人，北京建筑大学组织师生代表1161人。区委确立由区委组织部牵头成立专班，团区委落实具体工作，与北京建筑大学密切配合的工作体系。为做好本次群众游行工作，第35方阵历时138天，参与训练、合练、演练及正式活动共计30次，累计训练时长249小时，步行里程数超400公里，行走步数近52万步，先后被群众游行总指挥部授予“‘精彩70’最佳训练效果方阵”流动红旗，被第四分指挥部授予“‘精彩70’最佳方阵”和“国庆70周年群众游行合练验收优秀方阵”流动红旗。团区委认真贯彻落实中央、市区委关于群众游行工作的会议精神，将国庆70周年服务保障工作作为“不忘初心，牢记使命”主题教育的重要载体和生动实践，积极践行“红墙意识”，以追求完美、做到极致的工作态度，全力以赴，高水平、高质量完成了各项任务。

（杨　超）

西城区妇女联合会

【概况】北京市西城区妇女联合会（简称区妇联）是在中共北京市西城区委领导下的各族各界妇女为进一步发展而联合起来的社会群众团体，是党和政府联系妇女群众的桥梁和纽带。下设办公室、组织联络部、权益发展部、宣传教育部、妇女儿童工作委员会办公室、妇女儿童发展中心6个办事机构。年内，区妇联全面深入学习贯彻党的十九大精神，以习近平新时代中国特色社会主义思想为指导，树立“政治意识、大局意识、核心意识、看齐意识”，践行“红墙意识”，落实西城区妇联改革实施方案，以家庭文明建设为重点，以维护妇女权益、促进全面发展为主线，扎实推进“十三五”妇女儿童规划实施，动员引领全区广大妇女在西城区新时代发展中发挥半边天作用，圆满完成各项任务。

地址：西城区广安门南街68号
邮编：100054
电话：83976200

（申　骏）

【“两节”送温暖活动】1月，区妇联启动元旦春节期间走访慰问活动，慰问老妇救会主任、患“两癌”贫困妇女、单亲特困母亲、纯老年人家庭困难妇女、低收入困难妇女、困难儿童等各类困难人员400余人，金额共计18.5万元。

（邱兴玉）

【恒爱温暖行动】1月25日，区妇联在广内街道老墙根社区服务站举办“百万家庭亲情一线牵”恒爱行动启动式暨失独家庭“迎新春、送祝福”活动，市妇联副主席马红萍以及40多名失独家庭成员参加活动。4月23日，区妇联将爱心人士编织的123件毛衣，全部寄给新疆和田地区贫困儿童。

（周惠娟）

【“两癌”免费筛查】2月1日，区妇联、区卫计委联合启动2019年乳腺癌、宫颈癌免费筛查。年内完成宫颈癌筛查7831人，乳腺癌筛查7929人，其中25人宫颈癌前病变，2人确诊宫颈癌，8人确诊乳腺癌。

（邱兴玉）

【二届四次执委（扩大）会】2月26日，区妇联召开二届四次执委（扩大）会议。区妇联第二届执委、街道主管领导、部分市区妇女代表、各委办局女工干部、区妇联机关干部等120余人参加会议。会上，区妇联党组书记、主席李高霞代表常委会作工作报告；2名执委述职；区委常委、区委组织部部长程昌宏出席会议并讲话。

（刘洪娟）

【“三八”庆祝活动】3月3日，区妇联在天桥艺术中心举办“家国情·同欢庆”，西城区庆祝“三八”国际妇女节主题家庭日活动。区委书记卢映川，区政协主席章冬梅，区委常委、常务副区长孙硕；区委常委、区委组织部部长程昌宏，区委常委、区委办主任徐利，区人大常委会副主任沙秀华，副区长郁治，市妇联副主席马红萍等领导出席。各界妇女及其家庭成员近3000人参加活动。活动分为表彰“十佳女企业家”、室内家庭体验、户外体育运动三个部分，展示了西城区巾帼建功创建、家庭文明建设、维护妇女儿童合法权益等方面的工作成果，通过传统文化与现代科技成果的系列体验，营造西城家庭共度“三八”节的浓厚氛围。同时启动2019年西城区寻找“最美家庭”活动，举办“鲜花点亮生活”西城区第三届家庭插花大赛。

（谢　军）

【家庭阅读系列活动】3月3日，区妇联在天桥艺术中心，启动2019年“书香·家·春秋”家庭阅读系列活动。年内共举办了4场，通过图书漂流、主题阅读、书评大赛、朗诵大赛、书香家庭评选等多元活动，为书香家庭建设提供了丰富的内容，约千余人参加。

（谢　军）

【中韩园艺推广基地揭牌仪式】3月5日，区妇联在区园林绿化局西单园艺推广基地，成立中韩园艺推广基地，引入韩国特色的花艺园艺职业教育课程，带动妇女职业技术发展，助力妇女创业就业。

（邱兴玉）

【“三八”维权周活动】3月22日，区妇联在“三八”维权周期间，联合公检法司等10个部门，在人定湖公园举办“法润西城喜迎70华诞”——“三八”维权普法宣传活动，以宣传《中华人民共和国宪法》为主要内容宣传预防和制止家庭暴力、禁毒、防邪、防艾滋病等知识，引导群众办事依法、遇事找法、解决问题用法、化解矛盾靠法的法律意识，现场500余名群众参加。

（邱兴玉）

【处级女领导干部庆“三八”活动】3月25日，区妇联以“百花‘旗’放、巾帼风采”为主题，在北京红楼公共藏书楼举办西城区女领导干部庆祝“三八”国际妇女节活动，邀请那氏传统旗袍第三代非遗传承人徐冬讲解旗袍文化。副区长郁治出席活动并致辞，近百名女领导干部参加。

（刘洪娟）

【“妇女之家”项目建设】3月，区妇联启动2019年“妇女之家”项目建设工作，年内建立街道级“妇女之家”10个、新领域“妇女之家”8个，“妇女之家”建设项目立项29个，内容涵盖教育培训、社区文化、家庭建设、亲子教育、帮扶救助、创业就业、节能环保等，下拨经费76.8万余元，受益人数2.5万余人次。

（刘洪娟）

【启动西城妇联口述史项目】3月，区妇联以“岁月流金”为主题，启动西城妇联口述史项目，通过图片、文字、音频、视频等，挖掘历代妇女工作者的奉献故事，为后代留存宝贵的妇女工作史料、记忆与档案。

（谢　军）

【专题宣传教育活动】4月13日，由全国妇联主办的“巾帼心向党　礼赞新中国”群众性宣传教育活动全面启动，西城区德胜街道新风中直社区与全国31个省区市的千个社区“妇女之家”同步开展活动。全国人大常委会副委员长、全国妇联主席沈跃跃，全国妇联副主席、书记处书记吴海鹰，全国妇联宣传部部长刘亚玫，市委常委、市委组织部部长魏小东，市妇联党组成员、副主席赵丽君，市妇联副巡视员孙凤兰，区委书记卢映川，区人大常委会主任杜灵欣，区政协主席章冬梅，区委常委、区委组织部部长程昌宏等领导出席活动。

（谢　军）

【社区妇联完成换届选举】4月底，区内259个社区妇联完成换届选举工作，共产生社区妇联主席259人、兼职副主席521人、执委3905人，社区妇联主席100%进社区党委、居委会。

（刘洪娟）

【二届五次执委会】5月7日，区妇联召开二届五次执委会，65名执委参加会议。大会审议通过《西城区出席北京市第十四次妇女代表大会代表选举办法（草案）》，采取无记名差额选举方式，选举产生西城区出席北京市第十四次妇女代表大会正式代表28名。

（刘洪娟）

【国际家庭日主题活动】5月11日，区妇联在红楼公共藏书楼举行2019年“相伴同阅读　共抒家国情”国际家庭日暨“书香·家·春秋”第八季主题活动，市妇联副主席马红萍及“最美家庭”代表近百人参加活动。

（周惠娟）

【慰问困难儿童】“六一”儿童节前夕，区妇联对15个街道的29户孤残、大病、单亲困难儿童家庭进行入户走访慰问，送去慰问款2.9万元。

（周惠娟）

【基层妇联干部培训班】5月30至31日，区妇联在西城区经济科学大学举办基层妇联干部培训班，邀请全国妇联原组织部部长张黎明、北京市协作者社会工作发展中心主任李涛授课，同时区妇联各科室负责人介绍了妇联的工作职责和科学的工作方法。街道社区两级妇联主席近300人参加培训。

（刘洪娟）

【组建“巾帼心向党”宣讲团】6月21日，区妇联以“砥砺奋进的五年”为主题，组建由最美家庭代表、巾帼建功标兵、“三八”红旗手等9名成员组成“巾帼心向党”宣讲团，向广大家庭宣讲红色家风故事、宣传优秀人物典型事迹、弘扬家庭传统美德。全年宣讲团走进社区、机关、企业等开展宣讲12场。

（谢　军）

【“扶贫助困献爱心”募捐活动】6月10日、13日，区妇联分别在区妇联机关、北京国际茶城满堂香悦茶会召开“扶贫助困献爱心”募捐动员部署会，截至7月15日共收到社会各界捐助善款63.5万余元。

（刘洪娟）

【“巾帼苑”文化体验活动】7月18日，区妇联以“妇联邀您回娘家”为主题，在老舍茶馆启动“巾帼苑”多元文化体验系列活动，以此进一步团结凝聚各行各业优秀女性。年内围绕茶、花道、香道、中医、服饰搭配等文化知识，开展体验活动8期，受益女性200余人。

（刘洪娟）

【“我是小小摄影家”夏令营】7月13日，区妇联启动第六届“我是小小摄影家”夏令营活动，以“见证——我眼中的中轴线”为主题，鼓励孩子们通过多角度拍摄北京中轴线，感受千年古都的风采，抒发对祖国的热爱之情。100余户家庭的孩子参加活动，70余幅摄影作品获奖，获奖作品在首都博物馆展出。

（佟汉颖）

【“名师家教讲堂”进社区】暑期，区妇联围绕安全知识宣传教育、安全主题实践、传统文化体验等内容，将15场名师家教讲座送进社区，600余户家庭参与活动。

（周惠娟）

【妇委会（妇工委）主任培训班】7月10日，区妇联在翔达商务大厦举办区党政机关事业单位妇委会（妇工委）主任培训班，邀请全国妇联原组织部部长张黎明、北京服装学院服装艺术与工程学院副院长杨洁授课，近100人参加培训。

（刘洪娟）

【接待日本妇女代表团】8月27日，区妇联接待了以众议员、前总务大臣野田圣子为团长的日本执政党女国会议员代表团一行6人，到西城区考察妇女创新创业工作。区妇联向代表团介绍了区帮扶妇女就业创业的相关政策及工作成效，满堂香茶叶公司作为市妇联“巾帼科技汇”项目单位和西城区女大学生创业基地，介绍了企业在促进妇女创业就业方面的做法。代表团参与了茶饼手工流苏制作体验。

（刘洪娟）

【中秋晚会】9月9日，区妇联在梅花桩拳武术文化博物馆举办“月圆京城，情系中华——巾帼心向党，同心同行70年”西城区各界妇女庆祝新中国成立70周年中秋晚会。区内各界妇女代表100余人欢聚一堂庆祝祖国70华诞，欢度中秋佳节。

（谢　军）

【女干部领导力提升培训班】10月29至31日，区妇联联合区委组织部，在天湖酒店举办2019年西城区女干部“不忘初心、牢记使命”领导力提升专题培训班。培训班围绕涉外发言演讲技巧、新时期家庭建设发展趋势、红色家庭双百人物、百年北京中轴线等内容开设课程，处级女干部、区妇联执委、区妇联机关干部约80余人参加培训。

（刘洪娟）

【六地区巧娘作品联展】11月18至24日，区妇联以“助力巾帼扶贫”为主题，在华方艺术中心举办为期一周的巧娘作品联展。西城区和门头沟区、河北省阜平县、内蒙古自治区鄂伦春自治旗和喀喇沁旗、青海省囊谦县6个地区的30余名巧娘代表参加，400余件富有地域特色的巧娘手工作品参展。其间开展了巧娘素质培训和学习交流活动，成立扶贫销售联盟，开通线上线下销售渠道，搭建起集交流、培训、销售、推广为一体的服务平台。

（邱兴玉）

【妇女儿童工作会】11月28日，区妇儿工委召开西城区2019年妇女儿童工作会。会议通报了区

“十三五”妇女儿童规划中期评估情况并部署下一阶段工作安排，区妇儿工委主任、副区长李异，以及区妇儿工委各成员单位的委员和联络员120余人参加会议。

（周惠娟）

【婚姻家庭纠纷人民调解委员会成立】12月6日，区妇联召开西城区婚姻家庭纠纷人民调解委员会成立仪式，区委常委、区委政法委书记王旭为“西城区婚姻家庭纠纷人民调解委员会”授牌。15个街道也同时成立婚姻家庭纠纷人民调解工作室。

（邱兴玉）

【“西城最美家庭”揭晓】12月16日，区妇联举办2019年“西城最美家庭”揭晓活动，揭晓“西城最美家庭”158户。区内各级妇联干部、“最美家庭”代表等200余人参加。年内，区涌现出2户全国“最美家庭”、2户“首都最美家庭标兵”、18户“首都最美家庭”。

（周惠娟）

【幸福女性大讲堂】12月15日，区妇联在椿树书苑录制微课堂“婚书的故事”，至此2019年“幸福女性大讲堂”项目系列活动全部结束。共开设课程55节，受益人数近2000人，在线点击接近2000次，内容涉及家庭教育、心理调适、健康养生、应急救治、绿植园艺、传统技艺、美容常识等。

（佟汉颖）

【妇女儿童服务项目供需对接会】12月27日，区妇联在区综合行政服务大厅召开西城区妇女儿童服务项目供需对接会，区妇联科室、15个街道妇联作为需求方，全市百余家社会组织、企业单位作为供应方，共同参加了此次对接会。对接会上，供需双方进行了详细咨询和深入洽谈，部分项目双方已达成初步合作意向。

（申　骏）

【街道配备妇联专职社会工作者】年内，区妇联突破改革难点，争取财政专项资金支持，通过政府购买岗位的方式为街道妇联配备30名专职工作者，进一步壮大基层妇联力量。

（刘洪娟）

西城区科学技术协会

【概况】北京市西城区科学技术协会（简称区科协）是北京市西城区科技工作者的群众组织，是中共西城区委领导下的人民团体，是区委、区政府联系科技工作者的桥梁和纽带，是推动科学技术事业发展的重要力量，是北京市科学技术协会在西城区的地方组织。有区级学会、协会10个，街道科协15个，企业科协5个，会员近3万人，区级科普教育基地64个。年内，开展“不忘初心、牢记使命”主题教育，推进落实系统改革任务；贯彻落实《中华人民共和国科学技术普及法》和《全民科学素质行动计划纲要》，建设全国科普示范区，提升区域公众科学素质，促进科技强区、科普益民、服务民生。举办全国科技工作者日纪念活动，组织第二届“春之声科普汇”、第二十一届科普之夏、科普日等活动，参加全国第三十四届青少年科技创新大赛、第十九届中国青少年机器人大赛和北京第三十九届青少年科技创新大赛等赛事，组织相关学（协）会开展学术交流和科普服务，开展形式多样的社区科普活动。

地址：西城区广安门南街68号
邮编：100054
电话：83976206

（樊士广）

【政治引领】年内，区科协通过组织委员参观践学，深入街道科协、社区科普协会、科技类学协会、企业科协开展调研，宣讲、交流以及参加全国科技工作者日等活动，学习贯彻党的路线方针政策，领悟习近平总书记在全国“科技三会”上的重要讲话精神和建设世界科技强国有关重要论述的精髓、要义。推荐优质科普资源——北京科学中心加入西城区首批新时代文明实践中心，开展专题讲座、组织参观实践等科普服务百余场，营造“我和我的祖国共同进步、共同成长”的良好氛围，接受区委巡察和计大数据分析检查。

（樊士广）

【科协系统改革】年内，落实科协系统改革要求，推进科协事业改革发展。建成广泛覆盖民众的街道科协、社区科普协会、重点覆盖科技类社会组织的学协会、覆盖企业科技工作者的企业科协等覆盖面广的基层科协组织体系。成立企业科协5个、院士专家工作站2家，中检科院士专家工作站在进站专家与企业的合作中取得阶段性成果。发挥企业科协组织引领作用，组织“新媒体时代下企业产品营销”等主题科技创新沙龙3期、“科技工作者面对国际化新形势的问题”交流专场。为壮大科普资源队伍，探索科普资源服务管理途径，组织推介活动2场。引导60余家科普资源单位对接街道社区，开展科普活动100余项。

（樊士广）

【服务人才发展】年内，广泛动员科技工作者参加推优荐才活动14项。分别推荐“百千万人才工程”候选人1名、第二十二届茅以升北京青年科技奖候选人1名、首届北京青年学者候选人1名；推荐“首都优秀科技创新成果”5项、京台青年科学家论坛学术论文5篇；征集57篇作品参加第十五届北京青年优秀科技论文评选，获评10篇，获优秀组织单位奖。北京宣武青少年科技馆杨海燕获第三十四届全国青少年科技创新大赛“十佳科技辅导员”。

（樊士广）

【服务决策和创新】年内，组织“老城保护我建言　西城发展谱新篇”“5G时代对我们现实生活的影响”“奋斗新时代聚力健康梦”主题学术交流，开展《国家中长期科学和技术发展规划纲要（2006—2020年）》、科技工作者健康状况和人才计划问卷调查、“建箴言促发展”信息报送和形势任务研讨及主题培训，拓展科技工作者建言献策渠道。办理并答复区政协委员“推广社区科普教育新型模式，提升社区服务职能”提案，引导科技工作者为区域经济社会发展建言献策。

（樊士广）

【春之声　科普汇】年内，组织6场“读科普精品　享科学生活”科普阅读季系列活动，围绕“我和我的祖国”“国庆70周年致敬科学工作者”主题，历时半年，以科学讲座、科学家推荐领读科普作品的形式，用科普这条主线把宣传十九大精神、回顾新中国成立70周年成就、致敬科学前辈、科普帮扶贫困地区串联起来，引导领导干部、公务员、社区居民、未成年人和劳动者学习深海探秘、科学生活、太空探测等前沿科学，激发公众科普阅读兴趣。开展“捐一本科普书籍，写一句阅读寄语”活动，将捐赠的600余册图书，送到支援地区河北、内蒙的青少年手中。举办“科技伴我实现梦想　我为祖国贡献力量”主题征文演讲，评选出优秀作品46篇，武昉、周佳璇、高军霞、钱进、金学思等5人现场演讲。聘请叶盛、郑永春等首批首席科普讲师8人，营造全民阅读的良好氛围。

（樊士广）

【科技工作者日】组织“砥砺奋进争做新时代先锋　喜迎国庆谱写科技强国梦”主题座谈暨科普体验活动，走进世界园艺博览会，庆祝科技工作者自己的节日，喜迎建国70周年。

（樊士广）

【科普之夏】年内，组织“壮丽七十年　科普再出发”科普之夏启动式，12家科普资源单位参与，200余名社区居民和志愿者参加。活动期间开展51项科普引领项目进社区活动。各街道组织社区居民及中小学生开展科普参观、科技展览、科学讲座、科技互动体验等科普活动2193场，发放各类宣传资料38554套（册）受益群众近10万人。

（樊士广）

【科普日活动】年内，以“礼赞共和国　智能新生活”为主题的西城区“全国科普日”主场——人工智能微型嘉年华活动，在中国大百科全书一楼展厅举办，为居民打造互动体验式的科普盛宴。此活动获中国科协颁发的优秀组织单位奖。

（樊士广）

【《纲要》实施】年内，印发《西城区全民科学素质行动计划纲要实施方案（2016-2020年）〈2019年任务分工〉》。根据岗位和人员变动，调整全民科学素质工作领导小组成员，副区长李异任区全民科学素质工作领导小组组长。召开工作会，将年度任务分解到各成员单位，明确责任和要求，完善工作措施，协调落实区域重点人群科学素质提升目标。为成员单位订阅《科技生活》《全民科学素质专刊》。

（樊士广）

【科普益民】年内，积极宣传、

广泛发动区域单位申报科普益民项目。“献礼建国70周年—社区科普行动”项目获得北京市基层科普行动计划支持，在北京小学广外分校等举办科普嘉年华、科技成果主体宫灯创意等25场次活动，参与近万人次。

（樊士广）

【**科普信息化建设**】年内，实施科普大数据精准化服务，完善科普e站建设，在7个街道社区和区青少年科技馆安装8套科普大数据精准化智能终端系统，发送视频600条、图文31650条，推进科普服务更精准更有效。15台全媒体科普云平台更新服务模式，播放航空航天、健康生活、科技前沿等11类科普资讯1.5万余条。“科普进行时”微信公众号推送信息426条，涵盖科技活动、科普知识、答题互动、科学辟谣等，实现杂志、微信、活动三位一体，相互融合，相互导流，科普宣传趣味性、互动性和实效性进一步增强。在科普中国、中国新闻图片网、中国日报中文网、千龙网、首都科技网、西城报等刊登科普信息、图片100余篇（幅），打造科普融媒体互动传播平台，促进西城科普双升级。

（樊士广）

【**街道科普活动**】年内，德胜街道开展“保护地质环境，主动防灾避险”主题科普展览7场、科普讲座10场；什刹海街道组织科普活动100余次，放映科普电影专场30场，举办科普讲座120场；西长安街街道打造科普工作综合平台，开展青少年科创活动24场；大栅栏街道依托科普活动场所，将科普体验与青少年教育、京剧艺术相结合；天桥街道依托科普宣传阵地，开展科普讲座百余场；新街口街道依托社会组织开展公益培训，实现科普受益人群全覆盖；金融街街道以智慧生活馆为平台，开展培训、讲座200余场；椿树街道举办科普知识竞赛系列活动；陶然亭街道开展健康主题讲座；展览路街道组织冰雪进校园和智慧新生活主题展览；月坛街道组织亲子科普专场、“电影中的黑科技知识”培训；广安门内街道开展科普讲座146场、专题科普活动63场；牛街街道组织自救急救知识讲座和科普之夏活动；白纸坊街道发挥纸文化博物馆、冰雪体验中心作用，举办科普讲座、参观体验；广安门外街道举办科技周、科普之夏、科普进校园活动近200场。

（樊士广）

【**青少年科技活动**】年内，区科协组织区级青少年科技创新大赛和机器人竞赛等20多项重点赛事。组队参加第39届北京青少年科技创新大赛，获一等奖31个，占北京市获奖比例近三分之一，蝉联北京市第一。参加第19届北京青少年机器人竞赛，获一等奖18个，居全市第一，参加第34届全国青少年科技创新大赛和第19届全国青少年机器人竞赛，获一等奖8个、二等奖16个，2人获评全国十佳科技辅导员。参加第十七届“明天小小科学家奖励活动”，获一等奖4个、二等奖8个，西城区青少年科普教育普及率和竞赛成绩，继续保持在北京市及全国领先。

（樊士广）

【**科普扶智**】年内，区科协会同科普资源单位赴张北县三中、树儿湾小学以及台路沟乡中心小学，围绕“追求卓越　创新引领　为科技支撑实现中国梦贡献力量”这一主题，为青少年学生开展3场科教讲座和3场动手动脑体验活动，为学生赠送了四轴飞行器、学习用品、天坛建模和科教丛书。教师们讲科技创新、组织孩子们动手活动。同张家口市科协签订科普协作协议，邀请科教名师现场传帮带，在张家口市四中、经开区三小，开展机器人表演、热血足球赛、模块化编程等科学体验，组织科普知识竞答、地质样品展示活动。

（樊士广）

【**科技援助与交流**】年内，组织科技下乡，到门头沟区、怀柔区，开展义诊、科普知识竞答和参观体验，助力文明城区和科普示范区建设；接待福建省科协、深圳市宝安区科协，到西城区开展对口交流，促进共建共享。

（樊士广）

【**学（协）会活动**】年内，区科协支持学（协）会、科普驿站开展科普协作项目29项。区医学会组织专家深入社区、机关、学校、空巢老人俱乐部等开展健康讲座、咨询和指导，促进健康西城建设；区老医药卫生工作者协会，组织健康科普系列讲座、指导与运动健身活动，促进群众健康素养水平提高；区文化产业协会，组织“网络科普夕阳红献礼建国七十载”社区中老年人免费电脑培训，千余名中老年人受益；区图书馆管理协会，组织“科普相伴阅读同行”活动，提升社区科普阅读水平；区预防医学会，组织“治未病系列活动——慢阻肺预防科普宣传”，使居民正确认识和预防慢阻肺；金融街人力资源协会，组织金融人才科学运动与身心健康科普践行活动，提升金融人才健康意识。

（樊士广）

【科普大学建设】年内，社区科普大学各教学点立足自身特点和优势，组织专题科普秀、宣传展示和成果汇报等，借助融媒体力量，把科学思想和科学精神再扩散、再传播。广外街道12个分教学点组织“绿色环保、科学实验、心理健康、传统文化、法律知识”特色科普讲座40余场；新街口教学点组织科学健身类、教育类培训课程420学时，打造民众活跃身心、开阔眼界、增长科学知识的平台。普天德胜创业社区教学点围绕高新技术在生活中的应用、知识产权意识提升、电话及手机应用、身心健康科学管理等，开设课程11类。

（樊士广）

【简约生活创意无限比赛】年内，为普及创意设计知识、宣传低碳生活理念，举办第七届“简约生活　创意无限”大赛，组织创意作品、低碳摄影作品征集和评比，298件作品进入终评，评出获奖作品108件，其中一等奖12件、二等奖38件、三等奖58件，部分获奖作品在北京国际设计周分会场“亮点·德胜”进行展览。

（樊士广）

【绿色科普驿站】年内，引导12家绿色科普驿站，组织开展“认识猫头鹰手绘骨骼图”“走近绿色园林关注多样生态”等低碳环保手工制作、绿色生态、环境美化实践活动21项。

（樊士广）

【科普综艺展演活动】年内，在区文化中心举办“喜迎建国七十载　科普益民伴我行”群众科普综艺展演，有小品、快板、诗朗诵、小合唱等形式，节目围绕“美丽中国实践、科技强国历程、绿色环保故事、健康生活体验”的主题。全民科学素质成员单位、基层党组织、科普志愿者、科学爱好者300余人观摩。

（樊士广）

【科技协作】年内，推荐的“矿山无轨装备精细化管理与智能调度技术”等4个项目获金桥工程种子资金资助，“基于虚拟现实交互技术的智能康复训练平台”项目获优秀青年工程师创新工作室种子资金支持，为一线科技工作者开展科学研究、实现自身价值、形成示范效应提供前期资金支持。

（樊士广）

西城区
归国华侨联合会

【概况】西城区归国华侨联合会（简称区侨联）是中国共产党领导的由归侨侨眷组成的人民团体，是党和政府联系广大归侨侨眷和海外侨胞的桥梁和纽带，在中共西城区委的领导和北京市侨联的指导下，依据《中华全国归国华侨联合会章程》开展工作。第二届委员会共45名委员，主席1人、副主席3人，下设维权服务、文化交流、对外联络、参政议政工作委员会和青年委员会，聘请海内外顾问和委员107名。区内有16家基层侨联组织，区、街道、社区有17个“侨之家”、3个“留学人员之家”。在北京市第十五次归侨侨眷代表大会上，西城区侨联、新街口街道侨联、广内街道侨联获“北京市侨联工作先进集体”称号，西城区24名归侨侨眷和侨联工作者受到表彰。

地址：西城区牛街20号506室

邮编：100053

电话：83494732

（赵娇阳）

【庆祝新中国成立70周年活动】年内，坚持以习近平新时代中国特色社会主义思想为指导，引领基层侨联组织和侨界群众，深入学习贯彻党的十九届四中全会精神、习总书记关于侨务工作的重要论述和对北京的重要讲话精神，以及北京市第十五次归侨侨眷代表大会精神，以庆祝新中国成立70周年为主线，做好思想引领，凝聚侨界共识。组织西城侨界代表参加国庆七十周年群众游行、“同心同行七十年·坚定不移跟党走——首都统一战线庆祝新中国成立70周年”主题教育活动、“同心圆 中国梦”首都统一战线同心同行70周年微视频活动、“我和我的祖国”万人大联唱等；面向新侨、老侨及归国留学人员，开展“没有共产党就没有新中国”主题教育、“侨心卉语 礼赞70年”文化体验等活动，表达侨界对祖国的美好祝愿。开展“侨那一刻礼赞70年——侨界人士眼中的国家大事”系列采访活动，得到区委宣传部大力支持，中央广播电视总台国际广播电台侨联、中国外文局侨联、北京建筑大学侨联和部分首都侨界社团共同参与，通过采访首都核心区侨界人士的亲历、亲见、亲闻，展现侨界的家国情怀，进一步凝聚侨心侨力。9月11日，召开西城侨界庆祝新中国成立70周年座谈会，邀请归侨代表畅谈个人成长及回国工作的经历感受。

（赵娇阳）

【侨界高层次人才服务唐山发展】落实《京津冀侨联战略合作协议》，充分发挥侨联组织的独特作用，7月18日，区侨联与河北省唐山市侨联共同主办“北京市西城区侨界高层次人才服务团开平行”活动，区侨联党组书记、主席，区委统战部副部长（兼）安亚荣带队，服务团一行实地了解唐山市开平区重点项目、园区建设、产业发展、投资环境等情况，结合专业领域与当地企业进行技术交流，签署专家对接协议3份，就生物农业、机械自动化等领域达成项目合作意向，区侨联与唐山市侨联签订友好侨联合作协议，共同推动两地信息互通、资源共享，优势互补、良性互动，助力地方经济转型升级，服务京津冀协同发展大局。

（赵娇阳）

【帮扶工作】年内，主动发挥侨联组织优势，做到“党有号召，侨有行动”，积极参与对口协作。持续推进侨资企业与内蒙古自治区鄂伦春自治旗小库莫村结对帮扶项目，区侨联、侨资企业和小库莫村定期沟通情况，结合贫困户的实际状况，确定了帮扶方向和帮扶形式，首批投入资金5万元，用于支持小库莫村贫困户参与公益岗位，进一步做好贫困户的扶智、扶志工作。组织侨界群众参加北京市侨联“京侨帮扶·双百行动”捐赠活动，侨联委员、归侨侨眷、归国留学人员和基层侨联干部共捐款3.9万余元，为阜平县山区学生和农户送去西城侨界的爱心。

（赵娇阳）

【参政议政】年内，组织侨界人大代表、政协委员到北京市再生能源集团开展环境保护专题调研活动，围绕华侨华人文化传播、“餐厨废弃油脂”治理、老城区保护发展和文明城区建设等主题，完成调研课题3篇，中国侨联“侨情专报”建议类信息1篇，其中《一带一路建设中华侨华人的中华文化传播研究》获中国侨联调研成果二等奖。区侨界市、区人大代表和政协委员共提出人大代表建议、政协委员提案16件，其中《关于西城区服务国家金融管理中心建设的建议》，获区政协2019年度优秀党派团体提案。

（赵娇阳）

【海外联谊】9月27日，区侨联举办“共庆十一祖国华诞见证70周年变迁——海外侨领西城行”活动，来自美国、俄罗斯、英国、德国、西班牙等25个国家和地区的65名海外侨领走进西城，中共西城区委常委、区委统战部长王旭出席活动，为海外顾问和委员颁发聘书。通过活动使海外侨领进一步了解西城区发展，感受“京味文化”的独特魅力。年内，依托西城侨界文化交流基地，接待中国侨联“侨界杰出青年走进北京”、北京市侨联“海外华文媒体北京行”等多个文化交流团组，其中“中国寻根之旅”华裔青少年夏令营项目，有160余名海外华裔青少年，走进西城区体验传统京味文化，促进了民间文化交流。

（赵娇阳）

【首都新侨乡文化节西城专场】5月25日，“亲情中华·侨韵北京·探寻西城”第九届首都新侨乡文化节西城专场活动在西城区大栅栏地区举办。近200位首都归侨侨眷和侨联工作者参加，沿着历史建筑人文地标，探寻首都文脉传承与古都风貌变迁。北京市侨联副主席苏泳，西城区侨联党组书记、主席，区委统战部副部长（兼）安亚荣，西城区政协港澳台侨专委会、致公党西城区委和大栅栏街道负责人出席。活动旨在传承中华优秀文化，彰显新时代城市发展魅力，鼓励侨界群众弘扬中华文化，讲好中国故事、展现文化自信。

（赵娇阳）

【宣传《侨法》】年内，举办维权工作会暨《中华人民共和国归侨侨眷权益保护法》（以下简称侨法）知识讲座，结合“侨法宣传月”“志愿服务周”，组织侨界法律顾问团成员走进基层侨联组织，举办15场“侨法知识进街道”培训，印发《侨法100问（修订）》，覆盖专兼职侨联干部和侨界群众1000余人，开展法律和政策咨询近百次。

（赵娇阳）

【为侨服务】年内，完善信访接待制度，接待侨界来信来访12人次。开展“重阳老归侨祝寿”“两节走访慰问送温暖”等活动，慰问区属老侨110人，拜访侨界重点人士30余人，为20余户困难归侨侨眷申请补助金1.68万元。

（赵娇阳）

【志愿服务】年内，区17支侨界志愿服务队贴近侨界群众需求，打造侨联志愿服务品牌，增强侨联志愿服务队的凝聚力和影响力。9月20日，西城区侨联在西长安街街道统战之家举办“志愿服务周启动仪式”，各基层侨联志愿者代表参加，共同回顾区侨界志愿服务队成立以来开展工作的情况，随后在西长安街街道和平门小区开展《侨法》集中宣传活动。在志愿服务周期间，各志愿服务队根据地区资源特色，分别开展《侨法》讲座、关爱老侨、文艺演出、传统文化体验等志愿服务项目。

（赵娇阳）

【新侨及留学人员工作】年内，制定“加强西城区归国留学人员统战工作实施方案”，建立留联会联席会制度，以金融、科技文创两个领域为重点，发挥留学报国人才库、建言献策智囊团和民间外交生力军作用，为首都和西城建设发展贡献力量。3月25日，召开西城留联会工作会议，安亚荣出席并讲话，成立首批西城园、金融集、西长安街街道3家“西城区留学人员之家”。做实做细新侨人才培养工作，为北京市侨联换届、“归侨侨眷知识分子国情考察活动”等推荐优秀新侨代表30余名。

（赵娇阳）

【二届四次全委（扩大）会议】3月25日，召开西城区侨联第二届委员会第四次全委（扩大）会议，传达全国“两会”和中国侨联十届二次全委会议、北京市侨联十四届七次会议精神，审议安亚荣代表常委会作的2018年工作报告；通报区侨联系统获奖情况；通过《西城区侨联第二届委员会关于增补青年委员的决定》《西城区侨联第二届委员会关于聘请海外顾问、海外委员的决定》，增补11名青年委员，聘请匈牙利林胜琴等13名海外华侨华人为西城区侨联第二届委员会海外顾问、委员；表彰参与扶贫协作的侨资企业代表。

（赵娇阳）

【基层组织建设】年内，贯彻落实中国侨联《关于新时代加强基层侨联组织建设的指导意见》，指导区内16个基层侨联组织完成换届。7月30至31日，举办西城区基层侨联工作培训班，组织专家授课、进行交流研讨，进一步明确新时代侨务工作职责任务，帮助新委员统一思想、找准定位、提升能力，为委员履职提供保障。夯实基础工作，制作了《西城区基层侨联工作手册》，加强基层侨联信息员队伍建设，使基层侨联组织做到强化为侨服务意识、强化创新思路和自身建设。加强“侨之家”建设，为全区基层侨联组织的“侨之家”试点颁牌，10月29日，召开基层侨联组织暨“侨之家”建设工作会议，广内街道、新街口街道、金融街丰融园3个北京市侨联示范“侨之家”交流工作经验。

（赵娇阳）

【党建带侨建】年内，学习贯彻习近平总书记对北京的重要指示精神和党中央决策部署，开展集中学习、组织专题研讨、调查研究、检视问题。汇总梳理意见建议8条，检视问题清单10项，细化整改落实措施36条。建立健全西城区侨联各项规章制度，强化对权力运行的制约和监督。

（赵娇阳）

西城区工商业联合会（商会）

【概况】北京市西城区工商业联合会（简称区工商联），内设办公室、非公企业党建办公室、会员部和经济服务部4个科室。机关行政编制18人，设常务副主席1人，副主席3人。年内，发展新会员60户。截至年底，有会员3187户，其中企业会员2620户，团体会员、个人会员和老会员567户。基层组织17个，其中包括14个街道商会和3个行业商会（大栅栏琉璃厂商会、牛街清真食品商会、西城区德胜商会）。有常委45人，执委108人。会员中有市人大代表7人、市政协委员8人；区人大代表20人、区政协委员36人。年内，区工商联贯彻落实党的十九大、中央经济工作会议、习近平总书记在民营企业座谈会上讲话精神，把促进区域非公经济健康发展和非公有制经济人士健康成长作为工作的出发点和落脚点。年内，区工商联获2018—2019年度全国“五好”县级工商联、牛街清真食品商会获2017—2018年度全国“四好”商会、区工商联非公企业党委“党员爱心驿站”被评为优秀基层党建创新项目，区工商联非公企业党委获西城区先进党组织。

地址：西城区牛街20号4层

邮编：100053

电话：83495617

（屈佳雯）

【主席、会长会】1月3日，区工商联召开十届七次主席、会长会，审议通过区工商联十届四次执委会议程及工作报告。5月10日，区工商联召开十届八次主席、会长（扩大）会。通报区工商联近期工作，邀请西城区发改委领导解读《西城区关于进一步支持民营企业发展的若干措施》，并进行座谈交流。8月26日，区工商联与西城区检察院共同开展“检察护航民企发展”检察开放日活动暨十届九次主席、会长（扩大）会，主席、会长24人参加，同时参观了未成年人检察工作、模拟法庭等区域。

（屈佳雯）

【十届四次执委会】2月27日，区工商联召开十届四次执委会。由区工商联副主席主持，区工商联执常委100余人参加会议。区委统战部常务副部长传达全国统战部长会议和市委统战工作领导小组会议精神，区工商联党组书记郭君瑛作题为《奋进新时代，开启新征程——努力推动西城区民营经济高质量发展》的工作报告。市工商联副主席王报换、区委常委、区政法委书记、统战部长王旭出席会议并讲话。

（屈佳雯）

【街道商会工作】7月3日，市工商联党组副书记、副主席余运高一行3人赴西城区工商联调研商会建设。牛街清真食品商会、新街口街道商会和西长安街街道商会的会长介绍商会情况和商会建设中遇到的困难。区工商联党组书记汇报上半年开展的重点工作。余运高对商会和企业在经营中遇到的困难和问题提出工作思路。8月15日，市政协副主席、市工商联主席燕瑛一行赴西城区德胜商会调研基层商会改革发展情况。余运高主持调研座谈。郭君瑛汇报区工商联基层商会发展状况、推进工商联所属商会改革等情况。德胜商会会长张继宁汇报商会成立以来的工作举措和思考，结合商会工作中遇到的困难和问题进行交流并提出意见。燕瑛针对提出的问题释疑解惑。12月23日，区工商联召开街道商会工作会，各基层商会的会长、秘书长参加会议。会议由郭君瑛主持，区工商联副主席总结2019年商会工作，提出2020年商会工作思路，各基层商会会长汇报2019年重点工作及2020年工作计划。

（屈佳雯）

【新会员培训】7月9至10日，区工商联举办2019年新会员培训，50余名新会员参加培训。邀请区商会副会长、北京兰格电子商务有限公司董事长刘长庆分享企业经营理念，曹莉向新会员介绍区工商联的组织机构、发展历程和工商联内设科室的职责，解读《中国工商业联合会章程》，郭乃文通报区情和经济社会发展情况，与会企业家相互交流座谈。11月20至21日，区工商联举办第二期新会员培训会，40余名新会员参加培训。原区工商联秘书长马恩慈向新会员介绍工商联的历史，从工商联“统战性、经济性、民间性”三个方面，讲述新形势下工商联工作，郭乃文通报区情和经济社会发展情况，组织学习《中国工商业联合会章程》，与会企业家相互交流座谈。

（屈佳雯）

【“不忘初心、牢记使命”主题

教育】9月11日，区工商联召开“不忘初心、牢记使命”主题教育动员部署会，区委第四巡回指导组副组长王颖代表指导组进行指导并提出要求。9月25日，区工商联非公企业党委召开“不忘初心、牢记使命”主题教育动员部署会。12月4日，区工商联召开“不忘初心、牢记使命”主题教育专题民生生活会，班子成员按照“四个对照”“四个找一找”的要求，逐一对照，检视剖析自身存在的问题，开展批评和自我批评。12月19日，区工商联召开“不忘初心、牢记使命”主题教育专题民主生活会情况通报会，通报领导班子整改方案，其中立行立改任务2项8条，近期整改任务2项8条。区工商联会员企业代表及机关干部共同拍摄了《我和我的祖国》快闪，在“学习强国”平台展播。区工商联党组织联合全国工商联联络部党支部在李大钊故居举办主题党日活动，参观学习、重温入党誓词。

（屈佳雯）

【法律、政策培训】9月16至17日，区工商联召开法律、政策培训会，20名企业家参加。传达《北京市促进工商联所属商会改革和发展的实施方案》《关于建立北京市民营企业产权保护社会化服务体系的意见》等文件精神，邀请区工商联法律顾问开展法律培训，与会企业家就相关问题进行交流座谈。

（屈佳雯）

【学习十九届四中全会精神】11月19日，区工商联组织20余名女企业家参加学习十九届四中全会精神培训会，并针对工商联和女企业家联谊会工作成效征求意见。11月26至27日，区工商联举办学习十九届四中全会报告会，邀请中央社院、市委党校专家对党的十九届四中全会精神进行解读，70余名企业家围绕党的十九届四中全会精神及企业在经营发展中遇到的问题与困难、对西城区营商环境建设的意见建议等方面进行座谈交流。12月18日，区工商联邀请北京高校学习习近平新时代中国特色社会主义思想博士生宣讲团、清华大学马克思主义理论报告团成员叶子鹏为区工商联全体干部和民营企业代表宣讲党的十九届四中全会精神。12月19日，区工商联党组书记向机关全体党员和非公党委所属基层党组织书记宣讲党的十九届四中全会精神，重点阐释《中共中央关于坚持和完善中国特色社会主义制度、推进国家治理体系和治理能力现代化若干重大问题的决定》的总体框架和涉及统战及工商联工作的相关内容。

（屈佳雯）

【参政议政】12月12日，区工商联召开工商联界别政协委员座谈会。讨论2020年团体提案选题方向，通报2019年委员上报社情民意信息。年内，区工商联组织政协委员参加双月专题协商会和议政会；作了题为《关于推进西城区国际化发展空间与路径的思考》的议政发言。《围绕京剧文化资源，打造国际交往文创品牌》的提案获区政协党派团体优秀提案。

（屈佳雯）

【对口帮扶】年内，区工商联带领会员企业赴内蒙古呼伦贝尔市鄂伦春旗，河北省张家口市张北县推进落实对口帮扶项目。开展捐赠慰问活动5次，对13个对口帮扶村共投入500余万元，其中消费扶贫20余万元，企业捐赠物资折合人民币近30万元。兰格开发的扶贫电商平台进入试运营。4次去结对帮扶门头沟区上清水镇研究推进民宿合作项目。

（屈佳雯）

【非公党建工作】年内，新成立党支部1个，发展8名新党员，为7名预备党员转正。24个支部建立了56个党员爱心驿站。结合庆祝新中国成立70周年，区工商联非公企业党委在基层党组织中开展“爱祖国做贡献献爱心促发展”“我和我的祖国”征文等系列活动。组织直属各基层党组织书记和部分青年企业家与三元食品公司党委开展“党建引领，国企民企共商、共建、共享”活动。开展“不忘初心、牢记使命”主题教育以及创先争优活动，评选出12名优秀共产党员和11名优秀党务工作者，10家会员企业被市工商联评为“非公有制经济组织党建示范单位”，7家企业的党员爱心驿站被评为“党员驿站示范点”，10人被评为优秀党组织书记和优秀党务工作者。正阳书局的法人崔勇（骨干个人项目）和北京幸福泉教育科技发展有限责任公司（集体项目）被区委组织部评为区优秀人才培养资助项目给予资助。

（屈佳雯）

【服务会员】年内，西城区领导走访区工商联重点会员企业，向20余家民营企业发放服务卡服务包；与区发改委、商务局等职能部门共同组织5期“优化营商环境、促进民营企业发展”政策宣讲活动；开展“双走进”工作，组织企业走进区检察院和政务服务管理局机关，增进双向了解和互信；为企业“走出去”积极搭建平台，多家企业在第二届进博会上签订合作意向书，组织多家企业参加中国国际服务贸易交易会。在北京民营企业百强调研评选中，北京数知科技股份有限公司、北京兰格电子商务有限公司等9家企业上榜。

（屈佳雯）

（责任编辑　姜　光）

法　治

北京西城年鉴2020

3月22日，重新组建的北京市西城区司法局举行挂牌仪式（区司法局 供图）

11月11日，“红墙卫士”宣讲团赴南京两所公安院校开展宣讲工作（西城公安分局 供图）

12月2日，西城区启动国家宪法日宪法宣传周系列宣传活动（闻昭 摄）

12月29日，第二十届“西检杯”西城区中学生思想道德法律知识竞赛落幕（区检察院 供图）

政法委工作

【概况】中共北京市西城区委政法委员会（简称区委政法委）是区委领导、管理全区政法工作的职能部门，担负协调组织全区力量维护辖区安全稳定、推进平安建设的重要职责。3月，根据机构改革方案，不再设立区社会治安综合治理委员会及其办公室、区维护稳定工作领导小组及其办公室，有关职责交由区委政法委员会承担。不再设立区流动人口和出租房屋管理委员会及其办公室，有关职责交由市公安局西城分局、区发展和改革委员会、区房屋管理局承担。将区委防范和处理邪教问题领导小组及其办公室（区政府防范和处理邪教问题办公室）职责交由区委政法委员会、市公安局西城分局承担。年内，区委政法委深入学习贯彻习近平新时代中国特色社会主义思想，贯彻落实党的十九届四中全会精神和习近平总书记系列重要讲话精神，始终坚持首善标准，大力弘扬“红墙意识”，圆满完成了新中国成立70周年庆祝活动等一系列重大维稳安保任务，政法各项工作取得显著成效。

地址：西城区二龙路27号

邮编：100032

电话：88064290

（田瑞鑫）

【政法工作会】2月28日，召开西城区委2019年政法工作会，学习贯彻习近平新时代政法工作重要思想，落实中央政法工作会议和市委政法工作会议精神，研究部署西城区政法各项工作，并对重点矛盾纠纷排查化解及全国“两会”安保工作进行动员部署。区四套班子领导、区法院院长、区检察院检察长，区委区政府各部、委、办、局、双管单位，各街道，人民团体、企事业单位主要领导及班子成员；区武装部、武警三支队主要负责人；以及区委政法委机关全体干部参加会议。区委常委、常务副区长孙硕主持会议并传达市委有关会议精神。区委常委、区委政法委书记王旭对重点矛盾纠纷排查化解和全国“两会”安保工作进行部署。区委书记卢映川代表区委，就学习贯彻习近平新时代政法工作重要思想和《中国共产党政法工作条例》，贯彻中央、市委政法工作会议精神，抓好全区政法工作作了讲话，强调了面临的形势，明确了新时代西城政法工作的总体思路，对坚持党对政法工作的绝对领导、抓好政治安全稳定、平安西城建设、政法领域改革、过硬队伍建设等重点任务提出了要求。

（田瑞鑫）

【全民国家安全教育日】4月15日，西城区以总体国家安全观为统领，动员全区力量，组织“4·15全民国家安全教育日”五位一体系列宣传活动，全面解读国家安全的形势变化，增强全民国家安全意识。开展以区级层面为牵引，职能部门和街道为基础，以“七进”为主线，以全区干群为主体的全民国家安全宣传教育活动。在中央统战部、实验二小、金融街集团公司、驻区北京武警总队第三支队、金融街购物中心广场，组织开展5场专题宣讲活动，共赠送各种学习书刊1000余套，发放宣传折页5000余张，制作摆放展板50余块，全区相关职能部门和街道共组织主场活动15场；进行专题讲座13场；开展进学校、进军营、进企业、进社区、进机关、进医院、进商市场的“七进”活动，共进单位820余家发放宣传折页2万份，张贴宣传海报5000余处2万余张，赠送国家安全法书刊800余本。

（田瑞鑫）

【政治思想建设】年内，区委政法委把落实“两个维护”作为最高政治原则，严明党的政治纪律和政治规矩，贯彻落实《中共中央关于加强党的政治建设的意见》，严格执行重大事项请示报告制度，做到有令必行，有禁必止，确保党的路线方针政策和重大决策部署得到不折不扣地贯彻落实。突出政治引领，筑牢思想根基。始终坚持以习近平新时代中国特色社会主义思想为根本遵循，深入开展“不忘初心、牢记使命”主题教育，党员干部守初心、担使命的意识显著增强，政治理论素养进一步提高，干事创业精气神明显提振，工作作风有效转变。认真开展大学习大培训大研讨活动，将学习贯彻党的十九届四中全会精神、习近平总书记在中央政法工作会议和视察北京系列重要讲话精神与推动解决政法工作重点难题结合起来，引导党员干部以实际行动践行“红墙意识”。抓牢抓实意识形态工作。切实履行意识形态工作责任。通过“政法综治网”“西城大妈”微信公众号等宣传媒介，大力传播政法正能量，旗帜鲜明地开展思想舆论斗争，确保机关党员干部筑牢首都核心区意识形态安全防线。

（田瑞鑫）

【系列重大安保任务】年内，区委政法委全力以赴、圆满完成系列重大维稳安保任务，切实维护国家政治安全和社会大局稳定。始终坚持“精精益求精、万万无一失”工作要求，健全完善系统化谋划、精细化落实、一体化推进、常态化推动的维稳安保工作体系，以“计划”推动落实为载体，以实现“五个坚决防止”“三个确保”“三个不能”为目标，坚持抓早抓小，全力以赴落实“点线面”各项维稳安保措施，整体社会面“大事没出、小事也没出”，为全国“两会”、“一带一路”国际合作高峰论坛、世园会、亚洲文明对话大会、中华人民共和国成立70周年系列活动的顺利进行创造了安全稳定的政治社会环境，圆满完成全年各项维稳安保工作任务，实现安全效果与政治效果、社会效果高度统一。

（田瑞鑫）

【安全稳定工作】年内，区委政法委切实增强政治警觉性和政治鉴别力，坚决捍卫国家政治安全和社会稳定。制定实施“计划2.0版”。细化分工，确保任务落实更加精准有效。加大科技手段运用，加强实战合作和综合指挥，不断完善重点地区防控机制、“秒级响应、分钟处置”应急处突机制、群众工作机制，在推动实现预警、实战、重点区域防控、精细管理、城市安全运行和公共安全整体防控“五个能力”上下功夫、补短板，全区安全稳定维护整体水平实现了新提升。全面加强情报信息工作，深入推进重大决策社会稳定风险评估，加大社会矛盾化解稳控力度。建立“大数据+反恐”模式，严格落实各项管控措施，持续推动涉访维稳由现场处置向事前预防转变。坚决确保了系列敏感节点平稳度过。

（田瑞鑫）

【平安建设工作】年内，区委政法委不断深化平安西城建设，确保社会安定有序。平安西城建设制度机制更加完善。完善平安建设考核内容和结果应用，完善平战结合督导检查形式，开展基层平安创建，全面推广综治中心大数据平台建设，不断夯实新时代平安建设工作基础。扫黑除恶专项斗争更加深入。从实从细落实中央督导组反馈意见整改，坚决查处涉黑涉腐败和“保护伞”，加强行业乱象治理，对“套路贷”“黑中介”等涉恶犯罪保持高压态势，对严重影响群众切身利益和安全感的秩序类问题打击成效明显。将特殊人群服务管理纳入西城综治中心平台，完善定期走访评估、日常沟通和信息共享机制，制定《西城区特殊人群服务管理工作手册》社区版，切实提升工作规范化、制度化水平。弘扬“西城大妈”平安志愿服务理念，通过制作微信表情包、微视频等形式加大宣传力度、推广品牌形象。加强专业培训，3万余名志愿者在重大活动安保、参与社会治理等方面发挥了重要作用。

（田瑞鑫）

【法制建设领域改革】年内，以推进机构改革为抓手，为区域中心工作提供更高效的服务保障。平稳有序推进政法委机构改革。以加强党对政法工作绝对领导为统领，科学确定政法委工作的职责边界，统筹推进综治、维稳等工作职能调整，承担起全区扫黑办职责。推进内设机构改革，优化职能配置、机构设置、人员编制，构建了各尽其职、配合有力、运行高效的工作体系。主动服务中心保障大局，探索“法律服务直通车”工作机制，推进“接诉即办”，从源头畅通民意渠道，回应群众诉求，促进矛盾纠纷多元化解，推动完善共建共治共享的社会治理格局。

（田瑞鑫）

【政法系统队伍建设】年内，坚持党对政法工作的绝对领导，全面加强政法队伍建设。强化党建引领，提升党对政法工作的领导力、执行力。贯彻落实《中国共产党政法工作条例》，建立健全政法委协管、协查干部、政法委员会委员述职等机制，不断提高党领导政法工作的规范化、科学化水平。将党建引领贯穿重大安保工作始终，启动战时党建工作机制，把党的组织优势转化为安保工作优势。树立正确的用人导向，优化干部培养使用。落实好职务与职级并行制度，科学使用科级干部职数，完成14名科级以下干部的职级套转和10名科级干部的职级晋升工作。聚焦能力培养，打造高素质政法队伍。邀请知名学者做专题报告，为机关干部开展形势政策教育。通过参加先进典型宣讲会、党员干部讲“微党课”等形式，激励干部在做好西城区政法工作中勇于担当、有所作为。

（田瑞鑫）

【全面从严治党主体责任】年内，坚持“一岗双责”，落实党风廉政建设责任。逐级签订党风廉政建设责任书，层层传导压力，分解责任，将“两个责任”落到实处。坚持民主集中制，强化集体决策。全年共召开32次书记专题会、4次委务会、4次政法委全会，坚决贯彻执行民主集中制，保证重大事项决策的科学化、民主化，提高了领导班子决策的质量水平。强化机关作风建设。围绕“两学一做”学习教育常态化制度化，开展党章党规党纪宣传和廉政警示教育活动，教育引导机关党员干部守住党规党纪“底线”。严格执行规范办公用房、公务接待、公车管理、“三公”经费管理等相关规定，开展“形式主义、官僚主义”突出问题自查自纠，及时发现问题，落实整改，持之以恒正风肃纪。加强机关规范化、制度化建设。修订《机关工作人员日常管理办法》，健全完善考勤管理、请假管理、干部关爱等制度，细化操作流程，强化制度落实。发挥机关党建引领作用。全面推进党支部规范化建设和学习型党组织建设。坚持党建和业务工作统筹推进。不断创新“三会一课”开展形式，组织集体学习、实地参观等党员活动。

（田瑞鑫）

公　安

【概况】北京市公安局西城分局（简称西城公安分局）在市局党委和区委、区政府领导下，主管本行政区域内社会治安管理的公安行政机关。分局内设有综合部门3个、职能部门14个，在辖区各街道和繁华街区共设立19个户籍派出所和10个治安派出所。年内，分局深入学习贯彻全国、全市公安工作会议精神，坚持“万无一失、一失万无”标准和“细致、精致、极致”作风，坚持“四个在一线”和“过程管控”要求，取得全年各项工作“大事小事都没出”的最好效果。年内，分局圆满完成了国庆、全国“两会”、第二届“一带一路”高峰论坛、世园会、亚洲文明对话大会等系列安保任务，安保效果与政治效果、社会效果相统一，真正做到了统筹兼顾、整体推进、突出重点、忙而不乱。年内，分局始终保持“西城无小事、事事连政治”的强烈忧患意识，坚持下先手棋、打主动仗，坚决捍卫了辖区政治安全。年内，始终把确保以中南海为核心的重点地区绝对安全作为永恒主题，针对防控工作中出现的一些新情况、新问题，持之以恒地加强和改进工作，进一步打造了更加安全、更可持续的工作体系。年内，始终把反恐维稳作为分局的重中之重任务来抓，在从严落实市局机制措施的基础上，建立“大数据+反恐”模式，反恐维稳工作实现新发展。年内，始终站在西城作为“首善之首”更要干干净净的政治高度，依托平安行动、“并肩治乱”“雷霆行动”“冬季百日会战”等系列专项，继续强力推进扫黑除恶专项斗争。在继续抓好“过程管控”，健全涉医类敏感案事件专班运行、“三长制”、“黄金24小时”等机制的同时，进一步研究出台了涉及群众生命安全类警情“五个一律”、严防敏感案事件“七个必须”等硬性规定，持续提升分局敏感案事件管控水平。将基础工作摆到更为重要的位置来抓，依托“三重大排查”“三清三个一批”和“三地下”摸排管控等专项。坚持科技强警战略，聚焦“实战、实用、实效”导向，有力推进分局科技信息化工作更好服务基层、服务实战，科技信息化应用取得新突破。分局始终坚持“抓好党建是最大政绩”理念，精细落实“五个经常”要求，以实实在在的党建成果，为圆满完成全年各项任务提供了坚强政治保证和队伍保障。

地址：西城区二龙路39号

邮编：100032

电话：83995110

（匡　婧）

【毒品犯罪打击工作】6月28日，公安部党委副书记、常务副部长，市局党委书记、局长王小洪，市委常委、市委教工委书记王宁到北京福州会馆新馆调研禁毒宣传工作。西城公安分局紧盯网上网下两个战场，按照“打团伙、摧网络、断通道、追毒源”的打击思路，坚持打零收戒与打大攻坚相结合，对毒品犯罪保持高压态势。进一步整合多种情报资源服务缉毒工作，提升打击工作及时性、准确性和实效性。

（匡　婧）

【主要领导讲授主题党课】8月2日，按照市委、市局党委“不忘初心、牢记使命”主题教育总体部署，市局党委委员、副局长，分局党委书记、局长刘国周为全局党员干部民警讲授党课，市局主题教育第五巡回指导组组长高静波到场指导。党课中，刘国周局长带领大家沿着中华民族站起来、富起来到强起来的三次伟大飞跃，讲述了中国共产党初心与使命百年传承的故事；沿着公安机关保卫党中央红色政权职责使命的传承脉络，阐释了西城分局“红墙卫士”与生俱来、始终坚守的初心和使命；立足新时代开创西城公安工作新局面明确了“六个毫不动摇”的着力方向。

（匡　婧）

【“红墙卫士”宣讲】11月11至14日，应南京森林警察学院和江苏警官学院之邀，由分局团委组织“红墙卫士”宣讲团前往南京两所公安院校开展宣讲活动，宣传西城公安民警良好形象。

（匡　婧）

【接诉即办】年内，西城公安分局坚决落实市委蔡奇书记对“接诉即办”工作的指示要求，树立“以人民为中心”的理念，进一步深化群众诉求“闻风而动、接诉即办”工作。一方面按性质对信访件分类，解决问题讲究方式方法，把握好尺度、策略和时机，另一方面抓住重点，对信访量多的单位进行案例剖析，分析形成原因。全年共接办群众来信来访及咨询6295件（含群众来访及咨询495件，群众来信1020件、来电4160件、来邮620件），同比上年下降25.16%。

（匡　婧）

【维护校园安全】年内，西城公安分局与区教委联合印发《西城区学校、幼儿园反恐防恐基础工作规范》，并多次组织开展处置校园恐怖袭击事件反恐演练，按照“贴近实战、检验预案、强化联动、注重实效”的工作原则，以校园应对恐怖袭击为切入点，着力提升处置校园暴力恐怖袭击事件的能力，通过制定演练科目、方案及处置流程，实景模拟暴徒冲闯校园持刀砍杀并劫持人质等突发情况，进一步检验了反恐应急方案预案，增强各部门协调配合，磨合反恐应急机制，提高了各反恐专业力量的处突水平和能力。

（匡　婧）

【强化全区治安秩序整治】年内，西城公安分局聚焦最易影响政治中心区形象的旅游市场欺诈、医托号贩子、“黑车”“黑摩的”等顽疾固症，建立分管局领导每日会商、一盯到底机制，全年治拘各类扰序违法人员2014人次，同比上升1.8%，查扣“黑车”“黑摩的”408辆次，特别是连续破获儿童医院“号贩子”、以鸭肉假冒鹅肉生产销售伪劣产品、利用字画店诈骗游客等典型案件。

（匡　婧）

【提升突出风险管控水平】年内，西城公安分局盯住重点人、“低慢小”、危险物品、出租房屋等最突出风险，推出无人机锁闭预警、出租房屋“准旅店式”管理等创新管控模式，上好“传统管”与“技术控”的双保险。其中，依托“红墙卫士”微信平台登记日租房信息1225处，采集经营人信息580人、核录租住人员信息2.3万余人次，初步破解了日租房的发现难、管控难问题。

（匡　婧）

【矛盾纠纷排查化解】年内，西城公安分局坚持和发展新时代“枫桥经验”，发挥“穿警服”副书记作用，常态化开展“走进百姓家、聆听百姓需、诚帮百姓难”大走访活动。全年推动解决各类矛盾纠纷1442件次，教育稳控辖区拆迁、疏解等易集访群体31个。年底，分局牛街派出所被公安部授予全国“枫桥式派出所”荣誉称号。

（匡　婧）

【敏感案事件管控】年内，在继续抓好“过程管控”，健全涉医类敏感案事件专班运行、“三长制”、“黄金24小时”等机制的同时，进一步研究出台涉及群众生命安全类警情“五个一律”、严防敏感案事件“七个必须”等硬性规定，持续提升分局敏感案事件管控水平。全年共妥善处置涉医、涉校等各类敏感案事件170起，协助找回走失人员1490人次，源头管控民警使用警械具、采取强制带离措施、有群众围观拍摄等易引发炒作的现场执法行为12起。

（匡　婧）

【依托科技信息化实现新突破】年内，西城公安分局建立“大数据+打击”模式，全年协助破获网络招嫖、网络赌博等疑难复杂案件113起，协助破案数、抓人数同比上升46%和147%，一举成为分局打击破案新的增长点，真正做到“魔高一尺、道高一丈”。建成24小时专人值守的两级视频监控平台，全年通过两级视频专席全时空监控，第一时间指挥街面巡逻警力抓获1834人。

（匡　婧）

【执法规范化建设】年内，西城公安分局依托智慧办案区建设和自主研发的“智慧办案”App，进一步健全“执法办案管理中心+案管组”模式，实现对执法办案各环节的全流程监管、全方位指导，更好服务一线执法办案。全年分局逮捕效能、起诉效能同比上升29.4%、17.6%。5月，公安部部长赵克志在牛街派出所调研时，对分局以信息化推动执法规范化建设给予充分肯定。7月，在全国公安机关执法信息化建设北京现场会上，分局做了经验介绍。

（匡　婧）

【发挥党建统领作用】年内，西城公安分局深入开展“不忘初心、牢记使命”主题教育和“践行新使命、忠诚保大庆”实践活动，通过制定分局方案、集中交流研讨、讲授主题党课等方式，真正将学习教育成果转化为全警忠诚履职、无私奉献的生动实践。分局作品《守候映丹心忠诚护红墙》获全国公安机关“践行新使命、忠诚保大庆”实践活动忠诚教育一等奖。

（匡　婧）

【队伍建设】年内，西城公安分局研究出台分局《关于进一步强化战时队伍管理二十条措施》，细化明确“四个心中有数”“七个安全”“六管九抓”目标要求，推动队伍管理纵到底、横到边。同时，连续推出全员家访、开通24小时爱警热线、组建医疗团队到一线等系列务实举措，解决了一大批民警的实际困难。特别是聚焦民警最关心的子女升学问题，全力争取党委政府支持，民警幼升小一、二志愿保障率达到历史最高，进一步增强了队伍凝聚力、向心力、战斗力。

（匡　婧）

【建立政治中心区轮训机制】年内，西城公安分局主动将解决政治中心区各派出所的警力缺口问题与解决机关干部的培养锻炼、基层与机关的队伍融合问题进行打捆研究，推出政治中心区轮训机制，共3批222名机关警力实现轮岗锻炼，既解决了政治中心区一体化防控标准下相关派出所的警力缺口问题，又通过民警间的思想碰撞、业务交流，全面增进了机关与基层之间的相互理解和信任，加速推动了分局队伍融合，实现政治中心区防控工作的可持续发展。

（匡　婧）

【分局领导接待信访群众】年内，西城公安分局党委书记、局长刘国周多次在分局信访接待室直接接待信访群众。分局指挥处、法制支队、督察大队、人口大队和德外派出所的主要领导陪同接待。接待过程中，刘国周认真倾听信访人的诉求，悉心询问相关细节，耐心为其释法析理，并现场组织主责部门和职能部门对信访人的诉求进行解释说明。

（匡　婧）

检　察

【概况】北京市西城区人民检察院（简称区检察院）在区委和市检察院的领导、区人大及其常委会的监督下，把坚持党的绝对领导作为最高原则，把以人民为中心作为根本立场，把检察初心和使命贯穿始终，立足首都城市战略定位和西城区域功能定位，忠实履行宪法法律赋予的职责，各项检察工作稳进、落实、提升，取得新进展。全年共受理各类案件3977件，办结3739件，同比增长22.3%、23.5%。充分发挥检察职能，服务发展保障民生。全力投身平安建设。坚持“稳”字当头，围绕为新中国成立70周年大庆营造良好环境，依法履行批捕、起诉职责。全年共批准逮捕各类犯罪嫌疑人971人，提起公诉1335人，同比增长32.5%、22.1%。纵深推进扫黑除恶。坚持在“韧”字上下功夫，对黑恶势力紧盯紧咬，决不姑息，共依法办理涉黑涉恶案件11件33人。主动护航区域发展。更加自觉把工作放到区域发展大局中谋划和推进。继续在反腐败工作中发挥检察作用，共办理监委移送案件16件20人。始终牢记“民生是最大的政治”，以求极致态度推动解决人民群众的烦心事、操心事、揪心事。持续深耕监督主业，捍卫宪法法律权威。用心做优刑事诉讼监督。立足防范冤假错案，严把案件的事实关、证据关和法律适用关，确保无罪不受刑事追究、有罪受到公正处罚。用力做强民事行政诉讼监督。着力补短板、强弱项，推动解决民事行政检察发展不平衡的问题，共受理审查民事行政监督案件62件，同比上升29.2%。用情做好未成年人检察工作。全年办理涉未成年人案件41件。开展公益诉讼，推进区域科学治理。坚持“双赢多赢共赢”理念，合力保护公益。公益诉讼特别是行政公益诉讼涉及政府履职，本质是助力政府依法行政，共同维护人民利益，把以人民为中心落到实处。坚持把诉前实现维护公益目的作为最佳状态。检察机关在起诉前发出公告或检察建议，促使有关主体提起诉讼、行政机关依法履职，不仅可以及时保护公益，还可以最少司法投入获得最佳社会效果。落实“持续跟进监督”要求，确保工作质效。坚持严管就是厚爱，打造过硬检察队伍。持续狠抓思想政治建设，强信念、固根基。稳妥推进内设机构改革，明责任、促担当。坚持不懈厚植专业精神，提素质、硬本领。着力强化内部监督制约，严作风、葆本色。

地址：西城区新街口西里三区
18号楼

邮编：100035

电话：59555839

（张　擎）

【“一二三”工作法】3月，区检察院严格贯彻“教育、感化、挽救”工作方针，在依法惩治涉未成年人犯罪的同时，依托司法办案，创新打造了“一二三”工作法，切实推动未检工作向规范化、标准化、精细化方向发展，实现辖区涉未犯罪案件连续多年呈下降态势。突出强调“一个理念”，让异地未成年人更具公平感。切实做到“两个坚持”，让涉罪未成年人更具温暖感。着力打造“三个亮点”，让辖区未成年人更具体验感。

（张　擎）

【“共和国建设者走进检察机关”】4月28日，区检察院以“‘我将无我’奋斗，不负人民重托——共和国建设者走进检察机关”为主题，举办2019年度首次公众开放日活动，活动邀请全国五一劳动奖章的获得者、辖区劳动模范和先进工作者、优秀企业家代表等共计20余人参加。

（张　擎）

【青年干警座谈会】5月14日，区检察院组织开展“畅叙青春·共话改革”青年干警座谈会，40余名青年干警代表参加会议。检察长还围绕习近平总书记在纪念五四运动100周年大会上的讲话精神，以“学习五四先驱者·争做检察先行者”为主题讲授团课，并对青年干警提出要求。

（张　擎）

【防范非法集资宣传月主题活动】5月30日，为防范和化解金融风险，加强金融领域犯罪的预防，进一步推进“十进百家、千人普法”，区检察院按照市院部署开展2019年“携手筑网、同防共治”防范非法集资宣传月活动。邀请中国工商银行总行财务会计部来院参观座谈，强化犯罪预防效果，营造良好普法氛围。

（张　擎）

【普法宣传活动】6月5日，区检察院为宣传检察机关公益诉讼新职能，不断扩大公益诉讼检察工作影响力，按照北京市人民检察院要求，结合“十进百家、千人普法”主题活动，于2019年世界环境日当天，与区生态环境局、区市场监督管理局及北京市动物园联合组织开展以“检察公益诉讼，你我携手同行”为主题的公益诉讼集中普法宣传活动。

（张 擎）

【虚假宣传专项监督活动】7月，区检察院根据《北京市检察机关公益诉讼检察部门开展医疗机构、保健品经营者虚假宣传专项监督活动的方案》，针对医疗、美容市场的行业乱象，向区卫健委和市场监管局制发三份诉前检察建议。通过“医疗机构、保健品经营者虚假宣传专项监督活动”，区检察院和相关行政执法部门对于坚决打击辖区内存在的医疗机构、美容机构各种违法经营行为、联合治理区域行业乱象达成共识，并将在整改过程中协调配合，共同打造人民幸福、社会和谐的宜居西城。

（张 擎）

【检察护航民企发展主题开放日】8月26日，区检察院开展检察护航民企发展主题开放日活动。民企与会代表深入了解检察院内设机构配置及各项检察职能，对区检察院工作高度赞扬，并就如何营造良好营商环境，给民营企业合理提供法律保护方面提出意见建议。区检察院参会领导干部对参会民企代表提出的法律问题及相关案件进行了答疑并听取代表意见。

（张 擎）

【“三会一评”】8月，区检察院进一步贯彻落实上级部署要求，紧紧围绕“统筹、管理、监督、服务”四项职能，建立“三会一评”工作机制，实现精准放权、科学用权、有效控权，加强检察管理监督制约，促进检察管理监督全覆盖和实质化，确保检察权规范运行。

（张 擎）

【协会行政诉讼监督专业分会年会】12月19日，北京市检察官协会行政诉讼监督专业分会年会暨“做实行政诉讼监督的实践与思考”主题研讨会在区检察院召开。高检院、北京市检院相关领导参会。会议宣布了《关于确定分会会员的决定》《关于成立分会秘书处的决定》，并由检察官代表宣读倡议书。与会领导及嘉宾对北京市检察官协会行政诉讼监督专业分会年会的召开纷纷表示祝贺，并表示愿与检察机关携手努力，打造法律共同体，促进行政机关依法行政，维护当事人合法权益，共同推进法治中国建设。

（张 擎）

【推进扫黑除恶工作】年内，西城检察院共依法办理涉黑涉恶案件11件33人。坚持“扫黑除恶”“破网打伞”同步推进，强化与纪委监委等单位协作配合，落实线索移送、核查反馈等制度，先后移送涉保护伞、关系网线索7条，向有关部门提出堵漏建制、加强治理的检察建议5份，推动源头治理，净化基层生态。

（张 擎）

【严惩金融领域犯罪】年内，西城检察院共办理惩治侵犯知识产权、扰乱市场秩序等犯罪81人。聚焦金融街品质提升和金科新区建设，共办理非法吸收公众存款等涉众型经济犯罪22件38人，批捕21人，同时力促追赃挽损。深度参与金融风险专项整治，依托院内预防金融犯罪教育基地，联合区金融办，为辖区20余家金融企业开展检察讲堂，进一步织密金融安全司法“防护网”。

（张 擎）

【接诉即办】年内，西城检察院坚持落实接访后7日内程序回复，3个月内将办理过程或结果答复的工作制度，切实“让检察多跑路，让群众少跑腿”。全年共接待群众来信691件次、来访1525人次。引入律师进驻检察服务中心，为群众提供法律咨询，共同化解信访矛盾。

（张 擎）

【严格立案及审判监督】年内，西城区检察院监督侦查机关立案61件、撤案23件；提出纠正意见3份；对463件案件，引导、督促完善证据、查清事实。落实检察长列席审委会制度，强化检察机关在刑事诉讼中的主导责任，对1054人建议适用认罪认罚从宽程序审理，并提出量刑建议950份。严格对刑罚执行和监管活动的监督，坚决避免超期羁押、久押不决等问题，对不需要继续羁押的73人建议释放或者变更强制措施；配合区司法局对4名罪犯依法特赦。

（张 擎）

法 院

【概况】北京市西城区人民法院

（简称区法院）在区委的领导、区人大及其常委会的监督和上级法院的指导下，忠实履行宪法法律赋予的职责，努力让人民群众在每一个司法案件中感受到公平正义。全年案件总量83298件，同比上升3.5%；审（执）结76038件，同比上升3.7%；法官人均结案439.5件。审判综合质效考核指标位列全市基层大院前列。年内，区法院获集体奖励5个，包括院刊《希望》被评为全国法院优秀期刊、“开放式党建”获北京市党建研究会优秀自选课题、北京法院诉讼服务先进法院、北京市法院新闻宣传工作先进单位荣誉称号，民六庭获全国法院家事审判工作先进集体、立案庭获北京法院重大敏感案件处置先进单位。张爽等15名干警获得个人奖励。

北区地址：西城区后英房胡同1号

邮编：100035

电话：82299240

南区地址：西城区半步桥街50号

邮编：100054

电话：63543081

（韩晓冬）

【“奋斗榜样”】1月21日，新京报“奋斗榜样”第12届感动社区人物颁奖仪式在东城区东苑戏楼举行，区法院执行二庭吴艳茹法官团队获评感动社区十大人物。

（韩晓冬）

【为40名工人追回案款】3月28日，区法院执行局局长周艳华带队前往怀柔法院召开“涉民生案件执行情况新闻通报会”，并对一批涉民生案件的执行案款集中办理发放手续，将执行到位的140余万元案款发还给40位工人。

（韩晓冬）

【涉教辅类图书侵权典型案例】4月24日，区法院召开“涉教辅类图书侵权典型案例”新闻通报会。法制日报等10多家媒体到现场采访报道。

（韩晓冬）

【“斐乐”（FILA）商标案】4月24日，市高院召开新闻发布会，发布北京法院知识产权司法保护“十大”案例以及《北京市高级人民法院商标授权确权行政案件审理指南》，区法院民五庭庭长吴献雅审理的“斐乐”（FILA）商标案入选“十大”案例。

（韩晓冬）

【“云南新馆”文保腾退项目案件】5月16日，区法院将已经执行完毕的“云南新馆”文保腾退项目涉及的房屋，交付给案件申请人北京宣房投资管理集团有限公司。

（韩晓冬）

【依法行政现场教学基地挂牌】5月27日，西城区委党校“依法行政现场教学基地”正式在区法院挂牌成立。同日，区法院行政审判庭为西城区2019年春季优秀年轻干部培训班全体学员举办第一次依法行政现场教学活动。

（韩晓冬）

【扫黑除恶专项斗争会商研讨会】6月3日，区法院扫黑办与西城检察院就涉黑恶案件进行会商研讨，并对近期扫黑除恶专项斗争的开展进行了经验交流。

（韩晓冬）

【涉网约车交通事故保险纠纷典型案例】6月19日，区法院举办“涉网约车交通事故保险纠纷典型案例”新闻通报会。按照北京法院“京法巡回讲堂”的工作要求，区法院邀请到9位市区人大代表、政协委员列席旁听新闻通报会。中央电视台等20余家媒体到现场采访报道。

（韩晓冬）

【处置扰乱法庭秩序事件】6月24日，执行实施一团队杨晓龙法官处置了一起扰乱法庭秩序事件，对哄闹法庭、严重扰乱法院工作秩序的邓某忠依法作出罚款10万元处罚决定。

（韩晓冬）

【接待香港法律研修班成员】首期粤港澳大湾区法律人才研修班在国家法官学院举办，按照市高级法院工作安排，6月24日，区法院接待了研修班团长、香港立法会议员何君尧先生等一行37人。

（韩晓冬）

【赴青海囊谦县法院对口支援】7月下旬，根据市高院关于加强对口支援西藏新疆青海法院工作意见的文件精神，区法院党组成员、副院长汪琦一行，赴青海省玉树州囊谦县法院开展对口支援、巡回授课工作。

（韩晓冬）

【多元解纷诉调对接中心启用】9月2日，区法院举办“多元解纷诉调对接中心启用”新闻通报会。新华社等20家媒体到场采访报道。

（韩晓冬）

【诉源治理直通车】 11月8日，区委书记卢映川对区法院“诉源治理直通车”工作机制作出批示：“诉源治理直通车是深化司法改革、推进基层治理体系完善和治理能力提升的重要探索创新，展现了区法院的主动担当、奋发有为，值得全区学习借鉴、推广。可纳入全区主题教育制度成果，请宣传部门注重加强宣传报道。”

（韩晓冬）

【金融街法庭设立调研基地】 11月16日，“最高人民法院民事审判第二庭金融审判研究中心（北京）调研基地”正式设立并在区法院金融街人民法庭挂牌。“中国社会科学院法学研究所、中国社会科学院国际法研究所调研基地”正式揭牌并宣布落户区法院金融街人民法庭。

（韩晓冬）

【腾退“需搬迁住户”】 11月25日，区法院执行局副局长贾秋春及法官杨晓龙带领执行干警20余人，顺利腾退景山公园内最后一户“需搬迁住户”，并将腾空的涉案房屋交付申请执行人，有力推进北京“中轴线申遗”项目腾退工作。北京日报、北京电视台法治进行时及庭审纪实等多家媒体到场采访报道。

（韩晓冬）

【区领导祝贺白皮书发布】 12月2日，区委书记卢映川对区法院发布《家事审判改革工作白皮书（2014—2019）》作出批示：“祝贺白皮书发布！家事审判改革意义极大，我们的社会治理要努力争取更多多样的改革成果。可纳入西城案例库。”

（韩晓冬）

【市人大代表、政协委员视察区法院工作】 12月6日，褚玉梅、胡建森、倪志华、郑萼等10位北京市人大代表、政协委员到区法院视察多元解纷诉调对接中心和诉源治理直通车工作站。

（韩晓冬）

【在法院系统优秀案例评选中获奖】 12月10日，全国法院系统2019年度优秀案例分析评选活动研讨会在北京召开。区法院获“先进组织单位奖”，4名法官分别获得二等奖、三等奖和优秀奖，这是该院在历届全国法院系统优秀案例评选活动中获得的最好成绩。

（韩晓冬）

【市高院征求市人大代表意见建议】 12月10日，市高院党组成员、驻院纪检监察组组长刘旭东到西城区就法院工作报告征求人大代表意见建议。西城区委书记卢映川、区人大常委会主任杜灵欣带队，陈子云、秦红岭等13位西城团北京市人大代表受邀参会。区法院党组书记、院长刘双玉，市高院办公室相关人员参加座谈。

（韩晓冬）

【多元解纷诉调对接中心启用】 9月2日，全国首家“多元解纷诉调对接中心”在西城法院正式启用。西城区委常委、区委政法委书记王旭，展览路街道办事处主任刘耀雍受邀莅临中心，与西城法院全体党组成员、中层干部一起参观新建设落成的“多元解纷诉调对接中心”。新华社、中央广播电视总台、中国新闻社、法制日报、人民法院报、劳动午报、北京电视台、北京日报、北京西城报等近20家媒体记者到现场采访报道。

（韩晓冬）

【国家宪法日宪法宣誓仪式】 12月4日，西城法院举行2019年“12·4”国家宪法日宪法宣誓仪式。宣誓由西城法院党组书记、院长刘双玉领誓，院领导班子、处级干部、员额法官代表参加宣誓，仪式由院党组成员、政治部主任魏立新主持。

（韩晓冬）

【推行“多元调解+速裁”机制】 年内，区法院坚持把非诉讼纠纷解决机制挺在前面，诉前调解成功4484件、司法确认2531件，速裁案件32340件，全院13.7%的法官审结62.5%的民商事案件，实现用少量法官在前端快速审理大量简单民商事案件的工作目标。与41家调解组织形成对接，将包括仲裁员、优秀律师在内的54名特邀调解员纳入诉前调解队伍，完善多元调解体系。进一步完善快慢分道办理机制，前端建立22个由员额法官、法官助理、书记员及特邀调解员组成的标准化速裁团队，后端推动疑难复杂重大案件精细化、专业化审理，实现“简案快审、繁案精审”，前端案件平均审理时间比后端缩短144天，前后端法官人均结案比达到5.6∶1。

（韩晓冬）

【实现全流程公开透明】年内，区法院严格落实司法公开四大平台建设要求，全年上网公开裁判文书46981份，公开率达到100%。依法、及时公开立案、审理、结案、执行等案件流程信息，有效公开率94.3%。推进庭审公开，完成庭审网络直播18407次，直播次数位列全市法院第一。成立“普法讲师团”，开展送法进社区、进企业、进机关、进学校等“法律十进”活动32场，参与群众超过2000人次。及时总结类型化案件审判成果，先后以“涉宠物犬侵权纠纷典型案例”“涉家装合同纠纷典型案例”等主题召开新闻发布会13场，正面有力地宣传、弘扬社会主义核心价值观，发挥司法审判引领规范社会行为的作用。综合运用新媒体提升普法宣传影响力，借助微博、微信、抖音、快手等平台，普及法律知识，讲好法治故事。

（韩晓冬）

【全面落实司法责任制】年内，区法院将院庭长履行审判监督管理职责与法官独立行使审判权有机统一，实现审判监督管理全程留痕，确保有效放权、有序监督。院庭长带头办理重大疑难复杂案件，共审结案件19584件，占总结案数的25.8%。推动审判委员会运行机制改革，研究审判运行态势、指导全院审判工作、促进类案裁判尺度统一。完善专业法官会议，召开各类专业法官会议48次，发布会议纪要6个，将个案研究与类案指导相结合，实现审理思路、审判流程和裁判结果的统一，让当事人在诉讼过程中感受到公平正义。

（韩晓冬）

【加强审判监督管理】年内，区法院加强长期未结案件清理，减少积案存量，将3年以上未结案由26件压缩到1件，2至3年未结案压缩到7件。加强案件质量评查，成立评查委员会，聘请53位骨干法官担任评查法官，对年内发回改判的356件案件开展重点评查，随机抽取1770件已结案件进行常规评查，确定瑕疵和差错案件224件，全部记入法官业绩档案，汇总评查中发现的典型案件，形成法官大会讲评案例，供法官借鉴。加强审限流程管理，对审限延长、扣除审限开展专项评查，对160件不规范案件中的322个问题立即整改，切实杜绝程序不规范现象的发生。

（韩晓冬）

司法行政

【概况】3月，按照机构改革方案安排，整合区司法局、区政府法制办职责，重新组建北京市西城区司法局（简称区司法局），作为区政府工作部门，为正处级。不再保留区政府法制办公室。西城区司法局政法专项编制154名，其中局机关79名，街道司法所75名。局机关现有干部79人，工勤人员2人。设有办公室、信息科、法治建设科、合法性审核科、行政复议科、行政应诉综合科、执法协调监督科、社区矫正管理科、普法与依法治理科、人民参与和促进法治科、调解工作科、公共法律服务管理科、律师工作科、公证工作科、财务科、政工科、机关党委、离退休干部科18个科室；下辖15个街道司法所、3家公证处、1个区法律援助中心、1个阳光中途之家、1个法治促进中心。年内，组织成立区委全面依法治区委员会并召开两次会议，研究制定工作要点，全面梳理全区依法行政工作指标，并向区政府常务会进行汇报。共审核各类文件、草案95件次，备案部门行政规范性文件12件，向市政府和区人大备案行政规范性文件2件。区政府收到行政复议申请180件，审结212件；发生以区政府为被告的行政诉讼案件306件，审结152件，败诉4件。

地址：西城区南菜园街51号

邮编：100054

电话：83975231

（吉丽洁）

【提供优质高效法律服务】年内，参与壹瓶小区业委会筹建纠纷、信和嘉园地下车位纠纷、校工贾某某伤害学生案等重大敏感矛盾化解工作，办理美团、如风达快递等百人以上群体欠薪案，就动物园批发市场撤市等重大疑难信息公开进行深入研究，并向区委区政府提出法律建议。组建金融法律服务团，参与出险网贷平台风险处置工作。全面对接核心区开墙打洞工作，对15件拆除违建案件进行合法性审核。制定《机构改革期间行政执法工作衔接规则》，确保机构改革后行政执法运行顺畅。推进法治建设领域改革及微改革相关工作，研究制定法治领域改革工作要点，完成街巷长长效管理机制改革任务。广泛开展普法宣传，开展各类法治宣传活动2000余场，发放材料20万余份，打造“京剧新唱法”“法律进宗教场所”等法治文化品牌。

（吉丽洁）

【回应群众法律需求】年内，加快推进公共法律服务提档升级，着力构建覆盖全区的区、街、社区三级公共法律服务实体平台，建成区级公共法律服务中心并投入试运营，为群众提供“综合性、一站式、标准化”服务。全年共接待办证咨询271252人次，办结公证事项137456件。指导中信公证处率先迁入万通办公，开出全国第一份“区块链公证书”。不断提高法律援助水平，受理法援案件3018件。以“法律援助助力服务民生”为主题，广泛开展农民工、妇女、残疾人、未成年人等专项维权活动。

（吉丽洁）

【维护社会和谐稳定】年内，出台《深入践行红墙意识开展矛盾纠纷排查化解专项行动实施方案》，全年共调解矛盾纠纷6348件，调解成功6169件，成功率97.2%。探索大调解工作格局，明确未来三年工作思路。加强“两类”人员教育管控，全年共开展专项排查15次344人次，开展专项教育51人次558人次，组织各项专项活动47场次，两所会商衔接65次。顺利衔接刑满释放人员227人，开展入监帮教26次，为52名特困人员提供专项救助。强化重点行业监管，制定“律所承办涉黑涉恶案件指导意见”，建立登记报备、集体讨论、舆情监控制度，先后报备114件，约谈相关律师63人次，协调指导了丽江反杀案、大连走私案、长沙芙蓉区拆迁案等重大敏感案件。

（吉丽洁）

【2名司法所长获司法部表彰】1月30日，司法部召开全国司法行政系统表彰大会。为激励司法行政机关和广大司法行政干警不忘初心、牢记使命，提振精神、奋发进取，司法部决定对先进集体、先进个人进行表彰。北京市16个集体38名个人获表彰，其中西城区广安门外街道司法所所长王大颖、西城区大栅栏街道司法所所长赵永进获全国模范司法所长。

（吉丽洁）

【组建区委全面依法治区委员会】7月1日，西城区成立区委全面依法治区委员会并召开第一次会议。区委书记卢映川主持会议。区领导孙硕、杜灵欣、王旭、虞宝才、程昌宏、蔺伟、徐利、刘国周等，及区相关单位的负责人参加会议。会议宣布区委机构编制委员会批复情况，区委依法治区委员会、办公室及各协调小组组成人员情况，传达学习中央全面依法治国委员会第一次会议和第二次会议精神以及市委全面依法治市委员会第一次会议、市委全面依法治市办第一次会议精神，审议通过《中共北京市西城区委全面依法治区委员会工作规则》《中共北京市西城区委全面依法治区委员会协调小组工作规则》《中共北京市西城区委全面依法治区委员会办公室工作细则》《中共北京市西城区委全面依法治区委员会2019年工作要点》。卢映川就进一步做好全面依法治区工作提出三点意见。

（吉丽洁）

【市领导调研公共法律服务建设】7月5日，副市长张家明调研西长安街法治文化长廊公共法律服务室普法公园建设情况，旁听调解矛盾纠纷的过程，详细了解群众法律需求，听取社区负责人关于人民调解、法律服务等情况的汇报。张家明对公共法律服务室以及普法公园建设给予肯定，指出公共法律服务室建在群众身边接地气，很有意义普法公园建设让群众感受到浓厚的法治氛围。张家明强调，公共法律服务体系建设，要坚持以群众需求为导向，分析研判本市家庭法律服务需求的方向、频次，总结公共法律服务过程中的规律，特别是典型事例，及时向党委政府汇报，为党委政府决策提供参考。

（吉丽洁）

【司法部调研西城区法治建设】7月12日，司法部法治调研局局长、政府法制研究中心主任李明征，法治调研局副局长田昕等一行15人到西城区调研基层法治政府建设情况。区司法局党组书记、局长李程，区政务服务管理局副局长于杰，区政务服务管理局副局长陈新参加调研。李明征一行首先参观了西城区政务服务中心，详细了解了西城区政务服务中心的建设情况。随后调研组听取西城区基层法治政府建设、优化营商环境等工作。李程向调研组汇报了西城法治政府建设整体情况，区政务服务管理局副局长陈新向调研组汇报西城区政务服务标准化、优化营商环境等方面的工作。李明征肯定了西城区推进全面依法治区优化营商环境方面的工作成效并要求西城区进一步创新工作思路和体制机制为全国法治建设作出示范。

（吉丽洁）

【区司法局指挥中心（一期）建成】 7月31日，西城区司法局指挥中心（一期）建成。机构改革完成后，局党组完善细化《西城区司法行政系统指挥中心建设方案》，明确“任务书”和“时间表”，成立由西城区司法局党组书记、局长李程担任组长的指挥中心建设领导小组，定期听取工作进展情况汇报，协调解决问题。截至7月底，局指挥中心（一期）面积共计90平方米，实现与司法部指挥中心和市局指挥中心系统联通。指挥中心的建立将实现对一线工作的点对点、可视化指挥，其承载的视频监控联网、应急指挥、音视频调度、定位监管、执法巡查、可视化展示等基础功能构建起了司法行政机关扁平化指挥体系，发挥信息化支撑、一体化运作的司法行政指挥作用。

（吉丽洁）

【专职司法社工入职总结暨培训】 8月13日，西城区矫正帮教专职司法社工入职总结暨培训班召开。应邀参会的6个司法所的负责人从专职司法社工日常管理、履职情况及工作建议等方面进行了点评；矫正、基层业务科室负责人进行了专项业务培训；社区矫正科科长从队伍的作用发挥和队建展望作总结发言。相关人员开展《劳动法》和有关劳务规定、规章的知识讲座，与会人员清楚地了解了自身的利益保障，稳定了队伍。下一步，将结合矫正帮教管理对象、岗位职责、工作纪律的特殊性，理顺专职司法社工队伍党建队建工作，不断完善管理机制和体制，为社会力量参与矫正帮教工作搭建好服务保障平台。

（吉丽洁）

【区行政机关负责人出庭应诉】 11月21日，西城区区长孙硕出庭应诉。西城区的张先生因对公房承租人变更行为不服，将西城区政府起诉至北京市第四中级人民法院。法院公开审理此案，在庭审现场孙硕对原告提出的诉讼理由进行答辩，介绍了西城区直管公房管理工作的情况，并对群众监督政府工作表示欢迎。经过一个多小时的庭审后，审判长宣布休庭，择日宣判。西城区之所以如此重视行政机关负责人出庭应诉工作，因为这既是法治西城建设的需要，也是政府尊重法律、自觉接受司法监督的责任所在。政府和市民在法庭上面对面，既是一种沟通交流，也能从中反思工作中的不足，从而倒逼政府依法行政。每次行政首长出庭应诉时，相关部门“一把手”旁听，用身边的案例强化干部的法治意识。通过不断推进行政机关负责人出庭应诉工作，全区依法行政工作水平得到了长足进步，区行政机关负责人出庭应诉数量逐年升高，行政诉讼案件败诉率逐年降低。

（吉丽洁）

【宪法宣传周系列宣传活动】 12月3日，西城区举办2019年“12·4”国家宪法日宪法宣传周系列宣传活动启动仪式。此次活动以“践行红墙意识，弘扬宪法精神，推进法治西城建设”为主题，由区委全面依法治区委员会守法普法协调小组、区委宣传部、区司法局、区法学会共同主办。市人大常委会副主任闫傲霜，市人大常委会副秘书长、委员、市人大常委会教科文卫体办公室主任刘玉芳，市法学会一级巡视员贾沫微，区人大常委会主任杜灵欣等出席活动。市司法局副局长马燕，西城区委常委、区委宣传部部长郁治参加活动并致辞。参加活动的领导为西城普法联盟服务队代表授旗并赠送图书，为西城区“七五”普法优秀法治微视频微动漫、优秀普法人物、特色普法项目等获奖者颁奖。活动现场设置宣传区和互动区，“谁执法谁普法”责任单位为到场群众提供法律咨询，发放宪法读本和宣传资料，宣传与保障和改善民生密切相关的法律法规，同时结合西城区法治政府创建、行政复议法实施20周年等开展宣传。

（吉丽洁）

【法治建设疑难问题研讨会】12月19日，西城区召开2019年区委区政府法律顾问团和法治建设专委会总结会暨西城区法治建设疑难问题研讨会。区委常委、区委政法委书记、区委统战部部长王旭，区司法局局长李程，区委区政府法律顾问团和法治建设专委会全体成员，区律协政府法律顾问委员会成员以及区政府有关部门和各街道相关人员出席会议。会议对年内的工作情况进行了全面总结并对下一步重点工作进行了部署。会上，西城区区委区政府法律顾问团和法治建设专委会全体成员，西城区律协政府法律顾问委员会成员围绕如何建立科学评价体系，解决投诉满意率的问题；如何解决因法律滞后性给行政处罚和执法带来的困境；如何解决疏整促工作中违建的取证、认定和后续处罚的问题以及如何解决公有住房租赁中的民事问题求诉无门的困境等西城区法治建设疑难问题开展了充分的交流讨论，将自己的专业见解提供给政府，供政府决策参考，发挥了顾问团的智囊作用。

（吉丽洁）

（责任编辑　华大友）

军　事

3月21日，西城区退役军人事务局揭牌（于志强 摄）

7月1日，武警北京总队执勤第三支队官兵参观新华社历史陈列馆（武警三支队 供图）

9月7日，西城区举行2019年新兵入伍欢送大会（于志强 摄）

10月10日，西城区人武部到西长安街街道调研民兵连建设情况（区人武部 供图）

10月17日，武警北京总队执勤第四支队组织官兵到清华大学参观（武警四支队 供图）

人民武装部

【概况】北京市西城区人民武装部（简称区人武部），受北京卫戍区和西城区委、区人民政府双重领导，负责西城区军事工作，是西城区委的军事指挥机关，区人民政府的兵役机关。下辖军事科、政治工作科、保障科。西城区人民武装部坚决贯彻中央军委、陆军、卫戍区党委扩大会议精神，贯彻落实习主席视察卫戍区部队时提出的“铸忠诚、尽职责、抓从严”的总要求，全面加强党的领导和党的建设，聚焦练兵备战，切实转变思想、改进作风，严守纪律规矩。围绕“一条主线”（迎接和庆祝新中国成立70周年做好服务保障）、突出“四个重点”（加强思想政治建设、“十三五”民兵改革任务落地、高质量做好兵员征集和积极做好创建双拥模范城区），实现“一个确保”（确保安全稳定）开展工作。年内，人武部被评为“先进人武部”“北京市征兵工作先进单位”“安全稳定工作达标单位”。

地址：西城区教子胡同14号
邮编：100053
电话：66187322

（王红光）

【抓好练兵奋战】1月，卫戍区印发《军事工作指示》。人武部党委深入贯彻习主席关于练兵奋战重要指示精神，以新时代军事战略方针为纲领，围绕迎接和庆祝新中国成立70周年阅兵和保障任务主线，把握任务重点，强化号令意识，聚焦主责主业，打牢战训基础，深化改革转型，加强应急方案预案体系建设，完善战备应急方案，提高了应急应战能力。紧紧围绕“平时能应急、战时能应战”职能使命，扎实开展基础训练和战备拉动演练，全面推进实战化训练落实，提升遂行任务能力。组织街道、民兵单位专武干部和民兵骨干开展业务培训，民兵训练演练，高标准完成了“两会”、新中国成立70周年庆典活动等重要敏感时期执勤备勤，以及防汛抢险、应急救援等任务。

（王红光）

【军队全面停偿服务总结评估】1月，军队全面停止有偿服务工作领导小组下发《关于扎实做好军队全面停止有偿服务总结评估工作的通知》，为全面评估停偿成效、总结经验做法、巩固深化成果，部署做好军队全面停止有偿服务总结评估工作。区人武部根据通知精神组织协调区政府相关部门召开协调会，分阶段组织实施，对照15个行业及全区关停的28个有偿服务项目进行核查评估，采取行业对口、单位交叉的办法，核实任务完成情况，验证实际成效，总结经验做法，宣传巩固深化停偿成果。年内，人武部被评为“卫戍区全面停止有偿服务工作先进单位”。

（王红光）

【落实党管武装制度】3月6日，人武部组织召开2019年党委扩大会议，部长蔺伟传达了习主席视察卫戍区部队时的讲话精神，对新年度工作任务作出具体部署，区委书记卢映川在会上作了重要指示，要求人武系统要认真贯彻新时代军事战略方针，做好军事斗争准备，对新年度工作重点提出明确要求。年内，人武部党委坚持问题导向，下力解决好制约国防后备力量建设的瓶颈问题，协调区委召开议军会专门研究党管武装工作事项，印发《关于落实新时代加强党管武装要求的实施意见》《西城区街道人民武装工作手册（试行）》。注重抓好理论贯注，引导党委委员运用自身学习成果为基层专武干部、民兵队伍作授课辅导；拓宽社情民意反映渠道，准确把握基层期盼愿望，开展调查研究，用心、真情地帮助基层解决一些实际问题，推动了党委武装工作不断创新发展。

（王红光）

【武器装备管理】4月，北京卫戍区下发《关于组织开展武器装备春季换季保养工作的通知》，人武部党委聚力练兵奋战核心使命任务，确保武器装备完好无损，高标准组织普查、保养各项工作，时刻保持了装备器材装容装貌清洁完好、战技指标保持良好、保障配套齐全完善，为民兵随时执行各类任务提供了有效装备保障。年内，人武部依据《卫戍区装备系统专项整肃治理实施方案》，推进装备系统专项整肃治理，按照阶段划分和工作任务，组织核查检查，梳理问题矛盾，实现“清查内容全面、信息数据准确、矛盾问题见底、整治成果见效”工作目标。

（王红光）

【组织全民国防教育】5月11日，西城区在北京交通大学举行国防教育暨征兵宣传进校园活动，北京市、军委国防动员部和卫戍区相关领导出席活动，1400余名大学生代表参加活动，30名优秀在校退役大学生士兵受到表彰。活动咨询现场展示了50多张国防征兵工作展板，发放国防征兵手册、宣传邮折和宣传折页2000余本。5月26日，人武部在北京工商大学举办民兵应急连结训仪式，通过国防知识讲座，老兵事迹报告会，民兵连形式多样的训练、演练，有效促进了高校国防教育。年内，区人武部健全完善国防教育工作机构，规范国防教育工作制度，理顺国防教育工作关系，统筹利用区域红色资源支持全民国防教育事业，组织开展全民国防教育日活动，定期召开形势分析会、联席会议、总结部署会。通过抓思共建，形成党委政府主导、军地密切配合、社会各界支持、全民共同参与的工作格局，实现全民国防教育对象、地域、时间、内容和手段“五个全覆盖”。

（王红光）

【基层武装部建设】年内，区人武部把党管武装工作列入街道领导班子和党（工）委书记年度工作实绩考核内容，督导街道书记每月定期召开1次议武会，落实武装工作述职，遴选有部队经历、懂武装工作的人员推荐街道党（工）委任命为武装部长，严格落实街道武装部长参加街道工委制度。规范街道武装部正规化建设，协调区委制定下发《西城区街道人民武装工作手册（试行）》，对街道武装部长具体职责、街道人武部基本建设做出明确规范，将基层民兵组织建设管理情况纳入区委督查考核细则内容。

（王红光）

【提高编组质量】7月5日，区委召开“议军会”，研究出台《关于落实新时代加强党管武装要求的实施意见》《西城区街道人民武装工作手册（试行）》，调整了“十三五”期间民兵调整改革领导小组成员。人武部任命了15个街道的专武干部和民兵排以上干部，指导各街道预建民兵连党支部、民兵党小组，建有应急、专业和特殊三大类分队。年内，不断加强民兵连部基础设施建设，实现编得实、拉得动、训得好、用得上。

（王红光）

【夏秋季征兵工作】9月7日，西城区在解放军歌剧院举行2019年新兵入伍欢送大会，区四套班子领导、区征兵工作领导小组成员单位、街道和高校征兵工作负责人，接兵部队领导，批准入伍新兵及家属代表参加会议。入伍新兵举行了迎军旗、向军旗宣誓、送军旗仪式，新兵代表、新兵家长分别进行发言。区领导为新兵代表颁发入伍通知书，为新兵家属代表颁发光荣牌。年内，区征兵办积极抓好年度征兵工作，从年初开始统筹谋划，规范程序方法，在确保数质量前提下，力争为部队输送优质兵员。9月10日入伍新兵开始起运，军兵种包括陆军、海军、空军、火箭军、战略支援部队和武警部队。

（王红光）

【军事设施保护工作】年内，区人武部先后2次组织召开军事设施保护工作协调会，调整领导机构，人武部党委领导亲临军地单位，积极协调区军事设施保护领导小组成员单位和辖区内军事设施保护单位，按照划定内容逐项抓好落实，完成军事禁区、军事管理区的区域划定工作。结合军事设施保护宣传日，充分利用区域资源，在繁华街区进行定点宣传，有效提高了居民军事设施保护意识。未发生妨碍国防工程建设、军事禁区管理和军用土地权益的军地纠纷和案件，确保了军事设施安全。

（王红光）

【开展实事拥军】年内，区人武部党委发挥桥梁纽带作用，主动作为，围绕服务部队练兵奋战，抓好实事拥军支持部队建设，区财政列入涉军预算，为仪仗大队无偿提供土地及地面建筑，支持武警执勤三支队改善执勤装备，投入资金慰问部队，助推军队后勤保障社会化。创新思路、破解难题，解决部队“三后”问题，在社区设立老兵服务站，免费举办自主择业干部、退役士兵岗前培训，召开随军家属就业专场招聘会，政策保障解决军人子女上优质学校，安置军转干部，解决随军家属就业，协调驻区部队子女入学，入优质学校率达100%。不断深化文化双拥，提升双拥工作的品质，巩固和发展“一街一品”模式，开展评选表彰年度“红墙卫士”“好军嫂”活动，大力宣扬优秀军转干部事迹，提升军人及军属的荣誉感、获得感，为开展国防教育、增强全民国防意识营造浓厚氛围。

（王红光）

【军官预备役登记】11月12至15日，北京卫戍区在空军指挥学院组织自主择业干部预备役登记一站式办公，完成自主择业干部登记。年内，西城区预备役军官转业安置到驻西城区国家机关企事业单位、北京市机关企事业单位和西城区政府机关企事业单位，其他选择自主择业。

（王红光）

【新闻舆论工作】年内，区人武部党委深入学习宣传贯彻习近平强军思想，聚焦练兵备战，围绕迎接和庆祝建国70周年，坚持正确政治方向和舆论导向，加强对新闻舆论工作的领导。单位工作骨干锐意进取，苦练内功本领，转作风改文风，弘扬主旋律、传授正能量，积极投身新时代军事舆论工作，在报刊、电台、电视台、主流网络等媒体刊播稿件10余篇（条），推动了年度新闻舆论工作创新发展，人武部被卫戍区政治工作部评为“新闻舆论工作先进单位”。

（王红光）

武警北京总队执勤第三支队

【概况】年内，武警北京总队执勤第三支队学习贯彻习近平新时代中国特色社会主义思想和习近平强军思想，紧跟总队党委决策部署紧紧扭住“打胜仗、防风险、强定力”工作重点，坚定看齐追随、聚力练兵备战、扎实强基固本、夯实安全底线，部队全面建设稳中向好，被总队评为基层建设先进支队。

地址：西城区南礼士路5号院

邮编：100037

电话：52824126

（吴柯竺）

【支队政治建设】年内，武警北京总队执勤第三支队牢牢抓住政治建队这条生命线，把保卫党中央、保卫习主席、保卫首都安全作为官兵最高的政治荣誉，首位首抓，确保绝对。以“两本纲要、一个读本、一个选编”为基本教材，严密组织党委中心组带机关理论学习，深化习近平系列重要讲话精神。广泛开展向先进集体学习活动，扎实推进两大主题教育和使命教育踩深走实，紧跟内外形势和官兵思想搞好随机性及“四反”教育，深入彻底肃清郭徐等涉案人员流毒影响，抓实党员干部政治能力训练，基层内涵底蕴在按纲建队中不断厚实。推动强军目标落地生根，结合改革整编，加强工作统筹，认真落实总队党委1号文件精神和“抓建基层十条措施”，严格落实党委机关“三包”措施，常态开展“随队一日”帮建活动，基层自建能力提升很快，全面建设齐头并进。持续纠治“五多”问题，细化《纠治形式主义、官僚主义措施办法》，各类文电减少43.6%。纵深推进风气整治，严惩官兵身边的“微腐败”，基层风气建设稳步推进。扎实推进营区政治环境建设，强力推进强军网、基层智能政工一体化平台建设，《忠诚勇担当，奋进新时代》老兵复退主题文艺汇演、《致敬忠诚》《淬火蜕变》《坚守十二时辰》等系列录像片反响良好。22名战士被武警院校录取，2名战士保送提干，4名大学生士兵提干。

（吴柯竺）

【思想政治工作】年内，武警北京总队执勤第三支队思想政治工作在教育铸魂育人中得到加强。树牢“讲政治是命根子”的理念，建立“个人自学、常委领学、集中研学、专家教学、参观见学”体系化学习路径，不断拓宽知识视野，提升理论素养。扭住“有动员、有摘抄、有讨论、有体会、有批阅、有评比、有转化”抓手，官兵看齐追随更加自觉。按照“1+3+1”模式和“教育要贴兵心，授课要讲兵话，讨论要解兵难，内容要抓兵事，形式要顺兵意，效果要体兵情，教员要现兵味，根本要见兵行”要求抓实两大主题教育和使命教育，打好意识形态攻防仗，强化了官兵“四个意识”。开展评教评学、比武考核、推门听课、教育设计和现实问题集体研究，政治干部的主业意识和主力作用明显提升，1人被武警部队评为“十佳”四会政治教员，2人被总队表彰为优秀“四会”政治教员。发挥“六小阵地”作用，用教育讲台交流强军报国心得、用军营广播传播强军报国之声、用演艺唱响强军报国战歌，让领袖讲话、英模人物、队史队魂进入宣传栏、灯箱、LED屏等，使官兵在潜移默化、耳闻目染中修枝剪叶，争当“四有”军人的价值追求更加坚定。抓好新闻报道，全年在主流媒体刊稿230篇，《回家路上给你敬个礼》等北京南站春运执勤系列报道获全网点赞。

（吴柯竺）

【执勤维稳任务】年内，武警北京总队执勤第三支队执勤维稳任务在整体联动中圆满完成。支队党委刚性落实党委议中心制度，成立首长住地和重大临时任务专班，研究制定多份指导性文件，扎实开展执勤隐患排查治理活动。每月开展“最美哨兵”评选、播放执勤检查录像通报，督导正规化执勤末端落实。常态督导战备工作“两个规范、三个标准”落实，“两个不经，一个保持”战备水平得到提升。全年固定目标和社会面巡逻防控任务完成圆满，全国“两会”、“一带一路”国际合作高峰论坛、北京“世园会”、亚洲文明对话大会、全国政协成立70周年现场警卫、新中国成立70周年国庆安保和党的十九届四中全会等重大临时任务确保了万无一失，20人在任务中立功。

（吴柯竺）

【核心军事能力】年内，武警北京总队执勤第三支队核心军事能力在演训牵引中明显提升。贯彻落实中央军委军事工作会议精神，坚持战斗力这个唯一的根本的标准，坚持真难严实抓训，研究制定支队《加强实战化军事训练十项硬性措施》，确立“练精教头、练硬拳头、练硬指头、练实大头”训练思路，组织17个批次集训驻训，培养各科目教练员300余名。开展龙虎榜、创破纪录等活动，建立追责问责机制，练兵备战导向更加鲜明。支队被总队评为军事训练优秀单位，1人被武警部队评为“优秀教练员”，2人在总队比武竞赛中获得第一名。

（吴柯竺）

【安全发展基础】年内，武警北京总队执勤第三支队安全发展基础在综合治理中稳固加强。对标“六个不能出”底线，强化“安全靠建”理念。坚持重大安保任务成立安全专班，强力抓安创安，较好地实现了“两个安全”。建立“五个层级谈心制度”，扎实开展“情感访谈”“谈心谈话”活动，掌握安全预防主动权。把“学条令、用条令”贯穿安全始终，坚持首长机关表率作用，基层部队抓养成，加大“三治两抓”力度，及时发现问题、鞭策部队、消除隐患，部队“四个秩序”不断正规。树立“七多四正”理念，狠抓安全工作“八个规范”常态落实，严密组织多次“三卡”清查，坚持稳中求进，突出风险防控，扎实推进新训“三查一退一除”，全年实现安全稳定。支队被武警部队评为安全工作先进单位和暑期百日安全竞赛优胜单位。

（吴柯竺）

【综合保障效能】年内，武警北京总队执勤第三支队保障效能在增强服务意识中跟进有力。强化“前勤”保障理念，着力推动实战化、正规化、现代化后装建设。严格落实后装专业军事训练大纲要求，狠抓应急保障能力建设，逐步规范“一组五队”编协配装和训练演练；先后培养军械员、驾驶员等专业人员100余人。采取搞调研、查食谱、吃碰饭等措施加强督导，开展接诊巡诊送药活动服务官兵，关爱到位。推进后勤领域“清仓归零”，有力有序清理回收14间违规及借用住房，服务基层服务官兵比较到位。加大安全行车警示教育和管控，全年实现安全行车无事故。

（吴柯竺）

【依法从严治军】年内，武警北京总队执勤第三支队始终秉承“建过硬班子带过硬队伍”理念，认真贯彻执行军委主席负责制和民主集中制，明确“五先五后”议事程序和“六个必须议”“四个不能议”议事原则，核心领导坚强有力。严密组织党支部书记、党小组长培训，规范党员发展、党费缴纳、党组织生活等制度落实，党委支部引领力、决策力、战斗力、感召力持续加强。扎实推进基层风气专项整治，建立纪委委员挂点包队办法，探索精准抓风气路径，切实把“两个责任”落实到位，让党员发展、立功受奖、士官选晋、住房分配、干部任用等敏感问题脱敏，官兵满意度和获得感显著提升，部队风气更加纯正。全年，发展党员152人，研究推荐28名战士考学提干、132人参加预提指挥士官培训和技术学兵。

（吴柯竺）

武警北京总队执勤第四支队

【概况】年内，武警北京总队执勤第四支队以习近平强军思想为统领，坚决贯彻上级党委决策部署，着眼部队所处政治高地的特殊要求、“四年”的特殊形势和“打胜仗、防风险、强定力”工作重点，坚守“稳”的基调，塑造“进”的态势，各项工作推进有力，大项任务完成圆满，部队建设呈现向上向好的发展态势。

地址：西城区珠市口西大街133号

邮编：100050

电话：52824727

（杜静伟）

【思想政治工作】年内，支队坚持把习近平强军思想作为旗帜高举、作为真理真学、作为“心学”深修，以两本《纲要》为教材，以贯彻《军队团级以上单位党委理论学习中心组学习规则》联系点为契机，通过集中组织学、融入实践悟、以上带下促，有力促进强军思想落地生根。深入开展两大主题教育和使命教育，先后邀请感动中国十大人物陈俊贵、小兵张嘎传人赵克新和杨靖宇烈士嫡孙马继民走进支队“精锐讲堂”授课辅导传承红色基因，组织参观北平和平解放70周年展和庆祝新中国成立70周年成就展，让教育更有味道、更有温度、更有力量，支队被总队表彰为“使命教育先进单位”，政治工作部被表彰为“先进政治机关”，杨晓理被表彰为“使命教育先进个人”，刘明远、陈玉被评为总队“十佳”四会政治教员。搭载“一网一号一平台”快车道，积极宣扬支队官兵投身精锐建设的新风貌，全年新闻报道数质量位列总队第一，被表彰为“新闻宣传先进单位”，姜润邈获得“中国武警新闻奖”。

（杜静伟）

【执勤训练工作】年内，支队把备战打仗作为党委第一要务，制定出台《新时代聚焦备战打仗十条措施》，扎实开展执勤隐患排查治理和“听闻看报”执勤实践活动，强力推进“智慧磐石”工程建设，全年“五场重大安保任务”完成圆满，固定目标、临时勤务万无一失。持续深化“和平积弊大起底大扫除”活动，严格落实值班力量体系，常态组织战备拉动检查，圆满完成总队执勤支队应急班试点建设规范任务。严密组织勤训轮换、专勤专训和“魔鬼周”极限训练，参加总队巡逻车组、检查站执勤分队考核，参谋尖子比武，预提指挥士官结业考核，执勤支队机动大队半年考核均取得第一名，崔金宝被表彰为武警部队“优秀教练员”，李昆朋、姚伊辉和机动一中队班长李思维被表彰为总队“优秀教练员”。突出发挥“生命线”“指挥线”“保障线”作用，支队被总队评为“密码工作先进单位”。

（杜静伟）

【基层建设工作】年内，支队树立“把落实《纲要》当日子过、当基本功练”的思想，建立“三个贡献率”评价体系和正负清单，分两批组织基层主官《纲要》培训，支队经验做法被总队转发。严格落实挂钩帮带责任制，先后安排领导和机关干部蹲点帮建，为独立执勤小点配强骨干、倾斜保障，为部队上尽责警示哨，促进了各项工作落实。开展“五大一送”、“温馨周末”和欢乐基层行活动，妥善处理官兵家庭涉法问题，及时发现送治心理问题官兵，积极协调干部随军、干部子女入学等工作。组织每季度按纲建队考评，突出对连续五年未进先进单位精准帮扶，基层建设质量明显提升。二大队被评为先进大队，七中队被总队评为标兵中队，6个中队被评为先进中队，3个中队进步明显，新兵大队被总队评为“教育训练先进单位”。

（杜静伟）

【部队管理工作】年内，支队坚

持问题倒逼、全面从严、标本兼治，制定落实支队《新时代“防风险”十条措施》，通过风险评估、主题党课、翻牌计时，推动防风险工作走深踩实，经验做法被总队专题转发。突出“人车枪弹酒、水火电毒密、贷赌黄游群”重点，拉网式组织“三卡”清理整治，有效堵塞网络赌博、网络借贷和失泄密漏洞。常态进行“四不两直”“六个一遍”“三部一点”覆盖检查，开展“用小措、抓点滴、促养成”活动，结合枪弹专项清理整治覆盖式排查所有兵器室、军械库，全年车辆交通安全“零抄告”，支队先后被武警部队表彰为“百日安全优胜单位”和年度“安全工作先进单位”。

（杜静伟）

【后勤保障工作】年内，支队着眼真打实备，细化应急预案，优化战储方式，充实装备物资，与多家单位建立应急保障绿色通道，确保“备得足、供得上”。持续优化“一组五队”编携配装，深入开展“保障岗位大练兵”活动，严密组织后勤尖子集训考核，二中队战士张潇参加总队卫生员集训取得第一名。科学统筹经费投向投量，为基层采购换发炊事器具，投入资金改善官兵生活条件，“五难”问题逐步解决。深入开展装备整肃专项治理活动，顺利完成违规住房清理腾退任务，重点敏感问题整治成效明显。研究制定“4块钱改善措施”和“一人一桶、一站一箱、专车前送”任务保障模式，大力开展“健康强军”配套活动，及时发现处理1起急性白血病情况，为符合条件的官兵申报评残鉴定。

（杜静伟）

【党风廉政工作】年内，支队深入贯彻三级党建工作会议精神，研究制定《新时代加强支队党委班子作风建设八条措施》，组织基层党委支部班子岗位大练兵活动，2次支队党委班子民主测评率均为100%，七中队党支部被总队表彰为“先进基层党组织”。扎实开展“不忘初心、牢记使命”主题教育，抓实学习教育、调查研究、检视问题、整改落实4项措施，支队教育开展情况受到武警部队安政委肯定，经验做法被总队转发。常态纠治基层“微腐败”，抓好基层风气监督员选拔培训。全年，所有经费和工程全部按程序规矩经党委常委会和首长办公会研究审批，多名干部经过思想淬炼、政治历练、实践锻炼得到晋升，多名官兵因工作积极、成绩突出立个人三等功。

（杜静伟）

人民防空

【概况】北京市西城区人民防空办公室（简称区人防办）是西城区国防动员委员会的常设办事机构和区政府人民防空工作主管部门，承担西城区人民防空、公共安全宣传教育职能。年内，人防工作突出抓好思想政治建设、安全稳定、依法行政、组织和干部队伍建设，深刻领会党的“十九大”会议精神内涵，认真落实中央“八项规定”，落实党风廉政建设责任制和廉洁自律各项规定，以上级总体部署为依据，以年度工作任务为目标，把学习贯彻习近平新时代中国特色社会主义理论与推进人防工作发展紧密结合，围绕人民防空机构改革，不断提高精细化管理水平，在保障人防工程安全平稳运行，实现科学有序管理方面开展了大量的基础性工作，在组织开展各项应急综合演练、志愿者培训、装备物资以及指挥通信保障方面均取得骄人业绩，求真务实，开拓创新，完成年度各项工作任务。

地址：西城区西单横二条2号
　　　华恒大厦4层

邮编：100031

电话：88064801

（李显臣）

【机构改革】3月，“北京市西城区民防局”正式更名为“北京市西城区人民防空办公室”，将西城区地震局的地震管理相关职责划分给区应急管理局，人员编制划走7个，其他人民防空职能职责保持不变。重新修订了三定方案、调整了科室，科级及相关人员重新进行任命。

（李显臣）

【专项治理】年内，配合区纪委、区监委全面开展人防系统腐败问题专项治理工作。对2010年以来的账目、会议纪要、工程施工项目、人防工程使用合同等进行全面重新梳理、审计、对发现的问题线索认真甄别、核对，并按要求如实上报情况。

（李显臣）

【国庆人防工程安全保障】年内，保障国庆“70周年”大庆活动期间，成立6个督导组，对全区人防工程开展安全检查，签订“人防工程安全使用责任书”，对长安街及二环沿线500米范围内的重点区域人防工程开展了安全评估和人员定位保护，共出动检查人员2142人次，排查人防工程，填写《人防工程检查单》，发现和排除安全隐患150处。

（李显臣）

【应急指挥体系基础建设】年内，组织维保巡察高点监控系统10个点位。更换物资库饮用水200箱、填充大量应急物资，接收原地震局储备物资1727件。防汛抢险物资库共备有发电机4台、水泵22台、呼吸机3台、充气泵1台、电缆盘8个、水龙带19盘、膨胀沙袋900个、编织袋3100条等抢险物资和器材。保障防汛期间800兆和防汛电台通信联络畅通。完成全区防空警报器加电测试工作，恢复安装广外社区防空警报，主机更新24台，备用电源更新12台。完成区808指挥所至市528指挥所48芯光缆检测任务。维修政府办公电话通信330余部。做好指挥车辆各类节点值守工作以及各通信设备的维护检查，同时对卫星地面站加装衰减器，定期进行车辆的维修、调试、保养工作。对人防应急物资储备库进行了维护及清整，现储备物资77类、3000余件（套）及9类77种民防应急救援装备。组织应急培训共计118天；应急指挥车值勤、备勤值班共计26天。

（李显臣）

【人民防空训练】年内，扎实做好《2019年度西城区人民防空训练工作计划》。6月4日在平谷区西峪水库南岸组织区人防办全体人员参加人民防空人口疏散指挥所开设演练，通过演练使指挥人员熟悉组织临战人口疏散指挥所野战条件下重新开设的程序、内容及方法，为战时顺利组织指挥人口疏散安置奠定基础。完成每月市人防办通信业务日常训练，共计36次，以及京津冀人防无线通信协同训练8次，开展本部门例行通信演练9次，视频会议保障22次。

（李显臣）

【防空防灾宣传阵地建设】年内，扩大宣教阵地，创新宣教方法，丰富宣教内容，加强宣传阵地建设，对万寿宣教基地综合调试、检修共51次。月坛雅集、金融街宣教中心开发再利用多次被有关新闻媒体报道。展览路、德胜、金融街等宣教基地以及月坛雅集共计接待参观2.6万余人次。依托市人防办“平安生活”讲师团，在学校、社区、企业继续推进大讲堂活动，开展人防知识宣讲32场次，1955人次参加。全年在内部公示栏、内部政务网、外部门户网上共公开信息115条。

（李显臣）

【人防工程综合整治】年内，对发现的人防工程住人反弹问题进行综合整治，疏解和清理人员。人防工程开发利用与使用费收缴工作展开顺利，签订公用人防工程使用合同。收缴人防工程使用费866万元。完成公用人防工程配套场所及其硬件建设。利用地下空间，新增414个停车位，完成向社会提供500停车位的为民办实事工作目标。

（李显臣）

【人防工程专项治理】年内，共出动检查人员2142人次，检查次数1582次，填写检查单1582张，对检查过程中发现安全隐患进行整改，整改率超过90%，针对检查时可能出现的问题进行了讨论交流，确保了全区人防工程未发生一起重大安全事故。

（李显臣）

【人防工程维护维修】年内，按照各公用工程实际情况，制定并下达《西城区2019年防空地下室维护维修计划》。通过公开招标，确定防空地下室维护维修专业队（含监理队伍），加强人防工程早期治理、维护维修。回填工程完成率100%。通过区、街道共同努力，顺利完成年度早期人防工程治理及防空地下室维护维修任务。

（李显臣）

【人防工程防汛】年内，根据《西城区2019年人防工程防汛工作方案》要求，人防办对《北京市西城区人防工程事故应急预案》和《北京市西城区人防工程防汛应急预案》的成员进行了相应调整，并结合西城区人防工程现状，进一步明确了应急处置原则、程序、方法及保障措施，保证各项措施落实到位，提高了预案的针对性和实操性。指导各街道开展对全区早期人防工程冬春季普查工作。组织召开全区防汛工作部署会，层层签订责任书，落实防汛责任制。完成人防工程防汛抢险专业队伍整组和防汛物资装备筹备，组建9支、70人的抢险专业队伍并进行防汛演练。

（李显臣）

【人防应急救援分队培训】年内，根据《北京市人防应急救援队管理规定》扩充应急救援队伍规模。对现有救援装备进行定期维护保养，确保其随时可以正常使用，同时新增一批应急通信保障装备。下半年组织全体救援队人员接受美国心脏协会急救及应急救援基础培训，经过3天的培训和考试，最终全部通过考核，获得应急救援专业资格证，进一步提高了应急指挥和组织救援能力。

（李显臣）

【人防工程视频监控系统建设】年内，根据《北京市人防工程视频监控系统建设工作规定》，西城区10个点位建设工作已经完成，完成相关调试，全面进入验收阶段。

（李显臣）

【人防宣传教育“五进入”】年内，开展人防宣传教育“五进入”工作，3月1日国际民防日当天在月坛雅集开展大型社会宣传活动，5月12日会同区应急管理局在北京展览馆开展了“提高灾害防治能力，构筑生命安全防线”宣传活动。以9月21日“全民国防教育日”为平台大力开展社区宣传教育活动。深入校园组织开展“新中国人民防空69周年纪念”主题活动。在社区、企业、院校开设“人防大讲堂”系列知识讲座，参与人数1900余人次。据统计，全年区人防办发放宣传材料和宣传品14890余册（件）；发放社区人防志愿者应急包482件。在硬件建设上，为23个社区319名人防志愿者配备了319个消防应急包、60个马甲，在社区安装10个应急亭，对于未安装应急亭的部分社区，人防办按照应急亭设置标准，为每个社区配备了手摇警报器、应急照明灯、扩音器、逃生绳、反光背心、多功能折叠铲、应急雨衣、应急高筒靴、警戒带等器材，共计19种1250件，以应对社区的突发情况。

（李显臣）

【公共安全志愿者队伍建设】年内，按照社区人防建设工作标准要求，通过整合、梳理，西城区38个人防进社区单位新增志愿者466人。7月2日，区人防办专门组织120余名社区志愿者骨干开展人防业务专题培训。为志愿者配置应急救援装备，为55个社区发放应急包500个，为志愿者发放应急包1000个、志愿者马甲140件。

（李显臣）

【人防法制体系建设】年内，全年制作行政处罚案件文书14卷，填写录入行政检查单749份，执法信息平台录入检查量749份，审查合同数130份，确保了外签合同的合法有效。依法对人防工程使用单位开展900余人次的专项执法检查，分别对问题严重、且屡教不改的使用单位实施行政处罚。对西城区广安门外大街305号八区3号人防车库等单位和个人进行行政处罚，罚款合计4.4万元整。

（李显臣）

【接诉即办】年内，专门成立区人防办“市民热线”督办领导专班，及时督促、督办各类信访案件，人防办接诉处理各级派发信访案件总计90件，其中市级信访3件、区级信访82件、书面信访1件、政务依申请公开3件、政策性咨询1件。12月3日会同新街口街道及辖区派出所成功处置熙府桃园小区破坏人防工程事件，有效检验了“街乡吹哨、部门报道”工作机制，事件最终得到圆满解决。

（李显臣）

（责任编辑　华大友）

北京西城年鉴2020

9月10日，2019北京坊生活方式设计节暨北京国际CG艺术双年展在北京坊劝业场开幕（闻昭 摄）

9月11至18日，“城市法源 烂缦新生——法源寺街区更新计划”举办（牛街街道 供图）

10月22日，原创话剧《牛天赐》新闻发布会在湖广会馆召开（天桥演艺区指挥部 供图）

年内，马连道文化创意街区项目——陆羽广场改造升级亮相（马连道指挥部 供图）

和谐宜居示范区建设

【概况】北京西城区和谐宜居示范区建设指挥部（简称和谐宜居指挥部，原北京金融街指挥部）隶属区委、区政府，由区政府直接管理。2015年12月，区委区政府根据中央、北京市委市政府对和谐宜居示范区建设的重要指示精神，将“三金海”（三里河—金融街—中南海）区域的和谐宜居示范区建设任务纳入北京金融街建设指挥部职责范围，将北京金融街建设指挥部更名为北京市西城区和谐宜居示范区建设指挥部，职责：统筹“三金海”和谐宜居示范区建设的相关工作，协调推进和谐宜居示范区项目建设及搬迁等工作。制定“三金海”地区和谐宜居示范区规划实施方案。统筹“三金海”整治提升专项工作，制定依法整治规范的工作目标；配合相关部门和属地街道做好“七小”“地下空间”等环境整治和疏解提升工作。配合中关村科技园区西城园管委会推进西城园广安街区建设。承办区委、区政府交办的其他事项。内设办公室、综合规划处、项目建设协调处、项目征收管理处4个机构。工作人员30名，其中常务副总指挥1名、处长（主任）4名、副处长（副主任）6名。年内，和谐宜居指挥部坚持以习近平新时代中国特色社会主义思想为指导，贯彻党的十九大和十九届四中全会精神，树牢“四个意识”，坚定“四个自信”，做到“两个维护”。贯彻落实北京市城市总体规划，以“不忘初心、牢记使命”主题教育为契机，践行“红墙”意识，凝心聚力、攻坚克难，统筹协调27个项目，完成人口疏解207户，涉及影响人口2546人次，完成建安投资2.6亿元，超额完成年度任务。

地址：西城区南礼士路46号院内

邮编：100045

电话：59512686

（孙　悦）

【西华门外筒子河西侧外立面整治项目】3月27日正式开工。积极征求居民及产权单位意见建议，各部门通力合作、加大统筹协调力度，比原定计划提前1个半月完工。

（孙　悦）

【区领导调研视察】4月3日，区委书记卢映川到西单文化广场施工工地检查空气重污染落实情况听取建设单位负责人工作进展情况汇报，实地查看工地洒水、渣土覆盖、物料堆放等，详细了解施工方案及管理等相关情况。7月29日，卢映川、孙硕到161中学临时场地整理项目现场视察，听取近阶段工作情况汇报。8月21日，卢映川一行到西单文化广场升级改造项目现场视察，听取区园林市政中心关于园林亮相区域工作情况汇报。9月29日，卢映川、孙硕一行视察西单文化广场升级改造项目，对西南区域园林景观、瞻云牌坊、水幕墙等进行实地调研，查看场地现状、施工管理等，听取工作情况汇报。

（孙　悦）

【西单文化广场升级改造项目】年内，指挥部积极协调方案设计、办理多规合一手续等工作，协调市人防、市园林、市京投公司、四号线京港公司等单位共同研讨方案。地面从硬质铺装为主的广场转型为绿树成荫的城市森林，西南区域近6000平方米园林景观在国庆前正式对外开放，新华社、北京新闻等多家媒体相继进行报道。

（孙　悦）

【南北长街历史文化名城保护腾退】年内，和谐宜居指挥部协调相关单位和部门，在45天征收奖励期内，完成总体比例85%。截至年底，已签约居民436户，剩余49户，完成总体比例88.76%。万善殿古建恢复工程征收腾退工作已全部完成，移交中央有关部门。

（孙　悦）

【保障国庆70周年重点工程项目】年内，和谐宜居指挥部协调相关单位和部门，承接新兴盛及161中学临时场地整理工作，其中涉及部委、市、区等多家单位的协调沟通工作，完成人防回填、场地平整等多项工作，通过验收移交使用。

（孙　悦）

【推进重点区域规划研究】年内，和谐宜居指挥部会同区规自委、区商务局等部门及街区责任规划师共同研究，初步明确长安街

（西城段）南北纵深一轴、七带、五片区、N个空间节点的多层级规划体系，对接街区整理工作。西单地区外立面整治初步完成规划建议方案。组织相关部门从规划方案的研究和设计入手，对砖塔胡同采取申请式退租（改善），由内及外改善居民的住房条件、周边环境。砖塔胡同范围内共有直管公房169户，截至年底，完成申请式退租72户，完成总体比例42%。

（孙　悦）

【助推街区整理工作】年内，和谐宜居指挥部搭建平台协调相关单位和部门，西长安街街道整治北新华街及西交民巷街巷环境，恢复历史风貌、打造立体景观。大剧院项目疏解57个院落，涉及173户居民。金融街街道将羊肉胡同120号进行升级改造，设立百姓生活服务中心，包含19个商品经营和便民类项目，服务周边3000多户居民。月坛街道创新“几步之遥、行走在月坛、生活在月坛”理念，启动月坛街区和地藏庵街区更新工作。

（孙　悦）

大栅栏琉璃厂建设

【概况】北京大栅栏琉璃厂建设指挥部（简称大栅栏琉璃厂指挥部）设办公室、规划建设处、产业促进处、环境秩序处。主要负责统筹协调大栅栏、椿树、广内、牛街区域内重大任务和重大项目实施、疏解整治、环境提升工作，推进实施街区更新，加快提升城市品质。推动老城保护与复兴。强化与市区相关单位的衔接，系统推进核心区科学规划建设管理，巩固完善首都城市科学管理体系的新机制。承办区委、区政府交办的其他事项。年内，指挥部深入贯彻党的十九大精神，贯彻落实区委、区政府决策部署，围绕服务保障庆祝中华人民共和国成立70周年的工作主线，把握首都城市战略定位和高质量发展的根本要求，凝聚各方力量，立足试点先行，着力重点项目攻坚，较好地完成了年目标任务，有效提升了历史文化街区的功能品质、文化品质、生态品质、宜居品质、建设品质和管理品质。

地址：西城区铁树斜街113号
邮编：100050
电话：63168652

（刘　杰）

【厂甸庙会】2月5至9日，举办厂甸庙会，统筹协调东西琉璃厂街商户举办各类传统文化展示体验、传统文房产品及创新文化产品售卖、书画展卖、特色文创体验交流等文化惠民活动。

（刘　杰）

【北京坊迎新春文化坊会】2月5至10日，举办“新春文化坊会”活动。围绕“坊间过大年”主题，设立京剧文化、工坊手作、年味市集、新年场景、商户献礼5个专题文化体验板块。

（刘　杰）

【宣西风貌协调区项目】一季度，宣西南片、北片项目合并，正式启动宣西项目。启动上斜街、金井胡同等6条胡同的市政改造提升项目前期工作，取得供水规划方案、雨污水规划方案、弱电施工图纸；选取3处试点院落及4处共生院，探索打造空间整治试点院落，完成4处共生院方案设计成果，启动3处试点院落公共空间提升工程施工。

（刘　杰）

【老字号运动会】6月22日，举办大栅栏琉璃厂老字号运动会，设置多项带有冬季运动色彩的趣味比赛项目，大栅栏琉璃厂区域26家老字号企业的170余名选手参加比赛。

（刘　杰）

【南新华街整治复兴项目】9月，南新华街停车设施项目全部工程完工，11月投入使用。设置车位66个，其中40个车位用于解决琉璃厂东街居民停车问题；椿树百姓服务中心拆违绿化项目占地面积约1500平方米，8月建成投入使用；京韵园北侧小微绿地项目占地面积约700余平方米，7月建成绿化公园投入使用。

（刘　杰）

【北京国际设计周活动】9月9至18日，大栅栏琉璃厂指挥部在北京国际设计周组织大栅栏北京坊法源寺菜西站活动，以“设计之都智慧城市”总体理念，结合本区域老城保护更新与复兴具体项目，通过系列论坛、沙龙、共生院改造、设计展示等多种方式吸引属地居民、社会各界人士的广泛关注和参与。

（刘　杰）

【传统书法培训活动】9至11月，举办大栅栏琉璃厂传统书法培训，邀请书法家刘德生为培训班授课。8次培训课大栅栏琉璃厂地区近40名居民和企业员工参加。

（刘　杰）

【传统文化体验活动】9月23日、10月12日、11月14日，分别在登莱小学、椿树街道百姓文化之家、牛街南线里社区举办大栅栏琉璃厂传统文化体验活动。内联升、一得阁、翠文阁、汲古阁、步瀛斋、京彩瓷、老北京兔儿爷、汝阳刘、老舍茶馆、未来邮局、上翼楼等10余家老字号及特色文化企业现场展示交流传统非遗技艺，吸引600余名社区居民和师生参加。

（刘　杰）

【精品交易文化季活动】10月18日，举办2019北京大栅栏琉璃厂精品交易文化季启动仪式。本届文化季为期2个月，主题为“最北京·最京味”，涵盖2019北京国际设计周大栅栏北京坊法源寺菜西站、大栅栏琉璃厂旅游购物节、京味文化体验周、琉璃厂艺术联展、2019年全国国有文物经营单位文物艺术品交流会、2019北京大栅栏琉璃厂秋季拍卖会、“鉴宝”等板块内容。

（刘　杰）

【大栅栏琉璃厂旅游购物节】10月18日至11月30日，举办北京大栅栏琉璃厂旅游购物节，20余家老字号和特色企业参加，促销形式多样，内容丰富，涵盖衣、食、文化、娱乐等促销推广活动。

（刘　杰）

【京味文化体验周】10月21日至11月3日，举办北京大栅栏琉璃厂京味文化体验周活动，20多家商户举办27场传统文化体验和特色文创活动，500余人参加不同类型的体验活动。

（刘　杰）

【全国文物艺术品交流会】11月1至3日，举办全国国有文物经营单位文物艺术品交流会。各省市30多家国有文物经营单位携各类文物艺术品进京展示、交流、售卖，受到社会各界群众的欢迎，销售额近1000万元。

（刘　杰）

【街区更新工作】年内，大栅栏琉璃厂指挥部统筹范围内4个街道的街区更新展示中心全部实现对外开放。启动观音寺片区交通微循环项目，方案获得市交通委审批；杨梅竹斜街智慧人本空间改造项目完成智慧照明主干管线预留预埋和主干道路铺装；煤东街区完成大栅栏商业街路面铺装、煤市街东侧箱变迁移、局部立面修缮和屋顶绿化工作。完成椿树地区背街小巷环境提升、宣东片区市政基础提升项目相关工作。完成长椿街沿线及周边微更新，实现长椿东街停车自治管理，为居民解决停车位137个；完成感化胡同西口和长椿街地铁站2处微更新项目，建成花坛和绿植休息区，共设置花坛55座、花木13株；拆违腾退的520平方米空间已实施三庙社区花园营造项目。完成广安门内大街（牛街段）沿街立面整理工作。配合宣房大德公司完成烂缦胡同、南半截胡同、天景胡同景观提升工程及七井、西砖胡同市政道路工程。配合金恒丰公司完成莱西试点项目的申请式退租工作。

（刘　杰）

【莱西试点项目】年内，完成莱西申请式退租试点工作，38%的居民提出退租申请，直管公房腾退率达到60%，为破解老城保护和城市更新瓶颈问题探索了新路径。推进恢复性修建试点院落工作，完成醋章胡同27号及甲31号的改造工程。

（刘　杰）

【法源寺历史文化街区保护修缮提升项目】年内，烂缦胡同实现开街亮相，红色会客厅改造完工投入使用，烂缦胡同甲130院平移试点院落项目完成主体工程；A地块项目完成文物勘探；北边界考古工作发现疑似北京早期城墙的重要线索。

（刘　杰）

【文物腾退修缮项目】年内，配合相关单位完成9处文物28户的腾退及2处文物的修缮工作，梨园公会和云吉班旧址两处文物实现清零；谢枋得祠修缮工作3月份完工，9月份设计周亮相布展；林则徐故居修缮工程12月完成投入使用。

（刘　杰）

【大栅栏观音寺片区老城保护更新项目】年内，启动大栅栏西街、樱桃斜街、铁树斜街等斜街街区更新项目，制定《大栅栏历史文化街区观音寺片区有机更新实施方案》，交通微循环方案由区交通支队上报市交通委审批；

大栅栏西街、一尺大街更名工作按照规自委西城分局相关要求进行中。

（刘　杰）

【征收项目】 年内，粤东新馆（戊戌维新纪念馆）征收项目共涉及57户居民，已签约56户。琉璃厂艺术文化馆项目涉及居民19户，单位产5户，已签约居民15户，单位产1户。钱市胡同传统银钱业博物馆项目征收项目共涉及居民71户，已签约69户，剩余2户。观音寺二期征收项目共涉及居民38户，单位产2户，已征收28户。地铁19号线征收项目涉及居民201户，已签约180户，剩余居民11户（另有10户无证房）。老墙根道路征收项目涉及居民76户，已签约69户。66中学征收项目涉及居民23户，已签约17户，剩余6户，已征收地块于5月移交区教委，用于校园足球场建设。

（刘　杰）

【保护修缮项目】 年内，观音寺文物本体保护修缮竣工。西单饭店旧址保护修缮项目进场施工。谦祥益文物保护修缮项目《设计方案申请书》通过国家文物局和北京市文物局审核，正在筹措资金，完善修缮方案。

（刘　杰）

【大栅栏B19项目】 年内，大栅栏B19项目非机动车停车场已移交街道投入使用。

（刘　杰）

【主题教育】 年内，大栅栏琉璃厂指挥部党支部组织集中学习51次，主题党日活动14次，专题研讨5次，班子成员讲党课3次；开展调查研究，召开调研成果交流会1次，形成调研报告3篇；领导班子查找出4个方面的9个问题，建立问题分层跟踪督改机制，开展专项整治和整改评估。

（刘　杰）

天桥演艺区建设

【概况】 北京天桥演艺区建设指挥部（简称天桥演艺区指挥部）隶属区委、区政府，由区政府直接管理。总指挥由区级领导兼任，负责主持指挥部全面工作；常务副指挥协助总指挥负责指挥部日常工作。下设办公室、规划建设处、环境建设处、产业促进处。行政编制科级及以下干部12人。天桥演艺区指挥部是负责统筹协调白纸坊、陶然亭、天桥3个街道区域内重大任务和重大项目实施、疏解整治、环境提升等工作的临时性常设机构。年内，天桥演艺区指挥部在区委、区政府的统一领导下，结合总规落地和中轴线申遗保护，着力推进街区更新、疏解整治促提升、区域功能优化等工作。

地址：西城区天桥南大街1号北京天桥艺术大厦A座5层503室

邮编：100050

电话：83167001

（白　玉）

【110路临时停车场撤离】 年内，天桥演艺区指挥部配合、参与市相关部门协调公交场站搬迁工作。根据市申遗工作相关调度会议精神，110路搬离中轴绿带，其位于中轴路与北纬路交叉口西北角的现状场站后续将一同迁往917场站进行周转；并就公交110路总站临时停车场腾退及后续相关绿化带（含中轴线御道）环境整治恢复工程进行研究、部署。8月15日110路占压中轴绿带的临时停车场所拆除、车辆撤离。9月20日完成御道景观恢复工程，南中轴线绿化带实现贯通。

（王　旋）

【天桥印象博物馆】 年内，天桥印象博物馆结合区域文化品牌塑造需求，推进相关文创产业、展览展示等业态植入，以天桥“八大怪”为创作灵感的“见怪不怪”天桥文创商店、传统小吃老字号“茶汤李”等入驻开业。与六一艺术团、汉域文化等机构合作开展艺术教育培训。8月8日，北京天桥·汉字记忆空间在博物馆文化展示空间正式开幕，该项目将汉字文脉植入传统非遗体验，融合科技MR汉字树、诗词AR、汉字皮影剧场等亮点内容。开展“庆祝中华人民共和国成立七十周年，不忘初心、牢记使命”红色主题展、非遗文化体验等公益活动，免费向公众开放，专题打造“主题初心分享汇”党课。接待参观人次4.5万，开展文化体验活动116场，接待各级领导和社会各界参观调研20余次。

（欧昕雨）

【老舍戏剧节】 9月21日至12月21日开展第三届“老舍戏剧节”品牌活动。老舍戏剧节以“呼唤戏剧文学精神”为宗旨，“民众情感、人文关怀、民族语言、国际视野”为主题，由北京市演出有限责任公司、北京天桥艺术中心管理有限公司共同主办，中国老舍研究会、北京人民艺术剧院、北京戏剧家协会协办，得到西城区文化和旅游局、北京文化艺术基金、北京市老舍研究会和老舍纪念馆的支持。活动分为剧目展演、“戏剧茶馆儿”文化活动以及“老舍与新中国戏剧”主题展览三大版块。剧目展演板块汇集英国、法国、德国、波兰、马其顿及国内的《第十二夜》《错误的喜剧》《等待戈多》《新原野》《雷雨》等12部佳作，演出26场。“戏剧茶馆儿”文化主题活动板块含戏剧论坛、剧目导赏、剧本朗读和主题讲座等活动。“老舍与新中国戏剧”主题展览10月22日至下年度1月10日再现新中国70年来的发展与变化。

（欧昕雨）

【推进街区更新】年内，白纸坊街道围绕万寿公园街区和大观园街区，新增绿化面积820平方米，停车位94个；以双槐里小区、盆儿胡同62号院、右内西街甲10号院为试点，探索老旧小区物业管理模式。陶然亭街道优化利用南横东街街区地下腾退空间，建立安全体验中心、便民存车处；增加绿地面积237平方米。打造南华里8号楼地下750平方米的《陶然亭记》展示中心。天桥街道在天桥北里1、3号楼周边，增设绿地花池和休憩空间，翻新车棚，引入专业力量，实现准物业化管理。

（王　旋）

【天桥艺术中心品质演出】年内，与乌克兰、美国、英国等20多个国家和地区及国内的优秀演艺机构及名家合作，引进音乐剧圈爆款、颠覆传统的《摇滚莫扎特》，音乐剧之父韦伯的最新力作《摇滚学校》《绿野仙踪》，法国经典原版音乐剧《巴黎圣母院》等国际知名音乐剧，演出197个剧目1114场次，演出种类涵盖音乐剧、话剧、舞蹈、儿童剧、戏曲等近20种艺术门类，观演达52.7万人次。

（欧昕雨）

【三条文化探访路线打造】年内，梳理整合天桥地区历史文化优势资源，初步形成三条文化探访路线，分别为：天桥文化活态体验线，以天桥博物馆聆听天桥百年历史，观看天桥绝活表演，品尝天桥美食“茶汤李”，欣赏传统曲艺表演；天桥历史街区探访线，以参观天桥博物馆聆听天桥百年历史，实地走访四面钟、泰安里、华康里、宜兴会馆、天子之桥景观等天桥遗存及新貌；重温天桥红色记忆线，以探访“五四”新文化运动时期，先进知识分子活动场所东方饭店、革命烈士黄爱及马骏关押处、刘少奇革命活动场所（现太丰惠中大厦）等建国前老天桥革命烈士活动地点。

（欧昕雨）

【区域原创文化作品】年内，以北京市西城区为故事背景的电视剧《北京西城故事》完成拍摄，由导演杨亚洲执导；原创“京味儿”话剧《牛天赐》完成创排，在天桥艺术中心首演；风雷京剧团创新剧目《角儿》在天桥艺术中心首演，光明网现场直播点击量突破11万人次；皮影剧团创排影戏亲子舞台剧《影戏传奇》，在天桥艺术中心首演。历年区域创排剧目持续上演，《北京法源寺》在国家大剧院、乌镇再次演出，《石中剑传说》前往唐山、保定、烟台、潍坊、青岛巡回演出，《绯丝箭衣》在国家大剧场国际戏剧节上演。

（欧昕雨）

【泰安里文物腾退和修缮项目】截至年底，腾退44户居民，扩展回收腾退仁民居宾馆，为后期文物使用提供配套支撑。文物本体修缮施工按计划竣工。泰安里位于仁寿路6、8、10、12、14、16号及香厂路6号，建设面积3120平方米，涉及居民44户，项目实施主体为北京宣房投资管理集团有限公司。2013年11月30日启动腾退。

（薛　堃）

【宜兴会馆腾退项目进展】截至年底，校尉营新门牌44号宜兴会馆腾退项目腾退27户，最后1户进入法院强制执行前期准备工作。项目主体北京宣房投资管理集团有限公司，实施主体北京天桥衡融投资有限公司。文保主体内应征收居民28户，建筑面积约666平方米，占地面积约1067平方米。宜兴会馆文物腾退于2017年12月5日启动。

（薛　堃）

【华康里文物腾退项目进展】 截至年底，腾退113户，剩余4户，其中2户材料已送交法院审理，另2户正在推进。该项目范围：东至华严路11号东墙，南至华严路，西至板章路，北至华康里8号北墙。华严路11、13、15、17、19、21号；华康里1、3、4、5、6、7、8、9、11号；板章路24、26、28、30、32号。共有承租户117户，建筑面积1675.98平方米。项目主体及实施主体北京宣房投资管理集团有限公司。华康里文物腾退于2017年12月4日启动。

（薛　堃）

【永安路征收项目进展】 截至年底，签订征收补偿协议151户，剩余居民42户，3个单位产权。永安路市政道路房屋征收工作于2016年4月6日正式启动。项目征收实施主体为天桥街道办事处，由北京广安基础设施建设投资公司负责建设。

（薛　堃）

【北纬路征收项目进展】 截至年底，签订77户，剩余3户。北纬路征收项目于2014年7月3日启动征收工作，征收涉及户数80户。项目征收实施主体为天桥街道办事处，由北京广安基础设施建设投资公司负责建设。

（薛　堃）

中关村科技园区西城园建设

【概况】 中关村西城园原名德胜科技园（简称中关村西城园），2001年6月经科技部批准成立，2002年5月正式开园，经过2006年和2012年2次空间范围调整，现政策区面积10平方公里，包括德胜、北展和广安三大片区，涉及西城区11个街道辖区。西城园牢牢把握首都城市战略定位，紧紧依托和服务首都核心功能，秉承中关村强大的“创新基因”，探索出一条独具特色的嵌入式、功能协调的都市型科技园发展之路，成为西城区发展科技、文化、金融新经济，促进区域转型升级的重要平台。园区以提升科技、文化、金融和人才等高端资源要素为导向，以“三多”（多要素、多总部、多人才）、“三少”（少占地、少能耗、少人口）、“三高”（高效率、高产出、高辐射）、“三低”（低消耗、低排放、无污染）为特征，以“高精尖”经济结构为基点，形成以金融科技为主导产业，以文化科技和数据产业为重点产业，着重培育知识产权和新能源的“1+2+2”产业布局。园区是国家级金融科技创新示范区、联合国教科文组织授予的北京“设计之都”的核心区、国家级文化和科技融合示范基地、北京市服务贸易示范基地，坐落有全国唯一的国家级综合性出版创意产业园区——中国北京出版创意产业园区，拥有北京市文化创意产业基地和示范基地、中关村广安军民融合特色产业基地、北京未来城市设计高精尖创新中心和3家国家级孵化器、5家国家级众创空间。年内，西城园入统高新技术企业总数835家；从业人员11.6万人；工业总产值1240.3亿元；总收入3371.2亿元；进出口总额447亿美元；实缴税费110.7亿元；利润总额312.9亿元；资产总计10264亿元；研究开发经费合计104.1亿元；专利申请3502件，专利授权2303件。推动重点楼宇改造升级，为金融科技产业提供11万平方米楼宇空间。构建“产学研用资”金融科技生态，成立北京金融科技研究院、北京金融科技产业联盟和保险科技联盟，筹建金融科技实验室。探索研究中国版“监管沙箱”，19个金融科技应用试点项目，通过中国人民银行等6个部委评审，占全市项目总数的40%。联合人行科技司成功举办首届成方金融科技论坛。赴香港参加亚洲金融科技论坛，举办招商推荐会。出台“金科十条”实施细则并启动兑现工作。吸引中证信息、相互帮等47家重点金融科技企业入驻，注册资本金超过700亿元，金融科技企业总数超过100家，初步形成了金融科技领域的监管、渠道、运营、第三方支付和安全保障全产业链。制定《西城园发展规划》，明确以金融科技为主导，以文化科技和数据产业为重点，着重培育知识产权服务和新能源的“1+2+2”产业结构，确保“减量、创新、高质量”发展。与北方公司合作推动特色产业基地建设，助力区域创新发展。支持出版园争创“全国知名品牌示范区”，打造文化与科技融合国家级品牌。服务设计之都加大引入企业力度，联合国教科文组织创意与可持续发展中心、海尔优加等知名机构及企业入驻，入驻率达到98%。修订孵化平台、出版园等产业政策，开展孵化加速基地和孵化平台认定考核和政策兑现，持续加大扶持力度，增强企业自主创新能力。修改西城园中关村高新技术企业认定工作流程，由原来规定时间申报改为随申报随受理，并取消纸质送审，全部电子化审核，共受理申报4批国高新企业193家、受理认定村高新企业151家。年内，园区有高新技术企业904家，同比增长8%。启用数字西城园创新服务平台，实现企业只跑一次路，补贴拿到手。推行"一企一员"服务模式，为企业提供精准暖心服务，企业提出的152项需求全部回应并办结。多措并举为企业引进人才、职称评定做好全方位服务保障，为企业加快发展提供智力支撑。

地址：西城区阜成门外大街31号天恒置业大厦3层

邮编：100031

电话：82205151

（曾庆艳）

【恒华科技获奖】1月8日，恒华科技与国网信息通信产业集团有限公司等单位合作完成的"复杂大电网时空信息服务平台关键技术与应用项目"获国家科学技术进步二等奖。

（单　毅）

【"金科新区"亮相亚洲金融论坛】1月14日，北京金融科技与专业服务创新示范区在香港会展中心举办的第十二届亚洲金融论坛亮相，香港特首林郑月娥听取示范区建设推进工作的介绍。

（李明哲　曾庆艳）

【诺亦腾获市科学技术奖】3月1日，北京市科学技术奖励大会在北京会议中心举行，园区企业北京诺亦腾科技有限公司的"多功用人体动作捕捉技术的研发与应用"项目获北京科学技术奖三等奖。

（曾庆艳）

【2家企业负责人获政府特殊津贴】4月23日，中关村西城园企业北京奇安信科技有限公司董事长齐向东、北京恒华伟业科技股份有限公司董事长江春华获该荣誉。

（曾庆艳）

【北京达博入选"2018年度半导体材料十强"】5月17日，中关村西城园企业北京达博有色金属焊料有限责任公司，在南京召开的2019年世界半导体高峰论坛上入围半导体材料十强企业。

（单　毅）

【示范区入驻企业签约仪式】5月29日，示范区入驻企业签约仪式在2019金融街论坛年会分论坛上举行，西城区政府与中移金科、光大云缴费、奇安信等9家入驻示范区企业代表签约。市委常委、副市长殷勇参加签约仪式。

（曾庆艳）

【北京金融科技产业投资基金设立】5月29日，北京金融科技产业投资基金设立签约仪式在2019金融街论坛年会分论坛上举行，中互金投、领沨资本、熙诚金睿三方签约，共同发起设立金融科技产业投资基金。市委常委、副市长殷勇参加签约仪式。

（李明哲　曾庆艳）

【国家级金融科技示范区建设启动】5月30日，在2019金融街论坛年会上，市金融监管局、中关村管委会、西城区、海淀区共同启动国家级金融科技示范区建设，标志着示范区建设正式纳入国家战略。

（李明哲　曾庆艳）

【北京金融科技研究院揭牌】5月30日，在2019金融街论坛年会上，北京金融科技研究院揭牌。研究院由部分重点高校、金融机构与金融科技领军企业联合发起，在北京金融科技与专业服务创新示范区内成立的独立民办非企业单位。研究院将集中围绕聚合资源、技术共享、研发突破、监管沙箱、产品测试、模式输出、国际交往、人才培养等方向，着力打造开放性、公共性、尖端性金融科技公共研发平台，构建金融科技开放创新生态。

（曾庆艳）

【西城园发展规划（2018-2035年）发布】5月，《中关村科技园区西城园发展规划（2018-2035年）》正式发布，规划对标《北京城市总体规划（2016年—2035年）》要求，围绕金科新区建设方案，立足西城园现有独特优势，从金科新区建设、促进转型升级，营造优质营商环境，完善"高精尖"产业结构等方面作了完整规划。

（陈　晔）

【安博通连续入选网络安全示范项目】6月4日，工信部公布101个网络安全技术应用试点示范项目，园区企业北京安博通科技股份有限公司与中国移动通信集团河北有限公司、青海有限公司共同申报的攻击面可视化管理平台入选。

（曾庆艳）

【领导调研园区企业】6月6日，全国政协副主席刘奇葆到中关村西城园中国北京出版创意产业园区调研。听取西城区促进出版创意产业园区的支持政策，扶持出版创意产业发展的主要做法和园区近年发展情况，北京联合出版公司、龙源数媒负责人分别介绍了园区精品图书力作、数字终端机的开发推广情况。刘奇葆到园区入驻企业天闻数媒科技（北京）有限公司、北京磨铁图书有限公司调研，听取了天闻数媒在互联网教育、云平台建设、全球业务拓展等方面的发展情况介绍和磨铁在实体出版、融媒体出版、IP全产业链运营、多元化融合发展等特色产业的发展情况介绍。

（曾庆艳）

【科技企业孵化加速平台认定和支持办法发布】10月18日，新修订的《北京市西城区科技企业孵化加速平台认定和支持办法（修订）》正式发布，对市、区两级涉及孵化机构的政策条款及中小企业公共服务平台、基地有关政策进行宣讲，帮助企业充分理解政策、享受政策，增强企业自主创新能力。

（曾庆艳）

【“金科十条”实施细则发布】11月1日，园区举办政府开放日暨“金科十条”政策宣讲会，会同中关村管委会、北京金融街服务局的相关工作人员对《关于落实〈关于支持北京金融科技与专业服务创新示范区（西城区域）建设的若干措施〉的实施细则（试行）》（简称“金科十条”实施细则）的具体内容进行了宣讲。园区主要领导向40余家金融科技企业代表全面介绍了金科新区建设情况、成方金融科技论坛的主要特点和筹备情况，向参会企业发出了参与论坛和金融科技专题展的邀请，得到企业的积极响应。

（曾庆艳）

【2家孵化器获A类国家级科技企业孵化器】11月21日，园区北京普天德胜科技孵化器有限公司、北京康华伟业孵化器有限责任公司被科技部火炬中心评为国家级科技企业孵化器优秀（A类），北京普天德胜科技孵化器有限公司是北京地区唯一一家连续5年（2014—2018）位列A类的国家级科技企业孵化器。

（曾庆艳）

【首届成方金融科技论坛】11月22日，由北京金融街服务局主办，中关村科技园区西城园管理委员会、金融街服务中心有限公司、北京金融科技产业联盟协办，人民银行科技司、银保监会统信局、证监会信息中心、北京市地方金融监督管理局、中国金融学会金融科技专委会支持的首届“成方金融科技论坛”在京举办。论坛以“金融科技——守正创新行稳致远”为主题，近300名来自国内外监管机构、金融机构、科技企业、行业组织和研究机构的嘉宾参与论坛。

（曾庆艳）

【金科新区建设成果】年内，27家金融科技企业落户“金科新区”，注册资本金近60亿元人民币。年内，“金科新区”金融科技总数超过100家，初步形成了金融科技领域的监管、渠道、运营技术、第三方支付和安全保障全产业链。

（曾庆艳）

什刹海阜景街建设

【概况】北京什刹海阜景街建设指挥部（简称什刹海阜景街指挥部），隶属区委、区政府，属区政府常设临时性机构。由区政府直接管理，分管副区长兼任总指挥（期间，因区领导工作调整，区委常委、区委办主任兼任总指挥）。负责统筹协调推进什刹海和新街口区域规划、建设、管理、发展工作。下设办公室、规划发展处、建设管理处、产业提升处。年内，什刹海阜景街指挥部以习近平新时代中国特色社会主义思想和党的十九大精神为指导，以“不忘初心、牢记使命”专题教育为牵引，牢固树立“四个意识”，依据习近平总书记视察北京重要讲话精神和《北京城市总体规划》《京津冀协同发展规划纲要》，以“突出重点，推进节点，形成亮点”为工作目标，坚持党建引领服务中心工作，围绕疏解整治促提升、街区更新整理惠民生两大工作任务，把握稳中求进的总基调，以历史文化名城保护、非首都功能疏解、基础设施改造、业态产业提升、重点建设项目落地等工作为重点推进各项工作，街区更新整理精彩亮相，重点项目协调推进、院落更新、产业提升、大运河文化带保护建设和中轴线申遗等节点项目取得显著成效。

地址：西城区地安门西大街丙28号B座
邮编：100009
电话：66181080

（邱友才）

【深化“接诉即办”工作机制】年内，为进一步做好市民服务热线工作，什刹海阜景街指挥部制定了“五全”工作举措。即全面动员：多次召开全体会强调政府热线工作的重大意义，要求全体党员干部把思想认识统一到工作部署上来。全员培训：制定《指挥部政府热线办理工作方案》，开展热线办理工作专项培训，熟悉办件流程、明确办件要求。全体参与：结合主题教育，建立“我当一次热线办理员”制度，每周三处级领导排班值守，热线办理工作。针对综合性较强的案件，打破处室界线，组成工作专班，合力办理。全程监控：办公室对每个案件的办理过程进行跟踪指导，统筹协调，建立案后回访机制，保证群众的诉求得到满意解决。全力落实：重点案件实行处级领导包案制，做到一件一议，一件一方案，综合调度，主动上门与群众进行面对面交流，保证群众的合理诉求得到满意的解决。共接收办理市民服务热线案件58件，响应率和办结率100%。

（周　婧）

【大运河文化带重点项目建设】年内，地安门外大街立面提升方案已通过市、区专家评审。地百商场改造项目主体施工完毕，准备消防验收工作。有着“北中轴线上的美食明珠”美誉的老字号马凯餐厅正式重张开业。巴黎贝甜、云栖咖啡、什刹海游客服务中心等投入运营。北中轴线艺术馆项目取得国家文物局批复意见，签订考古勘探合同，考古工作正在进行中。地铁8号线织补项目设计方案获得国家文物局审批意见。北海医院、东天意市场降层改造按照中轴线申遗要求进行编制设计方案。联勤加油站迁移项目取得市政府、市规自委同意调整为军事设施用地的批复，进入市规自委多规合一平台，收集相关部门会商意见。

（周　婧）

【街区环境治理景观提升工作】年内，陟山门街及周边地区整治提升项目召开立项研讨会完成概念方案设计，通过规自委西城分局组织的专家论证会。“电箱移改”方案协调城区供电设计单位进行方案设计。协助区园林市政管理中心推进什刹海环湖绿化工作。牵头市区部门，利用暑假突击完成北京市第六幼儿园及周边多年未解决的架空线缆入地等安全隐患整治工程。牵头相关部门完成广济寺周边环境整治工程。完成西板桥河道景观设计方案，通过专家论证会。做好申请式退租前期准备工作。

（周　婧）

【阜内大街整理与复兴计划项目】年内，一期工程已完成验收工作。二期工程由中国建筑设计院有限公司和北京清华同衡规划设计研究院有限公司，分别进行环境景观和建筑立面设计工作。完成市发改委公共空间改造提升示范工程试点申请材料编制工作，纳入公共空间改造提升示范工程试点。

（周　婧）

【传统特色街区改造项目】年内，完成西单至积水潭传统特色街区试验段直管公房和区属企业12个门牌的改造工作，为整体提升工作起到示范和带动作用。项目一期试验段（灵境胡同至西四路口）设计方案和申请材料上报，申请纳入市发改委2020年公共空间试点。

（周　婧）

【鼓楼西大街整治复兴计划】年内，鼓楼西大街立面提升工程总计157处点位，开工117处，其中竣工65处，在施52处，除油漆彩绘外，主体基本完工。临街商户62户，正常营业31户，未确定商业门脸31户。牌匾制作厂家参照牌匾设计导则，按照经营用途对营业中的30户商户制作一户一策牌匾设计方案。完成25户商业牌匾申报工作。鼓楼西大街项目计划改移强电箱69台，完成改移48台。弱电箱共121台，改移消隐墙箱10台，引上管7根，整理飞线20处；歌华有线墙箱38台，改移消隐墙箱4台，整理飞线7处，剩余弱电飞线随立面施工同步整理进行美化消隐处理。夜景照明、口袋公园、公共标示工程区政府常务会研究通过，实施主体公司获得区财政局立项审批，正在进行招投标；道路系统、街区设施和环境提升工程，方案已编制完成，与市路政等相关部门对接研究方案。

（周　婧）

【群力胡同地下车库项目】年内，进行地下车库护坡桩施工，138根护坡桩，已浇筑122根，完成工程总量的88%。

（周　婧）

【改造利用腾退资源】年内，挖掘腾退疏解院落的使用价值，开展便民服务、文创办公和文化民宿等多种业态的提升改造。植入便民生活服务配套（百姓生活服务中心、菜站、便民理发、修理等）10处。利用已腾退的银锭桥14、16号院建设党建活动基地，创新国企履行社会责任的新模式。新增33处腾退院落投入运营。

（周　婧）

【人才公寓（试点）工作】年内，推出人才公寓项目，与区金融服务局进行对接初步形成工作沟通协调机制，重点引进金融机构总部和高端人才入驻。位于乐春坊胡同1号院作为首个示范院落推向市场，院落有6套公寓房，建筑面积560余平方米。开展首批西安门大街4号等5处人才公寓试点院落设计改造工作。

（周　婧）

【“共生院”试点工作】年内，在旧鼓楼大街145号、银锭桥7号、陟山门街1号和园景胡同11号开展“社区办公与居住”“文化民宿与居住”“文化展示与居住”“人才公寓与居住”四种模式的探索尝试。两处“共生院”，投入使用。

（周　婧）

【北京国际设计周分会场工作】白塔寺再生计划连续5年参与北京国际设计周活动。年内，以“暖城行动2019”为主题，继续实践街区治理与社区营造，以开放的心态与设计、文创等活动结合，有43个团队参与策划展览，组织89场展览、交流、活动。地区居民、国际知名设计师、文创爱好者、文艺青年等1.6万人次参观。什刹海分会场以“遇见什刹海2019——生态聚能，创变未来”为主题，包括“老城新态”“艺文意境”“人居乐园”3大板块、8大主题、30场展陈及体验内，近5000人次参与，媒体宣传覆盖达20万人次。

（周　婧）

【党建工作】年内，加强机关党建的规范化建设，坚持周一集体学习制度，利用长城网、学习强国App等新的学习平台丰富学习内容和形式。组织我与党旗合影、重温入党誓词、党史知识竞赛等活动。开展廉政警示教育，通过正反典型案例的教育和警示，增强党员规矩意识、红线意识，无违规违纪情况发生。开展“不忘初心、牢记使命”主题教育。组织集体学习20次，集体调研2次，研讨交流8次，开展主题教育活动9次，领导干部讲党课4次，编印《应知应会告知单》7期。“我当一次热线办理员”受到巡回组肯定，作为经验上报到市指导组。与中国书店合作开展“漂流的图书不忘的初心”旧书捐献活动，党员捐书350本。与松树街社区党委共建，为刘海胡同困难群众安装便民扶手。完成新中国成立70周年庆典安保工作。

（周　婧）

北展地区建设

【概况】北京北展地区建设指挥部（简称北展指挥部）隶属区委、区政府，由区政府直接管理。设立总指挥，由区领导兼任，负责主持指挥部全面工作；设立1名常务副指挥，协助总指挥负责指挥部日常工作。下设办公室、产业发展处、环境秩序处，科级及以下行政编制16人。北展指挥部是负责统筹推进以动物园服装批发市场（简称动批）为重点的展览路地区内，低端业态和小商品批发市场疏解、改造、业态调整升级工作以及德胜街道、展览路街道街区整理，重点项目建设的常设临时机构。主要工作为统筹区域各种资源，引导批发市场有序疏解和产业有效提升；参与研究区域内资源利用、业态调整相关政策，编制中长期发展规划和专项规划；协调辖区内重大项目的论证、立项、引进和落地。负责牵头协调推进“动批”区域内环境的综合治理和城市形象品质提升的相关工作。自“动批”市场疏解完成后，该区域定位成为国家级“金融科技与专业服务创新示范区”核心区域，未来这一区域将打造成为全球金融科技监管体系引领者、产业发展增长极、制度标准策源地和创新人才首选地。

地址：西城区文兴街1号院2号楼北矿商务楼2层

邮编：100032

（尚荫南）

【示范区核心区综合提升方案导则通过评审】1月22日，北展指挥部组织召开北京金融科技与专业服务创新示范区核心区综合提升方案导则专家评审会，邀请中国工程院王建国院士、清华大学建筑学院院长庄惟敏院士等5位国内城市规划设计领域著名专家参加方案设计评审，北京建筑大学有关领导、展览路街道负责人、规划设计团队40余人受邀参会。《北京金融科技与专业服务创新示范区核心区综合提升方案导则》通过专家评审和评价。方案导则通过产业格局、绿地系统、公共空间、综合交通和建筑风貌等8个支撑系统规划，合理利用场地资源，优化街区功能布局，改善街区交通状况，完善综合配套设施，使街区整体环境品质得到全面提升。针对重点建筑的改造、地下停车空间优化、街道环境整治、北展广场更新和社区综合提升等方面，提出可操作性实施建议。

（尚荫南）

【万通金融中心正式亮相】5月31日，万通金融中心正式揭幕，标志着万通小商品批发市场（简称万通商城）转型升级改造工作完成。原万通商城于2017年8月31日闭市停业后，北展指挥部协调、督促升级改造工作，对整体建筑的外立面、内部空间、电梯、空调机组、电力、消防排烟、屋面防水、广场铺装及园林景观、楼宇标识等10大系统进行全面提升。楼宇按照区域定位和西城区指导意见，依托金融街西北大门得天独厚的地理位置优势，引入北京银行、民生银行、建设银行、中投证券等金融机构和中信公证处等专业服务机构。

（尚荫南）

【国家监委调研北展地区疏解及转型升级工作】6月18日，中央纪委国家监委特约监察员、中央纪委国家监委第五监督检查室到北展地区调研，了解市场疏解及区域转型升级等有关工作情况。北展指挥部汇报了原“动批”区域各楼宇疏解和当前转型升级工作进展。

（尚荫南）

【市领导调研金科新区建设情况】7月24日，市委副书记、市长陈吉宁到“动批”区域四达大厦调研示范区核心区楼宇建设情况及金科新区发展情况。西城区长孙硕介绍情况。陈吉宁实地查看四达大厦楼宇装修改造情况，就金科新区示范区核心区域楼宇改造及周边配套建设下一步工作提出具体要求。

（尚荫南）

【服务“动批”外迁商户】8月20日，原金开利德、天和白马市场商户代表一行参加北展指挥部座谈，向西城区政府赠送锦旗，对西城区在“动批”商户外迁过程中主动搭建平台、解决商户发展后顾之忧表示感谢。区委副书记、区长孙硕出席座谈会。“动批”区域各批发市场于2017年底全部疏解完成。西城区在推动市场疏解工作的同时，高度关注外迁商户情况，做好外迁商户的“娘家人”，主动与京津冀协同发展相关辐射区域共同研究产业疏解、合作发展等事宜，定期走访津冀等地承接市场，跟踪各地给“动批”外迁商户优惠政策的落实情况，了解外迁商户思想状况和工作生活中遇到的困难、问题，与承接地政府沟通、对接，切实保障外迁商户在承接地经营中的合法权益。西城区持续关注“动批”外迁商户的落地经营情况做好服务。

（尚荫南）

【市交通委调研金科新区交通情况】北京市交通委党组书记、主任李先忠于8月20日、11月19日两次带队调研金科新区，前往新动力金科中心（原四达大厦）调研金科新区示范区核心区域交通组织情况、规划设计情况及楼宇改造工程进展情况。新动力金科中心作为金科新区核心区域的起步改造楼宇，改造项目是北京市政府重点工程，得到广泛关注。改造工作始终做到提前布局，坚持“以人为本、以出行者为本”，不断完善枢纽功能和结构，打通换乘动线，提升乘车、候车体验，致力于将该项目打造成为交通一体化、慢行系统、智慧公交调度的示范区，建成集管理、服务、换乘、城市客厅等多功能协同一体的示范站。

（尚荫南）

【“动批”区域环境提升改造】 年内，北展指挥部全力做好“动批”区域环境提升改造工作。高效协调，紧密围绕提升改造核心区域综合品质、建设核心区中心花园、配套强化各楼宇电力增容设施、更新完善区域交通规划、统筹设计区域夜景照明、搭建区域网络技术应用框架等重点工作，积极协调电力、规划、交通等相关部门，各配套项目均顺利推进。

（尚荫南）

【“动批”各楼宇转型升级】 年内，北展指挥部坚持重点先行，持续推进“动批”疏解腾退空间及周边区域重点楼宇的转型升级、亮相入驻工作。在做好国庆70周年安全保障、环境维护工作的基础上，发挥职能作用，确保施工进度推进正常，不受影响。截至年底，万通金融中心（原万通市场）、京盐（融园）完成改造，正式运营；新动力金科中心（原四达大厦）完成外立面亮相；奇安信总部大楼（原万容市场）、北矿金融科技大厦（原天和白马市场）楼宇全面亮相。

（尚荫南）

【重点街区亮相工作】 年内，北展指挥部积极开展统筹协调和督导推进，牵头开展各项工作，加强展览路、德胜街道街区整理和品质提升。主要领导挂帅，每月调度工作进展情况，了解难点问题，提供意见建议；畅通沟通渠道，建立定期联络机制，确定专职干部做好情况收集、沟通联络和问题反馈；定期组织职能部门与街道召开协调会，共同研究解决问题的办法、路径；统筹协调街道落实责任规划师工作机制，做好相邻区域规划衔接。截至年底，展览路街道文兴街街区、德胜街道东滨河街区均实现街区精彩亮相。

（尚荫南）

【辖区内重点项目建设】 年内，北展指挥部辖区内涉及基础设施类、社会事业类两大类总计20个政府投资重点建设项目。其中：前期阶段项目4个，百万庄社区公共空间再造项目和德胜门文化街区改造提升项目分别是展览路街道和德胜街道的街区整理项目，取得市发改委立项批复；人力资源公共服务中心装修项目取得区发改委批复并委托项目公司启动施工招标；疾控中心装修改造项目完成招标。征收阶段项目9项，百万庄西一路、德胜里西路及教场口西路、文兴东街等3个项目正在推进，其余6个项目准备张贴暂停公告启动征收工作。在施阶段项目7项，已有6个项目完成施工，处于工程结算、审计阶段；中古友谊小学项目已完成护坡桩和地面硬化，实现正负零。

（尚荫南）

【党建工作】 年内，北展指挥部组织开展“不忘初心、牢记使命”主题教育，贯彻落实各项工作任务，将教育学习、调查研究、检视问题、整改落实贯穿始终。主题教育期间共组织党支部教育学习活动22次，开展革命传统教育5次，形势政策教育4次，先进典型教育2次，警示教育2次，党支部书记讲专题党课1次，党员“微党课”活动2次，集中学习研讨6次。重视主题教育成果运用，以推进“金科新区”建设和街区更新工作为出发点，以深入联系群众解决实际问题为目的，走访项目企业及社区单位6家，发现待解决问题10个，针对性采取16项有效措施，推动指挥部重点中心工作取得良好实际效果。

（尚荫南）

马连道建设

【概况】 北京马连道建设指挥部（简称马连道指挥部）隶属区委、区政府，由区政府直接管理。设立1名总指挥，由区级领导兼任，负责主持指挥部全面工作；设立1名常务副总指挥，协助总指挥负责指挥部日常工作。下设办公室、规划建设处和产业促进处，编制20人，实有工作人员13人。马连道指挥部是负责区域城市更新和产业项目实施的常设临时性机构，主要职责是围绕落实总规和控规，推进街区更新和产业提升，制定工作计划，统筹项目实施，组织立项申报，指导责任规划师团队以及参与城市体检和评估等工作。年内，马连道指挥部围绕区“两转型一提升三更好”的工作主线，深化广外地区“一总三分”规划的统筹谋划推进，协调相关部门、街道有序实施马连道三年行动计划，坚持“一本规划”“一张蓝图”，推动城市品质提升成效显著。

地址：西城区红莲南路57号中国文化大厦15层

邮编：100055

电话：52609418

（耿爱华）

【广外地区街区更新工作】年内，街区更新与49个织补更新地块相结合，统筹谋划关联地块，解决单个街区难以实现的问题。协同广外街道联合丰台跨区拆违2200平方米，推动蔺圃园市森林公园南扩，结合周边紫砂博物馆，形成茶文化绿色休闲群落。整治提升精彩亮相街区达官营和远见名苑小区，拆除违建，推进立面提升及老旧小区改造，改造雨污水管线100米，铺砖1400平方米，铺油1300平方米，建自行车棚2个、垃圾堆放站1处，绿地200平方米，建成街区展示中心，完成年度街区更新任务。

（刘继红）

【手帕口南街综合项目】年内，稳步推进项目实施，B地块1月23日在地块范围内正式张贴暂停公告，5月17日协商选定评估机构，7月13日投票选定评估机构，已启动征收，进入征收工作阶段。F地块（手帕口南街82号院项目）1月取得规划选址意见书，正式向区房屋征收办提交房屋征收申请函。A、C、D地块按照要求落实《北京城市总体规划（2016年—2035年）》，根据市规划和自然资源委意见反馈，调整设计方案，适时启动该项目实施方案的编制和上报工作。

（刘继红）

【红莲北里项目】年内，推动该项目与手帕口南街综合项目联动实施，消除安全隐患，促进减量增效、改造提质。已完成项目设计和实施方案编制，通过区政府向市规划部门提出申请。

（刘继红）

【马连道文化创意街区项目】年内，马连道文化创意街区项目（已纳入北京市《2018年度城市公共空间改造提升示范工程试点项目》）推动疏解整治与提升同步，召开专家评审会，根据专家意见、建议完善实施方案，上报市发改部门审批，申请项目实施资金。试点项目陆羽广场升级改造项目已完成亮相。

（刘继红）

【广外地区简易楼腾退项目】年内，多次召开专题会协调腾退难点问题，督促推动宣房投集团加快落实广外大街355、359、367号简易楼腾退方案和房源。超前谋划，推进宣房投集团腾退马中街33号楼作为学位保障用房，缓解广外学区学位紧张问题。

（刘继红）

【天宁寺周边产业升级项目】年内，调研走访北京唱片厂等产权单位，重点统筹推进天宁1号文化科技创新园（二期）项目，征集企业诉求，明确项目发展方向，推进项目进展。

（刘继红）

【广外地区道路规划建设】年内，搭建与职能部门、项目对口单位、项目施工单位三方协调平台，加快推动规划道路建设。马连道东二号路推进拆违、征收工作，已完成摊铺底层沥青。继续推进解决马连道东街2号森源大厦西侧房屋产权认定及历史遗留火车站罩棚补偿等事项。广安门外南街南段按期完成道路建设。协调推进茶马北街西口道路建设，多方协调剩余1户居民的征收工作，推进道路北侧居民院及警娃幼儿园围墙退线工作。红居北街东段道路积极推进信访维稳和房屋征收工作。车站西街西一号路、椿树馆街推进拆违、征收前期准备工作。

（刘继红）

【产业提升开创“茶+”发展模式】年内，融合多元文化，“茶+”发展模式引导提升。茶+旅游，打造“8+6”内外联动茶文化旅游线路；茶+非遗，开发中国传统文化体验项目；茶+教育，推动中国传统文化在青少年中传承；茶+出版，推出《中国茶马连道30年•30人•30事》，回顾改革开放以来马连道茶叶街的发展历程，树立新时期产业提升宣传典型。

（赵新芳）

【茶文化品牌建设】年内，以马连道工作站为平台，全力打造服务区域发展、服务产业提升、服务地区和社会文化生活的国际交往、文化交流平台，组织开展“两展一节”活动、马连道茶文化大讲堂、我有贵州半亩茶等多种国内外茶文化交流和品牌推广活动20余场，中央电视台、人民网、新华网等多家媒体关注报道。

（赵新芳）

【茶文化和茶产业交流】3月23至26日参加福鼎市人民政府主办的第八届福鼎白茶开茶节（福建福鼎）。5月6至9日参加中国茶叶流通协会茶叶市场专业委员会第四届会议（甘肃陇南）。5月17日接待日本东京都中野区春秋会代表团访问马连道。8月4至10日参加区台办组织的天桥大戏宝岛文化演出及两岸茶文化交流活动（台湾）。12月20日接待日本东京都北区社区代表团访问马连道，宣传推广马连道街区整体文化品牌，促进产销联动和文化交流。

（赵新芳）

【推动文化项目实施】9月，协调调度民办北京燕京八绝艺术馆分馆暨北京燕京八绝工艺精品馆开馆，集古玩收藏、茶器鉴赏、文化体验等多元文化于一体，增加一处街区文化体验场所，发挥文化引领作用，带动马连道整体业态提升。

（赵新芳）

【举办茉莉花茶节】9月，协同中茶流通协会、北京市茶业协会、北京市消费者协会、北京商联会共同举办北京市第九届商业服务业技能大赛评茶员项目暨2019茉莉花茶节。张一元、吴裕泰、正兴德等全国老字号和知名品牌的60多款茶样参与活动。评选出评茶员优秀技术能手10人、评茶员技术能手20人。

（赵新芳）

【茶外事品牌建设】年内，进一步拓宽国际交往地域，配合中宣部等单位开展“一带一路”文化之旅俄罗斯——吉尔吉斯斯坦茶文化交流展示活动，促进“一带一路”沿线国家民间文化交流，逐步扩大马连道茶文化国际交往品牌知名度。创新外事品牌，创立“美美与共，茶和四方”交流品牌，首期中日茶文化交流形成互动，在第十一届中国（北京）国际茶业及茶艺博览会期间举办“中国—斯里兰卡茶会”“中国—印度茶会”青年国际茶会，央视移动、新浪、今日头条等数10家融媒体全程直播，受到国内外关注。提升国际服务功能，定期举办外事服务礼仪及英语培训，提升街区外事服务水平，接待捷克总统夫人、外交部国际友人团考察。

（赵新芳）

重大项目建设

【概况】西城区重大项目建设指挥部办公室（简称区重大办）是主要负责全区重大工程项目统筹协调工作的常设机构。内设综合科、财审科、征收事务科、项目管理科、保障房建设管理科、执法维稳工作科6个职能科室。主要职责：组织编制区内重大项目建设总体计划；负责区内重大项目建设的组织协调、综合、调度和监督管理工作。协调有关部门和单位推进重大项目的立项、规划、用地、征收等前期工作；协调区政府有关部门按总体计划要求在项目建设各阶段加快办理各项行政审批手续。参与拟订重大项目房屋征收方面的政策措施；组织编制重大项目房屋征收年度计划；做好重大项目房屋征收的管理和协调工作；指导和协调相关部门推进功能街区、市政基础设施、轨道交通等重大项目及其他专项工程的征收工作；协调重大项目建设中产权单位的搬迁工作。负责区境内房屋建筑的抗震节能综合改造和老旧小区整治工作。承办区委、区政府交办的其他事项。

地址：西城区培育胡同15号2层

邮编：100051

电话：81025983

（丛丹丹）

【重点征收拆迁项目】年内，围绕区重大征收拆迁项目开展工作，各项目均取得进展，市区两级的重点工程珠朝街国电项目收官（菜市口220千伏站及生产附属设施项目）。地铁19号线一期工程、宣武医院项目、北纬路市政道路征收、永安路市政道路征收、北京第四十四中学东侧路等30多个重点项目稳步推进、进展顺利；地铁6、7、8号线历史遗留问题实现较大突破；年内签约4个单位产、70户居民。重点工程组出会议纪要24份，向各相关单位发函19封，接访56次，为各项目拟写致居民一封信4份。

（丛丹丹）

【老旧小区综合整治项目】年内，继续推进老旧小区综合整治工作，围绕疏解整治促提升十大专项行动，着力破解拓展群众关心的老旧小区公共空间整治等难题，持续做好老楼加建电梯和小区环境提升等群众呼声高、期盼切的工作，着力提升建筑品质、修复基础设施、完善基本功能、方便居民生活，切实改善群众居住环境，提升生活品质。老旧小区综合整治完成市级审批改造任务项目26个，小区计划改造任务数位列全市第一。其中列入“疏整促”考核的4个老旧小区综合整治项目（铁狮子巷15号、西直门南小街16号、永乐里10号院、红莲中里6、8号楼）已全部完工。其余22个老旧小区改造工作，在下一步要求实施主体积极与属地街道对接、沟通，在做好前期工作后，有序推进工作开展。老楼加装电梯工作，根据《西城区2018年既有多层住宅增设电梯工作实施意见（试行）》（西建发〔2018〕26号）文件精神，通过媒体大力宣传和制作政策宣传小视频等多种手段，增设电梯工作进展顺利，超额完成市、区下达的任务计划。

（丛丹丹）

【成片棚户区改造项目】年内，结合中心城区实际，坚持从群众的切身利益出发，把棚户区改造作为最大的民心工程，集中力量，破解难题。棚改项目截至年底，完成64户棚改任务，涉及总人口209人次，完成比例120%。两个项目实现多个地块的净地，同步推进场地平整工作；北昆项目实现居民全部签约，同步推进规划调整工作。11月18日，菜园街项目E地块、光源里C1地块举行开工典礼，正式开工建设。申请式退租：6月10日，菜西片区作为市首例直管公房申请式退租试点项目正式启动，有产籍居民728户（其中直管公房390户、私房289户、单位自管产40户、军产9户）。7月10日，正式启动签约至8月9日签约截止日，主动提出退租申请居民275户（公房234户、私房41户），片区退租申请总的比例为38%。其中直管公房退租占比为60%，私房占比为14.1%。目前，275户退租申请中已有249户完成签约（其中公房为220户，同类占比55.1%，私房29户，同类占比9.3%），完成签约数与申请数之比90.5%。8月10日，菜西试点项目完成申请式退租先期工作，整体进入恢复性修建阶段，推进保护提升工作。砖塔胡同城市保护更新项目：9月25日，区政府召开第101次专题会议，开展申请式退租工作。项目于11月8日正式启动。11月8日至12月7日向居民进行政策宣讲，2019年12月8日至2020年1月7日与提出退租申请的居民进行签约。至2020年1月7日，砖塔胡同城市保护更新项目申请式退租签约工作结束，共有81户居民提出退租申请，占总户数比34%，其中直管公产78户（占直管公产比例46%），私产3户（占私产比例6%）。实施过程整体平稳有序，退租工作达到预期目标。

（丛丹丹）

【征收项目协调会】年内，区重大办结合区境内拆迁征收项目召开各种调度会。1月8日，召开宣武医院协调会；召开北纬路市政道路征收协调会。1月9日，召开地铁6号线北汽公司还建工作协调会。1月16日，召开北纬路48号房屋征收资金拨付协调会。1月16日，召开北纬路市政道路征收协调会。1月29日，召开工地安全检查现场会。2月26日，召开北纬路、永安路、珠朝街征收工作协调会。2月26日，召开地铁19号线征收、7号线遗留问题、太平桥征收结案工作协调会。4月15日，召开地铁12号线马甸站出入口占地及征收相关工作协调会。4月19日，召开地铁12号线马甸站出入口占地及征收相关工作协调会。4月19日，召开关于地铁19号线一期工程牛街站降排水工程修复管网施工协调会。4月23日，在马甸桥东北角国家核电大厦南门召开现场协调会，研究地铁12号线马甸站B出入口、无障碍出入口及安全口占地问题。4月29日，召开地铁7号线审计和虎坊桥站点原拆迁区域复管问题协调会。4月29日，召开太平街二期拆迁收尾及拆迁结案办理事宜。5月7日，召开地铁19号线征收工作协调会。5月7日，召开德胜市政道路建设征收工作协调会。5月7日，召开地铁6、8号线拆迁遗留问题协调会。6月14日，召开地铁19号线征收工作协调会。6月21日，召开地铁12号线马甸站一体化工作协调会；地铁19号线征收工作协调会。7月5日，召开地铁19号线积水潭站占用解放军歌剧院征收占地工作协调会。7月5日，召开地铁19号线征收工作协调会。7月24日，召开广安一期征收工作协调会。8月7日，召开地铁19号线闹市口临时占地工作协调会、地铁16号线工期顺延支付占地费用协调会、广安一期拆迁协调会、宣武医院拆迁协调会。9月24日，召开地铁19号线征收工作协调会。9月24日，召开北纬路、永安路征收工作协调会。10月9日，召开宣武医院拆迁工作协调会。10月15日，召开北纬路、永安路征收工作协调会。10月25日，召开永安路征收工作协调会。11月14日，召开地铁8号线遗留问题工作协调会。11月19日，召开宣武医院拆迁工作协调会。11月21日，“不忘初心、牢记使命”走进宣武医院合力打好拆迁收尾攻坚战研讨会。12月4日，召开北纬路、永安路征收工作协调会。12月10日，召开香炉营L地块庄胜拆迁工作协调会。12月16日，召开919、629工程遗留问题工作协调会。

（丛丹丹）

【老旧小区工作例会】1月16日，召开西城区2018年老旧小区综合改造工作总结暨2019年老旧小区改造工作部署会议；2月28日召开老旧小区改造重点项目及物业长效机制建设工作部署会；3月29日召开西城区老旧小区综合整治第四次联席会；4月1日召开传达市领导有关安全工作落实及老旧小区综合整治工作会；5月16日召开老旧小区综合整治工作会；6月14日召开西城区老旧小区综合整治第五次联席会；6月14日召开白云路七号院结算资金问题及简易楼腾退有关问题协调会；6月20日召开老旧小区工作调度会7月31日召开西城区老旧小区综合整治第六次联席会；8月21日召开西城区老旧小区综合整治服务平台使用培训会；9月5日召开关于百万庄地区改造工作调度会；9月19日召开老旧小区有关资金标准协调会；9月23召开老旧小区综合整治工作例会；10月12日召开新街口七条13号楼改造工作推进会；10月30日召开西城区老旧小区综合整治服务平台使用第二次培训会；12月4召开关于鸭子桥北里小区改造后续问题协调会。

（丛丹丹）

（责任编辑　孙凤霞）

经济管理

北京西城年鉴2020

综合调控

【概况】北京市西城区发展和改革委员会（简称区发展改革委）是区政府主管全区经济发展和改革的工作部门，内设机构14个，分别为办公室、国民经济综合科、固定资产投资科、社会发展科（西城区国民经济动员办公室）、经济体制改革科（营商环境科）、产业发展科、环境资源科、价格管理科、人口规划科、协同发展科、行政审批科（法制科）、人事科、机关党委、离退休干部管理科，下属参公事业单位1家（西城区政府采购中心），全额拨款事业单位3家（西城区经济信息中心、西城区价格认证中心、西城区中小企业服务中心）。年内，区发展改革委按照稳中求进总基调，发挥综合协调部门的职能作用，履行各项工作职责，促进全区经济向更高质量发展。

地址：西城区广安门南街2号

邮编：100053

电话：83926722

（薛传庆）

【全区经济运行情况】全年实现地区生产总值5007.3亿元，同比增长6.1%；区级一般公共预算收入431.1亿元，同比增长0.1%；城镇居民人均可支配收入88291元，同比增长8.1%；城镇登记失业率为0.86%，同比下降0.01%。

（薛传庆）

【组建区委财经委员会及办公室】按照中央、市委机构改革精神要求，组建区委财经委员会及办公室，切实加强区委对经济工作的领导，做好全区经济领域重大工作的总体谋划、统筹协调、整体推进、督促落实。组织召开第一次全体会议，印发组织机构方案、区委财经委工作规则、区委财经办工作细则和2019年工作要点。

（史明鑫）

【召开经济社会发展形势分析会】年内，按季度组织召开经济社会发展形势分析会，区委、区政府主要领导出席，各综合部门的主要领导、主管领导参加。会议对区内经济发展、民生事业、社会建设等领域工作情况进行深入分析，围绕各项主要发展指标完成情况、重点工作、具体举措等进行深入讨论，确定下一步工作重点和措施。

（张惠霖）

【加大经济高质量发展统筹力度】年内，调整区域经济高质量发展工作专班组织架构，增设商业街区品质提升专项组。全年召开协调会10次，研究重大问题49个。统筹全区重点企业走访，推动“1+5+N”产业政策落地和“卡牌表会榜”综合性服务包承诺事项兑现。加快低效楼宇资源升级，从市场环境、财政、土地、产业开放、人才等多个方面，围绕金融、科技、文化、商务、旅游等多个领域，陆续推出“真金白银”的政策保障。

（史明鑫）

【推动产业发展工作再上台阶】全年办理高新技术类、文化创意类、高品质生活性服务业类项目13项，项目总投资14.16亿元；向市发改委推荐人工智能创新发展工程等重点领域项目3个，项目总投资2.82亿元。组织6家企业开展国家企业技术评价工作；组织1家企业完成第26批国家企业技术中心申报工作。完成31个工业和信息化项目备案，项目总投资318946.8万元。

（高　原）

【完善产业政策体系】完善“1+5+N”（“1”是指《西城区服务国家金融管理中心建设推进区域经济高质量发展实施意见》，对全区经济发展提出全局性指导；“5”是指制定包括优化营商环境、服务业扩大开放、低效空间资源利用、高精尖人才发展、财政支持构建高精尖指导意见等一系列综合性政策；“N”是指各部门根据推进区域经济高质量发展实施意见及系列支持政策出台本部门、本领域的支持高质量发展的产业配套政策。）政策体系。开展政策评估，对2018年度“1+5+N”产业政策及执行效果进行评价，提出政策制定、修订建议。持续完善“1+5+N”产业政策体系，形成《“1+5+N”产业政策汇编（2019版）》。

（高　原）

【推进节能降耗工作】严格落实节能目标责任制，对辖区内50家重点用能单位开展目标考核，对39家用能单位开展能源审计，2家用能单位完成清洁生产审核，支持14家用能单位进行节能改造，对30家用能单位开展节能监察。年内，西城区能源消费总量383万吨标准煤，同比下降0.26%；单位GDP能耗0.0765吨标准煤/万元，同比下降6.48%，能耗结构与单耗水平保持稳定，完成市政府下达的目标任务。

（刘淑蕊）

【推进经济体制改革工作】研究制定2019年经济体制改革工作要点，确定改革任务17项，其中8项被列为区委重点任务，涉及优化营商环境改革、减量发展、财税金融体制改革、国资国企改革、区域协同发展、市场监管体制改革等六方面。统筹做好2019年“微改革”行动，精准推动改革落地生根造福群众。

（祝欣伟）

【助推优化营商环境改革】出台《西城区关于进一步优化营商环境的实施意见》《西城区进一步优化营商环境行动方案》等一系列纲领性文件，提出打造西城效率、西城服务和西城标准。全年组织召开7次营商环境区领导调度会，开展实地暗访调研4次，召开多次部门工作协调会。分解落实国家“放管服”营商环境任务24项；分解落实《北京市优化营商三年行动计划》22项；分解落实新一轮“放管服”营商任务67项；制定下达西城区营商环境台账任务57项，为改善中小企业的国内营商环境做出努力，得到国务院、北京市的认可与肯定。

（祝欣伟）

【超额完成建安投资任务】年内，按照全市投资工作部署，梳理支撑项目，细化重点任务，健全调度机制，加强项目管理。上下联动、分级调度、落实责任、精准施策，形成各领域、各行业共同促投资保增长的高压态势，保障全年建安投资指导性目标的完成。全年累计完成建安投资82.1亿元，同比增长0.61%，完成市级下达建安投资指导性目标任务的117.3%。

（霍丽姗）

【推进京津冀协同发展战略】加强教育协作，推进北京四中、北京八中、北京第一实验小学、北京第二实验小学、西城培智学校等13所学校与通州区13所学校的“手拉手”结对共建。推进北京四中和北海幼儿园与雄安新区学校的对接交流。加强医疗协作，推动西城区多家二三级医院开展京津冀检验结果互认。加强文旅协作，推进京津冀地区旅游产业对接，推广京冀1—3日游精品线路。稳步推进产业对接协作，组织驻区央属、市属、民营企业赴对口帮扶地区考察调研，全年累计开展扶贫调研7次，动员驻区企业参与扶贫工作40余次，组织召开及参加扶贫会议30余次，力促扶贫项目落地。

（吕　玲）

【出台新增产业的禁止与限制目录】年内，出台《西城区新增产业的禁止与限制目录（2019年版）》，严控非首都功能增量。从全区、重点街道和重点街区三个层面，对新增产业进行精细化调控，实施产业结构差异化管理，加快构建高精尖经济结构，切实推动首都高质量发展。

（吕　玲）

【推动“十三五”中期评估成果转化】年内，印发《西城区“十三五”中后期重点任务清单》，通过明确经济社会发展7个方面99项重点工作内容，推动“十三五”规划实施情况中期评估成果有效转化。

（石文杰）

【推进“十四五”规划编制工作】《西城区“十四五”规划编制工作方案》及相关文件先后于11月7日和11月25日，经第96次区政府常务会和第131次区委常委会审议通过。加大与市级部门对接力度，全面启动“十四五”规划研究编制工作，构建由规划纲要、前期研究课题、专项规划组成的“1+N+X”的“十四五”规划体系。

（石文杰）

【推进“疏解整治促提升”专项行动】统筹全区各专项行动牵头部门与市级牵头部门对标对表，将全年“疏整促”任务落点落图，实现市区一张图作业。坚持开展双周调度会，深入委办局和街道调研，督促加快工作进度，协调解决难点问题，实现“百日攻坚”圆满收官。超额完成全年“疏解整治促提升”任务工作量的148.1%。

（唐　鑫）

【常住人口调控任务超额完成】年内，区委、区政府与全区80余家单位签订目标责任书，将全年人口调控任务分别下达给街道和委办局，对2019年工作进行全面部署。全年实现常住人口控制在113.7万人以内，完成市级下达任务的110.5%，超额完成年初指标。

（唐　鑫）

【落实治理类街乡镇整治提升工作】 年内，数次到广外街道进行实地调研，以“吹哨报到”和“接诉即办”为抓手，指导广外街道建立“两个清单”、细化“一街一方案”，突破难点问题、降低诉求量，帮助广外街道退出治理类街乡镇前十。

（唐　鑫）

【开展产业扶贫工作】 年内，累计推动22家驻区企业参与西城区扶贫工作，开展扶贫调研7次，动员驻区企业参与西城区扶贫工作40余次，组织召开及参加扶贫会议协调解决相关问题30余次，推动可带动贫困户1000余人的穆森张北肉牛养殖综合扶贫项目成功落地。推动驻区企业开展消费扶贫金额超百万元，爱心捐献150万元。

（郭朋朋）

【价格管理】 年内，重点加大政府价格放开项目及节假日期间市场价格的监测力度，开展主要副食品、日用消费品、天然气、成品油、黄金饰品、居民服务收费等一系列重要商品价格及服务价格的监测工作，按日报、旬报、月报等不同形式及时准确上报市发展改革委。完成价格监测192个品种，55558个品种次的价格监测任务；完成价格监测信息12条，价格监测情况分析4篇。

（兰明宇）

【政府采购中心】 按照北京市总体规划要求，在区发改委统筹领导下，成立北京市公共资源交易西城区分平台，12月24日正式启动运行。经区编办批复，政府采购中心加挂北京市西城区公共资源交易中心牌子，职责除依法受托开展政府集中采购活动、负责组织和实施政府采购招投标工作的同时，负责本区公共资源交易的组织、协调、服务、保障和信息化工作。

（时　祎）

【价格认定】 年内，共完成各类涉案物品价格认定案件1048件，认定标的金额3561.75万元。

（初正选）

财政管理

【概况】 北京市西城区财政局（简称区财政局）是负责全区财政收支、财税政策和财政监督的区政府职能部门。全局设有23个行政科室，4个参照公务员管理事业单位，2个全额拨款事业单位。在职干部职工173人。年内，在《国务院办公厅关于对2018年落实有关重大政策措施真抓实干成效明显地方予以督查激励的通报》中，西城区作为北京市财政系统唯一代表获得国务院通报表彰。区财政工作经验总结被北京市政府《昨日市情》特刊采用，并在财政部《中国财政》杂志、中国财经报专栏刊登。全年西城区一般公共预算收入431.1亿元，一般公共预算支出427.6亿元，完成组收攻坚任务和市政府全部考核指标，西城区预算绩效管理工作获市财政局通报表扬。

地址：西城区丰盛胡同39号

邮编：100032

电话：66218006

（郭　萌）

【加强税源建设】 年内，区财政局以“做精税源分析、做活税源引进、做优税源服务”为主线，充分发挥税源建设专班统筹协调作用，强化重点税源引进和服务，着力构建高精尖经济结构。智库小组报送对外开放、民营经济发展等专报15篇，深化前瞻性分析，研判产业机遇，2篇作为特刊被北京《昨日市情》全文刊登，11篇获区领导重要批示。深化专员服务机制，发放服务卡458张，组织引进新增注册资本1000万元以上企业939家，新增注册资本5000万元以上企业310家，工银理财、中银理财、中邮理财等优质企业落地生根。自营改增实施以来，首次实现1月和一季度双“开门红”，1至11月地方级收入总量占16个区总量的18.8%，为全市及区域经济高质量发展奠定基础。全面落实减税降费政策，全年减少区级税收21.2亿元，用减负为企业赋能。落实产业政策，释放政策红利，累计兑现政策资金19.2亿元，惠及企业近700家。

（郭　萌）

【统筹强化预算执行】 年内，区财政局采取多种措施，促进资金及时快速均衡下达执行。创新财政保障模式，支持疏解非首都功能；合理运用财政政策，构建高精尖经济结构；加强资金投入力度，保障重点领域资金需求；严格落实中央及市级的各项要求，加快存量资金消化力度。为加快财政支出进度，强化预算单位主体责任、加强重点项目过程管控、建立考核与督导机制。

（郭　萌）

【优化支出结构】年内，区财政局协调推动资金配置与工作进展同步，完成全年四个重要时点支出进度和盘活存量考核目标。投入114.4亿元，用于推进老城保护和城市更新、疏解非首都功能等，服务首都四个中心建设。投入民生资金158.2亿元，用于教育、医疗、养老、文化建设，提高群众获得感。投入10.6亿元，财政投入和基金引导形成合力，打造绿色扶贫、产业扶贫和托低保障为一体的扶贫体系。投入25.3亿元，用于环境提升、节能改造、绿化养护，“蓝天保卫战”有力推进。成立重大活动服务经费保障专班，制定专项办法、开展专题培训、坚持特事专办，高效完成重大活动资金保障。

（郭　萌）

【创新资产管理模式】年内，区财政局首次以区政府名义向区人大报告区国有资产管理情况，创新建立“大资产”管理体系，运用大数据手段梳理“西城家底”，搭建评价指标体系，确立实施路径，提升基层治理精细化、现代化水平。

（郭　萌）

【加大街道财政资金投入】年内，区财政局支持街道落实“街道吹哨，部门报到”，累计投入资金56.4亿元，比上年增长8.69%。安排街道统筹发展专项资金3亿元。

（郭　萌）

【深化预算管理工作】年内，出台《北京市西城区城市部件应急专项资金管理办法》等十余项资金管理办法。对28家行政事业单位、36家代理记账机构和30家采购代理机构实施监督检查；政府采购规模18.2亿元，节约金额0.3亿元，资金节约率1.87%。完善财政评审制度体系建设，完成评审项目519个，送审额62.9亿元，审减金额4.3亿元，审减率6.82%。创新预算绩效管理，将财政重点评价和部门自评相结合，对38个重点项目和53家部门整体支出实施绩效评价，实现一级预算单位全覆盖。首次将政府购买服务项目纳入绩效评价，以民生领域为重点，提高政府公共服务水平。

（郭　萌）

【多措并举完善财政保障】年内，持续压减非急需、非刚性支出。打好“三大保卫战”，在教育、医疗、城市治理等领域重点发力，打造宜居宜业之区。围绕老旧小区综合整治、街区更新等工作，以资金统筹带动工作推进。动态完善行业定额标准和资金管理办法，强化规范管理。厘清政府购买服务边界，提高公共服务水平。推进政府隐性债务化解，坚决遏制政府隐性债务增量。将预算编制与绩效管理、预算执行与绩效跟踪相结合，构建全方位、全过程、全覆盖预算绩效管理体系。完善结果反馈与整改机制，形成投资评审、财政监督、绩效评价与预算编制有机结合的管理闭环。强化内控建设，加大对内控执行的权力制约。完成“大资产”管理体系构建，推动资产配置、城市业态与城市功能优化升级。深化街区资金保障模式改革，实现街道机动资金灵活性与规范性相结合。发挥政府引导基金的杠杆作用，引进高精尖企业，扶持中小企业和民营经济发展。持续推进“服务+保险”微改革，探索市场化手段辅助社会治理的新领域。全面推开财政电子票据改革，实现财政管理现代化。引入市场竞争和激励约束机制，探索运用PPP模式参与区域发展。

（郭　萌）

【党建工作】年内，区财政局以“细胞工程”为核心，开展理论中心组学习52次，组织党支部学习讨论活动180余次，开设“流动党课”和“微党课”，开展“人人讲党课”活动，引领全局党员干部强化思想武装。召开党建工作大会，开展各类警示教育活动、定期进行廉政提醒；开展自查自纠、主题教育专项整治。健全选人用人机制，打造360度干部评价体系，优化队伍结构；完善各项内部管理制度，加强干部培训，规范业务行为。深入基层开展调查研究155次，解决问题163个，形成制度机制7项，完成调研报告9篇。深化“进千门走万户”工作，结合“街道吹哨、部门报到”工作机制，引导党员干部“服务街道、主动报到”。积极参加志愿活动94人次，服务重大活动、服务两会、落实党员“双报到”，累计为群众办好事实事234件。

（郭　萌）

审　计

【概况】北京市西城区审计局（简称区审计局）是负责本区审计工作的政府工作部门。受本级政府和上级审计机关的双重领导，对本级人民政府和上一级审计机关负责并报告工作。年内，区审计局人员编制78人，在编68人，其中行政编制74人，在编60人；事业编制4人，在编2人；工勤6人。设有办公室、综合科（区审委会秘书科）、法规审理科、内部审计指导监督科、电子数据审计科、财政金融审计科、教科文体审计科、固定资产投资审计科等16个科室。下设西城区审计局计算机中心1个事业单位。区审计局全面贯彻落实全国和北京市审计工作会议精神，加强对重点领域、重点部门、重点资金的审计监督，稳步推进审计监督全覆盖，促进区域社会经济发展品质提升，发挥审计在国家治理中的保障作用。完成审计项目73个，查出主要问题金额260630万元，其中违规金额4651万元、管理不规范金额255978万元；审计发现非金额计量问题161个；审计处理处罚金额6990万元，其中应上交财政2230万元、应减少财政拨款或补贴1691万元、应归还原渠道资金24万元、应缴纳其他资金574万元、应调账处理金额2469万元；移送有关部门处理事项2件。审计促进整改落实有关问题资金7298万元；核减投资额1691万元。审计提出建议114条，被采纳114条；向社会公告审计结果11篇。年内，西城区审计局被中央审计委员会办公室、人力社会保障部、审计署联合评为全国审计机关先进集体。

地址：西城区复兴门外真武庙四条六里六栋

邮编：100045

电话：68014042

（赵　曦）

【重大政策措施落实情况跟踪审计】年内，按季度开展国家重大政策措施落实情况跟踪审计，审查“疏解整治促提升”专项行动、优化营商环境、减税降费等工作落实情况。配合区纪委开展民防系统审计，重点检查2013年至2018年全区人防工程建设、招投标、人防工程基础数据管理、人防资金资产管理等17个方面工作情况。组织精干力量赴鄂伦春自治旗参与市扶贫协作和支援合作资金绩效审计。

（赵　曦）

【预算执行大数据审计】年内，创新区级预算执行及其他财政收支情况审计的组织方式，开展2018年度区本级预算执行和45家一级预算单位2018年度部门预算执行数据分析审计项目，推进“1+N+L”（区级预算+一级预算单位+二级预算单位）预算执行大数据审计，争取区财政等部门的工作支持，建立数据定期采集机制，审计数据仓库已涵盖367家单位、3.73TB数据。选用不同专业背景的审计干部组建联合审计组，内设数据分析、现场核查、法规适用、综合协调团队，发挥专业联动优势，推行审计数据标准化分析，总结形成数据标准化经验做法。制定《审计业务电子数据管理办法（试行）》和《网络安全应急预案》。

（赵　曦）

【经济责任审计】年内，对13名处级领导干部开展经济责任审计。研究完善经济责任审计中长期规划，提高任中审计比例，实现重点部门、关键岗位及街道党政主要领导经济责任审计全覆盖。向被审计领导干部所在单位领导班子客观反馈经济责任审计结果，加大经济责任审计结果运用。聚焦财政资金分配、国有资产处置、重大建设项目及扫黑除恶等重点工作和环节，对发现问题从体制机制层面提出意见和建议。强化经济责任审计联席会议成员单位之间的交流机制，加强线索互通，开展多部门联合督查，配合提供督查点评材料，推动整改落实。

（赵　曦）

【固定资产投资审计】年内，完成西城外国语学校实验楼翻扩建工程竣工决算审计项目，核减投资额1691万元。立足住有所居，为菜西片平房直管公房申请式退租、大屋脊筒子楼消隐改造等资金规范使用提供专业支持。新成立的城市运行管理审计科，重点关注区自然资源管理、污染防治和生态保护与修复等情况。对城市管理领域专项资金、市政公用事业财政补贴资金及市容环境综合整治、市政设施建设项目进行审计监督。

（赵　曦）

【民生审计】年内，立足幼有所教，开展对区少年儿童图书馆、区少年儿童业余体校等六家二级预算单位的审计。立足老有所养，对城乡居民基本养老保险基金管理使用情况开展专项审计调查。立足病有所医，连续第三年开展区属公立医疗机构审计，即对15家社区卫生服务中心进行审计调查，关注社区卫生服务改革各项工作推进情况。重点监督检查落实各项民生政策措施的具体部署、执行进度、实际效果等情况，揭示管理疏漏，确保利民惠民政策落实到位。

（赵　曦）

【自然资源资产审计】年内，开展区生态环境局领导干部自然资源资产离任审计，研究提炼中心城区开展自然资源资产审计的有效方法。《关于西城区自然资源资产审计情况的调研报告》获区优秀调研三等奖。

（赵　曦）

【企业审计】年内，开展国有资本经营预算项目管理运行效益情况的审计调查，根据区国有经济布局优化目标，反映国有资本经营预算变动趋势，关注区属国有企业在重大政策措施落实、深化改革和公司经营管理中存在的普遍问题。开展北京宣房投资管理集团有限公司董事长经济责任审计项目，关注国有企业法人治理管控、重大经济事项决策、自身财务真实合法效益情况。开展北京天桥盛世投资集团有限责任公司资产负债损益情况审计项目，建立集团总部、重点子企业及承担政府重点工作的相关项目公司的审计模式。

（赵　曦）

【信息化建设】年内，深化大数据技术运用，构建大数据审计骨干网络，形成跨科室、跨专业的审计人力资源优化配置和跨行业、跨系统的审计数据资源统筹利用机制。建成集数据采集、转换、分析为一体的综合性数据分析系统，涉及财政、医疗卫生等领域共11类60个分析模型，加强对发现问题的纵向统筹，针对同质同源问题，在体制机制层面提出意见建议。

（赵　曦）

【内部审计】年内，制发《西城区内部审计指导意见》，组织开展全区内部审计单位自评，指导、监督、服务和支持区内部审计机构依法开展内部审计监督。开展内部审计培训调研，对区教育系统、15个街道、金融街集团、华方公司近年来相关行业领域和内部管理中出现的典型问题进行沟通交流，解读两办经济责任审计新规，提出关键管理环节的控制要点，指导完善内控制度。

（赵　曦）

【教育培训】年内，开展“不忘初心、牢记使命”主题教育，领导班子带头深入社区、企业一线调查研究走访21次，形成调研成果6篇。继续落实审计干部三年培养规划，组织局内及区部分单位科级以上领导干部素质提升培训，干部法律讲解、审计作业规程解读、大数据及综合管理平台的培训，举办第二届“他山之石”审计业务交流会。

（赵　曦）

【国庆服务保障】年内，完成新中国成立70周年保障任务和庆祝活动，组建25人专门队伍参加过滤线安保和观礼工作，对区重大活动服务保障工作进行跟踪审计，深入活动现场，持续关注预算编制管理、“三重一大”制度落实和相关部门履行职责等情况。

（赵　曦）

统　计

【概况】北京市西城区统计局（简称区统计局）是区政府负责管理全区统计工作的职能部门，北京市西城区经济社会调查队（简称调查队）是北京市经济社会调查总队的派出机构，与区统计局合署办公，共同负责本地区的统计工作。下设21个科室，在编人员142人。年内，区统计局、调查队紧扣“七有”要求、“五性”需求，用数据研判经济民生领域走势、服务区域经济高质量发展，获北京市思想政治工作优秀单位、北京市统计系统优秀单位、第四次经济普查国家级先进集体，以实践创新担当做好政府决策的好参谋。

地址：西城区广安门南街2号

邮编：100053

电话：83926863

（刘高乐）

【优化统计服务】年内，区统计局、调查队完善区政务网“西城数据”栏目，完成年度西城区数据和信息发布计划，全年提供数据16万余笔；制作《西城统计季刊》，在《中国信息报》《北京日报》《数据》杂志等媒体刊登信息42篇。完成区宏观经济社会发展数据监测平台终验，建成精确到楼宇的可视化地图，完善“管理驾驶舱”和“多维分析平台”功能以及企业发展指数算法，首次实现单体企业跨部门数据关联。深化“叠图作业、挂图作战”，制发金融街金融业餐饮业分布地图、区重点商务楼宇空置情况地图、区异地纳税企业分布图，实现区域重点经济问题的可视化展现。作为西城区经济高质量发展“一办九组”成员，区统计局、调查队不断提升对区域经济形势进行分析和预判的能力，创新开展新产业、新业态、新商业模式经济监测，定期开展文化及相关产业、文化科技、科技服务业、生活性服务业产业分析，夯实新兴产业分析基础。开展创新创业人才发展情况调查及课题研究，探索自主调查设计实施新路径。开展大栅栏琉璃厂、西单大悦城等重点区域监测，及时掌握入驻企业需求、商铺经营情况、业态分布等实际状况。开展重点商务楼宇调查，首次实现楼宇经济状况运行分析，助力低效楼宇升级改造。参与生态文明建设评价分析，做好“能源消费总量”及“GDP万元能耗下降率”预判，细化落实全区能源监测工作，为全区节能减排工作做好监测和预警，充分发挥统计工作“晴雨表”作用。结合区域经济发展态势，着眼宏观分析产业行业，注重微观洞察企业变化，及时形成分析报告、调研报告、统计专报等，多角度服务区域经济发展工作。

（刘高乐）

【统计业务开放】年内，推广“西城统计”微信公众号、抖音视频等新媒体宣传平台，微信公众号关注人数近7000人，全年推送文章278篇，阅读量达6.8万人次，转发次数达1.7万次。录制庆祝建国70周年快闪作品，创作普法漫画、微视频；开发“小茜”微信表情包第二季，推出“数来宝”统计志愿服务形象大使。首次采用线下统计志愿体验活动与主会场分享活动相结合的方式，举办“统计•我和我的祖国”西城区第六届政府统计开放日活动。以志愿活动带动公众亲身体验居民收支、价格数据采集，以生动详实的数据展现70年西城发展变迁。西城统计“据”力志愿者联盟成立一年来，团队规模迅速壮大，团队人数已突破千人，组织各类统计志愿活动50余场，区统计局、调查队干部累计参与1000余人次，活动受众万余人。打造“统计进校园”品牌活动，本年授牌学校新增至6所。通过各类志愿活动，协同社团、高校、企业、社区、中小学、机关等力量，为统计工作开展搭建全新平台，有效服务于经济普查、人口抽样调查、统计开放日等区统计局、调查队重点工作，激发社会单位、广大群众通过统计活动参与城市治理的主动性和积极性，成为西城统计的新“名片”，被区志愿指导中心推荐参评“首都最佳志愿服务项目”。

（刘高乐）

【完成第四次全国经济普查】自2018年开展第四次全国经济普查工作以来，西城统计系统严格执行国家和北京市普查方案，联动37个部门和各街道、社区力量，汇集区统计局、调查队各专业智慧，统筹协调、创新思路，依法依规开展普查。全区1300余名普查工作者，共登记第二、三产业各类单位5.2万个。抓好数据审核各个环节，自主研发库外审核程序，普查数据通关事后质量检查。完成数据汇总评估，推出经普专报24篇，全区经济结构不断优化，减量提质效果突出。围绕区域发展热点，谋划资料开发，开展课题研究，为区域经济高质量发展提供科学的统计信息支撑。经过2年努力完成此次普查工作，获“第四次全国经济普查国家级先进集体”。

（刘高乐）

【人口动态监测与抽样调查】年内，优化西城区人口动态监测体系，多维度、多领域、全方位反映西城区人口变化情况，满足市、区两级对提高城市建设和管理水平过程多样化需求，改版月度大数据监测通报，创新性引入“生活人口”概念。以夜间移动电话用户数、用水、用电、天然气用量、垃圾清运量数据为基准，以其它公用事业数据为辅助，进行“枚举”相关性分析、回归分析、数据质量分析，“甄选”形成初步生活人口预测分析模型。通过数据沙盘直观展示全区及分街道生活人口变化情况。同时引入百度慧眼、腾云天下等数据丰富监测内容，增强可视化效果。通过关联分析，及时发现数据异常波动，为相关部门及时预警。作为2020年即将到来的第七次全国人口普查的“预演”，2019年人口抽样调查有着重要的参考性和实践性，同时也面临着人口调控任务和全国第七次人口普查的“双重检验”。年内，完成国家和北京市样本15个街道共145个调查小区样本框培训整理工作；完成调查人员用品、制度、调查员手册、备用表、培训资料、摸底和入户宣传品等各类物资的筹备、发放；培训业务骨干、调查指导员及调查员350余人；完成全区1.5万余户约计4.6万人的调查工作；发布各类文件、通知50余篇，撰写工作信息30余篇。

（刘高乐）

【“疏整促”民意调查】年内，继续开展“疏解整治促提升”专项行动民意调查，调查范围涉及西城区15个街道、261个社区，样本总量2610个。结合区委区政府重点工作调整调查内容，调查结果形成专题分析。分析报告通过大量图表反映市场疏解转型升级、“七小”整治、文物腾退等重点专项行动居民满意度，并通过两年对比做到回头看，词云图直观展示民众需求热点及共性问题，为各部门、各街道提供工作抓手，提高工作效率，做到精准发力补短板。西城区委书记卢映川、区长孙硕分别对“疏整促成效获居民认可，群众关心热点聚焦便利——2019年上半年《西城区疏解整治促提升民情调查》分析”作出批示，对该项工作高度认可。

（刘高乐）

【依法统计】年内，推进中央统计改革文件的再学习，开展区人大常务会学法和统计进党校等活动。围绕党中央、国务院关于统计工作部署，针对统计数据失真失实干扰决策判断、虚增群众获得感、透支党和政府公信力等问题，在全区持续开展统计造假专项整治。积极拓宽普法途径，开展统计普法夏令营、经济普查短剧展演、诚信统计单位授牌等各类普法活动46场次，受众3000余人次。西城“诚信统计”建设被人民网报道，《奔跑吧，统计！》获北京法治动漫视频作品征集活动动漫类二等奖。落实“双随机、一公开”制度，统计执法检查657家单位，立案处理193家，配合国家统计局赴外省查案5人次，创新建立西城区统计业务举报立案管理机制，提升执法流程规范化水平。

（刘高乐）

【重点领域监测】年内，围绕“不忘初心、牢记使命”主题教育，开展全面从严治党、八项规定执行情况民意调查；立足民生福祉，完善小康社会评价指标体系，参与“七有”“五性”专班工作、分析研判监测指标；围绕“扫黑除恶”专项斗争，开展群众安全感调查和履职情况满意度调查，促进“平安西城”建设；开展“住户新长征”民生调查，细化居民收支微观数据解析，反映居民获得感、夜间消费、网购等情况；创新居民消费价格监测，每5日快讯通报老百姓“菜篮子”价格波动情况；发布全市首份社区老人阅读调查数据，开展垃圾分类、时间利用价值、博物馆建设、民办教育发展状况、便民商业网点建设、中美贸易摩擦等专题调研，助力公共服务水平提升。

（刘高乐）

【深化统计改革】年内，继续深化“放管服”改革，优化办事流程，坚持统计登记窗口服务标准化。在全市率先开展统计信用体系建设，印发《西城区企业统计信用评价暂行办法》《西城区企业统计信用管理暂行办法》，强化失信联合惩戒、守信联合激励制度，此举走在全国统计系统前列。围绕市、区中心工作，服务高质量发展，以数据质量为主线，以厘清边界为原则，将统计数据全过程质量控制作为考评重点，将考评与日常检查指导、执法和督导检查相结合，客观公正地对各街道统计工作开展综合考评，进一步提升统计服务区域高质量发展的能力。更好的发挥综合考评在统计系统管理和行风建设中的重要作用，推动街道统计工作水平、管理水平、服务水平的整体提升。

（刘高乐）

国有资产监督管理

【概况】 北京市西城区人民政府国有资产监督管理委员会（简称区国资委）是西城区政府直属特设机构，受区政府委托履行出资人代表职责，不承担其他社会公共管理职能。内设9个科室：办公室、党委工作办公室、改革协同办公室、产权管理科、统计评价科、预算考核科、人才科、监督科、信访科。有干部职工39人。正处级领导2人，副处级领导5人。截至年底，西城区属企业资产总额5041.5亿元，同比增长10.3%；负债总额3599.1亿元，同比增长9.7%，所有者权益1442.3亿元，同比增长11.7%。累计实现营业收入631.6亿元，同比下降4.9%；利润总额70.8亿元，同比下降8%；已交税费总额99.1亿元，同比增长32.5%，实现区级税收16.5亿元，同比增长22.7%。资产负债率71.39%，同比下降0.36个百分点。

地址：西城区华远北街1–2
邮编：100032
电话：66117164

（刘博吾）

【服务区域战略定位】 金融街集团引入国家融资担保基金、亚洲金融合作协会、华为、工银资本等优质金融企业落户西城；运营自有品牌“怡己”餐饮、车坊及收发等7类业态共42家门店，实现金融街区写字楼“零距离”服务创新。金都绿城集团完成金融街区橡胶跑道、绿化及智能设施安装，全面改善街区景观及照明，有效提升金融街整体形象。北京金融街资本运营中心参与组建北京金融街服务中心公司并完成注资，新设新动力金科公司，新动力金融科技中心建设全面展开；与金融街集团推动“金融街”与国家大剧院建立战略合作伙伴关系，融合“金融+文化艺术”，将世界顶级艺术资源引入“金融街”。华远集团与深圳瀚德金融科技公司签订协议，联合打造北京全球金融科技实验室；推动金科中心改造升级，引入金融科技企业入驻。天恒集团以天恒金融科技创新中心为载体，打造具有国际影响力的金融科技创新孵化基地，吸引入驻金融科技企业48家。

（刘博吾）

【优化产业结构】 华远大数公司开展智能化设计咨询及智慧社区系统集成工作，确定金科中心智能化建设方案；华远电气公司进军玻璃研磨行业，布局中石化西北局及燕川工业园建设项目；华远精密公司完成空压机测试系统的联合设计开发和生产制造。运营中心发行北京新动力股权投资基金，围绕科技、大消费和医疗健康领域投资布局，并完成新犁、金沙江、礼来亚洲、奇安基金4支子基金投资，总投资金额4亿元，全年共开发271个直投项目。华天集团运用大数据和信息，启用刷脸支付，打通全集团线上餐厅，实现新技术与老字号深度融合，智慧华天成果初步显现。天恒集团北茶中心打造高品质茶文化体验馆，生产功能性药茶产品，引导企业业务结构调整。华方公司康华伟业孵化器入驻企业14家被评为北京市专利试点单位；金丰和孵化器精准服务高新技术企业，园内共有国家级高新企业54家、中关村高新企业110家，助力构建西城区高精尖产业结构。德源兴业、环雅丽都、金都绿城3家企业在转企后，在街区物业、环境卫生及园林绿化方面丰富了都市服务板块业务，不断拓宽区属企业城市服务产业链。

（刘博吾）

【加强系统内外合作】 区属企业不断加强与中央、北京市、西城区三级企业联络，不断融入京津冀协同发展、“一带一路”倡议及粤港澳大湾区建设。运营中心参与央企国投集团子公司混改项目，年内完成北交所摘牌。金融街集团深耕细作惠州巽寮湾，以“开发+运营”双轮驱动，实现集“旅游+居住+康养”于一体的多元化战略布局。天恒集团与融创、中青旅、保定市涞源县政府建立全方位深度合作关系，整合优质文旅资源；四川阆中文旅项目与政府签署合作协议，开创低成本获取产业配套开发用地先例。广安集团北京坊接洽宁波白沙地、文创港、遵义“高铁新城”等项目，推进北京坊品牌输出；官厅项目引入康养、民宿、亲子、体育等概念，与中日友好医院、泰康等企业联合，打造品牌联盟；运营中心围绕消费、科技、医疗领域发行基金，为菜百、华远、广安、天恒等企业对接优质资源；金融街集团与天恒地产共建公园懿府项目；华远集团与德源兴业集团联合设立鄂伦春自治旗华远三农科技公司，全面推动扶贫工作开展，系统企业之间不断加强合作，打造国企“西城队”。年内区属企业参与京津冀一体化项目36个，总投资额1260.7亿元；参与央企、市企合作项目43个，总投资额1780.2亿元。

（刘博吾）

【深化供给侧改革】天桥盛世集团旗下天桥艺术中心全年共计演出1114场，接待观众超过52.7万人次，票房达1.5亿元，跻身全国剧院前列；首都电影院西单店全国单体影院市场排名第三；风雷京剧团新剧目《角儿》在天桥艺术中心成功首演。广安集团北京坊获北京商业创新大奖等18项奖项。华方公司承办展览展会，承接非遗课程，研发培育非遗文创新的利润增长点；金象复星公司以点带面通过互联网扩大药店营销半径。华天集团位列中国餐饮百强，集团及庆丰、华天凯丰共同入围北京餐饮企业50强，庆丰公司位列餐饮快餐集团10强。天恒集团新街口百货通过多媒体宣传渠道，取得良好市场反馈；西西友谊商城定位金融街高端商务配套，改造工作不断推进中；成文厚推出新产品并开拓政采市场。全年区属企业共获市级以上创新成果奖11项，其中一等奖3项，助力企业实现转型升级。

（刘博吾）

【推进老城改造和城市更新】百万庄、光源里、旧宫、高立庄项目全面完工，H地块项目取得证照；菜西项目顺利完成全市首个直管公房申请式退租试点，砖塔胡同申请式退租启动实施，白塔寺亮片院落连片更新项目一期建设完成，鼓楼西大街整理与复兴项目竣工；马连道文化创意街区项目获市发改委批复；什刹海老城保护示范项目拟定腾退方案，“法源寺街区更新计划”携手国际设计周亮相，泰安里文保项目修缮恢复历史建筑风貌；华嘉项目如期竣工，引入资产管理规模超63亿企业入驻；园景胡同累计完成104处腾退院落，已有75处产生收益。年内西城区属企业推进的政府项目共84个，总投资额2213.87亿元。

（刘博吾）

【提前超额完成“疏整促”工作】区国资系统提前超额完成全年“疏解整治促提升”专项行动的任务指标，共实现区属企业单位出租房清理人口1005人，完成全年1000人次疏解任务的100.5%；累计完成区属企业用工规范化501人，完成全年任务的100.2%。

（刘博吾）

【重点服务保障民生】宣房集团连续34年实现直管公房安全度汛，超额完成平房翻建和综合维修任务，优化辖区基础配套设施建设，解决区域百姓“停车难、上下楼难”等问题。德源集团推进“院内+院外”一体化物业管理全覆盖，试点街边地磁感应式停车；探索引进房屋管理App，利用大数据信息手段，推进信息化管房。金工公司实现维稳工作“零”目标；抓好离退休人员服务管理，设立“金工人事退管”和“金工北塑退管”微信公众号。国资公司离退休人员管理服务工作利用“互联网+朗读”新模式，由在职干部为老干部朗读学习资料录音并在微信公众号上发布；为26名离休干部制作《共和国不会忘记》视频短片，献礼新中国成立70周年。环雅丽都公司转企后完成区域269条道路清扫保洁和74座清洁站管理服务；按照“厕所革命”批示，完成西城区全部167座三类公厕提升改造工作；开展扬尘防控和重污染天气环境保障，完成国庆阅兵等应急工作保障。金都绿城集团增加公共休闲空间供给，完成什刹海后海绿道、西单文化广场景观提升、城市森林等14项建设工程，全面完成辖区内市政设施养护及园林和景观照明布置工作。华天集团开展“质量季”工作，持续为百姓提供安全饮食服务。

（刘博吾）

【推动企业公司制改革及上市】 开展华天集团公司制改革工作，指导华天集团按照现代企业制度制定改制方案，年内经区政府常务会审议通过。完成金融街物业公司股份制改制，推动香港H股上市进程，收到证监会国际部核发的《股份有限公司境外首次公开发行股份（包括普通股、优先股等各类股票及股票派生的形式）审批》材料；持续推动菜百公司A股上市工作，完成职工持股会确权工作。

（刘博吾）

【推动混合所有制和股权多元化改革】 年内，以混合所有制改革作为突破口，持续推进企业引入非公资本战略投资人，构建多元化股权结构。金融街集团股权多元化改革试点持续推进，华方养老公司混合所有制改革顺利完成。

（刘博吾）

【加快国有资本投资公司试点工作】 以分类实施监管为原则，发布实施《西城区国有资本投资公司试点方案》，在完善公司治理模式和运营机制基础上，探索将战略管控、业绩考核与收入分配等出资人职权授予投资公司，通过投资融资、产业培育、资本运作发挥投资引导和结构调整作用，推动核心产业集聚和转型升级。

（刘博吾）

【完善企业法人治理结构】 健全以公司章程为核心的公司制度管理体系，发挥章程在企业治理中的基础作用，把加强党的领导和完善公司治理统一起来。持续推进18家三级及以下企业完成“党建入章程”工作。不断规范董事会议事规则，使企业各主体有效履职。下发《西城区国资委监管企业董事会规范运作试行办法》，全面加强董事会规范管理。

（刘博吾）

【健全激励与约束机制】 通过穿透式立体化监管，指导企业完成工资总额管理制度并实施，制定改革国有企业工资决定机制的实施办法，印发并实施《西城区区属国有企业工资总额管理试行办法》，建立健全与劳动力市场基本适用、与企业经济效益和劳动生产率挂钩，能增能减的工资决定机制，充分调动企业职工的积极性、主动性、创造性，制定《关于区属国有企业领导人员薪酬管理工作的指导意见》，明确二级及以下企业高管薪酬管理原则，形成企业领导人员与职工收入的全链条管理。

（刘博吾）

【协调督促经营类事业单位转企改制】 根据《西城区经营类事业单位转企改制工作方案》分工，牵头协调转制方案的制定，针对转制工作中难点问题组织召开21次协调会，与各单位座谈征集意见，通过专报、意见征询、区长专题会等多种方式推动5家转制单位改制，方案中遇到的近百项问题基本得到解决。年内各转制单位改制方案基本成熟，具备报批条件。指导完成德源兴业集团开展原下属21家事业单位转入企业后续工作。

（刘博吾）

【推动历史遗留问题解决】 完成首批12家“僵尸企业”清理，超额完成年度任务。启动国有企业退休职工社会化管理工作，厘清基础数据，为下年完成共计2.8万人社会化管理工作提供依据。

（刘博吾）

【多渠道协同防范企业经营风险】 制定下发指导文件《关于降低企业杠杆率的工作通知》，研究确定至2020年底前区属企业整体和4家房地产企业应达到的预期资产负债率。通过带息负债月报软件跟踪各企业带息负债、每月资产负债率总体变化及融资需求情况，及时掌握企业过程债务风险，同时对照降杠杆目标，对持续超标者及时提醒。下发《西城区国有企业投资监督管理办法（试行）》，加强对投资的计划性监管。继续开展区属企业外埠投资项目调研及专项审计工作，关注项目效益及风险分析，对6省市共8个项目现场调研和专项审计。

（刘博吾）

【深化“接诉即办”工作机制】 制定《西城区国资委系统“12345”市民服务热线受理工作实施方案》，主要领导任组长，负责国资委热线全面督导工作。区属14家一级企业成立工作专班，选配精干力量负责热线工作，对反映问题的难点和症结进行会商，按规定标准时限完成，高标准做到“街道吹哨，国企报到”。2019年度区国资委办理“12345”热线7216件，现场接待群众来访81批次158人次，各类信访均得到妥善处理。完成区领导批示和区纪委督办的信访件12件，均按时按要求作出答复报告。

（刘博吾）

【推进“平安国企”建设】开展创建“平安国企”活动，与14家一级企业签订平安国企创建责任书。开展“区属企业施工工地规范化管理提升行动月”活动，检查区属企业施工工地138家次，出动人员275人次，排除隐患29处。

（刘博吾）

【企业领导班子和人才队伍建设】调整配备国企领导人员35人，从各企业选派14名中层优秀人才跨企业进行实践锻炼；对企业领导班子和74名领导人员进行民主测评，并将测评结果纳入薪酬考核体系，约谈问题突出企业，限期企业党组织整改到位。严格落实请示报告备案制度，加强对企业领导人员日常管理监督，严格落实兼职管理规定及社会团体兼职的审批、备案程序；对企业领导因公146人次、因私86人次请假离京进行登记备案；严格《领导干部报告个人有关事项》填报与查核工作要求，共核查60人，批评教育2人。举办国有企业领导人员高级研修班，全年共培训企业领导人员及优秀骨干人才140余人次。

（刘博吾）

【扶贫助困】年内，区国资委系统企业及党员干部职工积极参与慈善活动，全年对外捐赠及党员献爱心共计345万元。区属企业在阜平、张北、喀喇沁、鄂伦春及门头沟等地开展14个扶贫项目投资近900万元，助力建档立卡贫困人口近3000人提高收入，提供临时性工作岗位1000余个。

（刘博吾）

税　务

【概况】国家税务总局北京市西城区税务局（简称西城区税务局）主要负责西城区域内税收、社会保险费和有关非税收入征收管理工作。年内，西城区税务局将守初心、担使命贯穿于工作始终，贯彻落实“两个维护”的自觉性坚定性，把“看北京首先从政治上看”要求融入工作各方面各环节，推动上级各项决策部署在西城不折不扣落实落地，完成减税降费、组织收入、改革攻坚、优化营商环境等重点工作任务。西城区税务局共有干部职工1241人，全局内部设有办公室、法制科、货物与劳务税科、所得税科、财产和行为税科、社会保险费和非税收入科、收入核算科、纳税服务科、征收管理科、国际税收管理科、税收经济分析科、风险管理局、财务管理科、人事教育科、考核考评科等15个内设科室；设有机关党委（党建工作科）、老干部科、纪检组3个其他机构；设有信息中心、纳税服务中心2个事业单位；设有21个派出机构税务所；设有1个办税服务厅。全年累计完成各项税费收入4757.6亿元。

地址：西城区二龙路乙33号

邮编：100032

电话：66027732

（徐　驰）

【减税降费工作】全面贯彻落实党中央、国务院减税降费决策部署，成立减税降费工作小组，落实各项工作制度，全年召开各类会议80余次。夯实政策保障，开展线上线下多渠道、多维度宣传辅导，优化退税流程，实现“批量审批，集中退税”，纳税人“一次不用跑”即可享受税收红利。以“致纳税人的一封信”形式，为全区企业法人订制个性化“红利账单”，全年累计邮寄9万余封，完成各项减税降费工作，减税降费规模超过220亿。

（徐　驰）

【税收收入情况】全年累计完成各项税费收入4757.6亿元，同比增长27.3%；完成税收收入4511.1亿元，同比增长22.4%。其中，完成中央级收入3666.9亿元，同比增长31.6%，完成地方级收入1090.8亿元，同比增长14.9%，完成区级收入417.6亿元，下降0.7%。

（徐　驰）

【社会保险费】年内，组织社会

保险费合计150.9亿元。其中基本养老保险基金83.3亿元，基本医疗保险52.6亿元，工伤保险0.8亿元，失业保险1.7亿元，生育保险2.3亿元，其他社会保险10.1亿元。

（徐　驰）

【非税收入】年内，组织非税收入合计95.6亿元，增长91.6%。其中教育费附加19.9亿元，下降2.2%；地方教育附加13.3亿元，下降2.2%；文化事业建设费1.6亿元，下降16.4%；残疾人就业保障金11.7亿元，下降15.8%。

（徐　驰）

【税收收入特点与分析】西城税务局的主体税种为企业所得税、增值税和个人所得税，三大税种合计入库4309亿元，占全局收入比重93.5%。企业所得税增收明显带动收入大幅增长，在总部经济实行汇总缴纳税收的带动下，完成3460.4亿元，占全局收入超七成。增值税在减税降费政策影响下，小幅减收，完成656.7亿元，下降0.5%。受个人所得税改革的全面实施影响，个人所得税全年完成191.9亿元，下降26.9%。

（徐　驰）

【税收法治】畅通纳税人的法律救济渠道，做好税务行政复议案件的案前调解疏导工作，妥善化解矛盾争议。对相关申请行政赔偿案件，准备充分积极应诉，胜诉案件向法院申请强制执行，保证国家税收安全。推行行政执法三项制度，推进行政执法公示事项，全局范围内配备276台执法记录仪，保证执法过程全记录。对税务行政处罚案件的重大执法决定进行法制审核，切实保障纳税人合法权益，营造更加公开透明、规范有序、公平高效的税收法治环境。

（徐　驰）

【税收政策落实】年内，西城享受增值税小规模纳税人季度收入30万元以下免税政策的纳税人户数34724户，免税销售额58.33亿元，免税额1.62亿元。优化营商环境，为小微企业减免企业所得税1.57亿元，同比增加0.54亿元，增长52.43%；为高新技术企业减免企业所得税15.02亿元，同比增加3.86亿元，增长34.59%。实施个税改革，全年个税税收收入比上年减少70.99亿元，减幅27.04%。有序开展土地增值税清算，成立专班推进审核进度，优化土地增值税管理模式。4月1日起，机关事业单位社会保险费切换至税务部门金税三期系统进行征收，西城局做好线上、线下缴费服务工作，实现应缴费户100%入库到位。

（徐　驰）

【税种管理】年内，成功上线增值税发票管理系统2.0版，信息化建设加速；组织增值税税收优惠政策面对面培训30余场、调查辅导纳税人约5000户次，确保改革任务落地；有针对性做好机关事业单位缴费人的辅导，稳步推进社保费征收体制改革；深化财行税、资源环境税等各税种改革，落实落细各项税收政策，土地增值税清算有序开展；全力备战个税汇算清缴，分类制定应急预案，对辖区内重点单位提前走访摸底，做足工作；风险管理更加精准，全年累计推送342批风控任务，推送风险纳税人总户数4395户，存在问题户3782户，风险分析识别命中率86.05%。

（徐　驰）

【纳税服务】统筹纳税服务资源，优化区域营商环境，创建西城办税服务品牌。推进电子税务局建设，实现办税“全程网上办”，政务大厅办税70%以上政务服事项实现“一窗”分类受理；推出“导办分离”模式，精准定位纳税人所需。搭建新办企业“e窗通”平台，新办企业“一日准营”“一站式办理”，开设“企业注销专区”，新设“大宗业务办税服务室”，为符合条件的纳税人提供便捷服务。开展减税降费宣传辅导409场，覆盖近20万人次。夯实纳税人权益保护，起草《建立健全纳税服务快速响应机制工作办法》，快速响应纳税人诉求。强化与市场监管等部门横向联动，配合世行营商环境系列检查，营商环境世界排名持续向好。

（徐　驰）

【征收管理】年内，完成征管系统并库工作，梳理厅所岗责流程，以信息系统整合促进业务融合。开展个人出租房屋享受小微企业普惠性税收减免政策相关工作，逐一核实情况，确保退税到位。开展数据清理，增强系统数据准确性。开展三代手续费退费，整合原国地税的手续费退费流程，确保手续费退费及时足额退付。开展征管规范2.0推广培训工作，保证新规范上线前后工作顺利衔接、业务平稳过渡。

（徐　驰）

【国际税收】深化国际税收管理，持续夯实国际税收税源基础，做好“走出去”“引进来”企业服务，落实国际税收优惠政策，加强非居民税收管理。开展对外付汇后续风险核查，完成服务贸易项下对外支付税务备案核查500余份，补缴税款20余万元。开具个人财产对外转移税务证明71份，税收居民身份证明600份。落实企业境外发债利息所得涉税事项专项核查，入库税款23.72亿元。开展反避税管理，完成有效关联申报1207户次，国别报告涉及38户企业。全年，非居民税收累计入库148.52亿元，同比增加6.77亿元，增幅4.8%。

（徐　驰）

【电子税务】关注税收政策落地效果研究，利用税收大数据，开展税收数据分析。推进“互联网+税务”应用深化，全年处理业务数据问题提交单2000余单。做好金税三期等应用系统的运维保障工作，开展动态监控确保减税降费工作见成效。完成增值税发票系统2.0版、新电子抵账系统及自然人税收管理系统的上线工作。保障网络和系统安全，开展定期网络安全培训及巡检自查工作。建立视频会议系统，完成各级视频会议200余次。

（徐　驰）

【政务管理】围绕税收中心工作，全年完成重要综合性材料80余篇，向上级部门报送各类信息275条（篇）。强化系统内外的联络沟通，做好税收宣传、信访维稳、舆情管理等工作，充分发挥综合协调作用。在公文处理、会议安排、保密管理等日常工作中，进一步提升制度化、规范化、科学化、程序化水平，保证政务管理工作高效运转。

（徐　驰）

【绩效管理】按照北京市税务局绩效考核指标18项50条标准，编制局内绩效共性指标10项13条标准、个性指标科室平均7项、专业税务所平均9项、属地税务所平均10项。全面应用数字人事系统，合理运用数据，坚持统一领导、分级管理、严格审核三项原则。坚持减轻基层负担和精简考评流程两项原则，通过主要负责人绩效讲评、分析报告制度、落实责任，进一步加强过程管理，在北京市税务系统年度考评中列第十名，在西城区政府年度考评中首次取得双管单位第一名。

（徐　驰）

【财务管理】加强与西城区财政局的沟通协作，联合印发《西城区税务部门经费保障实施细则》，为新经费保障体制落实到位奠定基础。规范财务审批流程和公用支出标准，印发《国家税务总局北京市西城区税务局经费支出审批办法（试行）》。制发《西城区税务局“目录外、标准下”采购管理办法》，依法依规开展公开招标、竞争性谈判、竞争性磋商、单一来源和定点服务采购，实现应采尽采。加强预算资金审批执行，夯实固定资产管理，借助第三方圆满完成资产并账，严控“三公”经费，构建厉行节俭节约的长效机制。

（徐　驰）

【人事管理】严格执行《国家税务总局北京市西城区税务局职能配置、机构设置和人员编制暂行规定》，新招录24人、安置军转4人，调入15人，调出6人，辞职3人、退休58人、去世2人，做好变动人员相关工资核定工作。严把程序，完成两批次职级套转工作，套转后西城税务局现有二级主办128人，四级主办183人，一级行政执法员568人。对临退休干部组织晋升，完成社保补缴期补缴工作及退休待遇新老办法比对工作。对新入职公务员24人次完成数字人事信息录入共计1632条，完成1161人业务能力升级的套转及核对工作。

（徐　驰）

【教育培训】在网络教育、集中培训和自学形式的基础上，坚持分级分类培训，分别从全面从严治党、贯彻落实“不忘初心、牢记使命”主题教育、减税降费、总局“一竿子到底”视频培训、优化营商环境、业务大比武、税种管理等方面组织分类培训。参加税务总局和北京市税务局调训28期，共132人次；局内组织各类培训15期，参加人数3500余人。

（徐　驰）

【**党建工作**】年内，开展“不忘初心、牢记使命”主题教育，围绕16个专题开展集中研讨，梳理汇总132条意见建议，形成六大类25项检视问题清单。开展“四项教育”，组织观看红色电影、参观廉政基地，强化革命传统教育，提高干部廉洁自律意识。落实党建工作重点任务，服务保障国庆70周年庆祝活动、“一支部一特色”创建活动，推进基层党组织规范化标准化建设。推行《基层党建工作评价办法（试行）》，建立1000平方米党建阵地，以“党员突击队”“青年志愿服务队”为引领，道德讲堂等活动为依托，不断激发基层党组织凝聚力、战斗力。结合主题教育专项整治，持续强化中央八项规定和纠正“四风”情况的监督检查，对8个税务所开展两轮巡察，针对发现的11大类167个具体问题，立巡立改。拍摄《这一年》《西税之路》《我们的2019》等宣传片，展现西城税务人不忘初心的精神风貌。

（徐　驰）

【**纪检监察**】贯彻落实上级重大决策部署，落实“两个责任”，把减税降费政策落实与优化营商环境作为重点监督内容，全年出具廉政意见39份。做好“五个落实”，始终把政治监督摆在首位，对政治纪律执行情况、集中整治形式主义、官僚主义等工作监督检查。突出警示职能，抓好廉政警示教育，每季度开展一次警示教育活动，全年编写《以案说法》4期。抓好内控机制建设，实行主责纪检监督员制度，从外部监督检查中发现问题，强化对权力运行的制约和监督。加强对“关键少数”“重点领域”“薄弱环节”的监督管理，对落实中央八项规定精神和纠正“四风”情况的监督检查。持续整治群众身边的腐败和作风问题，落实监督执纪“四种形态”，规范信访举报查办工作，全年接收信访2件。严格做好执纪审查案管数据报送工作，加大“一案双查”和问责工作力度，为各项工作任务的完成提供扎实有效的纪律保障。

（徐　驰）

市场监督管理

【**概况**】北京市西城区市场监督管理局（简称区市场监管局），是区政府正处级单位，加挂北京市西城区食品药品安全委员会办公室、北京市西城区知识产权局牌子。区市场监管局局机关设有综合科室、业务科室共30个；稽查队伍4支；工商、食药所、站共27个；事业单位共11个。其主要职责是：负责市场综合监督管理，统一登记市场主体并建立信息公示和共享机制，组织市场监管综合执法工作，规范和维护市场秩序，组织实施质量强国战略，负责工业产品质量安全、食品安全、特种设备安全监管，统一管理计量标准、检验检测、认证认可工作市场经营主体的准入登记；市场经营主体的竞争监管；消费者权益的保护。办结行政处罚案件10383件，人均办案数38.46件，罚没款2027.82万元。受理政府热线“接诉即办”群众诉求10665件。

地址：西城区南草厂街冠英园西区5号
邮编：100035
电话：88087657

（林裕富）

【**保健市场专项整治**】1至10月开展整治“保健”市场乱象专项行动。工商稽查大队及工商所共出动监督检查人员1156人，检查各类场所及重点区域589个，检查“保健”类店铺490个；开展行政指导、行政约谈52次；开展宣传活动46次；开展协作执法4次。查处虚假宣传及组织虚假宣传行为案件2件，罚没款15万元。

（林裕富）

【**“低慢小”航空器整治**】2月，对全区无人驾驶航空器及其他“低慢小”航空器经营主体开展重点检查。检查结合各项重大活动举办的时间节点，每两个月开展一次重点检查，每次重点检查主体数不低于全部主体数的40%，实现全年对全部经营主体重点检查两遍。“低慢小”经营主体共上账18户，4户企业通过登记的地址无法取得联系，将其列入经营异常名录并予以公示。

（林裕富）

【**登记制度改革**】2月，推行新设企业一网通办、一窗受理、一次填报、后台流转，将企业开办涉及的申请营业执照（含免费公章）、领用发票及用工信息采集等环节合并。企业只需在“e窗通”平台上一次填报即可申办所有业务，在区政务中心“企业开办专区”一个窗口领取全部办理结果。年内，新设立企业3950户，全程电子化率达到99%，一次性通过率近50%。联合税务部门开设全市首个企业注销专区，使企业用最短的时间、最小的成本完成企业注销。结合注销新政，推进简易注销，压缩注销公示时长，由50余天缩短为20天。通过工商总局的网站为企业提供免费的公示平台。截至10月底共注销企业5107户。

（林裕富）

【机构合并职能整合】3月25日，经区委机构编制委员会办公室审核、区政府批准，成立北京市西城区市场监督管理局（简称区市场监管局），将原北京市工商行政管理局西城分局的职责、原北京市西城区质量技术监督局的职责、原北京市西城区食品药品监督管理局的职责、北京市西城区发展和改革委员会的价格监督检查职责、北京市西城区科技和信息化委员会的知识产权管理职责整合。设立中共北京市西城区市场监督管理局党组，书记1名，副书记2名，成员8名。区市场监管局设局长1名，副局长5名。实有局长1名、副局长9名。市场监管局稽查队4支，实有副处级实职领导4人。市场监管局共有在职公务员584人，纳入规范管理事业单位人员63人，非纳入规范管理事业单位人员99人，机关工勤28人。新招录公务员8人，退休30人，整建制调出7人，辞职3人，调出4人。

（林裕富）

【跨部门联合“双随机”抽查】3月15至6月30日，10个部门38人联合开展双随机抽查工作。依托西城区企业监管信息共享平台，通过对市场主体监管信息的归集分析，以风险管理为导向、以靶向治理为目标，加强对开墙打洞反弹主体、保健品经营主体、类金融企业、预付费企业等风险问题的管控。抽查开墙打洞反弹主体30户、保健品经营主体40户、类金融企业30户、预付费企业100户。7月16至11月30日，开展医疗机构重点整治“双随机、一公开”抽查工作，依据现场随机抽取原则，确定二级以上医疗机构2家，一级及以下医疗机构2家。涉及区市场监管局、区卫健委。

（林裕富）

【查处违规销售电动自行车】4月15日，电动自行车新国标实施，全面开展督导检查工作，强化流通领域电动自行车质量监管，加大对违规销售电动车经营行为的查处力度。共检查经营主体900余户次，对电动自行车及配件商品质量抽检21批次，下架违规电动车20辆，违规销售电动自行车案件立案19件，结案13件，罚没款20余万元，吊销营业执照1户。

（林裕富）

【打造品质餐饮企业】4月5月，区市场监管局和区饮食行业协会，分别在十月大厦、北京贯通建徽酒店组织开展“品质餐饮企业”标准解读培训。全区15个街道800家单位相关人员参加。西城区申报“北京市品质餐饮企业”的260家餐饮单位经北京市市场监督管理局、中国烹饪协会审核、筛查，均获“市级品质餐饮示范店”称号。

（林裕富）

【推广化妆品监管App】4月，推广国家药监局推出的化妆品监管App，帮助美容美发经营者把好进货关。利用日常监督检查、执法办案、宣传培训、区市场监督管理局微信公众号等介绍App的功能和使用方法。开展宣传普及。化妆品监管App被西城区美容美发经营者普遍使用，经营者在进货时能轻松查询化妆品备案信息，将索证索票得到的信息与电子备案信息比对，提高进货查验的能力，防止“三无”化妆品流入美容美发店。

（林裕富）

【动产抵押登记移转工作】自4月28日起，北京市市场监督管理局将动产抵押登记工作，迁移至征信中心动产融资统一登记公示系统。在新系统上进行动产抵押登记的共计15笔，其中初始登记11笔，变更登记4笔。

（林裕富）

【整治校园周边售烟点】6月，对区内校园周边售烟点进行集中摸排、集中整治，出动执法人员204人次，执法车辆62车次，检查烟草销售点107户，与区烟草专卖局开展联合执法4次，查处无烟草专卖证商户10户，立案10件，结案7件，查扣违法销售的卷烟757条，罚没款2万元。

（林裕富）

【空气污染防治工作】6月，制定《北京市西城区打赢蓝天保卫战2019年行动计划实施方案》，将工作职责逐一分解，明确各部门工作任务，细化污染防治攻坚战执法检查方案，保证该项工作不脱节、不漏项。7月，对餐饮企业发放告知书4634份，覆盖率100%，同时将餐饮油烟控制纳入餐饮业量化评级管理，针对环保部门一年内依法处罚2次以上的油烟超标餐饮企业，实施降级处理；加快西城区餐饮业品质提升的步伐。重点对成品油、车用尿素、建筑涂料和胶粘剂类商品进行抽样检测。共抽取了38站次的46组成品油样品、3站次的3组车用尿素溶液样品及5家次经营主体的10组建筑涂料和胶粘剂样品，未发现不合格产品。

（林裕富）

【非公党建工作】6月25日，北京市委党校党建工作调研小组到获北京市工商管理局系统非公党建示范点的佳诚物业党支部考察调研。党支部汇报了党组织体制建设、党建模式、党建引领作用和创新做法；调研组就党员管理、党员发展、如何将党建工作与业务工作相结合等与支部书记进行交流。

（林裕富）

【诺如病毒防控专项工作】7月，北京市发生多起诺如病毒感染事件。区市场监管局从全市旅行团信息中摘取西城区相关信息，向区专班成员单位、各食药所收集、汇总每日（含周末、节假日）检查情况，及时向市专班、市局相关处室上报，并形成专班简报向区委书记、区长等区领导汇报。8月13日启动诺如病毒抽样检测工作，3天完成辖区40家餐饮服务单位、10家宾馆住宿场所重点区域采样302件，全面做好协调及后续跟进处理工作。

（林裕富）

【美容美发机构化妆品专项检查】7月，对全区741家美容美发场所开展拉网式检查，逐一建立监管档案，并将此项工作常态化开展；以街道为单位对美容美发机构开展全覆盖法律法规培训。专项整治中处罚2件，移转公安部门1件。

（林裕富）

【转供电专项检查】年内，为确保将降低一般工商业电价政策红利传导至终端用户，开展对转供电环节电价的专项检查。检查对象为商业综合体、产业园区、物业、写字楼、交通场站等转供电主体。检查重点包括推迟降低电价或低于政府价格主管部门降价幅度的行为；向转供电终端用户收取电费及自用电费合计总额高于其向电力公司所缴电费总额的行为；在转供电环节重复分摊公用设施用电及损耗的行为等十个方面。年内检查各类转供电主体96户。

（林裕富）

【居住小区物业服务收费专项检查】7月，通过微信物业服务平台、居住区停车管理群等平台，向辖区内220家居住小区物业公司发送《关于开展西城区居住区物业服务收费专项检查的通知》。8月开展西城区居住小区物业服务收费专项检查。居住小区物业公司明码标价公示自查情况上报64户，物价检查所出动18组次、36人次，对76家物业公司明码标价执行情况进行检查。未发现不按规定的内容形式明码标价，在标价之外收取未予标明的费用，利用优势地位强制收费等价格违法行为。

（林裕富）

【“四步工作法”打击网络传销】9月29日，与中国工商银行股份有限公司、中国移动通信集团有限公司，签订《创建“无传销网络平台”意向书》，倡议网络平台企业、互联网平台企业不为传销活动提供广告宣传、信息存储、网络支付等服务，不发布、不传播涉传信息，切断网络传销传播扩散渠道。按照国家市场监督管理总局利用“互联网”思维摸索出以“线上监测、线下实证、多措处置、稳妥善后”为内容的“打击网络传销四步工作法”。

（林裕富）

【开展“质量月”活动】9月，在全区开展“质量月”活动。联合西城园管委会，在普天德胜科技园区举行“质量月”活动启动仪式。辖区优秀企业代表交流经验，提出倡议，主管副区长和市局领导对质量工作提出要求。会后，组织参观DRC工业设计创意产业基地。全区44家委办局、街道及80家企业的相关负责人参与活动。

（林裕富）

【广告管理】年内，日常监测辖区传统媒体广告514668条次，查处违法广告发布204条次，违法广告发布率0.039%。立案67件，罚没款99.56万元。

（林裕富）

【商标管理】年内，开展酒类专项整治9次，查处侵权酒类300余瓶，立案11件。对全区商标代理机构进行专项整治，检查30户企业，对5家有违法行为的立案调查。成立“金融街集团商标品牌指导站”，开展一对一精准服务，协助金融街集团筛选涉嫌侵权企业名单，设计维权方案。开展西城区老字号企业知识产权保护，引导树立商标品牌意识，提升老字号企业品牌竞争力，深入推进实施商标品牌战略。

（林裕富）

【受理投诉举报】全年区局投诉举报中心共受理各类投诉举报5929件，同比减少8.92%。自4月下旬，投诉举报受理渠道的主要来源由原来的12331平台逐步转移至12345热线平台。12331平台受理投诉举报1442件，同比减少67.98%；自接受理1401件，同比增加7.46%；12345热线平台共受理投诉举报3086件，同比增加527.24%。其中食品领域5455件，占总数的92.01%；药品领域218件，占总数的3.68%；保健品领域45件，占总数的0.76%；化妆品领域55件，占总数的0.93%；医疗器械领域56件，占总数的0.94%；其他领域100件，占总数的1.69%。职业打假案件2233件，同比减少7.27%，占总投诉举报数量的37.66%。其中12331投诉举报528件，12345投诉举报674件，自接投诉举报（电子邮件、信件、来电、来访）1031件；其中食品领域2131件，占职业打假总受理量的95.43%。

（林裕富）

【扫黑除恶专项斗争】年内，整合原工商、食药、质监、物价等市场监督管理职能，集中开展市场秩序监管工作。向公安部门移送刑事案件4件，涉及违法犯罪人员6人；向区扫黑办上报涉黑涉恶线索2条；办结区扫黑办交办涉黑涉恶问题2件；办理区扫黑办交办涉黑涉恶线索7件；回复河南省登封市人民法院司法建议书1份。

（林裕富）

【“接诉即办”工作】年内，成立“接诉即办”工作专班。建立《群众诉求案件办理情况台账》每日呈报制度；退回案件逐级实时审批制度；同日同事三次诉求预警汇报制度，实现局领导对每日接办诉求案件亲自签批、亲自研究、亲自协调督办疑难问题、亲自把关办理结果。指派专人负责“接诉即办”工单的转派、督查、催办，做好每周回访案件考核剔除，建立市民诉求“双派”机制，诉求在分派至各原工商所办理的同时，推送各业务指导科室及综合执法大队。全面提升群众诉求办理工作效能。全年召开18次联席周会、11次协调会商会。共受理政府热线“接诉即办”群众诉求10665件。

（林裕富）

【创建企业监管信息共享平台】年内，市场监管局创建“西城区企业监管信息共享平台”，与税务、科信、人社、金融、法院等36个区级部门通过平台实现监管信息的归集共享，并依托平台双随机抽查和联合惩戒功能，构建协同监管和联合惩戒机制。在以政府部门监管数据进行企业信用风险评价基础上，引入互联网监测数据，将两种渠道评价结果进行融合，形成衡量企业信用风险状况的“灵犀指数晴雨表”，为实施企业信用分级分类监管提供数据支撑。将风险较大的企业作为重点抽查对象，提升双随机抽查的问题发现率，监管的靶向性和精准性有效提升。通过对失信被执行人及黑名单企业实施联合惩戒，协助法院追回1亿1993万元欠款，初步实现“一处失信、处处受限”的联合惩戒格局。

（林裕富）

【虚假注册案件办理】年内，共处置虚假注册投诉举报173个，涉及企业186户。其中撤销登记103户（已撤销完成47户，正在撤销流程中56户），达成和解4户，不予撤销2户，立案处罚9户。对于提交登记注册材料的申请人（委托人）进行法律普及和监督，在登记大厅设立宣传海报，新企业开办服务包中放置宣传页，提醒申请人对于提交材料的真实性应当审慎负责，震慑不法分子，从源头减少身份信息被冒用案件的产生，形成整治闭环。妥善处理各类复杂的冒用举报行为，有效维护群众利益、消化社会矛盾、稳定社会情绪。

（林裕富）

【食品监督抽检】年内，组织食品类抽检6568批次样品，其中生产环节20批次，市场环节198批次，餐饮环节2060批次，流通环节2705批次，全国“两会”、70周年国庆等大型活动保障1585批次。根据食品安全国家标准检验和判定，其中合格样品6504批次，不合格样品64批次，抽检合格率99.03%

（林裕富）

【打击食品领域违法犯罪行为】年内，集中打击辖区早点摊铺、主食厨房制售的面食制品中可能存在的违法添加非食用物质、滥用食品添加剂，不合格肉制品的整治以及保健食品利用标签说明书虚假宣传误导消费、违法违规发布广告等违法犯罪行为。由食药稽查大队牵头，相关科室及街道所配合，出动执法人员3354人次，摸排数量1867户，发放告知书324份，抽样160件。

（林裕富）

【食品市场抽检】年内，对全区16个销售食品的市场进行食品质量抽检。市、区两级监督抽检（以下分别简称市抽、区抽）和快检共计开展1109批次，其中监督抽检587批次（区抽198批次，市抽389批次）。监督抽检5批次不合格，合格率99.15%，其中区抽不合格2件，合格率98.99%，市抽不合格3件，合格率99.23%。快检共计522批次，全部合格。全年食品市场领域食品抽检类案件立案7件、结案6件，罚没款合计9880元，其中市级监督抽检不合格5件，结案4件，罚没款7750元。

（林裕富）

【粉丝粉条面制品专项整治】年内，制定《北京市西城区食品药品监督管理局粉丝粉条面制品专项整治工作方案》，组织相关部门，结合区粉丝、粉条和面制品生产经营实际情况开展专项整治工作。统一部署，细化工作职责，明确联系人，分工负责，强化落实食品生产、食品流通、市场监管、餐饮各个环节的措施落实，加强进货台账登记工作，做到有据可查，有源可溯，共检查生产、经营企业595家，出动执法人员2456人次，抽检191批次粉丝粉条面制品及相关食品，不合格食品1件，年内已经立案调查。

（林裕富）

【食品流通企业数据】截至年底，区食品流通领域经营主体共8041户（企业5731户、个体2310户），其中商超146户、便利店395户、食杂店5261户、食品贸易商2155户、自动售货商4户、网络销售商59户、小食杂21户。相较于上年各类别经营主体均有增加，经营主体总数上升超7.0%。各类别主体数量分别上升：商超21.7%，便利店11.6%，食杂店4.5%，食品贸易商9.5%，自动售货商50%，网络销售商63.9%。

（林裕富）

【食品药品安全风险隐患排查】年内，全区累计检查食品流通环节经营单位11309家次，出动执法人员18388人次。流通领域舆情处置39起，均进行有效处置。年度计划开展区级食品监督抽检2530件，实际完成2615件，完成全年任务的103.4%。包含校园周边五毛食品85件、放心肉菜210件、粉条面制品44件、婴幼儿乳粉30件、茶叶及其相关制品55件、扫黑除恶专项191件、桶装水30件。上述抽检样品2597件合格，18件不合格，问题发现率为0.69%。其中食用农产品抽检717批次，占已抽检总数的27.4%，不合格2件。不合格食品均已立案查处。计划开展食品快速检测1320件，实际完成1730件、完成全年任务的131%。

（林裕富）

【食品药品安全突发事件应急处置】食品药品安全突发事件对社会公众健康造成或可能造成严重损害的，需要采取应急处置措施予以应对的安全事故或事件，常发生在当日晚10点至次日凌晨5点之间。年内，牵头处置突发应急事件93起，涉及收治医院44家次（集中分布在火箭军总医院、人民医院、儿童医院、宣武医院、友谊医院等），患者608人。

（林裕富）

【药品监督抽验】年内，完成药品监督抽检295件，监测抽检415件，其中化学药品342件，中成药264件，中药材及中药饮片104件。不合格检品1件，全年检品合格率99.86%。710件检品中，全检551件，全检率77.6%。完成基础测试30件，抽验检品合计740件。

（林裕富）

【医疗保障基金监管工作】年内，对所管辖的二级以上医疗机构开展打击欺诈骗取医疗保障基金专项治理工作的专项检查。共出动87个检查组174检查人次，对区22家二级以上医疗机构是否存在分解收费、超标准收费、重复收费、套用项目收费进行检查；检查58家定点药店经营药品是否按规定明码标价，打折促销是否按照规定明码标价、是否存在价格欺诈行为。各医疗机构采取设置价格检查机方式公示收费标准，严格执行政府定价进行收费；各药品经营单位对销售药品采取标价签方式公示销售价格，全区药品价格秩序平稳。

（林裕富）

【医疗机构药品使用质量监管】年内，组织开展311家次医疗机构药品使用质量监管。一级以上医疗机构、社区卫生服务中心100%覆盖检查。加大对民营医院和个体诊所、医疗美容机构检查力度和覆盖；强化高风险特殊药品各环节监管。开展特殊药品经营环节全覆盖检查3次，完成医疗机构持有《放射性药品使用许可证》、持有《麻醉、一类精神药品购用印鉴卡》、制剂用特殊药品原料、戒毒药物维持治疗门诊100%覆盖检查。采取季度巡查、日常与飞行检查相结合，GMP跟踪检查，采取与区公安、区卫健委联动等形式，组织完成第二类精神药品经营企业风险排查和专项检查；严抓药品生产、制剂配制源头监管。开展药品生产企业全覆盖检查2次，完成制剂室、调剂制剂医疗机构100%覆盖检查；按要求推进药品注册监管工作。完成药物临床试验机构日常监督检查。

（林裕富）

【医疗器械不良事件监测】国家医疗器械不良事件监测新系统自2019年1月1日起正式上线。全区12家医疗器械生产企业“国家医疗器械不良事件监测信息系统”注册率100%，全年上报可疑医疗器械不良事件报告691件。

（林裕富）

【疫苗质量监控】年内，完成31家疫苗定点接种单位、1家疾病预防控制中心100%覆盖检查。一查疫苗购进渠道是否合法，票、账、货是否相符；二查是否建立真实完整购进、验收、使用记录；三查接种单位疫苗储存、运输是否严格落实疫苗和冷链全程、可追溯的管理要求。加强与区卫健委的沟通协调和联合检查力度，确保辖区疫苗质量安全。针对检查中发现的过期疫苗上报和监督销毁管理有待加强问题，与区卫健委联合拟定西城区过期报废疫苗销毁流程，明确销毁流程、监督销毁和信息上报等要求，统一疫苗销毁工作记录，确保全环节记录完整。

（林裕富）

【保健食品清理整治】年内，对以开展直销、会销和持有保健食品注册证书的经营企业为重点检查对象，重点检查食品标签、说明书、广告宣传是否符合相关规定，对经营保健食品的第三方平台的寺库奢侈品网和中国工商银行中国网站，开展网络保健食品经营单位线上、线下结合的全面检查。要求必须在页面显著位置标注醒目的“保健食品不具有疾病预防、治疗功能”“本品不能替代药物”等警示语，查验经营者是否严格执行进货查验和食品销售记录制度，是否留存相应的海关进口货物报关单、入境检验检疫合格证明文件、标签标识是否符合规定等。共出动执法人员2483人次，检查保健食品经营单位995家。

（林裕富）

【中药材中药饮片专项监管】对82家含有中药饮片经营范围的在营药品经营企业、136家在用中药饮片的医疗机构进行全覆盖检查。共发现问题企业9家，立案查处经营企业3家，核减中药饮片经营范围5家。

（林裕富）

【化妆品不良反应监测】年内，收集化妆品不良反应案例134例，任务完成率212.7%，在保证原有哨点医院上报基础上，拓展电子商务平台、销量较大的化妆品经销商、美容美发店、药店等上报来源。

（林裕富）

【餐饮企业监督抽检】年内，完成各级监督抽检和风险监测共计2500件，其中市级监督抽检及专项抽检460件，区级监督抽检2040件（含面制品食品添加剂专项抽检132件、驴肉专项监督抽检3件、“五大战役”专项抽检67件）。完成快速检测1084件。共发现不合格样品46件，问题发现率1.84%。其中区级监督抽检发现不合格产品37件，问题发现率1.81%；市级监督抽检发现不合格产品5件、市级专项抽检发现不合格产品4件，问题发现率1.95%。所有不合格产品均已经立案调查。不合格产品处置率100%。

（林裕富）

【“阳光餐饮”工程】年内，制定《北京市西城区食品药品监督管理局关于下发2019年全面推进阳光餐饮工程实施方案的通知》，开展两次“阳光餐饮”专项督导，对发现的后厨加工区重点点位无摄像头；摄像头角度偏离；无阳光餐饮公示牌；监控未接入App；信息公示不全；接触直接入口食品人员未戴口罩；工作人员不穿工作服或不佩戴发帽；后厨冰箱内存放个人物品等问题，要求立即整改，并要求街道各所对已实现阳光餐饮的单位“回头看”，督促企业按要求做好信息公示、过程公示。区3672家餐饮单位100%实现“阳光餐饮”。辖区餐饮单位“阳光餐饮”工程实现率达到100%。

（林裕富）

【物价监督检查】年内，物价检查所检查各类单位2279户次，立案603件，经调查违法事实不存在撤销立案575件，查处价格违法案件28件，罚款83750元，没收非法所得6852.5元，协商退款74584元。

（林裕富）

【专项整治校外培训机构】年内，对校外培训机构进行专项整治。出动检查人员103人次，车辆46台次，检查户数120户次，立案27起，罚没款1.24万元，处理培训机构消费投诉692起，为消费者挽回经济损失62.28万元。

（林裕富）

【教育收费专项检查】年内，按市局要求通过双随机方式，确定10家被检查学校名单，对4家学校进行现场检查。各学校均已进行收费公示，在收取伙食费、服装费过程中均遵循自愿原则且无截留；无收取择校费情况；高中均能按照标准收取学费，无超标准收费情况，未发现价格违法问题。

（林裕富）

【推进标准化战略实施】年内，发布全市首个《老年餐桌等级划分与评定》团体标准。推进菜百公司国家级商贸服务业标准化试点验收，协同做好牛街民族敬老院国家级服务业标准化试点建设，协助区基层民主协商综合标准化试点、巡视探访基本公共服务标准化试点申请。9家企事业单位20个标准获批市级标准补助131万元。

（林裕富）

【开展质量提升行动】年内，召开区质量提升行动工作协调会，牵头、协调23个区级单位起草《西城区开展质量提升行动的实施方案》，经区政府常务会审议通过，并发布实施。该方案将加强“四个中心”功能建设、提高“四个服务”水平作为质量提升的核心内容，以提高政府工作质量为抓手，部署了11项重点任务，61项工作措施。完成消费品抽检270组，办理行政执法案件51起，其中一般案件1起，简易案件50起，罚没款共计12760元。触发职权2项。完成执法工作任务指标45件。

（林裕富）

【商品质量抽查】年内，承担北京市市场监督管理局开展的2019年北京市定量包装商品净含量市级专项监督抽查的现场检测工作，对全市9个行政区定量包装商品进行现场检测，包括24家企业生产和销售的乳制品、方便面、饮料、矿泉水、杂粮、面粉、调味料、酱油、醋、料酒、米、白酒、红酒、啤酒、冲饮类食品、食用油、小食品、化妆品、熟肉制品、合成洗涤剂、洗发液等21类商品，完成123批次，5021件定量包装商品净含量检测。完成童装、童鞋、儿童纺织品、电动自行车、家用电器等重点商品抽检270余组，返回报告283组，制发责令改正通知书35份，行政提示4份。累计立案118件，累计办结案件88件，罚没款入库395万元。

（林裕富）

【电梯安全隐患治理】年内，评估电梯数量912部，根据电梯安全状况，对评估结果进行分级，其中4级风险电梯46部，3级风险电梯276部，2级风险电梯568部，1级风险电梯8部，运行正常14部。向262家单位发放隐患治理通知，并将风险评估结果进行通报，督促各单位针对发现的安全隐患落实整改，对存在4级风险的电梯使用单位重点进行监督，及时跟踪掌握整改进度。构建“政府统一领导、街道属地管理、部门综合监管、企业落实责任、社会广泛参与、检验技术支撑”的电梯安全齐抓共管工作格局，高风险电梯安全隐患治理工作取得明显成效。

（林裕富）

【特种设备保障性检验】年内，共检验特种设备8600台。其中锅炉内、外检330台、压力容器全面检测224台、电梯7932台、起重机械41台、场内机动车辆73台。法定检验收入540万元。

（林裕富）

【CCC免办行政服务】年内，按照“放管服”和创造良好的营商环境工作要求，落实“强制性产品认证”免办工作，经过岗位培训，明确初审和复审岗位人员，已办理14件申请材料。严格执行事后监管流程，扎实做好相关的后续监管及“CCC免办”工作。

（林裕富）

【网络餐饮】年内，根据《北京市市场监督管理局关于开展餐饮服务单位专项整治行动的通知》（京市监发〔2019〕89号）要求，为规范网络订餐经营行为，严厉打击餐饮环节违法违规经营行为，开展网络订餐经营整治专项，严查无证经营、超范围经营、经营场所与线下注册地址不符等行为；坚决打击借证、套证、假证入网经营违法行为；实行线下线上“一案双罚”。共下线处理18家商户。

（林裕富）

烟草专卖

【概况】北京市西城区烟草专卖局（公司）实行双重领导、垂直管理体制，在北京市烟草专卖局（公司）和区政府的双重领导下，主管辖区内的卷烟营销和烟草专卖管理工作。下设6科2室，即办公室（安保科）、专卖监督管理科（专卖稽查支队）、营销网建科、财务科、人事科、纪检监察科（党建工作科）、法制科、内部专卖管理监督派驻办公室，在职职工99人。年内，共销售卷烟33956箱，实现利税合计20824万元。

地址：西城区太平街甲6号富力摩根A座

邮编：100050

电话：83160060

（王　宣）

【卷烟销售】年内，辖区累计销售卷烟33956箱，同比下降2.85%；实现税利20824万元，同比下降2.08%；单箱销售额实现3.44万元，同比增长0.3%，全市排名第三位；毛利23538万元，同比提升0.3%。

（王　宣）

【卷烟市场净化管理】年内，立案117起，其中一般程序案件115起、简易案件2起。查获违法卷烟264.6万支，同比下降6.26%，完成全年目标的101.8%，其中假、私卷烟共查获152.52万支，同比下降2.13%，完成全年目标的127.1%。查办违法违规大户案件14起；主办“4·09”“10·9”两起网络案件，协助海淀、丰台、大兴等兄弟单位查办跨区网络案件7起。

（王　宣）

【破获两起涉烟网络案件】年内，破获“4·09”和“10·9”两起网络案件，其中“4·09”案为销售假烟网络案件（市标），查获涉案卷烟55.4万支，涉案金额203.65万元，刑拘4人；“10·9”案为加热不燃烧网络案件（国标），查获加热不燃烧烟草制品25.36万支，案值157.92万元，刑拘5人，批捕3人。

（王　宣）

【校园周边零售户治理】年内，继续对辖区校园周边卷烟零售户开展劝退劝离、法制宣传、动态监管等一系列工作，尚余25户在许可证有效期限内，其中2020年22户，2021年3户。会同区检察院、区市场监督管理局，针对控烟工作的开展与学校深入交流。在增进工作配合、加强信息交流、建立长效机制、共同开展联合执法等方面达成共识，明确治理校园周边向未成年人售烟的重点工作。

（王　宣）

【行政许可办理提速】年内，贯彻落实“一网通办”会议精神，细化业务流程，梳理涉及行政许可7项业务存在办理的堵点，围绕堵点问题形成原因进行分析研究，逐个破解。精简申请材料60%以上，行政许可工作办理时限从7个工作日缩短至3个工作日。开展网上申报、邮寄服务等，实现烟草办证“一门、一网、一窗、一次”，开启“只跑一次”的行政许可审批服务新模式。

（王　宣）

【提升市场监管效能】年内，运用APCD工作法与“双随机”检查模式建立配套工作机制，加强事中事后监管，克服“任性”检查，实行“阳光”执法，将“双随机”工作运行情况纳入专卖日常重点工作进行考核。建立校园周边、拆墙破洞、大户治理、日常监管记录等专项工作动态档案，实现“一户式痕迹化档案”管理机制。截至年底，尚存无证户106户，长期不经营户123户。

（王　宣）

【推进市场监管转型】年内，全力推进“数字专卖”向“智慧专卖”转型升级，营造西城烟草“大专卖”工作格局。深化法制、内管跨部门协作效果，实时共享监管动态信息、法律宣传服务等。设计、制作市场监管服务宣传牌，宣传牌中亮明市场监管员和客户经理的姓名、照片、联系方式，接受社会和消费者的监督；统一制作举报投诉奖励名片，要求市场监管员对街道、派出所、重点人群等进行法律法规及举报奖励宣传。

（王　宣）

【卷烟零售行政许可管理】年内，辖区共有许可证1428户；其中正常经营1389户，初始申请32户；全年新办许可证222户，签订守法经营承诺书222份，向零售户发放宣传材料222份；变更59户，延续558户，停业6户，恢复营业5户，歇业70户，注销170户，收回6户，接待咨询各种事项的群众2600余人次。处理各类问题投诉188起，处理率100%，客户满意度100%。制作行政许可卷宗1112卷，许可证有效率100%。

（王　宣）

【开展法制宣传】年内，每季度开展领导干部学法用法活动。利用法制宣传教育体验基地，对内部员工及辖区零售户开展普法宣传，联合营销、内管部门，每季度组织新办证零售户及受处罚零售户进行法制宣传。围绕“信用让消费更放心”主题，开展法制宣传活动。送法进社区，面向辖区居民开展烟草专卖法律法规宣传，鼓励消费者通过拨打12313举报电话依法主张自身权益，行使监督权，主动投诉、举报失信经营行为，助力卷烟消费领域信用体系建立。线上通过“西烟普法”微信公众号向辖区卷烟零售户、消费者推送消费维权、卷烟真伪鉴别技巧信息。组织开展“12·4”宪法宣传周系列法制宣传活动：一是由企业法律顾问结合行政执法中的社会热点问题、办理的行政诉讼真实案例开展行政执法规范专题讲座，提升全体专卖执法人员的规范意识；二是法制部门利用西城烟草普法公众号，通过编发典型案例、警示故事、法律条文向辖区卷烟零售户宣传烟草专卖相关法律法规知识；三是上门向零售户宣传卷烟真伪鉴别、电子烟及加热不燃烧卷烟销售、向未成年人售烟等专题法律知识，发放普法宣传资料和普法漫画，增强零售户的守法经营意识。

（王　宣）

政府投资项目建设

【概况】北京市西城区政府投资项目建设中心（简称区建设中心）是西城区政府直属正处级全额拨款事业单位。下设办公室（含财务）、代建及中介管理科、项目建设管理一科、项目建设管理二科、项目建设管理三科5个职能科室。主要职责：延续以往工作，继续推进原有在建项目进度；负责区政府投资项目建设的监督检查、协调和管理工作；受区发改委委托，负责区域内基本建设领域的专项建设规划政策研究和资源调查、梳理、配置工作；承办区政府和上级业务指导部门交办的其他事项。6月，建设中心搬迁至西城区培育胡同15号一层办公。

地址：西城区培育胡同15号
　　　一层

邮编：100052

电话：83538176

（李丹梅）

【结算项目】年内，北京小学走读部综合改扩建工程通过市发改委竣工决算最终评审，批复文号京发改（审）〔2019〕440号。该项目于2014年9月完成竣工验收并备案，2016年4月和12月先后两次决算评审。项目送审总投资为4955.88万元，审定市政府固定资产投资4354万元，核减601.88万元。

（李丹梅）

【在建项目】年内，承担西城区长椿街甲24号院修缮工程，修缮面积约为5200平方米。主要施工内容为建筑内部装修改造，室内排水、暖通空调、电气系统改造，加建室外电梯。批复总投资额1092.09万元，截至年底工程进行顺利，已支付相关费用673.64万元。

（李丹梅）

【老旧小区综合整治项目】年内，根据区住建委部署承担4个老旧小区综合整治工程，分别是铁狮子巷15号楼、西直门南小街16号楼、红莲中里6号、8号楼和永乐里10号院，整治内容包括外墙保温层、小区电路改造、光纤进小区、小区环境改造等。截至年底，所有项目已完成整治、验收，支付相关费用2000万元。

（李丹梅）

（责任编辑　叶　婷）

工　商

北京西城年鉴2020

5月26日，“华彩京工•匠心传承，共创永恒经典——2019老字号时尚创新精品荟”在西单商场举办（首商集团 供图）

9月6日，吐鲁番餐厅重装开业（翔达公司 供图）

春节期间，张一元举办“过大年·喝龙毫”主题活动（张一元 供图）

年内，“移动早餐车”开进金融街（闻昭 摄）

年内，北京华天饮食集团公司在旗下门店推进智能营销系统（闻昭 摄）

年内，西城区老字号餐厅打造深夜食堂（闻昭 摄）

概　述

年内，西城区规模以上工业企业继续保持良好发展态势，产、销均呈现平稳趋势，累计完成工业总产值573.3亿元，与上年同期相比下降1.4%；累计完成工业销售产值578.1亿元，与上年同期相比下降0.6%；产销率为100.8%，产销衔接良好。受西城区首都功能核心区的定位及地域条件影响，区域内总部型企业支撑作用明显，基础设施类水、电、气等民生领域发展态势平稳。

工业运行基本特点：一是能源供应业稳居首位。7家能源供应业企业累计完成产值487.6亿元，与上年同期相比下降1.6%，占西城区规模以上工业企业的85.1%，生产情况良好。在工业总产值排名前十的企业中能源供应业企业为5家，累计完成产值486.3亿元，成为拉动区域工业增长的主要因素。能源供应业由于受国家和地区政策变动影响，导致相关指标出现波动，影响了工业的发展状况。二是大中型企业支撑作用突出。13家西城区大中型工业企业累计完成工业总产值540.8亿元，占规模以上工业企业的94.3%；与上年同期相比基本持平；累计完成工业销售产值541.9亿元，与上年同期相比下降1.3%。三是出口交货值下降明显。受部分稀有金属国际市场需求和价格影响，实现出口交货值3.1亿元，与上年同期相比下降19.7%。

（胡良春）

北京世纪金工投资有限公司

【概况】北京世纪金工投资有限公司（简称世纪金工）注册资金5400万元，在职员工438人，主营项目投资、投资管理、投资咨询、出租写字间等。工业、物业、幼教、资本运营是公司支柱产业。公司下设多家子公司，其中北京市科通电子继电器总厂有限公司是高新技术企业和国家定点军民用固体继电器专业厂家，承接国家重点项目，为“神舟”系列航天器和“嫦娥”登月工程等配套；北京第三纺织机械有限公司是国内汽车整车配套件重点企业，具有ISO/TS16949等国际认证资质；北京市塑料十三厂有限公司拥有国家特种劳动防护用品生产许可证资质和安全标志证书；世纪金工宏洋大厦是西城区文化创意产业孵化基地和西城区电子商务创业孵化基地；居仁堂京瓷（北京）文化有限公司是由商务部获批的文化艺术类老字号，生产的市级非物质文化遗产项目京彩瓷（仿古瓷）产品屡获国家工艺品大奖；世纪金工跨领域投资的全资子公司悠米幼儿园围绕“悠扬、悠乐、悠美”的办园宗旨，坚持保教并重的原则，以研促教，在实现收益的同时承担起社会责任。离退休和岗下职工管理中心为公司6379名离退休人员提供统一服务与管理。科通公司获得航空工业洛阳电光设备研究所颁发的2017-2018年度金牌供应商称号；董事长赵钢获得北京企业联合会、北京市企业家协会等9家社团组织联合颁发的北京市2017-2018年北京优秀企业家称号；悠米幼儿园行政总园长傅洁获得牛街街道颁发的牛街街道第十五届民族团结进步先进个人称号。

地址：西城区莲花胡同11号
邮编：100052
电话：63524785

（刘运哲）

【落实“人才强企”指导意见】3月19日，世纪金工召开落实“人才强企工程指导意见”工作布置会，会后形成指导意见实施方案。按照方案实施招聘计划，组织员工培训，发挥人才基金激励作用。年内，招聘硕士研究生3名，组织新员工入职培训1次，1名高技能人才享受人才基金支持。

（刘运哲）

【居仁堂亮相“一带一路”论坛】4月25日，居仁堂携国画书法、兔爷彩绘、软陶制作、玉石攒花等中国传统特色手工项目入驻“一带一路”国际合作高峰论坛国家会议中心非物质文化遗产互动区，现场展示非遗艺术精品，设置传统手工项目体验，向国内外媒体与来宾展示中华文化的独特魅力。

（刘运哲）

【举行幼儿园大班毕业典礼】6

月23日，悠米幼儿园牛街园在北京孔子庙国子监博物馆为大班幼儿举行毕业典礼。幼儿、家长、老师一同参加谢父母、谢师恩、诵读弟子规等仪式，参观孔庙和国子监。

（刘运哲）

【科通公司校企合作项目签约】7月9日，科通公司与哈尔滨工业大学签约成立联合研发中心。校企联合共同进行科研攻关，提高公司研发水平，拓宽人才储备渠道。

（刘运哲）

【推广非遗体验项目】7月22日至8月底，居仁堂参与西城区非遗保护“传统文化体验之旅—非遗体验DIY夏令营”活动，京彩瓷作为非遗体验项目，面向区内青少年开放传统瓷文化手工制作，推进传统非遗文化的普及。

（刘运哲）

【观礼长征五号火箭发射】12月27日，科通公司有关领导应邀参加长征五号运载火箭长城天赋追梦发射现场观礼。科通公司固体继电器成功应用在长征五号火箭配电控制、火箭点火、各级火箭分离等11个设备中。

（刘运哲）

【发展幼教事业】年内，世纪金工按照公司“二五”规划和年度工作计划，继续投资幼儿教育事业。5月，悠米幼儿园第三所分园——陶然亭园正式开园，占地600多平方米，可容纳幼儿110余名；第四所分园——天桥园在年内已开工建设，完成主体部分施工及部分安装和装修工程。非常道公司进行素质教育行业调研、组建运营团队，拟开展素质教育培训业务，实现多元投资发展。

（刘运哲）

【推进工业基地建设】年内，上饶京工工业基地建设项目取得地质勘探报告，完成设计施工图纸的审查、规划和环评审批，取得建设工程用地规划许可证和工程规划许可证。经过考察选定建设施工单位，准备进行工业基地主体建设。

（刘运哲）

【京彩瓷赠与外国领导人】年内，居仁堂制作的《梦回敦煌赏盘》由全国人大常委会委员长栗战书赠送挪威国王哈拉尔五世；《新彩山水水丞》为国务院参事室定制礼品。

（刘运哲）

【三纺机外迁工作】年内，三纺机公司外迁至江西上饶经营。搬迁工作于年底正式启动，标志着世纪金工公司迈向跨地域经营，给世纪金工公司产业结构调整带来新的生机。

（刘运哲）

【党建工作】年内，世纪金工重视党建工作。1月31日，召开党委领导班子成员述职述德述廉和民主测评会议。4月18日，公司党委召开专题会传达上级全面从严治党工作部署要求。9月26日，公司党委开展“不忘初心、牢记使命”主题教育部署会，制定主题教育活动方案，召开专题民主生活会，组织参观抗日纪念馆、观看教育短片等系列主题教育活动。国庆前夕，走访慰问解放前参加革命工作的老干部、老劳模、老工人，为他们颁发庆祝中华人民共和国成立70周年纪念奖章。10月1日，世纪金工5位员工参加国庆节群众游行方阵，完成观礼、公祭和外围安全保障任务。10月28日，举办“不忘改革初心共享发展成果”世纪金工公司成立15周年庆祝活动，表彰优秀员工。

（刘运哲）

国有资产经营公司

【概况】北京市西城区国有资产经营公司（简称国资公司）主要承担区属改制企业27名离休干部及622名退休人员的管理职能；承担政府托管的金融机构股权投资的管理职能，负责国资公司存量资产的管理开发；承接政府新划拨转制资产的管理开发和人员安置任务。公司现设党群人事部、行政办公室、计划财务部、审计部、资产经营部、离退休人员管理服务中心6个部门，职工18人。年内，公司倪雪媛获中共北京市委组织部、市老干部局、市人力资源和社会保障局北京市先进老干部工作者称号，公司获北京市西城区交通安全工作部门联席会西城区2019年度区级交通安全先进单位。

地址：西城区南横西街117号

邮编：100053

电话：83229155

（韩平平）

【走访慰问】1月，国资公司为

红会救助对象（退休特困老职工）和劳模送去慰问款，走访慰问离休干部、离休干部遗孀、处退干部及老党员送上慰问品。七一前夕，党总支开展“进千门走万户”活动。领导干部点对点逐一走访慰问离休干部。11月，为老干部订购扶贫产品。

（韩平平）

【离退休党员干部活动】4月23日，国资公司组织离退休老干部开展“了解北京历史，增强文化自信”主题学习参观活动，参观北京猿人博物馆--周口店遗址和西周燕都博物馆。5月14日，组织退休老干部和工作人员观看电影《特别追踪》。5月，组织离退休干部健康体检。6月21日，组织离退休干部党员前往北京首钢环境产业有限公司鲁家山循环经济（静脉产业）基地开展主题党日活动。了解垃圾焚烧的流程和工艺，普及垃圾分类相关知识。10月10日，组织退休老干部参观怀柔区喇叭沟门满族乡。

（韩平平）

【制作《共和国不会忘记》视频集】纪念中华人民共和国成立70周年，国资公司离退休中心历时6个月，制作了《共和国不会忘记》视频集。以离休中心健在的26名离休干部走过的光辉历程为主要内容，展现了离休老干部们当年的风采。

（韩平平）

【互联网+朗读服务】年内，国资公司推出“互联网+朗读”学习新模式，由在职干部朗读学习资料并录音形成语音资料在微信群、公众号上发布，为老干部们更好的学习提供服务

（韩平平）

【拓展经营领域】年内，国资公司与北京天恒置业集团有限公司合作，以国资公司为发起主体，天恒集团为差额支付承诺人和资产服务机构，通过集中薄记建档、集中配售的方式在银行间市场非公开定向发行北京市西城区国有资产经营公司购房尾款资产支持票据项目。11月27日，该项目相关资料已完成盖章并向中国银行间市场交易商协会提供封卷材料，待手续完备后将进行项目启动。

（韩平平）

【成立审计部和资产经营部】11月29日，国资公司成立审计部和资产经营部，原党建办公室更改为党群人事部。

（韩平平）

【党建工作】年内，国资公司党总支贯彻执行党中央决策部署，认真落实上级工作要求，结合不忘初心牢记使命主题教育，推进政治建设、思想建设、组织建设、作风建设、纪律建设，团结带领党员干部群众，统一思想、主动作为，确保党的政治领导、思想领导、组织领导在公司落地生根。组织系列主题活动，4月16日，召开警示教育大会，签订党风廉政建设责任书。5月5日，组织在职党员群众观看电影《我的1919》。7月25至28日，组织部分党员、积极分子16人，前往上海中共一大会址、嘉兴南湖和常熟沙家浜等地开展“牢记使命、重温初心”主题日活动。9月16日，组织党员和群众前往中国海关博物馆开展主题党日活动。10月9日，组织党员和群众观看电影《决胜时刻》。10月10日，离退休中心开办“不忘初心、牢记使命”主题教育展览，组织离退休干部党员参观。10月18日，公司主要领导带队前往离休干部张景瑶家中调研走访，听取其对公司党建工作意见建议。同日，组织党员和群众观看电影《我和我的祖国》。10月25日，组织党员、群众参观《铁道兵纪念馆》。10月31日，组织党员、群众观看电影《小巷管家》。11月14日，开展“探寻民族复兴密码红色三公里”活动，党员和群众参观李大钊故居、北京市鲁迅中学和北京国会旧址。11月22日，组织党员、群众参观京师大学堂和北大红楼。11月26日，党员和群众参观《庆祝中华人民共和国成立70周年大型成就展》。12月11日，党员、群众参观红墙意识党性教育基地。12月12日，组织党员、群众参观香山革命纪念馆。

（韩平平）

北京华方投资有限公司

【概况】北京华方投资有限公司（简称华方公司）是国有独资公司。注册资本3.84亿元，主要从事国有资本投资及管理业务。华

方公司拥有北京华方文化发展有限公司、北京金象复星医药股份有限公司、北京华方养老投资有限公司等20家所属企业的全部或部分国有产（股）权，对其履行“投资、监督、调控、服务”等出资人职能。投资涵盖商业地产（房屋租赁、企业孵化器、酒店、特色餐饮）、健康服务（老年服务、康养、品牌医药、中医医馆）、非遗文创、资本运作等四大业务板块。截至年底，华方公司总资产19.47亿元，归属母公司净资产11.08亿元。年内，实现营业收入11.96亿元，同比（10.25亿元）增长16.68%；利润总额5070万元，较下达计划（5050万元）增长0.4%；净资产收益率4.47%，较计划（2.9%）增加1.57个百分点、增长54.14%；成本费用利润率4.87%，较计划（4%）增加0.87个百分点、增长21.75%。

地址：西城区木樨地北里甲4号
邮编：100038
电话：68037620

（孙美岭）

【商业地产】年内，华方公司疏解人口298人，完成疏解任务的115%；本地职工置换40人，完成本地职工置换任务的100%。续签到期合同55个。

（孙美岭）

【企业孵化器】年内，国家级孵化器——康华伟业孵化器，完善知识产权服务平台建设，引入专业知识产权导师为企业提供一对一定制服务；搭建成果转化服务平台，打造双创“生态圈”；联袂园区在孵高新企业，组建新材料市场“聚合陶制品生产销售系统”，参与投资1个“煤改电”项目、3个立体车库项目。被国家科技部火炬中心评为2018年度优秀（A类）国家级孵化器（获评家数占全部国家级孵化器的比例仅为14.59%），被纳入2020年西城区《政府工作报告》；以第三名成绩被北京知识产权局授予年度“优秀工作站”；被中关村管委会授予“中关村创新型孵化器”称号。国家级众创空间——金丰和孵化器，完善创客生态服务体系，对接资本市场。组织各类创新创业活动126场，培训活动34场。帮助6家入驻企业进行中关村高新的申报并取得资质，协助33家高新技术企业获381.04万元的政策支持资金。12月20日，在北京股权交易中心（区域性资本市场）登陆四板（科技创新板）。

（孙美岭）

【“非遗”文创平台】年内，承办展览、展会、展销，承接非遗课程等活动123场次，近6000人参加；接待任务50场1000余人；教育课程近百场3500人次参与。拓展馆藏书画资源销售渠道。研发非遗艺术新品，拓展新客户群。华方文化再次成为唯一入围团市委文博会展区的企业；参加江苏省宜兴市举办的“非遗燕京八绝皇家技艺”展览，全部展品由华方艺术中心提供。

（孙美岭）

【文化和旅游融合】年内，华方公司采取将艺术品手工体验内嵌于旅居小镇的方式，打造独具华方文化特色的“文旅小镇”。10月30日，成立北京华方山居文化旅游有限公司，12月25日，华方山居文旅公司就承租华方山居艺术区物业合作事宜，与北京集通物业管理有限公司房山分公司签订租赁合同。

（孙美岭）

【酒店餐饮】年内，建徽酒店导入4D管理理念，推行精细化服务；联合餐饮名厨创立大师工作室；推动管家式服务；调整客源结构。发展会员7929人，客房出租率平均在87%以上，宾客满意率达到98%以上。帕米尔食府结合市场需求，开设分店。8月8日，西站食宝街分店正式营业。西单食宝街分店10月登记注册并取得营业执照。华方餐饮发挥配餐优势拓展业务，西城区什刹海街道华方居家养老配餐中心北京双盈聚雅斋餐馆正式营业，新拓展机关团餐4家、什刹海街道辖区内老年餐2家。

（孙美岭）

【养老项目】年内，华方养老推进混合所有制改革。12月17日，华方养老公司新《营业执照》颁发。陶然亭养老院正式投入运行；联袂A级养老护理人员培训机构，成立西城区首家养老护理人员实训基地。剔除非经常性收入（补贴款），实现收入总额2320万元，同比提高52%；经营性净现金流30万元，同比增加250万元；利润总额同比减亏比例达12%。

（孙美岭）

【养老服务】年内，华方养老各照料中心开展护理员星级评定、加强技能培训、加装多点位巡更器等工作，与金象大药房、北京卫视养生堂栏目等专业机构合作，开展中医看诊、中医传统理疗等为老服务项目。对西长安街、陶然亭、展览路3个街道辖区内640位孤寡老人5大项、25小项方面做定期入户巡视评估，入户巡视10513次、电话巡视12311次，生活帮扶70余次。7个华方养老驿站主要开展失能服务、居家上门服务，根据实际情况开展不同的拓展服务，携手多家医药医疗机构，为社区居民提供居家养老服务57490人次。

（孙美岭）

【品牌医药】年内，金象复星公司推进现代化医药第三方物流基地建设，中物金象医药物流中心8月30日投入运营；推进业务模式创新提升企业盈利能力，打造互联网新零售经营模式，确立“互联网+中药饮片”营销模式。实现利润总额1748万元，完成预算的112%；净利润1321万元，完成预算的112%。

（孙美岭）

【金融投资】年内，华方养老混改项目采取增资扩股方式引入战略合作伙伴华润维麟养老服务有限公司（港资企业），按2.16倍的溢价一次性注入资金8550万元人民币。国有资本经营预算申报成功非遗文化保护传承项目等3个项目，总金额1016万元。华方公司与鼎信长城投资管理集团深化推进产业基金合作。证券投资实现收益1377.89万元，收益率42.08%，剔除出售北京银行原始股获利，投资收益率为10.89%。

（孙美岭）

【工业企业】年内，华方公司所属工业企业基本退出传统制造业。金属公司步入非遗传承行列，推出“红色主题非遗体验课”项目；被西城区总工会授予“大工匠培训基地”，拨款扶持资金；“金属锻錾体验课”走进朝阳区政府系统，得到区政府官网首页视频报道。自控厂完成原有工业低端产品疏解。轻工印刷文化服务中心实现向物业经营转型。3家“僵尸企业”已完成清理注销工作。

（孙美岭）

【精细化管理】年内，华方公司出台《华方公司中层管理人员选拔任用管理办法（试行）》《华方公司所属企业领导人员选拔任用管理办法（试行）》《华方公司绩效考核管理办法（试行）》《华方公司国家安全小组八项制度》等管理制度；修订《华方公司董事会议事规则》《华方公司经理办公会议事规则》《华方公司差旅和业务招待费管理办法》；形成《华方公司经济责任审计管理办法（试行）》征求意见稿。完善华方公司结构工资制人员绩效考核管理办法。细化班子成员业绩考核实施方案。推行全面预算管理，完善预算框架体系。

（孙美岭）

【精准扶贫与献爱心】年内，华方公司对喀喇沁旗小牛群镇白石台沟村、南台子乡卡拉街村的“小黑屋”治理和危房改造扶贫项目通过区国资委验收；采购3.3万元食品和日用物资定点捐赠结对帮扶村“爱心超市”，走访慰问贫困户4户。系统324名党员、128名群众参与西城区共产党员献爱心活动，捐款31218元；248名党员群众消费扶贫11091.5元；参与西城区少儿大病救助项目。

（孙美岭）

【12345接诉即办】年内，华方公司成立办理12345市民服务热线接诉即办工作“专班”，办理2个转办诉求，解决率和满意率均达100%。

（孙美岭）

【安全生产及维稳】年内，华方公司推进安全生产体系化建设，在系统内启动两轮次全面专业的隐患排查与整治工作；做好国庆期间系列活动的安全保卫与服务保障及年度安全工作。无重大安全事故。完成通盈公司部分职工安置，妥善处理信访问题。

（孙美岭）

【党建工作】年内，华方公司以党的建设为引领，开展“不忘初心、牢记使命”主题教育。领导班子集中学习、开展主题研讨20次，结合各自分管领域讲授专题党课。开展“我和我的祖国”主题爱国主义教育系列活动。21名职工参加国庆70周年群众游行活动，40名职工参加护送彩车外围保障工作。班子成员到所属企业、业务单位、项目地区开展调研，现场解决问题9

个，列入问题清单4个，形成6篇调研报告，征集意见建议34条。修订《华方公司党委“三重一大”决策制度实施细则》。开展华方系统“七一”评选表彰活动。开通“华方党建”微信公众号，推送49篇信息。推进国家安全人民防线工作落地。优化干部人才配置，调整6名中层管理人员岗位，选拔任用2个部门负责人和所属华方文化公司总经理；接收、选派及外派干部挂职任职7人。慰问帮扶困难党员7人，发放慰问金1.4万元；慰问困难职工100人，发放慰问金7万元。坚持从严治党，开展各类谈心谈话28人次，干部任前廉政谈话6人次，专项检查34次。

（孙美岭）

商业服务业

【概况】 西城区商务局（简称区商务局）是区政府主管区内外贸易和对外对港澳台经济合作的工作部门。3月27日，根据中共北京市委、市政府批准的《西城区机构改革方案》，西城区商务委员会更名为区商务局，仍作为区政府工作部门，机构职能主要是推动区内外贸易、外商投资和对外经济合作。将区发展和改革委员会的指导监督重要商品收储、轮换和日常管理职责，区民政局的组织实施应急储备物资收储、轮换和日常管理职责，区产业促进局投资促进及招商引资职责划入商务局；将商务执法职责划转至区市场监督管理局。增加行政编制2名、事业编4名。现有行政编制39人，事业编制15人。年内，实现社会消费品零售额1085.1亿元，同比增长4%。新建和规范提升蔬菜零售、便利店等各类便民商业网点48个；新建和改造提升百姓生活服务中心10个。

地址：西城区广安门北滨河路9号

邮编：100055

电话：83509369

（马　岩）

【推进市场疏解和降商业密度】 年内，落实推进市、区疏解整治促提升及“双控四降”工作，完成日盛西四电子市场、天岐祥小商品市场、菜市口百货市场等3个商市场的疏解提升。截至年底，提前完成70个商市场疏解改造提升任务，其中疏解45个，升级改造（包括转型）25个。

（戚秀艳）

【提升生活性服务业品质】 年内，统筹各方资源，发挥市场主体作用，运用政策杠杆，坚持“民有所呼、我有所应”增补服务网点，用心办好群众家门口的事。新建和规范提升蔬菜零售、便利店等各类便民商业网点48个，其中新建37个，便民商业网点的连锁化率达100%；新建和改造提升百姓生活服务中心10个，新增小物超市（小物专柜）10个。年内，区内百姓生活服务中心累计达52个。在全市“七有”“五性”监测中，西城区“便利性”即基本便民商业服务功能社区覆盖率为100%。

（戚秀艳）

【打造社区美好生活服务圈】 年内，按照“e生活、+服务”的理念，整合资源，融合服务，为居民提供“种类更丰富、服务更精准、网点更优质、环境更舒适”的生活服务环境。在广外街道试点，以打造马连道南街生活性服务业优质街区为枢纽，集中便民菜店、24小时便利店、早餐、家政、便民修理等品牌连锁门店，在莲花河周边统筹配置百姓生活服务中心、社区购物中心、养老驿站、托幼、社区健身、口袋公园、滨河绿道、老楼加挂电梯等多种类服务，支持盒马鲜生、京东7Fresh生鲜超市在南北两端插上科技零售的双翼，打造多业态、差异化、融合化的升级版社区美好生活圈，进一步提升群众的获得感和幸福感。

（戚秀艳）

【创新地下空间利用方式】 年内，办事处合作，利用疏解腾退后的小区地下室改造成智能便民仓，引导和支持品牌企业将广内街道感化胡同3号院腾退地下室改造为“智能方——社区便民新生活中心”，集成生鲜菜店、老年餐桌、便民仓储、小物超市、儿童天地等20多项服务，引入“智能空间存储”和共享服务等新技术新理念，扩展地下空间利用新方式，提高社区服务现代化水平，受到周边社区居民欢迎。

（戚秀艳）

【领导调研生活性服务工作】 4月12日，全国政协常委、民盟中央副主席程红带队到新街口金瀛西四百姓生活服务中心调研。8

月7日，北京市副市长王红到百万鲜果西单北大街百姓生活服务中心调研。11月22日，市委书记蔡奇到西城区检查重要民生实事项目落实情况，实地考察了广内街道智能方——社区便民新生活中心。

（戚秀艳）

【推进传统商业“一店一策”升级】 年内，落实市传统商业“一店一策”升级工作要求，引导和支持长安商场于4月整体闭店改造，12月27日全新亮相，转型为社区精致生活中心；天虹百货、新华百货、王府井购物中心右安门店等散落在居住区周边的大型传统商业不断完善社区型购物中心功能。形成综合商业转型“新模式”，立足消费半径内居民需求，根据民意需求调查，转型社区型购物中心，满足消费者多层次需求。丰富业态“新标配”，转变以服装零售为主的传统模式，大幅提高生鲜超市、餐饮、文化娱乐、影院、书店、家庭服务等业态比例，形成零售、餐饮、休闲服务业态“4-3-3”比例结构，打造家庭一站式购物场所。打造社区消费“新场景”，通过店面升级、环境改造、品牌迭代，形成社区生活消费“第三空间”。引进网红店、品牌店，提升服务业态；打造社区文化交流、亲子、餐饮文化主题街区等形态，为社区居民提供主题式、体验式、定制式的服务。升级智慧商业“新体验”，应用科技零售新技术，整体改造智慧收银系统，引进智能互动电子屏，提升数字化购物体验。

（马　岩）

【举办“2019两展一节”】 6月21至24日，中国茶叶流通协会与北京市西城区人民政府、陕西省咸阳市人民政府共同主办的“2019北京国际茶业展、2019北京马连道国际茶文化展、咸阳茯茶文化节”（简称“两展一节”）在北京展览馆和北京马连道举办。活动期间，在北京展览馆及北京马连道开展60多项活动，客流量突破12万人次，成交项目（含意向成交）953个，同比增长2.91%；两现场总成交额（含电子及意向成交）8.11亿元，同比增长2.26%；其中，北京展览馆现场成交金额达9957万元，同比增长2.43%。

（郭艳芳　赫庆欣）

【举办2019北京西单时尚节】 7月16日至8月31日，举办2019（第十届）北京西单时尚节。以“时尚、文化、品质、生活”为核心，围绕“时尚缔造经典，品质铸就永恒”的主题，开展“一核两翼”全域促消费系列活动，即以西单商圈为主场地，金融街、北京坊为副场地，范围覆盖区重点零售、餐饮、老字号、超市、专卖店的10余场专题、百余项促消费活动，全区重点商贸企业时尚节期间共实现零售额177.15亿元，同比上升4.6个百分点。

（杜　颖）

【举办2019北京西城电子商务节】 11月12日至12月12日，举办“e时代i西城”——2019年北京西城电子商务促进会暨系列活动，以“消费新style，品味电商生活”为主题，引导传统企业以市场需求为引领，融合线上线下经营模式，实现跨界合作，有效降低区域商业密度，提升商业经营品质，实现合作共赢。

（史　倩）

【培育扩大消费新增长点】 年内，促进特色夜间消费，西单商圈“约饭街”、觅食森林、君太百货等打造特色化高品质“深夜食堂”，北京坊打造24小时书店、影院等文化消费，入选北京市首批夜间消费地标。首店经济有新突破，引进星巴克“啡快”概念店全球首店、曼联足球俱乐部全国首个体验中心等，“首店、首发、首展”商业优势不断提升。发展电子商务平台，引进shop-shops哪逛——全球首家跨境直播体验电商平台，与国网电商合作建设央企电商联盟完成挂牌，打造“共享型、枢纽型、平台型”电子商务发展新生态。

（马岩　杜颖）

【提升金融街生活服务配套水平】 年内，落实金融街街区配套提升专班部署，牵头推进生活服务环境提升。支持“怡己”系列服务品牌发展，铺设怡己铺仔、怡己咖啡等6个品牌25家门店或点位。充分利用楼宇大堂和公共空间，开辟“金融街书局”“金融集·绘画坊”等小而美的文化消费空间；在适合道路试点运行全市首家移动餐车“吉时送”，增设24小时无人便利店等小型便利设施；在“Life金融街App”上线“金融街美食地图”等消费指南。深挖楼宇服务潜能，推动英蓝国际金融中心、万通金融中心、金融街国际中心等楼宇利用地下空间打造品牌餐饮、精致生活服务中心等服务空间。不断优化品质消费环境，推动金树街与金融街购物中心品牌高端精品升级，开展金融街品质餐饮创建行动，加强西单与金融街商业联动，开展金树街餐饮外摆，推出西单特色“深夜食堂”，围绕金融街人便利优质多元消费需求，创新推动金融街立体多样的商务楼宇消费，街区生活服务环境得到良好提升。

（马　岩）

【推进老字号餐饮振兴发展计划】 年内，举办“寻找儿时的味道——走进记忆食府”活动，开展“百年传承金牌菜评选”活动，组织老字号参加澳门2019MIF展，通过系列活动进一步推动老字号企业传承创新发展。

（赵杰平）

【市服务质量评价】 年内，参与完成北京市商业零售企业服务质量评价，在北京市服务质量评价活动中，西城区获得全市第一名。

（赵杰平）

【单用途商业预付卡备案】 年内，对备案企业从资金管理制度、实名登记制、限额发行制、非现金购卡制、单用途卡章程和购卡协议等多方面做了详细的指导，完成每个季度的系统审核，完成2家企业备案。

（赵杰平）

【推进商业无障碍建设】 年内，落实市、区无障碍建设行动，组织无障碍环境建设工作部署会议及企业培训，对区内规模以上商场、超市、餐饮排查梳理，分行业录入，完成系统建账数据62条。

（史　倩）

【获得市商业专项资金支持】 年内，以项目促发展，引导企业转型升级。组织辖区商业服务业企业申报2019年市商业专项资金，其中北京和合谷餐饮管理有限公司新建连锁餐厅等19个项目获得市商业专项资金1518.05万元。项目涉及生活性服务业品质提升、支持现代服务业发展、促进产业转型升级等方面。

（柴卫红）

【政策性粮食库存和质量清查】 年内，根据国务院和北京市工作要求，开展辖区全国政策性粮食库存数量和质量大清查各阶段工作。成立由主管副区长牵头的大清查协调机制，制定大清查实施方案和自查督导工作方案等，实地自查复查、填写录入、上报市粮食和物资储备局大清查工作信息（周报）、统计报表等做到有仓必到、有粮必查、有账必核、查必彻底。

（柴晓虹）

【领导调研粮油市场供应工作】 1月31日，国家发展改革委党组成员、国家粮食和物资储备局党组书记、局长张务锋先后到沃尔玛超市宣武门店、万方西单商场和长安商场超市，对北京市春节粮油市场供应工作进行检查调研。

（柴晓虹）

【典当行业发展稳定】 年内，西城区有典当企业56家，其中典当行37家，分支机构19家。开展典当业务24356笔总额41.42亿元，同比增长-20.3%。典当余额11亿元，同比增长8.74%。总实收资本12.12亿元，同比增长8%。发放贷款和垫款余额总额11亿元，同比增长8.7%。房地产典当21.64亿元，占比56.43%；动产典当12.88亿元，占比33.59%；财产权利典当3.83亿元，占比9.98%。

（周述炎）

【拍卖企业初审及年度核查】 年内，完成辖区12家拍卖企业变更拍卖经营批准证书及新设立拍卖行初审工作，完成辖区37家拍卖企业年度核查初审工作。

（周述炎）

【重点期间安全保障】 年内，区商务局在全国“两会”“一带一路”高峰论坛、“世园会”“亚洲文明对话”、国庆70周年庆祝活动、春节、清明节、“五一”等重要政治活动及节假日期间，开展商务行业安全生产、反恐防暴等培训巡查，督促企业进行隐患排查整改，期间未发生安全生产事故。

（杨尚宗）

【安全生产巡查】 年内，检查单位852家，出动执法次数992次、执法人数1956人次。其中零售单位268家次，发现一般性隐患143处；餐饮单位584家次，发现一般性隐患660处，均已整改。其他检查共21家。

（杨尚宗）

【第十二届安全生产知识竞赛】

年内，区商务局组织西城区商务行业第十二届安全生产知识竞赛，经过初赛、复赛、决赛，全聚德和平门店获一等奖；烤肉宛、家乐福获二等奖；翔达餐饮、帕米尔食府、西单商场获三等奖。

（杨尚宗）

【安全生产标准化达标评审】年内，区商务局开展行业企业安全生产标准化建设，对100余家企业进行专业培训。商务行业有20家企业完成三级初评达标，5家企业完成三级复评达标。配合市、区应急管理局对2018年标准化三级达标企业进行抽样核查。

（杨尚宗）

【应急演练观摩】年内，区商务局在湘水明珠、北京广外德缘餐饮有限公司、菜百等单位举行应急处置演练，相关部门领导现场指导，180余家企业安全生产负责人现场观摩。应急演练观摩科目有电器起火并扑救、人员疏散并救助、现场灭火器材实操等。

（杨尚宗）

【安全生产培训】年内，区商务局组织规模以上340余家企业安全生产负责人进行标准化、后厨安全、安责险、联组长业务等培训，聘请燃气、电气、特种设备、安责险、标准化等方面专家授课。

（杨尚宗）

【专职安全员队伍建设】年内，在市应急管理局、团市委2019年度安全生产专职安全员工作先进个人评比中，区商务局韩涛获得2019年度北京市安全生产检查（督查检查）队队长标兵称号，高晓珊获得北京市青年安监卫士·重大活动保障先锋称号。

（杨尚宗）

北京市金正资产投资经营公司

【概况】北京市金正资产投资经营公司（简称金正公司）是国有独资企业，作为国有资本出资人的市场化代表，以法人股东的身份进行国有资本产权运作，对中小企业及个体工商户提供融资担保、小额贷款、投资管理等金融服务。金正公司下设4家子公司，员工53人。公司注册资金10.8亿元，长期股权投资企业13家，可供出售金融资产4家。年内，金正公司及所属重要子企业、重要影响企业共12家合并期末资产总计85.52亿元，负债总计37.83亿元，所有者权益总计47.69亿元；营业收入122.16亿元。

地址：西城区西砖胡同2号院7号楼

邮编：100053

电话：63577772

（陈 萌）

【扶贫工作】5月8日，金正公司与内蒙古裕天锦地玫瑰经营有限公司合作设立北京金顶玫瑰商贸有限公司，开展玫瑰制品生产经营活动，将河北阜平贫困地区自然资源优势转变为经济成果，带动扶贫地区的经济效果，帮助当地群众脱贫致富。

（陈 萌）

【探索实业运营】为盘活清华池老字号商标的无形资产价值、做大做强清华池特色品牌，10月11日，金正公司出资设立北京清华池健康管理有限公司，参与调研、组建和制度搭建工作，助推清华池老字号品牌的建立，将老字号品牌发扬光大。

（陈 萌）

【疏解整治促提升】年内，在疏解与本地化用工工作中，金正公司及权属企业对区内不适宜首都核心功能的产业业态进行清退，完成疏解人口101人次、用工本地化人口15人次。

（陈 萌）

【提供融资担保】年内，北京金正光彩融资担保有限公司为市内中小微企业提供融资担保58笔，担保额度24399万元；发放委托贷款3笔，贷款额度1700万元。为适应首都功能新定位，光彩担保公司逐步进行业务结构的调整，压缩加工制造、物流、商贸等非首都功能类型的项目，服务主体向高新技术类、民生服务类、文创类转变。

（陈 萌）

【提供小额贷款】年内，北京金正融通小额贷款有限公司为市内中小企业、个体工商户及自然人发放小额贷款23笔，合计4910万元。

（陈 萌）

【提供投资服务】截至年底，北京金正融兴资产管理有限公司累计投资项目27个，涉及14家企业，投资额5.46亿元。年内新增项目2个，涉及2家企业，投资额9000万元。所投项目涵盖医疗健康、餐饮、交通运输、技术开发等多个行业。

（陈　萌）

北京金座投资管理有限公司

【概况】北京金座投资管理有限公司（简称金座公司）是2005年4月通过资产重组整体改制为由职工持股机构和自然人出资组成的有限责任公司。金座公司设立规范完善的法人治理结构，内设经理办公室、物业开发部、财务审计部、人力资源部、党群工作部5个部室。公司所属企业有志同达劳务服务有限公司、大栅栏自行车有限责任公司、北京奥霓裳制衣有限公司、北京金桥贸易有限公司4家子公司和劳务服务分公司；公司控股、参股企业8家。职工总数3098人，其中在职职工1189人，离、退休1909人。年内，金座公司全体股东员工努力顺应政策市场变化，团结协作拼搏探索，通过资本运作、精细化管理、安全监管、风险防控、依法维权、和谐维稳等工作的协调落实，力促重点难点工作实现突破，各项经济效益指标取得较好业绩。公司及所属全资企业实现主营收入10214万元，同比增加52.9%，实现利润7355万元，同比增加78.9%，上缴税金2100万元，同比增加51.9%。

地址：西城区南横西街27号
邮编：100052
电话：63522526

（王继红）

【四届四次股东大会】1月18日，金座公司召开第四届第四次股东大会，参会股东以举手表决的方式，一致通过了《公司2018年经济工作报告》《公司2018年监事会工作报告》《公司2018年财务决算及利润分配方案报告》。

（王继红）

【经济工作会议】2月21至22日，金座公司召开2019年经济工作会议，党政领导班子和机关全体员工出席会议，各部室主任和各岗位员工分别阐述了落实经济工作指标责任书的细化实施方案，围绕若干难点工作和热点问题进行研讨，各主管领导分别对分管部门的工作提出指导性意见。

（王继红）

【增资扩股】6月18日，金座公司召开第四届第五次股东会，审议通过了公司《关于用累计未分配利润转增股本的实施方案》，将未分配利润中的2371.18万元扣除个人所得税后的1903.2万元转增股本，转增后公司注册资本由3096.8万元变更到5000万元，企业资本规模和股东权益进一步扩大。年内，金座公司通过债转股方式，向健坤医药公司追加投资，获收益858.7万元。

（王继红）

【瑞蚨祥获“老字号传承典范品牌”称号】10月25日，北京瑞蚨祥绸布店在北京商报社、中外企业文化杂志社主办，北京市商务局、北京市人力工作局、北京市人力社保局、北京市文化和旅游局指导，北京老字号协会联合举办的“不忘初心·传颂经典——北京老字号传承典范经验分享会”获“北京老字号传承典范品牌”称号。

（王继红）

【瑞蚨祥灯市口分店开业】11月22日，瑞蚨祥在北京东四南大街灯市口的分店开业。

（王继红）

【内联升获银奖】11月29日，在中国国际公共关系协会主办，迪思传媒承办的2019中国公关嘉年华暨第十五届中国最佳公共关系案例大赛颁奖典礼上，内联升以“三里屯潮鞋快闪店项目”获企业品牌传播类银奖。内联升是本届大赛唯一入选公关项目的老字号企业。

（王继红）

【内联升开展跨界合作】年内，内联升广泛拓展外部资源合作，与国内顶级文博IP《国家宝藏》、全球知名人气手游《王者荣耀》推出联名合作系列，以双核引擎带动内联升品牌的全面时尚化转型升级，使内联升品牌成为最受设计师欢迎的老字号品牌。

（王继红）

【党建工作】年内，金座公司党委带领系统党组织开展“不忘初心、牢记使命”主题教育，严肃党内政治生活，落实谈心谈话、民主评议党员、主题党日、领导干部讲党课制度，建立健全关怀帮扶机制，严格执行党的纪律，把“初心”和“使命”融入到党的建设和企业发展的全过程，落实到每个支部，传导到每名党员。关心职工生活，元旦、春节期间，金座公司工会慰问困难职工发放补助慰问金2.84万元，各级工会组织走访慰问职工100余人次，发放慰问金12万余元。

（王继红）

北京市金工投资管理公司

【概况】北京市金工投资管理公司（简称金工公司）是1999年西城区（原宣武区）为接收市属划转企业而成立的一家全民所有制的管理公司。主要职责是：加强企业内部管理，防止国有集体资产流失；化解企业各类矛盾，保障内部安全维稳局面；管好用好现有资源，提高资源的使用值和效益值；负责非公改制企业党群组织管理。设4个管理部门，分别是：办公室、劳动人事退管服务中心、财务部、物业经营部。主要经营项目：资本经营及房屋出租。年内，在职（册）职工61人，离退休职工3352人。

地址：西城区白广路二条甲8号

邮编：100053

电话：63582366

（杨丽丹）

【召开工作会议暨职工大会】3月21日，金工公司召开2019年度工作会暨职工（会员）大会。总经理孙昌作2019年度工作报告、总结主要经济指标完成情况及存在的主要问题，提出下年度总体工作思路和任务，明确工作重点。

（杨丽丹）

【离退休职工日常管理工作】金工公司负责离退休人员的日常管理工作包括：特困职工帮扶、特殊人群管理、配合区人力社保局有关工作、供暖管理工作、职工药费补助、退休职工健康疗养、档案管理等。截至年底，共接待9家企业退休职工及在职职工2250人，报销供暖费近352万元。年内，公司召开退休职工代表例会，商讨退休困难职工春节慰问补助问题、北塑疗养人员名额分配等问题，确定了72名退休职工参加疗养，完成塑料公司2018年度药费一次性补助报销工作。公司持续向离退休职工推广公司建立的“金工人事退管”和“金工北塑退管”2个微信公众号，截至年底注册人数1600余人。根据区国资委关于开展退休职工社会化调查工作会要求，公司对所属企业社会化进展情况进行了摸排、整理。

（杨丽丹）

【走访慰问离退休职工】1月底至2月初，金工系统各企业党组织开展离退休老干部、特困职工和患有严重疾病的退休职工“两节”走访慰问活动。8月，金工公司离退休党支部开展夏日“送清凉”慰问老干部活动，走访16位离退休干部。9月下旬，金工公司离退休党支部开展主题党日“忆往昔，峥嵘岁月”庆祝建国70周年暨走访慰问老干部活动，在“十一”前夕走访21位离退休干部，发放庆祝中华人民共和国成立70周年纪念章29枚。

（杨丽丹）

【检查老旧平房院落消防安全设施】9月24日，西城区应急管理局、金工公司主管领导一同检查金工公司所辖老旧平房院落消防安全设施（消防安全监视系统、烟感报警系统、消防喷淋灭火系统）情况。

（杨丽丹）

【创建“平安国企”】年内，金工公司落实创建“平安国企”活动要求，确保重大节日、重大活动期间的安保工作制定《关于开展创建平安国企工作实施方案》，中层以上管理干部签订《维稳信访、治安、消防、交通、生产安全责任书》，下发《关于安全生产工作具体责任分工的通知》，将所辖区域安全责任具体分工，责任落实到人。根据所辖区域较广且分散，重点部位、重点设备设施多的实际情况，按区域指派专人加强日常巡视检查和维修，做到周周有检查、检查有记录、问题有反馈、处理有结果。举办全体人员防火、安全培训。11月7日，联合东罗园社区、小型消防站、片警、社区志愿者和社区居民40余人，在辖区内开展防范火灾风险、建设美好家园“119”消防演练。依法依规抓好维稳信访、化解稳控矛盾纠纷，实现维稳工作“零”目标。

（杨丽丹）

【“12345”工作研究部署】12月2日，金工公司党委研究部署“12345”市民热线反馈问题。按照“接诉即办”要求处理“12345”反馈问题，建立应急处理机制及“未诉先办”提前预判机制，梳理可能发生的信访上访问题。

（杨丽丹）

【自管小区物业管理】年内，金工公司整治安全死角和盲区，改善居住生活环境。清理小区院内、楼内堆积杂物和垃圾20余吨。开展所辖区域平房院落普查工作。明确租赁区域主体防汛责任制。检查用电检修、小项维修、零修和清理屋面雨水排水口等205次。响应政府“清洁空气行动计划”，落实“煤改电”工程，完成南柳巷54、56号院供暖锅炉“煤改电”项目施工。按照区政府“三大”行动挂账隐患整改第四次调度会的精神和要求，对大外廊营胡同26号、龙泉胡同22号重点隐患院落启动了增设灭火喷淋、烟感报警、无线安全监控等设施的管理方案及具体实施。

（杨丽丹）

【党建工作】年内，金工公司党委理论中心组专题学习党的十九届四中全会精神，调动广大党员职工积极性，推动公司各项工作发展。开展“不忘初心、牢记使命”主题党日系列活动。公司领导讲党课，通报开展主题教育工作情况，组织党员参观新文化运动纪念馆和李大钊故居，参观庆祝中华人民共和国成立70周年大型成就展。与有关部门联合举办“我和我的祖国——庆祝新中国成立70周年西城区书法美术摄影民间手工艺作品展”。召开庆祝建党98周年暨“七一”表彰大会。落实纪委监督责任，明确主管领导、关键部门、重要岗位的权力清单及使用权限和授权范围，加大监督工作力度，管好用好国有资金。聘请专业法律顾问，提供有效法律保障。完成金工公司机关党支部和退管中心离退休干部党支部换届选举工作。

（杨丽丹）

北京金源投资管理有限公司

【概况】北京金源投资管理有限公司（简称金源公司）是国有法人参股的有限责任公司。内设物产事业部、超市事业部、茶叶事业部、物业部、财会审计部、电商咨询部、人力资源部、办公室，下辖北京金源千业超市有限公司、北京牛街清真食品超市有限公司、北京正兴德茶叶有限公司、北京永安茶叶有限公司，拥有直营门店18个。主要从事商业超市及茶叶、服务业经营；控股企业1家——北京金诚信恒再生资源利用有限公司，回收站点37个，主要从事再生资源利用与回收；参股企业1家——北京国金酒店管理有限公司，主要从事酒店经营。年内，金源公司以党建为引领，全面落实董事会提出的“提升发展质量、提升经营质量、提升管理质量、提升团队素质、提升文化内涵”五个目标，紧紧围绕实现“区域做强、品牌做强、提质增效”经济工作主线，以五个“必须”和“实现”为工作着力点，实现了各项工作的全面提升。

地址：西城区广安门南街60号

邮编：100054

电话：63541432

（张寿清）

【牛街清真食品超市店庆】1月17日，牛街清真食品超市庆祝开业16周年，以“16周年店庆感恩盛惠”为主题。开展系列营销活动，推出特价、惊爆价、超低价商品500余种，各种促销活动10余项以及幸运抽奖、购物赠礼品、有奖征文、促销活动等。

（张寿清）

【董事会会员代表会股东会】1月22日，金源公司分别召开五届十三次董事会、内部职工持股会五届五次会员代表大会和年内第一次股东会。公司本部和各门店的47名会员代表及职工代表出席会议，审议通过董事会上年度工作总结和年内工作思路报告，上年度财务预决算报告、利润预分配方案和年内财务预算方案，公司监事会上年度工作总结和年内工作思路报告、股利分配情况报告。

（张寿清）

【三届九次职代会】3月15日，金源公司召开年度工作会暨三届九次职代会。审议并通过《巩固提质增效成果加快发展方式转变不断夺取金源公司改革发展的新胜利》的工作报告、《2018年业务招待费使用情况的报告》，签订《金源公司2019年党风廉政建设责任书》《2019年工资集体协商协议书》，审议通过其他事项。

（张寿清）

【正兴德春茶节】4月18日，正兴德举办第十七届春茶节。各门店开展免费咨询和品尝各种新鲜绿茶活动。4月19至22日参加中国茶叶流通协会、北京茶叶协会、北京市商联会等联合举办的“2019年北京市十五届春茶节”。正兴德、永安公司通过了ISO质量体系认证审核。

（张寿清）

【牛街正兴德京东旗舰店开业】5月24日，正兴德茶叶公司牛街正兴德第二家网上店正式在京东商城开业。正兴德京东旗舰店商品包含6大类50余个品种。

（张寿清）

【共贺开斋】6月5日，牛街清真食品超市、正兴德茶庄与回族群众同贺开斋节，牛街清真超市开展160品种促销商品活动。正兴德作为京城独一无二的清真老字号茶庄，为答谢广大回族群众，推出购茶送茶以及茶具让利等特惠活动，正兴德牛街店、大栅栏店、虎坊路店、陶然亭店设置免费品尝台，正兴德牛街店免费发放包装茶700包。开斋节前夕开展“恭贺开斋奉献爱心”捐赠活动。为牛街敬老院和回民中学、回民小学学生送去慰问品和助学金。

（张寿清）

【三届十次职代会】7月24日，金源公司召开三届十次职代会暨上半年工作会。职工代表、部室主管及以上人员和门店店长共计73人参加会议。大会审议通过了公司《2019年门店员工薪酬调整方案》《2019年总部员工工资调整方案》，听取公司总经理《2019年上半年工作总结暨下半年工作要点报告》。

（张寿清）

【正兴德茶叶网上创佳绩】11月11日，牛街正兴德天猫旗舰店与京东旗舰店“双11”购物狂欢节创佳绩，总销售额达65.5万元。

（张寿清）

【党建工作】年内，金源公司召开党政主要领导述职述德述廉民主测评、干部选拔任用“一报告两评议”。春节期间慰问离退休老干部和困难员工，为2400余名离退休人员每人发放200元慰问券。4月，金源公司举办新员工入职培训。5月，组织全体在岗职工分三批到京郊疗养。6月21、22日，以“追寻英雄足迹，传承革命精神”为主题开展“七·一”党日系列活动，全体党员和入党积极分子到白洋淀参观抗战纪念馆、湿地公园十里长廊和雄安市民服务中心，表彰先进党支部、优秀共产党员和优秀党务工作者。7月6日组织在职党员和积极分子60余人参加茶叶和超市商品知识宣传讲解、义务清理街面垃圾等党员进社区统一行动志愿服务日活动。9月18日启动“不忘初心，牢记使命”主题教育活动，邀请西城区党校教授作《习近平新时代中国特色社会主义思想概论》专题辅导。10月15日，召开金源公司成立20周年庆祝会。10月29、30日公司工会分两批组织全体员工在陶然亭公园开展健步走活动。

（张寿清）

北京翔达投资管理有限公司

【概况】北京翔达投资管理有限公司（简称翔达公司）是国有法人参股的有限责任公司。注册资本5000万元人民币，经营范围涉及餐饮业、饭店业、洗浴业、美容美发业、摄影业、旅游文化业、物业管理业等多种经营业态，经营网点60处，建筑面积约8.8万平方米。翔达公司设立股东会、董事会、执行层、监事会规范的法人治理结构和党、团、工会组织机构，内设财会管理中心、集采配送中心、餐饮运营管理中心、服务运营管理中心、文化产业中心、党群工作部、人力资源部、办公室。旗下拥有翔达晋阳饭庄、翔达晋阳白广路饭庄、翔达晋阳马西路饭庄分公司、翔达吐鲁番餐厅、美味斋饭庄、致美斋饭庄、清华池浴池、清华池中医诊所、首都照相馆、翔达白鹭美容美发店、翔达会馆（清华池会所）、翔达恒兆饮食服务分公司12个分公司制企业；北京翔达国际商务酒店有限公司、北京中兴世纪物业管理有限公司、北京翔达国际旅行社有限公司、北京晋雅信达文化发展有限公司、北京翔达安康商贸有限公司5家全资子公司；北京翔达南来顺饭庄有限公司、北京翔达至膳餐饮文化管理有限公司2家控股子公司及北京翔达信诚物业管理公司1家代管企业。年内，翔达公司紧紧围绕新中国成立70周年的爱国主旋律，坚持强化思想政治引领和创新理论武装，开展“不忘初心、牢记使命”主题教育，推进领导班子建设，践行安全第一的发展理念，加快现代企业制度建立步伐，在打造传承固本、匠人匠心中下功夫，弘扬中华传统文化及老字号品牌保护。各项事业稳中有进、进中有升，继续保持良好发展态势。截至年底，账面资产总额约5.1亿元。

地址：西城区广安门内大街167号翔达写字楼三、四层

邮编：100053

电话：63521731

（王　娜）

【公开竞聘餐饮企业经营者】 1月11日，翔达公司在系统内公开竞聘餐饮企业经营者，选拔晋阳饭庄（马西路店）经理和美味斋饭庄（芳圆里店）经理各一名，公司运营管理中心、翔达商务酒店、吐鲁番餐厅、致美斋饭庄、晋阳饭庄（虎坊桥店）、晋阳饭庄（白广路店）和晋阳饭庄（马西路店）的8位人员参加竞聘。竞聘分为笔试、面试两个环节，评审组根据竞聘人员的工作能力、经验、综合素质等予以评分。这是翔达公司年内首次选拔管理层人员。

（王　娜）

【第四批北京老字号认定企业】 1月23日，2019北京老字号企业“信远斋杯”春节联谊会暨第四批北京老字号颁牌大会，在老舍茶馆举办。翔达公司旗下品牌美味斋饭庄和晋阳饭庄获第四批北京老字号企业称号。

（王　娜）

【宣讲《公司法》】 2月27日，翔达公司邀请北京金诚同达律师事务所律师，为基层单位书记、经理及公司总部全体人员进行法律专场宣讲，60余人参加。律师详细解读《公司法》条款，分析餐饮行业法律纠纷案例，讲授餐饮行业经营管理合规风险规避与应对，并解答相关疑问。

（王　娜）

【参加市第九届技能大赛】 4月，翔达公司参加由北京烹饪协会举办的北京市第九届商业服务业技能大赛，系统内各餐饮企业60人报名参赛，中式烹调师、餐厅服务员各30人。翔达南来顺饭庄张大鹏获中式烹调师金奖，晋阳饭庄（马西路店）庞博、武增云和晋阳饭庄（虎坊桥店）黄国友获中式烹调师铜奖。

（王　娜）

【清华池获评首都文明商户】 5月9日，清华池获西城区精神文明建设委员会颁发的“2018年度西城区文明商户”奖牌，获首都精神文明建设委员会办公室、北京市城市管理委员会颁发的“首都文明商户”奖牌。

（王　娜）

【公司第八届职工运动会】 5月15日，翔达公司在广安体育场举行第八届职工运动会。运动会以“团结、热烈、节俭、友爱”为主题，系统内15家单位的500余名职工参加。集体项目有混合4×100米接力赛、托球跑接力、集体跳绳、拔河，单人项目有篮球投篮、单人跳绳、单人踢毽、足球射门。中兴世纪物业公司、公司总部、晋阳饭庄（虎坊桥店）获团体总分前三名。

（王　娜）

【参加亚洲美食节】 5月16至22日，翔达公司旗下翔达南来顺饭庄、美味斋饭庄、致美斋饭庄3个餐饮品牌饭庄参加在奥林匹克公园举行的亚洲美食节活动，向国内外朋友展示老字号品牌形象。

（王　娜）

【再现胡同记忆】 5月，翔达国旅公司发挥自身优势，与西城区非遗中心联合，推出老北京胡同文化系列体验活动。邀请老北京叫卖团，实景重现老北京胡同生活，让孩子和家长们亲身体验，了解胡同文化。活动受到众多媒体关注，北京电视台、新京报、中央电视台中国味道等多家媒体全程录制。

（王　娜）

【南来顺接待亚洲文化对话小组】 5月17日，翔达南来顺饭庄接待部分来自日本、韩国、斯里兰卡、印度、泰国、柬埔寨等国亚洲文明对话小组人员。来宾现场

欣赏小吃制作表演，品尝北京清真纯正美食，开展餐饮文化交流与体验。

（王　娜）

【餐饮企业厨师技能培训】 5月20日，翔达公司人力资源部组织中式烹调师大赛赛前培训暨年度核心员工厨师岗位培训，面向全系统各餐饮企业厨师人才，年度厨师岗位核心员工和北京市第九届中式烹调师技能大赛参赛选手，共计25人参加。培训邀请中国烹饪大师、北京烹饪十大名厨、吐鲁番餐厅行政总厨王佩强担任讲师，从厨艺厨德、如何合理使用原材料和菜品制作要点三个方面授业。

（王　娜）

【清华池非遗保护专项检查】 5月24日，市文旅局非遗处到清华池检查非遗保护工作。检查组参观清华池博物馆，了解博物馆筹建与展览等，实地考察清华池传统修脚术技艺传习服务区、修脚大师工作区，听取清华池近3年非遗保护工作汇报。

（王　娜）

【清华池博物馆开馆】 6月5日，清华池博物馆开馆仪式在清华池举行。仪式上，通过PPT形式现场发布清华池四大类几十种文创商品，展现出清华池面向市场创新发展的新面貌。

（王　娜）

【启用线上办公自动化系统】 9月3日，翔达公司在系统范围内正式启动办公自动化（OA）系统。各单位和部门可通过计算机或智能移动手机完成日常办公管理、信息发布、公文管理、项目管理、行政管理、人事管理、财务管理等工作。

（王　娜）

【吐鲁番餐厅重装开业】 9月6日，吐鲁番餐厅举行重装开业暨34周年店庆典活动。吐鲁番餐厅历时3个多月，对餐厅大堂和生产区域进行装修改造，在工作环境、设备设施、就餐体验上改善升级。

（王　娜）

【党建工作】 年内，翔达公司党委开展一系列党建工作。2月，组织各党支部参观2019中华家风文化主题展。3月，学雷锋志愿者活动期间，在所属街道、社区及单位附近，为老人提供修脚服务和问题咨询、清理街道垃圾、擦拭宣传栏、整理自行车等志愿服务。4月24至26日，组织系统内工会职工，在平谷石林峡开展翔达公司庆祝建国70周年职工登山健身活动，400余名工会职工参加。5月4日，公司团委组织30名团员青年开展庆祝“五四”运动100周年“树立历史观，做翔达新青年”主题活动，参观北京故宫博物院和北京大学红楼。6月17至24日，组织系统内60名党员干部分两批，到福建古田开展“不忘初心，牢记使命”党员干部学习教育活动。7月23日，党委书记以《带着感情去工作，工作当成事业做》为题讲党课，130余人参加。10月24日，组织中层以上管理人员36人，参观“明镜昭廉”明代反贪尚廉历史文化园。

（王　娜）

北京华天饮食集团公司

【概况】 北京华天饮食集团公司（简称华天集团）是以餐饮为主营业态的大型餐饮投资集团，兼营食品加工、珠宝市场、百货超市、物业管理、副食零售等其他业态。旗下老字号云集：拥有中华老字号品牌20个、北京老字号品牌23个。拥有非遗项目主体12个，其中鸿宾楼全羊席制作技艺、烤肉季和烤肉宛的北京烤肉制作技艺、天福号酱肉技艺入选国家级非遗名录。主要含鸿宾楼、烤肉季、烤肉宛、砂锅居、峨嵋酒家、同和居、同春园、西安饭庄、又一顺、曲园酒楼、西来顺、玉华台、大地西餐厅、延吉餐厅、庆丰包子铺、护国寺小吃等餐饮品牌和天福号、桂香村、元长厚等其它著名食品品牌。其中，餐饮主营京、湘、鲁、苏、豫、川、清真等不同菜系，涵盖中式正餐、快餐、小吃、西餐等不同菜系。华天集团连续多年进入全国餐饮百强，先后获全国五一劳动奖状、全国商业信用企业、中宣部商务部授予的“诚信立商、质量兴商”企业、中国食品安全百家诚信示范单位、北京最具影响力十大企业等多项荣誉。年内，华天集团系统（含重要子公司）直营企业实现收入20.6亿元，实现利润3.3

亿元。其中，重要子公司聚德华天公司实现收入5.6亿元，实现利润1.2亿元；重要子公司万方有限公司实现收入5.3亿元，实现利润1.2亿元。

地址：西城区二七剧场路乙6-2号

邮编：100045

电话：68059875

（李娅然）

【集团改制工作】年内，华天集团“公司制”改制工作稳步推进。经过与政府部门及律师事务所、会计师事务所等第三方机构的反复沟通，确定改制方案、公司章程等改制文件，经区政府批准通过。华天集团拟更名为“北京华天饮食投资集团有限公司”，拟由全民所有制企业整体改制为有限责任公司。华天集团改制工作持续推进中。

（李娅然）

【连锁店亮点发展】年内，庆丰包子铺连锁门店总数369家，其中直营店25家。庆丰北京大兴机场店作为第二代新型智能化小平米店铺的代表，在吸收雄安新区智慧门店经验的基础上，门店设计布局、产品品类选择、高科技设备使用等方面进行了改善；华天二友居新开4家直营店达到15家，二友居西四包子铺实现原址重张。秦皇岛店装修工程进入后期；华天凯丰团餐新开业区政府广安门办公区、区审计局、区发改委、区工会（白纸坊办公区）餐厅、德源兴业集团等5家机关食堂餐厅，对所有项目进行综合评价和结构梳理；同和居开发新店，签约亦庄店项目协议；同兴成拓展集配业务，年内供应集团内部43家网点。

（李娅然）

【推动精准营销】年内，华天集团拓展营销与宣传途径，品牌信息传播5万条。组织所属老字号企业参加“一带一路”亚洲美食节、京交会、德国科隆中国节、澳门国际贸易展等。在年节时令、大小长假期间开展专项品牌营销活动，组织寻找儿时味道—地安门马凯餐厅回家、二友居98周年庆、冬至包饺子大赛、老字号走进冬奥组委等专题活动。与“八九不离食”、今日头条、抖音、最北京、梨视频等第三方媒体平台合作，其中与“今日头条”及其他老字号联合策划的头条国潮项目活动，让“把中国老字号穿身上”相关话题登上微博热门排行榜；策划“国庆庆生面”抖音宣传。制定并颁布集团VI规范，从办公用品到门店销售、宣传系统等对集团VI的使用做了规范。升级华天集团企业宣传语为“让人放心是一种人生智慧”，通过店面、餐巾纸标识、广播媒体和新媒体进行传播。通过华天报和华天频道宣传企业文化。完成集团宣传片以及党建专题片的录制工作。启动新官网改版工作，风格、首页已经完成设计。

（李娅然）

【品牌管理建设】年内，华天集团加大与中检集团、百合花团队、神秘顾客等第三方机构合作，将日常督导与重要节假日、重大活动等专项检查相结合，多管齐下推动所属企业开展“提升菜品质量和服务质量，夯实华天品牌内涵”质量季工作。聘请社会餐饮资深烹饪大师、专家评委和集团公司内部专家，开展各类菜品创新、技术练兵和菜品展示活动。庆丰启动“二次革命”以来，普及和落实《庆丰门店服务80问》；同和居、二友居、同春园、华天凯丰等企业组织技术培训和技术竞赛活动；直属饭庄户企业全面落实服务“六项承诺”，实现“无条件退菜”公开承诺；同和居、同春园等饭庄户优化服务流程和菜品设计，提升菜品质量，提高上菜速度；地安门马凯餐厅开业以来，以菜品和服务品质赢得顾客口碑；华天凯丰与同兴成集采集配平台对接，通过由同兴成供应链集采集配的方式，降低采购与管理成本，保障原材料安全；惠丰酒家通过减员增效，调整升级菜品等多种途径，实现利润同比上升超40%；华天新川面馆以客户为中心的管理理念，从细节、质量、服务出发，夯实新川品牌经营基础。

（李娅然）

【智慧华天成果初显】年内，华天集团实现新技术与老字号新融合。直属品牌门店的新点餐收银系统逐步替换，完成全部直营门店的系统切换，实现直营门店“多码合一”，消费全程一码解决，打通全集团线上餐厅，实现线上会员增长、线上线下统一营销；“刷脸支付”设备在各直营门店安装到位；“无人款台”改造试点在5家门店启动；大数据营销系统项目正式开通运行，打通现餐饮板块的客单、库存、会员数据和线上线下数据，发行华天悦享卡，通过人脸识别和大数据会员标签。

（李娅然）

【外卖实现新增长】年内，华天集团直属企业实现外卖销售4300.27万元，同比增幅26.6%。庆丰品牌（含加盟企业）实现外卖营业额2.38亿元，较上年同期增长35%；华天延吉餐厅开设外卖通道，增加外卖套餐，延长外卖时间，外卖销售同比上升近35%；香妃烤鸡外卖销售占比和门店网上评分保持在较高水平。

（李娅然）

【老字号认可度提升】年内，华天集团获得新中国成立70年北京商业品牌成就奖，再度获“北京影响力最具影响力的十大企业”称号；集团入围2018年度北京餐饮企业（集团）50强，位列前三；庆丰获2018年度中国餐饮快餐集团10强；多个老字号品牌菜品获2018年度畅销菜及钻石酒店镇店名菜，地安门马凯餐厅员工陶然获得北京餐饮十大工匠称号。

（李娅然）

【人力资源建设】年内，华天集团组织地安门马凯餐厅、二友居、华天延吉老字号传承人收徒拜师活动，组建技艺传承班，地安门马凯餐厅传承人收徒4人、二友居收徒23人，华天延吉餐厅收徒13人；组织近9000人次参加经营管理、岗位技术、通用技术、安全保卫、食品卫生等培训；在第九届北京市商业服务业服务技能竞赛中式面点师项目，华天凯丰公司员工狄崇坤获得大赛第一名；申报北京市商务局职业技能竞赛高级裁判18人、中华金厨奖1人、北京市中式烹饪高级裁判14人、中式面点高级裁判4人；落实《北京市推进国有企业退休人员社会化管理工作实施方案》精神，启动集团公司退休人员社会化管理工作。

（李娅然）

【工程项目及设备更新】年内，华天集团完成西四北大街日盛电子市场清退工作；完成工程结算审计12处，审减工程款108万元；开展所属直营门店后厨油烟排放检测和门店后厨排烟设备升级改造工作；配合区节水办开展节水器具安装工作。

（李娅然）

【对外帮扶】年内，华天集团与邓州市职业技术学校成立校企合作领导小组，设立中式烹调等3个专业讲师组及1个专项讲师组，完成第一期校企合作招生工作，实训室建设进入筹备阶段。

（李娅然）

【财审及资金管理】年内，华天集团清理“僵尸企业”，督促投资子公司北京万方有限公司通过北京产权交易所平台依法转让长期停业的三级子公司股权；完成新动力股权基金的首期缴款。

（李娅然）

【党建工作】年内，华天集团组织参加国庆70周年群众游行活动，召开“七一”表彰大会，组织共产党员献爱心捐款和直属党组织“三评一考”工作。制定《华天集团中层管理人员选拔任用工作管理办法》；开展党员公开承诺公示活动，落实第一责任人制，制定党建目标考核管理办法，开展廉政谈话，制发纪律检查建议书和工作建议书。签订企业采购和经营《反商业贿赂合同书》。组织各直属党组织上半年基层党建自查自评。发展党员27名，16名预备党员转正。完善党员学习微平台阵地。开展“五四运动”100周年、建党98周年、新中国成立70周年等纪念活动。扶贫工作，内蒙古自治区喀喇沁旗王爷府镇兴隆村、哈啦海沟村扶贫项目竣工验收。评选出150名优秀华天人。组建华天志愿服务队，与西城区团委志愿服务中心对接志愿服务项目。

（李娅然）

北京金象复星医药股份有限公司

【概况】北京金象复星医药股份有限公司（简称金象复星公司）成立于2001年1月，注册资金1.2亿元。公司涉足医药健康领域，以药品流通产业为经营主线，以药品批发零售为主要业态，已拥有医药批发、饮片调剂代煎配送、零售连锁药店、中医诊所、医药三方物流等业务板块。年内，金象复星公司召开七届一次董事会，持续加强企业法人治理结构及现代企业建设；公司及所属企业、参股企业顺利通过药品经营质量管理规范验收和药品经营许可换证工作；公司批发企业有效整合，实现了稳业务、稳销售的预期，采购量、销售量均同比增长；零售企业老字号白塔寺药店打造互联网新零售经营模式，再添发展新活力；中物金象医药物流有限公司于年内9月建成，3万平方米的第三方现代医药物流中心投入运营使用，为公司持续健康发展注入新的引擎。金象复星公司顺应政策导向，依据两票制等政策要求，以现代化医药第三方物流建设为契机，加快推动业务模式创新，提升服务质量和水平，增强企业盈利能力，实现销售收入16.5亿元，利税3800万元。

地址：西城区阜成门内大街295号

邮编：100034

电话：66160159

（崔国荣）

【整合批发业务运营模式】3月1日，金象复星公司完成传统批发业务运营模式和组织结构的整合。整合后的运营中心统一资源调配、统一经营管理、统一销售人员，形成合力服务客户、降低成本、提升销售、稳定业务。

（崔国荣）

【药学服务志愿者活动获奖】3月8日，金象复星公司所属白塔寺药店获2018年度北京医药行业药学服务志愿者活动先进集体；白塔寺药店员工靳智慧获2018年度药学服务志愿者活动先进个人。金象大药房获2018年度药学服务志愿者活动特殊贡献奖；金象大药房员工恽江华、赵立刚获2018年度药学服务志愿者活动先进个人。

（崔国荣）

【成立中物金象公司】3月25日，金象复星公司与中国黑色金属材料北京有限公司合作投资的中物金象医药物流有限公司正式成立。中物金象公司注册资本8000万元，金象复星公司认缴出资4080万元，占股权比例的51%；中国黑色金属材料北京有限公司认缴出资3920万元，占股权比例的49%。中物金象公司注册地址在北京市大兴区天河北路14号院14号4号楼2层201，统一社会信用代码91110115MA01J13Q60，注册类型为其他有限责任公司，经营范围有道路货物运输、批发零售药品、销售第三类医疗器械等。

（崔国荣）

【白塔寺东单药店重张开业】4月1日，金象复星公司投资控股北京白塔寺药店东单医药有限公司重张开业，新址坐落于北京市东城区东单北大街68号，营业面积约760平方米。经营区域规划有OTC药品区、RX药品区、新特药专区、阴凉区、冷藏区、保健食品区、中药饮片区、饮片库房、代煎室、药学服务区以及医疗器械区。

（崔国荣）

【召开七届一次董事会】5月28日，金象复星公司召开第七届一次董事会。会议结合国家医药卫生体制改革，对企业未来发展模式和定位进行研究和讨论。

（崔国荣）

【药监部门调研中物金象公司】7月1日，北京市药品监督管理局到中物金象物流公司调研采用智慧化物流手段，打造区域性第三方医药物流中心及现代化仓储物流设备情况。

（崔国荣）

【公司年度工作会】7月19日，金象复星公司召开年度工作会，总结上半年工作部署下半年各项经营工作，签订年度经营者责任书。

（崔国荣）

【市场监管部门调研】8月21日，北京市市场监督管理局、市消费者权益保护协会、12315热线投诉举报中心、北京市广告协会、辖区工商所、区市场监督管理局等到北京金象大药房医药连锁公司有限责任公司调研连锁门店请货、总部配货等业务流程和质量保证体系情况。

（崔国荣）

【中物金象公司正式投入使用】9月，金象复星公司投资新建第三方医药物流中物金象医药物流有限公司（简称中物金象）正式投入使用。中物金象位于大兴区天河北路14号，占地31.5亩，建筑面积1.53万平方米、库房面积3万平方米，总投资1亿元。拥有1.3万多个托盘货位、3万多个拆零货位、容积3000立方米冷库，选用OC-WMS医药物流行业仓储管理软件，可以支持对接多平台，支持多仓库、多货主等不同的业务模式。中药饮片库区位于主库区东侧，为5000平方米独立库区，分为三层，设有

600个托盘货位、4000个隔板货位。未来中物金象仓储吞吐量将在100亿元。同月，金象复星公司及所属企业完成库房搬迁工作，库存商品由原丰台区南苑李家庄4号搬入中物金象库区。

（崔国荣）

【人力资源管理专题会议】10月17日，金象复星公司召开年人力资源管理专题会议。通报上年度人力资源管理总体状况分析、人力资源预算执行情况，对下年度做好人力资源预算工作、关键岗位人才培养和组织程序等提出要求。

（崔国荣）

【控股白塔寺北达公司】10月23日，经金象复星公司董事会批准同意公司以购买股权的形式，投资185万元控股北京北达京仪药房有限公司；从原股权持有人王市荣持股比例100%，购买北达京仪公司51%的股权。北达京仪公司名称变更为北京白塔寺药店北达医药有限公司，并通过该公司经营院边店业务。白塔寺药店北达医药有限公司注册资金50万元，金象复星公司持股比例51%。

（崔国荣）

【注销金象复星科技有限公司】11月25日，金象复星公司所属北京金象复星科技有限公司股东会决议，同意注销北京金象复星科技有限公司，确认清算报告内容真实有效。经北京市昌平区市场监督管理局核定，准予北京金象复星科技有限公司因决议解散申请注销登记。

（崔国荣）

【第九届商业技能大赛获奖】12月，在北京市第九届商业服务业技能大赛总结汇报会上，金象复星公司获北京市第九届商业服务业技能大赛活动优秀组织单位奖；金象复星公司所属企业白塔寺药店和金象大药房关欣、张海鸥、成新梅、万媛媛4名选手进入决赛十强，获得“金手指”奖杯。其中白塔寺药店关欣和张海鸥分别获医药商品购销员竞赛项目冠、亚军；金象大药房成新梅、万媛媛分别获得第七、八名。

（崔国荣）

【公司通过GSP换证检查】年内，金象复星公司及所属复兴医药分公司、中药材分公司、地安门分公司、宣内药品公司、四川广元金象复星公司通过药品认证管理中心药品GSP换证检查。

（崔国荣）

【公司所属企业获得荣誉】年内，金象复星公司及所属白塔寺药店获评由北京市经济和信息化局、首都精神文明建设委员会办公室、北京市市场监督管理局联合授予的2018年北京市诚信创建企业；在商务部市场秩序司、北京市商务局共同举办的全国诚信兴商宣传月中，白塔寺药店获评2019年度诚信立商质量兴商企业；中华百年老字号企业白塔寺药店在中国药店杂志社发布的2018—2019年度中国药店单店榜100强中，以年销售额9008万元，排名第二十位。

（崔国荣）

北京金泰集团有限公司西城分公司

【概况】北京金泰集团有限公司西城分公司（简称西城分公司）隶属于北京京煤集团有限公司，由北京通华商贸有限责任公司、北京金泰之家通华苑饭店有限公司、北京金泰颐寿轩敬老院、北京金泰福寿老年公寓4家托管单位组成，是一家从事房产物业、四合院宾馆、养老产业经营、酒店经营等多业态、跨行业经营的商业企业。年内，西城分公司适应经济发展新常态和首都功能新定位，围绕“专精发展，提质增效”的工作主线，企业经济效益稳步增长，业态发展稳中有进，资产转型平稳推进。年内，西城分公司资产总计21.25亿元，实现收入总额29105.9万元，利润总额11092.2万元。

地址：西城区半步桥街48号金泰开阳大厦
邮编：100054
电话：63548097

（钟　响）

【志愿服务活动】3月3日，颐寿轩敬老院开展志愿服务活动，区委书记卢映川带领区四套班子成员参加，活动分为老人健康体检，非遗脸谱制作体验活动，老人摄影留念活动3个内容。卢映川等与志愿者分三路服务老人，询问老人的身体健康状况、协助老人绘制脸谱、为老人拍摄照片。

（钟　响）

【外委单位从业人员职业素质排查】年内，西城分公司开展外委单位安全生产从业人员职业素质排查工作。对分公司80名安全生产从业人员进行详细检查、梳理。结果显示，全部从业人员均具备独立的读写能力和从业资格，并已纳入公司安全培训教育体系。

（钟　响）

【新闻媒体采访颐寿轩分院】3月25日，北京电视台新闻频道《北京议事厅》栏目组对金泰颐寿轩八条分院进行专访，以“医养结合”为主题针对京煤集团养老产业战略布局、整合融合同类资源、转型升级存量资源，基于自身优势、自有资源，做大社区嵌入式养老服务的体量等方面的内容进行交流。金泰颐寿轩在2015年申请成为第一批非医院的医保定点医疗机构，可实现本地挂号诊疗取药，进行医保实时结算；与医院进行多点执业合作，实现每日医院专家坐诊，并开通就医绿色通道，方便了机构内及社区老人就医需求。

（钟　响）

【北京日报报道颐寿轩白纸坊分院】4月2日，《北京日报》经济新闻部采访颐寿轩白纸坊分院有关煤厂转型养老服务项目情况。年内，西城分公司利用南横西街煤炭经营部一家关闭的煤场，经过转型升级后，以“白纸坊街道颐寿轩养老照料中心”的身份，成为西城区提供养老服务的最新场所。4月3日，《北京日报》第六版刊登了题为《胡同煤厂关张、养老四合院接棒》的文章。

（钟　响）

【颐寿轩白纸坊养老照料中心开业】4月18日，金泰颐寿轩仿古中式庭院风格项目——白纸坊街道颐寿轩养老照料中心举行开业揭牌仪式，正式投入运营。西城区菜篮子联合会的企业服务商共125人开展惠民服务大集活动。北京电视台养老频道、北京电视台财经频道、北京晚报、养老网、西城区新闻中心等多家媒体近300人参加开业仪式。

（钟　响）

【敬老院通过二星复审】5月25日，颐寿轩善果寺分院经过西城区民政局、西城区质量技术监督局，对其分院的环境、设备设施、服务管理、经营能力、服务项目与服务质量等养老机构经营管理与服务的审查，通过二星级养老服务机构复审。12月10日，前门分院前门分院通过北京市养老行业协会二星级养老服务机构星级评定。

（钟　响）

【参加北京国际旅游博览会展】6月20日，北京金泰之家通华苑饭店容园、长园和煦园3家四合院式宾馆参加第16届中国国际服务贸易交易会北京国际旅游博览会。现场向新老客户介绍四合院宾馆“文化+体验”的经营特色，将捏面人、画脸谱、中国结、绘制皮影等“非遗文化体验活动”设计成为体验课程引入宾馆，为客人营造全新的入住体验。会后多家旅行社客户对金泰之家通花苑饭店的四合院酒店进行咨询。

（钟　响）

【参加中国国际老龄产业博览会】10月11至13日，金泰颐寿轩作为京能京煤集团养老产业服务品牌，参加2019中国第八届（北京）国际老龄产业博览会。京能养老产业的新项目展示沙盘吸引了数千人前来展位参观。

（钟　响）

【企业内部吸收合并】年内，北京金泰通华商贸有限责任公司吸收合并北京京广方园厨房设备有限责任公司，吸收合并后北京金泰通华商贸有限责任公司存续，北京京广方园厨房设备有限责任公司解散注销。

（钟　响）

【党建工作】年内，西城分公司党委开展“铭记初心使命，献礼祖国70华诞”红歌传唱主题活动，200余名干部职工参加，分公司9个党支部和共青团的120余名干部、职工表演了歌曲、舞蹈、快板等节目；逐级签订《党风廉政建设责任书》45份、《党风廉政建设承诺书》258份，与重点岗位人员签订《党风廉政建设目标责任制向重点岗位延伸责任书》174份；金泰西城分公司工会举办“巧手共度三八节，幸福常伴半边天”西点烘焙主题庆“三八”节活动；金泰颐寿轩敬老院获广内街道“红墙同心”社会公共责任体系“五星级”奖牌；所属98家企事业单位、个体工商户获“红墙同心”社会公共责任体系先锋榜星级评定；金泰颐寿轩敬老院获“红墙同心”

先锋榜五星级单位称号。

（钟　响）

北京首商集团股份有限公司

【概况】北京首商集团股份有限公司（简称首商股份）是一家以百货零售、连锁经营为主的大型商业企业集团，拥有燕莎友谊商城、燕莎奥特莱斯、西单商场、贵友大厦、新燕莎商业、友谊商店、法雅体育等一批享有知名度的企业和驰名品牌，涉足都市百货、奥特莱斯、购物中心和专营专卖等多个业态，主营门店遍布北京、天津及成都、兰州、乌鲁木齐等多座大中城市，股票代码600723。年内，首商股份立足巩固和提高市场地位，线上线下双管齐下，开展多种形式的合作，共享客群资源、共商深度融合、共创合作新模式，整体收入保持平稳，效益水平稳步提升。年内实现营业收入99.44亿元，利润6.7亿元。西单商场是首商股份旗下重要品牌企业，总经营面积12万平方米，汇集6家门店，涵盖百货、超市、名品折扣等多种业态，形成立足北京、辐射全国的发展格局，先后5次获北京十大商业品牌称号。年内，西单商场实现销售规模20余亿元。

地址：西城区北三环中路23号

邮编：100029

电话：82270200

（吴　江）

【西单商场各类促销活动】1月1日，西单商场所属门店组织开展元旦促销活动，同比增长4.2%。1月25日，西单商场西单店举办“2019年货大会之会员内购会”活动，实现销售414.72万元。2月4至10日，西单商场组织所属6家门店统一开展“福至新春”促销活动，7天实现销售3244万元。5月1至4日，西单商场整合企业内外部资源抢市造势，开展“五一乐享购”促销活动，实现销售2965万元。10月1至7日，西单商场组织所属门店开展以“金秋礼庆欣喜不停”为主题的营销活动销售4171万元。11月8至11日，西单商场开展“双十一”6店联合活动，首次实现全国6店线上联动线下消费体验，所属企业推出“双十一”定制、独家、新品、超级单品、礼金预售、砍价、限时抢购等亮点活动，利用微信、微博、抖音等开展数字化推广，达到线上互动和店面实际体验、相互促进、双向导流。活动期间实现销售2842.9万元，交易笔次5万余笔。12月6至16日，西单商场以“国潮时尚89周年庆”为主题，开展总部统一筹划、所属企业积极参加、线上线下联动的89周年店庆大型营促销活动。店庆11天实现销售8913万元。

（薄俊卿）

【安全生产执法检查】1月8日，北京市应急管理局、市应急管理局执法总队、西城区安全生产监督管理局对万方店进行安全生产专项执法检查。

（薄俊卿）

【西单店获奖】1月17日，西单商场西单店获北京日报“京城商业榜样力量”奖。3月22日，西单商场西单店获京城首批“诚信服务承诺单位”称号。6月18日，西单商场西单店获西单地区安全生产月应急技能比武最佳组织奖。西单商场西单店获新中国成立70周年系列活动消防安保先进单位。

（薄俊卿）

【调研节日粮油供应工作】1月31日，国家粮食局、市政府秘书处领导到万方店调研节日粮油供应工作。

（薄俊卿）

【加入西单商圈党建联盟】1月31日，西单商场西单店党委加入西单商圈党建联盟。

（薄俊卿）

【市人防办安全检查】4月16日，西单商场西单店接受北京市人防办检查组“回头看”专项安全检查，前期整改结果得到检查组的肯定。

（薄俊卿）

【老字号时尚创新精品荟】5月26日至8月10日，西单商场西单店举办“华彩京工·匠心传承，共创永恒经典——2019老字号时尚创新精品荟”活动，接待顾客1.5万人次，交易1000余笔，实现销售32万余元。活动汇集龙顺城、金漆镶嵌、景泰蓝、花丝镶嵌、一得阁等16家老字号品牌，瑞蚨祥、内联升、盛锡福等品牌开展联合展销，举办非遗传承人讲座、非遗技艺展示、非遗作品DIY、儿童节主题亲子营、七夕创意礼品推介、与小同学玩非遗等体验活动，全方位宣传展示北京老字号企业的品牌文化、精湛技艺、华彩精品。北京电视台新闻中心、北京晚报、北京日报、北京青年报、经济日报等10余家主流媒体在报纸、新媒体客户端报道，头条新闻、学习强国等新媒体转载。

（薄俊卿）

【社区共建行动】6月5日，月坛街道、月坛社保所等部门到万方店开展“进千门走万户”社区共建行动。

（薄俊卿）

【区领导到西单店调研】7月6日，西城区区长孙硕到西单店视察调研。孙硕参观了“华彩京工匠心传承，共创永恒经典”老字号精品荟展厅和西单商业博物馆，询问西单商场正在进行的商业模式转型工作情况。

（薄俊卿）

【市商务局到西单店调研】7月18日，北京市商务局局长、西城区副区长到西单店调研，详细解了西单商场经营现状及未来3年改造规划，对改造工作提出指导意见。

（薄俊卿）

【《西单商场纵览》获奖】在8月9至13日举办的首届中国报业企业报刊媒体峰会上，西单商场参选的《西单商场纵览》被评为中国品牌企业报刊百强，西单商场党办副主任孙芸田入榜中国企业报刊媒体先进工作者。

（薄俊卿）

【西单商场与戴德梁行合作签约】10月15日，西单商场与戴德梁行举行合作签约仪式，西单商场商业规划项目正式启动。

（薄俊卿）

【国家发改委到西单商场调研】11月26日，国家发改委就业收入分配和消费司、市发改委经贸处领导到西单商场调研，介绍北京市消费情况和商业规划及此次调研背景、消费现状和发展趋势，与西单商场、物美集团、翠微集团等企业座谈交流。

（薄俊卿）

王府井集团北京长安商场有限责任公司

【概况】王府井集团北京长安商场有限责任公司（简称长安商场）隶属于王府井集团股份有限公司，经营面积2万余平方米，经营10万余种商品。建店经营29年来，始终坚持“团结、求实、奉献、创新”的企业精神，以“一团火”精神和“中国服务”的思想为引领，不断打造“诚信兴商”的企业文化，秉承“诚信、便捷、亲和、专业”的服务价值观。年内，装修调整后，以“人所欲而施于人”的顾客思维角度，以便民利民为宗旨，以提高开放式社区居民的生活质量、满足开放式社区居民综合消费为目标，创首家“U生活中心+奥莱”商业体。长安商场定义为：“满足周边3公里内，成熟、理性、对生活品质和精神生活有较高追求的人群，以便利、实惠、亲情、智能为驱动，满足目标客群的家庭、商务、亲子、社交、休闲的生活需求，传递温暖、快乐、幸福，打造优品、优价、优服务、优环境的开放式U生活中心”。

地址：西城区复兴门外大街15号
邮编：100045
电话：68010411

（李东莹）

【闭店转型调整】4月21日，长安商场闭店进行转型调整，12月27日重张开业。全新的长安商场，定位在“U生活中心+奥莱”模式，商场围绕这一经营定位及打造社区U生活中心为目标，通过空间美学、景观打造、智能连接、圈群文化和口碑化传播等手段，在目标顾客的心理制造鲜明的优生活烙印，获得情感优先和认同。

（李东莹）

【物业全面升级】年内，长安商场作为王府井集团自有物业，投入亿元全面改造物业基础设施。从优化顾客购物体验的角度，调整动线，打通平面和垂直交通，在西侧加装了贯通一至五层的扶梯和两部直梯，中部原有直梯打通到五层，彻底解决了长安商场东西150多米狭长动线造成的西侧客流冷区和五层无电梯到达的不便问题，为西侧商户和五层餐饮商户经营提供更好的物业条件。为方便老人及弱势群体，在物业及设施的细节方面，商场与中国残联合作，做了大量尝试。电梯、卫生间、坡道、母婴室、综合服务岛、收银台、影院等都体现了人性化设计。

（李东莹）

【全面升级消费体验】年内，长安商场在业态组合方面突出生活方式的衔接，如怀旧主题的保利影院，最美的亲子稻城书店，北展莫斯科餐厅全国首家体验店“莫斯科餐厅面包坊”，首旅集团首家俄罗斯商品“俄优品”集合店，以及麦当劳回归等，给顾客带来全新的体验和感受。

（李东莹）

【便捷高效的购物体验】年内，长安商场大规模转型调整，运用智慧商业尝试，升级商场无线网络环境，百货专柜全面推行专柜收银，超市增加自助收银柜机，停车场实现电子智能收费管理，方便了顾客购物，解决交款排队问题。运用客流监控系统、车流统计分析系统，实现深度顾客数据的抓取和分析，为经营调整工作提供科学依据。引进智能互动电子屏，方便顾客查询商场信息，自助解决购物问题，通过丰富有趣的人机互动游戏增加顾客逛街的趣味性，为商场获取更多顾客咨询，精准投放营销活动提供了途径。

（李东莹）

【公益事业】年内，长安商场开展共产党员献爱心捐献活动。党员、积极分子和群众253人参与，募集捐款5017元。组织8名员工义务献血。与北京彩虹桥慈善基金会达成长期合作关系，为青海玉树先天性心脏病患儿捐赠价值近42万元的衣物，参加北京彩虹桥慈善基金会先心病救助项目“用爱补心”—“新苗计划”公益活动，为首批来京治疗的3名藏区儿童送去住院期间的生活用品，术后看望慰问。

（李东莹）

【完成新个税申报及核算】年内，长安商场根据税务局要求，完成新个税纳税基数调整及专项扣除项目统计及申报工作。个人纳税平均降低40%。

（李东莹）

【招聘工作】4至5月期间，长安商场参加王府井集团举办的20余场招聘面试、复试，3名应届大学生经过双向选择后正式入职。

（李东莹）

【开展社区服务】年内，长安商场在闭店期间制定社区服务计划，保持商场在社区居民中的活跃度。利用微信圈群、电话等方式与周边社区、高端会员、圈群顾客保持联系，通报调整改造的进程。5至10月，与社区、残联等组织机构合作，开展社会实践、亲子教育互动、民需商品进社区、社区服务等多种形式的活动15次。就社区需求、圈群建设等内容与社区开展调研活动5次。

（李东莹）

【营销活动】长安商场闭店期间，商场结合闭店调整，线上利用商场微信公众号，引发顾客和社会各界的关注，微信阅读量突破3.6万次，顾客留言互动近千条。新媒体、传统媒体、线上线下近30家宣传媒体对活动进行了相关报道，累积阅读量1300万次。

（李东莹）

【实现安全零事故】年内，长安商场按照“三级四层”管理模式签订全员安全目标责任书，组织各级安全检查，通过四级隐患排查机制在全场推行安全网格化管理，严格落实“三支队伍”和“微型消防站”管理。加强应急、防火、疏散、处置突发事件演练常态化，加大对反恐防暴、排查爆炸物及制高点管控的专项演练，提高应对突发事件的反应、处置能力。强化对商场后院的管理，相继出台《长安商场装修调整期间场所封闭管理办法》《商户内部装修安全管理规定》等安全管理措施。

（李东莹）

【党建工作】年内，长安商场党委建立舆情信息收集反馈机制，每月定期收集舆情信息。共收集舆情信息57条，商场领导均在第一时间批示解决并反馈。做好核查案件和信访工作，畅通来电、来信、来访、网络等举报渠道。开展生活困难党员的摸排工作，为困难党员申请困难补助。开展送温暖工作，看望病困职工40多人，慰问生活困难党员2人。

（李东莹）

北京汉光百货有限责任公司

【概况】北京汉光百货有限责任

公司（简称汉光百货）于1999年开业，位于西单商圈，现有员工约300名，经营面积4万平方米，汇集300多家国内外知名品牌，商户员工约2000人，经营业态覆盖化妆品、男女装、童装、珠宝、家品、家电等，满足一站式购物需求。汉光百货在运营中精耕细作，保持稳健增长，化妆品销售实体百货店蝉联全国第一，女装、运动、鞋履等品类位列前茅。汉光百货在硬件改造上持续投入，更在线上线下新零售融合上不断摸索，创新出适合自身的经营方式。

地址：西城区西单北大街176号

邮编：100032

电话：66018899

（相隆艳）

【获得荣誉】汉光百货连续17年获北京市税务局颁发的“纳税信用A级企业”。1月，加入西单商圈党建联盟，领取西单商圈党建联盟成员单位牌匾。5月，西长安街街道总工会授予汉光百货公司工会2018年度西长安街地区“红墙榜”优秀工会；4名员工获2018年度西长安街地区“红墙榜”优秀职工。11月，汉光百货入选北京市工商业联合会2019北京民营企业百强调研光荣册（入选民营企业社会责任百强）。

（相隆艳）

【卖场升级】年内，汉光百货结合室内全案设计和企业发展战略，继续对部分区域进行升级改造。4月，对七层玩具区进行翻新，围绕儿童娱乐及消费特点，突破区域限制，规划流线通道，合理布局品牌柜位，搭建更宽敞、舒适的购物环境，进一步巩固汉光儿童业态在西单地区领先的市场定位；7月，重装后的六层男装局部改造，引进更多大气时尚的男装品牌；同月，一层珠宝区改造，为优势品牌释放面积，塑造更具体验感、情景式的消费环境。

（相隆艳）

【品牌提升】年内，汉光百货不断引进热门品牌，使商品结构和风格更加多样化。中国李宁、V.GRASS、包小姐&鞋先生、JORYA卓雅、威克多、单农、TeenieweenieMan、华为、HAZZYS童装、Jacadi亚卡迪、歌莉娅、气味图书馆、阿吉豆等知名品牌进驻，新引入HR赫莲娜、朵梵等国际知名美妆品牌。

（相隆艳）

【创新经营】年内，汉光百货在自营项目上挖掘稀缺品类、新奇特品牌，打造出多个高品质生活方式集合店。除原有的汉光文具杂货店、汉光女装买手店持续更新外，汉光自营家居店和童鞋店分别于9月、11月亮相，通过精心运营，吸引更多顾客群。

（相隆艳）

【爱心公益】年内，汉光百货参与社会公益事业。5月，参与北京市侨联《“亲情中华·侨韵北京·探寻西城”——第九届首都新侨乡文化节系列活动》，向西城区侨联赞助200个便携背包。6月，汉光公益基金与心飞扬青少年志愿服务中心、中国SOS儿童村协会共同举办“六一儿童节”亲子义卖活动共募集爱心善款8919.5元，所得善款全部捐献给中国SOS儿童村。9月，同西城区侨联、红十字会联合举办群众性的现场救护培训活动。

（相隆艳）

【党建工作】年内，汉光百货党支部加强班子自身建设，完善工作机制，做好党员教育管理工作，开展多种形式的主题党日活动，通过读原著、听原著、听解读等形式，拓宽学习渠道，增强学习效果，在深学细悟中坚守初心。组织党员学习《不忘初心、牢记使命、砥砺前行》《不忘初心牢记使命紧跟党走》专题党课，聆听十九大代表杨新媛和市委党史研究室陈志楣讲党课。4月，参与西城区联合党支部组织的“参观西城区红墙党性教育基地”活动，了解西城“红墙意识”的起源和逐步升华的全过程以及党员、干部、群众践行“红墙意识”的感人事迹。汉光百货党支部在为民办实事和志愿服务中以学促做，让党徽亮起来。1月，为公司保安部员工患病妻子捐款。10月，组织慰问走访困难党员家庭，送去米面粮油等生活用品。同月，组织全体党员参加“传爱心践初心”改善环境卫生志愿活动。

（相隆艳）

北京菜市口百货股份有限公司

【概况】北京菜市口百货股份有限

公司（简称菜百公司）是商务部第一批命名的“中华老字号”企业，前身是菜市口百货商场，成立于1956年，企业经过两次改制，现是西城区国资委控股公司，是以经营黄金类饰品、黄金投资产品、金银币章、钻石、珠宝、翡翠，贵金属文化礼品为特色的专业经营公司。公司总店（总部）位于北京市西城区广安门内大街306号，营业面积8800平方米。设有总店经营部、连锁经营部、行政事务部、财务管理部、人力资源部、安保物业部、业务拓展部、品牌推广部、质量管理部、信息技术部、运营管理部、交易管理部、物流中心13个部门。现有连锁直营分店38家，并设有深圳、电商两家子公司。公司现有员工1277人（含合同制职工、劳务派遣、信息员、合作方等用工形式）。菜百公司是中国珠宝玉石首饰行业协会副会长单位、中国黄金协会副会长单位、中国珠宝玉石首饰品牌集群成员单位、全国首饰标准化技术委员会委员、北京标准化协会会员、全国珠宝玉石标准化技术委员会委员，参与制定、修订黄金珠宝相关的国家、行业标准。是中国金币特许零售商，北京2022年冬奥会和冬残奥会特许商品零售店，并拥有上海黄金交易所综合类会员资格。拥有高于国家和行业标准的“菜百首饰”标准，并以此为依据向生产厂家下达质量订单。制定出菜百首饰33项服务承诺，公司自主品牌“菜百首饰”被评为“中国行业最具影响力品牌”等称号。菜百公司与世界黄金协会、国际铂金协会、戴比尔斯国际钻石推广中心、国际彩色宝石协会等众多国际推广组织合作，致力于自主创新、文化营销，多年来坚持培养设计师团队，开发具有市场号召力的自主产品，成为传播首饰文化、引导时尚消费的重要基地。年内，菜百公司实现销售114亿元（含税）。

地址：西城区广安门内大街306号

邮编：100053

电话：83520468

（龚　磊）

【贺岁产品签售会】1月9日，菜百公司开展“喜奔2019·拥抱2019，设计师话猪年，贺岁新品上市签售会”。

（龚　磊）

【世界黄金协会到访】1月15日，世界黄金协会（WGC）首席执行官Mr.DavidTait、WGC首席执行官Mr.AramShishmanian、WGC中国区董事总经理王立新到访菜百公司。菜百公司售前、售中、售后服务及黄金珠宝的品质、款式、质量。

（龚　磊）

【婚博会参展】3月3日，菜百公司参加中国春季婚博会。实现黄金珠宝全品类销售1394件719.3万元。6月24日，菜百公司参加中国夏季婚博会。实现黄金珠宝全品类销售819件526.9万元。9月1日，菜百公司参加中国秋季婚博会。实现黄金珠宝全品类销售865件494.8万元。12月15日，菜百公司参加中国冬季婚博会。实现黄金珠宝全品类销售753件419.2万元。

（龚　磊）

【新英格兰玫瑰铂金专属系列发布会】4月4日，菜百公司携手玫瑰印记RoseD’Amour与国际铂金协会（PGI）在菜百公司总店发布“新英格兰玫瑰铂金专属系列”产品及广告宣传片。

（龚　磊）

【以旧换新免工费活动】4月18、19日，菜百公司开展以旧换新免工费活动，总店及分店共办理以旧换新43146件，收重428.9公斤。

（龚　磊）

【雅威新风净化项目签约仪式】4月19日，菜百公司与芬兰雅威科技有限公司（AAVITechnologiesOY）在菜百公司总店举行“专注匠心，净在菜百——北京菜百公司与芬兰雅威新风净化项目签约仪式”。此合作系芬兰离子瀑新风净化技术在中国零售卖场新风净化工程改造项目首次应用。

（龚　磊）

【图书《翡翠》被授优秀科普图书】4月23日，由中国地质大学（北京）珠宝学院教授何明跃和菜百公司总经理王春利共同编著的《翡翠》图书，被自然资源部授予“2019年自然资源优秀科普图书”。

（龚　磊）

【参加北京世园会纪念币发行仪式】4月29日，菜百公司作为世园会特许零售商和中国金币特许零售商，受邀参加2019年中国北京世界园艺博览会贵金属纪念币发布仪式会。

（龚 磊）

【参加青海玉树扶贫考察】 6月2日，菜百公司总经理王春利参加青海玉树扶贫考察队。考察目的地是青海省玉树州囊谦县。菜百公司向可可西里巡山队捐赠慰问金5万元。

（龚 磊）

【获JNA终身成就奖】 9月17日，由InformaMarkets主办，2019JNA大奖颁奖典礼于香港洲际酒店举行。菜百公司总经理王春利获2019年度JNA大奖终身成就奖，是当届获此项奖的唯一一位中国内地珠宝行业人士。

（龚 磊）

【鼠年“贺岁银条”菜百首发】 9月18日，由中国金币总公司发行、上海金币投资有限公司总经销的2020庚子（鼠）年贺岁银条在菜百公司全国首发。总发行量为11500公斤，有1000克、500克、200克、100克和50克5种规格，发行量依次为1300条、2200条、6000条、4万条和7.8万条，成色均为99.9%。

（龚 磊）

【2020版熊猫金银纪念币发行仪式】 10月30日，2020版熊猫金银纪念币发行仪式在北京人民大会堂举行。菜百公司总经理王春利代表经销商发言并参与2020年版熊猫金银纪念币揭幕。

（龚 磊）

【参加第二届中国国际进口博览会】 11月2日，菜百公司参加第二届中国国际进口博览会。期间，与渣打银行（中国）有限公司签署合作意向书。约定在合作意向书签署后的1年内，渣打银行将为菜百公司提供黄金等贵金属租赁和套期保值相关金融产品服务，总量预计达2吨黄金约1亿美元。

（龚 磊）

【参加钱币博览会】 11月17日，菜百公司参加北京国际钱币博览会。实现黄金、礼品、投资类销售161件74.3万元。

（龚 磊）

【参加国际珠宝展】 11月18日，菜百公司参加中国国际珠宝展。实现黄金珠宝全品类销售283件74.4万元。

（龚 磊）

【北京市民终身学习示范基地】 11月20日，菜百公司参加西城区第十七届市民学习周开幕式。被北京市教委认定为第三批北京市民终身学习示范基地。

（龚 磊）

【鼠年“贺岁金条”菜百首发】 11月28日，由中国金币总公司发行的2020庚子（鼠）年贺岁金条在菜百公司全国首发，北京独发。2020庚子（鼠）年贺岁金条共有1000克、500克、200克、100克、50克和30克6个规格，最大发行量分别为140条、400条、1500条、11900条、18000条和9000条，成色均为99.99%，最大发行总重量为3000公斤。

（龚 磊）

【铂金新品发布及PSAD南非美钻专区剪彩】 12月10日，由菜百公司、国际铂金协会、PSAD南非美钻联合举办的“爱·璀璨”2019《帝王花语》铂金新品发布仪式在北京菜百总店开启，菜百公司总店二层的PSAD南非美钻专区同步亮相。相关人员共同为《帝王花语》铂金新品和菜百公司PSAD南非美钻专区剪彩。

（龚 磊）

【首家新一代零售概念店】 12月21日，Forevermark永恒印记全球首家新一代零售概念店在北京菜百公司总店二层亮相。

（龚 磊）

【故宫贵金属新品菜百首发】 12月25日，菜百公司在总店举行“故宫贵金属新品菜百首发”仪式。相关人员为宫匠黄金产品揭幕。

（龚 磊）

【“爱在菜百”“五进”活动】 年内，菜百公司志愿服务“五进”（社区、企业、学校、机关、农村）活动完成549场次。其中进社区428家，进校园6家，进企业60家，进机关3次，进农村26次，服务居民1.5万余人。

（龚 磊）

【获得奖项】 年内，菜百公司获中国商业联合会、中国生产力学会、中国保护消费者基金会颁发的中国企业五星品牌，中国质量检验协会颁发的全国质量信得过产品，全国产品和服务质量诚信示范企业、全国质量检验先进企业，中共西城区委颁发的西城区先进党组织，中国金币总公司颁发的2019年度中国金币特许零售商销售之星，北京市发展和改革委员会颁发的全国价格监测定点单位，北京市消费者协会颁发的诚信服务承诺单位，上海黄金交易所颁发的2018年度反洗钱工作优秀组织奖。

（龚　磊）

北京国华商场有限责任公司

【概况】北京国华商场有限责任公司（简称国华商场），以秉承引领铂金时尚，铸造京城铂金第一家为己任，是北京市著名珠宝首饰专营店之一，营业面积5000平方米。主要经营黄金、铂金、K金、钻石镶嵌、翡翠、玉石、珍珠、珊瑚、银饰和纪念收藏等几十个品类。设有经理办公室、人力资源部、业务企划部、财务部、安保行政部、现场服务办公室、后台管理中心及质量控制中心8个部门。年内，实现销售收入3.9亿元。连续保持北京市著名商标、北京市优质服务商店、中国珠宝玉石行业放心示范店、AAA级企业信用等级。

地址：西城区宣武门西大街18号楼

邮编：100053

电话：63022531

（张　伟）

【设计使用新Logo】年内，国华商场对品牌Logo进行重新设计。新Logo以牡丹花为主体，寓意繁荣昌盛、兴旺发达，代表着国华首饰不论是品质，还是气质都是雍容华贵、庄重大方的风范。Logo中心融入“国”字，是国华首饰对用户品质上的承诺。整体形态中轴对称，体现出发源地北京的城市美学。

（张　伟）

【柜台调整】年内，国华商场为更好的提升顾客到店购物体验，提升商品的陈列效果，对柜台安置进行重新调整。二层钻石区域道具重新设计，将同仁堂柜台从三层挪到二层。

（张　伟）

【开辟“山河集”展厅】年内，国华商场为体现国华首饰的产品特色，提升区域形象，与厂家合作在一层黄金摆件柜台开辟“山河集”古法金系列商品展厅。

（张　伟）

【西点茂分店开业】7月1日，国华首饰西点茂分店开业。分店位于海淀区永定路88号，营业面积300平方米。经营大类有：贵金属、镶嵌类饰品，投资类、礼品类产品等黄金珠宝全品类经营。

（张　伟）

【扩大社区服务支持公益】年内，国华商场在原有社区服务基础上，扩大社区公益服务范围，组织多次社区活动，为社区居民和消费者增加上门服务和免费服务项目。组织党员参加“党旗凝聚力量，爱心播撒京城”公益捐款活动，更大力度的推行公益项目。

（张　伟）

【组建志愿者团队】年内，国华商场组织党团员及年轻员工成立志愿者团队，加入到街道社区组织的志愿者团队。参加各种志愿者活动，包括门前共享单车治理等。

（张　伟）

北京张一元茶叶有限责任公司

【概况】北京张一元茶叶有限责任公司（简称张一元）是京城著名老字号企业，拥有300余家品牌连锁店、30余家名优茶生产基地、2家特色茶馆。下设2家全资子公司，是集产供销、科工贸、旅游文化为一体的现代化企业。电商平台销售网络覆盖全国34个省市自治区。年内，销售额及利润额均保持稳步递增，蝉联全国茶叶内销榜首，被中国茶叶流通协会评为中国茶业百强企业。

地址：西城区西砖胡同2号院7号楼

邮编：100052

电话：83512713

（刘姒千）

【节庆促销】1月7日，“过大年·喝龙毫”主题春节活动开幕，为期33天，开展购茶送好礼活动。2月17日，“元宵喜乐会，Now在张一元”主题微茶会在博元舫茶楼举办，现场进行茶艺表演、趣味小游戏、猜灯谜、花灯制作及品尝花茶元宵。4月12日，张一元首届全国名优绿茶展卖季开幕，为期58天，大栅栏总店现场进行精品明前茶展示、免费品尝、互动游戏，各连锁店同期开展购茶送好礼活动。5月12日，张一元官方微信发起“爱，要说出来”母亲节主题活动。8月22日，张一元首届茉莉花茶展卖季开幕，为期46天，新花茶全面上市，各连锁店同期开展购茶送好礼活动。同日，大栅栏茶馆举办张一元龙毫年销售额突破亿元成果分享会。12月28日，张一元首届年茶节开幕，为期34天，各连锁店同期开展购茶送好礼活动。

（刘姒千）

【首批西湖龙井茶上市】 3月23日，首批头茬西湖龙井空运抵达张一元，其中包括223斤特级明前精品西湖龙井茶（狮峰）每斤售价9800元，432斤特级明前精品1号西湖龙井茶（狮峰）每斤售价8800元，均被预订一空。头茬西湖龙井采用二维码防伪查询，产品外包装上均贴有杭州市西湖龙井茶管理协会印制的证明标识和质检部门印制的原产地地理保护标识，经过国家标准检测实验室检测，严把质量关，确保“尊重时令、产地正宗、品质可靠”。

（刘姒千）

【进军河北市场】 6月4日，张一元石家庄中山路店、南三条店两家直营店同期开业，开拓河北市场。

（刘姒千）

【公益活动】 7月1日，张一元开展共产党员献爱心活动，向西城区慈善协会捐款人民币3720元。同日，张一元向北京妇女儿童发展基金会捐赠捐资困款1万元。春节、中秋两节前夕，为牛街敬老院的老人送去节日的祝福和慰问品。

（刘姒千）

【大栅栏店销售再创纪录】 7月1日10时38分56秒，张一元大栅栏店8号秤售出茉莉二号毛尖300.6元，成为“破亿订单”，销售额突破1亿元，连续8年实现销售过亿。

（刘姒千）

【技能大赛夺魁】 8月，张一元组织百名职工参加北京市第九届商业服务业技能大赛评茶员项目，刘伟悦夺得冠军，获得大赛优秀技术能手称号。另5名职工进入前30强，获得大赛技术能手称号，公司获得大赛优秀组织奖。

（刘姒千）

【电子商务】 11月11日，双十一活动当天，张一元电商平台实现销售额1230万元，同比增长52.4%，张一元龙毫实现销售额323万元，占活动当天总销售额26%，茉莉毛尖和茉莉香茗总销量达到6万罐。零点8分，张一元天猫旗舰店交易金额突破100万元。

（刘姒千）

【参与活动】 年内，张一元应邀参加各类活动。5月16日，参加亚洲美食节，展示国家级非物质文化遗产张一元茉莉花茶窨制工艺，进行花茶茶艺表演。6月21日，参加北京国际茶业展，现场进行茶叶品茗、茶艺表演等活动。张一元茉莉金茗芽和张一元西湖龙井茶（狮峰）获北京国际茶业展茶叶产品质量推选活动特别金奖，张一元茉莉莲花香雪获金奖，张一元茉莉龙毫获中国茶叶集群品牌联盟（春季）推荐茶叶超级单品。8月31日，参加首届世界茉莉花大会暨第十一届全国茉莉花（茶）交易博览会、2019年中国（横县）茉莉花文化节，张一元茉莉莲花香雪和张一元茉莉小珍珠分别获全国茉莉花茶质量推选活动特别金奖和金奖。9月20日，参加北京茉莉花茶节启动仪式，张一元公司董事长杨有成应邀出席并作“定位·助力张一元转型升级，引领行业健康发展”主题主旨发言，张一元茉莉金茗芽在2019北京茉莉花茶节京味茉莉花茶质量品鉴活动中获创新推荐产品。10月22日，参加第十五届中国茶业经济年会暨2019中国英德红茶文化节，获2019中国茶业百强企业称号。

（刘姒千）

北京新月联合汽车有限公司

【概况】 北京新月联合汽车有限公司（简称新月公司）是国资参股的股份制企业，隶属西城区国资委管理，注册资金13130万元。拥有44家公司（分公司），其中有25家小车分公司、1家旅游公司（含2个旅游分公司、3个班车分公司）、1家修理分公司和6家控股公司（北京广聚源出租汽车有限公司、北京市光远出租汽车有限公司、北京镜湖酒店管理有限公司、北京房安新月出租汽车有限责任公司、上海华海出租汽车有限公司、北京轻普出租汽车有限公司）和6家参股公司（北京新月驾驶培训股份有限公司、北银金融租赁有限公司、海口公交新月汽车有限公司、贵阳新月出租汽车有限公司、沧州沧运新月汽车服务有限公司、北京新月中道汽车救援技术服务有限责任公司）。北京新月联合交通版块有各种车辆12100部、员工12317人，经营范围涉及出租客运、旅游班车、租赁商务、救援物流、驾驶培训、汽车修理等领域。年内，新月公司营业收入9.71亿元，实现净利润1600万元，净资产收益率为2.3%，上缴利税5224万元；资产规模50亿元。新月公司获中国道路运输百强诚信企业等。是北京市出租汽车与旅游客运行业的骨干企业，西城区重点企业和利税单位。

地址：朝阳区王四营乡马房寺368号

邮编：100023

电话：67366666（总机）

（吴治英）

【北京政协会议交通服务】1月14至19日，新月公司执行中国人民政治协商会议北京市第十三届委员会第二次会议交通运输保障工作。历时6天，派出大小车辆40部、管理人员和驾驶员45名，发车570车次。

（吴治英）

【全国政协会议交通服务】2月25日至3月15日，新月公司执行中国人民政治协商会议第十三届全国委员会第二次会议住铁道大厦和财政部、最高人民法院参会委员及大会住中协宾馆工作人员的交通服务保障，派出管理人员和驾驶员69名，参与车辆63部。历时15天出车1045车次、接送3479人次、安全行驶12624公里。

（吴治英）

【“一带一路”高峰论坛交通服务】4月25至27日，新月公司派出461辆保障车、537名保障人员，担负第二届“一带一路”国际合作高峰论坛交通运输保障服务。6天内出车1866车次、接送20388人次，安全行驶55715公里。

（吴治英）

【北京国际长走大会交通服务】5月11日，新月公司控股的房安新月公司派出保障车和工作人员，担负“2019春季北京国际长走大会暨第二十五届房山旅游文化节”路线交通运输服务保障，为长走爱好者和体力不支、身体不适者提供摆渡服务。由党员、的士之星等组成的“爱心车队”，在长走大会沿线分散担负应急救援保障任务，满足参与者用车需求。

（吴治英）

【亚洲文明对话大会交通服务】亚洲文明对话大会在北京召开期间，新月公司派出233辆车、275名工作人员，担负会议摆渡、转场运输、专场活动、组织观众、演职人员、工作用车等交通运输服务。5月12至17日6天中出车903车次、运送8611人次，安全行驶里程22932公里。

（吴治英）

【国际篮球世界杯交通服务】8月27日至9月16日，新月公司担负2019国际篮球世界杯期间交通运输服务。

（吴治英）

【庆祝建国70周年交通服务】在庆祝中华人民共和国成立70周年大会期间，新月公司组织123部保障车、660名工作人员，承担庆祝大会9月14至15日、9月21至22日两次预演和庆祝活动当日核心区北京市委、国家工委的交通运输服务保障任务。

（吴治英）

【世园会开闭幕式交通服务】在“2019北京世园会”开幕式和闭幕式期间，新月公司派出188辆大客车和210名工作人员，担负世园会开幕式、闭幕式和前期的半负荷“压力测试”交通运输保障服务。

（吴治英）

对外及对港澳台经济贸易

【概况】西城区商务局（简称区商务局）是区政府主管全区内外贸易和对外及对港澳台经济合作的工作部门。年内，区新设外商投资企业45家，吸收合同外资3.01亿美元，实际利用外商直接投资1.03亿美元。实现进出口总额6978.5亿元人民币，占全市比重24.3%，持续位居北京市第二位，其中出口额1301.7亿元人民币，占全市比重25.2%，位居北京市第一，为全市稳增长做出贡献。

（马　岩）

【利用外资结构稳定】年内，区新设外商投资企业45家，同比下降4.26%；吸收合同外资30098万美元，同比下降77.18%；实际利用外商直接投资10267万美元，同比下降80.08%。实际投资分行业前三位是租赁和商务服务业，信息传输、计算机服务和软件业，科学研究、技术服务和地质勘查业，利用外资聚集于区域高精尖服务业的结构特征保持稳定。

（郝家莹）

【出口总额全市排名第一】年内，西城区进出口总额6978.5亿元人民币，同比增长10.7%，占全市进出口总额24.3%，位居北京市第二。其中出口额1301.7亿元人民币，同比增长11.9%，占全市出口总额25.2%，位居北京市第一；进口额5676.8亿元人民币，同比增长10.4%，占全市进口总额24.2%，位居北京市第二。

（赫庆欣）

【推进服务业扩大开放综合试点】年内，贯彻落实国务院批复的《全面推进北京市服务业扩大开放综合试点工作方案》和北京市工作部署，西城区成立了服务业扩大开放综合试点“一办四组”工作专班（办公室、金融科技创新组、金融管理服务组、服务业新业态培育组、优化营商环境组），制定《西城区全面推进落实北京市服务业扩大开放实施方案》。有序开展西城区服务业扩大开放各项任务，通过“区级服务管家”随时跟进项目落地及存在的问题，完成落地项目31个，引进国内外企业88家，新增注册资本金805亿元人民币。

（李静　郭文志）

【参加2019年京交会】5月28日至6月1日，西城区参加北京2019年中国国际服务贸易交易会，参加科技创新板块、金融服务专题、“文博会”展览展示和北京主题日相关活动。期间达成康华云智慧健康管理项目、“智慧公交，绿色出行”战略合作项目、胡同里的小愿项目等意向签约项目11个，项目金额83.97亿元，19家企业和单位参展。西城区政府获得2019年中国国际服务贸易交易会最佳专题展区奖。

（赫庆欣）

【参加第二届中国国际进口博览会】11月5至10日，西城交易团注册177家企业参加第二届中国国际进口博览会（上海），达成5年内意向采购额3.53亿美元，交易涉及服务贸易、品质生活、医疗器械及医疗保健等领域，进口包括英国、日本等国家及香港地区。

（赫庆欣）

【参加第24届MIF展】10月17至19日，西城区参加第24届澳门国际贸易投资展览会（简称MIF），参加会议相关活动及北京老字号的展览、展销和非遗项目展示，与北京市政府港澳办、北京市贸促会共同承办北京西城区政府与澳门商界交流活动。

（章建平）

【受理对外贸易经营者备案登记】年内，办理“对外贸易经营者备案登记”189件，同比下降10.43%。其中企业新备案104件，同比下降11.86%；备案表变更73件，同比下降15.12%；办理注销12件，同比增加71.4%。

（郭文志）

【服务外包和软件出口业务】年内，完成三类驻区服务外包奖励材料初审工作9家次，其中，办理新录用人员补助2家次；促进新兴服务出口项目1家次；服务贸易出口贴息项目6家次。服务外包新增合同签约金额1亿美元，服务外包执行金额0.3亿美元。

（赫庆欣）

【服务贸易企业统计监测】年内，组织区内服务贸易企业开展统计监测工作，与区统计局调查队联合对120余家西城区重点服贸监测企业开展业务培训。重点企业在《商务部服务贸易重点监测企业只报系统》中登记133家，重点企业累计登记201家，填报金额108.68亿美元。

（张贯中　郭文志）

【优化企业服务】年内，不断丰富和完善走访调研清单，加大对企业的服务力度，宣传西城营商环境、服务业扩大开放领域和外资外贸工作方面的最新政策及发展方向。专题走访国网电子商务有限公司、中国车辆进出口有限公司等20家企业，组织召开外资外贸企业座谈会、金融机构与企业对接会等11次，政策宣讲会2次。就相关政策向企业进行宣讲，听取意见和建议，通过政府与企业之间沟通交流，搭建政策信息、经验交流和问题研讨平台，了解企业经营困难，及时为企业解决问题。协调区内各部门开展年度营商环境指标体系评价工作。开展普惠集成式培训宣传，政企沟通更高效。针对开办企业、纳税、跨境贸易等新政策的实施，组织召开跨部门联动培训会，不断优化营商环境。

（李　静）

（责任编辑　孙凤霞）

金　融

北京西城年鉴2020

3月13日，中国太平洋财产保险股份有限公司北京分公司开展“3·15”保险服务月主题宣传活动（太平洋财产险北京分公司 供图）

4月10日，华夏银行北京分行与国新资本有限公司签署战略合作协议（华夏银行北京分行 供图）

6月28日，2019年防范非法集资宣传月集中宣教活动（北京金融街服务局 供图）

9月，民生银行北京分行开展“金融知识普及月、金融知识进万家、争做理性投资者、争做金融好网民”宣教活动（民生银行北京分行 供图）

12月5日，北京金融街服务局、伦敦金融城、中国银行共同主办的“走进北京金融街—2019”对话交流活动在伦敦三一广场四季酒店举办（北京金融街服务局 供图）

12月31日，中国工商银行北京金融街智慧银行旗舰店对外营业（工商银行北京市分行 供图）

概　述

【北京金融街服务局】北京金融街服务局（简称金融街服务局），为市政府派出机构，委托西城区政府管理，根据市政府授权，负责金融街的规划、建设、服务等组织协调工作，负责做好为国家金融管理中心服务工作。西城区金融服务办公室（简称区金融服务办）与北京金融街服务局合署办公，承担西城区金融业发展、金融服务和金融市场建设工作。内设7个处室（办公室、发展规划处、产业促进处、市场服务处、金融稳定处、综合协调处、组织人事处（党群工作处））和1个事业单位（西城区金融发展促进中心），有干部职工28人。年内，区金融业资产总额107.7万亿元，同比增长3.9%。金融业营业收入1.1万亿元，同比增长11.4%，占全区第三产业营业收入的比重为56.6%。金融业实现利润总额4268.7亿元，同比增长23.6%，占全区第三产业利润的比重为54.4%。

地址：西城区金融大街甲9号金融街中心B座601室

邮编：100033

电话：66290677

（刘　锴）

【推进体制改革】5月30日，北京金融街合作发展理事会成立，是北京市人民政府发起，财政部、中国人民银行、新华通讯社、中国银保监会、中国证监会、国家外汇管理局指导的议事平台，是金融街跨界共治和社会参与的沟通交流工作机制。8月，金融街服务中心有限公司运行。12月3日，金融街合作发展理事会第一届一次大会召开，金融街“共商、共建、共治、共享”跨界共治模式正式启动。

（刘　锴）

【服务金融业扩大开放】年内，聚焦外资机构市场准入、牌照申请、业务先行先试和投资便利化等重点领域，承接国家金融改革开放任务，制定金融街服务金融扩大开放工作方案，梳理形成3类18条举措28个具体项目，支持瑞银证券成为国内首家持股比例达到51%的外资证券公司；支持华泰保险集团成为国内首家中外合资保险集团；引进万事网联信息技术（北京）有限公司、环球同业银行金融电讯协会（SWIFT）全资子公司、大和证券、锋裕汇理投资咨询（北京）有限公司等知名外资机构；服务VISA、Master申请银行卡清算许可，服务诚通基金、瑞银证券、凯雷投资、施罗德投资等4家机构申请QDLP试点资格；探索金融监管“沙盒机制”，促进金融创新发展和风险防范。

（刘　锴）

【开展规划研究】年内，金融街服务局逐季完成区金融业发展形势分析报告，跟踪分析区金融业和各子行业发展形势和面临机遇与挑战，编制《金融街优化提升规划（2019年—2035年）》，开展资产管理、金融风险与创新指数、金融“监管沙盒”等课题研究。刊发《金融街观察》内刊12期。

（刘　锴）

【完善服务机制】年内，金融街服务局落实区领导联系服务重点企业工作制度，结合区财政组收等重点工作，走访对接机构286家次，服务机构个性化需求。完善“一企一员”服务专员制，为重点机构配备金融街服务局与金融街服务中心有限公司“双管家”，为机构提供全生命周期内精准服务。

（刘　锴）

【引进金融机构】年内，金融街服务局关注金融业态创新发展趋势，引进总部机构和新兴机构。引入中国电信集团财务有限公司、工银理财有限责任公司、中银理财有限责任公司、中邮理财有限责任公司、存款保险基金管理有限责任公司、中汇储投资有限责任公司、万事网联信息技术（北京）有限公司、环球融讯网络技术服务（中国）有限公司等金融组织和机构54家，新增注册资本约653.21亿元人民币。

（刘　锴）

【金融服务区域发展】年内，金融街服务局建立完善1+N+P融资对接模式，收集并发布融资项目38个，融资1306.1亿元，综合运用银行信贷、企业债券、中期票据等多种金融工具，引导驻区大型金融机构为实体经济发展不断注入“源头活水”，支持区域金融、科技、文化融合发展。

（刘　锴）

【促进企业上市】年内，金融街服务局服务多层次资本市场建设发展，多举措促进企业上市挂牌，支持企业通过资本市场做优做强，扩容西城上市板块。新增境内上市企业3家，助力安博通成功登录科创版，成为科创版首家网络安全公司。境内上市企业总数38家、总股本1.23万亿股，总市值6.92万亿元。境外上市企业总数25家，总股本1.58万亿股，总市值8.61万亿元。新三板挂牌企业63家，总股本171.91亿股，总市值205.59亿元，其中高新技术企业55家，占挂牌企业总量的87.3%，创新层企业4家。开展上市培育辅导，走访调研20余家企业，了解不同上市阶段企业实际需求，联合证监局、交易所专家对5家企业开展有针对性“一对一”辅导，对接企业上市挂牌及融资等协调服务，重点培育拟上市及拟挂牌企业50余家，其中进入上市通道的企业10家。

（刘　锴）

【交易场所监管】年内，金融街服务局持续更新区内11家交易所建立基础信息台账，形成定期信息报送机制，实施动态跟踪管理。配合市地方金融监督管理局开展现场检查，提出整改意见并对其经营发展情况给予辅导。贯彻落实中央、北京市打好防范化解重大金融风险攻坚战总体部署，制定《西城区交易场所清理整顿攻坚工作方案》，按照一所一策原则，分类处置各类交易场所，推动交易场所健康有序发展。

（刘　锴）

【融资租赁企业监管】年内，配合市地方金融监督管理局对辖区内的14家融资租赁企业进行现场检查摸底，建立基础台账，提出整改意见促进其健康发展。

（刘　锴）

【小额贷款公司监管】年内，金融街服务局组织律师事务所、会计师事务所等中介机构对区域内小贷公司开展现场检查，对存在重点问题的机构出具限期整改意见书，规范企业经营，防控金融风险。截至年底，西城区有小贷公司8家，注册资本金9.38亿元。年内发放贷款277笔4.42亿元，期末贷款余额6.7亿元。

（刘　锴）

【融资性担保公司监管】年内，金融街服务局与律师事务所、会计师事务所等专业中介机构合作，对区域内融资担保公司开展现场检查，对存在重点问题的机构出具限期整改意见书，规范企业经营，防控金融风险。截至年底，西城区有融资性担保公司及分公司11家，注册资本113.79亿元，职工人数597人，实现担保业务收入17.45亿元，在保余额1772.15亿元。

（刘　锴）

【新增典当行监管】9月，金融街服务局与区商务局完成39家典当法人企业（1家已提交解散申请）、16家分支机构材料的交接工作，完成与市金融局相关监管系统对接工作。10至12月与律师事务所、会计师事务所等专业中介机构合作，对辖内38家典当行开展现场合规检查工作，对存在的问题出具限期整改意见书，规范企业经营，防控金融风险。截至年底，西城区有典当行38家。

（刘　锴）

【防范和打击非法集资】年内，金融街服务局强化防范和打击非法集资领导小组工作机制，建立健全监测预警工作制度，运用大数据监测等手段，及时研判、分类化解，涉嫌违法犯罪行为，加大高风险企业处置力度。通过实地走访、行政核查、现场检查等方式已核查120余家公司。截至年底，有高风险企业3家，较上年减少4家。制定非法集资举报奖励办法，拓宽情报信息收集渠道，接听投资人电话1200多个；接待投资人维权350余人；回复市民热线件及信访件220余件；答复12345热线37件。开展打非宣传教育、集中宣教、防范非法集资宣传月及基层宣传教育活动，形成防范非法集资宣传联动网。

（刘　锴）

【防控P2P网贷平台风险】年内，金融街服务局完成5家P2P网贷平台的行政核查工作，组织网贷风险处置专班8家成员单位参加15次市网贷风险处置视频会商会。落实“三降”要求，按月搜集在营网贷平台运营数据，每日收集出险网贷平台运营数据和涉稳情况。移除7家非网贷平台公司，8家平台已被公安机关正式立案，“僵尸”失联2家。

完善信息报送机制，关注高风险平台化解工作进展，每日向相关市、区领导、部门报送平台信息，每周报送P2P工作简报，累计报送P2P专报、日报1000余份。制定《西城区网络借贷风险应急预案》，建立四级应急响应机制，明确各单位在处置突发金融涉稳事件时的责任，形成工作合力。约谈网贷平台50余次，接听出借人来电1100余人次，接待上访出借人300余人次，回复12345热线53件，信访件72件，做到接诉即办。

（刘　锴）

【优化区域营商环境】年内，金融街服务局制定《关于促进西城区金融人才发展的奖励办法》。围绕打造一流环境、优化商业配套、改善交通出行、保障街区安全，推动金融街街区配套提升。

（刘　锴）

【举办金融街论坛】5月29至30日，以“深化金融供给侧结构性改革，推动经济高质量发展”为主题举办2019金融街论坛年会，论坛由全体大会、3场分论坛和金融街夜话组成。财政部、“一行两会一局”、新华社等70余位国家金融管理部门领导、中外资大型金融机构领导、业内著名专家学者出席全体大会并演讲。北京市相关部门、金融机构、企业集团、上市公司、相关新闻媒体代表和嘉宾等近1900人次出席论坛年会。按照“一主N分多沙龙”的金融街论坛框架体系，举办中国金融开放与全球经济形势、供应链金融服务实体经济、监管沙盒与中国金融创新机制等金融街论坛系列活动32场，涵盖“一带一路”、对外开放、国际合作、金融科技、资产管理、人民币汇率等领域。

（刘　锴）

【举办京交会金融服务专题展】5月28日至6月1日，举办2019年京交会金融服务专题展，展览面积近9000平方米，银行、基金、证券、保险、金融科技企业等近50家机构参展，包括一些世界五百强企业，展示了金融供给侧结构性改革、金融服务国家战略、金融服务实体经济、金融业扩大开放、金融科技创新等方面的成果。金融服务展获得2019年中国国际服务贸易交易会最佳专题展区奖。

（刘　锴）

【对外交流合作】年内，持续推动金融街与伦敦金融城等全球主要金融城市对话交流，举办“2019北京金融街—伦敦金融城对话交流活动”；在英国伦敦举办“走进北京金融街—2019”对话交流活动，走访调研伦交所、汇丰等机构20余场次；与阿布扎比国际金融中心举办“中国—阿联酋金融科技合作”研讨会；举办阿布扎比国际金融中心金融服务监管局北京代表处揭牌暨2019年“一带一路”中阿金融合作招待会；举办北京金融街外资金融机构交流会。

（刘　锴）

【党建工作】年内，金融街服务局分别签订从严治党责任书和责任清单。开展“不忘初心、牢记使命”主题教育，处级干部集中学习、交流研讨，班子成员开展调研67次，现场解决问题46个，列入问题清单限期整改22个；领导班子查摆出问题16条，制定整改措施。制定热线办理管理办法，每两周召开一次专班例会，提升热线办结率和满意度。制定《金融街服务局能力建设年工作方案》，建立局党组、处室领导、组织人事处共同培养干部机制。坚持每月一次政治学习和业务培训，让年轻干部担任支委、参与金融街论坛、P2P金融风险防范一线锻炼。完成干部职级套改、职级晋升、轮岗交流、干部挂职锻炼等工作，招录定向选调生及事业单位职员。

（刘　锴）

银　行

国家开发银行北京市分行

【概况】国家开发银行北京市分行（简称国开行北京分行）内设22个处室，正式在职人员228人。年内，国开行北京分行资产余额4780.61亿元，同比减少13.53%；表内贷款余额4376.5亿元，同比减少7.62%，其中表内人民币贷款余额3198.22亿元，同比增长7.18%，表内外币贷款余额168.9亿美元，同比减少33.9%；日均存款586亿元，同比增长17.4%；实现中间业务收入2.12亿元，同比减少10.86%；拨备前利润56.33亿元，同比减少10.14%。

地址：西城区复兴门内大街158号远洋大厦

邮编：100031

电话：63223100

（刘　宇）

【支持首都高质量发展】年内，国开行北京分行坚持战略导向，推动京津冀协同发展和非首都功能疏解，助力北京“四个中心”建设。聚焦京津冀一体化建设，助力大兴国际机场、京张铁路正式运营，支持地铁六号线、十七号线等轨道交通项目，发放贷款95亿元。支持奥运场馆和配套设施建设，发放贷款19.5亿元。破解旧城保护难题，以西砖胡同项目作为破局城市更新领域支点，探索出“菜西模式”，实现北京市首例实施直管公房申请式退租和首个城市更新项目落地。助力生态优先战略，发放永定河流域综合治理项目等绿色贷款119亿元支持市属重点企业发展，向北汽、金隅、京能等重点市属企业发放贷款170亿元。响应“一带一路”倡议，发放万宝矿产“一带一路”流动资金贷款项目贷款1.4亿美元。

（刘　宇）

【服务民生保障】年内，国开行北京分行支持民营和小微企业发展。发放民企流贷101亿元，为同仁堂等25家客户提供专项流动性支持，帮助约700家民营企业；与北京银行开展转贷款业务合作，发放转贷款20亿元，为300余家小微企业提供资金支持，获得国家开发银行2019年“民营小微”企业“双千亿”突出贡献奖。助力东西部扶贫协作，发放扶贫贷款40.31亿元，实现消费扶贫55.45万元。引导资金投向瓶颈领域，实现美菜网项目发放8.8亿元，形成东部龙头企业以“互联网+农业”大额订单采购形式拉动西部农业发展的典型模式。推动“租购并举”，实现东坝和庙城共产房项目贷款发放5.8亿元；继续发放棚改项目贷款106亿元，确保重点民生工程资金支持“不断档”。

（刘　宇）

【支持全国科技创新中心建设】年内，国开行北京分行推动“三城一区”开发建设，为怀柔科学城、亦庄开发区设计融资方案，发放西三旗科技园区项目贷款7.25亿元。推动集成电路及配套产业发展，支持京东方、中芯国际等龙头企业，实现集成电路项目贷款发放122亿元。推广投贷联动模式应用，发放东方国信等7个投贷联动项目配套贷款3.3亿元。加强中关村银政保合作。在中关村批量支持科技型中小企业。

（刘　宇）

【风险管理与合规经营】年内，国开行北京分行完善全面风险管理体系。开展风险防范案例培训，提升全员风险防控意识和能力。推进风险出清，通过核销、批转和升优回收实现7个不良项目9.07亿元化解。夯实合规管理基础，完善合规管理机制，开展责任认定，提升全员合规意识。提升反洗钱工作水平，完善反洗钱及制裁合规制度体系，将反洗钱业务嵌入业务全流程。

（刘　宇）

【提高精细化管理水平】年内，国开行北京分行加强规划研究，完成北京市战略新兴产业融资规划等3项规划课题，加强形势研判，提升前瞻性和主动性。强化经营意识，合理调控贷款投放节奏，保障重点项目发放，灵活匹配期限，不断完善定价机制。深化综合金融服务，持续推进表外业务及同业业务，丰富客户服务品种，发行理财72期，金额495.48亿元。强化服务保障能力，财务绩效稳健发展，结算运行持续完善，办公管理、行政后勤和IT综合服务能力持续提升。工会、团委开展丰富多彩的文体活动和公益活动，营造和谐幸福工作氛围。

（刘　宇）

【党建工作】年内，国开行北京分行把政治建设摆在首位，深入开展“不忘初心、牢记使命”主题教育，以学习习近平新时代中国特色社会主义思想为主线，全面推进学习教育、调查研究、检视问题、整改落实“四个贯穿”。学习贯彻党的十九届四中全会精神，开展全员学习培训，征求改进分行管理的措施建议，制定、修订规章制度，提升分行治理效能。强化理想信念教育。贯彻落实总行“第一议题”学习要求，建立“学习进行时”机制。开展70周年国庆系列活动，组建党史国史宣讲团队。加强组织建设，建立党务干部轮训机制、跨支部督学机制，推动基层党组织全面进步。加大青年党员发展力度，发展党员4名。持之以恒正风肃纪，聚焦“关键少数”，坚持抓早抓小，引导员工自觉接受监督。开展“问题大起底、巡视回头看、整改再评估”工作，推动各类问题整改。做好员工日常行为排查和专项排查，开展违纪违法案件警示教育活动，推动扶贫领域作风问题专项治理。

（刘　宇）

中国工商银行股份有限公司北京市分行

【概况】中国工商银行股份有限公司北京市分行（简称工行北京分行）下设37家二级分行（含分行营业部），561家营业网点，569家自助银行，员工19168人。截至年底，本外币资产总额4.7万亿元，同比增长9.34%。实现本外币账面拨备前利润700.98亿元、净利润510.86亿元，同比分别多实现86.93亿元和45.08亿元，增幅14.16%和9.68%。本外币全部存款余额4.57万亿元，同比增加4098亿元。本外币各项贷款余额9652亿元（含本外币信用卡透支159亿元），同比增加1037亿元。实现中间业务收入128亿元，同比多实现2.98亿元，增幅2.4%。辖区内设8家支行。

地址：西城区复兴门南大街2号天银大厦B座

邮编：100031

电话：66410055

（毛彦宁）

【融资业务】年内，工行北京分行人民币各项贷款余额9226亿元（含人民币信用卡透支155亿元），比上年增加1001亿元。其中，公司贷款余额6633亿元，比上年增加688亿元；个人贷款余额2170亿元，比上年增加160亿元。外币贷款余额61亿美元，比上年增加4.4亿美元。疏解及城市更新贷款投放299亿元；制造业贷款比上年净增69亿元，余额达到610亿元；民营企业贷款比上年净增110亿元，余额达到585亿元；银保监和人行口径普惠贷款分别比上年净增93.6亿元和94.4亿元，余额分别达到219.8亿元和214.5亿元；科技文化贷款比上年净增168亿元，余额达到1160亿元；新兴市场贷款比上年净增229亿元，余额达到1241亿元。办理公司非信贷融资4324亿元，余额达到8027亿元。

（毛彦宁）

【存款业务】年内，工行北京分行人民币全部存款余额4.41万亿元，比上年增加3900亿元。其中，人民币储蓄存款、对公存款、同业存款分别比上年增加724亿元、501亿元和2672亿元。本外币和人民币全部存款日均余额分别同比增加4868亿元和4604亿元。外币全部存款余额242.64亿美元，同比增加25.59亿美元。

（毛彦宁）

【经营转型】年内，工行北京分行个人金融资产规模同比净增1089亿元，总规模达到1.56万亿元；信用卡消费额同比净增207亿元，达到1976亿元；“融e借”同比净增13亿元，同比增幅56%，余额达到37.6亿元；私人银行管理资产规模同比净增149.4亿元，达到1691.6亿元；“融e购”电商扶贫交易额突破3500万元。理财产品余额3772亿元，其中新规理财产品占比24%；承销非金融企业债2788亿元；代客资金交易业务量1456亿美元；投行资产管理规模890亿元，债转股投资金额335亿元；资产托管规模同比增加超过5000亿元，总量达到4.8万亿元；受托业务同比增长113%，达到216亿元。外汇业务，国际结算量2932亿美元；跨境人民币结算量8794亿元；个人结售汇业务量57亿美元。

（毛彦宁）

【渠道服务】年内，工行北京分行坚持以“五大工程”为统领，深化网点“专业化、智慧化、体验化、轻型化”和线上线下一体化转型。迁建、改建、新建、撤并网点33家，成功抢滩城市副中心、大兴机场等发展前沿阵地，投产金融街智慧银行旗舰店。“工行驿站”达到481家。网点外部竞争力达标率同比提升10个百分点。服务满意度99.36%。超时等候客户同比压降1.02个百分点。通州新华分理处、商务中心区支行营业室获中银协“百佳”网点创建第一、二名，17家网点获中银协星级网点称号，13家网点获评总行“五星级”服务示范单位。完成建国70周年阅兵金融保障服务。

（毛彦宁）

【风险管理】年内，工行北京分行持续压紧压实内控案防主体责任，“一、二道防线”履职更加有效，开展“8+2领域”风险治理和防范处置非法集资工作。贯彻落实监管要求，统筹推进巩固治乱象成果促进合规建设，零案件、零重大责任事故。资产质量保持稳定。

（毛彦宁）

【分行营业部】年内，分行营业部下设1个营业室、1个网点支行，在岗员工240人。截至年底，实现拨备前利润50.48亿元；本外币各项存款时点余额3019亿元，同比增长20.33%；本外币各项贷款余额497亿元，同比增长27.08%；实现中间业务收入6.75亿元，同比增长0.5%。

（郑　嘉）

【长安支行】年内，长安支行下设1个营业室、10个网点支行、1个分理处、1个附属机构，在岗员工462人。截至年底，实现拨备前利润37.63亿元；本外币各项存款时点余额2280亿元，同比增长86.9%；本外币各项贷款余额1328.42亿元，同比增长6.96%；实现中间业务收入5.29亿元。

（袁绪博）

【新街口支行】年内，新街口支行下设1个营业室、13个网点支行、1个储蓄所，在岗员工587人。截至年底，实现拨备前利润65.71亿元；本外币各项存款时点余额2121亿元；本外币各项贷款余额423亿元，同比增长2.6%；实现中间业务收入4.28亿元，同比增长3%。

（吴天昊）

【南礼士路支行】年内，南礼士路支行下设1个营业室、12个网点支行，在岗员工555人。截至年底，实现拨备前利润31.6亿元；本外币各项存款时点余额1945亿元；本外币各项贷款余额411.69亿元，同比增长10.22%；实现中间业务收入4.65亿元，同比增长18.62%。

（连凯　刘双）

【金融街支行】年内，金融街支行下设1个营业室、5个网点支行，在岗员工221人。截至年底，实现拨备前利润8.11亿元；本外币各项存款时点余额713.95亿元，同比增长45.78%；本外币各项贷款余额292.17亿元；实现中间业务收入2.65亿元。

（赵晨光）

【地安门支行】年内，地安门支行下设1个营业室、7个网点支行，在岗员工336人。截至年底，实现拨备前利润14.53亿元；本外币各项存款时点余额1155亿元，同比增长18.82%；本外币各项贷款余额307亿元，同比增长21.13%；实现中间业务收入3.93亿元，同比增长38.91%。

（何　军）

【宣武支行】年内，宣武支行下设9个网点支行、1个储蓄所，在岗员工336人。截至年底，实现拨备前利润52.45亿元；本外币各项存款时点余额4475亿元，同比增长5.01%；本外币各项贷款余额213.2亿元，同比增长11.95%；实现中间业务收入1.87亿元，同比增长9.03%。

（单　丹）

【广安门支行】年内，广安门支行下设1个营业室、10个网点支行，在岗员工413人。截至年底，实现拨备前利润12.63亿元；本外币各项存款时点余额599.64亿元，同比增长11%；本外币各项贷款余额342.42亿元，同比增长13.6%；实现中间业务收入3.12亿元，同比增长6.5%。

（汪雅倩）

中国农业银行股份有限公司北京西城支行

【概况】中国农业银行股份有限公司北京西城支行（简称农行西城支行）主要办理人民币存款、贷款和结算业务；办理票据贴现业务；代理发行金融债券；代理发行、代理兑付、销售政府债券；买卖政府债券、代理收付款项及代理保险业务；办理外汇存款、外汇贷款、外汇汇款、外币兑换、结汇、售汇、国际结算；通过上级行办理代客外汇买卖；代理国外信用卡付款及总行在经中国银行业监督管理委员会批准的业务范围内授权的其他业务。截至年底，农行北京西城支行有基层网点15个，其中13个二级支行、1个分理处、1个营业部，支行机关下设8个部室。在岗员工333人。年内，西城支行深化四比争先、推进营销风暴、加快转型步伐、提升服务水平、转变工作作风、夯实“双基”管理、加强队伍建设，党的建设不断加强，业务经营稳质提速。

地址：西城区车公庄北街新华里16号院1号楼

邮编：100044

电话：83680284

（王　娟）

【支行业务】年内，农行西城支行坚持服务实体经济，创新发展理念、防范金融风险、打好三大攻坚战，坚持强弱项、补短板、增后劲，开展“营销风暴”活动，推进数字化转型步伐，加快场景建设，持续深化网点转型，持续夯实“双基”管理，着力抓好风控，强化运营管理。

（王　娟）

【获得荣誉】年内，农行西城支行获北京分行先进单位、先进集体，获2019年“春天行动”普惠金融营销奖、国际业务营销奖、资管业务营销奖、农银人寿业务卓越贡献支行、信用卡发卡业务卓越贡献支行、2019年代理保险业务转型增效支行、代理农银人寿保险突出贡献奖、私行保险专项营销卓越贡献支行等奖项。支行团委连年考核名列分行前茅，获“五四红旗团委”。多个网点获分行“Ⅱ、Ⅲ类账户营销十强网点”“财富之星”“规模之星”等优秀网点称号。

（王　娟）

【党建工作】年内，农行西城支行持续学习贯彻习近平新时代中国特色社会主义思想，把政治建设融入支行党委贯彻落实党和国家决策部署的全过程，做到政治建设与支行转型发展各项工作深度融合、相互促进，推动全面从严治党、从严治行向纵深发展。发挥各级党组织书记的“头雁”效应，着力抓好两级党组织书记第一责任落实，抓好党建工作的目标、计划和考核管理，抓好对党建工作联系点的监督检查和指导帮扶。开展“不忘初心、牢记使命”主题教育，践行“两个维护”，加强主题教育宣传和思想意识形态建设。

（王　娟）

【支行活动】年内，农行西城支行开展系列特色活动。4月，开展“青春心向党建功新时代”主题演讲比赛，各党支部共23名青年选手参加比赛，围绕主题、结合本职岗位讲述对党的认识和热爱。6月，与新街口街道开展党建共建，参加街道非物质文化遗产民俗剪纸活动，将农行的产品推荐给街道的党员群众，开展消费者权益保护宣讲。6月13日，组织52人赴海淀区反腐倡廉教育基地参观学习，接受反腐倡廉教育。6月24日，举办“我和我的祖国”主题朗诵比赛。7月3日，与中国电信集团开展党建共建活动，60余人参加。体验互联网时代中国电信的新业务，了解中国通信事业的历史传承和“互联网+”战略。7月，组织爱心捐助，20余名党员和群众捐款捐物，收集各类文具300余件、衣物50余件、玩具45件，所筹集物资赠送给云南省迪庆藏族自治州香格里拉市虎跳峡镇松鹤村松鹤幼儿园的贫困儿童。10月，组织党支部书记赴香山双清别墅参观，观看影片《我和我的祖国》。同月，全体党员到门头沟区马栏村，重温红色记忆，践行革命精神。11月，农行西城支行团委再次与新街口街道共同举办健步走活动。12月，组织各党支部参加北京分行组织的“四比担使命、奋进农行人”主题教育知识答题竞赛活动。同月，西城支行党委与中国人民公安大学开展共建活动，参加“农行杯·中国人民公安大学纪念‘一二·九’运动84周年冬季长跑”活动，20余名党员代表在现场设立展台宣传农行产品。

（王　娟）

中国银行股份有限公司北京市分行

【概况】中国银行股份有限公司北京市分行在区境内有西城支行、宣武支行。西城支行下设11个部（支行营业部、公司业务部、交易银行部、金融机构部、个人数字金融部（原个人金融部）、消费金融部（原个人贷款部）、银行卡部、监察部、计划财会部、风险内控管理部、综合管理部），14个经营性支行（西城区外5个）。在职员工498人。宣武支行下设12个部门（交易银行部、公司业务部、行政事业机构部、普惠金融事业部、金融机构部、个人数字金融部、消费金融部、银行卡部、计划财务部、风险内控部、综合管理部、纪委办公室），14家经营性支行（含支行营业部），在职正式员工391人。

西城支行

地址：西城区阜成门外大街5号

邮编：100037

电话：68002129

宣武支行

地址：西城区南新华街1号

邮编：100052

电话：63916155

（杨杰茜　张齐笑）

【西城支行业务】年内，中行西城支行紧密围绕“激发活力敏捷反应重点突破加快建设新时代全球一流银行”的战略目标，坚持“大服务、无边界、一体化、全覆盖”的工作思路，各项工作稳步落地。深化业务改革，多项重点业务取得突破。普惠金融中心协同辖属网点支行积极开展源头营销，为企业量身制定授信方案，通过叙做多种产品有效带动支行普惠金融业务快速增长。ETC业务发展取得良好成绩，通过目标客户重点营销、部室网点联动营销等多措并举，增大外拓力度，激发活力、攻坚克难。公司业务方面，支行将结算账户拓展作为公司业务的重点工作推进，充分发挥绩效考核导向作用和激励机制，依托“保姆式”管理实施清单式营销，实现“双户双基”（客户基础、账户基础）与存款业务双丰收。全力支持西城区重点项目建设及区属企业发展。响应国家号召，牢牢把握金融服务实体经济的根本宗旨，在防范化解金融风险前提下，为多家企业解决民营企业融资难等问题。个人金融业务方面，将私行客户拓展列为支行重点工作，强化考核机制，精细化过程管理，以产品为抓手，以差异化服务为切入点，实现私行客户及金融资产快速增长。运营管理方面，支行党委把党建工作与经营管理共同谋划，共同部署，多次开展主题教育活动，坚持党建引领，实现凝心聚力。以《风险管理与内部控制体系管理办法》为纲领，增加信用风险管控职能，明确风控组织架构和职责分工。不断完善支行风控体系建设。

（杨杰茜）

【宣武支行业务】年内，宣武支行实现计费净收入11.27亿元，拨备前利润8.70亿元，实现中间业务收入2.89亿元。宣武支行响应西城区政府的各项发展战略，发挥金融支持作用；支持冬奥基础设施建设，推进“京津冀”协同发展战略，为铁路项目提供资金支持；响应“一带一路”倡议，为重点客户打造专属服务方案，叙做出口买方信贷业务；为客户提供优质跨境金融服务，迎接国际新形势的挑战。年内，叙做多笔汇出汇款融资、利率掉期、交叉币种融资及区间宝等购汇组合业务；贯彻落实国家“去产能”政策，支持绿色金融，助力企业可持续发展，发行全国2019年度首单绿色ABN；发展普惠金融，支持民营经济，不断完善小微企业服务体系，设立普惠金融服务中心，专业、专职、高效服务小微企业；支持国家新能源产业政策，与新能源汽车企业开展合作，5年来累计实现分期交易量18亿元，客户数累计达8000余人；严格落实风险管控，坚持内控合规档案特色化管理，不断提升支行风险管理水平。认真学习宣传贯彻落实党的十九大精神，深入推进全面从严治党，深化“不忘初心、牢记使命”主题教育，在区域内通过联合学习教育、联合党日活动、联合共享平台，践行社会主义核心价值观，传播公益大爱，为民族复兴的中国梦做贡献。为西城区区域经济、社会发展做出贡献，获西城区发改委2019年综合贡献奖励30万元。年内，宣武支行获全国金融“五一”劳动奖、北京金融“五一”劳动奖，支行辖属网点陶然亭支行获中国银行业文明规范服务五星级营业网点。

（张齐笑）

中国建设银行股份有限公司北京市分行

【概况】中国建设银行股份有限公司北京市分行在区境内有宣武支行、西单支行、西四支行。宣武支行有中长期劳动合同人员321人，平均年龄37岁，其中本科及以上学历人员139人，党员112人；下设11个部室（含营业部），10个营业中心，4个个人金融中心。西单支行有中长期劳动合同人员155人，平均年龄38岁，其中本科及以上学历110人，党员57人；无劳务人员。下设8个部室（含营业部），5个营业中心（西长安街支行、西直门支行、华远街支行、德胜支行、新街口西里支行）。西四支行有中长期劳动合同人员232人，平均年龄39岁，其中，本科及以上学历人员174人，党员101人，下设6个经营机构。

宣武支行
地址：西城区广安门内大街314号
邮编：100053
电话：63209555

西单支行
地址：西城区西单北大街34号
邮编：100032
电话：66035636

西四支行
地址：西城区阜成门外大街甲26号
邮编：100037
电话：51999930

（许丽莎　卢萌　张铮）

【宣武支行业务】年内，宣武支行实现本外币利润11.58亿元。中间业务收入4.71亿元。本外币全口径存款时点余额811.36亿元；一般性存款余额473.23亿元。本外币各项贷款时点余额633.13亿元；五级分类不良贷款余额0.22亿元，不良率0.03%。宣武支行坚持党建引领，学习贯彻党的十九大精神，深化"不忘初心、牢记使命"主题教育成果，践行新金融，提升综合水平，加强内部管理，努力建设一流支行。年内，宣武支行党委制定"4个1"学习方案，策划张富清同志学习汇报会，组织党的十九大精神宣讲。多次至北京市消费扶贫双创中心、新中国成立70周年成就展参观学习。与总、分行授信审批部党组织共同举办业务对接活动。住房租赁：实现存房101套，排名分行第12位。营销翠微公寓、丽新家园、电力医院项目，入选分行住房租赁业务重点支行。普惠金融：对公普惠金融贷款时点余额12.88亿元，新增7.28亿元，新增额排名分行第6位。上线供应链快贷产品"电e链"，面向国家电网中小微用电企业主提供小额短期贷款，累计获客100余户，投放贷款300余万元。裕农通服务点完成40户，计划完成率200%，排名城区行第1位。金融科技：营销建行系统首笔智慧政法平台——招标通业务签约，实现对公客户新增52.5户，对私客户新增10113.5户。新金融普及行动：培训3197人次，计划完成率110.24%。承办国家能源投资集团企业年金业务培训班，在建行大学华东学院组织了面向客户方人力、财务部门员工500人次、为期9天的集中培训。多项业务突破：与中国水电建设集团国际工程有限公司签订7亿美元加纳政府优先基础设施项目一期应收账款转让协议；中标国家能源投资集团有限责任公司企业年金托管人资格，托管规模新增额超千亿元；办理分行首单国内信用证开立加福费廷自营全流程业务；办理分行首笔对公客户通过商务卡签约ETC业务；办理分行首单家族信托全资产类别配置业务，签约规模3亿元。廉政建设：建立"四维管控"体系，实行"逢会一案例"制度。结合主题教育推进家风、行风建设。制定"1+3"案防工作方案。宣武支行获新中国70年企业文化建设优秀单位、中国企业全媒体传播体系构建与品牌传播优秀单位、分行企业文化建设先进单位。"扬宣炼武"党建品牌被评为北京分行优秀党建品牌。打造新时期"宣武精神"，在宣武支行成立30周年之际，制作行庆宣传片、设计行史室、举办新老员工座谈会。

（许丽莎）

【西单支行业务】年内，西单支行实现本外币账面利润2.33亿元。中间业务收入1.92亿元。本外币全口径存款时点余额236.6亿元；一般性存款余额195.3亿元。本外币各项贷款时点余额106.84亿元；五级分类不良贷款余额0.09亿元，不良率0.14%。西单支行围绕北京分行"提高站位、稳中求进、进中求好、好中求快、转型创新"的总基调，聚焦"一轴两翼三优"（即一轴：始终把党的政治建设摆在首位。二翼：做强传统业务是守正固根基，践行新金融是出新谋未来；三优：零售优先，同业优先，交易优先）的发展思路和"内挖潜、外拓新，提升人员能力、提升工作效率"的目标要求，攻坚克难，提质增效。实现KPI排名分行第26位，较上年提升8个位次。员工绩效收入总量较上年增长约9.9%。住房租赁实现房源上线1516套，计划完成率29.2%，分行排名第9。普惠金融战略8+1口径计划完成率113.96%，分行排名第8位，小微企业贷款计划完成率134.57%，分行排名第7位。为中国地质工程集团有限公司累计发放E信通贷款约2.2亿元，民工惠投放约500万元，联动有效客户新增161户。金融科技战略社会化平台分行排名第8位。与国务院办公厅、北京市自来水公司签约智慧政务，与中国地质工程集团有限公司签约党群平台，与教育部签约《智慧工会合作协议》。签约ETC7739张，计划完成率48.73%，分行排名第14位。扶贫卡新增8112户，计划完成率101.16%。坚持同业优先，新兴金融业务创造中收1.14亿元，其中托管业务创造中收1.02亿元，首超亿元大关，实现同业优先工作中“双破亿”。创新推出“留学生借记卡”产品，发卡6950余张，实现个人时点存款余额新增1033.86万美元，成为分行批量获客、存款新增的典型案例。挖掘电商资源，拓展线上支付业务，借助信用卡分期、线上普惠贷、二类账户出海等产品优势和先发优势加快重点项目落地。推进风险管理精细化，建立“立体化”联防联控体系和“保障金”制约机制，加强运用主动积分，确保案件防控制度化、常态化。完成国庆70周年等重要时段安保任务。

（卢　萌）

【西四支行业务】年内，西四支行实现本外币账面利润9.24亿元，本外币全口径存款时点余额846.18亿元，本外币各项贷款时点余额255.73亿元，五级分类不良贷款余额0.13亿元，不良率0.05%。改革发展情况：提站位，持续夯实党建根基。坚持党建统领，始终把政治建设摆在首位，以习近平新时代中国特色社会主义思想为指导，开展“不忘初心、牢记使命”主题教育，推进党的十九届四中全会精神在基层落地，以“三化”（即：标准化引领，夯实党建基础；特色化推动，激发基层活力；常态化体检，打造坚强堡垒。）落实分行基层党支部组织力提升年各项要求。依托“业余党校”等“四个品牌”（即：业余党校党员教育品牌、心灵建设企业文化品牌、青年创新人才培养品牌、亲子公益志愿服务品牌），突出建设特色党建文化，开展党建扶贫，与西城区展览路街道开展邻里共建活动，所辖网点与22个社区签订“结对共建卡”，在构建互联互通、共建共赢的区域化党建新格局方面取得好成效。住房租赁方面，与区建委、区重大办对接，助力西城区属房地产企业发展，实现房源上线9806套，存房190套。普惠金融方面，落实民工惠业务，惠及农民工41373人，所辖网点全部开办普惠金融业务，普惠金融贷款余额较年初新增11.85亿元。金融科技方面，与西城区监察委签署“智慧政法”项目合作协议，与西城园对接，以金融科技手段进行开发与整合，助力打造国家金融科技产业示范区。践行总行党委提出的新金融，提升“三个能力”，在国家产业转型升级和加快先进制造业发展中彰显建行的社会责任。不断擦亮“劳动者港湾”招牌，以优质服务得到西城区环卫中心的高度肯定和充分认可，其“事转企”改制后成立的企业在支行开立基本账户。依托建行大学合作高校资源，开展新金融普及行动，为区内中小企业主、个人创业者、街道办和社区主任等开展各类宣传培训4500余人次。着力打造员工队伍，持续扩大“四个品牌”影响力，依托“青年创新工作室”，开展专题培训、青年大学习、成果风采展示等活动，提升党员队伍政治素养和履职能力。倡导“以坚定的信仰引导人，以高尚的情操鼓舞人，以科学的知识培养人，以严谨的作风规范人”的心灵建设理念，落实分行关爱员工身心健康10件实事，建立全覆盖的慰问帮扶体系，依托8个兴趣协会，开展丰富多彩的工会活动，在所辖网点建设“职工小家”，为员工提供温暖的心灵港湾。

（张　铮）

交通银行股份有限公司北京市分行

【概况】交通银行股份有限公司北京市分行（简称交行北京市分行）机构网点139家（含21家临时停业网点，1家即将开业网点），其中二级分行1家、分行营业部1家、一级支行39家、二级支行80家、普惠支行18家；有员工4459人，其中正式员工4454人、派遣制员工5人，平均年龄36岁。截至年底，本外币资产总规模8037.04亿元；本外币各项存款余额7040.05亿元，较上年增加679.34亿元，增长比率为10.68%；本外币各项贷款余额3504.08亿元，较上年增加277.37亿元，增长比率为8.60亿元；利润94.32亿元。

地址：西城区金融大街22号

邮编：100033

电话：88668866

（何华伟）

【公司金融业务】年内，交行北京市分行以“稳规模、控成本、调结构”为目标，主动负债对接到期资金，积极营销和维护负债战略客户和重点客群，以次高成本负债置换到期高成本负债，逐步降低负债成本。加大项目储备力度，推进资产业务发展。对接云链、航信等各类电子供应链平台，创新线上服务新模式，为推进链金融业务拓宽渠道。加强对公企业网银和手机银行的推广，提高客户活跃度。争揽综合收益高的非金融企业发债项目及市场化发行的金融债项目，储备市属及央企子公司项目。推出线下标准化抵押产品——抵押绿通，针对符合准入标准和风险要求的法人小企业开辟授信审批“绿色通道”。

（何华伟）

【个人金融业务】年内，交行北京市分行将大额存单作为提升规模、优化结构的首要产品重点营销，提高计价奖励。厅堂、外拓、线上三大渠道共同发力，以手机银行等产品为抓手促新客户、新账户、新活户。以追求综合收益为出发点，发行资产提升类、新资金专享等专属产品，制作年终奖配置方案，吸引源头资金。深化客户分层管理，做深做透中高端客户，做大做强基础客户。聚焦出行场景加大产品创新，独家发行亿通行联名信用卡，推出“一分钱坐地铁”活动。调整营销策略和消费贷款业务重心，创新线上消费贷产品。

（何华伟）

【国际业务】年内，交行北京市分行紧抓国际业务核心客户群，重点做大大型央企业务规模，逐户解决业务合作中的政策、授信、价格和业务模式等问题，逐步提升业务份额，实现包括5家大型油企在内的多家央企业务恢复性增长。实现全国最大规模4.78亿美元境内员工跨境股权激励计划。拓展新兴行业客户，争揽互联网企业境内、NRA和OSA外币存款。挖掘“油企链”融资项目机会，做大国内证融资，落地区块链国内信用证、买方代理交单等新业务模式，提升基础结算和贸易融资规模。抓住北京地区企业“走出去”和装备制造业国际合作机会，拓展出口买方信贷、境外中长期项目融资。

（何华伟）

【基础管理】年内，交行北京市分行推进管理部门体制改革，整合优化部门职能。成立党建工作部，将通州支行升格为通州分行（二级分行），对业务规模较大的支行设置国际业务二级部，提升市场响应速度和能力。推进网点“一个班子、两支队伍”建设，根据网点业务规模和管理半径，综合型网点实行“一正三副”配备标准。做好厅堂服务模式转型试点工作，建立网点客户服务经理队伍。开展“5+2”专项治理，严格落实案防责任。成立28个专项业务小组，在新经济领域、ETC营销、风控创造利润等方面取得较好成效。建立基层评议机关制度，开通“管理意见直通车”。

（何华伟）

【风险管理】年内，交行北京市分行完善风险决策体系建设，将“1+2+4”风险管理委员会体系调整为：1（全面风险管理委员会）+2（信用风险管理委员会、合规〈反洗钱〉风险管理委员会）+3（贷款与投资评审委员会、零售信贷业务审查委员会、风险资产审查委员会），增设全面风险管理委员会常务会议。设立风险监测中心，成立由风险经理构成的风险监测团队。将监测系统嵌入开户、贷前调查、授信审查、放款、存续期管理、资产保全业务全流程。把风险防控重点放在新增逾期防控上，资产质量保持较优局面，不良率和逾期率持续实现“双降”。

（何华伟）

【阜外支行】年内，阜外支行下

设1个营业室和3个支行，在职员工123人。截至年底，人民币存款余额236亿元，同比增加39亿元，其中储蓄存款65亿元，对公存款171亿元；人民币贷款余额118亿元；实现各类中间业务收入11809万元；实现本外币利润43257万元，人均创利352万元。

（安睿娟）

【西单支行】年内，西单支行下设1个营业室和1个支行，在职员工85人。截至年底，人民币存款余额224.85亿元，同比增加28.57亿元，其中储蓄存款34.42亿元，对公存款190.43亿元；人民币贷款余额553.2亿元，同比增加357.34亿元；实现各类中间业务收入8580万元；实现本外币利润41054万元，人均创利457万元。

（赵　欣）

【宣武支行】年内，宣武支行下设1个营业室和4个支行（含1个普惠支行），在职员工104人。截至年底，人民币存款日均余额86.37亿元，同比增加8.57亿元，其中储蓄存款日均余额53.28亿元，对公存款日均余额20.21亿元，同业存款日均余额12.88亿元；人民币贷款日均余额3.55亿元；实现各类中间业务收入4705万元；实现本外币利润9336万元。

（陈肖肖）

【北三环中路支行】年内，北三环中路支行下设1个营业室和3个支行，在职员工91人。截至年底，人民币存款余额162.02亿元，同比增加17.27亿元，其中储蓄存款51.15亿元，对公存款110.87亿元；人民币贷款余额101.29亿元；实现各类中间业务收入11500万元，其中对公板块8780万元，零售板块2719万元；实现国际结算量5.07亿美元；实现本外币经营利润37167万元，人均创利397.51万元。

（邢晓思）

中信银行股份有限公司北京分行

【概况】中信银行股份有限公司北京分行（简称中信银行北京分行）中信银行北京分行有机构网点77家，员工2972人。年内，中信银行北京分行本外币资产总额8856亿元，比上年增加1656.09亿元，增长率23%。本外币存款余额（含金融机构存款）8434.42亿元，比上年增加1733.78亿元，增长率25.88%。本外币贷款余额（含贴现）2043.94亿元。不良贷款余额5.9亿元，不良率0.29%。实现净利润67.32亿元。

地址：西城区金融大街甲27号投资广场

邮编：100033

电话：95558

（徐文姗）

【公司银行业务】年内，中信银行北京分行依托投资银行、交易银行等重点业务，借助对公负债组合产品，巩固客户、机构客户等传统领域优势，推动客户一体化经营。负债业务：外币公司一般性存款时点余额达到5384.93亿元。资产业务：支持首都实体经济发展和重点工程建设，加大对“三大三高三新”领域的信贷投放，支持“中国制造2025”，拓展产业链上下游客户，完善小微企业金融服务体系。人民币公司一般性贷款余额1004.54亿元。投资银行业务：发行债券134支，实现债券融资规模1627.47亿元，债券代投业务新增69.7亿元，取得绿色中票、军民融合专项债等多项产品创新。表内外资产业务，实现结构化融资新增17.24亿元，并购贷款新增23.95亿元，股权融资业务实现行内首单市场化退出。交易银行业务：供应链金融项下商业承兑汇票贴现总额47.6亿元。供应链金融业务实现中间业务收入超过2500万元。普惠金融业务：成立普惠金融一级部，对全辖普惠金融业务实施“集中审查、集中审批、集中放款、集中贷后管理”的运营体系，围绕普惠标准化产品、配置专项信贷规模、实施专门授权审批流程、减费让利等措施，加强对小微企业的服务力度。普惠型小微企业法人贷款余额5.16亿元，比年初增长4.94亿元；贷款户数110户，比年初增长102户。

（徐文姗）

【零售银行业务】年内，中信银行北京分行存款业务：个人存款余额突破1000亿元大关，成为中信银行首家个人存款超千亿元分行。个人存款时点余额达1131.26亿元，年增225.95亿元。

管理资产：管理资产余额突破3000亿元大关，成为中信银行首家管理资产超3000亿元分行。时点余额达3274.74亿元，年增541.63亿元。零售资产：个贷资产规模981亿元。客户经营：AUM在1万元以上的有效客户数53.49万户，年增6.09万户；AUM在5至50万元的零售客户数25.1万户，年增1.17万户；AUM在50至600万元的零售客户数12.73万户，年增2.38万户；AUM在600万元以上的零售客户数7368户，年增1484户。代理销售：零售条线理财销量5102.03亿元，其中，净值型理财销量1234.61亿元；保险销量44.99亿元，较上年提升100%；非货币基金销量79.83亿元，较上年提升166%；贵金属销量1.09亿元。手机银行：移动银行登录客户数152.52万户，净增客户62.15万户，年交易1886.77万笔，月均登录客户数74.29万户，月均交易客户数34.91万户。移动支付：快捷支付签约客户272.19万户，年交易客户118.63万户，交易1.54亿笔836.29亿元。电子商务：电子商务产品交易量664.74亿元，其中跨境电子支付业务交易量150.85亿元。党费通：贯彻落实“互联网+党建”的部署，以创新型产品“党费通”为客户提供服务。实现对60余家党组织1.2万余名党员提供党费缴纳服务。服务品质：在北京银保监局（原北京银监局）2018年度消费者权益保护工作评价中获评一级。获“3·15”北京银行业和保险业消费者权益保护宣传周表现突出单位。所辖支行富华大厦支行、交大支行和首体南路支行获评北京市2019年银行业文明规范服务五星级营业网点，东大桥支行、房山支行、大兴支行获评北京市2019年银行业文明规范服务四星级营业网点，上地支行获评北京市2019年银行业文明规范服务三星级营业网点。

（徐文姗）

【金融市场业务】年内，中信银行北京分行同业业务：多措并举开展综合化经营。保持资产业务传统优势，加大同业借款投放；进一步扩展投资品种，参与二级市场ABS投资；调整理财销售结构，引导客户购买净值型理财；发挥科技赋能票据业务优势，为企业客户提供更加便利的融资服务；推广“中信同业+”平台，打通同业业务线上电子化交易渠道。同业存款时点余额2680.25亿元，同业资产时点余额1531.01亿元。国际业务：通过推动符合国家“一带一路”倡议导向的出口信贷业务，利用新政契机持续开拓跨境资金池，发挥市场与政策指引推动保函业务创新，使国际业务结构得到进一步优化。国际收支收付汇量642亿美元。托管业务：上线分行首个投连险账户托管，实现托管业务创新；中标政府引导基金，与多家信托客户签订合作协议；开展营运架构调整，上线分行本地化系统、深证通电子指令，为客户开通托管查询权限。托管规模2.39万亿元，实现税后托管收入12.29亿元。

（徐文姗）

【风险控制】年内，中信银行北京分行不良贷款余额5.9亿元，不良贷款率0.29%。全面排查防控重点领域风险，实施信息化风险监测，深化风险预警机制；加强体系建设，夯实一道防线授信后管理工作；开展系统数据治理，提升基础信息质量；坚持效益与质量并重，增强放款审核工作效率和质量。会计运营：做好运营保障方面的风险防范。创建现金服务示范区、上线全行集中运营项目、每周调研一家支行、每月消灭一类差错、会计经理“一帮一”互助及定制管理能力课程培训等活动，开展运营保障风险的防范和管理工作。风险管理：推进风险管理模板化，提高全面风险管理的可操作性；开展形式多样的风险文化建设，推进操作风险管理；开展业务演练、多项外包业务检查、推进风险报告体系建设。合规经营：建立合规经营管理的长效机制；抓中高层人员管理，创新排查员工行为管理手段，实施积分管理；优化内部合规检查机制，开展违规问责；提升洗钱风险防控水平，开展风险合规文化季活动，营造“人人合规、事事合规、时时合规”的文化氛围。

（徐文姗）

【营业结算部业务】年内，中信银行北京分行营业结算部在职员工41人。截至年底，一般性存款余额94.74亿元，其中公司存款余额73.7亿元，个人存款余额21.04亿元。各项贷款44.9亿元，其中公司一般性贷款30亿元，个人贷款14.9亿元。

（徐文姗）

【西单支行业务】年内，西单支行在职员工28人。截至年底，一般性存款余额47.37亿元，其中公司存款余额30.98亿元，个人存款余额16.39亿元。各项贷款20.74亿元，其中公司一般性贷款4.95亿元，个人贷款15.79亿元。

（徐文姗）

【广安门支行业务】年内，广安门支行在职员工25人。截至年底，一般性存款余额32.26亿元，其中公司存款余额19.42亿元，个人存款余额12.84亿元。各项贷款9.8亿元，其中公司一般性贷款0.04亿元，个人贷款9.8亿元。

（徐文姗）

【中信城支行业务】年内，中信城支行在职员工27人。截至年底，一般性存款余额66.61亿元，其中公司存款余额43.33亿元，个人存款余额23.28亿元。各项贷款27.13亿元，其中公司一般性贷款22.29亿元，个人贷款4.84亿元。

（徐文姗）

【德外支行业务】年内，德外支行在职员工22人。截至年底，一般性存款余额10.49亿元，其中公司存款余额5.32亿元，个人存款余额5.17亿元。各项贷款8.29亿元，其中公司一般性贷款0.35亿元，个人贷款7.94亿元。

（徐文姗）

【天桥支行业务】年内，天桥支行在职员工23人。截至年底，一般性存款余额19.56亿元，其中公司存款余额10.34亿元，个人存款余额9.22亿元。各项贷款11.7亿元，个人贷款11.7亿元。

（徐文姗）

中国光大银行股份有限公司北京分行

【概况】中国光大银行股份有限公司北京分行（简称光大银行北京分行）有营业网点92家，员工2754人。年内，光大银行北京分行被中国光大集团评为首届“阳光团队一等奖”；被中国金融思想政治工作研究会、中国金融文化建设协会授予2018-2019年全国金融系统思想政治工作先进单位；分行营业部被中华全国总工会授予全国工人先锋号；万柳支行被中国金融工会全国委员会授予全国金融五一巾帼标兵岗；宣武支行被中国金融工会北京工作委员会授予北京金融五一劳动奖状；方庄支行被中国金融工会北京工作委员会授予北京金融先锋号。截至年底，资产总额5378亿元，较上年增加873亿元，增幅19%，同比多增939亿元；一般存款时点余额4449亿元，较上年增加855亿元，增幅24%，同比多增470亿元；核心存款时点余额3058亿元，较上年增加443亿元，增幅17%，同比多增209亿元。一般存款日均余额4435亿元，较上年增加715亿元，增幅19%，同比多增295亿元；核心存款日均余额2963亿元，较上年增加437亿元，增幅17%，同比多增216亿元。营业收入首次突破100亿元，达到107.07亿元，同比增加10.7亿元，增幅11%，预算完成率103%。风险调整后利润首次突破60亿元，达到61.86亿元，同比增加8.95亿元，增幅17%，预算完成率123%。风险调整后资本收益率45.42%，较年初提升7.1个百分点。

地址：西城区宣武门内大街1号

邮编：100031

电话：66567699

（潘远发）

【公司金融业务】年内，光大银行北京分行制定《公司业务区域营销指引暨FPA（FinancialProductAggregate）市场开发计划》《信贷投向政策》等金融业务指引。公司一般存款时点余额3537亿元，较上年增加694亿元，增幅24%；公司核心存款时点余额2441亿元，较上年增加277亿元，增幅13%。公司一般存款日均余额3579亿元，较上年增加539亿元，增幅18%；公司核心存款日均余额2408亿元，较上年增加283亿元，增幅13%。公司FPA余额3533亿元，较上年增加403亿元，增幅13%。增幅13%。其中债券承销811亿元，较上年增加267亿元，增幅49%；自营对公贷款757亿元，较上年增加59亿元，增幅8.5%；同业投资244亿元，较上年增加149亿元，增幅157%，资产证券化余额176亿元；银承余额184亿元，较上年增加82亿元，增幅80%；贴现余额36亿元，较上年增加28亿元，增幅350%。保险债券计划余额34.3亿元。保理融资近百亿元，国内证融资超百亿元。一般存款时点增量系统内排名第一，系统内占比达21.2%，核心存款时点增量系统内占比达12%，

（潘远发）

【零售金融业务】年内，零售一般存款时点余额912亿元，较上年增加161亿元，增幅22%；零售核心存款时点余额616亿元，较上年增加166亿元，增幅37%。零售一般存款日均余额856亿元，较上年增加176亿元，增幅26%；零售核心存款日均余额555亿元，较上年增加153亿元，增幅38%。核心存款日均占比64.8%，同比提升4.8个百分点。财富管理产品1465亿元，较上年增加233亿元；理财基金规模1081亿元，较上年增加206亿元。零售信贷定价提升10个BP。零售营业收入在总营收中占比36.9%，同比提升0.6个百分点；零售EVA占比30.2%，同比提升6.5个百分点。零售九项资产规模2388亿元，较上年新增401亿元，增幅20.18%，指标完成率134%，规模在总行排名第一。零售客户规模838万户，较上年新增62万户，增幅8%。其中，财富客户5.9万户，较上年新增8983户，年指标完成率94.6%；私行客户5126户，较上年新增815户，年指标完成率147%。

（潘远发）

【创新金融科技】年内，光大银行北京分行金融科技研发创新投入2162万元，开发业务系统435项。成立金融科技委员会，组建系统内第一家总分行联合研发创新中心。“云缴费”交易3亿笔1356亿元，同比增长183%。上线“云缴费”售票，创新银联代付基金垫资模式，推进住房维修资金线上收款，上线蚂蚁花呗分期，开启“阳光e网贷”、国家电网供应商线上秒贷。布局5G智慧网点，打造VIP客户人脸识别系统，实现“光大家”App移动办公，提升EAST数据质量。举办首届“Fintech大赛”和金融科技名品展示活动。

（潘远发）

【集团协同联动】年内，光大银行北京分行打造光大财富“E-SBU”生态圈。为集团企业授信160多亿元；代销集团企业基金、信托、保险等产品近70亿元；托管集团企业产品435只2314亿元。与光大证券联合承销企业债券20亿元，推荐项目20余个，落地37亿元。与光证资管开展信贷持有到期业务20亿元。为光大租赁推荐项目20个24亿元。向光银国际推荐国企境外发债5.7亿美元。为嘉事堂药业授信15亿元、中青旅授信22亿元。中青旅联名信用卡进件111万张，激活首刷92万张。支持境外分行服务100多个央企境外分支机构。

（潘远发）

【风险防控与合规管理】年内，光大银行北京分行处置不良资产2亿元（现金清收1.5亿元，核销4658万元），清收潜在不良资产3780万元。不良贷款余额2.73亿元，较上年减少3300万元；不良贷款率0.23%，下降0.05个百分点；关注贷款余额19.14亿元，减少1.03亿元；关注率1.62%，下降0.22个百分点，实现“四降”目标。拨备覆盖率885%，较上年提高197个百分点。组织制度巡检453个，制定《十大禁令》。开展飞行检查64次，处分违规违纪人员5人次、问责156人次。未发生重大案件、重大差错和事故。

（潘远发）

【阳光服务与消费者权益保护】年内，光大银行北京分行构建“分行为基层服务、中后台为前台服务、管理为经营服务、全行为客户服务”的大服务格局。3月15日首次开展“行长当大堂经理”活动，行长和领导班子成员带领各支行行长在69家网点接待服务客户。编制《北京分行服务兄弟分行项目手册》海淀、天宁寺、学院路等3家支行被评为中国银行业文明规范服务“五星级网点”，五棵松、惠新西街等2家支行被评为中国银行业文明规范服务“四星级网点”。在全辖69家支行网点设置“雷锋岗”窗口。开展“权利、责任、风险”宣传、“3·15”送金融知识进公园、普及金融知识等活动。开展13场金融知识进校园活动，9月27日进入中央财经大学，以文艺节目的形式宣传金融知

识。编制《“3·15金融消费者权益日”系列宣传活动信息资料集锦》。在北京银保监局消费者权益保护评级中连续4年被评为“一级行”。

（潘远发）

华夏银行股份有限公司北京分行

【概况】华夏银行股份有限公司北京分行（简称华夏银行北京分行）资产总额2951.98亿元。一般性存款余额2457.16亿元，比年初增加309.67亿元，增幅14.42%。一般性存款日均2322.66亿元，比上年增加335.81亿元，增幅16.90%。各项贷款余额1695.42亿元，比上年增加138.31亿元，增幅8.88%。实现拨备前利润（考核口径）62.08亿元，同比增加9.62亿元，增幅18.33%。年内，实现中间业务净收入12.98亿元，同比增加1.2亿元，增幅10.19%。截至年底，华夏银行北京分行有综合性支行64家，正式在册员工2158人。

地址：西城区金融大街11号

邮编：100033

电话：58598600

（李原野）

【公司金融业务】年内，通过名单制管理分层营销，建立总分支行营销团队，班子全员持续营销。截至年底，新增总行级战略客户下属成员单位22户，新增总总签约、总分签约客户25个。加大对京津冀协同一体化投入，为38个客户累计投入316.55亿元，为产业升级项目投入42亿元，为城镇化项目投入21.97亿元。通过信贷支持推动大兴区等重点区域业务发展，涉及一级开发、集体土地建设、城镇化贷款、棚户区改造和开发贷款等业务。与新航城、兴展及兴创等区重点平台企业开展业务合作。成立供应链工作领导小组，将供应链金融提升到全行公司业务转型的战略高度。创新供应链产品，投放中企云链供应链金融再保理业务。上线福金龙惠贷项目，借助区块链、大数据等多项技术，将优质核心客户的低效用信转化为对其上游客户的融资服务。增加汽车供应链金融业务专业化审批权限，解决了经销商授信敞口受限的问题，制定汽车供应链线上方案。

（李原野）

【个人金融业务】年内，实施运营改革，支行运营行长全面负责个人业务，考核评价与个人业务指标挂钩。厅堂员工实施交叉持证上岗，助推零售业务转型发展。截至年底，非保本理财余额713.85亿元，比年初增加202.97亿元，个人金融资产总量突破1000亿元大关。开展“不忘初心献礼华夏”速通卡营销活动，累计ETC签约客户72.6万户，存款余额64.12亿元，比年初增加17亿元。

（李原野）

【普惠金融业务】截至年底，小微企业贷款余额378.94亿元，比年初增加73.94亿元。普惠客户贷款余额107亿元，比年初增加23亿元。小微企业贷款不良率0.46%。通过“年审制”“房贷通”“无还本续贷”等产品，有效缓解小微企业转贷难问题。11月，分行入驻“北京市小微企业续贷中心”，在入驻的17家银行中受理续贷业务量排名第7。小微业务续贷率48%。在人行通报中，小微贷款增速连续3个季度排名在前5位。

（李原野）

【科技金融业务】辖内北京中关村管理部着力推动科技金融业务发展。截至年底，科技用信户292户，用信户占比57%，高于中关村区域专营机构38.5%的平均水平；科技企业用信余额64.23亿元，占比37.32%，高于中关村区域专营机构23.5%的平均水平。推动产品创新，加快“创业易贷”“高新易贷”“知识产权质押贷款”“跟随贷”等专属特色产品运用，服务近百家高新技术企业。推动服务模式创新，与外部机构合作开展“房贷通业务阶段性履约保险”，与互联网科技公司搭建房抵贷助贷平台，基本形成从企业初创期至成熟期、“线下+线上”的信贷服务模式。

（李原野）

【文创金融业务】截至年底，文创类贷款余额29.24亿元，较年初增加4.54亿元，增幅18.36%。文创用信客户105户，较年初增加44户，增幅72.13%。作为北京市“投贷奖”政策专项资金支持合作银行，为213户266笔业务申请贴息补助，涉及补贴贷款金额16亿元。投资中国首单租赁类知识产权ABS产品，实现中国融资租赁类知识产权证券化“零”的突破。助力《我不是药神》《流浪地球》等爆款影片出品，为464家文化企业提供各类融资支持127.58亿元。贯彻北京市政府关于“推动北京老字号传承发展，打造北京历史文化金名片”的指导思想，开展系列“老字号行动计划”，为老字号企业注入金融活水。

（李原野）

【风险防控工作】年内，制定《华夏银行北京分行2019年风险管理工作方案》，不断完善全面风险管理制度。推动分行全面风险管理机制有效落实，制定分行全面风险管理体制改革方案，完善全面风险报告管理体系，定期发布风险提示。重点做好信用风险管理工作，制定和推动落实分行信贷政策，加强内评系统及时性和准确性的管理，开展授信业务尽职调查，定期监测线上贷款业务，做好集中度风险监测工作及涉外业务信用风险管控。提高操作风险管理水平，做好操作风险关键指标监测，识别和报送操作风险事件，开展操作风险与控制自评估，组织开展分行操作风险重点事项检查，深入分析检查发现问题。做好业务连续性管理工作，加强应急预案管理，持续推动应急演练工作，严格落实业务连续性自评估。深化外包风险管理，制定外包风险管理实施细则。

（李原野）

【基层党建工作】年内，制定下发学习计划，每月组织集中学习，召开民主生活会，党委班子进行对照检查，班子成员开展批评与自我批评。落实党委会议题计划，严格按照党委会议工作规则议事决策。制订基层党建工作责任清单，与各支部书记签订党建工作责任书，逐级分解任务，层层传导压力，合力抓好落实。落实“三会一课”，抓好理论学习，开好组织生活会和民主评议党员会。发展党员25名，预备党员转正22名。及时更新维护党员信息系统，规范党员“双报到”工作。

（李原野）

广发银行股份有限公司北京分行

【概况】广发银行股份有限公司北京分行（简称广发北京分行）营业网点54家，其中53家支行网点和1家社区支行网点，在岗1616人，正式在编1606人。截至年底，广发北京分行总资产达到3180亿元，同比增长183.18亿元，增幅6.11%；本外币存款余额3058.16亿元，比上年增加398.08亿元，增幅14.96%；其中人民币存款余额2972.66亿元，实现报表营业收入30.3亿元，净利润10.56亿元。

地址：西城区菜市口大街1号院2号楼
邮编：100053
电话：65169365

（陈悦哲）

【零售业务】年内，广发北京分行零售业务实现营业收入26.33亿元，同比增长12.9%；创造净利润9.01亿元，同比增长22.2%。加强人员管理，以梯队式建设为管理目标。加强产品管理，注重控制各大类产品在AUM中的占比，截至年底储蓄AUM月均224.66亿元，较上年新增59.68亿元，在AUM中占比由31%提升至35%；有效控制到期结构性理财、非保理财向储蓄的转化，非保净转化率52%，较年初提高32%。多渠道提升个贷业务产能，个贷业务通过分层管理重点合作机构、保银客户资源共享、公私联动等做法实现了获客渠道多元化、合作布局全国化。截至年底，个人贷款业务实现营业收入3.65亿元，同比提升40.9%，创造净利1亿元，实现扭亏为盈。

（陈悦哲）

【金融市场业务】年内，广发北京分行金融市场业务实现营业收入21.6亿元，同比增长16.4%；创造净利润13.27亿元，同比增长10%，成为北京分行收入利润占比最大的业务条线。其中投行业务创利1.79亿元，同比增长181.9%；同业借款业务创利1.25亿元，同比增长57%。

（陈悦哲）

【服务国家发展战略】年内，广发北京分行重点围绕京津冀一体化、黄河流域生态保护和高质量发展，开展一系列规划工作。配合总行完善《京津冀协同发展综合金融服务行动方案》和《黄河流域生态保护和高质量发展综合金融服务行动方案》，协助总行召开深化京津冀协同发展暨黄河流域生态保护和高质量发展工作预备会会议和工作会议。5月，牵头召开京津冀分行协同发展座谈会，与广发银行天津分行、石家庄分行结合当地区域环境、经济形势等研讨分析各自经营管理中的优势与不足，对协同发展达成初步共识。绿色金融贷款余额为19.83亿元，较上年增长14.06亿，增幅243%。信贷业务批复科技类企业180户、金额411亿元；批复文化类企业24户、金额61亿元。普惠金融宣传方面，与BTV文艺频道合作，以情景剧的形式宣传普惠金融知识；组织曲艺专长员工成立“广发包袱铺”，在微信上以“金融相声”的形式传播普惠金融知识，得到客户的好评。

（陈悦哲）

【综合金融助力实体经济】年内，广发北京分行通过与中国人寿保险（集团）公司及其成员单位的保银协同工作，提升融资能力，丰富融资渠道，落地保银投融资协同重点项目10笔，重点项目落地总规模401亿元。广发北京分行总结相应的金融服务案例召开媒体座谈会，宣传保银协同助力实体经济的工作经验。

（陈悦哲）

【服务工作】年内，广发北京分行不断提升服务工作水平，10家支行参评中国银行业协会组织的服务创建工作，其中1家支行被评为中国银行业协会五星级文明规范服务示范单位，4家支行被评为四星级示范单位和三星级示范单位。制作优秀柜员服务场景地铁户外广告。

（陈悦哲）

【分行本部迁址】广发北京分行本部于4月迁至新址：北京市西城区菜市口大街1号院2号楼信托大厦。

（陈悦哲）

招商银行股份有限公司北京分行

【概况】招商银行股份有限公司北京分行（简称招商银行北京分行）有营业机构95家，员工总人数4744人。年内，表内总资产达8114亿元，比上年增加1043亿元，增幅14.8%；全折自营存款余额7049亿元，比上年增加823亿元，增幅13.2%；全折自营贷款余额3188亿元，比上年增加407亿元，增幅14.6%；全年实现利润总额128亿元，比上年增加3亿元，增幅2.5%。资产质量持续保持优质，不良贷款率为0.15%。

地址：西城区复兴门内大街156号A座

邮编：100031

电话：66426889

（肖楚璇）

【公司金融业务】年内，招商银行北京分行批发业务以夯实两大体系建设为核心，深化公司金融体制改革，以开放融合主线，客户分层分类经营管理为根基，推进公司金融数字化转型，全力打造公司金融新优势。对公负债业务稳健增长，人民币对公自营存款年日均余额4423亿元，首次突破4000亿元大关，较年初增长637亿元；资产投放快速增长，人民币对公信贷规模2041亿元，较年初增长128亿元。交易银行业务执行外汇管理情况考核中获得A类评级。财政和机构业务取得实质性突破，首次中标北京市级财政现金管理和地方债承销资格。客户基础进一步夯实，新开对公客户接近2013年的5倍，截至年底客户总量同比增长98.4%。

（肖楚璇）

【零售金融业务】年内，招商银行北京分行着力打造零售3.0模式，以金融科技为手段，以大数据为驱动，以MAU为“北极星”指标，构建线上用户获取与经营新模式，推进零售数字化转型，持续用力打造最佳客户体验银行。调整中台架构，强化体系能力建设，深入推动“轻型银行”下的“轻管理”，打造财富管理新模式。多项零售指标再创历史新高，实现零售营业净收入116.3亿元，其中非息净收入44.2亿元，管理总资产达到1.3万亿元，人民币储蓄存款余额突破2500亿元。通过线上线下协同、分层经营，继续夯实客群基础。零售非零客群突破810万户，资产5万元以上的客群达到126.7万户。推进机构建设，提升普惠金融服务能力。截至年底，零售信贷资产余额达到1323.2亿元，较年初增长191亿元。普惠型小微贷款余额444.2亿元，较年初增长99.4亿元。零售小微贷款余额和增量、普惠型小微贷款余额均在北京地区排名第一。

（肖楚璇）

【投行资管业务】年内，招商银行北京分行着力补足投金业务短板，打造发展新优势。实现非息收入15.37亿元，作为牵头行成功落地中国人寿——上海世纪汇并购银团贷款项目，协助客户组织银团贷款130亿元；托管资产规模为22786亿元，比年初净增2048亿元，增幅8.98%，实现托管总收入108457万元，均位列招行系统第一；市场交易业务实现投放规模115.62亿元，成为系统内首个突破百亿元大关的分行；实现对公理财销售中收1.28亿元，理财产品日均余额776亿元，对公财富管理客户数合并口径8298户，三项核心指标均在系统内排名第一；对公代销中间业务收入1.13亿元，同业客户口径各项收入位居系统首位；年金托管实现历史性突破，入围北京市职业年金托管资格。

（肖楚璇）

【风险管理】年内，招商银行北京分行以“构建适应变局面向未来客群发展的风险合规管理体系”为目标，从被动向主动转型，从治标向治本转型，支持业务发展，深化金融乱象治理，为平安健康发展保驾护航。不良率为0.15%，继续控制在较低水平。通过流程优化、机制改革不断提升风险管理质效。上线实施信贷流程优化项目，对资产业务的组织、流程、系统、制度得到优化，发挥科技金融作用，推动资产业务办理更加便捷、高效，外部信息获取更加及时。完成风险经理机制改革，将风险经理人员编制收归分行并调整派驻模式，职能上突出专业性，聚焦岗位核心职责，体现更高的风险管理价值。

（肖楚璇）

中国民生银行股份有限公司北京分行

【概况】中国民生银行股份有限公司北京分行（简称民生银行北京分行）下设二级分行1家、分行营业部1家、支行89家、便利型网点76家（社区支行71家、小微支行5家），正式员工3404人。本外币总资产余额8360.31亿元，较上年增长19.9%。各项存款余额7136.93亿元，较上年增长17.1%，其中人民币存款余额6696.17亿元，较上年增长19.8%。各项贷款余额2963.68亿元，较上年增长17.4%。年营业收入127.29亿元，营业支出54.26亿元，实现营业利润73.03亿元。年内，民生银行北京分行创新组织管理模式，启动中心支行改革，由同一区域内4至6家支行组成联合体，中心支行党委统领，经营管理委员会负责业务发展和管理，实现共商共治、协同发展。

地址：西城区复兴门内大街2号

邮编：100031

电话：58560088

（刘晓静）

【公司业务】年内，民生银行北京分行支持北京区域结构调整建设，加强与海淀区、朝阳区、通州区、顺义区、大兴区等地方政府的合作，重点支持非首都核心功能疏解、产业转移、基础设施建设等领域，与通州区政府、海淀区政府签署战略合作协议。给予京津冀协同发展项目融资支持155亿元，其中表内贷款投放93亿元，重点支持城市副中心、大兴临空经济区、三城一区等重点项目建设。为北京东方园林环境股份有限公司发行10亿元超短期融资券。服务实体经济，践行“民营企业的银行”战略，为战略民营企业、上市公司民营企业、中小民营企业配置不同的团队和产品包，通过信贷规模倾斜、产品创新支持等多方面提升民营企业金融服务质量。截至年底，民营企业贷款占全部贷款余额的60%，民营企业贷款客户数占全部贷款客户数的68%。帮助企业解决多元化的融资需求，降低企业的融资成本，债券承销规模突破1000亿元，企业ABS资产投放214亿元。服务科创金融，推出“中小民生工程”服务包，针对信息技术、生物医药、节能环保等科技企业开展投贷联动服务，作为“京创通”首批6家试点金融机构，配合人行营管部做好精准扶持科创型民营企业有关工作。满足企业综合金融服务需求，整合账户管理、支付结算、贸易融资和投资理财等产品，打造多级账户体系、聚合支付应用、线上供应链金融、在线财富管理等功能，实现金融产品服务与企业经济活动场景的深度融合，结算与现金管理客户数2712户，新增536户。中标北京市职业年金计划托管人。审批通过万宝矿产刚果（金）庞比（PUMPI）铜钴矿项目3.5亿美元项目贷款，用于刚果（金）庞比铜钴矿项目建设。

（刘晓静）

【零售业务】年内，民生银行北京分行启动零售改革，优化体制机制，导入标准化营销作业模式，加大对零售业务的资源支持力度。截至年底，零售金融资产余额2629.3亿元，比上年增长10.8%；储蓄存款余额1038.1亿元，比上年增长23.8%。零售客户稳步增长，有效客户43.8万户，比上年增加2.6万户；贵宾客户33.3万户，比上年增加2.4万户；私人银行达标客户数3734名，比上年增加385名，私银中心专业化经营取得进展。网络金融业务持续健康发展，手机银行客户总量316.91万户，比上年增长12%；直销银行客户总量76.25万户，比上年增长11%。贷款业务，扶持小微企业发展，推广小微3.0金融服务生态模式，实现从融资服务向账户管理、财富管理等综合化金融服务的转变，依托移动客户端、大数据及人工智能等先进技术，陆续推出“云快贷”“网乐贷”“增值贷”等线上贷款申请产品及“自助转期”线上自助续贷服务。开展小微Openday路演活动，展示和推介小微金融3.0新模式，为小微客户提供“一站式”+“移动互联”的现代金融服务。人民网、经济日报、新京报、今日头条等近20家主流媒体宣传报道。向京投交通发展有限公司投放贷款6.24亿元，用于京津冀协同发展项下大交通业务。小微贷款余额423.4亿元，较上年增加26.6亿元。消费贷款业务，重点推广“民易贷”小额信用贷款，消费贷款余额346亿元。

（刘晓静）

【金融市场业务】年内，民生银行北京分行同业资产业务余额1777亿元，同业负债业务余额3687亿元。资产托管业务，存量托管规模1.89万亿元，新增1724亿元，其中公募基金托管规模增长52%，ABS投资带来的托管、监管业务规模大幅增长，QDII和QFII均取得突破。票据直贴累计发生额380亿元，方便中小企业的线上自助贴现业务，累计签约客户突破1400户，人行营管部再贴现累计获批50亿元。

（刘晓静）

【风险管理】年内，民生银行北京分行强化客户预警管理，推行试点“好、坏”银行模式，创新方式消除风险和保全资产。优化风险管理模式，借助中心支行改革实现风控下沉，提升基层网点风险管理水平。推出“监督检查、跟踪整改、问责处罚”的闭环管理机制，组织飞行检查11次，加大问责处罚力度；强化高风险产品洗钱风险识别，建立洗钱风险监测数据模型；制定客户投诉快速处理规则，完善经营机构、业务部门、消保部门联动机制；开展“合规文化年”10大专项活动，提升全员合规意识。

（刘晓静）

【党建工作】年内，民生银行北京分行中心组学习22次，组织152次特色主题党日活动，约3000人次参加；组织“先优典型”代表146人赴遵义学习。全体中层管理人员参观市全面从严治党警示教育基地。助力脱贫攻坚，于4月、7月对河南滑县、云南大理白族自治州宾川县进行消费扶贫活动。12月，对贵州省毕节市织金县马场乡及龙场镇开展帮扶活动。发挥工会和团组织作用，在民生银行组织的“民生杯”系列劳动技能竞赛中，包揽运营、合规、客户服务、职工提案四项大赛的团体冠军。

（刘晓静）

北京银行股份有限公司

【概况】北京银行股份有限公司（简称北京银行）截至年底，资产总额2.74万亿元，较年初增长6.38%；净利润214.41亿元，增幅7.19%；人均创利超过140万元；不良贷款率1.4%，拨备覆盖率224.69%，拨贷比3.15%。年内，推进“四化两型”及“建设十大银行”战略，各项事业取得新进展。宁波分行、南通分行开业，开业分支机构达670家，北京地区机构273家。与ING签署合资银行合同，有序推进各项筹备工作。

地址：西城区金融大街丙17号
　　　北京银行大厦
邮编：100033
电话：66426500

（王昕芳）

【品牌建设】年内，品牌价值达到549亿元，较上年提升100亿元，排名中国银行业第6位；一级资本在全球千家大银行排名提升至第61位，较上年提升2位，连续6年跻身全球百强银行。

（王昕芳）

【公司业务】年内，完成北京世界园艺博览会金融服务保障工作，发行银行间市场首单世园债。推出账户平移服务，协助北京市属机关单位迁至城市副中心。中标人力资源和社会保障部中央社保卡发行服务合作银行资格。协助北京市财政局完成北京市首次地方政府债券柜台发行任务。与北京市教委签署全面战略合作协议，共同设立“北京银行乡村教师奖励基金”。与北京市总工会签署全面战略合作协议。协助市医管中心全面完成北京市医耗综合联动改革工作。截至年底，累计发放“京医通”卡近2327万张。发布“京信链”供应链金融创新产品，推出“京管+”企业手机银行2.0版，推出“银联代付”新型结算业务，携手中国银联推出小微企业卡产品。获得2019年度公司业务数字化创新银行奖、十佳供应链金融创新奖等。发行北京市首单扶贫票据、银行间市场首单支持城市副中心建设、北京夜间经济CMBN及新疆地区首单扶贫债券暨新疆地区首单支持“三农”的产业扶贫债券。国内金融机构首家推出“并购+”合作品牌。首次获《证券时报》2019年度全能银行投行业务天玑奖，连续5年获年度债券承销银行天玑奖。

（王昕芳）

【小微业务】截至年底，单户授信1000万元及以下小微企业公司贷款余额351.8亿元，同比增长86.9亿元，增幅32.8%。文化、科技金融贷款余额分别达640亿元、1544亿元。上线“京管+”小微线上融资申请功能，完成小微预审批模型升级。出台续贷业务管理规定，首批入驻续贷中心。文化创客中心会员500余家，被北京市广播电视局授牌北京市广播电视网络视听金融服务中心。中关村小巨人创客中心会员超1.9万家，获授“国家知识产权局专利局审协北京中心知识产权孵化基地”。与北京市文旅局签订战略合作协议。发布“文旅贷”金融服务行动计划、“创意设计贷”及影视全产业链专属产品“影视贷”。支持《破冰行动》《庆余年》及《烈火英雄》《决胜时刻》《中国机长》等优秀影视剧制作发行。发布科创板金融服务方案，支持科创板申请企业48家，累计授信85亿元。独家战略支持“2019中关村论坛”。升级知识产权质押贷款产品“智权贷”，推出“研发贷”。获人行营管部2018年度小微企业、文化金融、科技金融信贷政策导向效果评估一等第一名；获《21世纪经济报道》亚洲金融竞争力评选2019年度亚洲卓越科技文化特色金融服务银行。

（王昕芳）

【零售业务】年内，“一体两翼”战略转型发展取得显著成效，监管指标全面达标；零售客户突破2150万户，资金量规模达到7000亿元，银行卡发卡量超过2700万张，零售存、贷款均实现市场份额与行内占比双提升，不良率降低；发布《移动银行业务发展目标暨实施路径》，手机银行快速迭代，App用户同比增长32%；发挥“富民直通车”品牌优势，“千院计划”支持超过1000家特色民宿小院建设，扶植数百个民宿品牌，社会效益与经济效益同步提升；个人经营性贷款规模突破1000亿元，有效解决小企业主融资难题；为世园会打造线上线下全方位专属金融服务，独家发行主题银行卡；落地北京首笔“金融专网”不动产线上抵押，首家在副中心区域设立公积金合署办公网点；发行颐和园联名卡等多款特色信用卡；蝉联“中国最佳城市商业零售银行”。

（王昕芳）

【金融市场业务】年内，公募ABS投资、证券投资基金投资规模同比分别增长21%、61%，标准型、流转型资产占比持续提升；黄金租借、公募基金托管规模较年初分别增长80%、44%，融出利率债1170.33亿元，同比增长12.1%；国际单证、结售汇、国内证及福费廷等轻资本业务加快发展，实现中间业务收入同比增长13%。坚持产品转型创新，开展再贴现、转贷款业务68余亿元，累计服务小微企业1260户。上线“国际在线”多个子项目，全面提升移动金融外汇业务服务能力。搭建“托管家”业务运营系统，实现托管业务系统全行共享。加强品牌建设，获得10余项市场交易类奖项，获得人民银行首批6家“京创通”再贴现新产品试点银行业务资质，当选中国银行业协会托管业务专业委员会第五届常委单位。

（王昕芳）

【风险管理】年内，坚持党建引领，升级一体化全面风险管理体系；严格业务准入管理，加大排查预警力度，强化过程管理控制，资产质量保持平稳可控；明确“控大额、控限额、控累加、控占比”的管理要求，从策略、制度、系统、流程等方面加强大额风险暴露管理；推动数字化转型战略实施，完成风险控制指挥中心三期建设，上线智慧风控App，有效提升风险管理的便捷性、高效性、专业性。

（王昕芳）

【信息化建设】年内，信息科技建设以数字化转型3年发展规划为行动纲领，以客户为中心的数字化转型理念，加强金融科技平台建设和赋能，巩固融合机制保障，提升科技治理、研发交付、基础建设、科技研究等方面实力，打造“数据+服务”能力中心。落实服务提升承诺，践行创新科技治理；夯实金融科技基础平台，助力数字化转型发展；加快科技基础建设，保障系统平稳运行；推行多措并举，提升科技交付能力；加强信息安全管理，提升科技研究能力，促进研究成果“产、学、研”转化。

（王昕芳）

证　券

中国证券监督管理委员会北京监管局

【概况】中国证券监督管理委员会北京监管局（简称北京证监局）。年内，北京证监局通过首发上市、定向增发、配股、优先股、公司债、资产证券化等多种融资方式，募集资金12773.36亿元。A股市场，截至年底，辖区有上市公司346家，占全国9.2%，总市值139278.59亿元，占全国的23.49%，总股本26976.59亿股，占全国的38.72%。辖区上市公司年内发行股票融资3860.7亿元，占全国的32%。其中，28家公司通过首发募资686.67亿元，31家公司再融资3174.03亿元。公司债市场，辖区有157家发行人新发债券407只，募资6812.72亿元，募资额居全国第一；47家原始权益人发行资产支持证券（ABS）300只，募资1980.45亿元。新三板市场，截至年底，辖区有新三板挂牌公司1190家，占全国的13.29%。其中，创新层公司98家，占全国总数的14.69%。年内，辖区挂牌公司定向发行79家次，募集资金40.99亿元，分别占全市场的12.4%和15.5%。辖区新三板挂牌公司家数、创新层公司家数、并购重组家次均居各证监局之首，定增发行募集金额居全国第二。H股市场，截至年底，北京市有H股上市公司71家，数量居全国第一，其中包括34家A+H股上市公司，辖区企业通过H股首发上市和再融资募集78.5亿元。证券期货基金公司，截至年底，辖区18家证券公司资产总额10312.92亿元，净资产总额2676.28亿元，净资本总额2458.28亿元，年净利润152.15亿元；辖区632家分支机构交易金额38.43万亿元，其中股票交易额14.05万亿元，基金交易额1.31万亿元。截至年底，辖区34家公募基金管理公司管理基金1390只，基金资产净值32027.9亿元；辖区发行基金263只，募集规模3532.24亿元。截至年底，辖区已登记私募基金管理人4367家，占全行业的17.85%；已备案私募基金14085只，占全行业的17.23%；管理基金规模3.18万亿元，占全行业的23.14%。辖区19家期货公司资产总额782.17亿元，期货代理交易额59.88万亿元，约占全国10.3%。辖区17家证券投资咨询机构总资产33.14亿元，净资产

14.43亿元，营业收入18.96亿元，盈利0.26亿元。辖区有22家具有从事证券期货业务资格的会计师事务所（总所），占全国（40家）的55%；有35家具有从事证券期货业务资格的资产评估机构（总部），占全国（69家）的50.72%。

地址：西城区金融大街26号金阳大厦6层、7层

邮编：100033

电话：88088060

（李梦洁）

【拟上市公司监管】年内，北京辖区拟上市公司162家，新增辅导备案公司91家，现场辅导验收65家，28家公司实现IPO上市。与上交所联合举办科创板拟上市公司培训，在首批科创板辅导验收工作程序上予以特别保障，首批科创板上市企业居全国第一位。截至年底，北京科创板上市公司12家，居全国第二位，总股本123.03亿股、总市值1884.26亿元、总融资额219.14亿元，分别占全国科创板公司的47%、21.81%、26.59%。

（李梦洁）

【上市公司监管】年内，北京证监局召开上市公司监管会，部署监管和风险防控重点工作。组织9期线上线下辖区董监事培训，参训3000余人。压实中介机构责任，完善公司分类监管，推动化解股票质押等重大风险。深入调研民企应收账款状况，支持民营经济发展。开展各类现场检查、核查71家次，对日常监管和现场检查中发现的违法违规问题及时立案查处。开发智能监管系统重大风险模块，运用于上年度年报审核工作。

（李梦洁）

【新三板挂牌公司监管】年内，北京证监局建立新三板挂牌公司业务监管基础机制，以中介机构为抓手、以信息披露为重点、以分层分类为手段，防范和化解区域性风险。召开辖区挂牌公司业务监管工作会，全国首次建立主办券商重大事项报告制度和风险分类报告制度，对5家挂牌公司开展年报现场检查、对10余家挂牌公司开展核查。对违法违规行为及时立案查处、下发行政监管措施。密切关注公司潜在风险，统筹推进风险解决。建立挂牌公司推荐机制，督促主办券商发挥市场培育作用，推荐符合国家战略发展目标的具有成长潜力的挂牌公司。

（李梦洁）

【公司债券监管】年内，北京证监局召开两场针对公司债券、资产证券化业务的监管培训会。多渠道收集、监测发行人信用风险，对风险类、关注类债券重点开展兑付期风险排查。处理重大事项报告77份，实施监管约谈近60次。压实中介机构责任，对违约主体开展全面摸排，推动市场化、法制化处置风险。对5家发行人开展现场检查，对5家违规主体及责任人下发11单行政监管措施，完成对2家发行人启动稽查立案程序，对1家发行人的违法线索移送证监会，对1家会计师事务所违规线索移交相关单位。关注辖区民营企业债券融资及流动性风险，深入调研形成多篇调研报告。与北京市地方金融监管局、上海证券交易所联合组织辖区公司债券业务培训推广会。

（李梦洁）

【证券机构监管】年内，北京证监局优化风险监测体系，提升监管信息化水平，督导证券公司建立完善突发事件应急预案。做好股票质押、债券、私募基金、场外配资、新业务等重点领域风险的防范和化解工作。加强证券公司个案风险的管控，平稳化解和处理辖区11单突发风险事件，督促风险公司优化资产配置。参与8家上市公司退市的风险处置工作，承担2家异地风险证券公司在京分支机构的现场风险监控工作。加强重点人员和业务管控，审慎办理重大行政许可备案。督促辖区机构加强内控机制建设落实，加大现场检查核查力度，开展现场检查、核查65次。引导辖区证券公司明晰定位，为投资者提供融资、交易、投资等中介服务，压实机构反洗钱主体责任。落实北京市服务业扩大开放政策部署。

（李梦洁）

【期货市场监管】年内，北京证监局召开辖区期货机构监管工作会议，传达监管政策精神，明确重点工作任务。围绕经纪、资管、风险管理子公司三个关键业务模块，督促行业合规展业，防范各类风险。推进日常监管，完成公司备案审核。重点关注净资本与保证金监管，持续督促公司开展

压力测试，协调解决保证金账户冻结问题，确保期货保证金账户在法律保护下正常运行。突出风险导向，检查期货经营机构18家次。加强资产管理业务监管，引导期货资管业务回归主业。快速平稳处置期货公司相关风险，维护辖区金融秩序。关注风险管理子公司发展，助力服务实体经济，组织辖区期货经营机构、辖区风险管理子公司负责人分赴黑龙江、秦安开展产业链调研活动，探索"保险+期货"模式。注重行业交流，开展北京辖区分支机构负责人培训，举办第十二届中国期货高管年会。筹划辖区期货市场服务实体经济系列宣传。

（李梦洁）

【基金行业监管】年内，北京证监局强化辖区基金管理公司主动合规意识和风控水平，主动防控产品风险，多措并举查灭隐患，及时处置。运用科技手段，提高风险监测精度和效率，建立舆情监控预警机制，实现风险隐患的早期预警。聚焦行业风险多发、易发领域，坚持对触碰底线的行为零容忍，持续保持对机构违法违规行为全领域、全链条、全覆盖的监管高压态势。围绕30余个专题开展71家次现场检查，涵盖各类型机构，近3年基本实现全覆盖。以资管新规及相应配套规则为标准，持续推进辖区机构资管业务规范整改进度。不断完善与监管对象间的双向沟通机制，通过专题调研、专题讲座、案例分析、法规解读等方式开展业务交流和培训，传达证监会监管精神，加强业务指导。

（李梦洁）

【私募基金监管】年内，北京证监局对58家私募机构开展现场检查，针对违法违规机构及个人出具监管措施或立案调查、移交公安部门。组织辖区4300余家管理人开展自查，全面摸排辖区风险底数。针对在辖区注册和办公的6000余家私募机构，以多风险维度梳理形成北京16区风险名单，通报各相关部门。拟与公安机关建立会商机制和案件移送机制，向市公安局移送违法犯罪线索6件次。与基金业协会初步建立行政自律协作机制，向基金业协会通报失联、异常机构37家。开展辖区私募创业投资基金享受财税55号文税收政策核查认定工作，推动创投基金享受财税优惠政策有效落实。借力信息系统，构建和完善辖区私募基金日常监管与风险监测体系。

（李梦洁）

【证券投资咨询机构监管】年内，北京证监局创新监管手段，抓源头，重整治，从严打击机构违规行为，对2家异地公司在京分支机构行政处罚，下发10单行政监管措施，督导1家咨询公司迁出北京，5家异地公司在京分支机构注销，辖区投资咨询业务规模得到有效控制。引导辖区机构合规经营转变业务模式取得突破，投资者举报数量较大幅度下降，辖区投资者矛盾纠纷得以有效缓解。

（李梦洁）

【会计审计及评估业务监管】年内，北京证监局创新监管方式，完善监管机制，不断提升辖区机构质量控制水平，以风险防控为导向，强化现场及非现场监管深度和广度，有效应对行业变化及监管风险。探索建立质控工作机制，下发《关于强化辖区事务所质控工作的通知》，开展质控自查整改，追责相关责任人员184人次，修订或新增制度或技术标准120项。召开监管工作会议强化年报审计监管，约谈督导会计师事务所15家次，涉及200多家上市公司，现场督导重点类项目16个，移交相关风险提请关注函8份。对审计评估机构开展检查52家次，及时查处违法违规行为。强化各类风险防范和沟通协作，构建综合监管体系。

（李梦洁）

【落实资本市场法律监管责任】年内，北京证监局首次对辖区6家律师事务所开展科创板首次公开发行股票并上市交易的证券法律业务现场检查、核查工作，涉及8个项目；对2家律师事务所的并购重组项目进行现场检查。摸清辖区86家律所基础情况，提升行业规范化水平。强化资本市场诚信系统应用工作，录入诚信信息193条，接收外部诚信查询215单，查询征信报告16份。参与北京市社会信用体系建设工作，从5月起每月报送城市信用监测指标。接待司法机关来访72次，涵盖业务咨询、业务资格认定、行为性质认定、查阅复制资料等，协助打击非法证券期货违法活动。推进法治宣传工作求实求深、求新求效，开展年度

"尊崇宪法、学习宪法、遵守宪法、维护宪法、运用宪法"主题宣传教育活动和"12·4"宪法宣传周宣传活动；组织辖区经营机构参与第三届"我与宪法"优秀微视频征集活动，获得北京市司法局颁发的"优秀组织奖"。

（李梦洁）

【加强监管执法保护投资者合法权益】年内，北京证监局办理各类调查事项73起，重点查办上市公司、债券发行主体、三板公司财务造假等信息披露违法行为。作出行政处罚决定书7份，对11名当事人进行行政处罚，罚没款总金额2228万元。重视执法规范化、科技化，提升监管执法新效能。做好信访举报及投资者保护工作，接听12386热线事项1337件，信访、举报电话6986个，接待来访263批次、1500人次，配合做好12386服务热线投诉直转向全国推广。推进投教基地"严管理"，制定实施3家国家级和6家省级投教基地考核方案；制定实施投教基地申报命名方案，2家主体获得省级投教基地命名；组织开展"走近科创，你我同行"等4场专项活动。

（李梦洁）

保　险

中国人民财产保险股份有限公司北京市分公司

【概况】中国人民财产保险股份有限公司北京市分公司在区境内有西城支公司、宣武支公司。西城支公司设有综合部、财务部、运营支持部、业务管理部及10个营销团队，员工104人。宣武支公司由总经理室统一管理，下设车险直销部、非车险直销部、运营支持部、业务管理部、综合部/财务部、个代业务部、综拓业务部、电销业务部、银保业务部、3个车商业务部和4个中介业务部等部门，员工101人。

西城支公司

地址：西城区德胜门外大街73号

邮编：100088

电话：62370120

宣武支公司

地址：西城区菜市口南大街平原里20号

邮编：100054

电话：83526226

（孟庆芝　张佳玉）

【西城支公司业务】年内，西城支公司深入学习贯彻习近平新时代中国特色社会主义思想和党的十九大精神，全面贯彻上级党委和集团、总分公司的工作部署，贯穿"四个坚持""四个紧盯"，坚持党建引领、坚持创新发展、坚持严抓细管，坚持稳健高效；紧盯车险市场动向，坚决调整车险业务结构；紧盯商非新型业务动态，发掘传统商非渠道产能；紧盯依法经营合规性，严守业务风控关；紧盯业务质量保利润，智慧经营增效益。以"讲规矩、严作风，抓培训、提素质，强业务、重效益"为抓手，推进公司全面发展，实现双超目标。西城支公司经营稳定，保持较好的盈利水平。实现保费收入82749.39万元，比上年同期增长4985.07万元，增幅为6.41%；支付赔款5.04亿元，比上年同期增长1.14亿元，增长29.18%，全险种赔付率68.77%；上缴税金1865.77万元。机动车辆保险承保193557辆，车险保额1718.5亿元。企业财产保险承保1044笔，承担风险金额1041.27亿元。承保货运险风险金额126.1亿元。承保责任险风险金额311.73亿元。承保工程险风险金额14.44亿元。承保意健险风险金额1450.47亿元，承保信用保证险风险金额43.69亿元。

（孟庆芝）

【宣武支公司业务】宣武支公司主要经营车险和财产险、责任险、信用险、货运险、意健险、特险等各类非车险种。年内，宣武支公司全面落地"党建引领业务"实施细则，扎实推进"不忘初心、牢记使命"主题教育实践活动，提升基层党组织建设质量，提升党员责任感、使命感。坚持以"有效益的发展"为目标，以资源共享激发传统渠道生命力，以团队建设铸造业务发展的基石，以创新创效在低迷的市场环境中要增量，以科学的考核办法为导向鼓励全员营销。实现保费收入60208.06万元，同比增长11%。其中，车险保费收入43314万元，非车险保费收入16894万元。非车险业务中，信用险占主要部分，保费收入11881万元，财产险保费收入2176万元，责任险保费收入1458万元，货运险保费收入169万元，意健险保费收入1069万元，特险保费收入123万元，其它18万元。

（张佳玉）

中国平安人寿保险股份有限公司北京分公司

【概况】中国平安人寿保险股份有限公司北京分公司（简称平安人寿北京分公司）设有17个职能部门，34个营销服务部，在职员工1100人，返聘1人。保险代理人31717人。年内，实现规模保费收入254.27亿元，同比增长9.94%。其中，个险总保费241.7亿元，同比增长9.66%；银保总保费12.46亿元，同比增长15.99%；团险总保费0.11亿元。截至年底，客户数量超过593万人，为北京市民提供人身保障24376亿元；有效保单5161524件，办理个人理赔87961件，赔款、死伤医疗给付12.91亿元，年金及满期给付28.34亿元。

地址：西城区金融街23号平安大厦

邮编：100033

电话：95511　59730008

（王　菁）

【重大承保与理赔】年内，平安人寿北京分公司个人理赔案件87961件，总赔付金额12.91亿元。提升“闪赔”服务，2.9万件案件在30分钟内完成闪赔，理赔金4903万元，最快闪赔用时2.13分钟。客户L先生意外溺水身故，获赔身故理赔金600万元，为年度内理赔金额最高的案件。客户W先生投保两单，人身险年度承保保额4000万元，成为平安人寿北京分公司年内最高保额承保新契约。

（王　菁）

【客户服务】年内，北京地区空中客服为10余万客户提供线上服务。成功上线AI视频智能回访业务，采用多模态合成机器人回访模式，可实现拟人语音播报、拟人实时对话、7×24小时在线自助和保单信息即时调阅。平安金管家健康管理服务再度升级，为公众提供线上健康和医疗服务，形成健康咨询、线上问诊、送药上门及线下就医等闭环生态服务圈。升级AI问诊，提升问诊智能化水平。362.1万人次使用健康管理服务，31.8万客户绑定免费的家庭医生。平安客服节和VIP服务围绕身心健康、家庭教育、少儿安全教育、传统文化教育等多领域，举办我与名医面对面、新东方名师讲座、平安行动、球童成长计划、名家有约等近百场线上、线下活动，参与客户69.5万人，互动频次192.5万次。平安行动守护计划与中国红十字会合作，近500名保险代理人参与培训并通过考核，获得中国红十字会急救员证书。

（王　菁）

【个人营销业务】年内，平安人寿北京分公司运用移动互联、大数据、人工智能等新技术，运用上线的7×24小时全能助手ASK-BOB，提供专业且精准的客户服务输出。以金管家App为中心，实现在线的高频互动生态系统，搭建代理人与客户在售前、售中、售后的全闭环模型。推出全新财富俱乐部项目，通过系统高端培训、客户活动，推动顶尖绩优追逐黑金钻荣誉。推动除尘辞旧让爱回家、服务进万家、全民抽汽车金秋大狂欢等活动，将线上活跃客户转化为线下拜访对象。举办神龙经理走进北大高端培训、黄宜庚先生“专业经营、赢向未来部（课）经理培训”、财富俱乐部项目、理赔故事大赛活动、新人小高峰、优秀导师表彰、优才新锐导师招募等项目活动。

（王　菁）

【银行代理业务】截至年底，年度首年期交规模保费达成36172万元，同比增长23.2%。银保客户经理从64人提升至100人，新增三三制小组营业主任11个。外部渠道首年期交保费达成13313万元，同比提升103.6%。

（王　菁）

【风险控制】年内，平安人寿北京分公司严格按照监管防风险、治乱象、促民生的工作方针，开展系列自查，重点关注保险公司销售乱象、理赔乱象、保险中介市场乱象、消费者权益保护、内部员工廉政建设等方面，严格落实整改、严肃问责处罚，严守风险底线，降低经营风险。运用微信公众号、海报、宣传手册、图片视频、内部学习平台等多种方式向保险代理人、员工、客户普及防范非法集资、反洗钱、反欺诈、风险控制、法律合规、扫黑除恶等政策和知识。制作《法治新时代》视频，获北京市宪法主题讲述类微视频二等奖。依托集团和总公司大数据平台，开展法律合规评审、制度建设、风险管理、内控自评、操作风险、反洗钱、打击违规代销非平安金融产品、暴风维权等宣传，加强预警监测和合规管控，加大对违规行为的治理力度，实现风险管控前置。

（王 菁）

【社会公益】6月，举办“中国平安X安踏顽运会”，与e起公益、幕天捐书公益活动结合，参与活动的1800组家庭为山区儿童捐赠书籍。7至8月，举行6场北京中赫国安足球家庭体验日活动、2场中场互动活动。9至10月，启动“AI不孤读”智慧小学支教活动，中国第一位航天员吴杰为浦洼乡平安希望小学的孩子们带来一堂以“不忘初心，筑梦太空”为主题的航天科技启蒙课，全国121所平安智慧小学的孩子们通过三村晖平台观看直播。招募支教志愿者连续3周赴北京市浦洼乡平安希望小学开展支教活动。中国平安励志计划为各大高校在校生提供奖学金支持，已坚持13年。年内，北京地区推广励志计划含清华、北大在内的10余所高校。

（王 菁）

中国太平洋财产保险股份有限公司北京分公司

【概况】中国太平洋财产保险股份有限公司北京分公司（简称太平洋产险北京分公司）下设支公司12家、营业部1家、营销服务部6家，正式员工1435人。年内，太平洋产险北京分公司实现原保费收入68.11亿元，累计赔款支出为39.89亿元，综合赔付率62.97%。

地址：西城区复兴门内大街158号远洋大厦F6层西区

邮编：100031

电话：66428888

（孟宪斌）

【主营业务】年内，太平洋产险北京分公司实现全险种保费收入68.11亿元，同比增长10.73%。车险实现保费收入45.43亿元，同比增长0.94%；非车险实现保费收入22.68亿元，同比增长37.4%，其中，农险实现保费收入1.27亿元，同比增长7.56%。车险业务，强化增量布局，深化客户经营，优化业务结构，提升发展质量；非车险业务，加强重点领域布局突破，构建多层次专业化团队体系，加快农险创新发展。

（孟宪斌）

【服务创新】年内，太平洋产险北京分公司围绕“责任、智慧、温度”持续深耕客户服务创新。推进“警保联动”交管服务站建设，为市民办理6年内车辆免检标志核发、驾驶证换证及补证等14项车驾管业务提供便捷服务；升级太好赔4.0，持续优化服务品牌“专享赔2.0”，从单一理赔向综合服务升级，上线面向各类客群及业务端的“专享赔平台”，实现自助报案、单证上传、服务申请等在线服务，推广智慧服务；以官微为突破口打造车主生态圈，建立“权益中心”一体化运营的增值服务管理平台。以“专享陪伴护春运”“五一畅游专享守护”“邂逅秋色安游相伴”等特色服务月活动贯穿全年，为客户提供“在你身边”的专享体验。

（孟宪斌）

【社会公益】太平洋产险北京分公司积极承担社会责任，加强公益宣传，打造有太保温度、有保险特色的公益活动，为社会公益助力。组建“小水滴”太平洋保险青年志愿服务社产险北京分社，成为红十字会全国33支授旗志愿者团队之一，被中国红十字会总会事业发展中心授予“曜阳养老优秀志愿者团队”称号。继续开展赴太阳村保险关爱公益活动，联合浦发银行开展“老吾老，以及人之老”主题敬老活动，关爱祖国下一代和高龄自理、半自理、不能自理的老人。开展共捐共建三江源生态公益林活动，累计筹集员工自愿捐款26余万元。组织太平洋产险“祖国那么大，我想去看看”扶志扶智游学北京站活动，邀请来自新疆、青海的29名贫困地区学生在北京参观学习。

（孟宪斌）

【党建工作】年内，太平洋产险北京分公司以党建引领，将党建工作与“管思想、带队伍、抓作风、防风险、塑文化、促业务”结合。从学习教育、调查研究、检视问题、落实整改四个方面开展“不忘初心、牢记使命”主题教育活动，邀请中央党校教授为班子成员讲授党课。践行大党建、大协同的工作理念，联合寿险、健康险北京分公司以及长江养老北京管理总部，赴中国人民抗日战争纪念馆参观，推动太保产寿健养党建共建的深度融合。开展庆“七一”“逐梦新中国、引领新时代”主题党日及“我与国旗同框照”活动。创建“党员攻坚克难责任区”，开展“四强”党支部、“四优”共产党员和党建创新项目评选活动，促进党建与经营紧密结合。

（孟宪斌）

中国太平洋人寿保险股份有限公司北京分公司

【概况】中国太平洋人寿保险股份有限公司北京分公司（简称中国太保寿险北京分公司）下辖12个支公司，4个营销服务部，在职员工567名，其中内勤员工481名，外勤员工86名。个人营销员10118名。

地址：西城区复兴门内大街158号远洋大厦

邮编：100031

电话：83955220

（黄品嘉）

【保费业务】年内，中国太保寿险北京分公司实现保费收入58.38亿元，同比增长2.65%。其中，个人业务实现保费收入55.39亿元，同比增长5.63%，团体业务实现保费收入2.99亿元，同比下降32.53%。处理各种赔付、给付53.63万件、金额25.31亿元。个人业务13个月累计保费继续率90.35%，个人业务25个月累计保费继续率89.55%。团险业务13个月累计保费继续率85.89%，团险业务25个月累计保费继续率83.06%。

（黄品嘉）

【个人业务】年内，中国太保寿险北京分公司坚持执行集团和总公司“转型2.0”战略部署，实现“三最一引领”。以“百万经理人”项目为重点，以团队“夯实架构、改善内质、提升产能”为方向，提升主管自主经营能力，实施差异化队伍管理，做到质与量并行。提出“产品+服务”理念，推出“太保蓝本”服务，为客户提供健康医疗方面的服务。结合保险公众宣传日、各节假日宣传及中国女排系列品牌宣传等多项活动，推进“健康态—惠生活”主题客户服务项目。

（黄品嘉）

【团体业务】年内，中国太保寿险北京分公司渠道业务把握“专业拓市场、管理出效益、服务赢客户、协同创价值”的经营发展理念，推动业务发展与经营效益并重，优化业务结构。在已有渠道及客户的基础上，聚焦重点市场，开拓创新路径，实现计生、燃气项目的突破。通过对微店与员福2.0系统的使用进一步落实科技赋能，推动业务高效、稳定发展。健康养老业务贯彻总公司转型2.0战略。加强核保管控实践BBE业务模式；加大重客拜访，推进法人客户积累。

（黄品嘉）

【重大理赔与承保】中国太保寿险北京分公司为国内外参加2019中国国际福祉博览会暨中国国际康复博览会的参会代表、观众、参展商、组委会会务人员、记者及志愿者等赠送保险服务，承保人数5万人，赠送保险费共计10万元。重大理赔：年内，客户尹先生因疾病身故，其保险受益人获得鸿鑫人生两全等身故保险金10665818.43元，为公司年度单笔最高赔付。

（黄品嘉）

【特色服务】年内，中国太保寿险北京分公司开展多种特色服务。制定营运服务2.0转型目标和举措。成立营运教练、领航经理和大单管家3支营运辅导队伍，解答业务员营运问题，培训辅导业务员。优化核保大单管家服务团队流程，制定服务支持政策，面向达到标准的高保额、高保费保件提供售前、售中、售后全流程、1对1服务，为业务同仁和客户提供一体化服务流程。中介机构管理：严格按照监管对中介机构合规管理的要求，履行签约中介机构资质审核职责，对新签机构拜访调研，对已签机构定期评估，规范代理协议的签订和单证管理，严控保费结算流程，规范与代理公司的沟通机制，完善内部控制制度，确保合作的中介机构符合行业合规要求。现有专业保险代理公司23家，兼业保险代理公司9家，保险经纪公司23家。配合总公司完成寿险IT从集团公司到子公司的前置工作，实现从单纯的信息技术支持到科技赋能的职能转变。通过“嗨问”“保单AI管家”推广助力销售支持，协同总部推进灵犀系列智能机器人在分公司全辖的落地建设，引入人工智能、大数据、5G等新技术，在智能双录、电话坐席等业务场景实现赋能输出，有序推进客户体验和业务运维效能的提升及信息安全保障。产品创新，突出保险姓保，结合客户需求，多个年金产品同时在售，产品突出差异化定位，为客户提供教育金、生存金、养老金不同的选择方案。保险产品加服务，为客户提供完整的养老规划。通过年金产品加养老社区入住权的方式，让客户有钱养老，还能有地方养老，实现品质养老。重疾产品强化市场细分，健全产品体系，定期和终身、传统和增额、消费和返还等多种形式满足更多客户的需求。重疾产品加“太保蓝本”长期医疗服务，解决看病贵和看病难问题。坚持“风险为本”，落实强监管要求，通过量化目标、强化执行、深化追踪、细化管理各项合规工作。落实机构责任人、条线责任制、岗位责任链；把控培训教育关，考核评价关、监督检查关、问责处罚关，逐步健全风险排查长效机制。通过深化“乱象整治”成果、开展内部“五虚”问题整治、推广“北斗”系统应用等工作，公司多年未发生风险案件。

（黄品嘉）

（责任编辑　孙凤霞）

城市建设

北京西城年鉴2020

4月18日，位于新街口街道西四北三条3号的圣祚隆长寺开拆院内违建（闻昭 摄）

11月14日，由腾退场所改造而成的西城区党群服务中心暨展览路街道党群服务中心开园（于志强 摄）

11月25日，金融街智能健身公园落成（于志强 摄）

建设管理

【概况】北京市西城区住房和城市建设委员会（简称区住房城市建设委）是西城区政府的职能部门，代表区政府行使城市建设的工作职能，负责全区城市建设工作，内设机构11个，编制50人。年内，西城区房屋施工面积共计126.5万平方米，比上年同期下降1.3%，其中，本年新开工面积为8.1万平方米，比上年同期下降41.1%；新增竣工房屋面积为29.2万平方米，比上年同期增长25.1%。棚改收尾完成64户，其中菜园街29户，光源里32户，北昆项目3户，涉及人口209人次，上报并完成市级审批改造任务项目26个（拟改造楼房104栋，面积约56万平米，涉及户数1.3万户，资金预算9.2亿元），铁狮子巷15号、西直门南小街16号、永乐里10号院、红莲中里6、8号楼共5栋、2.3万平方米、382户已全部完工。完成加装电梯22部，推进33条市政道路建设，实现完工道路3条。截至年底，广安门外南街南段、燕京中街和米市东胡同3条道路完工通车，通车里程1.37公里。加快推进保障性住房项目建设，华嘉项目402套、丰台京粮南苑植物油厂项目2595套，两个项目的2997套定向安置房均已完工。

地址：西城区长椿街甲24号
邮编：100053
电话：63027019

（齐彦博）

【调研与督察】1月14日，区委常委、副区长姜立光带队深入菜园街、枣林南里棚户区、光源里棚户区及地铁19号线05标、西单文化广场施工项目现场进行检查。2月23日，西城区委书记卢映川带队到三里河路百万庄棚改项目A地块、地铁16号线15标段施工现场，检查工程参建单位空气重污染橙色预警指令各项工程措施落实情况。3月2日，区委书记卢映川带队到金融街华嘉项目、北京大学第一医院保健中心工程、地安门百货商场改造工程施工现场，检查各参建单位应急值守、安全生产和应对空气重污染橙色预警工作情况。3月7日，区住建委安全站与市住建委施工处执法人员对西单文化广场升级改造项目和北京民航营业大厦整体改造项目进行联合检查。3月21日，区住房城市建设委会同区环保局、区房管局、区城管委、区城管执法监察局和相关街道办事处，对广外街道、陶然亭街道开展“蓝天保卫战”进行联合执法检查。4月16日，区政协城建环保委员会常务副主任、专委会工作五室主任何绪明带队视察区保障房建设情况，区住建委副主任张东艳向政协委员介绍情况。5月15日，副区长朱国栋带队检查区建筑工地安全生产工作。5月20日，代区长孙硕、副区长朱国栋带队到北京大学第一医院保健中心工程进行安全检查。9月4日，市住建委副巡视员王鑫带队检查北京图书大厦外立面改造项目、北京图书大厦（二期工程）、国网国际发展有限公司民航营业大厦装修改造项目、西单文化广场升级改造项目、府右街复线热力管线工程。9月8日，市住建委主任王飞带队检查西单文化广场升级改造项目。10月12日，区住建委主任刘成东带队与丰台区住建委主任劼换成等座谈，调研高立庄项目。10月23日，刘成东到广外地区调研市政道路基础设施建设、老旧小区综合整治工作。广外街道办事处主任王书广、区征收中心主任万长红及区财政局、区房管局相关领导一同参与调研。11月18日，区委书记卢映川，区委常委、区委办公室主任徐利一行到新外大街乙八号院对加装电梯工作进行调研。

（齐彦博）

【防火安全排查】3月25日，区住建委建房处联合产权单位及所在街道社区，对所管片防火隐患开展排查。

（齐彦博）

【市政道路建设】年内，推进北纬路、白纸坊东街等33条市政道路建设，广安门外南街南段、燕京中街和米市东胡同3条道路建设，实现完工，通车里程1.37千米，完成了市级交办任务；推进地铁12号线、16号线和19号线3条轨道交通线路和1个换乘通道建设，完成了9个换乘站主体结构施工任务。

（齐彦博）

【轨道交通建设】年内，西城区共有3条轨道交通线路和1个换乘通道建设，其中地铁12号线，自开工以来累计完成施工产值23353万元，占施工总产值44517万元的52%。完成马甸站主体结构小导洞、底纵梁、条形基础、边桩、冠梁、钢管柱、大管棚、顶纵梁。完成地铁16号线二里沟站、玉渊潭东门站、木樨地站、达官营站主体结构、甘家口站主体结构及附属结构。国家图书馆站—二里沟站区间、二里沟站—甘家口站—玉渊潭东门站双线贯通。完成地铁19号线，积水潭站主体结构施工、积水潭站—北区间暗挖工区正线施工、平积区间盾构段左线与右线、平安里站主体结构顶板结构、金融街站—平安里站区间初支结构施工、牛街站—金融街站区间盾构始发横通道、牛街站负一层中板及侧墙工程。

（齐彦博）

【完成保障性住房建设】年内，西城区计划实现2997套定向安置房竣工任务。截至年底，承担指标任务的华嘉项目402套、丰台京粮南苑植物油厂项目2595套合计2997套定向安置房均已完工。新增定向安置房调拨138套；通过内部挖潜，同一主体间房源调剂使用方式完成定向安置房调配391套。新增定向安置房房源及新增用房项目已全部采用《定向安置房业务管理系统》线上调拨审核。在线上运行的11处房源，已实现上线房源15978套，其中9125套完成居民购房资格及配售标准审核。

（齐彦博）

【外交部阜外北四巷南、北楼综合整治项目竣工】12月9日，外交部阜外北四巷南、北楼综合整治项目竣工。该工程位于阜成门外北四巷，包括地上9447.7平方米和地下805.3平方米，总建设面积10253平方米，工程总投资1847.43万元。于2016年4月6日开工。工程由外交部行政司建设，北京筑福建筑事务有限责任公司设计，中煤建设集团工程有限公司施工，北京国建工程监理公司监理。

（齐彦博）

【光明日报社节能改造工程竣工】10月14日，光明日报社西城区新文化街12号院2号楼、42号节能综合改造工程竣工。工程位于新文化街12号院，总建筑面积21799.13平方米，分为地上18934.59平方米，地下2864.54平方米。工程建设单位光明日报社，华诚博远工程技术集团有限公司设计，泛华建设集团有限公司施工，北京建宇工程管理股份有限公司监理。

（齐彦博）

【华嘉胡同2栋楼及配套工程竣工】工程位于西城区华嘉胡同，东至金融街E9项目，西临金融大街，北至王府仓胡同，南至华嘉胡同，为西城区华嘉胡同0110-633地块C2商业金融用地、0110-634地块R2二类居住用地项目。分一标段1号住宅楼及配套等9项和二标段4号商务办公楼两个标段施工，总建筑面积153000平方米。其中，住宅楼总建筑面积72554平方米，地下5层，地上分别为19层、18层、2层，建筑高度分别为59.65米、53.75米、13米；商务办公楼总建筑面积80446平方米，地上分别为13层、9层，地下5层，建筑高度为60米、42米。工程总投资109836万元。住宅楼2016年7月26日开工建设，2018年11月27日竣工；商务办公楼2016年12月19日开工建设，2019年9月26日竣工。北京金嘉房地产开发有限公司建设，北京市建筑设计研究院有限公司设计，中建二局第三建筑工程有限公司施工，北京帕克国际工程咨询股份有限公司监理。

（齐彦博）

【区综合养老服务中心建设工程竣工】工程位于广安门外红莲北里10号，该工程包括地上11层11618.39平方米，地下3层6301.23平方米，总建筑面积17919.62平方米，工程总投资9761.64万元。于2017年3月8日开工。工程由区机关事务服务中心建设，中铁工程设计院有限公司勘察，北京中筑天和建筑设计有限公司设计，中煤建设集团工程有限公司施工，北京帕克国际工程咨询股份有限公司监理，于9月27日竣工。

（齐彦博）

【德宝新园小区1-5号楼综合整治项目竣工】工程位于西城区德宝小区，包括地上建筑面积20732平方米；地下建筑面积3392平方米，总建筑面积24124

平方米；工程总投资2650.0029万元，于2017年4月25日开工。工程由中华人民共和国财政部建设，北京军都晨宇工程设计有限责任公司设计，江苏江都建设集团有限公司施工，北京时创工程项目管理有限责任公司监理，于8月27日竣工。

（齐彦博）

【民航营业大厦装修改造项目竣工】该工程位于西长安街15号，总建筑面积19350平方米，工程总造价7098.18万元，于6月20日开工。工程由国网国际发展有限公司建设，航天建筑设计研究院有限公司设计，北京华夏建设发展有限公司施工，北京方正建设工程管理有限公司监理，于11月11日竣工。

（齐彦博）

【新风南里节能综合改造工程竣工】该工程位于新风南里小区，工程总建筑面积82755平方米，工程总造价8767.14万元，于2016年8月23日开工。工程由中共中央直属机关物业服务中心建设，北京房地中天建筑设计研究院有限责任公司设计，中城建第五工程局集团有限公司施工，泛华建设集团有限公司监理，于1月17日竣工。

（齐彦博）

【菜园街1号项目装修工程竣工】该工程位于菜园街1号，工程总建设规模39260.93平方米，工程总造价14543.56万元，于2018年1月23日开工。工程由北京中环鑫融酒店管理有限公司建设，深圳杨邦胜室内设计有限公司设计，东旭建设集团有限公司施工，中咨工程建设监理公司监理，于4月22日竣工。

（齐彦博）

【街区更新工作】年内，开展街区整理工作，持续推进各街道责任规划师团队和责任规划师签约，开放展示中心，加强重点街区建设，打造精品街区。截至年底，各街道已全部实现责任规划师团队和责任规划师签约。广内、广外、天桥、陶然亭、椿树、牛街、月坛、西长安街、大栅栏、什刹海、金融街11个街道的街区整理展示中心已建成开放，新街口、白纸坊、展览路、德胜街道展示中心正在推进建设中。按照工作安排，年内重点推动旧鼓楼大街、地安门内外大街、太仆寺街、天桥南大街等片区提升“亮相”。截至年底，完成德胜街道小市口胡同3号院和小市口胡同、旧鼓楼大街西侧南段改造；西长安街街道太仆寺街改造；广外街道达官营街区深化提升项目；天桥街道天桥街区休闲空间建设、广场地面修整、墙面翻新加固、绿化补植工作。

（齐彦博）

【重点工程项目征收】年内，对宣武医院、菜市口220千伏站及生产附属设施等重点项目开展现场滞留户征收。推进北纬路、西直门内大街、受壁街、红居北街东段、四十四中东侧路、地铁19号线一期工程等道路征收项目。截至年底，完成了1个项目（珠朝街），签约4个单位产权、70户居民。

（齐彦博）

建筑行业管理

【概况】年内，区住房城市建设委共办理施工许可317项，其中房建项目9项、市政项目3项、装修项目228项，变更及注销项目77项。办理建筑企业资质74项，其中首次申请资质7项，资质延续11项、资质升级1项、增项34项、变更21个。受理建筑起重机械使用登记备案35起；向6家建筑工地发放夜间施工许可证58件；受理建设工程竣工验收备案36件；拆除备案6项。办理二级建造师各类注册1529人次。已完成安全生产考核三类人员续期900人。完成招标65项，合同金额27.65亿元。3个监督机构出动9740人次，检查工地5108个次，发出责令整改通知书223份，对265家企业进行了约谈，对271家责任单位和33名个人做出了经济处罚，处罚金额137.42万元；对50家责任单位、128名责任人做出了行政处理。

（齐彦博）

【烟花爆竹安全管理】组织开展“烟花爆竹禁放宣传进工地”活动。活动现场发放了烟花爆竹禁放海报和宣传条幅，宣贯《北京市烟花爆竹安全管理规定》，与123个禁放点工地签订安全责任书，发放禁放宣传材料5000份，加强春节期间巡查备勤，出动

162人次，检查工地224个次。

（齐彦博）

【国庆70周年服务保障】组织召开西城区建设工程“国庆70周年庆祝活动演练”服务保障工作会，传达市、区关于全力做好国庆70周年庆祝活动服务保障精神，宣贯《西城区建筑工地服务保障国庆70周年联欢活动烟花燃放安全保障工作方案》，制定2个专项工作方案，建立105个施工工地服务保障工作台账，开展5次专题动员部署，组织“迎国庆、保平安”安全生产大检查，领导带队检查工地6次。开展国庆节期间巡查，出动358人次，检查工地296个次。

（齐彦博）

【全国“两会”服务保障】制定《服务保障2019年全国“两会”方案及应急预案》《2019年西城区重点工地服务保障全国“两会”工作方案》。掌握8个会场和驻地周边200米范围内工地基本情况，梳理出19个200米范围内工地和行车路线周边可能会涉及的29个项目，建立全国“两会”期间服务保障工作台账，共检查工地297个次，驻场盯守项目19个，远程视频监控428项。出动457人次，排查各类隐患1起，隐患整改1起。

（齐彦博）

【“中高考”服务保障】6月3日，组织召开考点周边35个项目施工单位负责人参加的“中高考”服务保障工作会，对服务保障工作进行部署。6月1至26日，区内所有在施工程，一律禁止在夜间进行产生噪声污染的施工作业（抢修抢险工程除外），区住建委停止了这期间的夜间施工审批。6月7至8日（即“高考”期间），考点周边500米范围内的建筑工地，全天不进行产生噪声的施工作业，外语考试期间停止所有施工作业。

（齐彦博）

【老城保护更新试点工作】1月15日，市住建委联合东城、西城区政府下发《关于做好核心区历史文化街区平房直管公房申请式退租、恢复性修建和经营管理有关工作的通知（京建发〔2019〕18号）》。为贯彻落实《通知》要求，推动实现老城保护与居民生活品质提升有机融合，结合西城区实际，选定原菜市口西片危改小区土地一级开发遗留项目作为2019年试点，开展平房直管公房申请式退租、申请式改善及片区保护更新工作，设想通过资产运营的方式，成片区实现保护提升和街区更新的可持续可操作。菜西试点是一种全新的老城保护方式探索，也是全市年内第一个启动的直管公房退租项目。最终提出退租申请275户（其中公房234户，私房41户），直管公房占比60%，私房户占比14%，涉及在册户籍人口760人。

（齐彦博）

【优化营商环境】自3月18日起，建筑工程施工许可业务实现全程网上办理并进行回访，审查无误的在5个工作日内完成审批。自12月1日起，全市开展二级建造师注册证书电子化试点工作。申请人通过北京市住房和城乡建设领域人员资格管理信息系统全过程，网上办理各类注册事项，原纸质注册证书遗失补办、污损换证等业务停止办理。招投标工作实现“一站式”服务模式。取消合同备案、监理招投标备案全过程采用告知性备案等，强化事中事后监管。

（齐彦博）

【绿色施工监管】运用“现场检查、远程视频监控检查、互联网+检查”、《西城区空气质量分析》App“四合一”手段对全区建筑工地扬尘控制进行管控，通过加大检查执法力度，及时制止和纠正现场存在的问题。年内，对58家控制扬尘污染不到位的责任单位移交城管执法部门依法处罚，对1家单位存在的现场搅拌砂浆问题进行行政处罚。建议市住建委对7项工程建设、施工、监理等参建单位进行全市通报批评、1家施工单位在全市范围内暂停投标资格。对56项工程参建单位控制扬尘不达标的问题，进行全区通报批评。

（齐彦博）

【安全教育培训】坚持“以会代训”“会训结合”的教育方式，根据不同阶段安全生产形势和季节性特点，随机开展教育培训；邀请市、区有关部门到区住建委，开展危大工程安全管理实施细则培训、消防安全专项培训，联合北京建工集团抢险队举办全区建筑工地防汛演练培训。各工地悬挂安全、警示横幅184条，张贴宣传海报2200张，发放宣传材料5000份，开展培训教育216次、受教育人数约为3200人。全年共组织各类会议22次，下发各类文件8400份；对110名项目负责人进行培训，4500余名从业人员参加了体验式安全教育培训。

（齐彦博）

【施工现场防汛应急管理】 年内，共召开3次动员部署会，与20个重点项目签订防汛责任书，下发防汛工作方案及应急预案200份，发放防汛宣传海报、手册3800份；聘请北京城建科技促进会专家对6个深基坑工程、12个地铁项目进行专项检查，检查结果全部安全稳定；举办1次全区建设工程防汛应急救援演练；发出雷电或暴雨蓝色、黄色预警18次、工作通知类短信95624条，检查出动816人次，检查工地552个次。

（齐彦博）

【施工现场安全帽使用情况检查】 召开西城区建设工程安全生产工作会，对安全帽大检查工作进行部署，下发《北京市住房和城乡建设委员会关于开展安全帽使用情况大检查的通知》，要求各项目开展安全帽大检查。对169个工地安全帽的实体安全和管理行为进行全覆盖检查；对涉及高大脚手架的3个项目，内业资料和架体进行检查。

（齐彦博）

【施工现场扬尘治理】 年内，采取购置机械化洒水车、扫地车、雾炮等设施用于现场降尘，新建工地采用钢板防护网代替绿色密目网，部分工地试点使用“防尘天幕”。出台《2019年加强施工现场扬尘精细化管控十二条工作措施》和《严管易产生扬尘施工作业面降尘防尘六条工作措施》。

（齐彦博）

【工程质量建设检查】 年内，新注册监督项目247项，同比增长94%，面积179.99万平方米，同比增长86%。共实施质量监督执法检查1376次，同比增长157%，出动人员3440人次，同比增长166%。发出《责令改正通知书》19份、行政处罚决定书31份，罚款13.71万元，撤销立案4件。牵头联合其它部门完成47个项目验收。7月1日，承接区建设工程消防验收、备案及抽查工作。年内共受理消防验收19个，其中11个合格、8个不合格；消防备案受理29个，其中备案抽查10个。

（齐彦博）

【招标投标管理】 年内，建设工程招标投标项目入场登记47项，均为公开委托招标，其中政府投资34项、国有投资13项。办理资格预审文件备案30项、招标文件备案62项，完成中标65项，中标金额27.65亿元。

（齐彦博）

房地产开发

北京金融街投资（集团）有限公司

【概况】 北京金融街投资（集团）有限公司（简称金融街集团）为西城区国资委所属的国有全资企业，注册资本1066119万元人民币，西城区国资委持股35.24%，北京金融街资本运营中心持股64.76%，法定代表人董事长牛明奇。金融街集团已发展成为以房地产为主业的国有大型综合投资公司。业务领域涉及房地产开发、政府重点工程、物业经营、物业管理、金融、教育、医疗及文化体育旅游产业等多个产业，业务范围遍及北京、天津、重庆、上海、山东、河南、江苏、内蒙古、四川、湖南、湖北、安徽、广东等多个省市地区。2019年，集团实现营业收入369.88亿元，同比增长11.99%；利润总额53.96亿元，同比增长2.14%；净利润36.43亿元，同比增长7.40%。主要市场化业务抓住机遇，总体实现了较快增长，市场地位稳中有升。全系统上缴税收65.87亿元，全年上缴国有资本金收益1.35亿元。截至年底，系统内企业304家，员工总数1.1万余人。年内，集团再度位列“中国企业500强”。全系统在北京市第34届企业管理现代化创新成果评选中，获一等奖3个、二等奖6个，集团首次获得“优秀组织单位”称号及115个区以上各类奖项。金融街集团及所属公司未出现重大主体责任安全事故、重大经营风险事件和重大信访事件。

地址：西城区金融大街33号通泰大厦B座11层

邮编：100033

电话：88088080

（郭岩松）

【政府重点工程建设】年内，金融街集团全面完成了政府重点工程板块年度工作目标和政府交付的任务。金融街集团所属基础公司积极对接政府诉求，主动研究探索新总规出台后老城保护与城市更新模式。在市、区两级政府层面多方协调，成功实现菜西老城保护和城市更新项目落地，成为北京市第一例“申请式退租”试点项目。4月，金恒丰公司注册成立。5月，获得区政府正式授权，负责组织实施菜市口西片老城保护和城市更新试点工作并进行经营管理；同时获得西城区房屋管理局50年授权，作为菜市口西片范围内的区属直管公房经营管理单位，负责组织实施片区范围内环境整治、市政基础设施改造提升建设工作。6月，操作方案获得区政府审批通过，“申请式退租”工作正式启动。截至8月9日24时，为期两个月的“申请式退租”试点顺利完成。275户居民（公房234户、私房41户）主动提出退租申请，占片区居民比例38%，远远超出各方预期，得到市、区领导的高度认可，成为北京市同类项目的标杆。年内，动物园公交枢纽站装修改造项目成功启动并取得施工许可证，项目团队克服了70周年大庆等重大活动停工不利因素，11月30日，外立面幕墙、泛光照明及内部精装如期亮相，“微笑”点亮金科示范区。市重点工程西城安置房配套医院按期竣工备案，该项目是回龙观地区落成的首个三级甲等医院，设有床位800张，项目被评为“2019年北京市建筑信息模型（BIM）技术应用示范工程”。红莲广场项目竣工备案，正式移交区民政局。金嘉大厦顺利竣工交付，该项目为金融街核心区收尾项目，总建筑面积8.04万平方米，引入大型金融或国企总部，助力夯实金融街国家金融管理中心的战略定位。德胜对景仿古项目顺利向西城区园林市政管理中心正式交付。

（郭岩松）

【疏解整治提升】年内，金融街集团超额完成年度疏解任务，华利佳合实业有限公司于一季度启动年度重点疏解点位——西四北大街215号电子市场。于6月完成市场腾退、9月实现业态升级，实际疏解面积248平方米、净疏解非京籍人口77人次。腾退空间已转型为便民服务业态，助力社区补齐便民服务功能。

（郭岩松）

【房地产板块】年内，金融街集团地产板块开拓进取、节约挖潜，实现稳增长。所属控股公司实现销售签约额约319亿元，实现销售签约面积118万平方米。销售签约金额、回款金额为历年新高。控股公司三年持续投资五大城市群中心城市和周边一小时交通圈卫星城/区域，2017至2019年累计新获取项目53个，拓展了成都、武汉、佛山、东莞、深圳、苏州、无锡、廊坊、遵化等9个新城市。累计实现新增权益建筑面积逾800万平方米（地上权益建筑面积约621万平方米）。其中年内以合理成本获取项目20个，新增权益建筑面积234万平方米（地上权益建筑面积167万平方米），新进入无锡。公司已进入五大城市群16个重点城市，区域布局持续完善。2019年《财富》中国500强排行榜，控股公司位列第378名。房地产企业共有52家上榜，控股公司位列第42名。

（郭岩松）

【金融保险板块】年内，金融板块效益提升明显，长城人寿公司总保费收入达成103.79亿元，年计划达成率118%。个险、银保、经代、收展、团险新单保费达成均超年度计划。反映长城人寿公司价值转型的新单期交保费合计22.08亿元，同比增长16.5%；续期保费54.7亿元，占比首次过半，成本摊薄效应逐步体现。长城人寿公司持续开展产品创新，尝试“保险+服务”模式，长城吉福人生重大疾病保险、长城如意人生年金保险（分红型）、长城金彩时光年金保险、长城幸福年年年金保险、长城欣康重大疾病保险等新产品不断完善了公司产品体系和架构。年内，网销业务新增乐牙网、京东金融2家合作渠道，将种牙险的合作区域从北京拓展到湖南长沙、安徽合肥。实现综合收益2.27亿元。恒泰证券自营、投行等业务净利润贡献率同比大幅上升，私募股权投资业务盈利丰厚，全面完成年度目标任务。恒泰证券顺应行业发展趋势，谋求业务结构与盈利模式的转型升级，经纪、资管等业务转型步伐加快。公司实现营业收入人民币32.02亿元，较2018年增长226.55%；实现净利润人民币7.63亿元，较上年增长219.95%。

（郭岩松）

【物业板块】9月，金融街物业股份有限公司（简称金融街物业公司）成立。年内，金融街集团所属物业公司加速推进在香港联交所H股挂牌上市各项工作。一季度完成了上市股改审计机构、评估机构、发行人境外律所和H股保荐人（承销商）的选聘工作；二季度启动了金融街物业公司上市尽调工作，并与金融街集团联合启动公司境外商标注册；三季度股份制公司正式成立，完成了招股说明书大纲的起草工作；四季度完成全部IPO中介机构的选聘，于12月13日召开董事会、股东大会，正式审议通过了联交所H股上市事项完整议案、内控整改及上市后公司治理适用制度。

（郭岩松）

【教育板块】年内，金融街集团教育板块完成三大品牌建设，实现“三年十所”初创目标。6月2日，第十二届全国人大副委员长向巴平措亲赴现场，为北京金融街润泽学校揭牌，9月2日举行开学典礼。该校由金融街集团、北京市供销合作总社两大国有企业联合投资创办，著名教育家、原北京四中校长刘长铭出任总校长，是一所集幼儿园、小学、初中、高中为一体的高端国际化民办学校，首年招生一年级4个班和七年级2个班。9至12月，金融街惠泽幼儿园旗下的鼓楼园、金融街园、月坛园、前门园及金融街惠泽儿童成长中心、四季青中心陆续开园，招收0至6岁的婴幼儿，为市民尤其是西城区市民提供800余个优质学位，大力缓解金融街地区入园难、入托难的问题。9月2日，北京市正泽学校第一家分校——广东省惠东县巽寮金融街正泽学校正式开学。既是在外埠创办的第一所学校，也是金融街集团地产板块与教育板块的首个协同项目。12月23日，“金融街（绍兴）教育发展有限公司”注册成立，开启教育公司在长三角地区的战略布局。位于绍兴市上虞区的“金融街杭州湾学校”计划于2020年9月开学。2019年，教育公司实现“正泽、润泽、惠泽”三大品牌落地，超额完成“三年十所”战略规划目标。

（郭岩松）

【医疗健康板块】年内，金融街集团医疗健康板块实现初期战略目标，睿宝儿科顺利实现10家诊所开门营业，至此，睿宝儿科在上海已有9家儿科门诊和1家综合门诊，实现对上海核心区域的全面覆盖，进一步确立了在儿科连锁领域的领先优势，完成了公司初期以诊所规模突破为目标的发展要求。4月，完成历晶门诊项目收购，该项目位于上海市静安区，比邻上海市儿童医院，地理位置优越。诊所装修改造及医疗执业范围变更后，于9月25日正式开门营业。通过本次收购实现了睿宝儿科从儿科到全科的扩展，从0-14岁婴幼儿保健及医疗服务，延伸至为整个儿童家庭提供专业的整合医疗及家庭医生服务，拓宽了业务范围，与现有业务形成了优势互补。通过对香港医疗市场的考察调研，投资公司确定了设立香港诊所的路径与合作模式，编制完成项目可研报告和时间计划表。8月19日获区国资委审议通过。年内，投资公司确定在丰台区丰科中心设立北京首家诊所，12月16日，嘉宝门诊部项目通过丰台卫健委设置申请审批并完成相关备案程序。

（郭岩松）

【金融街区域软环境建设】年内，金融街集团全力推进金融街配套服务提升工作，取得良好的社会效益。广阳谷城市森林公园完成扩容；金融街控股股份有限公司举办了金树街外摆、啤酒花园和演出为一体的“魅力·金融街”系列主题活动，社会反响良好；Life金融街积极配合区相关委办局组织各类公益、扶贫活动800余场，整合配套服务资源、形成街区融媒体平台。金树街及购物中心优化商业配套，威斯汀酒店实施装修改造。金融街书局设立4个服务站点，提升区域文化氛围。物业公司积极推动怡己系列增值服务创新，开创连锁式、零距离服务的新模式，现有收发、铺仔、咖啡、餐饮等多种业态，共42家门店，其中26家为金融街区域服务，多次接待市区领导视察并受到客户好评。金融街商会年内新发展35家机构会员，会员总数达到267家；绿色医疗平台为驻区从业人员挂号10021人次，心灵驿站服务52人次；与金融街书局共同组织学术活动、政企交流、健康义诊、特色文体和单身人员联谊活动38场6700人次参与。

（郭岩松）

【完成国庆70周年群众游行任务】金融街集团系统50名队员分别完成了“扬帆远航”（41人）、“民主法治”（1人）、“从严治党”（1人）和“人类命运共同体”（7人）4个群众方阵的游行任务。选调的群众游行方阵30名服务保障人员及12名预备队员随时待命，有50名员工执行站岗执勤任务。国庆期间，金融街集团系统近150人参与游行及服务保障工作，在区国资委系统参加人数最多。

（郭岩松）

【精准扶贫】年内，金融街集团按照“以产业帮扶为主，以公益和慈善帮扶为辅，引智引资”的思路持续开展精准扶贫，筹集四期890万元资金，累计投入产业帮扶资金655万元、慈善资金35万元；签订结对帮扶协议的内蒙古和河北省11个贫困村均有产业项目落地，直接带动建档立卡贫困户554户、1242人实现脱贫，惠及其他贫困户806户，2125人实现增收。含金融街慈善基金会的捐赠，全系统共对外捐赠款项超过600万元。

（郭岩松）

【落实接诉即办】金融街集团积极落实“12345”接诉即办工作，共接到18项案件，召开专题工作调度会5次，办结6件、挂账4件、剔除6件、退回2件，均在时限内得到处理，办结率、满意率100%。

（郭岩松）

北京市华远集团有限公司

【概况】北京市华远集团有限公司（简称华远集团）是西城区国资委所属的国有独资公司，在西城区委、区政府、区国资委的正确领导下，华远集团积极应对外部环境变化和挑战，全面加强党的建设，稳步推进企业改革创新发展，持续优化企业内部管理能力，服务区域经济转型升级，主动践行国企社会责任，进一步推动集团整体高质量发展。华远集团已发展为业务涵盖房地产、金融服务、商业服务、高新技术等领域，旗下二级企业20余家，员工总数约1500人，资产总额逾700亿元，立足西城、深扎北京、面向全国的综合性企业集团。截至年底，集团资产总额708.25亿元，同比增长15.01%；净资产135.22亿元，同比增长7.27%。实现营业收入76.92亿元，利润总额8.76亿元，净利润5.67亿元，上缴税金15.45亿元；上缴国有资本经营收益0.41亿元。

地址：西城区南礼士路36号华远大厦
邮编：100037
电话：68037022

（王芳媛）

【房地产业优化运营效率】年内，华远地产股份有限公司，践行“规模与效益并举、产品与服务并进”的发展战略，完成销售签约额逾150亿元，同比增长约26%；开复工总面积逾450万平方米，同比增长约35%；继续加大土地储备力度，获取7宗土地。运营管理落位“总部—区域—城市”三级管控模式，持续强化快周转运营逻辑，促进运营纪律执行落地。建立健全产品品质管控体系，提升项目定位决策效率及快速复制能力。工程管理推行“全穿插施工”提效，明确管理标准，加强施工过程管控，有效缩短工期、节约成本。积极拓展美元债、私募债、短融等多种融资渠道，健全融资标准化管理体系，加强一体化融资管控。完成BI经营决策平台系统等多套系统开发上线，推动多项信息化管理机制落地，助力运营管理数字化。推广“Hi平台”智慧社区服务模式，落位全国四大区域、11座城市项目，共建华远业主新邻里关系。

（王芳媛）

【增强金融服务业市场影响力】北京华远小额贷款有限公司，调整经营策略、创新贷款产品、强化风险管控，提高了贷款规模和总体利润，作为行业代表参加地方金融监管部门、行业协会组织的小贷行业政策研讨会并提出政策建议。北京华远典当有限公司以“红色典当”为突破口，积极谋求业务创新，尝试开展股权质押典当等业务；改造升级门店形象，提升客户购物体验，强化品牌宣传与产品销售；完善审贷运行机制，增强贷后管理力度，总体风控效果良好。北京华远资产管理有限公司落实固定收益类产品、经营租赁等经营利润点，对自持物业进行改造升级，推进股权投资业务重组和创新。

（王芳媛）

【商业服务业提升品牌形象】华远地产股份有限公司商业板块通过不断提升服务运营能力和经营水平，带动所在区域价值提升，重点打造综合体商业“华中心”系、社区商业“好天地”系等商业服务体系；华远·长沙君悦酒店、华瑞和酒店稳健运营，华远·长沙凯悦嘉轩酒店正式开业，完成酒店业务全品类布局。北京华远西单购物中心有限公司以“抓调整、挖潜能、造亮点、夯基础、保安全”为主线，持续进行产品更新和形象升级，积极配合区商委举办西单时尚节，推出“领略老北京，感受新时尚”活动，设立第一家全市场化运营的扶贫产品专柜，促进对口贫困地区农特产品营销。北京华远商业管理有限公司全新打造的长沙湘江畔华远·华中心“悠优港”商业，汇集美食、健身、美容、养生等现代都市服务业态，致力于成为长沙城央江景悠优生活体验范本。北京山釜餐厅有限公司秉承“顾客至上”经营理念，加强餐厅内部管理制度化建设，菜品持续推陈出新，管理运营精益求精，为客户提供更加优质的服务。

（王芳媛）

【科技实业自主创新】北京华控技术有限管理责任公司技术遵循总体战略部署要求，落实整体业务和组织架构调整。北京华远大数电子商务有限公司深入探索智慧社区建设与运营，继续推进华商云新零售管理系统的市场推广，不断迭代升级自有产品，完成北京金科中心智能化建设方案设计。华远电气股份有限公司，专注于工业自动化控制产品的研发、生产和销售，积极应对国内外市场下行压力；产品开发统筹行业纵深和横向拓展，年内申请专利94项，其中发明专利10项；申报政府各类研发创新项目9个，获得知识产权管理体系认证。深圳华远云联数据科技有限公司聚焦工业物联网整体解决方案，坚持研发创新与市场扩张并进，进入快速成长期；产品研发完成数据中心DCIM、智慧园区IBMS、工业物联网IIOT三大产品系构建，预测性运维研发进入攻坚阶段，申请2项发明专利、8项软件著作权。华远精密机器（深圳）有限公司2019年为创立元年，以高效推进产品研发为核心目标，提前完成3.7千瓦无油涡旋空压机主机研发，整体性能指标完全达到设计目标，处于领先地位；申请专利14项，其中发明专利4项。北京华远云科技有限公司围绕打造国际一流的金融科技园区综合运营服务商的目标，积极探索金融科技产业生态建设，加快推进北京金融科技中心项目建设。

（王芳媛）

【服务区域金融科技产业发展】7月以来，华远集团就全国中小企业股份转让系统公司入驻“金科新区”开展大量工作，全力支持全国中小企业股份转让系统公司入驻“金科新区”。华远集团配合中关村西城园管委会，研究推动国家级金融科技示范区建设，密切跟踪金融科技产业发展方向及研究动态，积极对接金融科技头部企业，探索研究合作方式与项目孵化，提升区域科技服务能力；配合北展指挥部统筹协调动批地区的楼宇改造建设和市政基础设施建设，提升示范区核心区区域品质，推进北京建筑大学区域改造设计合作成果确认和实施，助力示范区部分重点楼宇亮相入驻。

（王芳媛）

【助力精准扶贫】年内，在区委、区政府的领导及区国资委、区外联办的指导下，华远集团出资设立北京华远三农科技产业有限公司，打造西城区“产业扶贫协作平台”。北京华远三农科技产业有限公司，坚持产业与扶贫并行，以市场为导向，探索长效、可持续的脱贫机制和运行模式，研究运用农业生态科技，促进对口帮扶地区人口就业、脱贫增收及产业提升；发起成立鄂伦春自治旗子公司，深入挖掘当地产业特色，推进鄂伦春农特产品进西城；顺利承办西城区系列消费扶贫产品展，帮助西城区对口帮扶的5个地区83家参展商，展销193种特色产品，动员西城区15个街道和20多家企业及各界百姓参与消费扶贫；通过建立北京市消费扶贫双创中心西城分中心，利用组建西城区惠民服务车队等方式，补齐民生短板，加快扶贫产品走近百姓，让西城百姓的菜篮子“物丰价美”，让对口帮扶地区百姓的钱袋子“日渐丰盈”。华远集团2019年结对帮扶的贫困县和低收入区增至3个，结对帮扶村庄达到4个，累计投入资金超过66万元，开展扶贫调研10余次，已帮助2个村庄脱贫出列。结对帮扶地区张北县农机合作社加强服务推广，农机作业面积已超过4000亩，提供临时工作岗位11个，有效带动192名贫困人口增收。

（王芳媛）

【促进对外合作】华远集团与中国农业银行北京分行签订金融科技服务战略合作意向协议，在金融科技园区建设与运营方面展开深度合作；与国内金融科技领军企业深圳瀚德金融科技公司签订战略合作协议，联合建设北京金融科技孵化加速基地，推进金融科技企业加速健康成长；与全球知名的创业孵化器即联即用公司（Plug and Play）初步达成合作意向。华远地产股份有限公司通过与平安集团、中国建筑、中石油等行业优势企业紧密合作，共同开发石家庄、任丘等地项目，加快在京津冀的布局步伐。华远电气股份有限公司与农牧行业龙头河南牧原股份在产品供应、供应链整合等方面展开深度合作。深圳华远云联数据科技有限公司积极与华中科大等高校在预测性运维领域探索产学研一体化，已实现客户现场测试上线，参加2019中国国际智能产业博览会，在国家创业创新大赛中取得优异成绩。

（王芳媛）

【彰显国企担当】华远集团始终坚持以人为本、关爱员工，推进企业和职工协商共事、机制共建、效益共创、利益共享，促进企业和谐发展，获2018年度“全国模范劳动关系和谐企业”称号；华远地产股份有限公司获第四届“诚信北京”315晚会诚信企业、第八届中国公益节“责任品牌奖”“2018年度实力品牌企业”大奖、“北京地产资信20强”等殊荣。为积极响应国家“广泛开展全民健身活动，加快推进体育强国建设”战略部署，全程冠名赞助第十届“华远杯”北京国际山地徒步大会；积极支持桥牌体育事业，冠名赞助“北京华远女子桥牌队”和“华远杯”北京市系列桥牌赛；推动京津冀体育协同发展，举办“华远杯”京津冀春季桥牌大赛。积极支持环保公益，参加阿拉善SEE生态协会主办的梭梭春种、“SEE99”公益日线上募捐等系列公益活动。

（王芳媛）

北京天恒置业集团有限公司

【概况】北京天恒置业集团有限公司（简称天恒集团）是西城区国资委所属的国有独资公司。天恒集团深入开展“不忘初心、牢记使命”主题教育，积极落实北京市新总规，围绕“抢抓机遇，提升发展”主题，以“以主业保发展，以产业促繁荣”为战略方向，全力以赴推进各项工作。截至年底，集团总资产规模达到704.4亿元，总负债514.35亿元，净资产190.06亿元，较年初增加5%。资产负债率由年初的74.21%降至73.02%。天恒集团年内实现营业收入46.88亿元，利润总额3.57亿元，成本费用利润率为9.4%。集团承担的政府项目任务全部圆满完成，累计上交各项税费7.07亿元。地产类业务（含城区、地产及产业事业部）预算口径实现开复工面积286万平方米（其中新开工面积38万平方米），竣工面积28万平方米，房屋销售面积60万平方米，房屋销售签约额222亿元，房屋销售回款额182亿元，建设投资69亿元，新项目储备投资23亿元，征收居民13户，征收单位5个。天恒集团持有运营类资产管理面积38万平方米，其中自营及出租面积24.1万平方米，收入1.8亿元。集团产业板块实现运营养老床位100张（亦庄）；新增物业管理面积16万平方米，累计物业管理面积145万平方米；恒家租实现255套长租公寓对外出租；金融科技创新空间6193平方米实现满租。华兴新业公司实现营业收入53336万元，利润总额5700万元，归属母公司利润2004万元。

地址：西城区阜成门外大街31号天恒置业大厦

邮编：100037

电话：52609100

（王　丹）

【**棚改业务**】9月，天恒集团光源里棚改项目争取到市发改委专项资金补助25.64亿元，其中12.64亿元已拨付到账；天恒集团将资本金13亿元一次性注入控股子公司天恒正合公司（光源里棚改项目前端公司）。11月，光源里棚改项目C1地块工地现场召开白纸坊地区重点棚户区改造项目开工动员大会，标志首都核心区最大棚改项目正式开工。

（王　丹）

【**地产再获房产TOP4**】年内，天恒集团地产板块积极应对市场变化，及时调整销售策略，搭建自销团队，以周为单位落实销售及回款指标，力排万难、抢占市场。实现销售签约222亿元（全口径），首次迈入200亿签约门槛，超额完成年度目标33%；再获“2019北京市房地产公司TOP10”之TOP4。

（王　丹）

【**土地储备**】9月，天恒+恒基联合体以24.25亿元的总价取得北京孙河区域最后一宗住宅用地，该地块溢价率1.5%，住宅楼面价超每平方米6.5万元左右。10月，天恒集团全资子公司北京天恒正同资产管理有限公司和徐州恒江房地产开发有限公司各出资500万元，成立北京恒合天基房地产开发有限公司，共同开发孙河地块。12月，天恒集团以天恒正同资产管理有限公司为竞拍主体，以15144万元成功竞得烟台福山刘家埠西地块，溢价率92.82%，成交楼面价每平方米2995元，完成青烟威区域战略拓展的关键落子。并于同月24日成立烟台嘉鸿房地产开发有限公司，注册资本1000万元整。

（王　丹）

【**金融科技创新中心**】由天恒集团设立的北京天恒新科技管理有限公司、天恒金融科技创新中心（简称创新中心）为运营载体。年内，创新中心办公空间使用率已达100%，已吸引中移动金融、福科科技、坤舆天信等81家金融科技创新示范型企业落户。入驻企业注册资本金总额超过150亿元。

（王　丹）

【**天恒养老项目**】9月，北京市西城区养老行业协会成立大会暨第一次会员大会在西西友谊酒店召开，副区长李异为新当选的协会会长刘海涛授牌，标志着西城区养老行业协会工作正式启动。年内，已招纳会员单位近100家。天恒集团养老亦庄项目进入运营正轨，高分获得二星级养老机构评审，实现100位长者入住，长者综合满意度达到93%。并与顺天通集团、北京同仁堂医养产业投资集团有限公司，签订战略合作协议，获得天通苑地区6家养老机构736张床位运营权。

（王　丹）

【**北海医院**】年内，北海医院相关交接工作顺利完成，按照协议约定应向北海医院原股东，支付70%股权转让款即1855万元，尾款795万元于一年后支付。天恒集团以增资方式实缴至天恒正同资产管理有限公司2650万元，由天恒正同资产管理有限公司支付股权转让款。

（王　丹）

【**北茶中心**】年内，北京茶业交易中心有限责任公司（简称北茶中心）线下月坛和西单实体店业务不断推进。电子商城网站也成功上线，并实现微信及支付宝交易功能。建设完成感官茗鉴审评室及茶叶实物标准样品库，搜集近20个茶叶实物标准样品。

（王　丹）

【**四川阆中文旅项目**】5月，天恒集团四川阆中文旅项目成功竞得阆中市老城片区的最后一块开发用地，开创了天恒集团低成本获取产业配套开发用地先例。9月，四川省2019年文化和旅游重大项目集中开工仪式（南充分会场），在阆中·天恒文化旅游项目现场隆重举行，标志着“阆中•天恒文化旅游项目”破土动工，标志着四川省2019年文化和旅游重大项目集中开工正式启动。10月，阆中蘭臺壹号古城临展中心暨天恒文旅接待中心正式对外开放。12月，阆中古城资产收购获批中国农业发展银行4亿元中长期（18年）低息贷款并完成正式收购。

（王　丹）

【**城市之光酒店**】10月，天恒城市之光酒店经过升级改造，旗下两家新店（百花深处店与新街口店）举行“顶新礼客”品牌活动。城市之光酒店注册资本金为3000万元，天恒集团全资子公司华兴新业公司出资额为1800万元，占股60%。城市之光酒店打造了高品质的住宿空间，实现了全新的运营概念，开创了国内五星级青旅的新潮流，丰富了天恒集团产业多元化和产品社会热度。

（王　丹）

【传统商业】年内，华兴新业公司结合天恒集团发展规划，制定了三年发展规划，提出新商业融合与老商业振兴的发展思路。复兴商业城专注会员服务与营销，新街口百货掀起怀旧热潮，西西友谊商城边施工、边经营，完成多区域改造工作的同时创造了西餐最高散客销售记录。成文厚推出第二代环保高速复印纸，进入北京市政府采购供应商名录，同时积极拓展外埠业务。京工友谊北平汇实施传承人培养计划，引进专业的设计团队与理念。

（王　丹）

北京华康欣和建筑工程有限责任公司

【概况】北京华康欣和建筑工程有限责任公司（简称华欣公司）为房屋建筑工程施工总承包二级资质、建筑装修装饰二级资质、输变电专业承包叁级资质、市政公用工程施工总承包叁级资质企业。企业注册资金3000万元；资产总额1.9亿元；从业人员近200名，拥有同企业资质要求相适应的工程技术、经济管理人员。年内，华欣公司完成营业收入9057万元，实现利润6.2万元，上缴国家税金244万元，工程合格率100%，合同履约率100%，实现安全生产文明施工。接受认证部门对质量、环境、职业健康安全管理体系年审并顺利通过。

地址：西城区西直门内后半壁街11号
邮编：100035
电话：66160591

（李珊珊）

【股东会暨工作会】3月28至30日，召开2019年股东会暨工作会。分别审议通过2018年董事会工作报告、监事会工作报告、财务工作报告、行政工作总结、党委工作总结；华欣公司与各基层单位签订生产经营承包合同及安全生产、综合治理责任书。

（李珊珊）

【“三标”认证】9月25至26日，公司进行为期两天的“三标”认证年审，并顺利通过。

（李珊珊）

【重点工程项目】年内，华欣公司重点工程项目包括：新街口街道办事处育德胡同环境整治提升工程；西城教委师范学校附属小学食堂采暖管道及阀门更换、楼外立面贴瓷砖；西城教委师范附属小学外立面贴瓷砖；新街口背街小巷整治项目（后半壁街支岔路）；吐鲁番餐厅改造工程；北京市西城区志成小学教学楼做外墙保温换窗户；北京市西城区培智中心学校两栋教学楼更换窗户；复兴门外第一小学恢复教师餐厅、改造学生兴趣书屋、食梯改造；新明胡同甲1号小区改造项目。

（李珊珊）

北京广安控股集团有限公司

【概况】北京广安控股集团有限公司（简称北京广安集团）为西城区国资委下属一级国有控股企业，2010年7月正式挂牌成立。自北京广安集团成立以来，在区委、区政府的正确领导下，在各级领导及相关委办局的支持帮助下，北京广安集团在历史文化街区运营、棚户区改造、保障房建设、市政道路建设、房地产开发、文化商业运营、养老及社区服务等多业务领域稳步推进，资产规模不断扩大，资产质量逐步提升，实现了快速健康发展。截至年底，注册资本金132.6亿元，资产总额541.68亿元，参控股企业41家，在职员工近900人。

地址：宣武门外大街10号庄胜广场中央办公楼北翼13层
邮编：100052
电话：63108908

（王晓曼）

【C3地块前期手续工作】2月，市规划和自然资源委员会（简称市规自委）致函市文物局《中轴线沿线在途建设项目设计方案的征求意见函》（市规自函〔2019〕381号）。4月11日，市规自委和市文物局组织中轴线申遗专家组召开中轴线沿线在途建设项目设计方案现场论证会，重点提示了风貌保护和沿街立面效果。4月12日，市规自委召开方案讨论会，会上对北京坊二期（C3地块）方案的建筑体量、立面风格和控制高度提出了修改意见。5月7日，市文物局函复市规自委《中轴线沿线在途建设项目设计方案征求意见的复函》（京文物〔2019〕703号）。建议优化C3地块设计方案，保留原街区要素，恢复廊房二条街区整体风格。提出方案建筑密度较大，南北两侧风格不协调，进一步优化第五立面，降低建筑高度，妥善解决南北两侧风格过渡问题兼顾与周边历史街区衔接问题。7月，规划方案再次报市规自委，并提交设计优化说明。9月12至10月8日，市规自委审批平台推送C3地块规划方案（初审），经征求市文物局及相关部门意见，除文物部门以外均回复了意见。11月，市规自委致函市文物局，就C3地块规划方案是否符合中轴线及其他风貌要求，提出初审意见（市规自函〔2019〕2638号）。

（李　璐）

【H地块前期手续工作】4月11日，市规自委和市文物局组织中轴线申遗专家组召开中轴线沿线在途建设项目设计方案现场论证会，重点提示建筑体量、控高、风貌保护和沿街立面效果。4月12日，市规自委召开方案讨论会，会上对建筑体量、建筑规模和控制高度提出了修改意见。5月7日，市文物局函复市规自委《中轴线沿线在途建设项目设计方案征求意见的复函》（京文物〔2019〕703号）。7月，规划方案进行调整再次报送市规自委。9月13日至10月8日，市规自委通过多规合一营商审批平台推送H地块规划方案（会商）。文物部门未回复意见。11月，市规自委致函市文物局，就H地块规划方案是否符合中轴线及其他风貌要求，提出会商意见（市规自函〔2019〕2638号）。

（李　璐）

【西单饭店旧址修缮工程开工】年内，西单饭店旧址修缮工程为北京大栅栏投资有限责任公司代建的文物修缮项目，该工程在完成施工及监理招投标并签订合同后，完成工程开工手续的办理，并取得"工程质量监督注册登记表"，于6月28日组织召开质量监督站参加的设计交底会，该工程正式开工。

（庞　丹）

【C3场地管理】配合70年大庆演练彩排，天安门管理委员会拟借用C3地块场地，作为天安门广场栅栏中转存放使用。经过区政府两次专题会议，协调广安集团全力配合，积极协调C3地块中建二局和北京园林局两家原施工企业退场，于6月26日完成C3施工单位腾退。在区政府指定接收单位入场前，永兴置业公司加派保安看护采购地，于8月21日将场地移交给北京鑫雅市政建设工程处。9月3日，永兴置业公司将H地块甘井胡同两侧场地平整夯实，作为国庆期间大栅栏居民停车使用。

（李　璐）

【H7还建项目】8月，市规自委西城分局通过"多规合一"协同平台推送，会商研究H7地块方案人防问题，《关于西城区大栅栏煤市街以东H7项目"多规合一"协同平台综合实施方案会商意见的函》（京规自（西）综审函〔2019〕0006号）12月，市规自委西城分局通过"多规合一"协同平台再次推送，取得会商批复意见，《关于西城区大栅栏煤市街以东H7项目"多规合一"协同平台综合实施方案审查意见的函》（京规自（西）综审函〔2020〕0001号）。

（李　璐）

【全联房地产商会特色小镇分会召开】7月27日，全联房地产商会特色小镇分会在官厅项目召开，来自国内文旅度假领域的各位大咖，共话环京小镇运营之道。各位与会嘉宾分别从《特色小镇运营法则》《多元内核构筑文旅小镇持久生命力》《服务与社区》等不同维度阐述特色小镇运营方法论，为官厅公共艺术小镇项目定位和未来发展方向，提供了诸多借鉴经验。

（谢晏玮）

【大美儿童世界乐园入驻小镇】国庆期间，原创亲子文旅度假品牌、国内网红亲子乐园——大美儿童世界乐园正式入驻小镇。以互联网为依托，提供亲子乐园、亲子酒店、亲子营地等服务，为小镇业主和度假客户提供更加专属、专业、专有的亲子空间，向社会倡导“简单有趣、亲切自然、寓教于乐”的价值观。同时为官厅项目做流量、做内容，助力将官厅公共艺术小镇，打造成全家庭新度假生活方式的小镇。

（谢晏琳）

【护国观音寺修缮工程主体完工】年内，大栅栏历史文化展览馆保护利用项目——护国观音寺修缮工程为北京大栅栏投资有限责任公司代建的文物修缮项目。经过各参建单位的共同努力，该工程于10月30日除甩项工程，其主体结构、屋面、地面、装修、油饰彩画、给排水、电气、空调等全部完工。

（庞　丹）

【区国资委调研徽州坊项目】10月29至31日，区国资委副主任王永军一行5人莅临黄山徽州坊项目调研指导。广安控股集团总经理助理肖勇、广安黄山公司总经理刘世忠、副总经理滑斌陪同。王永军主任一行先后考察了徽州坊项目施工现场、外边溪古村落和拟开发地块三江口现状，深入了解徽州浑然天成的建筑风格、浓厚的徽州文化特色及当地同类项目运营等情况。

（庞　丹）

【白纸坊棚户区改造项目启动】11月18日，白纸坊地区重点棚户区改造项目开工动员大会召开，区委副书记、区长孙硕，区委常委、副区长姜立光，区人大常委会副主任田巨德，区政协副主席姜兆春，区相关委办局及白纸坊街道工委、办事处和广安控股集团领导，项目实施主体、施工总包单位负责人，居民代表分别发言。孙硕宣布白纸坊地区重点棚户区改造项目启动安置房工程建设，标志着菜园街及枣林南里棚户区改造项目正式由征收阶段转入工程建设阶段，项目一期工程E地块占地1.72公顷，总建筑面积约11.8万平方米，697套安置房。

（王　晶）

【结对帮扶贫困村脱贫】截至11月，北京广安集团对口帮扶的三地五村，已有两村全部脱贫，剩余三村除个别农户因病、因残外也已全部脱贫。河北省张北县东号村、盘城房村，与镇政府共同引进碱地西红柿与阿根廷奶油南瓜种植项目，统筹规划“精品大棚设施农业示范引领”+“庭院经济农户种植”+“国有企业订单销售帮扶”三位一体创新扶贫模式，形成公会镇重点新兴产业。内蒙古鄂伦春自治旗海尔堤村、烟囱石村，依托京蒙帮扶资源优势，投资平贝母特色中草药种植园区，持续打造未来稳定收入并带动农户当地就业，收到良好效益。门头沟区太子墓村，发力“一村一品”建设，助力提升当地传统果品品牌知名度，拓宽销售渠道，解决了困扰贫困户多年的销售难问题。

（李　雪）

北京陶然建筑有限公司

【概况】北京陶然建筑有限公司（简称陶建公司）是具有年施工面积50万平方米以上、竣工面积20万平方米以上、施工产值3亿元以上施工总承包能力的土木工程建筑企业，建筑资质为房屋建筑施工总承包二级。在项目施工过程中，陶建公司建立了产品实现策划管理规定、产品防护管理办法等相关产品质量管理制度，对特定的产品或合同及顾客的要求，制定专门的质量监督措施、资源管理规定和生产制造程序，确保顾客满意。连续多年被评为“首都文明单位”。

地址：西城区天宁寺前街2号C座

邮编：100055

电话：63263613

（王　芳）

【开发物业部工作】年内，开发物业部坚持做好樱桃园、鸭子桥开发项目后续有关工作。在政府有关部门的支持和工作人员努力下，樱桃二条8号院3号楼不动产登记证申办相关材料已完成提交。

（王　芳）

【资产管理】11月，经陶建公司董事会研究决定，对下属企业进行清产核资，安排专人开展账目清查和资产清点。对下属企业银行账户、会计核算科目、各类库存现金和有价证券等基本财务情况及企业的各项内部资金往来进行全面核对和清理。检查是否做到账账相符、账证相符，保证企业账务的全面、准确和真实；同时对下属企业的各项资产进行全面清理、核对和查实。重点做好各类应收及预付账款、各项对外投资、账外资产以及企业有关抵押、担保等事项的清理。截至年底，已经清点下属企业37大类、共计10660件商品，完成工作进度30%。

（王　芳）

【整治地下空间】年内，落实市、区政府要求，对樱桃园小区、南滨河路地下室进行专项整治和维护修缮，规范地下空间使用环境，确保地下空间的汛期安全。

（王　芳）

【党员教育活动】年内，陶建公司党组织以建设务实、清廉、高效的党组织为目标，开展党建工作。4月，开展“百名党员微党课”活动，通过组织党员观看线上学习材料，使党员及时准确了解党中央重要指示精神和社会新动态，提升党员思想觉悟、文明素质、科学素养水平。7月，响应广外街道工委组织部号召，组织在职党员开展以“不忘初心，与爱同行”为主题的“共产党员献爱心”捐献活动。9月，为庆祝建国70周年，开展“欢度国庆、歌唱祖国”主题党日活动。为离休老党员送去庆祝建国70周年纪念章。定期走访慰问离退休老党员，关心、关注他们的日常生活，主动与他们沟通交流，学习他们的优良作风和工作经验。

（王　芳）

【老干部管理】年内，陶建公司有代管的离退休老干部7人，根据老干部工作政策和文件要求，积极与上级主管部门沟通协调，落实好代管老干部应享受的各种待遇及各类活动安排。

（王　芳）

北京昊都建筑工程有限责任公司

【概况】北京昊都建筑工程有限责任公司（简称昊都公司）为区属国有企业，主要经营工业与民用建筑项目、地基与基础工程的施工、设备租赁、建筑材料的技术开发、锅炉安装及热力、防水管线工程的施工等，公司营业执照至2020年9月28日。

地址：西城区白纸坊西街22号楼1602号

邮编：100054

电话：67504923

（杨惠娟）

【例行工作】1月，向区总工会上报2人为北京市劳动模范的材料和春节慰问金及困难帮扶申请汇总上报工作。5月，完成249份2018年度供暖费发票、自采暖、煤火费核对证明及银行账号相关材料复印件收取工作。同月，完成国有企业剥离办社会职能和解决历史遗留问题工作进展情况的统计上报，昊都建筑公司退休人员419人，其中西城区295人，外区106人，已转街道派出所18人。7月，完成年度国有资本预算资金上报工作，供暖、自采暖及煤火费计231人，金额372252.79元。8月，完成2018年度项目绩效评价登记表188份。10月，向金正公司上报公司2018年度供暖、自采暖及煤火费发放凭证材料242份。

（杨惠娟）

【财务工作及投资工程】2月，分别完成向区国有资产管理委员会、区财政局报送2018年财务决算报表。同月，转发区总工会北京市劳模春节慰问金及困难帮扶慰问金2人，金额1.06万元。6月，完成2018年度退休人员供暖、自采暖及煤火费发放工作，计242人，金额376410.74元。12月，完成企业所得税年度汇算清缴鉴证及财务审计工作。同月，完成向金正公司作中山工程诉讼执行情况汇报工作。公司投资广东中山工程诉讼案件尚未结案，诉讼保全后的房产及银行账户按规定时间继续进行续封工作。

（杨惠娟）

【退办工作】年内，根据京人社养发〔2019〕92号文件精神，完成5名去世退休人员补支计算及申报发放，金额2669.75元。年内，累计追缴11人（去世）养老金46876.9元、为8名退休人员变更医疗机构，确保退会保险待遇资格协助认证、为14名去世退休人员家属办理房屋过户等人事档案查询及相关部门人事档案复核接待工作、为2名市劳模发放津贴1680元。截至年底，公司退休人员414人。

（杨惠娟）

【提升服务水准】年内，接待外调、特殊工种提前退休及为企业调出人员查档、出具各种证明、公证、公示材料13份。

（杨惠娟）

北京房开置业股份有限公司

【概况】北京房开置业股份有限

公司（简称房开置业公司），注册资金5000万元，通过ISO9001国际质量管理体系认证。主要经营房地产开发、商品房销售、城市危旧房改造和开发建设等项目。

地址：西城区广安门内大街210号西华经典2层

邮编．100053

电话：63577515

（闫 欣）

【“不忘初心、牢记使命”主题教育】年内，房开置业公司按照区委、区国资委党委、金融街资本运营中心党委的统一部署，开展“不忘初心、牢记使命”主题教育，发挥党支部教育管理党员的主体作用，支部全体党员用实际行动带好头、做好示范、争做合格党员。

（闫 欣）

【平原里3号楼定向安置房施工建设】年内，房开置业公司平原里3号楼定向安置房项目部，组织协调设计、监理、施工等单位开展平原里3号楼定向安置房施工建设。完成了地上19层的施工建设，为平原里3号楼定向安置房项目按时竣工交付使用奠定了基础。

（闫 欣）

【防汛工作】汛期，房开置业公司针对平原里3号楼定向安置房项目施工进度，组织房开置业公司平原里3号楼定向安置房项目部及施工、监理单位专门成立防汛工作领导小组，划拨专项资金，指派专人24小时值守，处理应急突发情况。做到加强日常检查，及时发现问题，采取措施将隐患消灭在萌芽状态，确保无人员、财产损失发生。

（闫 欣）

北京宣兴房地产开发股份有限公司

【概况】北京宣兴房地产开发股份有限公司（简称宣兴公司），是通过ISO9002国际质量标准认证的综合性房地产开发企业，注册资本5420万元，房地产行业等级为二级，其股份由国有、社会法人及自然人多元股东集合构成，完善了以混合所有制为标志的股权改革机制，企业实行现代科学管理，信奉以人为本，卓越进取的企业精神和互惠、诚信、共赢的核心理念。

地址：西城区枣林前街35号

邮编：100053

电话：63585100

（高 莉）

【宣兴商厦拆迁】宣兴公司实施一级开发的项目，宣兴商厦位于西城区广安门外大街湾子路口西南角，占地13300平方米，原规划设计建设内容为商业金融。在政府主导下，后续拆迁工作仍在全面进行中。

（高 莉）

（责任编辑 姜 光）

交通　邮电

北京西城年鉴2020

1月4日，马连道东三号路（红莲路）拓宽通车（广安门外街道 供图）

1月，西城交通支队民警进社区开展电动自行车号牌申领宣传工作（姜真 摄）

7月11日，西城区在什刹海好梦江南码头举办航海日水上安全宣传活动（范铁军 摄）

12月2日，金融街免费公交3号线恢复运行（姜真 摄）

12月30日，京张高铁开通运营（西直门交通枢纽 供图）

年内，开展金融街地区配套提升专项工作，营造友好的交通环境（闻昭 摄）

交　通

交通行政执法

【概况】北京市交通执法总队（简称市交通执法总队）是北京市交通委所属副局级行政执法机构，主要负责全市公共交通、公路和水路的交通综合行政执法工作。年内，市交通执法总队围绕大局、立足实际，做好重点时期交通运输环境秩序保障和重点区域整治等工作，着力提升执法监管均衡化、精细化、规范化、专业化水平，查处交通运输行业违法违章5.5万件。

地址：西城区北礼士路22号

邮编：100044

电话：68367578

（王　菲）

【省际客运联合整治】1月31日，市交通执法总队组织60余名执法力量，会同公交、公安交管部门，在四惠、六里桥、赵公口等省际客运站周边和京哈、京藏、京港澳等进出京高速沿线19个重点地区，开展全市性省际客运行业联合整治。检查省际客运车辆200余辆，查处违法违章行为29起，查扣省际客运“黑车”10辆。央视新闻频道、新华社新媒体中心、北京电视台新闻频道等6家媒体现场跟踪报道。

（王　菲）

【空气重污染预警期间应急保障】市交通执法总队分别于2月22日、3月2日启动空气重污染预警应急响应机制，深入机动车维修企业，严查违规使用喷烤漆房情况，严厉打击违法违规经营行为；配合公安交管等部门做好建筑垃圾和渣土运输车、混凝土罐车、砂石运输车等重型车辆的检查，查处违章329起。

（王　菲）

【“两会”交通运输环境秩序保障】3月3至15日全国“两会”期间，市交通执法总队与公安、旅游、城管等部门联勤联动，维护政治核心区，代表、委员驻地，机场、火车站、省际客运站、公交枢纽场站等重点地区交通运输环境秩序及轨道交通运营安全。出动执法人员1.2万余人次，检查运输车辆6万余台次，巡查、值守轨道交通车站近3000座次，检查违法违章5400余起，督促企业消除轨道交通轻微隐患139起。

（王　菲）

【“两客一危”安全检查】3月22至26日，市交通执法总队开展“两客一危”安全检查专项行动，出动执法力量300余人（次），查获各类违法违章行为180余起，其中危险品运输违章4起、省际客运违章5起、旅游客运违章4起；查扣非法运输车辆190余辆，其中查扣“黑车”6辆。

（王　菲）

【交通运输环境秩序专项整治】3月25至31日，市交通执法总队针对全市17个交通运输环境秩序乱点地区开展为期一周的专项整治行动。出动执法人员300余人，开展专项行动30余次，查处违章368起，业内违章106件，查扣各类非法营运车辆160辆，场站地区通过非现场执法查处出租汽车拒载、私揽等违章102件。

（王　菲）

【首罚互联网租赁自行车企业】4月8日，互联网租赁自行车企业“哈啰出行”在本市投放车辆数量突破报备上限1.9万辆，达5万余辆，违规投放范围扩散至城六区和通州区、房山区。在市交通委对其违规投放车辆行为多次约谈，责令其收回违投车辆后，企业拒不改正。5月16日，总队依法做出罚款5万元的行政处罚，并责成企业在10个工作日内收回违规投放车辆。

（王　菲）

【整治旅游客运市场】4月19日，市交通执法总队投入执法力量100余人次，会同旅游、公安、交管、属地政府等相关单位，在前门、故宫、颐和园、八达岭、十三陵、鸟巢等重点旅游景区周边，严厉打击“黑旅游车”非法经营行为，严查旅游客运车辆参与非法“一日游”等违规行为和行业各类违法违章行为，检查客运车辆300余台次，查处各类违法违章行为34起，其中查扣“黑旅游车”8辆，查处旅游业内违章12起。

（王　菲）

【蓝天保卫战】4月21日至5月20日，在“蓝天保卫战”中，市交通执法总队出动执法力量1300余人次，严查交通运输行业影响空气质量的各类违法违规行为，重点打击建筑垃圾运输车辆未经批准擅自改装，道路货运行业未按规定采取有效措施防止货物脱落、遗撒等违法违章行为。开展集中整治33次，与城管等部门开展联合执法18次，检查汽修企业27家次，查处建筑垃圾运输车辆违章228起。

（王　菲）

【“一带一路”峰会期间交通运输环境保障】4月25至27日，市交通执法总队做好“一带一路”国际合作高峰论坛交通运输环境秩序保障工作，严厉打击出租汽车拒载、议价、多收费，长途客车站外上下客，旅游车参与非法“一日游”及“黑车”非法营运等违法违章行为。查处违法违章377起，其中查扣“黑车”169辆。

（王　菲）

【“五一”交通运输环境秩序保障】5月1至4日，市交通执法总队做好“五一”小长假交通运输环境秩序保障工作，与属地政府、公安、交管等部门联勤联动，严查出租汽车拒载、议价，省际客运车辆站外上下客，旅游客运车辆参与“非法一日游”及“黑车”非法运营等违法违章行为。投入执法力量4300余人次，检查运输车辆8300余辆次，查处违法违章334起，查扣“黑车”141辆。

（王　菲）

【暑期运输环境秩序监管】7月1至25日，市交通执法总队加强北京西站、北京站、北京南站、首都机场等场站地区秩序监管，严厉打击出租汽车拒载、议价、交他人驾驶等违章及“黑车”非法运营行为，查处机场、火车站地区出租汽车违章千余起，查扣“黑车”820余辆。

（王　菲）

【集中销毁“克隆出租车”】8月27日，市交通执法总队对180辆“克隆出租汽车”进行集中公开销毁。

（王　菲）

【“黑车”整治行动】年内，市交通执法总队接到12345热线、“黑车”投诉举报案件171件，与市、区打击办，属地政府、场站管委会综合治理，与公安刑侦总队、公交总队开展联合执法290余次，与多种警力及交通部门开展联合行动15次，查扣“黑车”569辆。

（王　菲）

【国庆演练交通运输环境保障】9月7至8日，9月14至15日，9月21至22日3次国庆演练中，市交通执法总队出动2700余名执法人员，对221处重点点位的交通运输环境秩序进行监管，全力做好社会面交通运输环境秩序保障和7个观礼点的服务保障，会同相关部门做好应急维稳。

（王　菲）

【国庆期间安全保障】9月30日至10月1日，市交通执法总队全面启动国庆70周年活动保障战时机制，160个活动保障点位投入执法力量2000余人，检查各类运输车辆4500余辆，对22条轨道交通线路及保护区进行2次全面排查，查处业内违章7起，查扣“黑车”6辆，查处影响轨道交通运行安全行为6起，批教整改出租汽车轻微违章50起。

（王　菲）

【市交通执法二大队概况】北京市交通执法总队第二执法大队（简称市交通执法二大队）主要承担对西城区境内出租汽车、旅游汽车、省际长途、汽车租赁、货物运输、汽车维修、化学危险品运输、水域游船等交通行业经营行为实施监督检查职责；对经营者及从业人员的违法行为实施行政处罚；对未经许可擅自从事道路运输的违法行为实施行政处罚；对在辖区交通场站、轨道交通车站非法从事出租汽车运营行为实施行政处罚。地址：西城区珠市口西大街258号院。邮编：100050。电话：68013973。

（赵　臣）

【京冀联合整治】1月21日春运首日，市交通执法二大队、延庆区交通局、昌平交通支队高速路大队、河北省张家口市交通局出动28名执法力量，在京藏高速沿线开展联合整治行动。检查来往省际长途车31辆次、旅游客车11辆次，查处旅游客运违章2起。

（赵　臣）

【旅游市场联合执法】2月4至10日，市交通执法二大队参加西城区“春节”假日旅游市场秩序整治专项行动。会同旅游、城管、公安、工商等部门，对德胜门公交枢纽周边地区、什刹海景区、厂甸庙会、白云观庙会、前门、大栅栏等地区进行旅游安全秩序联合执法检查。查处多起违规经营旅行社、检查各类旅游客运车辆80余辆次。

（赵　臣）

【北京北站复站座谈会】2月14日、10月17至18日市交通执法二大队两次联合西直门管委，召开北京北站复站相关工作座谈会，探讨北京北站出站区域交通运输秩序监管相关问题，建立完善联合执法协作机制。

（赵　臣）

【夜查出租汽车】2月18日，市交通执法二大队会同属地公安交管、城管、管委等部门，在西单、宣武门地铁站周边开展出租汽车联合夜查行动，出动执法力量50余人次，查处出租汽车违法违章3起，核录车内挂“小红灯”车辆11辆。

（赵　臣）

【汽修行业安全检查】3月1日，按照街道吹哨部门报到的模式，由展览路街道牵头，市交通执法二大队联合属地政府、城管、工商、安监等部门，开展汽修企业入户安全检查，检查汽修企业4家，查处涉嫌超范围经营企业1家。

（赵　臣）

【游船开航前大检查】3月13日，市交通执法二大队联合西城运输管理分局、西城区安监局，对陶然亭公园东、西码头的272条电动游船进行开航前的安全检查。

（赵　臣）

【清明节假期安全保障】4月5至7日清明小长假期间，市交通执法二大队出动执法力量101人次、执法车10辆次，查处各类违法违章18起，其中查扣“黑网约车”18辆次，执行勤务过程中，服务乘客百余次。

（赵　臣）

【“世园会”出租企业保障会】4月24日，市交通执法二大队联合属地政府、公安、运管等部门，召开德胜门地区“世园会”出租汽车企业保障会，商讨“世界园艺博览会”期间德胜门公交枢纽出租汽车服务保障方案，统筹规划出租汽车临时服务站相关工作，27家出租汽车企业参会。

（赵　臣）

【治超督查工作】5月27至31日，市交通执法二大队按照超督查工作部署，分别对长阳治超站、南山村综检站、上堡子综检、新庄综检站开展督导检查，执法人员对3个治超站运行中存在的不足提出意见和建议。

（赵　臣）

【游船水面安全演练】6月5日，市交通执法二大队联合西城运管处、应急管理局安全生产督察检查队及陶然亭管理处，监督指导陶然亭公园游船水面安全演练。演练活动分水上游客落水应急救援，岸上现场急救两部分内容。

（赵　臣）

【“端午”交通运输环境秩序保障】6月7至9日，“端午节”小长假期间，市交通执法二大队启动专项勤务，出动7辆执法车、22名执法队员，重点监管和巡视德胜门、西直门、动物园、天安门、故宫、什刹海、前门、西单等地区交通运输环境秩序。

（赵　臣）

【北京—张家口交通执法研讨会】7月30至31日，市交通执法二大队组织召开北京至张家口交通执法工作研讨会。张家口市交通局、昌平交通支队高速路大队、张家口市所辖县运管所领导参会。各单位就联合执法模式、建议、工作方式及交通运输行业信用体系建设等方面进行研讨座谈，分析探讨北京至张家口一线旅游客运、省际客运现状及特点，对进一步推进协作工作提出建议。

（赵　臣）

【进京客运车辆联合执法检查】9月4日，市交通执法二大队联合张家口运输管理处、延庆交通局、昌平交通支队高速路大队联合在延庆康庄综合检查站对进京的客运车辆实施联合检查。打击非法客运行为，封堵北向进京的非法客运车辆，净化北大门的客运环境。检查省际客运车45辆次，查处省际客运业内违章行为1起。

（赵　臣）

【危险化学品运输专项检查】11月16日，市交通执法二大队开展危险化学品运输车辆专项执法检查，重点检查危险品运输车辆营运资质，安全设施配备情况，检查化学危险品运输车辆8辆，查扣非法营运化学危险品运输车1辆。

（赵　臣）

【联合执法查扣非法营运车辆】12月9日，由德胜街道牵头，市交通执法二大队、西城公安分局、西城交通支队对群众举报的在鼓楼地铁周边有北京去往张家口涿鹿县的非法营运车辆情况，开展联合执法，查扣张家口牌照非法营运巡游车1辆。

（赵　臣）

交通运输行业管理

【概况】北京市交通委员会西城运输管理分局（简称西城运输管理分局）是北京市交通委员会直属派出机构，承担西城辖区交通运输行业管理及行业安全生产监督管理。年内，开展运输行业执法检查1958人次、817户次、7214车（船）次，采取行政措施110件次。办结行政许可事项2684件，换发营运证、省际（旅游）包车证等证件3.15万件，指导汽车租赁、货运等行业完成网上申办337件。完成重点时期、重要工作的运输服务保障和巡查任务，出动检查人员1686人次，处置极端天气预警52次。

地址：西城区东廊下胡同玉廊东园5号楼1单元

邮编：100034

电话：59701075

（张源珂）

【公共交通行业监管】西城辖区所属公交企业4户，涉及运营线路103条，配备运力3253部。公交枢纽1个、公交场站28个。年内，出动检查人员385人次，检查地面公交企业144户次。清明节扫墓高峰期间，出动执法人员95人次，对3个扫墓临时发车点进行巡查值守，维护发车站点秩序，协调解决驻车等问题。协助推动“北京定制公交”在北京西站地区的推广应用，拓展运输方式，提升西站地区运输保障能力。

（张源珂）

【出租汽车行业监管】西城辖区所属出租汽车企业36户（个体出租汽车管理站1个），指标车数15416辆，占全市23%，出租驾驶员18063人。年内，出动检查人员475人次，检查出租企业172户次、车辆410辆次，开具《责令限期改正通知书》50件，现场约谈1次。开展北京西站地区出租车运力保障45次，1.79万车次，运送旅客3.58万人次。全力配合设置北京北站出租汽车调度站，确保京张高铁开通后北京北站出租车调度站出租车运力满足客流需求。推广应用纯电动出租汽车628辆，完成率106.4%。换发出租车营运证件15301件。审核发放出租汽车行业燃油补贴1.68亿元。处理出租行业信访投诉152件。

（张源珂）

【旅游客运行业监管】西城辖区所属旅游客运企业6户，车辆2565辆，从业人员2373人。年内，出动检查人员152人次，检查旅游客运企业73户次、车辆3707辆次，开具《责令限期改正通知书》4件，现场约谈9次。有9户参加质量信誉考核，其中AAA级企业5户。完成辖区2461名道路客运驾驶员安全文明驾驶考核工作。采取逐车检查和重点抽查的方式，对辖区备案的2500余辆旅游客车进行检查，换发旅游包车证2678件。开展核心区旅游大巴车集中整治，通过重点监管巡查、部门联动联合整治等措施，西城区安德路六铺炕公交站附近旅游大巴违停扰序现象基本杜绝，现场秩序持续好转。

（张源珂）

【省际客运行业监管】西城辖区所属省际客运企业2户，营运车辆120辆，班线57条，从业人员232人。年内，出动检查人员67人次，检查省际客运企业32户次、车辆101辆次。开具《责令限期改正通知书》1件，现场约谈3次，停运1次。有1户企业参加质量信誉考核，被评为AAA级企业。持续强化省际客运企业车辆动态监控管理，每周、每月定时查询“车辆动态监控系统”违规数据，督促企业及时整改，加强驾驶员安全教育，提高防范意识，杜绝交通事故的发生。对涉及站外揽客和越线经营的省际企业进行约谈，采取停运、经济处罚及要求违规人员专项培训、建立重点车辆和人员名单制度等措施，违章率及站外揽客数量较上年大幅减少。

（张源珂）

【普通货运行业监管】西城辖区所属普通货物运输企业196户，营运车辆270辆（主车270辆，挂车0辆），总吨位1353.79吨，从业人员408人。年内，出动检查人员208人次，检查普通货物运输企业103户次、普通货运车辆223辆次，开具《责令限期改正通知书》8件，移送2件，现场约谈6次。124户企业参加质量信誉考核，其中AAA级企业17户。开展上半年货运行业批量注销工作，注销10家货运企业的道路运输经营许可证，832个经营性道路货物运输驾驶员从业资格证件。为落实打赢蓝天保卫战任务，累计淘汰国Ⅲ老旧柴油货车622辆。推进货运车辆网上年审，已有3家企业开通网上年审业务，申办年审事项20件。根据《交通运输部办公厅关于取消总质量4.5吨及以下普通货运车辆道路运输证和驾驶员从业资格证的通知》要求，注销车辆545辆，注销4.5T以下货运车辆《道路运输证》545件。完成辖区287名普通货物运输驾驶员安全文明驾驶教育培训考核。

（张源珂）

【化学危险品运输行业监管】西城辖区所属危险化学品运输企业5户，车辆23辆（主车17辆，挂车6辆），从业人员14人。年内，出动检查人员38人次，检查化学危险品运输企业19户次、化危车辆36辆次，开具《责令限期改正通知书》1件。持续做好化学危险品运输车辆的GPS动态监管，每日统计、按月汇总分析，针对疲劳驾驶、超速驾驶等报警，要求企业立即整改，落实车辆动态监控主体责任。完成辖区18名危险货物运输驾驶员安全文明驾驶教育培训考核。

（张源珂）

【机动车维修行业监管】西城辖区所属机动车维修企业26户（一类5户、二类9户、三类12户），在用喷烤漆房企业6户（8台），从业人员510人。年内，出动检查人员325人次，检查机动车维修企业122户次，开具《责令限期改正通知书》6件，现场约谈5次。33户企业参加2018年企业质量信誉考核，其中AAA级企业8户。有序开展辖区机动车维修企业备案管理工作，完成26户企业的备案登记管理。审核发放道路运输营运车辆综合性能检测补贴83.94万元。

（张源珂）

【汽车租赁行业监管】西城辖区所属汽车租赁备案企业72户，车辆4414辆。年内，出动检查人员151人次，检查汽车租赁企业74户次、车辆757辆次，开具《责令限期改正通知书》3件，现场约谈7次。52户企业参加质量信誉考核，其中AAA级企业1户。开展汽车租赁经营备案证过期企业清理工作，对辖区5户经营备案证有效期届满未换证的汽车租赁企业，予以公告注销。推进汽车租赁行业“网上审批工作”，指导完成网上申办317件。

（张源珂）

【水域游船行业监管】西城辖区所属游船企业3户，运营游船885条（艘），从业人员224人。年内，出动检查人员157人次，检查水运游船企业78户次、游船1980艘，开具《责令限期改正通知书》3件。与辖区游船单位签订《西城管理处水域游船行业安全生产责任书》，要求企业做好游船维修养护、船员和从业人员安全教育培训，持证上岗率100%。加强夜航巡视巡查，针对水上大型活动申请进行现场勘验，组织开展水上安全演练1次，水污染防治演练1次，水上消防救援演练1次，航海日水上安全宣传活动1次。

（张源珂）

【行业安全监管】贯彻“党政同责”和“一岗双责”要求，树立红线意识、底线思维为原则，以夯实基础工作、打赢安全生产攻坚战为目标，抓好辖区交通运输行业安全生产工作。年内，参加区安委会各项会议22次，召开安全工作例会12次，与辖区企业签订安全生产责任书300余份。组织开展安全生产隐患排查、火灾防控、扫黑除恶、营运车辆动态监控及营运客车安全带使用检查行动等专项工作，形成隐患排查治理长效机制，排查治理安全隐患170件。开展以“防风险、除隐患、遏事故”为主题的宣传咨询日活动，发放宣传手册6000余册、宣传品5000余份。部署防汛运力保障，成立以北京四通搬家有限公司、北京市陶然亭搬家有限公司、京铁物流有限公司等3家单位的应急物资保障储备运输队伍，储备46辆车，装载质量69吨。处理重污染、雨雪、汛期等极端天气预警52次。开展防汛情景模拟演练1次。

（张源珂）

【70周年国庆活动保障】西城运输管理分局负责新中国成立70周年庆祝活动的运输保障点位28个、参加保障值守252人次、保障发车756车次、运送参演人

员3.87万人次。出动23人次对北京展览馆举办的70周年成就展和国庆彩车展周边秩序值守，45人次参加辖区4个公园保障值守，出动62人次对德胜门公交场站、北京西站、动物园枢纽等辖区重点地区开展持续性的运输安全保障巡查。

（张源珂）

【进驻西城区政务服务中心】自12月6日起，西城运输管理分局171项政务服务事项全部入驻西城区政务服务大厅办理，建立综窗接件、后台办理的审批联动机制，实现“一窗受理、集中审批、统一出证”服务模式。年内，后台办理事项175件，接待现场咨询和电话咨询240户次。

（张源珂）

公安交通管理

【概况】北京市公安局公安交通管理局西城交通支队（简称西城交通支队）是本行政区道路交通安全管理的职能部门。内设执勤大队和业务职能部门共12个。年内，西城交通支队围绕区境内各类交通热点、难点问题，铺开各项整治措施。执法方面，依托“平安行动”“并肩治乱”“两打一整”等专项工作，重点针对住地、勤务路线、商圈景点、学校医院、公交地铁场站交通枢纽以及堵乱点位，严厉打击违法停车、涉牌、闯灯、酒驾、摩托车、非机动行人等重点交通违法行为。现场执法30.5万起，同比提升7.3%；全面推进大气污染防治工作，处罚货车违法1.6万余起。开展“僵尸车”清理整治专项，清理路侧、小区物业、街巷“僵尸车”945辆，清理率100%。开展电动自行车执法整治，查处电动自行车违法22003起，同比提升11倍。严厉打击涉酒驾驶违法犯罪，查处酒驾838起、醉驾250起，总数提升5%。科技方面，强化科技手段支撑，做好车载“鹰眼”抓拍设备试点应用，抓拍违法停车2460起。做好监控探头梳理、并网、执法等工作，完成探头筛选642个、公示474个，违法停车、占用公交车道、应急车道、闯禁行等采集率明显提升，非现场录入各类违法9.3万余。热线办理方面，高效推进“接诉即办”，对市、区“12345”市民热线，实行“一体化派单、一体化管理、一体化考核”，通过组建专班、全流程盯办、全警落实责任，高标准推动。7至9月，承办市交管局转热线派单352件，较前3个月明显减少，下降73.5%；“三率”指标连续在全局名列前茅，其中8、9月三率均为100%。勤务方面，践行“红墙意识”，健全指挥体系，严密防控措施，完成全国“两会”、第二届“一带一路”高峰论坛、世园会、世界文明大会、国庆70周年庆祝活动、四中全会等各等级交通警卫任务5622起。接报处置122警情88850起，响应率为100%。妥善处置停电、积水、路树倒塌、故障坏车等各类突发警情252起，查获红色预警人员17起。

地址：西城区赵登禹路303号

邮编：100034

电话：68399210

（张春利）

【治理堵点乱点】年内，完成挂账堵、乱点位治理，大剧院南侧路、动物园南门、白云观街、德胜门环岛等19处堵、乱点位按期销账；开展违法停车专项整治，依托“街道吹哨、部门报到”机制，采取警力巡控、设备监控、协管员维护、社会清障拖车“四位一体”管控模式，持续严管严控。粘贴违停告知单37万余张；现场处罚违法停车1.2万起，同比提升4.7%；拖车7803辆，同比提升8.9%。注重区域交通治理，结合西城道路大修、区疏堵工程、慢行系统建设开展交通组织优化，整治景山西街南口，对西单手帕社区周边地区、广内法源寺周边地区，畅通微循环。

（张春利）

【净化学校医院周边交通环境】年内，健全区内20所试点医院、学校基础信息台账140余份，深入实地走访调研120余次，协助区领导召开区城管委、教委、卫健委等部门调度会13次，制定交通组织设计和优化方案21个。协调交通设施资金逾千万元，采购10套移动行人过街信号灯，完善7所试点学校门前设施建设。争取资金260万元，在学校、医院周边26个点位增设违停自动抓拍科技设备。完善禁停、减让、注意儿童、人行横道等交通标志38

处，对全部试点学校门前人行横道及禁停区进行复划。

（张春利）

【压减道路交通事故】年内，坚持营造交通安全宣传浓厚声势，深入社区、单位、学校等开展电动自行车、禁止酒驾、安全文明出行等宣教活动140余场次，发放各类宣传材料20万余份。联系中央电视台、北京晨报、北京日报、央广101.8兆赫、搜狐新闻等各级媒体宣传报道120余次，利用北京交警“双微”发布信息326条。加大安监执法力度，约谈隐患企业21家，对8家严重隐患单位采取挂黄牌警示措施。走访重点单位2670余家，检查发现问题209起，对560家隐患单位发放限期改正通知书，对未履行道路交通安全防范制度的235家单位的273辆机动车采取禁止上道路行驶的措施，对2家专业运输单位进行罚款。全力压减重特大交通事故，亡人事故（13起13人），同比下降61%。

（张春利）

交通枢纽管理

【概况】北京西直门综合交通枢纽地区管理委员会（简称西直门管委会）是北京市政府派出机构，委托西城区政府代管。主要负责组织协调西直门综合交通枢纽地区社会治安、市场秩序、交通秩序、公共卫生、市政公用设施、市容和环境卫生、精神文明建设等工作，协助有关部门和单位做好地区春运、暑运及节假日高峰期的运输工作，依据城市规划完善地区服务设施，负责地区应急管理工作，负责监督检查有关部门在地区的日常管理工作以及承办市政府交办的其他工作。西直门管委会设行政办公室、社会治安综合治理办公室、综合管理一处、综合管理二处（均为副处级）4个职能处室，管委会主任由区领导兼任，行政编制22人。年内，按照《北京城市总体规划（2016年—2035年）》指标要求，推进非首都功能疏解与整治，完成各重点时期、重点任务服务保障工作及市委市政府、区委区政府部署的各项工作任务。

地址：西城区北礼士路12号南楼1810室

邮编：100035

电话：88391764

（蒋 捍）

【综合治理】年内，西直门管委会在重点时点和时段，突出反恐防恐、社会治安重点，多措并举，开展专项行动，确保地区安全。组织力量深入调研，形成《运用高技术破解西直门地区综治工作难题的建议》调研报告，在北京市委《决策参考》第57期发表。加强对旅店、物流、出租车等行业及群体性事件易发地区的摸排与管控，及时排除各类安全隐患，核查住户租客信息和流动人口情况，建立地区治安防控指挥协调、分析研判、评估预警、部门联动、常态化工作、社会参与机制，提高地区应对社会治安突发事件处理能力，提升地区社会治安防控体系水平。在重点时段和重点活动期间，开展文化市场“清源”专项行动，采取全面宣传与集中整治相结合、专项检查与经常性抽查相结合的方法，对各类图书音像制品的销售场所逐个检查，对不法刊物进行清查。联合铁路公安、驻地社区开展铁路护路工作，向过往居民宣讲铁路护路政策法规，定期进行巡查，保证沿线铁路安全。

（蒋 捍）

【安全生产】年内，西直门管委会坚持每日巡查制度，在重要时期、法定节日前夕组织执法单位开展联合检查。按照《北京市生产经营单位安全生产主体责任规定》，推进“安责险”落实。以“安全生产月”为抓手，以应急救援培训演练为手段，以消除安全隐患专项行动为重点，提高应急处置技能和应急反应能力。开展火灾风险隐患“自知、自查、自改”活动，组织2批安全生产应急救援及模拟实景演练培训，开展2次消防应急演练，召开地区“安责险”推广会12次，“安责险”参保单位60家。检查地区安全生产企业853家次，覆盖率100%；发现各类生产安全隐患603处，下达责令整改通知书401份，全部整改完毕。

（蒋 捍）

【城市交通环境管理】年内，西直门管委会推进联勤联动捆绑式执法，坚持标本兼治、综合治理、疏堵结合、依法监管的原则，采取制订工作措施、明确职责任务、定位执法力量、进行宣传教育等办法，保持治理地区

“三黑”行为的高压态势。针对乱停乱放、扒活揽活、非法运营等群众反映的问题，开展联合整治30次，出动管理人员600多人次，维护地区秩序。健全和完善“门前三包”管理体系，以签订责任书的方式，明确地区成员单位的责任区域。研究谋划北京北站高铁开通城市管理工作，治理解决规范站前广场管理、优化进出站系统、提升安防设施及社会车辆、出租车、网约车停靠难等问题。

（蒋　捍）

【重大活动及节假日保障】年内，围绕重大节假日、全国“两会”、新中国成立70周年庆典、京张高铁开通等重点时期和重大政治活动，制订专项工作方案和应急预案，落实24小时领导带班制度，加强应急值守，演练应急队伍，加大重点时段、重点保障点位现场巡查督导，确保地区环境秩序整洁和安全稳定。京张高铁开通前，召开服务保障准备工作自我检视会，分析和查找存在问题和薄弱环节，明确解决办法。

（蒋　捍）

【宣传活动】年内，西直门管委会以“公共交通安全防范”为主题，开展安全生产、铁路护路、反恐防恐等宣传工作。元旦、春节期间，组织单位主管领导签订《“严守禁放规定”承诺书》，发放《致全区居民一封信》1000份。6月21日，在凯德茂南门，举办“防风险、除隐患、遏事故”主题安全生产宣传咨询日活动，向过往市民群众发放安全生产宣传品。8月15日，组织滨河社区开展铁路护路宣传活动，向过往旅客和市民发放《致市民爱护铁路遵守法规一封信》，讲解护路爱路相关安全知识、铁路交通法规。发放宣传单、宣传品400份，面对面受教育群众100余人。广场三角电子显示屏宣传引导市民文明出行；广场广播每天滚动播报“拒绝乘坐黑车、黑摩的”提示语。

（蒋　捍）

【应急演练培训】4月17至19日、24至26日，分两批组织安全生产应急救援及模拟实景培训，机关干部、地区单位80人参加。4月28日和9月6日，开展2次消防应急演练。

（蒋　捍）

【教育培训】8月26至27日，配合做好即将开通的京张高铁各项准备工作，西直门管委会围绕应对大客流、公共服务、交通治理、环境保障、防恐反恐等课题内容，举办城市管理工作培训班，北京北站、驻区派出所、北站城管分队、交通二大队，地铁2、4、13号线及驻区街道社区等21个成员单位72人参会。10月17至18日，组织地区各成员单位主管领导、安全信息员及管委会相关工作人员集中培训，明确在反恐维稳工作中的责任，提高搜集、甄别、上报各类涉恐涉稳和社会公共安全情报信息的能力。

（蒋　捍）

【领导调研督查】8月9日，区长孙硕到西直门综合交通枢纽地区调研北京北站京张高铁开通前管委会的准备工作，实地察看北站站前广场和下沉广场，了解应急疏散场地、停车场利用、安防设施等情况，听取西直门管委会工作汇报。12月30日，北京市交通委员会副主任王兆荣、市重点站区管委会、市公安局公交保卫总队、市交通执法总队等单位主管领导一行30余人，到北京西直门综合交通枢纽地区调研指导北京北站京张高铁开通工作。

（蒋　捍）

【加强自身建设】年内，西直门管委会党组班子成员明确分工和责任，确保“三重一大”决策科学民主规范，签订党风廉政建设责任书，制定责任清单，落实《全程纪实》，推进谈心提醒工作常态化，落实“一岗双责”。落实党政主要领导不直接分管财务、物资采购、人事工作和末位表态等制度。领导干部自觉接受干部、群众监督，落实领导干部报告个人有关事项制度。围绕“守初心、担使命，找差距、抓落实”的总要求，把学习教育、调查研究、检视问题、整改落实四项重要措施衔接起来，整体推进。建立党组班子、党支部、党小组微信群推送学习资料。领导干部坚持参加支部组织生活。召开党组会23次，行政办公会13次，党风廉政建设专题工作会4次，党组中心组学习12次，专题组织生活会2次，党课教育7次，主题党日活动5次。

（蒋　捍）

地下铁道管理

【概况】北京市地铁运营有限公司（简称地铁公司）努力提高运营管理能力和水平，履行政治责任、社会责任和经济责任，推动首都地铁高质量发展。年内，安全行车5.35亿车公里，两次延误5分钟以上事故间平均车公里提升到1910万车公里，再创历史新高。客运量达32.02亿人次，比上年增长2.76%，占公共交通总运量45%，乘客满意率95.9%。开通7号线东延和八通线南延，新增运营里程21公里，总运营里程达521公里，运营车站314座。

地址：西城区西直门外大街2号地铁大厦

邮编：100044

电话：96165

（张　强）

【发布App新版本】4月15日，地铁公司在各手机应用平台陆续发布App新版本，向乘客提供地铁末班车可达性自助查询服务。同日，北京地铁官方App英文版同步上线，可实现英文查询路线规划、行程时间及票价。

（张　强）

【接入市12345服务热线平台】5月16日，地铁公司正式接入市12345服务热线平台，作为“接诉即办”分中心，为提升响应率、解决率、满意率，运营服务管理部多措并举，推进市12345服务热线乘客诉求办理工作。

（张　强）

【援助乌鲁木齐市地铁1号线】6月28日，地铁公司助力乌鲁木齐市开通地铁1号线。乌鲁木齐地铁1号线运营咨询、培训项目是北京市与乌鲁木齐市签订的友好城市间战略合作项目，是北京、乌鲁木齐两地政府搭台、企业化运作的援疆模式的有益尝试和探索，也是贯彻中央“一带一路”国家战略的具体实践。

（张　强）

【延长1、2号线运营时间】7月19日起，北京地铁1、2号线每逢周五、周六首次延长运营时间。其中，1号线西向东延长运营时间61分钟，东向西延长运营时间64分钟，沿线各站末班车发车时间均在00：30以后。2号线内环延长运营81分钟，外环延长运营95分钟，沿线各站末班车发车时间均在0：20以后，前门站次日00：50对开末班车，延长运营期间发车间隔为10分钟。

（张　强）

【获中国地铁50年致敬人物称号】9月10日，由中国城市轨道交通协会主办的庆祝中国地铁运营50周年暨“中国地铁50年致敬人物”颁授典礼在广州举行。原北京市地下铁道总公司党委副书记、总经理冯双盛，原北京市地下铁道总公司党委副书记、总经理，中国交通运输协会城市轨道交通专业委员会副主任高毓才，地铁公司党委书记、董事长谢正光，原北京市地下铁道总公司总工程师阎景迪等获中国地铁50年致敬人物称号。

（张　强）

【参与电力市场化交易】10月16日，地铁公司首次成功参与电力市场化交易，每年可减少电费成本支出500万元以上。

（张　强）

【城市轨道交通运营发展论坛】10月29至30日，由交通运输部指导、北京市地铁运营有限公司主办的2019年城市轨道交通运营发展论坛在京开幕。来自全国48家轨道交通企业和各地56个交通管理部门的代表近300人参加发展论坛。北京地铁公司党委书记、董事长谢正光，上海申通地铁集团党委书记、董事长俞光耀，广州地铁集团党委副书记、总经理刘智成，北京市轨道交通指挥中心主任战明辉，分别从不同角度阐述了推动城市轨道交通高质量发展的路径，分享相关经验。

（张　强）

【北斗定位和空间数字化工程】4月2日，地铁公司启动四惠站与四惠东站的北斗定位和空间数字化工作的现场调查工作，确认选取四惠站与四惠东站作为北斗定位和空间数字化应用场所。5月30日，与全图通位置网络有限公司签署《城市轨道交通三维实景建模合作协议》，确定空间数字化在北京地铁应用和发展的战略规划。7月26日，启动四惠站和四惠东站城市轨道交通北斗定位系统的施工。

（张　强）

【地铁7号线东延、八通线南延开通】12月28日，地铁7号线东延、八通线南延开通，北京轨道交通的运营里程增长至

699.3公里。

（张　强）

【助力“一带一路”】12月29日，北京对口支援内蒙古自治区经济协作项目——呼和浩特市地铁1号线顺利开通，这是北京地铁公司落实党的十九大精神、“一带一路”国家战略和参与对口支援与经济协作的重要项目。

（张　强）

【13号线清河站与京张铁路同步开通】12月30日，地铁13号线清河站与京张铁路同步开通使用。地铁13号线清河站设在铁路清河站首层，实现地铁与铁路“零换乘”和安检互认。接驳首日，客流组织平稳有序。地铁西直门站与铁路北京北站顺利接驳，各项服务保障落实到位，有效提升了乘客出行的便利性、快捷性。

（张　强）

铁路管理

【概况】北京北站位于北京市西城区，紧邻二环路西直门桥，连通西直门交通枢纽。北京北站始建于清光绪31年（1905年），原名西直门站，1988年正式改名为北京北站，至今已有百年历史。2007年北京北站新站房正式开建，2009年1月16日正式开通运营。2016年11月1日，受京张高速铁路施工影响，北京北站停办客运业务。2019年12月30日，京张高铁开通，北京北站恢复运营。北京北站是北京铁路枢纽的重要组成部分，是京包客运专线的始发站，承担2022年北京冬奥会的交通运输服务工作。北京北站建筑面积2.14万平方米，站台规模为6台11线，其中正线2条，到发线9条，站台整体南北走向。主站房在站台南端尽头，呈南北纵向尽端式间铁路站场，分为地上六层、地下两层。其中，地面一层以及地下一层供旅客候车使用，设有候车厅、售票处、自助售取票机。北京北站隶属于中国铁路北京铁路局集团公司通州车务段，下设站长、书记、主管站长、客运班组、售票班组，共有干部职工92名。委外公司分别负责站台上水、保洁、安检工作，统一由北京北站负责管理。职责范围主要包括旅客运输组织和运营管理。

地址：西城区西直门北大街北滨河路1号

邮编：100044

电话：51866282

（何苗苗）

【开站人员筹备】北京北站现有车站干部7名，职工85名。客运人员78名，其中北京铁路局集团公司各大客运站段调拨56人，通州车务段内部挖潜班组长、优秀职工13人，原北京北站划转9人。客运人员平均工作年限7年，具有大学专科及以上学历58人，车站从中选拔出业务骨干、组织骨干和服务精英，均分配到各班组，发挥榜样带头作用，提升车站人员综合素质。北京北站实行三级四管理制度，即：站长、班主任、班组长、客运员，逐级负责、逐级汇报，更好的掌握现场工作，保证有效落实。

（何苗苗）

【北京北站正式开通运营】12月30日北京北站正式开通运营，首日发送旅客3057人，实现北京至张家口由3小时缩短至50分钟，对协同京津冀一体化发展起到重要作用。北京北站全力打造智能化车站，坚持人性化设计，优化车站服务性能配置，加强高铁、地铁、公交、出租车调度多种交通功能的衔接，地下一层可与地铁2号线、4号线、13号线快速换乘。地下二层停车场设置落客、上客区与蓄车区，供出租车、网约车使用。运用信息化智能化改进购票、进出站、候车等流程，实现车站WIFI全覆盖，站内导航系统、自助服务终端为旅客出行提供智能服务。

（何苗苗）

【打造“青”字招牌】北京北站团支部有团员47人，车站强化团员先锋队和青年突击队作用，鼓励团员青年在运输保障、应急抢险等急难险重任务中亮身份、展作为。选拔“发挥作用突出、示范作用较强、能力素质过硬”的青年班组，树立典型，本着“动态准入退出”机制，保证“青”字号品牌“长青、长优、长新”。

（何苗苗）

【优化客运组织】北京北站以一日一图、电子客票、常旅客服务、畅通工程、旅客信用体系、厕所革命、客运生产指挥体系等重点工程为载体，稳步推进客运组织各项工作，为旅客购票、出行提供便捷温馨服务，为更好服务旅客需要提供有力保障。加强客运组织和站区综合治理，及时妥善处置各类突发情况。针对作业中薄弱项点加强应急演练，做好按风险点的预警防控，提高客运人员应对突发事件的反应能力。

（何苗苗）

【实现旅客自助出行】北京北站采用电子客票方式，实现旅客网上购买车票，无需持纸质车票进出站。旅客凭有效身份证件、12306动态二维码通过人脸识别系统，即可进站乘车，实现全自助出行。旅客可通过12306订单信息，查看手机短信、微信、邮件等方式掌握电子客票的车次、席位、乘车时间、检票口等，也可选择在车站售票窗口、自动售票机打印购票信息单，方便旅客使用多种方式保证旅客出行。

（何苗苗）

【保障安全生产】年内，北京北站组织职工进行封闭性培训，强化全体干部职工业务知识能力，提高安全意识，落实安全主体负责制。制定、完善安全教育制度和车站突发情况应急处置预案，组织应急演练，熟悉应急处置流程。客运人员日常学习以班组为单位，以《作业指导书》为切入点，对照各岗位作业要求录制标准作业视频，规范现场作业。充分发挥调拨人员业务精、素质高的特点，组织业务讨论，借鉴以往工作经验中的优秀方法，不断完善作业方案。

（何苗苗）

邮　电

中国邮政集团有限公司北京市西城区分公司

【概况】中国邮政集团有限公司北京市西城区分公司（简称邮政西城区分公司）是邮政北京市分公司下属城区分公司。所辖道界服务面积50.7平方公里。服务人口129.8万人。承担着为党中央、国务院、全国人大、全国政协等党政机关、企事业单位及金融街众多企业总部、社区百姓提供邮政通信服务的重要职责（辖区内有党中央、国务院、人大、政协等党政机关50余家，中央单位1456个、央企总部42个、街道15个、社区259个、大专院校12所）。机关内设综合办公室、人力资源部、财务部、监督检查与安全保障部、市场部、运管部、速递部、快包部、党委党建工作部、监察室、工会11个职能部室；下设商函局、发投局、集邮公司、代理业务局、电商分销局5个专业局；另设置大客户中心、信息技术中心、商企中心、政企中心、国际中心、客服中心6个挂靠机构；下辖12个邮政支局、38个邮政所（含30个支行，不包括11个暂停营业网点）10个营业部60个邮政网点；有13个投递部（投递普邮道段278条、商投道段83条）。员工2272人（含寄递事业部人数），其中投递员工615人，营业员工310人，金融员工276人，速递员工470人。主要经办国际和国内函件、包裹、小包、特快专递、汇款、报刊订阅和零售、集邮业务和集邮品制作、商业信函制作、邮政贺卡、定制邮资封片、邮送广告、邮政物流、代理保险以及金融类代办业务，邮政短信（彩信）、代收代缴业务、代售机票业务、自邮一族业务、分销商品销售等。年内，实现业务收入5.8亿元。

地址：西城区南礼士路头条5号
邮编：100045
电话：68023282

（杨晓凤）

【境内支局】西城区境内12个邮政支局：地安门邮政支局（9支）、中南海邮政支局（17支）、西长安街邮政支局（31支）、西单邮政支局（32支）、西四邮政支局（34支）、百万庄邮政支局（37支）、西外大街邮政支局（44支）、三里河邮政支局（45支）、阜成门邮政支局（47支）、永安路邮政支局（50支）、牛街邮政支局（53支）、马连道邮政支局（55支）。

（杨晓凤）

【领导慰问】1月31日，中共中央办公厅秘书局文书通讯处一行到中南海邮局，慰问春节期间坚持工作的邮政干部职工。

（杨晓凤）

【《己亥年》生肖特种邮票首发】1月5日，邮政西城区分公司在中国政协文史馆举行《戊戌年》特种邮票首发式。

（杨晓凤）

【古生物临时邮局成立】 1月5日，邮政北京分公司联合中国古动物馆设立北京古生物临时邮局，隶属于邮政西城区分公司西外大街邮政支局，地址：西城区西外大街德宝新园甲22号。临时邮局营业期间启用“古生物（临）”日戳，沿用“古动物馆（临）”日戳，使用时间截至10月9日。7月10日，中国邮政推出“顾氏小盗龙”邮资机宣传戳在临时邮局启用。

（杨晓凤）

【“两会”邮政服务】 全国“两会”期间，邮政西城区分公司6个驻会服务支局137人为7个驻会服务网点和2个会议网点15个人大代表团的1354名代表和工作人员提供邮政服务。投递报刊854捆、邮件4.2万件。收到人大代表的表扬信与感谢信、代表感言36件，锦旗2面，为代表制作个性化邮票75137版，实现营业收入1699万元。

（杨晓凤）

【中央巡视信箱邮政服务】 邮政西城区分公司地安门支局、西长安街支局、百万庄支局、西外大街支局、三里河支局和阜成门支局所属6个投递部担负着47家中央巡视单位巡视信箱投递服务工作。制定安全、服务、质量、时效的工作方案，明确责任部门，保障邮件安全，规范业务处理，确保服务质量。区分公司和支局、投递部三级管理，分别成立一把手任组长的专项工作领导小组和工作小组，制定专用信箱邮件寄递服务工作方案和应急预案。运行过程采取专人负责、专格分拣、专袋封装、专处存放、专人投递，实施进口专席和投递部主任双重复核，邮件逐一登记，拍照留档，双人复核，履行交接和签收手续。投递各类邮件45103件，无一差错。收到中央巡视组表扬信13封。

（杨晓凤）

【区寄递事业部一体化管理】 年内，邮政西城区分公司完成与区寄递事业部一体化管理工作。整合人力部、办公室、监保部等职能；梳理捋顺人员关系，区寄递事业部综合部门相关人员由区分公司合署办公部门安排工作、日常管理。

（杨晓凤）

【邮政“双十一”】 邮政西城区分公司5项举措应对“双十一”生产运行。做到3个“提前”：提前一个月根据预估业务量进行数据分析，按照不同增幅做好人员安排；提前一个月进行摸底，梳理场地、车辆、人员等现有资源，整合优势，制定组织方案；提前一个月召开启动大会，制定运行保障方案。3级“预警机制”：进口量同比超过50%时启动一级预警机制，以AB班和小夜班形式进行邮件投递，同时安排二线人员做好出口邮件的处理和客户查询解释工作；进口量同比超过100%时启动二级预警机制，营业部三线、二线人员参与一线生产，做好大客户的查询和解释工作；进口量同比超过150%时启动三级预警机制，组建各级管理人员、职能人员参与一线生产。业务量超过极限时利用机动车进行区域盘驳，减少中转时间；同时安排人员在大厦、写字楼、院校等业务量较大单位蹲点预约投递。12天内，进口邮件83.17万件，同比增长55.28%。单日进口量最高达到8.3万件，较上年峰值增长38%。

（杨晓凤）

【参展中国2019世界集邮展览】 6月11至17日，邮政西城区分公司集邮公司、百万庄邮政支局参加在武汉举行的中国2019世界集邮展览。以中轴线文化作为北京展区主题，开展线上线下主题活动抢购、现场特色产品热卖等活动。有：南中轴线主题邮局、大清邮政信柜主题邮局品牌宣传；现场展销“世界邮展、北京世园会、冬奥会、南中轴路及大清主题邮局”文创集邮产品。邮展销售9万余元，线上平台吸粉2000余人。

（杨晓凤）

【《二十四节气（四）》特种邮票首发】 11月8日，由中国邮政集团公司北京市分公司与全国农业展览馆、中国农业博物馆共同主办，北京市集邮与文化传媒部、邮政西城区分公司承办的《二十四节气（四）》特种邮票首发式在全国农业展览馆举行。开展二十四节气邮票展卖和纪念戳加盖活动。

（杨晓凤）

【“鼠有星意”主题邮局成立】 12月24日，北京邮政于西单支局设立“鼠有星意主题邮局”。鼠有星意文化创意项目是邮政北京市分公司与著名音乐人郭峰围绕生肖文化、集邮文化、时尚IP文化进行跨界合作的一次尝试，推出以著名音乐人郭峰亲手创作的“鼠”形象，以“‘鼠’与你的每一天、心有所鼠、无乐不作等文化创意主题，推出个性化邮票、纪念封、明信片、纪念邮折、札记手册等创意集邮文化品和徽章、手机支架、帆布包、贴纸、胶带等文创产品。

（杨晓凤）

【“小蜜蜂”邮驿站成立】12月31日，邮政北京分公司与北京皇城根小学联合设立黄城根小学“小蜜蜂”邮驿站主题邮局，主题邮局隶属于邮政西城区西四邮政支局，地点：西城区黄城根小学官园校区内。

（杨晓凤）

【用户投诉预警及处理机制】年内，邮政西城区分公司在寄递环节实施“用户投诉12小时预警及处理机制”。自客服中心接收工单至处理完毕，各个层级处理综合时长不超过12小时。客服中心接收投诉工单后15分钟内电话通知相关营业部；营业部核查邮件情况，联系客户协商处理方案，2小时内向客服中心进行首次回复。因客户需求超出相关规定，需例外处理的，4小时内营业部主任电话沟通，区寄递服务质量部指导协助营业部跟进处理，营业部在首次回复后累计8小时内通过电联或登门拜访等方式提出解决方案。累计8小时内无法办结的，升级到分管副总负责。12小时无法处理的投诉升级到常务副总负责，累计12小时内办结。

（杨晓凤）

中国联合网络通信有限公司北京市分公司

【概况】中国联合网络通信有限公司北京市分公司（简称北京联通）隶属于中国联合网络通信有限公司，致力于北京市信息化基础设施建设，在全市范围内为公众客户、商企客户和政府机构等客户提供固定电话、移动电话、数据传输、互联网、宽带接入等基础电信业务、国际业务、创新业务和增值电信业务及与上述业务相关的行业应用、系统集成、技术开发、技术服务、信息咨询、工程设计施工等相关服务。北京联通下设6个市区分公司，其中二区、三区、八区分公司为西城区提供服务。分别是二区分公司西直门营销服务中心；三区分公司西单营销服务中心、厂甸营销服务中心、樱桃园营销服务中心、广外营销服务中心；八区分公司展览路营销服务中心。北京联通在西城区境内的其他单位有：北京联通电子商务运营中心（西单北大街129号）；北京联通维护中心（复兴门内大街97号长话大楼）；北京联通产品支撑中心（西长安街11号电报大楼）；北京联通网运中心（二七剧场路17号）；北京联通大客户中心（复兴门南大街6号）。

地址：西城区骡马市大街9号

邮编：100052

电话：66036215

（李浩然）

【重要通信保障任务】年内，完成全国“两会”、第二届“一带一路”峰会、“七七”事变82周年纪念活动、新中国成立70周年系列庆典活动等重保工作，开通专线373条，普话保障87部。按照重保要求统一部署，提前做好清网排障、预案及应急方案制定、重保及备用线路开通测试、重保人员安排调度，配合完成应急演练等相关工作，为通信保障任务的顺利完成夯实基础。

（李浩然）

【光网络升级建设】年内，在千兆光网络建设方面，年内建设并开通10GPON端口5608个，可满足约462个小区、29.62万户千兆网络需求，千兆小区覆盖率42.19%。继续开展宽带无条件受理工程，对覆盖死角进行补点，共发起补点工程386个，解决近600户宽带业务需求。

（李浩然）

【5G基站共建共享】年内，与中国电信共建共享开工5G站点1048个、完工1010个、开通932个，联通5G可接入基站889个，初步于核心区域建成网络覆盖及感知领先的5G网络。

（李浩然）

【率先开放5G体验】4月23日，北京联通率先打造的5G体验专区成功落户金融街营业厅和西单营业厅，北京联通成为北京地区首个提供5G真机体验的运营商。

（李浩然）

【“乒乓在沃”西城赛区开赛】 7月7日，由三区分公司承办的中国联通第七届“乒乓在沃”西城赛区挑战赛在二商体育馆拉开序幕，253名运动员参加比赛。

（李浩然）

【推出互联网便捷服务】 7月9日，中国联通打通线下、线上服务，在中国联通手机营业厅App和联通客户俱乐部公众号等多平台可实现查询、交费、办理等互联网便捷服务，关注联通客户俱乐部公众号可收到低余额提醒。除此特色服务外，登录中国联通手机营业厅App还可开具电子发票、查阅历史账单、缴纳生活费用等，一系列互联网的便捷服务，为市民提供极大便利。

（李浩然）

【携号转网惠民生】 11月27日，北京联通为落实国务院政府及工业和信息化部提出的在全国实行携号转网的政策，积极开展携号转网系统研发工作，最终历经8个月完成业务系统的研发，正式面向市民开放受理。

（李浩然）

【界内营业厅】 北京联通在西城区有14个营业厅：西单营业厅，地址：西单北大街129号；长话大楼营业厅，地址：复兴门内大街97号；长椿街营业厅，地址：槐柏树街13号；广外营业厅，地址：广安门外大街383号；樱桃园营业厅，地址：新安北里一巷11号；西单北大街营业厅，地址：西单北大街甲133号；马连道路营业厅，地址：马连道路甲10号楼西102号；陶然亭营业厅，地址：南纬路35号院住宅小区D、E办公楼1层；金融街营业厅，地址：金融大街21号；虎坊桥营业厅，地址：骡马市大街14号；护国寺营业厅，地址：新街口南大街139号北向南第2、第3门内；车公庄营业厅，地址：西直门南大街06乙号楼；展览路营业厅，地址：展览馆路7号；西直门营业厅，地址：西直门外大街1号院1号楼首层。

（李浩然）

（责任编辑　孙凤霞）

城市管理

北京西城年鉴2020

3月26日，市规自委西城分局挂牌（市规自委西城分局 供图）

4月4日，西城区举办主题为“履行植树义务 共建美丽中国”的第三十五个首都全民义务植树日活动（区园林绿化局 供图）

4月30日，区不动产登记中心实现不动产登记“一窗受理、内部流转、即时办结、同窗出证”的新模式（市规自委西城分局 供图）

8月，德源集团邀请古建修缮专家到修缮中的挂牌保护院落施工现场进行指导（姜真 摄）

9月6日，西城区在区政府机关办公楼举行建筑火灾消防救援疏散演习（于志强 摄）

11月8日，砖塔胡同申请式退租项目启动（德源集团 供图）

年内，环卫新设备的使用，有效降低浮沉和雾霾，日作业频次翻倍（姜真 摄）

概　述

年内，北京市西城区城市管理委员会（简称区城管委）以庆祝中华人民共和国成立70周年重大活动城市运行服务保障为主线，立足区域品质提升，全力推进城市精细化管理，获评北京市国庆保障先进单位；统筹带动976条背街小巷通过市级达标验收，圆满完成三年行动计划；12345热线办理高水平运行，全年接件10356件，占全区10%；入地通信架空线787条194公里、电力架空线8个片区87条支路胡同21公里；拆违、治理“开墙打洞”超额20%完成任务；4个河湖入选首都“最美河湖”；创新形成城市部件应急管理机制，受到市委书记蔡奇的肯定；在全国节水知识大赛进入“市水务系统优秀组织单位前十名”；被评为首都环境建设示范区；牵头组织西城区赴意大利罗马参加“国际花园城市”竞赛并获金奖。区城管委地址：西城区北礼士路12号。邮编：100044。电话：88391637。

（刘　雯）

市政管理

【国庆城市运行服务保障】年内，区城管委全力做好庆祝中华人民共和国成立70周年庆祝活动3次演练和10月1日庆祝活动及10月2日游园活动城市运行服务保障，先后协调10万余人次参与，确保城市运行、交通、环卫和街景管理、35方阵集散疏导等工作“零差错”；完成新兴盛等4处场地协调和平整任务及190余处标语景观布置、烟花树场地设置安装、花车转运导引、户外广告类电子屏管控；出动保洁人员4万余人次，保障1090个厕位环境卫生；解决地下管线隐患20余处；完成16518辆（次）车辆挪移，被评为北京市国庆保障先进单位。

（刘　雯）

【市政基础设施建设】年内，区城管委持续实施景观提升、惠民利民、市政设施、生态环境“四大工程”。完成长安街延长线两侧环境整治和市容景观提升；完成237个院落雨污水管线改造、31条道路大中修、30条市政排水管线改造、5条道路疏堵，27公里自行车道建设；完成市“实事”老旧供热管网改造24个小区7138户62万平方米；持续开展44处道路设施二维码管理，整治不合理道路设置24处；新建新能源汽车充电桩251个、充电站19个，实现3公里内有续电设施。推进“厕所革命”，完成厕所改造任务100座，厕所改造提升69座。如期完成市折子工程，老旧小区供水管网改造66处，其中35处被列入市政府为民办实事项目。

（刘　雯）

【架空线入地整治】年内，完成三里河路、月坛北街、月坛南街3条路7.6公里电力架空线入地；完成11个街道787条支路胡同通信架空线入地，拔除线杆4990根；基本完成8个片区支路胡同电力（路灯）架空线入地整治，其中，电力完成84条支路胡同22公里架空线入地，路灯完成78条胡同17公里架空线入地。

（刘　雯）

【背街小巷整治提升】年内，完成976条街巷达标，149条街巷基本达标，1125条街巷的背街小巷整治提升三年行动计划的任务目标。举办三期街巷长能力提升培训班，全面提升街巷长责任意识和综合能力水平。

（刘　雯）

【城市精细化管理】年内，区城管委加强改革创新，持续推进城市精细化、智慧化管理水平。继续开展城市管理体制机制改革研究；制定下发《西城区中小工程固废物管理办法》，严控扬尘污染；制定建设垃圾管理规范，加强大件垃圾规范处理，探索WPS手机端查询应用；推进城市管理智慧化由数据化向场景应用化转变，城市管理主要数据全部实现“城市大脑”智慧化管理系统无缝接入；推广手册式管理，编印《西城区街巷长工作手册》《城市部件应急维护更新手册》《老旧小区设施应急维护工作手册》以及河长制、垃圾分类工作手册，指导日常工作。城市部件等数据成功反馈运用；分别建成水务管理、街巷长管理一期平台。

（刘　雯）

【疏解整治促提升】3月7日，西城区召开2019年深入推进疏解整治促提升全面促进精神文明和生态文明建设动员大会暨河长制工作会议，总结2018年疏解整治促提升、街区更新以及精神文明、城市建设、环境保护、绿化美化、河长制等工作，部署2019年重点工作任务。区四套班子主要领导、中央直属机关事务管理局、国家机关事务管理局、北京市城市管理委员会及区属相关委、办、局等成员单位的领导共200人出席会议。区委书记卢映川会上强调，全区要聚焦重点任务，扎实推动疏解整治促提升、精神文明和生态文明建设再上新台阶。会上，区委常委、常务副区长孙硕作《西城区2019年疏解整治促提升、生态文明和环境建设工作报告》，区政府副区长、区政府办主任缪剑虹作《西城区2019年精神文明建设工作报告》。年内，区城管委持续推进“拆违、灭脏、清障、治污、治乱、缓堵、规范市场、治理‘开墙打洞’”八大专项整治。拆除违法建设12.5万余平方米；治理“开墙打洞”380余处；保持治理街巷数1449条；规范广告牌匾366块，撤除59块；撤除道路护栏132355延米，清路障16处；规范减量156个报刊亭至101个、撤除废弃信息亭900余个。

（刘　雯）

【静态交通管理】年内，区城管委继续贯彻《北京市机动车停车条例》《北京市非机动车管理条例》。落实道路停车改革，5500余个泊位实现路侧停车电子收费，上缴国库非税收入7688万元，办理居住停车认证8266户；在全区地铁口等重点人流密集区域安装电子围栏200余套，严格控制投放总量在6万以内；建设立体停车设施1处，新增机械车位52个；推进车位有偿错时共享，新增居住停车自治车位3298个；组建320人组成的停车协管员队伍；机动车停车场备案登记601处、124308个泊位；对41处停车场进行了现场勘验。

（刘　雯）

【交通秩序管理】年内，区城管委加强中小学、医院周边及旅游大客车交通综合治理。为全区85所学校周边制作移动信号灯10部；完成11所重点学校门前施划黄网格线、周边人行步道翻新修整工作；对51所学校周边路沿石施划黄色禁停线，取消5所学校周边路侧车位106个，安装非现场执法设备14套；对友谊医院周边东经路、北大医院门诊楼和住院部、广安门医院周边道路进行了大中修和交通组织调整；在儿童医院、火箭军医院、广安门医院、人民医院等医院周边安装了12套非现场执法设备；协调区文旅局和交通执法部门加大对前门西大街、景山西街、地安门西大街设置旅游客车上下客区位的旅游大客车执法力度；查处非法运营旅游客车54辆、业内违章88起，纠处违规停放旅游大客车1100余辆次；开展暑期旅游大客车专项整治行动，查处非法运营旅游客车18辆、交通违法40起、违停600余辆次；自5月起，对地安门西大街启用鹰眼交通违法电子抓拍系统，月均处罚从30起提升至200余起。

（刘　雯）

【水电气热保障】年内，区城管委提升常态化应急保障管理水平及应急能力。查处消除燃气和电力设施隐患80个，为3000多户居民更换燃气软管、减压阀，消除用气隐患；落实大气污染治理行动计划，车用柴油使用较上年减少35%；完成和平门小区临时电改造；协调妥处陶然北岸小区燃气设施维护纠纷；加强工地检查及渣土运输车辆的事中、事后监管，严打违法违规运输；全年共发放建筑垃圾消纳证731张，车辆准运证26张；联合大型检查80余次，约谈144次。

（刘　雯）

【规范垃圾分类】年内，区城管委提供专业指导，规范推动垃圾分类工作稳步进行。取缔106处、规范58处再生资源回收网点；加强餐厨垃圾管理，治理油烟、污水排放60余起，完成全区重点单位车用柴油减量10%的目标；推进“两网融合”，规范再生资源回收源头管理，引导垃圾分类三方公司、再生资源回收企业采取连锁经营方式，整合个体回收人员，建设统一、规范的再生资源换购站及再生资源回收站点；采用App预约回收、定时定点回收、上门回收等方式，开展回收服务，最大限度方便单位和个人交售可回收资源；推进

10个街道垃圾分类示范片区创建，有5个街道待验收，有5个街道在创建工作中。

（刘　雯）

【解决群众热线诉求】年内，区城管委办好群众热线诉求,进千家走万户330余次，访民情听民意，解决群众身边的城市管理突出问题30余件；听哨即到80余次，为街道修道路、护管线；加强“接诉即办”“未诉先办”，政府12345热线全年共接收案件10356件，响应率100%、解决率、满意率排名靠前；解决了广外核桃园等处供电、供暖问题。

（刘　雯）

信息化城市管理

【概况】因机构改革职责调整及区政府热线并入市12345热线，原区政务服务管理办公室热线诉求办理职责划转至区城管监督指挥中心，4月1日起，正式履行市民热线诉求办理职责。8月18日，根据《北京市西城区全响应服务中心职能配置、内设机构和人员编制规定》（京西办字〔2019〕43号），城管监督指挥中心更名为全响应服务中心（简称区全响应中心），是区政府负责全响应服务运行、市民服务热线、推进“城市大脑”建设工作的正处级行政机构。内设办公室、指挥调度科、综合协调科、政府热线工作科、考核评价科等16个职能科室，行政编制78人。年内，区全响应服务中心围绕适应新形势、新变化、新要求，以抓好市民服务热线“接诉即办”工作为主线，统筹推动“不忘初心、牢记使命”主题教育活动、网格化城市管理、“城市大脑”建设等各项重点任务。依托“互联网+”，回应群众关切的民生问题，被授予“2019年人民网网民留言办理活力奋进单位”。

地址：西城区二龙路27号

邮编：100032

电话：88064954

（闫辰琳）

【统筹协调12345政府热线办理】年内，区全响应中心落实市民服务热线专班办理机制，制定“接诉即办”事项督办办法，推动全区各单位热线专班层层落实责任，促进“两率”提升。强化机制建设，实行四级管理、分类处置、专班派件，提升派单精准度。建立一案一档会诊制度，每日案件逐件分析、研究方案。建立挂账问题定期复议、跟踪办理机制，每月督促街道开展复议，推动“库底”问题解决。编制《市民服务热线“接诉即办”工作手册》《接诉即办工作指导手册》《政府热线诉求办理回复及沟通规范》《市民热线诉求热点问题解答工作手册》等，加强业务指导，加大政策宣传力度。全年市民服务热线共受理市民来电诉求问题10.8万余件，解决6.1万余件，解决率为78.23%，满意率为88.56%，分别较年初提升了39.06和22.80个百分点。

（闫辰琳）

【全响应网格化城市管理全面升级】年内，区全响应中心聚焦城市管理重点，深推“微循环”提升应急处置能力，与市交管、路政部门，电力、联通、电信、热力、燃气等公服企业建立直接确权机制，加快确权速度，紧急案件全部按时办结。构建市民随手拍案件“双循环”办理机制，加强外部沟通和内部协调，依托公众号“西城随手拍”功能进一步拓宽公众参与渠道，办理市民微信上报城市问题15473件，月均案件量同比提升11.76%，有2033件案件得到市民满意度评价，满意度达到93.31%，较上年四季度提高近2个百分点，社会参与度与居民满意度都有较大提升。加强纸质督办、挂账督办，落实案件快速处置和兜底处置等机制，协调办理疑难问题487件。共处理各类城市管理问题的诉求98.31万件、办结97.93万件，结案率98.99%，居民对城市环境秩序的满意度为93.46%，较上年提升0.71%。

（闫辰琳）

【城市治理大数据建设】年内，区全响应服务中心坚持统筹规划、集约建设，围绕“全面感知、统一大脑、精准服务、高效协同”的目标，“西城大脑”建设取得阶段性成果。通过开发接口、共享交换平台、“E”表格系统等方式，共接入74类、5523万条数据入库，为大脑建设提供了丰富的信息支撑。通过重塑感知模式，融合视频探头、物联网设备、人工感知等全渠道感知数据。基于“西城大脑”，实现辖区城市事件、事故、诉求的全方位实时感知、智能巡逻和派发处置，针对街道、社区和网格的高频问题开展全时全域主动预警，初步形成统一的“西城大脑”事件中心。通过重塑管理模式，推进业务协同联动。实现“热线平台”“城市运行管理平台”“全响应平台”“视频感知”“物联感知”五大事件来源的数据归集和地图展示；建立“事件分中心”实现全区事件依据权责智能调度，支持对街道、社区热门事件分析。重塑服务模式，围绕群众关心的停车难题，选取金融街街道核心区域作为智慧停车建设试点，实现区域停车数量、车位空置率、周转率实时监测和下一时段停车情况智能预测，及时提供停车动态变化情况，优化城市服务的市民体验。

（闫辰琳）

【探索政府热线与城管网格平台融合机制】年内，区全响应中心不断探索“网格+热线”服务模式，推进网格化城市管理工作与12345市民服务热线融合，增强主动发现、主动治理能力。通过梳理热线中涉及的城市管理诉求，整理出问题高发区域和市容环境、新增违法建设、施工扰民等多发问题台账，通过监督员联系社区制度，使监督队日常巡查与市民服务热线结合，引导监督员深入多发问题区域围绕热线诉求问题开展网格巡查，将发现问题的端口前移，做到早发现早治理。在案件处置方面，构建市、区、街三级联动办理机制，通过快速确权、多方沟通，加速案件办理。通过动态监控，及时掌握案件办理进程，催办督办，确保职能部门高效处置，全面提升市民关注问题的响应力度和解决速度，切实做到“民有所呼，我有所应”。

（闫辰琳）

【督办督察工作】年内，区全响应中心以精细化管理理念为引领，围绕中心工作提高督办督察频率和科学性。围绕一带一路、亚洲文明对话、70周年大庆等重要时段，组织监督员加大巡视检查力度和密度，及时排除公共设施安全、火灾、公共危险事件等各类隐患，做好环境秩序保障工作。根据市、区领导要求，组织监督员配合相关单位完成各类专项普查。2月，完成对全区范围内街巷路灯、交通信号灯故障情况普查，发现全区街巷路灯279处、交通信号灯11处出现“有灯不亮”的情况；4月，对施工围挡、废弃立杆、电力设施开展专项普查，发现施工围挡问题77处、废弃立杆285处、电力设施问题633处；5月，对户外电子显示屏开展调查摸排，发现户外电子显示屏597处、673块存在问题；6月，完成全区范围内电话亭整治情况复核。普查数据经整理后转至区相关单位，为整治工作提供翔实材料。紧跟全区大气污染防控工作形势，将网格巡查与环境监管相结合，组织监督员加大对涉煤、大气类环境监管事件、施工工地扬尘、暴露垃圾渣土、疑似污染土地实施开发建设活动、“清河行动”等环保类问题巡查，对环境秩序状况的监督检查176次，上报问题576处。在环保督察案件办理方面，动态跟踪案件办理进程，及时联系职能部门催办督办，城市管理平台办理大气污染类案件11件、工地扬尘案件64件，结案率均为100%。

（闫辰琳）

【政府热线及城市管理监督考核】年内，区全响应中心围绕全区城市管理和政府热线办理工作，针对不同评价主体工作特点，分别制定完善街道和部门《政府热线专项考评实施细则》《街道城市管理工作考评实施细则》，细化考评指标，按照全覆盖、严执行、重实效的要求，年底依照考评实施细则对各街道和部门进行热线和城市管理部分的绩效考评。在城市管理履职评价方面，编发履职情况评价报告12期，开展居民满意度抽样调查4次，入户调查和电话调查各7500户，收集居民意见建议6000余条。及时开展对城市运行状况的预警和监测，每周编写《城市管理案件周报》，共完成50期，多次得到区领导的高度肯定并作出重要批示。

（闫辰琳）

【围绕重点工作开展调查研究】年内，区全响应中心围绕“城市大脑”建设、网格化管理与街乡实体化执法综合平台联动机制、市民服务热线办理等重点工作，会同市研究室、市纪委、区纪委、零点数据有限公司等专业力量开展调查研究，针对热线诉求高频事件、高频区域、季节问题开展分析研究，不断增强科学决策水平。完成《关于深化网格化城市管理全面提升西城区精细治理水平的实践与思考》调研文章，发表《西城区以“绣花之功”提升背街小巷精细化管理》《西城区重点区域大气污染现状调查及精细化治理对策研究》等研究成果，配合北京电视台完成对“西城网格监督”公众号市民随手拍案件的处理过程的跟踪报道，并在北京电视台播出。

（闫辰琳）

【监督员队伍管理及业务指导】年内，区全响应中心加强监督员队伍管理，修订《西城区城市管理监督员监督队伍百分制考核实施细则》《西城区城市管理监督员绩效考核》相关内容。加强对各监督队的日常考评，针对考核成绩不合格的监督队进行专访调研，从队伍管理、岗位纪律和业务工作等几个方面的考核情况进行详细分析，提出对监督队存在的问题及具体工作建议，不断促进监督员队伍综合管理水平的提升。强化对监督员进行业务定期培训，做好监督员内勤业务、“城管通”数据更新、专项普查工作等综合业务培训，不断提高监督员综合业务水平。严格落实新招监督员逢进必考制度，15个街道监督队86名监督员均考试合格被录用。

（闫辰琳）

【城市运行管理平台】年内，区全响应中心持续加强各系统软、硬件运维保障工作。完成德胜、什刹海、金融街等9个街道网格调整工作，经调整，全区社区总数为259个，网格总数为1272个，为进一步巩固全响应网格化工作模式打下良好基础。加强对全响应城管分中心的工作统筹及技术服务力度。完成部件数据更新3次，更新系统程序13次，新增需求13件，其中功能建设10次、数据处理2次，用户维护1次。完成系统巡检48次，为各街道委办局社区提供培训40次，提供日常运维43次。物联网系统整体运行良好，完成雨量计巡检24次，积水器巡检24次，雪量计巡检10次。稳步推进《基于全响应的城市运行管理平台功能升级项目》，以中心城市运行管理平台、全响应区街指挥调度平台和全响应数据搜索引擎平台为基础，继续探索推广大数据搜索平台在街道层面的应用能力，实现城管执法局数据对接与应用，拓宽居民随手拍应用种类，通过信息化辅助背街小巷整治等工作的升级改造，年内已完成项目所有功能模块建设与项目初验工作。

（闫辰琳）

规划和自然资源管理

【概况】北京市规划和自然资源委员会西城分局（简称市规划和自然资源委西城分局，下文简称分局）为市规划和自然资源委设在西城区负责本区域规划和自然资源管理的派出机构，同时作为西城区政府依法履行相关职责的工作部门。内设办公室、法制科（信访与信息公开科）、规划编制与城市设计科、规划实施科（名城保护科）、市政交通科、自然资源调查监测科、自然资源所有者权益科（自然资源开发利用科）、综合审批科、规划土地核验科、财务科、机关党委（党建工作科、人事科）、纪检办公室12个科室，下设直属行政执法机构北京市西城区规划和自然资源执法队（参公事业单位）及北京市西城区不动产登记事务中心（参公事业单位）、北京市西城区土地利用事务中心、北京市土地整理储备中心西城区分中心、北京市土地整理储备中心金融街分中心、北京市西城区历史文化名城保护促进中心、北京市西城区规划管理信息中心、北京市宣武建筑设计所等6个事业单位。年内，分局落实上级各项决策部署，完成机构调整、总规落实、控规编制、名城保护和优化营商环境改革等各项工作目标任务。

地址：西城区南菜园51号

邮编：100054

电话：66182866

（于铭夫）

【领导调研】5月8日，区委书记卢映川以“四不两直”的方式到不动产登记中心调研。5月28日，市规自委纪检组组长何凤英到西城区不动产登记大厅检查优化营商环境工作。7月31日，自然资源部不动产登记局纪委书记吴智慧等人以“四不两直”的方式到西城区不动产登记中心大厅综合窗口检查业务办理、自助查询机、网上缴费等优化营商环境新举措的落实情况。9月17日，市规自委主任张维到菜市口西片老城保护和城市更新试点工作现场调研，西城区委副书记、区长孙硕和区委常委、副区长姜立光参加。

（邵　巍）

【扫黑除恶专项斗争】年内，完善工作方案，从政治站位、依法严惩、综合治理、深挖彻查、基层组织、组织领导六个方面部署落实。在信访举报、行政复议诉讼、行政执法等工作中排查涉黑涉恶线索，完善线索流转、移送工作机制，办理上级转办信访线索4件，回复工作提示函1件。加强宣传学习，刊发工作简报9期。建立15类专项档案，迎接市、区检查5次，撰写上报材料约100件，接受中央督导立行立改取得成效，建立防范黑恶势力长效机制。

（季　美）

【揭牌仪式】3月26日，北京市规划和自然资源委员会西城分局举行揭牌仪式，仪式由分局局长倪锋主持，北京市规划和自然资源委员会王玮副主任、西城区区政府姜立光副区长共同为分局揭牌。北京市规划和国土资源管理委员会西城分局正式更名为北京市规划和自然资源委员会西城分局。

（邵　巍）

【分区减量研究】3月，分局牵头会同相关部门制定《西城区建筑规模分区调控方案》，并分别向区领导和市规自委领导汇报了方案。根据区领导和分局领导的意见对方案进行修改完善后，于6月6日代区政府拟稿，由区政府函告市规自委《关于西城区建筑规模分区调控方案有关情况的函》，建议将有关内容纳入核心区控制性详细规划。

（蒋雁题）

【“智慧西城”试点项目通过验收】《智慧西城时空信息云平台建设试点》项目是自然资源部智慧城市在北京的唯一试点项目，5月20日自然资源部组织召开该项目验收会，会议由基础测绘司司长武文忠主持，项目成果符合智慧城市时空大数据与云平台建设大纲的规定，经专家审查通过验收。并已推广应用至全区多个部门，为“智慧西城”的建设提供了时空大数据和平台支撑。

（刘洪岐）

【市政交通】5月，完成区交通市政基础设施规划项目储备库项目梳理。建议纳入规划储备库的城市道路建设项目共71个。其中，已进入规划审批阶段的项目41个（2019年道路建设计划41个），储备策划生成阶段的项目28个（2019年道路建设计划22个，棚改代征道路6个），由规划审批阶段调整为储备阶段的项目2个。

（刘明增）

【2018年度西城区城市体检评估】6月25日，《2018年度北京市西城区城市体检工作方案》，经区政府第91次专题会议审议通过。9月30日，《北京市西城区2018年度城市体检报告》，经区政府第101次专题会议审议通过后报送市规自委。

（程淑楠）

【城市公共空间艺术品普查】7月，分局对西城区公共开敞空间（除地铁站等）艺术品的分布、内容、维护状况等信息进行全面调查，发现和分析现状问题，于11月整理并完成相关调研报告，为公共空间艺术品的后续管理提供基础支撑。

（于长艺）

【委内巡察整改】7月，市规自委巡察一组对分局党组、不动产登记中心，开展了为期近3个月的巡察工作。12月31日，巡察组向分局党组反馈了巡察情况，提出7类16个方面35个具体问题。分局党组随即明确责任，召开党组会，制定整改方案，立行整改。

（于铭夫）

【专项交叉巡察整改】8月16至9月29日，西城区委第九巡察组对分局党组2014年以来的工作开展了规划自然资源领域专项交叉巡察。11月15日，巡察组向分局党组反馈了专项交叉巡察情况。分局党组对巡察组反馈的4类10个方面19个具体问题，梳理并建立台账、制定方案，明确完成时限，确保按时高质整改到位。

（于铭夫）

【核发棚改项目建设规划许可证】8月28日，核发菜园街及枣林南里棚改项目E地块的建设工程规划许可证；10月31日，核发光源里棚户区改造项目C1地块的建设工程规划许可证。菜园街及枣林南里、光源里棚户区改造项目地处白纸坊地区，是西城区2个市重点棚改项目。

（郝卫秋）

【城镇私房出让许可办理权限下放】8月，按照《关于进一步下放国有土地使用权协议出让审批权限的通知》（京规自发〔2019〕331号）文件要求，西城土地利用中心积极对接市规自委土地利用中心，结合区域实际，研究梳理工作流程，编制工作方案，调试系统等，为承接该行政许可做好前期准备工作。自10月起，严格按照规定条件和程序办理城镇私房土地出让手续。

（张必华）

【土地集约利用评价调查】8月，开展中关村科技园西城园10平方公里土地节约集约评价调查工作。12月，该项工作调查结果通过验收。

（王智强）

【出版《北京规划建设》（2019增刊）】分局梳理总结了几年来组织开展的规划研究，收集整理了区名城委、艺术审查委员会等专家对西城区相关工作的建议，经过近一年的筹备，邀请国内北京、上海、广州等地专家学者编纂成稿。11月，主题为“北京西城——老城保护和街区更新”的《北京规划建设》（2019增刊）杂志出版。

（于长艺）

【“四名”汇智计划】1月3日，在故宫博物院箭亭广场成功举办“四名”汇智公益性展览展示活动。6月12日，与西城区档案馆正式签订“四名”汇智计划框架协议，区档案馆成为理事单位。9月12日，在西城区法源寺历史文化街区烂缦胡同108号院成功举办“四名”汇智伙伴——全国名城保护公众行动沙龙@北京站活动。扶持成立民办非企业单位，北京市西城区众志城市营造促进中心，协助规范“四名”汇智计划的组织形式、开展历史文化名城保护相关的培训和人才培育等。“四名”汇智计划年度招募支持团队近70个，支持各类名城保护活动近200场次。

（于长艺）

【名城保护】1月，《落实加强历史文化名城保护提升城市发展品质的决议工作报告》，经区政府常务会通过后，报送区第十六届人民代表大会第五次会议审议。1月9日，在区两会“加强历史文化名城保护，全面推动老城保护与复兴”专题新闻发布会上，专题报告了2018年加强名城保护的决议落实总体情况。1月15日，时任区长王少峰参与北京电视台主题为“保护城市历史文化风貌”的“市民对话一把手”节目录制。10月31日，区十六届人大常委会第二十八次会议，听取关于落实加强历史文化名城保护，提升城市发展品质的工作报告。12月14日，举办“老城保护和街区更新转型发展，再出发”为主题的区名城委年会。

（于长艺）

【配合开展核心区控规编制】1月，配合开展控规编制的资料收集与调研工作。组织全区15个街道、相关委办局的主要领导与市规划院开展座谈，对接基层需求调研。多次组织相关会议与市规自委等相关单位协调调度控规编制。多次组织责任规划师团队，对控规成果开展研究，进行技术校核并提出意见建议。组织市规划院开展对广内街道社区公共服务设施现状的调研，完成公共服务设施调查。9月，组织各街道责任规划师团队对全区各街道的现状道路进行全面现场调查，并与控规路网进行了逐一比对。

（姚丽辉　蒋雁题）

【组织核心区控规街道微展厅】核心区控规公示通过主展厅与各街道微展厅两种方式进行。10月，分局组织15个街道确定微展厅选址，制定应急预案。12月，联合区委宣传部、西城公安分局、区应急局、区信访办、区委网信办、区融媒体中心、各街道办事处、各街道控规编制单位、责任规划师团队等相关单位，成立西城区《首都功能核心区控制性详细规划》公示专班领导小组，综合统筹控规公示工作。12月30日，《首都功能核心区控制性详细规划》在西城区15个街道微展厅进行公示。

（蒋雁题）

【落实北京新总规】3月，结合《西城区落实总体规划重点任务清单》梳理出102项落实任务，通过总结涉及22家单位的44项任务，制定了《落实北京城市总体规划专项工作考评实施细则》和《2019年西城区落实北京城市总体规划绩效考评事项》。分局将落实新总规（《北京城市总体规划（2016年-2035年）》）相关任务，第二次作为专项工作纳入区政府绩效考核，并牵头开展该项绩效考核工作，截至年底，各项任务目标均圆满完成。

（程淑楠）

【责任规划师】7月，15个街道责任规划师全部完成签约，成立"西师联盟"工作平台，设立"西师联盟"公众号。展览路街道、牛街街道，大栅栏街道、月坛街道和金融街街道的责任规划师团队相继担任轮值主席，组织了5次轮值活动。开展市级培训8次，区级技能培训与宣讲5次，工作部署与工作交流会议7次。

（郭　冰）

【街区更新】年内，继续推进西城区街区更新各项工作，11个街道的街区整理展示中心建成开放，4个街道展示中心在推进建设中。12月26日，组织召开西城区15个街道街区更新城市设计成果专家评审会，会议邀请城市规划、名城保护等方面的专家参与结果评审，专家组听取各设计团队汇报后，一致认为该成果达到国内先进水平，同意结题。

（郭　冰）

【规划和自然资源领域专项治理】9月，落实《关于认真贯彻习近平总书记重要批示指示精神，开展北京市规划和自然资源领域问题整改的工作方案》，成立专项治理专班办公室，制定《西城区规划和自然资源领域专项治理领导小组和专班工作组织方案》和《西城区对落实〈两个意见〉的工作分工方案》，10月经区政府专题会审议通过；形成《西城区规划和自然资源领域专项治理重点任务清单》涉及39项任务；将专项治理工作纳入2019年度区政府部门绩效考评，并拟定了考评实施细则。

（任保云）

【开展第三次全国国土调查】年内，北京市西城区第三次全国国土调查工作正式展开。采用内、外业结合的方法，调查图斑6010块，涉及27个二级地类。10月12日，将调查成果上报市三调办。

（许　洁）

【土地储备项目计划编制、开发及监管】年内，编制西城区2019年及2019年-2021年滚动土地储备开发计划。共申报建设项目11个（均为结转项目），约37.09公顷。其中，已收储项目3个，在施项目2个，全力推进或清退项目2个，继续履行撤销程序项目4个。区土地储备一级开发项目11个（均为在施项目），累计实现投资约2.3亿元，完成全部投资的61%；对11个在施土地一级开发项目加强监管，定期梳理项目信息。

（胡　圆）

【地热踏勘】年内，完成2018年度非油气矿产资源统计和勘查开采信息公示，对区内2口矿区面积约1.31平方公里的地热井现场踏勘，收取2个单位缴纳的采矿权使用费2000元。

（岳　娜）

【地理信息】年内，完成了2019年数字西城地理空间框架更新维护、智慧西城时空信息云平台数据处理及服务分发更新维护、北京市规划国土委西城分局智慧西城时空信息云平台升级改造3个大型地理信息化项目。

（刘洪岐）

【编制实施建设用地供应计划】年内，土地供应计划保障房住宅项目3个，土地面积5.12公顷，全部实现供地。分局编制区2020年度土地供应计划，安排项目4个，总用地面积4.99公顷，其中公共管理与公共服务用地项目2个，土地面积0.93公顷；住宅用地2个项目，土地面积4.06公顷，均为棚改项目。

（王智强）

【查处违法建设】年内，移送城管部门21件；行政处罚3件，罚款金额合计147688.56元；做出限期拆除决定5件、限期改正通知2件，申请强制执行3件。配合属地街道、城管、房管、应急、市场监管等部门开展联合执法、联合检查2400余次，出具违法建设协查书面意见501件，涉及违法建设面积约2.9万平方米。对卫片、街景、12345热线等渠道发现的线索，逐一核实，核查违法建设线索165条。配合开展无违建创建工作，对德胜街道500余处违法建设线索进行核查，完成线索筛查工作。

（崔　达）

【受理核发审批事项】年内，核

发审批案卷215件（包括单位项目96件，居民项目119件）。其中，建筑类144件（建设项目选址意见书与用地预审意见合并办理4件；建设工程设计方案审查1件；建设工程规划许可证80件：包括社会投资简易低风险项目4件，社会投资房屋建筑工程10件，政府投资房屋建筑工程10件，城镇居民建房项目56件；总建筑规模501597.72平方米，围墙总长1433.39延米；建设工程规划核验59件）。市政类项目核发共计53件（建设项目选址意见书及用地预审意见合并办理19件；建设项目规划条件8件；建设工程规划许可证26件；线性规模总长延米9334.8米）。行政许可有效期延续1件。国有建设用地使用权划拨批准12件。不予许可5件。年内，办理北京昆剧院等17个项目多规合一初审和综合实施方案审查意见。5月21日，核发西城区首个新建社会投资简易低风险工程建设项目的建设工程规划许可证。

（张田　郑杰　李晓年）

【不动产优化营商环境】2月11日，区不动产登记中心窗口启用身份证人脸识别认证系统。4月1日，设置自助服务区，增设自助预约机、自助打印机、自助预约换号机、档案自助查询机、自助取号机、自助制证机等多种自助设备。4月30日，增设13个综合窗口，不动产登记、房管、税务联合办公，实现不动产登记“一窗受理、内部流转、即时办结、同窗出证”的新模式。5月，实现不动产登记网上自助缴费，线上线下缴费一体化。6月10日，开通网上办理不动产抵押权注销登记业务。9月1日，开通网上办理抵押权首次登记业务。11月，推进全市第一家大厅预约叫号及信息发布管理系统的上线。开通微信公众号，增设手机预约平台，实现预约、取号、叫号系统数据互通及登记预约到号提醒。

（沈洋洋）

【不动产登记】年内，受理不动产登记业务51815件，发放不动产登记证书、证明共37191本，登簿43801件，归集档案43761件；办理不动产登记档案查询业务46921件；受理司法限制业务1627件，综合服务窗口共办理5641件涉税不动产登记业务；EMS证书速递357件，咨询电话接听26308件；权籍调查受理128件，土地权属审查215件；收缴土地出让金4947余万元，不动产登记费361余万元。

（沈洋洋）

【法制宣传培训】年内，落实《北京市城乡规划条例》宣贯工作。在区政府常务会上解读条例；编制该条例的宣传贯彻工作方案，印发全区；举办2次全区贯彻落实条例培训会，参会180人次。开展“世界地球日”“信访条例宣传月”“全国土地日”“测绘法宣传日”等主题宣传。组织2次法院旁听“以案学法”。开展法制培训3次。

（季　美）

【依法行政和信访接待】7月11日，召开首次行政处罚案件听证会。10月17日，首次在违法建设现场、市规自委外网网站以公告《限期拆除决定书》的形式完成送达法律程序。年内，办理政府信息公开申请191件、行政复议3件、行政诉讼79件，分局领导出庭应诉5次。受理信访149件、化解信访积案8件。

（季美　崔达）

【12345热线办理工作】年内，出台《关于完善热线工作机制的办法》，开展《健全12345热线工作机制，在提高“两率”上见成效》调研，受理热线案件1160件。

（季　美）

【办理建议提案】年内，承办市、区两级人大代表建议和政协委员提案30件，内容涉历史文化名城保护、老旧小区综合整治、市政道路、危房改建审批等多项内容，全部按时办结。其中，《以问题为导向，深入落实城市总体规划的建议》《关于借助西城区城市更新发展的契机以BIM+GIS技术为载体，推动虚拟城区数字化的提案》被评为区人大代表建议、政协提案“优秀承办件”。

（邵　巍）

【获奖情况】4月，西城区规划和国土资源执法队获首都城市环境建设管理委员会颁发的“首都环境建设样板单位”称号。聂金品获首都城市环境建设管理委员会颁发的“首都环境建设突出贡献个人”称号。12月，分局编制的《北京西城街区整理城市设计导则》获2019年度北京市优秀城乡规划（详细规划和城市设计类）二等奖。

（邵　巍）

房屋行政管理

【概况】北京市西城区房屋管理局（简称区房管局）负责全区房屋行政管理、房屋征收（拆迁）、住房保障工作的政府职能部门，挂北京市西城区住房保障办公室和北京市西城区人民政府房屋征收办公室牌子。内设科室19个、纳入规范管理事业单位11个、全额事业单位1个；人员编制213人，其中行政编制80人、纳入规范事业编制115人、全额事业编18人。年内，区房管局围绕“重大活动服务保障”等重点任务，切实履行房屋行政管理职责，圆满完成房屋管理的各项工作任务。

地址：西城区西直门南小街国英园5号楼

邮编：100035

电话：66160375

（陆旭雅）

【保障性住房配租配售】年内，组织开展住房保障政策培训会，就进一步简化保障性住房申请手续、“安居北京网上办公系统”模块使用、市场租房补贴政策执行口径等方面进行专题解读与答疑。组织2次公共租赁住房意向登记，配合产权单位完成选房。启动西城区第一个共有产权住房项目金隅金林嘉苑申购登记、配售，解决219户家庭住房困难问题；6月底前完成取得保障房备案资格的低保、低收入、计划生育特殊困难家庭配租公租房工作。发放市场租房补贴和公共租赁住房补贴、廉租房补贴共计9522万元。完成2676套出租型保障性住房及金胜嘉园人才公租房项目划转至西城区保障性住房运营管理有限公司的相关工作。与区委组织部共同研究、拟定《北京市西城区关于“选调（培）生”人才公寓保障工作实施方案（试行）》。确定金胜嘉园人才公租房项目租金。

（陆旭雅）

【保障性住房后期管理】年内，对重大活动、节假日期间出租型保障性住房安全隐患进行排查，对发现的问题及时整改。全区已入住出租型保障性住房承租家庭2391户，实收租金623万余元，租金收缴率为89.2%。支付2019年度出租型保障性住房项目物业管理费268万余元、后期管理服务费610余万元、供暖费22余万元。

（陆旭雅）

【房屋征收（拆迁）】年内，新启动征收项目1个。完成征收（拆迁）签约居民305户，整治拆迁区出租出借房屋54处，完成安德路77号院1号楼55户居民回迁入住。推进丰台区育菲园东里26、27、30、31号楼居民房屋安全及产权工作。加大对在施征收项目、拆迁遗留项目行政执法力度，完成白纸坊重点棚户区改造项目剩余居民的征收补偿工作，做好征收（拆迁）工地治理扬尘工作。

（陆旭雅）

【普通地下室安全使用综合管理】年内，组织召开西城区普通地下室综合整治工作会议，印发年度整治工作方案，以整治用作经营性宿舍的普通地下室为重点，涉及人口变化100人次，清退4处宿舍，将普通地下空间散租住人清理保持动态清零。经区政府督查室委托第三方，对区房管局专项工作实地检查，检查结果满意。

（陆旭雅）

【清理直管公房违规转租转借】年内，直管公房违规清理计划整治300户，对公有住宅违规转租转借问题发现一起治理一起，实现动态清零，严禁反弹。原民用居住改工商企租恢复民租，结合街区整理、“开墙打洞”治理和后续处置工作的要求和进度，逐步恢复民租。全区直管公房违规清理整治完成409户，其中，转租转借186户，影响人口729人，恢复民租223户。5月27日，完成实施主体北京金恒丰城市更新资产运营管理有限公司的授权工作，确保试点工作准时启动。6月10日，菜西片区作为全市首例直管公房申请式退租试点项目正式启动，项目共有产籍居民728户（直管公房390户、私房289户、单位自管产40户、军产9户）。7月10日，正式启动签约，至8月9日签约截止。主动提出退租申请275户（公房234户、私房41户），片区退租申请比例为38%。直管公房退租占比60%，私房占比14.1%。

（陆旭雅）

【房屋安全管理】年内，组织街道、区房地中心、北京宣房集团、全区各自管房单位、物业服务企业等开展年度房屋安全大检查，全面排查房屋存在的安全隐患。对辖区危旧房屋、低洼院落重点部位展开雨前检查、雨中巡查、雨后复查，重点部位提前布控，完成63余万平方米私有房屋安全检查。深入推进“三自行动”“五清行动”“防风险保平安迎大庆”“安全生产示范区创建”等专项行动，坚持安全生产每日一报制度。持续推进物业服务企业投保安责险工作，有78家物业服务企业投保。

（陆旭雅）

【物业管理】年内，与相关部门先后出台1+N系列文件，“1”是指西城区《关于加强党建引领改进住宅小区物业服务管理的意见（试行）》，“N”是指用于指导具体物业管理工作的配套文件，包括《西城区老旧小区综合整治实施物业管理的工作方案（试行）》《关于加强老旧小区物业管理长效机制建设的指导意见（试行）》《西城区解决12345热线群众集中反映物业管理问题的工作指引》《西城区开展居住小区物业服务综合评价工作方案（试行）》《西城区物业管理指导手册（业主版和物业公司版）》。推行物业服务项目负责人到社区报到机制。实施市场化物业项目负责人全部到项目所属社区居委会报到，定期向社区汇报工作，接受社区监督和指导。街道社区协同物业服务企业开展共建共治，引导居民增强购买服务意识和自律意识，提高物业费收缴率。聘请第三方物业服务评估监理机构，通过物业行业专家检查的形式，对重点区域住宅小区物业运行情况进行诊断评估，出具诊断评估报告。将诊断评估结果抄送属地街道办事处，同时向物业服务企业通报，督促物业服务企业对存在的问题立即整改，提升物业服务水平。共检查物业服务项目813项，发放责令整改通知书786份，出动检查人员1650人次，行政处罚5起，通过市住建委官网曝光物业服务企业违规行为3家，对2家物业服务企业及项目负责人进行信用扣分。完成物业服务项目合同备案27份，合同变更备案38份，合同注销审核22份。完成住宅专项维修资金审批134笔。

（陆旭雅）

【房地产市场管理】年内，完成4套新建商品房预售签约备案，现房签约199件，现房销售备案2起，资金监管11个项目，33.71亿元。受理购房资格核验申请2563件，签订自行成交存量房网签合同2191件。受理房改售房153件。制定《西城区2019年房地产经纪行业专项治理工作方案》，向全区房地产中介机构下发部署，并与各房地产中介机构签订《承诺书》，要求各机构承诺不开展日租、群租房等违法出租房屋业务。持续开展不间断的门店巡检，共检查机构380家，出动760人次，行政处罚9起，处罚金16万元。向市监管部门移交未在注册地经营的机构2家；联合市住建委对9家房地产经纪机构发布虚假房源信息、违法群租等行为进行了媒体公开曝光。

（陆旭雅）

【新建商品房预售管理】年内，完成联机预售签约备案4套，建筑面积914.98平方米，现房签约199件，建筑面积23345.87平方米；完成合同备案注销76起，消费者变更11起，司法查询3起、现房销售备案2起；处理商品房投诉9起；资金监管项目11个计33.71亿元。

（陆旭雅）

【群租房专项治理】年内，重点围绕“价格”“广告”“垄断”“合同”等方面的违法行为开展检查，迅速对本辖区内住房租赁中介经营主体摸底排查。制定《西城区2019年房地产经纪行业专项治理工作方案》并向全区的房地产中介机构下发部署，与各房地产中介机构签订《承诺书》。开展持续不间断的门店巡检全年共检查机构380家，出动760人次；加强联合惩治，完成行政罚款9起，处罚金16万元。向市监部门移交未在注册地经营的机构2家；联合市住建委对9家房地产经纪机构发布虚假房源信息、违法群租等行为进行了媒体公开曝光。深入推进群租房专项治理工作，联合街道等相关部门，对群租房发现一起治理一起，对从事违法群租的中介机构冒头就打，违规重罚。治理群租房211起，涉及1525人，实现“动态清零”。

（陆旭雅）

【房改工作】年内，房改售房单位119家，累计售出住宅895套，建筑面积7.10万平方米。其中，中央单位62家，售出住宅367套，3.71万平方米；市属单位20家，售出住宅131套，0.97万平方米；区属单位37家，售出住宅397套，2.41万平方米。房改调房单位57家，调整住宅354套，建筑面积2.74万平方米，全部为中央单位。为4家区属单位完成房改售房批复工作。售房款支取2家，支取金额1318.92万元，用于电梯更换和其他维修；回购13家，其中，区属单位2家，3套，0.02万平方米，中央单位11家，16套，0.14万平方米；住房补贴审核43家，出具住房补贴普查证明55份；受理住宅专项维修资金使用申请20件，涉及12家单位，支取资金614.1万元，工程对应建筑面积33.7万平方米。

（陆旭雅）

【落实私房政策】年内，开展经租产补留自留房货币补贴发放，完成户籍核查11户63人，向法院、公证处出具证明7份，完成评估8份，报送相关请示12份、函16份，为11户落实补留自留房货币补贴989.42万元。落实56号文件，出具档案查询结果21份。完成5户标准租私房腾退安置，2户标准租私房腾退方案报市住建委审批，3户有腾退意向户已初步审核。涉及“宗教产”方面的相关政协提案6件、各类信访转办件308件，电话登记单345件、公开申请5件、行政诉讼3件、行政复议4件均在时限内办结。为申请保障房家庭、入学家庭开具证明11份。完成落实私房档案管理及数字化加工2万卷52万页。

（陆旭雅）

【房产测绘成果审核】年内，贯彻北京市住房和城乡建设委员会《关于调整房产测绘成果审核有关事项的通知（京建法〔2019〕2号）》文件精神，深入推进“放管服”改革，进一步优化营商环境，提高政府效能，推动了“减事项、减环节、减时限、减要件、优流程”的顺利实施。房产测绘成果审核办理时限由原来的12个工作日缩短至7个工作日。办理楼房房产测绘成果审核7件（包括联合验收1件），建筑面积20.16万平方米；住宅平房的房产测绘成果审核199件，建筑面积6843.84平方米。

（陆旭雅）

【依法行政】年内，重点加大对执法人员的培训力度，组织两次集体学法活动，强化执法人员岗前岗中培训和轮训，促进执法人员严格规范公正文明执法。组织10名执法人员参加市住建委系统执法人员培训。加大主动公开力度，深入推进预决算公开及重点领域信息公开。主动公开政府信息157条，其中重点领域政府信息55条，受理政府信息公开申请219件，完成区政务服务局公开信息回函40件。接受公民、法人及其他组织政府信息公开方面的咨询876人次。做好行政诉讼（复议），年内，共有各类案件123件，其中行政复议案件9件，行政诉讼案件85件，民事诉讼案件29件。行政复议案件确认违法1件，撤销3件，其余未审结；审结行政诉讼案件20件，其中原告撤诉1件，其余为驳回诉讼请求。办理市人大代表建议2件、市政协委员提案1件，区人大代表建议9件、区政协委员提案11件，内容主要涉及征收拆迁、房屋安全、房地产经纪机构监管、物业管理等。

（陆旭雅）

【矛盾纠纷排查调处】年内，接待群众来访2836批4239人次，其中群体访79批735人次。办理群众来信890件及区非紧急救助中心信息管理系统电话交办单7126件。进行矛盾排查8次，排查出重点矛盾纠纷228件。区房管局领导包案信访矛盾纠纷14件（市级1件、区级13件），“百日攻坚战”信访积案51件。区房管局领导前后8次召开信访问题化解专题工作会议，对区领导包案案件及信访积案逐件进行分析，听取责任科室及部门汇报工作进展，对化解工作进行实时跟踪。协调相关单位和企业联合接访，主动与街道办事处、属地派出所及社区联系，建立三级联动机制，共同做好领导包案案件及信访积案的化解工作。区领导包案矛盾纠纷每月汇报进度，实行督查督办跟踪。51件信访积案全部如期办结。

（陆旭雅）

北京德源兴业投资管理集团有限公司

【概况】北京德源兴业投资管理集团有限公司（简称德源集团）是北京市西城区人民政府国有资产监督管理委员会为出资人，设立的国有独资有限责任公司。公司经营范围主要包括：投资管理、项目投资、房地产开发、资产管理、企业管理、物业管理、房地产价格评估、出租办公用房、出租商业用房、房屋征收、供暖服务、清洁服务、承办展览展示等。年内，德源集团以开展“不忘初心、牢记使命”主题教育为契机，勤学勤思、深谋深耕、善作善为，高标准落实区委区政府和区国资委决策部署，圆满完成庆祝新中国成立70周年服务保障和全年各项服务民生、保障民生的重点工程任务，深化企业党组织建设，实现集团顺利转型。

地址：西城区平安里西大街10号

邮编：100035

电话：66168099

（崔　蕊）

【完成民生工程】年内，完成1070间平房翻建工程，共计14742平方米，受益居民570户。完成624间平房大修工程，共计9241平方米，受益居民369户。完成150个院落的雨污水管线改造工程，受益居民1333户。完成51栋楼房综合维修工程，建筑面积33.17万平方米，受益居民5302户。完成安德路小区及万明园小区综合整治任务，涉及13栋楼房本体改造及小区室外环境整治。配合街道吹哨，顺利完成和平门小区电气改造工程施工，1021户居民彻底告别15年使用临时电的问题。

（崔　蕊）

【简易楼腾退】年内，加大对未腾空简易楼剩余户的工作力度，把剩余5户以内的作为腾退工作的重中之重，共腾退简易楼居民20户，腾空简易楼5栋。在启动腾退的99栋简易楼中，已完成腾退58栋，被腾退居民的居住条件得到了极大的改善。

（崔　蕊）

【查房及防汛】年内，在完成查房工作的基础上，德源集团有针对性的对防汛工作进行安排部署，汛期共接到报修电话186个，出动抢修人员386人次，抢修车辆6台次。外出巡查人员1041人次，巡查平房4881间次、楼房403幢次。处理平房漏雨155间、楼房漏雨40间，排除院落积水10处。在防汛抢险过程中，实现“保安全、不死人”的防汛工作目标。

（崔　蕊）

【供暖工作】德源集团在2018至2019年度供暖季中，为辖区居民提供了优质高效的供暖服务，获得了居民的一致认可。供暖季结束后对辖区内28处锅炉房、5处热力站范围内的供热设备、管网进行了全面彻底的检修和维护保养，惠及2000余户居民，保障了新一季供暖工作的顺利推进。

（崔　蕊）

【提升户厕保洁管理精细化水平】年内，坚持“一挂九净六无”标准，为辖区内1810座户厕提供全年无休的保洁、维修服务。利用户厕智能管理信息化系统、手机App软件和GPS人员定位系统，高效完成户厕保洁和管理工作，实现户厕卫生检查、报修、库存材料管理、统计等工作的精准化。

（崔　蕊）

【中轴线沿线风貌修复有关项目】严格落实“老城不能再拆了”的要求，积极推进中轴线沿线风貌修复有关项目，抓好重点文物、历史建筑腾退。围绕城市双修，做好胡同、四合院、名人故居保护工作。年内，南北长街历史文化名城保护腾退征收，完成总体比例的90%。完成中南海万善殿古建配套工程、万寿兴隆寺文保腾退项目及西华门外筒子河西侧外立面环境整治工程。

（崔　蕊）

【砖塔胡同、西板桥城市保护更新项目】德源集团二级公司德源尚嘉公司，作为砖塔胡同城市保护更新申请式退租项目实施主体，先期组织开展申请式退租工作。项目于11月8日正式启动实施，年内超额完成既定目标，累计接受退租申请81户，完成搬家交房55户，内城退租项目试点成功。同时配合区有关部门完成西板桥城市保护更新项目前期方案，做好启动准备工作。

（崔　蕊）

【鼓楼西大街整理与复兴计划项目】按照“一户一策”的设计方案，启动鼓楼西大街立面提升施工点位120处，年内除油漆彩绘工作外全部完工。完成25家临街商户商业牌匾更换及夜景照明、口袋公园、公共标示等专项工作设计方案编制工作，并与蓟城山水公司进行了对接。

（崔　蕊）

【群力胡同防汛配套用房及地下车库工程项目】项目于4月底启动开工建设，年内完成125根护坡桩施工、护坡桩浇筑及一至三区桩顶冠梁浇筑，开挖至地下1.5米，基础土方约2000立方米；完成停车设备供货及安装工程的招投标工作。

（崔　蕊）

【重点征收项目】年内，地铁19号线平安里站完成签约90%，地铁施工红线范围内剩余1户居民、1户单位；44中学东侧市政路征收仅剩余5户居民未签约，南北长街历史文化名城保护腾退征收完成总体比例的90%；受壁街项目剩余居民2户。完成广济寺周边环境整治项目、地铁19号线积水潭站、中南海万善殿古建配套工程、万寿兴隆寺文保腾退4个项目的全部征收及腾退工作。

（崔　蕊）

【文物腾退项目】德源集团累计腾空护国双关帝庙、三清观、庆云寺、恭俭三官庙、福德庵、广仁寺、真武庙、永泉庵、圣祚隆长寺、砖塔关帝庙、西海三官庙、万寿兴隆寺12处文物，涉及居民332户，建筑面积8961.35平方米。其中年内腾空西海三官庙、万寿兴隆寺2处文物，腾退居民3户。

（崔　蕊）

【转企改制后续工作】年内，推进子公司资产注入、工商注册和初步整合，完成下属二级公司改制方案、章程的制定，取得区政府将原区房地中心下属21家事业单位，转入德源集团及下属17家单位的批复。积极与区人力社保局沟通，了解有关政策，完成事业单位人员转入相应企业的准备工作。结合集团发展实际，梳理完善各项规章制度。

（崔　蕊）

【挖掘自有房产经济效益】年内，严格执行《北京市西城区房屋土地经营管理中心自有房产管理规定（试行）》，审核自有房产合同220份。联合专业机构对集团经营性用房租赁价格进行市场调研，确保房屋出租租金合理化，助力实现集团经济利益最大化。

（崔　蕊）

【尝试新的改造和经营模式】为更好的适应市场，确保国有资产保值增值，德源集团开拓思路，充分调研，大胆尝试，启动福绥境大楼和后海南沿62号的开发。针对两处房产进行了摸底和调研，并委托设计单位进行了改造方案及业态的研究。年内启动对剩余住户的腾退工作。

（崔　蕊）

【延伸街巷物业服务边界】街巷物业服务涉及西城区80个社区，496条背街小巷，68条主要大街，投入管理人员132人，秩序维护员1383人。年内，德源集团积极推进“院内+院外”一体化物业管理服务全覆盖，提供全区域零维修服务及居民日常生活便利；持续探索停车管理，规范街巷内停车秩序，新增停车自治管理区域3处，其中配合德胜街道办事处探索街边地磁感应式停车管理模式，获得各级领导肯定，已逐步向四周街区推广；在金融街地区率先推行入院保洁服务，改善居民院落环境；与什刹海街道联合成立街巷公共区域维修基金，及时修复破损公共设施设备，保证街巷安全，提升街区品质，深入社区调研，摸清服务需求，加强业务交流，为下一步精准服务打牢基础。

（崔　蕊）

【老旧小区物业管理】德源集团落实《西城区老旧小区综合整治实施物业管理的工作方案》，对管辖直管公房老旧小区进行实地调研，掌握小区现有硬件条件和居民诉求，研究确定老旧小区实施物业管理工作思路与计划。年内，以郝家湾小区为试点，主动对接街道社区“吹哨报到”机制，在居民中开展宣传动员，探索点对点接管物业服务模式，取得阶段性成果。开拓非直管公房老旧小区物业管理市场，精心筹划、充分准备，获得如意里小区物业管理项目。

（崔　蕊）

【提升文物修缮水平】德源集团

作为三清观、庆云寺、恭俭胡同三官庙直管公房文物修缮工程立项主体，成立文物修缮工程项目指挥部，通过走访文物的属地社区居委会、周边居民，了解三处文物的基本情况和历史背景，组织相关技术人员对三处文物进行实地踏勘，收集相关资料。年内，三处文物修缮工程均已完成招投标及合同的签订，并召开了工程启动会。

（崔　蕊）

【接诉即办“市民服务热线”】 年内，德源集团将12345热线接诉即办工作纳入“不忘初心、牢记使命”主题教育，深化党建引领“吹哨报到”工作机制。抓好“未诉先办”。市民服务热线案件承办量同比下降明显，由上年的5715件下降到2493件。

（崔　蕊）

【直管公房精细化管理】 德源集团严格执行直管公房管理规定，提高直管公有住宅承租人变更手续审批的效率和质量，完成354件承租人变更手续审批；开展直管公房房屋信息系统数据核查，确保数据精确性，为推进信息技术在房屋管理中的应用做好数据保障；办理房改售房手续77件。推进信息技术在房屋管理中的应用，探索引入房屋管理信息化手段，有效提升为民服务的能力。

（崔　蕊）

【清理整治工作】 建立健全直管公房违规转租转借清理整治长效机制，坚持“动态清零”，坚决杜绝反弹。年内，清理整治直管公房转租转借25户，涉及人口114人；结合街区整理、“开墙打洞”治理和后续处置工作，加大“企租恢复民租”工作力度，恢复“民租”181户，涉及1484人。

（崔　蕊）

【安全生产】 德源集团牢固树立安全发展理念，落实安全生产主体责任和“党政同责、一岗双责”制度，推进安全生产问责制度和安全生产承诺制度的落实。加大安全生产培训，夯实安全基础，全年开展各类安全培训教育28次，受训1345人。加大对安全隐患的检查力度，坚持把隐患当事故处理，出动检查人员3136人次，监督检查场所851处次。

（崔　蕊）

【小微工地绿色施工管理模式】 年内，德源集团探索小微工地施工现场日常管理经验，修订完善《绿色环保施工管理实施细则》，将“四牌一线全覆盖”升级为“七牌一线全覆盖”绿色环保施工管理标准，(“七牌”即施工标志牌、安全警示标志牌、温馨提示牌、材料渣土堆放牌、环境保护监督牌、空气重污染预警标识牌和西城区渣土管理宣传公示牌，“一线”即施工作业警戒线，“全覆盖”即所有建筑材料、渣土全部用密目网苫盖）被区主管部门列为小微工地管理标杆。升级雾炮机、密目网等降尘设备设施；严格渣土堆放清运挂销账制度；完善大风预警应急方案和现场环保常态巡视机制；为环保监督员配备手持PM2.5检测仪，实时监控工地空气质量；抽调业务骨干开展专项督查，及时发现并解决各类问题；建立管理整治台账；确保环保施工各项措施落实到位。

（崔　蕊）

【对口帮扶】 年内，在区国资委的统筹安排下，德源集团与华远集团两家区属国有企业，共同筹建鄂伦春自治旗华远三农科技产业有限公司，产业扶贫取得了新进展。通过开展扶贫产品大宗采购和组织企业员工个人消费，购买受援地企业的农副产品，共计消费扶贫金额69919元，惠及受援地贫困人口30余户。

（崔　蕊）

北京宣房投资管理集团有限公司

【概况】 北京宣房投资管理集团有限公司（简称宣房集团）主要承担西城南部直管公房管理、修缮、防汛、供暖、电梯运行等公共服务职能，从事工程修缮、物业服务以及老旧小区综合整治、房屋解危腾退、文保区房屋保护性修缮、腾退、历史文化名城保护等政府民生工程，承担政府交办的应急抢险任务。年内，宣房集团落实“政治强企廉洁强企科学强企”发展理念、“走得进去走得出去”发展方针，践行“服务服务再服务”企业精神，推动保障和改善民生及保护历史文化名城等重点任务，完成区委、区政府、区国资委交办的各项工作任务。宣房集团下辖北京宣房房屋经营有限公司、北京宣房楼宇设备公司、北京宣房大德置业投资有限公司、北京轩方装饰工程有限责任公司、北京宣房建筑工程有限责任公司、北京宣房大厚投资管理有限责任公司、北京宣房物业管理有限公司、北京宣房正阳经济贸易有限公司、北京市红义物业管理公司、北京宣房拆迁有限责任公司、北京市宣武区房地产交易所11个全资子公司，在职员工674人。管理直管公房191.86万平方米、老旧危改小区及其他物业小区近100万平方米，负责房屋供暖面积254.32万平方米，管理锅炉房29处、换热站61座、锅炉73台、电梯87部、高层楼房二次供水36处。截至年底，企业资产总额约33.1亿元，净资产13.3亿元，实现收入总额4.6亿元，利润总额3546万元，上缴税金2852万元，国有资产保值增值率102%，成本费用利润率9%，职工年人均收入增长率10.35%。

地址：西城区右安门内大街15号

邮编：100054

电话：63523001

（姜　楠）

【房屋安全检查】年内，宣房集团完成191.864万平方米直管公房（其中平房47222间、67.043万平方米，楼房408栋、124.821万平方米）和19037间、25.385万平方米私房的安全检查，对存在安全隐患的房屋采取加固措施，为实施房屋安全修缮和管理提供保障。

（姜　楠）

【完成冬季供暖任务】供暖季期间，所属宣房楼宇设备公司出动维修及抢修人员13246人次，解决4173户居民室内暖气不热问题，更换室内管道1283米、室外地沟管道222米；维修锅炉1台、燃烧机3台、水泵4台。实现29处锅炉房、73台锅炉设备安全平稳运行，254.32万平方米房屋、3.5万户居民住宅24小时持续送暖。

（姜　楠）

【装修改造工程】5月，所属宣房建筑工程公司承建的大栅栏街道社区服务中心加固装修工程，通过竣工验收，改造面积990平方米，实现产值126.9万元。8月，所属轩方装饰工程公司完成延庆区旱船文化博物馆装修改造任务，改造面积480平方米，实现产值272.78万元。9月，所属宣房建筑工程公司承建的西城区椿树街道宣武门外东大街养老驿站装修改造工程，通过竣工验收，改造面积125平方米，实现产值57.8万元。12月，宣房集团完成区老干部活动中心局部装修改造工程，改造面积6748.84平方米，实现产值1569.64万元。

（姜　楠）

【高层居民住宅电梯改造工程】自7月起，所属宣房楼宇设备公司响应“街道吹哨，部门报道”的工作机制，配合广安门外街道及区市场监督管理局，陆续完成广外地区车站西街17号院5号、6号楼、广外南街50号院3号楼、马连道中里三区4号楼4栋高层居民住宅电梯改造工程的前期设计、勘察、测绘、预算等工作。

（姜　楠）

【老旧小区采暖设施更新工程】8月，所属宣房楼宇设备公司完成盆儿胡同62号院1号楼，2部电梯更新改造工程，改造更新管线444米，通过北京市市场监督管理局验收，达到合格标准。

（姜　楠）

【泰安里文物修缮工程】8月，所属宣房大厚投资管理公司承担的新市区泰安里文保项目修缮工程，通过竣工验收。修缮面积3120平方米，工程总投资3008万元。

（姜　楠）

【老旧小区综合整治】10月，按照区政府工作安排，宣房集团组织实施的四平园老旧小区综合整治进场施工，已完成6000万元投资；新阶段老旧小区综合整治试点盆儿胡同62号院内5栋住宅楼工程于年底完工。

（姜　楠）

【热源并网改造工程】10月，所属宣房楼宇设备公司承接的鸭子桥路39号院办公区供热改造工程，更新改造区政府南区3号院热力站，将其并入公司热网，新增供暖面积1900平方米，11月该项工程完成主体改造，达到供暖条件。

（姜　楠）

【新增峰谷电表】11月，根据《西城区新增峰谷电表工作方案》的文件精神，宣房集团作为居民配套户线改造的实施主体，完成电箱安装、居民室内线路改造等新增峰谷电表居民配套户线改造任务，工程投资18.5万元，解决了35户居民“煤改电”工程实施后电暖气安装问题。

（姜　楠）

【热力改造工程】 12月，所属宣房楼宇设备公司完成北京市公安局西城分局梁家园办公区南楼、东楼及院内，供热设施设备及管线更新改造工程，涉及供热面积4300平方米，更新供热二次管线412米。

（姜　楠）

【一六一中学办学提升工程】 12月，所属宣房建筑工程公司承建的北京市第一六一中学办学提升工程通过竣工验收。

（姜　楠）

【直管平房修缮改造】 年内，宣房集团完成平房翻建965间，12942.38平方米，涉及居民636户；房屋综合修缮4380间、60206.27平方米，涉及居民2927户；更新改造院落内下水管道101处、2722.16米。

（姜　楠）

【直管楼房修缮改造】 年内，宣房集团完成直管楼房综合修缮90栋；改造直管公房小区雨污水2处，工程投资3134.47万元。

（姜　楠）

【辖区房屋安全度汛】 年内，宣房集团认真做好辖区直管公房防汛和西城区房管局委托的私房安全检查和汛期房屋抢修工作，组建8支160人的抢修抢险队，1支40人的准专业化防汛抢修抢险队，制定下发防汛工作意见和抢险工作预案，签订防汛责任书，组织参加防汛演习。汛期，严格落实雨前、雨中、雨后巡查制度，及时接报险排除险情，防汛值班达3917人次、接报修电话487个、出动抢险人员656人次、外出巡查226人次；苫盖漏雨平房518间，连续34年实现“少塌房、不死人、安全度汛”的工作目标。

（姜　楠）

【文保院落腾退】 年内，宣房集团积极做好文保院落居民腾退工作，实现梨园公会整院清空；加大做好对华康里、云南新馆剩余5户居民的工作力度，实现陆续签约。加强已腾退15处文保院看护工作，建立“半月查”和“月查”的上报核查工作机制，保证了文保院安全。

（姜　楠）

【疏解整治促提升工程】 年内，所属宣房房屋经营公司开展“百日攻坚战”活动，继续开展直管公房违规转租转借清理工作，共清理居民305户、涉及人口989人。张贴、发放《致居民一封信》5600封、宣传单2000份；住宅恢复居住功能62户；制定“三供一业”接管计划，完成全部区内外125处房屋检查工作。

（姜　楠）

【直管电梯维修养护】 年内，所属宣房楼宇设备公司、红义物业管理公司加大对所管理87部电梯的维修管理和养护力度，定期对电梯进行检验，分别对1部电梯进行主电源改造、更换应急再平层电池组；2部电梯更新制动器；1部电梯更换旋转编码器；3部电梯更换光幕；给10部电梯更换曳引钢丝绳；18部电梯更换曳引机油；20部电梯升级改造应急照明；55部电梯清洗、调整、检修安全钳、限速器测试，确保年检合格，安全运行。

（姜　楠）

【高压水泵安全运行】 年内，所属宣房楼宇设备公司，加大对高层楼房二次供水设备的维修管理和养护力度，对32处高层供水水箱实行加锁封闭管理，保证水质检验全部合格。

（姜　楠）

【直管公房租金收缴】 年内，所属宣房房屋经营公司加强房屋租赁基础管理，应收租金2935.77万元，实收租金2675.76万元，同比增长0.4%，租金收缴率达到91.14%。

（姜　楠）

【供暖费收缴】 年内，所属宣房楼宇设备公司通过“供热收费网络管理系统”升级，收费高峰期“每周七天服务”工作机制，白广路、马连道双厅收费等现代化、多元化采暖费收缴方式，确保采暖费“颗粒归仓”。2018至2019年度供暖季，收缴采暖费8096.02万元，其中微信收费829.85万元，节约手续费3.32万元。

（姜　楠）

【文保区保护提升项目市政工程】 年内，所属宣房大德置业投资公司，完成牛街地区法源寺文保区烂缦胡同景观提升及沿街建筑修缮整饬工作，南半截、天景、七井、西砖胡同雨污水、电力、电信、干式消火栓、燃气、路灯等地下管线敷设，部分胡同完成主路路面和支巷胡同的铺装及架空线入地。协助城管拆除胡同沿街及部分门道内违建；完成11处院内雨污水分流改造、4处危房恢复性修建、6处会馆大门及门道保护性复建；9处随墙门改造和个性化定制等工程。

（姜　楠）

【文保区保护提升项目试点院落工程】年内，所属宣房大德置业投资公司，将法源寺文保区烂缦胡同108号院，打造为牛街街道办事处“红色会客厅”，投入正式运营；完成烂缦胡同甲130号所有房屋的结构主体修缮工作。

（姜　楠）

【专项课题研究】年内，所属大德置业投资公司完成《地铁振动对历史文化街区的影响和对策研究—以北京法源寺历史文化街区为例》课题研究结题评审并出具结题验收报告。

（姜　楠）

【优化辖区基础配套设施】年内，所属宣房楼宇设备公司控股企业宣房城投公司完成南横西街94号院4部电梯安装、宣武医院地下车库环氧地坪及标识标线、盆儿胡同62号院电梯更新改造、金融街北七家立体车库、广德楼空调改造、回龙观医院立体车库、烂缦胡同108号院暖通弱电、宣房集团办公楼改造工程消防暖通弱电等项目，促成群力胡同和马连道中里立体车库加装工程。

（姜　楠）

【国庆70周年庆祝活动服务保障】按照区委、区国资委统一部署，宣房集团承担了国庆70周年庆祝活动服务保障工作，严格要求、积极训练，国庆当天，21名职工参与“扬帆远航”群众游行第35方阵展示，20名职工参加晚间“同心筑梦”联欢演出，展现了西城区国企职工积极向上的精神风貌。

（姜　楠）

【落实社会服务承诺】年内，宣房集团积极践行“服务服务再服务”企业精神，认真抓好向辖区居民公开承诺的房屋维修、水电急修、防汛、锅炉供暖、电梯安全运行5项服务内容的落实。宣房房屋经营公司一至四分公司和红义物业管理公司水电急修队、宣房楼宇设备公司供暖电梯急修队24小时坚守岗位，抢修抢险及时率100%，收到表扬信34封、锦旗51面。

（姜　楠）

【完成脱贫目标】年内，宣房集团对口帮扶的河北省张家口市张北县落花营村，12口扶贫修缮机井正式投入使用，恢复了1280亩水浇地，受益农田面积达到1990亩，落花营村总增收38.5万元。建立6个种植大棚，用于种植圣女果、彩椒。收获期，圣女果产出3.87万斤、彩椒产出6912斤，庭院种植奶油南瓜产出419斤，总增收13.7万元。大棚提供临时性工作机会270人次，其中建档立卡贫困户221人次。组织党员、群众扶贫捐款6600元，通过贫困考核验收。

（姜　楠）

【接办市民服务热线及来信来访】年内，宣房集团高度重视12345市民服务热线接办工作，建立12345市民服务热线“1+4+N”工作机制，成立“接诉即办”领导专班和政府热线办理工作专班，接办区12345市民服务热线电话派单1992件；完成区信访系统来信、来访65件（含建议1件），市长信箱11件，出具复查报告8件，城市运行管理5件；接待群众来访121人，集体访3批30人，接听群众来电1020余次。

（姜　楠）

西城区房屋征收事务中心

【概况】北京市西城区房屋征收事务中心（简称区房屋征收中心）是受西城区政府房屋征收办公室的委托，承担房屋征收与补偿的具体实施工作，为区政府直属正处级全额拨款事业单位。主要职责：贯彻执行国家和北京市有关房屋征收与补偿工作的法律、法规和政策，并就相关政策调查研究，提出对策建议；协助区房屋征收办编制房屋征收补偿安置方案及征求意见，做好房屋征收与补偿相关的各项公布、公示工作；对房屋征收范围内的房屋权属、区位、用途、建筑面积等进行调查登记及具体实施；组织协调和综合管理房屋征收与补偿过程中房屋测绘、评估、拆除、法律服务等专业性工作；负责征收资金的使用和管理；负责安置房源和周转房源的筹集、使用和管理等；委托相关单位对征收项目组织实施征收；负责被征收房屋拆除工程的监督和房屋征收现场管理；负责征收档案的归集、整理、移交等及承办区政府交办的其他事项。内设办公室、财务审计科、法制信访科、房源管理科、征收补偿一科、征收补偿二科6个机构。事业编制39人，设主任1人、副主任2人、科级领导职数6正8副。

地址：西城区培育胡同15号
邮编：100052
电话：81025911

（赵雅丽）

【马连道东三号路项目】年内，继续负责马连道东三号路微循环道路改造工程房屋征收项目，该项目位于广安门外街道，为马连道东三号路（现况红莲路）的其中一段，道路起点为北马连道，终点为南马连道。年底已完成结案审计工作。

（赵雅丽）

【红居北街东段项目】年内，继续实施红居北街东段（北马连道）微循环道路改造工程房屋征收项目，该项目位于广安门外街道，道路起点为南新里三巷，终点为手帕口南街。涉及居民22户、单位产2户。年底22户居民和1户单位产完成签约，居民签约率达100%，总签约率达95.83%。

（赵雅丽）

【六十六中附属设施建设工程项目】年内，继续实施北京第六十六中学附属设施建设工程房屋征收项目，该项目位于牛街街道，即枣林前街与南线阁街交叉口东北侧，东至水利部规划路西线（学校东墙），南至北纬路规划路（枣林前街）北红线，西至六十六中学，北至六十六中学。涉及居民18户，单位产1户。完成18户居民的签约，剩余1户单位产。

（赵雅丽）

【官园危改小区集中绿地建设工程项目】年内，继续实施官园危改小区集中绿地建设工程房屋征收项目，该项目位于新街口街道，东起西廊下胡同，西至规划大玉胡同，南至规划大玉胡同，北至西廊下胡同，涉及居民2户。截至年底无签约居民。配合区政府征收办，征收补偿决定已送达，2户居民都向高院对征补方案进行起诉。

（赵雅丽）

【德胜里西路及教场口西路道路微循环工程项目】年内，继续实施德胜街道德胜里西路及教场口西路道路微循环工程房屋征收项目，该项目位于德胜街道，德胜里西路起于德胜里西路（东西段），止于教场口西路；教场口西路起于规划安康西路，止于1号路（西邻新街口外大街，东邻德胜门外大街，南邻冰窖口胡同，北邻新康路）。涉及居民10户、单位产5户。年底10户居民和1户单位产签约，居民签约率达100%，总签约率为73.33%。

（赵雅丽）

【马连道东二号路（茶马东路）道路改造工程项目】年内，继续实施马连道东二号路（茶马东路）道路改造工程房屋征收项目，该项目位于广安门外街道，南起茶马街（马连道东4号路），北至茶马北街。项目涉及单位产2户。1月4日张贴征收决定。

（赵雅丽）

【茶马北街西口道路改造工程项目】年内，继续负责实施茶马北街西口道路改造工程房屋征收项目，该项目位于广安门外街道，西起北京西站南路（区界），东至茶源路。2018年7月28日张贴征收决定，正式启动签约期工作，与居民进行协商签约，签约期30天。项目涉及居民5户、单位产1户。签约期结束，与4户居民和1户单位产完成签约，居民签约率为80%，总签约率为83.33%。剩余户1户征收补偿决定已发放，居民向高院对征补方案进行起诉。

（赵雅丽）

【老墙根中段道路改造工程项目】年内，继续负责实施老墙根中段道路改造工程房屋征收项目，该项目位于广安门内街道，西起下斜街，东至广安胡同。2018年6月12日张贴征收决定，正式启动签约期，签约期45天，与居民进行协商签约。涉及居民76户、单位产4户。签约期结束，与69户居民签约，居民签约率达90.79%，总签约率为86.25%。剩余7户居民材料已报裁，征收办已下发补偿决定。7月，7户已向四中院提起行政诉讼。

（赵雅丽）

【广安门车站西一号路道路工程项目】年内，继续负责实施广安门车站西一号路道路工程房屋征收项目，该项目位于广安门外街道，西起莲花河东侧路，东至广安门车站西街。项目涉及单位产7户。2018年12月24日，张贴征补方案征求意见稿公告，征求意见期限为30天。

（赵雅丽）

【广安门车站西二号路道路工程项目】年内，广安门车站西二号路道路工程房屋征收项目已停止。

（赵雅丽）

【19号线一期工程牛街站项目】年内，继续负责实施北京市轨道交通19号线一期工程牛街站房屋征收项目，该项目位于广安门内街道，北起思源胡同，南至两广大街，东至北段为回民中学西墙，南段为回民中学西侧自然门家常菜西，西至下斜街。2018年6月12日，张贴征收决定，正式启动签约期，签约期45天。与居民协商签约，涉及居民190户、单位产12户。与179户居民和9户单位产完成签约，居民签约率达94.21%，总签约率为93.07%。剩余户材料均已完成报裁工作。

（赵雅丽）

【十四中初中部操场等附属设施建设工程项目】东侧为国家发改委住宅小区西侧围墙，西侧为十四中自有用地东边界，南侧为十四中自有用地北边界，北侧为荧光胡同。涉及约19户居民，1户单位产。10月26日张贴暂停公告，同时张贴选定评估机构报名通知。

（赵雅丽）

【椿树馆街道路工程项目】椿树馆街（广安门车站东街—广安门南滨河路）道路工程项目西起广安门车站东街，东至广安门南滨河路，涉及35户居民、2户单位产，1月23日张贴暂停公告，5月21日协商选定评估机构，7月3日投票选定评估机构，10月29日摇号选定评估机构。11月12日对选定评估结果进行张贴。

（赵雅丽）

【手帕口南街综合项目B地块园林景观工程项目】东至手帕口南街道路，南至小红庙一巷，西至远见名苑南区，北至规划红居北街。涉及136户，（住宅成套楼居民128户、平房居民4户、非住宅4户）1月23日张贴暂停公告。5月17日协商选定评估机构。7月3日投票选定评估机构。

（赵雅丽）

【手帕口南街82号院项目】东至广安门车站西街新线，南至规划加油站，西至现状道路，北至小红庙一巷南，共涉及9户，其中8户住宅、1户非住宅，该项目已招投标选定拆迁公司。

（赵雅丽）

【广安门南街南段（红莲南路–椿树馆街）道路工程项目】北起椿树馆街，南至红莲南路，1月23日张贴暂停公告，5月21日协商选定评估机构，7月16日马连道指挥部会议协调各相关单位，确定立项单位为北京广安基础设施建设投资公司。

（赵雅丽）

【戊戌维新纪念馆保护利用工程项目】年内，继续负责戊戌维新纪念馆保护利用工程房屋征收项目，该项目位于南横西街与菜市口大街交叉口的西北角，占地面积2670平方米。项目涉及被征收居民57户，单位产2个。年底，累计居民签约55户，剩余2户，签约率为96.5%，单位产签约1个，剩余1个，签约率50%。继续推进征收项目后续签约工作，区征收办开展对剩余居民的裁决谈话工作并启动后期法律程序。

（赵雅丽）

【大栅栏历史文化展览馆项目工程】年内，继续负责大栅栏历史文化展览馆保护利用工程房屋征收项目一期、二期，该项目位于大栅栏西街最西端，总用地规模2660平方米。项目一期被征收居民14户，年底累计签约14户，签约率100%。项目二期共涉及征收居民36户，单位产2个。年底居民累计签约28户，剩余居民8户，签约率77.8%，剩余单位产2个。继续推进征收项目后续签约工作，区征收办开展对剩余居民的裁决谈话工作并启动后期法律程序。

（赵雅丽）

【琉璃厂艺术文化馆建设工程项目】年内，继续负责北京市琉璃厂艺术文化馆建设工程房屋征收项目，该项目位于和平门外，琉璃厂西大街与南新华街交汇处，总用地规模3740平方米。项目涉及居民19户，单位产5个。年底累计居民签约15户，剩余居民4户，签约率78.9%，单位产签约1个，单位产剩余4个，签约率20%。继续推进征收项目后续签约工作，区征收办开展对剩余居民的裁决谈话工作并启动后期法律程序。

（赵雅丽）

【北纬路中学改扩建二期工程项目】年内，负责北纬路中学改扩建二期工程房屋征收项目，该项目位于北纬路46号，总用地面积为13532.68平方米。项目东至禄长街西红线；南至禄长街头条、禄长街二条；西至学校控规用地西红线、北至北纬路（市政代征地）。项目涉及居民39户，单位产4个。年底累计居民签约36户，剩余居民4户，签约率92.3%。剩余单位产4个。继续推进征收项目后续签约工作，区征收办开展对剩余居民的裁决谈话工作并启动后期法律程序。

（赵雅丽）

【陶然亭路工程项目】年内，负责陶然亭路房屋征收项目，该项目位于陶然亭路，用地总规模约4.4万平方米。项目西起莱市口大街（规划路名为内环西侧路），东至太平街（规划红线宽40米，全长约1100米）。项目涉及居民28户，单位产8个。年底累计居民签约23户，剩余居民5户，签约率82.14%，剩余单位产8个。继续推进征收项目后续签约工作，区征收办开展对剩余居民的裁决谈话工作并启动后期法律程序。

（赵雅丽）

【白纸坊东街道路工程项目】年内，负责白纸坊东街道路工程房屋征收项目，该项目位于白纸坊东街，总用地规模约3.6万平方米。项目西起右安门内大街，东至菜市口大街，规划道路红线宽40米，长度约900米。项目涉及居民11户，单位产4个，年底累计居民签约6户，剩余居民5户，签约率54.5%，剩余单位产4个。继续推进征收项目后续签约，区征收办开展对剩余居民的裁决谈话工作并启动后期法律程序。

（赵雅丽）

【传统银钱业博物馆保护利用工程项目】年内，负责钱市胡同传统银钱业博物馆保护利用工程房屋征收项目，该项目位于大栅栏历史文化保护区珠宝市街西侧，总用地规模约2713平方米。立项主体是区文物保护研究所；征收主体是区政府；实施主体是区政府房屋征收办公室；征收实施单位是区房屋征收中心。区房屋征收中心委托北京永鑫拆迁公司负责房屋征收的具体实施。项目北侧以珠宝街35号及旁门、钱市胡同1号、3号、5号、7号、珠宝市街35号、廊房二条28号建筑外墙及廊房三条2号院北墙为边界；南侧东段至钱市胡同以南22米外现有建筑外墙，南侧西段以钱市胡同7号院、廊房三条胡同2号院南侧为边界；西侧以廊房三条2号院为边界；东侧至珠宝市街。据初步统计征收面积约3647.02平方米。项目涉及居民71户，单位产10个，年底累计居民签约69户，剩余居民2户，签约率97.1%，剩余单位产10个。继续推进征收项目后续签约工作，区征收办开展对剩余居民的裁决谈话工作并启动后期法律程序。

（赵雅丽）

【天桥市民中心工程项目】年内，负责天桥市民中心工程房屋征收项目，该项目位于天桥演绎区，总用地规模约0.7万平方米。立项主体是区机关事务服务中心；征收主体是区政府；实施主体是区政府房屋征收办公室；征收实施单位是区房屋征收中心。区房屋征收中心委托北京宣开拆迁公司负责房屋征收的具体实施。项目东起东经路，西至禄长街，南至北京汽车工业公司北外墙，北至禄长街二条。此次征收范围共涉及禄长街12号、东经路13号、东经路13号旁公厕（以规划范围为准），总户数约53户，居民52户，单位1个（公厕）。

（赵雅丽）

【规划阜丰路市政道路工程项目】年内，规划阜丰路市政道路工程房屋征收项目，该项目位于规划阜丰路，总用地规模0.72万平方米。立项主体是北京天恒房地产股份公司；征收主体是区政府；实施主体是区政府房屋征收办公室；征收实施单位是区房屋征收中心。区房屋征收中心委托北京华远力诚拆迁公司负责房屋征收的具体实施。项目南起丰盛胡同，北至羊肉胡同，西起规划阜丰街西红线，东至规划阜丰街东红线以西15米。征收范围：丰盛胡同37号（部分），兵马司胡同16号（部分），南玉带胡同11号（部分），三道栅栏2号（部分）、11号（部分），三道栅栏北巷2号（部分）、4号（部分）、6号（部分），敬胜胡同22号（部分）、甲22号（部分），砖塔胡同59号（部分）、76号、78号（部分），羊肉胡同56号、58号、60号、62号（部分），南玉带西巷中部（公厕），敬胜胡同西口（公厕）（以规划范围为准）。此次征收涉及居民总户居民76户，单位产2个（公厕）（以调查结果公示为准）。

（赵雅丽）

【丰盛胡同市政道路工程项目】年内，负责丰盛胡同市政道路工程房屋征收项目，该项目位于丰盛胡同，总用地规模约7455.8平方米。立项主体是区市政基础设施建设办公室；征收主体是区政府；实施主体是区政府房屋征收办公室；征收实施单位是区房屋征收中心。区房屋征收中心托北京威督拆迁公司负责房屋征收的具体实施。项目西起阜丰路，东至西单北大街，属于市政次干路，南至丰盛胡同南红线北12米。征收范围：丰盛胡同2号、4号（部分）、6号（部分）、8号（部分）、甲8号（部分）、10号（部分）、甲10号、12号（部分）、14号（部分）、16号（部分）、18号，粉子胡同9号（部分）、13号（部分）、5号及后门（部分）、甲7号（部分），西单北大街甲1号（以规划范围为准）。总户数约100户，居民95户，单位产5个（以调查结果公示为准）。

（赵雅丽）

【里仁街道路工程项目】年内，负责里仁街（右安门内大街–菜市口大街）道路工程房屋征收项目，该项目位于西起右安门内大街，东至菜市口大街，总用地规模约22175平方米。立项主体是北京广安基础设施投资公司；征收主体是区政府；实施主体是区政府房屋征收办公室；征收实施单位是区房屋征收中心。区房屋征收中心委托北京华远力诚拆迁公司负责房屋征收的具体实施工作。项目西起右安门内大街，东至菜市口大街。征收范围：此次征收范围共涉及里仁街1号、3号院2号楼南侧平房（部分）；里仁街2号、4号院平房（部分）、里仁街乙8号平房（部分）、里仁街8号后门（部分）、里仁街8号及8号旁门（部分）；里仁街10号（部分）、里仁街12号（部分）、育新街旁门9号（部分）；育新街3号、3–2（部分）；信建里3号楼东侧平房（部分）；信建里1号楼东侧平房（部分）（以规划范围为准），总户数约14户，居民8户，单位产6个（以调查结果公示为准）。

（赵雅丽）

【自新路道路工程项目】年内，负责自新路（里仁街—白纸坊东街）道路工程房屋征收项目，该项目位于南起里仁街，北至白纸坊东街。总用地规模约4530平方米。立项主体是北京广安基础设施投资公司；征收主体是区政府；实施主体是区政府房屋征收办公室；征收实施单位是区房屋征收中心。区房屋征收中心委托北京华远力诚拆迁公司负责房屋征收的具体实施。项目南起里仁街，北至白纸坊东街。征收范围：自新路24号（部分）、永乐里10号院西侧平房、自新路42号旁（公厕）、里仁街1号院平房、白纸坊东街2号（部分）、自新路50号北侧平房（部分）（以规划范围为准）。总户数约7户，3户居民，4个单位（以调查结果公示为准）。

（赵雅丽）

【半步桥（南北向）道路工程项目】年内，负责半步桥（南北向）道路工程房屋征收项目，该项目位于北起白纸坊东街，南至半步桥（东西向）。总用地规模约16375平方米。立项主体是北京广安基础设施投资公司；征收主体是区政府；实施主体是区政府房屋征收办公室；征收实施单位是区房屋征收中心。区房屋征收中心委托北京华远力诚拆迁公司负责房屋征收的具体实施。项目北起白纸坊东街，南至半步桥（东西向）。征收范围：半步桥街4号（部分）、半步桥街4–7、4–6、半步桥街6–2、6–4、6–5（部分）、6–6、6–7（部分）、半步桥街6号（部分）、半步街桥6号旁门（部分）、半步桥街14号（部分）、半步桥街28号、半步桥街30号、30–4号、半步桥街32号、半步桥街32号旁、半步桥街34号、半步桥街34号旁、半步桥街42号西侧绿地围墙、半步桥街48号西侧停车场（以规划范围为准）。总户数约50户，45户居民，5个单位（以调查结果公示为准）。

（赵雅丽）

【半步桥（东西）道路工程项目】 年内，负责半步桥（东西）道路工程房屋征收项目，该项目位于西起右安门内大街，东至半步桥街（南北向）。总用地规模约8000平方米。立项主体是北京广安基础设施投资公司；征收主体是区政府；实施主体是区政府房屋征收办公室；征收实施单位是区房屋征收中心。区房屋征收中心委托北京华远力诚拆迁公司负责房屋征收的具体实施。项目西起右安门内大街，东至半步桥街（南北向），征收范围：半步桥街15号（部分）、半步桥街13号院4号楼南侧平房、半步桥街13号1号楼南侧门卫室、新安中里一巷公厕（以规划范围为准）。总户数2个单位（以调查结果公示为准）。

（赵雅丽）

园林绿化管理

西城区园林绿化局

【概况】 北京市西城区园林绿化局（简称区园林绿化局）挂北京市西城区绿化委员会办公室（简称区绿化办）牌子，是负责本区园林绿化工作的区政府工作部门。主要职责是制定本区园林绿化发展中长期规划和年度计划并组织实施；组织、指导和监督本区城市绿化美化养护管理工作；组织、协调重大活动的绿化美化及环境布置工作；管理和保护本区绿地和林木资源；负责本区公园、风景名胜区的行业管理；承担西城区绿化委员会的具体工作等。内设科室6个，分别为办公室、计划财务科、规划建设科、园林管理科、绿化科、法制科，在职人员33人。年内，建成绿地2.27万平方米，超额完成年度工作目标。获“全国绿化模范单位”称号。截至年底，全区绿地面积1071.28公顷，绿化覆盖率（含水面）为30.93%，绿地率21.20%，人均绿地为9.42平方米，人均公园绿地为4.47平方米。公园绿地500米服务半径覆盖率达到97.18%，屋顶绿化总面积26.85万平方米、垂直绿化5.78万延长米。累计创建花园式单位465个、花园式社区24个。区园林绿化局管辖的古树名木1622株，其中一级古树247株，二级古树1374株，名木1株。

地址：西城区槐柏树街12号

邮编：100053

电话：68025953

（周　颖）

【园艺文化推广活动】 1月11日，区园林绿化局对全区园艺文化推广中心驿站进行考核验收，对考核分数较低的驿站管理单位负责人进行约谈，针对各驿站评分薄弱项目提出指导及建议。7月19日，举行西城区“园艺达人”毕业典礼，60余名“园艺达人”结束3年的园艺知识学习，从学习者正式成为园艺文化的传播者、园艺技能的社区普及者。8月7日，宣武艺园承艺轩驿站正式成立对外开放，年内区园艺推广中心驿站达到20家。利用20家园艺文化推广中心驿站平台，开展园艺培训、园艺体验、旧书换绿植、游园会、健步走等形式多样的园艺文化推广活动526场。

（周　颖）

【全民义务植树活动】 4月4日，西城区绿化委员会在西外南路金融科技示范区绿地举办主题为“履行植树义务共建美丽中国”第35个首都全民义务植树日活动。区四套班子领导及区绿化委员会部分委员、武警战士、“园艺达人”“西城大妈”等100余人参加，共栽植银杏、元宝枫等苗木100株。区绿化委员会办公室为每位参加植树的人员颁发“首都全民义务植树尽责证书”。当天全区有4.5万余人参加了植树活动，共植树3400株，清扫绿地47.88万平方米，养护树木9.76万株，设宣传咨询站107个，悬挂横幅标语203幅，出动宣传车10辆，发放宣传材料6.59万份。

（周　颖）

【“互联网+全民义务植树”基地建设】 4月，在人定湖公园、万寿公园成立两个“互联网+全民义务植树”基地，基地采取义务植树尽责实体参与同网络参与相结合的方法，引领市民群众通过多种形式履行植树义务。两个基地先后推出植树劳动、认种认养、抚育管护、花卉栽植、志愿服务等多种形式的义务植树尽责活动，并利用园艺文化推广中心开展园艺科普教育宣传。

（周　颖）

【立体花坛亮相世园会】4月，西城区立体花坛以“老城深处百花香”为主题亮相世园会。花坛以营城建都纪念阙、老城四合院建筑群为主景，展现文保老城院落中疏解腾退空间以花为媒、以鸟为声、以古典园林为意境、以满足周边邻里交流活动为目的的绿色生态花园场景。呈现祖国繁荣昌盛、百姓安居乐业的氛围，展示西城区疏解腾退空间，推进老城生态修复的宜居成果。花坛共栽种各类穴盘花卉7200盆，栽植造型松2棵，红枫6棵，早园竹1400棵，摆放造型小品3组，小型灌木270株，地栽花卉1.1万株。

（周　颖）

【第九次园林绿化资源调查】5月，开展第九次园林绿化资源调查。协调、配合各街道、辖区企事业单位，对全区绿地的种类、面积和分布，城市绿地中的植物种类和数量等进行全面调查，客观反映区域内自然、社会经济条件和经营管理状况，提出对绿化资源培育、保护、利用的意见，更新资源档案，健全完善绿化资源监测体系，为制定全区园林绿化发展规划及各种专业规划的实施提供科学依据。

（周　颖）

【首都绿化办领导到西城区调研】7月22日，首都绿化委员会办公室主任邓乃平一行到西城区，对中央国家机关及西城区古树名木保护管理工作进行调研，并对新闻媒体反映的古树保护相关问题的处理情况进行检查。邓乃平指出，要进一步落实古树名木的管护责任，做到底数清、台账明，学会运用古树名木普查的结果，落实古树名木保护措施，对衰弱、濒危的古树名木，做到一树一册，用对待保护文物的标准保护古树名木。要让古树名木“活起来”，挖掘有关古树名木生态、人文故事，让古树名木更贴近社会大众，从而达到宣传古树名木保护的目的。

（周　颖）

【政民互动】区园林绿化局于8月9日和11月15日两次组织召开局长办公会暨向公众报告工作会，邀请区人大代表、政协委员和街道办事处、辖区企业、社区居民等代表参加，报告全区园林绿化工作情况，与代表互动，征集意见和建议，现场回应解答问题，收到良好效果。11月15日，进行“政府工作开放日”活动，组织区人大代表参观在首都核心区建成的第一个城市森林——广阳谷城市森林，参与植物微景观制作，亲身体验园艺制作过程。1月9日、12月18日，区园林绿化局领导两次到西城区《政民互动直播间》，解读区园林绿化工作，解答政策，受理热线诉求。

（周　颖）

【完成国庆70周年各项工作】在区国庆游园指挥部领导下，区园林绿化局同各公园密切配合，精心筹备文体活动、展览展示和环境布置，保障国庆游园活动平稳有序。将绿化工程、花坛布置、公园、外来务工人员驻地和驿站等重点部位建立监管台账，局督查检查队坚持日常检查，对消防、人员密集场所、游乐设施、绿化工程等各类场所进行排查，出动人员910人次，检查单位455家次，查出并整改隐患431处。对前门西大街等17条大街绿地进行湿化作业，保障烟花燃放工作安全顺利进行；对大型彩车等展示设备通过的15条道路上1327株行道树进行了修剪，保证其顺利通行。国庆及“一带一路”国际合作高峰论坛等重大活动期间，在西单北大街等重点区域和道路摆放“锦绣中华”等主题花坛9处，栽摆花卉123万株、容器花钵816个、花箱5960个。国庆当日，区园林绿化局机关干部全员上岗，分布在北海公园、陶然亭公园、大观园、月坛公园、万寿公园、宣武艺园等10多个公园协助巡逻执勤，维护游园秩序。游园活动期间，共接待游客44万余人。西城区园林绿化局获“北京市筹备和服务保障中华人民共和国成立70周年庆祝活动先进集体”称号。

（周　颖）

【绿化建设】年内，建成绿地2.27万平方米，其中增加莲花池东路逸骏园（二期）、京韵园（三期）、蔺圃园（二期）、和平门地铁站、景山西街等14处小微绿地及口袋公园1.24万平方米；城市森林建设绿化面积1.03万平方米；完成中国农业发展银行等屋顶绿化14处、1.37万平方米；南横街伊斯兰协会等垂直绿化21处、5282延长米，超额完成全年目标任务。

（周　颖）

【花园式创建工作】年内，严格按照创建评比标准，加强对单位、社区的技术指导和服务力度，与街道、社区负责人深入座谈，利用园艺文化推广中心平台，开展创建启动仪式及各项绿化美化宣传和市花月季进社区活动。全年创建花园式单位1个，即西城区卫生健康委员会；花园式社区1个，即白纸坊街道万博苑社区。

（周　颖）

【绿化养护管理】年内，全面加强园林绿化的监督、管理、指导、检查，精心做好日常养护管理，组织开展草履蚧防治、园林植物病虫害防治、杨柳飞絮控制技术、花灌木修剪等技术培训4场，接受培训300人次；严密做好危险性林木有害生物防治和古树保护，治理杨柳飞絮9968株；认真开展“抓重点、补短板，提高公园综合服务保障水平”专项行动、开展公园基本情况普查。在全市绿化养护综合检查评比中，西城区获总分第一。

（周　颖）

【古树名木保护管理】年内，继续委托第三方公司开展古树名木生长势评估工作，对古树名木的生长势、生长环境、养护管理等情况进行评估，为古树名木的管护和复壮工作提供科学依据；同古树名木保护管理部门签订责任书；及时协调各街道办事处、区园林市政管理中心对长势衰弱或濒危、生长环境差的古树进行勘察，制订古树复壮工程施工方案，经评审论证，完成了31株古树的复壮保护工作。加大古树名木监督检查力度，协调相关街道到中纪委机关、牛街礼拜寺、纪晓岚故居等实地检查古树保护管理情况，督促指导相关单位加强古树保护管理工作。

（周　颖）

【安全生产监管工作】年内，围绕“防风险、保安全、迎大庆”主线，完成了防汛应急抢险、公园旅游安全、园林绿化施工安全、应急管理等方面的安全监管工作。及时有效应对“8・5”“9・9”等强降雨天气过程，区园林绿化系统11支抢险队伍，专业抢险队员471人参加应急抢险工作，处置倒伏、折枝树木100余棵；开展禁放烟花爆竹、森林防火、安全应急等宣传活动；做好应急管理基础工作，出动安全监管人员1014人次，检查501家次，解决安全隐患454处（含筹备国庆检查及解决次数）。完成所有区属公园管理单位的风险评估，本行业安责险投保率100%。有效加强了公园行业的安全生产管理水平和安全生产管理标准化。

（周　颖）

【依法治绿监督管理】年内，按照市、区有关法制部门的指示精神，全面加强“依法行政”建设，组织春季鸟类等野生动物保护、森林执法、林木质量种苗质量、落实林业植物检疫特别是松材线虫病疫木检疫执法等四项专项行动。其中对鸟类野生动物保护开展执法检查45次，出动检查人员80人次，进行行政执法检查162次。收到有关野生动物保护的举报线索5件，有关侵占绿地的举报事项6起，私自砍伐树木6起，均在最快时间内到达现场进行处理。4至5月期间，结合区野生动物保护工作的实际情况，开展以“关注候鸟迁徙，维护生命共同体”为主题的西城区“爱鸟周”和“保护野生动物宣传月”系列活动。

（周　颖）

【政风行风专项治理整顿】年内，按照市政府专项清理整治工作的统一部署，开展绿地认建认养及公园配套用房出租中侵害群众利益的问题进行专项清理整治。在市园林局、西城区政府领导和市、区清理整治工作领导小组的积极推进下，完成阶段性整改。针对专项整治发现的问题，严格按照《北京市绿地认建认养问题整改标准》和《北京市公园配套用房出租整改标准》整改落实，用专项整治成果检验政风行风和干部队伍作风建设的成效。

（周　颖）

西城区园林市政管理中心

【概况】北京市西城区园林市政

管理中心（简称区园林市政管理中心）为西城区人民政府直属相当正处级全额拨款事业单位。主要职责是：承担全区园林绿化养护和市政道路、设施维护工作；受区有关部门委托承担区属园林市政工作项目立项、工程质量监管、掘路费收取等工作；组织实施园林市政道路应急抢险、重要节假日和重大活动花卉布置等事务性、服务性工作；负责部分区属公园的管理；承办区政府和上级业务指导部门交办的其他事项。编制79人，内设14个科室。下辖月坛公园管理处、人定湖公园管理处、万寿公园管理处、宣武艺园管理处、滨河公园管理处、苗木园艺队、德外绿化队、月坛绿化队、和平门绿化队、广外绿化队、市政工程管理处、北京奇石馆12个正科级事业单位，附属单位：北京三海投资管理中心、北京什刹海旅游开发有限公司、北京市绿美园林工程服务中心、北京鑫雅市政建设工程处、北京西荣通顺投资管理有限公司、北京涵意科技有限公司6家企业和东坝苗圃、顺义苗圃2处苗木基地。

地址：西城区右安门内西街18-1号
邮编：100054
电话：52684005

（杨彩霞）

【西单文化广场景观提升工程】年内，完成西单位文化广场景观提升工程的绿化建设。主要涉及有种植土回填1.4万立方米、栽植乔灌木168株、栽植林下地被及花卉约4283平方米；建设水景墙2座、园路铺装约1500平方米、牌楼北侧通道景墙200平方米，外围市政便道道路铺装1600平方米，以及亮化作业、安装智慧灯杆、喷灌及雾喷系统等。西单文化广场景观提升工程总面积为1.12万平方米。

（杨彩霞）

【什刹海环湖绿道（一期）工程】年内，完成什刹海环湖绿道（一期）工程中荷花市场建筑外立面改造17幢，改造建筑面积3800平方米；完成环湖景观亮化安装灯具7443盏；完成地安门西大街49号海清苑内建筑、庭廊景观提升改造面积818平方米。

（杨彩霞）

【城市森林建设工程】年内，完成位于菜市口大街西北角城市森林建设工程。新增森林面积约1.1万平方米，铺设健康步道700延米。新栽植乔灌木28种1650株，栽植地被植物49种，乡土植物占比80%以上。修建一处面积约120平方米的沙坑，安置登高木桩、障碍平衡木、拱桥等四处趣味性的儿童活动设施。开辟出面积约190平方米的安静场地，设置一处森林共享课堂。

（杨彩霞）

【微绿地建设工程】年内，完成蔺圃园南门、京韵园北侧、景山公园东门南侧、和平门地铁站东南口等21处口袋公园和微绿地，小微绿地与口袋公园建设总面积14524平方米。

（杨彩霞）

【屋顶绿化建设】年内，完成中国农业银行、北大医院住院部新楼、中国教育电视台等13处屋顶绿化建设，建设面积11582平方米。建设完成西城区检察院、西城区文体中心、平安里西大街等12处垂直绿化共计4426延米。

（杨彩霞）

【绿化养护】年内，完成绿篱及色块盐害死亡补植苗木361276株，草坪44320平方米，乔灌木41株。对国槐、毛白杨进行打孔复壮600余株，更换行道树207株。针对杨柳飞絮治理，组织培训1次，治理杨柳飞絮9900余株。在全区绿地内设置美国白蛾监测点476个，覆盖全区15个街道，共安装诱捕器565个，在重点路段悬挂叶柄小蛾诱捕器5600个。进行复壮的古树共30株。结合“黑土”计划，运用枯枝落叶等园林废弃物共生产腐殖土5600吨。

（杨彩霞）

【花卉布置】年内，完成主要节假日和国庆70周年重大活动的花卉布置工作。共布置主题立体花坛6处，沿线花卉布置42条大街及地块，其中地栽花卉布置了21条大街，地块面积约22319平方米；6条大街布置了2228个种植箱；3条大街布置新造型花钵160个；8处地块布置花球、花塔等花卉小品；在金融街等区域共10条大街布置了灯杆花卉。

（杨彩霞）

【百万鲜花进社区及都市菜园项目】年内，区园林市政管理中心在百万鲜花进社区及都市菜园项目中，开展活动430场，21.6万人次参与，赠送活动材料39.3万份。区内20家驿站开展663场活动，17.1万人次参与。

（杨彩霞）

【公园管理】年内，西城区21个注册公园共接待游人1774万人次。月坛公园开展了“世界防治结核病日”“珍爱生命，远离毒品”“义务植树”和“世界无烟日”等多项宣传活动；宣武艺园开展了“新春送福”“学雷锋”“树木认养”“护苗2019”和“六一爱心义卖”等多项宣传活动；万寿公园开展了“花卉养护知识讲座”“多肉植物组合体验课”“绿色阅读”“植树节种子赠送”“别样森林小课堂”“白纸坊街道非遗文化周启动仪式”“万寿公园职工践行大气污染治理”“‘爱在西城’惠民服务进社区”等多项宣传活动；滨河公园开展了“植树节”“野生动物宣传”“安全应急演练”等活动；人定湖公园开展了“多肉组合盆栽”“兰花展”“卫生日宣传”等活动。全年累计举办120余次各类宣传活动。

（杨彩霞）

【区属道路养护】年内，完成区属道路养护总面积6018014.45平方米。维修沥青112212平方米，铺装人行步道48771平方米，石材铺装7664平方米，维修更换路缘石8344米、挡车柱164根。维修无障碍设施1586处，修复步道及盲道6451.1平方米、路缘石66.3米，石材495平方米。

（杨彩霞）

【市政道路大中修工程】年内，完成教子胡同、扣钟胡同、东明胡同等31条市政道路大中修工程。道路大中修主要工程量，沥青总面积为128312平方米，步道总面积为54775平方米，路缘石23656米。

（杨彩霞）

【市政排水管线改造工程】年内，区园林市政管理中心针对市政排水管网存在的管线老化、管径偏小或布局不合理等问题，共完成30条市政排水管线改造，管线总长度7218.3米。

（杨彩霞）

【道路检测】年内，为防止道路空洞塌陷等次生灾害的出现，避免道路大面积沉陷的事件发生，在加强市政道路养护日常巡视的同时，园林市政管理中心运用现代科技手段主动检测道路地下空洞，提前处置路面塌陷隐患，检测道路97条（市管路7条），道路总里程65894.9米，完成雷达测线400805.8米。

（杨彩霞）

【景观照明建设】年内，完成区属160座楼体景观照明建设，12座过街桥景观和39处公园与绿地建设，完成3条道路景观照明设施的巡查、维修保养、安全运行等管护工作。完成元宵灯会的景观布置和活动场地景观照明工作。

（杨彩霞）

【应急抢险】年内，共有11支总计400余人的防汛应急抢险队伍，出动应急抢险人员4300人次，车辆980台次，排查108株危险树，汛期抢险134株，其中倒伏23株，断杈111株。

（杨彩霞）

【桥梁养护】年内，完成金锭桥、银锭桥、后海西闸桥、西海东闸桥、德胜东桥、德胜西桥、甘石桥、琉璃厂过街桥、红莲北路桥、广外大街桥、宣阳桥11座桥梁的日常养护。对德胜西桥维修2次、银锭桥维修1次。对其中7座桥面栏杆清洁6次，桥梁主体清洁4次。

（杨彩霞）

【什刹海大讲堂】年内，区园林市政管理中心结合行业特色和地域资源，秉承多元、开放、融合、创新的文化精神，在什刹海荷花市场海清苑创建“什刹海大讲堂”。连同西城区20家园艺推广中心，共同开展公益服务，弘扬传承中华文脉，传播生态文明知识，建立宣传、沟通、服务新渠道，推动文化创新及产业发展。

（杨彩霞）

【安全生产管理】年内，召开安全工作会156次；进行安全检查640次；检查单位2960家次；出动检查1000多人次；下达整改文书126份；组织各类安全生产宣传教育活动198次，参加6193人次；组织安全生产培训197次，参加6161人次；发放各类宣传材料27360余份；用于安全生产宣传教育培训经费10多万元，整改各类一般性安全隐患156处。“安全生产月”张贴宣传海报475张，发放各类宣传材料3908份。

（杨彩霞）

【案件办理】年内，办理12345

市民热线案件2359件，城市管理网格案件2380件，其他信访类案件14件，处理区折子工程1件，承办区人大代表建议、区政协委员提案3件，回复率和办结率均达100%。

（杨彩霞）

【扫黄打非】年内，协助区“扫黄打非”办公室完成公园相关工作，包括制定实施方案、制度上墙、张贴宣传海报、制作“绿书签”等宣传工作；在具备条件的开放式公园内，建立“扫黄打非”工作站，明确工作职责。设立办公点15处，投入人力430余人。

（杨彩霞）

生态环境保护

【概况】西城区生态环境局是负责西城区生态环境保护工作的政府工作部门（3月27日西城区环境保护局更名为西城区生态环境局）。设办公室、综合科（法制科）、行政审批科、大气环境管理科、污染源管理科、环境安全管理科（安全生产办公室、区环境污染突发事件应急办公室）、督察科、人事财务科、离退休干部科和机关党委；行政执法专项编制机构1个，即环境保护监察支队；规范管理事业单位1个，即机动车排放管理站；全额拨款事业单位3个，即环境保护监测站、环保宣传教育科技中心、“煤改电”管理中心。在职人员150人。区生态环境局进一步提高政治站位、大力践行“红墙意识”，坚持首善标准，找差距、补短板，坚定不移打赢三大攻坚战，举全区之力，以更扎实的工作作风，更科学的措施和办法，迎难而上，为实现“短期摘帽，长期领跑”的奋斗目标不懈努力。加大督导力度，狠抓各项任务落实，工作稳步推进，环境质量改善明显。

地址：西城区鸭子桥路39号

邮编：100055

电话：66206461

（李　颖）

【区环境质量】年内，PM2.5累计浓度为44微克/立方米，为历史同期最低，同比下降15.4%，优于全年目标值（51微克/立方米）7微克。PM10、SO2和NO2浓度分别为70微克/立方米、4微克/立方米和40微克/立方米，同比分别下降14.6%、33.3%和11.1%。降尘量平均值为6.6吨/月•平方公里，同比下降19.5%。累计达标天数238，达标天数比例65.2%，同比增加2.6%；PM2.5累计达标天数313，达标天数比例85.8%，同比增加9.4%；空气重污染8天，同比减少6天。4个市级地表水水质考核断面的水质监测数据均达标。区土环境质量持续保持稳定，没有污染地块和疑似污染地块。

（李　颖）

【政务信息公开】年内，向上级单位报送信息178篇，采用54篇次。截至11月底，在全区49个单位（不含街道）中排在第19位，截至10月底，在全市排名第14位。接待记者咨询、采访等110余人次。微信公众号推送图文720篇、阅览1911人；接到信访案件4件，已按照《微信公众号信访处理方案》要求，整理、移交并回复。微博推送703篇，阅览407人。行政处罚结果公示140条，行政许可结果公示530条。开展11次公众开放活动，主要群体为辖区居民和机关工作人员，参观人数252人次。

（李　颖）

【信访办理】年内，办理各类投诉信访案件1570件，同比下降48.36%。办理“12345”市民热线案件1417件，占总数的90.25%，同比下降34.55%；其他投诉信访渠道案件153件，占总数的9.75%，同比下降82.51%。承办“两会”期间及会后政协委员对政府工作意见建议10件。

（李　颖）

【规范行政许可】年内，依法办理一般类环评审批7件，验收行政许可6件，自主验收68件，辐射许可证审批87件，同位素备案63件，排污许可证416件。进驻行政服务大厅的公共服务事项25项。完成审批时间和接收材料的压缩，将行政许可受理审核时间从总流程法定的20天、30天压缩到1天，备案从法定的总流程20天分别压缩到1小时、2小时。

（李　颖）

【环境宣传教育】年内，在北京动物园开展纪念“六五”世界环境日宣传活动，参与人数2000余人。现场发放环保法律法规、环保知识手册及相关宣传品3000余份。联合全区15个街道办事处开展“六五”世界环境日主题宣传活动，发放宣传品及宣传材料14250余份。科技周期间，联合区青少年儿童图书馆和区第一图书馆开展环保设施开放活动和科普讲座。“9·22”世界无车日期间，结合“不忘初心，牢记使命”主题教育，开展“不忘初心、倡导绿色、保卫蓝天、献礼国庆”主题活动。进社区开展宣讲8次；进学校、进机关分别组织讲座7次、2次。与区第一图书馆联合开展《生活垃圾污染现状及治理新思路探讨》《中国的能源转型》等各类讲座14次。举办区级小学生环保演讲比赛，60名小学生参与活动。推荐中学生参加北京市2019年“我爱地球妈妈”中学生双语演讲比赛。西海水质自动监测站每月向公众开放，开展11次公众开放活动，252人次参观。

（李　颖）

【发布专项方案】年内，发布《北京市西城区声环境功能区划实施细则》《北京市西城区污染防治攻坚战2019年行动计划》《北京市西城区蓝天保卫战三年行动计划》等一系列方案措施，并面向社会做了政策解读。

（李　颖）

【巩固无煤化成果】按照市政府办《关于东、西城区“煤改电”后续工作意见的请示》（京财经一〔2016〕72号）文件要求，对实施“煤改电”工程满10年的区域，逐年开展电采暖设备的更新工作，逐步解决设备老化问题，以提高居民冬季电采暖的可靠性和安全性。年内，设备更新主要涉及新街口、金融街、西长安街、什刹海、大栅栏、椿树、天桥7个街道。9月18日，区政府第100次专题会审议通过《西城区2019年煤改电蓄能式电采暖设备更新工作方案》。发放宣传材料3000份，在大栅栏地区甘井胡同13号新增一处煤改电现场办公室，以开展电采暖设备更新宣传、居民设备选购、设备补贴咨询等工作，并安排电采暖设备厂家入驻。对9700余户居民的1.7万余台电采暖设备进行更新。向4.7万余户居民发放“煤改电”传统及简易电费补贴3581万余元。研究制定《西城区2019年新增峰谷电表工作方案》，10月16日，区政府第103次专题会上通过。年新增峰谷电表居民144户。

（李　颖）

【机动车排放监管】年内，以重型柴油车排放监管为重点，围绕用车排放监管、非道路移动机械排放监管、加油站油气回收系统监管及老旧柴油货车淘汰四项中心工作，全面落实北京市生态环境局《2019年移动污染源监管工作方案》（京环办〔2019〕14号）工作要求，通过检查用车排放、非道路机械排放、加油站油气回收系统，加大监管力度，完成重型柴油车检查56565辆，处罚不达标车辆10071辆；检查非道路机械482台，处罚不达标机械59台；检查加油站402家次，检测104家次，处罚2家次。淘汰老旧柴油货运车605辆，淘汰比例41%。检查渣土运输车1583辆，处罚652辆。检查汽油车97233辆，处罚25辆。编码登记的非道路移动机械187台，审核成功166台。通过遥感监测检查机动车109805辆。处理群众关于冒黑烟车辆举报98件。

（李　颖）

【大气污染防治精细化管理】9月，成立区大气及气候变化小组，每月组织例会，通报空气质量排名情况，调度重点工作，研究解决难点问题。每月汇总区各部门、街道进展情况并上报。每季度形成工作报告，向区政府常务会、区委常委会汇报，制定各部门街道责任书，进一步明确任务落实责任；针对重点指标，如PM2.5浓度、餐饮改造等，组织会议进行专项调度。制定《西城区大气污染强化方案》，开展各街道降尘量的监测和道路积尘负荷监测；组织专家对西城区大气污染防治工作提出意见和建议，推进了工地“五全管理”，提高道路清扫保洁标准等项工作。制定了《西城区2018-2020年餐饮业大气污染防治专项实施方案》及以奖代补细则。组织召开区启动会、动员会近30次，达到15个街道和区属财政单位全覆盖，参会单位达2000余家。已签订合同的餐饮单位2041家，已完成设备安装的

1782家。

（李　颖）

【做好碳排放相关工作】年内，落实碳排放申报工作要求，组织88家重点碳排放单位开展了专项培训，督促88家重点碳排放单位按时上报第三方核查报告、完成履约工作。宣传北京市碳排放交易政策要求和碳排放抽查复核问题解析、案例分析等内容。进一步明确政策要求，强化责任意识。

（李　颖）

【规范行政执法】年内，动态调整区级权力清单。将区生态环境局政务服务事项调整为300项行政检查、行政强制、行政处罚、行政征收等4类非依申请政务服务事项。组织法制类培训500余人次，审查核对行政处罚执法案卷150卷，审核一般程序处罚案卷90余件，审查核对各类合同文书52件，统筹协调行政复议案件4起，组织召开行政处罚听证会3次。开展排查纠治执法不公、选择性执法、随意性执法相关工作，制定集中排查纠治方案并按分工逐步落实。

（李　颖）

【环保督察整改落实】年内，继续抓好中央环保督察的整改落实，推进市级环保督察问题整改。组织各街道办事处、各主责部门开展中央环保督察群众举报问题自查自纠工作。对157件案件全部再次开展了实地复核，向11个未办结案件的主责部门下达督办单。起草西城区配合做好第二轮中央生态环境保护督察迎检方案。开展为期一个月的扬尘专项督察。根据市级通报的街乡镇降尘量、粗颗粒物（TSP）浓度排名和道路尘负荷评分结果，以及各级有关部门移交的扬尘污染突出问题等情况；重点督察相关街道环保职责履职不到位、工作不配合等问题。出动62人次，检查158处，其中工地109处，道路48条，其他1处，发现问题114处。制定个性化问题清单，做到关口前移、抓早抓小。

（李　颖）

【辐射及危险废物监管】年内，开展保障期间辐射及危险废物产生单位专项执法检查，对辖区内全部危险废物产生单位及重点放射源使用单位开展检查，检查区高校、科研院所实验室、汽修、印刷单位59家次，检查率达到109%。组织开展危险废物产生单位专项检查，对辖区内的工业污染源和社会污染源进行全部检查，出动660人次，检查330家次。对辖区内汽车维修行业开展专项执法检查，重点对企业的行政审批手续是否齐全、企业废气处理设施建设及运行情况、企业污染物排放情况、企业污染物排放口设置是否规范、企业无组织排放情况、企业危险废物规范管理情况及是否符合涉污“散乱污”企业进行检查，出动执法人员204人次，检查辖区内汽修行业企业102家次。开展电子制造行业专项执法检查，出动执法人员34人次，检查电子制造行业企业1家17次。

（李　颖）

环境卫生管理

【概况】北京市西城区环境卫生服务中心（北京环雅丽都投资有限公司）承担全区主要大街的清扫与保洁、垃圾清运及密闭式清洁站和公厕保洁与管理、化粪池的挖掏与粪便清运、部分街道办事处街巷清扫保洁及各种环卫应急保障任务。年内，区环卫中心（环雅丽都公司）坚持以习近平新时代中国特色社会主义思想为指导，深入学习贯彻党的十九大和十九届二中、三中、四中全会精神，认真落实习近平总书记对北京重要讲话精神，按照中央经济工作会议精神和市委、市政府，区委、区政府的重大部署，围绕庆祝中华人民共和国成立70周年这一主线，坚持稳中求进工作总基调，把握首都城市战略定位，践行新发展理念，深化环卫体制改革，着力抓好现代企业构建，高标准做好重大活动服务保障，实现了重大活动服务保障优质高效、现代企业管理模式初步建立、安全稳定万无一失、遵规守纪形成自觉的工作目标。

地址：西城区北营房中街7号

邮编：100037

电话：88378410-2042

（尹　健）

【生产经营指标全面完成】全年业务收入118816万元，所属企业预计缴纳企业所得税3693万元，实现利润8506万元，完成固定资产投资9430万元。

（尹　健）

【生产任务指标整体实现】年内，完成269条854万平方米道路及12个街道办事处1134条553.2平方米街巷胡同的清扫保洁工作。做好74座密闭式清洁站管理与服务，清运生活垃圾492747.21吨，较上年减少116835.07吨。完成1096座公厕管理与保洁，清运粪便218279.82吨，较上年减少100354.83吨。餐厨收运3506家，108230.39吨，厨余收运465家，25381.37吨。年内，生产任务指标整体实现，环卫专业作业评比全市排名第一。

（尹　健）

【重点工作】年内，完成建国70周年庆祝联欢活动环卫服务保障工作，获北京市庆祝活动领导小组阅兵服务指挥部，颁发的先进集体荣誉称号。聚焦“七有”（幼有所育、学有所教、劳有所得、病有所医、老有所养、住有所居、弱有所扶）“五性”（便利性、宜居性、多样性、公正性、安全性），全力做好市民热线12345“接诉即办”工作，处理热线1668件，“三率”（响应率、解决率、满意率）综合评分在委办局中名列前茅。落实“一微克行动”，推行高于市级作业标准的“一扫多保两洗一冲一洒水”作业工艺，有效应对大气污染防治，道路尘土残存量控制效果明显。

（尹　健）

【日常管理】完善制度体系，开展重点领域专项整治，排查消除各类安全隐患。加强教育培训，全力做好安全生产工作。强化意识形态风险评估机制，做好重大敏感时间节点和重大舆论热点会商研判。加强意识形态阵地管理，健全公司网络百姓宣讲、网络文明传播志愿者和网络评论员等3支队伍。落实维稳反恐防暴责任，加强应急处置演练，增强防范处突能力，做好矛盾纠纷化解调处工作，保证公司运转安全，职工工作安心。

（尹　健）

【宣传文化工作】年内，围绕新中国成立70周年，制作环卫服务保障工作纪实片，全面展现公司深化环卫体制改革，抓好现代企业构建，完成重大活动服务保障。《新华每日电讯》《北京日报》等媒体刊登32次，在人民视频《街采来了，奔跑追梦，中国有我》、北京日报《“感动西城”2018年度人物》、央视网《我们都是奋斗者》专题片播放，转发观看百余次。举办“改革前行·逐梦西环”百姓宣讲活动，展现改革前行中环卫的新变化、新发展。

（尹　健）

【转企改制工作】年内，完成资产清查、财政结果复核、转制风险评估等工作。定期召开专题工作会议，研究部署转企改制各阶段目标、时间、要求及各相关部门工作任务。坚持以人为本，积极应对转制中面临的重点难点和热点敏感问题，提出具体解决措施，修改完善转企改制方案，拟定公司章程，完成总公司部门设置、岗位设置、部门职责和职位说明书的撰写，制订总公司绩效考核及对分公司管控机制的文件制度，推进分公司的整合重组。

（尹　健）

【主题教育活动】年内，落实党中央部署和市区委及区国资委要求，扎实开展“不忘初心、牢记使命”主题教育。坚持以思想教育为引领，深入学习实践习近平新时代中国特色社会主义思想，围绕“怎么看、怎么办、怎么干”“转观念、抓精细、建规范，我与企业共成长”主题开展大讨论，推动学习教育走深抓实。组织集中学习105次，开展座谈交流68次，参观红色教育基地50余次。坚持以解决问题为导向，公司领导以上率下，带头学研查改，抓住国庆环卫保障、安全生产、12345市民热线、转企改制等重点工作，深入一线调研20余次，推动检视问题整改落地。坚持以抓实抓长为目标，针对党员干部查摆93条问题，实行台账管理，制定整改措施209项。结合企业合并重组、市民热线办理、绩效考核等工作，建立完善长效运行机制，不断推进企业高质量发展。

（尹　健）

【干部队伍建设】年内，坚持抓班子、带队伍、强素质，立足企业发展新要求，党委下大力解决干部队伍企业管理经验不足、经营管理能力不强等问题，采取与中国人民大学联合办班形式，在中层以上干部中组织11讲现代企业管理专题培训，举办1期企业经理专题培训班，教育引导领导干部树立现代企业管理理念，提升企业经营管理本领。坚持思想政治引领，深入推进作风建设，通过中心组学习、专题培训、开展警示教育等形式，提升政治理论素养，强化纪律规矩意识。深化“为官不为、为官乱为”、侵害群众利益、扫黑除恶等专项治理，纪检部门严肃查处干部违规违纪行为，营造干事创业政治生态。选优配强公司高管和部门负责人，提职任用干部1名，8名试用期满干部转正，完成分公司领导班子配备方案。

（尹　健）

【**党员队伍管理**】年内，坚持把政治建设摆在首位，全面加强党委自身建设，严格落实“三重一大”制度，党委理论中心组学习21次，召开党委会25次。坚持以提升组织力为重点，推进党组织规范化建设。制定42项党建工作重点任务，压实党建主体责任，确保上级各项决策部署高标准落实。不断提升“三会一课”质量，严肃党内政治生活，18个党支部359名党员开展组织生活会和评议党员工作。坚持从严从实执纪监督，履行全面从严治党主体责任，紧盯重要节日节点，强化廉政提醒、警示教育、检查监督工作举措的落实。

（尹　健）

【**关爱职工**】坚持“冬送温暖、夏送清凉，一年四季送关怀”。投入1544万元保障5000余名职工吃好健康早餐。维护职工权益，提供精准帮扶，为82名职工办理住院互助保险赔付11.99万元，帮助15名职工申请时传祥温暖基金24.95万元，为3名职工申报重大疾病赔付3万元，为10名职工申报区总工会困难救助金8.26万元，为13名环卫职工子女申请华夏银行助力环卫子女成长基金1.3万元。利用社会公共资源为一线职工提供“暖心驿站”和“劳动者港湾”温暖服务。

（尹　健）

城市管理执法

【**概况**】北京市西城区城市管理综合行政执法局（简称区城管执法局）为北京市西城区人民政府领导下、接受北京市城市管理综合行政执法局业务指导的城市管理综合行政执法机构。区城管执法局的主要职责是在辖区内负责贯彻实施国家有关城市管理方面的法律、法规、规章、政策及北京市的有关规定，治理和维护城市管理秩序，研究提出完善全区城市管理综合行政执法体制的意见、建议和措施。负责市政府决定由城管执法机关承担的全区市容环境卫生、公用事业、市政、施工现场、园林绿化管理等方面的专业性行政执法工作。负责全区城市管理综合行政执法工作的业务指导、统筹协调和考核监督；负责城管执法人员的专业培训及执法资格管理工作。负责跨街道城管行政执法的组织调度工作及市、区交办的重大案件的查处工作。在职责范围内加强为驻区中央单位、市属单位、驻区部队和区域内企事业单位的服务；承办区政府和上级业务主管部门交办的其他事项。年内，区城管执法局以在城管系统内“做首都标杆、当全国模范”为目标，结合“疏解整治促提升”和重大活动环境保障，弘扬“首都城管精神”和“西城城管精神”，加强队伍建设，推进城管体制机制改革。以全区“拆除违法建设、大气污染防治、占道经营整治”三大专项行动为抓手，立足非首都功能疏解，提升首善之区城市管理和环境品质，解决城市痼疾顽症。做好重要节假日、重要活动的执法保障工作，完成全国“两会”、第二届“一带一路峰会”、亚洲文明对话大会、庆祝新中国成立70周年等重大活动期间的环境秩序保障任务，遏制环境秩序各类违法行为，推进城市环境常态化、精细化管控，各项工作取得阶段性成效。努力实现西城区“环境要优美、人口要控制、服务要优质、发展要持续”的目标及“安全、安静、舒适、典雅、古朴”的愿景。年内，开展执法检查271970次，同比上升494%；实施行政处罚24051起，同比上升43%；罚款1385.1万元，同比上升41%；人均案卷量为46起，同比上升12%，完成年度任务117%；履职率为57.69%。创新工作机制，商户自治管理工作模式在全市推广，与城区供电公司协调推进新职权履行在全市城管系统推广，案卷作为全市样卷。在住建部“强基础、转作风、树形象”专项行动中，推标杆、树榜样，持续改进工作作风，提高执法队伍的政治素质和业务水平。连续3年被住建部表彰为“强转树”活动先进单位。

地址：西城区北滨河路9号

邮编：100055

电话：66527042

（付　扬）

【重大活动期间环境保障】年内，围绕庆祝新中国成立70周年等重大活动期间环境保障工作，启动重大活动服务保障机制，提前进入保障状态，以天安门周边、长安街沿线、动物园周边、什刹海地区、大栅栏地区为重点，提前排查、挂账整治，做到巡查防控全覆盖、执法力量实名制、第一时间处理反馈，加强人流密集场所的管控和疏导，确保辖区环境秩序整洁、干净、优美。节日期间，出动执法人员2000余人次，执法车辆400台次，查处各类违法行为159起。组织开展大气污染治理、非法小广告整治、生活垃圾、停车管理、燃气安全等专项执法80余次；保障70周年大庆、全国“两会”、中考、高考等重要活动30余次。

（付　扬）

【“不忘初心、牢记使命”主题教育活动】年内，坚持以深入开展第二批“不忘初心、牢记使命”主题教育活动为主线，着力抓好全面从严治党工作。按照区委总体部署安排，9月初至12月下旬，开展具有城管特色的“不忘初心、牢记使命”主题教育，学习领会总书记重要论述选编，开展“守初心，担使命，找差距，抓落实”各项活动，落实“三会一课”制度，从严从实组织开好民主生活会和组织生活会。

（付　扬）

【占道经营整治】年内，持续开展占道经营集中整治行动，做到“重视热线办理、重视解决反馈、重视反弹整治”，加大督查考核力度，各街道建立了“问题牵引、数据驱动”执法工作模式，实时关注群众举报，精准施策，协调推动问题的根本解决，通过一个诉求解决一类问题，通过一个举报带动一片治理。立案处罚各类占道经营类违法行为10781起，罚款171.6万元；35处市级挂账重点点位全部完成销账申报，15个街道100%实现举报“动态清零”。

（付　扬）

【“疏解整治促提升”专项行动】年内，立足北京新总规的总体部署和北京市疏解非首都功能的总体目标，以区“疏非控人”重点工作为抓手，做好产业疏解区域周边环境秩序整治。开展春雷行动、夏季攻势、蓝盾行动等专项治理，整治占道经营12868起，罚款186万元，提前完成2018年至2020年3年119处重点点位的销账任务，15个街道占道经营整治全部实现“动态清零”；拆除违法建设12.5万平方米，完成市级年度拆违任务的125%。

（付　扬）

【中小工程固体废弃物管理】年内，牵头起草《中小工程固体废弃物管理办法》，填补了中小工程固体废弃物管理空白，通过牵头成立由区城管委、城管执法局、住建委、生态环境局、房屋管理部门、园林绿化等相关单位组成的部门联席会议，统筹管理全区中小工程固体废弃物，进行管理机制创新，全面强化了区域性中小工程固废物监控管理。

（付　扬）

【“扫黑除恶”工作】年内，按照“有黑扫黑，有恶除恶，有乱治乱”的总体工作要求，深挖违法行为背后是否存在涉黑涉恶问题的线索，相关业务科室与治安支队坚持每日互通黑车、黑导、黑停车等重点领域的群众举报信息，每月按时上报《扫黑除恶专项斗争工作情况月统计表》《易滋生黑恶势力犯罪乱点乱象清理整治情况》，做到每日统计、每周分析、每月通报。出动1643人次，联合执法489次。

（付　扬）

【“蓝天保卫战”】年内，围绕清洁空气行动计划、大气污染防治“一微克行动”、秋冬季大气污染防治工作，专门制定了空气重染污应急工作预案。统筹全区中小工程固体废弃物管理体制的创新，突出抓好施工工地扬尘、建筑垃圾、车辆道路遗撒、露天焚烧及使用燃煤从事无照经营等问题。查处露天烧烤50起、罚款4.25万元；查处施工工地293起、罚款584.99万元；查处车辆违规运输类295起、罚款87.3万元；查处中小工程及建筑垃圾类1077起、罚款796万元。

（付　扬）

【燃气安全监管执法】年内，持续抓好燃气安全管理，按照“全覆盖、零容忍、严执法、重实效”的要求，对燃气用户及相关单位使用、储存燃气的情况开展综合检查，重点消除餐饮服务单位的燃气安全隐患。出动执法人员21298人次，监督检查企事业单位和场所14741家，发现并整改隐患484起。开展安全生产宣传活动，普及相关安全知识，增强群众安全意识，发放宣传单36320份，被西城区安委会评为年度安全生产综合考核先进单位。

（付　扬）

【落实安全生产专项要求】年内，建立安全生产三级防控体系，加强安全生产风险管控，并全面梳理了城市管理领域安全隐患整治情况，强化日常监管，防范隐患反弹。推动并不断细化安全隐患“三大行动”台账的核销工作，督促落实隐患整改责任，确保安全生产隐患得到及时有效治理，共核销“三大行动”安全隐患台账1294处。

（付　扬）

【“接诉即办”工作】年内，在接办12345、96310服务热线中，确保受理举报问题做到快速到位、有效解决、主动反馈，使群众反映的问题得到及时顺利办结，实现“保回复率、抓办结率、争满意率”的工作目标。实际受理各类举报6756起，同比下降66.9%。

（付　扬）

【推广“商户自治”管理模式】年内，在前期开展“商户自治”试点工作取得预期成果的基础上，在区内全面推广“商户自治”管理模式，牵头制定西城区“商户自治”工作方案，整合数据、信息共享，为辖区商户、群众搭建协商对话平台。4月初，市城管执法局在西城区召开“全市商户自治管理工作模式现场观摩会”；10月下旬，市城管执法局组织开展以西城区“商户自治”工作为主题的城管政务开放日活动；12月下旬，区城管执法局作为北京市城管系统的代表，在住房和城乡建设部召开的“强转树”专项行动座谈会上介绍经验。

（付　扬）

【违建历史积案化解】年内，为尽快解决历史遗留的较为复杂和存在较大隐患的违法建设问题，对2011年以来的213件违建历史积案逐一分析、摸排调研，牵头区相关单位，召开两次历史积案化解工作推进会，加强重点难点研判，制定工作计划，完善工作方案。坚持“挂图作战”“插旗拔旗”、以点带面的工作方法，逐步推进区域内违建历史积案化解工作。拆除历史积案违建15处、面积763平方米，同比上升300%。

（付　扬）

【城管宣传教育工作】年内，加大新闻宣传力度，拓宽宣传渠道，围绕党建引领、执法动态、管理创新、法制宣传等重点内容，通过中央、市级、区级媒体报道西城城管新闻443条次。挖掘和宣传各类先进典型和善行义举，宣传社会主义核心价值观，激发城管队伍崇德向善的力量。1人获评“北京市优秀思想政治工作者”，1人被授予“首都精神文明奖”，1人获“筹备和服务保障国庆70周年庆祝活动先进个人”荣誉称号。创新微信公众号以“西城街巷事”的表现形式，以微视频、长图为特色，推送图文消息256条次，阅读量超过18万人次，在传播城市治理新理念、接受群众监督、回应社会关切等方面，收到了良好效果。结合商户自治、信访宣传日、安全生产宣传月、“一微克”行动、开学第一课等主题广泛开展社会宣传，为中心工作的推进营造良好氛围。

（付　扬）

【落实“四公开、一监督”】年内，依托区执法协调平台，区城管执法局，作为区“四公开、一监督”工作的牵头部门，通过联合督导检查、召开联席会议等方式，督促各成员单位发挥作用，提升核心区环境品质。接收办理市级下发的政府监管通知单324件，系统监管通知单359件，反馈率100%。下发区级监管通知单5625件，同比增长252%。

（付　扬）

水务管理

【概况】根据中共北京市西城区委机构编制委员会《关于区城市管理委所属事业单位机构调整设置的通知》西编发〔2019〕33号文的精神，调整北京市西城区水务管理中心（区城市部件管理维护中心），编制由15人增至32人，有工作人员12人。负责海绵城市建设工程的具体实施；再生水监督管理，推广再生水使用；地下水管理和自备井置换；水务监察和执法；水务管理政策具体执行及水务管理相关辅助工作；组织协调街道河长（湖长）开展防汛应急工作、城市内涝积水排除、道路积水封路、道路塌陷和地下管线应急抢险。负责井盖、灯杆、变压器（箱）等城市部件和自来水、电力、燃气、热力等城市运行保障类地下管线的管理和应急维护。

地址：西城区北礼士路12号
邮编：100044
电话：88391546

（尤　佳）

【推进海绵城市建设】年内，完成2018年西城区海绵城市建设工程的前期准备；启动2019年西城区海绵城市建设工程前期调研，完成点位选取、可研报告编制。研究制定西城区关于推进海绵城市建设工作方案，为建立西城区海绵城市建设工作联席会议做准备。

（尤　佳）

【老旧小区内部供水管网改造】年内，按照《北京市水务局关于下达2019年度自备井置换和老旧小区内部供水管网改造工作任务的通知》，西城区完成48处老旧小区内部供水管网改造项目，其中35处为民办实事项目全部如期完成，保障居民生活用水安全、提升居民生活用水质量。

（尤　佳）

【雨洪利用工程】年内计划实施20项雨水利用工程，由于涉及完成国庆保障任务，年内启动6个小区的改造工程，完成4个小区总计8000平方米的透水铺装改造。

（尤　佳）

【编制《西城区海绵城市专项规划》】《西城区海绵城市专项规划》于11月13日通过区政府常务会审议，北京市水务局建议待市级海绵城市专项规划发布后，结合市级海绵城市专项规划做相应修改再向公众发布。

（尤　佳）

【行政执法】2019年是西城区水务执法主体确权后的第一年。水务管理中心受西城区水务局委托，依据《北京市节约用水办法》，对全区洗车站点、用水管理单位开展执法检查300余次，立案45卷，处罚单位7家，处罚金5.11万余元。违法水事案件全部立案查处，查处率达到100%，顺利完成执法案件考核指标。年内，完成水利部和北京市下达的水土保持疑似违规图斑核查工作，联合区水务局相关科室，要求违规单位进行整改。

（尤　佳）

【配合排水集团消除防汛安全隐患】年内，协调北京市排水集团第一分公司和西长安街街道，解决西四北大街方沟占压问题，根据前期调查，方沟内部存在腐蚀及盖板塌陷问题，采取非开挖技术对方沟进行结构修复，加强顶部结构。水务管理中心组织现场查看并记录西四北大街沿线所有占压房屋，协调属地街道对26户占压商户逐一告知改造计划、存在风险等，完成西四北大街方沟改造项目，为区汛期防汛排涝做好准备，为系统解决占压排水设施起到了示范效应。

（尤　佳）

【防汛分指】按照中共北京市西城区委机构编制委员会下发的《关于区城市管理委所属事业单位机构调整设置的通知》精神，水务管理中心承担汛期水务防汛专项分指应急值守任务，水务分指主要负责城区内涝排除，协调市排水集团保障防汛设备高效运行、各防汛抢险单元排水安全有序。结合“清河行动”“清管行动”，掌握低洼院与积水点等隐患台账，确保汛期河湖水系、雨水管网行洪排水畅通，加快组织推进积水点、低洼地区治理等汛后防洪排涝重点水务工程建设，确保汛期发挥效益。从汛前准备开始，年度防汛工作贯穿国庆70周年保障任务全过程，防汛分指坚守岗位，协调各相关单位降低城市内涝风险，做好水务安全监管工作，确保了安全度汛。

年内，汛期累计降雨412毫米，与上年同期降雨量基本持平，降雨次数比上年减少11次，局地降雨强度较大，最强暴雨在9月9日，城区降雨均值94毫米。在应对降雨过程中，按照市区防汛总指要求与实际天气情况，启动防汛备勤27次，累计出动人员135人次。

（尤 佳）

节水工作

【概况】北京市西城区人民政府节约用水办公室（简称区节水办）是主管本区节水工作的具有政府行政职能的事业单位。有工作人员17人。依照法规对驻区用水单位进行计划管理，开展创建市级、区级节水型单位和创建节水型居民社区工作，推广应用节水新技术和改换装节水型器具，组织大型节水宣传咨询和多种形式的节水教育活动。依据有关法规对施工性临时用水指标、园林绿化环卫等临时用水指标、建设项目节水设施验收、水影响评价和建设项目节水设施方案审查进行行政许可审批。

地址：西城区北礼士路12号

邮编：100037

电话：88391672

（陈艾琳）

【西城区用水总量】年内，区节水办按照“以水定城、以水定地、以水定人、以水定产”的原则，严格区域用水总量控制和行业用水效率控制，强化计划用水和定额管理。北京市水务局下达给西城区2019年度新水用量目标值为10800万立方米，西城区新水用量实际值为9507万立方米。相比目标值实际用水量下降11.97%。

（陈艾琳）

【计划用水管理】年内，根据北京市水务局《关于下达2019年度计划用水指标的通知》精神，编制2019年计划用水指标，对出现超计划用水的单位依法征收超定额超计划累进加价费。年内西城区非居民计划用水指标总量为4370万立方米。4月12日，完成全区4679户用水单位的计划指标下达及调整输机工作，年计划用水指标未超出市水务局下达的计划总量。

（陈艾琳）

【用水效率完成情况】年内，市水务局下达西城区万元地区生产总值用水量下降率目标值为3%，实际下降率3.7%。根据北京市节约用水管理中心综合信息平台统计数据，2019年西城区新水用量为9507万立方米，2018年西城区新水用量为9301万立方米。按照公式（1）计算，2019年新水用量发展速度为102.21%。根据西城区统计局提供的数据，2019年西城区GDP发展速度为106.1%。按照公式（2）计算，2019年西城区万元地区生产总值用水量下降率为3.7%。

$$新水用量发展速度（\%）=\frac{本年新水用量}{上年新水用量}\times100\% \quad （1）$$

$$万元地区生产总值用水量下降率（\%）=（\frac{新水用量发水用量}{GDP发展速度}-1）\times100\% \quad （2）$$

（陈艾琳）

【超定额超计划累进加价费收缴】年内，为落实《北京市节约用水管理办法》中“严格实行依法征收双月超指标用水单位累进加价费用”的精神，西城区对区域内用水单位严格执行单月预警、双月加价。全年共收取加价6次，即2018年11至12月、2019年1至2月、3至4月、5至6月、7至8月、9至10月，共计实收142.28万元，征收的加价全部通过北京银行华安支行的加价专户上缴区财政国库科。

（陈艾琳）

【节水创建工作】年内，西城区贯彻落实《北京市人民政府关于全面推进节水型社会建设的意见》，完成创建节水型单位共60个，其中市级节水型单位30个、区级节水型单位30个，创建完成率为100%。完成水平衡（合理用水分析）测试的验收工作。

（陈艾琳）

【节水行政许可】年内，区节水办行政许可窗口共受理行政许可310件，受理的节水行政许可全部在办理时限内办结完毕，群众满意率100%。

（陈艾琳）

【节水器具推广】年内，投入资金17.3万元，在老旧居民小区完成1000套（件）节水便器水箱及配件的换装任务，是区政府折子工程与为民办实事项目。投入资金20.65万元，在老旧居民小区完成7000个高效节水型限流器的换装。

（陈艾琳）

【加大环卫、园林作业中水利用】年内，区节水办协调排水集团，在园林市政管理中心和环卫中心的大力支持下，加大中水作业利用率，区环卫中心在原有3处中水取水点（南护城河沿线）基础上，又增加2处中水取水点，5处中水取水点，每天取中水近500立方米，同时与园林市政管理中心协调增加2处中水取水点，均在南护右安门桥辅路附近，用于绿化浇灌。

（陈艾琳）

【节水宣传】3月22日，在金中都公园北门广场，中国水利学会、北京市水务局、西城区水务局、西城区白纸坊街道、牛街街道办事处等单位联合举办主题为“节水优先、空间均衡、系统治理、两手发力”的世界水日宣传活动；5月15日全国城市节水宣传周期间，通过开展各类主题活动，以参观节水展馆、组织交流座谈、播放宣传片等形式，将节水理念宣传进校园、进社区、进机关等，倡导居民节约用水；10月16日，西城区水务局举办全区259名管水员工作交流会；12月6日为北京结核病控制研究所的员工们进行节水宣传教育培训；在2019年全国节约用水知识大赛情况通报中，西城区水务局获得优秀组织单位第十名。

（陈艾琳）

【节水检查】年内，针对超计划用水单位，主动下户，查找超水原因，提出整改意见，对上半年用水量超计划30%以上的用水户进行3次约谈，并在创建节水型单位验收工作中、在高峰月用水期间（7–9月）进行节水检查，有效避免出现浪费用水情况，加强节水“五杜绝”检查，对用水大户（施工、环卫等）重点巡查。

（陈艾琳）

消防工作

【概况】北京市西城区消防救援支队（简称西城消防救援支队）根据中华人民共和国第十三届全国人民代表大会一次会议批准的国务院机构改革方案要求，全国公安消防部队官兵全体退出武警部队序列，现役编制全部转为行政编制划归应急管理部，成立中华人民共和国应急管理部消防救援局。2019年为消防队伍三年改革过渡期的第一年。西城消防救援支队下辖9个消防站（含机关应急通信与车辆勤务站），30座专职小型站，支队共有1043人（其中消防指战员400人、文职66人、专职577人）。完成全国“两会”“第二届‘一带一路’国际合作高峰论坛”、世界园艺博览会、亚洲文明对话大会、新中国成立70周年消防保卫任务，保证全区在重大活动期间未发生有影响的火灾事故。全年共计接警2062起，出动车辆3572辆次，出动警力21783人，抢救被困人员76人，疏散被困人员104人，直接财产损失118.54余万元，参战人员零伤亡。在消防执法过程中，累计检查单位20638家，督促整改火灾隐患26703处，下发整改通知书1.58万份、处罚决定书686份，查封524处，“三停”202家，处罚667.17万元，拘留32人；截至年底，西城消防救援支队新建成12座专职小型站，共计30座小型站全部投入使用。年内共有39人立个人三等功，3人立个人二等功，4人被授予北京市筹备和服务保障中华人民共和国成立70周年庆祝活动先进个人，2个单位立集体二等功，153人获安保之星、岗位标兵等称号。

地址：西城区南纬路南巷5号院1号楼
邮编：100050
电话：83197411

（唐赵凯）

【全员岗位大练兵】1月2日，消防总队考核组到西城支队开展战训交叉考核工作，支队全体指战员参加考核。考核内容为支队机关以3000米长跑、俯卧撑、仰卧起坐等科目，基层中队考核5000米负重跑、60米肩梯跑等科目。1月7日，召开2019年司令部工作部署会暨全员岗位练兵工作调度会，司令部各科室负责人、各大队教导员、各消防站站长和小型站站长参加。出台《专职消防员考核办法》；会议决定，将依据本次调度会内容和前一阶段总队交叉考核结果，重点围绕提升全体指战员、专职消防员的体能达标率，通过半月一小考，每月一大考的方式进行考核；1月14日，区消防救援支队组织开展9项体能科目示范现场会，司令部相关科室人员及支队所属中队、小型站骨干代表参加。对5000米负重、400百米疏散物资、负重10楼、百米负重跑、绳索攀爬、60米肩梯、搬运重物折返跑、单杠卷身上、双杠臂屈伸等9项科目进行现场教学，对各项科目训练方法、重难点和易出现问题的进行详细讨论和讲解。12月6日，利用一周时间组织所属8个基层消防站、机关消防员250余人，开展全员岗位大练兵体能达标考核。400余名指战员、500余名专职人员参加，组织各类专项集训10余场次，完成各类考核23次，召开岗位大练兵工作调度会4次，全员体能达标率为90%以上。

（唐赵凯）

【消防安全工作座谈会】 1月14日，西城区组织召开中央及国家机关驻区单位和驻区部队消防安全工作座谈会。56家驻区中央及国家机关单位和38家驻区部队主管消防安全工作的领导参会，副区长、区防火委主任、公安分局局长刘国周出席会议并讲话，会议由西城消防救援支队支队长李兴华主持。与会人员观看了区典型火灾事故视频片，工信部领导就近期发生的火灾事故做了剖析发言，中宣部、中直管理局、国管局、解放军新闻传播中心等参会领导做消防管理经验交流发言，李兴华简要分析了2018年西城区火灾形势，对2019年消防重点工作进行具体部署。

（唐赵凯）

【广安西里平房火灾战评会】 1月16日，区消防救援支队组织召开西城区“1·15”广安西里41号平房火灾扑救战评会。区消防救援支队全勤指挥部及各消防站、专职小型站人员参加会议，司令部参谋长王永波主持。火场基本情况：1月15日5时50分，区消防救援支队接总队119指挥中心调度命令，位于西城区广安西里41号平房冒烟。区消防救援支队全勤指挥部、广安门、校场口、东经路消防站，四平园、白纸坊专职小型站12部车，78名指战员到场处置。经现场核实：起火地址为广内大街广安西里41号平房起火，燃烧物为家具和床，过火面积11平方米，火灭时间为6时41分，现场死亡2人，火灾原因为电动车电瓶内部故障引发。参战人员总结了火灾扑救过程中存在的问题，各参战单位分别对火灾的扑救情况进行了详细的介绍，指挥中心播放了现场火灾扑救的视频片，各单位重点针对灭火过程中的战斗指挥部署、火情侦查、人员搜救、战术运用、协同作战、现场纪律作风等环节进行讨论，主战消防站及增援消防站的前后方指挥重点就火情侦查、火灾现场情况信息报送、人员搜救，进行了剖析，支队战训部门进行了点评。会后，支队指挥中心组织各消防站、专职小型站专勤员就火场情况的信息报送进行培训。

（唐赵凯）

【“五一”消防安保工作】 4月27日晚，区消防救援支队开展“五一”节前全区夜查行动，主要对辖区人员密集场所、酒店和宾馆饭店进行消防安全检查；期间，重点对消防器材、安全出口标识、厨房排烟系统等情况进行了检查，并对单位负责人对消防常识的掌握情况进行抽查；4月30日，区消防救援支队对马连道茶城进行消防安全检查。下午，西城区区委书记卢映川带队到西直门凯德MALL、北京动物园进行节前安全检查。5月4日，西城区常务副区长孙硕带队到西单汉光百货进行检查。期间，重点检查各单位应急疏散小分队建设、消防控制室、自动消防设施、防火巡查记录等运行情况。“五一”期间，消防支队每日共部署消防车83部，上勤722人；消防检查单位356家，发现各类隐患526处，督促整改火灾隐患552处，下发处罚决定书13份，处罚15.5万元。

（唐赵凯）

【消防公益宣传启动仪式】 6月12日，区消防救援支队联合顺丰速运集团和京东物流公司举行“投身消防公益”宣传活动启动仪式，李兴华及顺丰集团北京公司副总经理姚宏旭，京东物流华北区市场公关部高级总监张涛等领导出席启动仪式并讲话，启动仪式由西城消防支队防火监督处处长张浩主持。顺丰集团和京东物流负责人表示，将全力配合开展消防宣传工作。李兴华和副支队长杨战军分别同顺丰集团和京东物流签署战略合作协议，为快递员代表颁发佩戴西城区义务消防志愿者徽章，并张贴消防安全提示标语和“三自”（自查、自改、自知）隐患排查提示标识。

（唐赵凯）

【国庆70周年消防安保任务】年内，区救援消防支队承担辖区内制高点64处及行车路线周边200米区域、焰火燃放，涉及5个高空阵地、29个高空特效阵位和4个备选阵地、10处群众游园公园、北京展览馆成就展现场、4处军机迫降点等任务。以长安街为界线，成立南、北两个总指挥部，将辖区划分为13个片区，实现扁平化指挥，全体指战员下沉各片区，每个片区由一名党委成员或部门副职作为片区指挥长，全面负责片区内国庆安保工作。自8月15日零时起，13个片区分指挥部实体运行，国庆期间每日共部署消防车96部674人；自8月15日零时至10月7日12时，全区组织6次大兵团检查模式，出动各类检查巡查力量2.9万人次，检查单位、社区3200余处，建立各类工作台账12类，开展演练拉动1350次，完善各类预案120余份。辖区15个街道设立288人的消防大网格、1758人的中网格力量及11177人的1277个小网格，组织消防志愿者、西城大妈等群防群治力量，开展入户宣传和日常巡逻检查工作。全区创新建立“秒级响应”机制，区防火委制定出台《西城区社区微型消防站建设运行考评方案》，各街道依托街巷物业、小区物业、消防安全重点单位组建782组微型消防站，队员3000余名。政府投入320万元配备1600部电台，由消防部门整合消防中队、街道小型消防站、微型消防站整体组网，构建西城区应急救援处置“秒响应”体系，实现突发火情一键调派，有效缩减接处警、力量调度、现场处置各阶段衔接时间，8月份至国庆安保结束，支队应急“秒响应”工作快速处置消防警情30余起。

（唐赵凯）

【“119”消防宣传启动仪式】11月8日，在纪念习近平为国家综合性消防救援队伍授旗并致训词一周年之际，围绕“防范火灾风险、建设美好家园”主题，在陶然亭公园举行第29届“119”消防宣传月启动仪式。市、区两级公园管理处、区人大、应急及消防部门负责人和400余名群众到场参加。启动式上，区消防救援支队与金中都公园、万寿公园、大观园、宣武艺园、月坛公园、双秀公园、人定湖公园的负责人签订《消防进公园合作协议书》；陶然亭街道办事处领导宣读陶然亭、天桥等街道获得“秒级响应”力量先进单位和先进个人名单；与会领导为受表彰单位及个人颁发荣誉证书。现场播放支队写实纪录片《平凡守护》，展示50余种各类消防主战车辆和装备器材；介绍电动车火灾的危险性以及预防措施；对火灾隐患举报回复处置流程和全市大力推广的“接诉即办”机制进行详细说明；消防打卡墙区域设置以消防为主题的合影留念区。

（唐赵凯）

【辖区冬防期间夜查行动】11月20日晚，区消防救援支队分成15组，对辖区人员密集场所开展冬防期间夜查行动，重点检查微型消防站值班人员在岗值守情况、群防群治力量巡逻防控措施落实情况，严查电动自行车违规充电、违规存储使用液化石油气罐、消防设施损坏、堵占消防通道、楼道院落堆放可燃杂物等违法违规行为。对小区周边单位开展拉网式消防安全检查，先后对15个街道的商市场、宾馆饭店、夜间娱乐等重点场所进行检查，采用全面检查和重点抽查相结合。针对西城区辖区特点，依托各个社区和重点单位的消防警务工作站，发动、组织消防志愿者、专职巡防队等300名群防群治人员力量，在商市场等人员密集区域进行巡防巡控，开展消防宣传活动、发放消防知识手册，形成流动防火宣传岗哨。当晚检查单位75家，发现火灾隐患165处，约谈15家，三停2家。发放消防宣传材料500余份，受教育群众300余人。

（唐赵凯）

【消防宣传教育】年内，区消防救援支队与中共中央组织部举行消防119主题日活动，为中办所属各业务局开展消防培训和体验日活动3场次，并建立长期合作机制。对广电总局、中央广播发射二台、中土部、全国总工会、工商银行总行、人保大厦、新华大厦等机关单位宣传培训总计423家，对职工之家、中友商场、唐兰雅秀等公众场所2661家及社区、学校、建筑工地、餐饮等夏季火灾高发场所有针对性地开展消防安全用电讲座、烟道起火如何扑救、应急逃生演练等活动1120次；对辖区重点单位微型消防站进行培训、拉动1324次；对鳏寡孤独人员入户宣传1.1万余户，参与各类活动共2.1万余人次，发放宣传材料10万余份。2月2日，组织街道防火监督员设计印制《致广大居民的一封信》及《家庭防火提示卡》，联合物业、超市、快递公司等单位及天桥街道微型站，以“手递手”发放、挨家挨户粘贴的形式开展消防宣传。3月4日，为提高“两会”期间全民消防意识，在住地酒店闭路电视中播放酒店公益消防安全视频短片，在住地大厅等显著位置设置消防宣传流动服务站，摆放消防宣传易拉宝，发放消防宣传材料2万余份，并协调住地周边及沿线的防灭火警力，在沿线张贴宣传海报1.5万余张。4月23日，在北京市实美学校开展消防安全进校园活动，全校400多名师生有序开展疏散演练。5月12日，组织金融街中队、白云路小型消防站、金融街小型消防站、西单小型消防站40余名指战员使用8辆车，在金融街购物中心开展大型人员密集场所灭火疏散逃生演练。6月15日，联合德胜街道在北京七中组织举办第六届消防运动会。运动员由驻区的300余家单位、23个社区参赛人员及有关工作人员500余人组成，包括男、女子100米手持灭火器灭火、女子50米穿戴消防服、团体三人两节水带连接赛、4人水桶接力灭火等9项个人及团体比赛项目。

（唐赵凯）

【学校消防宣传教育专项活动】 年内，区消防救援支队与区教委深度合作，联合印发《西城区中小学、幼儿园消防安全知识宣传培训工作方案》（以下简称《方案》），同步发行配套手册《消防进校园》；并成立中小学幼儿园消防安全知识宣传教育领导小组，组长由西城区委教工委副书记、区教委主任赵蓬欣、李兴华担任，副组长由区委教工委调研员黄国平，区消防救援支队防火监督处处长张浩担任。全区所有中小学幼儿园分别成立由校长（园长）为组长的消防宣教活动小组。《方案》要求各学校采用学生易于接受的方式方法，编制一本消防安全教辅读本，制作一批优秀PPT课件，培养一批安全宣传课优秀教师；每个学校每个月至少要开展一次消防安全宣传教育课活动，全年的宣教活动不少于8课时；在每个班指定1人，每个年级指定3至5人，每个学校指定8至10人组建消防宣传员队伍，对学生烧垃圾、树叶、废纸等不安全玩火行为进行劝阻；利用“北京西城消防”官方微信、抖音开展消防队站在线预约参观活动，请指战员到学校讲课交流；在校园文化节、体育运动会中，融入消防竞赛或消防表演。有体育场馆、专业教室等场地的学校，由区消防救援支队提供流动消防宣传车开展消防宣传培训；发挥校内微型消防站作用，建立校园消防安全知识宣传科普园，结合实际完善消防应急处置措施，定期组织开展校内应急灭火和疏散逃生演练；借助每年的“全国中小学安全教育日”“119消防日”等主题日活动，在全区小学中开展一次消防知识竞赛和消防安全书画评比活动，取学区比赛的前3名学校和学校自评的前5幅作品参加区级比赛。年内，全区61所小学均已开展了普遍性的消防培训，其中10所学校率先开展了暑期消防夏令营的部署工作，以2000个学生家庭为代表，率先部署开展“小手拉大手”和家庭隐患排查工作。

（唐赵凯）

公用事业

燃气供应与管理

【概况】 北京市燃气集团有限责任公司（简称北京燃气集团）是国有独资公司，业务范围覆盖从燃气输配、销售、科研、设计、施工到燃气设备制造的完整业务领域。注册资金58.84亿元。年内，北京燃气集团天然气购入量172亿立方米，销售量166亿立方米；实现营业收入420亿元，利润总额42亿元。截至年底，北京燃气集团运行管线2.43万公里，京内调压站（箱）23768个，供应区域覆盖北京各城区和所有郊区县。

地址：西城区西直门南小街22号

邮编：100035
电话：66205589

（代伟丽）

【境内燃气供应与管理】北京市燃气集团有限责任公司第一分公司（简称第一分公司）经营范围包括燃气供应与销售，销售燃气设备用具、燃气专用设备和施工材料，检测、检修、安装燃气设备，燃气及热力技术的开发、转让、咨询、服务。担负市场开发管理，新用户发展管理，用户服务管理，燃气销售管理，区域内管网的运行、维护、带气作业及急抢修作业（中压A级以下压力级别）、基建和技改工程以及外线拆改迁工程管理等职能。管辖范围为北京市二环以内地区。市燃气第一分公司户内服务二所下设西直门、黄城根、温家街燃气服务中心以及前三门急修班，职工113人。管辖区域为二环以内原西城区范围。年内，户内服务二所承担二环以内西城区160343户民用户和2116个公共服务用户（简称公服用户）的燃气设备维报修、巡检、计量仪表管理、新用户发展任务和二环以内燃气用户的收费业务及二环以内西城区的突发抢修任务。市燃气第一分公司运维工程所（简称运维工程所）下设管网运维、泄漏检测、带气作业、应急抢修四大业务6个班组，职工111人。年内，运维工程所承担二环以内西城区547.52公里燃气管线及设备设施的运行维护、泄漏检测、急抢修、施工配合及带气作业任务。第一分公司地址：东城区忠实里西区6号楼，邮编：100022，电话：64021605。户内服务二所地址：西城区太平街6号富力摩根中心D座1022，邮编：100031，传真电话：63055099。运维工程所地址：东城区永定门中街5号，邮编：100050，电话：67351246。

（田　欣）

【居民天然气销售价格调整】年内，北京市发展改革委根据国家发展改革委《关于调整天然气基准本站价格的通知》（发改价格规〔2019〕562号），下发《关于调整本市居民天然气销售价格的通知》（京发改〔2019〕1543号）。自11月15日起本市管道天然气居民销售价格下调0.02/立方米。第一档2.61元/立方米，第二档2.83元/立方米，第三档4.23元/立方米；执行居民价格的非居民户2.63元/立方米。

（田　欣）

【非居民天然气销售价格调整】年内，北京市发展改革委根据本市非居民天然气门站价格浮动情况，下发《关于调整本市非居民天然气销售价格的通知》（京发改〔2019〕1544号）。自11月15日至2020年3月15日本市非居民用管道天然气销售价格上浮0.26元/立方米，自2020年3月16日起取消上浮，价格下调0.02元/立方米。发电用气采暖季浮动价格2.57元/立方米，采暖季后价格2.29元/立方米；城六区供暖、制冷用气采暖季浮动价格2.75元/立方米，采暖季后价格2.47元/立方米；城六区工商业用气采暖季浮动价格3.15元/立方米，采暖季后价格2.87元/立方米；供居民用气压缩天然气加气母站采暖季浮动价格2.12元/立方米，采暖季后价格2.21元/立方米；供非居民用气压缩天然气加气母站采暖季浮动价格2.61元/立方米，采暖季后价格2.33元/立方米。

（田　欣）

【老旧小区抗震加固改造工程】年内，第一分公司继续配合市区政府开展居民楼改造专项工作，改善辖区居民生活条件，共报装西城区老楼39栋2343户，完成35栋2138户。未完成4栋205户。

（田　欣）

【棚户区改造工程】年内，第一分公司棚户区改造工程主要为西城区菜园街及枣林南里、光源里地区。共报拆46栋楼，2699户。已切除拆除41栋楼2340户，5栋楼359户未切线。

（田　欣）

【接诉即办】年内，原有用户反馈机制升级为“四个一”办结制——“接单后1分钟内完成工单转派工作；10分钟内与用户完成首次联系沟通；影响用气的紧急性诉求立即响应，4个小时内办结；用户诉求在1日（24小时）内办结，一次性解决。完成西城区内3家服务中心的标准化建设，中心为来办理业务的用户提供“一窗受理、内部协调、快速反馈”的集成服务，并设置便民爱心角，为有需要的用户提供便民物品。

（田　欣）

【管网信息】年内，二环以内的西城区管线总长度为547.52公里，有636座调压站箱、819座闸井。完成宣西大街24号楼、大木仓35号院、三庙街2号楼3项户内锈蚀管改造工程，惠及550户居民；太仆寺街1190米低压线改造工程，消除了沉积多年的燃气管网及设备设施的安全隐患。

（田　欣）

【用户巡检】年内，户内服务二所完成二环以内西城区86884户民用户安全巡检工作，其中入户巡检64204，入户率73.9%，更换胶管1107根，发现问题36255个，发放巡检告知单26791张，现场维修3872个，完成公服巡检7875块表，用户维报修10528次。

（田　欣）

【黄城根燃气服务中心】户内服务二所黄城根燃气服务中心（非居民）负责二环以内西城区2116户公服用户的安全巡检、拆改迁装、户内停复气和竣工通气、查表收费、维报修、急抢修、燃气卡相关业务、终端燃气产品及零配件销售及售后、燃气保险销售、整体厨房设计、燃气业务咨询等，并提供预约巡检、燃气具安装、维报修等预约服务工作。地址：西城区西黄城根北街5号，电话：66170930。

（田　欣）

【西直门燃气服务中心】户内服务二所西直门燃气服务中心（民用）负责二环以内原西城区54118户居民用户的安全巡检、查表收费、维修、燃气卡相关业务、终端燃气产品及零配件销售及售后、燃气保险销售、整体厨房设计、燃气业务咨询、居民用户的通气、停气、复气、降压作业通知等，并提供预约巡检、燃气具安装、维报修等用户服务工作。地址：西城区西直门南小街16号，电话：66176311。

（田　欣）

【温家街燃气服务中心】户内服务二所温家街燃气服务中心（民用）负责二环以内原宣武区106225户居民用户的安全巡检、查表收费、维修、燃气卡相关业务、终端燃气产品及零配件销售及售后、燃气保险销售、整体厨房设计、燃气业务咨询、居民用户的通气、停气、复气、降压作业通知等，并提供预约巡检、燃气具安装、维报修等用户服务工作。地址：西城区温家街2号院，电话：66176268。

（田　欣）

热力供应与管理

【概况】北京市热力集团有限责任公司西城分公司（简称热力西城分公司）设有七部一室：党群工作部、办公室、财务部、人力资源部、供热生产部、安全保卫部、技术设备部、经营部，下辖4个基层供热服务中心，14个服务站，有职工775人。担负着西城区集中供热的热力站及二次线、楼内系统的运行管理；用户服务、节能降耗及热费收缴；对接街道办事处供热相关政府机构提供供热服务。截至年底，管理热力站743座、供热面积3558万平方米；完成专项资金改造项目273项、两项资金项目2项；开展中小修项目26357项；组织供热服务进社区活动1342场，为用户提供供热政策宣传、入户维修、入户巡检、散热器推广及热费收缴等便民服务。

地址：西城区玉桃园二区16号楼

邮编：100035

电话：59250900

（张春怡）

【供热服务】热力西城分公司服务对象有中南海、人民大会堂、国家大剧院、金融街等重点用户，也有月坛地区、前三门地区、槐柏树地区、牛街地区等老旧小区的普通居民。年内，本着“安全稳定供热，优质高效服务”的企业宗旨，为各级党政机关和普通百姓提供服务。设立4个基层供热服务中心：车公庄供热服务中心、月坛供热服务中心、金融街供热服务中心、槐柏树供热服务中心。各中心职责：负责中心管辖热力站及二次线、楼内系统的运行管理，用户服务、节能降耗及热费收缴，对接街道办事处供热相关政府机构提供供热服务。车公庄中心办公地址：西城区西直门南大街21号楼北侧热力站，电话68332531；月坛中心办公地址：西城区展览路北露园甲3号，电话68320997；金融街中心办公地址：西城区西便门西里2号楼旁热力，电话83116560；槐柏树中心办公地址：西城区广安门内街道槐柏树街北里8-1号，电话83118219。

（张春怡）

【供热服务站】年内，热力西城分公司下辖14个热力服务站，分别是：车公庄中心的大百科服务站，地址：西城区阜成门北大街15号楼北侧，电话68353016；桃园服务站，地址：西城区玉桃园一区12号楼，电话82211136；万明寺服务站，地址：西城区月坛北街南营房一区，电话68027717；车公庄服务站，地址：西城区西黄城根北街甲2号北京四中，电话66161849；月坛中心的三里河服务站，地址：北京市西城区复兴门外大街29号楼北侧粥立方后身热力站，电话13321137839；811厂服务站，地址：西城区木樨地北里丙4号楼旁热力站二层，电话13321136537；青年公寓服务站，地址：西城区三里河东路甲14号院旁热力站二层，电话18911013518；金融街中心的西长安街服务站，地址：西城区灵境胡同12号院，电话66066771；广内服务站，地址：三庙街顺河一巷甲23号对面，电话83122021；秘书局服务站，地址：北京市西城区真武庙三里2号楼；北京热力办公点，电话68020810；槐柏树中心的中心白纸坊服务站，地址：白广路东里5号院内热力站，电话63568330；西城区广安门内大街338号港中旅酒店院内，电话83553381；牛街服务站，地址：牛街东里1区1号楼旁，电话83523511；广外服务站，地址：西城区广外马连道中街甲16号，电话：63360807；椿树服务站，地址：南新华街25号楼后（一得阁墨汁后身），电话63166672；宣武门外东里1号楼西侧，电话83172823。

（张春怡）

电力供应与管理

【概况】国网北京市电力公司（简称国网北京电力）是国家电网有限公司的子公司，负责北京地区1.64万平方公里范围内的电网规划建设、运行管理、电力销售和供电服务工作。下辖二级单位32个，包括供电公司16个、业务支撑机构13个、其他单位3个。年内，完成售电量1061.59亿千瓦时，同比增长2.37%。

地址：西城区前门西大街41号

邮编：100031

电话：63121114

（邢　蕊）

【电网概况】年内，有电厂37座，机组294台（含124台风机+73台光伏逆变器），总装机容量11539.29兆瓦。北京地区运行的110千伏及以上变电站564座，变压器1432台，变电容量136729.3兆伏安。北京电网有110千伏及以上架空线路697条、7531.39千米。开展“十四五”电网规划研究。首次开展北京电网500千伏网架仿真计算，完成北京东、北京西特高压扩建分母方案及北京500千伏独立双环网可行性相关专题研究；推动电网中长期规划，583座变电站纳入各分区总体规划。编制城区、通州公司重点城市电网规划，梳理公司特级、一级重要用户网架，编制局部电网专项规划方案。取得重点工程核准手续58项，规划意见38项，环评、水评、用地预审等361项。

（张　晶）

【电网建设】年内，开工110千伏及以上输变电工程33项，新建变电容量525.95万千伏安、线路336.19公里；投产110千伏及以上输变电工程51项，新建变电容量1083.5万千伏安、线路808公里；新机场9项工程全部投产；冬奥会11项工程全部开工，其中已投产10项；副中心投产4项；新首钢投产3项；京张高铁2座牵引站外电源工程按期投产。马坡220千伏变电站工程获得国网公司输变电优质工程金奖、北京东特高压至顺义500千伏线路工程、三星庄110千伏变电站工程获得国网公司输变电优质工程银奖。

（王小峰）

【营销工作】年内，优化电力营商环境，审批时间由15天降至5天；接电环节由3个减至2个，推动我国“获得电力”指标排名提升至第12位。“精简办理接电流程，提高电费透明度”写入世行营商环境报告。客户用电线上报装、“三零”服务、移动作业终端实时响应服务、“双经理制”等4项改革被国务院列为典型经验在全国推广。为9.48万户提供“三零”服务，惠及小微企业1.79万户。完成电能替代电量30亿千瓦时，同比增加5.08%。打造“1+4”综合能源产品体系，营业收入1.71亿元，同比增加71%。完成198个村、6.2万户“煤改电”配套电网升级改造，本采暖季用电量74.26亿千瓦时，同比增长11.73%。建设完成10项公交车充电站外电源，私人充电桩接电2.7万户，服务电动汽车30.89万辆，提供充换电服务931.19万次，充电量1.53亿千瓦时，服务里程57854千米，实现CO_2终端减排16.07万吨。新增接电容量1081.38万千伏安、用电客户31.32万户，拉动电量增长3.6%。调整实际最大需量用户基本电费计费规则，退还电费1350.36万元。落实一般工商业价格调整政策，减收电费8.63亿元。开展第二批市场化交易，北京地区参与交易用户扩大至846家，减收电费4.03亿元。落实居民阶梯电价“一户多人口”政策，惠及7.54万人。开展采集性能提升，购电下发时长由年初的3.81分钟降至1.9分钟。完成电能表停电记录接口和继电器接口的功能改造。全面完成4G采集设备升级工作，更换2G信道采集设备和模块5.7万个，基本实现4G采集终端的全面覆盖，采集抄通率提升至99.65%。完成HPLC换装200万户。

（耿　涛）

【宣传报道】年内，国网北京电力对外集中新闻发布66次，与国家电网有限公司总部联动发布13次，传播重点议题42项；在各类媒体发稿2800余篇次，其中中央主流媒体发稿250余篇、《人民日报》66篇、新华社62篇、中央电视台播出时长134分钟。

（刘丽娜）

【安全生产】年内，开展安全责任清单公示、培训，落实安全痕迹化管理办法，加强各部门、各单位、各岗位安全履责记录的常态化备案，确保履责记录规范、完整、可追溯。落实管生产经营必须管安全、管业务必须管安全、管项目必须管安全的工作原则，开展各级领导班子安全述职、管理人员安全履职评价；建立安全巡查制度，重点对安全责任履职、安全机制运转、安全投入保障等开展巡查。完成保电任务203项、保电335天。完成143座变电站、1096公里输电线路达标整治；完成1500台柱上断路器和4700套二遥故指加装，实现配电线路自动化100%覆盖，配网故障同比降低35.7%，户均停电时间下降35.1%。完成500千伏昌海线、长安街与世园会电力隧道物联网试点项目，在天安门广场、新机场、冬奥会等核心区域，推进设备侧物联网建设，深化两级运检管控体系运转，应用智能运检管控平台、班组移动作业等技术手段，实现省市两级作业现场不间断监控和全过程监管。启动电气设备消防管理提升3年行动计划，完成656座变配电站室、141公里电缆隧道消防改造升级；建设变配缆一体化消防监控平台，实现火灾信号24小时不间断监控。

（宗晓茜　李戎）

【国庆70周年保障】落实“五个最”要求（最高的标准、最有效的组织保障、最可靠的技术措施、最饱满的精神状态、最严明的工作纪律），实现“精精益求精，万万无一失”应用全工况移动式SSTS成套装备、大容量UPS及飞轮储能车等装备，实现重要敏感负荷不间断供电全覆盖。成立电能质量监测团队，通过多工况负载特性试验、大负荷测试、不间断供电装备状态监测等，反复优化重要负荷供电方案，掌控装备运行状况，提升大型活动保障的装备应用水平。开发应用政治供电管理系统，拓展配电自动化接入，运用800兆、应急多媒体等系统，实现保电任务全过程管理、现场全流程监视。沿用日督导、周协调、月调度，实现保障期间24小时不间断运转模式，建立前线保障指挥部，编制各保障点位的“两图两表”和“一岗一案”。天安门广场区域完成“524”供电可靠性提升工程，改造配电站室8座，新增容量1260千伏安。更换华灯常备大截面铜芯电缆15.1千米，载流量提升116%。改造华灯基座电源箱243座。

（李　戎）

【城区供电】国网北京城区供电公司（简称城区公司）是国网北京市电力公司直属大型重点供电企业，成立于1987年2月25日，负责首都核心区（东、西城两个行政区）93平方公里、32个街道、200万人口、91万客户的供电服务保障，肩负着确保党政军首脑机关、重大国事外事活动和城市运行安全可靠供电的任务。城区公司内设职能部门11个、业务机构9个（其中“营配合一”城市供电服务中心“5+1”个）、受托管理集体企业1家，全口径用工896人（其中主业全民职工497人，集体企业工48人、集体企业直签工351人）。城区公司辖区内有220千伏变电站6座、容量3840兆伏安，110千伏变电站32座、容量5452兆伏安，110千伏线路101条、均为电缆线路。10千伏配电站室657座（开闭站146座、配电室511座）、公变7449台、总容量4301.1兆伏安，10千伏电缆4575公里、架空线路231公里，电缆化率94.56%。城区公司地处首都核心区，供电服务特点显著，主要体现在“三多一大”。一是重要客户多、责任压力大。辖区内二级及以上重要客户287户，其中中南海、人民大会堂等特级客户16户，中纪委、中宣部等一级客户113户，占北京公司近三分之一；常态化客户98户，占北京公司70%，其中常态B+类（首长住地）客户38户。国家部委、国际金融、国企总部大都汇集于此，仅金融街地区就聚集了中国人民银行等数百家金融监管部门。二是政治活动多、保电任务重。随着首都“四个中心”功能定位不断深化，国事外事活动频次、保电级别标准逐年提升。近年来，平均每年完成全国“两会”等上级下达政治保电任务80项、220天，承担中南海、人民大会堂等重要机构常态保电任务2400项、340天，基本实现政治保电“全天候、全时段”。三是客户群体多，服务标准高。辖区内分布着历史文化保护区、各民族居住区、高端商业区及疏解腾退区，还有28万户平房“煤改电”居民、43个集中供暖单位，客户差异化需求多、维权意识强，对办电时限渠道、用电感知体验、冬季供暖保障以及服务信息主动告知、故障停电快速恢复、综合能源服务等都有较高要求。四是负荷密度大，城市占比高。负荷密度达到2.59万千瓦/平方公里，约是北京市平均水平的20倍，其中第三产业和居民负荷占比高达96%，居全国首位；夏季历史最大负荷为256.5万千瓦（发生在2017年7月13日）约占北京市最大负荷的1/9，冬季最大负荷203.0万千瓦（发生在2018年12月27日）约占北京市最大负荷的1/10。公司获评首都劳动奖状、北京市筹备和服务保障中华人民共和国成立70周年庆祝活动先进集体、国网公司先进集体，党委获国网公司红旗党委，共青团委获国网公司五四红旗团委，调控中心配电运营指挥室获评全国青年安全生产示范岗，孙艳飞获国网公司劳动模范。年内，城区公司实现售电量102.67亿千瓦时，城市供电可靠性99.9952%。地址：西城区西直门南小街174号，邮编：100034，电话：63128718。

（李　根）

【境内供电及用电量】年内，西城区售电量61.6亿千瓦时，其中工业电量1.48亿千瓦时，建筑业0.81亿千瓦时，交通运输、仓储和邮政业3.44亿千瓦时，信息传输、软件和信息技术服务业1.94亿千瓦时，批发和零售业5.07亿千瓦时、住宿和餐饮业4.37亿千瓦时、金融业2.06亿千瓦时，房地产业12.88亿千瓦时、租赁和商务服务业2.18亿千瓦时、公共服务及管理组织14.10亿千瓦时，城乡居民生活用电13.23亿千瓦时。

（李　根）

自来水供应与管理

【概况】北京市自来水集团有限责任公司（简称市自来水集团）是北京市政府所属国有独资公司。主要负责北京市区和部分郊区自来水生产供应，兼营再生水、部分郊区污水处理、供水工程设计、施工、安装、管网抢修、管件器材、水表制造、供水材料贸易等业务。截至年底，日供水能力485万立方米，管网总长度14058公里，供水服务面积1174平方公里，供水用户530余万户；自来水销售量10.51亿立方米，营业收入64亿元；再生水销售量1562万立方米，污水处理量1101万立方米。

地址：西城区宣武门西大街甲121号

邮编：100031

电话：66410088

（罗　婧）

【重大活动保障】年内，完成新

中国成立70周年庆祝活动、全国“两会”、第二届“一带一路”国际合作高峰论坛、北京世界园艺博览会和亚洲文明对话大会等重大活动、节日供水保障39次，保障时长262天。70周年国庆期间，成立服务保障领导小组及7个专项工作组，制定保障工作专项方案，先后完成香山地区供水管网完善工程、重装荷载碾压试验、1.9万余座管线附属设备设施检查维护、729块3654米的钢板铺设等工作，妥善处理阅兵村突发水微事件。制定世园会供水保障方案，启用南菜园配水厂并建设应急供水管线，保障园区安全供水。

（罗　婧）

【供水情况】年内，建成通水第十水厂、黄村水厂，日供水能力增加35万立方米。完成294项迎高峰维修计划，应对中心城区362.9万立方米历史新高水量，实现供水12.63亿立方米。如期建成通水北京大兴国际机场供水干线。全面推进北京城市副中心供水设施建设，保障市级机关正式入驻需求。建成永丰路DN600上水工程，有效缓解北清路地区高峰用水压力。实现冬奥首钢赛区和冬奥组委会办公区水源切换为集团供水。完成自备井置换316个、老旧小区改造397个，关停自备井135眼，30.65万人供水品质得到提升。完成首钢集团石景山职工家属区、京煤集团河北镇职工家属区、航天三院云岗地区职工家属区供水设备设施现场接收；完成中国北方车辆研究所职工家属区供水分离移交实施协议签署；启动首都机场生活区供水分离移交工作；完成98个在京央企、市属国企“三供一业”供水设备设施分离移交技术改造方案论证和项目立项。

（罗　婧）

【水质管理】年内，总结南水运行经验，针对季节性水质特征完善预氧化、强化混凝等技术措施，安全取用南水6.7亿立方米；南水北调干线北京段自11月1日起进行检修，通过采取加密监测、强化调度等措施，实现水源平稳切换、水质全程可控。完成水质管理与控制标准体系建设项目，完善水质在线监测仪器运行管理制度，新增管网水质监测点44个，从源头到龙头全过程的水质监管体系更加完善，水质综合合格率达100%。

（罗　婧）

【管网安全】年内，以老旧小区内部供水管网改造、重点工程配套管线建设、管网消隐工程等为重点，新建、改造供水管网413公里，确保管龄维持在20年左右，处于相对稳定运行期间。坚持“防范为主、抢修为辅”的工作方针，新建DMA32处，对已纳入系统管理的DMA进行一轮系统梳理，强化动态监管；通过首次引入卫星探漏技术、继续增设2675处帕玛劳探头等措施，持续强化暗漏检测，检出管网破损隐患2691处，同比提高3%；明漏、工程漏比上年降低9%和23%。管网压力合格率99.98%，管网修漏及时率100%。

（罗　婧）

【对外服务】年内，优化营商环境，配合完成世行营商环境评价工作；小微企业从报装至通水全业务的办理时限优化为10个工作日；针对新建社会投资简易低风险工程建设项目供水接入推行“五零”服务。推进“接诉即办”，结合“街乡吹哨、部门报到”工作要求制定专项实施方案，建立业务部门联动和动态沟通机制，妥处12345诉求工单21910件，满意率等综合评价多次名列全市公共服务企业前三。深化金牌服务，中心城区逐步实现水费电子账单的主动推送及电子发票的线上开具，新增2家公司启用微信、支付宝缴费业务；完成5家公司对外服务热线整合，完成62万支智能远传水表更换，选树金牌营业厅所27家、金牌员工126名。

（罗　婧）

【安全生产】年内，完成隐患排查治理信息系统研发，通过市水务局验收；编制集团消防、交通、防汛安全管理手册，梳理防火、防汛等重点部位1700余处；完成12家单位的安全生产标准化复评、7家郊区公司的安全生产对标以及8家市区水厂和9个收费营业网点等重点部位安防升级改造；开展综合安全检查160余次，消除各类安全隐患270项。编制《安全生产等级技术评定规范》中“城镇供水厂”部分内容，促进供水行业安全管理地方标准的进一步完善。开展火灾风险隐患“自知、自查、自改”活动、防风险保平安迎大庆专项行动、“百日安全”活动和有限空间作业技术比武；参加北京市应急宣传进万家系列活动，获评安全生产月活动优秀组织单位，分、子公司获评最佳实践活动单位和安全文化建设示范企业。安全生产无死亡事故。

（罗　婧）

【区内自来水营销情况】截至年底，西城区计量水表数量520249支，区内售水量9500.31万立方米，其中居民家庭售水量4171.97万立方米，公共服务售水量4895.83万立方米，生产运营售水量432.51万立方米。区内设收费营业所1处，位于真武庙路四条8号院2号楼三层。

（刘　俊）

【境内管网维修】北京市自来水集团禹通市政工程有限公司长椿街维修所主要负责西城区境内的自来水管网抢修、维修及大小口径管线安装工作。年内，抢修供水管线发生的明漏62处，较上年同期减少21处；暗漏272处，暗漏自检265处，占暗漏总数的97.43%，较上年同期增加22处。完成零活修理2759户，更换故障水表379只、井盖27处、消火栓32个，解决居民无水、水微问题3579处；大小在施安装工程257户，安装长度38723米。开消火栓井盖巡检11744处，帕玛劳数据采集33665次，排气门维护185座，大闸维护25座。地址：西城区槐柏树后街25号，邮编：100053，电话：83129567。

（吴雨霏）

（责任编辑　姜光　孙凤霞）

科技　教育

1月17日，西城区科学传播交流科普志愿展示活动开幕（姜真 摄）

3月27日，区科技和信息化局正式挂牌（区科信局 供图）

5月，区青少年儿童图书馆举办少年创客营系列活动（于志强 摄）

5月19日，西城区科技周在北京小学红山分校举办（区科信局 供图）

10月9日，五路通小学举行以“小小研究员，未来科学家”为主题的科技月活动启动仪式（姜真 摄）

10月24日，西城区开展社区教育专兼职信息员培训（西城经济科学大学 供图）

10月25日，西城区教委举办第五届“西城杯”表彰暨第六届名师工作室启动大会（区教委 供图）

年内，北京宣武红旗业余大学在15个街道开展30场“道德讲堂”主题实践活动（北京宣武红旗业余大学 供图）

年内，西城区排查整治辖区内无证照办学机构（姜真 摄）

科技与信息化

【概况】北京市西城区科学技术和信息化局（简称区科技和信息化局）是负责本区科技创新、信息化和大数据管理工作的区政府工作部门。2019年3月根据《北京市西城区机构改革方案》，原北京市西城区科技和信息化委员会（简称区科信委），加挂北京市西城区知识产权局（区知识产权局），更名为北京市西城区科学技术和信息化局（简称区科技和信息化局），加挂北京市西城区大数据管理局（简称区大数据局）牌子。年内，区科技和信息化局获西城区城市信用环境监测全市第一名，第三、四季度全市网站检查第二名，全国政府网站绩效评估区县第四名；公共服务大厅实现公益性无线局域网全覆盖，全区基本实现5G基站全覆盖。完成机构改革，成立大数据管理局；完成9项市绩效及市、区重点工作；完成国庆游园北海等四家公园展览展示任务；开展“不忘初心、牢记使命”主题教育，切实增强党性、提高能力、改进作风。严格落实依法行政，充分发挥法律顾问和专家团队的作用，提高科学决策能力，规范办理各项行政事务；主动接受人大、政协及社会各界监督，办结人大建议和政协提案27件，3件优秀；全年保持零复议、零诉讼；三公经费零增长。统筹推进区域创新能力建设取得新成效。全区国家高新技术企业930家，同比增长6.5%；输出技术成交额225亿元，同比增长7.76%；万人发明专利拥有量271件；规模以上科技服务业累计实现收入2512.7亿元，同比增长3.4%。统筹规划组织推进全区信息化和大数据发展。强化信息化顶层设计和项目统筹集约建设，全年对386个项目开展审查，经过整合，核减项目71个，节约资金6300余万元；数据共享体系不断完善，区大数据中心为43家市区单位、63个业务系统提供数据共享，全年交换数据8455.24万条；西城区数据目录工作列入北京市试点，高质量完成考核任务，在全市率先实现目录区块链上线，并在市大数据会议做典型发言；统筹全区社会信用体系建设，营造良好信用环境，开展居民信用状况调查，国家发改委中宏网刊登成果。

地址：西城区广安门南街68号
邮编：100054
电话：83976212

（张　伟）

【“进基地学科学”科普活动】年内，组织开展“进基地学科学”系列活动，15个街道的社区干部在北京市科普基地——中国古动物馆、北京动物园，通过观影、听讲座、参观、体验的方式学习科学知识、感受科普活动的魅力，为街道、社区开展更广泛的科普活动提供参考。

（张　伟）

【清理拖欠专题调度会】1月17日，召开清理拖欠民营企业中小企业账款工作调度会，会议由区科信委主办，全区16个委办局和15个街道办事处的主管领导参加。区科信委主任杨秋传达国务院、北京市相关方案，部分委办局介绍本单位清欠工作开展情况，副区长李异就如何保障西城区民营企业、中小企业健康发展，营造践诺守信的良好营商环境，推动西城区清欠工作有序开展提出具体要求。

（张　伟）

【区12330工作站考核优秀】1月22日，在北京12330分中心、工作站工作会上，通报2018年度分中心、工作站考核情况，西城区取得好成绩，其中普天德胜孵化器工作站、康华伟业孵化器工作站及金丰和孵化器3家工作站被评为优秀工作站，区非物质文化遗产保护中心工作站被评为产业服务奖，区12330分中心考核位列全市第四名。全市共有10个12330分中心和52家工作站，西城区设有1家分中心和4家工作站。

（张　伟）

【发展研究课题通过结题验收】1月28日，科技服务业支撑西城区高精尖产业的发展研究课题通过结题验收，课题对标北京城市总体规划、四个中心定位建设需求，全面分析“十二五”以来西城区科技服务业发展总体状况和“十三五”时期发展机遇，明确西城区科技服务业发展的总体要求，分析厘清西城区科技服务业重点发展领域和主要任务，探索发展路径，提出促进西城区科技服务业发展的对策建议，为促进西城区科技服务业精准发展提供了研究基础和建议依据。

（张　伟）

【赴世界知识产权中国办事处调研】1月29日，副区长李异带队赴世界知识产权组织中国办事处，就提高服务保障水平、加强合作交流走访调研。区知识产权局、什刹海街道办事处主要领导参加，市知识产权局国际合作交流处陪同调研。办事处负责人王宜女士介绍中国办事处2018年开展的工作以及2019年的工作重点。

（张　伟）

【安全生产检查】2月13日，为切实做好节后安全生产行业管理工作，确保软件信息服务业安全生产形势稳定，区科信委检查队深入中国电信集团公司、中国移动通信集团公司等企业，检查配电室内带班值守制度落实情况、安全设施维护情况、安全培训计划等安全生产工作，提醒各企业要严格落实安全生产主体责任，提高员工的安全红线意识，开展员工安全教育培训，坚决杜绝各类安全事故的发生。

（张　伟）

【“诚信建设万里行”进社区】2月22日，与广外街道青年湖社区共同组织“诚信建设万里行”进社区主题活动。活动以防范信用卡诈骗风险为切入点，请联合信用征信股份有限公司从信用的基本知识、信用卡正确使用方式、信用卡常见诈骗手段等方面结合案例详细讲解，让社区居民了解掌握申请、使用信用卡及防范信用卡诈骗等知识。区科信委介绍北京市和西城区关于推进个人诚信建设的工作情况，诚信建设工作的重要性以及对失信被执行人采取的相关惩戒措施，普及“个人诚信分”知识。社区居民的诚信意识增强，为推进文明城区建设营造良好的社会环境。

（张　伟）

【与数知科技座谈】3月5日，与数知科技就西城区大数据及信息基础设施建设进行座谈。数知科技从大数据建设、智慧信用、城市精细化管理等方面介绍公司的技术优势、典型应用以及平台建设。区科信委介绍西城区大数据建设、信用体系建设、信息基础设施推进情况及高新技术企业优惠政策等。

（张　伟）

【金融街信息化提升专项工作】3月5日，召开金融街街区信息化基础设施能力提升座谈会，北京金融街服务局、西城公安分局、西城交通支队、区城管委、金融街街道办事处、北京移动、北京联通、北京电信、华为、数知科技等政府部门和企业参会。会上政府部门了解5G移动网络建设情况和运用方案，企业弄清政府需求，为政企双方在智慧西城建设和区域服务重点能力提升上提供工作对接，进一步夯实了合作基础。

（张　伟）

【数据信息整理工作座谈会】3月12日，为丰富共享平台数据维度，推进区级部门数据归集工作，区科信委与西城工商分局就数据资源扩展等问题开展座谈交流，西城工商分局局长赵斌等参会。会上，赵斌围绕共享平台现有信息分类情况，对细化基础类和良好类信息颗粒度、丰富风险类信息维度方面工作提出新的要求。区科信委介绍各部门梳理的信息目录，对平台数据资源整理提出建设性意见。

（张　伟）

【“两会”期间安全生产检查】3月1至17日，为做好“两会”期间安全生产工作，有效防范各类安全生产事故，区科信委检查队对全区软件信息服务业办公区域进行安全生产隐患排查工作，围绕企业的安全生产责任制落实、安全设施维护情况、用电安全等方面进行重点督察和宣传，对发现的隐患提出整改建议，并要求企业负责人落实安全生产责任意识和全员防范安全事故的能力，维护软件和信息服务业的安全形势稳定。

（张　伟）

【业务培训】3月22日，举办西城区科技企业融资和高新研发政策及知识产权业务培训会。会议对中小企业债券融资贴息、高新技术企业认定、研发机构认定等科技政策，信用在企业创新中的作用、中小企业融资政策产品、企业运营过程中的商标风险与防范等进行培训。

（张　伟）

【参观中国电信展厅】3月26日，组织参观中国电信北京公司业务体验中心，了解中国电信在政务云、大数据、物联网等方向的应用及北京市和各区县的成功案例，以及中国电信北京公司服务保障能力和互联网+行业的业务及应用产品，并针对5G在西城方向的布局和发展交换了意见。

（张 伟）

【区科技和信息化局正式挂牌】3月27日，北京市西城区科学技术和信息化局（北京市西城区大数据管理局）举行挂牌仪式。北京市经济和信息化局副局长潘锋、北京市科学技术委员会主任助理仲佳勇、西城区副区长李异、西城区政府区长助理邓怡出席仪式。

（张 伟）

【机构更名职责划转】3月30日，根据《北京市西城区机构改革方案》，原北京市西城区科技和信息化委员会，加挂北京市西城区知识产权局，更名为北京市西城区科学技术和信息化局，加挂北京市西城区大数据管理局牌子。将原科信委承担的有关工业和中小企业发展的职责划转至区发展改革委。将原科信委承担的有关知识产权管理的职责划转至区市场监管局。加强统筹全区大数据管理职责。12月27日，经中共北京市西城区委机构编制委员会同意，将电子政务、电子政务基础平台日常运行维护等职责划入区科技和信息局，设立电子政务管理科；将区政府办所属区机要信息中心划转到区科技和信息化局，划转后更名为北京市西城区信息中心。将信息化建设中心更名为西城区大数据中心，将生产力促进中心更名为科技创进中心。

（张 伟）

【调研迪思杰公司】4月2日，会同西城园管委会赴迪思杰公司调研。迪思杰总裁韩宏坤从大数据分析、数据治理、数据交换、数据管理等方面详细介绍公司的技术优势、典型应用以及平台建设等。区科信局对西城区大数据建设、大数据应用推进情况进行介绍。

（张 伟）

【赴展览路街道调研】4月3日，赴展览路街道进行调研，详细了解展览路街道在科技和信息化工作中取得的成效以及现存的问题。双方就信息资源共享、大数据的应用及城市精细化管理和民生服务方面深入探讨。调研为区科技和信息化局继续做好街道的科技和信息化支撑工作提供重要依据。展览路街道工委书记、办事处主任参加调研。

（张 伟）

【参加中国新兴智慧城市发展大会】4月10日，组织全区7家政府部门共20余人前往雄安新区参加新兴2019中国新兴智慧城市发展大会，听取专家论坛报告，参观中国国际绿色智慧城市博览会，参观雄安新区市民服务中心和雄安新区规划展示中心。为全区更好的落实《京津冀协同发展规划纲要》，疏解北京非首都功能、促进京津冀地区一体化发展打开新思路。

（张 伟）

【技术合同登记处接受执法检查】4月9日，区科技和信息化局技术合同登记处接受北京技术市场管理办公室的执法检查。检查组表示，登记处按规定开展技术合同登记工作，经费使用符合规定，档案整理符合要求，未发现严重违规登记问题，同时也对合同登记中的一些不足提出更高要求。一季度，共认定登记技术合同279份，合同总额11.06亿元，环比增长56.44%。

（张 伟）

【政务大数据理论与应用培训】4月15至19日，举办政务大数据理论与应用方案处级干部、科级干部培训班，全区55个单位260余人参会。会上各位专家及区内大数据工作典型单位介绍大数据理论应用和案例。各参会单位了解到西城区大数据各项工作的进展及区级大数据平台建设使用情况，提升开阔大数据在政务办公和社会治理的理念，推进西城区大数据发展建设。

（张 伟）

【“诚信建设万里行”进企业】4月25日，开展“诚信建设万里行”进企业暨德胜地区守信激励试点工作，分别赴北京恒华伟业科技股份有限公司、北京正辰科技发展有限责任公司走访调研。双方就解决企业需求和痛点问题深度沟通和交流。区科信局向企业发放守信激励试点工作的调查问卷。

（张 伟）

【城市信用监测指标解读培训会】4月26日，召开《优化营商环境城市信用监测指标》解读培训会，27家西城区社会信用体系建设联席会议成员单位参会。会议对《指标》中联合奖惩、信用修复、信息发布、信用宣传、制度机制建设和行业监管等19项工作及数据填报工作进行解读，对西城区“双公示”存在的问题、新标准填报要求以及后台操作规范等进行讲解。

（张　伟）

【大数据安全保障体系研究项目启动】4月28日，由区大数据管理局牵头的西城区大数据安全保障体系研究与建设可持续发展研究项目正式启动。本次研究委托360企业安全技术（北京）集团有限公司进行实施。项目建立健全西城区大数据安全保障机制，提高数据安全防护能力，构建覆盖数据存储、数据传输、数据应用的全流程大数据安全保障体系，保障数据资源共享、交换、存储等方面的安全，形成西城区大数据安全保障体系框架、大数据安全保障体系评价指标、安全管理配套制度及技术规范等指导性文件。

（张　伟）

【参加中国可持续发展论坛】5月8至10日，中国21世纪议程管理中心、中国可持续发展研究会在山东济南举办2019中国可持续发展论坛。年会以“依靠创新助推2030年可持续发展议程”为主题，西城区作为国家级可持续发展示范区派员参加会议。

（张　伟）

【举办西城科技周】5月19日，由区科信局、广安门街道共同主办，北京科普创意信息技术研究院承办，北京小学红山分校协办的“2019年西城科技周主场活动暨广外街道青少年科技节”启动仪式在北京小学红山分校正式拉开帷幕。本届科技活动周以“科技强国科普惠民”为主题，结合北京市全国科技创新中心的建设成果，设立智造生活区、科普问答区、科技互动区、航空航天区、非遗产手工制作区、新能源区、创意思维区8大展区，以体现科技创新支撑发展、科技成果惠及广大人民群众理念弘扬科学精神，传播科学思想，普及科技知识，提倡科学方法，推动社会文明进。3000余人次参加。

（张　伟）

【科技创新类项目通过验收】5月24日，组织对“基于三维可视化的智慧城市运行决策支持系统”等4个2018-2019年度西城区科技创新类项目进行结题验收，4个项目全部通过专家组验收。项目既有大数据金融科技类项目，也有智慧城市、人工智能类项目，在项目执行期内累计获得专利1项、软件著作权16项，实现收入4200余万元，新增就业24人。

（张　伟）

【“诚信建设万里行”进园区】5月29日，为加快推进西城区全国守信激励示范区建设，充分发挥“诚信建设万里行”主体宣传活动对社会信用体系建设的重要推动作用，区科信局、西城园管委会、德胜街道办事处与德胜商会在德胜科技园召开守信激励试点工作推进会。会上，各部门围绕优化营商环境，西城区守信激励试点工作的推进情况，产业政策、市场化金融机构等内容深入探讨。

（张　伟）

【科普统计调查工作培训会】6月10日，组织召开2018年度全国（西城区）科普统计调查工作培训会，区内20个委办局及其直属单位、15个街道和部分北京市科普基地近百名科普骨干参加会议。区科信局明确本次全国（西城区）科普统计调查工作要求，对科普统计调查工作中的常见、重点问题进行培训并解答疑问。

（张　伟）

【调研服务驻区企业】6月，区科信局领导带队调研服务驻区企业，走访北京热能鸿业投资管理有限公司、北京赛迈特锐医疗科技有限公司、北京黑油数字展览股份有限公司，了解企业发展情况，介绍区科技和信息化局在科技项目、人才资助、大数据、技术市场等方面开展的工作及服务内容，宣讲西城区的高精尖产业政策，为企业搭建创新发展与政策对接的平台，为企业争取各级科技政策支持，助力企业快速发展。

（张　伟）

【出席第五届智博会】6月14日，第五届智博会在北京展览馆召开。本次峰会以智慧城市建设为主题，共话新时代智慧城市发展新理念、新技术、新成果、新应用，全方位交流智慧城市中热点和焦点问题，推动智慧城市生态系统建设。区大数据管理局局长杨秋应邀在“未来社区与智慧城市平行分论坛”上致辞，介绍西城区智慧城市的建设理念，分享西城特色的智慧城市实践。

（张 伟）

【科普干部培训】6月18至19日，举办区科普干部培训班，区科普联席会成员单位干部和社区科普工作者80余人参加。中国科学院大学李大光教授、北京交通大学陈征博士、中国科普研究所朱洪启博士等，分别做题为“论科学精髓：方法与精神——以科学素养调查研究为话题”“从‘学’科学到‘用’科学——科学思想与科学精神培育”“加强社区科普，提升社区治理水平”的报告。

（张 伟）

【科技企业优惠政策培训会】6月21日，组织召开西城区科技企业研发费用加计扣除所得税优惠政策解读及实务操作培训会，120位科技企业管理人员参加。会议对研发费用加计扣除企业所得税相关政策解读、研发费用加计扣除企业所得税实务操作及案例分析、企业研发费用加计扣除项目管理要点等进行培训。

（张 伟）

【调研北京安博通科技股份公司】6月28日，赴北京安博通科技股份有限公司调研，解读市区在科技项目、科技奖励、科技人才、技术市场等方面开展的工作及服务内容，为企业搭建创新发展与政策对接的平台，助力企业快速成长。

（张 伟）

【第23届中国国际软件博览会】6月28日，由工业和信息化部、北京市人民政府共同主办的第23届中国国际软件博览会在北京展览馆举行，国家信息安全发展研究中心、北京市经济和信息化委员会、北京市西城区政府、北京市朝阳区区政府、中国软件行业协会具体承办。工业和信息化部部长苗圩和北京市市长陈吉宁出席开幕式，并在首场全球软件产业发展高峰论坛上代表主办方致辞，区委书记卢映川，区委副书记、代区长孙硕等领导出席会议。

（张 伟）

【大数据建设工作交流会】6月26日，北京经济技术开发区信息办主任张红带队到区大数据局调研大数据建设工作，市规划自然委西城分局参与调研，各单位分享大数据建设经验，探讨建设过程中遇到的难点问题，为推动大数据建设拓宽思路。

（张 伟）

【财政科技专项联席会】年内，组织召开两次西城区财政科技专项联席工作会。分别通报2020年度区财政科技专项项目征集情况，研究确定2020年西城区财政科技专项评审程序及评审专家组的构成；2020年度西城区财政科技专项项目评审情况，讨论《关于2020年度西城区财政科技专项计划有关情况的汇报（征求意见稿）》，研究确立2020年度西城区财政科技专项项目立项计划草案。

（张 伟）

【产品设计数字化平台课题立项】8月，西城区申报的市科委“市区两级重大关键任务科技支撑”专项课题（产品设计数字化工具专业服务平台）通过专家财政评审、论证立项会，完成立项等相关工作。该课题由北京设计之都发展有限公司申报，该专业服务平台以北京设计之都大厦作为空间载体，以设计产业为核心，聚焦“设计+科技+交易”，打造设计产业生态圈，促进科技成果转化。

（张 伟）

【调研区内部门和街道】6至8月，针对全区重点信息化项目、大数据建设情况，对西城公安分局、区民政局、区卫健委、区政务服务管理局、区市场监管局、区应急局、展览路街道、广外街道、新街口街道等进行调研。调研就建设中存在的问题和需求进行交流，在系统建设、技术统筹、数据支撑等方面给与建议和指导。有序推进西城区信息化重点项目建设的落实和大数据建设规划的实施。

（张 伟）

【信用体系建设培训会】年内，分别召开安全生产领域和街道信用体系建设培训，区应急管理局和广外街道工作人员参加。通过培训，提高对社会信用体系建设重要性的认识和信用修复具体流程，明确信用体系建设工作的重点和方向。

（张　伟）

【科技政策培训会】9月5日，举办技术市场和科技奖励政策培训会，有效落实技术市场和科技奖励政策，优化营商环境，促进企业自主创新和成果转化，西城区科技企业的120多位管理人员参加。市科委科学技术奖励办公室、北京技术市场管理办公室相关负责人就北京市科学技术奖励政策、技术市场优惠政策及技术合同认定登记及申报实务进行解读和现场咨询。

（张　伟）

【区级目录试点专题工作会】9月10日，西城区作为试点单位，参加北京市大数据工作推进小组办公室组织召开的区级目录试点专题工作会。会上，市大数据办介绍北京市大数据局的机构设置、人员编制情况以及市级目录链建设情况，西城区汇报区内目录体系建设进展情况，各参会单位共同探讨市区两级目录对接以及依托北京市目录链的市区两级共享机制问题。

（张　伟）

【政务资源目录梳理培训会】9月9日，组织召开西城政务资源目录梳理工作培训会，全区46家单位参会。会上，传达北京市对区县政务资源目录梳理的绩效考核要求，讲解各单位年内需进行补充完善的“职责目录、数据目录、库表目录”三级目录体系的工作任务和梳理方法，并对升级改造后区政务资源目录系统进行使用培训。

（张　伟）

【服务科技型中小企业】9月27日，区科信局赴北京尼克耐特计算机科技有限责任公司调研，介绍科技项目、人才资助、技术市场、知识产权、高新技术企业认定等方面开展的工作及服务内容，解读科技惠企、科技促企方面的政策，面对面地辅导国家高新技术企业认定工作。

（张　伟）

【政务开放日活动】9月27日，开展“了解区科技和信息化工作”为主题的政务开放日活动，10余名企业、群众代表、区人大代表应邀参加。区科信局介绍区财政科技专项项目，信息化和大数据的建设与应用，科普活动开展情况等并交流座谈。

（张　伟）

【国庆游园展览展示】10月，区科信局牵头完成国庆游园（西城区）展览展示任务。北海公园、陶然亭公园、宣武艺园、大观园四家公园，从多角度向公众展示新中国成立70周年以来取得的伟大成就。其中北海公园的展示主题为“古都新韵”、陶然亭公园的展示主题为“幸福生活”、宣武艺园的展示主题为“我和我的祖国——庆祝新中国成立70周年西城区书法、美术、摄影作品展”、大观园展示主题为“科技创造美好生活”。

（张　伟）

【政务资源目录体系建设】10月15日，北京市大数据平台V1.0上线发布暨目录链“锁链”会上，西城区作为先进区县，汇报目录体系建设工作经验，介绍在目录体系建设工作中的推进机制、建立规范、统筹安排、注重质量、提升效率等工作方法和成效。2018年西城区率先开展目录体系建设工作，区委区政府71家单位，梳理出职责2222项，信息系统398个，数据资源5012类，数据项72603项；年内根据北京市目录链管理规则，完成39家单位职责目录完善工作。

（张　伟）

【调研驻区企业】10至11月，区科信局党组书记刘倩带队分别走访调研中金金融认证中心有限公司、北京矿冶科技集团有限公司（原北京矿冶研究总院）、国网电子商务有限公司、北京中成航宇空分设备有限公司。刘倩向企业介绍区科信局在科技项目、人才资助、技术市场、知识产权、高新技术企业认定、研发费用加计扣除等方面开展的工作及服务内容，为企业搭建创新发展与政策对接的平台，以优质服务助力企业发展。

（张　伟）

【中宏网刊登局调研报告】11月15日，国家发展改革委主管的中宏网刊登《西城居民信用状况调研报告》。《报告》由西城区社会信用体系建设联席会议办公室（区科技和信息化局）组织调研撰写。报告显示：居民普遍了解信用，近九成居民支持完善信用评价体系；居民认为公共信用信息对信用评价最为重要，广泛支持按时还贷、积极纳税等行为与信用相关联；近七成居民支持守信激励，希望享受办理金融业务等方面信用红利；超九成居民支持建立信用修复机制，在网购、网络社交等场景下会担心信用安全。

（张　伟）

【区块链技术推动政务服务应用】 12月19日，区大数据局与区政务服务局就区块链技术推动全区政务服务应用与北航专家团队进行交流与探讨。会上，区政务服务局介绍政务服务工作现状及工作困境，区大数据局对西城区大数据顶层设计、大数据建设情况进行介绍，双方就利用区块链技术推动应用、区块链实施方案落地、上链数据安全等内容与专家交流探讨。会议为西城区积极探索区块链技术应用，推动区块链应用成果落地提供思路，为全区大数据的汇聚共享、数据资源的开发利用以及政务服务能力提升等提供新技术手段。

（张　伟）

教　育

概　述

中共北京西城区教育工作委员会、北京市西城区教育委员会（简称区教委）设职能科室33个，在职人员140人（公务员135人，工人5人）。西城区教委辖属教育单位224个：幼儿园86所、小学57所、中学42所（含十二年一贯制学校2所、九年一贯制学校2所）、中等职业学校4所、特殊教育学校2所、工读学校1所、校外教育单位12个、其他法人单位20个（含成人学校2所）。

年内，招生45976人（幼儿园8573人、小学18623人、初中12513人、普通高中6120人、特殊教育学校40人、工读学校1人、中等职业学校106人），毕业32393人（幼儿园5713人、小学12750人、初中6876人、普通高中6436人、特殊教育学校73人、工读学校6人、中等职业学校人539人），在校生163030人（幼儿园21962人、小学90638人、初中31597人、普通高中18279人、特殊教育学校330人、工读学校5人、中等职业学校219人）。教职工总数19100人（幼儿园4092人、小学6169人、中学7869人、中等职业学校708人、特殊教育226人、工读学校36人），其中高级职称3136人（中学2279人、小学473人、中等职业学校228人、特殊教育学校28人、幼儿园128人），中级职称5711人（中学1911人、小学2877人、中等职业学校261人、特殊教育93人、幼儿园569人）。北京市特级教师65人、北京市骨干教师191人、北京市学科教学带头人38人。全年教育总投入93.98亿元。固定资产总值31.2亿元。新建中学1所。设立学区11个。

年内，西城区教委完成国庆服务保障任务。举行教育系统“我和我的祖国”启动仪式，各校开展丰富多彩主题教育活动。完成群众游行、广场合唱、群众联欢、国家勋章与颁授仪式、志愿者服务等多项国庆服务保障任务，150余个单位、2386名学生和干部教师现场参与。

教育综合改革持续推进。进一步推进学区制西城模式落地，8个学区成立学区理事会。启动学区优质校建设提升工作，成立5个学校发展共同体。试行设立公办体制改革校，成立“京华实验学校”。深化集团办学、精品学校联盟等项目，推动学校内涵发展、品质提升。

入学入园招生工作平稳有序。在区学位保障专班领导下，各部门通力合作，多措并举，完成全年学位保障工作，2019年义务教育共新增在校学生12200人。推进学前学位普及、普惠、优质，年内新增公办园分址4处，新审批民办园5所，新增学前学位1500个。

教育教学质量稳步提升。落实立德树人根本任务，全面发展素质教育。构建学生成长阶梯课程，形成西城特色地方课程。成功举办“科研月”“开学一课”“四个一”等活动，培养学生核心素养。推动教学组织和管理变革，全区中高考成绩优异。培养学生审美情趣和科学创新精神，学生在科技艺术比赛和展演中成绩优异。

校外教育机构管理逐步规范。对全区校外教育机构进行全面排查，完善工作台账，建立区联席会议制度，加强监管和联合执法，开展业务指导和培训。

京津冀协同发展不断深化。推进副中心行政办公区的4校5址对接，加大3所通州分校支持力度，与通州区共建13所“手拉手”学校，推进河北雄安新区2所学校对接。与昌平回天地区共建5所“手拉手”学校。与河北、内蒙古新增结对校12所。

干部教师队伍建设取得新进展。实施绩效工资改革，开展校长职级制评审。推动实施教育家工程，实行干部贯通任用。加强导师团和名师工作室管理，年内“导师团”成员29人对33家聘任单位进行指导。全年培训新教师1092人，组织339名青年教师进行课堂教学展示。

平安校园创建不断深化。出台《西城区中小学幼儿园安全管理办法》，建立西城区中小学校幼儿园安全管理工作联席会议制度。深化平安校园创建工作，联合公安、交通、街道等部门，对校园周边进行综合整治。同时，着力加强后勤管理，完善学校安全应急方案，开发安全教育课程，强化师生安全避险教育。

地址：西城区广安门内大街165号

邮编：100053

电话：66201155

（杨海蓉）

学前教育

【概况】年内，西城区共有幼儿园88所，其中区教委直属园30所、街道园10所、驻区部门园13所、企事业单位2所、部队园3所、民办园28所、2所学校（附设幼儿园班）。离园幼儿5713人，入园幼儿8573人，在园幼儿21962人。教职工4092人，其中专任教师2443人。全区市级社区早期教育示范基地幼儿园32所。全区市级示范幼儿园共23所。全区一级一类幼儿园44所。西城区学前教育贯彻第五次全国教育大会、北京市教育大会精神，落实第三期学前教育行动计划，着眼当前教育改革的新形势，关注学前教育普及普惠优质等问题，更新观念，创新管理，推进“管理转型、品质提升”，办人民满意的学前教育。坚持依法行政，规范学前教育管理；多措并举，增加学前教育学位供给；加强师资培养培训，全面提高队伍综合素质；加强质量监控，不断提高安全办园水平；完善机制，保障学前教育事业健康发展。

（王丽萍）

【民办学前教育机构安全工作会】4月2日，区教委召开民办学前教育机构安全工作会。会议从注重学校内部管理，增强安全责任意识；做好校园安全防范、管理和处突工作；严格聘用制度；加强收费管理；强化依法依规意识，增强违法违规办学整治力度；强化组织纪律性，提高学校机构规范化建设；做好舆论管控工作共七个方面提出要求。辖区内2018年新审批的5所民办幼儿园、14所社区办园点、11所无证幼儿园及学校教育机构共60余人参加会议。

（王竞艳）

【幼儿园办园质量督导评估培训】年内，区教委面向全体督学和全区幼儿园园长开展幼儿园办园质量督导评估工作部署动员和系列培训活动，区政府教育督导室领导参加活动并要求全体督学统一思想，从普及普惠、安全优质发展的角度看待新的评估标准，准确把握评估尺度，做好幼儿园自评和督评工作。

（马　蕊）

【规范幼儿园招生工作会】年内，召开规范幼儿园招生工作会，要求进一步强化政策意识、纪律意识、规矩意识，不断规范幼儿园招生工作原则、办法和程序，确保招生工作公平公正公开；开展专题警示教育，对照问题举一反三，查找梳理幼儿园存在的类似问题，健全完善相关制度，持续改进工作作风，增强落实“两个责任”的意识，推动全面从严治党落到实处。

（王丽萍）

【半日班教研工作展示】5月16日，区教委学前科和区教育研修学院学前部在三教寺幼儿园共同举办西城区半日班教研工作展示活动。全区各级各类幼儿园负责此项工作的教学干部90余人参加。活动包括户外活动和班级活动观摩。棉花胡同幼儿园、三教寺幼儿园、名苑幼儿园、北海幼儿园等4所幼儿园教师代表从“小班孩子自理能力的发展、家园共育的实施途径”两个方面进行汇报，让孩子获得同样的发展，让大家看到半日制幼儿园的责任与担当。

（王丽萍）

【“六一”慰问】5月27日，区领导卢映川、孙硕、徐利、郁治、缪剑虹等走访慰问了部分幼儿园，向小朋友们致以节日的祝贺，向辛勤工作的教职工表示慰问和感谢，并给孩子们送上图书、玩具作为节日礼物。区领导来到物资机关幼儿园、高井幼儿园，听取办园情况和师资队伍建设情况汇报，参观幼儿园的基础设施、园内环境，观看幼儿们精心准备的“六一”节目。区委教工委、区教委领导陪同慰问。

（王丽萍）

【幼儿园办园质量督导评估】年内，对红黄蓝幼儿园、亲育代双语幼儿园、幸福时光陶然幼儿园进行办园质量督导评估。肯定各园在工作中取得的主要成绩与特色，指出工作中存在的主要问题，并针对问题提出具体建议，形成督导评估意见和等级，评估结果在教委网站公示。

（马　蕊）

【第六届学前名师工作室启动大会】10月25日，西城区教委在西城区教育研修学院礼堂组织召开第五届“西城杯”幼儿教师实践评优活动颁奖暨第六届名师工作室启动大会，300余人参加。区教育研修学院学前部教研员丁文月对第五届“西城杯”幼儿教师实践评优活动进行总结。参会领导为第五届“西城杯”幼儿教师实践评优活动获奖教师和第五届学前名师工作室优秀师徒颁发获奖证书，为第六届学前名师工作室主持人和兼职教研员颁发聘书。特等奖获得者三义里第一幼儿园教师班鑫、一等奖获得者高井幼儿园教师陆文明代表获奖教师发言，第六幼儿园教师赵燕燕代表优秀师傅、三教寺幼儿园教师刘婷代表优秀徒弟发言。“西城杯”评选活动，通过赛、研、训一体方式，充分发挥学习共同体职能，激发教师朝气蓬勃、勇于创新、乐于实践的精神，提升全区幼儿教师教育教学能力与水平，从根本上提高幼儿园保教工作质量。评选每两年举办一次。

（王丽萍）

【民办校（园）校长继续教育培训】年内，西城区教委民教科、西城区民办教育管理中心举办西城区民办学校（幼儿园）新任校长任职资格暨校长（法人）继续教育及从业人员培训。培训班聘请专家分别对“学习全国教育大会精神，推动民办学校特色优质发展”“依法治校与提升学校治理水平”；财务规范化管理和公文写作；校园安全与突发事件应急管理等内容进行详细解读及培训。全区220余名民办学校的校长、法人、财务人员、行政负责人、安全员分别参加培训。通过现场考核的培训人员将颁发相应的岗位资格合格证书。

（王竞艳）

【师德研讨会】12月3日，西城区教委学前科、研修学院学前部在研修学院礼堂共同举办徐海娜、兰茜“走进童心世界做专业爱心幼儿教师”师德研讨会。市、区教委相关领导、区各幼儿园领导和老师250余人参加。会上徐海娜以《以爱为光陪伴成长》为题发言，从在平凡的工作实践中不断感悟理解童心、在走入童心世界的过程中不断成长两个方面，讲述其在幼儿园一线工作27年的幼儿教师的专业成长历程与心得体会。西城区洁民幼儿园兰茜老师首先以情景剧和沙画的形式，向大家展示与孩子心贴心，深层次尊重和接纳，走进每个孩子内心的故事，以《记录幸福成长追寻美好明天》为题，介绍13年来自己从一个青涩懵懂的小姑娘，成长为一名骨干教师专业的成长历程与心得。

（王丽萍）

【幼儿园管理暨信访工作培训会】12月5日，召开幼儿园规范管理暨信访接诉即办培训会，210余人参加。会议对教委近几年信访工作情况进行总结，强调信访接诉即办办理程序和相关要求，分析全年学前信访工作存在的问题和成因，就做好信访工作提出意见建议。

（王丽萍）

【推进民办园转普惠园工作】12月18日，区教委召开民办园转普惠园座谈会。会议介绍民办园转普惠园的趋势、社会需求及西城区民办园收支调研的情况；明确民办园转普惠园的范围、申报条件、认定程序，市、区级财政向普惠性民办幼儿园提供生均定额、租金、扩学位补助，一次性转普惠奖励，普惠性幼儿园逐步提高教师工资待遇等。各民办园就本园转普惠园中存在的矛盾困难提出意见建议。

（王丽萍）

【孟春燕园长办园实践研讨会】 12月27日，西城区教委在宣武回民幼儿园举办“走进回民幼儿园”孟春燕园长办园实践研讨会，全区幼儿园园长代表、手拉手区县门头沟区的幼儿园园长代表，共150余人参加。孟春燕结合回民幼儿园独特的地域环境和发展定位，从对儿童教育的个性化理解出发，将回民幼儿园的办园理念确定为“爱与包容”，从环境特色、课程特色、教师特色、儿童特色四个方面介绍和展示办园思想和实践历程。

（王丽萍）

【人大议案答复工作】 年内，办理西城区第十六届人大五次会议代表建议3件，分别是《关于“进一步扩充幼儿园数量，解决入园难”的建议》《关于“构建西城区幼儿园统一监管平台”的建议》《关于“加大幼儿园建设和支持力度”的建议》代表们对处理情况和答复意见非常满意。答复办理结束后撰写了建议提案办理情况总结。

（王丽萍）

【新增4所民办幼儿园】 年内，西城区教委审批4所民办幼儿园：分别是北京青蛙和蟾蜍幼儿园、北京爱之源幼儿园、北京永远的孩子幼儿园、北京市金融街惠泽4所民办幼儿园。4所幼儿园可开设教学班共计30个，可招收幼儿900名。

（王丽萍）

基础教育

【概况】 年内，西城区有小学57所（均为教育部门办校）；中学42所，按办别分：教育部门办校39所（含北师大办3所）、民办校3所。按类别分：初级中学3所（教育部门办），九年一贯制学校2所（教育部门办1所、民办1所），完全中学34所（教育部门办校33所、民办校1所），十二年一贯制学校2所（教育部门办校1所、民办校1所），高级中学1所（教育部门办）；特殊教育学校2所；工读学校1所。招生37297人（小学18623人、初中12513人、普通高中6120人、特殊教育学校40人、工读学校1人）；毕业26141人（小学12750人、初中6876人、普通高中6436人、特殊教育学校73人、工读学校6人）；在校生140849人（小学90638人、初中31597人、普通高中18279人、特殊教育学校330人、工读学校5人）。教职工总数14300人（小学6169人、中学7869人、特殊教育226人、工读学校36人）。中小学全年总投入70.26亿元，固定资产总值24.17亿元。新建中学1所。设立学区11个。

（杨海蓉）

【推进小学校长助理项目】 1月，西城区教委继续推进“西城区小学校长助理项目”。通过面试，小学选拔出22名北京师范大学优秀在读研究生，到22所不同办学模式学校任职一学期。

（谢　歆）

【教学管理案例评选】 年内，完成由校内从事不同层面教学管理干部参加的“2019年教学管理案例评选活动”。活动围绕“贯通培养”内容征稿，经过学校征集、专家评审等环节，共征集案例177篇，评选出一等奖29名、二等奖44名、三等奖72名、优秀组织奖7个。

（谢　歆）

【普通高中学业水平合格性考试】 年内，第一次普通高中学业水平合格性考试于1月9至11日进行。报考情况如下：语文2278人，数学2349人，英语2161人，政治6894人，物理923人，化学313人，生物458人，历史250人，地理135人，总计6923人，总计15761科次。共设14个考点，安排577场次考试。第二次普通高中学业水平合格性考试于6月24至26日进行。报考情况如下：语文3430人，数学4703人，英语3962人，思想政治305人，物理166人，化学5858人，生物5872人，历史6324人，地理6240人，总计报考36860科次，总报考人数8399人。共设12个考点，安排1277场次考试。

（吴献平）

【高中毕业会考】 普通高中会考（最后一次会考）于1月9至11日进行。报考情况如下：语文3273人，数学3272人，英语3366人，政治108人，物理43人，化学54人，生物135人，历史143人，地理111人，总计3612人，总计10505科次。共设9个考点，安排394场次考试。

（吴献平）

【骨干教师履职考核】 年内，完成2018年度市、区级学科带头人和骨干教师履职考核工作，考核包括骨干自评、校级考核、区级考核三个阶段。考核结果：全面履职4362人，占骨干教师总数的98.98%。

（李晓琳　张捷莹）

【中学生毕业升学办法】 年内，执行初中毕业会考和高级中等学校招生考试两考分开。毕业考试由全区统一命题，学校自行组织完成。高级中等学校招生考试与上年相同。录取批次调整为提前招生录取、校额到校招生录取和统一招生录取。校额到校招生包括校额到校招生和市级统筹招生，取消名额分配招生。年内，校额到校招生计划1097人，其中优质高中校额到校分配本区计划788人，分配外区计划128人；市级统筹一计划150人，市级统筹三计划31人。

（费　非）

【精品校联盟项目工作会】 3月7日，西城区小学精品校联盟项目工作会在北京师范大学京师附小召开，会议围绕"支持学校学科教师培养工作"主题，聘请北京师范大学学科教学的专家团队，到校指导学校学科教师的培养工作。该项目聚焦教育教学理论知识提升、学科教学能力、教育科研能力等教师核心能力，通过专家引领，带动学校学科教师团队整体发展。

（谢　歆）

【中小学班主任工作研讨会】 3月28日，召开"实践智慧专业理性教育情怀"西城区中小学班主任工作研讨会。表彰西城区第三届班主任基本功培训与展示活动的获奖班主任，进行班主任带班育人方略专题研讨，中小学获奖班主任专题交流。北京教育学院张红教授结合现场展示活动做专题培训讲座，对新时代优秀班主任的特点和要求进行阐释。

（石　虹）

【毕业年级市区评优推荐工作】 3月，在区级评选的基础上，全区共有290名初三学生、143名高三学生获"市级三好学生"，63名高三学生获"市级优秀学生干部"。北京市第四中学潘紫琪同学获"北京市优秀学生"。共推荐获批初中市级先进班级体8个，高中市级先进班级体6个。完成2018至2019学年度区级三好生、优秀学生干部的申报审批、档案留存和证书发放工作，发挥优秀学生的榜样引领作用。

（詹小雪）

【毕业年级专题交流】 年内，区教委开展三场不同专题的毕业年级工作交流会，分别以"优秀学生培养"为主题走进北京四中，以"改革背景下优质高中办学质量的进一步提升"为主题走进西城外国语学校，以"学困生帮扶"为主题走进宣武外国语实验学校，组织全区中学教学干部走进学校，走进毕业年级课堂，开展交流研讨，助推各层次学校有针对性的提升毕业年级复习备考质量。

（王贞荼）

【民办学校分类管理报告会】 3月29日，区教委聘请北京教科院教育发展研究中心副主任刘熙，以"分类管理改革背景下民办学校道路选择与学校法人治理"为主题，举办西城区民办教育新法新政讲座——民办学校分类管理专题报告会。全区160余所民办学校（幼儿园）校长（园长）参加。

（王竞艳）

【推进开放性科学实践活动】 4至5月，落实开放性科学实践活动区级课程的征集认定工作，制定区级工作方案，建立区级工作机制。完成初中学生开放性科学实践活动和综合社会实践活动计入中考成绩的补录工作。年内，根据市教委政策调整，召开3场覆盖全区中学的座谈会及全区教学工作会，了解学校推进情况，进行再部署。

（王贞荼）

【第三届北京中学生时事辩论赛】 4至7月，参加北京市教育委员会指导，北京青年报社主办第三届北京中学生时事辩论赛，全市16个区（含燕山地区）24支初中辩论队、36支高中辩论队参加。北京市第八中学获高中组亚军，北京师范大学附属实验中学获高中组季军，北京市第一五六中学获初中组优秀组织奖，北京市第十五中学和北京师范大学第二附属中学国际部获高中组优秀组织奖，北京市鲁迅中学获精神文明奖。北京师范大学附属实验中学李坤舆同学获全程最佳辩手奖，北京市第八中学孔祥恒、北京师范大学第二附属中学国际部朱玉等同学获最佳辩手奖，北京市第一五六中学陈芊芊、薛子佩，北京市鲁迅中学吴昊轩、张博赢，北京市第八中学徐一茗、司一淳、郜钰萌，北京市第十五中学王依丹、李欣洁等同学分别获初、高中组优秀辩手称号。北京市第八中学袁绪鹏、倪亮被评为优秀指导教师。

（詹小雪）

【义务教育入学管理办法】 4月29日，发布《北京市西城区教育委员会关于西城区2019年义务教育阶段入学工作的意见》。取消初中入学特长生招生，调整入学方式顺序，全区派位入学和特色校招生调整到对口直升派位入学之前，增加学生享受优质教育资源的机会。中小学对口直升入学录取比例比上年增加10%。对口直升校连续六年学籍的应届中国籍毕业生，在自愿参加的前提下通过计算机派位方式入学，对口初中校录取比例为参加派位人数的70%。参加小学学区派位学校比上年增加3所，共有8所学校面向11个学区招生，实现每个学区都有学区派位计划。

（费　非）

【西城区教育大会】 5月11日，召开全区教育大会，学习贯彻全国和全市教育大会精神，总结部署全区教育工作，推出《西城教育现代化2035》和《加快推进西城区教育全面提升实施方案（2018—2020年）》。会上，区委书记卢映川就过去几年来西城教育改革与发展进行总结，对今后加快推进西城教育现代化提出奋斗目标和工作要求。市委教工委常务副书记郑吉春对西城教育改革取得的成果给予充分的肯定并提出要求。教育部党组成员、副部长、教育部总督学郑富芝表示，西城区独具特色的教育综合改革为促进首都基础教育优质均衡发展做出了积极贡献，也给全国提供了经验借鉴。

（曹　琼）

【国家义务教育质量监测】 年内，西城区20所样本学校完成年度国家义务教育质量监测任务。此次国家义务教育质量监测对象为四年级和八年级学生，监测内容为义务教育阶段学生语文、艺术学习质量，以及课程开设、条件保障、教师配备、学科教学和学校管理等相关影响因素。教育部基础教育质量监测中心授予西城区教委“2019年国家义务教育质量监测县级优秀组织单位”。

（王锦红）

【民办校食品安全培训会】 年内，区市场监督管理局围绕《餐饮服务食品安全操作规范》，结合民办学校和民办幼儿园的工作实际，对与食品安全紧密相关的从业人员管理、食品原料采购、存放、清洗、切配烹饪、食品留样、清洗消毒、废弃物处置等内容进行培训，全区220余所民办学校校长和负责人参加会议。

（王竞艳）

【“紫禁杯”班主任评选】 6月，西城区教委在学校推荐的基础上，联合教研部门，综合考评班主任工作事迹、带班方略和主题班会设计等方面材料，评选出北京市第十三中学刘冰老师等区级优秀班主任98名，从中推荐北京市第八中学李敏老师等18名班主任参评北京市“紫禁杯”班主任并获批准，其中北京市回民学校梁宏光老师获北京市“紫禁杯”班主任特等奖。北京市第十四中学杨文慧、北京启喑实验学校李文艳等7名老师获北京市“学生喜爱的班主任”称号。在北京市“立德树人与班级文化创新”主题征文活动中，北京市第一六一中学方红妹老师获一等奖，鲁迅中学陈越老师获二等奖，北京市第三十九中学王鑫老师、北京市育才学校贺满新老师、北京市三帆中学李李老师获三等奖。

（詹小雪）

【师德考核】 年内，制发《西城区中小学教师师德考核办法》《西城区幼儿园教师师德考核办法》，并于6至7月组织区教育系统各单位开展2018—2019学年度教职工师德考核工作。参加师德考核15798人，考核优秀3213人，占考核人数20.3%。师德考核结合教职工学年度考核工作开展，并作为教职工学年度考核的重要依据。

（李晓琳　张捷莹）

【区民办教育工会换届】 6月27日，西城区民办教育工会联合会召开换届大会暨第三届会员代表大会，全区150余所会员单位的代表参加会议，大会选举产生第三届委员会委员和经费审查委员会委员。

（王竞艳）

【综合素质评价计入中考成绩】年内，综合素质评价首次纳入中考中招，特别是对于有校额到校资格的学生，要折合162分计入中考成绩。区教委多次召开专项工作部署会，逐校审核综合素质评价工作方案，对有校额到校资格的学校进行逐校调研排查。

（王贞荼）

【义务教育阶段招生】年内，西城区继续加大单校划片和多校划片相结合的入学方式。小学入学继续实行学区制，采取寄宿学校招生、学区派位入学、片区内登记入学、派位入学、民办学校招生等五种入学方式。小学入学新生18737人，北京市户籍适龄儿童17249人（其中居民户籍16198人、集体户籍1051人），非本市户籍适龄儿童1488人（其中按市民对待319人）。学区派位入学进一步扩大优质教育资源覆盖范围，在原有五所小学面向八个学区招收学区派位生源的基础上，达到11个学区全覆盖；在已有民办正泽学校的基础上，增加京华学校面向全区招生，为更多适龄儿童提供优质学校的就读机会。学区派位入学涉及9所小学，参与网上报名3199人，录取新生336人。初中入学采用多种招生方式与计算机派位相结合，按照招生计划要求，采取九年一贯制直升入学、全区派位入学、特色校招生、对口直升派位入学、学区登记入学、学区派位入学、民办学校招生等7种入学方式。初中录取新生12639人（本市户籍11093人，非本市户籍1546人）。年内，对口直升派位录取比例增至70%，取消特长生招生方式，原特长生招生计划用于派位入学，学区派位入学方式共录取8941人。全年转入西城区学生632人（春季218人、秋季414人）。

（袁　伟）

【中考中招工作】年内，中考报名6911人，有升学资格考生6537人，其中京籍考生6324人，非京籍九种情况考生121人，积分落户随迁子女1名，非京籍随迁子女考生86人，既符合九种情况又符合随迁子女条件的考生5人。第一次英语听说机考报考人数6686人，其中含日语考生13人。第二次英语听说机考报考人数4697人，其中含日语考生11人。西城区共有6118名考生参加体育现场考试。6533名考生参加文化课考试。中考文化课笔试共设考点15个，最大考场数230个。2019年西城区考生，在提前招生批次录取937人，占14.3%；在校额到校批次录取831人，占12.7%；在统一招生录取4482人，占68.6%。录取总计6250人，总升学率为95.6%。

（吴献平）

【秋季招生工作】8月，区教育考试中心高招办完成秋季招生考试工作。西城区高考报名总人数为7160人。普通高考报名人数为6725人，其中文科2303人（含3科30人），理科4422人（含3科36人）；194人参加31所高职自主招生并被提前录取。全区共有6516名考生参加普通高考，其中参加全科考试6508人，实考考生6322人，上本科线人数5427人，上线率为85.84%；只参加高会统招（专科）8人，实考考生4人。中学应届实考人数4865人，上本科线人数4545人，本科上线率93.42%，专科上线率100%，其中：文科应届实考人数1250人，上本科线人数1116人，上线率89.28%；理科应届实考人数3615人，上本科线人数3429人，上线率94.85%；本科录取4582人，录取率94.18%。截止9月底，全区普通高考共计录取6341人（含高职自主招生），录取率为97.25%。高职单考单招报名人数为435人，其中288人参加31所高职自主招生并被提前录取；有71名考生参加考试，实考人数10人，录取人数10人。截至9月底，高职单考单招共计录取320人（含高职自主招生），录取率为100.00%。

（王　清）

【高中示范校工作座谈会】8月6日，西城区普通高中示范校工作座谈会在区教委举行。教育部、市教委、市教科院、首师大的领导和专家，区政府、区教委的领导和西城区15所普通高中示范校的校长以及《人民日报》《现代教育报》等媒体代表参加座谈会。座谈会围绕贯彻落实全国基础教育工作会议精神，推进西城区普通高中育人方式改革进行学习和研讨。与会领导、专家、媒体人士为西城教育发展建言献策，各校结合实际，从课程建设、高考改革、干部教师培养、优秀学生培养、贯通培养、考试与评价、国际化教育等方面分享经验并提出建设性意见，共同探索推进改革的实施路径和落实举措。

（王贞荃）

【联合执法检查】年内，巩固前期西城区校外教育培训机构规范治理的成果，将规范治理与疏解校外机构工作相结合。区校外机构治理各成员单位加强沟通、密切配合，落实“街乡吹哨，部门报到”工作机制，教委与金融街、西长安街、广外、广内、陶然亭等街道联合公安、市场监管、城管、消防、安监、食药等职能部门，重点检查在居民楼培训、扰民现象严重、办学场地存在安全隐患、超范围经营等校外机构。对信访投诉集中、重点区域写字楼内的培训机构集中联合检查。通过联合执法检查，关停和取缔非法机构30余所，规范整改15所。

（王竞艳）

【教师节表彰】9月，经区委教育工委、区教委决定，759人获西城区教育系统“优秀教师”称号，347人获西城区教育系统“优秀教育工作者”称号，189个集体获西城区教育系统“优秀集体”称号。

（李晓琳　张捷莹）

【“不忘初心、牢记使命”主题教育】年内，区委教育工委成立“不忘初心、牢记使命”主题教育领导小组，教育工委书记任组长。研究制定《关于在西城区教育系统开展“不忘初心、牢记使命”主题教育的实施方案》，对教育系统163个基层党组织开展主题教育做出全面部署。在《实施方案》基础上，研究制定两委班子、基层单位和民办学校“1+3”工作安排方案，推动主题教育精准化落实；主题教育启动之初，分别对中小学校、幼儿园、成教直属单位和民办学校党政主要领导做专题培训，明确工作要求；先后举办两期党支部书记轮训班，对全系统338名党支部书记进行专题培训；建立两委班子主题教育联系点11个，8位班子成员参加了联系点的交流研讨会、民主生活会。教育工委以学区为单位成立5个巡回指导组，以48个处级单位为重点，以点带面，把指导延伸到98个科级单位和15个民办学校党组织，实现教育全覆盖，全员受教育。主题教育期间，巡回指导组参与各类形式实地指导1009次，谈心谈话403人，列席会议270次。主题教育期间，全系统处级单位开展集中学习教育579次，开展集中交流研讨361次，班子集体调研275次，调研活动现场解决问题393个，在主题教育期间解决的问题246个，需要长期跟进解决的问题215个。

（王　珍）

【民办教育机构疏解工作】年内，西城区教委共压缩疏解16所培训机构，涉及人员450人，提前并超额完成非首都核心功能疏解任务。

（王竞艳）

【国庆服务保障】年内，西城区教育系统共有150余个单位2386名学生和干部教师参与庆祝新中国成立70周年活动。其中，1220人参加广场表演活动，230人参加广场晚会千人合唱，786人参加广场群众联欢，7人参加晚会快闪活动，449人参加群众游行第35方阵。23人参加集散交通服务保障，107人担任国庆活动志愿者。453名中小学生参加“国家勋章和荣誉称号颁授仪式”，35名少先队员为授勋人员献花；300名中小学生在大会堂欢迎授勋人员；102名中小学生作为观众在人民大会堂观看颁授仪式；37名小学生作为观众，观看“奋斗吧中华儿女”晚会。130名师生参加国家公祭日活动。一六一中学初中部校区为广场联欢礼花燃放提供支持和保障。七中、八中、十四中、十五中、三十五中、一五九中6所学校作为群众游行训练场地，三中、一六一中、西城外国语3所学校场地作为群众游行训练备用场地，八中和回民学校作为群众联欢训练场地；三十五中用于童声合唱训练；实验二小和北京小学用于精彩合唱和快闪训练。七中作为西城区800名观礼台观众集结场地；实验一小前门分校和一六一中附小作为志愿者集结场地。宏庙小学用于武警屯兵；顺城街一小用于部队屯兵；三十九中用于国庆观礼任务停车保障。在国庆任务落实过程中，西城区教育系统讲政治、勇担当，积极完成各项、各次服务保障任务，保证各项工作平稳有序推进。获2个市级先进集体（西城区教委、实验二小），8名干部教师获市级先进个人。

（宁嘉瑜）

【小学课程互检】年内，西城区小学组织部分教学干部对学校课程备案材料进行互检。通过审阅学校课程计划、校本课程开发方案等课程备案材料，梳理学校课程建设中的亮点与问题。西城区教育科学研究院课程教材中心汇总整理学校课程备案材料反馈意见。在西城区教育科学研究院礼堂召开科学规范制定小学课程管理文本培训交流会，西城区小学课程管理干部60余人参加会议。会上，北京市教科院专家围绕“学校课程建设与实施研究”进行专题培训，十五中附小、北师大亚太实验学校就落实市区课程计划、开齐开足各类课程等方面进行经验交流；课程教材中心及小教科对课程备案材料中存在的问题提出改进建议，并明确相关工作要求。

（谢　歆）

【民办学校教师节表彰】10月，根据《中华人民共和国民办教育促进法》要求，西城区教委开展民办学校先进个人和优秀集体的评选表彰工作。通过各校自评、学校自荐等形式申报材料，历经专家小组初评、集中述职、现场考评等形式，评选出21个优秀集体和35名先进个人，对评选出来的先进个人和集体进行网上公示。

（王竞艳）

【首届青年教师风采展示】11月，西城区小学面向入职五年以内的教师群体，组织开展西城区小学首届青年教师风采展示活动，以学区为单位，采取教师一步登台的方式，共有339名教师参与课堂教学展示交流。

（谢　歆）

【德育干部专题研究结题会】11月，以集团校、精品联盟校和附小直升校三种办学模式为组织单位的7个德育干部专题研究小组分别召开结题会，各成员校聚焦管理工作中的难点、热点问题，开展实践研究，并将研究成果汇总成为结题报告，同时将研究成果物化成册。

（赵嫣娜）

【征集“我和我的祖国”活动案例】11月，西城区教委根据市教委关于《北京市教育系统庆祝新中国成立70周年“我和我的祖国”爱国主义主题教育活动方案》要求，征集各校主题教育活动的优秀案例。全区62所学校参与，共入选文章117篇。小教科组织专家对各校报送的案例进行遴选，印制出版《西城区小学庆祝新中国成立70周年“我和我的祖国”主题教育活动优秀案例集》。

（赵嫣娜）

【中小学家校协同育人基础调研】11月18日，为落实《北京市关于进一步加强中小学家庭教育指导服务工作的实施意见》要求，构建家校协同育人机制，西城区家校共育办公室面向全区中小学校，围绕家长学校建设、家长委员会管理、入户家访工作推动以及家校有效沟通和问题调处机制建立等方面进行基础调研，调研共涉及35所中学和62所小学。

（石　虹）

【推进中学优质均衡发展】年内，西城区教委深化教育综合改革，启动学区优质校建设提升工作，成立北京市第四中学—北京市第七中学、北京市第八中学—宣武外国语实验学校、北京市第十五中学—北京市第四十三中学、北京市铁路第二中学—北京市第五十六中学、西城区教育研修学院—北京教育学院附属中学等5个学校发展共同体，进行质量精准提升。制定该项工作的区级工作方案和考核方案，11月组织10所学校就近期工作开展情况进行专题座谈，为西城中学教育优质均衡发展水平的进一步提升奠定基础。

（王贞荼）

【市教委督导评估】年内，市教委、市教育督导室组成督导评估专家组对西城区中小学校全面实施素质教育工作督导评估。评估组对西城区师范学校附属小学、北京市铁路第二中学、北京市第十四中学进行实地督导，听取区、校两级工作汇报，召开区级相关部门干部、20余名校长和近30名教师参加的座谈会，随堂听课24节，查看学校校园环境，611名教师、103名学生参加问卷调查。评估组反馈回复意见，在肯定取得成绩的同时，指出存在的问题并提出建议。

（马　蕊）

【校园安全专项督导培训】年内，区教委召开校园安全专项督导培训部署会，全体专兼职督学40余人参加，区委教育工委副书记、区教委副主任主持会议并讲话。

（马　蕊）

【高校支持项目总结交流会】12月13日，西城区教委在康乐里小学召开“高校支持西城区小学发展”项目学校总结交流会。会上，与会校长分享高校支持的主要举措、学校推进项目的主要做法、收获、思考与困惑。小教科就“如何清晰项目定位、完善合作机制、有效利用专家资源”等提出建议和要求。西城区16所项目学校校长参加会议。

（谢　歆）

【民办教育】年内，经西城区教委审批的民办学校共计234所，其中民办幼儿园30所，民办学历学校2所，民办非学历机构202所。截至年底，通过2018年年审的民办学校200所，其中24所民办幼儿园、176所民办非学历培训机构，教职工4509人，年招生人数约57万余人次，结业人数约35万余人次，年纳税6430余万元。

（王竞艳）

【民办学校工会表彰】年内，根据《北京市西城区教育委员会关于评选2019年度西城区民办学校先进基层工会组织和优秀工会个人的通知》精神，在各民办学校工会自下而上、民主推荐、逐级审核的基础上，经区教委民办教育工会联合会评选领导小组审定，产生“先进基层工会组织”28个、“优秀工会工作者”29名、“优秀工会之友”21名、“优秀工会积极分子”59名。

（王竞艳）

【民办校整治工作】年内，加大对民办学校办学行为的整治力度。严格审批标准，重点对办学场地不达标、超范围办学、超时限收费、虚假招生广告、内部管理严重混乱、存在重大安全隐患等问题的学校进行整治处理。

（王竞艳）

【人才引进】年内，调入188人、调出156人，区教委所属单位间流动207人，安置军转随军退役士官14人，引进博士后2人。组织全系统所属中小学、幼儿园、部分直属单位，面向应届高校毕业生及社会人员，采取公开招聘方式，两批次共招聘635人，其中补充教师585人，包括应届毕业生520人，社会人员65人（中学21人、小学43人、学前1人）。应届毕业生按学段分：中学102人、小学290人、学前128人；按生源分类：京籍生源460人、非京生源60人；按学历分类：博士3人、硕士136人、本科426人、学前大专70人。此外还招聘其他专技人员（校医、财务）44人、厨工3人、直属单位管理人员3人。

（梁勇　田桂华）

【支教工作】年内，继续开展对口支援工作，选派赴西藏拉萨支教干部4人，其中2名副校级以上干部支教期3年，2名中层干部支教期2年。上年选派到新疆和田的17名支教教师继续进行支教工作。根据有关文件精神，西城区教委调整完善支教人员相关待遇规定。

（梁勇　田桂华）

【机构编制】年内，完成所属160个事业单位法人年检工作。共有162个单位配合区委编办完成机构编制数据维护工作。新成立北京市西城区京华实验学校，完成北京广播电视大学宣武分校更名为北京开放大学西城分校的工作。

（申海峰　田桂华）

【机构调整】年内，西城区委教育工委、区教委进行部分科室调整：细化组织部的职能，分别设立组织科和干部科；分解督导室综合科职能，将其统筹协调职能划转至教委办公室，将其质量监测职能与中学教育科、小学教育科等有关学生质量综合评估职能整合，设置评价与监测科；将社区教育科并入职业教育与成人教育，其职能随之转化，设立新的职业教育与成人教育科；将校外教育办公室并入体育卫生科，其职能随之划转，成立体育卫生与艺术教育科；将保卫保密科并入教委办公室，其职能划转至教委办公室；新成立协作与交流办公室、家校共育办公室、学校后勤科。

（张燕哲）

职业教育　成人教育

【概况】年内，西城区有职业教

育学校4所，教职工708人，学生432人。西城区成人教育学校3所，教职工221人，学生数4065人。西城区职成教育积极推进改革发展，在坚持内涵发展的基础上，注重工作改革创新，有序推进职成教育科学稳步发展。职业教育积极研发职业教育社会化课程，服务完成市民教育、劳技教育及城宫计划等相关教学任务。发挥职业教育资源优势，参与京津冀协同发展及张北、阜平、喀喇沁、鄂伦春等地支教帮扶工作。加强学区教育资源的统筹管理，积极参与学区管理工作。按照区域功能定位，结合西城区成人教育发展实际，稳步有序推进成人教育资源的统筹调整与共享。加强社区教育理论研究，总结经验，共享成果，召开年度市民学习周活动，推进社区教育内涵建设。

（李同焕）

【职业教育技能竞赛】5月，西城区职业学校成功承办北京市中等职业教育酒店、形象设计等专业的技能比赛。西城区学生共取得市级教育部门组织的专业技能比赛一等奖17个、二等奖15个、三等奖14个；同时代表北京市参加全国技能比赛，取得二等奖1个。

（李同焕）

【常规自考工作】年内，高等教育自学考试笔试课程全年报考总人数为14159人次，比上年减少841人次。报考31800科次，比上年减少13949科次。新生注册1582人，比上年减少1195人。共组织考试1136场次。查处违纪考生23人。

（李　飞）

【成人高等学校招生】年内，西城区成人高考网上报名2681人，实际缴费2383人，现场参加资格确认2182人。其中高中起点升专科435人，高中起点升本科290人，专科起点升本科1457人。报名科次5636科次，比上年减少1739科次；共设置成人考试考点校5所，考场89个。

（李　飞）

【学区制管理】年内，28名职业学校教师参与学区管理服务工作。新街口、展览路、西长安街、德胜、广外、月坛、什刹海、陶白等8个学区成立学区理事会。各学区办公室深入开展学区共享资源的调研，在辖区中小幼学校与社会资源之间搭建桥梁；参与学区校外培训机构专项治理整改工作；配合相关部门开展学校安全检查工作。各学区初步建立教育资源统筹以及教育服务社会、社会支持教育的多元平台。

（李同焕）

【服务京津冀协同发展】年内，西城职业教育发挥资源优势，积极参与京津冀协同发展，共有12名教师重点支持张北、阜平、喀喇沁、鄂伦春等地的职业教育帮扶工作；同时发挥外事服务集团功能，组织集团成员研发课程，开展技能竞赛，服务冬奥会的人才需求。

（李同焕）

【职业教育社会化】年内，研发职业教育社会化课程，主要涉及艺术文学修养、金融理财、健康养生等多个门类，服务市民教育、劳技教育及城宫计划相关教学任务，推进学习型社会进程。

（李同焕）

【学生资助工作】年内，使用新的学籍管理系统和资助系统，做好学籍变动及学生资助工作，完成124名学生享受免学费、36名学生享受助学金，1名学生取得国家奖学金，16名学生取得北京市政府奖学金的工作。

（李同焕）

【促进职业能力提升】年内，西城区教委利用成人教育资源，面向西城区十余家幼儿园老师80人次，开展心理健康培训；面向教育系统各单位网络管理员、后勤管理人员及美术老师分别开展“校园网络安全与维护”“防灾减灾与安全知识”“摄影摄像”以及“美术鉴赏”等培训。向教育系统各单位发放学历需求调查问卷，其中对本科学历学习有需求的114人，专科学历学习有需求的33人。针对需求，研究制定学历教育提升计划。

（李同焕）

【2018年度科研项目结题会】3月，西城经科大召开西城区学习型城区研究中心2018年度科研项目结题会。对获准结题的16个项目进行评审并评出一等奖1个、二等奖7个、三等奖8个，推进学习型城区建设中科研工作的科学化、规范化，提升社区教育科研队伍的研究能力和素质，为学习型城区建设发展提供理论

指导和智力支持。

（张筱杰）

【区第十二届市民讲外语风采大赛】4月26日，西城经科大与区委宣传部、区政府外事侨务办公室、区精神文明建设委员会办公室联合举办西城区第十二届市民讲外语风采大赛。15个街道、12所社区教育学校、258个社区市民学校推选22个团队，34个外语节目近500名外语爱好者参加，展现西城区市民学外语、讲外语，爱生活、爱西城的良好精神风貌。

（张筱杰）

【区第九届市民艺术节舞蹈比赛】6月13日，西城经科大与区委宣传部、西城教委联合举办西城区第九届市民艺术节舞蹈比赛，15个街道文明市民学校中心校、15所社区教育学校、259个社区市民学校近600名社区舞蹈演员参加，大赛以“壮丽七十载舞动新时代”为主题，凸显社区文化艺术特色，涵盖民族舞、现代舞、古典舞、芭蕾舞等四大类型。此次舞蹈大赛融文化建设与成果展示于一体，彰显社区多元文化特色，为建设和谐社区、文化西城起到促进作用。

（张筱杰）

【经科大“三定”获批复】8月20日，《北京市西城经济科学大学机构设置方案》经区委机构编制委员会办公室审核后，获区委、区政府批准。原北京广播电视大学西城分校职责划入北京开放大学西城分校。

（张筱杰）

【认证管理员培训会】10月9日，西城经科大联合区文明市民学校总校与西城区市民终身学习成果认证中心办公室举办西城区市民终身学习成果认证制度第十四期认证管理员培训会，相关街道办事处、社区教育学校等基层认证单位的135名一线认证管理工作人员参加。培训介绍年度积分兑换工作、“学润西城”学习平台、课程安排等，总结认证点积分兑换及精品课程建设的工作经验。为西城区市民终身学习成果认证制度的推广提供保障，提升管理员技能水平，为认证制度及示范认证点的运行奠定基础。

（张筱杰）

【区第十八届市民书画精品展】11月5日，西城经科大暨西城社区学院在区第一图书馆一层大厅举办“献礼新中国成立七十周年”区第十八届市民书画精品展，共展出精品书画70余件，全面展现居民弘扬中国传统书画艺术，提升新时代文化自信的艺术风格。

（张筱杰）

【学润西城系统升级改造】年内，完成西城区市民终身学习平台——学润西城系统升级改造项目的立项申请、平台建设及验收等系列工作。该项目的设计和建造采用互联网+时代的用户思维，以学习者为中心，建立一张“点线结合，人文行走”的“西城区市民终身学习地图”，将学习资源进行统筹，并对各种类型学习资源进行分类和梳理，形成一条“学习路线”。对市民参与终身学习进行实时记载、认证、兑换，实现个性化时代的学习资源智能推送，为市民终身学习成果认证制度提供技术保障，加强了信息化、网络化、社会化的终身学习支持服务体系建设。

（张筱杰）

【开设48门社区居民课程】年内，西城经科大开设48门社区居民课程。其中社区居民大专课程班4个、短期培训班16个、教师进社区班11个，学校19名教师授课，惠及709名辖区市民，全年教学服务9752人次1386课时，为辖区内市民营造“人人皆学、处处能学、时时可学”的终身学习氛围。

（张筱杰）

【建设学分认证课程】年内，10个街道，44个社区参与市民终身学习认证制度学分认证课程，申报课程357门16203课时。全年评审出社区老年教育精品课程30门900课时，约1000人次；特色课70门2100课时，约2300人次；技能体验课9门27课时，约105人次，累计教学量3105课时。丰富社区教育课程的内涵，提高各教学点教学服务水平和管理人员的工作能力，为市民终身学习优质课程资源库的建设打下基础。

（张筱杰）

【干部培训】年内，举办西城区公务员、事业单位人员、企业职工、转岗转职人员、军队复转安置人员、区残联就业人员、街道、社区党员和其他工作人员等13个培训项目，涉及青年干部、基层党员、军转干部、人事和财务等人员，共计35个培训班，开设81门课程，培训6300余人，为西城区企事业单位的人才培养提供服务。

（张筱杰）

【等保测评及网络安全加固项目】年内，完成门户网站及在线教育综合平台信息安全等保测评及网络安全加固项目初验、试运行、等保测评及验收，完善西城经科大网络安全管理体系、加强信息系统的安全防护，为学生提供更好的在线学习平台。

（张筱杰）

【庆祝新中国成立70周年系列活动】年内，红旗大学组织学校师生开展庆祝新中国成立70周年系列主题活动，4个系部的10位学员参加“我与祖国共成长”主题征文活动，3个系部的20余位学员参加“歌颂祖国”主题作品征集活动，管理系全体学员和部分教师参加师生同唱一首歌《我和我的祖国》合唱歌曲排练和录制活动。

（海玥佳）

【提升教学管理水平】年内，红旗大学围绕“立德树人，全面育人”展开高等学历继续教育德育工作研讨会和学员座谈会，完善学校师德考核评价机制，完成教务教学信息管理平台设计，进行内测版本测试，制定《专业技术人员职务聘任管理办法（修订版）》。

（海玥佳）

【丰富办学模式】年内，红旗大学通过走访调研西城区教育系统各单位的学历需求，开拓学校未来培训工作思路。为区人社局、区卫健委、教育系统七家小学幼儿园等单位组织培训班、素质讲座及课程计划，培训2600人次。承接组织人社局经济师考试以及卫健委医师职称考试，考生共计2400人次。

（海玥佳）

【推进学习型社区建设】年内，社区教育学校在校学员共计367人，开设课程8门课程，培训4844人次。社区家长学校组织“家庭教育指导师”“新父母心成长”等课程及讲座，培训3864人。

（海玥佳）

【推进市民学习基地建设】年内，共有76家市民学习基地，新发展4家，评选市级示范基地3个，遴选3个市级学习品牌，推荐1个全国学习品牌，承办北京市民终身学习示范基地现场交流会。在15个街道开展30场“道德讲堂”主题实践活动，1500余人参与学习。

（海玥佳）

【新增合作单位及专业】年内，红旗大学新增2所校企合作单位。一是京煤集团旗下的北京科技高级技术学校。该校是一所集学历教育、职业培训和技能鉴定为一体的全日制公办技工学校，位于门头沟区，以会计、工商企业管理、人力资源管理和学前教育为主的合作专业。二是军地企业管理集团（简称军地集团）。军地集团是整合军地资源全方位服务退伍士兵的唯一企业性质的实体机构，在国务院中央军委指导下按现代企业运作机制负责全国退伍士兵的就业创业发展工作，学校将为北京地区退伍军人及其家属提供学历教育服务。年内，学校首次开办老年学历班，招生摄影与摄像艺术专业，并为老年群体量身定制新的教学计划和考前辅导。

（海玥佳）

【师生频获佳绩】年内，红旗大学组织师生参加第十五届北京市高等学校教学名师奖和第三届北京市高等学校青年教学名师奖的申报工作，计算机系任心燕老师获第十五届北京市高等学校教学名师奖，管理系获2019年北京高校继续教育高水平教学团队奖，2019级学生黄露获第四届北京高校学历继续教育大学生英语口语竞赛非英语专业专科组一等奖，闵健老师、夏荣老师获非英语专业专科组优秀指导教师。这是红旗大学自参与此竞赛以来获得的最好成绩。艺术系2018、2019级7名学生入选第三届冬奥会美展。18级6名同学集体创作的油画《冰雪激情》在《西城文艺》《西城社区报》发表。2018级学生郭隆铨的摄影作品在“西城摄影展”中获三等奖并发表在《西城社会报》。

（海玥佳）

【基层党支部书记培训班】10月23至25日，红旗大学培训中心整合市内外优质师资、红色教育资源，举办“不忘初心、牢记使命”主题教育党支部书记专项培训班，区卫健委120名基层党支部书记参加培训。聘请中央党校及市委党校专家教授讲授党史、党建、习语精读等五门课程，组织参观香山革命纪念馆。

（海玥佳）

【老干部大学初心讲堂开讲】12月10日，由区委老干部局主办、宣武红旗业余大学承办的西城区老干部大学“不忘初心、坚守传承”初心讲堂开讲。区委老干部局、区教委相关负责人和区老干部大学20余名副处级以上退休老干部参加活动。

（海玥佳）

【举办“双提升”培训】7月2日至5日，“壮丽七十载奋进新时代”西城区学习型社区建设骨干队伍“双提升”专题培训在红旗大学开班。来自全区166个学习型先进社区的书记、主任参加学习。12月3日，红旗大学组织召开区学习型社区建设工作交流会，梳理总结全年工作，研讨2020年培训工作。

（海玥佳）

【承办纵横码比赛】10月25日，红旗大学组织承办北京市纵横汉字输入技能大奖赛冠亚军比赛，西城区获组织奖一等奖，学校所培训的2名选手分别获老年组亚军、特殊组亚军。

（海玥佳）

【市民终身学习示范基地交流会】6月12日，由北京教育科学研究院主办，红旗大学承办的北京市民终身学习示范基地现场交流会在京彩瓷博物馆召开。西城区、石景山区、延庆区等区县代表进行交流发言，共同探讨北京市民学习基地制度建设、品牌培育等工作机制。

（海玥佳）

【成人教育高校举要】北京市西城经济科学大学暨西城区社区学院，占地面积0.68万平方米，校舍建筑面积1.52万平方米，绿化用地面积120平方米。图书馆（室）藏书6.71万册。固定资产总值1586.44万元，其中教学、科研仪器设备总值612.41万元。学校信息化经费投入647.87万元，拥有计算机694台，网络多媒体教室49个，校园网出口总带宽100Mbps。教职工122人，其中高级职称27人、中级职称43人。专任教师49人；开设教学班9个。毕业563人，招生110人，在校生378人。中国传媒大学远程与继续教育学部西城经科大教学站2019年毕业生292人（本科250人、专科42人），招生287人，在校生583人。

北京宣武红旗业余大学是在教育部备案的市属独立设置的成人高校，设有右安门1个校区，占地面积7415平方米，产权校舍建筑面积10480平方米。红旗大学设置5个教学系，1个教学站。开设21个专业，覆盖12个学科。教职工68人，其中专任教师39人，包括教授3人、副教授14人。聘请校外教师26人，其中教授6人、副教授9人。全年教育经费投入3154.25万元，其中国家拨款2964.48万元、自筹经费189.77万元。固定资产净值689.56万元，其中教学、科研仪器设备净值250.76万元。图书馆建筑面积300平方米，藏有纸质图书6.54万册、电子图书4800册。拥有计算机300台，4间大型多媒体教室、10间标准多媒体教室。学校信息化经费投入42.5万元，主要用于教务教学信息管理平台的设计开发；信息化设备资产639.28万元，网络信息点400个，校园网出口总带宽20Mbps，上网课程24门，数字资源量82GB，管理信息系统数据总量30GB。红旗大学学历大专班毕业生246人，招生110人，在校生265人。北京理工大学继续教育学院红旗大学教学站毕业生38人，在校生67人；北京理工大学远程教育学院红旗大学学习中心毕业生22人，在校生262人；北京交通大学继续教育学院红旗大学教学站毕业生96人，招生120人，在校生270人。

（张筱杰　海玥佳）

（责任编辑　叶　婷）

文化　旅游

北京西城年鉴2020

1月29日，百年老字号成文厚新店开张（闻昭　摄）

2月5至9日，北京大观园举办第二十四届红楼庙会（大观园　供图）

5月29日至6月1日，第十四届中国北京国际文化创意产业博览会上的西城展区（刘鹜 摄）

6月5日，首届北京扇子文化节在西城区第一文化馆开幕（于志强 摄）

年内，居民们漫步在什刹海西海湿地公园（闻昭 摄）

文 化

【概况】北京市西城区文化和旅游局（简称区文化和旅游局）是区政府工作部门。3月25日，中共北京市西城区委办公室、北京市西城区人民政府办公室关于印发《北京市西城区文化和旅游局职能配置、内设机构和人员编制规定》的通知，将原北京市西城区文化委员会承担的全部职责（除新闻出版、电影管理职责）、原北京市西城区旅游发展委员会的全部职责、原北京市西城区产业发展促进局的文化创意产业发展相关职责划入区文化和旅游局，原北京市西城区文化委员会的新闻出版、电影管理职责划转至北京市西城区委宣传部。主要职责是：贯彻落实关于文化、旅游以及文物工作的法律法规、规章和政策；统筹规划本区文化事业、文化产业和旅游业发展；管理本区重大文化活动，指导本区重点及基层文化设施建设和旅游设施建设；负责制定本区旅游市场开发战略并组织实施，落实推进全域旅游；负责本区公共文化事业发展，推进公共文化服务体系建设和旅游公共服务体系建设；指导、推进本区文化和旅游科技创新发展，推进文化和旅游业信息化、标准化建设；负责本区非物质文化遗产保护、保存，推动非物质文化遗产的保护、传承、传播和发展；负责拟订本区文物事业发展规划并组织实施；统筹规划本区文化产业和旅游业，促进文化产业、旅游业和文物事业的发展；指导本区文化和旅游市场发展，负责对文化和旅游市场经营进行行业监管，推进文化和旅游业信用体系建设，依法规范文化和旅游市场；指导、管理本区文化和旅游对外及对港澳台交流、合作和宣传、推广工作，负责组织大型文化和旅游对外及对港澳台交流活动；指导、管理本区文化创意产业发展，拟订相关发展规划并组织实施。统筹推进文化创意产业发展服务体系建设，指导协调文化创意产业基地、园区建设，协调推进文化创意产业重大项目建设。设办公室、政策法规科（研究室）、行政审批科、产业发展科（文创科）、公共服务科、非物质文化遗产科、文物科、文化建设科、对外交流与合作科、文化活动科、行业管理科、安全与应急科（假日办）、财务审计科、党群工作办公室、人事科、离退休干部科，机关行政编制59名。原区文化委员会、区旅游发展委员会所属事业单位整建制划入区文化和旅游局，下属北京市西城区第一文化馆、北京市西城区第二文化馆、北京市西城区非物质文化遗产保护中心、北京市西城区图书馆、北京市西城区青少年儿童图书馆、北京市西城区阅读推广中心、北京市西城区旅游咨询信息中心、北京市西城区旅游产业发展中心、北京市西城区文物保护研究所、北京市西城区文物管理处、北京市宣南文化博物馆管理处（北京长椿寺管理处）、北京历代帝王庙管理处、北京李大钊故居管理处、西城区社会文化管理所14个公益一类事业单位（相当科级），撤销北京市首都电影院、北京市红楼电影院、北京市胜利电影院、北京市新街口电影院4个经营类事业单位。

地址：西城区后广平胡同26号

邮编：100035

电话：66561230

（赵　臣）

【安全生产专项执法检查行动】1月7至10日，组织执法人员和安全生产督查检查队，对辖区内重点地区、涉旅企业重点部位和薄弱环节实施专项执法检查。主要针对人员密集场所内消防中控、建筑施工、烟花爆竹储存、用电安全等重点部位与易发生安全生产事故的环节进行排查，强化安全设施设备、人员应急值守、特种作业管理、重点部位巡视维护、员工安全培训等监督，督促生产经营单位落实安全生产主体责任，及时消除安全隐患，确保辖区安全生产秩序良好。

（赵　臣）

【非遗项目参加驻华记者新年招待会】1月17日晚，外交部与北京市人民政府在国家大剧院联合举办2019年外国驻华记者新年招待会。西城区的泥塑彩绘脸谱代表性传承人佟秀芬、传拓技艺代表性传承人马国庆在活动现场进行非遗技艺展示，并同与会的外国驻华记者、驻华外交官等嘉宾进行互动。与会嘉宾积极参与非遗体验活动，制作脸谱、拓片，并向非遗传承人了解项目历史、制作工艺，对中国传统文化展现出浓厚的兴趣。

（赵　臣）

【小年文化庙会】1月29日至2月2日，区文化委员会（简称区文化委）在天桥剧场举办“北京第五届（2019）天桥小年文化庙会暨老舍京味文化节”。活动期间，组织北京市曲剧团老舍作品改编的经典剧目展演、北京民俗展示、北京民俗讲座、天桥艺术、非遗展示、节庆用品展卖等主题活动。活动历时5天，7000余人次参与。

（赵　臣）

【公布第四批区级文保单位】2月15日，西城区人民政府发出《关于公布北京市西城区第四批区级文物保护单位的通知》，为进一步加强西城区的文物保护工作，根据《中华人民共和国文物保护法》《北京市实施〈中华人民共和国文物保护法〉办法》的有关规定，经区政府研究，同意区文化委提出的西板桥、嵩云草堂、山左会馆、武定侯街23号四合院、砖塔胡同关帝庙、庆云寺、恭俭胡同三官庙和金井胡同近代建筑等8处第四批西城区文物保护单位项目。至此，全区共有区级文物保护单位86处。

（赵　臣）

【元宵节灯会】2月18日，区文化委在景山公园举办以“福满京城春贺神州”——“华彩闹元宵共贺中国年”为主题的元宵节灯会活动，重点打造“一门两园”元宵节灯会以及现代灯光秀，为传承发展中华优秀传统文化，营造安定和谐、欢乐祥和的喜庆节日氛围，1万余人次参与。

（赵　臣）

【第五届中国原创话剧邀请展】3月13日至7月7日，由中国国家话剧院、西城区人民政府联合主办，区文化和旅游局承办的第五届中国原创话剧邀请展，历时117天。来自北京、上海、四川、湖北、陕西、辽宁、江苏、内蒙古8个省、市、自治区的12部大剧场剧目和11部小剧场剧目在国家话剧院剧场和小剧场、先锋剧场及北京天桥艺术中心上演96场。举办2次专家研讨论坛、8场“进校园”演出、10场“我与大师零距离”及演后谈等系列文化活动。

（赵　臣）

【“百姓戏剧展演”系列活动】3月14日至12月31日，由区文化和旅游局主办，中国国家话剧院支持的百姓戏剧展演活动，开展以庆祝建国70周年为主题，以北京精神、西城故事为背景，推出“百场惠民演出、百场戏剧普及”的双百活动，面向社会公开征集78部戏剧作品。活动特设六大板块、十项系列等形式，采用1场公益鉴赏+2场公益演出+2场表演艺术交流的组合演出的方式，为观众呈现35剧118场演出、179场戏剧普及活动。此次系列活动历时9个月。

（赵　臣）

【北京景山合唱节】3月27日至4月15日，区文化和旅游局主办，北京市第一文化馆承办，北京世纪正歌文化传播有限公司协办的我和我的祖国——2019第十六届北京景山合唱节暨庆祝新中国成立70周年主题合唱节，进行30多天，历经初赛、复赛、决赛，吸引47支合唱团约2500人参与。

（赵　臣）

【文化艺术创作扶持】3月30日，向社会公布《关于公开征集2019年度北京市西城区文化艺术创作专项资金扶持项目的公告》，收到各类项目申报181个。其中，申报补贴类的项目175个，申报奖励类项目6个，项目总数量近上年度申报数量3倍。评审结果经报区政府专题会审议，确定58个项目入围，补贴资金总额为1686万。同步开展对2018年度文化艺术创作扶持资金补贴的26个项目的绩效跟踪工作，完成终稿的评审评价，并已兑现全部尾款。

（赵　臣）

【图书馆自习室延长开放时间】根据读者对延长图书馆自习室开放时间的需求。自4月1日起，周一至周四将图书馆自习室闭馆时间由原来的20点30分延长至22点，成为北京市区县级公共图书馆中首家开放时间最长的图书馆。

（赵　臣）

【清明寒食节文化活动】4月4至5日，区委宣传部、区文化和旅游局、陶然亭公园管理处、区非物质文化遗产保护中心、北京华天饮食集团公司在陶然亭公园共同举办“同品寒食踏青寻春”

——2019年清明寒食节文化活动。活动依托区非遗文化资源，由非遗专场演出、非遗手工技艺展示互动和寒食节节令食品“寒食十三绝”推介等内容组成。

（赵 臣）

【缅怀名人走进故居主题活动】 4月5日，在李大钊故居举办“清明时节缅怀名人走进故居”主题系列活动，推出融入北京琴书等表演内容的清明节诗会，参加活动1430人次。期间，北京市第14中团校的学生到故居献花，重温入团誓词。

（赵 臣）

【“清明·陶然诗会”】 4月5日，区文化旅游局在陶然亭公园举办“祭革命英烈踏时代征程—2019年清明·陶然诗会”。近百名朗诵爱好者声情并茂的呈现了朗诵节目，现场参与观众1000余人。

（赵 臣）

【第二届海棠诗会】 4月15日，由宋庆龄故居管理中心、区文化和旅游局、什刹海街道办事处联合主办的2019第二届海棠诗会在宋庆龄故居举行。非遗项目金漆镶嵌、京作核雕、北京雕漆、北京绢人、裕氏草编等非遗项目传承人在诗会现场进行了现场表演。中国宋庆龄基金会党组书记、常务副主席杭元祥等领导和嘉宾及200余名朗诵爱好者参与活动。“海棠诗会”将阅读与朗诵相结合，作为西城区探索新型阅读的推广活动，成为西城区推广全民阅读的新名片。

（赵 臣）

【中国戏曲学院戏文系创作实践基地成立】 4月16日，区第二文化馆携手中国戏曲学院戏文系成立“中国戏曲学院戏文系创作实践基地”，为中国戏曲学院戏文系学生创造一个良好的艺术实践环境和创作实践平台，充分利用文化馆良好的艺术实践条件和丰富的基层艺术活动进行联手办校，共同打造大学+社会实践平台，同时也为西城区第二文化馆优质的社会基层文化单位服务，达到资源共享、协同共进的目的。

（赵 臣）

【2019西城区京剧票房大赛】 4月17至19日，区文化和旅游局在区第一文化馆一楼小剧场举办京剧票房大赛，大赛共17支队伍参赛，最终评选出一等奖2名、二等奖4名、三等奖6名、优秀奖5名。

（赵 臣）

【西城区非遗演出季】 西城区非遗演出季，组织古曲音乐会、传统武术、传统音乐、京津冀非遗交流、皮影、昆曲、评书、曲艺相声、古彩戏法、原创鼓曲和相声新作品10个专场演出。

（赵 臣）

【“书香西城”五年成就展】 4月18日至5月6日，在区第一图书馆一层展厅举办“书香西城”五年成就展，发布《建设全民阅读公共服务体系，提升西城读者获得感“书香西城”五年建设成果回顾》报告，全面阐述和回顾书香西城建设五年来取得的成效。展览吸引万余人参观。

（赵 臣）

【红楼公共藏书楼正式运营】 4月23日，红楼公共藏书楼开启正式运营模式。截至9月底，先后入藏杨鸿勋、胡小伟、于洪笙、朱祖希、龙新民、孙毓敏、靳飞等64位名家、读者以及中国版本图书馆、人民出版社、作家出版社等9家机构捐赠和托管的图书8万余册。接待读者3万人次，图书借阅2000人次5000册次，微信公众号粉丝3825人。围绕入藏者开展古建图纸展览、文化主题讲座、作家见面会等阅读推广活动50余场，吸引读者5000余人次参与。

（赵 臣）

【人脸识别24小时城市书房亮相】 4月23日，全市首家人脸识别24小时无人值守城市书房——西城区24H城市书房在位于天宁1号园区正式揭幕，书房是全市首家实现24小时手机扫码自助办理文献借阅手续。

（赵 臣）

【二十四节气文化沙龙——立夏】 5月6日，由区文化和旅游局主办的二十四节气文化沙龙活动——立夏，在华方艺术中心（月坛雅集传艺荟）举办。活动以二十四节气这一传统文化为基础，集趣味、知识、互动、体验于一体，分为特邀民俗专家进行科普讲座、民俗体验、斗蛋游戏、传统手工艺体验、戏曲曲艺展演等内容。

（赵 臣）

【京剧行当艺术经典剧目展演】 5月至12月，由国家京剧院与区政府共同主办的京剧行当艺术经典剧目展演活动，历时8个月，演出52场，纯公益50场，开幕式和闭幕式在梅兰芳大剧院以低票价形式进行演出，5月2日，开幕式上为观众们展示旦行四大流派“梅、尚、程、荀”经典代表剧目《宇宙峰》《武家坡》《锁麟囊》《荀灌娘》，12月30日，闭幕式演出传统剧目《杨家将》，同时为2020年生行演出开启序幕。

（赵　臣）

【2019北京儿童阅读周】5月31日，2019北京儿童阅读周启动活动在北京启喑实验学校举行。“北京儿童阅读周”是西城区专门针对青少年儿童设计的阅读推广活动，每年5月最后一周到10月末举办。本届儿童周以名家进校园开展系列活动，在各中小学，围绕庆祝新中国成立70周年、文学北京、艺术北京、博物北京、温故北京五大主题内容，引入各领域的名家、专家资源，与学校配合，扩展校内阅读体系，以更阔大的视野，让孩子以书为媒，阅读北京、阅读中国、阅读世界。截至9月，儿童周名家已走进20所中小学校，受益师生达万余人。

（赵　臣）

【端午节京剧专场惠民演出】6月7日，区文化和旅游局在三庆园戏楼举办“2019年西城区端午节京剧专场惠民演出”。整场演出由两段经典京剧折子戏《断桥》和《文昭关》组成，300余人观看。

（赵　臣）

【文化和自然遗产日展览展示活动】6月8日，由区文化和旅游局与陶然亭街道办事处联合主办，区文明推进协会承办，光明日报《新天地》杂志社协办的西城区自然与文化遗产日主题活动“非遗炫陶然”在陶然亭书香驿站举办。

（赵　臣）

【庆祝新中国成立70周年专场音乐会】6月17日，区文化和旅游局在天桥剧场举办“我和我的祖国——西城区庆祝新中国成立70周年专场音乐会”。本场音乐会以庆祝新中国成立70周年为主题，以交响乐演奏、伴奏演唱为主要表现形式，用歌声和乐曲声回顾伟大祖国70年来走过的辉煌历程，反映西城区改革开放以来，特别是党的十八大以来，在经济文化建设、社会发展等方面所取得的新成就，展现新气象，讴歌西城人民在区委、区政府领导下践行“红墙意识”的感人事迹，表达对祖国母亲的热爱之情。1000余人次观看演出。

（赵　臣）

【原创广场舞展演活动】6月18日，区第二文化馆主办的“舞动新时代追梦新征程”2019年区原创广场舞展演活动在大观园举办。参加展演的6支广场舞曲均为区第二文化馆的原创曲目，选择了具有北京风情、西城特点、百姓耳熟能详的经典歌曲加以改编，成为易于普及和推广的广场舞蹈音乐。与15个街道的文化活动中心联动，展现北京的情、北京的故事、北京的文化。

（赵　臣）

【记忆西城文化演出活动】7月1至8日，区文化和旅游局在延庆世园会演艺中心，举办2019世园会北京民间艺术荟萃“京韵炫彩”西城民间艺术•记忆西城文化演出活动。通过“定点演出+互动演出+行进演出”等形式，展开北京历史文化特色浓郁、城市文化特质和潮流风格强烈的文化展演活动。主要内容有：歌舞、杂技、曲艺、花车巡游表演等。活动历时8天，6万余人次观看。

（赵　臣）

【五星级文化助盲志愿服务团队】7月4日，西城区第一图书馆应邀出席由中国盲文图书馆、中国助残志愿者协会联合举办的“星级文化助盲志愿者及团队认定交流”活动，并继2016年获“五星级文化助盲志愿服务团队”称号后再获殊荣，志愿团队开展的文化助盲志愿服务累计时长达3.8万小时。其中有3名文化助盲志愿者被评为星级文化助盲志愿者。

（赵　臣）

【第五届中国童书博览会】7月17至23日，第五届中国童书博览会在民族文化宫举办。博览会以缤纷阅世界为主题，现场展销图书达3.5万余册，涵盖绘本、儿童文学、少儿科普、漫画、传统文化、启蒙益智类等多元类别，其中国外展品数量约5000余册，吸引数10万人参加。

（赵　臣）

【《父亲·李大钊》青少年版亮

相】7月28日，由区第一文化馆轻松戏剧俱乐部承演的原创话剧《父亲・李大钊》青少年版首轮演出，在国家大剧院戏剧场小剧场圆满收官。参加演出的是来自区第一文化馆轻松戏剧俱乐部的7至15岁的小演员。排练历时20天，5场演出，吸引2500人次观看。

（赵　臣）

【七夕文化演出】8月8日，区文化和旅游局在西城区文化中心缤纷剧场，举办2019年西城区庆祝新中国成立70周年七夕文化演出活动，600余人次观看。

（赵　臣）

【PAS・中国国际打击乐艺术节】8月9至13日，由PAS・中国国际打击乐协会、区第一文化馆、北京市第三十五中学金帆艺术研究与发展中心联合举办的2019第三届PAS・中国国际打击乐艺术节开幕，共举办大师课及音乐会15场，演员来自世界各地打击乐专业的专家、教授及演奏家约200人，受众人群近万人。本届艺术节以“丝路鼓风”为主题，意在展现中华民族博大精深、源远流长的打击乐文化及与世界打击乐交流相融的盛况，带领观众走进古老而悠远的打击乐“丝绸之路”。

（赵　臣）

【《长椿寺・破晓》浸没式话剧】8月11至15日，由区文化和旅游局主办、北京宣南文化博物馆与厚浪文化公司共同承办《长椿寺・破晓》浸没式话剧演出。该剧结合宣南文化博物馆展陈内容原创而成，并首次尝试浸没式戏剧形式及长椿寺夜间开放。活动得到北京市市委宣传部、北京市文物局、首都博物馆、区委宣传部等单位的关注和支持，北京新闻、北京财经、北京西城等电视频道，《北京青年报》《新京报》等报刊，央视外语频道新媒体及人民网等网络媒体以及“宣宣说吧”等自媒体分别到场进行报道。自8月9日试演至8月15日演出结束，共接待观众1079人次。

（赵　臣）

【参展北京国际商务及会奖旅游展览会】8月28至29日，第十四届北京国际商务及会奖旅游展览会（IBTM China）在北京国家会议中心举办，近350家海内外展商和335位特邀买家参加商务洽谈。为宣传推广西城区的会奖旅游资源，推动西城区会奖旅游发展，区文化和旅游局组织驻区重点旅游企业，北京金融街丽思卡尔顿酒店、北京国宾酒店、西单美爵酒店、北京金融街威斯汀大酒店、北京泛太平洋酒店、北京华滨国际大酒店、北京德宝饭店、中商国际旅行社、北京快乐时光国际旅行社、游心国际旅行社7家酒店和3家旅行社参展。参展的10家旅游企业完成400多场业务洽谈。

（赵　臣）

【“书间精灵”藏书票专题数据库上线】9月，北京市青少年儿童图书馆“书香精灵”藏书票专题数据库正式上线，与广大读者见面。“书香精灵”藏书票专题数据库的内容，主要源于蔚青藏品。为了增强藏书票数字资源的可读性及推广性，该馆专门制作了“书香精灵”藏书票专题数据库首页面。页面以欧式画风为基调，以中外特色藏书票作品为展示对象，使藏书票特色资源更具有观赏性。

（赵　臣）

【第三届老舍戏剧节】9月19日至11月23日，区文化和旅游局举办第三届老舍戏剧节，设剧目展演、戏剧茶馆儿文化以及老舍与新中国戏剧三大版块主题展览，邀请国内外12个顶尖艺术团体演出12部剧目26场，并举办多场线下文化活动及展览，惠及近100万观众和戏剧爱好者。

（赵　臣）

【第四届中国国际芭蕾演出季】10月2日，第四届中国国际芭蕾演出季在北京天桥剧场开幕。本届演出季汇集国内外知名团队连续上演19台30场经典大戏，质量高、规模大、时间长、阵容强的艺术特性，得到国内外艺术家、新闻媒体和广大观众的充分肯定和高度赞誉。中国国际芭蕾演出季作为国家重要的文化窗口和名片，积极搭建中外文化艺术交流平台，继续把国际经典剧目引进来，中国优秀作品走出去，引领中国芭蕾艺术发展方向。演出季期间除演出剧目外还举办了国内外著名院团展览、中央芭蕾舞团60周年回顾展、第三届摄影作品展、公益讲座进社区等系列活动。

（赵　臣）

【新增两处全国重点文保单位】 10月7日，国务院《关于核定并公布第八批全国重点文物保护单位的通知》，公布了国务院核定文化和旅游部、国家文物局确定的第八批全国重点文物保护单位，西城区长椿寺和北京湖广会馆两处原北京市文物保护单位被列为全国重点文物保护单位，至此，西城区共有全国重点文物保护单位44处。

（赵　臣）

【重阳节专场演出活动】 10月7日，区文化和旅游局在区第一文化馆缤纷剧场举办“孝满京城德润人心”——2019年西城区重阳节专场演出活动。演出包括舞蹈、诗歌朗诵、武术表演、京剧、相声、杂技、民乐联奏等，受到现场观众特别是老年人的欢迎和喜爱。吸引观众600余人。

（赵　臣）

【《科学家郭守敬》出版】 10月11日，区文物保护研究所组织编写的《科学家郭守敬》一书，由北京联合出版公司出版。该书从水利科学的角度，经过严谨的考证，比较系统、具体、充分地阐述了郭守敬一生对中国水利建设，尤其是对大都水利建设的伟大功绩和重要贡献。

（赵　臣）

【接待香港研习班学员】 10月16日、23日，北京红楼公共藏书楼迎来两批中央党校（国家行政学院）、香港公务员国情研习班的80位来自香港的学员参观。学员们了解了西城区全民阅读推广工作，以及五年来书香西城建设取得的成就、红楼公共藏书楼的建设情况，参观了红楼公共藏书楼东配楼的杨鸿勋书屋、中厅三层的名家藏书和北楼的崇本堂。将西城区文化和旅游局提供的《书香西城、文化家园——特色阅读空间在西城》宣传手册和《2019年书香西城手绘地图》赠送各位学员。

（赵　臣）

【李大钊诞辰130周年展】 10月24日，北京李大钊故居推出“不忘初心牢记使命——纪念李大钊同志诞辰130周年”专题展。专题巡展先后在天宁1号文化科技创新园、科普周大观园会场、陶然亭公园、建投书局、广外党群服务中心、京铁社区、什刹海街道、西城区外国语附小、广内党群中心、区政府二龙路办公区、天恒正丰集团、区第一图书馆及周边社区图书馆、森林消防局机动支队和展览路街道进行巡展。

（赵　臣）

【整治前门地区扰民的旅游大巴】 11月8日，区文化市场综合执法大队协调西长安街街道、西城公安分局治安支队、西长安街派出所、市交通执法二大队、西长安街城管队等部门出动执法车辆2台，执法人员20余人，对前门西大街北侧停靠旅游大巴扰民的问题进行联合执法整治。查扣“黑车”一台，对停靠在前门西大街北侧存在扰民问题的旅游大巴，现场进行了劝离。

（赵　臣）

【音乐剧《剧粹西城》亮相】 11月20日，由区文化和旅游局出品、区第一文化馆创作承演的“北京人家”系列第六部原创音乐剧《剧粹西城》在天桥剧场上演2场。

（赵　臣）

【“禁烟英雄林则徐”主题展】 12月14日，“禁烟英雄林则徐”主题展在福州新馆开幕。公安部常务副部长、北京市公安局局长王小洪等领导出席开幕仪式并参观展览。

（赵　臣）

【首届“少儿阅读盛典”】 12月15日，西城区青少年儿童图书馆首届“少儿阅读盛典”成功举办。本次少儿阅读盛典以“阅读伴成长，书香润华年”为主题，推出阅读的力量和西少风采两大板块、10余项精彩节目。诗朗诵、诵读、京剧串烧、英文绘本剧等不同体裁的节目展现了西城区青少年儿童的风采以及青少年儿童图书馆丰富优质的资源。

（赵　臣）

【《北京士大夫》出版】 12月16日，西城区文物保护研究所组织编写的《北京士大夫》一书，由北京联合出版公司出版。该书从北京史的角度对士大夫阶层进行了全面剖析。

（赵　臣）

【“礼士书房”正式对外营业】 12月26日，位于西城区南礼士路62号院的“礼士书房”正式揭牌并对外营业。“礼士书房”隶属于北京市建设设计研究院有限公司，面积近700平方米，集合图书销售、文创宣传、阅读空间、会客交流、展览展示、活动举办、轻食茶点等多种服务。3.8万余册书籍以建筑设计类为主，搭配艺术、文化、旅游等种类，为建筑业从业人员、周边居民购买、阅读提供方便。

（赵　臣）

【新年民族交响音乐会】12月31日，由区文化和旅游局主办，中国广播艺术团承办的2020《华韵盛典》西城区新年民族交响音乐会，在北京天桥艺术中心举行。演出集中展现了中国传统文化精髓和中国民族音乐魅力，以合奏、独奏、重奏等多种艺术形式全方位展现，演出曲目由经典曲目及原创民族音乐组成。原创曲目着眼于深入挖掘首都文化古迹的灵魂和内涵，创作出以北京地域历史文化脉络为主题的音乐作品，突出音乐会的艺术品质与文化韵味。

（赵　臣）

【青青草文学社系列活动】年内，西城区青少年儿童图书馆创新“青青草文学社”活动模式，开设西少诗苑、西少美苑、西少史苑、西少歌苑，通过诗歌颂读启迪孩子们的心智，在以往阅读活动的基础上，以“阅读+艺术”的形式，以“我和我的祖国”为主线，通过开设系列讲座和多元化的活动主题设置，举办文学讲座、文学采风、作家见面会、文学夏令营、写作指导等活动，引导青少年儿童按照自己的兴趣主动阅读、参与阅读，营造出多读书、读好书、好读书的良好文化氛围。全年共开展活动81场次，参与4734人次，编辑文集16本。

（赵　臣）

【第十八届什刹海文化旅游节】年内，以“览古都风貌·品京韵文化”为主题，以“重文化挖掘、多渠道展示、扩社会参与、提区域形象”为原则，第十八届什刹海文化旅游节组织阅读丈量生活——书香西城阅读行走、“爱惠万家·伴你同行”、国际旅行商西城文化行、辉煌中国，传承文化——扇子文化艺术节、非遗@胡同——2019西砖胡同文化节、2019PAS·中国第三届国际打击乐艺术节、重现天桥曲艺魅力——《酒旗戏鼓天桥市》、“周末艺聚”文化艺术之旅、茶文化消夏之夜、“和满京城　奋进九州”——访红色印记　寻魅力端午　探古韵胡同等10项活动，展示了西城文化旅游资源及文创产品，用文化提升旅游品位，用创意打造旅游精品，增加了市民和游客的获得感，扩大了西城文化旅游的国际影响力和吸引力。

（赵　臣）

【青苹果童书会系列活动】年内，西城区青少年儿童图书馆举办面向0至7岁小读者打造的以绘本为中心的亲子阅读活动，活动由读绘本、编绘本、画绘本，英语绘本，纸戏剧，亲子故事会、我们的节日——原创绘本领读会、外来务工子女读书会等6个子活动构成，以不同的活动形式激发孩子阅读、想象和创作力，对童书会的小读者开展分级阅读指导，跟踪调查，并通过定期的展示汇报，激发他们的阅读兴趣，使每个小读者在少儿图书馆有质量的多读书、读好书。全年组织活动64场次，1778人次参与。

（赵　臣）

【行政审批数据】年内，办理行政许可及备案类事项1865件。其中，依法审批国内营业性演出审批1423件（新办1250台、变更161件、取消12件），审批演出场次10113场；出版物零售企业新设立111家，变更71家，注销29家；出版物分支机构备案4家，注销1家；文艺表演团体设立4家，变更3家，延续3家；演出场所经营单位备案1家，变更2家；艺术品经营单位备案7家，变更9家；网吧变更5家；歌厅变更9家，延续20家；电影放映设立1家，变更2家；有线电视站、共用天线设计、安装单位变更2家；有线广播电视网络工程验收2家；旅行社设立分支机构备案2家；注销1家；旅行社网点备案新增20家，变更63家，注销70家。区文化旅游市场经营单位登记注册1658家。其中，演出场所经营单位登记注册41家（共有舞台50个，观众坐席32523个）；出版物零售企业登记注册646家；出版物连锁分支机构15家；文艺表演团体登记注册64家；电影放映单位登记注册16家；艺术品经营活动的单位登记注册285家；有线电视站、共用天线设计、安装单位登记注册23家；有线广播电视网络工程验收注册2家；互联网上网服务营业场所（网吧）登记注册95家；歌舞娱乐场所

（歌厅）登记注册87家；电子游艺娱乐场所（电子游艺厅）登记注册22家；印刷企业登记注册104家；旅行社分社备案21家；旅行社网点备案234家；迷你歌咏亭经营企业备案注册3家。

（赵　臣）

文　创

【**概况**】根据《北京市西城区发展服务中心机构设置方案》，对区发展中心（区文促中心）职责、机构和编制进行调整，将其投资促进的职能划转至区商务局所属事业单位。区发展中心（区文促中心）是区政府直属相当正处级公益一类财政补助事业单位，由区文化和旅游局代为管理。下设办公室、文创品牌科、文创园区科、文创服务科4个职能科室，事业编制21人。主要职责：协助开展文创园区基地建设、管理、服务等工作；落实市文化创新发展专项资金项目和区文创产业发展专项资金项目的相关工作；协助推进文创产业服务体系建设；组织、参与文创产业宣传推介和重大活动；协助推进文创产业重大项目建设和落地；负责文创产业空间资源的调查、分析、整合及利用工作；完成区委、区政府交办的其他任务。

地址：西城区西直门南小街国英1号502

邮编：100035

电话：58561095

（付冰洁）

【**参加第14届文博会**】5月29日至6月1日，第14届中国北京国际文化创意产业博览会（简称文博会）在中国国际展览中心举办。西城展区以“中国式新生活·城市更新与文化复兴”为主题，从“以文化人”“以创求新”“以融促兴”3个板块展示西城区统筹文化旅游资源、提升居民文化生活品质、促进文化与金融科技融合发展等方面的成果。展区通过全息体验、非遗传承、特色阅读空间、数字建造室、绘画机器人、VR体验等形式进行展览展示。

（马一超）

【**文创大赛西城分赛场**】6月21日，由区发展中心（区文促中心）主办，北京市文化创新工场文金资产管理有限公司与北京文化产业投融资协会文化产业园区投资专业委员会，联合承办的“歌华有线杯·2019北京文化创意大赛”西城区分赛场活动，在经济日报社综合楼举行。西城分赛场共参加13个项目，内容涵盖文化体验、影视、手工艺、儿童教育、主题公园、文物保护等多个文化范畴，凸显“文化+”特色，营造西城文化创新创造氛围。

（马一超）

【**西城文化消费季活动**】7至9月，举办第7届西城区惠民文化消费季活动。活动期间，依托西城区丰富的历史文化和演艺资源，开展惠民演艺、传统文化体验、品牌文化等系列活动。为期2个月，共举办948场次活动，吸引客流约32万人次，线上浏览145万人次，线上线下消费16万人次，拉动消费约3.88亿元，惠民金额1110万元。

（汪　洋）

【**西海茶事茶文化活动**】8月6日，由北京市文化创意产业促进中心主办，西海48文创园西海茶事承办的2019北京文创大赛西海茶事茶文化决赛，在西城区西海48文创园举行。茶文化大赛是北京文化创意大赛开展以来首次举办的以茶文化为主题内容的赛事，本次赛事的主题是“茶席之美”，共10个作品进入最后的决赛。

（马一超）

【**申报市级文创示范园区**】9月，根据市委宣传部关于开展第二批北京市级文化创意产业示范园区申报工作的要求，推荐“新华1949”文化金融创新产业园、“天宁1号”文化科技创新园、北京文化创新工场车公庄核心示范区、天桥演艺区4家园区入围市级文创示范园区认定工作。

（汪　洋）

【**北京国际设计周西城分会场活动**】9至10月，以“中国式新生活之设计新生活”为主题，举行北京国际设计周西城分会场活动。吸引12家区域及文创园区报名参与。白塔寺、什刹海、菜西、法源寺、大栅栏、北京坊6家区域参加了“设计改变老城区”板块活动；天宁1号、DRC基地、繁星戏剧村、设计之都、西海48、亮点文创德胜园6家文创园区参加了“创意营造新生活”板块。本次活动展示了文化创意产业，在老城改造和居民生活品质提升中所发挥的积极作用。

（马一超）

【市级文创产业园认定】 11月，根据市委宣传部关于第二批北京市文化创意产业园区（文创空间）认定工作要求，经过园区申报、初审、专家评审等环节，推荐北京大观园、北京坊、中新华文化金融创意园、首都文化金融融合试验区、北京福丽特文创产业园、中国文化大厦文化科技创新园、北京设计之都大厦、国家音乐产业基地中唱园区、繁星戏剧村、京盐置业西直门融园10家文创园区（文创空间）进入第二批市级园区（文创空间）的评定。

（汪　洋）

【老旧厂房文化空间拓展】 年内，根据北京市《关于推动老旧厂房拓展文化空间指导意见落地实施的工作方案》，推荐天宁1号文化科技创新园、北京科学影像文化园等园区的公共空间，作为《老旧厂房拓展公共文化和旅游空间试点》项目，提出西城区利用老旧厂房拓展文化空间的意见和建议。拓展老旧厂房文化空间服务职能，助力城市公共文化服务创新，开拓消费与生产循环、互动活力路径，提升园区运营和多层次服务能力及知名度。

（丁艳艳）

【梳理老旧厂房保护改造利用现状】 年内，根据北京市文促中心对北京市保护利用老旧厂房拓展文化空间的整体工作要求，在原老旧厂房资源调查的基础上，进一步梳理了西城区老旧厂房保护改造利用的现状，按照待保护改造利用、已保护改造利用、正保护改造利用3种现状对资源进行分类。

（丁艳艳）

档案管理

【概况】 北京市西城区档案馆（简称区档案馆）是中共北京市西城区委直属事业单位。内设办公室、党群工作办公室、档案管理科、档案利用科、机关文档科、档案编研科、展陈征集科、信息化科、档案鉴定科9个科室。西城区档案局（馆）于3月底进行机构改革，区档案馆归口区委办管理，档案法制科、档案业务指导科转入区委办（区档案局），5人转隶到区委办，6月底机构改革完成。区档案馆为地级国家综合档案馆，是集中管理全区档案的文化事业机构。主要职责是：收集、保管对国家和社会具有保存价值的档案资料；开发档案信息资源，为社会提供服务；是区政府信息公开查阅场所，是市、区爱国主义教育基地。区档案馆根据区委、区政府的部署，于8月31日完成区档案馆北馆（二龙路27号）的腾退工作，房屋全部移交区机关事务服务中心。年内，区档案馆开展了档案馆日活动；完成北馆腾退，实现集中办公；参与了国庆70周年服务保障执勤任务。以国庆档案的保管、整理、移交工作为契机，区档案局与档案馆召开4次联席会，加强业务交流与沟通，实现无缝隙衔接，共同推动全区档案工作发展。区档案馆档案全宗230个，馆藏档案资料74.46万卷（件、册、张），其中照片5.33万张，底图3402张，资料1.3万余册，开放档案66028件，机读目录465.42万条，数字化馆藏档案2043.1万余页，15114.63GB。

地址：西城区广安门南街68号

邮编：100054

电话：83976506

（王振威）

【档案利用服务】 年内，接待机关、企事业单位、团体和社会公众查阅档案10978人次，出具各类查档证明9828份，接待窗口及电话咨询8098次，利用馆藏档案11540卷（件）；机关文档科接待查档53人次，复印718页，利用556卷（件）。完成年度政府信息公开年报、年政府信息公开指南修订工作。完成区政府办信息公开协查函17件，接办12345热线25件，其中办结12件，退回13件。办结政协委员提案1件。完成1986年40191件的开放鉴定初审和复审鉴定，开放15588件，延期24603件。完成1987年原宣武开放鉴定初审37946件，鉴定科内复审鉴定37946件，拟开放19614件。完成1987年原西城开放鉴定初审58247件，鉴定科内复审鉴定5万件。完成1988年原宣武初审1.3万余件，完成1988年原西城初审4000余件。

（王振威）

【基础业务】年内，接收区外事侨务办档案95件。接收区国庆70周年指挥部和15个分指挥部文书、实物、照片、声像档案1528件，电子文件115件。征集陈光中先生捐赠的“北京的风景、建筑、胡同、四合院、名人故居等”图片16668幅（含光学图片和扫描图片）；采访音频文件64段、视频文件43段；侯仁之、周有光题词，陈光中所著图书，其他图书，“北京窑”砖一块。

（王振威）

【档案信息化工作】年内，处理存储、服务器等硬件设备损坏、B/S系统无法运行等软硬件故障20余次，完成北区9台托管服务器、阵列设备及存储设备的拆卸、转移机柜安装、调试、登记核对、设备加固等工作，定期备份档案馆数据库等重要数据12次。接收基层立档单位文书及数码照片备份3390条，光盘6张。根据市档案局重要档案异地备份数据要求，完成第二轮异地备份工作，开展第三轮重要档案同城备份工作。整理备份档案馆现有文书、民生、专业等数字化原文数据共17.5T，510余万份文件。打造网微结合传播的新渠道，扩大档案宣传阵地。微信公众号“西城档案”发布原创图文91篇，总关注人数1049人，公众号图文阅读总数达127355次61407人。

（王振威）

【档案编研利用】《西城追忆》年内出版4期，刊载56篇文章，共计23万余字，发行量达1.4万册。《档案传真》编纂10期，累计4.9万字，查档条数4082条。完成《广外记忆》图书的出版，作为“记忆西城”系列丛书的第六部，全书2.7万余字。与喜马拉雅公司合作，利用以往编研成果再度宣传，将《隐蔽战线上的斗争》等3篇作品录制成有声读物，在喜马拉雅FM平台上取得100余万次的播放量。年内有32篇文章在该平台播放，受众人数达到1200余人。

（王振威）

【档案宣传与基地教育】6月12日，举办“回眸1949——庆祝中华人民共和国成立70周年”档案展启动仪式。历经6个月，查找相关文书档案及照片档案10万余件，精选230份用于展览。先后接待20余个单位千余人到馆参观。制作流动展览，先后走进北京第十五中学、区委、区政府办公大楼、天宁1号文化科技创新园、西城区图书馆、展览路街道等单位巡展，《人民日报》《北京晚报》《中国经济新闻联播》等多家媒体对展览进行了报导。举办“档案记忆西城”文化公益讲座4期。邀请北京著名民俗学者高巍先生到北京四中高中人文班进行“春分舞动又清明”传统文化讲座。东城区党史办副主任王钦双作“档案记忆西城”讲座，北京著名的历史地理学家朱祖希为区档案馆全体干部和区史志办部分干部作“北京中轴线及其文化渊源”讲座，北京历史研究者、老照片收藏家、北京史地民俗学会副会长刘阳为北京十五中百余名师生讲授“北京中轴线（下）”。

（王振威）

【档案安全】历时5个月，区档案馆北馆于8月31日完成搬迁。共运输46万余卷（件）档案，其中26万卷（件）纸质档案搬入寄存地点。运输办公用品、家具37车次，交接北馆房屋25间计1200平方米。完成南馆查档大厅改造，对南馆库房顶层重新做了防水工程，粉刷了墙面，改造了2层查档大厅。定期开展档案安全检查工作。

（王振威）

【“档案馆日”活动】6月12日，举办“档案馆日”系列宣传活动，开展“回眸1949——庆祝中华人民共和国成立70周年”档案展启动仪式和区档案馆成为西城区“四名汇智”计划理事单位签约仪式。区委办、区规自委、区新闻中心等单位领导参加，参观展览人数300余人。在社区和区机关开展档案法制宣传活动，编辑印发了《北京西城报》专版，发放档案文化折扇、环保袋、照片册、报纸专版、《西城追忆》等各类宣传品2000余件。人民网、中经新闻网、《北京西城报》等媒体进行报道。

（王振威）

【“西城记忆”工程】年内，拍摄照片10061张、视频1200分钟、7分钟视频简介、洗印照片1000张并装入档案相册。拍摄6个地区，179条胡同。采集以局职为主的10位老干部口述史。包括近70小时的视频、10万余字整理文稿、翻拍老照片154张，制作成近9分钟的总结宣传片。开展以垃圾分类处理为专题的口述史采访，完成《中心城区垃圾分类回顾》的调研文章，为西城区垃圾分类示范区建设提供史料基础。接收13家入选“四名汇智”计划团队形成的290件近2GB容量的数字档案资料及成果。

（王振威）

地方志工作

【概况】中共北京市西城区委党史工作办公室（北京市西城区地方志编纂委员会办公室）是区委、区政府主管党史、地方志工作的职能部门（简称区史志办）。内设办公室、党史科、志鉴科、宣传科，在职人员17人。地方志工作的主要职责是按照《地方志工作条例》和《北京市实施〈地方志工作条例〉办法》，依法组织、指导、督促和检查全区地方志工作开展；拟定地方志工作规划和编纂方案；组织编纂地方志书和地方综合年鉴；收集、整理、保存地方志文献和资料，组织整理旧志；组织开发利用地方志资源；推动地方志理论研究和学术交流，组织开展业务培训。年内，地方志工作全面开展，完成《北京西城年鉴（2019）》编纂出版工作，《北京市西城区志（1994.1—2010.6）》《北京市宣武区志（1995.1—2010.6）》（简称《西城区志》《宣武区志》）于12月正式出版，完成《北京年鉴》西城部分供稿任务，按计划完成《中华人民共和国标准地名词典》《北京市地名志》词条释文的编写上报任务，推进《北京市西城区地名志》的框架设计、资料征集和编写进度。

地址：西城区南菜园街51号

邮编：100054

电话：83975321

（齐　田）

【年鉴编纂】年初，根据市地方志办要求，对《北京西城年鉴（2019）》进行框架调整：增加“区情概况”；将“党派”篇拆分为“中国共产党西城区委员会”“民主党派”等。全书由原来21个一级栏目调整为26个一级栏目。2月28日，西城区年鉴工作会议召开。市委党史研究室、市地方志编纂委员会办公室副主任张恒彬，区政府副区长郁治出席会议。区属单位、驻区单位主管地方志工作的领导和撰稿人及年鉴编辑部成员280余人参加，会议总结上年全区地方志工作，安排部署年内工作，发放《北京西城年鉴（2019）》编纂方案、编写规范。12月，《北京西城年鉴（2019）》编纂出版，系统记述上年辖区内自然、政治、经济、文化和社会的发展变化过程。该书由200个单位参加编写，其中区属单位161个、驻区单位39个。全书109.2万字，一级栏目26个、二级栏目161个、三级栏目138个、特载2篇、专文2篇、大事记169条、表格26张、前插照片142张，地图1张。

（齐　田）

【地名志地名典编纂】年内，坚持例会制度，加强全区地名志业务培训，讲解编纂要求，为基层单位撰稿人答疑解惑。加强与高校研究团队合作，转化第二次地名普查资料成果。全年完成《中华人民共和国标准地名词典》西城区部分材料20余万字，上报《北京市地名志》西城区部分材料30余万字，完成《北京市西城区地名志》资料稿150余万字，图表500余张。完成《中华人民共和国标准地名词典》《北京市标准地名词典》的初稿修改、补充、完善工作。完成《西城区地名志》初稿编纂工作，全面地记述西城区地名演变、发展的历史与现状，主要包括自然实体、政区聚落、交通设施、名胜古迹、公共建筑等约150余万字。

（齐　田）

【为《北京年鉴》供稿】6月，根据市志办要求，区史志办完成为《北京年鉴》供稿工作，撰写区情7300余字，其中组稿“北京金融街”1500余字。客观反映辖区政治、经济、文化、社会等各方面发展变化概貌；突出疏解非首都功能、提升城市品质和区域文化软实力、改善与促进民生等方面情况。

（齐　田）

【推进中国名镇志工程】年内，推进街道志、行业志编纂，指导天桥街道完成中国名镇志文化工程丛书——《天桥街道志》复审稿，文稿40余万字，图片300余张，通过中国地方志指导小组初审。指导大栅栏街道编纂的《大栅栏街道志（1993—2010）》已通过复审，这是北京市街道系统首部二轮志书，也是西城区第一部按照依法修志履行行政审批手续的二轮街道志书，文稿25余万字，图片200余张，年底进入复审环节。全年以点带面，做好基层修志指导服务工作。

（齐　田）

【两部二轮区志出版发行】年内，北京市西城区地方志编纂委员会组织编纂的《北京市西城区志（1994.1—2010.6）》和北京市宣武区地方志编纂委员会、北京市西城区地方志编纂委员会组织编纂的《北京市宣武区志（1995.1—2010.6）》由北京出版社出版发行。《北京市西城区志（1994.1—2010.6）》从2010年4月原西城区启动二轮区志编修工作起，至2018年8月通过北京市地方志编纂委员会终审验收，历时8载。终审稿全书95万字，正文30编162章515节，前插及彩插图片150张、地图2张。《北京市宣武区志（1995.1—2010.6）》从2006年3月原宣武区启动二轮区志编修工作起，至2018年11月通过北京市地方志编纂委员会终审验收，历时12载。终审稿全书正文28编139章526节，共80余万字，前插图片32页117张，行政区划图1张，交通图1张，随文图92张。两部志书经历多个编纂阶段、多次主编及编纂队伍调整，编委会坚持求真求实，磨砺志稿，核实史料，力求为原西城区和原宣武区合并之前的区域建设发展状况留存历史记录。

（齐　田）

【加强地情研究服务区域建设】年内，围绕“记忆西城”，挖掘整理区域历史文化，讲好“西城故事”，留住西城记忆，使地方志成为展示西城形象的文化名片。走访什刹海阜景街建设指挥部，在白塔寺街区会客厅与金盈公司、正宇公司座谈调研，针对两家公司需求，提供什刹海阜景地区历史文化资料。参观阜内大街整治复兴计划展示中心，邀请历史文化专家讲授《帝都“文脉”——阜景历史文化街》，听取白塔寺再生计划并现场交流。完成区级地方志政务服务事项梳理工作和实施清单，并对区政务服务大厅相关工作人员进行业务培训。

（齐　田）

西城区文学艺术界联合会

【概况】北京市西城区文学艺术界联合会（简称西城区文联）是西城区各文艺家协会及文艺工作者组成的人民团体，是西城区委、区政府联系区域文学艺术界的桥梁和纽带，是繁荣发展地区文艺事业、建设社会主义先进文化的重要力量，是北京市文联的团体会员。区文联下属区作家协会、区戏剧家协会、区美术家协会、区书法家协会、区摄影家协会、区长城摄影协会、区民间艺术家协会、区音乐家协会、区舞蹈家协会、区曲艺家协会共10个文艺家协会。有理事194人、主席1人、常务副主席1人、副主席22人。区文联机关内设办公室、组联部、事业发展部及“两刊”编辑部，在职人员15人。年内，区文联坚持以人民为中心的工作导向，大力弘扬社会主义核心价值观，着力开展“深入生活，扎根人民”文艺采风和志愿服务，团结引导广大文艺工作者，推动西城区文学艺术事业的繁荣发展。

地址：西城区月坛南街32号
邮编：100045
电话：68516710

（王　崇）

【都本基书画艺术展开幕】1月1日，由西城区文联、民革中央画院、新华社《收藏投资导刊》、北京友谊宾馆联合主办、北京都本基艺术馆承办的“天下和谐”都本基书画艺术世界巡展第八站在北京友谊宾馆文化艺术厅开幕。活动现场，毛里求斯驻中华人民共和国全权大使李淼光向全国政协副主席、民革中央常务副主席郑建邦，国家机关事务管理局副局长、党组成员赵峰涛赠送毛里求斯共和国特地为习近平主席到访毛里求斯而发行的首日封，首日封上的邮票由都本基绘画创作。展览展出都本基创作的书法、绘画、瓷器等作品及已出版的书籍，展品总数量达250余件，展期至3月31日。

（王　崇）

【春节慰问活动之走进金融街】1月14日，“福满京城　春贺神州”西城文联、西城书协春节慰问系列活动之走进金融街，在金融街文化活动中心举行。

（王　崇）

【书法文化进万家系列慰问活动】 1月16日，由北京市文联、北京书法家协会、西城区文联、西城区书法家协会主办的“我们的中国梦——福满京城　春贺神州书法文化进万家”系列慰问活动，在西城区大栅栏街道办事处举行。

（王　崇）

【迎新春民间手工艺作品展】 1月28日，由区委宣传部、区文联主办，区民间艺术家协会、西城区第一文化馆承办的“福满京城　春贺神州”西城区迎新春民间手工艺作品展览会在区第一文化馆开幕。41位民间艺术家参与，共展出作品109件。

（王　崇）

【优秀文化进社区系列讲座】 年内，举办四期“大师来到我身边”2019年优秀文化进社区系列讲座。在牛街街道，区文联副主席、区摄影家协会主席李英杰，从世界摄影发展史和中国摄影发展史看艺术创意摄影与纪实摄影发展脉络入手，简析摄影的纪实性、纪实摄影与社会纪实摄影的特点。在什刹海街道，区作家协会主席刘一达作题为《家风家教讲得体，温故知新说老礼》讲座。在广安门外街道，区文联副主席、区音乐家协会主席魏金栋讲座主题为《民歌与戏曲，曲艺的碰撞与交融》。在天桥街道，区文联副主席、曲艺家协会主席王玥波讲传统文化。

（王　崇）

【区美术家协会五人作品联展】 4月8日，由区文联支持，区美术家协会主办，区第一文化馆协办的“笔耕不辍——西城区美术家协会五人作品联展”在西城文化中心举办，许立仁、若闲、侯英兵、刘夏、郭媛的作品参展。

（王　崇）

【京剧发祥地艺术季系列活动】 年内，由区委宣传部、区文旅局、区文联、大栅栏街道办事处、椿树街道办事处、区融媒体中心联合主办，北京天启时代文化发展有限公司承办的“京韵剧源·西城2019京剧发祥地艺术季”系列活动，演出20余场，近50位京剧名家、近10位社会名人参与，演出团体10余家，到场观演和参加活动的人数累计8000多人；本届艺术季观看线上直播近900万人次；46家相关单位联动，《北京日报》《北京晚报》《北京青年报》等20余家媒体对活动进行了新闻追踪与报道。4月22日，“京韵剧源·西城2019京剧发祥地艺术季”活动，在京剧发祥地——地标石广场，正式拉开帷幕。5月1至5日，系列活动之“创意市集”活动在北京坊进行。5月18日，系列活动之《京剧的故事》在三庆园开展，活动分为“大师为你讲”和“国粹艺术论坛”两个板块的内容。系列活动之“京剧进校园”主题活动，分别到六十六中学和陶然亭小学讲述京剧故事，并通过北京四中网校官方平台，同西班牙、意大利国家的师生进行互动。6月1日，系列活动之“京剧不夜城”，在三庆园演出京剧《大闹天宫》；6月11日，在三庆园演出原创京剧《三庆园传奇》；6月14日，台湾和西城优秀票房的名角齐聚三庆园，演出《杨门女将》《白蛇传》《三娘教子》《空城计》《红鬃烈马》五折经典戏曲。6月16日，在梅兰芳大剧院演出老戏新编剧目《三国之关羽》。6月17日，在湖广会馆演出原创现代京剧《六方瓶》（小剧场版）。本剧由区文联出品，北京京剧院、北京风雷京剧团联合演出，北京乐艺馨成文化发展有限公司承办。6月20日，历时两个月的“京韵剧源——西城2019京剧发祥地艺术季”活动在梅兰芳大剧院圆满落幕。

（王　崇）

【书法美术摄影民间手工艺作品展】 6月4至12日，区委宣传部、区文联主办，区书法家协会、区美术家协会、区摄影家协会、西城区长城摄影协会、区民间艺术家协会联合承办的“我和我的祖国”——庆祝新中国成立70周年西城区书法美术摄影民间手工艺作品展，在民族文化宫开展。展出500余件书法、美术、摄影、手工艺作品。

（王　崇）

【庆祝新中国成立70年专场音乐会】 6月17日，区委宣传部、区文旅局、区文联共同主办，区音乐家协会协办、区百花深处艺术团承办的“我和我的祖国”——西城区庆祝新中国成立70周年专场音乐会，在天桥剧场拉开帷幕。本场音乐会以庆祝新中国成立70周年为主题，以交响乐演奏、伴奏演唱为主要表现形式，回顾伟大祖国70年来走过的辉煌历程，反映西城区改革开放以来，特别是党的十八大以来，在经济文化建设、社会发展等方面所取得的新成就，展现新气象，讴歌西城人民在区委、区政府领导下践行“红墙意识”的感人事迹，表达对祖国母亲的热爱之情。

（王　崇）

【迎中秋文艺演出】9月8日，区文联主办，区音乐家协会、区曲艺家协会、区戏剧家协会、区舞蹈家协会、区民间艺术家协会协办，区第一文化馆、区百花深处艺术团承办的“月圆京城　情系中华”——2019年西城区文学艺术界联合会迎中秋文艺演出，在区文化中心缤纷剧场上演，近500名百姓观看了演出。

（王　崇）

【主题诗歌朗诵会】9月18日，区委宣传部、区文联和国家广播电视总局播音主持实践锻炼基地联合举办，北京博文泰禾文化传媒有限公司、区第一文化馆承办的“我和我的祖国”庆祝新中国成立70周年主题诗歌朗诵会，在缤纷剧场举办。

（王　崇）

【第三届京津冀书法交流展】10月27日至11月1日，京津冀协同发展书法交流展系列活动之——“翰墨抒怀”第三届京津冀书法交流展在中国书法大厦北京展览中心举行。现场展出来自北京、天津与河北的120余件优秀书法作品。

（王　崇）

【“初心之旅”采风创作活动】10月31日至11月1日，区委宣传部副部长、区文联常务副主席张云裳携区文联所属文艺家协会的艺术家及区文联工作人员一行11人，走进革命老区河北省阜平县，开展“初心之旅”采风创作活动。

（王　崇）

【第十届北京青年相声节】11月9日，由北京市文联主办，北京曲协、区文联承办，区曲协、区第二文化馆协办的第十届北京青年相声节系列活动——“相声回家”新作品比赛颁奖暨优秀节目展演活动在天桥剧场举办。北京市文联党组成员、副主席刚杰，区委常委、宣传部长郁治以及北京曲协名誉主席李金斗，北京曲协名誉副主席王谦祥，北京周末相声俱乐部主席、相声名家宋德全，北京曲协主席团成员付强、李菁、王玥波、杨菲及本届大赛评委赵连甲、李国盛、李增瑞、廉春明、崔琦出席活动并为获奖选手颁奖。

（王　崇）

【区文联召开二届四次理事会】12月10日，区文联二届四次理事会召开。北京市文联党组成员、副主席马丛峰，区委常委、宣传部部长郁治出席会议。理事会由区文联党组书记、驻会副主席汪帮宏主持。区委宣传部副部长、区文联常务副主席张云裳作了题为《不忘初心　牢记使命——努力谱写文联事业新篇章》的工作报告。会上增补了白金、包飞、方浩然等16名理事。区曲协秘书长王玥波、区作协秘书长岳玉兰围绕协会组织建设、作品创作和特色活动作了经验介绍，为各协会提供学习和借鉴。

（王　崇）

【“一城三带”手机摄影展】12月16日，区文联主办，区摄影家协会、区长城摄影家协会、大观园管委会共同承办的“一城三带”手机摄影展在大观园嘉荫堂开幕。此次摄影展旨在通过手机摄影的形式，从不同视角反映大运河文化带、长城文化带、西山永定河文化带悠久深厚的历史文化底蕴和优美独特自然风光。向社会公众展示首都文化底蕴厚重、艺术繁荣发展、社会风气高尚的时代风貌，展现新时期京城百姓和谐宜居美好生活的场景。

（王　崇）

【春节双拥慰问演出】12月23日，区委、区政府与中央军委政治工作部直工局联合主办，区委宣传部、区文旅局、区退役军人事务局、区文联协办，区双拥办承办的西城区春节双拥慰问演出在解放军歌剧院举行。此次演出以“柳荫下·红墙边·爱军爱到心里面”为主题，区文联理事鄂矛作曲，李俊伟作词的原创歌曲《红墙连万家》，展现了西城区以红墙意识为引领，不断地提升居民幸福感和获得感。区曲协选送的对口快板《长征》，诉说红军当年长征的历程，表现出共产党员对革命事业的无比忠诚和坚定信念，让我们更加珍惜现在的生活。

（王　崇）

【“走近北京2022冬奥会”书画摄影展】12月27日，区委宣传部、区文联主办，联合延庆区、张家口市文联，举办的“走近2022冬奥会”第三届西城区、延庆区、张家口市书画、摄影作品交流展，在北京冬奥组委会首钢办公区举行开幕式。展览整合三地美协、书协、摄协艺术家们的实力资源，并邀请少年儿童参与书画创作，共有220幅美术、书法、摄影作品入围参展。参展作品以冰雪为主要创作题材，弘扬传统文化和奥运精神，激发广大群众助力北京冬奥会和京津冀协同发展的热情。出席开幕式的领导和嘉宾有：北京冬奥组委秘书行政部部长郭怀刚，北京冬奥组委市场开发部部长朴学东，北京冬奥组委人力资源部副部长杨振芳，北京冬奥组委财务部副部长俞晓敏，北京市美术家协会秘书长张尚军，张家口市文联副主席王玉荣，西城区文联驻会副主席童薇，延庆区文联副主席郤占军，区美术家协会主席纪清远等。200多人观看了书画摄影展，开幕式后三地艺术家代表围绕冬奥题材的创作进行研讨。

（王　崇）

西城区社会科学界联合会

【概况】北京市西城区社会科学界联合会（简称区社科联）是中共北京市西城区委领导下的人民团体，是区委、区政府联系社会科学界专家、学者和社会工作者的桥梁和纽带。履行对社会科学界团体和社会科学界人士的联络、协调、管理和服务职能，组织开展学术研究、理论宣传、社科普及、决策咨询和对外学术交流等活动，推动地区哲学社会科学事业发展。区社科联下设办公室、学术活动部，编制10人。年内，区社科联发挥资源优势，围绕老城保护与复兴、社会治理创新等主题深入开展课题研究，全年立课题9项。举办“第八届社会科学普及周”“周末大讲堂”“西城社科讲堂”等社科普及活动。扶持社团开展社科普及活动，对11个科普项目175场讲座给予支持；编辑发行《西城社会科学》6期，刊登各类稿件112篇，编辑出版社会科学普及读物5种。

地址：西城区东桃园胡同2号北院
邮编：100035
电话：88391758

（吴艳梅）

【联系专家委员】1月21至31日，区社科联领导班子带领相关科室负责人，走访看望吴沧萍、王东、李连仲、郑光中、王力、尹均科、闫福珍等20余位社科联名誉主席、顾问、常委、委员等，送去新春问候，同时征求他们对区社科联工作的意见、建议。

（吴艳梅）

【第二届委员会常委会第三次会议】2月26日，召开区社科联第二届委员会常务委员会第三次会议。会议由区社科联主席吴元增主持，区委常委、区委办公室主任徐利出席并讲话，区社科联党组书记、常务副主席张新华向常委会做《北京市西城区社会科学界联合会2018年工作报告》，区委宣传部常务副部长靳真及18位常委出席会议。会议审议并通过《北京市西城区社会科学界联合会2018年工作报告》《关于增补于文浩等16人为北京市西城区社会科学界联合会第二届委员会委员的说明》及《关于提请免去叶宝祥、张兵、庞成立、赖海榕、马维利等同志副主席、常务委员职务的建议》《关于增补北京市西城区社会科学界联合会第二届委员会常务委员、副主席情况的说明》等文件，增补侯丙振、郑新业为常务委员，增补刘光耀为常务委员、副主席。

（吴艳梅）

【全面从严治党工作会议】3月14日，召开年度全面从严治党工作会。社科联党组成员、副主席刘光耀主持会议。会议传达区委书记卢映川在区纪委全会上的讲话精神，部署区社科联全面从严治党工作，逐级签订全面从严治党责任书。社科联党组书记、常务副主席张新华部署工作并讲话。

（吴艳梅）

【社团工作会】3月21日，召开区属社科联社团组织负责人工作会。会议由区社科联党组书记、常务副主席张新华主持，区社科联主席吴元增、调研员叶宝祥、副主席窦淑龄、刘光耀出席会议，来自区属18个社科类社团的负责人和区社科联干部30余人参加会议。会议总结2018年工作成绩，交流2019年工作思路，部署2019年社科联工作。

（吴艳梅）

【重点课题研究】与北京古都学会、北京金兴能文化交流中心等机构合作开展《元明清首都治理及民国时期北平城市治理问题研究》《新时代德胜街道社会治理模式研究》等课题研究；与军事科学院专家合作开展《中国共产党初心视域下西城区红色文化研究》《西城区红色文化深化研究》等课题，梳理西城红色文化发展脉络；结合纪念徽班进京230周年，与中国艺术研究院等机构合作开展《北京西城京剧文化研究》《西城区京剧历史资料选辑》等课题研究，系统挖掘梳理西城区域内京剧的起源、现状、发展和前景；与清华同衡研究院合作开展《北京西城老城格局与整体风貌研究》《北京西城河湖水系保护与生态环境优化研究》等课题，为北京西城老城保护与复兴工作提供参考和借鉴。相关领域专家委员承担了5项课题研究，多名专家委员对相关课题进行了评审，对元明清首都治理进行了研讨。

（吴艳梅）

【编写出版社科图书】年内，区社科联编著的《“红墙意识”理论与实践》《治理的工具箱·环境篇》《治理的工具箱·科技篇》相继由红旗出版社出版。区社科联资助出版的图书《京韵剧源——京剧发祥地的历史记忆》由学苑出版社出版。编印了《老城保护与复兴相关法律法规汇编》。

（吴艳梅）

【第八届社科普及周】5月17至21日，在北京大观园举办主题为“大力弘扬社会主义核心价值观　推进新时代文明实践中心建设”，“2019·北京社会科学普及周暨西城区第八届社科普及周”启动式。本届社科普及周由市委宣传部、市社科联、市社科规划办和区委、区政府等单位主办，市社科联、市社科规划办社科普及部、区委宣传部、区社科联承办。启动式由市委宣传部常务副部长赵卫东主持。市委常委、市委宣传部部长杜飞进，市社科联主席沈宝昌，区委书记卢映川等市、区领导及“新时代文明实践社科普及服务队”代表、首都部分社科工作者及群众300余人参加启动式。活动中开展了“2019·人文之光”社科知识竞赛决赛。社科普及周期间，先后举办“壮丽70年·京城瞬间”“学习北京榜样　推进文明实践”“社科普及活动”“不忘初心——李大钊诞辰130周年纪念”“郭守敬与大运河”“70年北京城市公交发展变迁”“家庭家教家风”“魅力西城”“国际博物馆日”9项展览；举办“伟大的解放战争”和“壮丽70年——70年党和人民奋斗历程与启示”专家讲座、“时代楷模北京榜样”主题宣讲及“致敬民族经典弘扬爱国精神——纪念《黄河大合唱》诞生80周年”的沙龙活动。

（吴艳梅）

【周末大讲堂】年内，区社科联与市社科联合作举办“周末大讲堂”。根据街道社区需求，围绕社会舆论热点，邀请中国人民大学、北京师范大学、中央财经大学、首都经济贸易大学、北京邮电大学专家教授为大栅栏、德胜、新街口、西长安街等街道做《什么是马克思主义》《中国社会转型的哲学思考》《习近平新时代中国特色社会主义思想的命名与体系构建》《深入学习习近平关于“四个全面”战略布局的论述》《习近平总书记扶贫开发战略思想解读》《仁义礼智信与网络文化建设》《北京古建与中国文化》《婚姻法、继承法等法律知识应用及普及》讲座。

（吴艳梅）

【西城社科讲堂】5月，启动“西城社科讲堂”，打造社科品牌活动。5月19日，邀请军事科学院专家温瑞茂做题为《伟大的解放战争》讲座；7月11日，邀请军事科学院原毛泽东思想研究所副所长、研究员赵万须做题为《北京西城与红色文化》讲座；8月16日，邀请首都师范大学出版社总编辑、教授、博士生导师杨生平做题为《中国优秀传统文化的当代价值》讲座。区社科联全体干部、部分社团负责人及来自区委宣传部、区直机关工委、区委、区政府研究室、区档案馆、区史志办、区老干部局、区文联、新街口街道玉桃园社区党委负责人等百余人参加了活动。结合庆祝中华人民共和国成立70周年、红色文化研究、全国文化中心建设等主题，举办讲座3场。

（吴艳梅）

【“不忘初心、牢记使命”主题教育】9月至12月，按照区委统一部署，开展“不忘初心、牢记使命”主题教育。9月12日，召开“不忘初心、牢记使命”主题教育动员部署会。党组书记、常务副主席张新华主持会议，社科联党组成员、副主席窦淑龄部署《西城区社科联开展“不忘初心、牢记使命”主题教育的实施方案》，区委第五巡回指导组组长季文会等参加会议并讲话。12月5日，召开“不忘初心、牢记使命”主题教育专题民主生活会。张新华代表领导班子对照检查存在的问题，领导班子成员分别对照检查自身的问题，并相互开展批评。12月10日，召开“不忘初心、牢记使命”专题组织生活会，党支部书记窦淑龄主持会议，张新华代表班子作《西城区社科联领导班子2018年民主生活会情况通报》，窦淑龄作年度述职，党员逐一作个人对照检查发言，党员之间开展了批评，对每位党员进行了民主评议。

（吴艳梅）

【召开主题研讨会】9月17日，召开“元明清时期首都城市治理”课题研讨会，北京市社科院历史所原所长吴建雍、北京地理学会副理事长朱祖希、首都经贸大学首都经济研究所原副所长袁家方、北京市社科院历史所副所长王建伟、北京联合大学北京学研究所副所长张勃等专家委员应邀参加，以元明清时期首都治理经验对于当代首都治理的借鉴价值为主题开展研讨，专家发言摘编在《北京西城报》理论版整版刊登；11月15日，召开“新时代德胜街道社会治理模式研究”课题研讨会；11月27日，召开《西城红色故事集锦》图书编写研讨会。

（吴艳梅）

【扶持社团发展】年内，以项目征集方式，鼓励、扶持社科类社团组织发挥自身资源优势，贴近群众需求，开展讲座、咨询等社科普及活动，服务辖区干部群众。对图书馆管理协会、玖久缘文化养老中心、心理健康服务中心等9家社科类社团组织开展的“城市阅读课堂”“外交官带你看世界”“夕阳红网络文化培训”“老人精神慰藉与风险规避”“心理健康知识进社区”等11个社科普及项目给予支持。

（吴艳梅）

【机关文化活动】4月19日，区社科联组织机关全体干部到焦庄户抗日战争地道战遗址纪念馆参观。6月21日，组织机关党员干部及部分区属社科类社团组织负责人30余人，参观2019中国北京世界园艺博览会。9月25日，组织全体党员干部参观香山革命纪念地。

（吴艳梅）

【加强媒体宣传】年内，编辑发行《西城社会科学》6期，7800册，刊登各类稿件112篇。刊物通过《主题阅读》《学者学术》《对策研究》《纵论西城》等栏目，宣传、诠释习近平新时代中国特色社会主义思想，突出刊物的学术性，搭建社科工作者与专家学者学习、交流平台。转载了习近平“辩证唯物主义是中国共产党人的世界观和方法论”和“加快推动媒体融合发展，构建全媒体传播格局”等两篇文章；刊登了学习贯彻党的十九届四中全会精神专家座谈会发言、习近平在纪念五四运动100周年大会上的讲话和在庆祝中华人民共和国成立70周年大会上的讲话。结合城市治理、红墙意识等主题刊登《新的媒体格局下西城区治理方式与机制创新研究》《关于在加强党的政治文化建设中推进“红墙意识”的思考与研究》等课题研究成果12篇。刊载陆杰华、郗志群、方彪、杨振华、于文浩、张继焦等多位专家委员的研究文章13篇。围绕老城文化研究、老城保护等研究主题，刊登“古蓟县与北京西城”等学术理论文章19篇。《北京西城报》理论版刊登社科联戴时焱、朱祖希等专家委员文章20余篇。

（吴艳梅）

北京天桥盛世投资集团有限责任公司

【概况】2014年12月24日，北京天桥盛世投资集团有限责任公司（简称天桥盛世集团）作为西城区国资委直接监管企业，承担西城区文化产业发展平台职能。天桥盛世集团总资产49亿元，净资产44亿元。拥有全资子公司3家，控股及授权管理企业38家。持有物业18万平方米，商业类资产7万平方米，文化类资产11万平方米。天桥盛世集团旨在打造综合性文化产业投资集团，业务范围涵盖：天桥演艺区建设运营板块，涉及天桥演艺区整体规划、天桥演艺区内文化及配套设施建设、运营、老城改造更新；资产经营板块，涉及文化类资产和商业类资产的空间经营；演艺板块，涉及演出内容制作、天桥艺术中心等剧场运营、3家传统院团传承发展；影视板块，涉及以"首都电影院"为核心品牌的连锁影院经营，并探索影视内容制作业务等；文化创意及广告活动板块，涉及文化创意产品开发、传统文化及艺术培训、品牌市集活动、文创园区策划及运营、户外媒体经营、公关活动。

地址：西城区天桥南大街1号北京天桥艺术大厦A座5层

邮编：100050

电话：83197717

（刘博吾）

【天桥艺术中心票房突破亿元】 年内，天桥艺术中心组织演出197个剧目，1114场，累计观演52.7万人次，票房销售1.5亿元，首次突破亿元大关，成为唯一连续4年入选北京十大文化消费地标的企业。年内，相继举办第四届华人春天艺术节、第三届老舍戏剧节、第四届国际新经典艺术节，以及林兆华戏剧邀请展、第十二届舞蹈双周等大型活动。经典音乐剧《摇滚学校》《巴黎圣母院》《泰坦尼克号》《奥涅金》等取得良好的社会反响，其中《摇滚学校》演出29场，上座率超过80%，累计票房1745万元。此外，天桥艺术中心深入推进剧场开放模式的实践，空间经营、艺术教育、艺术培训等业务板块，进一步加强联动合作，举办各类文化艺术活动292场，惠及市民7.7万人次。

（刘博吾）

【全新打造原创话剧《牛天赐》】 年内，为传承经典，培育文化新风尚，创新运营管理模式，天桥盛世集团投资制作"京味儿"话剧《牛天赐》项目。该剧由方旭、陈庆、崔磊编剧，方旭导演，郭麒麟、阎鹤祥领衔主演，于12月25至29日在北京天桥艺术中心首演。项目与专业制作团队、票务平台进行合作，收到了较好的社会效益和经济效益。剧目入围2020年国家艺术基金复审，首轮5场演出在开票8分钟内全部售罄，《牛天赐》与风雷京剧团创排的京话剧《角儿》、话剧《胡同里的他俩》入选北京市委宣传部文化精品工程。

（刘博吾）

【参投电视剧《幸福里的春天》】 年内，天桥盛世集团坚持创新驱动，提升"天桥盛世出品"影响力，试水影视剧投资，参投电视剧《幸福里的春天》。该片由杨亚洲导演、韩三平监制，李晨、王晓晨主演，主要讲述北京胡同青年的奋斗成长历史，用小人物的视角去看待大时代的变化，以较为细腻的笔触讲述北京故事，展现了北京城在新中国成立后和改革开放以来，社会风貌所发生的变化，以及人的精神层面的丰富。《幸福里的春天》11月份完成现场拍摄。

（刘博吾）

【三大院团发展】 年内，风雷京剧团继续保持创新引领优势，新剧目《角儿》在天桥艺术中心成功首演，光明网现场直播点击量突破11万。8月，完成赴台交流演出。《绛丝箭衣》项目受邀在国家大剧场国际戏剧节上演。北京杂技团在年内完成20余项节目编排，《华彩北京》在天桥杂技剧场开始驻演，累计演出场次250余场。皮影剧团创新运营模式，全新编排的创意影戏亲子舞台剧《影戏传奇》，在天桥艺术中心完成首演，并获得北京市艺术基金资助。皮影剧团作为中国非物质文化遗产项目，前往马来西亚参加中马建交45周年《中国文化旅游之夜》开幕式。

（刘博吾）

【文创板块】 为深度挖掘中轴线沿线的文化资源，天桥盛世集团与北青旅开展合作，于12月正式推出南中轴文化旅游体验线路产品。天桥印象博物馆与华联文创合作，开设天桥印象唯物文创店，开发"见怪不怪""江湖"两套主题系列产品共22项。风雷京剧团赴台演出期间，推出以梨园三部曲为主题的硬木书签和短袖衫。北京皮影剧团研发制作《影戏传奇》剧目文创产品，同时与上海哔哩哔哩公司合作，开发游戏主题的皮影动漫形象。秉承“艺术融入生活”的理念，天桥艺术文创商店正式开业运营，推出剧目原创衍生品。

（刘博吾）

【影院经营】年内，西单店全国单体影院市场排名第三。昌平店全国排名第15位，较上年上升17位。利用全球首发最大LED Cinema影厅优势，组织承办第九届北京国际电影节“光明影院”公益放映活动、“一带一路”国际合作高峰论坛全球媒体观影活动、国家大剧院原创民族舞剧《天路》“4K+5G”演出直播等大型活动，成功入选2019第九届“北京影响力”品牌20强。全年接待观众超过360万人，较上年同期提升30%。

（刘博吾）

【传统文化空间运营】天桥印象博物馆搭建文化资源展示的业务平台，促进了空间资源的经营利用。全年博物馆累计接待参观4.5万人次，开展文化体验活动116场，接待各级领导和社会各界参观调研20余次，红色路线体验活动已成为博物馆的特色党建品牌，实现经济效益与社会效益双丰收。湖广会馆持续开展联谊会、沙龙、艺术进校园等活动，加大对驻场京剧、相声的市场推广力度，提升了运营效益和社会影响力。

（刘博吾）

【推进老城保护与复兴】年内，为推进老城保护，天桥北部平房区项目完成腾退户数303户，腾退面积6200平方米。启动腾退后的利用提升工作，实现腾退后经营面积1535平方米，占腾退总面积的25%，引入舞美工作室、艺术家公寓以及社区公共配套等业态。“疏非控”工作完成南新华街百姓便民超市临建的清退拆除、厂甸大楼4层小旅馆清退清理以及香厂路菜市场改造更新，共疏解人员52人，提前完成全年工作任务。完成宜兴会馆27户腾退，剩余1户已具备提请诉讼裁决条件，与宜兴市政府合作，研究宜兴会馆腾退后利用方案。

（刘博吾）

【文化扶贫】年内，天桥盛世集团结合自身业务资源优势开展文化扶贫帮扶工作，在天桥艺术中心成功举办鄂伦春民族文化周活动，展示西城区的对口帮扶成果，进一步提升了鄂伦春民族文化的影响力，促进了两地文化交流。根据对口扶贫单位喀喇沁旗锦山镇贵宝沟村的实际情况，资助修建日光温室大棚，用于种植硬果蕃茄。项目已建设完成并投入使用，所获收益全部用于支持贫困户的脱贫及生活改善工作。

（刘博吾）

北京市大碗茶文化发展有限公司

【概况】北京市大碗茶文化发展有限公司（简称大碗茶公司）下设党办、办公室、财务部、审计部、人力资源部、行政部，下辖北京老舍茶馆有限公司、北京大碗茶茶叶有限公司、北京震云阁工艺品有限公司3家股份制企业，职工人数141人，经营项目包括茶座、演出、餐饮、茶产品、工艺品销售等。全年实现销售收入4737万元，利润28.6万元，上缴税金191.6万元。年内，公司董事长尹智君当选北京市第十四次妇女代表大会代表，老舍茶馆获西城区“新中国成立70周年系列庆祝活动消防安保先进单位”称号。

地址：西城区前门西大街正阳市场3号楼

邮编：100051

电话：63021741

（王捷　毛乃雅）

【公司领导进社区慰问】1月31日，西城区人大代表、公司董事长尹智君同西城区大栅栏街道人大办主任孔祥博、大栅栏街道前门西河沿社区服务站站长张葳到前西社区困难党员群众家庭走访慰问。尹智君为前西社区困难党员刘建华、王剑宇和困难群众刘秋凤家庭送上米、面、油及大碗茶礼盒等慰问品，一同贴上老舍茶馆新春“福”字。

（王捷　毛乃雅）

【服务全国“两会”】3月3至15日，公司党支部组织党员、入党积极分子、骨干员工推出大碗茶流动摊，与前门西河沿社区党员们一起，每天上、下午分两个班次为人民大会堂周边沿街执行安保任务的50余位志愿者送上

"老二分"大碗茶。13天送茶水2480杯。4月19日，大栅栏街道工委书记李婕为老舍茶馆送上"茶香飘两会 情暖值守人"锦旗，对在全国"两会"期间主动为执勤的志愿者送水服务表示感谢。

（王捷 毛乃雅）

【捐资助学】3月4日，大碗茶公司与步瀛斋、戴月轩等驻区老字号企业，为品学兼优的贫困学生送上年度助学金。大栅栏街道工委为公司的爱心行动颁发"用爱陪伴 用心成长"捐资助学活动荣誉证书。

（王捷 毛乃雅）

【董事长应邀参加活动】3月13日，全国三八红旗手、大碗茶公司董事长尹智君和来自各个行业的8位全国三八红旗手一起应邀参加"全国三八红旗手进中华女子学院"座谈活动。座谈会上，尹智君以《我与大碗茶四十年的情缘》为题，向来自"一带一路"国家的51位留学生分享了自己的人生故事。5月25日，应邀赴湖北省宜昌市五峰土家族自治县，出席第二届中国茶旅大会暨2019五峰茶产业扶贫对接会，北京老舍茶馆荣列参与扶贫行动的全国十大茶馆之一。6月3至5日，应邀率经营团队一行7人前往老舍茶馆国茶汇合作伙伴——福建武夷星茶业有限公司总部考察交流。先后与武夷星茶业有限公司董事长何一心进行合作交流座谈，参观了武夷星有机茶基地、茶叶研究所和武夷岩茶核心产区。7月8日，应邀出席北京市东城区"一带一路茶文化"课程成果展示活动，并作题为《有茶时光 遇见最美中国少年——老舍茶馆中小学生社会大课堂的实践与思考》的主旨发言。9月22日，应邀赴四川省资阳市，出席世界中餐业联合会女企业家委员会筹备会。10月23日，应重庆国际茶文化研究会邀请，赴重庆市出席茶馆经营发展学术论坛，作《植根京味文化引领美好生活——老舍茶馆经营管理创新实践》专题课程讲授。11月1至2日，应邀赴厦门参加第四届东方茶席大赛并担任评审专家。

（王捷 毛乃雅）

【党建交流活动】3月20日，国家烟草专卖局直属机关党委常务副书记李安一行15人，到老舍茶馆有限公司与党支部开展党建工作交流。4月26日，国家文物局机关服务中心第二党支部李继红书记一行，到老舍茶馆参观学习交流。5月24日，中联部礼宾局副局长张露率中联部礼宾局一处党小组一行8人走进老舍茶馆与公司党支部座谈交流党建工作。10月25日，大栅栏街道机关第五党支部李俊平书记一行20余人到老舍茶馆参观交流。

（王捷 毛乃雅）

【政要到访】4月27日，老挝人民革命党中央政治局委员、中央办公厅主任坎潘•蓬玛塔一行，在中联部副部长王亚军陪同下到老舍茶馆观看特色演出，品中国茶。8月20日，瓦努阿图副总理乔•纳图曼到老舍茶馆品特色美食。9月24日，厄瓜多尔国民代表大会主席利塔尔多一行，做客老舍茶馆品中国茶。10月29日，南非共和国副总统戴维•马布扎到老舍茶馆体验中国传统文化。11月18日，蒙古民主党副主席阿玛尔扎尔格勒为老舍茶馆赠言：向致力于推广中国传统文化的中国人民表示敬意。12月25日，日本众议员、立宪民主党最高顾问、日中21世纪之会会长海江田万里一行到老舍茶馆品中国茶，欣赏京味演出，感受中国传统文化的魅力。

（王捷 毛乃雅）

【连锁经营】4月29日，在2019年中国北京世界园艺博览会开幕之际，老舍茶馆世园会店开业迎宾。5月16日，国家文化产业示范基地——老舍茶馆落户开封暨老舍茶馆开封店首届茶文化节活动开幕。活动现场，领导和嘉宾欣赏了由老舍茶馆和"国茶汇"企业共同带来的六大茶类和茶席展示，并参加名茶品饮活动。6月8日，老舍茶馆西单觅食森林店开业。7月28日，老舍茶馆浙江义乌店盛大开业。开业当天举办了老舍茶馆义乌店首届茶文化节活动。来自京浙两地非遗艺术家们为现场嘉宾和当地市民献上了一场涵盖国家级和北京市级非物质文化遗产表演的精彩演出。9月25日，随着北京大兴国际机场正式投入运营，老舍茶馆大兴国际机场店隆重开业。在航站楼五层的餐饮区，老舍茶馆"老二分"大碗茶飘香机场候机楼。12月22日，老舍茶馆威海店开业。店内不仅经营传统茶、戏、餐、礼，同时还开设了老舍茶馆艺术馆。艺术馆以“生活艺术化·艺术生活化”为理念，依托老舍茶馆的全国布局，逐一打造具有当地城市特色的文化艺术高地。

（王捷　毛乃雅）

【“党建引领创先争优”活动表彰会】6月26日，大碗茶公司召开庆祝中国共产党成立98周年——“新时代新担当新作为”2018大碗茶公司党建工作总结大会暨“党建引领创先争优”活动表彰会。公司党员焦胤作大碗茶公司党支部2018年“党建引领创先争优”活动总结。公司党支部以强化党建引领，牢记红墙意识，助力首都文化中心建设——打造京味儿民俗特色连锁茶馆为工作目标，先后组织开展了践行“红墙意识”主题征文宣讲，“撸起袖子加油干创先争优我当先”优秀团队、优秀员工评选，“我为茶馆代言”抖音大赛以及向经典致敬——大碗茶公司全体员工六大茶类知识和茶艺大赛等竞赛活动。相继评选出征文宣讲大赛获奖者3名，优秀部门奖9个、优秀员工奖5名，抖音大赛获奖者6名，茶文化知识和茶艺大赛获奖者11名。公司领导向获奖班组和个人颁发了锦旗、证书和奖金。

（王捷　毛乃雅）

【参与百姓宣讲弘扬传统文化】6月，公司宣讲员于静、毛乃雅各自以《两代人坚守传承京味儿茶》和《中国茶为美好而来》为宣讲题，参加西城区委宣传部主办的2019年西城区百姓宣讲全区演讲活动。作为参赛优秀选手，分别随区妇联、区国资委先后深入街道社区和区属企业进行了15场宣讲，讲述大碗茶公司老舍茶馆企业故事，弘扬传统文化，传承和谐家风。

（王捷　毛乃雅）

【迎国庆志愿服务】9月1日至10月7日，公司党支部和团支部积极组织党、团员，参加大栅栏街道团工委组织开展的迎国庆共建志愿服务活动。在参与迎国庆志愿服务活动的37天里，党员、入党积极分子、共青团员和骨干员工25人身着统一服装，与大栅栏街道团工委干部和区心飞扬青少年志愿服务中心工作者组成志愿服务团队，为过往行人和游客免费提供“老二分”大碗茶，并提供景点指引、信息咨询、手机充电、简便医疗等贴心志愿服务。11月20日，大栅栏街道总工会主席李玉萍为企业送来由共青团北京市西城区委员会和北京市西城区志愿服务联合会颁发的感谢信，对公司选派志愿者参与迎国庆志愿服务活动表示感谢。

（王捷　毛乃雅）

【“不忘初心、牢记使命”主题教育】9至11月，公司党支部根据区国资委系统开展“不忘初心、牢记使命”主题教育工作方案的要求，紧扣学习贯彻习近平新时代中国特色社会主义思想这一主线，聚焦不忘初心、牢记使命这一主题，结合企业实际工作，在党员干部职工中开展“不忘初心、牢记使命”主题教育活动。

（王捷　毛乃雅）

【大碗茶公司老舍茶馆获奖】10月，区防火安全委员会授予大碗茶公司老舍茶馆“新中国成立70周年系列庆祝活动消防安保先进单位”称号，并颁发“秒级响应精准防控尽职履责确保平安”锦旗。

（王捷　毛乃雅）

【品牌合作】12月28日，老舍茶馆国茶汇合作伙伴、福建武夷星公司之武夷星山场盛筵百谷品鉴会北京站在老舍茶馆举行。老舍茶馆与武夷星公司签订战略合作协议，合作开发“老舍茶馆”系列武夷岩茶、白茶产品。

（王捷　毛乃雅）

旅　游

【“爱满西城”旅游志愿服务活动】3月5日，区旅游委与北海公园合作开展“爱满西城”旅游志愿服务主题活动，活动采用文明旅游常识答题、旅游公益咨询、文明旅游引导等多种形式。天文馆、动物园、海洋馆等13家旅游企业积极响应，为游客提供旅游公益咨询服务，宣传文明旅游你最美、最美一米风景线等文明旅游主题，弘扬“奉献、友爱、互助、进步”的志愿精神。年内，注册志愿者562人，累计提供旅游咨询志愿服务9566小时，被评为北京市学雷锋志愿服务“五个100”最佳服务项目。

（赵　臣）

【旅游惠民活动】5月19日，中

国旅游日当天，在辖区4A级以上景区开展以“文旅融合、美好生活”为主题的宣传活动，张贴宣传海报、摆放易拉宝，并配备志愿者统一着装发放宣传材料，传播“文明旅游、安全旅游、拒绝非法一日游”理念，全区12家旅游咨询站开展公益旅游咨询及文明旅游宣传活动。西城区文化和旅游局与国家大剧院合作，突出文旅融合，4至6月，组织惠民艺术讲座及文明参观活动，参与群众3000人次。

（赵　臣）

【中秋群众游园赏月活动】9月13日，由区文化和旅游局主办的2019年西城区中秋群众游园赏月活动在月坛公园举办。汇集区非遗项目展示、群众民俗文艺表演、中秋文化展示、游园互动等文化活动，凸显“月满京城·情系中华”的主题理念。活动中，“药香制作技艺”“彩塑京剧脸谱”“毛猴”等10余个西城区非遗项目的传承人进行现场表演，并融入了充满趣味性的汉服互动体验。

（赵　臣）

【旅游服务进社区系列活动】年内，在15个街道开展“旅游服务进社区”系列活动，促进社区景区融合。通过艺术讲座、现场咨询和实地参观等形式，深入社区、景区组织惠游西城、互动和现场咨询27场次，宣传文明旅游、智慧旅游和绿色旅游的理念，累计服务居民4950人次，发放宣传品47160份。

（赵　臣）

什刹海风景区管理处

【概况】北京市西城区什刹海风景区管理处（简称管理处）为什刹海街道办事处下属副处级全额拨款事业单位，人员编制89人，实有79人。下设14个科室、1个党总支、3个党支部。年内，管理处完善景区安全预警系统，应对景区大客流带来的安全问题；完成什刹海风景区综合管控导则编制工作，全面提升区域环境品质和文化品质，更好地保障首都核心职能履行，建设宜居区域；保障规范有序的胡同游秩序，全面提升车工文明服务素质，树立品牌意识；规范整治景区招牌牌匾，净化景区市场经营秩序；充分发挥景区行政综合执法中心平台作用，通过吹哨报到机制，全面整治景区环境秩序问题。

地址：西城区德内大街羊房胡同甲23号
邮编：100009
电话：83223501

（邱　爽）

【人力客运三轮车胡同游特许经营调研】5月，开展人力三轮车胡同游特许经营项目调研，邀请央视市场研究股份有限公司对前三期及第四期特许经营的实施情况、车辆控制规模、管理模式、对景区的影响及社会各方面的反映等要素开展社会调研。针对政策执行的符合度和实施的可行性、管理方式和管理手段的适当性、人力客运三轮车胡同游项目品牌质量提高的展望等方面进行调研。10月底，完成《什刹海地区人力客运三轮车胡同游第四期特许经营政策实施效果评估报告》，并呈报西城区文化和旅游局。

（邱　爽）

【人力客运三轮车胡同游特许经营管理】9月，起草《什刹海地区人力客运三轮车胡同游第五期特许经营筹备工作方案》，对此次筹备工作的指导思想、工作步骤、时间安排及组织机构和职责提出明确建议。10月，什刹海街道办事处向区政府呈报“关于启动人力客运三轮车胡同游第五期特许经营筹备工作的请示”。落实区政府批示，成立第五期特许经营筹备工作领导小组和第五期特许经营筹备工作办公室，加紧推进第五期特许经营的筹备工作。

（邱　爽）

【完成什刹海风景区综合管控导则编制】9月，完成什刹海风景区综合管控导则编制工作。本导则通过梳理地区已有各类专项规划及专项研究成果，深入研究地区相关政策导向及要求，进行汇总统筹。景区管控导则内容包括风貌管控、空间管控、交通管控、环境管控、设施管控、夜景管控、旅游管控、业态管控等八个管控类型及64项具体管控要素。景区要以管控导则为抓手，制定建设、管理为一体的管控体系，推动城市管理服务向科学治理、向精细化治理转变，全面提升区域环境品质和文化品质，更好地保障首都核心职能履行，建设宜居区域。

（邱　爽）

【完成《什小海与中轴线》制作】 10月，北京历史文化绘本丛书第一期《什小海与中轴线》正式面世。本书以什刹海吉祥物镇水兽“什小海”为主角，北京中轴线申遗要素为背景编写脚本故事，解读中轴线申遗中重要点位，反映出中轴线在北京城市发展历史上的重要地位；本书展示出中国传统文化特点，故事部分采用章节回目形式编排八章，配图使用中国风水彩手绘；宣传北京中轴线历史知识并融入少年儿童爱国教育、品德教育主题。

（邱　爽）

【完成《什刹海论文集》编撰】 10月，编撰完成《什刹海论文集》，收录相关专家论文16篇。进一步做好区域历史文化的保护、传承工作，配合首都中轴线申遗，弘扬什刹海优秀传统历史文化，对什刹海地区的建设发展提供可行性研究成果，管理处联合什刹海研究会，组织各方面专家对什刹海区域改革和建设发展进行研究。

（邱　爽）

【完善景区安全预警系统】 年内，管理处为应对景区大客流带来的安全问题，与北京市劳动保护科学研究所合作，启动景区客流预警与应急广播联动项目。围绕应急广播平台接口、应急预案发布、提高瞬时客流统计的准确度、加强重要点位的监测、疏导等内容。通过科技手段发挥客流预警系统与应急广播联动的预期目的，并为指挥者提供决策依据。该系统年底已完成并投入运行。

（邱　爽）

【景区游客满意度调查】 年内，开展景区游客满意度调查，获取有效样本5000份。回头客人数约为初访客的1.7倍，与上年相比，首次来访游客的比重大幅下降；游客对景区的总体满意度高且稳定，景区及周边的公共交通受到游客认可；景区业态中酒吧、三轮车胡同游最有特色；对公共卫生间、购物服务、餐饮服务的不满意度最高；餐饮、剧场最需要改进提升。在景区消费的游客数量比上年显著上升，但消费金额在500元以上的游客比例下降；游客在景区的游玩时长缩短，游玩时长超过一天的人数为0。根据调查结果显示，景区需要进一步开辟红色旅游资源，探索差异化旅游路线；加快旅游消费模式的创新，推动旅游产业升级，培育消费新热点；提升从业人员素质，营造良好的消费软环境。

（邱　爽）

【完成历史文化保护区街巷图册制作】 年内，为做好历史文化宣传、保护工作，为什刹海历史文化保护区留下记忆，为后人研究什刹海留下宝贵的影像、文字资料，管理处在上年完成胡同现状拍照、历史文化梳理工作的基础上，对文保区内146条胡同街巷照片进行立面长卷拼接展示，开展标志性节点设计等图文编辑排版工作，完成什刹海历史文化保护区街巷图册制作。

（邱　爽）

【规范胡同游秩序】 年内，管理处严格依据《北京市西城区什刹海地区人力客运三轮车胡同游第四期特许经营实施方案》实施特许经营管理，保证在规定的运营时间、运营线路上安全有序运营。逐步有计划地落实车工长效培训机制，强化措施，全面提升车工文明服务素质，树立品牌意识。胡同游接待游客总人数约75.78万人次，其中国内游客约56.96万人次，国外游客约18.82万人次。

（邱　爽）

【规范整治街内招牌牌匾】 年内，针对媒体反映的特色街内假冒“老北京、老字号”招牌牌匾，所卖物品与实际不符问题。制定整改方案，分阶段分批次联合工商、食药、城管等多部门对特色街内店铺牌匾、招牌进行规范整治。聘请区执法监察局等相关部门，对商户进行集中培训学习指导，对牌匾的制作、使用过程进行严格规定。教育和打击虚假招牌、假借招牌、所卖物品与实际不符违规商户，维护消费者的合法权益和利益，净化景区市场经营秩序。

（邱　爽）

【重新启动特色街申报】 年内，按照市、区商务委的要求，重新启动特色街申报，完善申报材料，对规划、交通、环境、设施、功能品质、业态集聚、品牌特色、智慧服务、文化特色、管理机制、综合效益等情况进行详细整理上报。与商务委商洽对接，及时跟进申报相关工作。以PPT的形式向专家组成的评审团进行汇报，完成前期申报工作。

（邱　爽）

【评比“星级”商户】年内，管理处为加强对特色街的管理，在“门前三包”流动红旗评比的基础上，推进“星级商户”评比工作，以共治、共建、共享的模式促进街区管理。全年按季度进行4次评比，评出“五星”“四星”“三星”商户共28家。

（邱　爽）

【推行河长制】年内，什刹海街道河长共巡河520次，使用“北京河长”App完成巡河2522公里。各河段共计巡河2800人次。期间发现钓鱼、游泳、私自上冰、非法捕捞、岸边垃圾等问题200余起，对居民不文明行为当场劝阻200余次。对河湖岸线破损严重且无法自行解决的事件，及时上报区河长办，协调相关职能部门解决3起。清掏疏通雨篦子86处。河长办发挥属地监管职能，督促苗木队每日出动25人次，共计2750人次，清理水面漂浮水草2783吨。保洁队清理日常垃圾每日出动59人次，共出动24780人次。清理日常垃圾23280吨，大件堆物堆料1224吨。

（邱　爽）

【疏解整治促提升】年内，按照市、区精神和什刹海街道办事处整体部署，对地安门外大街、什刹海景区开展疏解整治工作。共拆除、整治地安门外大街及景区不规范牌匾220余处；拆除违章建筑2000余平方米，涉及商户43家；治理开墙打洞46家56处；治理直管公房转租转借16处，原翻原建恢复居住功能17处；叫停违法建设10余次。

（邱　爽）

【地外大街及景区非机动车管理】年内，按照上级要求继续做好地安门外大街及景区非机动车停车管理工作，完善巡查制度，派专人定期检查，规范推进工作开展。组织专业管理公司，累积调动引导员约1.3万余人次，加强引导规范停放，累积规范引导、摆放非机动车30余万车次。协调各共享单车公司，累计共清运共享单车10万余车次，缓解了景区共享单车压力。组织景区保安公司、房管所准物业公司、社区志愿者等更多社会力量加入景区非机动车停车管理。

（邱　爽）

【景区防恐防暴挡车桩管理】年内，为确保居民和游客的人身安全，做好反恐、防爆任务，参考公安、交通部门意见，景区增设6根防恐防暴挡车桩、并对万年胡同4根挡车桩进行位置调整。接收什刹海街道综治办2个点位共7根挡车桩。景区共有防恐防暴挡车桩62根，分布在18个点位。为配合景区防恐防暴挡车桩使用，增强景区交通管控能力，购置移动式伸缩交通拉栏24个，并在国庆节期间投入使用。

（邱　爽）

【景区活动备案与管控】年内，为合理控制景区活动类型、规模及形式，科学监管重要时间、重点部位和敏感时期景区活动，管理处依照《什刹海景区内举办活动登记备案流程及注意事项》落实精细化管理，加强景区活动登记备案，采取多种形式，有效进行活动管控和监管。共登记备案各类活动72场次，人数达1.6万余人，被叫停及不予备案活动项目20多场次。

（邱　爽）

【整治景区环境秩序】年内，发挥景区行政综合执法中心平台作用，通过吹哨报到机制，全面整治景区环境秩序。景区行政综合执法中心在日常工作的基础上，先后组织开展了酒吧噪音扰民、扫黑除恶暨夏季秩序、景区违规乱停车、景区“黑车”等问题的专项整治工作，治理噪音扰民404次、流浪乞讨277人次、卖艺卖唱37次；治理违章停车贴条560张、锁车8次，配合相关部门查扣“黑出租”揽客行为26次、“黑大巴”2辆、“黑电动三轮车”非法运营54辆，配合城管一队销毁41辆“黑电动三轮车”；治理非法游商1952人次、店外经营1077次、无照经营及超范围经营27次、违规演艺186次、吧托揽客179次，查扣音箱1台；非法早市35次，规范门前三包395次，关停违规商户49次。

（邱　爽）

【重要活动保障】年内，按照“精益求精，万无一失”的要求，根据不同季节、不同时段、不同要求，提前排查、全面整治，圆满完成元旦、春节、两会、清明、五一、“一带一路”国际合作高峰论坛、世界园艺博览会、亚洲文明对话大会、新中国成立70周年庆祝大会等重大节日、重要活动的保障工作。完成重大节日及重要活动保障47次、领导检查及调研保障43次、冬季冰面安全管理工作59次、处理景区突发事件5次。

（邱　爽）

【景区工程及修缮】年内，完成烟袋斜街、护国寺大街的修缮工程，消除特色街外立面破损带来的安全隐患，两条商业街重现原有古都风貌，为景区风貌保护工作提供参考和借鉴。

（邱　爽）

北京大观园管理委员会

【概况】北京大观园管理委员会·北京红楼文化艺术博物馆为全民所有制自收自支事业单位。北京大观园（简称大观园）占地11公顷，园内殿宇、庭院、自然景区30余处，是具有古典园林外观、红楼文化内涵、旅游经济属性、博物馆功能齐全的休闲活动场所。业务范围：提供园林、文化、旅游场所，丰富群众文化活动；大观园的建设、维护和管理；对外接待及导游服务；组织文化活动。主要职责：负责向中外游客提供标准化文化园林游览环境，红楼文化展览，红楼文化的研究，红楼文化教育基地，弘扬传统文化，丰富人民群众的文化生活。负责园内的园林绿化、种植养护、花卉栽培和园林建设，建筑修缮的管理，保证游客游览安全。负责完善博物馆功能，打造红楼品牌，红楼文化、影视拍摄，促进园内旅游的发展。宣传接待、布展、展品征集和充实馆藏等工作。承办有关重大活动及公益活动事项为公众游览、观赏、避难、休憩、开展科学文化及锻炼身体等活动提供较完善的设施和良好的绿化环境。年内在职职工55人，在岗职工53人。全年接待游客115万人次。

地址：西城区右安门内西街18号

邮编：100054

电话：63544993

（赵斐斐）

【第24届红楼庙会】2月5至9日，北京大观园举办第24届红楼庙会，以“元妃省亲”为品牌，“红楼文化”为主题，打造有年味儿和文化味儿的文化盛宴，庙会共邀请200名演员，分别在大舞台、小舞台、南门广场、湖面上空、湖心岛5个地点轮番上演节目180场次。元妃省亲古装表演从初一至初五每天上午9：30至下午13：00举办两场。小舞台由北京皮影剧团上演皮影戏和儿童木偶剧。在大观园湖面上上演刘姥姥醉酒高空特技表演，湖心岛上演河南盘鼓与舞狮、高跷表演及京味儿十足的黑祥子活塑像表演。园内的风味小吃，游艺项目、图书百货、及民间手工艺品也吸引了众多的游客，在西门区域为手工艺者提供15个摊位，包括毛猴、核雕、皮影、面人等。猜灯谜设置在蘅芜苑内、秋爽斋外的科普展示区面向游客普及《红楼梦》中的养生常识、嘉荫堂举办“年画展”。5天接待游客9.9万人。

（赵斐斐）

【清明节活动】4月5至7日，大观园举行清明文化踏春活动，推出“曹氏风筝”文化体验活动，“曹氏风筝”国家非遗第4代传承人缪伯刚，现场为游客讲解“曹氏风筝”的扎、糊、绘、放四种技艺。青年古琴演奏家胡术文现场演奏经典古琴名曲《流水》。演员们在大观园南门以舞蹈和音乐结合的形式重现“黛玉葬花”经典故事场景。3天接待游客23059人。

（赵斐斐）

【党支部关系划转】年内，根据《关于调整中共北京大观园管理委员会支部委员会隶属关系的通知》，经西城区国资委党委研究，中共北京大观园管理委员会支部委员会，划归中共北京天桥盛世集团有限责任公司委员会直接管理。

（赵斐斐）

【五一活动】5月1至4日，大观园元妃省亲别墅店举办王素英“国色天香”精品牡丹画展，在园内举办殷之光春季诗歌朗诵会。“百姓周末大舞台”轮番演出综艺、杂技、歌舞表演等。

（赵斐斐）

【端午节活动】6月7至9日，大观园在凹晶溪馆举办“品味红楼端午”活动，包括“粽”香端午、晴雯DIY、群芳斗百草、赏戏听琴韵、南来顺面点师傅讲授如何包粽子的秘笈等系列内容。百花深处艺术团和河北梆子剧团，连续3天在百姓大舞台演出。3天接待游人12738人次。

（赵斐斐）

【中秋节活动】9月13至15日，在藕香榭举办中秋·红楼文化雅集活动，包括《宝黛初会》《秋窗秋雨兮》等名篇选段诗词朗诵；古筝与吉他合奏《葬花吟》及茶道表演。凹晶溪馆旁，学生们在岸边画中秋扇面、螃蟹，体验文化的魅力。百姓周末大舞台为游客演出民乐、综艺、朗诵节目，3天接待游人17189人次。

（赵斐斐）

【国庆节活动】国庆节前夕为庆祝中华人民共和国成立70周年，按照北京市和西城区游园指挥部的工作部署，围绕“普天同庆共筑中国梦”主题，摆放花坛7处，种植花境3处，总计约3万余盆花卉。10月2日，在园内开展文艺演出、非遗体验和展览展示等活动。

（赵斐斐）

【名人名家主题作品书画展览】10月12至22日，在大观园嘉荫堂举办北京曹雪芹学会书画院名人名家主题作品书画展览，作品内容包含红楼梦诗词及小说中情景盛况的描绘，游客通过参观置身其中，感受红楼文化艺术的魅力。

（赵斐斐）

【百姓周末大舞台】4至10月，在区文旅局的协调下，北京红楼文化艺术博物馆继续推动“北京百姓周末大舞台”惠民文化工程。近7个月的时间，由14个演出团体轮番登台表演，主要演出团体有北京市西城百花深处艺术团、北京市河北梆子剧团、北京世纪爱乐乐团、北京歌剧舞剧院、北京一九九八国际青年艺术剧团。

（赵斐斐）

【青少年教育】年内，为学生团队提供实践学习和游览环境。共接待69所学校，近2万人。在园内主要开展了腾讯百组家庭健步走、七色光小主持人走进大观园、西城区学生科技节、科普之夏启动式活动。

（赵斐斐）

【基础设施修缮维护】年内，对栊翠庵、秋爽斋晓翠堂、滴翠亭、缀锦楼进行维修加固，更换园内无障碍坡道，配合区河长办、区水务局、白纸坊街道办事处对园内的湖水进行全面治理，修建3处荷花池，水指标达到四类，本年度被评为最美河湖。

（赵斐斐）

【打造园内景观环境】年内，摆放五一花坛5000盆，国庆花坛4万盆。全园绿化养护管理基本达到养护水平，病虫害防治达到一级水平，启用有安全性的农药存贮库房，保障农药使用安全。

（赵斐斐）

（责任编辑　姜　光）

卫生　体育

北京西城年鉴2020

8月12日，西城区举办庆祝中国医师节活动暨重点慢性病综合防治中心签约仪式（区卫健委 供图）

3月28日，西城区卫生健康委员会揭牌（区卫健委 供图）

6月15日，西城区召开医耗联动综合改革视频调度会（区卫健委 供图）

10月29日，北京市中医管理局组织专家对西城区“全国基层中医药工作先进单位”进行复审（区卫健委 供图）

11月21日，西城区召开中医药传承工程第一批结业暨第二批启动会（区卫健委 供图）

6月，2019年西城区中小学武术比赛在广安体育馆举行（姜真 摄）

10月30日，2019首届“京津冀杯”拔河邀请赛在大观园公园落幕（于志强 摄）

12月27日，陶然亭公园第十届冰雪嘉年华开幕（刘骜 摄）

年内，西城区开展冰雪进校园活动（区体育局 供图）

11月7日，2019京津冀国际定向巡回挑战赛·北京西城大栅栏站收官（区体育局 供图）

卫 生

医疗卫生

【概况】3月25日，根据中共北京市西城区委办公室、北京市西城区人民政府办公室关于印发《中共北京市西城区委卫生健康工作委员会北京市西城区卫生健康委员会职能配置、内设机构和人员编制规定》的通知（京西办字〔2019〕18号），按照区委、区政府的统一部署，整合原区卫生和计划生育委员会工作职责、职业安全健康监督管理职责、深化医药卫生体制改革和老龄工作职责，设立西城区卫生健康委员会，顺利完成机构更名、人员转隶和机关干部任职备案，全面推进人员融合、职能融合、资源融合。北京市西城区卫生和计划生育工作委员会，更名为北京市西城区卫生健康委员会（简称区卫生健康委）是负责全区卫生健康工作的区政府工作部门。年内，辖区内医疗卫生机构702家，其中营利325家；非营利机构377家；医疗机构674家；社会办医（营利性）325家。卫技人员（含中央、市属医院，不含部队医院）39257人，其中执业（助理）医师（包括西医、中医、中西医结合）13966人，注册护士数17487人，实有床位总数17411张。平均每千常住人口拥有卫技人员34.53人，执业（助理）医师12.28人，注册护士数15.38人，实有床位数15.31张。年内，户籍人口149.9万人，户籍出生人口14220人，死亡人口6566人，自然增长率为5.2‰。常住人口113.7万人，出生人数8516人，出生率为7.35‰；死亡人数7090人，死亡率为6.12‰。因病死亡人数10391人，占死亡总人数比率95.58%。死因顺位前十位的排列为恶性肿瘤、心脏病、脑血管病、呼吸疾病、损伤和中毒、内分泌代谢疾病、消化疾病、神经疾病、精神障碍、泌尿生殖疾病。户籍人口期望寿命为84.25岁，其中男性81.83岁，女性86.71岁。年内卫生系统总收入694902.43万元，其中财政拨款229796.33万元。业务收入461540.41万元，总支出677639.14万元。用事业基金弥补收支差额693.54万元。计划生育财政总投入4491.09万元。

地址：西城区枣林前街2号院1号楼

邮编：100054

电话：82061987

（马　蕊）

【卫生改革】年内，西城区被确定为国家城市医疗联合体、紧密型县域医疗卫生共同体试点区。制定《北京市西城区深化医药卫生体制改革2019年主要工作安排》，明确区医改工作5方面19项具体任务。以区政府办名义印发《北京市西城区医耗联动综合改革实施方案》，并制定信息系统改造、改善医疗服务、应急处置、监督检查等11个配套工作方案，形成“1+11”的医耗联动综合改革工作方案体系。建立以区长为组长的西城区医耗联动综合改革工作专班，区内共332家医疗机构参改，涉及信息系统改造176家，6月15日正式实施改革。全面落实国家药品集中采购和使用试点工作，有175家公立医疗机构参加本次试点工作，3月23日正式实行。推动“一控两降”任务落实，按季度或月下发区属医院和社区卫生服务中心医药费用增长情况通报，并对增长速度高于全市平均水平的医院进行约谈。制定《西城区卫生健康委所属公立医院经济管理绩效考评工作方案》，开展年度区属公立医院经济管理绩效考评。结合西城区居民健康的主要问题，制定《西城区重点慢性病综合防治中心建设规划方案》，在第二医院、回民医院、复兴医院和广外医院分别启动西城区区域肿瘤防治中心、区域脑病防治中心、区域心血管疾病防治中心的建设。在广外医院开展公立医院薪酬制度改革试点，制定《北京市西城区公立医院薪酬制度改革试点工作实施方案》及4个配套工作方案。推进“区—街—社区”一体化公共卫生管理体制建设，年内居委会顺利完成换届，辖区259个居委会均保留公共卫生委员会。依据《北京市医师执业注册管理办法（试行）》的规定，拟在同一执业地点多个机构执业的医师，通过医师管理信息系统申请，实行医师电子注册管理，实现“全程网办”。多机构备案

1296人，涉及医疗机构218家。

（马　蕊）

【社区卫生服务】全区规划设置15个社区卫生服务中心、82个社区卫生服务站，截至年底，已建成社区卫生服务中心12家、社区卫生服务站80家，均为政府办社区卫生服务机构。年内，社区卫生服务机构卫生技术人员1862人，其中医生818人（全科医生422人），护士662人。区内诊疗总量为390.91万人次，中医药服务门诊占比达39.10%，出诊服务为2.77万人次。实现上转36347人次，下转8177人次；二、三级医院支援人数1632人，服务天数5188天，接诊8643人。签约426679人，签约率36.19%，重点人群签约率94.85%。建立个人电子健康档案95.62万份，建档率为81.15%；管理高血压患者97639人，规范管理率达76.15%；管理糖尿病患者48300人，规范管理率达77.05%。老年人健康管理136440人，管理率69.26%。65岁以上老年人中医药健康管理达53.33%，0-36个月儿童中医药健康管理达68.75%。培养家庭保健员503人。通过区级全民健康信息平台，区属医院和社区卫生服务机构全部实现互联互通、信息共享和业务协同，可提供预约转诊、远程会诊、远程诊断、远程教学等服务。

（马　蕊）

【社区卫生服务机构标准化建设】年内，社区卫生服务机构正常运行78个。重点推进广外社区卫生服务中心装修项目，启动天桥社区卫生服务中心装修改造项目可行性研究报告编制，同时推进金融街社区卫生服务中心选址研究及租赁手续申报，督导各社区卫生服务机构完成财政部门预算建设项目27个，预算批复资金5389.47万元。

（马　蕊）

【社区卫生改革】年内，贯彻落实“病有所医”的工作要求，提升社区卫生服务能力。提高社区卫生服务机构返聘医务人员补助和合同制医务人员工资标准，加大对西城区家庭医生签约考核奖励力度。各社区卫生服务中心建立“家庭医生签约服务中心”和“家庭医生签约电话回访中心”。开展“四个一”服务，优化整合现有签约服务包，确定基本签约服务包、失能老人签约服务包等11个签约服务包。以“一固定、三协同、五智慧”为抓手，突出社区卫生健康管理服务特色，提升签约居民的获得感。启动并实施“优质服务基层行”活动。社区卫生机构门急诊人次数为388.13万人次，与上年持平，重点人群签约率为94.85%，92.28%的居民对签约服务很满意或比较满意。

（马　蕊）

【社区为老服务】年内，创新失能老人居家照料服务。发挥社区卫生服务在医养结合中的作用，使失能老人足不出户就能享受基本的诊疗与护理，协助服务对象及家庭提高生活质量。由区卫健委牵头制定失能老年人家庭医生团队入户服务包，与辖区31家养老服务机构合作，为入住老年人提供家庭医生签约服务，开展医疗巡诊、健康管理、健康指导等，建立预约就诊绿色通道和双向转诊通道，协助有需要的老年人进行双向转诊。年内，为居家养老失能老人提供服务1518人、5523人次，为辖区内合作的养老服务机构提供服务1435人、47321人次。

（马　蕊）

【健康扶贫和对口支援】年内，依托11家区属医院、疾控中心、15家社区中心，开展卫生健康扶贫和对口支援工作，区健康扶贫和对口支援涉及5省10余地区150余家医疗卫生机构。健康扶贫主要对口青海玉树州囊谦县、河北省阜平县和张北县、内蒙古喀喇沁旗和鄂伦春旗5个地区。协同支援河南邓州；延庆、门头沟、昌平；北京城市副中心；武警六支队、七支队；乌兰察布兴和县；青海玉树州等。选派医疗技术干部赴受帮扶地区进行医疗帮扶，1年期21人，短期92人。20家医疗卫生机构前往受帮扶地区开展义诊、组织讲座55场，培训人员2930人次；专家接诊655人次。27家医疗卫生机构组成5支健康扶贫对口帮扶团队，分别前往5个地区开展健康扶贫对口帮扶，接诊5482人次，专家接诊1566人次；组织各类讲座414场，培训人员12085人次。参与“扶贫有藜”众筹认养藜麦54人，10亩，筹集资金16200元。与北京社区健康促进会建立了对口帮扶阜平县的远程医疗会诊系统，聚焦6000余名贫困患者，10家医疗机构完成远程会诊贫困患者5982人次。

（马 蕊）

【**慢性病管理**】年内，继续探索由家庭医生团队、医联体专科医生、家保员和患者本人共同参与的慢性病自我健康管理新途径与慢性病防治新模式。完成500名家庭保健员的强化培养并考核发证。管理高血压患者97639人，规范管理率达76.15%；管理糖尿病患者48300人，规范管理率达77.05%。

（马 蕊）

【**中医药服务**】年内，落实《中华人民共和国中医药法》，依法开展中医药工作，完成区人大的督导检查。完成北京市中医管理局对西城区“全国基层中医药工作先进单位”的复核验收。鼓励中药饮片使用，将中药饮片使用率纳入绩效考核体系。推进护国寺中医院牵头的“西城区疑难杂症多学科研究中心”工作，突出中医特色的联合研究。二龙路医院推进“北京市中医（中西医结合）肛肠医学中心”建设，承担京津冀区域性肛肠疑难危重疾病诊治。宣武中医医院成立“西城区中医疮疡诊疗中心”，提高了难愈性溃疡临床疗效。丰盛医院打造“中医骨伤、微创骨科”驱动发展模式，提升患者就医满意度。新增7家“西城区健康社区”。推进名中医身边工程，年内共接待患者3356人。

（马 蕊）

【**传染病管理**】年内，法定传染病发病20701例，发病率1755.81/10万。甲乙类传染病发病率是139.19/10万。其中甲类传染病无发病和死亡病例报告；乙类传染病发病1641例，发病率为139.19/10万，报告死亡病例12例，报告前三位病种为痢疾、肺结核和梅毒；丙类传染病发病19060例，发病率为1616.63/10万，无死亡病例。人畜共患疾病中，狂犬病、人禽流感无病例。布病1例；疟疾1例；手足口病639例，发病率为54.20/10万，均无死亡病例。

（马 蕊）

【**性病艾滋病防治**】年内，五种性病报告新发病人数1124例，报告新发艾滋病263例，其中现住址为西城区的性病发病数549例，累计管理艾滋病病人1264例。完成性病就诊者、社区暗娼、社区吸毒人员、孕产妇女、流产妇女的哨点监测工作共计2221人。29个HIV初筛实验室筛查各重点人群807645人，检出HIV抗体阳性392人次。接待自愿咨询检测者2062人次，检出HIV抗体阳性174人次。开展高危人群和流动人口干预31387人次。随访辖区艾滋病病毒感染者和病人1260名，随访检测率97.3%，并为其中99%的患者提供结核病转介筛查服务。

（马 蕊）

【**结核病防治**】年内，新登记肺结核病人234人，其中本市164人，外地70人，医疗机构病人报告率100%，死亡人数1人。

（马 蕊）

【**地方病防治**】年内，利用“碘缺乏病宣传日”进行宣传，全区各医疗机构共悬挂相关横幅、宣传板、电子屏58条，张贴宣传画500份，开展现场咨询40余场，发放各种宣传材料3200余份，现场咨询指导5700余人次，开展知识讲座20场，参与2500余人，对28家重点单位开展宣传，参与人数1000余人。在辖区设有产科的医疗机构，针对孕妇每月进行碘缺乏病健康教育，年内孕妇碘营养知识知晓率为93.70%（1874/2000）。针对8－10岁儿童、育龄妇女、成年男性、妊娠妇女的碘营养状况开展监测。共采集340件食盐样品，经检测总体合格碘盐食用率90.88%（309/340），碘盐覆盖率90.88%（309/340）。年内新增采集学校食堂和西城区所有学生配餐点盐样。合格碘盐食用率为93.75%（15/16）。结合学生合格碘盐食用率，儿童合格碘盐覆盖率为91.44%。儿童尿碘中位数148.5μg/L、孕妇尿碘中位数158μg/L、育龄妇女尿碘中位数110.5μg/L、成年男性尿碘中位数为133.5μg/L，依据WHO推荐的各类人群碘营养水平标准，判断全区8－10岁儿童、孕妇、育龄妇女及成年男性碘营养状况适宜。对儿童进行甲状腺B超的检测，检查结果显示所有受检儿童的甲状腺肿大率为2%（4/216）。

（马 蕊）

【**精神疾病防治**】区内有精神障

碍患者5958人，其中严重精神疾病4884人，报告患病率4.142‰。社区管理患者3663人，住院患者961人。社区坚持治疗患者4228人。免费服药患者3118人。年内，西城区严重精神障碍患者无肇事肇祸情况发生。

（马　蕊）

【学校卫生】年内，区境内共有学校95所（北京市中小学健康信息管理系统），学生132695人，实际体检人数127669人。学生常见病中，视力不良检出83176人，检出率为65.15%；营养不良检出9949人，检出率为7.88%；肥胖检出16373人，检出率为12.96%；贫血检出1332人，检出率为1.86%；恒牙龋齿检出22066人，检出率为19.13%；沙眼检出18人，检出率为0.02%。无食物中毒事件报告。

（马　蕊）

【慢性非传染性疾病防治与管理】继续巩固国家级慢性病综合防控示范区成果，开展全民健康生活方式行动，申请创建示范机构5家，其中，示范餐厅1家、示范食堂2家、示范社区2家，已通过市级验收；培训健康指导员200人；在全民健康生活方式日、高血压日、世界卒中日、联合国糖尿病日开展主题宣传活动，设计制作示范环境展板5种，折页2种2万份、异形折页3种，指导员工作手册300本。在15个街道新增15支400人的毛巾操队，3年间累计成立39支队伍，960人。完成中国老年健康影响因素跟踪调查及新增90例65岁至100岁老年人调查和9例随访。持续组织高血压患者自我管理小组（15个）及糖尿病同伴支持（15个）开展活动；加强机关企事业单位慢性病高危人群管理，在2个企事业单位干预100名慢性病高危人群；在3个机关企事业单位建立健康自我管理小组，组织健康讲座和健步走活动。对高危人群筛查及随访，开展心血管病高危人群早期筛查与干预，高危人群初筛2075人，高危检出551人，长期随访2838人，短期随访470人，脑卒中高危人群随访2995人。城市癌症早诊早治评估问卷3160份，筛查高危1859例，完成高危临床检查1118例，肿瘤患者随访2674例。组织辖区12家机关单位602名职工、40支队伍参加第四届“万步有约”职业人群健步走激励大奖赛，其中68人参加了北京市挑战200天健走活动。

（马　蕊）

【计划免疫】年内，共接种免疫规划疫苗219220人次，非免疫规划疫苗106117人次，免疫规划疫苗报告接种率达99%以上。学龄前本市儿童、外来儿童建卡建证107432人，建卡建证率为100%。继续加强狂犬病免疫预防门诊工作，新增狂犬病免疫预防门诊1家，区内有狂犬疫苗接种门诊3家。继续加强流动儿童免疫规划工作，落实查漏补种，补卡率、补证率均为100%。针对麻疹、水痘等疫情开展应急接种，麻风、麻风腮和水痘3种疫苗，共接种554人次。对辖区集中用工单位，包括建筑工地、大中小批发市场、大型餐饮、宾馆、医疗机构等集体单位外来务工人员接种流脑A+C疫苗2397人份，接种麻疹疫苗2550人份。本市户籍60周岁以上老年人免费接种流感疫苗34969人，接种率88.42%；在校中小学生免费接种流感疫苗54828人，接种率77.94%。报告疑似预防接种异常反应85例，通过组织专家分类诊断，其中一般反应31例、异常反应41例，偶合症11例，心因性反应2例，病例分类和调查诊断率100%。

（马　蕊）

【职业卫生监测与评价】全区接触有毒有害物质作业单位64家，接触职业危害因素职工1626人。其中应体检人数1626人，实际接受体检人数1626人。检出疑似职业病4人，职业禁忌证（职业禁忌证是指劳动者从事特定职业或者接触特定职业病危害因素时，比一般职业人群更易于遭受职业病危害和罹患职业病或者可能导致原有自身疾病病情加重，或者在作业过程中诱发可能导致对他人生命健康构成危险的疾病的个人特殊生理或者病理状态）5人。年内，共报告职业病23例，包括石棉肺、煤工尘肺、矽肺、噪声聋等，其中尘肺病例17例；尘肺死亡病例12例；均按时完成报告登记、调查处理及资料存档等工作，尘肺新病例回访率达100%。对辖区职业病报告单位开展职业病报告工作督导和信息档案核查4次。在全区开展主题为“健康中国　职业健康先行”的职业病防治法宣传周活动，35家医疗机构279人次参与活动。开展主题宣讲63次、咨询活动169次、警示教育66次，受众12901人次。发放宣传横幅、海报、折页等宣传材料9808份。

（马　蕊）

【健康教育与健康促进】 营造健康支持性环境，提升慢性病防控水平。不断巩固完善国家级慢性病综合防控示范区，创建各类健康支持性环境，累计创建示范社区40家、示范单位21家、示范食堂28家、示范餐厅18家、示范超市1家，健康促进医院36家，健康促进企业14家，健康步道19条，健康主题公园3个。探索职业人群健康管理模式，组建4支队伍开展4个维度、为期100天的第四届全国职业人群健步走激励大奖赛活动。持续开展重点慢性病监测和干预，完成癌症早诊早治评估问卷3160份，筛查高危1859例，心血管病高危人群初筛2000人。加强慢性病患者管理，持续推进糖尿病、高血压自我管理适宜技术。推行“三减三健”，倡导健康文明的生活方式。通过健康促进细胞工程创建、科普系列讲师培训等项目促进健康教育工作能力的提升，规范各级戒烟门诊的工作职责和流程。围绕“科学运动”“合理用药”“了解身体”“母乳喂养”“食品标签”5个主题，持续推进健康素养行动。开展“世界无烟日”等主题健康教育宣传，制作发放各类宣传材料21种96660份。举办健康大课堂1821场，直接受众102977人次。利用“西城健康教育”官方微博和社区卫生服务中心微信公众号发布健康知识，1至9月，发布微博1658条，官方微信公众平台推送信息319条，微信、微博影响力位于全市疾控系统前列。4至11月为期8个月开展各类健康促进活动，在医疗机构、学校、社区和企业等不同人群中以《健康素养66条》为核心、持续开展“卫生日宣传活动”“核心教程播放活动”“健康大课堂”“骨关节活力操推广”“健康素养线上学习”“健康素养技能大赛”等宣传推广活动。在健康北京宣传周活动中，举办健康科普系列讲座——健康传播与健康材料制作和“健康北京2030”规划纲要解读培训，辖区内各级医疗卫生机构的健康教育专兼职人员及健康大课堂讲师参加培训。举办2019年北京市居民家庭健康技能大赛，决赛以“营养膳食”“科学运动”“应急救护”“家庭用药”和“信息辨识”为主题，金融街街道家庭代表获得“北京市家庭居民健康技能大赛”二等奖，德胜街道和牛街街道家庭代表获得三等奖，西城区获得最佳组织奖。8至9月，继续深入开展“竞赛比拼我参与，健康提‘素’我先行”——北京市居民健康素养线上竞赛行动，西城区积极组织职工、居民过万人参与行动。增强居民对健康素养知识和技能学习的趣味性和互动性，使参与者从中领悟“每个人是自己健康的第一责任人”的理念，促使居民健康素养水平早日达到45%的目标。

（马　蕊）

【妇女保健】 年内，剖宫产率39.91%，孕产妇死亡率0/10万等。婚前检查人数1550人、疾病检出483人次，婚检率5.17%。

（马　蕊）

【儿童保健】 年内，新生儿死亡10人、死亡率0.80‰，婴儿死亡22人、死亡率1.76‰，5岁以下儿童死亡29人、死亡率2.33‰。新生儿出生缺陷发生率31.52‰，主要出生缺陷病种：先心病、外耳及其他畸形、隐睾、多指趾、肾积水、尿道下裂。0至6岁儿童51263人，系统管理率97.39%，儿童健康管理率为99.06%。

（马　蕊）

【计划生育技术管理】 年内区计划生育手术12436例，手术并发症3例，发生率2.41/万。

（马　蕊）

【卫生监督】 辖区有各类公共场所经营单位1848户，年内监督2853户次，合格2513户次，合格率为88.08%。对305户单位进行行政处罚，共计罚款66.81万元。对公共场所吸烟进行检查并处罚，检查单位4966户次，不合格453户次，责改168户次。处罚单位及个人362次，罚款17.05万元。

（马　蕊）

【医疗卫生监督检查】融合医政管理、医疗监督执法、医疗质量管理三方面行政管理资源，打造“立体化”“整体化”的区域内医疗综合服务和监管体系。对投诉举报数量较多的医疗机构主要负责人进行约谈和告诫谈话10次。组织专家开展医政执法监督疑难案例讨论8次。协调各相关部门，开展打击无证行医、号贩子，联合整治中医养生保健服务乱象，专项整治抗（抑）菌制剂及非法医疗美容等。加强区属医院医疗质量控制与持续改进，组织开展活动23次，市属三级医院专家委员授课41人次，区属医院专家委员参与活动48人次，各岗位专业技术人员参与活动2068人次。依据《北京市医师执业注册管理办法（试行）》的规定，拟在同一执业地点多个机构执业的医师，通过医师管理信息系统申请，实行医师电子注册管理，实现“全程网办”。多机构备案1296人，涉及医疗机构218家。

（马　蕊）

【医疗服务和效率】年内门诊32928806人次，急诊1725665人次，出院722180人次，病床使用率94.66%，平均住院日（不含精神专科医院）7.49天，死亡率（住院病死率）0.59%，住院手术356046人次。医护比79.87%。

（马　蕊）

【医疗质量管理】年内，成立西城区医疗管理质控中心。11个质控专业委员会开展形式多样、内容丰富的质控活动，包括专题培训、经验交流、目标管理、骨干培养、学术沙龙、系列讲座、演讲比赛、实地参观、现场观摩等，提升了区属医院相关专业领域的管理能力和技术水平。

（马　蕊）

【医院感染管理】年内，制定《2019年西城区医疗机构感染预防与控制专项排查督导工作方案》，对辖区各级各类医疗机构感染防控工作进行实地排查督导，对发现的薄弱环节和风险隐患立即督促整改，对于违反有关法律和技术规范并造成严重后果的，依法依规予以处理，强化医疗机构院感防控的风险意识，建立医疗安全管理和风险防范工作长效机制，保障患者安全。及时处理了一起疑似院感暴发事件。

（马　蕊）

【护理工作】年内，在二级以上医院100%病房开展“优质护理服务示范”工作。北京大学第一医院—新街口社区卫生服务中心、宣武医院—牛街社区卫生服务中心、复兴医院—月坛社区卫生服务中心被评为北京市优质护理服务“医院—社区”联动示范单位；人民医院赵礼婷、儿童医院张钰、回民医院赵国棉、德胜社区卫生服务中心赵玉姣被评为北京市优质护理服务先进个人。区卫健委在全区开展纪念“5•12”国际护士节活动中，表彰33名优质护理服务先进个人。

（马　蕊）

【血液管理】年内，西城区团体无偿献血需求7991单位，实际完成9870.8单位，完成123.52%，超额完成献血需求数，全市排名第一。街头献血41828人次，献血量76808.3单位。利用6•14世界献血者日和《献血法》颁布纪念日举办宣传咨询活动。按照《北京市卫生健康委员会关于开展2019年临床安全合理用血督查工作的通知》要求，对辖区17家医疗机构进行医疗用血督导检查，将督查结果以正规文件的方式，发至各医疗用血机构，并要求各医疗机构针对存在问题进行整改，在规定期限内上交整改报告。

（马　蕊）

【医学教育】年内，规范区18个继续医学教育基地和25个区继续护理学教育基地管理。组织区属单位申报国家级继续教育项目8项，市级16项，区级继续教育1072项。规范学分管理，于10月开展对驻区医、药、技人员和驻区三级医院护理人员继续教育学分和传染病学分进行年度继续教育系统审核。经北京市继续医学教育协会抽取考核，15家医院总体合格率100%。11月，举办中医药传承工程第一批出师暨第二批启动会。第一批中医药传承工程26名学术继承人，经过三年的师承学习顺利结业。第二批中医药传承工作从驻区三级医院、区属二三级医院遴选42名中医药专家作为指导老师，从区属医院、社区卫生服务中心遴选49名优秀的青年中医药师作为学术继承人，按照双向选择、专业对口的原则，确定学术继承教学关系。12月，跟师正式开始，46名中医药师（3名对口支援暂停）通过跟师学习、独立临床实践、理论学习，不断提升中医药专业素养。开展中医药文化进校园活动。制订西城区中医药文化示范校建设标准，提升辖区中小学生中医药文化素养。在区内医疗机构中遴选热心科普工作的优秀中医医生，成立由41名中医志愿讲师组成的中医科普志愿讲师团，通过编写完善中医药科普课件，对讲师团成员统一培训，以保证授课质量。在辖区44所中、小学开展中医药科普讲座69场，制作教具发放至各个学校，帮助师生体验中医保健方法。

（马　蕊）

【科研项目申报与管理】6月，启动2020年度青年科技人才（科技新星）培养项目申报工作，全区共申报项目50项。8月6日、8日、13日通过项目评审答辩会，依据专家意见，最终确定拟资助的30个项目，通过此项目的开展持续提升基层科研实力和人才队伍素质的发展。

（马　蕊）

【计生服务】年内，组织3次培训会，为全区药管员讲解国家免费提供避孕药具的需求计划编制方法，避孕药具的种类、特性、使用方法等知识，提高服务群众的专业技能。发放避孕套283800支，避孕药6080盒。

（马　蕊）

【计生关怀】年内，审批发放独生子女伤残、死亡一次性经济帮扶158人158万元；发放独生子女父母年老时一次性奖励655.7万元；办理独生子女父母光荣证863人，发放独生子女父母奖励费64.3万元。行政确认计划生育伤残特别扶助人员2919人，计划生育死亡特别扶助人员2067人，发放计划生育特别扶助家庭特别扶助金3852.54万元。元旦、春节期间，北京市为13户计划生育特殊困难家庭发放市级慰问金1.95万元，区为计划生育特殊家庭成员4600余人，发放慰问金411.74万元。

（马　蕊）

【特别扶助人员服务】年内，区计生协与中国人寿保险股份有限公司北京分公司联合开展意外伤害保险，为特别扶助人员3645人缴纳安康保险费58475元。组织1200余名特别扶助人员观看电影。

（马　蕊）

【老年人健康管理】截至年底，全区户籍人口149.9万，常住人口113.7万。户籍老年人口40.1万，占全区户籍人口总数的26.8%，其中80岁以上老年人73894人，占老年人口的21.2%；90岁以上老年人（不含百岁老年人）10006人，百岁老人235人。中重度失能老年人8266人，计划生育特别扶助对象4986人（伤残特扶对象2919人，死亡特扶对象2067人），精神残疾老年人1816人。年内，加强对脑卒中高危人群筛查、随访及对重点慢性病监测和干预。完成5个癌种高危人群评估问卷3160份，心血管病高危人群初筛1834人。持续推广社区老年防跌倒毛巾操，落实国家基本公共卫生服务免费老年人健康管理项目。各社区卫生服务中心设专人负责老年人健康管理，采取多种形式宣传老年健康管理工作，提高辖区老年人对老年健康管理项目的知晓度。老年人健康管理为10.55万人，管理率为53.5%。组织60岁至64岁低保、无保障老年人等特殊人群体检，年内体检了1066人。设立失能老年人入户服务包，提供预约就诊、预约转诊、优先住院、优先化验检验、健康监测、健康评估指导、健康信息送达、健康服务咨询、慢性病长处方服务及14项免费基本公共卫生服务等。为中、重度失能老人入户服务共5523人次。推进老年友善医院创建工作，组织专家对13家医院进行老年友善医院评比培训。北京市第二医院、护国寺中医医院、建功医院、宣武中医医院、友谊医院、北大医院、广安门中医医院自评达到标准。

（马　蕊）

爱国卫生工作

【概况】西城区爱国卫生运动委员会（简称区爱卫会）是区政府议事协调机构。根据西城区实际和工作需要，对区爱卫会成员单位进行了调整，调整后由43个部门组成。下设办公室，负责全区爱国卫生日常工作的开展。年内，以落实《“健康西城2030”

规划纲要》为指引，发挥爱卫会组织、动员群众的优势，把迎接国家卫生区复审工作和巩固健康促进区成果，作为促进区域社会经济发展和提升人民群众健康素养的重要目标，推动各部门、各街道继续做好健康西城建设工作；持续加强无烟环境建设，开展控烟暗访评估和专项工作督查；做好庆祝新中国成立70周年活动期间的病媒生物保障工作。发动全区各单位和社区居民，开展以清除病媒生物孳生地为主要内容的冬、春季灭鼠、灭蟑和夏季灭蚊蝇活动；组织开展各类健康素养促进行动，选派优秀家庭参加北京市主办的以健康家庭为基础的健康素养技能大赛，开展健康宣传周活动，宣传健康西城建设成果；开展爱国卫生传统工作，坚持开展爱国卫生月和城市清洁日活动，全面巩固国家卫生区建设成果。

地址：西城区枣林前街2号

邮编：100054

电话：83365451

（薛　云）

【国家卫生区复审】年内，全国爱卫会对西城区“国家卫生区”称号进行再次复审，区爱卫会办公室制定下发《北京市西城区2019年迎接国家卫生区复审工作方案》，成立区复审办公室及四个专项组，对各成员单位、各街道进行任务分解，明确各成员单位职责分工。3月27日，市爱卫会办公室组织专家组对区国家卫生区管理工作进行市级复审评估。根据北京市复审反馈，区爱卫会办公室组织各相关部门、各街道办事处、各级医疗机构开展有针对性的整改，建立问题清单，细化任务分解，强化督查。7月30日及8月16日，区爱卫会主任、副区长缪剑虹两次带队赴多个重点地区，对建筑工地施工规范、农贸市场整体环境、生活垃圾处置、社区健康教育、公共场所控烟、医疗垃圾处理等领域进行督导检查。各单位通过不断完善工作机制、开展联合执法，加强精细化管理，有效提升全区环境建设和管理水平，完成国家卫生区复审工作，以810.5分的成绩一次性通过国家卫生城区复审，再次获国家卫生城区称号。

（薛　云）

【居民家庭健康技能大赛】7月，区爱卫会、区疾控中心，组织15个街道举办北京市居民家庭健康技能大赛区级初赛，择优选拔金融街街道、牛街街道和德胜街道的3个优胜家庭参与北京市健康技能大赛复赛。3个家庭在基础知识问答、健康技能展示和体质测试3个环节综合表现出色，全部进入北京市十强。8月18日，3个家庭在北京市家庭居民健康技能大赛决赛中，经过多个环节比拼，金融街街道家庭代表获得北京市家庭居民健康技能大赛二等奖，德胜街道和牛街街道家庭代表获得北京市家庭居民健康技能大赛三等奖，西城区获得“北京市家庭居民健康技能大赛最佳组织奖”。

（薛　云）

【病媒生物防制】为做好迎接国家卫生区复审工作和做好新中国成立70周年庆祝活动保障工作，有效降低病媒生物密度，防范媒介生物性传染病突发与流行，区爱卫会发挥基层街道的作用，广泛宣传、发动群众。采取以环境整治为主、药物消杀为辅，治标与治本、以科学指导与督促检查相结合的方法抓好四害防治工作。结合城乡环境卫生整洁行动，组织开展春、冬两季统一灭鼠和夏季统一灭蚊蝇等季节性爱国卫生运动，对餐饮、宾馆、各类地下管线、农贸市场、公共绿地等重点区域，采取综合性防治措施，大力清除蚊蝇鼠蟑孳生地和栖息场所。向各街道配发除四害药品，鼠药2吨、鼠盒5000个、粘鼠板1万个、蚊蝇药5吨、蟑螂药1万支、警示旗2万个。组织统一的集贸市场病媒生物防制，全区26个集贸市场病媒生物密度得到有效控制，达到国家规定的控制标准。

（薛　云）

【爱国卫生月】4月，西城区组织开展以“共推厕所革命　共促卫生健康”为主题的第31个爱国卫生月活动。结合迎接国家卫生区复审、巩固健康促进区成果，开展爱国卫生宣传、健康素养、环境治理、病媒生物防控、禁烟控烟等多项活动，将第31个爱国卫生月工作落到实处。4月12日，健康素养主题宣传月暨第31个爱国卫生月启动仪式在国家大剧院南广场举行，副区长郁治，北京市卫生健康委、市疾病预防控制中心负责人出席启动仪式。中央、市属、驻区部队126个单位、261个社区居委会、10286人次参与。清除小广告9598条、整治美化大街136条、清运废弃物垃圾78吨、清理卫生死角542处、清理绿地9万余平方米，解决脏乱重点问题56个。

（薛　云）

【健康北京宣传周活动】8月，开展健康北京宣传周系列活动，营造全民参与、共建共享的健康西城建设氛围。针对居民，举办科普讲座，普及健康知识；针对专业人员，举办健康传播与健康材料制作和“健康北京2030”规划纲要解读培训，提升健康教育人员的专业能力。宣传周期间，各社区卫生中心、社区卫生服务站的医务人员，向居民介绍“三减”“三健”的核心信息，讲解科学健身、科学减肥、烟草控制等宣传内容。利用设立宣传咨询台、电子显示屏滚动播放、上门义诊等方式向患者讲解健康生活方式和安全用药等知识。

（薛　云）

【居民健康素养线上竞赛行动】8至9月，区爱卫会办公室深入开展“竞赛比拼我参与健康提‘素’我先行”——北京市居民健康素养线上竞赛行动。利用新媒体手段搭建线上竞赛系统，组织动员居民参与全市性竞赛答题，同时以赛带学，号召全区居民利用常设的“健康小课堂”微网页进行碎片化学习，以增强居民对健康素养知识和技能学习的趣味性和互动性，全区有17652人通过微信小程序报名参加，其中近40%的注册人员参与了为期10天的答题活动。

（薛　云）

【贯彻落实《北京市控制吸烟条例》】年内，全面推进“无烟西城”建设，定期召开控烟工作协调会，部署各阶段控烟重点任务。区爱卫会办公室结合卫生区复审工作，将控烟工作纳入《复审工作方案》和专项工作组的职责中。组成检查组对街道控烟工作进行实地督查。围绕复审工作，联合区文化和旅游局、西城公安分局网安支队对全区网吧控烟工作进行拉网式检查。主管副区长缪剑虹两次带队，对陶然亭地区、天桥地区、新街口地区、展览路等地区的宾馆、网吧、医院等重点场所控烟工作开展现场督导检查。区卫生健康监督所对辖区内单位进行控烟执法检查4347户次，责令整改单位131户。对其中24户单位进行处罚，罚款金额13.6万元，并对检查发现的个人违法吸烟行为处罚161次，罚款8800元。以“世界无烟日”为契机，5月30日，区爱卫会联合多部门开展形式多样的第32个世界无烟日控烟宣传活动，设立多个会场，营造控烟宣传氛围。区爱卫会办公室全年共制作控烟宣传海报2200张，累计发放各类宣传材料1万余册，制作和发放控烟标示2.7万个，制作腰包、扇子、牙线等宣传品2.6万余份。5个单位被授予2018年度首都控烟管理先进集体，14人被授予2018年度首都控烟管理先进个人。

（薛　云）

【开展街道爱国卫生绩效考评】年内，继续在全区范围内开展爱国卫生管理工作专项考评。在上年制定的《爱国卫生管理工作专项实施细则》的基础上，进行修改完善，进一步细化考核内容及考核标准，确定各项爱国卫生工作要达到的标准和要求。按照考核办法，对各街道开展的各项爱国卫生工作进行打分，评定最终成绩，进行综合评价。

（薛　云）

【城市清洁日】年内，组织开展第12个城市清洁日活动，结合国家卫生区复审，创建文明城区，开展“环境卫生整治，迎接国家卫生区复审”“巩固国家卫生城区　营造健康美好家园”等城市清洁主题活动。各街道高度重视，广泛动员社区志愿者、辖区单位，开展环境卫生扫除，对积存的生活垃圾和建筑垃圾进行清理，打造整洁、清新、优美的生活环境。全区参加城市清洁日活动总人数达11.2万人次，整洁美化主要大街1219条、清除小广告9.1万余条、清理卫生死角3854处、清运垃圾废弃物997吨、清整草坪绿地91.1万平方米。

（薛　云）

【创建北京市控烟示范单位】按照市爱卫会要求，组织动员辖区内30家机关事业单位积极参与第二批控烟示范单位创建活动。区爱卫会办公室组织各单位，将创建任务与日常工作相结合，强化控烟效果，动员广大干部职工积极参与，共同享受创建成果。3月14日，邀请北京市专家就控烟示范单位创建标准对创建单位负责人进行培训。3月21至26日，区爱卫会办公室组织督导组对30家创建单位开展中期督导，对自查情况，控烟监督员、控烟管理制度、无烟环境布置、控烟宣传、戒烟服务进行检查，根据发现的问题提出整改建议，督促整改。5月16日，市级专家组对区控烟示范单位创建工作进行验收，西城区30家申创单位全部创建为北京市无烟示范单位。5月30日，区爱卫会召开控烟示范单位创建工作总结会，各控烟示范单位代表50余人参会，会上对控烟示范单位创建工作进行了总结，广内街道办事处、三教寺幼儿园等单位做了经验介绍，各创建单位代表进行了经验交流。

（薛　云）

【开展冬季控烟工作】年内，制定并下发《关于进一步做好冬季控烟工作的通知》，召集区政府办公室等12个委办局、15个街道，召开西城区冬季控烟工作部署会。要求各行业行政部门按照各自职责，加大对本行业的控烟监督管理，对重点场所控烟的执法检查力度。13日，联合区文化和旅游局等7个单位，开展冬季控烟联合执法督导检查，重点对区政府、北京协和医院西单院区、西单国际大厦、渝信川菜和网鱼网咖等单位进行联合执法督导检查，针对问题现场指导纠正，并下达责令改正通知书。广泛动员辖区控烟志愿者、社区监督协管员加强巡查及宣传引导，针对控烟投诉较多或“无烟北京”曝光的单位，安排各监督站与志愿者密切配合，加强巡查，加大震慑作用。

（薛　云）

【建设健康城区】为广泛宣传健康促进区理念，提高公众对健康相关知识的关注度和参与度，充分发挥新媒体的传播作用，编辑官方微信“健康西城”156期、880余条信息，阅读转发量22万余次，成为百姓了解健康动态学习健康知识的重要沟通平台。健康教育官方微博继续保持一定的影响力，年内在北京西城健康教育微博上发布2108条，新增粉丝数1825，粉丝总数8390。深入开展健康科普大课堂、“健康中国行”主题宣传等各类健康文化活动，提高居民健康文化素养。制作发放各类宣传材料29种184860份，举办健康大课堂2433场，直接受众134581人次；4至7月，开展居民健康素养监测和北京市成人烟草监测。

（薛　云）

红十字会工作

【概况】北京市西城区红十字会（简称区红十字会）是中国红十字会的地方组织，是西城区人民政府直接联系从事人道主义工作的社会救助团体，依法取得社会团体法人资格，独立自主地开展工作。按照西城区行政区域划分，下设15个街道红十字会及区直机关、教育、卫生、国资、侨联、志愿者6个系统工作委员会，有基层组织404个，会员93261人，团体会员101个，志愿者2986人。

地址：西城区南菜园街51号

邮编：100054

电话：83975413

（焦　蕊）

【红十字组织建设】年内，持续推进会员登记入会工作，完成33家会员单位的登记挂牌。6月25、26日，召开专兼职工作者、骨干志愿者业务培训，各街道红十字会干部、各红十字工作委员会专兼职干部及各红十字志愿服务队骨干志愿者近100人参加培训。

（焦　蕊）

【募捐救助】年内，开展“两节”送温暖、少儿大病救助、困难救助、定向助困、定向助学、非典后遗症救助、贫困艾滋病患者救助、中国红基会“小天使基金”救助等多项救助活动，总计发放救助款150.89万元，救助846户、2266人次。9月7至9日，参与腾讯公益“99公益日”活动，以区红十字会少儿大病救助为项目，首次开展网络募捐，筹款20万元用于区内大病患儿救助。是年首次申请并取得公益性捐赠税前扣除资格。

（焦　蕊）

【应急救护培训与应急救援体系建设】年内，继续推进应急救护培训进企业、进社区、进学校、进机关、进军营、进人员密集场所，对9万余人次进行应急救护知识普及培训，12978人取得相应培训证书；继续推广在区内公共服务及人员密集场所安装必要的应急救护设施，先后为广安体育馆、月坛体育馆和西城公安分局二龙路办公区、梁家园办公区、机动处置支队办公区安装自动体外除颤仪（简称“AED”）各1台，对工作人员进行应急救护培训；为社区、驻区单位、应急救援队员、部分重点行业，以及各级红十字组织、委办局和学校配备各类应急救护包2500个。

（焦　蕊）

【红十字志愿服务】年内，成立“红十字文化传播志愿者服务队”和“红十字医养助老志愿者服务队”，截至年底，区红十字会共有骨干志愿者415人，设立志愿者服务基地6处。各志愿服务队在不同领域中开展多种形式的志愿服务活动，“希望之光”服务队定期看望慰问牛街敬老院和颐寿轩敬老院老人，进入柳林监狱开展帮教；“路德先锋”服务队为新安中里社区行动不便人士，提供免费接送就医服务；应急救护师资志愿者，向社会公众传授急救知识技能。1月31日，公益书画家联谊会举办2019年少儿大病救助暨第七届公益书画家新春送福活动。3月3日，在北京大观园举办“‘人道追梦爱满京城’首都学雷锋志愿服务——西城区红十字志愿者在行动”活动，红十字志愿者开展应急救护知识普及教学、助残宣传、造血干细胞捐献志愿者招募、义务理发等志愿服务。7月6日，区红十字会机关全体党员，在白纸坊街道新安中里社区设立红十字宣传咨询台，与社区党员一起开展“双提升”党员志愿服务活动，为社区居民发放宣传材料宣传《中华人民共和国红十字会法》，传播造血干细胞捐献相关知识，讲解心肺复苏等应急救护技能。10月20日，区红十字会召开年度红十字志愿者表彰会，授予于志泉、常向明、田坤媛、左江宁、慕晓莉、张京燕6位志愿者“红十字奉献奖”称号。表彰张艳芹、曹国胜、李秀玲、高语嫣等30名志愿者为西城区红十字优秀志愿者，各街道红十字会、各红十字工作委员会专兼职干部、红十字骨干志愿者和各界爱心人士近300人参加活动。

（焦　蕊）

【造血干细胞捐献】区红十字会“牵手希望”志愿服务队，常驻西单联通大厦献血房舱宣传无偿献血与造血干细胞捐献知识，招募干细胞捐献志愿者，进街道、进社区宣传造血干细胞知识，动员招募捐献志愿者。年内，招募造血干细胞捐献志愿者392名，1人成功实现捐献。

（焦　蕊）

【红十字青少年工作】年内，在中小学生中开展“红十字急救知识培训进校园”活动。6至8月，在北京小学、黄城根小学、北京市第八中学、第十四中学、第六十六中学等52所学校，举办32期应急救护知识及技能培训班，约5000人次参与，其中2000余人通过考核取得北京市红十字会救护技能证。

（焦　蕊）

【红十字文化传播与宣传】5月8日，区红十字会与区商务局、西直门管委会、区应急管理局、北京凯德嘉茂西直门房地产经营管理有限公司等20余家单位，联合举办纪念“5·8”世界红十字日公益文化宣传活动，活动中推出了以西城红十字的谐音、“西红柿”为原型的西城区红十字会卡通形象——“博爱西红世”。组织西城区88个单位、67所中小学校2.4万人，参加中国红十字会总会主办的《中华人民共和国红十字会法》暨红十字青少年自救互救知识竞赛，获得单位组织一等奖。利用新媒体、自媒体在微信公众号和网站上开设红十字小讲堂，推出《最美红会人》系列宣传片，并连续6年获中国红十字总会宣传报刊工作特等奖。

（焦　蕊）

【对外交流及对口帮扶】年内，对外援助精准扶贫资金130.85万元。其中根据区人大定向募捐援助的申请，将区人大定向捐款44.85万元拨付给河北阜平县有关部门，用于向该地乡镇卫生院捐赠医疗设备；与内蒙古赤峰市红十字会签订协议，援助22万元用于建设生命安全体验馆，提升市民安全防范意识和自救互救、防灾避险能力；援助怀柔区红十字会20万元，用于建设上台子村“木耳栽培灌溉项目”和南冶村“博爱路”两个红十字博爱村建设援助项目；援助门头沟区红十字会10万元用于红十字村、智能急救站项目；援助喀喇沁旗红十字会及喀喇沁旗档案局34万元，开展精准扶贫工作。

（焦　蕊）

体　育

【概况】北京市西城区体育局（简称区体育局）是西城区政府的职能部门，指导和管理全区的体育工作。下设办公室、群众体育科、体育市场管理科、青少年训练科、科技教育科、国有资产管理科、党群工作办公室。公务员编制31人。下属事业单位西城区少年儿童业余体校、西城区社会体育管理中心、西城广安体育馆、西城区体育训练中心、西城区体育科学研究所、北京月坛综合训练馆、北京月坛体育馆、西城区武术和棋类运动管理中心、北京广安游泳网球馆。年内，区体育局进一步强化党建引领，积极把握新形势，立足区情谋全局，统筹推进体育事业全面发展。坚持把“贯彻习近平总书记重要讲话精神”作为工作的主旋律，加强大局观，将体育融入全区发展各个领域，通过定规章、立规范、讲规矩强化责任担当，制定全年工作任务清单，编制工作手册，开展内审巡查，强化述职考评，促进工作提升。

地址：西城区南礼士路乙9号院2号楼

邮编：100045

电话：68026768

（吴文秀）

【完成信鸽禁飞放飞任务】落实国庆节前“禁空令”，对区内的养鸽户进行广泛的宣传教育和落实全天候的监控禁飞工作；承担国庆放飞和平鸽任务，多次勘察集鸽场地，周密安排部署，完成集鸽7000羽的国庆放飞任务。

（吴文秀）

【组织公园游园活动】完成国庆70周年游园体育表演任务，“十一”期间，组织活动8场，吸引1.4余名市民观看表演。有347名工作人员参与表演并为表演提供保障服务。

（吴文秀）

【完成国庆活动保障工作】为备勤官兵提供场地服务1200人次，抽调40人参加国庆期间社会面防控（过滤线安保工作），选派28人担任国庆群众联欢活动标兵。

（吴文秀）

【完善群众体育工作机制】年内，组织召开西城区群体工作会暨西城区全民健身工作联席会议，细化创建全国全民运动健身模范区和北京市全民健身示范街道工作；将“全国武术之乡”建设，进行年度分解、任务分工、明确责任单位，协调推进全民健身各项目标任务的完成。全面启动西城区创建“全国全民运动健身模范区”工作，进一步完善全民健身工作长效机制。

（吴文秀）

【打造品牌赛事】年内，以“一季一节两品”为重点，举办全民健身体育节，开展篮球联赛、龙舟系列活动及拔河、太极拳等群体活动。配合和支持辖区街道开展广场舞、风筝节、胡同微马等“一街一品”群众系列体育赛事活动，培养积极向上的健康生活方式。加强“京津冀”全民健身合作与交流，举办“京津冀”冰蹴球邀请赛、乒乓球、拔河、定向越野等比赛，参加人数达6500人次。

（吴文秀）

【普及群众冰雪运动】年内，举办区全民健身冰雪季活动和首届北京西城奥林匹克文化主题展览，宣传冰雪知识和冬奥文化，组织20场冰雪项目进社区活动，引导市民上冰上雪，实现25万人直接参与冰雪项目体验和冰雪知识的普及。同时加强冰雪社会体育指导员队伍建设，对冰雪社会体育指导员进行培训。冰雪季中再现北海化妆溜冰大会情景，展示“冰上十三绝”传统冰雪活动，吸引多家媒体对此项活动进行专题报道。举办庆申冬奥成功4周年纪念活动。

（吴文秀）

【继续创建全国“武术之乡”】年内，秉承“武文化+互联网”的发展理念，打造“线上+线下”武术赛事体系，举办北京市武术太极拳锦标赛——网络赛、精英赛，武术太极拳冠军争霸赛，来自全国21个省份的2521人参赛，上传视频2463个。举办太极·北京国际健身交流大会太极拳交流活动，北京健身爱好者与来自五大洲13个国家的400余名代表进行太极拳互动交流。完成全国百城健身气功交流展示暨北京市西城区健身气功站点联赛，共266名选手代表西城区38个健身气功站点进行交流联赛，现场进行5套健身气功功法比赛。举办第三届海峡两岸武术交流汇《武艺天下》书画摄影活动，18位领导、52位台湾嘉宾、37位书画艺术界名人、18位武术界嘉宾应邀参加活动。活动共征集到海峡两岸专业书画家和武术界书画爱好者书画作品198幅。博武国际武术网、全球功夫网两家国际性媒体对活动进行专题报道。其中全球功夫网的报道，点击量达到110多万次。年内，开展红墙下武术人展览、西城区“会员杯”太极拳展示活动，集中展示西城武术文化特色，有近70多个辅导站，300多支队伍参赛，1650名会员参与此次网络赛，上传视频300多个。为打造京津冀协同发展的体育格局，完成京冀武术文化交流汇。

（吴文秀）

【完善全民健身公共服务体系】 年内，新建5公里健身步道，完成5块仿真冰场地建设，建设规模537平方米，月坛体育中心升级改造项目有序推进。所属场馆为驻区单位及辖区群众体育活动提供场地服务，累计服务38.7万人次。继续实施区属公共体育场馆设施免费或低收费向社会开放。培训社会体育指导员706人。利用科学健身大讲堂组织7场活动，推广“毛巾操”等健身方法，指导居民掌握健康生活知识和技能；开展医武结合研究试点推广项目；开展国民体质监测，完成国家体育锻炼标准测试。

（吴文秀）

【加强体教结合】 年内，对区级40所传统校开展全面摸底考评，加强传统项目学校管理，召开全区传统校工作会，表彰先进并举行授牌仪式；加强体校建设，强化比赛、运动员注册工作管理；加强制度建设，重新修订《教练员管理规定》《教练员行为规范》以及《训练课查课制度》，规范教练员行为；加强训练课检查力度。将反兴奋剂工作成为长效机制。

（吴文秀）

【体育业训】 年内，区体育科研所、区体育训练中心、区少年儿童业余体育学校共同完成冬训、夏训以及赛时科研服务保障工作，完成青少年运动员大纲测试、体能测试、运动员选材测试和FMS测试400余人次，为3000余名青少年运动员进行年度注册。

（吴文秀）

【青少年体育比赛】 年内，主办西城区中小学生篮球、冰球、乒乓球、羽毛球、体操蹦床、游泳、跆拳道、柔道、武术、健美操、啦啦操等10个项目12项竞赛活动，参与近5000人次。完成青少年运动员，健将审核5人、一级运动员审核153人、二级运动员审批166人、三级运动员审批16人。

（吴文秀）

【人才质量与佳绩】 由西城区体育局输送的乒乓球运动员马龙获得世界乒乓球锦标赛单打冠军，马龙、王楚钦获得世界乒乓球锦标赛双打冠军；刘雨辰同队友捧回苏迪曼杯，并在世锦赛中获得双打铜牌。李沛雯获得皮划艇项目全国专业组亚军；宋兆祥获得2019年世界跆拳道锦标赛87公斤级第三名。中华人民共和国第二届青年运动会上创佳绩，西城代表团获得15枚金牌、6枚银牌、8枚铜牌。全国、北京市各类锦标赛、U系列比赛中共获得112金、115银、147铜（冬季项目获3金、1银、2铜，男子花样滑冰实现新突破，取得男子甲组短节目第二名的好成绩）。男篮甲组、女篮乙组均获得五对五、三对三双料冠军。

（吴文秀）

【体育经营单位状况】 西城区登记备案的体育经营单位有102家。其中从事游泳项目经营的46家，年内通过年审且登记备案在册的体育类民办非企业25家。其中隶属体育系统的4家、教育系统的11家、街道社区的4家、个体经营的6家。利用地面建筑经营的52家、地下空间经营的56家。

（吴文秀）

【落实安全生产监管措施主体责任】 体育局党政主要领导与体育局党组和领导班子主要成员及体育局各科室、各基层单位党政主要负责人签订《西城区体育局2019年安全生产，党政同责一岗双责工作目标责任书》。体育局领导班子的主管领导与分管部门和各单位主要负责人签订《西城区体育局2019年度消防工作责任书》。体育行业职能主管部门与体育系统各单位、全区各经营单位签订《防火工作和烟花爆竹禁放管控工作责任书》。体育行政主管部门与全区62家体育经营单位签订《西城区体育运动项目经营单位2019年度安全生产工作责任书》。体育行政主管部门与46家游泳场馆签订《西城区游泳场馆2019年度安全生产工作责任书》。

（吴文秀）

【日常安全检查】年内，采取分片负责、横向到边、纵向到底、全覆盖、零容忍、严执法、重实效的方式，加强日常安全生产监管、检查，共检查体育经营单位1376家次，出动检查力量2633人次，查处整改各种安全隐患196处，做出7起罚款的行政处罚。

（吴文秀）

（责任编辑　姜　光）

社会生活

北京西城年鉴2020

1月12日，西城区举办2019年春节双拥慰问演出（于志强 摄）

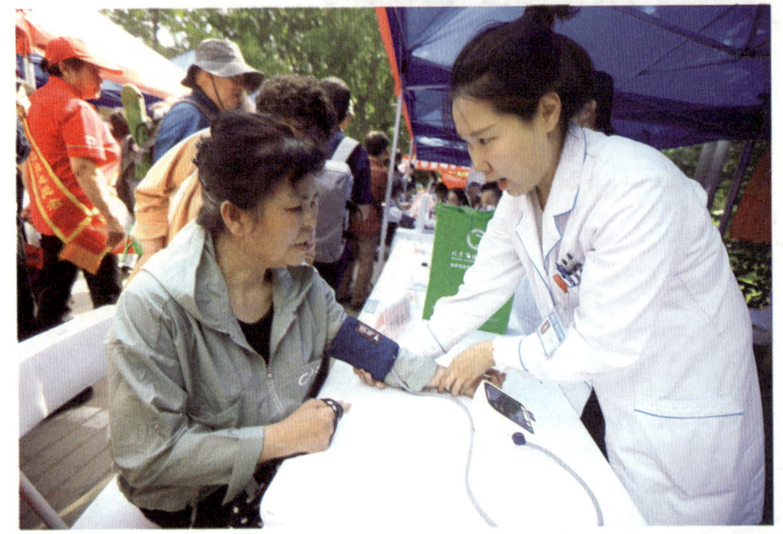

5月14日，牛街法源寺社区举办便民服务大集（姜真 摄）

8月19日，北京市民族宗教委、白纸坊街道工委联合北京市民族联谊会、建功北里社区党委举办民族团结进步创建进社区活动（姜真 摄）

10月13日，西城区举办庆祝新中国成立70周年少数民族特色文化展演（于志强 摄）

10月17日，西城区第五届残疾人社区合唱节落幕（于志强 摄）

年内，西城区为烈军属等家庭颁发光荣牌（于志强 摄）

社会建设和民政工作

【概况】中共北京市西城区委社会工作委员会北京市西城区民政局（简称区委社会工委区民政局）是西城区开展社会建设和民政民生工作的部门，主要职责是贯彻落实党中央、北京市委关于社会建设、民政工作的方针政策、决策部署和区委有关工作要求，在履行职责过程中坚持和加强党对社会建设、民政工作的集中统一领导。区委社会工委区民政局内设综合科、政策法规科（行政审批科）、街道工作科、社区建设科、社区党建工作科、社会组织工作科、社会工作队伍建设科（志愿者和社会动员工作科）、养老工作科、社会福利和慈善工作科、社会救助科、社会事务管理科、计划财务科、机关党委、工会、离退休干部科等15个行政科室，福利生产办公室、救助管理站、婚姻登记服务中心等8个事业单位，在职人员211人。年内，区委社会工委区民政局站在机构改革新的起点上，聚焦主责主业，着眼融合创新，协调推进西城社会建设和民政工作高质量发展。

地址：西城区安德路甲69号

邮编：100120

电话：83418000

（陈　阳）

【机构改革】3月18日，区委编办召开西城区机构改革“三定”工作培训会。下发《关于做好机构人员转隶和“三定”规定制定工作的通知》（西编办发〔2019〕1号）及附件《机构编制框架表》。按照全区统一部署，区民政局与区委社会工作委员会合署办公。职责调整为：除“两新”组织党建工作以外的区委社会工委和区社会办职责划入；将区委社会工委的“两新”组织党建工作职责划转至区委组织部；退役军人优抚安置、军队离退休干部休养管理职责划转至区退役军人事务局；救灾职责划转至区应急管理局；医疗救助职责划转至区医疗保障局；组织实施应急储备物资收储、轮换和日常管理职责划转至区商务局；老龄办工作职责划转至区卫生健康委。成立区委社会工委区民政局机构改革专班，由原区委社会工作委员会成员、原区民政局党组及相关人事、办公室、计财工作人员组成，根据文件精神“坚持‘先立后破、不立不破’、‘转隶和三定同时进行’和‘编随事走、人随编走’的原则”。召开委局第二次机构改革专班会，制定区民政局与区委社会工作委员会合署办公后新“三定”的职责并对内设机构进行重新划分，设15个内设机构。于3月21日报区委编办审批。根据机构改革工作要求，涉及职责划出的部门根据区委编办拟定的《机构编制框架表》，于3月25日完成将划出的职责、编制及实际划转的人员名单，分别以公函的形式提供给区退役军人事务局、区应急管理局、区医疗保障局、区卫生健康委四家相关转隶单位，同时区委编办备案。3月28日，举行区委社会工委、区民政局合署办公的挂牌仪式。5月13日，召开行政科室副科级以上人员会议，对机构改革相关事项动员部署。端午节前区委社会工委搬迁至安德路甲69号。5月22日召开第七次工委会议，对科级及以下干部进行定岗及任职，对全部公务员进行重新任职备案，转隶后所有公务员相关任职管理及工资转移手续如期完成。9月5日区委社会工委区民政局按照机构改革职能调整，事业单位撤并或整建制划转的情况，完成事业单位“三定”工作。

（陈　阳）

【社会救助综合改革试点】年内，确定社会救助综合改革“放、减、扩、精”四项改革任务，给街道赋权低保、低收入、特困供养、临时救助、教育救助、冬季取暖救助等6项审批权，减少审批环节。推行“一本一书”申请社会救助模式（申请人提交户口本或身份证，并签署家庭经济状况核查授权委托书即可申请救助），减少材料，简化流程，实现“群众少跑路，数据多跑路”。制定支出型贫困家庭生活救助制度，将老年人、残疾人、儿童等特殊群体纳入救助对象，扩大受助面，兜好社会救助的底线。率先在全市实现街道困难群众救助服务所全覆盖，发挥专业社工、社区专干、志愿者作用，提供及时高效的助老、助残、助教等精准帮扶服务，打通民生保障最后一公里。

（陈　阳）

【社会救助专项治理】按照市民政局要求，开展社会救助领域专项治理，通过街道自查和区级实地核验，建立申请材料多、审批层级繁杂、档案管理薄弱、队伍不稳定、政策知晓率不够等5类问题台账，按照“立行立改”的要求，形成11项整改措施，逐项开展整治。12月，参加民政部组织的社会救助优秀案例评比，获民政部十佳优秀案例。

（陈　阳）

【精准救助】做好低保低收入生活保障、特困供养救助、临时救助、教育救助、冬季取暖救助、特殊群体救助审批和备案监管，按照市局统一要求，完成低保标准调整工作和供养服务对象物价补贴发放。依托街道困难群众救助所，对376户特殊困难家庭开展个性化帮扶。走访各类困难对象7.1万人（户），发放资金3727.6万元。全年累计发放低保金1.8亿元，发放各类救助金1246万元。

（陈　阳）

【慈善救助保障】在助医、助困、助老、助学等十大慈善救助项目基础上，重点开展慈善医疗救助，拓宽救助范围，发挥慈善资金最大的社会效用。及时关注新出现的社会问题、民生问题、突发问题，给予救助帮扶。全年发放慈善救助金927.52万元，救助困难群众5800人次。

（陈　阳）

【养老服务供给】以全国居家和社区养老服务改革试点为抓手，创新居家养老服务发展新路径。推进家庭养老床位建设，在月坛、椿树、什刹海三个街道8个点位开展试点，签约家庭养老床位181张。推进失智老年人照护服务体系建设，制定建设方案，完成前期的宣教工作。推进养老服务“最后一公里”建设，建立覆盖全区的养老顾问队伍，654名养老顾问上岗开展身边的养老服务。深化失能老年人居家照护服务，加大中重度失能老年人居家生活护理培训。推进养老巡视探访服务，加大巡视探访员配备力度，养老巡视工作实现全覆盖。推进养老服务质量标准化建设，建立临终关怀、送餐和巡视探访服务标准。加强对养老服务机构的扶持和监管，培育和规范养老服务市场。

（陈　阳）

【困境儿童服务保障】实施困境儿童分类保障，为54名困境儿童发放生活费83.12万元，完善困境儿童档案管理，实现申报信息完整、审批材料齐全、手续完备。做好生活无着儿童服务保障，通过跨区共建方式，委托顺义福利院管理51名生活无着儿童，在医疗、教育、康复服务等方面做好服务保障。开展孤儿巡视探访，委托专业机构对60名散居孤儿、低保家庭重病重残困境儿童入户巡视，建立巡视档案。加强成年孤儿安置和日常管理，协助街道落实成年孤儿就业服务、技能培训、保险金交纳、住房保障等工作，全年安置成年孤儿6名。严格落实儿童收养政策，解除收养4例。开展儿童福利工作大排查，对民办机构私自收养、困境儿童政策保障、机构安全、公民私自收养四个方面重点排查，严控违规收养孤弃儿童风险。

（陈　阳）

【残疾人服务保障】完善残疾人“两项补贴”政策，做好残疾人“两项补贴”的审批、复审、规范管理等各项工作，指导各街道做好政策解读、业务培训和严重精神障碍患者监护人申领看护管理补贴工作。全年发放困难残疾人生活补贴和护理补贴4189万元，惠及17.9万人次。加大225名残疾人、困境服务对象的帮扶，做好入住福利机构经费保障和服务保障，发放补助548.9万元。推进精神残疾人福利基础设施100张床位建设。

（陈　阳）

【街道工作改革】制定深化街道工作38项重点任务和17项改革任务，按领域分小组统筹推进重点任务，开展改革任务督查。及时总结“吹哨报到”解决问题模式，初步形成“三分、四定、九流程”工作模型，解决问题9200余次，1.3万余件。落实街道赋权，以赋予街道重大决策和重大建设项目建议权为突破，细化规范，确保为街道赋权不流于形式。推动完善大部制运行工作流程和街道党工委工作规则、议事规则，加快运行机制磨合和外部机制衔接。优化街道考评体系和实施细则，聚焦街道主责主业调整考核指标，将居民满意度权重提升到50%，使考核方式更简洁、考核结果更精准。推进街道政务公开，开展向居民群众通报工作，全年街道社区向居民群众通报2.1万次。指导街道开展社区工作点评会，运用点评方式督导社区工作。

（陈　阳）

【基层党组织建设】建立区街社三级党建协调委员会275个，利用组织优势，打破行政、区域和服务界线，做实“三项清单”“四个双向”工作机制，通过共商共治解决治理难题。全区梳理资源清单761项、需求清单554项，形成项目清单233项，已完成207项，实现500多个驻区单位活动场地、就餐、停车等服务资源向群众开放。加强社区党组织班子队伍建设，建立“资格联审”长效机制，着眼健全社区党组织书记“选、育、管、用”工作机制，在优秀社区书记工作室基础上，成立“社区名书记联盟”，培育社区党建带头人和后备人才。

（陈　阳）

【基层治理创新】年内完成第十届社区居委会换届选举，产生新一届社区居委会成员1915人，社区书记主任“一肩挑”占比89.96%。开展新一届社区带头人培训，提升社区建设班子的能力。持续深化社区减负，社区督查检查考核事项从104项减至21项，社区表格填报由95项压缩至5项。促进社区分层协商常态化长效化，探索在不同类型的民生服务项目中嵌入“参与型”社区协商方法，制定西城区“参与型”社区分层协商指导手册，提升社区协商议事的能力。推进社区服务站转型，探索形成天桥街道东经路“多居一站”模式和广内街道老墙根“四务合一”服务模式。加强全科社工队伍建设，通过制度建设，培训以及“西城萤火计划”，锻造一批专业能力强、职业素质高、符合时代发展的社会工作者。

（陈　阳）

【社会组织建设和管理】加强社会组织监管和培育，以公益创投项目为抓手促进各类社会组织发挥作用，投入资金571万元，扶持39个项目立项。西城区注册登记社会组织585家（社会团体138家、民办非企业单位447家），在街道备案社区社会组织2556支。年内，审批行政许可事项95件，完成450家社会组织年度检查，处罚24家违规社会组织，对25家社会组织实施规范化建设评估。依托“两系统、三平台”加强社会组织信用信息管理，社会组织登记、年检、备案、处罚等各类信息采集和录入率达到100%。

（陈　阳）

【社会治理方式创新】加快推进大数据建设，规范各街道大数据分中心的建设，动态调整大数据网格，划分1272个数据网格，形成GIS电子地图。按照“一格五员”的要求优化网格力量配置，实行服务实名制。“社区通”网上服务平台实现全覆盖，20万居民实名注册，6.5万名党员亮身份，形成良好的社民互动机制。集成各类信息化平台，打造形成“西城家园”基层社会治理平台，社会治理大数据体系初步形成。

（陈　阳）

【婚姻登记服务】依法完成婚姻登记，全年办理登记服务2.5万件。不断提升婚姻登记服务品质，开展高峰日主题活动、婚姻档案查询、婚姻家庭辅导、免费颁证以及法律咨询服务，服务群体的获得感不断增强。开展“婚姻大讲堂”，促进和谐婚姻家庭建设。推进窗口标准化建设，促进业务办理、文明服务和安全巡查标准化。

（陈　阳）

【殡葬服务管理】开展清明主题宣传月活动，发放材料1.36万份，绿色殡葬理念进一步深入人心。推进殡葬领域联合执法，净化殡葬服务市场。狠抓源头治理，加强对医疗机构太平间的管理，规范遗体外运要求和流程。及时做好无丧葬补助居民丧葬补贴审批以及非京籍遗体外运行政许可，24小时受理方式获得群众认可。

（陈　阳）

【行政区划管理】完成《北京市行政区划地图集（2019版）》西城区部分的校对。开展行政区域界线联合巡查，明确城管执法监察、市场监管、基层政权建设、社会治安综合治理等方面的服务管理界限。定期对跨界区域进行排查，维护边界地区和谐稳定。

（陈　阳）

【见义勇为权益保护】完成见义勇为基础资料梳理，形成工作台账。落实见义勇为宣传工作，通过主题活动、公益板报、座谈交流等形式，广泛宣传见义勇为精神，营造浓厚的学习氛围。

（陈　阳）

【慈善工作】开展中华慈善日主题宣传活动，集中捐赠和项目启动的方式，让慈善理念进一步走进驻区单位和居民群众。组织慈善工作培训，强化街道及社区慈善工作队伍建设。

（陈　阳）

【流浪乞讨人员救助管理】加大重大节日、会议、活动期间街面巡视服务力度，开展夏季送清凉、冬季送温暖救助服务，流浪乞讨人员得到及时帮扶，保障社会面的安全稳定。

（陈　阳）

【福彩监督管理】建立西城区的福彩销售站分级管理机制，以福彩销售站巡检督导系统为抓手，实现巡视检查服务便捷高效，打通准入和准出机制双联动，促进福彩销售市场良性循环。推进服务站点规范化建设，完成40家销售站的形象提档升级。制定多种营销方案，销售彩票2.65亿元，提前完成福彩销售任务。

（陈　阳）

人力资源和社会保障

【概况】北京市西城区人力资源和社会保障局（简称区人力社保局）是负责本区人力资源和社会保障的区政府工作部门。主要职责：贯彻国家关于人力资源和社会保障的法律、法规、规章、政策和北京市的相关规定，制定本区人力资源和社会保障事业发展和人力资源市场规划，并组织实施和监督检查；依法管理人力资源市场，促进人力资源合理流动、有效配置；负责本区促进就业工作，完善公共就业服务体系，落实就业创业及就业援助制度，实行职业资格证书制度相关政策，实施面向劳动者的职业培训制度，贯彻高校毕业生就业政策以及技能人才的培养和激励政策；负责管理辖区养老、失业、工伤保险工作，贯彻社会保险规定，指导本区依法开展社会保险具体工作，负责对社会保险基金的收支、管理情况进行监督检查；负责本区机关事业单位人员工资、福利和分配制度改革工作，津贴和补贴政策，落实机关企事业单位工作人员工资增长和支付保障机制，离退休政策；会同有关部门指导本区事业单位人事制度改革，管理本区专业技术职称工作，落实继续教育政策，落实本区事业单位人员和机关工勤人员管理政策，落实博士后管理制度，负责积分落户工作、高层次人才选拔、培养和管理服务，引进国外智力工作；承担以区委、区政府名义及各系统表彰、奖励的管理工作，负责中央和北京市级表彰、奖励或授予荣誉称号的区级人选推荐管理工作，承办区政府授权管理的人事任免，完善劳动关系协调机制，落实企业工资政策，指导本区劳动人事争议调解仲裁工作，组织实施劳动保障监察，依法纠正和查处劳动保障法律、法规的违法行为，落实各项童工、未成年工和女职工劳动保护政策；按照“管行业必须管安全、管业务必须管安全、管生产经营必须管安全”的要求，承担相关安全生产工作职责；完成区委、区政府交办的其他任务。年内，分别向区委组织部、区医疗保障局、区退役军人事务局划转职责和编制，转隶机构和人员。共划转工作职责29项，转隶参照公务员法管理事业单位1个，划出人员编制110名，转隶工作人员100人。对机关内设机构进行重新设置，撤销行政科室3个、整合更名行政科室3个。全局下设20个内设机构、12个事业单位，在职职工550余人，主要分布在西直门南小街20号、德外塔院胡同8号等6个办公地点。年内，区人力社保系统以习近平新时代中国特色社会主义思想为指导，以人民为中心的发展思想，围绕区域发展大局，以“民生为本、人才优先”为主线，抓重点、补短板、强弱项、促改革、防风险、稳预期，统筹推进全区人力资源和社会保障各项工作，完成全年目标任务，为区域经济发展、社会稳定和民生改善做出贡献。

地址：西城区西直门南小街20号
邮编：100035
电话：66206008

（齐盛超　张梅）

【就业重点工作指标完成情况】年内，城镇登记失业人员实现就业13892人，完成任务指标的132%，就业率为65.51%；累计帮助10950名就业困难人员实现就业，完成任务指标的156%，就业率为69.62%。城镇登记失业率为0.86%；累计认定“零就业家庭”30户，辖区“零就业家庭”保持动态脱零。

（闫娟娟）

【充分就业区创建】年内，以创建充分就业区为目标，不断创新服务方式、加大工作力度。打造公共就业服务品牌，全面推广广外“王君就业工作室”的“五诊工作法”，对就业困难人员实施“一卡、一协议”“两推荐、两指导、两跟踪”精细化服务。15个街道被认定为西城区充分就业街道，249个社区被认定为西城区充分就业社区。经北京市就业工作领导小组考核认定，广外街道、月坛街道被认定为北京市充分就业街道，天桥街道永安路社区、牛街街道西里二区社区被认定为北京市充分就业社区，西城区被认定为“2019年度北京市充分就业区”，连续6年创建充分就业区。

（闫娟娟）

【失业人员服务管理】年内，指导各街道及时、准确填报失业人员信息，实时掌握失业人员的动态状况。落实就业失业登记业务网上办理，为失业人员提供便捷线上服务。在元旦、春节前开展困难失业人员“送温暖”慰问活动，共慰问困难失业人员1934人，发放补助金96.7万元。

（闫娟娟）

【安置本市农村地区劳动力就业】在城市公共服务类岗位安置本市生态涵养、临空、副中心建设区域的农村地区劳动力就业是北京市2019年重要民生实事，西城区承担300人的安置任务。区人力社保局对用工需求进行调查，确定区城管委、公安分局、区教委、区政府机关服务中心及各街道安置任务指标。年内，共安置本市农村地区劳动力383人，完成任务指标的128%。

（闫娟娟）

【社区就业工作】年内，批复申请灵活就业社会保险人员10667人，正在享受灵活就业社会保险政策人员达到29284人，拨付社会保险补贴资金3.13亿元。帮扶40人自谋职业（自主创业），拨付社会保险补贴和创业奖励资金64.10万元。为442名就业困难人员进行安置人员认定，并安置进入社会公益性就业组织工作。年内，社会公益性就业组织在岗人员1113人，拨付市、区两级岗位补贴7644.38万元。通过社区就业岗位安置城乡就业困难人员11827人，完成指标的175.16%。

（吴述伟）

【社区就业“互助小组”工作模式】年内，推出社区就业工作“互助小组”工作模式。将西城区15家市民服务中心按日常工作划分为4个小组，每季度4个小组各开展一次工作交流互助活动，通过互帮互助，取长补短，及时发现工作中的共性问题，解决工作中的痛点、堵点、漏点、风险点等问题，为优化营商环境助力。

（吴述伟）

【国企退休人员社会化管理】区人力社保局强化领导小组工作机制、召开工作推进会、加强对街道工作的指导等多举措，稳步推进国有企业退休人员社会化管理工作。累计核准221家市属国有企业35135名退休人员社会化管理申请，接收户籍地是西城的退休人员9753名。

（赵　嘉）

【公共就业服务】年内，对全区就业困难人员进行全面摸查，提供一对一职业指导服务，摸查率达到100%。开展“春风行动”“就业援助月”“民营企业招聘月”“高校毕业生就业服务月”及“金秋招聘月”等活动。建立企业用人需求档案2355户和企业招聘需求档案1084户，采集空岗信息62380个。举办各类招聘会41场，提供岗位近1.4万个，达成就业意向632人。

（黄　敏）

【职业能力建设】结合“疏解整治促提升”专项行动和城市精细化治理需求，开发街巷物业培训项目。在广内街道启动街巷物业管理员培训工程，以环卫、绿化、垃圾分类、停车、安全等日常维护和管理为切入点，实现68条背街小巷11条主要大街物业管理服务的标准化。首期80余名工作人员参训，20名“4050”人员在该岗位就业，被学习强国、北京日报等媒体专题报道。强化对民办职业技能培训机构安全生产监管，会同职业能力建设指导中心、劳动保障监察队、驻局安全员对培训机构开展3轮综合执法检查，对检查过程中发现的问题要求培训机构立行立改。按照整治预付式消费问题工作要求，制订《民办职业技能培训机构预付式消费专项整治工作方案》，明确工作职责，妥善处置8起退费纠纷，涉及金额2万余元。全年培训失业人员和外来务工人员4395人，培训本市农村转移劳动力665人，拨付培训补贴资金683万余元。

（贾子辰）

【职业技能提升行动】印发《西城区落实北京市职业技能提升行动计划（2019—2021年）的实施意见》。成立由局主管领导任组长、职业能力建设科、社保中心基金科、职业能力建设指导中心、职业技能鉴定管理中心负责人组成的工作专班，明确责任分工，加强督导检查，确保资金安全。举办区属企业政策培训会和职业技能提升行动宣传周，通过局微信公众、企业微信群等渠道，推送市局配套政策，覆盖各类企业500余家。截至12月31日，11家企业申报企业新型学徒制，涉及职工3910人（其中市属国有企业7家，涉及职工3794人；民营企业4家，涉及职工116人）。19家企业申报新入职职工岗前培训补贴，涉及职工3697人（其中央属企业1家，涉及职工33人；市属企业3家，涉及职工567人；区属企业3家，涉及职工72人；非公企业12家，涉及职工3025人）。

（贾子辰）

【高技能人才培养】推荐北京印钞厂刘惠春所在技师工作室评为国家级技能大师工作室。推荐北京按摩医院王海龙申报的《脏腑推拿诊疗模式研究》获西城区青年人才资助。在聚德华天控股有限公司下属玉华台饭店成立全区首家区级技能大师工作室，通过开展新型学徒制、以工代训等方式为企业培育技能人才。组织4家区属国有企业、200余名职工开展技能比拼，其中24名职工晋级商业服务业北京市和全国决赛，7名职工获得市级金奖，5名职工获得全国金奖。指导华方投资公司与中磊职业技能培训学校开展校企合作，整合优势资源，成立本市开展职业技能提升行动后首家校企合作、产教融合的实训基地。

（贾子辰）

【对口帮扶工作】主动对接帮扶地区，结合实际需求和产业特点，拟定“一地一策”技能扶贫培训项目计划，向帮扶地区拨付培训项目资金197.6万元。在帮扶地区建立12个致富带头人实训基地，吸纳198名贫困劳动力就地就近就业。通过“请进来”的方式邀请109名致富带头人来京接受创业培训，94人成功创业并带动500名贫困人员实现脱贫。通过“走出去”的方式为帮扶地区260名致富带头人提供“送教上门”创业培训，172人成功创业并带动284名贫困人员实现脱贫。针对京蒙帮扶地区培训机构力量不足的问题，邀请17名职业院校教师来京接受能力提升培训，将用工需求与技能培训紧密结合，实施订单式、定岗式、定向式培训，实现就业脱贫。开展司炉工、民族手工艺、护林员、保洁员等针对性技能培训，培训建档立卡贫困人员5715人，4646人实现就业。

（贾子辰）

【社会保险】年内，全区养老、失业、工伤三项社会保险费累计收缴310.56亿元，同比增长0.80%，三项社会保险基金累计支出258.03亿元，同比增加9.62%，各项社会保险待遇按时足额支付。

（杜文芳）

【社会保障管理服务】年内，完成18522名参保人的基本养老保险待遇核准。完成618家参保单位企业年金备案，覆盖职工约10万人。加强工伤调查取证工作，全年办结工伤认定1779件。共组织1605人参加劳动能力鉴定，鉴定结论连续7年保持零改变，压缩工作时限近55%，承诺30个工作日内办结，首次开展“互联网+鉴定”，加强医疗鉴定专家队伍建设，完成绝大部分历史档案电子化加工。做好社会保险基金支付工作，为1.25万人次支付工伤保险待遇，为1718名外埠城镇职工和农民合同制工人发放失业保险待遇，享受养老保险待遇人员45.04万人。调整基本养老金，人均养老金为4462元，同比增幅5.61%。

（官瑾　郝晓影　杜文芳　马振玺）

【社保经办服务提升】年内，优化办理流程，精简申报材料，取消办理环节和收取材料16项，累计取消50项，方便服务对象办理企业开户、异地就医备案、在职转退休、保险补缴、待遇申领、社保卡补换等业务。升级预约排号系统，依托微信公众号集成现场排号和预约取号功能，实现无纸取号、微信推送等待进度和微信评价等功能。设计和开发社保缴费测算小程序，可准确计算出单位和个人社会保险的缴费数额，拓展信息化在社保便捷服务中的应用。通过共享市场监督部门数据，企业及职工参保登记“全程网上办”，经办机构不再收取纸质材料。扩展网上服务事项种类，实现退休预审、机关事业单位人员死亡减少等业务网上办理，减少单位到达现场的次数。开通转移接续业务办结短信告知平台，每周定时反馈办结信息，方便申请人及时了解。强化接诉即办，指定专人负责回复工作，制定回复工作规范，对回复过程各环节做出规定。

（杜文芳）

【社会保险基金监督管理】年内，强化社会保险基金监督联动机制和智能化监测，防范基金安全风险。按照人力社保部的统一部署开展社会保险基金和财政就业补助资金管理风险专项检查，强化基金管理风险防控。开展社会保险基金管理风险警示教育，提升基金管理风险意识、法纪意识和责任意识。加强经办业务的事中监督，围绕社会保险基金收支有关业务，对业务和经办人员进行“双随机”检查28次，推动相关部门制度和流程的规范。处理北京市社会保险基金监督系统预警疑似数据2700条。配合国家审计署和北京市审计局做好各项审计工作。内控监督检查社保业务23.24万笔。社保支付业务全面推行复核制度，社保稽核受理投诉举报案件801件，全年追缴欠费1.03亿元。

（杨萍　杜文芳）

【行政许可】年内，共审批实行特殊工时的企业301家，涉及职工237300人；共受理37家企业的劳务派遣经营许可、延续、变更、转移事项，涉及劳务派遣职工6万余人；办理民办职业技能培训学校行政许可事项19项、备案1项。

（寇芸生）

【劳动关系协调】年内，坚持“三个三”模式打造协调劳动关系基层治理的西城经验，被北京市协调劳动关系三方委员会列为北京市十大和谐劳动关系典型案例之一。推出和谐劳动关系单位星级评审评价机制，探索为企业开展1星至5星区间内的星级评审，改一次创建为多次创建、逐级递增。全区劳动合同履行情况监控范围内企业达到3577家，涉及职工129207人。监控范围内企业劳动合同签订率达到100%。劳动合同续订率达到98.71%。全年新增集体合同备案用工单位477家，涉及职工2.6万余人。

（寇芸生）

【劳动保障监察】年内，以全面落实“无工资拖欠”、维护劳动者合法权益、构建和谐劳动关系为主线，以日常巡查为基础，专项检查为重点，书面审查为补充，强化源头预防、矛盾化解，做大做强案前行政调解，加强事中事后监管，加大劳动监察执法力度，依法规范劳动用工行为，有序推进劳动保障监察由“被动监察、事后调处、突击应对”向“主动检查、事前预防、常态监管”转变。聚焦重点领域，以建筑施工、餐饮服务、物业管理、保安等劳动用工密集型企业为重点，相继组织开展2019年“两节”农民工工资支付、人力资源市场秩序清理整顿、政府投资工程项目联合执法等专项执法行动，并加大对区属民办职业技能培训机构和劳务派遣单位的执法检查力度。畅通维权绿色渠道，全年受理投诉举报案件232件，为674名劳动者解决工资待遇708.5万元。强化源头预防，加大劳动监察日常巡查检查力度，共检查用人单位6438户，涉及劳动者17.76万人。行政调解解决劳动纠纷88起，为78人解决工资待遇90.89万元。发挥部门联动机制优势，与公安、住建、属地街道联动配合，形成工作合力，及时妥善处理矛盾、化解纠纷，共妥善处置各类群体性突发事件60起，为596名农民工解决工资609.64万元。

（张睿嘉）

【劳动人事争议仲裁】年内，出台《西城区街道劳动人事争议调解中心工作制度》，加强调解组织规范化建设；加大培训和指导力度；强化调解引导宣传工作，积极促成双方达成和解，完成辖区50%简单争议引入调解组织调解目标。成立简易速裁庭，完善机构设置；选拔5名优秀工作人员加入仲裁员队伍，充实办案力量；探索专案组包案机制处理关联性案件，提升案件处理质量；建立多部门协调机制，快速妥善处置集体争议；定期举办“仲裁开放日”活动和普法宣讲活动，加大法制宣传力度。年内，共受理各类劳动人事争议案件6083件，结案率达93.54%，以调解方式结案2257件，案外调解4684件，仲裁阶段调解率达62.96%，终局裁决率达44.19%。

（王学聪）

【人社系统窗口单位练兵比武活动】年内，自行开发业务知识题库五类共计950题；组织业务知识、业务技能学习培训48场，受训人员5600人次；组织业务知识考核和竞赛活动18场，选拔业务能手36人；社保中心工作人员范昕宇入选北京代表队，北京代表队从32支代表队中脱颖而出，获得全国总决赛三等奖，创北京市12年来历史最好成绩。范昕宇获得全国总决赛“最佳风采奖”。

（李发壮）

【优质服务窗口创建活动】年内，优化营商环境、加强行风建设和人社系统“岗位大练兵，业务大比武”活动，劳动监察大队、社保基金管理中心和广外街道、什刹海街道社保所被评为北京市“优质服务窗口”，劳动人事争议仲裁院被人社部评选为全国人社系统2017—2019年度优质服务窗口；社保基金管理中心高宏宇、大栅栏街道社保所马秀娟被评为北京市人社系统第二届“最美人力社保人”。

（李发壮）

【热线12345接诉即办工作】年内，区人力社保局市民服务热线12345接诉即办工作全年共承办诉求2722件，占全区诉求量的2.66%。全年平均解决率为54.01%，平均满意率为84.94%。

（方向伟）

【人才服务】年内，根据北京市人才引进工作的要求，制定人才引进计划，全年共引进高层次人才57人（其中金融机构28人，科技企业29人）。办理北京市工作居住证业务5896人次，引进非北京生源应届毕业生241人。全区共502人获得积分落户资格。

（李曜　周婕）

【工资福利和退休】年内，完成机关单位科级及以下晋升级别445人，人均月增资额48.3元；级别工资档次晋升438人，人均月增资额82.6元；事业单位共有28家单位晋升薪级。

（聂　蕾）

【事业单位公开招聘】年内，面向应届毕业生、社会人员、退役大学生士兵、社区工作者等群体开展事业单位招聘6场，招聘工作人员1091人。

（赵三春）

【事业单位管理】年内，开展事业单位岗位设置管理工作，做好岗位设置方案核准，完成对区教委、区卫健委等系统所属事业单位变更后的岗位设置方案的审核，对各单位岗位聘任结果进行备案。深化中小学教师职称改革，8人获得正高级教师职称，355人获得高级教师职称，344人获得一级教师职称，直接认定初级教师职称750人。开展中关村领军人才正高级工程师职称评审直通车区域推荐工作，7人获得正高级工程师职称。

（段　颖）

【纳入规范管理事业单位改革过渡】年内，在全区纳入规范管理事业单位中进行改革过渡工作。在推进改革的过程中，保持现有人员与机关同类人员待遇水平相当，逐步对接事业单位管理制度。经批准已纳入规范管理事业单位人员，除工资福利以外，原则上按照《事业单位人员管理条例》及其相关规定执行。在纳入规范管理事业单位中试行岗位等级晋升制度、签订聘用合同，年度考核结果改为按“优秀、合格、基本合格、不合格”确定。

（赵三春）

【评比达标表彰活动管理】年内，下发《北京市西城区评比达标表彰活动管理实施细则（试行）》，成立西城区评比达标表彰工作协调小组，推进西城区区级评标达标表彰工作的开展。区协调小组由主管副区长任组长，成员单位包括区委办公室、区政府办公室、区委宣传部、区民政局、区财政局、区人力社保局、区生态环境局、区应急局、区市场监管局、区审计局、区政府外办、区税务局。区协调小组办公室设在区人力社保局，负责日常工作。

（赵三春）

【“西城人社”微信预约功能上线】 10月21日，“西城人社”公众号微信预约功能上线运行，取代原有纸质凭条叫号排队，养老保险、工伤保险、劳动能力鉴定、社会保险经办等业务均可通过微信公众号进行预约。未预约用户可通过公众号进行无纸化现场取号。截至12月31日，共注册21704位用户，完成各类业务预约、现场取号47511笔，月均预约23500余号。

（谢伟　王紫烨）

医疗保障

【医保局概况】 3月22日，北京市西城区医疗保障局（简称区医保局）正式挂牌成立；3月25日，根据中共北京市西城区委办公室、北京市西城区人民政府办公室正式印发的《北京市西城区医疗保障局职能配置、内设机构和人员编制规定》，区医保局整合区人力社保局的城镇职工和城乡居民基本医疗保险、生育保险职责，区发展改革委的药品和医疗服务价格管理职责，原区民政局的医疗救助等职责，是负责本区医疗保障的正处级区政府工作部门。主要职责：做好对医保基金的经办、审核和监督工作；对药品耗材价格、医疗服务项目、医疗服务设施等医保目录和支付标准的监管工作；对特困对象实施医疗救助工作。内设行政科室3个，核定行政编制15人。下辖参照公务员法管理事业单位1个，事业编制87人。年内，区医保局提出以“两个争做”为近期发展目标，即：争做区医保局组建后第一代优秀的领导班子，争做区医保局组建后第一代优秀的医保队伍；以在医保系统“做首都标杆、当全国模范”为长远发展目标，努力践行党的宗旨和西城区“红墙意识”，在服务群众、专项行动、改革创新、攻坚克难中，团结奋进，争先创优。地址：西城区西直门南小街20号。邮编：100035。电话：66206055。

（张明月）

【“4+7”药品带量集中采购】 3月，“4+7”药品带量集中采购改革正式启动，3月23日零点顺利实施。区医保局成立专项工作小组，配合区卫健委等部门，通过制定方案、动员部署、培训指导、应急值守、线上互动、现场督导等多种方式，确保改革当日定点医疗机构HIS系统顺利切换升级，使“4+7”药品集中采购试点工作平稳开展，超额完成全年总任务量，社会舆情稳定，达到改革预期。

（张明月）

【医耗联动综合改革】 年内，参加和推进医耗联动综合改革，对6621个价格项目进行调整。为实现平稳改革，区医保局派出28个督导组对171个定点医疗机构进行培训，改革启动当天实行24小时连续值守，确保改革到位，HIS系统切换升级，结算准确顺畅。就改革后的群众反映，向市局提出了12项动态跟踪控费建议。

（张明月）

【城乡居民参保工作】 年内，区医保局承担原由区人力社保局负责的城乡居民参保工作职责，首次牵头完成城乡居民参保工作，牵头在15个街道社保所、127所学校开展参保政策宣传及操作业务培训。参保缴费达25.3万人，占应参保人数的99.6%。

（张明月）

【医疗保险基金管理】 年内，全区医保审核结算各类费用2427万人次，同比增长12%；医保基金支出117.69亿元，同比增长11.16%；生育基金支出1.15亿元，同比增长4.11%。

（张明月）

【政务服务改革】 年内，多轮次开展公共服务事项梳理，全面推行“互联网+政务服务”。在52项政务服务事项中，实现网上办理达到39项，平均跑动次数为0.25次。进一步延伸“一窗式受理、一站式审批”，简化申报流程，实现所有定点医药机构申报材料电子报送。缩短报销周期，实现门诊手工费用报销实时取卡。把精准服务送上门，帮助企业解决医保难题。8月，北京市医保局在全市16个区中，推荐西城区医保局作为服务社会服务群众、加强标准化建设和行风建设的唯一先进，报送国家医保局。

（张明月）

【打击欺诈骗取医疗保险基金行为】年内，开展全区打击欺诈骗取医疗保险基金专项行动，依托医疗审核系统强化智能监控，筛查异常医疗行为，对医药机构开展两轮次全覆盖的检查，对门诊超封顶线的人员诊疗信息逐个进行筛查，对大额报销单据全面复查。全年约谈骗保嫌疑人员202人，追回违规费用165.53万元。追回和拒付医疗机构违规资金110.53万元，处罚了9家医药机构。

（张明月）

【定点医药机构协议签订】年内，推进辖区定点医药机构协议管理。成立协议续签考核办公室，抽调专人负责考核材料的接收、审核及核对工作。做好电子协议续签，共续签定点医药机构236家。对辖区定点医药机构开展分批次培训，详细讲解协议书中变化的条目，逐一核对辖区定点医药机构上传的电子协议信息。

（张明月）

【总额预付管理】年内，在62家定点医疗机构开展总额预付管理，制定有针对性的提质增效工作方案，严格执行管理；对纳入预警通知、调整拨付的18家定点医疗机构进行重点监控检查，帮助整改；对109家定点医疗机构实行总量控制管理，积极探索DRGs付费试点工作。

（张明月）

【异地就医持卡结算】加快结算时间，将异地就医病例审核与本市病例审核同等对待，统一标准，统筹管理。全年共申报跨省异地直接结算住院费用13.17万人次，发生总金额48.06亿元，申报基金27.36亿元。

（张明月）

【医嘱信息共享】年内，北京市医嘱信息共享工作正式启动，数据质量监测范围从6家试点医疗机构拓展至171家定点医疗机构。通过医疗机构医嘱信息互联互通，将智能审核关口前移，有效遏制参保人在就诊环节跨院提前和跨院重复开药行为。

（张明月）

【医疗救助】年内，区医保局与民政部门对接，接收医疗救助工作，实现医疗保障精准扶贫由多头管理变为集中管理。6至12月，共救助困难群体1.7万余人，医疗救助款支出2526.48万元。

（张明月）

民族宗教事务

【概况】北京市西城区民族宗教事务办公室（简称区民族宗教办）是西城区政府负责民族宗教工作的职能部门。有工作人员17人，其中机关工勤人员1人，设综合科、民族科（行政审批科）、宗教科。主要职责是：贯彻落实国家有关民族、宗教工作的法律、法规、政策以及北京市的有关规定；拟定民族、宗教工作规划并组织实施；指导、检查、监督本区相关部门开展民族、宗教工作；负责调查研究本区民族、宗教工作情况，组织民族、宗教工作学习交流活动；负责培训民族、宗教干部；联系民族、宗教界人士，依法保护少数民族公民、信教群众在本区的合法利益；依法对本区民族宗教事务进行管理。年内，以党的十九大精神和习近平新时代中国特色社会主义思想为指导，把贯彻中央和北京市民族宗教工作会议精神作为主线，牢固树立“四个意识”，自觉践行“红墙意识”，从事关首都窗口形象、事关社会和谐大局出发，做好民族宗教工作，进一步巩固、发展全区民族团结、宗教和谐的大好局面，为区域改革发展和稳定大局做出贡献。

地址：西城区二龙路27号

邮编：100032

电话：88064187

（白红雨）

【民族团结展示活动】1月4日，德胜街道在西城缤纷剧场举办“民族团结一家亲，德邻共治享和谐”文艺演出。通过“多彩民族风、传承民族情、未来民族梦”三个篇章，展示德胜地区的民族工作理念和对民族工作未来的展望。西城区部分人大代表、政协委员及驻区单位、学校和驻军部队代表、居民近500人参加。市民委副主任范宝、副区长李异以及相关部门的领导参加活动。

（马　宁）

【走访慰问民族宗教界代表人士】春节前夕走访慰问演觉、薛天利、黄信阳、李山、杜风英等14位宗教界代表人士，以及教职人员和信众骨干56人。

（柳　涛）

【伊协六届三次会议】1月23日，区伊斯兰教协会六届三次委员会在西城区社会主义学院召开，48名委员到会。区伊协副会长刘克杰主持，秘书长王静总结2018年区伊协工作，部署2019年工作。市民宗委副局长刘先传到会并讲话。会议形成一致意见：要在新的一年里继续发扬北京伊斯兰教界三支队伍爱国爱教的光荣传统，在党和政府领导下，团结、服务广大穆斯林群众，以优异成绩迎接建国70周年。会议还就区伊协更换法人的情况做了说明。

（柳　涛）

【服务白云观春节民俗活动】西城区成立由副区长李异任指挥、民族宗教办牵头、20个委办的主管领导任成员的白云观服务保障工作专项指挥部，制定《西城区2019年春节白云观民俗活动保障方案》和《西城区2019年春节期间白云观民俗活动服务保障应急预案》。区委、区政府主要领导相继到一线统筹协调检查工作，消防、安监、工商、城管、市政市容等部门分工负责对场所及周边进行安全隐患排查、巡查，正月初一到初五共出动警力达5600余人次，确保各项民俗活动顺利进行。此次参加白云观民俗活动的人数达到18.44万人次。

（柳　涛）

【两节期间走访慰问】“两节”期间区委、区政府有关领导走访慰问少数民族生活困难群众66户，发放慰问金3.35万元。为620名享受低保政策并具有清真饮食习惯的少数民族群众发放一次性春节生活补助19.22万元，用于缓解牛羊肉价格上涨过快或高位运行对他们生活带来的影响。

（马　宁）

【道教书画笔会迎国庆】2月23日，以“五教同光·爱国爱教”为主题的北京西城区道教代表人士庆祝新中国成立70周年书画艺术笔会在中国道教协会道家书画院举行。中国道教协会副会长、中国道教协会道家书画院院长黄信阳道长主持笔会活动，中国道教协会道家书画院名誉会长姜守垣、顾问张培公，道家书画院会员等参加活动。书画家们围绕“五教同光·爱国爱教”，庆祝新中国成立70周年的主题进行艺术创作。副区长李异参加活动。

（柳　涛）

【“双随机一公开”迎检工作】2月20日，市民宗委对西城区后河沿清真寺开展“双随机一公开”（随机抽取检查对象，随机选派执法检查人员，抽查过程及查处结果及时向社会公开）抽查工作。采取现场勘查、查阅资料、听取汇报等方式进行检查。抽查的结果表明后河沿清真寺能遵守《宗教事务条例》并结合实际情况建立健全人员、财务、资产、会计、治安、消防、文物保护、卫生防疫等各项管理制度，依法依规开展宗教活动，场所运行正常、有序，有效保证教职人员和信教群众的人身安全，检查合格。

（柳　涛）

【依法拆除法源寺内违法建设】2月23日，依法拆除法源寺内约120平方米的违法建设。该违法建设为历史遗留，不仅与寺内的整体建筑风格不符，还有重大的火灾隐患。该寺历史悠久，佛教文物众多，是全国重点文物保护单位。在中央统战部、中国佛教协会、西城区文委等部门协作下完成拆违工作。

（柳　涛）

【复活节、圣诞节服务】4月1日是天主教、基督教的复活节。全区共有近万余名天主教、基督教信徒到西什库教堂、宣武门教堂、西直门教堂、缸瓦市教堂参加宗教活动。复活节前，民族宗教办召开服务保障协调会，与西什库教堂、西直门教堂、宣武门教堂、缸瓦市堂及相关部门和属地街道办事处沟通、合作，完成复活节的服务保障任务。12月25日是天主教、基督教的圣诞节。圣诞前夜，西什库教堂、西直门教堂、缸瓦市教堂3处宗教活动场所有近2万名信众参加活动，民族宗教办牵头深入各宗教活动场所、宗教团体做好调研，制定工作方案；召开有关部门协调会沟通情况，落实责任；会同西城公安分局、西城消防支队和属地街道办事处进行联合检查，拾遗补漏，确保安全；加强对信教群众骨干安全、消防等方面专题培训。确保了圣诞节活动顺利、安全祥和。

（柳　涛）

【朝觐服务工作】3月19日，区民族宗教办按照《朝觐组织管理工作手册》和保健中心的要求，组织4名朝觐人员在北京国际旅行卫生保健中心体检。每逢伊斯兰教古尔邦节到来前夕，中国伊斯兰教协会将依法组织穆斯林的朝觐活动。西城区在医疗防疫、安全防范、供餐住宿、交通运输、教务指导等等方面配合做好组织服务保障工作，年内共有部分省市穆斯林1530人在京集结，分三批统一乘坐包机前往沙特朝觐。

（柳　涛）

【更新完善清真网点数据库】年内对清真网点数据库进行更新完善。在15个街道通过实地走访，逐一排查，摸清正在营业清真网点的情况，完成包括所属街道、网点名称、经营地址、联系电话、法人信息等35项基础数据录入。西城区累计办理《北京市清真食品生产加工经营许可证》的单位有199家（其中企业142家，个体57家），由于背街小巷改造、商户搬家等原因流失19家，年内正在营业的已许可的网点有180家（其中餐饮129家、副食50家、生产加工企业1家）。借助此次清真网点排查专项工作，每个街道也健全了自己的小台账。

（柳　涛）

【民族团结进步创建】年内，制定《西城区贯彻落实北京市关于加强和改进新形势下伊斯兰教工作的意见的工作方案》《西城区民族团结进步创建三年行动计划》《西城区民族团结进步创建三年行动计划任务分解方案》《西城区关于转发〈2019年度全市民族团结进步创建工作方案〉的通知》等民族工作的指导性意见。设定五月为民族团结进步宣传月。设立“书香驿站·民族书屋”建设、“我和我的祖国”民族团结歌唱大赛、民族团结教育嘉年华活动、民族团结敬老院建设、民族健康系列大讲堂等五大类28项宣传、服务内容，立足于群众文化需求、民生服务、权益保障、共治共享。民族团结进步创建成果显著：德胜街道和牛街街道获全国民族团结进步模范集体；赵丽、孟春燕2人获全国民族团结进步创建模范个人；牛街街道西里二区被评为全国民族团结进步创建示范单位；月坛街道被评为北京市民族团结进步创建示范单位；鸭儿李记展览路店、西部马华复兴门店和老贾家灌汤包三家店被评为北京市规范化清真特色餐厅；第五十六中学被推荐参评全国民族团结进步教育基地。

（马　宁）

【防火、反恐安全培训】5月4日，分别在天宁寺、广化寺开展消防安全培训演练活动。天宁寺内僧众大约100人进行消防灭火、疏散和防恐演练。在广化寺约有50名居士参加培训演习。6月，组织各个宗教场所防火、反恐工作培训，各宗教团体负责人、宗教活动场所主管负责人和安全负责人50余人参加培训。

（柳　涛）

【浴佛节、观音菩萨成道日】5月12日佛教浴佛节、7月21日观音菩萨成道日，均有1万余名信教群众到广济寺、广化寺、天宁寺、法源寺进行宗教活动。

（柳　涛）

【开斋节活动】6月5日是伊斯兰教的开斋节，牛街礼拜寺、德外法源清真寺、三里河清真礼拜永寿寺、正源清真寺、前门清真寺、后河沿清真寺等6座清真寺举行升国旗仪式。参加观礼的群众达1万多人，有来自巴基斯坦、埃及等19个国家的278名外籍穆斯林到牛街清真寺参加会礼。第十二届以“宣传民族政策、促进民族团结、提升行业品质、服务各族群众”为主题的北京清真美食节在牛街地区开幕，全市著名的清真餐饮企业东来顺、南来顺、护国寺小吃、鸿宾楼、烤肉宛等20多家企业亮相牛街。牛街街道举办第十四届社区民族团结杯象棋决赛和第十四届牛街街道民族团结书画展等文体活动，吸引3万多名各族群众参观。公安、城管委、城管执法局、消防、卫生、食药、街道办事处等相关部门2700余人做服务工作。市委统战部副部长、市民族宗教委主任钟百利，区委书记卢映川等领导到牛街礼拜寺慰问阿訇及穆斯林群众。

（柳　涛）

【西城区道教协会成立】11月8日，北京市西城区道教协会成立大会暨第一次代表会议召开。西城区道教界58名居士代表参加会议。会议审议并通过《北京市西城区道教协会筹备工作报告》《北京市西城区道教协会章程》《北京市西城区道教协会第一次代表会议决议》等文件；选举产生西城区道教协会第一届理事会常务理事会和监事会。黄信阳当选北京市西城区道教协会第一届会长，李信军、冯圆平、张凯、许高顺、吴明当选副会长，柳涛当选秘书长，卢格当选第一届监事会监事长。会议决议，坚持爱国爱教思想，坚持道教中国化方向，积极培育和践行社会主义核心价值观，在团结信教群众构建和谐社会和促进经济社会发展中发挥积极作用，为实现“两个一百年”奋斗目标和中华民族伟大复兴梦做出积极贡献。市民宗委副巡视员王海丰，西城区委常委、区委统战部长王旭，副区长李异等到会祝贺。北京市道教协会及其他区级宗教团体负责人等嘉宾出席会议。

（柳　涛）

【宗教工作依法依规】年内，制定《西城区宗教工作整改方案》。成立西城区宗教督导工作领导小组，下设两个督导组，利用一周的时间对区委网信办、市场监管局、文化旅游局、西城公安分局、牛街街道、德胜街道等11个单位和部门开展宗教专项督导工作。从15个方面细化宗教工作整改措施，与基督教聚会点签订《安全承诺书》，2个私设聚会点纳入社区管理。伊斯兰教“三化”问题整治效果明显，检查清真网点466家，摘除阿文字样网点225家，下架相关产品378种共计16825件。在全区宗教界场所开展“四进”（国旗、宪法和法律法规、社会主义核心价值观、中华优秀传统文化进宗教场所）活动，组织宗教团体、宗教活动场所举行“升国旗”仪式，并发放《宪法》《宗教事务条例》等宣传材料1500本。开展以“学习”为主题的和谐寺观教堂创建活动，年内组织为期4天的宗教政策法规培训。全年未发生因民族宗教因素产生的不稳定事件。

（柳　涛）

【迎国庆70周年】8月14日，组织民族宗教界代表到天安门广场观看升国旗仪式。同日组织“庆祝新中国七十华诞不忘初心同心同行”书画笔会活动。8月30日，会同西城公安分局、消防支队组织区宗教团体、宗教活动场所负责人召开国庆70周年期间宗教活动场所安全工作部署会。组织全区50余名少数民族干部群众历经三个多月的艰苦训练参加民族团结方阵游行队伍，完成国庆政治任务。

（马　宁）

【民族体育获奖】年内，西城区中幡代表队参加第十一届全国少数民族传统体育运动会，完成北京团开幕式表演任务和竞赛任务，取得表演项目一等奖。西城区获北京市民族传统体育突出贡献奖。

（马　宁）

双拥工作

【概况】年内，西城区争创全国双拥模范区“十连冠”的关键一年，在市双拥办的指导下，在区委区政府的领导下，全区军民以习近平新时代中国特色社会主义思想为指导，认真学习贯彻党的十九大精神，深入践行红墙意识，努力展现新作为，积极打造新气象。面对新形势、新情况，提升政治站位，突出首善标准，以庆祝建军92周年和建国70周年为契机，围绕双拥主题，强化实践担当，狠抓工作落实，不断开拓创新，完成年度双拥任务，取得良好成效，为强军改革和区域经济社会发展凝聚力量，提供坚强保证。

地址：西城区西单北大街西斜街82号

邮编：100032

电话：66124993

（李章开）

【组织机制和规划部署】区委书记、区长担任区双拥工作领导小组组长，区委常委会年内两次听取双拥工作汇报，区四套班子领导带头慰问部队，参加国防教育、参加重大双拥活动。完善主要领导负总责、分管领导亲自抓、各部门各单位密切配合的双拥运行机制。根据区机构改革情况，及时调整完善双拥工作领导小组成员单位，修订工作职责；补充联络员队伍，建立新的沟通、联络和协调平台；机构调整后，设制双拥工作科，强化双拥工作；编制明确，有经费保障，并坚持军地合署办公工作机制。年初召开军政座谈会，总结经验，提出年度双拥工作目标、任务和要求，制定《西城区2019年双拥工作要点》。各成员单位认真落实领导负责、制定计划、开展活动、双拥述职等相关制度措施，结合本部门实际业务工作组织开展拥军服务活动，下发《关于开展双拥主题活动和重要工作的通知》，对年内各项双拥工作、年度迎检考评等制定有效措施，做出具体部署。

（李章开）

【国防教育和双拥宣传】落实国防教育制度，举办以“团结奋进、双拥有我”为主题的庆祝建军92周年活动，展示区域双拥创建历程和成果，推进区域军政军民团结，提升双拥创建品质。拍摄纪念新中国成立70周年“歌唱祖国”“快闪”主题宣传片，展示西城军民热爱祖国、携手并进的生动实践。把国防教育纳入党校教育、干部轮训和中小学课堂教育。突出党员领导干部这一重点，精心组织千余人次参与“军营一日”“做一日军人”活动。组织近百名军转干部、退役军人代表赴武警国宾护卫队开展“重回军营”国防教育活动。各街道、社区定期组织学习讨论、红色公祭、读书演讲及知识竞赛等活动。注重国防教育基地、场所和设施建设，在柳荫社区建成全市首个街道级“双拥展室”，在广内街道成立全市首个“老兵之家”社团。推进典型宣传和双拥品牌建设，深化“一街一品一典”建设思路，继续开展助力军人荣誉体系活动，评选表彰年度“红墙卫士”97名、“好军嫂”41名。宣传社区双拥带头人范丽丽、拥军妈妈王风彩、优秀军转干部代表范长江等先进事迹。完成年度新兵征集任务。

（李章开）

【双拥创建和迎检工作】坚持用红墙意识主导双拥实践，突出“绝对忠诚、责任担当、首善标准”核心内涵，探索服务升级、创建升级的思路办法。结合年度实际，深化工作调研，提出双拥创建和迎检工作的新思路和新举措。以新一轮全国双拥模范城考评验收为2019年双拥工作重点任务。“集全区之力，聚军民之智”，根据上级部署，进行先期准备。从第二季度开始，区属各部委办局、街道和驻区部队回顾总结工作，整理档案资料，细化责任分工。考评工作启动后，迅即成立迎检领导小组，召开动员部署大会和推进会，制定《迎接北京市双拥模范城检查考评实施方案》。10月10日，召开“西城区创建双拥模范城迎检工作部署会”，市双拥办领导、市退役军人事务局有关领导、驻区部队有关领导，区四套班子领导及全区各委办局、街道主要负责人参加会议。10月中旬，成立区“争创全国双拥模范城迎检专班”，精心准备考评资料与考评现场；同时，广泛开展自查自评、迎检宣传、组织全区军民开展网络测评等活动。10月31日，市考评验收组对西城区的双拥档案资料，以及广内街道的“老兵之家”、柳荫社区的“双拥展室”、北京市第十三中学开展国防教育情况给予充分肯定。在全市双拥创建工作汇报会上，西城区军地双方的工作汇报得到热烈反响，创城迎检工作取得阶段性进展。

（李章开）

【拥军优属工作】加大拥军服务力度。建立拥军服务卡和工作台帐，明确服务部队的内容、项目及完成时限。每季度召开一次牵头部队会议，收集部队需求信息，广泛听取意见建议。年内，区财政安排区属各部门涉军预算2.75亿元，同时筹措区级经费2.9亿元，用于支持驻区部队建设与服务保障工作。以服务保障国庆70周年重大活动为重点，支持武警某部队1600余万元，用于改善装备，提升执勤保障能力。春节前，区委区政府在国家大剧院举办“走进春风里，共唱鱼水情”春节双拥慰问演出活动。春节前夕和“八一”，区四套班子领导走访慰问驻区部队，赠送慰问金800余万元。各街道相继走访慰问驻街各基层部队，军地领导举行小型座谈，给官兵送去节日祝福，赠送慰问金和慰问品。各单位分别召开军转干部、军嫂、退伍老兵及优抚对象座谈会40余次。椿树、牛街、广内等街道对23名家庭贫困的战士予以经济帮扶。做好“三后”服务工作，完成军转干部、退役士兵的接收安置任务。深化军嫂就业服务，开展服务月活动，组织开展“温暖军嫂”活动，举办专场招聘会，帮助实现就业。配合区教委高质量完成驻区部队军人子女入学升学任务，确保军人子女享受区域优质教育资源。全面深化退役军人和优抚对象服务工作。区退役军人事务局成立后，建立区和街道退役军人服务机构，采集退役军人信息6.078万人，悬挂光荣牌6.036万块，悬挂率99.31%。区属公共场所、社会服务机构全部设立“军人优先”标识，打造尊崇军人职业浓厚氛围。

（李章开）

【文化双拥工作】以庆祝新中国成立70周年为主题，组织多场全区性文化双拥活动。组织“喜迎七十华诞，讲述双拥故事”活动，部队官兵、退役军人、社区居民和中小学生踊跃参与。20多位军转干部和退役军人在各街道、社区讲述军旅故事和双拥片断。采访2018年应征入伍战士父母、亲属和老师同学，拍摄《心系边关》电视短片；录制慰问短片《情驻国防》。组织官兵和各界群众接力传唱《歌唱祖国》。在陶然亭街道书香驿站举办“国防知识讲堂”进社区活动，邀请军事专家讲授“中国国防建设发展史及国际形势的分析”。举办“光荣—传承”老战士摄影展。举办西城区2019年“融合杯”军地棋牌赛。各街道结合重大节日和纪念活动，广泛开展军地联谊、非遗进军营等文化双拥活动。什刹海、西长安街、展览路、广外等街道广泛开展双拥“五好”、最美士兵、最美军嫂评选表彰活动。

（李章开）

【拥政爱民工作】驻区部队关心、支持西城区各项建设事业，完成党和国家重要会议、重大活动的安全维稳与服务保障任务。特别是在保障庆祝新中国成立70周年的重大活动中，军地携手、高质量完成安全服务和各种保障任务。积极参与双拥迎检准备，完成资料整理、工作汇报等任务。连续13年开展“帮困助残送温暖”活动，每年筹资37.5万元，慰问750户困难居民。积极参与全国文明城区创建，参与“疏解整治促提升”专项行动，在城市治理、便民利民、参与公益事业及植树造林等工作中表现出色。深入开展爱老助老、帮困助学活动，近千名空巢老人和贫困学生得到官兵的照顾和资助。部队医疗机构坚持开展便民义诊、免费体检等活动。有关部队选派优秀官兵，完成学生军训任务。为解决区档案馆档案储存困难，军委办公厅全力协调解放军档案馆无偿提供专业库房，有效解决区档案存放难题。

（李章开）

残疾人事业

【概况】西城区残疾人联合会（简称区残联）是中共西城区委、区政府领导下的残疾人群众团体组织。内设办公室（监察科）、组联维权部（康复科），下设西城区残疾人劳动就业服务所、西城区残疾人文化体育活动中心、西城区残疾人职业康复中心3个全额拨款事业单位。区政府残疾人工作委员会秘书处设在区残联。区残联是将残疾人自身代表组织、社会福利团体和事业管理机构融为一体的残疾人事业团体；履行“代表、服务、管理”职能，即代表残疾人共同利益，维护残疾人合法权益，开展各项业务和活动，为残疾人服务，承担政府委托的部分行政职能，发展和管理残疾人事业。区残联接受区委领导，业务上接受市残联指导，同时指导辖区15个街道开展残疾人工作。截至12月，全区持有第二代中华人民共和国残疾人证人数为43077名。西城区残联获2015年—2018年全国残疾人体育先进单位。

地址：西城区西直门内南小街国英园4号

邮编：100035

电话：83539004

（朱轶琳）

【残联改革】6月，区委常委会审议通过《西城区残联改革实施方案》，并以区深改委名义印发。方案明确“改进领导机构人员构成和运行机制、提升引导和服务残疾人的能力水平、夯实基层基础工作”等七个方面20项具体改革任务，年内已完成18项，“区级温馨家园建设、困难残疾人一人一案精准帮扶”2项工作正在推进中。

（朱轶琳）

【第二届主席团第四次全体会议】11月28日，区残联召开第二届主席团第四次全体会议暨2019年区残疾人工作委员会工作会，主席团委员、残工委成员单位及各街道办事处参加。会议审议通过调整第二届主席团主席、副主席、委员的决议，听取和审议孟红伟代表残联理事会所作的《深化残联改革坚持精准施策全力以赴打好残疾人实现全面小康攻坚战》工作报告，副区长李异当选第二届主席团主席。会议还对《北京市西城区进一步促进无障碍环境建设2019—2021年行动实施方案（审议稿）》进行工作部署。

（朱轶琳）

【残疾人康复服务】 年内，500名肢体残疾人分别由4家康复机构提供专业化的康复训练，300名精神残疾人通过社会访视、日间照料等形式接受社区和居家康复服务；精准对接辅助器具需求，从简单的统一配发，逐步发展到先评估、再适配的量体裁衣服务，市残联辅具平台用户注册率达到97%；加强社会心理服务体系建设，与平安医院首创心理舞台剧《我们》，从策划到演出，全部由精神康复者和心理咨询师本色承担，进行5场巡回展演。

（朱轶琳）

【残疾人体育】 1月17日，2019年西城区健身冰雪季——第五届京津冀冰蹴球邀请赛在北海公园、什刹海冰场举行，区残联携手什刹海街道残联组织50余名残疾人朋友参加。5月16日，西城区“助残日”全民健身活动举办，80余名残疾人及残疾人工作者参加，以冰雪运动全民健身科学指导大讲堂和花棍体育技能传授相结合，普及群众性体育项目，培养基层残疾人体育骨干力量，通过考试后学员可获社会指导员资格等级证书。6月20日，西城区冰壶运动项目“体验日”活动在地坛冰壶馆进行，北京启喑实验学校20余名学生参加。7月23日，区残联组织12名残疾人乒乓球队员参加北京市城六区残疾人乒乓球团体比赛，获第二名。10月21日，区残联组织残疾人参加2019年京津冀门球邀请赛，获亚军。11月14日，组织区聋协、肢协、残疾人群体运动队和50名残疾人到乔波滑雪馆参加滑雪体验活动。12月17日，京津冀残疾人飞镖线上挑战赛在金融街街道温馨家园开展，240人参加，西城区于宏波、孙涛分别获得冠亚军。

（朱轶琳）

【残疾人专门协会】 年内，各专门协会举办27次活动，1764人次残疾人参与活动。经市残联评选，区聋人协会、肢体残疾人协会、智力残疾人及亲友协会报送的活动被评为优秀案例；区聋协副主席朱轶琳、肢残协会副主席吴毅鸥被评为优秀协会主席；区残联获优秀组织单位。

（朱轶琳）

【无障碍环境建设专项行动】 12月31日，以区政府办名义出台《北京市西城区进一步促进无障碍环境建设2019—2021年行动实施方案》（西政办发〔2019〕8号），成立西城区无障碍环境建设专项行动工作组，按专班模式管理，由区政府主要领导任组长，分管区委区政府领导任执行组长，区住建委、规自委西城分局、区发展改革委、区残联等30余家单位携手全面实施无障碍环境提升行动。

（朱轶琳）

【残疾人维权服务】 年内，为260名残疾人提供法律援助，为30名重度残疾人提供上门法律咨询和代写法律文书，深入社区温馨家园为1800人次残疾人和亲友开展普法宣传教育。落实接诉即办和弱有所扶的各项工作要求，西城区“七有”“五性”监测评价指标体系中残疾人基本康复服务覆盖率指标达全市第一。

（朱轶琳）

【残疾人社会保障】 年内，辖区残疾人中有5068人享受护理补贴，4899人享受生活补贴，6231人享受居家养老助残补贴，681人享受城乡居民基本养老保险补贴。5037名已就业残疾人享受个体灵活就业保险补贴。6504户残疾人家庭实施了无障碍改造。

（朱轶琳）

【残疾人教育及就业服务】 年内，通过上门助学、集中助学、分散助学三种形式，为全区241名接受融合教育的残疾学生提供辅具适配、无障碍改造等助学支撑服务。新建立14家帮扶性就业基地，42名就业困难的智力残疾人和稳定期内的精神残疾人与17家用人单位签订劳动合同，为就业困难的重度残疾人群体提供了一种新的就业模式；积极参加全国技能大赛和创业北京等赛事，区棒针编织项目在第六届全国残疾人职业技能大赛上获得冠军。为29家盲人按摩机构的近百名盲按师提供继续教育、职称评审、定向行走训练、职业技能重建等服务。积极推进“互联网+职介”工作模式，利用自主开发的残疾人求职招聘系统，为用人单位和残疾人提供精准就业服务，年内组织2场残疾人专场招聘会，30余家用人单位提供岗位200余个，新安置残疾人就业320人；应届残疾大学生17人，已就业8人，实习期2人，继续深造7人。通过政务服务“一网通办”平台，为用人单位开展材料邮寄、政策宣讲等服务，审核用人单位2208家，同比增长3.67%，审核残疾职工6474人，同比增长4.19%。

（朱轶琳）

【残疾人事业宣传】年内，全年采编区街新闻消息609条，区级以上媒体刊登西城区残疾人新闻35条，利用区残联网站发布区街新闻375条，市残联网站采登50条，“西城残联”微信公众号推动新闻消息442条，《西城信息》采登信息6条。组织街道信息员培训班2期；完成全年6期《西城残疾人》杂志编辑发行工作，围绕建国70周年主题，开展“我和我的祖国”主题征文、“我在西城挺幸福”专题报道、“我和祖国同龄人”专题采访系列宣传。制作《踏歌逐梦》残疾人年度工作专题片，联合双创基地共同拍摄制作迎国庆宣传短视频2部。由专门协会推荐代表组建成残疾人宣讲团，深入街道、社区，开展西城区残疾人“学听跟”专项活动暨“心力量”残疾人宣讲活动。

（朱轶琳）

【对口帮扶工作】年内，党组书记刘少华带队到内蒙鄂伦春自治旗、青海省玉树州囊谦县、内蒙古自治区赤峰市喀喇沁旗进行实地考察；理事长孟红伟带队到河北省保定市阜平县、河北省张家口市张北县进行实地考察。通过与当地残联组织和残疾人家庭开展座谈，了解情况，探讨2019年项目落实和2020年帮扶项目意见，并签订对口帮扶协议书。11月28日，内蒙古自治区赤峰市喀喇沁旗残联到区残联考察温馨家园建设。

（朱轶琳）

【全国助残日主题活动】5月15日，区残联在民族文化宫大剧院举办全国助残日主题活动。以“一路走过——讲述我们的故事”为主线，邀请辖区优秀残疾人和助残先进单位代表上台，讲述自身在就业、康复、文化和社会助残方面的真实经历，展现残疾人的获得感、幸福感和满足感，传递“自尊、自信、自强、自立”精神，弘扬扶残助残的中华民族传统美德。

（朱轶琳）

【“不忘初心、牢记使命”主题教育】9月12日，区残联召开“不忘初心、牢记使命”主题教育动员会，部署《西城区残联“不忘初心、牢记使命”主题教育实施方案》，区委第六巡回指导组及残联全体党员干部、残疾人专门协会代表参加会议。主题教育期间，组织集中学习27次，集中交流研讨19次，领导干部专题讲授党课5次，收集11项意见建议，立行立改8项，3项明年年底前解决落实。结合“卢映川书记10+1项具体任务”“街道吹哨、部门报到”等工作要求，深入开展“进千门走万户”行动，制定《西城区残联联系基层、服务基层制度》，以党小组为单位，共走访街道残联15个、社区67个、残疾人温馨家园和职业康复站20家、残疾人专门协会5个，走访对象297人。

（朱轶琳）

【“我和我的祖国”纪念活动】6月25日，区残联机关干部与残疾人合唱团在区直机关庆祝中国共产党成立98周年大会暨“我和我的祖国”合唱比赛中获得第一名。6月27日，中国残联政策研究室党支部、中国狮子联会北京代表处党工委、西城区残联机关党支部和生命阳光心理健康指导中心共同举办“不忘初心、牢记使命”主题教育暨“迎七一，颂祖国”活动。10月17日，“我和我的祖国”西城区第五届残疾人社区合唱节在西城区第一文化馆举行，由各街道选拔的16支队伍激烈角逐，展览路、什刹海、新街口3支队伍获得一等奖。11月7日，区残联召开干部警示教育大会、形势政策教育和国庆服务保障工作体会分享会，参与国庆服务保障工作和庆祝活动的7名代表向大家分享各自感受和心得。

（朱轶琳）

【首家温馨家园临时党支部成立】

9月27日，广内街道残疾人温馨家园成立临时党支部，是西城区第一家残疾人临时党支部，有党员24人，其中残疾人党员7人，社区党员9人，社会单位党员8人。

（朱轶琳）

【领导调研残疾人工作】8月2日，市残联党组书记郭旭升到广内街道，就西城区温馨家园党建及综合改革工作进行调研。8月20日，湖南省残联残工委秘书处主任羊洁带队到西城区政务服务管理局，与北京市残联、西城区残联相关负责人调研交流残疾人信息化管理大数据综合服务平台、残疾人就业保障金审核征缴等工作。10月19日，中国残联宣文部组织2019年全国残联宣传系统增强“四力”培训班学员80余人，到广内街道温馨家园和“智能方便民仓”，对西城区“学习习近平新时代中国特色社会主义思想和习近平总书记关于残疾人事业的重要论述，团结带领广大残疾人听党话、跟党走”活动开展情况进行考察。10月21日，区长孙硕到区残联调研，实地查看残疾人服务设施使用情况，看望残疾人朋友，了解康复、就业等残疾人民生保障服务工作，在充分肯定全区残疾人工作的同时，希望区残联当好残疾人的“娘家人”和“大管家”，让残疾人在西城以平等、参与、共享的全新姿态活出精彩人生。

（朱轶琳）

消费保护

【概况】北京市西城区消费者协会（简称区消协）是隶属北京市西城区市场监督管理局的社会组织。内设4个科室，有在职人员27名，下辖11分会，年内，区消协依照工商分局党组的工作部署和市消协的工作安排，围绕“信用让消费更放心”年主题，加强《中华人民共和国消费者权益法》（简称新《消法》）的宣传，扩展消费维权机制的建设，为消费者与经营者搭建和谐消费平台，提高经营者自律经营，引导其以树立诚信经营为荣，损害消费者权益为耻的诚信经营理念，净化区域内消费环境，营造科学、节能、环保的消费气氛。将科学知识、消费常识向广大消费者进行普及。

地址：西城区羊肉胡同120号
邮编：100034
投诉电话：66168698
办公电话：66168702

（刘晓红）

【受理投诉情况】消协接待电话、来人咨询200余人次，成功调解消费者投诉40件，为消费者挽回经济损失4000余元。共发放宣传材料2000余份，受益消费者1000余人。

（刘晓红）

【3·15宣传咨询活动】年内，围绕“信用让消费更放心”年主题，开展丰富多彩的活动。3月4日，天桥分会在永安路社区开展消保宣传活动，为社区居民普及消保类常识，100余人参加。向群众发放《老年消费提示案例》《青少年消费维权案例》《消保法》等宣传图册近百份，向群众普及宣传维权、防骗小知识，提示社区群众理性消费、避免消费陷阱、维护自身权益。3月5日，广安门分会参加开展党员服务进社区活动。在现场工作人员结合老年消费的特点和老年消费陷阱的特征向社区居民进行讲解，重点分析投诉问题集中的足疗预付费、保健品销售等实例，并对群众提出的消费疑问进行解答；3月6日，大栅栏分会在活动中联合食药、安监部门走进椿树地区的沃尔玛超市开展宣传活动，向消费者发放《老年消费提示案例》，预付费消费维权手册等宣传材料，提醒消费者注意维护自身合法权益，遇到消费问题及时向有关部门反映。同时，对经营者开展责任意识，诚信经营等相关教育工作；3月6日，西长安街分会走进府南社区，向社区居民发放网络消费维权案例、预付费消费维权手册、新《消法》等宣传材料。并现场开展消费维权宣传咨询服务。针对居民提出的关于手机维修、商品退换货等具体问题进行详细解答。提示大家要提高消费安全防范意识，维护自身合法权益。

（刘晓红）

【消费志愿者参加旅游消费调查】年内，区消协和消费志愿者共同参加市消协组织的自由行旅游消费体验活动，受到市消协领导的肯定。

（刘晓红）

【“诚信服务承诺单位”发牌仪式】为落实“信用让消费更放心”年主题，弘扬诚信经营理念，区消协召开“诚信服务承诺单位”会议。对获得2019年度诚信服务承诺先进单位的4家企业进行表彰，还向2019年度“诚信服务承诺单位”企业授牌，鼓励企业要积极参加消法及相关知识的培训，做好维护消费者权益工作，弘扬诚信为荣的精神，树立诚信经营的正气。

（刘晓红）

【参加国庆保障工作】国庆期间，消协根据局部署方案，明确职责，积极参加国庆期间保障任务，确保大庆期间各项工作平稳有序开展，圆满完成国庆保障工作。

（刘晓红）

【“消费维权之星”评选活动】年内，参加北京市“消费维权之星”评选活动，经北京市消费者协会审议评选，西城消协分会有2人入选“消费维权之星”提名。

（刘晓红）

居民生活状况

【居民收入及职工收入】年内，全区居民人均可支配收入88291元，比上年增长8.1%。全区居民人均工资性收入50966元，比上年增长17.1%。

（乔文婷）

【居民支出】年内，全区居民人均消费支出53437元，比上年增长7.6%，其中食品烟酒支出10570元，比上年增长18.5%；衣着支出2804元，比上年增长13.0%；生活用品及服务支出2805元，比上年增长11.6%；医疗保健支出4244元，比上年增长16.9%；交通通讯支出5085元，比上年增长32.3%；教育文化娱乐支出6098元，比上年增长11.4%；居住支出20130元，比上年下降6.8%；其他用品和服务支出1701元，比上年增长44.3%。

（乔文婷）

【居住条件】年内，人均住房建筑面积为22.1平方米，比上年增长0.2平方米。自有住房占房屋产权的比重为67.8%，比上年增长3.4个百分点。

（孙海花）

（责任编辑　贾国平）

街　道

北京西城年鉴2020

1月15日，月坛街道街区整理展示中心揭牌（月坛街道 供图）

4月20日，第三届琉璃厂文房四宝艺术节在荣宝斋大厦开幕（椿树街道 供图）

5月22日，白纸坊街道冰雪体验中心开馆（白纸坊街道 供图）

5月30日，禄长街19号院精细化治理推进会召开（天桥街道 供图）

6月21日，西长安街街道太仆寺街社区养老驿站正式向居民开放（西长安街街道 供图）

12月6日，金融街街道举办“萤火汇聚”社区工作者风采展主题活动（金融街街道 供图）

7月1日，大栅栏街道开拆韩家胡同16号院违法建设（大栅栏街道 供图）

7月11日，什刹海文化展示中心在广福观内落成（什刹海街道 供图）

10月22日，2019年新街口学区理事会大会暨“家园共育好儿童”社区实践基地揭牌仪式举行（新街口街道 供图）

10月23日，德胜街道举办全域自治停车新闻发布会（德胜街道 供图）

12月24日，2019年中国“广内杯”空竹文化节在广安体育中心举行（广安门内街道 供图）

年内，牛街街道开展垃圾分类宣传活动（牛街街道 供图）

12月20日，广安门外街道召开2019年度社区代表会议（广安门外街道 供图）

年内，陶然亭街道对南护城河（陶然亭段）周边情况开展检查（陶然亭街道 供图）

年内，展览路街道落实“接诉即办”工作（展览路街道 供图）

概　述

西城区划分为德胜街道、什刹海街道、西长安街街道、大栅栏街道、天桥街道、新街口街道、金融街街道、椿树街道、陶然亭街道、展览路街道、月坛街道、广安门内街道、牛街街道、白纸坊街道、广安门外街道共15个街道，259个社区。

各街道设工委和办事处，依据法律、法规、规章和上级党委、政府的授权，代表区委区政府对辖区党的建设、公共服务、城市管理、社会治理等行使综合管理职能，全面负责辖区地区性、社会性、群众性工作的统筹协调。按照街道三定方案，街道工委、办事处设置以下7个内设机构，综合办公室、党群工作办公室（人大代表工作委员会、总工会、团工委、妇联）、平安建设办公室（政法工作办公室、人民武装部、司法所）、城市管理办公室（城管执法队）、社区建设办公室、民生保障办公室（残联）、地区协调服务办公室（统计所）。此外，各街道还设有街道纪律检查工作委员会（监察组）。15个街道均建有党群服务中心、全响应街区治理中心和市民服务中心三个科级事业单位。全年围绕庆祝新中国成立70周年这一主线，团结一心、砥砺奋进，完成年度各项任务。

各街道高水平完成重大活动服务保障任务。聚焦庆祝新中国成立70周年，强化统筹、精心组织、凝心聚力、科学管理，完成庆祝活动保障任务。5802名群众参加“扬帆远航”游行方阵和“同心筑梦”联欢演出，展现最佳状态、取得良好效果。投入警力、群防群治力量、行业管理人员等90余万人次，保障重要节点和重点区域的绝对安全。周密安排好各项生活服务保障，把少扰民、不扰民要求和细致贴心温暖落到实处，受到群众和社会的赞誉。广大群众踊跃参与，驻区单位积极支持，展现新时代全区干部群众的精神风貌。完成第二届“一带一路”国际合作高峰论坛、亚洲文明对话大会等重大国事活动服务保障任务。

各街道城市动态精细治理全面展开。科学把握工作节奏，紧抓重要窗口期，全面实施“疏整促”百日攻坚，44项年度任务全部完成，其中37项提前完成、9项超额完成。实施城管执法处罚2.4万余起，拆除违法建设12.5万平方米，整治群租房213处、“开墙打洞”380处、无证无照经营69户，实现占道经营动态清零。推进9个片区电力路灯架空线入地，完成787条支路胡同通信架空线入地，拔除线杆4990根。774条背街小巷通过“十无”验收，西海南沿、义达里胡同被评为“北京最美街巷”。3个商市场实现升级改造。新建和改造蔬菜零售、便利店等各类便民商业网点48个、百姓生活服务中心10个，增加小物超市10个。启动25栋低效楼宇提升工作，完成6栋改造升级。街区更新不断展现新风貌，完成太仆寺街等片区提升工程，11个街区整理展示中心建成开放，15个街道实现责任规划师全覆盖。

街道文化建设取得积极进展。深入践行社会主义核心价值观，围绕庆祝新中国成立70周年，广泛开展“我和我的祖国”群众性主题宣传教育活动，通过百姓宣讲、快闪、打卡红色地标等多种生动形式，营造浓厚的社会氛围。打造100家新时代文明实践基地，开展1200余场活动。着眼群众多元化阅读需求，精心打造“书香西城”，新建7家特色阅读空间和2家24小时城市书房，举办特色阅读和荐书活动4000余场，惠及群众150余万人次，老城书香气息越来越浓厚。持续推进52处直管公房文物腾退工作，累计完成30处，腾退居民1872户，居民腾退比例达92%。编制14处直管公房文物保护单位修缮方案。完成林则徐故居（福州新馆）修缮工程，成为北京市又一处禁毒教育基地。开展非遗进校园、进社区活动。老城文化魅力进一步彰显。推进公共文化服务体系示范区建设，打造“西城文化云”一站式服务云平台，文化服务效能进一步提升。举办“京韵剧源——西城2019京剧发祥地艺术季”活动，全力打造京剧发祥地文化品牌。举办北京世园会西城文艺演出周、百姓戏剧展演、中国原创话剧邀请展、老舍戏剧节和“我们的节日”等品牌活动，开展文化活动近万场次，惠及100余万人次。

基层社会治理体制改革效果明显。积极推进党建引领“吹哨报到”改革，38项重点任务全面落地，打通为民服务“最后一公里”。坚持民有所呼、我有所应，全力做好12345市民热线“接诉即办”工作，建立7×24小时全天候值守工作机制，落实“双反馈”“双告知”制度，强化三级响应、督办落实，着力解决群众操心事烦心事揪心事。坚持群众的事同群众多商量，深化民生工作民意立项机制，35个项目落地。落实全市街道工作会议精神，持续深化街道大部制改革，全区执法力量向基层下沉。在15个街道政务服务中心试行“周六不打烊”服务，在259个社区全面推行社区全响应服务。社区服务站转型升级，全科社工综合服务模式不断健全，群众办事更加便捷。创新推出群众“服务包”“服务卡”，建立社会共建共治共享新模式。搭建“西城家园”App服务平台，21万人实名注册，6.7万名党员亮明身份，覆盖15.6万户家庭，吸引更多青年人线上参与社区治理。服务群众制度机制更加完善。

街道民生保障更加有力。加强民生保障，帮助1.4万名登记失业人员、1.1万名就业困难人员实现就业，城镇登记失业率0.86%，连续五年获评“北京市充分就业区”。城乡居民养老保险实现应保尽保。开展北京市社会救助综合改革试点工作，关怀特殊困难群体，发放低保金1.8亿元、救助金1246万元。创建全国残疾预防综合试验区，累计为1.3万余名残疾人提供社区康复服务。深化全国居家和社区养老创新示范区改革试点，新备案养老机构2家、社区养老服务驿站8家。探索建立“家庭养老床位”智能服务模式，654名养老顾问上岗服务。创新改善群众居住条件，完成10个老旧小区综合整治，完成12部电梯增设工程。在菜市口西片区开展全市首例直管公房申请式退租试点，并在砖塔胡同复制推广成功经验，探索出老城保护和城市更新的一条新路径。完成定向安置房建设2997套。白纸坊地区棚户区改造项目实现开工。创新党建引领物业管理新模式，53个住宅小区纳入北京市破解物业管理问题试点，全力办好群众“家门口的事”。

（林　琼）

德胜街道

【概况】德胜街道位于北京市西城区的东北部，与朝阳、海淀、东城三区接壤。辖区面积4.14平方公里，有20个社区，户籍人口141057人，流动人口25716人；年内地区出生人口1701人，死亡人口707人；中央单位219个、市属单位192个，高等院校2所，中学6所，小学6所，幼儿园5所；卫生医疗机构7个；公园4个。辖区内有回族、满族等37个少数民族7000余人，是北京市13个重点民族街道之一。辖区内有5758家企事业单位，包括中国工程院、孔子学院总部、中国交通建设股份有限公司、国家核电技术公司等多家中央单位及法源清真寺、民族团结幼儿园、民族团结小学等民族特色单位。年内，街道获国务院“全国民族团结进步模范集体”称号，被评为北京市构建和谐劳动关系先进单位、北京市控烟示范单位和北京市安全生产先进单位。德胜街道办事处实有在职人员235人，预算内资金安排37626.9万元。

地址：西城区教场口街9号院丙9号

邮编：100120

电话：82060677

（孙海龙）

【城市管理】年内，整修整新整治有机配合推进街区整理，推进东滨河文化街区治理，修订完善裕民街区设计方案。对未整修的69处平房院落开展分批规划，先期依托区、街财政540万元，改造22处平房院落，涉及居民531户、15933平方米，统筹安排剩余47处的集中整修。细致谋划全域停车自治，在试点基础上推进教场口街等11条街巷、2044个车位路侧停车自治工作。深化老旧小区综合整治，将教场口街2号院试点经验推广到4个老旧小区。压茬推进全地区垃圾分类工作，推广新风街1号院试点经验，实现138个居住小区垃圾分类全覆盖。全力推进背街小巷达标验收，开展“每日一街”整治行动，完成33条街巷达标验收、25条街巷拔杆、38条街巷线缆入地。精细做好空气污染防治工作，围绕施工改造、渣土苫盖、垃圾清运、餐饮单位油烟净化设备改造等工作加强管控治理力度，地区空气质量稳步提升。全年地区PM2.5和TSP浓度指数排名列全区第一。

（孙海龙）

【社区建设】年内，20个社区“两委”换届选举工作顺利完成，共选举产生党委书记、居委会主任20人，一肩挑比例100%，产生新一届党委成员168人，居委会成员158人。继续在裕中西里、裕中东里社区开展“多居一站”项目，实行居站分设的社区治理格局。落实北京市取消证明和保留证明目录清单、社区填报表格保留清单，梳理社区服务站工作职责，规范费随事转工作制度。推动社区协商议事，建立社区月协商工作制度，围绕老旧小区物业管理、停车自治等重点难点问题作为分层议事协商内容，修订完善居民公约。重点打造裕中西里、六铺炕2处德邻文化活动中心和新北社区书香驿站，搭建周边社区以德治理平台和阵地。修订《德胜街道向社会力量购买服务的管理办法》，提升购买服务的质量水平。理顺社区党委居委会、业主委员会、业主、产权单位、物业企业五方关系，在4个小区推行成立业委会，增强社区自治能力，解决居民自我管理、自我监督问题。分四批次对全体社区工作者300余人开展民法培训，对社区副职50余人开展为期两个月的系统性能力提升培训；开展专业文化知识培训近30场800余人次，太极拳培训60余场600余人次。办理非京籍适龄儿童在京就读证明65份。完成洁民幼儿园警卫室修缮改造。开展科普活动16场次。组织参与西城区“巾帼女杰杯”台球赛、西城区五人制足球赛等各类体育赛事、体育培训等活动15场220余人次。接收办理政府热线“接诉即办”案件（12345市民热线）4593件，全响应平台案件2754件，收集社区上报民情日志3.79万条，处理区全响应服务中心派发的城市管理案件7.98万件，办结率100%。

（孙海龙）

【民生保障】年内，失业登记754人，领取失业金人员2411人次；完成就业856人，灵活就业补贴2190人，管理失业档案2539份；两节走访慰问13类特困群体2015人（户），发放慰问金131.38万元；居民基本医疗保险总参保15580人，报销药费1345人次，挂失补换申领同步社保卡累计6967张次；福利养老金总参保634人，城乡居民养老总参保68人；管理退休档案7414份，各类退休审批208人，受理退休人员自采暖补贴252人次；为低保及低收入人员办理医疗救助1066人次，为退养人员办理医疗救助166人次；办理无丧葬补助居民丧葬补贴8人；为292户低保家庭办理集中供暖补贴。公共服务坚持“一窗式受理”和“首问负责制”，综合接待来人来电咨询和处理各类事项73078人次，其中综合事项办理28285人次，综合事项咨询25241人次，来电咨询19552人次，平均日均每个窗口接待来人来电咨询和办理量约22人次。受理公租房新申请及补贴新申请486人次，市场租房补贴新申请183人次。慈善救助因患重大疾病13人237752元，低保高龄老人78人26531元；救助低保高中生23人2.3万元，低保往届大学生11人4.2万元，低保高龄老人19人1.14万元；救助裕中西里社区因火灾造成困难的29户家庭3万元。对地区各类企业执法检查120户，涉及6500余人次，其中农民工5000余人次；完善地区企业用工信息，努力提高行政效能和管理服务水平；继续开展“劳动用工规范一条街”及书面审查工作，涉及单位60家，劳动用工500人；慰问困难知青182人次，发放慰问金12万元。新北婴幼儿早教平台和新风街1号院儿童活动中心，完成课程2465课时，受惠人群34510人次；组织开展“德胜第七届亲子嘉年华”活动。建设完成2中心+6驿站为老服务机构；发放90岁及以上老年人高龄津贴69.89万元；95周岁及以上老年人医疗二次补助13.91万元；为60周岁及以上中、重度失能老年人644人发放失能补贴257.6万元；统计核实复评失能老人116人，发放失能复评劳务费

3120元，为20个社区发放失能手册300份；为14位困难老人提供“三项为老服务”，上门理发服务140人次共计4200元；为1位“三无”老人送餐304天共计1.52万元；上报区民政局2018年度的90周岁及以上无社会养老保障老年人基本医疗保险补助38人，补助金额共计6840元；为无保障低保老人提供免费体检、优惠体检150人次；评选区级“孝顺之星”20人、“孝顺榜样”1人；印制养老机构宣传手册1万册，并采用公众号的形式推送文章12篇；推进“菜篮子工程”建设，设立“车载蔬菜直销车”3辆、建立“固定便民菜店”9家，百姓生活服务中心4个，服务覆盖20个社区。

（孙海龙）

【社会治安综合治理】年内，整体谋划“疏解整治促提升”专项行动，人口规模调控扎实推进，共影响地区7681人，年度目标按期完成。拆除违法建筑292处、9904.56平方米，实现100%销账。切实做好重点挂牌督办整改工作，对分属40家产权和物业单位的47栋楼宇进行风险评估定级，完成2450户居民家庭楼宇对讲系统升级改造。推进综治中心规范化建设，建成新北社区、安北社区、裕中东里社区及大街西社区4个综治中心并投入使用，综治体制机制优势进一步发挥，入室盗窃发案率同比下降48.6%。落实《德胜门公交枢纽整治方案》，严厉整治“黑车”“黑导”、非法一日游等乱象，九类涉恶警情同比下降。开展安全隐患治理工作，开展联合执法检查24次，日常检查8700家，消除隐患4029项。集中整改4处大屋脊筒子楼，对辖区内全部平房院落进行火灾风险等级划分，安装消防设施。再次获“国际安全社区”及“北京市安全生产集体”称号。完成重大活动期间各项保障任务和活动组织工作，以及国庆节等假期德胜门公交枢纽旅客大人流疏导工作。

（孙海龙）

【精神文明建设】年内，落实意识形态工作责任，在践行红墙意识的基础上，形成“担当、创新、为民”的德胜精神。街道新时代文明实践所、20个社区新时代文明实践站、6个新时代文明实践基地全部挂牌；街道、社区两级百姓宣讲团100余名宣讲员深入地区开展宣讲活动100余场；举行“德邻聚力、携手同行”慰问演出、开展“德胜好人”先进典型推荐评选活动，向区推荐20名“北京榜样”候选人；推进文明街巷、文明商户、文明路口创建，持续开展“绿色出行”、“文明养宠物”等工作。以首善标准建设文明街道、活力街道、宜居街道、平安街道，持续推进文明城区创建常态化，把创建工作与疏解整治促提升、背街小巷治理结合起来，探索“德治、法治、自治、共治、精治、智治”（德胜六治）社会治理模式，构建基层社会治理新格局，提升地区文明程度和市民文明素质。街道工委在北京市“时代新人说”宣讲比赛中获基层单位优秀组织奖。加强重点工作新闻策划，出版报纸38期，微信290条。中央电视台、人民日报客户端、中国日报、新华社、人民网、北京电视台、《北京日报》、《北京晚报》等多家中央、市属媒体进行报道。

（孙海龙）

【双拥共建】年内，开展以“科技双拥、文化双拥、特色双拥”为主线的双拥共建活动，巩固发展“一街一品一典”模式。开展以“军民共建鱼水情、德邻共治享和谐”为主题的系列拥军活动；征集地区部队、企业、社区等20余家单位的100余篇优秀作品，参加“我和我的祖国”的地区双拥征文活动；依托地区科技双拥基地，多次参观北京科技周、北京科博会、高新科技企业等开展多项科技双拥活动；为驻区部队10名官兵进行厨师培训及考核，培养军地两用人才。建立街道级退役军人服务站及20个社区退役军人管理服务站，承担退役军人移交安置、信息采集、保险接续、走访慰问、服务保障以及优待抚恤、褒扬纪念等各项工作。

（孙海龙）

【党的建设】年内，开展“不忘初心、牢记使命”主题教育，组织集中学习教育13次，集中交流研讨4次。围绕“老旧小区治理、停车管理、接诉即办”等进行基层调研61次、专项整治2次。选强配齐社区“两委”工作力量，完成换届选举工作。加强对社区“两委”班子建设的指导力度，逐一听取社区工作汇报并进行点评。完善“两新”组织党建机制，针对960余家非公有制企业、8家社会组织开展“两个覆盖”集中攻坚行动。坚持“以德聚力”推动多元治理创新，开展“地区社会治理模式”课题研究，对党建引领下的地区治理模式进行梳理和反思，提升治理能力和治理体系现代化水平。依托区域化党建和“双报到”行动，召开街道、社区两级党建协调会，摸底更新资源需求清单，发布街道级重点项目24个，社区级项目97个。引导4000余名在职党员参与垃圾分类、停车治理、老旧小区改造等地区治理热点问题，践行党建引领基层治理理念。以“德文化”凝聚地区共识，举办第五届地区社会治理大会，用可参与、可互动的“德邻计划”项目引领社会力量参与地区建设。党建引领“街道吹哨、部门报道”工作，推动实现社区“两委”班子和业委会“双向进入、交叉任职”。形成党建引领搭平台、“两委三方”全民参与、共治共享的老旧小区精细化治理新路径。落实全面从严治党主体责任，组织28次中心组理论学习开展廉政警示教育，多次组织全体机关干部参观全面从严治党警示教育基地，落实“三重一大”，开展各类经费的业务培训，为各项街道工作的开展提供坚强有力的组织和纪律保障。

（孙海龙）

什刹海街道

【概况】什刹海街道位于西城区东北部，东起旧鼓楼大街，地安门内、外大街，与东城区相邻；西至新街口南、北大街，西四北大街，与新街口街道相连；南起景山前街、文津街、西安门大街，与西长安街街道相接，北至德胜门东、西大街，与德胜街道接壤。辖区面积5.8平方公里，有大街20条、胡同街巷205条。有规模以上单位133家、规模以下单位2720家，6所中学、7所小学、8个幼儿园、1个社区教育学校。有社区居委会22个，户籍人口45963户118061人，常住人口29803户71231人。年内，街道机关行政编197人，事业编178人，工勤4人，新调入公务员3人，新录用公务员8人，新调入事业人员2人，新录用事业人员1人，接收军转干部2人，退休12人。年财政拨款收入（不含什刹海风景区管理处）45307.73万元，财政支出（不含什刹海风景区管理处）44684.29万元。什刹海街道西海南沿被北京市城管委首都文明办、团市委评为“北京最美街巷”。筒子河被北京市水务局评为“2019年度北京市优美河湖”。街道被北京市人力资源和社会保障系统评为“优质服务窗口”。街道“温馨家园”被北京市残联认定为“北京市温馨家园改革示范基地”。“一米阳光”残疾儿童家庭心理支持项目被北京市残联评为“发展进步项目”。

地址：西城区地安门西大街141号
邮编：100035
电话：83223600

（汤佳琳）

【城市管理】年内，围绕中轴线保护同步推进鼓西、德内、地外、旧鼓楼等片区整治，拆除新街口东街66号等体量大的老旧违建，全年拆违1.6万余平方米，治理开墙打洞279处，达标背街小巷155条，拆违量、开墙打洞治理量、背街小巷达标总量取得3个全区第一。委托清华团队编制完成《街区整理规划》《景区综合管控导则》等三项规划，协调推进西什库西安门二期工程、荷花市场等提升项目，连片推进景山、西安门、文津街等13条重点大街提升，加快鼓楼西大街等重点街区整理与复兴步伐。综合行政执法队规范化建设取得阶段性成果。集中整治爱民里小区及周边环境，分类施策、集团作战，拆除违建113户131处1340平方米，改造绿地4600平方米，全社区实施停车自治，彻底改变长期脏乱差面貌。利用胡同“微整治”和腾退空间新建小微绿地2317平方米，建设平安里1093平方米口袋公园。组建全区首支环保巡查队，PM2.5数值从全市倒数跃升至第47名。筒子河获选“北京市优美河湖”公众认可度第一，率先实现全部水域获评“北京市优美河湖”。

（汤佳琳）

【社区建设】年内，完成社区“两委”换届。成立大红罗厂街3号院居民业主委员会，有效探索老旧小区推行物业管理模式。成立全区首家“自主型”社会组织联合会。率先在街道社区同步推行“午间不打烊”“周六日不打烊”政务服务，政务服务大厅全年接待群众8.9万人次。充分结合接诉即办工作完成22个社区治理诊断，自我剖析，分析诊断提高社区治理水平。全年把接诉即办工作作为头等要事，共接办案件5289件。严格处级领导联系社区、社区书记负责制、社区全员办件包楼包片、“首问责任制”、“双派双督双反馈”等工作机制，确保资源整合到社区，力量下沉到社区。着力提升解决率，集中精力突破一批难点问题，对反映强烈的环境秩序、停车难等问题成立专班统筹推进，新实现柳荫街、定阜街路侧停车和爱民街社区全域停车自治管理，新增车位362个；对街头游商、违法建设、“黑车”类反复投诉问题，组织专项行动“露头就打”；对各类扰民、冬季采暖等难点问题，强化主动治理，提升群众满意度、获得感。

（汤佳琳）

【社会保障】年内，5家养老驿站开展助老服务7.3万余次。探索建立区域养老服务联合体，培育公益助老社区社会组织，统筹366个生活性服务业网点，初步形成15分钟居家养老宜居圈。街道困服所依托“海益汇”平台优势，建立227名重点救助对象需求库，精准救助79对、个案帮扶90人次、一站式服务200余人次。成立“1+22”退役军人服务站，完成信息采集和建档6000余人，建设烟袋斜街“老兵之家”，打造有特色、多功能的退役军人服务阵地。加大整合教育资源力度，形成家庭教育、心理健康、非遗文化、特色体育四个进校园项目。“家庭教育促进”社会成效显著，家园联盟交流平台初具规模，近千个家庭享受在线教学和教育测评服务。助力对口帮扶地区打赢脱贫攻坚战，推进造血式产业扶贫，巩固南台子乡、克一河镇等五地精准扶贫成果，加强与雁翅镇结对协作。

（汤佳琳）

【社会治安综合治理】年内，完成庆祝新中国成立70周年活动服务保障任务。围绕疏散沿线、游园场所、故宫周边等核心地带，强化社会面管控，加强防范措施和隐患排查。演练期间，景区启动“5+1”机制，街道社区三个昼夜连续值守，挪移车辆1400余台次。国庆当天全面启动战时保障机制，69个点位投入群防群治力量4980人，实现“精精益求精，万万无一失”的保障目标。高标准抓好扫黑除恶专项斗争，坚持把扫黑除恶与“四治”结合起来，综合执法117次；查扣处置违法车辆328辆、人员163人。开展安全生产检查，10大专项排查消除隐患1435处。强化“人防+技防”，全力推进雪亮工程、平安社区创建、“西城大妈”队伍建设，织密扎牢社区治安防控网络，有力保障重要节点和重点区域的绝对安全。提高城市安全运行保障能力，加强隐患排查、矛盾化解和法律服务，提升消防“秒级响应”和应急管理能力，群众安全感持续提升。

（汤佳琳）

【精神文明建设】年内，什刹海文化展示中心精彩亮相，为中轴线申遗和大运河文化带再添新景观。建成全国首家街道级双拥展室和一条柳荫双拥长廊、一套双拥共建制度、一系列双拥文化项目等“四个一”精品工程，为西城区创建全国双拥模范区“十连冠”再添新阵地。加大对西板桥等历史遗存的保护力度，推进会贤堂、贤良祠文物腾退。加强公共文化服务，办好“漫品什刹海”等传统文化项目，创新开展“端午广福诗会”“金秋雅韵”古琴文化节等文艺活动，组织环海健步行、迎冬奥“什刹三冰”等特色体育赛事。

（汤佳琳）

【党的建设】年内，发挥街居党建工作协调委员会协调作用，建立地区单位服务卡和定期议事协商制度。建成2个街道级党群服务中心。开展“不忘初心、牢记使命”主题教育，以主题活动助力党建引领对台统战、群团妇联、双拥共建、扶贫协作、居民自治等。认领党建重点工作清单40项，细化成95项具体任务。选拔任用43名干部，有序实施公务员职级并行，加强全员培训、挂职锻炼、对台交流等。支持工会、共青团、妇联等开展工作，不断健全联系群众、服务群众的工作机制。结合“进千门走万户”“双报到”走访居民6282户。启动“人大代表联系选民月”拓宽民意诉求渠道。创建“海畔青年说”品牌、“小海星”队伍引领青少年志愿服务。发挥企业工会作用关爱和培养职工。弘扬工匠精神，评选表彰群众认可的劳动模范。团结党外人士共建共治，协调解决西什库76号、拈花寺等宗教房产安全隐患。构建“2+22+N”党群活动服务体系，组建28个功能性党支部，打造“两级吹哨、三级报到”升级版，以市民诉求为哨声吹哨530余次，解决问题5400余个，群众满意率从年初的68.35%上升至96.16%。成立“聚力工作室”，形成社区党委+书记+党建顾问的社区党建新格局；提升党群经费使用的覆盖面和有效性，培育“文体联盟”“特色小院”等品牌。全年中央、市、区级媒体报道160余条，群众性精神文明创建工作不断深化，什刹海文展中心列入首批区级新时代文明实践基地，半年吸引近3万人次参观。加强党风廉政建设，层层签订责任书。加强财务、工程等重点领域和关键环节风险防控。组织全员警示教育，开展“为官不为、为官乱为”等专项治理和形式主义、官僚主义突出问题自查。对区委第一巡察组反馈的18个方面50个问题，分类制定159条整改措施，逐一落实。

（汤佳琳）

西长安街街道

【概况】西长安街街道位于西城区东部，东以天安门广场西侧路、中山公园、故宫西墙为界与东城区毗邻，南以前门西大街、宣武门东大街中心线为界与大栅栏、椿树2个街道交界，西以西四南大街、西单北大街、宣武门内大街西侧便道为界与金融街街道相接，北以西安门大街、文津街南路边缘、故宫北筒子河中心线为界与什刹海街道为邻。辖区总面积4.24平方公里，有街巷胡同105条，其中一、二类大街13条。中央单位10家、市属单位26家、驻京办4个、区属单位25家。社区居委会13个，户籍人口25422户、76424人，实有人口34122人，流动人口10490人，出租房屋2869户。年内，出生679人，其中二孩229人。全年财政收入45399万元，财政支出45423万元。街道内设部门12个，行政编制209人、事业编制111人，公开招聘公务员2人（应届本科生1人、社区书记1人），安置军转干部1人。年内，西长安街街道被评为第九届全国“人民满意的公务员集体”、北京市筹备和服务保障中华人民共和国成立70周年庆祝活动先进集体、全国“扫黄打非”进基层示范标兵及示范点。

地址：西城区西绒线胡同甲7号

邮编：100031

电话：66035449

（傅瑞钧）

【社会治安综合治理】年内，完成各项重大活动保障，保障中华人民共和国成立70周年庆祝活动、“一带一路”国际合作高峰论坛、亚洲文明对话大会等重大活动。有效开展国庆期间大人流防控，机关干部、社工停休上岗、冲锋在前，出动2.7万人次，累计疏导游客超700万人次，街道获北京市筹备和服务保障中华人民共和国成立70周年庆祝活动先进集体。深入开展扫黑除恶斗争，明确重点区域，开展集中打击，在天安门广场周边等重点区域联合执法592次，查扣黑车88辆，整治非法停车场10处，清查“黑教育机构”9家，辖区治安秩序得到维护。切实保障群众生命财产安全，持续开展安全生产“四大行动”，检查生产经营单位5232家次，现场处置问题2399件。打造“四级秒响应”消防体系，新建南北长街小型消防站，确保地区防火安全。加强矛盾隐患排查调处，接访156件，办结率、满意率均为100%。化解信访各类矛盾纠纷400余件，有效确保辖区稳定。推进武装部规范化建设，连续7年获西城区征兵先进单位，连续4年获西城区征兵工作标兵单位。健全辖区普法体系，成立全国首家街道级“宪法宣传落实及推广中心”，打造“一街一室一园”精品普法宣传阵地，加强地区法治建设。在西城区群众安全感满意度调查中，四个季度均位居全区首位。

（傅瑞钧）

【城市管理】年内，持续加大疏解整治促提升专项行动力度，拆除违法建设8749.58平方米，完成率109%，群租房、直管公房转租转借、开墙打洞、地下空间违规住人情况保持动态清零。开展居住环境综合整治，北新华街外立面整治工程基本完成。重点推进和平门小区综合整治，拆除违建311处，面积2426.56平方米，依托“吹哨报到”机制，解决存在15年之久、困扰1021户居民的临时电顽疾，实现安全用电，更换小区自来水管线3000余米，增加绿化3.2万平方米，铺设路面2.6万平方米，小区环境明显提升。提升背街小巷品质，街道全部92条背街小巷实现“十有十无”市级达标，义达里胡同被评为“北京最美街巷”。探索破解停车难题，新增149个路侧停车位，在32条胡同施划101个车位实行居民自管，交通环境持续改善。坚决保护蓝天碧水，出动执法力量478人次检查工地，立案处罚11起；成立环保巡查队，对在施工地进行扬尘管控全覆盖，巡查点位6130次，查处工地违规行为69起；落实大气污染治理精细化要求，对辖区12类污染源台账全面梳理、实时更新监控；完成餐厨油烟净化设备安装224家；PM2.5年均浓度47微克/立方米，同比下降16%。做好筒子河环境治理，街道河长巡河232人次、641公里，解决河道垃圾、非法垂钓等问题197件。筒子河获北京市“优美河湖”评选第一名。推进垃圾分类，创新管理模式，提供多元化菜单式定制服务，生活垃圾分类投放、分类收集、分类运输、分类处理的体系进一步确立，群众生活环境持续得到改善。

（傅瑞钧）

【社区建设】年内，进一步提升大数据治理能力。打造数字红墙E表格平台，提高数据利用效率，街道运行服务效能切实提升。《坚持党建引领“数字红墙”，推动基层社会治理现代化》案例入选90个全国城市基层党建创新优秀案例。扎实做好社区基层组织建设，完成第十届社区居委会换届选举工作，坚持常规培训与专项培训相结合，建立完善社工管理和激励机制，推进社区减负，提高社区办实事、解难题的能力。着力完善政民互动渠道，处级领导到社区通报工作130次，保障居民知情权、参与权、监督权。完善社区议事协商平台，以义达里社区等5个社区为议事协商试点，形成“住社区、建社区、爱社区、管社区”的自治风尚。推广“西城家园”，为居民表达诉求提供新平台，阅读量13万余人次，解决居民问题290个，实现“民有所呼，我有所应”。广泛开展群众文体活动，打造“小小街巷长”文化品牌，组织第十三届“红墙杯”合唱节，大力支持、引导辖区红墙京剧队、合唱团等文体团队发展，持续丰富群众文化生活。

（傅瑞钧）

【社会保障】年内，积极提升12345热线案件解决效率，落实“闻风而动、接诉即办”要求，组建专班，实时调度。全年受理诉求1977件，年度考评排名西城区第二。提升窗口服务水平，政务大厅由13个窗口缩减为7个，新增窗口业务3项，优化业务流程95项，培养“一专多能”的高素质工作人员，提升“一窗通办”能力，延伸热线咨询服务，大厅服务热线实现街道业务全覆盖，全年办理业务4万余件，接待咨询1.5万件。丰富生活性服务业网点，对标“七有”“五性”要求，新增西交民巷便民菜点1处；建设西单北大街百姓生活服务中心，面积超2000平方米；打造全市首家物业快修线下实体店“老房管快修”便民网点，采取“线上+实体”服务模式，提供电器维修等5大类服务内容，办好群众家门口的实事。加强养老设施建设，新建2家养老服务驿站、1家老年餐厅。其中，太仆寺街社区养老服务驿站面积800平方米，提供医养结合、老年餐桌和文化娱乐等多种服务，依托三甲医院优质资源，实现“医院+社区+驿站+家庭”的新型运营模式。完善民生保障兜底机制，设立“救急难”专项民生救助备用金，第一时间解决特殊困难群体的燃眉之急。成立地区协调劳动关系三方委员会，实现对辖区企业和劳动者“一帮一”精准帮扶，保障职工合法权益，促进企业健康发展。激发社会组织活力，成立困难群众救助服务所，开展政策宣传、入户走访、流浪人员监管等服务238次。开展温馨家园残疾人文体活动、职康站学员康复训练等工作，惠及辖区残疾人700余人次。落细落实各项为民服务举措，救助社会散居孤儿3名，完成公租房补贴复核159户。成立退役军人服务保障工作领导小组和街道退役军人服务站，在政务大厅设置退役军人信息采集窗口，并于各社区成立社区退役军人服务站，设立两处退役军人活动中心，全面落实“五有”退役军人体系化标准。

（傅瑞钧）

【精神文明建设】年内，做好新时代文明实践工作，成立西长安街街道新时代文明实践所，13个社区成立新时代文明实践站，成立西城区新时代文明实践志愿服务西长安街街道中队、社区分队，围绕庆祝中国共产党成立98周年和新中国成立70周年等重要时间节点，每月开展新时代文明实践推动日活动，展示新时代红墙人的风采。围绕端午、中秋、重阳等传统节日，在地区中小学校、社区开展特色活动项目，坚持志愿服务与传统文化相结合，组织7场“我们的节日”系列活动。推出地区“红墙风采榜”，评选百名榜样人物及优秀组织，在地区张榜表彰。组建“红墙践行者”百姓宣讲团，以“我和我的祖国”为主题，倡导红墙人讲身边事，营造社会正能量。做好未成年人工作，结合春节、学雷锋日、清明节等时间节点进行教育实践，开展“扣好人生第一粒扣子”主题教育实践活动；持续开展寒暑假“小小街巷长”活动，培育引导地区未成年人家园意识；开展“作家进校园”活动，丰富未成年人文化生活。开办寒暑假成长营地，丰富未成年人假期生活，推荐、选树“新时代好少年”10名。推进群众性精神文明创建工作，开展文明单位“六个一”建设、“礼让斑马线”志愿服务等活动，推动文明单位履行社会责任，不断提升区域精神文明建设水平。推广文明街巷和文明商户主题创建活动，组建西单商业区文明商户志愿共建联盟，建设诚信经营示范街。评选红墙边文明家庭100户，文明院落（楼门）100户，文明街巷10条。继续做好“城乡统筹文明先行”主题活动，与门头沟区城子街道结对子，共同创建全国文明城区。

（傅瑞钧）

【党的建设】年内，不断提升基层党建工作组织力。完成13个社区党委（总支）所辖57个党组织换届工作，为地区发展提供坚实的组织保障。成立西单商圈党建联盟，联合18家单位，打造跨组织、跨领域、跨行业的党建联合体。组织开展“进千门走万户”行动，累计走访居民11403户、单位1380家，解决问题3449件，基层党组织政治功能、服务功能和组织力得到有效提升。抓好“不忘初心、牢记使命”主题教育学习及整改落实，突出“关键少数”作用，处级干部开展调研174次，在“我当热线办理员”活动中解决居民诉求79件。把握意识形态话语权，在《北京日报》等主流媒体刊登新闻报道60余篇，发行《长安街时讯》20期，“红墙长安”微信公众号推送内容327条。红墙意识党性教育基地接待全国521批、1.3万人次参观学习，红墙意识持续辐射传播。建成全区首家街道级展示馆，全景呈现街道历史沿革、发展成就等，凝聚地区干部群众发展共识。扎实推进精神文明建设，与清华大学共建学生实践基地，围绕基层治理、街区更新深入对接，开展活动10余次，为街道党建引领基层治理丰富实践内容；机关党支部、社区党委与清华大学公共管理学院等院系党支部结成“红色1+1”共建对子，开展理论宣讲、为老关怀、环保宣传等志愿服务。打造6个区级新时代文明实践基地，为地区高质量发展提供有力保障。严抓纪律建设，落实中央八项规定精神和市委实施意见，紧盯重要时间节点，加大监督检查。围绕12345热线办理等中心工作明察暗访50余次，作风建设持续向好。

（傅瑞钧）

大栅栏街道

【概况】大栅栏街道位于西城区东南部，东起前门大街西侧，西至南新华街，南起珠市口西大街，北至前门西大街。辖区面积1.26平方公里，街巷113条。有中央单位2个，市属单位8个，区属单位15个，中、小学3所，幼儿园4所。社区居委会9个，户籍人口20757户，55072人，流动人口10069人。年内，街道财政支出27739.17万元，同比增支3160.67万元，增幅12.86%，完成年度预算支出的97%。街道公务员编120人、事业编48人，安置军转干部3人。年内，获北京市司法行政系统国庆70周年维稳安保工作先进集体、首都环境建设样板单位。蔡奇书记对街道攻坚拆违给予肯定性批示，并到街道调研肯定市民服务热线工作。“综合包户”志愿服务品牌项目已连续开展36年，成功经验在全国推广。

地址：西城区棕树斜街26号

邮编：100051

电话：63032563

（苏　乔）

【城市管理】年内，开展疏解整治促提升专项行动，拆除违法建设7778.73平方米，完成全年目标任务的155.57%；开墙打洞34处点位全部销账；清理公房转租转借77户，完成年度任务的192.5%；地下空间及群租房治理实现动态清零。完成煤市街东侧箱变迁移21处，规范廊房二条、门框胡同、珠宝市街等广告牌匾76块，完成大栅栏商业街地面铺装，大栅栏商业街、煤市街、大栅栏西街外立面改造等工程。推进街区更新，引入街区责任规划师，发挥规划顾问把关作用。开放城市生活体验馆，推动煤东片区建设。以樱桃斜街、铁树斜街、大栅栏西街为试点，推进背街小巷交通微循环体系建设。利用拆违腾退空间，建成西城区首个电动自行车充电停车场，可提供停车位184个，新建小沙土园立体停车场，增加车位66个。改造易积水院落20个、公厕17座。投放分类垃圾桶1072个，与辖区126家单位签订餐厨垃圾收运协议，超指标完成103家餐饮单位升级油烟设备。启动“梦想”计划，实施“梦想花园”“梦想胡同”等项目，探索胡同绿色微更新模式；新建京韵园三期等小微绿地及口袋公园，通过拆违还绿、见缝插绿、拓展第五立面绿化空间等方式，新增绿化面积2180平方米，发放补栽花卉3万余盆，85条街巷通过市级“十有十无”达标验收。

（苏　乔）

【社会治安综合治理】年内，完成46项国庆服务保障任务，高效运行“1+7+9”指挥体系，发动群防群治力量2万余人次，108个点位、300余处防火院落做到专人维护，2000余个窗户做好防震措施，为223名80岁以上老人提供用餐服务，组织开展文化宣传活动50余场。及时有效应对煤市街北口、前门西大街、珠市口西大街等重点区域的突发性超大人流聚集现象。全年落实“五大安保”任务累计出动志愿者9.8万余人次，服务时长7.4万小时。持续开展地区综合整治，累计出动执法力量5422人次，规范店外经营2336次，清理各类“黑车、黑三轮”106辆次，疏导车辆2492辆次，没收旅游小广告3.6万余张。推进安全发展示范城区创建，开展安全检查2503户次，消除隐患2834处；处理食品药品投诉举报232起，回复率100%；加强汛期值班值守备勤1000余人次，全面守护群众汛期安全。构建消防应急“秒响应”机制，检修、更新灭火器9768具。建设国防后备力量，兵役登记95人，征集新兵1名。

（苏　乔）

【社区建设】年内，完成第十届社区居委会换届选举工作，选优配强居委会班子63人，实现党委书记、居委会主任“一肩挑”比例由0%到66.7%的重大突破。完成社区妇联、联合工会换届工作。加强社区基础设施建设，改善提升大安澜营社区办公和活动用房条件，为延寿街、石头等社区安装监控探头13个。开展社区能力建设专题培训，举办第三届社工职业技能大赛，编印《社区工作者管理制度》。落实社区减负工作，梳理区级部门下沉社区政务服务事项目录清单，厘清社区职责促进服务精准化。围绕“七有”要求和“五性”特点，大力推广“社区通”应用，对接百姓生活需求完善“百姓服务包”，街道社区全天候在线与居民互动达8万余人次。落实向群众通报情况制度，通过居民代表大会、网格议事会、街巷议事会、楼门院长会、志愿团队活动等形式向居民通报工作情况1477次。发挥物业管理的社会协同效应，以煤市街东社区为试点探索“一线人员力量整合”模式，打造魅力煤东“百姓之家”生活服务项目。

（苏　乔）

【社会保障】年内，开展大型“送温暖”活动，共计慰问地区特殊困难群体5430人（户），发放慰问金额291.4万元。整合救助资源组建困难群众救助服务所，共救助8049人次，发放救助金734.7万元。稳步落实全国劳动争议调解示范任务，帮助农民工讨薪26.2万元。依托“澜创园”创业孵化基地，开展就业、创业系列服务课程41场次，帮扶42人实现再就业，城镇就业率位列西城区榜首。帮助34户家庭实现“安居梦”。新建并运营银鹤苑老年食堂，新增分餐点三处，接待就餐人员达3.9万余人次。推广“小度在家”新型智慧养老模式，为地区孤寡和空巢老人提供亲情式服务3000余人次。为辖区100名0-3岁儿童进行免费健康体检。开展残疾人系列帮扶活动，覆盖800余人次，免费为10余名残疾人提供肢体康复训练。组建退役军人服务中心，成立“老兵之家”，采集退役军人信息1778人。开展残疾人系列帮扶活动覆盖800余人次。

（苏　乔）

【社会服务】年内，推行政府热线“1-2-4-8”工作法，实现12345政府热线24小时高效能服务，共接办市民热线诉求2000余件，有效案件解决率80%。开展“我是热线接线员，您的困难我来办”等系列活动，开通“问题意见直通车”，未诉先办群众的烦心事3000余件。通过“进千门走万户”活动，解决群众关注的热点难点问题5603件。推进民生工作民意立项机制，完成为民办实事项目11件。为居民院落安装太阳能门道灯600盏、门禁系统40处，解决困难居民台阶修整、扶手安装等各类问题192件；为113户居民加装伴热带，为5218户居民办理8532台电暖气设备更新，为地区5000户居民上门免费检测电暖器。利用文体活动中心、两处图书馆、爱心互助浴池等公共服务设施，服务居民达3万余人次。大力推进喀喇沁旗十家满族乡、阜平县坊里村、台峪乡平房村对口帮扶项目落地见效，投入扶贫资金96.8万元，帮扶48人实现脱贫摘帽。

（苏　乔）

【政务能力建设】年内，严格落实党风廉政、环境保护、安全生产、意识形态等方面的“一岗双责”要求，班子成员开展工作约谈400余人次。深入贯彻执行民主集中制原则，集体研究决策关于街道区域发展、城市管理、民生改善等重大工作决策和资金使用等事项844项。建立“开门决策”常态化机制，开展“政府开放日”活动，邀请人大代表、政协委员、党代表、居民代表等为地区发展建言献策，主动公开信息518条，办复人大建议、政协提案8件。完成政务服务中心改革任务，实现70余项业务“一窗”通办。开展“国旗下的微党课”、基层党务知识培训、青年干部座谈会、街巷长脱产培训班、基层党组织书记培训班等，提升干部为民服务能力和水平。全年推荐副处级干部1名，选拔科级干部26名，交流调整科级干部7名，职级套转晋升干部72名。聘请法律顾问对地区重点建设项目、政务服务等事项进行风险把控，提供法律服务332次。深入推动“七五”普法，新建公共法律服务站，打造“北京坊”党建服务中心法律服务站、三井社区“益览亭”普法微站、百顺社区“国粹苑”普法文化站等特色宣传阵地，开展各类法治宣传活动120余场。完成第四次全国经济普查，持续开展实有人口核查。

（苏　乔）

【文化建设】年内，打造文化益民、文化精品、文化交流“大栅栏文化三大工程”，即完善各类硬件文化设施，举办武当太极拳进社区、第三届世界读书日、“服章之美”体验、“品文化•闹元宵”、“盛夏端午粽意浓”等群众文化活动，惠及群众7000余人次，落实好文化益民工程。创建“大栅栏”文化品牌，组织第四届大栅栏街道文化体育节、“我们的节日”等系列活动，打造具有地区特色的胡同微马、太极争霸赛、老字号运动会等文化精品工程。举办魅力大栅栏摄影展、

“京韵剧源——西城2019京剧发祥地艺术季”活动，发挥93号博物馆文化阵地作用，启动非遗创客教室，引入“之文”非遗探究式体验课程，开展“创客时代的非遗魅力”主题展览，有效推进文化交流工程。推进高品质步行街和大栅栏商圈建设，优化营商环境助力老字号发展。

（苏　乔）

【精神文明工作】 年内，开展新时代文明实践建设工作，构建“169”基地组织体系，9个社区全部成立街道新时代文明实践所及社区新时代文明实践站，组建志愿服务队，实现文明实践活动常态化开展。组织“爱在大栅栏”评选表彰、文明引导活动，举办“文明养犬”“低碳出行”等主题活动，关注地区居民文明素质培养。开展“成长加油站”青少年助力项目，累计开展冬夏令营、安全自护教育、非遗体验、志愿服务、外出参观、法制教育、观看电影等各类青少年活动40场，参与人数达800余人次。申报《大栅栏街道“1+1+1”志愿帮扶计划》，入选中国志愿服务联合会中国志愿服务基金会首批学雷锋志愿服务支持项目。

（苏　乔）

【党的建设】 年内，开展“不忘初心、牢记使命”主题教育活动，完成集中学习研讨13次、调研课题17项、查找、检视问题365条、提交整改报告17篇、理论中心组学习27次。开展“智慧之光”大讲堂8次、依托书香大栅栏网上阅读空间、学习强国App等新媒体平台，形成全员自学的良好氛围。用好用足党费、基层党建经费、党组织服务群众经费，全年共开展服务群众项目25个，党建活动20余场，受益群众达1.5万余人次。制作大栅栏街道基层党建工作重点任务清单，发挥街道和9个社区党建工作协调委员会纽带作用，建立四个双向机制，梳理三项清单。统筹工会、妇联、共青团、统战、社会组织及基层党组织建设等资源，做实北京坊“六站合一”商圈党建项目。深化“吹哨报到”机制，累计吹哨377次，有效解决煤市街巷边占道、粮食店街非机动车乱停放等难点问题300余件。引导935名在职党员落实“双报到”制度，开展服务群众活动40余次。加强与张家口、山东临沂驻京流动党员联合党委的紧密联系，吸纳志愿者力量600余人参与地区重大活动服务保障。对处级领导、重点工作负责人、重点科室科长定期进行“一对一”谈话提醒及监督检查，共谈话170余人次。组织多种形式的警示教育活动及明察暗访共21次。开展社区专项经费监督检查，用好监督执纪“四种形态”，对存在问题的人员进行教育指导。

（苏　乔）

天桥街道

【概况】 天桥街道位于西城区东南部，东起前门大街、天桥南大街、永内大街与东城区天坛为邻；西至虎坊桥、北纬路、太平街与陶然亭街道接壤；南起永定门护城河为界与永外大街相望；北至珠市口大街与大栅栏街道交界。辖区面积2.07平方公里，辖区企业1526家，个体425个，社区8个，户籍人口18930户54977人，流动人口9167人。年内，出生61人，死亡31人。财政收入21692.62万元，财政支出21362.66万元。街道设11个职能科室（含事业编制及内设科室），机关行政、事业人员编制193人（其中公务员编制133人、事业编制59人、工勤编制1人），公务员120人、行政工人1人、事业43人。转任、安置进入机关、事业单位6人，公开招考进入机关、事业单位9人。机关事业调出3人、退休4人。年内，街道在城市管理、社区建设、民生保障、综合治理、党的建设等方面都取得新进展。

地址：西城区北纬路9号

邮编：100050

电话：83133818

（冯奕宁）

【城市管理】 年内，开展“疏解整治促提升”专项行动，拆除违法建设288处7940.41平方米，封堵“开墙打洞”24处，清理执照57家，查处取缔无照经营商户2家，清理规范餐饮单位20家，整治违法群租房14户，清理直管公房违规转租转借16户、企租改民租12户。检查餐饮商户162家次，发现并上报疑似环保问题13起。联合区生态环境局开展13次专项联合执法检查，共计检查餐饮单位96家，下达整改通知23

家，罚款1家5000元，开展环保大讲堂3次。成立施工单位“一微克”行动自律联盟，严控施工扬尘及餐饮油烟排放。推进地区102家餐饮单位油烟净化设备升级改造，改造率276%。通过环保精细化管理持续改善空气质量，年内PM2.5指标46微克/立方米，同比下降15微克/立方米。空气重污染期间共出动执法力量396人次，检查在施工地81处次，查处违法违规施工6处、18起，罚款7.85万元。街道河长巡河188次，河长办及环境治理保安员巡河902次，社区巡河779次。加强南护城河河道管理，落实“河长制”各项措施，入选北京优美河湖。配合区城市管理委在北京育才学校开展海绵城市改造工程。在辖区设置分类垃圾桶470组、910个。对餐饮单位垃圾分类情况开展联合执法检查13次。开展入户宣传40次，组织63场次垃圾分类专场宣传活动。生活垃圾分类治理数据平台搭建完成。完成天桥市场斜街、校尉营胡同、九湾胡同绿化景观改造提升。启动扫雪铲冰工作预案及应急预案，动员社会力量600余人次开展群众性扫雪铲冰工作，通过预警群防、排查治理、值守保障，实现平稳度汛。主汛期共发布预警21次，街道处级领导值班备勤23人次，应急值班值守干部104人次，抢险备勤1078人次，外出巡查630人次，备勤车辆22台次。以天桥演艺区周边、“三办”地区、南纬路摩托车市场、留学路、香厂路为重点，开展多部门跨区域联合执法共计140余次，实施行政处罚1066起，罚款224440元，规范门前三包740余起，取缔无照经营180余起，规范店外经营380余起，查扣各类三轮车、自行车100余辆，清理违规广告牌匾、LED电子屏、灯箱广告100余块。取缔7处无照经营废品回收点。开展燃气设施专项联合执法检查，共计检查单位66家，暂扣煤气罐20余个，查封商户1家。39条背街小巷达到“十有十无”标准，通过验收。完成天桥小区北里西片区环境整治提升。贯彻落实《北京城市总体规划（2016年—2035年）》，在背街小巷整治、街区更新中重塑老北京传统文化，率先在鹞儿胡同试点打造文化探访路径。启动禄长街头条19号院老旧小区改造，完成绿化景观改造。重大活动期间加强对游行群众集结、烟花燃放等重点区域的环境秩序管控，有效应对珠市口西大街和南中轴路御道区域的大人流防控工作。

（冯奕宁）

【社区建设】年内，编辑出版《做好群众工作大讨论成果汇》，总结社区典型案例涉及党建、社区治理、环境建设、社会治安等七大类30篇，社区工作知识问答100问。所有社区完成社区居委会、居务监督委员会换届选举。开展社工全科培训，邀请街道各业务部门和社区建设领域专家，专题讲解社区工作中各项应知应会的业务知识，提高业务能力和综合素质。结合“街道吹哨、部门报到”工作、12345热线案件“接诉即办”工作、“社区通”工作、社区骨干队伍建设等，制定《天桥街道社区工作者入户走访制度》，实行社工“四问、四看、四查”，记好民情日志。通过入户走访收集群众诉求2551条，解决2293件，获得群众送来的各类锦旗4面，表扬信2封，12345来电表扬23条。持续探索和推动“多居一站”转型升级，集合政务服务、党建服务、便民服务、公益服务、公共服务、物业服务共六方面功能服务事项数量从78项增加到129项。改善先农坛社区、禄长街社区办公条件，以社会治理创新空间为基地，进一步深化“8+2+2”的社会治理创新空间布局。结合街道实际，制定街道《政府购买服务项目管理办法》（试行）。以禄长街19号院治理为突破口，围绕居民利益诉求为核心，以打通服务群众“最后一公里”为目标，定期开展小院议事会，形成“小事楼门议”“大事支部议”“难事党委议”的分层议事协商机制，培育出家庭管家、楼门管家、院落管家的三级管家队伍。搭建社区通服务平台，5个月上线用户5739名，4969户家庭实名加入，1702名党员实名亮身份，家庭覆盖率达23.5%，60岁以下用户占比65.4%，通过自治共治线上解决问题99个。

（冯奕宁）

【社会保障】年内，完成各类资格初审232份，复核涉及24批次

861户家庭，终止、变更资格52份。分两批次对辖区128户申请家庭，特别是低保低收入等特困家庭，进行公租房意向登记及复核，配合区住房保障部门完成选房家庭的入住及公租补贴办理。审核发放低保金561户1260万余元；低保医疗救助2051人次，226万余元；两节慰问低保低收入家庭582户44万余元。其余救助项目支出104万余元。两节、助残日、十一走访慰问困难残疾人家庭556户，54名残疾人享受家庭康复训练服务。集中救助流浪乞讨人员6次，劝导和救助非京籍流浪乞讨人员12人。妥善解决群体性纠纷1起，讨薪事件2起。完成红十字紧急救护培训150人；开展地区无偿献血活动，183人献血，采集全血36600毫升；举办健康推广活动16场。成立社会保障和促就业工作领导小组，并根据街道实际情况修改制定《天桥街道关于进一步做好2019年促就业政策有关规定》。走访跟踪服务用人单位100家，空岗信息采集1500个。与西城区公共服务中心、街道、社区和辖区15家企业成立“手拉手”促就业联盟，签订天桥街道党组织“手拉手”就业宣传倡议书，开展专题就业宣传周活动，完成技能培训135人，创业培训19人，实现创业45人，带动就业220人。开展组织春风行动、民营企业招聘月、招聘进社区等专项招聘活动，累计服务群众1000余人次，提供岗位300余个，188人与企业达成招聘意向，实现辖区内招工就业转出档案58人。提供辖区老年人巡视探访服务2314人次；提供为老送餐服务3458人次；提供为老服务694人次；提供百家圆梦服务147人次。发放清洁能源自采暖补贴30余万元480人次。落实“以产促脱”，建立3个扶持项目，投入资金101.64万元。制安晾衣杆40组、太阳能照明灯90组，整修平房院落地面及下水管线46处，解决地区居民晾晒难、出行难问题。为辖区低保、低收入家庭及残疾、孤老等困难群体免费检测冬季取暖设备2065户。成立全响应街区治理中心，接到居民诉求3071件，有效受理2208件，办结率100%。完成内蒙古、河北、青海三个结对地区实地调研工作，开展吉曲乡山荣村藏黑陶藏服加工项目、大囫囵镇二道湾行政村村容村貌提升工程、甘河镇项目精准扶贫工作，投入总资金101.64万元。组织5名教师赴内蒙古喀喇沁旗小牛群镇开展职业技术培训，受益群众60余人。组织机关党员干部、社区社工办理北京市消费扶贫爱心卡200余张，购买结对帮扶的鄂伦春地区农产品1274份25.48万元。

（冯奕宁）

【社会治安综合治理】年内，推动街道实体化综合执法平台改革，提高综合执法统筹效能。以综治中心为依托，加强统筹调度，开展拆违封堵、南纬路摩托车市场整治、废品收购点整治、“三办”周边整治等各类综合执法27次。接受市扫黑除恶督导组专项督导，召开街道扫黑除恶专项斗争工作推进会和4次专题调度会，制作、张贴宣传海报1100份，发放致居民一封信9000份，张挂宣传横幅18处。组织6次联合执法行动，打击黑截访案、聚众扰序案、卖淫团伙案等，刑事拘留27人。持续加强地区物技防建设，夯实地区安全防护基础，维修、保养地区数字高清监控系统及相关设备111个，为900户居民更换C级锁芯，安装楼房楼宇对讲系统122处，安装平房院安全防护门345处。为天桥派出所购买2处移动警务岗亭和2辆巡逻车。制定《天桥街道关于加强禁毒工作的实施意见》，调整天桥街道禁毒工作领导小组成员名单，夯实地区禁毒工作的组织保障；每月至少开展一次禁毒宣传，全年累计宣传13次；定期做好向日葵系统和综治中心大数据平台的管理维护，完善向日葵系统人员（12人）档案；开展社康社戒人员尿检60人次。持续开展群租房治理，清理群租房4处，疏解25人。健全群防群治力量发动体系，完成全年社会面防控任务。组织平安志愿者做好重大活动安保值守，完成全国两会、“一带一路”峰会、亚洲文明对话大会、70周年国庆、重大节日及重点敏感时期安保值守工作。

（冯奕宁）

【精神文明建设】年内，举办重阳节敬老系列活动，服务指导社区、养老机构。创办“一次培训、三个项目、四大行动”，开展志愿服务活动611场次，参加志愿者11358人次，受益群体95088人次。推送“京韵天桥”公众号微信118条，刊印《天桥时讯》26期，实现彩色户外LED显示屏基本全覆盖。雷锋图书馆和民俗图书馆全年开放2000余小时，接待读者4697人次。开展读书主题活动8次，参与560余人次。举办“夕阳共享人人乐”科普讲座、“体验毛猴制作感受非遗魅力”“五彩香囊迎端午民俗文化进天桥”等多样化系列活动，惠及读者600余名。

（冯奕宁）

【**文化建设**】年内，开展“品天桥文化、享民俗盛宴”第九届天桥民俗文化节、“百姓传非遗欢喜迎冬奥”全民健身趣味运动会系列活动。联合中国古代建筑博物馆、天桥印象博物馆等地区文化资源单位，开展清明节“祭先农、植五谷、放飞祝福”主题活动、“知天桥、爱天桥”百姓课堂等特色文化品牌活动。举办各类文体活动及讲座1550场，惠及2.8万余人次。培育曲艺、舞蹈、合唱、诗社、太极5支文体团队，少年曲艺队获第二届平安西城志愿服务项目大赛二等奖，老男孩合唱团获西城区第十二届市民讲外语风采大赛三等奖，太极队获第八届“白云杯”集体太极拳邀请赛三等奖。

（冯奕宁）

【**党的建设**】年内，组织理论中心组学习32次，专题研讨6次，参观各类主题展4次。开展各类理论宣讲13场，参与1000余人次。完成社区党委换届，各级党组织班子和党员培训轮训10余次。新成立6个社区居民党支部、2个临时党支部。“两新”组织党委开展特色活动41次。全年发展党员12人。党群服务中心开展活动40余次。使用党组织服务群众经费240万，服务群众和地区发展以及党建引领创新。

（冯奕宁）

新街口街道

【**概况**】新街口街道位于西城区北部，东起新街口南、北大街，西四北大街与什刹海街道为邻；西至西直门南、北大街，阜成门北大街与展览路街道相接；南起阜成门内大街与金融街街道接壤；北至德胜门西大街与海淀区隔街相望。辖区面积3.7万平方公里，社区居委会21个，综合服务站1个。户籍人口39865户106928人，常住人口34479户89372人。年内，户籍新生人口797人，其中一孩534人，二孩263人，死亡470人。有社会单位3265家，其中中央单位124家、市属单位106家、区属单位179家，中、小学11所，幼儿园9所，社区教育学校1所，少年宫2所，成人高等学校1所。机关内设科室8个，党群服务中心、全响应街区治理中心、市民服务中心3个科级纳入工资管理规范事业单位，机关、事业单位工作人员共257人，其中公务员165人，行政工人3人，事业职工89人。通过公开招录、政策性安置、转任进入机关、事业单位的工作人员14人；公务员、事业职工、行政工人退休3人，调出公务员、事业职工8人，开除公务员1人、辞职事业职工2人；轮岗12人。年财政收入46078.54万元（含上级财政拨款），支出45484.95万元。年内，街道在党的建设、社会面防控、城市管理、社区建设、民生保障等方面取得新进展。获“北京市控烟示范单位”“北京市侨联工作先进集体”称号。

地址：西城区西直门内大街128号
邮编：100035
电话：66002800

（张　朔）

【**城市管理**】年内，制定《新街口街道公共机构垃圾分类实施规范》，规范公共机构垃圾分类。维护更换垃圾分类设施，向居民发放小垃圾桶1.5万个、垃圾袋200包，给小区配发有毒有害垃圾桶100个。定期组织餐厨垃圾分类联合执法，检查餐饮单位50余家。开展日常绿化养护，补植乔木300余棵、灌木1500棵、地被3万余平方米，修剪乔木2000余棵、花灌木4500余棵。创建市级节水型单位3家、区级节水型单位2家，创建节水先进家庭1家。河长巡河481次，里程总计1363公里。完成行政处罚1250起，罚款总额83.42万元，其中查处非法小广告56起，罚款2.87万元；治理占道经营316起，罚款10.82万余元；查处施工工地189起，罚款60.31万余元。拆除违法建设38处3672平方米，其中旧有违法建设29处3497平方米，新生违法建设9处175平方米。巡查“四品一械”经营户2276户次，覆盖率100%。开展食品抽检604批次，合格率98.7%；开展药品、保健品抽检74批次，合格率100%；对违法行为实施各类行政处罚215件，罚没款14.36万元。为辖区弱势群体家庭更换新国标插座428个，回收老旧“带病”插线板261个。开展安全生产月宣传和“应急宣传进万家”活动，组织“保安全，学急救，助力建国70周年大庆”安全应急宣讲、第二届“白塔杯”安全社区知识竞赛、首届“我心中的安全社区”演讲比赛等各类宣传活动；启动安全发展示范城市创建，提炼街道工作亮点，形成可推广经验，新街口街道安全生产检查队被共青团北京市委员会、北京市应急管理局授予“青年安全生产先锋岗”称号。

（张　朔）

【社区建设】年内，推动玉桃园、西里二区、官园等社区房屋改造实施；督促宫门口社区和半壁街社区办公用房建设；完成社区办公及服务用房抢修5处（次）；推进高井幼儿园新址房屋装修装饰工程。探索党建引领基层治理体制机制创新，“西城家园”平台正式上线运行，指导社区做好居民注册动员、培训学习、线上互动、吹哨报到等工作，发放宣传折页2万余份；实名注册用户16155户、17976人，其中党员亮身份4707人，占比26.18%，线上居民实名注册率达到常住居民户数42%。线下建立“一册一卡”服务模式，通过“进千门走万户”“敲门日”等方式发放便民服务卡4万余份，把政府的惠民政策、服务送到居民身边。购买社会组织服务项目35个，涉及资金593.55万元、社会组织16个；以“白塔新辉”系列文化活动品牌为引领，举办新春笔会、“白塔歌会”、足球邀请赛、棋赛、太极拳推广、青少年武术普及等活动；举办首届“社区邻里节”等社区文化活动，开展美食体验、四合院VR博物馆游玩、跳蚤市场、冰雪运动等主题活动，调动居民参与社区建设的积极性。新修订居民公约71项，21个社区的居民公约正式出台。推动街区文化建设发展，接待群众活动1157场次，27786人次。组织各文化团队积极参与市、区、街公益演出及比赛，老战士合唱团参加第二十五届《京华之声》合唱比赛，获优秀演唱奖；北京新四军老战士合唱团参加北京电视台大型合唱季《金色时光》第一季，被评为最感动合唱团；踢踏舞队的原创剧目《星光雷电》获全国第四届踢踏舞大赛金奖；郁金香舞蹈队的舞蹈《快乐》获北京侨商会祖国七十周年民族舞金奖；太极拳队获北京广播电视报社组织的“花开四季”太极拳比赛第一名。

（张　朔）

【社会保障】年内，新街口就业服务微博发布信息600条；新街口微信公众号就业信息推送500条；新街口就业服务QQ群求职者500名，用工单位200家，发布信息600条。辖区新增登记失业人员1261人，实现就业人员1215人，就业率83.51%，创业项目洽谈10余次，空岗信息采集3750个，职业指导225人；新增参保“一老一小”和“无业”共计1188人，为1868人报销药费830万余元，办理申领、补换社保卡手续3851人次；社会化管理退休人员10820人。公租房资格家庭1809户，已解决685户，待解决1124户；领取各类补贴家庭929户，受理新申请、资格变更641户；签订家庭市场租房补贴合同173户，完成1335户家庭复核；接待群众来电来访6431人次，实际解决住房困难家庭75户。户籍二孩以内生育登记793人，其中网上登记746人，再生育（二孩以上）审批12人；流动人口生育登记168人；办理《独生子女父母光荣证》72个，为536人发放独生子女父母年老一次性奖励53.6万元，为1090名个人存档人员发放独生子女父母奖励费6.3万元；走访慰问计生特扶家庭和困难家庭426人次，发放慰问金23万元。举办健康宝宝大赛、幼儿入园亲子体验活动、亲子公益活动等大型亲子活动和优生优育、健康知识等各类培训活动共33次。发放避孕药具63090余支。走访慰问各类困难人员4588人次，发放慰问款281.35万元；临时救助40人次，11.6万元；自主资金救助17人，救助16.96万元；发放爱心卡1018户，61.08万元；新生助学12人，6.39万元；发放冬季取暖补贴127户，14.84万元；开展慈善助学、助老、助医等救助，累计帮扶194人、12.79万元；组织完成“冬衣送暖”社会捐助活动，募集过冬衣被1169件；为8名困难优抚对象发放救助金2.27万元；报销社会救助人员药费21.8万元；发放残疾人两项补贴496.7万元；发放困境儿童生活费1.08万元。年内，新申请办理残疾人证64份；办理老年优待证134人次；发放养老助残卡752张；为90岁以上高龄老人发放补贴77.93万元、7369人次；为95岁以上老年人发放医疗补助85人次，14.55万元；高龄老人失能照护服务11649人次；“洗浴、代换煤气、上门理发”三项为老服务项目，累计服务286人次；街道养老服务驿站累计日托老人1454人次，参与活动7977人次；为特殊老年人（困难孤寡老人）送奶服务5353人次。为民办实事项目“一元理发”累计服务1684人次，助浴服务累计986人次。

（张　朔）

【社会治安综合治理】年内，完成两节、两会、“一带一路”、亚洲文明对话、70周年国庆、十九届四中全会等重点时段敏感期的安保工作。检查单位1074家，发现火灾隐患或违法行为1143处，整改火灾隐患或违法行为1096处，下发整改通知书932份，下发行政处罚决定书49份，查封42处，关停13家，罚款42.12万元，拘留4人。在地区21个社区的筒子楼、平房院落安装800组投掷型灭火器，2300组消防安全隐患提示牌。推进物、技防工作，完成4个安防小区项目的建设，共建设门禁对讲119套，人员车辆通行道闸11套，电动自行车充电桩2套。推送扫黑除恶基础知识、通告、新闻84条，街道纸媒《新街口之声》刊登扫黑专栏19期，组织召开机关、社区干部警示教育4场，组织21个社区开展各类宣传、学习活动102次，参与人员4000余人次，制作、张贴、悬挂扫黑除恶宣传口号横幅21条，各类海报、展板1500余张，播放电子信息173条次，发放“致居民一封信”4200余份。加大行业乱象整治力度，相继开展7次联合执法行动，组织召开10次工作调度会，收集汇总工作信息131条，上报总结、报告材料16篇。受理民间矛盾纠纷案件779件，调解成功773件，达成口头协议320件、书面协议453件（司法确认15件），涉案标的金额539.1万元。组织普法宣传活动38场，发放普法宣传折页、手册7500余份，普法宣传品1200余件；利用橱窗、电子屏张贴普法海报、电子挂图300余份，展板69块。地区实际列管社区服刑和刑满释放两类人员149人（其中社区服刑人员16人、刑满释放人员133人），共进行居住地核查14次，开展社会调查4次，宣告接收11人，按期解除社区矫正7人；办理接收刑满释放人员29人，按期解除安置帮教28人，转走安置帮教3人；开展全面走访排查5次，走访约谈“两类”人员360余人次。打造“胡律师说法”普法品牌，开展“胡律师说法”进社区、进机关、进学校、进军营等普法宣传活动23场，发放普法宣传资料3000余份。

（张　朔）

【精神文明建设】年内，共制作围挡1000多平方米，设计制作“核心价值观”主题展板697块、硬质横幅34条。组织居民2000余人次观看影片《我和我的祖国》、《决胜时刻》、参观庆祝中华人民共和国成立70周年大型成就展。做好文明城区常态化创建，开展以“爱祖国爱北京——文明西城创建有我”为主题的文明城区创建主题推动日活动；对文明城区指标测评体系进行任务分解，及时纠正区模拟检查中发现的问题，协同职责科室对实地考察的点位做好日常巡查；开展文明养犬、低碳环保、文明街巷及商户评选等精神文明活动，营造地区良好社会风貌。完成26期《新街口之声》常规刊、3期特刊、6期专刊（期中2期8版，4期4版）的出刊和发行工作；运行《北京新街口》街道公众号平台推送信息404条；共有市级以上主流媒体报道62次；汇总报送舆情信息1589篇；在新浪、腾讯微博等发（转、评）帖总数258条；拍摄《志愿蓝》《社工》《讲好中国故事——新街口太极团》等宣传视频。举办“汇聚微光亮·逐梦新时代”新街口社会治理工作表彰大会，表彰身边鲜活的榜样77名；围绕“三绿色一志愿”主题，推荐报送年度“优秀环保公益组织”1个，“绿色生活好市民”15名，倡导绿色发展的目标；精选6名不同年龄、不同行业的百姓宣讲员组建街道百姓宣讲团参加以“我和我的祖国”为主题的2019年西城区百姓宣讲全区汇演活动；组织道德讲堂5场；在春节、元宵、清明、端午、中秋、国庆、重阳等重要节日期间组织开展“我们的节日”主题活动；开展“Minors在行动”及新街口街道小记者团品牌活动，组织活动11场，参加青少年400余人；为喜迎祖国70华诞，以“我和我的祖国”为主题组织开展形式多样的群众性主题宣传教育活动43场；自6月新时代文明实践活动启动以来，街道重点打造1+4+21（即1个主线、4个主题活动、21个实践站共同参与）全面覆盖、各类文明实践活动格局，围绕教育、理论政策宣讲、文化、健身体育、科技与科普以及卫生等六大类别组织开展各种服务活动194场，服务辖区内居民1万余人次。

（张　朔）

【双拥共建】深化军民融合，推动双拥工作向纵深发展。“两节”期间，走访慰问辖区8支共建部队，发放慰问品12万元；走访慰问贫困战士30人，发放慰问金1.5万元。为143名优抚对象发放伤残金护理费190.7万元，报销医药费8.4万元。做好双拥模范城迎检工作，争创全国双拥模范“十连冠”。组织共建部队30名优秀士兵代表陪伴亲人游京城活动。做好退役军人安置服务，成立新街口街道退役军人服务管理中心，做好退役军人及其他优抚对象信息采集和悬挂光荣牌工作。组织部分优抚对象观看慰问演出、参加疗养等活动。

（张　朔）

【党的建设】年内，贯彻全面从严治党要求，推进党的组织体系建设，提升基层党组织组织力；开展非公企业和社会组织“两个覆盖”集中攻坚行动，实现党组织覆盖率93.8%，党的工作覆盖率100%；持续深化楼宇党建创新服务，实施开展“五微”活动、“红色凝聚·五联五动”工程；开展社区“两委”换届选举工作“回头看”。年内，接收预备党员22名，转正24名，接转组织关系460人；发挥街道党校分校主渠道主阵地作用，对基层党员培训6期1048人次，组织基层党组织书记培训班4次，专职党务培训班1次，积极分子培训班2次，新党员培训班2次，支部书记轮训班2次，基层党务工作者特色活动3次，开展“不忘初心、牢记使命”主题教育基层支部书记轮训班1次；完成104个社区党支部的规范调整，创新基层党组织设置方式，有序推进基层党组织换届选举工作，提高党支部建设的标准化、规范化水平；搭建在职党员服务平台，依托“党徽百家行文化耀社区”、在职党员“星计划”等党建服务群众项目，鼓励在职党员发挥法律、医疗、文艺等自身专业优势，3000多名在职党员到街道各社区报到并参加“四个一”实践活动，走访帮扶居民群众，入户送学习、送文化、送清凉、送温暖，投身社区建设；73家驻区单位党组织，1199名在职党员在“双提升”社区统一行动日走进社区开展志愿服务；推进开展“进千门走万户”行动，结合街道区域实际和日常工作机制，以“54321工作法”开展工作，了解群众需求、解决群众困难，促进区域发展；“两节”“七一”走访慰问困难党员370人，组织开展“共产党员献爱心”活动，共收到2498名党员个人捐款155695.1元。下拨基层党组织党建活动经费201.4万元，共收缴党费733322.84元。

（张　朔）

金融街街道

【概况】金融街街道位于西城区中部，东起西四南大街、西单北大街，西至西二环路，南起宣武门西大街，北至阜成门内大街。辖区面积3.78平方公里，有街巷111条。社区居委会19个，户籍人口11.4万人，从业人员29.5万人。有法人单位4090个，商务楼宇76座。高等院校1所，中学5所，小学6所，幼儿园4所，卫生医疗机构3个。街道机关行政、事业人员265人（公务员编制155人、事业编制104人、工勤编制6人）。接收军转干部4人，向部队输送新兵3人。

地址：西城区太平桥大街107号

邮编：100032

电话：66219688

（夏爱军）

【城市管理】年内，“开墙打洞”整治、直管公房清理、地下空间整治、七小门店整治保持持续动态清零。“开墙打洞”整治57处444平方米，其中特殊点位15处，实际封堵42处。违章建筑拆除16处10419.47平方米，涉及人口647人，旧有违法建设拆除面积超额144.22%。疏整促各专项行动涉及人口2366人，完成108%。治理群租房30处2481平方米，涉及人口483人。关停违规经营胶囊公寓1处1200平方米，清理胶囊床位172个，涉及人口172人。111条背街小巷，除算作内部路的2条街巷和拆迁区内的8条街巷，剩余101条已通过市级达标验收。整修、粉饰外立面1330平方米，增加绿化植被1253平方米，栽植花木34439株。完成二龙路街区收尾、闹市口街区文华胡同、丰盛砖塔街区羊肉胡同及大院胡同改造工程，王府仓胡同、察院胡同、什坊小街、锦什坊东街、华嘉胡同等5条街巷被评为首都文明街巷。加大法定节假日、全国“两会”、“一带一路”、新中国成立70周年等特殊时期的辖区巡查管控和突发情况处置力度，做好白云观、牛街“开斋节”等外辖区点位的盯守支援工作。加大对占道经营、无照经营、散发小广告、乱堆物料等行为执法力度，推进门前“三包”、施工现场、夜景照明等专项执法常态化开展。全年联合执法1025人次，联合执法检查对象427处，行政处罚1297起，罚款508580元，清理堆物堆料1687吨、私装地锁476个、僵尸机动车25辆、废旧占道车206辆，查处没收上缴各类无照经营物品860余件、非法小广告55公斤，拆除非法户外广告、LED显示屏22处。

（夏爱军）

【社区建设】年内，成立换届专班，完成社区换届选举工作，选举产生居委会主任19人、副主任38人、委员76人。继续推行社区“参与型协商”民主自治模式，提高社区居民参与率。以社区规范化建设为标准，探索全科社工运行体制，尝试实践社工轮岗机制探索，打造“全能”社工。联合第三方开设“鸿雁”翱翔计划，全方位对全体社工分层立体进行培训，开展“萤火汇聚”社工技能大比拼，“70周年萤火汇聚社工风采展示”主题等活动，提升社区工作者工作效能感。定期开展各类群众性文化活动，组织“金融街健身休闲广场”系列活动，举办2019年欢欢喜喜过大年、庆祝新中国成立70周年大型文艺演出、第十二届社区运动会、金融街“和谐杯”乒乓球赛、首届“邻里乐”“邻里颂”“邻里情”社区邻里节，清明节以吟、诵、唱等形式在李大钊故居“追忆先贤、缅怀先烈”。抓好科技普及，开展网络夕阳红电脑班培训、科技周、科普之夏、科普摄影大赛等活动。完成41名非本市户籍适龄儿童入学审核工作，对辖区100名困难学生家庭进行助学慰问。处理回复12345案件70余件，完成社区21处房屋设施修缮工作，为13个社区居民安装21处电动自行车充电桩等。

（夏爱军）

【社会保障】年内，坚持“以民为本、为民解困、为民服务”，做好民生保障工作。各类慈善救助285人次43万余元；救助因病、突发性事件致困群众181人次33.99万元；帮扶特困供养人员54人次20.46万元；为52人次低保人员临时垫付住院费45.2万元。做好住房保障专项工作，受理新申请公租房、公租房补贴、市场租补贴112户；廉租、市场租、公租变更和资格终止89户；市场租补贴领取和续租59户。开展22个批次729户公租房轮候家庭、公租房已入住家庭、公租房补贴和市场租补贴复核。分两个批次开展低保户、10月前备案家庭网上公开快速配租登记工作，组织166户低保家庭参加意向登记和快速配租工作。加大对地区人力资源市场秩序专项检查，全年开展3次专项检查，另对辖区26个建筑施工项目860多名外来务工者进行日常巡查，对餐饮、保安、人力资源机构等60余家单位进行书面检查。6次参与金购广场劳动保障政策宣传活动，处理8起来电投诉，涉及金额4万余元。办理转移知青关系5人。做好地区残疾人各项保障工作，助学补助2.4万元，发放残疾人“两项”补贴11817人次341.34万余元；优抚对象残疾抚恤金、生活补助金等224万余元。新办保险补贴10人，燃油补贴215人，享受城乡养老保险77人。新申请办理证件57人，丢失补办11人，等级变更5人，注销14人，跨区迁入9人，残损换新17人，区内迁移8人，跨省1人。

（夏爱军）

【社会治安综合治理】年内，采用高科技技防手段，将平面安保覆盖模式升级为立体辐射安保工作体系，形成“四防一体化”联动模式，高标准完成全国两会、第二届“一带一路”峰会、亚洲文明对话大会、新中国成立70周年庆祝活动等重大活动、重点时期安全服务保障工作。在国庆安保任务中，设立值守点位81处，各支力量参与上勤15539人次，开展专题安全检查4次，排查整改相关隐患1647项。在百盛购物中心南门设置志愿服务点，提供志愿服务1700余次。最大限度整合地区安保力量，全年发动机关干部、社区工作者、志愿者、积极分子、“金链子”成员单位内保、民兵等力量6.8万余人次。联合辖区派出所、19个社区，深入开展扫黑除恶专项行动。完成京畿道小区9栋居民楼37个单元门720户居民楼宇对讲系统升级改造，为7个社区20个平房院190户居民安装户宇对讲及防盗门。持续深化火灾风险隐患“三自”活动，为19个社区、派出所和南北物业配备水基灭火器290个、增配灭火毯453块，安装电动自行车充电桩9套、充电柜16台。对辖区生产经营单位开展检查7420家次，开展联合执法80余次，发现一般安全生产隐患3815项，整改2588项，隐患核销100%。办结52件转办、交办信访件，完成323人次本级来访接待处理工作，信访案件办结率100%。处理8件市级信访积案、3件街道级信访积案，排查矛盾纠纷751次，调解纠纷咨询73次，把矛盾隐患解决在基层，化解在源头。

（夏爱军）

【精神文明建设】年内，围绕新中国成立70周年，“不忘初心、牢记使命”主题教育开展宣传报道。全年《金融街周报》共出刊49期，“北京金融街”微信公众号发布信息416篇，北京电视台、《新京报》、人民网等新闻媒体报道街道特色亮点40余条。发动社区特约舆情信息员、网评员、网络文明传播志愿者，参与网上微博、博客的传播工作，在“一带一路”高峰论坛、亚洲文明对话大会、国庆阅兵等重大活动时主动发声，报送舆情信息70余篇。利用宣传栏、施工围挡、横幅及在重点地区设置“快闪”展示，弘扬正能量，更换硬质横幅30条、宣传栏展板2500余块、围挡5200平方米。指导新文化街、受水河、东太平街、砖塔社区做好入户问卷调查工作，制作1万多个文创帆布包用于文明城区创建日常宣传，完成文明城区创建迎检工作。举办金融街地区第十一届龙舟赛、第二届金融街篮球联赛。联合首都图书馆举办庆祝中华人民共和国成立70周年“我和我的祖国”诵演活动，举办“快乐戏苑”戏曲演唱会、文联摄影家协会第二届摄影展、翰墨金融街·庆祝新中国成立70周年书画展。开展文艺演出进社区、进老龄公寓等活动20场，为书画摄影爱好者开设公益培训班12场次。金歌合唱团获第八届北京合唱节展演特邀团队金奖、中泰第二届华人春晚金奖。

（夏爱军）

【统筹发展】年内，以大数据中心平台为支撑，强化顶层设计，整合业务数据，实现122类377378条数据入网入库。在已建成大数据分中心、大数据分中心综治子系统、红墙金服App、街道低洼院落物联网监测系统基础上，建设大数据分中心分析应用系统，形成城市管理、平安建设、民生保障及金融街特色应用企业监管等完整闭环模块；完成社区视频监控四期项目建设，增加91个前端监控点位；推进街道政务门户系统建设，完成街道市民服务热线系统建设，实现热线案件全流程协同办理，逐步实现“一个门户、一个中心、五个应用、一个App”的数据应用体系，为基层社会治理科学决策提供技术支撑。服务企业，重启3号线午间巴士，每天中午往返于金融街核心区和西单商圈之间；走访企业，为辖区53家重点企业送上“服务卡”；引进税源，工银瑞信基金管理有限公司将税源迁移至西城，中国联合网络集团有限公司、中国联合网络通信有限公司等企业将税务登记转移到西城。打造公共服务精品，开启“啤酒花园”消夏夜市，开展公共服务广场活动5次。

（夏爱军）

【党的建设】年内，深入开展“不忘初心、牢记使命”主题教育，先后2次召开座谈会，广泛听取意见，发放调查问卷300余份，梳理形成24条建议。列出8个专题，共开展集中学习教育16次，累计集中学习时长52小时。组织赴香山革命纪念馆、李大钊故居等红色阵地，开展革命传统教育；举办庆祝建党98周年暨“不忘初心、牢记使命”主题党日活动，激励广大党员干部守初心、担使命。先后5次集体调查研究，班子成员共计调研129次，现场解决问题27条，将11条问题纳入长期整改台账。召开专题民主生活会，按照“四个对照”、“四个找一找”要求，查摆不足，查找短板，深刻检视剖析，相互提出71条批评意见。探索建立“党建+”工作模式，强化基层党组织建在街道中心工作和重大项目上的工作机制，持续开展党建引领“街道吹哨、部门报到”、党建引领物业试点工作。推进党建工作协调委员会制度落实，摸底更新街道、社区资源清单85项，需求清单47项，对接项目清单59项，实际落实58项。以京畿道社区党委组建在职党员“七彩党员志愿服务队”为试点，探索“双报到”工作创新发展，已报到党组织102个，在职党员2487人。发挥3个楼宇党群中心站辐射作用，强化“六站合一”，推行“五室开放”，打造互联网+互动平台。加强精准化干部教育培训，分层分类办好培训班次，重点抓好科级干部、青年干部、优秀社区工作者等后备人才的培训，完成西城区委党校金融街分校的组建工作，利用月末党课大讲堂，进行11场培训和宣讲，受训人员1337人次。完成19个社区“两委”、9个街道机关党支部、5个离退休党支部的换届选举工作；严格党员发展，全年发展党员33人；以党建为引领，凝聚共识，汇聚力量，做好群团、老干部工作。严格落实“一岗双责”，逐级签订责任书，根据不同岗位分别制定责任清单，压紧压实全面从严治党主体责任。大力推进廉洁自律建设，持续加大监督检查和整风肃纪工作，对提任、轮岗干部进行廉洁教育集体谈话及个别谈话，发挥纪检专员作用，把党风廉政建设延伸到基层。

（夏爱军）

椿树街道

【概况】椿树街道东起南新华街中心线与大栅栏街道交界，西至宣武门外大街中心线与广安门内街道相邻，南起骡马市大街中心线与陶然亭街道接壤，北至宣武门东大街中心线与西长安街街道隔路相望，南北长约1250米，东西宽约900米，区域面积1.09平方公里，辖51条街巷，4条主干道。7个社区居委会。地区共有人口数约4.2万人，户籍人口39602人，流动人口2556人，其中常住人口总数23734人。有蒙、满、壮、哈萨克等11个少数民族，是全区辖区面积最小、人口密度较大的街道之一。椿树街道地处高端产业发展带和传统文化保护带交汇处，区域经济以批发零售、金融保险、房地产和现代服务产业为主。驻地有单位1432个。梨园文化历史悠久，尚小云、荀慧生、余叔岩等京剧名家的故居也曾坐落于此，还有安徽会馆、原京华印书局等4处国家级、市级文物保护单位。街道机构综合设置改革后，成立了“一委七办三中心”。在职职工154人，其中公务员103人（含处级16人），事业47人，工勤4人；大专以上学历153人；中共党员及预备党员123人，农工党员1人。地区共有党支部46个，其中机关党支部8个、社区党支部24个、非公企业党支部14个，党员1523名。年内，财政收入

18412.98万元，比上年增长29.50%；支出18056.76万元，比上年增长28.40%。

地址：西城区椿树园小区11号楼甲1号
邮编：100052
电话：63103648

（刘　蕾）

【城市管理】年内，落实各项措施完成辖区内52家餐饮单位油烟改造任务。保障服务国庆活动，重点保障辖区周边秩序及公共安全，加大环境秩序维护和城市环境卫生清扫力度、制定方案应对大气污染，加大非机动车的清理力，挪移非机动车950辆次。拆除南新华街、虎坊桥百姓生活服务中心，打造绿地景观休闲场所口袋公园。移植草皮300平方米，种植各类乔木、灌木及花卉近600株940.8平方米。整治堆物堆料、私装地锁、利用废旧物品充当地锁占车位的现象30余次。治理环境脏乱122处次，清理地桩地锁156处次，清理僵尸车6台次。办理宣东、宣外、香炉营头条三条街路侧电子优惠停车，配合区城管委完成实验一小门前人行道施划和复划，对辖区进行综合交通治理，规划空间资源、规范停车秩序、理顺交通流线、改善交通环境，提升街区整体形象。配合区交通委做好永光东街和西草厂街的路侧电子杆的安装，做好路侧电子停车收费工作审核工作。与北京市西城区环境卫生服务中心三队签订了《2019年度椿树街道办事处街巷、胡同保洁、垃圾清运工作承包协议书》，配合区环卫中心开展厕所革命，完成14座厕所改造提升年度任务。清运生活垃圾21吨，清理餐饮商户聚集区域油污9次，清理雨水口60余次，洒水降尘720余次。

（刘　蕾）

【社区建设】年内，完成第十届社区居民委员会换届选举工作，7个社区共选举产生社区居民委员会成员49人，其中主任7人，副主任8人，委员34人（含公益委员15人）；完成社区工作者工会换届，举办社工培训班，参加市、区两级分层分类培训14批次，加强社区工作者队伍建设。启动“多居一站”社区服务站改革试点，设立琉璃厂地区服务站，完成服务站装修改造、人员配备及工作对接，编制《便民服务手册》，推进社区通平台应用，完善社区服务体系。召开社区代表会议，社区、驻区单位代表和部分人大代表、政协委员等80多名社区代表参加，会议听取街道办事处、派出所、食药所、防火办和社区卫生服务中心的工作报告，并对各职能部门工作情况进行现场评议。做好计生家庭的帮扶、慰问、奖励工作，开展0–3岁亲子早教活动43场，开展健康咨询和义诊、优生优育指导、流动人口健康讲座等卫生健康宣传服务活动58场；红十字急救培训150余人，160人无偿献血；完成严重精神病障碍患者日常监护工作；完成街道创建区级控烟示范单位验收评估；开展月末清洁日等群众性爱国卫生活动。

（刘　蕾）

【民生保障双拥工作】年内，办理新增低保40户、56人，累计发放低保金466.24万元；办理新增低收入家庭15户、35人；办理新增城市生活困难补助家庭2户2人；办理临时救助17户25人，发放救助金5.83万元；办理医疗救助196户、242人次，发放医疗救助金39.53万元；办理高等教育新生入学救助3人，救助金额1.35万元；办理低保家庭使用医疗救助周转金9人9笔共9.16万元；街道共有特困人员救助供养15人，年内新增7人，其中分散供养10人，集中供养5人；受理住房保障业务140户，对379户家庭进行资格复核，为16户家庭配租保障性住房，完成79户家庭资格变更和94户家庭资格终止；“两节”走访慰问749人次，发放慰问金41.59万元，实物慰问5.77万元；完成退役军人信息采集1162人，转出外区56人，完成悬挂光荣牌1037个；发放伤残军人抚恤金、生活补助、护理费共计49.76万元。

（刘　蕾）

【接诉即办工作】年内，共受理群众诉求907件，解决率66.84%，满意率75.55%。7月和10月考核成绩为全市街乡镇优秀类，5月考核成绩为全市街乡镇进步类。健全接诉即办制度，制定《椿树街道关于政府热线的工作措施》和《热线案件流程》。坚持民有所呼、我有所应，围绕居民需求，建立街道处理热线工作机制，推动为民办事常态化、机制化。让群众家门口的操心事、烦心事、揪心事有人办、马上办、能办好，增强人民群众的获得感、幸福感、安全感。

（刘　蕾）

【养老助老服务】年内，为高龄空巢、高龄独居、失能老人、残疾人及其他有助浴需求的老年人提供家属或护工助浴服务1638人次；开展“暖脚暖心”为高龄老人修脚服务，在春节、学雷锋日、端午节、中秋节、重阳节上门集中服务295人次；依托社区养老服务驿站，为辖区60岁及以上特别是空巢、独居、丧偶、失独老人开展咨询、疏解情绪和建立心理健康档案，完成服务个案173人次、心理热线咨询106人次、小组活动135人次、讲座或文化活动540人次、心理测评113人次、为248人建立心理健康档案。

（刘　蕾）

【精神文明建设】年内，举办“亮灯祈福•迎春灯谜”第三届琉璃厂灯谜会，800条原创灯谜，近2500名灯谜爱好者参与；举办“弘扬民族艺术，树立文化自信”第三届文房四宝艺术节，荣宝斋、一得阁、清秘阁、戴月轩、中国书店、宏宝堂等琉璃厂著名老字号文化企业积极参与，近200人参加开幕式；街道“胡同慢行系统”作为西城区唯一代表，接受中央“推动高质量发展”主题采访，中央各大媒体、《新闻联播》对街道胡同整治情况进行报道；全面推动新时代文明实践工作，街道成立新时代文明实践所，组建7个社区新时代文明实践站，成立西城区新时代文明实践志愿服务中队并举行授牌授旗仪式；确立每月最后一个周末为“新时代文明实践活动周、推动日”并集中开展活动；举办“我和国旗合个影”活动，近200余位居民群众参与；举办“爱祖国、爱北京—文明西城创建有我”主题推动日宣传活动，分发宣传折页800余份；开展文明城区测评迎检工作；组织居民群众举荐“2019北京榜样”候选人20名。

（刘　蕾）

【文教体卫】年内，举办“以爱为铭”第五届椿树杯五人制足球赛，共24支球队300余人参加，大赛在场外建立的“赛事+公益”帮困扶助平台募集捐款1万元；举办以“国粹传承戏韵悠扬七十华诞家国情怀”为主题的第十七届椿树杯北京市社区京剧票友大赛，51家票房500余人参加，最终选出26家票房52个曲目进入决赛；举办首届冰雪邻里节，300余名机关干部、社区居民、驻区单位职工参加冰雪活动体验；发挥百姓文化之家、椿树书苑展示、学习、交流的平台作用，开展文艺演出、讲座培训、青少年寒暑假活动等，组织非遗进社区、传统节日活动、全民科普活动、全民冰雪季活动。

（刘　蕾）

【纪检监察】年内，开展新春笔墨话春风街道社区廉政笔会活动。书写廉政主题作品30余幅，邀请社区书法爱好者书写廉洁春联700幅送到居民百姓家；分四批组织机关事业单位党员、社区工作者、非公企业纪检委员和廉政监督员共250余人，参观圆明园廉政教育基地，进一步提高拒腐防变能力。组织学生开展暑期巧手绘廉活动，60余名中小学生及其家长参加，助推廉洁文化进家庭、进学校、进社区。努力打通监督“最后一米”，实现社区纪检监察监督组集中办公模式，制定《椿树街道社区监督组相关制度》，进一步规范社区纪检监察工作。

（刘　蕾）

【党建工作】年内，组织开展“不忘初心、牢记使命”主题教育工作，调研现场解决问题40个，形成检视问题清单59个，落实专项整治任务形成整改问题清单1张，整治问题2个；各党支部严格落实“六个一”要求，组织党员开展志愿活动168次，参与活动6049人次，党员为群众办好事实事1516件，形成检视问题清单46个。举办两期基层党务工作者培训，170余人参训；举办庆祝建党98周年主题党日活动暨“椿树颂党恩•高歌献祖国”文艺汇演，近300人参加，组织开展“不忘初心、与爱同行——献礼共和国70年华诞共产党员献爱心”捐献活动，募集捐款66050元，参与人数867人，其中党员798人，入党积极分子和群众69人；举办“企业党员服务一条街”活动，中国联通北京分公司、中国邮政报社、中国银行北京宣武支行、华夏人寿保险北京分公司、椿树卫生服务中心、冠领律师事务所、中国旅行社等20家区域化党建协调委员会成员单位党组织、地区企业党组织参与，比上年新增6家，涵盖服务项目20余个，服务居民300余人次。

（刘　蕾）

陶然亭街道

【概况】陶然亭街道位于西城区东南部，东起太平街、虎坊路一线，西至菜市口大街中心线，南至护城河中心线，北至骡马市大街中心线。辖区面积2.14平方公里，有10个社区，街巷48条，其中41条背街小巷。20家中央级单位和26家市属单位。街道常住人口32249人，流动人口10796人。街道工委办事处设纪律检查工作委员会（监察组）、综合办公室、党群工作办公室、平安建设办公室、城市管理办公室、社区建设办公室、民生保障办公室、地区协调服务办公室、党群服务中心、市民服务中心、全响应街区治理中心。在编在岗人员有168人，其中公务员编制118人，事业编制46人。全年财政决算收入21898.88万元、决算支出22622.82万元（含上年度的资金结余）。

地址：西城区黑窑厂街22号

邮编：100052

电话：52683713

（寿雨晴）

【重大活动服务保障】年内，按照“精精益求精、万万无一失”的要求，建立重大活动服务保障指挥体系，选派114人参加70周年群众游行联欢观礼活动，严格落实矛盾排查例会、处级领导接访、领导包案制度，强化情报研判，充分发挥反恐处突小分队、综合行政执法中心、平安志愿者、街巷保安等队伍的作用，共出动各类防控力量2万余人次，完成庆祝新中国成立70周年、陶然亭公园国庆游园、第二届“一带一路”国际合作高峰论坛、中国北京世界园艺博览会等重大活动安全维稳和服务保障工作。组织机关干部、官兵、学生、居民等200余名代表在高君宇烈士墓前参加公祭活动。

（寿雨晴）

【城市管理】年内，推进街区更新，打造畅柳园8号楼地下空间750平方米的街区更新展示中心，确定《陶然亭记》为展示主题，展现地区历史文化和治理成效；实现南横东街街区精彩亮相，优化南横东街步道、提升三圣庵南门周边景观、建设黑窑厂街地书微公园、优化双柳树胡同停车布局、改造南横东街非机动车车道、规范黑窑厂东街停车秩序。推进街巷准物业规范管理，更换3家服务单位提高“准物业”服务管理水平，累计开展33条街巷改造建设，实现5条背街小巷市级验收达标，达到“十有十无”标准，实现零的突破，20条街巷申请达标在途；落实街巷长责任制，召开10次街巷长工作会议研究背街小巷工作。推进老旧小区改造，完成四平园小区综合改造开工前期准备工作。推进大气污染防治精细化管理，完成药监局、电力博物馆等4处工地近7300余平方米绿化覆盖和地区10处裸露地面苫盖，建设小微绿地16处1200余平方米；累计出动执法人员2000余人次，检查企业、工地等污染源1000余家次，整改隐患100余处次。推进地区“一河一湖”水环境治理，建立“一河一档”，完善街道、社区两级河长制管理体系，河长巡查292次，累计827公里，开展联合执法20余次。优化提升区域停车管理水平，3条主要大街和2条街巷开展路侧电子停车改革，提供380个路侧停车位，为337名居民办理路侧停车认证；以龙泉社区为试点开展居民自治停车管理工作，利用6块街巷空地，施划218个自治停车位，为居民办理219个包月停车，15个错峰停车，182个临停，缓解停车压力。推进垃圾分类工作，以畅柳园小区为试点投放3组智能垃圾桶，建立垃圾分类积分兑换系统，引导居民习惯养成；开辟4处大件废弃物集中置物区，清理无主建筑垃圾和大件废弃物1104车7600立方米，实现垃圾不落地。做好城市运行保障，建立城市部件和老旧小区应急机制，成立抢修应急队，确保水、电、气故障第一时间响应，组建30人的专业网格员队伍对地区85个网格的城市部件、城市环境、城市秩序进行重点巡查及时处置；健全防汛指挥体系，组建791人的防汛抢险队伍，完成6处低洼院落排水改造和房屋加固，汛期组织值班备勤19次，处理各类险情74起；强化科技支撑，完成街道大数据分中心二期建设。

（寿雨晴）

【疏解整治促提升】年内，拆除违法建设92处，面积5082.92平方米，完成101.6%；整治“开墙打洞”封堵后反弹2户；清理僵尸车7辆，实现台账动态清零；疏解人口1432人，完成134.3%；拆除畅柳园、黑窑厂西里、红土店小区内地锁558个；处理占道经营类案件158起，罚款金额74090元；利用地下腾退空间建设街道安全宣教中心、文体中心拓展特色文化空间，南华里小区地下空间利用率达83%。

（寿雨晴）

【社区建设】年内，完成社区“两委”换届工作，选举产生第十届社区居委会成员86人，成立社区居委会下属七个委员会，分别为社会福利、治安保卫、人民调解、公共卫生、文化体育、共建共治、老龄工作委员会。制定《2018年度社区居委会（服务站）班子及个人考核测评工作方案》《陶然亭街道社区工作者管理规定》《陶然亭街道社区公益金管理办法》，进一步规范社区治理。发布组织“一书一论坛”，编写《陶然亭街道社区治理范例》；组织召开“共建美好陶然”研讨会，发布《陶然亭街道建设美好陶然三年行动计划》和《陶然亭街道社区治理范例》。打造总建筑面积750平方米的“陶然书苑”共享空间，完成陶然书苑8个功能区域建设。建立“业委会工作”的新模式，成立备案壹瓶业委会。探索党建引领社区居民文明养成，按照《畅“留”家园文明有“约”——陶然亭街道南华里社区党建引领项目方案》，收集整合民情问需39项；组建40余人“多元议事队”；组建“六+”志愿服务队；发布《南华里社区居民公约（总约）》。做好与民沟通工作，制定《陶然亭街道关于开展公共沟通定期通报情况的实施办法》。优化社区社会组织服务体系，设立街道社会组织“北京市西城区益陶然社区发展研究中心，推动社会组织参与社会治理。提升社区工作者能力素质，制定《陶然亭街道2019年关于开展“萤火计划”促进社工人才队伍建设的实施方案》，开展《陶然亭街道社区工作者能力提升项目》。优化社区办公环境，完成新兴里、福州馆、壹瓶社区办公用房续租，完成黑窑厂、大吉巷、福州馆、红土店社区新址建设。管控社区居站事务工作，制定《陶然亭街道社区公益事业专项补助资金使用管理办法》。完成国家卫生区复审，4月，米市社区代表西城区迎接社区卫生健康组督导检查，得到市督导组专家好评。完成陶然亭街道办事处、陶然亭小学2家单位创建市级控烟示范单位工作；组织辖区147名居民无偿献血；米市社区老年防跌倒毛巾操队参加区级老年防跌倒操推广展示评比获优秀奖。开展计划生育工作，累计办理一孩生育登记219个，二孩生育登记137个。做好特殊群体服务工作，为70户失独家庭免费办理意外伤害保险；加大对精神障碍患者的随访和服务工作力度，入户走访12名有肇事倾向的精神病患者，维护辖区安全稳定。

（寿雨晴）

【社会保障】年内，累计发放低保金762.18万元，累计发放特困供养人员资金44.15万元，累计发放临时救助金205人次45.22万元。向困境老人和未成年人等444个家庭提供陪同就医、生活照料、资源链接等10项服务。选取丰台、朝阳和大兴等保障性住房集中对接地，设立3个“社会救助集中受理服务站”，为297户人户分离的低保家庭提供6项服务。推进养老服务社会化进程，选聘“管家帮”等3家社会组织为340名80岁以上空巢老人提供家政助浴服务1690次，规范3家养老服务驿站运营，完成街道养老院改造，引入一家商业养老院恒颐复健之家，建立“家庭养老床位”智能服务模式，在南华里等社区设立居家养老床位，17名养老顾问为7位特困供养人员提供服务。地区16535人享受老年人优待政策，累计投入为老服务资金210余万元。为1名去世的伤残警察发放死亡抚恤金1.16万余元，为3名伤残军人发放建国70周年纪念章，解决1

户烈属关于为烈士扫墓报销相关费用的信访工作。从北京市第二儿童福利院接收1名成年孤儿，为其办理陶然亭街道集体户口等，每月为1名困境儿童发放生活费0.18万元；每季度为2名成年孤儿发放困难补助金0.42万元。以社会力量托管开展温馨家园综合改革，完成34项三级指标共81项评分细则任务。实现就业526人，城镇登记失业率0.79%，“零就业家庭”动态为“零”。完成街道公共服务大厅改造，共受理业务22378件，窗口和电话咨询34287人次。提升4个百姓生活服务中心服务质量，建成太平天和市场和龙泉百姓生活服务中心两个小物超市。

（寿雨晴）

【平安建设】 年内，完善反恐处突小分队制度，累计参与社会面值守1200余人次，累计参与区重点部位上勤89天4500余人次。开展扫黑除恶专项斗争宣传，陶然亭地区未发现涉黑涉恶线索。落实重点时期社会面防控，完成重大活动安全维稳和服务保障，累计出动各类群防群治力量6.5万余人次。提升社区物技防建设水平，投入30万余元安装楼宇对讲系统309户，投入1.8万余元安装防盗门19户。安装独立式感烟报警器200余户，以四平园消防站为基地，为居民楼配备消防器具350套，安装电动自行车充电柜14台。新建高清摄像头107个，实现地区重点点位摄像监控全覆盖。完成“e租宝”投资人员核实登记90%以上。处理国家、市、区转办来信来访31件，接待群众来访168批次361人次。组织11支法治宣传队伍开展“七五”普法。做好矫正帮教，指导10个社区调委会开展矛盾纠纷排查，累计调解地区各类纠纷55件，调解成功率95%。完成重大活动安保任务，领导带队检查9次，联合执法检查29次，全面摸排地区安全隐患。为1589户居民更换安全减压阀、燃气胶管。超前完成安全隐患治理三年行动任务，涉及隐患的4家企业均已整改完毕验收合格。加大安全生产执法力度，累计出动检查人员8800人次，检查单位4400家次，发现并整改一般隐患7254次，下达责令改正通知书1851份，辖区餐饮企业供气单位已全部更换为北京市液化石油气公司南郊分公司，杜绝违规用气行为。提升专职安全员业务能力，安全检查队获西城区青年“应急管理之星”称号，3人获国庆70周年群众游行活动优秀专职安全员称号，1人获“护航70”专项行动优秀专职安全员称号。

（寿雨晴）

【精神文明建设】 年内，做好庆祝中华人民共和国成立70周年主题宣传工作，开展“一书一展演一宣讲”系列活动。“一书”即编辑出版《见证共和国——陶然与祖国共追梦》，“一展演”即开展以“奋斗七十载聚力陶然情”为主题的风采展示活动，“一宣讲”即以“情满七十载，聚力陶然梦”为主题，组建“京华陶然”街道级百姓宣讲团。利用“学习强国”App，建立23个学习小组；《陶然之窗》出版刊物19期，发行报纸24万份；“京华陶然”微信公众号推送原创信息210条，《北京青年报》、北京电视台等媒体刊载稿件85篇次；建立23人组成的舆情员队伍，处置舆情13次，报送舆情信息50余篇。召开陶然亭街道推进新时代文明实践工作部署会，搭建“17510”工作体系。开展第二届“六德少年”评选工作，评选“六德少年”10人，打造“六德”教育实践基地。建设街道图书馆，完善街、居两级公共文化设施，完成陶然亭街道文体活动中心的装修改造。举办文体活动，开办青少年陶然地书研习社、创办陶然地书研习基地等活动，首次邀请台湾省地书爱好者参赛；在大栅栏街道文体节胡同微型马拉松比赛中取得男子青年组第一名和第二名；在什刹海街道第八届龙舟竞渡赛中获得街道组团体第一名等。成立“陶白学区理事会”，是西城区首个联合学区理事会，盘活教育资源，引导34家单位72项资源开放共享；腾退龙泉社区图书馆交还陶然亭小学，增加学位110个。

（寿雨晴）

【双拥共建】 年内，与2家驻区部队建立共建关系。“两节”“八一”慰问辖区部队及困难战士4.5万元，慰问辖区优抚对象、复退军人9.97万元。配合做好西城区双拥模范城创建“十连冠”

迎检工作。

（寿雨晴）

【党建工作】年内，开展“不忘初心、牢记使命”主题教育，班子成员分领域指导基层党支部落实好“六个一”。落实党员干部联系群众工作制度，17名处级干部走访居民932户，走访辖区单位8家，解决问题116条。发挥街道党建工作协调委员会协调议事平台作用，调查形成项目需求清单152项，深化区域化整体发展项目认领制，设立文化服务等五类12个党建项目；深化党建引领“街道吹哨”“千门万户”，累计吹哨25次，协调推动壹瓶小区业委会成立、龙泉自治停车等难点问题的解决，选派10名优秀民警以“席位制”方式兼任社区党委副书记。推进“两新”组织党建“两个覆盖”工作，走访街道注册非公企业覆盖率100%，党组织覆盖率91.3%。强化基层党建工作责任制，组织社区党委书记向街道工委、社区党员双向述职评议考核工作，32个社区党组织开展评星定级工作。落实党组织服务群众项目，推进幸福“家”计划等10个服务群众项目。做好在职党员报到，辖区29家单位党组织，2112名在职党员向街道工委和社区报到。强化党员教育管理，发展党员2人，转正10人。成立机关党委，指导完成机关支部重组改选，指导各社区、非公支部换届改选工作、成立居务监督委员会。落实机关干部“进千门走万户”工作制度，街道各级干部155人走访3012户，解决问题199条。开展“青春心向党建功新时代”纪念五四运动100周年系列活动，开展主题团课等团员青年活动15次；建设党群服务中心阵地；组织街道干部124人分两批赴红旗渠进行异地教育培训；开展区域化党建项目活动42场，服务群众4000余人次。落实巡察反馈意见整改，围绕六个方面存在的17类38个问题，制定并完成114条整改措施；街道处级干部、各部门科长、各社区以及非公党组织主要负责人签订责任书71份，完成244份承诺书签订工作。

（寿雨晴）

【接诉即办】年内，街道把12345市民服务热线“接诉即办”作为“一把手”工程，建立7×24小时全天候值守工作机制，探索形成“三四五六七”工作法。全年签收市“12345”热线直派街道问题2251件，解决率87.59%，满意率92.13%，高于全市平均标准。街道办理市民热线诉求的时限从10至15天缩短为5个工作日，热线办结率从80%增长至87%，回复率达100%，群众对市民热线满意度达90%以上。

（寿雨晴）

展览路街道

【概况】展览路街道位于西城区西北部，东起西直门南大街、阜成门南、北大街与新街口和金融街街道相接；西至三里河路、动物园西墙与海淀区甘家口街道相邻；南起月坛北街与月坛街道相连；北至南长河、西直门北大街与海淀区北下关街道相望。辖区面积5.87平方公里，有一、二类大街22条，街巷、胡同34条。户籍人口14.98万人，常住人口11.16万人，流动人口2.7万人。年内，出生1433人，死亡786人。辖区内有大学2所、中学4所、小学7所、幼儿园8所、职业学校1所、培智学校1所、社区教育学校1所、图书馆1所。年内，落实公务员职务与职级并行制度，完成148名公务员职级套转。落实纳入规范事业单位人事档案审核，审核分管档案77本，提请组织认定77份。

地址：西城区车公庄大街13号

邮编：100044

电话：68314941

（姜　彤）

【城市管理】年内，拆除违法建设360处14311.52平方米。64条背街小巷通过市级验收，其中10条为民办实事街巷。完成南礼士路甲一号院污水管线改造提升工程，开展北礼士路62号院、阜外大街281号楼、阜外大街7–8号院3处老旧小区环境整治，文兴街街区和百万庄街区整理成效显著。办结中央环保督办件，取缔扣钟胡同苏海军、李锐2处废品收购点。对举报高发的洪茂沟社区、月坛北街9号楼院内、百万庄大街17号院等院落进行集中整治，彻底解决地桩地锁占车位乱象。推进阜外大街、车公庄大街、展览馆路等12条道路停车改革，办理电子停车优惠资格认证1106个。19个中央环保督察件、48个北京市环保督察件通过“回头看”复查。将地区道路保洁作业标准提升到一级一类，推进餐饮单位油烟净化设备梯次升级，完成264家改造。联合多部门开展北京展览馆后湖湖心岛整治，拆除违建770平方米，绿化提升3000平方米。强化垃圾分类效果，开展餐厨垃圾执法检查16次、垃圾分类宣传活动100余场，完成垃圾分类市级示范片区创建验收准备工作，搭建“互联网+”智慧信息平台。新增绿化面积5965.8平方米，绿化改造3105平方米，抢险修伐危树险树417棵。优化节水和防汛应急抢险机制，创建节水型社区2个，安装节水马桶1100个；排查防汛安全隐患31处，处理路面塌陷、房屋漏雨、地下室进水、树木倒伏等险情82起。

（姜　彤）

【社区建设】年内，全区首创并推广集移动互联网、政务服务、社会治理于一体的交互式云平台——“展览路社区通”，实名上线居民34096人、29901户，居民户覆盖率达74.75%；10833名党员网上亮身份。将“吹哨报到”工作机制通过“展览路社区通”继续向下延伸，实现“居民吹哨，社区报到”，在平台上响应并解决居民问题2755个，社区层面解决问题2640个，占总问题的95.8%；上升到街道层面问题105个，占比4.2%，实现小事不出社区，大事不出街道。完成第十届居委会选举工作，22个社区共选出主任22名，副主任44名，居委会委员100名，22个社区党委书记均当选为居委会主任，全部实现“书记主任一肩挑”。完成15名社区服务站站长、副站长竞聘。22个社区服务站接待居民8.9万余人次。与专业社会组织合作，开展“展览路街道民生工作民意立项社区金点子项目征集”活动，引导广大居民参与社区治理。成立社会组织联合会，对303个社会组织进行规范管理，精神慰藉服务队等3支志愿服务队获“爱在西城公益盛典”优秀奖，依梦舞蹈队登上央视舞台表演。以“辉煌七十年奋进新时代”为主题，22个社区分别开展“艺术家进社区”活动88场次、190小时。开展非物质文化遗产进社区、青少年科普、冰雪、青少年校外教育等活动102场，惠及5200余人次。开展非京籍适龄儿童入学资料审核工作，审核通过70人，协助一名失学儿童办理入学。

（姜　彤）

【平安建设】年内，完成新中国成立70周年庆祝活动、全国两会、第二届“一带一路”高峰论坛、亚洲文明对话和世园会等重大活动安保任务。完成属地383名E租宝集资参与人信息核实登记。成功控制、有效化解各类维权、聚集、上访等不稳定因素18件、36次。接待并处理来访、来信及网上电子信访事项186件（批），其中来访129批；网上诉求、来信57件，法律咨询106批。街道各级人民调解组织共调解各类民间纠纷338件，调解成功331件，成功率达98%。捣毁制反窝点1处，起获反宣品和设施设备2800余件。“四代西城大妈”作为群防群治工作宣传典型，先后被评为北京市、全国“最美家庭”，并选入北京卫视“红墙意识”系列报道、“新时代新担当新作为”系列报道。清理群租房30户1975平方米，影响居住人口174人；铺设防爬刺3666米，安装监控探头37个，安装门禁1个，完成月坛北小街甲4号院智慧门禁建设及展览路街道监控加密项目，增强居民安全感。举办宣传活动80次，印发宣传资料1万余份，悬挂条幅宣传海报390余张，播放法宣微视频180次，受教育6万余人次，解答法律咨询1800人次。接待并移交2名来京主动投案自首的河北籍涉黑涉恶网上通缉在逃犯罪团伙主犯，使5人涉黑涉恶团伙在逃犯罪嫌疑人全部归案。完成动物园小型消防站建设，提升辖区北部区域防灾减灾和抢险救援的能力。减少安全隐患，巡查生产经营单位5181家次。常态化治理巩固西外南路地区整治成果。

（姜　彤）

【精神文明建设】年内，迎接中宣部“壮丽70年·奋斗新时代”行进式主题采访和“西城展览路街道治理后湖亮出‘湖心岛’”主题集体采访。组织210人参加亚洲文化嘉年华观演活动，40

人参加庆祝中华人民共和国成立70周年大型成就展开幕式。推进展览路街道博物馆开馆运行并举办系列活动。组建“我们都是追梦人”百姓宣讲团。开展新时代文明实践工作，推进文明城区创建迎检，加强未成年人思想道德建设。大力挖掘辖区榜样人物，开展“不忘初心、牢记使命”之“臻爱•榜样的力量”人物宣讲活动，1人上榜中国好人榜，1集体（3人）获得2018年度感动西城人物，推荐全国道德模范候选人3人、北京榜样候选人25人。

（姜 彤）

【双拥共建】年内，开展双拥共建系列活动，两节、“八一”慰问部队28万元。联系辖区部队开展为困难家庭、残疾人和高龄老人理发、义诊等服务性活动。“八一”前夕举办第六届“立功在军营家属享荣光”活动，表彰19名“最美战士”和6名“最美军嫂”。为复员老兵购买行李箱173个。联合街道司法所开展“送法律援助维权服务进军营”活动，参加军人军属100余人次。采集退役军人及其他优抚对象信息2681条，悬挂光荣牌5800余块。

（姜 彤）

【民生保障】年内，强化市民服务热线办理工作，签收处理市民投诉案件6860件，办结3970件，均达到“接诉即办”要求，综合响应率、回复率、按期办结率均为100%，做到民有所呼、我有所应。实现就业1217人，困难劳动力就业951人，登记失业率控制在0.54%以内；实现创业53人，创业带动就业266人。新建新兴东巷11号院百姓生活服务中心，引进“一站式”服务，包括洗衣改衣、修理、快剪理发、小物超市等。地区蔬菜网点数量达50处，其中大型商超3处，百姓生活服务中心6处，蔬菜超市搭载店21处，便民菜店19处，蔬菜自提柜1处。将老年餐桌模式更新为“1+2+5+N”，采取就餐、送餐、领餐相结合的方式，辐射22个社区，解决三无、特困、空巢、独居孤寡等及有需求老人的就（用）餐问题，年内供餐68946份。办理60岁以上老年证106个，老年维权2601人次。为特困、低保、孤寡、独居、行动不便老年人上门换煤气、理发90余次。为15位100岁及以上老人祝寿。加强养老巡视和零距离系统的监管。年内巡视老人350人，其中入户巡视158人，电话巡访232人，入户巡视5060次，电话巡视15194次。设立失能老人业务咨询热线68314990，2小时以内解答回复老人咨询。对3300余名持证残疾人开展基本服务和需求状况动态更新调查，对1215名劳动年龄段的持证残疾人进行就业状况调查。为200名困难残疾人免费体检。两节期间走访慰问低保、残疾等各类特殊群体6465户次，发放慰问金、物品折价，共计200余万元。实施精准帮扶救助，通过临时救助、自主救助、教育救助、大病救助、慈善助医救助、慈善助老救助、绿色押金垫付、冬季采暖补贴、精神障碍患者监护人看护补贴等各种形式救助困难群体47户、895人，发放各类救助金244.04万元。

（姜 彤）

【党的建设】年内，发挥党建引领作用，深化“街道吹哨、部门报到”机制。加强党务工作者队伍建设，尤其是社区党组织带头人队伍建设，抓好社区党组织换届后班子成员培训工作，开展社区“两委”换届选举“回头看”，强化社区“两委”班子的政治意识、责任意识和担当精神。挖掘区域红色资源，打造街道区域党性宗旨教育和红色革命文化教育实践基地，开展“忆初心•红色征程再出发”主题教育系列活动，61批次34个街道机关部门、社区和驻区单位参与，2880人次参加。开展在职党员“双报到”聚能工程，在8个社区开展活动11次，发放双报到党员服务记录手册800余册，组织主题党课、服务大集、环境治理、垃圾分类、邻里节、交流沙龙、值班巡逻等30余类70多项活动，参与活动6700余人次。建成展览路街道党群服务中心，位于西直门新兴东巷11号，包括先锋驿站、聚力空间、百姓之家、便民小集、活力赛场五大空间，活动用房52间，设有笼式足球场、篮球场、门球场、羽毛球场与乒乓球案。开展会议、培训、调研、联欢等活动40余场，接待2万余人次。

（姜 彤）

【“不忘初心、牢记使命”主题教育】年内，扎实开展“不忘初心、牢记使命”主题教育，制定街道实施方案和工作手册，采取多种形式，筑牢思想基础。街道班子集中学习13次，累计学习时长55小时，开展交流研讨9次，形成调研报告8份；机关、社区和非公党组织开展各种类型学习研讨1800余次。举办党支部书记能力提升班、社区党务工作者培训班、党员轮训等专题培训会5场，实现对社区党组织带头人、基层党支部书记、普通党员主题教育全覆盖。利用“学习强国”、党建微信工作群等新媒体平台，为离退休党员、非公企业党员和社区党员提供灵活学习途径。班子及处级领导个人检视问题五大类77条，机关、社区、非公等218个基层党支部共检视问题353条，其中立行立改103条，主题教育期间整改完成153条，需要长期整改97条。主要领导开展个人调研58次，班子成员个人开展调研170次，现场解决问题117件，列入问题清单并在主题教育活动期间解决的问题37件。组织辖区党组织开展党员志愿活动634次，11085人次参与，为身边群众办实事好事2009件。

（姜　彤）

【国庆70周年服务保障工作】年内，成立街道重大活动服务保障分指挥部，下设14个工作组，启动处级领导包片、科级干部包社区工作机制，全体干部按网格深入社区参与服务保障。适时启动社会面二级、二级加强、一级加强等等级防控，日均出动志愿者力量3200人，动员22个社区群防群治力量覆盖地区146个重点点位、12条主要大街，配合公安、武警等专门机关开展治安巡逻和社区内部治安防控工作。9月20日至10月2日，启动全天24小时值守任务，落实专人值守15个地铁站口，专人管控33处重要制高点，户外电子屏91处列入管控。服务保障北京展览馆外围超过100天，完成“伟大历程辉煌成就——庆祝中华人民共和国成立70周年大型成就展”服务保障和国庆游行彩车转移任务。在动物园小型消防站设立分指挥部，完成“70年成就展”和动物园的大人流管控和疏散。44名干部参与国庆方阵游行，70名干部参与国庆志愿者工作。

（姜　彤）

【第四次全国经济普查】年内，完成6289家法人单位、1037家产业单位的登记工作。其中制造业36家，电力、热力、燃气及水生产和供应业5家，建筑业54家，批发和零售业1610家，交通运输、仓储和邮政业90家，住宿和餐饮业362家，信息传输、软件和信息技术服务业622家，金融业391家，房地产业287家，租赁和商务服务业1804家，科学研究和技术服务业968家，水利、环境和公共设施管理业38家，居民服务、修理和其他服务业203家，教育179家，卫生和社会工作58家，文化、体育和娱乐业394家，公共管理、社会保障和社会组织225家。5月27日至31日，朝阳庵社区作为唯一的社区代表西城区接受市级检查，辖区144家单位接受全面核查。

（姜　彤）

月坛街道

【概况】月坛街道位于西城区西部，东起复兴门南、北大街及阜成门南大街西侧，与金融街街道相接；西至三里河路中心线东侧，与海淀区羊坊店街道相邻；南到莲花池东路，与广安门外街道相望；北至月坛北街中心线，与展览路街道比邻。辖区面积4.13平方公里，一、二类主要大街11条，胡同43条。驻区内副部级及以上中央单位22个、大学1所、中学5所、小学6所、医院2所、大型商场10家、体育场馆2个、文化古迹4处、公园4处。有社区居委会26个。户籍42747户，154869人，流动人口24629人。年内，获“国际安全社区”认证、首都全民义务植树先进单位、民族团结进步创建示范单位。

地址：西城区三里河一区5-7

邮编：100045

电话：51813703

（王　佳）

【服务保障】年内，完成新中国成立70周年等重大活动服务保障任务，成立西城区服务保障工作月坛街道分指挥部，建立“1+5+26”工作体系，即下设

"一办、五个工作组、二十六个社区工作组"，制定月坛分指挥部方案和各工作组方案，建立实施"六个一"战时安保工作机制。围绕活动当日、三次演练等重点节点、部位，投入干部、保安等群防群治力量8800余人次。在全国两会、第二届"一带一路"国际合作高峰论坛、北京世界园艺博览会、亚洲文明对话大会的各项安保工作中，发动群防群治力量6000余人。

（王 佳）

【城市管理】年内，开发"城市体检"二期系统，加强对中央政务办公区及集中居住区的服务力度，采取1+3工作体系，对中央部委集中区周边交通、环境、秩序、安保、市政、城市管理等进行动态评估。协调央产老旧小区产权单位，推动291栋楼房综合修缮和抗震加固；完成67条背街小巷的街巷信息公示牌信息更新；完成三里河二区周边地面坑洼、跑水漏水等环境问题整治；推动6条街巷"小巷管家"试点运行，招募背街小巷管理志愿者120人；配合完成53条道路17.3公里的架空线入地工程；地区67条街巷中，有48条通过市级达标验收，16条通过区级达标验收。逐步形成"社区自治""物业参与""积分奖励""专业公司承包""智慧分类"等五种垃圾分类模式，开展社区垃圾分类宣传活动100余次、4000余人参加，开展党政机关垃圾分类宣传活动13次、1300余人参加，开展学校垃圾分类宣传活动5次、2000余人参加，组织居民实地参观垃圾处理厂活动6次、300余人参加。全年通过再生资源站点、E回收、绿色交换空间等回收渠道对金属、织物、纸张、塑料等类别的可回收物进行回收及资源化处理，实现垃圾减量1.14万余吨。加强失管弃管的老旧小区准物业兜底，清理堆物堆料8246处、约1829吨，出动1575车次，清理无主装修垃圾、大件废弃物16676立方米。拆除私装地桩地锁2451个；清理废旧"僵尸车"761辆，其中机动车46辆、非机动车715辆。做好大气污染防控，全年出动58832人次、各种作业车辆24853台次、洒水3508.5吨。严格落实河长制相关工作要求，制作安装河长制公示牌。安装河道摄像头和截面水质监测设备，加强河道14个排水口水质监测，建立志愿者巡河队伍，加强日常巡控，年内巡河154人次、782.35公里。

（王 佳）

【社区建设】年内，组织26个社区开展述职评议考核和基层党组织"三评一考"工作；通过换届选举，26个社区全部实现书记主任一肩挑，新一届社区班子成员年龄、学历、梯次结构更加科学合理；社区工作者平均年龄47岁，党员比例达到40.1%，大专以上学历成员占比77.6%；新招录社工12人；立项并实施党组织服务群众项目24个，涉及四大类，投资220余万元。26个社区围绕社区文体、青少年、治安、共驻共建、志愿者队伍建设、为老服务六大方向确定社区公益金项目927项，金额约211万元，组织开展活动800余场，参与居民50117人次。开展"进千门走万户"工作，全年入户11319户，收集各类问题3893条，已解决3349条。严格落实社区工作准入制度，建立社区工作事项清单，完善《社区治理能力评价》，精简社区会议、台账和报表，规范社区居委会工作内容，规范社区出具证明事项，严格社区居委会印章管理使用。

（王 佳）

【社会保障】年内，帮助624人实现就业，完成指标的120%。城镇登记失业率1.03%，消除"零就业家庭"3户，实现创业51人，创业带动就业251人；建立企业用人需求档案177户；建立招聘需求档案40户，采集空岗信息3331个。实施"三带动一主动"行动，加强"就业实习基地"建设，新发展5家"就业实习基地"；分类举办低保促就业招聘会、"4050"失业人员专场招聘会等。规范劳动用工管理，宣传培训"签合同、上保险、保工资"，对29个施工工地，62家施工企业进行备案、检查，涉及员工2500余人，专项执法检查6次；处理劳动纠纷调解25起，涉及56人，为员工补发工资12.8万元。开展医疗救助834人次，补充医疗救助1043人次，低保人员前置医疗救助15人次；医疗保险药费报销1613人次；发放社保卡1659张。

为城镇退休、灵活、自谋、城乡医疗保险人员变更医院3463人次。为151名60岁以上低保老人发放养老服务补贴；发放城乡无保障老人福利养老金1130户；接收社会化退休人员1229人，服务8261人；全年完成养老金调整7316人次，养老金补支503人次，协助89名异地居住老人完成养老金领取资格认证，完成4名常驻外埠退休人员认证；发放退休人员自采暖补贴129人次。159户家庭申请保障房，14户家庭在等待实物配租期间享受补贴政策，22户配租家庭申请公租补贴，廉租复核27户，公租补贴复核213户，市场租补贴复核109户。实施社会救助14113人次；为14个低保家庭的特困老人办理入住福利机构补贴，办理“春雨大病救助”34人次，慈善助老医疗救助86人，协助红十字会走访慰问40户救助对象。依托6家市级示范温馨家园，为2659名残疾人开展康复医疗、入户体检、技能培训、普法宣传等服务项目；春节、全国助残日、十一慰问困难残疾人437名；为118名重度肢体、视力残疾人发放750小时工券。为139名伤残军人发放抚恤金280万余元；为232名优抚对象发放两节慰问金，为19名定期享受优抚服务政策的对象发放抚恤补助；为5名现役家庭发放生活抚恤补助金。

（王　佳）

【社会治安综合治理】年内，学习新《安全生产法》修正案，加强公共安全应急知识宣传；以“防风险、除隐患、遏事故”为主题，开展安全生产月活动，300余家规模以上企业、30余家中小学及幼儿园、26个社区居委会共同参与。督促指导辖区生产经营单位严格落实安全生产主体责任，签订安全生产责任书1059份。检查生产经营单位8055家次，发现并整改隐患问题18326项，下达责令限期整改指令书2280份；督导170家辖区企业、医疗单位、中小学校、幼儿园等完成网上安全风险评估系统填报工作。拆除台账内违法建设76处、面积10293.47平方米；治理群租房15处，疏解腾退阜外心血管医院第二住院部5506平方米，清退三里河二区B区6-7号塔楼出租房425.71平方米；完成白云路甲5号北京白云祥酒楼、三个亭餐厅由经营性餐饮向生活服务网点的转变。开展“街面秩序净化专项行动”，取缔盘踞在月坛辖区十多年之久的无照摊点13处，关停开墙打洞2处，消减不规范餐饮企业13家，整治关停餐饮商户13家、查处取缔无证经营食品流动摊贩5家，纳入规范管理5家。组织地区单位召开千人消防和安全生产动员部署大会、组织召开火灾隐患排查治理“三自活动”专项工作、“防风险保平安迎大庆”消防安全执法专项行动、月坛地区秒响应微型消防站安保启动仪式。制作张贴《消防安全提示牌》4000余个。组织参观月坛消防体验馆120场次，1538人。建立固定宣传栏1300余处，各社区电子宣传栏、电梯投影60余处。制作消防宣传提示10种1391张，制作消防宣传折页4万余份。安装充电桩（柜）65处。为32个平房院落安装灭火弹。为无物业小区、大屋脊筒子楼、平房院落等重点隐患部位配备120个消防应急箱、为125名街巷巡逻人员配备250具便携式水基型灭火器，为秒响应力量配备50个便携式应急包。开展273次综合执法，动用各类执法力量2267人次，出动执法车辆222台次；检查商户277家、地下室14个、施工现场4处、便民生鲜市场1处、租赁公寓1处、住宅楼3处。查封取缔地下食品加工黑窝点1处，封堵关停非法经营商铺17家。出具各类限期整改通知和停用执法文书合计45份，张贴封条16张，处理混合存放的各类杂物约240余公斤；治理白云观沿街商铺非法售卖殡葬用品；清理流动摊贩5名、查扣违法传单600余张。推进社区矫正和安置帮教工作，司法所累计接收社区矫正对象276名，解除矫正258名。

（王　佳）

【精神文明建设】年内，组织理论中心组学习29次。举办“习近平总书记系列讲话精神”“十九大精神”“社会主义核心价值观”等主题讲座50余场，3000余人次参加。“朗月清风宣讲团”举办讲座140余场，听众9000余人次。做好精神文明宣传，围绕社会主义核心价值观、廉政文化、安全生产、控烟宣传、防灾减灾、法律宣传等主题开展专项宣传20余次；挖掘地区特色活动和先进事迹，提升地区新闻报道的数量和质量，全年接待媒体100余次，各项工作在中央、市级报纸、电台、电视台被报道200余篇次，网络媒体报道1200余次。继续办好《人文月坛》社区报，出版报纸50余期。开展以文明礼仪和公共安全等为主要内容“星光自护”学校课程，累计覆盖学生、家长800余人次。完善青少年公益帮扶机制，开展“青春牵手助成长”项目。

（王　佳）

【社会服务】年内，完成政务服务中心综合服务窗口改造，实现“前台综合受理—后台分类审批—窗口统一出件”运行模式。窗口月均办理业务1841件，月均咨询1525件，全年代办总业务18412件，咨询15253件。完成中心1号厅新址的全部装修改造工程，设置8个综合服务窗口，设有咨询服务区，自助服务区内居民可自行查询、阅览、打印、复印。完成街道党群服务中心和商务楼宇党群服务中心建设，新增活动场地1400余平方米，修缮改造党建活动场所4处。社会路社区新增办公和活动用房一处，共三层1200平方米，汽北社区新增一处活动用房“月享空间·汽北站”，面积150平方米。新建和规范提升便民商业网点14个、百姓生活服务中心1个，紧贴居民需求配置服务功能，设立“社区客厅”等交流空间。推进社区心理服务体系建设工作，在辖区内建立6个心理咨询室，聘请专业心理咨询师开展心理咨询服务，从前端做好精神疾病的预防。组织开展本辖区妇女、儿童健康管理相关宣传工作，对拒绝接受孕产妇保健、儿童保健人群做好宣传引导。开展各类法律服务共计900人次，举办法律知识讲座11场，解答法律咨询约700人次。

（王　佳）

【为老服务】年内，按照“服务型月坛”建设要求，完善养老服务体制建设，正式运营三里河一区站、三里河二区站等8家无围墙养老院站点。依托社区养老服务驿站，为172599人次老人提供六大类40余项服务；在全市率先探索家庭居家养老床位的建设，确定汽北、汽南、木樨地、真武庙和白云观五个试点社区，完成118名老人家庭养老床位签约，有序推进社区医养结合；“快乐养老拓展品牌项目”已覆盖20个社区，服务内容包括音乐养生、认知训练、以及丰富的手工制作课程，开展志愿者专题培训70余场，服务1万余人次；在社区开展健康促进服务400余场，服务5000余人次；“夕阳茶座”品牌性活动推广至23个社区；完成居养照料知识培训5次，服务老人185余人次；居养照料技能培训7次，服务老人145余人次。全年养老投入近1000万元。

（王　佳）

【文化建设】年内，理事会下设的学区办公室深入60余家学区理事会成员单位，走访130余次，宣讲学区理事会章程和管理制度及工作方法。通过梳理单位资源及需求，组织实施“三进入、一联合、一衔接、一汇演”项目，组织12所学区内学校（幼儿园）举办38节公开课互听活动和30场课后交流会；举办第八届月坛学区中小幼文艺汇演；走访排查地区民办教育机构38次，解决问题2次；完成地区206名疑似失学儿童的核查、统计、反馈。围绕庆祝新中国成立70周年，举办以“我和我的祖国”为主题的第十一届文体擂台赛活动，26个社区的69支代表队、3000名居民参与；结合传统文化节日，举办夏日文化广场、社区邻里节等系列文化活动、讲座230余场，2万余人次参与。举办第八届“白云杯”太极邀请赛。贯彻落实北京市全民健身号召，举办第十三届“和谐杯”乒乓球比赛，来自26个社区的31支代表队，186名运动员参加比赛。为加强群众冰雪体验，街道组织200名社区居民参与什刹海公园、北海公园冰场滑冰滑雪体验活动。

（王　佳）

【党的建设】年内，组织26个社区开展述职评议考核和基层党组织“三评一考”工作。指导187个党支部完善和改进“一规一表一册一网”的执行和使用。完成565家非公企业和15家社会组织的2次摸排。10家从业人员100人以上的企业全部建立党组织，纳税200强企业1家建立党组织，

15家社会组织实现组织全覆盖，2家50人以上企业查找到党员。在社区建立非公企业工作党支部，覆盖社区地域内所有“两新”组织，推进“两新”党组织规范化建设。完成187个党支部书记轮训，组织学习480次，指导187名支部书记完成专题党课，组织开展党员志愿活动392次，参与9711人次，党员为身边群众办实事好事893件；深化在职党员“双报到”，104个基层党组织、3700余名在职党员完成报到，开展活动110余次，提出合理化建议近100条。组织主题党日活动500余次。以“人文型”“学习型”“服务型”三个党群服务中心为载体，开展各类主题讲座、体验、参观、探访等活动，近3000人次参加。

（王　佳）

广安门内街道

【概况】 广安门内街道（简称广内街道）地处北京中心区西南，位于西城区中部偏西，东至宣武门外大街与椿树街道毗邻，西隔广安门北护城河与广外街道相连，南枕广安门内大街，北依金融街，东西最长处2130米，南北最宽处1200米，面积2.43平方公里，有大街11条，胡同68条。辖区内有中、小学校6所，青少年科技馆1所，幼儿园6所，卫生医疗机构3家。辖区法人单位2403个。社区居委会18个。户籍人口3.18万户9.07万人，常住人口3.10万户7.40万人。街道在职机关行政、事业人员198人（公务员133人，事业编制59人，工勤人员6人）。全年财政收入26738.54万元，支出26432.16万元。广内街道严格落实首都城市战略定位和区委区政府各项工作部署，全面推进疏功能、转方式、治环境、增宜居、惠民生各项工作。街道党建、文化、环境建设等多项工作受到市、区表彰。

地址：西城区感化胡同3号院12号楼

邮编：100053

电话：83172780

（邓　飞）

【城市管理】 年内，拆除违法建设8000余平方米。槐柏树后街南北段、广谊巷等28条街巷完成市级达标验收，金井胡同等30条街巷基本达标，完成10条为民办实事街巷整治提升任务及10条精品街巷项目设计。架空线入地工程埋管工作全部完成。开墙打洞、地下空间清理、无证无照经营保持动态清零，辖区16处废品回收站全部彻底清理。利用1400平方米腾退空间在感化胡同3号院建成“智能方”便民仓。市委书记蔡奇进行实地调研指导，对项目给予充分肯定。继续开展4个文保院和4栋简易楼的拆迁腾退工作，腾退居民57户。利用华星大厦1800平方米空间建设报国寺公共文化活动中心。利用感化胡同3号院内600平方米人防空间建设防灾减灾宣教中心。利用拆违腾退的520平方米空间开展三庙社区花园营造项目。继续推进善果胡同微更新，打造单车花园。组建责任规划师团队，开展4个片区提升项目。持续推进广内大街223号楼院、长椿街24号院和大星胡同南口3处小微空地更新。完成15处共计6800平方米留白增绿工程，配合完成广阳谷扩建项目。宣外大街立体停车库实现开工，实现长椿东街、宣外西里停车自治。举办街巷物业管理员夜校。成立西城区首家街道物业联盟。为地区“煤改电”居民进行设备安全检查和维护。大力开展垃圾分类。全面打好蓝天保卫战，67家餐饮企业完成油烟设备改造。对广安地块C地块裸露地面进行铺油硬化。开展“清河”行动，累计巡河1443.3公里。

（邓　飞）

【社区建设】 年内，完成社区换届工作。制定《社区党风廉政风险点防范制度》《社区工作者八小时以外自我约束行为规范》，完善《社区绩效考核管理办法》。与中国青年政治学院合作，开展社工专题培训。实施“小切口、微改革”，以老墙根社区为试点，探索社区服务站转型升级，打造集党务、政务、生活于一体的群众家门口的服务站，配备全科社工，形成服务事项全科受理，让群众最多只跑一次。坚持“吹哨报到”“接诉即办”，共受理市民服务热线案件3950件。通过“社区通”及时响应居民诉求，打造良性互动。坚持民生工程民意立项，成立业委会，发挥公益金带动作用，促进社区自治管理和居民充分参与。落实病媒生物防治，加强除“四害”工作，持续开展月末主题清洁日活动，保证地区环境。开展无烟环境宣传，成功创建北京市控烟示范单位。开展红十字应急救援培训。完成宣西等社区停车自治管理、西便门内79号院环境整治等重点项目。实现保持便民菜店36处、早餐店29处，新建1处社区惠民菜店，对2处菜市场进行服务改造提升，打造“流动菜车”，满足地区居民生活需求。新增物流末端配送网点5处。新建工会服务站，设立暖心驿站。

（邓　飞）

【社会保障】年内，走访慰问大病重残、优抚对象、高龄特困老人等各类困难群体共计3897人。699户1157名低保低收入群众基本生活得到保障。提供两残补贴1537人。865名失业人员实现就业。受理各类保障房申请221户，发放公租房补贴、市场租房补贴共计228.23万元。成立为老服务巡视队、精神关爱志愿服务队，对地区高龄独居老年人开展居家安全巡视，提供用药、用餐、购物、陪伴等服务。为地区447名60岁以上的无保障老人免费体检，继续推进集中就餐+社区分餐+入户送餐+个性点餐的助餐服务，服务居民11万余人次。持续推行温馨家园“按需上菜”新型服务模式，被评为北京市温馨家园改革示范基地。为地区1752名残疾人申请辅助器具补贴，为35名成年残疾人和14名残疾儿童办理康复补贴，为26名贫困精神残疾人办理免费服药，为164户一户多残的残疾人家庭进行志愿者帮扶服务，帮助6名残疾人实现就业。

（邓　飞）

【社会治安综合治理】年内，做好全国两会、第二届“一带一路”国际合作高峰论坛、北京世界园艺博览会、亚洲文明对话大会的安保维稳及社会面防控工作。聚焦庆祝新中国成立70周年系列活动，建立“1办+9组”高效指挥体系，完成车辆挪移、禁飞管控等13项保障任务；组织干部群众参与“扬帆远航”游行方阵和“同心筑梦”联欢演出。开展“扫黑除恶”专项斗争，出重拳打击“号贩子”、黑摩的等治安乱象。落实消防安全“三自”行动、“防风险迎大庆保平安”、“两个严防”等专项行动，有效督促消防安全主体责任落实。开展消防通道堵塞专项治理行动35次，打通“生命通道”116处。“三步走”强力解决宣武门西大街20号楼历史遗留消防通道堵塞难题。开展第三届消防安全运动会。安装电动自行车充电桩64组，提供充电口456个，安装烟感报警器10147个。开展地区安全生产工作，查处各类安全生产隐患9077项。推进城市隐患治理三年行动，22项挂账隐患全部整改完毕。完成“无安全生产事故行业”“无安全生产事故街道”创建及宣西社区“防灾减灾示范社区”创建评审工作。完成挂账重大安全隐患金色启萌幼儿园的关停工作。进行综合执法368次。

（邓　飞）

【精神文明建设】年内，成立西城区首家公益童书馆。开展“广内杯”空竹文化节十年汇演。开展舞韵杯、太极赛等文化惠民活动381场，开展非遗文化进社区、科普健康讲座、科普嘉年华等活动87场。推动报国寺文化活动中心项目建设。持续打造早教基地，为地区婴幼儿家庭提供各项指导服务7101人次。利用“掌上广内”微信公众号、西城广安门内新浪微博等平台，做好舆论研判和政策解读工作，及时化解风险因素，打好网络意识形态攻坚战。《广内之声》出版37期，“掌上广内”微信公众号累计推送文章1564篇。举办第一届“红墙同心”白领联谊青年活动，为地区28家单位的60名单身青年男女搭建交流平台。成立街道新时代文明实践所、18个新时代文明实践站，升级建设核桃园党群服务中心、老墙根党群活动中心、街区整理体验馆、北京空竹博物馆、街道公共图书馆等5个新时代文明实践基地。打造长椿街社区停车自管会、老墙根社区巧娘工作坊、大街东社区养犬自律协会、宣西社区文明引导员队、校场社区萱草苑纸艺社等多支志愿者服务队伍。开展社区花园志愿认领、第十三届“邻里节”、“不忘初心、牢记使命”纪念建党98周年红色集邮展等活动。围绕庆祝新中国成立70

周年主题，组建街道层面“老兵·家国情”宣讲团1支、社区级宣讲团18支，先后开展宣讲60余场。以“共抒家国情，礼赞新时代”为主题开展地区专场道德讲堂，开展巡讲活动70余场。发动地区各界群众广泛开展学雷锋志愿公益服务活动。举办“文明有约、创城有我”文明城区创建主题推动日。开展“我和我的祖国”系列主题教育活动。

（邓　飞）

【双拥共建】年内，慰问优抚对象54户7.02万元，慰问6名义务兵家属0.3万元，联合驻区部队慰问地区50户困难家庭2.5万元，慰问驻区3支部队1.5万元。持续打造退役军人服务站，完成退役军人登记3485人，召开第一届“老兵之家”代表大会，成立“老兵之家”临时党支部，开展老兵摄影社等社团活动。7月，国家退役军人事务部领导亲临广内街道进行调研，10月，北京市退役军人服务保障体系建设现场会在广内街道召开，“老兵之家”作为先进经验典型，在全市范围进行推广。完成第三届侨联换届工作。开展侨情调查，健全社区侨界工作档案，建立侨胞侨眷名册。开展京台基层社区交流活动。对地区清真饮食习惯的低保少数民族群众、宗教人士、地区老归侨，家庭困难的归侨侨眷，家庭困难的少数民族群众进行慰问。

（邓　飞）

【党建工作】年内，坚持“纵向同轴、横向同心”城市基层党建工作格局。完成11个机关党支部、102个社区党支部、18个非公党支部进行换届及支部设置调整，建立老兵之家、残联、工会3个临时党支部。成立2个“两新”党支部。18个社区建立老党员党支部，10个社区建网格党支部，1个社区尝试建立异地拆迁党支部。编写《广内街道党建创新项目案例集》。建立健全“红墙同心”社会公共责任体系2.0版本，开展“群众微心愿、党员帮实现”实践活动，征集群众微心愿75个，社会单位及地区党员认领66个。深化“双报到”工作，在18个社区推行在职党员发挥作用“三项清单+亮身份、积分制、通报制”机制全覆盖。成立西城区委党校广安门内街道工委分校。开展“不忘初心、牢记使命”主题教育，进行5次集中学习研讨，组织街道机关党员干部、社区党组织、“两新”组织开展红色观影、扶贫帮困、主题党日等融合党建活动，举办街道庆祝新中国成立70周年剪纸展，参观西城区红墙意识党性教育基地、重温入党誓词，赴香山革命纪念地、北大红楼参观学习，观看国庆70周年阅兵活动等，培养地区党员爱国之情、砥砺强国之志。结合“进千门走万户”行动，机关干部、社区工作者、辖区单位党组织、在职党员等携带精心制作的1.44万个主题教育便民袋（便民筐）走进百姓家开展实地调研，征求居民意见建议，解决居民群众问题。

（邓　飞）

牛街街道

【概况】牛街街道位于西城区南部，东起菜市口大街，西至广安门南街，南起南横西街、枣林前街，北至广安门内大街。辖区面积1.44平方公里，社区居委会10个，居住着23个民族。户籍人口18979户55074人，流动人口9809人，少数民族流动人口1224人，出生461人，死亡463人。驻地中央单位129个，市属单位49个，区属单位125个。辖区内有中学1所、小学2所、国家级宗教院所2所、特殊教育学校1所、幼儿园2所，敬老院2所。年内，牛街街道连续第五次被国务院授予“全国民族团结进步模范集体”，牛街西里二区社区被命名为第六批“全国民族团结进步创建示范区”，牛街西里一区社区党委获“北京市先进基层党组织”称号。

地址：西城区牛街8号

邮编：100053

电话：63533407

（李　楠）

【城市管理】年内，街道围绕“抑尘、治源、禁燃、清脏、增绿”等任务，加大对辖区工地、道路、小区内部的降尘管控，开展“一微克行动”专项治理，建立重点工地工作台帐，加大对地区52条道路的清扫、冲刷频次，最大限度地减少扬尘污染。对餐饮服务业、施工工地等14类污染源近300处台账实施动态监控，对115家餐饮企业实施油烟排放设备升级改造，发动社区党员、志愿者对社区大件垃圾实行集中清运，共清运建筑垃圾和废旧家具1938吨。巩固垃圾分类成果，辖区129家党政机关、企事业单位实现垃圾分类全覆盖。落实河长制各项工作要求，全年街道河长、段长巡河720公里。开展“疏解整治促提升”百日攻坚行动，累计完成疏解任务539处，涉及10113平方米，影响人口1698人，完成年度任务的121%。拆除两广大街、星海钢琴城等违法建设82处2645平方米。持续开展地下室出租、群租房整治，注销经营主体241户，清理集体户45人，规范整治废品回收点3处，开墙打洞、占道经营实现动态清零。完成第四次全国经济普查工作。编制街道控制性详细规划，建立街区更新问题台账。实施广内大街南侧（教子胡同北口至西砖胡同北口）沿街环境整治，拆除违建、留白增绿、增设景观。对地区斑秃裸地进行栽种绿植、硬化处理，新增绿化面积1100平方米。完成教子胡同、输入胡同、牛街四条、烂漫胡同、菜北胡同等5条胡同综合整治，共有22条背街小巷申报市级达标验收。完成牛街西里二区11、12号楼、似海怡家、菜园北里老旧小区改造工程。完成菜西片老城保护和城市更新试点工作，实施全市首个直管公房申请式退租。

（李　楠）

【社区建设】年内，完成10个社区“两委”换届工作，社区书记、主任一肩挑比例达到60%。修订《牛街街道社区工作者管理制度汇编》，开展“社工成长阶梯培养计划”，组织开展社区工作者培训9次。选择西里一区、南线阁两个社区作为试点，开展公益项目认领计划，推进基层群众性自治活动开展。指导南线阁9号院成立业主委员会。“西城社区通”居民区家庭覆盖率达34.02%，推送信息服务惠及95万人次，通过身边事和吹哨报道模块共解决居民问题322个。街道、社区通过多种形式向群众报告工作1200余次。配合区交通委在广内大街、菜市口大街、南横西街等10条道路实施路侧停车。在10个社区建立退役军人服务站，为1681户烈属、军属、和退役军人家庭悬挂光荣牌。组织12名优抚对象、无军籍军休职工参加集中疗养，开展牛街民族、宗教、饮食文化等特色双拥共建活动。加强街校共建，投入28万元与地区5所教育机构开展特色教育活动。开展校外培训机构专项治理排查。社区公益金共完成45个项目，使用资金约106万元。指导社区从歌、舞、艺、戏、影、阅等六方面开展文化活动，全年开展文化活动、讲座、会演500余场，受益居民2万余人次。完成非北京户籍子女入学审核，44名非京籍儿童完成网上信息采集。

（李　楠）

【社会保障】年内，建立街-居两级精准救助工作机制，支出救助资金650万元，受益群众4000余人次。地区就业率62.03%，失业率0.98%。各级党员领导干部“走千门进万户”走访居民4000余户，收集问题647件，解决率95%。发放90岁以上高龄老人津贴43.27万元，办理95岁以上医疗补助26人次39574元，发放养老助残券329.16万元。发放失能护理补贴151.56万元，为失能老人提供居家上门服务10530次。与地区200位孤寡、空巢或独居老人签订巡视协议，提供服务1209次。牛街西里二区社区养老服务驿站内参与老年大学活动老人8032人次。全年各类保障性住房共计入住（选房和配租）家庭141户，其中入住公租房69户，市场租补贴22户，限价房轮候家庭选房8户，经济适用住房选房42户。街道牛友联盟社区青年汇开展活动170场参与5300人次。建设书香牛街，以“晴耕雨读”阅读空间为平台，开展“传承传统文化—非遗项目体验培训班”系列活动32场，参与800余人次。街道早教中心按月开展特色亲子活动，全年接待5690人次，新建婴幼儿档案202人，测评336人次，亲子活动3620人次，主题活动6场171人次，新手父母培训5场136人次。对内蒙古赤峰喀喇沁旗和青海玉树囊谦实施精准帮扶，援助资金54万元。为192人发放严重精神障碍患者看护管理补贴428642元。复核通过一孩生育登记277件，审核通过二孩生育登记122件，受理再生育行政确认4件，办理《独生子女父母光荣证》10件，为327人发放独生子女父母一次性奖励。办理流动人口二孩以内生育登记26件。

（李　楠）

【社会治安综合治理】年内，完成国庆70周年、全国“两会”、第二届“一带一路”国际合作高峰论坛、亚洲文明对话大会、开斋节等系列服务保障活动。全年启动一级防控12天、二级防控31天、三级防控9天，增配15辆巡逻车24小时治安巡逻，组织调动群防群治力量4万余人次。排查各类矛盾纠纷27件，受理信访案件510件，未发生群体性越级访。开展扫黑除恶专项工作，开展牛街周边交通秩序、地下空间、违法出租房屋等重点区域秩序乱象综合整治。推进“七五”普法有序开展，举办普法宣传120场次，法制讲座40余次，提供法律服务46场次，受众1.5万余人。全面落实安全生产“党政同责、一岗双责”，累计检查地区生产经营单位5873家次，排查整改隐患5109处。新建菜市口小型消防站，提升区域防灾减灾和抢险救援能力。加大物防技防投入力度，为法源寺社区平房区500户居民免费更换液化气切断减压阀、胶管，为菜北、春风社区共计13个楼门安装门禁系统，为东里社区1000户居民家庭进行C级锁具升级服务。开展安全生产示范街创建工作，对企业实行分级分类管理。完善街道应急预案管理机制，修订完善应急工作手册管理，提高预防和应对突发公共事件的能力。建成街道“安全宣教体验中心”，提升社区安全文化氛围。

（李　楠）

【12345热线办理】年内，街道热线平台共接办居民诉求2122件，同比增长150%。其中：城市管理427件，停车管理418件，物业管理403件，住房问题84件，环境保护385件，投诉或表扬109件，公共安全105件，民政事务91件，公共服务83件，卫生防疫17件。街道热线工作考核成绩呈上升趋势，在9月和10月的热线考核中，分别列全区第二位、第四位。

（李　楠）

【精神文明建设】年内，出版《今日牛街》24期，利用“北京牛街”微信公众号推送微信381篇，央视新闻频道、北京电视台、北京日报等各类新闻媒体共刊登报道牛街新闻179篇次。组建“1+10+N”志愿服务队，围绕理论政策宣讲、科教文卫服务、文明素养培育、“和合”社区建设四大主题开展系列活动29场，组织“辉煌70年，筑梦新时代”百姓宣讲巡讲、“70载·我的家国情怀”邻里结文化传承之“身边+”系列活动，“诵读家国•纸鸢送福”清明诗会、“团圆牛街”中秋国庆文艺演出、“七巧匠心”故事汇等活动，弘扬主旋律，传播正能量。开展牛娃in（印）社区寒暑假教育实践系列活动。实施“牛娃创造”计划，开展剪纸课程、元宵节灯谜会等活动，引导青少年在实践中学习价值观和新美德。开展垃圾分类主题体验及文明礼让志愿服务活动，提升青少年志愿服务意识及环保理念。

（李　楠）

【统战工作】年内，召开街道第十五届民族团结进步表彰会，表彰58个先进集体、61名先进个人、30个楼门院、30户和谐家庭。开办以健康养生、文化传承为主题的牛街侨台乐养学堂。完成侨联、工商联换届工作。组织街道、社区干部、社会组织负责人等赴台湾进行民族文化交流，密切两岸往来。持续推进“四进”清真寺活动，邀请专家、学者来寺授课，开展书法、剪纸、中华传统礼仪等培训31次，523人次参加。启动“和合”牛街社区文化季系列活动，依托“民族团结月”“民族团结杯”“和合邻里日”三大品牌，组织体验活动近70项。

（李　楠）

【党建工作】年内，开展“不忘初心、牢记使命”主题教育，以学习教育抓实、调查研究重深，检视问题唯真、整改落实从严为切入点，开展集中学习10次，交流研讨2次，调查研究66次，街道工委书记以“不忘初心、牢记使命、干在实处、走在前列”为题为地区党员讲专题党课。采取学用结合的方式，组织理论中心组学习33次。开展基层党支部书记及党务工作者大轮训，全年集中培训27场，受训人员1700余人次。调整规范党组织设置，成立机关党委，调整街道机关七个党支部组织设置，指导完成73个社区支部换届改选工作。完善党建工作协调委员会职能，制定《2019年牛街街道基层党建工作重点任务清单》，梳理认领区党建任务39项，全年共“吹哨”227次，其中街道层面34次，社区层面193次，解决事项179件。

（李　楠）

白纸坊街道

【概况】白纸坊街道位于西城区南部，东起菜市口南大街与陶然亭街道为邻，西至西护城河与广外街道和丰台区交界，南起南护城河与丰台区相望，北至南横西街、枣林前街与牛街街道接壤。辖区面积3.11平方公里，有主要大街12条、胡同76条，社区居委会19个。户籍人口35820户，常住人口104756人，流动人口20834人。驻区单位2773个，其中中央单位56个，市属单位101个，区属单位164个。有成人教育学校2所，中学（含职高）7所，小学4所，幼儿园6所，医院5所。街道设“一委、七办、三中心”，在职机关行政、事业单位人员196人（公务员136人，工勤3人，事业57人）。街道工委下设21个直属党组织，社区党委19个，党支部201个，党员6656人。年预算收入31978.19万元，支出32632.18万元。年内，白纸坊街道获共青团北京市委员会社区青年汇年度专项考核评估项目优秀奖、白纸坊街道大观园湖获北京市优美河湖奖、白纸坊街道右内西街社区获市级优秀党建工作案例奖。

地址：西城区樱桃二条8号

邮编：100054

电话：83512187

（周　青）

【城市管理】年内，结合“坊间孝文化”品牌，打造万寿公园适老街区；完成38条背街小巷升级改造，22条背街小巷通过“十有十无”验收，南樱桃园等5条街巷被评为区文明街巷；万博苑社区被评为全区唯一一家首都花园式社区，辖区内区卫计委被评为全区唯一一家市级花园式单位；全年拆除违建283处，面积7480平方米；封堵“开墙打洞”29处；新增绿地1240平方米，建设崇效胡同、樱桃头条等2处口袋公园。落实“河长制”工作，改善大观园湖水质，提升公园生态环境，大观园湖被评选为北京市优美河湖；建立垃圾分类专班工作机制，开展垃圾分类宣传活动近110场，172个居住单元垃圾分类全覆盖；在全区率先引进大件垃圾处理设备，处置大件垃圾34401立方米。盆儿胡同62号院作为西城区新阶段老旧小区综合整治试点经典案例报送至住建部，右内西街甲10号院环境整治参与北京电视台“向前一步”节目的录制；完成樱桃二条、三条停车自治管理，改善里仁街6号院和半步桥13号院以及双槐里小区停车自治管理；启动信建里老旧小区整治工作，拆除两大棚改项目46处无关联自建房，确保11月份局部开工，加大源头数据分析，推行“5+1”新型作业模式，棚改区引进国外自动喷淋系统，利用8处制高点探头对工地实施智慧执法。

（周　青）

【社区建设】年内，建立物业管理联席会议机制，完成南菜园乙1号院（糖业楼）街巷物业进小区试点进驻工作，建立地区物业工作大数据台账，制定“一小区一方案”，创立“白纸坊好物业、白纸坊好物管”评价激励体系，首次推行以恬心家园新旧物业更换为试点的居委会代行业委会职责新模式，以及万博苑小区“记账式代履行”负压水泵更换和电梯维修工作，绘制全市首家街道全区域物业电子地图；抓好19个社区班子和社工队伍的管理和服务。加大培训和考核力度，围绕社区自治、社区动员等主题开展多种形式培训，提升社工队伍为民服务能力；承接区级社区分层议事试点项目，建立坊间议事厅，推进社区参与型协商。以“社区事情居民议、居民事情居民定”为宗旨，邀请高校专家团队深入社区指导，召开街道、社区、网格、楼门院四层议事协商会380次，形成建功南里社区养老服务驿站建设和樱桃头条环境提升两个民意立项试点项目。解决环境整治、安全防范、施工扰民、管道改造等问题239件，推广“西城家园”平台，覆盖率全区第二。发挥地区教育资源优势和纸文化博物馆等科普基地作用，以社区大讲堂、读书会、科技周等多种形式，推进全民素质教育，广泛开展科普惠民系列活动。

（周　青）

【社会保障】年内，落实应保尽保政策，依托困难群众救助服务所，精准救助各类人群，接待、走访困难群众439人次；大力推动“一窗式”公共服务，发放失业保险金580万元、各类救助金274.38万元、残疾补贴479.01万元。打造就业联盟平台，建立一对一指导台账，就业指标任务超额完成，获充分就业街道称号；推进社区养老等各项服务，利用南横西街92号原旧煤厂打造金泰颐寿轩养老照料中心，建成3家养老餐桌，优化养老服务设施及百姓生活性服务网点配置，规范设置便民菜店满足地区群众生活需求；聚焦精准扶贫，对赤峰河南街道、玉树白扎乡和阜平夏庄乡进行四次实地调研，投入帮扶资金134万元，对接4个帮扶项目，实现三地全部提前脱贫摘帽，河南街道帮扶项目得到习近平总书记考察时的认可。以温馨家园为依托，组织职康站学员开展捏面人等劳动康复项目45次，丰富地区残疾人文化生活。开展“邻里守望”志愿服务活动，组建19支坊间助残志愿服务队伍，对接30户贫困残疾人家庭提供帮扶，并形成长效机制。做好残疾人扶贫帮困工作，全年走访慰问地区特殊困难残疾家庭902户，发放慰问金39.1万元。完成公租房、公租补贴、市场租房补贴等各类保障性住房申请登记246户，完成公租房、限价房、经济适用房等六类保障性住房资格变更64户次，完成各类保障性住房资格终止130户，完成资格复核45次共计742户，完成市场租房补贴签约及续约69户，解锁各类情况锁定家庭37户，查询存在权属问题家庭25户，三房轮候家庭7户，组织辖区具有公共租赁住房备案资格的低保家庭（含分散供养的特困家庭）、低收入家庭和计划生育特殊困难家庭等特殊人群参加市投、区投选房3次。完成各类住保档案整理、登记、装订成册共计2326件。

（周　青）

【社会治安综合治理】年内，加强安全防控体系建设，深化扫黑除恶专项斗争，专项治理黑摩的乱点；建立消防秒响应机制，公共区域安装独立式烟感火灾探测报警器1500个，增配灭火器845具、灭火器箱73处。建成半步桥小型消防站一处，设置60个巡更点，12辆巡逻车全天候不间断巡查。全年入户消防宣传走访17301户；组织48家重点单位开展消防安全疏散演练140余次；推进“雪亮工程”，新增探头110个，首次实现街道与派出所安防监控系统的联网共享；持续推进“智慧社区”建设，为白纸坊东街25号院小区安装面部识别系统，为居民更换防盗门安全锁芯500把；加强安全生产监管，出动5500人次检查企业2700家次，覆盖率100%，发现隐患1322处；开展疏解整治促提升工作，影响人口2523人次，清理群租房32处，治理反弹地下空间2处。整合发展地区实体化综治中心建设，强化综合执法队作用，形成“大综治”格局。发挥“西城大妈”群防群治作用，完成国庆70周年庆祝活动、第二届“一带一路”国际合作高峰论坛、北京世界园艺博览会、亚洲文明对话大会等重大活动服务保障任务。

（周　青）

【精神文明建设】年内，发挥地区精神文明建设宣传栏、社区橱窗、社区报等宣传阵地作用，营造地区良好的舆论氛围。发挥新媒体、传统媒体相结合的传播优势，建好“坊间微动力”微信公众平台、办好“精彩白纸坊”微博，发布政策解读、坊间文化、身边好人故事等内容。以“微孝坊间、德润人心”为主题，编制“坊间孝文化”案例集，组织2次孝文化大讲堂活动。开展公民思想道德实践活动，推进道德建设进机关、进社区、进家庭，组织开展“道德讲堂”主题教育活动6场，参与600余人次。向区报送“北京榜样”等先进人物事迹19人次。举办未成年人思想道德建设教育实践活动6场，征集以“好少年唱响新时代”为主题童谣作品32篇。组建“情暖坊间”百姓宣讲团和社区百姓宣讲团，做好《坊间揽胜》编辑工作。开展文明城区创建主题推动活动，定期更换白广路23块精神文明建设宣传栏内容，为7个老旧小区制作楼门公告栏487

个，印制《文明城区宣传手册》3000本、《文明城区倡议书》4万张，北京深能商务酒店管理有限公司被评为2018年度市、区级文明商户；南樱桃园等5条街巷被评为区文明街巷。确定新时代文明实践基地名单，印制《新时代文明实践中心工作手册》500本。邀请北京印钞有限公司等70余名青年团员干部，开展"传递百年薪火争做青春使者"主题团日活动，联合开展6场非遗体验活动，成立白纸坊街道团工委滨河护卫队，开展志愿服务4次。围绕春节、元宵、清明、端午、七夕、中秋、重阳7个传统节日，组织地区居民开展"我们的节日"系列庆祝活动。

（周　青）

【党的建设】年内，街道围绕国庆服务保障、贯彻十九届四中全会精神、12345热线工作等重点工作开展调研15次，交流研讨5轮次，班子集中学习42学时，专题教育8次，开展"不忘初心、牢记使命"主题教育；推进"进千门走万户"工作落实。打造街道工委党校分校，形成"党建引领社区治理""老带新共促进"培训项目；完成19个社区"两委"换届选举工作，召开4次季度党建工作调度会，推动39项党建任务清单落地，新成立2家实体党组织；以"双报到"为契机成立了19个社区党员志愿服务先锋队，建功南里社区老党员先锋队被市老干部局评为市级老党员先锋示范队先进集体；打造初心党建工坊等36个党组织服务群众项目和区级试点建功南里党代表工作室，开展"坊间红窗促和谐"党代表服务群众活动40余场。落实《关于加强新时代街道工作的意见》精神，召开"党建聚力共筑坊间"党建协调委员会座谈会及全体扩大会议，建立"七联"工作法，推进"医养助老送爱心"等14个党建项目的落地；开展"博物馆联盟"、"城乡融合服务居民"、"民族团结文化周"等党建共建活动。接收基层单位党组织报到82家，接收在职党员回社区报到4471人。

（周　青）

【双拥共建】年内，围绕西城区争创全国双拥模范城"十连冠"主题，营造双拥工作氛围。与辖区4家共建单位举办庆祝建军92周年双拥主题活动，继续深入打造"小熔炉班"双拥共建品牌，全年共开展各类活动4次。将"窗帘约定"工作品牌与"小熔炉班"双拥共建品牌相结合，实现强强联合，形成与辖区高龄孤寡老人结对帮扶机制。围绕传统节日组织驻区部队、军转干部、军嫂开展6次双拥活动。定期开展走访慰问活动，为辖区内6支部队购买慰问品和发放慰问金12万元。继续深化拥军优抚工作，全年为4名军队离退休干部发放工资56.69万元；为1名军工、27名无军籍退休职工发放工资380.3万元。为各类优抚对象发放伤残抚恤金及生活补助金177.57万元；报销药费约3万元；发放慰问金6.68万元；为10名义务兵发放家庭优待金62.13万元。成立街道退役军人服务站及19个社区退役军人服务站，做好退役军人信息采集工作，现有退役军人4284人，其中党员3050人，党组织关系在本街道辖区内596人，信息采集率99.8%；发放、悬挂光荣牌4282块，发放率99.95%。

（周　青）

【坊间文体】年内，打造"坊间"文化品牌，发扬地区文体文化。街道坊间书阁是西城区唯一被评为北京市"十佳优读空间"的图书馆，举办第二届"金色夕阳"系列讲座，开展"传递书香气·快乐阅生活"世界读书日活动4场。白纸坊腰鼓队代表西城区参加新中国成立70周年文艺汇演；白纸坊舞蹈队舞蹈《丽人行》在西城区文化艺术节舞蹈比赛中获一等奖；推出"高雅艺术进社区系列活动之忆满京城•情思华夏2019年白纸坊街道清明节京剧折子戏专场惠民演出"、"爱国同心筑梦"白纸坊街道庆祝新中国成立70周年系列文艺展演系列活动三场。扶持非遗项目，建设白纸坊挎鼓展览活动基地，招募志愿者，不断壮大非遗传承队伍。开展8期"非遗项目进社区"体验活动，500人次参与，开展以"坊间非遗展•传承续新篇"为主题的非遗文化周活动。继续开展"坊间杯"系列赛事，在"坊间杯"足球、篮球、乒乓球、冰蹴球赛事基础上，增设棋牌和羽毛球等参与难度低的项目，参与年龄涵盖14至65岁，参与人数达700余人。举办以“和为美家国兴”为主题的第九届家庭文化节，举办5场红楼特色文化系列活动。利用辖区腾退空间，打造区首个街道级的冰雪体验中心，被授予北京市市民冰雪运动体验基地，曾接待国际冬奥组委、冬残奥组委顾问专家以及张家口市冬奥办参观考察，所在的建功南里社区获全国社会体育指导员典型社区。

（周　青）

广安门外街道

【概况】广安门外街道（简称广外街道）位于西城区西南部，东以西护城河为界；西沿马连道北路、湾子街至太平里，与丰台为邻；南起广安门南滨河路向西沿鸭子桥、广安门火车站专用线莲花河故道与太平里相接，亦与丰台区相连；北以北京西客站、莲花池东路为界，与海淀区毗连。有2条过境河流，莲花河由西向南斜穿地区中央，境内流长2570米；西护城河从地区东侧流过，境内流长2640米。辖区面积5.49平方公里，常住人口19.12万人，35个社区居委会，21个业主委员会。年内，街道新生儿登记1435人，注销户口644人。辖区法人单位8600家，其中，中央、市属单位91家，地方单位259家，其他8250家。中学3所，小学9所，幼儿园9所，公办养老服务机构2所，医院1所，社区卫生服务站9个。街道设8个职能部门，4个事业单位，机关行政、事业人员239人。年内，街道财政拨款收入39316.17万元，财政支出39619.61万元。

地址：西城区广安门车站西街17号11号楼

邮编：100055

电话：63316600

（雷　玥）

【城市管理】年内，开展“疏解整治促提升”行动，拆除违法建设329处、销账18021.12平方米，完成150.2%。其中，拆除与丰台交界处茶缘茶城周边违建约1000平方米，治理“开墙打洞”15处，治理群租房60户。提前完成严控地下空间反弹等其他任务，共涉及6653人，完成总体任务目标的105.5%。推进拆违、撤市、治乱、灭脏、清障五大专项整治工作，清理大件垃圾4300余吨、废旧非机动车3900余辆、僵尸车44辆；拆除困扰多年的废弃高压线塔13座，拆除地桩地锁1012个、废弃电线杆239根、违规广告牌匾345块；取缔无照再生资源回收网点6处。完成马连道中里二区等20个老旧小区综合整治。党建引领解决老旧小区停车难题，地区施划停车位共计622个，16条道路实行路侧电子收费停车，惠及居民1260户。完成老楼加装电梯18部，启动9部。马连道东3号路、广外南街南段、椿树馆街东段3条道路拓宽项目建成通车，缓解居民出行压力。完成蔺圃园南扩、逸骏园西扩及4处小微绿地项目，新增绿化面积16236平方米。打好生态环保攻坚战，治理裸露地面8000余平方米，苫盖树坑3224处，地区150家餐饮单位完成油烟净化设施升级改造。强化河（湖）长制工作落实，各级河长共开展4732次巡河工作。辖区35个社区实现垃圾分类全覆盖。街区整理互动体验中心正式对外开放，成为广外交流互动新窗口。完成红莲南里街区综合提升，对红莲南里三联建小区等居民生活区进行综合整治，升级改造绿化2072平方米，铺装道路6500余平方米，解决多产权、多诉求、物业管理矛盾交织等问题。推进达官营街区整治提升工作，完成远见名苑小区综合整治，改造雨污水管线100延米，改造小区道路2700平方米。落实责任规划师制度，制定《广安门外街道“一区一策”三年行动计划》，探索从“老旧小区整治”转向“居住区更新”。完成背街小巷综合整治工作，28条街巷通过市级达标验收，其中莲花河西侧路被评为北京最美街巷。

（雷　玥）

【社区建设】年内，以“完善社区治理、优化社区服务、强化社区队伍、丰富社区文化”为目标，开展社区治理工作。完成35个社区居委会换届工作，依法选举产生第十届社区居委会35个，委员243人，其中主任35人，副主任41人，开创基层治理新局面。社区两委班子结构更加优化，社区党委书记、居委会主任“一肩挑”比例、居委会成员中党员比例均达到或高于市区标准。加强社区工作者队伍建设，注重专业化、职业化培养，通过教育培训、技能大赛、职业资格考试，不断充实社工人才储备库。探索社会治理新方法，不断完善“街道吹哨、部门报到”“社区吹哨、街道报到”“社区吹哨、部门报到”三级吹哨体系，确保吹哨见实效。探索以“睦邻坊”为代表的社区居民自治组织建设，推动解决群众生活中矛盾集中、难以协调的问题。推进社区参与型分层协商的制度化、规范化、程序化建设，开展社区“月协商”工作，完善社区议事厅建设。探索“一站多居”模式，推进社区服务站优化提升。推广“社区通”平台使用，地区1.34万名居民实名注册。推进社区科教、文体工作，组织开展“文化润童心、科普承未来”寒假科普系列活动、“科技强国、科普惠民”西城科技周主场活动暨广外青少年科技节活动、“快乐成长、美丽家园”绘本优秀创意评选、“迈好这一步、幼小好衔接”公益讲座等社区科教文体活动。新增4处老年学习基地教学点。对19个社区社会组织诊断评估。

（雷　玥）

【社会保障】年内，坚持“民有所呼、我有所应”，创新“12345”工作法，制定问题清单，推动由“接诉即办”转向“未诉先办”，快速响应和解决群众诉求，共接办市12345案件5332件，区12341案件1816件，响应率100%，解决率、满意率稳步提升。民政工作覆盖低保低收入人员696户1126人。社会救助、福利、慈善各类资金保障覆盖38103人户次，保障资金2444.03万元。老年政策待遇保障覆盖98881人次，保障资金1376.57万元。成立广外街道困难群众救助服务所，针对27户特殊困难群众开展个案帮扶。开展“众筹1+1”春芽助学活动，帮扶辖区251名困境学生。建设街道、社区两级退役军人服务站共计36个。“两节”“八一”走访慰问共建部队，开展共建活动。完成征兵任务。完善生活服务业网点，地区新增1家大型生鲜超市，3家便民蔬菜网点、6家便利店。“五新”（新平台、新模式、新理念、新思路、新技术）打造全市首家街道级社保就业“一窗式”通办政务服务大厅，明确工作流程，推进“互联网+政务服务”，真正实现“一窗一网一号”，经验和做法在全市推广。完成第四次全国经济普查工作，共登记辖区法人单位8600家，其中中央、市属单位91家，地方单位259家，其他8250家。做好实有人口核查和人口抽样调查工作。自觉接受人大代表、政协委员监督，完成3件区级人大代表建议及2件政协委员提案办理工作。向群众报告工作通报情况机制常态化，通报情况905次。与内蒙古自治区赤峰市喀喇沁旗美林镇、青海省玉树州囊谦县尕羊乡、河北省张家口市张北县馒头营乡二圪塄村、馒头营村、公会镇淖海营村、海流图乡泉子村等6个地区开展结对帮扶，开展6个精准扶贫项目，帮扶资金总计202万元。

（雷　玥）

【社会治安综合治理】年内，健全重大活动安全保障体系，完成全国两会、“一带一路”合作论坛、世界园艺博览会、亚洲文明对话大会、国庆70周年庆祝活动等重点保障任务，共出动治安志愿者30万余人次，全力维护辖区社会面安全稳定。成立综合执法中心和综合执法队，加强源头预防管理，健全“街道吹哨、部门报到”长效工作机制，重点协调解决各部门执法过程中遇到的热点和难点问题，共开展联合执法255次，整治违法经营、无照餐饮、店外经营193户次，整治乱停车719辆次。推进扫黑除恶专项斗争，严打“黑车”“黑摩的”、群租房等重点乱象问题，开展“黑车”“黑摩的”专项整治行动30余次，查处暂扣违法经营“黑摩的”61辆。提高技防设施安装密度，为地区1300余居民补贴更换门户C级锁芯；为青年湖等4个社区安装118个高清摄像头；以红莲北里17号楼为试点，开展智能防范工程建设，地区入室盗窃案件数量比上年下降67.9%。完成铁路护路、禁毒等任务。严守安全生产底线，落实安全生产“一岗双责”要求，按照“四级联动”检查工作机制，对人员密集场所、建筑工地等进行安全检查与隐患排查，共检查13287家单位，消除隐患31106处。注重消防安全，及时处置火情9起，白菜湾小型消防站建成并投入使用。做好地区食品药品安全保障，406家餐饮服务单位全部完成“阳光餐饮”工程建设。开展源头预防和风险防控，抓好易引发信访突出问题和群体性矛盾的管控工作，落实处级领导信访包案工作机制，解决16起信访突出问题。妥善接待处理群众信访事项1022件1457人次，其中群访案件27批次243人次。司法调处民事纠纷199件，调解物业矛盾纠纷62次。

（雷　玥）

【精神文明建设】年内，加强公民思想道德建设，开展“家国同心逐梦前行”百姓宣讲、“我在广外向祖国表白”等活动，做好各类榜样模范人物及文明商户、文明街巷的挖掘和宣传，弘扬正能量，厚植爱国情怀。举办文明城区创建主题推动活动，完成北京市文明城区创建与迎检工作。在街道和社区层面分别成立新时代文明实践所和实践站，红居街党群活动服务中心等6家单位成为新时代文明实践基地，开展新时代文明实践活动，提升地区文化内涵和文明程度。举办第四届“红莲杯”京津冀广场舞邀请赛、“红莲杯”太极拳（械）比赛、第十三届“和谐杯”乒乓球比赛、“红莲杯”社区合唱节等活动，丰富群众文化生活。打造670平方米广外街道室内冰雪体验馆，开展广外街道冰雪大讲堂、“纯洁的冰雪激情的约会”迎冬奥宣传日活动、暑期青少年冰壶球夏令营、承办“全民健身迎冬奥快乐冰雪圆梦想”西城区庆祝申冬奥四周年纪念活动等，服务群众个性化需求，助力2022年北京冬奥会。

（雷　玥）

【功能街区建设】年内，广外街道与税务、工商等部门密切沟通协作，加强涉税信息共享和交流机制，加大对区域经济工作的分析研究，动态掌握区域经济发展态势，加大重点税源监测、服务力度，加大对税源企业的走访、交流，为税源企业经营发展提供优良环境，维护地区经济发展的税收基础。完成对地区17家重点企业税收奖励发放工作，共发放奖励金770万元。加大与异地经营企业的沟通，积极引税，引入22户企业在本地经营。完成对马连道茶叶街所有茶商茶企及入驻企业动态经营情况的年度调查，监测地区商户经营动态，掌握地区经济发展空间存量，完成《2019年马连道茶叶街茶行业发展分析报告》。按照北京市建设世界城市和加快国际商贸中心建设的总体要求，围绕“弘扬茶文化、繁荣茶经济、促进国际化、推动茶发展”理念，推动中国茶业与国际间交流、合作、发展，不断提升马连道茶叶一条街转型升级。协助相关部门做好“两展一节”（北京国际茶业展、北京马连道国际茶文化展、咸阳茶文化节）组织工作。统筹推进天宁1号文化科技创新园（二期）项目，倾听企业诉求，明确发展方向，推进项目进展。

（雷　玥）

【党的建设】年内，扎实推进“不忘初心、牢记使命”主题教育活动，街道领导班子开展集中学习、研讨、调研等共196次。各党支部组织学习1268次，开展党员志愿服务活动932次，党员为身边群众办实事1826件。多种形式开展理论学习，组织中心组集中学习22次。用好“学习强国”学习平台，完成7000余人注册工作。开展“党建引领物业服务企业参与社区治理”试点工作，探索红居南街6号院党建引领下的“政府托底居民自治型”老旧小区治理模式；打造京铁和园“红色物业”，形成“物业服务合同型”住宅小区治理模式。采取“导师制”方式，提高社区和“两新”组织整体工作水平。加强“两新”组织党建工作，打造“活力马连道”，辖区非公企业入册362家，非公有制企业党组织覆盖率达93.37%。建立天虹党群活动服务站，辐射朗琴国际、新纪元等商务楼宇。发挥基层党组织在整治涉黑涉恶问题上的战斗堡垒作用，强化社区党组织主动参与治乱的意识和能力。年内接收预备党员25人，预备党员转正15人。签订全面从严治党责任书和责任清单共81份。成立7个社区纪检监察监督组，推动党内监督向基层延伸。运用监督执纪“四种形态”，开展谈话84人次。完成社区专项资金使用情况专项检查。切实做好巡察整改工作，细化41项具体整改任务、96条整改措施，逐项明确分管领导、责任部门和整改时限，抓好整改落实。修订完善《广外街道中小工程管理办法》《广外街道工委、办事处“三重一大”决策规定》《广外街道采购管理办法（试行）》，健全工作流程。召开工委会35次、主任办公会27次，研究党的建设、“三重一大”、城市治理等工作。坚持以习近平新时代中国特色社会主义思想为指导，抓好理论学习、中心组集中学习24次。

（雷　玥）

（责任编辑　叶　婷）

人　物

领导干部

中共北京市西城区第十二届委员会

书　记　卢映川
副书记　王少峰（1月免）　孙　硕（5月任）
　　　　王　飞
常　委　王　旭　孙　硕　陈　宁（女）
　　　　姜立光　虞宝才　程昌宏
　　　　蔺　伟　陈　冲（挂职）
　　　　徐　利

北京市西城区第十六届人民代表大会常务委员会

主　任　杜灵欣
副主任　杜黎彬（回族）
　　　　沙秀华（女，回族）　李会增
　　　　田巨德　张宗禹
　　　　王建华　张礼斌
委　员（按姓氏笔画排序）：
　　　　王玉甫　皮　强　朱建岳
　　　　朱　博　刘立新　刘海涛
　　　　安亚荣（女）　许云杰　孙　静（女）
　　　　牟善刚　杨维民　张小来
　　　　张晓阳　陈子云（女）　陈玉芳（女）
　　　　陈金富　陈雅欣（女）　陈　燕（女）
　　　　周卫青（女）　郑　实　赵建敏
　　　　赵谊江　胡召海　钟祖荣
　　　　贾中华　翁乃彤（女）　郭启兴
　　　　曹立宏　曹淑琴（女）　蒋远菲
　　　　韩星桥　演　觉
　　　　穆　静（女，回族）　魏建明

北京市西城区人民政府

区　长　王少峰（2月免）·孙　硕（7月任）
副区长　孙　硕　姜立光　朱国栋
　　　　李　异　郁　治（女）　刘国周
　　　　贾　蔚（挂职）　缪剑虹　陈　冲（挂职）

中国人民政治协商会议北京市西城区第十四届委员会

主　席　章冬梅（女）
副主席　程　军　姜兆春　王　奇
　　　　李建国　荣　洋　刘学增
　　　　张培彤
秘书长　王申恒
常　委（按姓名笔画为序）
　　　　马寅生　马　震　王广发
　　　　王明明（女）　王晓敏（女）　王景兰（女）
　　　　甘力鹰（女）　付建新　白　洁（女）
　　　　向公伟　庄文静（女）　刘井坤
　　　　刘世春　刘　冰（女）　刘克杰
　　　　刘昊扬　刘学俊　刘春春（女）
　　　　刘爱中（女）　关振鹏　安少雄
　　　　纪　丽（女）　杜凤英（女）　李文义
　　　　李占文　李庆保　李征帆

李海潮 李 硕 李 新（女）
杨 秋（女） 吴 江（女） 吴丽光（女）
吴 洁（女） 何悦明 何绪明
宋 坪（女） 张新华 陈光宪
林 耀 孟至岭 赵友新
赵芙蓉（女） 赵 玲（女） 赵娇阳（女）
赵蓬欣 柳 林 施 宏
贾旭辉 高 忻 郭君瑛（女）
陶水龙 常卫国 章树德
程文光 曾小丹（女） 曾加顺
曾昭日 谢苗荣 蒋晓晖
靳 真（女） 褚海燕（女） 戴卫红（女）
魏建新（女）

中共北京市西城区第十二届纪律检查委员会

书 记 虞宝才
副书记 田 迪（女） 段辉建 闫 彬
常 委 侯 逾 郝 明 李雪静
路朝晖 张 艳 高洁琳（挂职）
郭 峰（挂职）

北京市西城区监察委员会

主 任 虞宝才
副主任 田 迪（女） 段辉建 闫 彬
委 员 郝 明 郑 军（专职）
焦长锐 张 艳

中共西城区委员会工作机构主要负责人

办公室主任 徐 利
常务副主任 郭海龙（5月免）
李松山（5月任）
组织部部长 程昌宏
常务副部长 皮 强
宣传部部长 陈 宁（女）
常务副部长 靳 真（女）
政法委员会书记 王 旭
常务副书记 张晓月
精神文明建设委员会办公室（机构改革）
主任 王希福（3月免）
统战部部长 王 旭
常务副部长 刘 琪
台湾工作办公室（区台湾事务办公室）（机构改革）
主任 赵 玲（女，5月免）
区委区政府研究室主任 侯丙振
网信办（互联网信息办公室）
主任 王希福（2月任）
机构编制委员会办公室
主任 王效农（3月免）
常务副主任 关山红（女，满族，3月免）
机构编制委员会办公室
主任 关山红（女，满族）
老干部局局长 王晓谦（女，12月免）
保密委员会（区国家保密局局长）（机构改革）
办公室主任 吕燕裙（女，4月免）
马 忠（11月任）
区直机关工委书记 徐 利
常务副书记 梁 云（女）
社会工作委员会（机构改革）
书记 李 薇（女，3月免）
党校常务副校长 宁 梅（女）
党史工作办公室（地方志编纂委员会办公室）
主任 朱静伟
社会治安综合治理委员会办公室（机构改革）
主任 张宝生（4月免）
维护稳定工作领导小组办公室（机构改革）
主任 张晓月（4月免）
流动人口和出租房屋管理委员会办公室（机构改革）
主任 张宝生（4月免）
处理法轮功问题领导小组办公室（区政府防范和处理邪教问题办公室）（机构改革）
主任 李 鲁（4月免）
新闻中心（机构改革）
主任 李雪梅（女，3月任，4月免）
融媒体中心
党组书记、主任 李雪梅（女，4月任）

西城区第十六届人大常委会工作机构主要负责人

办公室主任 曹立宏

研究室主任　许云杰
教科文卫体办公室主任　韩星桥
城建环保办公室主任　杨维民
法制办公室主任　张小来
财政经济办公室主任　郭启兴
预算审查办公室　陈　燕（女）
代表联络室主任　孙　静（女）

西城区人民政府工作机构主要负责人

办公室
党组书记、主任　缪剑虹（4月免）
桑硼飞（4月任）
发展和改革委员会
党组书记、主任　王志忠
科信委（机构改革）
党组书记　刘化杰（3月免）
主　任　杨　秋（女，3月免）
科学技术和信息化局
党组书记　刘化杰（3月任，4月免）
刘　倩（女，回族，4月任）
主　任　杨　秋（女，3月任）
财政局
党组书记、局长　聂杰英（女）
人力资源和社会保障局
党组书记　彭随心
局长　王效农
住房和城市建设委员会
党组书记、主任　刘成东
城市管理委员会
党组书记　宋甲乐（10月免）
岳　立（12月任）
主　任　宋甲乐（4月免）
岳　立（4月任）
民政局（机构改革）
党组书记、局长　张　丁（3月免）
民政局（区委社会工委与民政局合署办公）
区委社会工委书记　李　薇（女，3月任）
民政局局长　张　丁（3月任）
审计局
党组书记、局长　涂云国（女）
北京金融服务局（区金融办）
党组书记、局长（主任）　孙　硕
环境保护局（机构改革）
党组书记、局长　李　程（女，3月免）
生态环境局
党组书记、局长　向　前（土家族，3月任）
统计局
党组书记　台　峰
局　长　刘爱中（女）
外事侨务办公室（机构改革）
党组书记、主任　杜　慧（女，3月免）
政府外事办公室
党组书记、主任　杜　慧（女，3月任）
区委区政府信访办（机构改革）
党组书记、主任　邢印良（3月免）
区信访办
党组书记、主任　邢印良（3月任）
民族宗教事务办公室
党组书记　周兴运（12月免）
韩俊田（12月任）
主　任　韩俊田
民防局（地震局）（机构改革）
党组书记、局长　赵友新（3月免）
人防办
党组书记　赵友新（3月任）
主　任　赵友新（3月任）
安全生产监督管理局（机构改革）
党组书记、局长　李　华（3月免）
应急管理局
党组书记、局长　李　华（3月任）
市场监督管理局
党组书记　赵　斌（3月任）
局　长　闫学会（女，3月任）
商务委员会（机构改革）
党组书记、主任　袁　利（女，3月免）
商务局
党组书记、局长　袁　利（女，3月任）
退役军人事务局
党组书记、局长　高　翔（3月任）
国有资产管理委员会
党委书记　徐　斌
主　任　佟丽萍（女）
城管执法监察局
党组书记、局长　魏九红
社会建设办公室（机构改革）

主　　任　　李　薇（女，3月免）
档案局（机构改革）
党组书记、局长　　李茂福（4月免）
档案馆
馆长　　吕燕裙（女，4月任）
园林绿化局
党组书记、局长　　高俊宏（2月免）
吴立军（4月任）
园林市政管理中心（转企改制）
党委书记　　肖福来（2月免）
主　　任　　高俊宏（2月免）
环境卫生服务中心（转企改制）
党委书记　　姚尚贵（2月免）
主　　任　　周兴新（2月免）
机关事务服务中心
党组书记、主任　　张宇山
城市管理监督指挥中心
党组书记、主任　　陈国红（3月免）
柴丽敏（女，3月任）
产业发展局（机构改革）
党组书记、局长　　岑运东（3月免）
对外联络服务办公室（机构改革）
党组书记、主任　　赵　丽（女，3月免）
对外联络和扶贫协作办公室
党组书记、主任　　赵　丽（女，3月任）
医疗保障局
党组书记、局长　　曾加顺（3月任）
西直门综合交通枢纽地区管理委员会
党组书记　　王连杰（4月免）
袁世良（5月任）
常务副主任　　王连杰（4月免）
袁世良（4月任）
政务服务办（机构改革）
党组书记、主任　　柴丽敏（女，3月免）
政务服务管理局
党组书记、局长　　夏淑敏（女，4月任）
西城园
工委书记　　岳　立（4月免）
马红萍（女，回族，5月任）
常务副主任　　岳　立（4月免）
马红萍（女，回族，5月任）
政府投资项目建设中心
主任　　刘成东
发展服务中心
主任　　岑运东
房屋管理局
党组书记　　王连杰（4月任）
局　　长　　孔　勇（4月任）
房屋征收中心
党组书记、主任　　万长宏
规划西城分局（机构改革）
党组书记、局长　　倪　锋
市规划和自然资源委员会西城分局
党组书记　　倪　锋
局　　长　　倪　锋（3月任）
工商西城分局（机构改革）
党组书记、局长　　赵　斌
食品药品监督管理局（机构改革）
党组书记、局长　　闫学会
烟草专卖局
党组书记、局长　　孟庆伟
税务局
党组书记、局长　　王忠新

政协西城区委员会工作机构主要负责人

秘书长　　王申恒
办公室主任　　贾旭辉
研究室主任　　刘春春（女）
专委会工作一室主任　　李征帆
专委会工作二室主任　　白　洁（女）
专委会工作三室主任　　晏　畅（4月免）
李　鲁（4月任）
专委会工作四室主任　　李占文
专委会工作五室主任　　何绪明
专委会工作六室主任　　常卫国（4月免）
章　卫（4月任）

西城区各民主党派、工商联负责人

中国国民党革命委员会北京市西城区委员会
主任委员　　王　红（女，满族）
中国民主同盟北京市西城区委员会
主任委员　　钟祖荣

中国民主建国会北京市西城区委员会
　　主任委员　　李建国
中国民主促进会北京市西城区委员会
　　主任委员　　张礼斌
中国农工民主党北京市西城区委员会
　　主任委员　　张培彤
中国致公党北京市西城区委员会
　　主任委员　　刘学增
九三学社北京市西城区委员会
　　主任委员　　郑　实
台湾民主自治同盟北京市西城区委员会
　　主任委员　　陈子云（女）
区工商联主席、区总商会会长　司马红（女）
　　党组书记、副主席　郭君瑛（驻会，女）

西城区政法、军事系统主要负责人

西城公安分局
　　党委书记、局长　　刘国周
　　政　　委　　张　毅（7月免）
　　　　罗　明（7月任）
人民检察院
　　党组书记、检察长　　李卫国
人民法院
　　党组书记、院长　　蔡慧永（4月免）
　　　　刘双玉（4月任）
司法局
　　党组书记、局长　　向　前（土家族，3月免）
　　　　李　程（女，3月任）
人民武装部
　　部长　　蔺　伟
　　政委　　万晓龙
西城区消防救援支队
　　支队长　　李兴华
　　政　委　　刘宪文
西城交通支队
　　支队长　　刘保君
　　政　委　　姜金辉
武警执勤三支队
　　支队长　　梁黔生
　　政　委　　李荣军
武警执勤四支队
　　支队长　　史景军
　　政　委　　樊良柱

西城区人民团体主要负责人

总工会
　　党组书记　　张中喜
　　主　　席　　李会增
团区委
　　党组书记、书记　　李健希
妇女联合会
　　党组书记、主席　　李高霞（女）
归国华侨联合会
　　党组书记、主席　　安亚荣（女）
科学技术协会
　　党组书记、常务副主席　戴卫红（女）
文学艺术界联合会
　　党组书记　　汪帮宏
　　常务副主席　　张云裳（女）
社会科学界联合会
　　党组书记、常务副主席　　张新华
残疾人联合会
　　党组书记　　刘少华（10月免）
　　　　孟红伟（女，12月任）
　　理事长　　孟红伟（女）
红十字会
　　党组书记、常务副会长　　王志东（11月免）

西城区街道工委、办事处主要负责人

德胜街道工委书记　　孙广俊
　　办事处主任　　王中峰（8月免）
　　　　张玉魁（9月任）
什刹海街道工委书记　　海　峰（回族）
　　办事处主任　　毕军东
西长安街街道工委书记　　陈振海
　　办事处主任　　桑硼飞（4月免）
　　　　郈　浩（4月任）
大栅栏街道工委书记　　李　婕（女）
　　办事处主任　　苏　昊（8月免）
　　　　王　攀（8月任）
天桥街道工委书记　　陈　新（4月免）

宫　浩（4月任）
办事处主任　高　翔（4月免）
董　伟（4月任）
新街口街道工委书记　何焕平
办事处主任　刘　倩（女，回族，4月免）
郭海龙（5月任）
金融街街道工委书记　许晓红（女）
办事处主任　宫　浩（4月免）
徐建生（4月任）
椿树街道工委书记　高兴春
办事处主任　孙晓临（女）
陶然亭街道工委书记　庞成立（4月免）
谢　静（女，9月任）
办事处主任　谢　静（女，9月免）
吕世及（9月任）
展览路街道工委书记　魏建明
办事处主任　吴立军（4月免）
刘耀雍（4月任）
月坛街道工委书记　王乐斌
办事处主任　李健希
广安门内街道工委书记　彭秀颖（女）
办事处主任　史　锋
牛街街道工委书记　王其志
办事处主任　李丽京（女，回族）
白纸坊街道工委书记　马光明
办事处主任　杜春晓（女）
广安门外街道工委书记　王　毅
办事处主任　王书广

功能区建设指挥部主要负责人

区和谐宜居示范区建设指挥部
总指挥　姜立光
常务副总指挥　左继元
天桥演艺区建设指挥部
总指挥　徐　利（5月免）　缪剑虹（5月任）
常务副总指挥　王　丹（女）
大栅栏琉璃厂建设指挥部
总指挥　朱国栋
常务副总指挥　张玉魁（9月免）
什刹海阜景街建设指挥部
总指挥　徐　利
常务副总指挥　孔　勇（4月免）
刘维岩（4月任）

区重大项目建设指挥部（机构改革）
办公室主任　姜立光（1月免）朱国栋（1月任）
常务副主任　刘成东
区城市环境建设委员会
主　任　朱国栋
常务副主任　宋甲乐（4月免）
岳　立（4月任）
马连道建设指挥部
总指挥　李　异
常务副总指挥　张　东
北展地区建设指挥部
总指挥　孙　硕（5月免）喻华锋（5月任）
常务副主任　何立民（10月免）

西城区文教卫体系统主要负责人

教育工作委员会
书　记　丁大伟
教育委员会
主　任　赵蓬欣
区委卫生计生工委（机构改革）
书　记　曾加顺（3月免）
区委卫生健康工委
书　记　陈　新（3月任）
区卫生计生委（机构改革）
主　任　安学军（满族，3月免）
区卫生健康委
主　任　陈　新（3月任）
文化委员会（机构改革）
党组书记、主任　孙劲松（3月免）
旅游委（机构改革）
党组书记、主任　刘　冀（3月免）
文化和旅游局
党组书记　刘　冀（3月任）
局　长　孙劲松（3月任，11月免）
体育局
党组书记、局长　包　川
经科大暨社区学院
党委书记、院长　张建国
教育研修学院
党委书记、院长　刘继忠
北京市第四中学
党委书记　王　红（女）
校　长　马景林

北京市第八中学
　　党委书记、校长　　王俊成
北京市第一六一中学
　　党委书记　　曹雪莲（女）
　　校　　长　　吴伟东（女）
首医大复兴医院
　　党委书记、院长　　李东霞（女）

西城区国资委系统企业主要负责人

北京金融街投资（集团）有限公司
　　党委书记、董事长　　牛明奇
　　总经理　　刘世春
华远集团有限公司
　　党委书记　　于锦义
　　董事长、总经理　　杜凤超
北京天恒置业集团
　　党委书记、董事长　　刘海涛
北京华方投资有限公司
　　董事长　　王战荣
　　总经理　　张志强
北京世纪金工投资有限公司
　　党委书记、董事长、总经理　　赵　钢
北京市金工投资管理公司
　　党委书记　　朱志伟（8月免）
　　　　孙　昌（8月任）
　　总经理　　孙　昌
北京华天饮食集团公司
　　总经理　　贾飞跃
北京宣房投资管理公司
　　党委书记、董事长　　任　伟
　　总经理　　刘志刚
北京天桥盛世投资集团有限责任公司
　　党委书记、董事长　　安朝晖
北京市金正资产投资经营公司
　　党支部书记、总经理　　程嫦琳（女）
金源投资管理有限公司
　　党委书记、总经理　　郑全星
　　董事长　　时文生
金座投资管理有限公司
　　党委书记　　张山树
　　董事长　　薛国强
　　总经理　　袁瑞音
翔达投资管理有限公司
　　党委书记　　杨纳新（5月免）
　　　　贾　刚（5月任）
　　董事长　　孙雅娟（女，6月免）
　　　　贾　刚（6月任）
　　总经理　　孙雅娟（女，6月免）
　　　　朱　薇（女，6月任）
北京金象复星医药股份有限公司
　　党委书记　　韩沙非（12月免）
　　　　李卫东（12月任）
　　董事长、总经理　　徐　军（5月免）
　　　　文德镛（5月任）
菜市口百货股份有限公司
　　党总支书记、董事长　　赵志良
　　总经理　　王春利（女）
北京国华商场有限责任公司
　　董事长　　邹淑珍（女）
　　总经理　　王　祎（女）
　　党支部书记　　张　伟（女）
张一元茶叶有限责任公司
　　党支部书记、董事长　　杨有成
　　总经理　　霍文斌（女）
北京新月联合汽车有限公司
　　党委书记　　庞有利（1月任）
　　董事长　　刘长青
　　总经理　　刘长江
北京德源兴业投资惯有集团有限公司
　　总经理　　吴　航（4月任）
北京环雅丽都投资有限公司
　　党委书记、董事长　　姚尚贵（2月任）
　　总经理　　周兴新（2月任）
北京金都绿城投资集团有限公司
　　党委书记、董事长　　高俊宏（2月任）
北京广安控股集团有限公司
　　党委书记、董事长　　申献国
　　总经理　　张晓阳
北京陶然建筑有限公司
　　党支部书记、董事长　　林玉琇
北京金融街资本运营中心
　　党委书记　　李书兵
　　经　　理　　程瑞琦
北京昊都建筑工程有限公司
　　总经理　　马荣华

北京房开置业股份有限公司
党支部书记　乔　茜（女）
董事长　梅国良
总经理　周　虹（女）
宣兴房地产开发股份有限公司
党总支书记、董事长、总经理　陈海鸥

部分驻区单位主要负责人

北京金泰集团有限公司西城分公司
党委书记、总经理　秦有明
北京首商集团股份有限公司
董事长　李源光
总经理　张跃进
北京王府井百货集团长安商场有限责任公司
总经理　李春晖（女）
北京汉光百货有限责任公司
董事长　王小雨（女）
国家开发银行股份有限公司北京市分行
行长　徐　明（7月免）
马　红（7月任，女）
中国工商银行股份有限公司分行
行长　施　刚
农业银行股份有限公司北京西城支行
行长　柴　援（女）
中国银行股份有限公司北京西城支行
行长　冯　京（女）
中国银行股份有限公司北京宣武支行
行长　马　文（女）
中国建设银行股份有限公司北京西四支行
行长　林　麟（11月免）
赵　辉（11月任）
中国建设银行股份有限公司北京西单支行
行长　管　琳（女，1月免）
张　东（1月任）
中国建设银行股份有限公司北京宣武支行
行长　霍中广
交通银行股份有限公司北京市分行
行长　刘建军
中信银行股份有限公司总行营业部
总经理　刘红华
中国光大银行股份有限公司北京分行
行长　曲　亮
华夏银行股份有限公司北京分行
行长　李大营
广发银行股份有限公司北京分行
行长　徐红霞（女）
招商银行股份有限公司北京分行
行长　熊　开
中国民生银行股份有限公司北京分行
行长　杨　毓
北京银行股份有限公司
董事长　张东宁
中国证券监督管理委员会北京监管局
局长　王建平（4月免）
贾文勤（女，4月任）
中国人民财产保险有限公司北京西城支公司
总经理　乔明琦
中国人民财产保险有限公司北京宣武支公司
党组书记、总经理　焦继学（10月免）
刘文新（10月任）
中国平安人寿保险股份有限公司北京分公司
总经理　徐敏彬
中国太平洋财产保险股份有限公司北京分公司
总经理　武　博
中国太平洋人寿保险股份有限公司北京分公司
总经理　于　赟
北京市交通执法总队
总队长　黄建军
北京市交通执法总队第二执法大队
大队长　王平海
北京市运输管理局西城管理处
处长　张永安
北京市地铁运营有限公司
党委书记、董事长　谢正光
总经理　徐会杰
北京北站站长　焦姜涛
北京市西城区邮电局
党委书记、局长　李　勇
中国联合网络通信有限公司北京市分公司
党委书记、总经理　霍海峰
北京市燃气集团有限责任公司
党委书记、董事长　李雅兰（女）
总经理　支晓晔
北京市燃气集团有限责任公司第一分公司
党委书记、总经理　华　伟
国网北京市电力公司
党委书记、董事长　李同智

总经理　万志军

北京市电力公司城区供电公司

总经理　张铁恒

北京市自来水集团有限责任公司

党委书记、董事长　刘锁祥

总经理　高踪阳（11月免）

北京市自来水集团禹通市政工程有限公司

党委书记、董事长　郑少博

总经理　张春海

北京华康欣和建筑工程有限责任公司

董事长　杨玉良

总经理　吴志刚

党委书记　吕玉民

大观园管理委员会

主任　马俊潼

省部级先进集体及先进个人

先进集体

第九届全国“人民满意的公务员集体”

北京市西城区西长安街街道党工委

2019年全国工人先锋号

北京市西城区政府北京北展地区建设指挥部

北京建融保洁服务有限公司保洁二组

全国青年文明号

北京天恒房地产股份有限公司百万庄分公司

全国五四红旗团支部

国家税务总局北京市西城区税务局第一团支部

全国“巾帼文明岗”

国家税务总局北京市西城区税务局第五税务所

北京市西城区第一图书馆文献借阅一部

全国维护妇女儿童权益先进集体

北京市西城区婚姻家庭纠纷调解工作室

集体一等功

北京市公安局西城分局

全国公安机关70周年大庆安保维稳工作成绩突出集体

北京市公安局西城分局府右街派出所

全国检察宣传先进单位

北京市西城区人民检察院

2018-2019年全国“五好”县级工商联

北京市西城区工商联

全国审计机关先进集体

北京市西城区审计局

全国绿化模范单位

北京市西城区园林绿化局

国家健康促进区

北京市西城区

全国民族团结进步模范集体

北京市西城区德胜街道

北京市西城区牛街街道

北京市筹备和服务保障中华人民共和国成立70周年庆祝活动先进集体

北京市公安局西城分局府右街派出所

北京市西城区园林绿化局

北京市西城区文化和旅游局

北京市西城区西长安街街道

北京市思想政治工作优秀单位

北京市西城区统计局

北京市老干部工作先进集体

北京市西城区月坛街道

2019年首都劳动奖状

北京市西城区金融服务办公室

华夏银行北京分行

2019年北京市工人先锋号

北京市工商行政管理局西城分局消费者权益保护科

北京市西城区环境卫生服务中心三队大栅栏保洁班

北京天福号食品有限公司成品库

北京大栅栏永兴置业有限公司北京坊项目组

北京恒华伟业科技股份有限公司研发中心

北京市地铁运营有限公司线路分公司综合维修三项目部第九维修部

集体二等功

北京市公安局西城分局指挥处

北京市公安局西城分局打击号贩子工作专班

北京市公安局西城分局治安支队

北京市公安局西城分局政治处

北京市公安局西城分局府右街派出所

北京市公安局西城分局牛街派出所

北京市公安局西城分局西长安街派出所

北京市公安局西城分局二龙路派出所

北京市公安局西城分局天桥派出所

北京市公安局西城分局西单大街派出所

北京市公安局公安交通管理局西城交通支队勤务指挥处

北京市征兵工作先进单位

北京市西城区人民武装部

北京市侨联工作先进集体

北京市西城区归国华侨联合会

北京市西城区新街口街道归国华侨联合会

北京市西城区广安门内街道归国华侨联合会

北京市安全生产先进单位

北京市西城区商务局

北京市西城区德胜街道办事处

北京市构建和谐劳动关系先进单位

北京市西城区德胜街道办事处

北京市燃气集团有限责任公司

首都绿化美化先进单位

北京市西城区西长安街街道

北京市西城区广安门外街道

首都全民义务植树先进单位

北京市西城区月坛街道

北京市燃气集团有限责任公司

2018年度北京市劳动保障监察工作先进单位

北京市西城区月坛街道

北京市人力资源和社会保障系统“优质服务窗口”

北京市西城区什刹海街道

先进个人

庆祝中华人民共和国成立70周年纪念章

许 彤 杜雪平

第二届中国优秀扶贫“最美人物”

刘云军

2019年全国五一劳动奖章

刘永欣 胡 辛

全国公安机关70周年大庆安保维稳工作成绩突出个人

徐 哲 杨 洋 刘立群 孙 奖

全国公安系统二级英雄模范

贾春雨 安全勇

个人一等功

刘国周 罗 明 张谢平 徐 哲 杨 洋

刘立群 孙 奖

全国检察机关信息工作表现突出个人

刘嘉璐

重大专案处置工作二等功

高若愚

全国模范司法所长

王大颖 赵永进

全国绿化奖章

朱延昭

全国交通技术能手

吴 楠 赵鑫璐

全国民族团结进步模范个人

刘云军 孟春燕 赵 丽

第十届稽查评奖优秀调查组长

王晓岩

“中国好人榜”

李 菲 刘云军 霍淑凤

北京市筹备和服务保障中华人民共和国成立70周年庆祝活动先进个人

于 嘉 马 骅 王 军 王 彤 王 金

王 莹 王佳龙 王志涛 王湛峰 井红东

石 柱 冯 凯 冯治超 朱玉甫 朴美花

孙劲松 李纪潮 刘 铮 刘保君 刘新华

刘晓鹏 成 峰 杨 飞 杨京晶 宋 勇

吴晓涵 张 华 张平辉 陈 阳 陈德明

连中帅 岑运东 郑 昕 郑无迪 范 鹏

周 勇 周宏志 岳晓东 赵 乐 赵 臣

徐 飞 贾 伟 唐赵凯 曾思陶 潘志远

翟立家 魏子珣

第十四届北京市优秀思想政治工作者

周冠南

北京市老干部工作先进工作者

史金兰 倪雪媛

北京市扶贫协作奖——创新案例奖

刘海涛

2017-2018年度首都精神文明建设奖

刘云军 林 涛 张 颖 程效辉

2019年首都劳动奖章

毛雅军 田国锋 史文霞 闫海岩 肖存利

吴绍章 何 杰 宋甲乐 张占军 范晓岩

盛宝信 寇玉荣 解小虎 赵雁飞 孙 琪

任振余 杨玉民 王 猛

北京市侨联工作先进个人

王 莹 王 雪 王小雨 安亚荣 张晓阳

陈旭明 周 军 姚 静 桑丽萱 曾昭日

甄 萍 薛亚明

北京市归侨侨眷先进个人

王 辉 王 蕾 王 璐 王毅杰 冯 博

刘昊扬 宋建国 张 茜 陈志国 林剑浩

赵娇阳 娄瑞表

个人二等功

朱　政　张小川　王久锁　王佳兴　韩　钢
薛　洋　赵　亮　林四松　李鹏程　董　晗
刘　炟　赵长和　钱　峰　刘　绪　郑黎明
王笑钧　王华强　安宝捷　胡振环　路　遥
段雪冬　郗燕秋　耿　力　顾　钢　王　涛
张　博　张艳艳　周　猷　李　勖　胡文韬
王晓彦

首都绿化美化先进个人

李　燕　张　戈

首都见义勇为模范个人

吴　跃　郑　伟

2019年“北京榜样”十大人物

张卫东

统计资料

说明：

1. 统计资料中“#”表示其中项。
2. “*”表示数据小于等于2。
3. “—”表示数据不详或没有数据。
4. “…”表示因数据不足最小计算单位而省略。

行政区划与土地面积

表1

地　区	社区居委会(个)	辖区面积(平方公里)
全　区	259	50.70
德胜街道	20	4.14
什刹海街道	22	5.80
西长安街街道	13	4.24
大栅栏街道	9	1.27
天桥街道	8	2.07
新街口街道	21	3.70
金融街街道	19	3.78
椿树街道	7	1.09
陶然亭街道	10	2.14
展览路街道	22	5.87
月坛街道	26	4.13
广安门内街道	18	2.43
牛街街道	10	1.44
白纸坊街道	19	3.11
广安门外街道	35	5.49

(资料来源：北京市西城区民政局)

西城区主要经济社会指标

表2

项　目	单　位	2019年	2018年	2019年比2018年±(%)
人　口				
常住人口	万人	113.7	117.9	-3.6
户籍人口	万人	149.9	146.1	2.6
地区生产总值	亿元	5007.3	4692.3	6.1
第二产业	亿元	278.8	277.4	0.1
第三产业	亿元	4728.5	4414.8	6.5
人均地区生产总值	美元/人	62682	59115	6.0
商　业				
社会消费品零售总额	亿元	1085.1	1053.7	4.0
投　资				
固定资产投资额(不含农户)	亿元	–	–	-20.1
# 房地产开发投资	亿元	–	–	-2.2
财　政				
公共财政预算收入	亿元	431.1	430.8	0.1
区级税收	亿元	–	406.4	–
公共财政预算支出	亿元	427.8	429.7	-0.4
劳　资				
城镇单位在岗职工平均人数	人	790848	851902	-7.2
城镇单位从业人员工资总额	万元	20623001	19499942	5.8
城镇单位在岗职工工资总额	万元	18892145	17789619	6.2
城镇单位在岗职工平均工资	元	238885	208822	14.4
西城园				
总收入	亿元	3371.2	3112.0	8.3
工　业				
工业总产值(现价)	亿元	575.9	583.1	-1.2
建筑业				
建筑业总产值	亿元	750.7	693.6	8.2
人民生活				
居民人均可支配收入	元	88291	81678	8.1
居民人均消费性支出	元	53437	49642	7.6
恩格尔系数	%	19.8	18.0	上升1.8个百分点
居民消费价格指数(以上年同期价格为100的指数)	%	102.3	102.5	下降0.2个百分点
居民人均住房总建筑面积	平方米	22.1	21.9	0.2
中央、市、区三级税收	亿元	–	3721.8	–
基本单位情况				
法人单位数	个	44524	45851	-2.9
产业活动单位数	个	12510	11214	11.6
企业基本情况				
资产总计	亿元	1181604	1119841.2	5.5
收入合计	亿元	29423.7	24782.6	18.7
利润总额	亿元	10711.2	8731.2	22.7
对外经济贸易				
“三资”企业实际利用外资额	亿美元	1.0	5.2	-80.1
城市建设及环境保护				
城市绿化覆盖率	%	30.93	30.89	上升0.04个百分点
人均公园绿地面积	平方米/人	4.47	4.29	4.2
可吸入颗粒物(PM10)	微克/立方米	70	82	-14.6
细颗粒物(PM2.5)年均浓度值	微克/立方米	44	52	-15.4
降尘量	吨/平方公里·月	6.6	8.2	-19.5

表2续1

项　目	单　位	2019年	2018年	2019年比2018年±(%)
就业与社会保障				
城镇登记失业率	%	0.86	0.87	下降0.01个百分点
城镇登记失业人员就业率	%	65.51	63.21	提高2.30个百分点
养老保险基金征缴率	%	99.65	99.75	下降0.10个百分点
基本医疗保险基金征缴率	%	99.93	99.82	提高0.11个百分点
失业保险基金征缴率	%	99.70	99.80	下降0.10个百分点
工伤保险基金征缴率	%	99.58	99.72	下降0.14个百分点
民　政				
抚恤、补助优抚对象人数	人	1525	1474	3.5
全区老龄人口数	人	–	410653	–
最低生活保障人数	人	13280	12840	3.4
各种收养性单位个数	个	33	45	–26.7
基础教育				
学校个数	个	188	185	1.6
# 小学	个	57	58	–1.7
初级中学	个	3	3	0.0
高级中学	个	1	2	–50.0
在校生数	人	162811	152288	6.9
# 小学	人	85804	80679	6.4
初级中学	个	5879	5300	10.9
高级中学	人	1603	1490	7.6
毕业生数	人	31854	29303	8.7
# 小学	人	12092	9967	21.3
初级中学	个	1489	1040	43.2
高级中学	人	457	406	12.6
科　技				
输出技术合同成交项数	个	7212	6659	8.3
输出技术合同成交总金额	亿元	225.0	208.8	7.8
吸纳技术合同成交项数	个	7521	6545	14.9
吸纳技术合同成交总金额	亿元	414.9	327.4	26.7
文　化				
区属公共图书馆	个	23	23	0.0
总藏量	万册	259.1	239.2	8.3
# 图书	万册	247.0	226.6	9.0
文化馆	个	2	2	0.0
文物保护单位	处	189	181	4.4
# 全国重点文物保护单位	处	44	42	4.8
北京市文物保护单位	处	59	61	–3.3
卫　生				
卫生机构	个	702	695	1.0
卫生技术人员	人	39257	36902	6.4
# 执业(助理)医师	人	13966	13121	6.4
注册护士	人	17487	16292	7.3
医疗床位	张	17411	16368	6.4
平均每千常住人口医院床位数	张	15.31	13.88	10.3
平均每千常住人口拥有职业(助理)医师	人	12.28	11.13	10.3
平均每千常住人口拥有注册护士	人	15.38	13.82	11.3
体　育				
运动员	人	–	4195	–
教练员	人	69	70	–1.4
裁判员	人	313	411	–23.8
社会体育指导员	人	706	963	–26.7
文明建设情况				
文明机关个数	个	184	184	0.0
文明社区个数	个	93	93	0.0

西城区生产总值

表3

年　份	2018年		2019年	
	绝对值（亿元）	比　重（%）	绝对值（亿元）	比　重（%）
合　计	4692.3	100.0	5007.3	100.0
按产业分				
第二产业	277.4	5.9	278.8	5.6
第三产业	4414.8	94.1	4728.5	94.4
按门类分				
工业	188.0	4.0	185.8	3.7
建筑业	89.6	1.9	93.1	1.9
批发和零售业	298.4	6.4	289.6	5.8
交通运输、仓储和邮政业	75.1	1.6	76.6	1.5
住宿和餐饮业	55.8	1.2	59.6	1.2
信息传输、软件和信息技术服务业	186.7	4.0	189.8	3.8
金融业	2249.2	47.9	2500.6	49.9
房地产业	224.6	4.8	234.5	4.7
租赁和商务服务业	283.7	6.0	307.9	6.1
科学研究和技术服务业	247.1	5.3	253.4	5.1
水利、环境和公共设施管理业	40.9	0.9	45.7	0.9
居民服务、修理和其他服务业	17.2	0.4	17.7	0.4
教育	107.9	2.3	113.0	2.3
卫生和社会工作	171.9	3.7	181.2	3.6
文化、体育和娱乐业	120.5	2.6	128.5	2.6
公共管理、社会保障和社会组织	335.8	7.2	330.3	6.6

注：按照国家统计局部署，北京市统计局根据第四次全国经济普查数据，对地区生产总值数据进行修订，本表为修订后的数据。

法人、产业活动单位数

表4

项　目	法人单位	产业活动单位
合　计	44524	12510
按国民经济产业分		
第二产业	694	361
第三产业	43829	9696
按国民经济行业分		
工业	299	141
建筑业	424	228
批发和零售业	13400	3278
交通运输、仓储和邮政业	412	495
住宿和餐饮业	2091	1488
信息传输、软件和信息技术服务业	3005	478
金融业	967	1093
房地产业	1596	616
租赁和商务服务业	9456	1012
科学研究和技术服务业	4897	467
水利、环境和公共设施管理业	193	28
居民服务、修理和其他服务业	1556	269
教育	1361	146
卫生和社会工作	444	66
文化、体育和娱乐业	2746	146
公共管理、社会保障和社会组织	1672	103

注：本表数据出自统计基本单位名录库。

企业基本情况

表5

项　目	单位数（个）	收入总计（万元）
合　计	44524	294237390.9
按隶属关系分	44524	294237390.9
中央	1809	197542567.1
地方	2468	44772705
其他	40246	51922118.8
按注册类型分	44524	294237390.9
内资	43873	279508684.4
国有	2623	31325325.7
集体	792	883624.8
股份合作	846	93034.3
联营	27	15981.6
有限责任公司	4115	120308469.6
股份有限公司	252	117405157.4
私营	33923	7743712
其他	1295	1733379
港澳台商投资	295	9060906.8
与港澳台商合资经营	96	592582.1
与港澳台商合作经营	9	76936.2
港澳台商独资	187	8391388.5
港澳台商投资股份有限公司	*	–
其他港澳台投资	*	–
外商投资	356	5667799.7
中外合资经营	125	1570490.8
中外合作经营	10	10937.1
外资企业	212	3963219.9
外商投资股份有限公司	8	112521.1
其他外商投资	*	10630.8
按国民经济行业分	44524	294237390.9
农、林、牧、渔业	5	–
采矿业	*	–
制造业	270	1183132.7
电力、燃气及水的生产和供应业	27	55239864.2
建筑业	424	8811281.6
批发和零售业	13400	45371810.5
交通运输、仓储和邮政业	412	5413482.3
住宿和餐饮业	2091	1428601.5
信息传输、软件和信息技术服务业	3005	6533137.4
金融业	967	126285420.8
房地产业	1596	4713716
租赁和商务服务业	9456	11797290.5
科学研究和技术服务业	4897	13105101.4
水利、环境和公共设施管理业	193	1729954.7
居民服务、修理和其他服务业	1556	176682.8
教育	1361	2514791.7
卫生和社会工作	444	4986316.4
文化、体育和娱乐业	2746	2791534.9
公共管理、社会保障和社会组织	1672	2155271.5
国际组织	–	–

企业主要财务指标

表6　　　　单位：万元

项　目	资产总计	负债总计	利润总额
合　计	11816040553.4	9760192062.5	107111800.6
按隶属关系分	11816040553.4	9760192062.5	107111800.6
中央	10058948889.6	8479827572.7	82125138.5
地方	1002885104.0	888005141.6	11267188.0
其他	754206559.8	392359348.2	13719474.1
按注册类型分	11816040553.4	9760192062.5	107111800.6
内资	11631192718.4	9701283157.7	99004926.8
国有	2840985509.5	2648335594.0	20650820.8
集体	2536799.6	1921531.0	20709.9
股份合作	51020.0	36665.7	1925.0
联营	8942.9	9269.9	234.7
有限责任公司	1183692588.1	540579676.5	27974862.3
股份有限公司	7593033808.0	6503820718.3	50035565.0
私营	9216412.9	6324437.2	321653.3
其它	1667637.4	255265.1	–844.2
港澳台商投资	56781086.9	28012096.5	790197.6
与港澳台商合资经营	8830132.4	6225170.3	200523.1
与港澳台商合作经营	251194.6	218955.4	5316.8
港澳台商独资	47699759.9	21567970.8	584357.7
港澳台商投资股份有限公司	–	–	–
其他港澳台商投资	–	–	–
外商投资	128066748.1	30896808.3	7316676.2
中外合资经营	10477560.3	6993669.5	482884.1
中外合作经营	190680.7	147182.7	5703.3
外资企业	97419803.2	15216120.6	6616309.2
外商投资股份有限公司	19973185.4	8534504.3	211653.9
其他外商投资	5518.5	5331.2	125.7
按国民经济行业分	11816040553.4	9760192062.5	107111800.6
农、林、牧、渔业	–	–	–
采矿业	–	–	–
制造业	2829625.0	1063226.5	31769.4
电力、燃气及水的生产和供应业	227212074.5	62219793.5	4490683.9
建筑业	18453797.8	13968699.9	233577.8
批发和零售业	54804523.2	37149751.4	1264258.0
交通运输、仓储和邮政业	9611158.7	3954664.7	9799.4
住宿和餐饮业	2313948.9	1670454.0	87058.9
信息传输、软件和信息技术服务业	231332743.9	52390243.1	11948475.2
金融业	10784692386.9	9388341860.5	62701827.6
房地产业	83615308.3	54306890.7	1715389.5
租赁和商务服务业	299461530.6	105914782.6	23259971.5
科学研究和技术服务业	59590746.9	29355368.6	1216301.2
水利、环境和公共设施管理业	24782693.8	5527998.5	–173232.4
居民服务、修理和其他服务业	176382.5	105427.6	6083.1
教育	2732715.7	279487.9	10428.9
卫生和社会工作	4646038.2	1794391.4	28308.3
文化、体育和娱乐业	7334077.9	1855269.0	281100.3
公共管理、社会保障和社会组织	2450800.6	293752.6	0.0
国际组织	–	–	–

常住人口

表7

项　目	计量单位	2019年	2018年
合　计	万人	113.7	117.9
常住人口分性别			
男性人口	万人	54.9	56.6
女性人口	万人	58.8	61.3
常住人口分年龄			
0–14岁人口	万人	13.9	14.3
15–64岁人口	万人	80.5	83.9
65岁及以上人口	万人	19.3	19.7
# 60岁及以上人口	万人	28.6	29.1
出生人数	人	8516	8926
出生率	‰	7.35	7.44
死亡人数	人	7090	7932
死亡率	‰	6.12	6.61

（资料来源：常住人口数据由市局反馈所得）

劳动就业基本情况

表8

项　目	计量单位	2019年	2018年
西城区人力资源服务机构数	家	80	72
城镇登记失业率	%	0.86	0.87
期末实有城镇登记失业人数	人	5756	6890
# 女性	人	2153	2521
城镇登记失业人员就业人数	人	13892	13476
# 女性	人	5014	4856
城镇登记失业人员就业率	%	65.51	63.21
# 女性	%	64.96	62.91
城镇登记失业人员参加培训人数	人	3239	4230
就业困难人员就业人数	人	10950	10487
就业困难人员就业率	%	69.62	65.96
职业技能培训人员总量	人	73687	83437
辖区公共职介机构求职登记人数	人	972	859
辖区公共职介机构职业介绍成功人数	人次	342	333
社区岗位安置就业困难人数	人	11827	10524
用人单位招用就业困难人数	人	949	542
最低退休金	元	1714	1714

（资料来源：北京市西城区人力资源和社会保障局）

社会保障基本情况

表9

项　目	计量单位	2019年	2018年
基本养老保险			
参加单位数	个	46196	39238
参加人数	人	1981183	1955192
基金收入	万元	2941514	2928582
基金支出	万元	2472388	2271354
基金征缴率	%	99.65	99.75
基本医疗保险			
参加单位数	个	31620	30633
参加人数	人	2148409	2137875
基金收入	万元	1926903	1742364
基金支出	万元	683121	674667
基金征缴率	%	99.93	99.82
工伤保险			
参加单位数	个	47388	40413
参加人数	人	1489100	1427919
基金收入	万元	41562	39157
基金支出	万元	27155	24686
基金征缴率	%	99.58	99.72
失业保险			
参加单位数	个	46369	39426
参加人数	人	1439739	1446468
基金收入	万元	122490	113236
基金支出	万元	80744	57730
基金征缴率	%	99.70	99.80
生育保险			
参加单位数	个	45903	38960
参加人数	人	1209023	1205919
基金收入	万元	101429	91526
基金支出	万元	107458	104944
基金征缴率	%	99.68	99.79
居民基本医疗养老保险参保人数	万人	254130	241001
居民基本医疗保险报销金额	万元	103654	79499

（资料来源：北京市西城区人力资源和社会保障局）

城镇单位从业人员平均人数

表 10

单位:人

项　目	年平均人数	在岗职工	劳务派遣人员	其他从业人员
合　计	956302	790848	75309	90145
农、林、牧、渔业	0	0	0	0
采矿业	0	0	0	0
制造业	8416	7415	496	505
电力、燃气及水的生产和供应业	60390	51720	8439	231
建筑业	25819	21935	2721	1163
批发和零售业	56080	52013	1539	2528
交通运输、仓储和邮政业	89316	78085	10670	561
住宿和餐饮业	31909	26774	1328	3807
信息传输、软件和信息技术服务业	43779	41130	1389	1260
金融业	245187	183206	7097	54884
房地产业	63563	50205	7816	5542
租赁和商务服务业	61500	54266	3160	4074
科学研究和技术服务业	62958	53560	4919	4479
水利、环境和公共设施管理业	12167	10320	1522	325
居民服务、修理和其他服务业	4397	3915	256	226
教育	34980	30703	1211	3066
卫生和社会工作	49019	35985	9109	3925
文化、体育和娱乐业	32984	29562	2024	1398
公共管理、社会保障和社会组织	73838	60054	11613	2171

固定资产投资额(不含农户)(2001－2019年)

表 11

单位:亿元

年　份	固定资产投资额(不含农户)		#房地产开发投资额	#建安投资
	绝对量	比上年增长(%)		
2001年	314.6	16.6	133.2	—
2002年	337.6	7.3	186.4	—
2003年	222.8	-34.0	120.0	—
2004年	267.5	20.1	155.5	—
2005年	280.1	4.7	155.5	—
2006年	344.7	23.1	165.7	—
2007年	356.2	3.3	171.3	—
2008年	328.6	-7.7	113.2	—
2009年	235.7	-28.3	97.8	—
2010年	181.7	-22.9	83.8	76.3
2011年	187.3	8.3	101.2	69.3
2012年	198.4	6.0	129.9	66.1
2013年	213.0	7.3	114.8	75.3
2014年	241.2	13.3	153.8	86.1
2015年	246.0	2.0	109.9	71.0
2016年	252.7	2.7	58.9	52.4
2017年	228.7	-9.5	132.9	62.4
2018年	-	-20.4	-	-
2019年	-	-20.1	-	-

房地产开发投资基本情况

表12　　单位:平方米、套

项　目	2019年	2018年
房地产开发投资同比±(%)	-2.2	-67.0
本年完成投资按构成分同比增减变动(%)		
建筑工程	-40.7	37.6
安装工程	98.4	184.3
设备购置	-	-
其他费用	20.5	-78.4
本年完成投资按用途分同比增减变动(%)		
住宅	-15.3	-56.9
办公楼	-37.4	-84.9
商业营业用	-9.7	-75.6
其他	29.8	-55.6
土地开发情况		
待开发的土地面积	460662	460662
本年购置土地面积	0	0
商品房销售、出租、待售情况		
商品房期房销售面积	778	13793
住宅	778	13040
办公楼	0	753
商业营业用	0	0
其他	0	0
商品房现房销售面积	9145	13453
住宅	5068	3448
办公楼	2258	0
商业营业用	0	0
其他	1819	10005
商品房出租面积	109100	45512
住宅	0	0
办公楼	11688	0
商业营业用	66337	41359
其他	31075	4153
待售面积	239079	183719
住宅	104510	99023
办公楼	48337	10945
商业营业用	46882	47807
其他	39350	25944
竣工房屋住宅套数	402	110

规模以上工业企业基本情况

表13

项　目	单位数（个）	收入合计（万元）	资产总计（万元）	负债总计（万元）	利润总额（万元）
合　计	39	56422841.0	230041699.5	63283020.0	4522274.9
按隶属关系分				0	0
中央	12	50982675.0	210018918.3	54642259.4	4120290.7
地方	11	1204980.0	20022781.2	8640760.6	401984.2
其他	16	4235186.0	–	–	–
按登记注册类型分					
内资	36	52579994.0	223545303.2	61158057.2	4176915.4
国有	7	6899495.0	12007831.0	8137013.3	–275928.0
集体	*	34042.0	51057.4	7377.1	–171.9
股份合作	–	–	–	–	–
联营	–	–	–	–	–
有限责任公司	21	45416517.0	209939643.3	52538317.6	4445515.2
股份有限公司	3	218920.0	1528511.0	464693.4	6580.1
私营	3	11020.0	18260.5	10655.8	920.0
其他	–	–	–	–	–
港澳台商投资	*	3833320.0	6463902.7	2107267.5	345300.5
外商投资	*	9527.0	32493.6	17695.3	59.0
按国民经济行业分					
煤炭开采和洗选业	–	–	–	–	–
石油和天然气开采业	–	–	–	–	–
黑色金属矿采选业	–	–	–	–	–
有色金属矿采选业	–	–	–	–	–
非金属矿采选业	–	–	–	–	–
开采辅助活动	–	–	–	–	–
其他采矿业	–	–	–	–	–
农副食品加工业	*	48931.0	36815.6	29984.3	–666.3
食品制造业	–	–	–	–	–
酒、饮料和精制茶制造业	–	–	–	–	–
烟草制品业	–	–	–	–	–
纺织业	–	–	–	–	–
纺织服装、服饰业	*	1451.0	3091.1	1430.6	–184.8
皮革、毛皮、羽毛(绒)及其制品和制鞋业	–	–	–	–	–
木材加工和木、竹、藤、棕、草制品业	–	–	–	–	–
家具制造业	–	–	–	–	–
造纸及纸制品业	–	–	–	–	–
印刷业和记录媒介的复制业	7	426696.0	562006.9	107548.3	16950.7
文教、工美、体育和娱乐用品制造业	*	147949.0	147784.6	139040.8	1667.0
石油加工、炼焦和核燃料加工业	–	–	–	–	–
化学原料及化学制品制造业	–	–	–	–	–
医药制造业	–	–	–	–	–
化学纤维制造业	–	–	–	–	–
橡胶和塑料制品业	*	48187.0	64081.4	10153.6	3694.4
非金属矿物制品业	*	137286.0	291109.7	199584.2	3143.6

表13续1

项　目	单位数（个）	收入合计（万元）	资产总计（万元）	负债总计（万元）	利润总额（万元）
黑色金属冶炼及压延加工业	–	–	–	–	–
有色金属冶炼及压延加工业	*	129160.0	145226.3	13885.3	4486.1
金属制品业	*	73922.0	1370220.2	447898.7	339.3
通用设备制造业	*	27029.0	42453.1	25854.1	1658.7
专用设备制造业	3	20284.0	70496.5	38431.6	193.1
汽车制造业	*	886.0	2768.8	2796.8	–1363.0
铁路、船舶、航空航天和其他运输设备制造业	–	–	–	–	–
电气机械及器材制造业	*	13791.0	37078.2	12287.0	1137.8
计算机、通信和其他电子设备制造业	*	88810.0	31345.9	18873.4	818.7
仪器仪表制造业	4	18751.0	25146.7	15457.8	–105.9
其他制造业	–	–	–	–	–
废弃资源综合利用业	–	–	–	–	–
金属制品、机械和设备修理业	–	–	–	–	–
电力、热力的生产和供应业	6	50312366.0	209294921.2	54443494.7	4106804.2
燃气生产和供应业	*	3833320.0	6463902.7	2107267.5	345300.5
水的生产和供应业	3	1094022.0	11453250.6	5669031.3	38400.8

建筑业企业主要生产指标

表14

项　目	建筑业总产值（万元）	建筑工程产值（万元）	劳动生产率（元/人）	竣工产值（万元）	房屋竣工面积（平方米）	年末自有施工机械设备		
						净值（万元）	总台数（台）	总功率（千瓦）
合　计	7506850.0	7194837.7	583235.0	4885776.9	9431790.0	36002.7	6134	226599.0
按隶属关系分								
中央	1327775.0	1170882.0	472400.1	581496.7	2033603.0	3593.1	2401	133029.0
地方	4021394.0	4013042.4	661794.2	3471134.5	7330721.0	12016.8	1045	43759.0
其他	2157681.0	2010913.3	541681.8	833145.7	67466.0	20392.8	2688	49811.0
按登记注册类型分								
内资	7480888.9	7169913.3	2239018.7	4860804.8	9431790.0	35994.8	6058	226577.0
国有	26867.2	26867.2	455376.3	5731.2	0.0	0.0	0	0.0
集体	2522.1	2522.1	165927.6	796.2	0.0	0.2	7	44.0
股份合作	19088.5	18529.5	94078.4	17299.9	0.0	1.8	69	536.0
有限责任公司	6490885.6	6245711.1	626985.5	4603135.8	9431790.0	27393.4	4510	201278.0
股份有限公司	603544.4	603544.4	605664.2	60717.3	0.0	5451.9	155	14921.0
私营	337981.1	272739.0	290986.7	173124.4	0.0	3147.5	1317	9798.0
港澳台商投资	24924.4	24924.4	330562.3	24155.4	0.0	7.9	76	22.0
外商投资	1036.7	0.0	134636.4	816.7	0.0	0.0	0	0.0
按国民经济行业分								
房屋建筑业	4331137.2	4287447.1	639476.2	3862436.4	9367549.0	10259.8	2718	92358.0
土木工程建筑业	2051532.0	1943228.3	629709.9	351494.8	64241.0	21576.4	1516	118396.0
建筑安装业	717733.9	562045.6	448051.6	401887.4	0.0	3661.2	751	11323.0
建筑装饰、装修和其他建筑业	406446.9	402116.7	328335.8	269958.3	0.0	505.3	1149	4522.0

规模以上服务业财务状况

表15　　　　单位：个、人、亿元

项　目	规模以上单位数	从业人员平均人数	资产总计	收入合计	利润总额
合　计	2163	468754	68008.1	5439.7	3769.6
按国民经济行业分					
交通运输、仓储和邮政业	32	82177	961.1	541.3	1.0
铁路运输业	3	4697	185.3	99.7	10.1
道路运输业	10	32863	67.2	128.7	8.6
水上运输业	*	105	3.3	1.9	0.3
航空运输业	*	1368	26.5	23.5	–
多式联运和运输代理业	13	454	28.8	18.6	2.1
装卸搬运和仓储业	*	238	52.7	3.2	0.1
邮政业	*	42452	597.3	265.8	–20.1
信息传输、软件和信息技术服务业	153	43462	23133.3	653.3	1194.8
电信、广播电视和卫星传输服务	25	23857	22608.6	467.1	1170.7
互联网和相关服务	26	4416	186.4	64.7	10.3
软件和信息技术服务业	102	15189	338.3	121.5	13.8
房地产业(不包含房地产开发经营)	275	63985	3796.2	319.3	110.9
租赁和商务服务业	560	79693	29946.2	1179.7	2326.0
租赁业	9	1925	388.2	57.3	15.0
商务服务业	551	77768	29557.9	1122.5	2311.0
科学研究和技术服务业	386	66123	5959.1	1310.5	121.6
研究和试验发展	80	9696	268.0	256.2	6.0
专业技术服务业	227	46005	4546.6	909.5	90.6
科技推广和应用服务业	79	10422	1144.5	144.8	25.0
水利、环境和公共设施管理业	61	10576	2478.3	173.0	–17.3
水利管理业	5	2010	1489.3	76.8	–20.1
生态保护和环境治理业	9	1481	23.6	12.0	1.4
公共设施管理业	46	7016	964.4	83.5	1.4
土地管理业	*	69	1.0	0.7	–
居民服务、修理和其他服务业	44	8510	17.6	17.7	0.6
居民服务业	14	1891	7.2	5.3	0.5
机动车、电子产品和日用产品修理业	8	1218	6.9	4.3	–
其他服务业	22	5401	3.6	8.1	0.2
教育	194	32704	273.3	251.5	1.0
卫生和社会工作	88	46259	464.6	498.6	2.8
卫生	76	45683	460.5	496.4	2.9
社会工作	12	576	4.1	2.2	–

表15续1

项　目	规模以上单位数	从业人员平均人数	资产总计	收入合计	利润总额
文化、体育和娱乐业	246	29303	733.4	279.2	28.1
新闻和出版业	141	18298	549.1	198.7	24.4
广播、电视、电影和录音制作业	26	2352	29.6	20.8	0.6
文化艺术业	58	7603	123.2	49.3	3.1
体育	10	363	2.8	3.8	–
娱乐业	11	687	28.7	6.5	–
公共管理、社会保障和社会组织	124	5962	245.1	215.5	–
中国共产党机关	–	–	–	–	–
国家机构	–	–	–	–	–
人民政协、民主党派	–	–	–	–	–
社会保障	*	83	–	0.3	–
群众团体、社会团体和其他成员组织	123	5879	245.1	215.3	–
基层群众自治组织	–	–	–	–	–

批发零售业财务状况

表16　　单位：个、万元、人

项　目	限上企业单位个数	资产总计	负债合计	营业收入	利润总额	从事批发和零售业活动的从业人员平均人数
合　计	622	54982431	36977428	45602870	1250914	64964
批发业	454	50513416	34233642	40560560	1127088	24570
零售业	168	4469015	2743786	5042310	123826	40394
按登记注册类型分						
内资	601	52597239	35556264	42651862	1228753	58536
国有	20	3354971	1714291	3249732	213325	1519
集体	6	11274	6167	20498	306	137
股份合作	*	3373	2652	5770	7	41
联营	*	6954	6620	11904	55	11
有限责任公司	241	40436628	27962456	25224405	833219	22025
股份有限公司	15	5750910	3938630	10614348	104730	20006
私营	316	3033129	1925448	3525206	77112	14797
其他	–	–	–	–	–	–
港澳台商投资	8	416496	219756	540327	5771	3580
外商投资	13	1968696	1201408	2410681	16390	2848

规模以上金融业企业基本情况

表 17

项　目	单位数（个）	从业人员平均人数（人）	收入合计（万元）
合　计	442	223623	126285421
按隶属关系分			
中央	124	80803	85545646
地方	70	107569	23189686
其他	248	35251	17550089
按注册类型分			
内资	404	218298	124103763
国有	16	8296	2801251
集体	—	—	—
股份合作	—	—	—
联营	—	—	—
有限责任公司	252	37773	25725460
股份有限公司	75	169493	95313299
私营	52	1989	185059
其他	9	747	78695
港澳台商投资	12	1612	786658
外商投资	26	3713	1394999
按国民经济行业分			
货币金融服务	115	113203	72581849
资本市场服务	160	19905	8435068
保险业	110	82693	43972009
其他金融业	57	7822	1296495

注：非法人非产业单位（证券营业部）只计算经济量指标，不计算单位数。

社会消费品零售总额

表 18

单位：万元、%

项　目	2019 年	2019 年比 2018 年±（%）
合　计	10851430	4.0
一、按限额标准分		
限额以上	8055682	2.0
限额以下	2795749	10.5
二、按行业分		
批发业	564705	1.5
零售业	9200340	4.0
住宿业	193991	2.6
餐饮业	892394	5.9

区地方财政收入

表19 单位:万元

项　目	2019年	2018年
财政收入	4353066	4513270
公共财政预算收入	4311129	4308469
税收收入		
增值税	1481066	1425066
营业税	–	–
企业所得税	1517226	1517974
城市维护建设税	318758	342822
房产税	470472	436402
印花税	143577	150980
城镇土地使用税	8675	9009
土地增值税	78722	138772
车船税	34153	33244
资源税	7	11
环境保护税	591	375
非税收收入		
专项收入	–	–
行政性收费收入	17422	13028
罚没收入	3258	3076
国有资源有偿使用收入	44758	37293
政府住房基金收入	655	445
其他收入	38937	21696
政府性基金预算收入	5115	160088
国有资本经营预算收入	25669	35306
社会保险基金预算收入	11153	9407

（资料来源:北京市西城区财政局）

区地方财政支出

表20 单位:万元

项　目	2019年	2018年
财政支出	4337475	4817965
公共财政预算支出	4278012	4297074
一般公共服务支出	438706	298023
国防支出	7304	8288
公共安全支出	228675	234606
教育支出	686734	583304
科学技术支出	32441	33437
文化体育与传媒支出	103713	123538
社会保障和就业支出	675264	628156
卫生健康支出	330269	328224
节能环保支出	45667	25057
城乡社区支出	1392375	1742148
农林水支出	6176	4192
交通运输支出	90	90
资源勘探信息等支出	4717	9874
商业服务业等支出	0	1337
金融支出	75021	72097
援助其他地区支出	40000	0
自然资源海洋气象等支出	0	55
住房保障支出	158001	151706

表20续1

项　目	2019年	2018年
粮油物资储备支出	2644	2644
灾害防治及应急管理支出	39938	0
其他支出	10277	50298
政府性基金预算支出	44938	489726
国有资本经营预算支出	14525	31165
社会保险基金预算支出	10616	9143

（资料来源：北京市西城区财政局）

区税费收入情况

表21　　单位：万元

项　目	各项税费收入	营业税	企业所得税	其他
合计	45111237	10714	34604283	1096687
农、林、牧、渔业	3551	_	1696	42
采矿业	–235470	164	–249905	241
制造业	322284	_	147786	13657
电力、热力、燃气及水生产和供应业	1276125	_	572471	202503
建筑业	662805	144	165376	30690
批发和零售业	1073481	243	443682	73046
交通运输、仓储和邮政业	154993	_	57964	5781
住宿和餐饮业	78314	_	24406	3497
信息传输、软件和信息技术服务业	484224	172	209013	13064
金融业	35107100	9032	29703804	430346
房地产业	882627	148	192245	240577
租赁和商务服务业	3978435	693	2822986	44180
居民服务、修理和其他服务业	416139	45	278776	8789
教育	39738	_	3527	807
卫生和社会工作	98466	_	10762	440
文化、体育和娱乐业	238443	_	39003	6092
其他	529982	73	180691	22935

（资料来源：国家税务总局北京市西城区税务局）

城市园林绿化

表22

项　目	计量单位	2019年	2018年
年末园林绿地面积	公顷	1071.28	1069.01
人均绿地面积	平方米/人	9.42	9.07
绿地率	%	21.20	21.16
年末公园绿地面积	万平方米	508.49	506.31
人均公园绿地面积	平方米/人	4.47	4.29
城市绿化覆盖面积	公顷	1563.04	1560.77
绿化覆盖率	%	30.93	30.89
道路绿地面积	公顷	111.79	111.70
实有树木	万株	218.26	217.53
# 本年新植	万株	0.73	3.16
实有草坪	万平方米	336.61	332.70
# 本年新植	万平方米	3.91	2.87
公园个数	个	27	27
# 市级以上公园	个	5	5

（资料来源：北京市西城区园林绿化局）

城市环境卫生

表23

项　目	计量单位	2019年	2018年
机扫车	台	149	142
垃圾车	台	297	273
真空吸粪车	台	19	20
果皮箱	个	3191	3149
公共、公用厕所	座	1096	1128
# 改建公共厕所	座	169	21
# 新建公共厕所	座	5	1
# 维修公共厕所	座次	190	192
密闭式清洁站	座	74	76
清扫街道数量	条	246	246
城市道路清扫保洁面积	万平方米/日	814.3	814.3
# 机扫面积	万平方米/日	540.9	540.9
# 洒水面积	万平方米/日	646.0	646.0
生活垃圾产生量	万吨	49.2	60.8
生活垃圾清运量	万吨	49.2	60.8
生活垃圾无害化处理量	万吨	49.2	60.8
生活垃圾无害化处理率	%	100	100
粪便清运量	万吨	21.8	30.1
粪便无害化处理量	万吨	21.8	30.1
粪便无害化处理率	%	100	100
垃圾分类收集率	%	–	–

（资料来源：北京环雅丽都投资有限公司）

城市环境保护

表24

项　目	计量单位	2019年	2018年
水环境			
废水排放总量	万吨	7419.1	7599.6
# 工业废水排放达标量	万吨	146.3	140.1
生活污水排放量	万吨	–	–
工业废水排放达标率	%	100	100
环境污染治理			
环境污染事故次数	次	0	0
环境污染与破坏事故直接经济损失	万元	0	0
环境污染与破坏事故赔罚款总额	万元	0	0
可吸入颗粒物（PM10）	微克/立方米	70	82
细颗粒物（PM2.5）年均浓度值	微克/立方米	44	52
二氧化硫（SO_2）年均浓度值	毫克/立方米	4	6
二氧化氮（NO_2）年均浓度值	毫克/立方米	40	45
降尘量	吨/平均公里	6.6	8.2
区域噪声平均值	分贝	53.9	53.9
交通干线噪声平均值	分贝	67.4	67.5

（资料来源：北京市西城区生态环境局）

基础教育班数、学生数情况

表25

单位:个、人

项目	班数	毕业生数	招生数	在校学生数	#本市生源
合计	4820	31854	45870	162811	148403
幼儿园	834	5713	8573	21962	20740
义务教育	3344	19626	31136	122235	109560
小学教育	2450	12750	18623	90638	81495
小学	2305	12092	17457	85804	77657
九年一贯制学校(小学部)	23		272	668	545
十二年一贯制学校(小学部)	122	658	894	4166	3293
初中	894	6876	12513	31597	28065
初级中学	154	1489	2173	5879	5514
九年一贯制学校(初中部)	–	–	–	–	–
十二年一贯制学校(初中部)	59	369	780	2009	1534
完全中学	678	4986	9554	23671	21002
其他学校附设初中班	3	32	6	38	15
高中	593	6436	6120	18279	17859
完全中学	518	5778	5241	15785	15460
高级中学	44	457	557	1603	1540
十二年一贯制学校(高中部)	22	201	220	675	656
其他学校附设高中班	9		102	216	203
特殊教育	47	73	40	330	244
工读学校	2	6	1	5	–

(资料来源:北京市西城区教育委员会)

居民物质文化生活基本情况

表26

项目	计量单位	2019年	2018年
一、收入与消费支出			
居民人均可支配收入	元	88291	81678
居民人均消费性支出	元	53437	49642
二、人均现住房总建筑面积	平方米	22.1	21.9
三、耐用消费品			
每百户拥有彩色电视机	台	123	120
每百户拥有电冰箱(柜)	台	102	101
每百户拥有空调器	台	175	173
四、交通、通讯			
每百户拥有家用汽车	辆	44	42
每百户拥有移动电话	部	234	227
五、公用			
管道供水入户	%	–	99.6
人均公园绿地面积	平方米	4.5	4.3
六、教育文化娱乐、医疗保健支出			
居民人均教育文化娱乐支出	元	6098	5472
居民人均医疗保健支出	元	4244	3631

附　录

中共西城区委主要文件目录

中共北京市西城区委文件

京西发〔2019〕1号　中共北京市西城区委关于印发《区委常委会2019年工作要点》的通知
京西发〔2019〕2号　中共北京市西城区委关于印发《关于加强新时代政协党的建设工作的实施办法》的通知
京西发〔2019〕4号　中共北京市西城区委北京市西城区人民政府关于印发《西城教育现代化2035》的通知
京西发〔2019〕5号　中共北京市西城区委关于同意召开北京市西城区第十六届人民代表大会第六次会议的批复
京西发〔2019〕7号　中共北京市西城区委印发《关于在全区开展“不忘初心、牢记使命”主题教育的实施方案》的通知
京西发〔2019〕8号　中共北京市西城区委印发《关于进一步加强干部教育培训工作的实施意见》的通知
京西发〔2019〕9号　中共北京市西城区委印发《关于新时代加强和改进人大工作的意见》的通知
京西发〔2019〕10号　中共北京市西城区委关于同意召开北京市西城区第十六届人民代表大会第七次会议的批复
京西发〔2019〕11号　中共北京市西城区委关于同意召开政协北京市西城区第十四届委员会第四次会议的批复
京西发〔2019〕12号　中共北京市西城区委印发《关于新时代加强和改进政协工作的实施意见》的通知
京西发〔2019〕13号　中共北京市西城区委关于印发《关于贯彻党的十九届四中全会决定和北京市委实施意见的实施要点》的通知

中共北京市西城区委办公室文件

京西办发〔2019〕1号　中共北京市西城区委办公室印发《中共北京市西城区委关于2018年度民主生活会领导班子整改方案》的通知
京西办发〔2019〕2号　中共北京市西城区委办公室关于印发《2019年西城区政党协商计划》的通知
京西办发〔2019〕3号　中共北京市西城区委办公室关于印发《西城区政协2019年协商工作计划》的通知
京西办发〔2019〕4号　中共北京市西城区委办公室北京市西城区人民政府办公室关于印发《区委区政府2019年重点工作任务目标分解》的通知
京西办发〔2019〕5号　中共北京市西城区委办公室北京市西城区人民政府办公室印发《西城区关于解决形式主义突出问题为基层减负的若干措施（试行）》的通知
京西办发〔2019〕7号　中共北京市西城区委办公室北京市西城区人民政府办公室印发《关于进一步加强我区市民热线诉求办理工作的意见》的通知
京西办发〔2019〕8号　中共北京市西城区委办公室印发《中共北京市西城区委关于区委常委会“不忘初心、牢记使命”专题民主生活会整改方案》的通知
京西办发〔2019〕9号　中共北京市西城区委办公室北京市西城区人民政府办公室印发《北京市西城区安全生产督察工作规范》的通知

西城区人民政府主要文件目录

西城区人民政府文件

西政发〔2019〕1号　北京市西城区人民政府关于西城区2018年度政府绩效管理年终考评情况的通报
西政发〔2019〕2号　北京市西城区人民政府关于公布北京市西城区第四批区级文物保护单位的通知
西政发〔2019〕3号　北京市西城区人民政府关于开展西城区第三次全国国土调查的通知
西政发〔2019〕4号　北京市西城区人民政府关于印发《区政府重大决策出台前向区人大常委会报告工作办法》的通知
西政发〔2019〕5号　北京市西城区人民政府关于落实向区人大常委会报告国有资产管理情况制度的实施意见
西政发〔2019〕6号　北京市西城区人民政府关于印发北京市西城区声环境功能区划实施细则的通知
西政发〔2019〕7号　北京市西城区人民政府关于印发《北京市西城区新增产业的禁止和限制目录（2019版）》的通知

西城区人民政府办公室文件

西政办发〔2019〕1号　北京市西城区人民政府办公室关于印发《北京市西城区工程建设项目审批制度改革试点工作实施方案》的通知

西政办发〔2019〕2号　北京市西城区人民政府办公室关于印发《北京市西城区2019年为群众拟办重要实事》的通知

西政办发〔2019〕3号　北京市西城区人民政府办公室关于印发《北京市西城区全面推开“证照分离”改革工作实施方案》的通知

西政办发〔2019〕4号　北京市西城区人民政府办公室关于印发《北京市西城区污染防治攻坚战2019年行动计划》的通知

西政办发〔2019〕5号　北京市西城区人民政府办公室关于印发北京市西城区政府性债务风险应急处置预案的通知

西政办发〔2019〕6号　北京市西城区人民政府办公室关于印发《北京市西城区医耗联动综合改革实施方案》的通知

西政办发〔2019〕7号　北京市西城区人民政府办公室关于印发加强西城区非物质文化遗产保护工作的意见（修订）的通知

西政办发〔2019〕8号　北京市西城区人民政府办公室关于印发北京市西城区进一步促进无障碍环境建设2019–2021年行动实施方案的通知

驻区单位

驻区部分中央单位

中国共产党中央委员会	西长安街地区
全国人大常委会	西交民巷23号
国务院	府右街
中国人民政治协商会议全国委员会	太平桥大街23号
中共中央国家机关工作委员会	西安门大街22号
中共中央纪律检查委员会	平安里西大街41号
中共中央办公厅一局	府右街10号
中共中央办公厅警卫局	南长街81号
中共中央办公厅机要交通局	西黄城根北街11号
中共中央办公厅老干部局	大觉胡同50号

中共中央直属机关事务管理局	西黄城根北街9号北门
中共中央统战部	府右街135号
中共中央组织部	西长安街80号
中共中央宣传部	西长安街5号
中共中央政策研究室	府右街8号
中华全国总工会	复兴门外大街10号
中国残疾人联合会	西直门南小街186号
国家信访局	月坛南街8号
国务院办公厅	府右街2号
国务院机关事务管理局	西安门大街22号
国务院法制办公室	平安里西大街33号
国务院侨务办公室	阜成门外大街35号
国务院港澳事务办公室	月坛南街77号
中共中央台湾工作办公室	广安门南街6-1号
国家发展和改革委员会	月坛南街38号
国家民族事务委员会	太平桥大街252号
中华人民共和国财政部	三里河南三巷3号
中华人民共和国国土资源部	阜成门内大街64号
中华人民共和国卫生健康委员会	西直门外南路1号
中华人民共和国教育部	西单大木仓胡同37号
中华人民共和国工业和信息化部	西长安街13号
中华人民共和国监察部	广安门南街甲2号
国务院国有资产监督管理委员会	宣武门西大街26号
中国工程院	冰窖口胡同2号
中国人民银行	成方街32号
国家邮政局	北礼士路甲8号
国家新闻出版广电总局	复兴门外大街2号
国家统计局	月坛南街57号
国家市场监督管理总局	三里河东路8号
国家海洋局	复兴门外大街1号
国家宗教事务局	后海北沿44号
中华人民共和国环境保护部	西直门南小街115号
中华人民共和国水利部	白广路二条2号
国家档案局	丰盛胡同21号
国家食品药品监督管理总局	宣武门西大街28号
中国印钞造币总公司	西直门外大街甲143号
中国兵器工业总公司	三里河路44号
中国石油天然气集团公司	六铺炕街6号
中国核工业集团公司	三里河南三巷1号

国家电网公司	西长安街86号
中国保险监督管理委员会	金融大街15号
中国证券监督管理委员会	金融大街19号富凯大厦
国家粮食和物资储备局	木樨地北里甲11号国宏大厦C座
国家信息中心	三里河路58号
新华通讯社	宣武门西大街57号
中国地质科学院	百万庄大街26号
中国海监总队	复兴门外大街1号
国家烟草专卖局中国烟草总公司	月坛南街55号
中国儿童中心	平安里西大街43号
中央人民广播电台	复兴门外大街2号
中国道教协会	西便门外白云观内
中国佛教协会	阜成门内大街25号
中国天主教爱国会	柳荫街14号
中国伊斯兰教协会	教子胡同70号
中国国际贸易促进委员会	复兴门外大街1号
国务院南水北调工程建设委员会办公室政策及技术研究中心	南线阁街58号
民政部社会福利中心	白广路7号
中央文献研究室	前毛家湾1号
大唐同舟科技有限公司	菜市口大街1号16层1601
国家京剧院	平安里西大街22号
北京鲁迅博物馆	阜成门内大街宫门口二条19号

驻区部分市级单位

北京市教育委员会	前门西大街109号
北京市科学技术委员会	西直门内大街128号406室
北京市司法局	西直门内南小街后广平胡同39号
北京市人力资源和社会保障局	永定门西街5号
北京市交通委员会路政局	广安门内大街317号
北京市交通委交通执法总队	北礼士路22号
北京市农业农村局	裕民中路6号
国家税务总局北京市税务局	车公庄大街10号
北京市知识产权局	德胜门东大街8号2层
北京市民防局	槐柏树街北里8号
北京市文学艺术界联合会	前门西大街95号
北京急救中心	前门西大街103号
北京市自来水集团有限责任公司	宣武门西大街甲121号

北京市燃气集团有限责任公司	西直门南小街22号
北京市地铁运营有限公司	西直门外大街2号
北京市人民政府台湾事务办公室	德胜门东大街8号东联大厦
北京北站	北滨河路1号
北京市青年宫	西直门南小街68号
中国邮政集团公司北京市西城区分公司	南礼士路头条5号
北京同仁堂连锁药店有限责任公司	冠英园西区甲4号2层
北京同仁堂药材有限责任公司	冠英园西区甲4号5层
中国国民党革命委员会北京市委员会	后英房胡同9号
中国民主同盟北京市委员会	后英房胡同9号447
中国民主建国会北京市委员会	后英房胡同9号7层721室
中国民主促进会北京市委员会	后英房胡同9号7层
中国农工民主党北京市委员会	后英房胡同9号
中国致公党北京市委员会	后英房胡同9号6层
九三学社北京市委员会	后英房胡同9号10层1005房间
台湾民主自治同盟北京市委员会	后英房胡同9号827室
北京市归国华侨联合会	后英房胡同9号6层0655
北京市台湾同胞联谊会	后英房胡同9号
北京市党派团体办公楼服务管理中心	后英房胡同9号2层205房间
北京市黄埔军校同学会	后英房胡同9号307
北京市残疾人活动中心	广安门内大街318号

境内金融机构

银行网点

中国工商银行股份有限公司北京市分行营业网点

分行营业部营业室	西城区复兴门南大街2号天银大厦B座
长椿街支行	西城区宣武门西大街丙121号
长安支行营业室	西城区宣内大街乙6号
复外支行	西城区复兴门外大街A2号
复内支行	西城区复兴门内大街55号
西单支行	西城区西单北大街129号
灵境支行	西城区灵境胡同42号
中海凯旋支行	西城区广宁伯街2号西区一层101室
和平门内支行	西城区北新华街29号楼

铁道支行	海淀区北蜂窝路5号院1#-2#楼间裙房首层
北蜂窝路支行	海淀区北蜂窝路20号
新文化街支行	西城区佟麟阁路75号
甘石桥支行	西城区西单北大街6号
建内大街分理处	西城区北新华街29号楼
新街口支行营业室	西城区西直门内大街143号
西四支行	西城区西四北大街288号
马甸支行	朝阳区北土城西路11号
牡丹园支行	海淀区花园路2号
安华桥西支行	西城区北三环中路乙6号伦洋大厦一层
积水潭支行	西城区新街口外大街甲18号
德胜科技园支行	西城区德胜门外大街13号院合生财富广场一层
赵登禹路支行	西城区平安里西大街31号航天金融大厦一层
德外支行	西城区教场口街9号院乙9-8
学院路支行	海淀区学院南路34号
西直门内支行	西城区葱店胡同2号院1号楼1层
地安门西大街支行	西城区地安门西大街丙28号
爱民里储蓄所	西城区爱民里小区3号楼北侧
棉花胡同储蓄所	西城区棉花胡同52号
柳荫街支行	西城区德内大街176-1号
南礼士路支行营业室	西城区月坛南街1号院1号楼1层
礼士路支行	西城区月坛北街26号恒华国际商务中心一层
百万庄支行	海淀区三里河路15号1-2层
首都体育馆支行	海淀区西直门外大街168号腾达大厦
阜外大街支行	西城区展览馆路48号
阜成路支行	海定区首体南路38号
西直门支行	西城区车公庄大街乙1号一层
融城支行	西城区百万庄大街9号院1号楼A-101~103
西便门支行	西城区西便门外大街4号
百万庄东口支行	西城区百万庄大街16号（临时停业装修）
车公庄支行	西城区车公庄大街9号院2号楼商业-4
三里河支行	西城区月坛南街34号
真武庙支行	西城区真武庙4条8号院2号楼商业102-1号
金融街支行营业室	西城区太平桥大街丰汇园11号楼一层
复兴门支行	西城区金融大街甲29号
白塔寺支行	西城区太平桥大街8号院2号楼
阜成门支行	西城区金融大街4号
金树街支行	西城区金融大街8号
英蓝中心支行	西城区金融大街7号英蓝国际金融中心

地安门支行营业室	西城区德胜门外大街77号（德胜园区）
石油大厦支行	东城区东直门北大街9号B座一层
官园支行	西城区阜成门北大街6-2号
六铺炕支行	西城区德胜门东滨河路1号
安华支行	朝阳区安外小关东里14号
鼓楼支行	西城区地安门外大街31号
鼓楼外大街支行	西城区六铺炕一区1号
安德路支行	西城区安德路108号
菜市口支行	西城区广安门内大街116号
白广路支行	西城区白广路7号中民大厦一层
琉璃厂支行	西城区骡马市大街8号楼一层
陶然亭支行	西城区陶然亭路55号
宣武门支行	西城区宣武门外大街甲1号1层109
右内大街支行	西城区里仁街西口25号楼底商
福地广场支行	西城区菜市口大街1号一层101
清芷园支行	西城区育新街47号(清芷园会所一层)
菜百支行	西城区广安门内大街306号菜百新世纪二层
新华社储蓄所	西城区宣武门西大街57号
广安门支行营业室	西城区广外南滨河路3号
樱桃园支行	西城区右内大街15号
天宁寺支行	西城区西便门内大街69号
范家胡同支行	西城区西便门内大街69号
马连道支行	西城区广外马连道街6号院5号楼底商
朗琴园支行	西城区红居街13号楼首层
青年湖支行	西城区鸭子桥路24号（金翔大厦一层）
中环广场支行	西城区菜园北里29号易尚诺林大酒店首层
中电财支行	东城区建国门内大街乙18号1号楼首层
广外支行	西城区广安门外大街305号八区15、16、17号楼1层105
白纸坊支行	西城区白纸坊西街17号院10号楼一层103号

中国农业银行股份有限公司北京市分行西城支行

西城支行营业部	车公庄北街新华里16号院1号楼
展览路支行	展览馆路5号
复兴门支行	复兴门外大街16号39楼101号
月坛大厦支行	月坛北大街2号
金融大街支行	金融大街12号
平安里支行	平安里西大街2号
新街口支行	西直门内大街118号（冠华大厦）
新外支行	新街口外大街8-4号
北三环支行	北三环中路23号

中国银行股份有限公司北京市分行

西城支行营业部	阜成门外大街5号
三里河支行	月坛南街丙71号
百万庄支行	百万庄大街22号
北太平庄支行	新街口外大街12号
德外支行	德外大街11号一层
黄寺支行	黄寺大街甲24号
西直门支行	西直门南小街国英园1号一层
车公庄支行	车公庄大街9号院2号楼楼一、二层
官园桥支行	平安里西大街28号
丰盛支行	太平桥大街18号丰融国际大厦第一层05、07单元
宣武支行营业部	南新华街1号
陶然亭支行	白纸坊东街2号院6号楼101
广安门支行	南线阁街10号1层1-1
庄胜广场支行	宣武门外大街20号1层商业0104号
复兴门支行	真武庙路头条1-2
天缘公寓支行	广安门南街36号
大成大厦支行	宣武门西大街127号一层
莲花河支行	广安门外大街178号
西站北支行	莲花池东路106号1层

中国建设银行股份有限公司北京市分行

西四支行营业部	阜成门外大街甲26号
展览路支行	北礼士路8号
月坛南街支行	月坛南街18号楼-4
车公庄支行	车公庄大街9—5号
真武庙支行	真武庙二条4号院真武家园1号楼底商
百万庄支行	百万庄大街22号院2
西单支行营业部	西单北大街34号
西长安街支行	西长安街15号一层
西直门支行	官园小区国英园7号楼一层
华远街支行	华远街13号置地星座A座首层
德胜支行	德胜门东大街13号合生财富广场一层
新街口西里储蓄所	新街口西里小区3区2号楼一层
宣武支行营业部	广安门内大街314号
右安门支行	右安门外大街1号
白纸坊支行	广安门南街24号
广安门支行	南滨河路7号
里仁街支行	里仁街3—1号一层01号
四平园支行	南横街四平园小区综合楼1号楼

菜市口南街支行　　平原里20号楼1-3号
牛街支行　　牛街11号108室
开阳里支行　　开阳路3号院1号楼1至2层101
陶然亭支行　　陶然亭路2号9号楼101号、202号
天宁寺支行　　滨河路2号
宣武门支行　　宣武门外大街26号0101室
南菜园支行　　建功西里2号楼一层

交通银行股份有限公司北京市分行

分行营业部　　金融街33号
金融街支行　　金融街22号和20号
阜外支行　　车公庄大街9号院1号楼
西直门支行　　高粱桥斜街59号院2号楼09号
百万庄支行　　百万庄大街11号
三里河支行　　三里河一区五号院8号楼首层
官园支行　　车公庄路新华里16-3号京侨国际公馆1-3层102、202、302号房屋（临时停业）
时代之光支行　　西直门北大街45号2号楼一层101、二层部分房间（临时停业）
西单支行　　西长安街甲17号
北蜂窝路支行　　北蜂窝路乙15号
宣武支行　　广安门内大街319　号一二层
马连道支行　　广外大街248号（机械大厦）
右安门支行　　白纸坊东街10号
西便门支行　　宣武门西大街甲129号（临时停业）
政务中心支行　　西三环南路1号
北三环中路支行　　北三环中路29号院2号楼1层（临时停业）
马甸支行　　德胜门外大街5号
北太平庄支行　　花园东路32号仰源大厦一层
德胜门支行　　德外关厢地区中交大厦一二层东侧11-14轴房

中信银行股份有限公司总行营业部

营业结算部　　金融大街甲27号投资广场A座
西单支行　　复兴门内大街45号院主楼东配楼
广安门支行　　广安门外南滨河路1号高新大厦1层
德外支行　　德胜门外大街甲10号中轻大厦一1
天桥支行　　天桥南大街1号天桥艺术大厦B座1层
中信城支行　　菜市口大街甲2号院6号楼

中国光大银行股份有限公司总行营业部

北京分行营业部　　宣武门内大街1号
宣武支行　　广安门外大街1号深圳大厦一层
德胜门支行　　黄寺大街23号北广大厦　一层
天宁寺支行　　莲花池东路1号

西城支行	车公庄大街甲4号-1
礼士路支行	南礼士路66号建威大厦
三里河支行	月坛南街71号
西直门支行	德宝新园22号德宝饭店一层
长安支行	复兴门外大街6号光大大厦
金融街丰盛支行	太平桥25号
金融街支行	金融大街28号院盈泰中心2号楼1层
西客站支行	莲花池东路甲5号院白云时代大厦一层
宣武门外支行	宣武门外大街32号富卓商厦一层
陶然亭支行	太平街6号1-2层110号
华夏银行股份有限公司北京分行	
和平门支行	前门西大街14号
长安支行	三里河东路5号
平安支行	平安里西大街16号
德外支行	德外大街3号
分行营业部	金融大街11号
车公庄支行	车公庄大街12号核建大厦首层
广外支行	广安门外大街甲397号
北三环支行	北三环中路6号
陶然支行	太平街8号院朱雀门30号
广发银行股份有限公司北京分行	
分行营业部	菜市口大街1号院2号楼
月坛支行	月坛北街2号
西客站支行	广莲路1号
金融街支行	金融大街16号
黄寺支行	德外大街12号
宣武门支行	宣武门外大街甲1号
西单支行	复兴门内大街45号1号楼西南侧配楼
丰台支行	宣武门外大街甲1号
西直门支行	西直门外大街18号楼金贸大厦一层
招商银行股份有限公司北京分行	
分行营业部	复兴门内大街156号A座1层
甘家口支行	百万庄大街甲39号
德胜门支行	德胜门外大街81号德胜国际中心C座1层
阜外大街支行	阜成门外大街22号外经贸大厦一层
金融街中心支行	金融大街16号中国人寿广场西南1层
金融街支行	金融大街35号国际企业大厦C座1层
金融大街支行	西城区金融大街乙9号
陶然亭支行	南纬路39号

宣武门支行	西城区宣外大街30号富卓大厦2层
月坛支行	月坛南街1号院3号楼1层
中国民生银行股份有限公司	
北京分行	复兴门内大街2号
阜成门支行	阜外大街2号万通新世界广场B座
首体支行	西直门外大街甲143号凯旋大厦
金融街支行	金融街33号通泰大厦B座
北太平庄支行	新街口外大街2号金辉科技楼
广安门支行	广内大街338号港中旅大厦
西单支行	西单北大街107号北京电信综合楼
德胜门支行	德外大街新风街2号天成科技大厦
西二环支行	平安里西大街26号新时代大厦
复兴门支行	太平桥大街111号1—2层
长椿街支行	宣武门西大街97号2号楼
新街口支行	新街口大街3号1层103、104，2层201
北京银行股份有限公司	
总行营业部	金融大街甲17号、乙17号
北京分行	复兴门内大街156号D座、B座
燕京支行	复兴门外大街甲19号
月坛支行	阜外大街27号一层
阜成支行	阜外大街2号
三里河支行	月坛南街85号
华安支行	地安门西大街171号
官园支行	平安里大街22号国际京剧院大厦一层、二层
复兴支行	月坛南街14号
德外支行	德胜门外新风大街2号天成科技大厦A座
展览路支行	西直门外南路8号
金融街支行	金融大街丁26号
西四支行	西单北大街30号
车公庄支行	车公庄大街乙8号
西直门支行	冠英园西区31号楼
慧园支行	教场口街9号院7号楼及已9号楼1层
西单支行	复兴门内大街156号招商国际金融中心B座
长安街支行	真武庙一号中国职工之家C座首层
西内大街支行	西皇城根北街甲2号
北三环支行	北三环中路6号1幢1、2层（德胜园区）
马连道支行	马连道南街1号院2号楼
白塔寺支行	太平桥大街8号院10号楼1至2层25、26
车公庄大街社区支行	西城区车公庄大街9号院2号楼1层01商业门厅

琉璃厂支行	南新华街48号
右安门支行	右安门内大街65号
前门支行	前门西大街正阳市场1号楼
陶然支行	永定门内西街5号
广安支行	广安门外白菜湾5号楼1层
滨河路支行	枣林前街119号
报国寺支行	广安门内大街甲306-3号
天宁支行	核桃园西街36号
白云支行	广安门外小马厂西里2号
宣武门支行	广安门内大街6号
广源支行	广安门外大街305号院7号楼1层
陶然亭路支行	陶然亭路45号网信鸿玺宾馆1层
永定门支行	天桥南大街1号1座1层01单元
南纬路支行	南纬路35号1层

境内邮政网点

中南海邮政支局	府右街乙27号
大会堂邮政所	人民大会堂内
地安门邮政支局	地安门外大街81号
什刹海邮政所	烟袋斜街53号
大市口邮政所	安德路79号
北广邮政所	黄寺大街23号
西长安街邮政支局	北新华街29号昌盛大厦
新华社邮政所	宣武门西大街57号
工信部邮政所	西长安街13号
金隅大厦邮政所	宣武门西大街甲129号202室
远洋大厦邮政所	复内大街158号
明珠大厦邮政所	西单横二条59号明珠大厦内5层
金融大厦邮政所	复兴门内大街156号
西单邮政支局	西单北大街109号
太平桥邮政所	丰汇园小区17号楼1层
国企大厦邮政所	金融大街35号国企地下2层
通泰大厦邮政所	金融大街33号通泰大厦1层
邮政集团邮政所	金融街甲3号金鼎大厦B1层
西四邮政所支局	西四南大街16号
白塔寺邮政所	赵登禹路379号

百万庄邮政支局	百万庄大街18号
马尾沟邮政所	北礼士路62号
南礼士路邮政所	南礼士路38号
西外大街邮政支局	西直门外大街德宝新园甲22号
三里河邮政支局	月坛南街65号
复外大街邮政所	复兴门外南礼士路头条5号
复兴门南大街邮政所	复兴门南大街3号楼
木樨地邮政所	复兴门外大街甲25
阜成门邮政支局	阜成门北大街19号
职工之家邮政所	真武庙1号职工之家饭店A座1层
新街口邮政所	西直门内大街32号
平安里邮政所	地安门西大街乙28号
车公庄邮政所	西直门南大街甲18号
永安路邮政支局	永安路173号
天桥邮政所	永安路121号
福长街邮政所	福长街52号
和平门邮政所	前门西大街12号楼
琉璃厂邮政所	琉璃厂东街3号
菜市口大街邮政所	菜市口大街6号院6-1
陶然亭邮政所	黑窑厂西里1—16
椿树园邮政所	椿树园18号楼甲5号
牛街邮政支局	牛街4号
宣外大街邮政所	宣外大街临99号
西便门西里邮政所	西便门西里小区14号楼北侧
槐柏树街邮政所	槐柏树街北里6号楼
马连道邮政支局	广安门外大街411号
红居街邮政所	红居街10号院3号楼
小马厂营业所	小马厂路1号院1—8号楼
鸭子桥营业所	鸭子桥南里1号楼
茶马街邮政所	广外茶马街8号院4号楼001号商铺

境内邮政金融网点

地安门营业所	地安门外大街81号
北广营业所	黄寺大街23号
大市口营业所	安德路79号
府右街支行	府右街乙27号

西长安街营业所	北新华街29号1层
明珠大厦营业所	西单横二条59号
西单营业所	西单北大街109号
太平桥营业所	丰汇园小区19号楼一层
白塔寺营业所	赵登禹路379号
百万庄营业所	百万庄大街18号
马尾沟营业所	北礼士路62号楼
南礼士路营业所	南礼士路38号
复外大街营业所	复外南礼士路头条5号
木樨地支行	复兴门外大街甲25号
平安里支行	地安门西大街乙28号
车公庄支行	西直门南大街甲18号
菜市口大街支行	菜市口大街6号院6-1
永安路营业所	永安路173号
天桥营业所	永安路121号
福长街营业所	福长街52号
和平门支行	前门西大街12号
琉璃厂东街营业所	琉璃厂东街3号
陶然亭营业所	黑窑厂1号楼
槐柏树街营业所	槐柏树街北里6号楼1层8
宣外大街营业所	宣武门外大街临99号
西便门西里营业所	西便门西里小区14号楼北侧
马连道营业所	广外大街411号
鸭子桥营业所	鸭子桥北里1号楼
小马厂营业所	小马厂路1-8号
茶马街营业所	茶马街8号院4号楼001号商铺

学　校

高等院校

北京市行政学院	车公庄大街6号
中央音乐学院	鲍家街43号
中央广播电视大学	复兴门内大街160号
中国人民公安大学	木樨地南里1号

中国道教学院	白云观内
外交学院	展览馆路24号
北京建筑大学	展览馆路1号
北京军地专修学院	新风街7号
公安部高级警官学院	木樨地南里甲1号
北京教育学院	德胜门外黄寺大街什坊街2号
北京联合大学继续教育学院	丰盛胡同13号
北京宣武红旗业余大学	右安门内大街79号
北京广播电视大学宣武分校	菜园街13号
北京市西城经济科学大学	西直门内南草厂街22号

职业高中

北京市外事学校	西直门内永祥胡同3号
北京市西城职业学校	百万庄大街19号
北京市财会学校	西便门内大街69号
北京市实验职业学校	菜园街13号

中　学

北京市第三中学	富国街3号
北京市第四中学	西黄城根北街甲2号
北京市第七中学	安德路69号
北京市第八中学	学院小街2号
北京市第十三中学	柳荫街27号
北京市第十四中学	莲花河南街2号
北京市第十五中学	育新街2号
北京市第三十一中学	西绒线胡同33号
北京市第三十五中学	赵登禹路8号
北京市第三十九中学	西黄城根北街6号
北京市第四十三中学	后孙公园胡同37号
北京市第四十四中学	三里河南横街1号
北京市第五十六中学	文兴街3号
北京市第六十六中学	枣林前街111号
北京市第一五六中学	太平仓胡同16号
北京市第一五九中学	王府仓胡同23号
北京市第一六一中学	南横西街94号
北京市第二一四中学	月坛北街18号
北京市月坛中学	南礼士路二条1号

北京市徐悲鸿中学	右安门内西街甲10号
北京市鲁迅中学	新文化街45号
北京市铁路第二中学	月坛西街5号
北京教育学院附属中学	新街口四条48号
北京市育才学校	东经路21号
北京市回民学校	广安门内大街225号
北京市西城外国语学校	西直门外南路6号
北京师范大学附属中学分校	太平街西巷4号
北京师范大学第二附属中学	西城实验学校安德路116号
北京市师范大学实验华夏女子中学	红莲中里12号
北京师范大学实验二龙路中学	大木仓胡同39号
北京市宣武外国语实验学校	莲花河胡同4号
北京市第十三中学分校	西绦胡同59号
北京师范大学附属实验中学分校	辟才胡同80号
北京市三帆中学	德胜门外新风街7号
北京师范大学附属中学	南新华街18号
北京师范大学第二附属中学	新街口外大街12号
北京师范大学附属实验中学	二龙路14号
北京师范大学亚太实验学校	昌平区北七家镇曹碾村西北
北京市西城区京华实验学校	教育街1号
北京市正泽学校	小市口胡同8号
北京市私立汇才中学	白云观街北里11号
北京市和平门中学（师大附中借用）	南新华街15号
北京市什刹海体育运动学校附设初中班（100中）	地安门西大街57号

小　学

北京市西城区育翔小学	马甸南村乙14号
北京市西城区师范学校附属小学	六铺炕北小街3号
北京市三帆中学附属小学	裕中西里29号
北京市西城区五路通小学	什坊街甲6号
北京市西城区黄城根小学	西黄城根北街3号
北京市西城区厂桥小学	地安门西大街167号
北京市西城区鸦儿胡同小学	鸦儿胡同25号
北京市西城区新街口东街小学	新街口东街5号
北京雷锋小学	西绦胡同甲2号
北京市西城区西什库小学	刘兰塑胡同14号
北京市第十三中学附属小学	西煤厂胡同7号
北京市西城区什刹海小学	地安门内大街恭俭胡同41号

北京市西城区自忠小学	府右街丙27号
北京市第一六一中学附属小学	北长街71号
北京市西城区力学小学	力学胡同47号
北京市西城区顺城街第一小学	前门西大街135号
北京第一实验小学	南新华街17号
北京市西城区炭儿胡同小学	炭儿胡同11号
北京市西城区新世纪实验小学	南纬路2号院
北京市西城区香厂路小学	香厂路31号
北京第一实验小学前门分校	和平门外东街甲5号
北京第二实验小学玉桃园分校	西直门内大街玉桃园三区10号
北京市西城区志成小学	新街口东新开胡同20号
北京师范大学京师附小	西四北四条47号
北京第二实验小学	新文化街111号
北京市西城区奋斗小学	闹市口大街月台胡同15号
北京市西城区西单小学	中京畿道1号
北京市西城区宏庙小学	西单北大街宏庙胡同13号
北京市西城区华嘉小学	西廊下胡同34号
北京第二实验小学涭水河分校	涭水河胡同45号旁门
北京市宣武师范学校附属第一小学	右安门内大街26号
北京市西城区白纸坊小学	白广路乙27号
北京市第八中学附属小学	福州馆前街3号
北京市西城区陶然亭小学	龙泉胡同5号
北京市第十五中学附属小学	白纸坊东街27号
北京市西城区实验小学	南菜园35号
北京市西城区阜成门外第一小学	阜成门外大街甲10号
北京市西城区展览路第一小学	百万庄中里7号
北京市西城区进步小学	西外大街榆树馆胡同1号
北京市西城外国语学校附属小学	北礼士路133号
北京建筑大学附属小学	文兴街4号
北京第二实验小学	白云路分校白云路2号
北京市西城区育民小学	真武庙头条8号
北京市西城区中古友谊小学	三里河一区39号
北京市西城区三里河第三小学	三里河三区36号
北京市西城区复兴门外第一小学	复兴门外大街地藏庵23号
北京小学	槐柏树街9号
北京市西城区康乐里小学	储库营康乐里2号
北京小学广内分校	北线阁街2号
北京市宣武回民小学	牛街西里一区5号
北京市西城区登莱小学	登莱胡同29号

北京第二实验小学广外分校	广安门外红居南街2号
北京小学天宁寺分校	天宁寺前街35号
北京小学红山分校	广安门外大街305号院二区12号楼
北京市西城区青年湖小学	鸭子桥北里13号
北京市西城区椿树馆小学	广安门外南街43号
北京市西城区三义里小学	广外三义里5号
北京市西城区红莲小学	红莲中里14号

幼儿园

北京市西城区长安幼儿园	前门西大街139号
北京市北海幼儿园	地安门西大街22号
北京市西城区棉花胡同幼儿园	棉花胡同78号
北京市第六幼儿园	旧鼓楼大街大石桥胡同43号
北京市西城区曙光幼儿园	后广平胡同1号院1号楼
北京市西城区西四北幼儿园	西四北三条11号
北京洁如幼儿园	什坊小街宏英园17号楼
北京市西城区洁民幼儿园	裕中西里小区36号
北京市西城区民族团结幼儿园	新明胡同乙1号
北京市西城区虎坊路幼儿园	虎坊路甲14号
北京市西城区实验幼儿园	南新华街21号
北京市西城区名苑幼儿园	广安门外红居街16号
北京市西城区长椿街幼儿园	西便门东里11号
北京市西城区槐柏幼儿园	槐柏树街南里10号楼
北京市西城区和平门幼儿园	上斜街66号
北京市西城区小百合幼儿园	长椿街甲1号
北京市宣武回民幼儿园	南横西街119号
北京市西城区三教寺幼儿园	里仁街12号
北京市第四幼儿园	广安门外莲花河胡同3号
北京市西城区三义里第一幼儿园	广安门外三义东里9号
北京市西城区三义里第二幼儿园	三义西里7–2号
北京市西城区马连道幼儿园	广安门外红莲中里10号
北京市西城区信和幼儿园	马连道路15号院5号楼
北京市西城区红山幼儿园	广安门外大街305号二区10楼
北京市西城区广安幼儿园	广安门车站西街2号院15号楼
北京市西城区华新幼儿园	西四北四条8号
北京市西城区什刹海街道大拐棒幼儿园	大拐棒胡同15号
北京市西城区新街口街道果子市幼儿园	鼓楼西大街169号
北京市西城区新街口街道高井幼儿园	西直门内大街高井胡同16号

北京市西城区金融街街道新京畿道实验幼儿园	二龙路京畿道小区12号
北京市西城区月坛街道办事处第一幼儿园	三里河北街23号
北京市西城区展览路街道北营幼儿园	北营房西里11号楼西侧
北京市西城区大栅栏西柳树井幼儿园	珠市口西大街111号
北京市西城区大栅栏大安澜营幼儿园	大栅栏大安澜营胡同13号
北京市西城区南菜园幼儿园	菜园街五层公寓楼2号
北京市西城区樱桃园幼儿园	右内大街53号
中共中央组织部机关服务中心幼儿园	西单北大街小酱坊胡同31号
中共中央办公厅警卫局北长街幼儿园	北长街89号
北京市公安局幼儿园	松树街7号
中国儿童中心实验幼儿园	平安里西大街43号
中共中央直属机关事务管理局实验幼儿园	新风街1号院甲2号楼
公安部幼儿园	木樨地北里2号
国家发展和改革委员会三里河幼儿园	三里河一区丙68号
物资机关幼儿园	月坛北街25号院
中国石油天然气集团公司机关服务中心幼儿园	六铺炕三区甲15号
北京市农业局幼儿园	裕中西里甲1号
北京市人民政府机关事务管理办公室幼儿园	广安门内长椿里2号
国家机关事务管理局花园村幼儿园	广源分园广安门外大街305号3区8号楼
机械机关幼儿园	百万庄北街2号
北京印钞有限公司幼儿园	白纸坊街23号
华电（北京）热电有限公司幼儿园	天宁寺东里4号
北京军区空军蓝天宇锋幼儿园	平安里群力胡同17号
中国人民解放军北京卫戍区直属机关幼儿园	广桥定阜街3号
中国人民解放军解放军报社幼儿园	阜成门外大街34号
北京市西城区幸福泉幼儿园	西直门内大街冠英园西区8号
北京市西城区广电银河艺术幼儿园	育德胡同15号
北京市西城区幸福时光陶然幼儿园	黑窑厂西里甲11号
北京市西城区里仁街幼儿园	宏建北里13号
北京中铁信达经贸有限公司幼儿园	广安门外车站东街甲5号
北京市西城区警娃艺术幼儿园	太平里甲6号
北京市西城区汇佳北欧幼儿园	马连道路80号院北欧印象小区内
北京市西城区宝威幼儿园	白云路4号
北京市西城区蓝色未来幼儿园	小马厂路1号院（西豪逸景3号楼307-309室）
北京市西城区普林斯顿幼儿园	广安门内大街广安胡同康乐里12号
北京市西城区官园幼儿园	西直门南小街甲188号
北京市西城区亲育代幼儿园	北礼士路135号内35号楼
北京市西城区悠米幼儿园	菜市口莲花胡同11号
北京市西城区海思幼儿园	育新街47号清芷园12号楼一层
北京市西城区威廉和玛丽幼儿园	陶然亭路2号院9号楼一层（一瓶小区9D1层）

北京市西城区诺博幼儿园	展览路街道北露园2号
北京市西城区红黄蓝幼儿园	南菜园街乙一号院2号楼3号楼
北京市西城区乐百灵幼儿园	红居街远见名苑C座10-8底商
北京市西城区松树阳光幼儿园	百万庄中里46号
北京市第十五中学附属陶然亭幼儿园	育新街2号
北京市西城区育民五一儿园	真武庙二里五号楼
北京市西城区教育研修学院附属幼儿园	西四北大街83号院
北京市西城区大栅栏幼儿园	小沙土园12号
北京博雅汇英幼儿园有限公司	北手帕巷2号
北京市西城区美仁幼儿园	西便门西里小区5号楼
北京市爱之泉幼儿园有限公司	鸭子桥路1号院5号楼101-3、101-4
北京智慧摇篮幼儿园有限公司	老墙根街101-105号
北京市西城区金色启蒙幼儿园	虎坊桥魏染胡同36号
北京青蛙和蟾蜍幼儿园	南纬路31号西侧
北京永远的孩子幼儿园	马连道南街16号院1号楼1层、2层、3层
北京爱之源幼儿园	北礼士路西六条1号
北京市金融街惠泽幼儿园	西绦胡同甲26号

特殊教育

北京启喑实验学校	西直门内大街东教场胡同5号
北京市西城区培智中心学校	西直门外大街德宝新园23号
北京市西城区育华中学	昌平区沙河镇七里渠南村531号

卫生机构

辖区三级医院

北京大学第一医院	西什库大街8号
北京大学人民医院	西直门南大街11号
中国医学科学院阜外心血管病医院	北礼士路167号
北京积水潭医院	新街口东街31号
首都医科大学附属北京安定医院	德胜门外安康胡同5号
首都医科大学附属北京儿童医院	南礼士路56号
首都医科大学附属北京友谊医院	永安路95号
中国中医科学院广安门医院	北线阁5号

首都医科大学宣武医院	长椿街45号
中国医学科学院北京协和医院	大木仓胡同41号
北京急救中心	前门西大街103号
中国人民解放军第305医院	文津街甲13号
中国人民武装警察部队北京市总队第二医院	月坛北街丁3号
中国人民解放军火箭军总医院	新街口外大街16号

区属卫生机构

首都医科大学附属复兴医院	复兴门外大街甲20号
北京中医药大学附属护国寺医院	棉花胡同83号
北京市宣武中医医院	万明路13号
北京市第二医院	宣武门内大街油坊胡同36号
北京市西城区展览路医院	西直门外大街桃柳园西巷16号
北京市丰盛中医骨伤专科医院	阜成门内大街306号
北京市西城区平安医院	赵登禹路169号
北京市肛肠医院	德胜门外大街16号
北京市西城区广外医院	广安门外三义里甲2号
北京市西城区妇幼保健院	平原里小区19号楼
北京市回民医院	右安门内大街11号
北京市西城区妇幼保健中心	德胜门外大街38号
北京市西城区结核病防治所	油坊胡同52号
北京市西城区精神卫生保健所	赵登禹路32号
北京市西城区疾病预防控制中心	德胜门外大街38号
北京市西城区卫生局卫生监督所	枣林前街2号院
北京市西城区动物卫生监督所	白纸坊西街17号院9号楼底商
北京市西城区椿树社区卫生服务中心	西琉璃厂63、64号
北京市西城区金融街社区卫生服务中心	阜成门内大街306号
北京市西城区广内社区卫生服务中心	校场五条49号
北京市西城区德胜社区卫生服务中心	德胜门外大街34号
北京市西城区新街口社区卫生服务中心	后半壁街19号
北京市西城区大栅栏社区卫生服务中心	煤市街152号
北京市西城区展览路社区卫生服务中心	阜成门外北大街201号
北京市西城区什刹海社区卫生服务中心	正觉夹道甲13号
北京市西城区陶然亭社区卫生服务中心	陶然亭路12号
北京市西城区天桥社区卫生服务中心	北纬路11号
北京市西城区牛街社区卫生服务中心	培育胡同15号
北京市西城区广外社区卫生服务中心	广安门外三义里甲2号
北京市西城区首都医科大学附属复兴医院月坛社区卫生服务中心	复兴门外真武庙六里7号楼

北京市西城区西长安街社区卫生服务中心	油坊胡同52号
北京市西城区白纸坊社区卫生服务中心	新安中里4号，枣林前街70号中环办公楼3楼333、334室
北京市西城区社区卫生服务管理中心	枣林前街2号

律师事务所及公证处

北京安迪律师事务所	北京市西城区德外大街3号写字楼703室
北京安朗律师事务所	北京市西城区珠市口西大街120号太丰惠中大厦1201-1205
北京安新律师事务所	北京市西城区丰盛胡同28号太平洋保险大厦17层
北京安之律师事务所	北京市西城区广安门外大街248号1号楼5层513、514室
北京奥肯律师事务所	北京市西城区马连道路6号院6号楼7层708
北京柏枫臻信律师事务所	北京市西城区广安门内大街118号院1号楼1层1007
北京柏舟律师事务所	北京市西城区广安门外大街168号1幢9层2-1003楼下
北京保和律师事务所	北京市西城区广义街5号6层3-609
北京北智律师事务所	北京市西城区红莲南路28号6-1幢B座419室
北京博澜律师事务所	北京市西城区西直门外大街18号1单元11层1231号
北京藏辉律师事务所	北京市西城区车公庄大街9号院5号楼606室
北京倡信律师事务所	北京市西城区半步桥街48号3层333
北京成银律师事务所	北京市西城区北京市西城区金融大街9号楼等2幢甲9号10层1001-67室
北京诚略律师事务所	北京市西城区宣武门外大街10号楼7层723、723A
北京承山律师事务所	北京市西城区右安门内大街65号11幢右安门商务大厦328室
北京驰坚律师事务所	北京市西城区新街口西里二区1-2号底商
北京赐诚律师事务所	北京市西城区广安门外小红庙南里2号1302
北京道淳律师事务所	北京市西城区华远北街2号通港大厦1001室
北京道生律师事务所	北京市西城区广安门内338号908
北京道一律师事务所	北京市西城区德胜门外大街36号楼3层2单元311
北京德恒律师事务所	北京市西城区金融街19号富凯大厦B座12层
北京德翔律师事务所	北京市西城区德胜门外大街36号楼15层2单元1515
北京法慈律师事务所	北京市西城区德外大街新风街2号天成科技大厦A座9层930室
北京法桓律师事务所	北京市西城区黄寺大街23号北广大厦11层1109
北京风宇文晖律师事务所	北京市西城区南菜园街2号2号楼5029室
北京富力律师事务所	北京市西城区白广路4、6号8幢六层612
北京港融律师事务所	北京市西城区北三环中路6号三幢伦洋大厦第9层905房间
北京高略律师事务所	北京市西城区德胜门外大街36号德胜凯旋大厦B座206室
北京高思律师事务所	北京市西城区太平街6号9层E-1002室
北京格理律师事务所	北京市西城区金融街35号A座511
北京冠领律师事务所	北京市西城区宣武门外大街10号庄胜广场中央办公楼北翼1513-1523A单元

北京观贸律师事务所	北京市西城区南礼士路66号1号楼9层910室
北京观韬中茂律师事务所	北京市西城区金融大街5号新盛大厦B座18层
北京光夏律师事务所	北京市西城区西直门外大街18号楼5层1单元622
北京国舜律师事务所	北京市西城区广安门外大街168号A座902、903、905、906
北京国拓律师事务所	北京市西城区马连道茶贸国际中心4楼
北京国贤律师事务所	北京市西城区新街口西里二区1-11
北京国业律师事务所	北京市西城区安德路甲67号4幢2层
北京何贵富律师事务所	北京市西城区新街口西里一区一号楼底商八号
北京红凯龙律师事务所	北京市西城区马连道南街6号院1号楼5层517
北京华朝律师事务所	北京市西城区展览馆路甲26号2号楼005室
北京桓标律师事务所	北京市西城区马连道路25号楼8层818室
北京甲子律师事务所	北京市西城区西直门外大街德宝二期5号地办公商业及酒店11层1单元1222
北京杰烁律师事务所	北京市西城区阜成门外大街2号14层A1602
北京杰众律师事务所	北京市西城区南滨河路27号7号楼11层1107
北京锦钟律师事务所	北京市西城区新兴东巷15号10号楼601单元
北京京品律师事务所	北京市西城区广安门外大街168号1幢8层2-911
北京京土律师事务所	北京市西城区茶马北街1号院2号楼4层2单元0522室
北京久维律师事务所	北京市西城区德胜门外大街18幢735室（德胜园区）
北京开中律师事务所	北京市西城区阜外大街甲6号中建对外贸易大楼325室
北京凯基律师事务所	北京市西城区菜市口大街平原里21号楼11层B1202
北京坤杰律师事务所	北京市西城区德胜门西顺城街46号锦胜华安写字楼东103室
北京蓝科律师事务所	北京市西城区德胜门外大街13号院1号楼1006A
北京兰普瑞那律师事务所	北京市西城区北京市西城区西直门外大街18号楼7层1单元808
北京理瀚律师事务所	北京市西城区黄寺大街24号院19号楼505
北京李晓斌律师事务所	北京市西城区宣武门外大街28号富卓大厦B座706室
北京李晓光律师事务所	北京市西城区新兴东巷15号10号楼203房间
北京利商律师事务所	北京市西城区月坛北街25号48幢四层005室
北京联慧律师事务所	北京市西城区阜成门外大街2号9层B905
北京隆经律师事务所	北京市西城区西绒线胡同28号楼7层711
北京美泰律师事务所	北京市西城区宣武门外大街26、28、30号2幢9层28号B0907
北京鸣静律师事务所	北京市西城区新街口西里二区1号楼1层1-2东侧及新街口西里二区1号楼-1至1层1-4西侧
北京铭本天律师事务所	北京市西城区马连道路 19号13层1303-1304室
北京莫少平律师事务所	北京市西城区广安门内大街167号翔达大厦写字楼8层809室
北京母树峰律师事务所	北京市西城区宣武门外大街20号海格国际大厦A座1305室
北京纽伦律师事务所	北京市西城区西直门外大街18号楼8层1单元929
北京普庆律师事务所	北京市西城区半步桥街13号乙1-1-2
北京普纬律师事务所	北京市西城区白纸坊西街3号A座202
北京启邦律师事务所	北京市西城区红莲南路28号6-1幢红莲大厦十二层A1212室
北京启达律师事务所	北京市西城区德胜门外大街11号

北京千洛航律师事务所	北京市西城区珠市口西大街120号太丰惠中大厦0701-0705室
北京谦彧律师事务所	北京市西城区广安门外大街168号1幢13层1-1608
北京乾木文辰律师事务所	北京市西城区核桃园西街36号北方长城光电大厦516室
北京泉宵律师事务所	北京市西城区珠市口西大街120号太丰惠中大厦506-512
北京任大农律师事务所	北京市西城区半步桥街13号1楼4门102室
北京融君律师事务所	北京市西城区广安门外大街248号1号楼2101室
北京瑞旭律师事务所	北京市西城区珠市口西大街120号太丰惠中大厦12层1219—1221
北京润文律师事务所	北京市西城区茶马街6号院4号楼1单元301室
北京尚淳律师事务所	北京市西城区平安里西大街28号光大国际中心1号楼15层（电梯楼层18层）1808室
北京实法律师事务所	北京市西城区黄寺大街26号院4号楼710
北京市宝鼎律师事务所	北京市西城区太平街6号E-525
北京市宝华德律师事务所	北京市西城区广安门内大街319号广信嘉园c座-13c
北京市宝盛律师事务所	北京市西城区新街口西里三区二号楼11号
北京市北人律师事务所	北京市西城区广安门南街36号天缘公寓B604
北京市本杰律师事务所	北京市西城区北展北街9号D座A501室
北京市博昌律师事务所	北京市西城区新街口西里二区1号楼1-4
北京市博恒律师事务所	北京市西城区黄寺大街23号北广大厦1205室
北京市博金律师事务所	北京市西城区阜外大街1号四川大厦东塔楼1314-1319
北京市才良律师事务所	北京市西城区太平街6号富力摩根中心E座318室
北京市大地律师事务所	北京市西城区广安门内大街338号北京广安门维景国际大酒店有限公司写字楼C区3层南部
北京市丹宁律师事务所	北京市西城区西什库大街31号院6号楼103室
北京市鼎知律师事务所	北京市西城区北三环中路27号商房大厦6层618室
北京市东方律师事务所	北京市西城区德胜门外大街13号院1号楼合生财富广场5层I户型
北京市法度律师事务所	北京市西城区阜成门外大街2号5层5012、5013、5015、5016、5017室
北京市富华邦律师事务所	北京市西城区平原里21号楼4层A505
北京市高默克律师事务所	北京市西城区南礼士路66号1号楼8层803
北京市冠衡律师事务所	北京市西城区金融大街9号楼等2幢甲9号楼10层1001-35
北京市冠英律师事务所	北京市西城区车公庄大街9号五栋大楼C座11层
北京市观澜律师事务所	北京市西城区太平街6号富力摩根中心D—722
北京市国首律师事务所	北京市西城区平原里21号亚泰中心B1017室
北京市国源律师事务所	北京市西城区二七剧场路乙6号楼六层
北京市海创律师事务所	北京市西城区佟麟阁路95号尚座大厦6G
北京市海拓律师事务所	北京市西城区月坛南街59号新华大厦15层1501-09室
北京市海泓达律师事务所	北京市西城区平原里21号亚泰中心A1107室
北京市汉达律师事务所	北京市西城区三里河东路1号楼院2号
北京市汉龙律师事务所	北京市西城区阜城门外大街2号7层707B
北京市浩盛律师事务所	北京市西城区新街口西里二区1号楼—1至1层1—1（地上部分）
北京市浩伟律师事务所	北京市西城区南滨河路27号7号楼7层705室

北京市恒源律师事务所　北京市西城区南滨河路27号7号楼15层1516/1517
北京市宏威律师事务所　北京市西城区金融大街15号第[4]层[401-6]单元
北京市华策律师事务所　北京市西城区裕民路18号9层905
北京市华鹏律师事务所　北京市西城区车公庄大街9号院五栋大楼B座1单元503室
北京市华堂律师事务所　北京市西城区阜外大街11号国宾酒店写字楼308室
北京市华卫律师事务所　北京市西城区富国街2号富国商务会所1301室
北京市华文通用律师事务所　北京市西城区西直门外大街18号，金贸大厦A座318室
北京市慧学律师事务所　北京市西城区北三环中路6号三幢伦洋大厦5层507
北京市惠康律师事务所　北京市西城区东京畿道10号办公楼511-513室
北京市汇源律师事务所　北京市西城区南滨河路27号贵都国际中心A座1305
北京市魂鹤律师事务所　北京市西城区北三环中路甲29号华尊大厦B-303
北京市纪凯律师事务所　北京市西城区西直门南小街国英1号商务大厦5层520
北京市嘉律衡律师事务所　北京市西城区西直门外大街110号中糖大厦7层706
北京市嘉源律师事务所　北京市西城区复兴门内大街158号远洋大厦F408
北京市建诚律师事务所　北京市西城区广安门内大街319号广信嘉园C座23A-C
北京市江山律师事务所　北京市西城区珠市口西大街120号1号楼1516-1518室
北京市金石律师事务所　北京市西城区半步桥街13号
北京市金朔律师事务所　北京市西城区马连道南街12号气象宾馆写字间4435/4435B/5538/6633/6633B/6635/6635B/6666室
北京市金台律师事务所　北京市西城区广安门外大街248号机械大厦20层
北京市金颐律师事务所　北京市西城区北三环中路29号华尊大厦二层
北京市京豪律师事务所　北京市西城区新街口西里3区2号楼2-2
北京市京龙律师事务所　北京市西城区车公庄大街6号院2号楼504和507
北京市京泰律师事务所　北京市西城区白纸坊西街20号圣都大厦309室
北京市京通律师事务所　北京市西城区裕民路18号北环中心A座608室
北京市京元律师事务所　北京市西城区西绒线胡同26号院1-13号1至2层05
北京市京泽律师事务所　北京市西城区广安门外大街168号朗琴国际大厦A座805室
北京市景运律师事务所　北京市西城区广安门外大街168号朗琴国际B座1608
北京市聚和律师事务所　北京市西城区鼓楼西大街41号院1号楼209、301室
北京市凯誉律师事务所　北京市西城区阜成门外大街2号15层A1710
北京市莱博律师事务所　北京市西城区新街口外大街2号有研大厦B406室
北京市隆平律师事务所　北京市西城区广安门内大街338号广安门维景国际大酒店写字楼5层508室
北京市茂源律师事务所　北京市西城区马连道茶马街6号院4号楼1单元1304
北京市铭德律师事务所　北京市西城区新街口外大街2号楼A座311室
北京市乾贞律师事务所　北京市西城区西直门外大街18号金贸中心A座1101
北京市青石律师事务所　北京市西城区莲花池东路甲5号院1号楼白云时代大厦1701、1702
北京市仁杰律师事务所　北京市西城区新街口西里小区二区1号楼地上3/2--2/3K--C
北京市仁人德赛律师事务所　北京市西城区广安门内大街338号维景国际大酒店写字楼8层812
北京市瑞天律师事务所　北京市西城区莲花池东路甲5号院1号楼15层2单元1507
北京市绅特律师事务所　北京市西城区南滨河路27号7号楼5层503室（贵都国际中心）

北京市圣大律师事务所	北京市西城区阜成门外大街2号B1701、1702、1703
北京市时代九和律师事务所	北京市西城区宣武门外大街甲1号
北京市世银律师事务所	北京市西城区月坛北街26号1703
北京市首信律师事务所	北京市西城区马甸南村甲18号
北京市泰德律师事务所	北京市西城区月坛南街26号1号楼1021、5051、5053
北京市天理律师事务所	北京市西城区红莲南路57号中国印刷大厦502室
北京市天路律师事务所	北京市西城区裕民路18号北环中心910
北京市天宁律师事务所	北京市西城区西直门南小街国英园小区１４号楼一层
北京市天元律师事务所	北京市西城区丰盛胡同28号太平洋保险大厦10层
北京市天瀚律师事务所	北京市西城区广内大街甲306号水利综合楼416、418
北京市天铎律师事务所	北京市西城区西直门内南小街国英１号３０９室
北京市万瑞律师事务所	北京市西城区金融街国际企业大厦B座16层1420号
北京市万森律师事务所	北京市西城区西经路1号宝山商务酒店四层
北京市吴栾赵阎律师事务所	北京市西城区北三环中路27号商房大厦505-508
北京市响宇律师事务所	北京市西城区白广路4、6号8幢B区6层607
北京市新达律师事务所	北京市西城区德外新风街2号天成科技大厦B座5层5005室
北京市新元律师事务所	北京市西城区金融大街33号通泰大厦C座603室
北京市信格律师事务所	北京市西城区莲花池东路甲5号白云时代大厦东座1208
北京市雄志律师事务所	北京市西城区裕民路18号北环中心A座811室
北京市旭伟律师事务所	北京市西城区莲花池东路106号13层2单元1602
北京市易凯律师事务所	北京市西城区白广路北口德源胡同甲2号（北京德源宾馆301室）
北京市逸峰律师事务所	北京市西城区太平街6号富力摩根中心D座三层D-320
北京市亦德律师事务所	北京市西城区菜市口南大街陶然居A座1005号
北京市义方律师事务所	北京市西城区宣外大街10号庄胜广场中央办公楼北翼9层905单元
北京市英岛律师事务所	北京市西城区白广路4号8幢B区6层615-618
北京市永新智财律师事务所	北京市西城区金融大街27号10层B1007
北京市雨仁律师事务所	北京市西城区月坛北街26号恒华国际商务中心A座422室
北京市昭德律师事务所	北京市西城区德胜门外大街36号楼12层2单元1213
北京市兆亿律师事务所	北京市西城区黄寺大街26号院德胜置业1号楼701室
北京市兆源律师事务所	北京市西城区宣武门西大街甲129号金隅大厦907-910室
北京市正理律师事务所	北京市西城区车公庄大街9号院五栋大楼B1座1103室
北京市智多鑫律师事务所	北京市西城区红居街恒昌花园1号楼201室
北京市中喆律师事务所	北京市西城区广安门外大街168号朗琴国际大厦B座517A
北京市中北律师事务所	北京市西城区西直门内大街2号（成铭大厦）C座2206号
北京市中高盛律师事务所	北京市西城区广义街5号广益大厦B907
北京市中合律师事务所	北京市西城区南滨河路27号7号楼16层1609室
北京市中里通律师事务所	北京市西城区红莲南路57号二层B区
北京市中满律师事务所	北京市西城区西直门内南小街国英1号6层628
北京市中鹏律师事务所	北京市西城区金融大街19号富凯大厦B座702B室
北京市中实律师事务所	北京市西城区大木仓北一巷一号西单饭店三层

北京市中同律师事务所	北京市西城区北三环中路甲29号华尊大厦A座1701室
北京市中旭律师事务所	北京市西城区茶马北街1号院1号楼3层1单元0303
北京市中轩律师事务所	北京市西城区南滨河路23号立恒名苑3号楼2105室
北京市中盈律师事务所	北京市西城区广安门外大街168号1幢10层1-1103
北京市中治律师事务所	北京市西城区金融大街28号院2号楼三层
北京市中咨律师事务所	北京市西城区平安里西大街26号新时代大厦6-8层
北京市中尊律师事务所	北京市西城区阜成门外大街2号万通新世界A座2109室
北京市中韬律师事务所	北京市西城区珠市口西大街120号太丰惠中大厦1510-1511
北京市重光律师事务所	北京市西城区广安门内大街338号维景国际大酒店写字楼8层801、802室
北京市铸成律师事务所	北京市西城区北展北街5、7、9、11、13、15、17号7层17#801、802
北京市紫光达律师事务所	北京市西城区后广平胡同38号国英大厦10F
北京市泓理律师事务所	北京市西城区白纸坊西街22号都市晴园816室
北京市焱杰律师事务所	北京市西城区广安门外大街168号1幢2-1212
北京市鑫河律师事务所	北京市西城区太平街6号E座702室
北京市鑫诺律师事务所	北京市西城区宣武门外大街10号庄胜广场中央办公楼北翼9层
北京首捷律师事务所	北京市西城区红莲南路28号6-1幢A座419
北京首阳律师事务所	北京市西城区西直门外1号院2号楼8C6
北京守时律师事务所	北京市西城区马连道南街6号院1号楼15层1505
北京四惠律师事务所	北京市西城区平原里21号楼10层A1112
北京松晟律师事务所	北京市西城区南菜园街2号2号楼408室
北京腾凯律师事务所	北京市西城区茶马街6号院4号楼4层2单元401号
北京王伦律师事务所	北京市西城区茶马街8号院1号楼14层1407
北京卫之平律师事务所	北京市西城区阜成门外大街2号万通大厦A1206室
北京吾犹人律师事务所	北京市西城区手帕口南街朗琴园11号楼1006室
北京翔越律师事务所	北京市西城区西直门外18号金贸大厦B座702
北京向量律师事务所	北京市西城区西直门南大街2号12层2门1206
北京欣国律师事务所	北京市西城区福长街13号1层1-1
北京星迪律师事务所	北京市西城区金融街19号富凯大厦B座11层1110
北京许氏律师事务所	北京市西城区百万庄北街6号经易大厦五层南区
北京宣德律师事务所	北京市西城区珠市口西大街120号1号楼5层0501-0505室
北京亚科律师事务所	北京市西城区羊皮市胡同乙1号2210房间
北京仰昊律师事务所	北京市西城区宣武门外大街6、8、10、12、16、18号6号楼庄胜广场北办公楼西翼1211单元
北京翼赞律师事务所	北京市西城区车公庄大街甲4号物华大厦801室
北京英弘律师事务所	北京市西城区西直门外大街18号，金贸大厦B座708
北京永定律师事务所	北京市西城区月坛南街32号银岛商务楼401、408、489室
北京优肯律师事务所	北京市西城区茶马街6号院4号楼12层2单元1201
北京优资律师事务所	北京市西城区西直门外大街18号楼17层1单元2002
北京友融律师事务所	北京市西城区西外大街德宝新园11号1幢壹层120
北京玉言律师事务所	北京市西城区新街口北大街59号安兴商厦6017室

北京源西律师事务所	北京市西城区宣武区太平街6号5层D-616
北京云灿律师事务所	北京市西城区西直门铁路危改小区9号楼523室
北京允阔律师事务所	北京市西城区车公庄大街9号2号楼6层3门602
北京允元律师事务所	北京市西城区白云观街7号1208室
北京章科家律师事务所	北京市西城区茶马北街1号院1号楼8层2单元0906
北京正山律师事务所	北京市西城区广义街5号6层2-610
北京中复律师事务所	北京市西城区德胜门外大街13号1号楼5层501室
北京中简律师事务所	北京市西城区广安门外大街168号朗琴国际B座1115A
北京中佐律师事务所	北京市西城区广安门外大街168号1幢10至11层1-1106
北京中臬律师事务所	北京市西城区教场口街9号院甲9号楼二层204
北京重典律师事务所	北京市西城区新兴东巷15号10号楼204房间
北京卓仑律师事务所	北京市西城区新街口外大街28号B座2层225号
北京骅之韬律师事务所	北京市西城区广安门外大街168号1幢13层2-1601C房间
北京曜远律师事务所	北京市西城区宣武门外大街20号海格国际大厦B0709
北京隽格律师事务所	北京市西城区德外新风街2号天成科技大厦B1205-B1208室
福建天凯（北京）律师事务所	北京市西城区月坛北街2号2505B单元
广东晟典（北京）律师事务所	北京市西城区白云路1号大厦第10层1001号
国浩律师事务所	北京市西城区武定侯街2号泰康国际大厦10层1005
江苏博爱星律师事务所北京分所	北京市西城区白云路4号
江苏益友天元（北京）律师事务所	北京市西城区武定候街6号卓著中心1206C，1206D，1206E，1206F室
山东鲁宁(北京)律师事务所	北京市西城区南新华街48号318室
山西华炬（北京）律师事务所	北京市西城区金融街号投资广场B座9层
上海汉盛（北京）律师事务所	北京市西城区车公庄大街9号院5号楼1106
四川元绪（北京）律师事务所	北京市西城区阜成门外大街1号四川大厦东塔楼2408-2413
国立公证处	北京市西城区德胜门外大街12号
中信公证处	北京市西城区阜成门外大街2号万通金融中心4-5层
精诚公证处	北京市西城区骡马市大街14号

文物保护单位及文化设施

全国重点文物保护单位（44处）

名称	时代	地址	公布时间
北海及团城	明、清	文津街1号	1961年
妙应寺白塔	元	阜成门内大街171号	1961年
北京宋庆龄故居	现代	后海北沿46号	1982年

恭王府及花园	清	前海西街17号、柳荫街14号	1982年
郭沫若故居	现代	前海西街18号	1982年
大高玄殿	明	景山西街21号、23号	1996年
历代帝王庙	明、清	阜成门内大街131号	1996年
南　堂	明、清	前门西大街141号	1996年
景　山	明、清	景山西街44号、景山后街11号	2001年
白云观	明、清	西便门外白云观	2001年
中南海	明、清	1711信箱4号乙	2006年
德胜门箭楼	明、清	北二环中路	2006年
北京鲁迅旧居	民国	阜成门内宫门口二条19号	2006年
清农事试验场旧址	清	西直门外大街137号	2006年
月　坛	明	南礼士路	2006年
醇亲王府	清	后海北沿44号、鼓楼西大街156号	2006年
广济寺	明	阜成门内大街25号	2006年
北平图书馆旧址	民国	文津街7号	2006年
北京国会旧址	民国	宣武门西大街57号	2006年
京师女子师范学堂旧址	民国	新文化街45号	2006年
利玛窦和外国传教士墓地	明、清	车公庄大街6号	2006年
西什库教堂	清	西什库大街33号	2006年
国立蒙藏学校旧址	清	小石虎胡同33号	2006年
关岳庙	民国	鼓楼西大街149号	2006年
天宁寺塔	辽	天宁寺前街甲3号	1988年
牛街礼拜寺	明、清	牛街18号	1988年
先农坛	明	东经路21号、南纬路27号	2001年
法源寺	清	法源寺前街5号	2001年
安徽会馆	清	后孙公园17.19.21.23.25.27号	2006年
报国寺	清	报国寺前街1号	2006年
国民政府财政部印刷局旧址	清	白纸坊街西街23号	2006年
大栅栏商业建筑			2006年
瑞蚨祥	民国	大栅栏街5号	
谦祥益	民国	珠宝市街5号	
劝业场	清	廊房头条17号	
祥义号门面	民国	大栅栏街1号	
李大钊旧居	民国	文华胡同24号	2013年
梅兰芳旧居	现代	护国寺街9号	2013年
明北京城城墙遗存（西便门段）	明	复兴门南大街	2013年
克勤郡王府	清	新文化街53号	2013年
辅仁大学本部旧址	民国	定阜街1号	2013年
盛新中学与佑贞女中旧址	民国	教场胡同2号、教场胡同4号	2013年

万松老人塔	元	西四南大街43号旁门	2013年
基督教中华圣公会教堂	民国	佟麟阁路85号	2013年
西交民巷近代银行建筑群	民国	西交民巷17号、23号、50号	2013年
大运河（北京市西城区）	元、明	地安门外大街（含万宁桥）	2013年
长椿寺	明	长椿街9号、11号	2019年
湖广会馆	清	虎坊路3号、5号	2019年

北京市文物保护单位（59处）

名称	时代	地址	公布时间
程砚秋故居	现代	西四北三条39号	1984年
齐白石故居	民国	跨车胡同13号	1984年
升平署戏楼	清	西长安街1号、大宴乐胡同11号	1984年
郑王府	清	大木仓胡同35号	1984年
礼王府	清	西黄城根南街7号、9号，颁赏胡同19号	1984年
庆王府	清	定阜街3号、德胜门内大街甲254号	1984年
福佑寺	清	北长街20号	1984年
广化寺	元、明	鼓楼西大街鸦儿胡同31号	1984年
护国寺金刚殿	元	护国寺西巷	1984年
都城隍庙（寝殿）	元、明、清	成方街33号	1984年
吕祖阁	清	明光胡同6号、新壁胡同41号	1984年
火德真君庙	元、明、清	地安门外大街77号	1984年
昭显庙	清	北长街71号	1984年
天主教圣母会法文学校	清末	前门西大街137号	1984年
西四北三条11号四合院	民国	西四北三条11号	1984年
西四北六条23号四合院	民国	西四北六条23号	1984年
前公用胡同15号四合院	民国	前公用胡同15号	1984年
西四北三条19号四合院	民国	西四北三条19号	1984年
西交民巷87号和北新华街112号四合院	民国	西交民巷87号、北新华街112号	1984年
涛贝勒府	清	柳荫街25号、27号、乙27号	1995年
北京水准原点旧址	民国	西安门大街1号（一部南门）	1995年
富国街3号四合院	清	富国街3号	1995年
平绥铁路西直门车站旧址	清末	西直门外北滨河路1号	1995年
百万庄路8号墓园石刻	清末	阜成门外百万庄路8号	2001年
贤良祠	清	地安门西大街103号	2001年
旧式铺面房	清末	地安门外大街50号、52号	2001年
会贤堂	清	前海北沿18号	2003年
拈花寺	明	大石桥胡同61号	2003年

地安门西大街153号四合院	清	地安门西大街153号	2003年
阜成门内大街93号四合院	民国	阜成门内大街93号	2003年
雪池冰窖	清	雪池胡同10号	2003年
恭俭冰窖	清	恭俭五巷5号	2003年
皇城墙遗址（西城区）	明、清	西长安街	2003年
三圣庵	清	黑窑厂胡同14号	1984年
陶然亭慈悲庵	元	陶然亭公园内	1984年
湖南会馆	清	烂漫胡同101号、103号	1984年
中山会馆	清	珠朝街5号	1984年
正乙祠	清	西河沿220号	1984年
杨椒山祠	明	达智桥胡同12号及旁门、校场三条2号	1984年
康有为故居	清	米市胡同43号	1984年
朱彝尊故居	清	海柏胡同16号	1984年
《京报》馆	民国	魏染胡同30号、32号	1984年
盐业银行旧址	民国	前门西河沿7号	1995年
交通银行旧址	民国	前门西河沿9号	1995年
粮食店第十旅馆	清	粮食店街73号	2001年
金中都太液池遗址	金	广安门外南街77号	2001年
云绘楼清音阁	清	陶然亭公园内	2001年
德寿堂药店	民国	珠市口西大街75号	2003年
纪晓岚故居	清	珠市口西大街241号	2003年
原京华印书局	民国	南新华街177号	2003年
醇亲王府（南府）	清	鲍家街43号、甲2号	2011年
广福观	明	烟袋斜街37号、大石碑胡同6号	2011年
清学部遗存	清	教育街1号宣内17号	2011年
清稽查内务府御史衙门	清	陟山门街5号	2011年
兆惠府第遗存	清	前井胡同3号	2011年
中国地质调查所旧址	民国	兵马司胡同15号	2011年
张自忠旧居	民国	府右街丙27号	2011年
浏阳会馆（谭嗣同故居）	清	北半截胡同41号、南半截胡同6号、8号	2011年
绍兴会馆	清	南半截胡同7号	2011年

西城区级文物保护单位（86处）

名称	时代	地址	公布时间
三官庙	明	西海北沿29号	1989年
净业寺	明	德胜门内西顺城街46号	1989年
双　寺	明	双寺胡同11号、西绦胡同2号	1989年
普济寺（高庙）	明	西海南沿48号	1989年

棍贝子府花园	清	新街口东街31号	1989年
德胜桥	明	德胜门内大街	1989年
摄政王府马号	清	后海北沿43号	1989年
大藏龙华寺	明	后海北沿23号	1989年
寿明寺	明	鼓楼西大街79号	1989年
小石桥胡同24号宅园（盛园）	清	小石桥胡同24号、后马厂胡同17号	1989年
银锭桥	明、清	后海北沿东端	1989年
鉴　园	清	小翔凤胡同5号	1989年
正觉寺	明	正觉胡同9号、甲9号	1989年
魁公府	清	宝产胡同甲23号、25号、27号、29号，赵登禹路58、60号，四根柏胡同18号	1989年
旌勇祠	清	旌勇里3号	1989年
保安寺	元	地安门西大街133号、135号	1989年
天寿庵	明	龙头井街42号	1989年
玉皇阁	元	育强胡同甲22号	1989年
翠花街5号四合院	民国	翠花街5号	1989年
元大都下水道	元	西四路口	1989年
清真普寿寺	明	锦什坊街63号	1989年
永佑庙	清	府右街1号、3号	1989年
万寿兴隆寺	明	北长街39号	1989年
洵贝勒府	清	背阴胡同37号	1989年
仪亲王府	清	府右街137号	1989年
霱公府	清	西绒线胡同51号	1989年
永寿寺	明	三里河前巷1号	1989年
马尾沟教堂	民国	车公庄大街6号	1989年
陆谟克堂	民国	西直门外大街141号	1989年
护国双关帝庙	元、明、清	西四北大街167号、甲167号	2007年
阿拉善王府	清	毡子胡同7号	2007年
法源清真寺	清	德胜门外大街200号	2007年
镶红旗满洲都统衙门	清	新文化街137号	2007年
吕祖宫	清	复兴门内北顺城街15号	2007年
西四街楼	清	西四北大街255号、阜成门内大街1号	2007年
圆广寺大殿	明、清	阜成门外大街7号楼-1号	2007年
清端顺长公主墓碑	清	德胜门外大街冰窖口胡同75号	2007年
清乾隆汇通祠诗碑	清	德胜门西大街甲60号汇通祠内	2007年
天主教圣母圣衣堂	清、民国	西直门内大街130号	2007年
中央医院旧址	民国	阜成门内大街133号	2007年
平民中学	民国	西四北二条58号	2007年

为宝书局	民国	地安门外大街156号	2007年
粤东新馆	清	南横西街13号	1986年
沈家本故居	清	金井胡同1号	1986年
荀慧生故居	清	山西街甲13号	1986年
崇效寺藏经阁	明	崇效胡同9号	1986年
宝应寺	明	登莱胡同29号	1986年
东南园四合院	清	东南园胡同49号	1986年
北师大旧址	近代	南新华街13号、15号、17号	1986年
北师大附小旧址	近代	南新华街18号	1990年
林白水故居	近代	骡马市大街9号	1990年
萧长华故居	清	西草厂街88号	1990年
谭鑫培故居	清	大外廊营1号及旁门	1990年
王瑶卿故居	清	培英胡同20号	2009年
钱市胡同炉房银号建筑群	清	钱市胡同1-8、10号、珠宝市街37号、39号	2009年
前门清真礼拜寺	清	扬威胡同9号，茶儿胡同2号，笤帚胡同甲1号	2009年
琉璃厂火神庙	清	琉璃厂东街29号	2009年
五道庙	清	铁树斜街143—149号、樱桃斜街96—104号	2009年
梨园公会	民国	樱桃斜街65号	2009年
裕兴中银号	民国	施家胡同11号	2009年
青云阁	民国	大栅栏西街33号	2009年
护国观音寺	清	樱桃斜街4号、6号、6号旁门、8号	2009年
泰丰楼饭庄西楼	清	煤市街33号、杨梅竹斜街4号	2009年
晋江会馆（林海音故居）	清	南柳巷40号、42号	2009年
北京东方饭店初期建筑	民国	万明路11号	2009年
宜兴会馆	清	效尉营胡同44号	2009年
新市区泰安里	民国	天桥仁寿路6—16号	2009年
圣安寺	金	南横西街119号	2009年
莲花寺	明	永庆胡同37号	2009年
商务印书馆	民国	琉璃厂西街36号	2009年
永兴庵	明	南柳巷45号	2009年
余叔岩故居	清	异地迁移待复建	2009年
尚小云故居	清	异地迁移待复建	2009年
圣祚隆长寺	明、清	西四北三条3号	2011年
什刹海寺	明、清	糖房大院27号	2011年
福善寺	清	柳荫街26号、28号	2011年
双吉寺	清	原双吉胡同3号	2011年
陈垣故居	民国	兴华胡同13号	2011年
西板桥	清、民国	景山后街10号	2019年

嵩云草堂	明、清	达智桥胡同55号、57号	2019年
山左会馆	清、民国	校场头条17号	2019年
武定侯街23号四合院	民国	武定侯街23号	2019年
砖塔胡同关帝庙	清	砖塔胡同68号、敬胜胡同甲11号	2019年
庆云寺	明、清	景山后街10号	2019年
恭俭胡同三官庙	明、清	恭俭胡同43号、45号	2019年
金井胡同近代建筑	民国	金井胡同3、5号、上斜街42号	2019年

博物馆

中国地质博物馆	西四羊肉胡同15号
中国钱币博物馆	西交民巷17号
中国印钞造币博物馆	西直门外大街凯旋大厦
中国古动物馆	西直门外大街142号
民族文化宫博物馆	复兴门内大街49号
恭王府花园	柳荫街甲14号
首都博物馆	复外大街16号
北京天文馆	西直门外大街138号
白塔寺	阜城门内大街171号
北京古代钱币博物馆	北二环中路德胜门箭楼
北京历代帝王庙管理处	阜成门内大街131号
北京李大钊故居	文华胡同24号
宋庆龄故居	后海北沿46号
北京鲁迅博物馆	阜成门内宫门口二条19号
郭沫若纪念馆	前海西街18号
梅兰芳纪念馆	护国寺街9号
徐悲鸿纪念馆	新街口北大街53号
郭守敬纪念馆	德胜门西大街甲60号
北京红楼文化艺术博物馆	南菜园街12号
北京宣南文化博物馆	长椿街9号
北京戏曲博物馆	虎坊路3号
北京空竹博物馆	报国寺小星胡同9号
古陶文明博物馆	右安门内西街18号（大观园北门）
北京古代建筑博物馆	东经路21号
慈悲庵	太平街19号陶然亭公园内
中国消防博物馆	广安南街70号
中国佛教图书文物馆	法源寺内

文化广场

白纸坊街道文化广场	大观园南广场
椿树健身广场	香炉营头条大街北侧
椿树文化广场	香炉营头条东段北侧
大栅栏街道前西小广场	实验小学前门分校西侧
广内街道宣武艺苑东广场	宣武艺苑东广场
广外街道荣丰健身广场	荣丰13号楼东侧
广外街道中新家园健身广场	中新家园10号楼前
金融街街道金融街购物中心广场	金融街街道金城坊街2号购物中心
牛街街道牛街东里一区文化广场	牛街东里一区牛街社区服务中心西侧
什刹海文化广场	地安门西大街51号荷花市场
什刹海雨来散文化广场	什刹海街道西海南岸雨来散文化广场
什刹海野鸭岛南岸广场	羊房胡同乙23号
陶然亭街道文化广场	太平街19号陶然亭公园内
天桥市民广场	天桥剧场东们对面
西长安街街道西单文化广场	西单北大街
新街口街道官园公园广场	后广平胡同与小后仓胡同交叉口
月坛街道月坛公园半月广场	月坛北街路南
月坛街道碧溪公园小广场	真武庙四条
月坛街道南礼士路公园小广场	南礼士路大街58号
展览路街道朝阳庵文体健身广场	三里河路8号院
展览路街道北展广场（西外文化休闲广场）	展览馆路与西直门外南路交叉口北
德胜街道北滨河公园广场	安德路102号
德胜街道人定湖公园广场	安德路六铺炕15号(黄寺大街南侧)
德胜街道德胜门城楼北侧广场	德胜门

文化馆

西城区第一文化馆	西直门内大街147号
西城区第二文化馆	福长街四条2号

图书馆和特色阅读空间

西城区图书馆	后广平胡同26号、教子胡同8号
西城区青少年儿童图书馆	西直门内大街69号
德胜街道图书馆	新明胡同甲1号
什刹海街道图书馆	刘海胡同11号

西长安街街道图书馆	东斜街51号
西长安街街道和平门图书馆	小六部口36号长安幸福家园
大栅栏街道图书馆	杨梅竹斜街甲125号
大栅栏西河沿民俗图书馆	前门西河沿228号
天桥街道图书馆	赵锥子胡同75号（临时）
天桥雷锋图书馆	南纬路38号院3-11二层
新街口街道图书馆	西直门内大街235号
新街口街道福绥境图书馆	宫门口西岔5号
金融街街道图书馆	太平桥大街107号地下2层
金融街街道丰汇园图书馆	丰汇园小区15号楼
椿树街道图书馆	骡马市大街9号林白水故居
陶然亭街道图书馆	虎坊路7号（未开馆）
展览路街道图书馆	展览馆路甲18号
月坛街道图书馆	月坛南街19号院4号楼
广内街道图书馆	下斜街一号三晋宾馆院东楼2层
广内街道西便门东里图书馆	西便门东里平房1号
牛街街道图书馆	牛街东里18号楼3层
白纸坊街道图书馆	枣林前街16号
广外街道图书馆	广安门外街道手帕口南街80号
广外街道社区服务分中心分馆	小马厂路1-4号二层
牛街街道军休办宣武活动中心分馆	牛街西里二区15号
陶然亭街道龙泉社区分馆	龙泉胡同9号楼1单元地下室
广外街道莲花河社区分馆	广外莲花河胡同2号院1号楼1单元
广外街道红莲北里社区分馆	广外红莲北里12-1号
牛街街道白广路社区分馆	白广路二条4号院西侧
广外马连道党群活动服务中心分馆	广安门外街道红莲南路57号
天桥社区福•悦读空间	天桥北里3号楼地下一层
牛街晴耕雨读阅读空间	牛街西里二区枣林前街丙21楼院内
宣阳驿站-第二书房	白纸坊桥南金中都公园内
海棠书斋	白纸坊东街甲26号万寿公园内
坊间书阁阅读空间	枣林前街16号
新京华书局	南新华街177-2号
椿树书苑	骡马市街9号
城市复兴书吧阅读空间	长椿街甲2号
满堂香阅读空间	马连道6号院5号楼四层
紫芳书苑阅读空间	马连道世纪茶贸生活馆2号门
北京华视伟业阅读空间	马连道14号院北京音像大厦501
茶伴书香阅读空间	马连道茶源路戎晖嘉园18号院
大泽泉书苑阅读空间	马连道路14号北京音像大厦三楼301

繁星书吧阅读空间	抄手胡同64号
模范书局+诗空间	佟麟阁路85号
中国书店雁翅楼24小时店	地安门内大街15号
标准计量书店阅读空间	永安路大街102号
北京砖读空间	西四南大街43号
书香驿站-王桃园站	西内大街前桃园胡同1号楼
白云驿站阅读空间	白云观北里6号
百科·娜嬛书房	阜成门北大街17号
百万庄图书大厦创客空间	百万庄大街22号B一层
新华书店总店（城市书房）	北礼士路135号7号楼1层
无印良品书屋	廊房头条21号院西区2号
来到社区阅读空间	前门西河沿大街158号

电影院

北京首都华融影院有限责任公司	西单北大街131号
北京青年宫电影城	西直门南小街68号
北京地质礼堂	西四羊肉胡同30号
北京国宾菁英电影放映有限公司	月坛南街24号
北京金融街影院有限责任公司	金融大街18号地下一层
北京市工人俱乐部	虎坊桥七号
北京中晟万方影院管理有限公司	月坛南街30号
北京中晟新华影院管理有限公司	新街口北大街1号1号
北京市广安门电影院	白广路8号
北京首都华融影院有限责任公司天桥分公司	天桥南大街3号
北京耀莱腾龙国际影城管理有限公司马连道电影院分公司	马连道路25号
北京科影传媒有限公司（剧空间剧场）	新街口北大街74号
北京保利永兴影城有限公司	廊房头条13号院-1至-2层
北京京禾电影放映有限公司	万博苑7号楼五层F5-12
北京美影电影放映有限公司	西直门外大街1号
北京松禾电影放映有限公司	复兴门外大街15号

营业性演出场所

北京音乐厅	北新华街1号
北京湖广会馆大戏楼	虎坊路3号
北京市天桥剧场	北纬路30号
民族文化宫大剧院	复兴门内大街49号
国家大剧院	西长安街2号

中央音乐学院音乐厅	鲍家街43号
北京梅兰芳大剧院	平安里西大街32号
北京传统文化保护基金会（正乙祠戏楼）	前门西河沿街220号
国家京剧院（实验剧场）	平安里西大街22号
北京天艺同歌国际文化艺术有限公司	抄手胡同64号26幢
北京国话剧场	广安门外大街277号
北京市西城区文化馆（首层小剧场）	西直门内大街147号
北京市西城区文化馆（二层多功能剧场）	西直门内大街147号
北京张一元茶叶有限责任公司天桥茶馆	万明路18号院1号楼南侧
北京地质礼堂	西四羊肉胡同30号
北京广德楼文化发展有限责任公司	大栅栏街39号
北京儿童科技中心（中国儿童中心官园影剧院）	西直门南小街甲98号
北京展览馆剧场	西外大街135号
解放军歌剧院	德胜门内大街60号
北京市工人俱乐部	虎坊路7号
北京天桥杂技剧场	北纬路东口(天桥市场95号)
德云社剧场	北纬路甲1号
北京首都旅游国际酒店集团有限公司前门梨园剧场	永安路175号
北京大观园戏楼	南菜园街12号(大观园院内)
北京老舍茶馆	前门西大街正阳市场3号楼
北京老舍茶馆新京调食坊	前门西大街正阳市场3号楼
北京青年宫电影城	西直门南小街68号
北京西区剧场管理有限公司	护国寺街85号11幢4F
北京鼓楼西文化有限公司（全总文工团排练场）	小八道湾6号3幢平房
北京京都文化投资管理公司演艺中心	车公庄4号18栋、20栋东侧
北京科影传媒有限公司（剧空间剧场）	新街口北大街74号
北京天桥艺术中心管理有限公司	天桥南大街7号
北京三庆园文化发展有限公司	大栅栏街18号1号楼
微声万象（北京）文化传播有限公司	天桥南大街9号楼地下一层
北京保利永兴影城有限公司	廊坊头条13号院-1到-2层
北京梦回北平文化发展有限公司	新街口北大街光泽胡同甲1号
中国铁路文工团	二七剧场路15号
北京瑞音天地文化艺术有限公司	天桥南大街9号楼地下一层-101

A级景区名录

序号	景区名称	单位地址	等级
1	恭王府博物馆	前海西街17号	AAAAA
2	北京海洋馆	西直门外大街137号	AAAA
3	北京动物园	西直门外大街137号	AAAA
4	北海公园	文津街1号	AAAA
5	景山公园	景山西街44号	AAAA
6	陶然亭公园	太平街19号	AAAA
7	首都博物馆	复兴门外大街16号	AAAA
8	北京天文馆	西直门外大街138号	AAAA
9	大观园	南菜园街12号	AAA
10	老舍茶馆	前门西大街正阳市场3号楼	AAA
11	湖广会馆大戏楼	虎坊路3号	AAA
12	中国地质博物馆	西四羊肉胡同15号	AAA
13	月坛公园	月坛北街甲6号	AAA
14	北京市古代钱币展览馆	德胜门东大街9号	AAA
15	宣南文化博物馆	长椿街9号	AAA
16	宣武艺园	槐柏树街12号	AAA
17	宋庆龄故居	后海北沿46号	AAA

非物质文化遗产代表性项目名录及传承人

非物质文化遗产代表性项目目录

序号	类别	项目名称	项目级别		
			国家级	北京市级	西城区级
1	民间文学（6项）	北京童谣	★	★	★
2		北京回族民间故事			★
3		北京建城传说			★
4		什刹海的传说			★
5		北京灯谜			★
6		京味儿小说语言			★
7	传统音乐（10项）	京都北韵禅乐		★	★
8		白纸坊挎鼓		★	★
9		北京道教音乐			★
10		古代诗词歌曲			★
11		昆曲工尺谱			★
12		北京十番乐			★

序号	类别	项目名称	项目级别		
			国家级	北京市级	西城区级
13		弦索十三套			★
14		九嶷派古琴艺术			★
15		汉乐筝曲			★
16		三弦演奏			★
17	传统舞蹈（2项）	白纸坊太狮	★	★	★
18		大栅栏五斗斋高跷秧歌		★	★
19	传统戏剧（4项）	昆曲	★	★	★
20		河北梆子	★	★	★
21		北京皮影戏	★	★	★
22		西城皮影（德顺班）			★
23	曲艺（17项）	单弦牌子曲	★	★	★
24		岔曲		★	★
25		北京评书	★	★	★
26		相声	★	★	★
27		京韵大鼓	★	★	★
28		梅花大鼓		★	★
29		北京琴书		★	★
30	曲艺（17项）	联珠快书		★	★
31		天桥拉洋片			★
32		天桥双簧			★
33		评书（北京）			★
34		铁片大鼓			★
35		快板			★
36		河南坠子			★
37		西河大鼓			★
38		双簧			★
39		梅花大鼓			★
40	传统体育、游艺与杂技（32项）	抖空竹	★	★	★
41		天桥中幡	★	★	★
42		天桥摔跤	★	★	★
43		口技	★	★	★
44		八卦掌	★	★	★
45		牛街白猿通背拳	★	★	★
46		祁家通背拳			★
47		六合拳		★	★
48		孙式太极拳		★	★
49		北京鬃人		★	★
50		梅花桩拳（小架）		★	★
51		天桥摔跤（2）			★
52		北京赛活驴			★
53		天桥穆派戏法			★
54		牛街掷子			★
55		三皇炮捶拳			★
56		陈式太极拳			★
57		踢花毽			★
58		天桥盘杠			★
59		七巧板			★
60		古彩戏法（杨小亭）			★
61		形意拳			★
62		少林八法拳			★

序号	类别	项目名称	项目级别		
			国家级	北京市级	西城区级
63		耍花坛			★
64		爬杆			★
65		陈式太极拳			★
66		戳脚翻子拳			★
67		大悲拳			★
68		清拳			★
69		善扑营掼跤功夫			★
70		踢冰核儿（冰蹴球）			★
71		天桥杂耍			★
72	传统美术（36项）	北京内画鼻烟壶	★	★	★
73		内画鼻烟壶		★	★
74		北京仿古瓷		★	★
75		北京刻瓷		★	★
76		北京砖雕		★	★
77		彩塑京剧脸谱		★	★
78		古建油漆彩绘		★	★
79		京派剪纸（申沛农）			★
80		北京玉雕（一魔）			★
81		裕氏草编			★
82		铜印钮雕刻			★
83		毛　猴			★
84		金石篆刻			★
85		脸谱绘制			★
86		面　人			★
87		彩蛋绘制			★
88		北京宫廷补绣			★
89		北京彩塑			★
90		面塑			★
91		北派雕钮			★
92		传统灯彩			★
93		绳结艺术			★
94		象牙雕刻			★
95		北京绒鸟（绒花）			★
96		彩砂工艺			★
97		北京葫芦烙画			★
98		核雕			★
99		北京宫廷团扇			★
100		木版年画			★
101		京彩珐琅瓷			★
102		京刻细陶			★
103		指画			★
104		研花葫芦			★
105		京作核雕			★
106		京绣			★
107		满文书法			★
108	传统技艺（81项）	北京宫毯织造技艺	★	★	★
109		木版水印技艺（荣）	★	★	★
110		古字画装裱修复技艺（荣）	★	★	★
111		古籍修复技艺（中国书店）	★	★	★

序号	类别	项目名称	项目级别		
			国家级	北京市级	西城区级
112		内联升千层底布鞋制作技艺	★	★	★
113		王致和腐乳酿造技艺	★	★	★
114		六必居酱菜制作技艺	★	★	★
115		张一元茉莉花茶制作技艺	★	★	★
116		鸿宾楼全羊席制作技艺	★	★	★
117		天福号酱肘子制作技艺	★	★	★
118		仿膳（清廷御膳）	★	★	★
119		烤肉季烤羊肉制作技艺	★	★	★
120		烤肉宛烤羊肉制作技艺			★
121		一得阁墨汁制作技艺	★	★	★
122		传统药香制作技艺	★	★	★
123		砂锅居全猪席烹制技艺		★	★
124		护国寺清真小吃制作技艺		★	★
125		柳泉居京菜制作技艺		★	★
126		瑞蚨祥中式服装手工制作技艺		★	★
127		马聚源手工制帽技艺		★	★
128		戴月轩湖笔制作技艺		★	★
129		“正兴德”清真茉莉花茶制作工艺		★	★
130		戏曲盔头制作技艺（李继宗）		★	★
131		北京风味小吃制作技艺		★	★
132		宫廷奶制品制作技艺		★	★
133		小肠陈卤煮火烧制作技艺		★	★
134		“爆肚冯”爆肚制作技艺		★	★
135		京胡制作技艺		★	★
136		洪广源派京胡制作技艺			★
137		北京鸽哨制作技艺		★	★
138		毛猴制作技艺			★
139		金属工艺品锻錾工艺			★
140		绢人制作技艺			★
141		锦匣制作技艺			★
142		叭叭鼓制作技艺（张氏）			★
143		荣宝斋装帧技艺			★
144		汲古阁拓片制作技艺			★
145		北京花茶拼配工艺			★
146		桂香村南味食品制作技艺			★
147		同和居鲁菜烹制技艺			★
148		峨嵋酒家川菜烹制技艺			★
149		曲园酒楼湘菜制作技艺			★
150		丰泽园鲁菜制作技艺			★
151		翰林谭家菜制作技艺			★
152		羊头马白水羊头制作技艺			★
153		马家老铺酱烧牛羊肉制作技艺			★
154		“户部街马记”酱烧牛羊肉制作技艺			★
155		“年糕钱”年糕制作技艺			★
156		天源酱菜制作技艺			★
157		“豆腐脑白”豆腐脑制作技艺			★
158		门框胡同褡裢火烧制作技艺			★

序号	类别	项目名称	项目级别		
			国家级	北京市级	西城区级
159		大和恒米面加工技艺			★
160		北京雕漆			★
161		金漆镶嵌			★
162		花丝镶嵌			★
163		传拓技艺			★
164		曹氏风筝			★
165		山核桃工艺品制作技艺			★
166		古琴斫制技艺			★
167		古建筑模型扎小样			★
168		北京金漆镶嵌			★
169		手工书画装裱修复技艺			★
170		蜡果制作技艺			★
171		北海公园标本菊传统养殖技法			★
172		金氏风筝扎制技艺			★
173		北京景泰蓝制作技艺			★
174		羯子李白汤羊蝎子制作技艺			★
175		奶酪魏奶酪制作技艺			★
176		砂板糖制作技艺			★
177		北派舞狮道具制作技艺			★
178		聚顺和茯苓夹饼传统制作技艺			★
179		泰丰楼鲁菜制作技艺			★
180		厉家菜制作技艺			★
181		茶汤李茶汤制作技艺			★
182		二胡制作技艺			★
183		筋角弓制作技艺			★
184		宫灯制作技艺			★
185		北京糖画			★
186		北京吹糖人			★
187	传统医药（14项）	宫廷正骨	★	★	★
188		鹤年堂中医药养生文化	★	★	★
189		王氏脊椎疗法	★	★	★
190		清华池修治脚病传统技艺	★	★	★
191		崇厚堂沈氏女科疗法		★	★
192		凤阳门正骨千手大法			★
193		正筋疗法			★
194		北京马应龙眼药制药技艺			★
195		王氏脑中风疗法			★
196		经筋骨推拿疗法			★
197		龟息按摩技法			★
198		“癣药刘”皮癣疗法			★
199		“济安堂”王回回膏药			★
200		锭子药手工制作技艺			★
201	民俗（4项）	厂甸庙会	★	★	★
202		鸿宾楼“老堂经”			★
203		老北京叫卖			★
204		法源寺丁香赏花习俗			★

非物质文化遗产代表性项目名录扩展项目名录

序号	类别	项目名称	项目级别		
			国家级	北京市级	西城区级
1	传统美术（1项）	面塑			★
2	传统技艺（3项）	花丝镶嵌			★
3		北京雕漆			★
4		古琴斫制技艺			★

非物质文化遗产传承人

序号	类别	项目名称	姓名	性别	出生年份	批次			备注
						国	市	区	
1	民间文学	北京建城传说	王作辑	男	1948			三批	
2		北京灯谜	翟鸿起	男	1943			三批	
3	传统舞蹈	白纸坊太狮	王建文	男	1964	三批	一批	一批	
4			杨敬伟	男	1958	四批	三批	二批	
5		大栅栏五斗斋高跷秧歌	张全增	男	1933		二批	一批	去世
6	传统音乐	京都北韵禅乐	朱锡全	男	1926		三批	二批	
7			吴颖超	女	1933			二批	
8			刘爱君	女	1948		四批	三批	
9		古代诗词歌曲	王苏芬	女	1943			三批	
10	传统戏剧	北京皮影戏	路宝刚	男	1964		四批	一批	
11		昆曲	侯少奎	男	1940	二批	国补	一批	
12			杨凤一	女	1964	二批	国补	一批	
13			白士林	男	1938		二批	一批	
14			丛兆桓	男	1931	三批	二批	一批	
15			韩建成	男	1939	三批	二批	一批	
16			王大元	男	1941	四批	三批	二批	
17			马玉森	男	1940		二批	一批	
18			周万江	男	1940		二批	一批	
19			张毓文	女	1946		二批	一批	
20			乔燕和	女	1943		三批	二批	
21			王建平	男	1964			二批	
22			侯宝江	男	1946			二批	
23			刘国庆	男	1943			二批	
24			王德林	男	1943			二批	
25			白晓华	女	1943			二批	
26			张敦义	男	1945			二批	
27			张国泰	男	1943			二批	
28		河北梆子	刘玉玲	女	1947	四批	二批	一批	
29			王凤芝	女	1941		二批	一批	
30			李二娥	女	1947		三批	二批	
31			彭艳琴	女	1956			二批	
32			殷新泉	男	1949			三批	
33		西城皮影（德顺班）	路连达	男	1938			一批	

序号	类别	项目名称	姓名	性别	出生年份	批次			备注
						国	市	区	
34	曲艺	北京评书	连丽如	女	1943	三批	二批	一批	
35			贾建国	男	1942			二批	
36		岔曲	张蕴华	女	1948	四批	二批	一批	
37			希婉英	女	1952			一批	
38		岔曲	马　岐	男	1940			一批	
39			马小祥	男	1969			批	
40		单弦	赵玉明	女	1929		四批	三批	
41			马增蕙	女	1936		四批	三批	
42		联珠快书	章学楷	男	1936		二批	一批	
43			王玥波	男	1978			二批	
44		北京琴书	王树才	男	1968		三批	一批	
45			刘砚声	男				一批	
46		京韵大鼓	李　想	女	1984			二批	
47			种玉杰	男	1959		四批	三批	
48		相声	张志强	男	1959			二批	
49			康有纯	男	1957			二批	
50		评书（北京）	马　岐	男	1940			三批	
51	传统体育、游艺与杂技	天桥中幡	傅文刚	男	1961	一批	一批	一批	
52			傅文友	男				一批	
53		抖空竹	张国良	男	1955	一批	一批	一批	
54			李连元	男	1946	一批	一批	一批	
55		北京鬃人	白大成	男	1939		一批	一批	
56			白　霖	男	1979			一批	
57		八卦掌	孙志均	男	1933	四批	三批	二批	
58			赵大元	男	1944			二批	
59			王尚智	男	1947			二批	
60			李秀人	女	1953			三批	
61			韩　杰	男	1931			三批	
62			马传旭	男	1934		四批	三批	
63		八卦掌	高继武	男	1942			三批	
64			刘敬儒	男	1936		四批	三批	
65		口技	牛玉亮	男	1938	四批	三批	二批	
66		六合拳	曹凤岐	男	1948		四批	三批	
67		孙式太极拳	孙婉蓉	女	1928		三批	二批	
68			孙宝亨	男	1933			二批	去世
69			孙　勰	男	1970			三批	
70		牛街白猿通背拳	李占华	男	1942		三批	二批	
71		牛街白猿通背拳	李树成	男	1959			三批	
72			王建华	男	1951			三批	
73			钟宝义	男	1954		四批	三批	
74		祁家通背拳	戴振川	男	1955			二批	
75		五行通背拳	马启华	男	1954			二批	
76		梅花桩拳（小架）	韩建中	男	1942		四批	三批	
77			韩　超	男	1968			三批	
78		三皇炮锤拳	庞连福	男	1955			三批	
79		形意拳	张增记	男	1959.04			三批	

序号	类别	项目名称	姓名	性别	出生年份	批次			备注
						国	市	区	
80		少林八法拳	曾皑洁	男	1961			三批	
81		穆派戏法	田学明	男	1964			三批	
82		耍花坛	周仁喜	男	1953			三批	
83		爬杆	于　健	男	1953			三批	
84	传统美术	北京内画鼻烟壶	刘守本	男	1943	三批	一批	一批	
85			杨志刚	男	1963		四批	一批	
86		内画鼻烟壶	姚桂新	女	1954			二批	
87		北京砖雕	张彦	男	1965		四批	二批	
88		彩塑京剧脸谱	佟秀芬	女	1956		四批	二批	
89			林泓魁	男	1983			三批	
90		北京玉雕	苏然	男	1971.3		四批		
91			孟庆东	男	1972.12		四批		
92		北京刻瓷	陈永昌	男				三批	
93		脸谱绘制	郭石刚	男	1980			三批	
94		北京彩塑	张忠强	男	1963			三批	
95		彩蛋绘制	赵　伟	女	1951			三批	
96		毛猴	姜守煜	男	1944			三批	
97		象牙雕刻	李万顺	男	1944			三批	
98		北京绒鸟	张燕霞	女	1952			三批	
99		彩砂工艺	黄小群	女	1953			三批	
100		传统灯彩	余光亮	男	1962			三批	
101		传拓技艺	马国庆	男	1956			三批	
102		绳结艺术	李　钉	女	1952			三批	
103		北京葫芦烙画	王兆庚	男	1963			三批	
104		核雕	卢晓荣	男	1960			三批	
105	传统技艺	北京宫毯织造技艺	康玉生	男	1933	三批	一批	一批	
106			王国英	女	1967		三批	一批	
107			褚长海	男	1942			一批	
108			高春荣	女	1962			一批	
109		北京仿古瓷	白莉	女	1955		三批	二批	
110			王立	女	1950			二批	
111		泥塑彩绘脸谱	佟秀芬	女	1956			二批	
112		内联升千层底布鞋制作技艺	何凯英	男	1955	三批	一批	一批	
113		马聚源手工制帽技艺	盛秉伦	男	1927		一批	一批	
114		瑞蚨祥中式服装手工制作技艺	邹秋明	女	1953		二批	一批	
115		装裱修复技艺（古籍修复技艺）	王辛敬	男	1958	三批	一批	一批	
116		荣宝斋装裱修复技艺	李淑珍	女	1968		三批	一批	
117		木板水印技艺	崇德福	男	1953	一批	一批	一批	
118			王丽菊	女	1958	一批	一批	一批	
119			高文英	女	1956	三批	二批	一批	
120			赵慧萍	女	1964		二批	一批	
121			刘宝祥	男	1963			二批	
122			肖刚	男		四批	三批	三批	
123		中国书店古籍修复技艺	汪学军	男	1964	四批	二批	一批	
124			刘秋菊					一批	
125		张一元茉莉花茶窨制技艺	王秀兰	女	1955	三批	二批	一批	

序号	类别	项目名称	姓名	性别	出生年份	批次			备注
						国	市	区	
126		传统药香制作技艺	李时亮	男	1980		三批	二批	
127			时雅莉	女				二批	
128		戴月轩湖笔制作技艺	王后显	男	1976		四批	二批	
129			陈培新	男	1967			三批	
130		六必居酱菜制作技艺	杨银喜	男	1954	三批	一批	一批	
131		六必居酱菜制作技艺	薛洪兰	女	1959			一批	
132		鸿宾楼全羊席制作技艺	佟建国	男	1952		一批	一批	
133			朱长安	男	1960		四批	一批	
134			许仁礼	男	1963			一批	
135		天福号酱肘子制作技艺	冯君堂	男	1960		一批	一批	
136			郭景田	男	1959			一批	
137			王金杠	男	1952			一批	
138			耿 仁	男	1956			一批	
139		北京烤肉制作技艺（烤肉季）	白士清	男	1946		一批	一批	
140			甄德禄	男	1958			一批	
141			杨玉泉	男	1959			二批	
142		北京烤肉制作技艺（烤肉宛）	万春生	男	1962		一批	一批	
143			张振民	男	1968			一批	
144			王芸生	男	1956			二批	
145			宛金廷	男	1963			三批	
146		护国寺清真小吃制作技艺	马国华	男	1952			一批	
147			李秀云	女	1964		四批	一批	
148		砂锅居全猪席制作技艺	刘为永	男	1969			一批	
149			杨树松	男	1954		四批	一批	
150			曹东鹏	男	1978			二批	
151		同和居鲁菜烹制技艺	于晓波	男	1955			一批	
152			武根深	男	1963			一批	
153		峨眉酒家川菜制作技艺	毛春和	男	1962			一批	
154		柳泉居京菜制作技艺	屈德森	男	1958			二批	
155		宫廷补绣	杜康民	男	1947			一批	
156			孙石芬	女	1948			一批	
157		北京彩塑	双起翔	男	1931			一批	
158			双彦	男	1958			一批	
159		面塑	张宝琳	男	1954			一批	
160			冯慧芸	女	1954			一批	
161		京派剪纸（申沛农）	靳鹤年	男	1944			二批	
162			杨莹莹	女	1954			二批	
163		北派雕钮	韩宝玉	男	1942			一批	
164		戏曲盔头制作技艺	李继宗	男	1938		四批	二批	
165			李 鑫	男	1980			三批	
166		北京玉雕（一魔）	刘春江	男	1958			二批	
167		裕氏草编	裕 庸	男	1939			二批	去世
168		金属工艺品锻錾工艺	孟德仁	男	1943			二批	
169		“正兴德”清真茉莉花茶制作工艺	王会明	女	1966			三批	
170		爆肚冯爆肚制作技艺	冯秋生	男	1952		四批	三批	
171			冯云亭	男	1964			三批	

序号	类别	项目名称	姓名	性别	出生年份	批次			备注
						国	市	区	
172		北京鸽哨制作技艺	张宝桐	男	1949		四批	三批	
173		洪广源派京胡制作技艺	许学慈	男	1935		四批	三批	
174		“豆腐脑白”豆腐脑制作技艺	白　华	女	1956			三批	
175		“年糕钱”年糕制作技艺	钱振波	男	1956			三批	
176		羊头马白水羊头制作技艺	马国义	男	1955			三批	
177		“羯子李”白汤羊蝎子制作技艺	李　明	男	1962			三批	
178		奶酪魏奶酪制作技艺	魏　宁	男	1960			三批	
179		曲园酒楼湘菜制作技艺	张景严	男	1962			三批	
180		天源酱菜制作技艺	张启增	男	1962			三批	
181		北京花茶拼配工艺	吕贤军	男	1964			三批	
182		翰林谭家菜制作技艺	刘为平	男	1952			三批	
183		桂香村南味糕点制作技艺	赵　巍	女	1972			三批	
184		砂板糖制作技艺	赵崇和	男	1944			三批	
185		大和恒米面加工工艺	白少川	男	1941			三批	
186		北京雕漆	张效裕	女	1966			三批	
187		金漆镶嵌	武国芬	女	1953			三批	
188		北京金漆镶嵌	胡　昕	女	1957			三批	
189		北京景泰蓝制作技艺	李佩卿	女	1953			三批	
190		手工书画装裱修复技艺	王铁环	男	1962			三批	
191			李世勇	男	1971			三批	
192		蜡果制作技艺	刘秀华	女	1950			三批	
193		汲古阁拓片制作技艺	吴　刚	男	1969			三批	
194		曹氏风筝	刘　宾	男	1977			三批	
195		金氏风筝扎制技艺	王赤峰	男	1950			三批	
196		北派舞狮道具制作技艺	王建文	男	1965			三批	
197		北海公园标本菊传统养殖技艺	刘　展	男	1958			三批	
198		京胡制作技艺	史优生	男				三批	
199		花丝镶嵌	钮永禄	男				三批	
200	传统医药	宫廷正骨	刘　钢	男	1952	三批	二批	一批	
201			吴定寰	男			一批	一批	去世
202			吴　冰	男	1978			二批	
203		王氏脊椎疗法	王兴治	男	1953	四批	三批	二批	
204		鹤年堂中医药养生文化	雷雨霖	男	1926	四批	二批	一批	
205		鹤年堂中医药养生文化	王国宝	男	1954		三批	二批	
206			雷　松	男	1968			三批	
207		清华池修治脚病传统技艺	任新春	男	1967			三批	
208			王建生	男	1957		三批	二批	
209		凤阳门正骨千手大法	佟乐康	男	1948			二批	
210		崇厚堂沈氏女科疗法	沈绍功	男	1939		四批	三批	去世
211		王氏脑中风疗法	王兴治	男	1953			三批	
212		马应龙眼药制药技艺	马永福	男	1953			三批	
合计	区级204人、市级80人、国家级29人								

注：

吴定寰、张全增、孙宝亨去世；苏然、孟庆东属地管理；马岐为岔曲和评书（北京）两项目传承人。故现有区级传承人为204人。

主要宾馆及饭店

序号	饭店名称	星级	饭店地址	电话
1	北京金融街威斯汀大酒店	五星	西城区金融大街乙9号	66068866
2	北京市金融街里兹置业有限公司北京金融街丽思卡尔顿酒店	五星	西城区金城坊东街1号	66016666
3	北京国宾酒店有限责任公司	五星	西城区阜外大街甲　　9号	58585588
4	北京首旅酒店集团股份有限公司北京市民族饭店	四星	西城区复内大街51号	66014466
5	深圳大厦有限公司	四星	西城区广安门外大街1号	63271188
6	北京港中旅维景国际大酒店	四星	西城区广内大街338号	83529999
7	北京金融街资本运营中心西单美爵酒店	四星	宣武门内大街6号	66036688
8	北京广州大厦有限公司	四星	西城区西单横二条甲3号	58559988
9	北京首旅酒店（集团）股份有限公司前门饭店	四星	西城区永安路175号	63016688
10	北京国二招宾馆	四星	西城区西直门南大街6号	66150819
11	北京翔达国际商务酒店有限公司	四星	西城区广安门内大街169号	83172288
12	北京金色夏日商务酒店有限公司	四星	西城区西便门内大街85号	63012999
13	中国职工之家	四星	西城区真武庙路1号	68576699
14	北京国宏宾馆有限公司	四星	西城区木樨地北里甲11号	63907120
15	北京首创股份有限公司新大都饭店	四星	西城区车公庄大街21号	68319988
16	北京德宝饭店	四星	西城区德宝新园22号	68318866
17	北京国谊宾馆	四星	西城区文兴东街1号	68316611

街道社区居委会

德胜街道

六铺炕北小街社区	六铺炕二区39号楼一层
六铺炕南小街社区	六铺炕二区32号楼前；六铺炕二区38号楼南平房
安德路南社区	德胜门东滨河路3号至7号
安德路北社区	教场口6号院1号楼1门003室
德外大街东社区	教场口9号院5号楼一层
德外大街西社区	冰窖口胡同73号-4
人定湖西里社区	塔院胡同丙2号
新外大街北社区	新外大街甲4号
德胜里社区	德胜里二区3号楼104号
新明家园社区	新明胡同2号楼一层

新康社区	新康街1号院1-1
新风中直社区	新风南里9号楼前平房；新风街1号院10号楼107
北广社区	双旗杆东里甲7号
马甸社区	马甸南村2号楼2-2
双旗杆社区	双旗杆东里12号楼一1
裕中西里社区	裕中西里34号楼一层北侧
裕中东里社区	裕中西里15楼一层中间
黄寺大街西社区	黄寺大街27号院南侧12、13号
黄寺大街24号社区	人定湖北巷（敬老院北）
阳光丽景社区	黄寺大街23号院3楼东平房

什刹海街道

西四北社区	中毛家湾55号
西什库社区	刘兰塑胡同16号
爱民街社区	爱民二巷1号
大红罗社区	小拐棒胡同18号
西巷社区	护国寺东巷22号
护国寺社区	德内大街251号
前铁社区	德内大街303号
柳荫街社区	柳荫街甲7号
兴华社区	厂桥胡同8号
松树街社区	弘善胡同18号
前海社区	南官房胡同59号、后小井胡同3号
白米社区	白米斜街10号旁门、小石碑18号
景山社区	陟山门街21号
米粮库社区	油漆作胡同21号
旧鼓楼社区	旧鼓楼大街145号
双寺社区	西绦胡同甲15号
鼓西社区	鼓西大街128号
后海社区	后海北沿13号东
后海西沿社区	东明胡同16号
西海社区	水车胡同甲9号
苇坑社区	苇坑胡同53号
四环社区	新街口东街22号

西长安街街道

义达里社区	义达里42号

西单北社区	东斜街53号二楼
光明社区	府右街西巷22号
黄南社区	灵境胡同1号楼
府南社区	太仆寺街33号楼5号院
钟声社区	南安里7号
太仆寺街社区	横二条2号303
南北长街社区	南长街62号
北新华街社区	东安福20号
西交民巷社区	东新帘子胡同2号
六部口社区	小六部口36号
和平门社区	西绒线胡同甲8号
未英社区	西绒线26号院2号楼

大栅栏街道

大安澜营社区	大安澜营9号
前门西河沿社区	西河沿224号
大栅栏西街社区	杨梅竹斜街65号
铁树斜街社区	樱桃斜街61号
煤市街东社区	施家胡同28号
延寿街社区	延寿街21号
三井社区	炭儿胡同38号
百顺社区	百顺胡同8、11号
石头社区	培英胡同25号、石头胡同29号

天桥街道

留学路社区	铺陈市胡同35号
香厂路社区	仁民路8号
永安路社区	阡儿路71号
虎坊路社区	永安路丙104号
天桥小区社区	东经路6号院内
禄长街社区	禄长街头条甲2号院3号楼二层
先农坛社区	南纬路2号院内
太平街社区	太平街8号院23号楼旁

新街口街道

西里二区社区	新街口西里一区9号楼西侧底商

西里一区社区	新街口西里一区3号楼西侧底商
西里三区社区	新街口西里三区甲2号楼2层
西里四区社区	新街口西里三区14号楼1层
玉桃园社区	前桃园1号楼院内平房
北草厂社区	东桃园胡同二号楼院内一层
大觉社区	大觉胡同31号
中直社区	西直门南大街12号楼后平房 西直门南大街10号楼105号
半壁街社区	小后仓胡同1号楼西侧平房
南小街社区	国英园7号楼一层7-4
冠英园社区	冠英园西区24号楼4-102
官园社区	育强胡同69号
安平巷社区	白塔寺东夹道胡同8号
富国里社区	玉廊东园5号楼一层底商
北顺社区	青塔胡同43号
宫门口社区	宫门口三条1号（福绥境大楼内）
前公用社区	后帽胡同1号
育德社区	育德胡同7号
西四北六条社区	西四北六条胡同35号
西四北三条社区	赵登禹路140号
西四北头条社区	小绒线胡同18号
西里综合服务站	西里三区2号楼南小楼1层

金融街街道

砖塔社区	西城区太平桥大街西城晶华底商8-5
大院社区	西城区砖塔胡同53号
宏汇园社区	西城区宏英园13号楼13-5门
教育部社区	西城区大木仓胡同35号
京畿道社区	西城区京畿道小区甲1号
手帕社区	西城区东铁匠胡同甲8号
新文化街社区	西城区新文化街36号
受水河社区	西城区头发胡同45号
新华社社区	西城区佟麟阁路62号
丰盛社区	西城区太平桥大街西城晶华底商8-7
丰融园社区	西城区丰融园小区15号楼底商20号
丰汇园社区	西城区丰汇园13号楼甲1号
二龙路社区	西城区二龙路甲41号
文昌社区	西城区闹市口中街33号

东太平街社区	西城区新文化街127号楼后院平房
温家街社区	西城区东智义胡同3号
民康社区	西城区民康胡同30号院2号楼108室
西太平街社区	西城区鲍家街甲2号
音乐学院社区	西城区鲍家街43号新7楼1门D101

椿树街道

宣武门外东大街社区	宣外东里3号楼5单元对面
琉璃厂西街社区	前孙东夹道4号
香炉营社区	香炉营东巷2号院3-5-103
椿树园社区	椿树园小区4号楼1层
四川营社区	四合上院小区5号楼外侧底商
梁家园社区	前孙公园56号
红线社区	红线胡同21号

陶然亭街道

福州馆社区	福州馆前街4号楼前
粉房琉璃街社区	粉房琉璃街79号
大吉巷社区	果子巷3号院1号楼底商1-1、1-2号
米市社区	菜市口大街甲2号院4-8、4-9号
新兴里社区	南华东街10号
南华里社区	南华里13号楼
黑窑厂社区	黑窑厂西里一号楼平房1号
红土店社区	红土店南里6号楼南侧平房（临时）四平园小区9号楼一层
壹瓶社区	陶然亭路2号壹瓶小区1号楼1门一层东侧
龙泉社区	龙泉胡同甲22号

展览路街道

滨河社区	北滨河路2号院9号楼2层
德宝社区	德宝新园1甲21号楼一层
朝阳庵社区	朝阳庵3号楼前平房
文兴街社区	车公庄中里1号楼下平房
团结社区	西外团结大院7号楼地下室
榆树馆社区	车公庄大街北里甲46号永康写字楼南侧
新华东社区	北礼士路乙56号楼3门地下室
新华里社区	新华里10号院1号楼1门101-102室

车公庄社区	车公庄大街北里36号楼101室
百万庄西社区	百万庄北里西巷3号院1号楼2层
百万庄东社区	百万庄中里甲6号楼东侧平房
三塔社区	展览馆路34号东侧平房
新华南社区	北礼士路135号23号楼北侧平房
黄瓜园社区	阜成门外大街甲41号楼1层甲41-9
露园社区	北露园4号楼楼下平房
北营房西里社区	北营房西里11号楼地下室及南侧平房
北营房东里社区	北营房东里11楼105室、109室
阜外西社区	月坛北街25号楼3楼前车库
洪茂沟社区	月坛北街17号楼院内供暖所煤厂院内平房
阜外东社区	月坛北小街1号院西门
南营房社区	月坛北街5号楼2门103号
万明园社区	万明园小区9号楼一层房屋

月坛街道

南沙沟社区	南沙沟小区18号楼西侧一层
三里河社区	三里河北街5号院西平房
三里河一区社区	三里河一区3号院5号楼半地下一层
社会路社区	月坛南街19号院4号楼一层
月坛社区	南礼士路46号院一层
铁三社区	月坛西街西里16-2-1
三里河二区社区	三里河二区B区6号楼105室
三区一社区	三里河三区40楼4门3号
三区三社区	复外大街23号楼105
铁二一社区	二七剧场路东里新19楼205室
铁二二社区	二七剧场路东里新9楼2门003号
南礼士路社区	南礼士路三条北里14楼3门3号
甲7号院社区	复兴门外大街甲7号11—2—1
复北社区	复兴门北大街11号楼旁
汽南社区	白云路西里28号楼外1层
汽北社区	白云路西里3号楼1门
木樨地社区	木樨地北里平房2号
公安社区	木樨地南里29楼地下室
白云观社区	白云观南里10-11-103
真武庙社区	真武庙五里6栋西配楼
广一社区	真武家园1号楼2单元西侧
广二社区	西便门外大街四号院4号楼2门地下101室

西便门社区	西便门外大街10号院26门2号
复外社区	复兴门外大街6号楼107室
全总社区	真武庙二里甲10-2
铁四社区	西便门外大街7号院11楼2号

广安门内街道

西便门内社区	西便门内大街77号
长西社区	长椿街西里18楼西侧
槐柏树北里社区	槐柏树街11号楼一单元底商
西便门东里社区	西便门东里东平房
西便门西里社区	西便门西里4号楼旁
报国寺社区	胜利一巷28号北
核桃园社区	核桃园东街6号北侧平房
槐柏树南里社区	槐柏树南里8号楼1门地下室
长椿里社区	长椿里8号楼3
上斜街社区	达智桥45号
校场社区	校场小七条15号
宣西社区	宣武门西大街4号楼地下室
三庙社区	长椿街东里24楼前
老墙根社区	老墙根63号
长椿街社区	感化胡同3号院北平房
广安东里社区	宣外大街40号
大街东社区	广内大街223号楼
康乐里社区	康乐里小区一号楼

牛街街道

枫桦社区	西砖胡同2号院8-1
法源寺社区	法源寺西里5号楼2门D01、D3
牛街东里社区	牛街东里一区18号楼1层103号
春风社区	春风小区7号楼旁小寺街6号
牛街西里一区社区	牛街西里一区社区中心广场内
牛街西里二区社区	牛街西里二区6号楼东侧平房
钢院社区	白广路6号院
白广路社区	白广路二条4号院
南线阁社区	南线里4号楼
菜园北里社区	枣林前街147号楼院内

白纸坊街道

平原里北区社区	平原里2号楼一层
平原里南区社区	140中学地下室
双槐里社区	白纸坊东街29号（万寿公园南门东侧）
右北大街社区	右内大街益民大楼一层
樱桃园社区	新安北里1号楼底商
菜园街社区	白纸坊西街17-7-106
崇效寺社区	白纸坊西街17-7-101
建功北里社区	南菜园19-1
建功南里社区	南菜园乙35号
新安中里社区	白纸坊西街20号楼底商-3
新安南里社区	白纸坊西街6号院5号楼3单元002、003
右内后身社区	右内西街丙1号
右内西街社区	右安门内西街1号院3号楼
自新路社区	里仁街3号院地下室
光源里社区	白纸坊东街31号院内
半步桥社区	半步桥街甲48号
万博苑社区	半步桥街60号院60-3
里仁街社区	里仁街六号院北平房
清芷园社区	清芷园小区3号楼B座IJ室

广安门外街道

鸭子桥社区	鸭子桥路47号
青年湖社区	鸭子桥北里14号楼3单元B01
椿树馆社区	车站东街15号院2－1－102
白菜湾社区	广安门外南街59号商业3号
车站东街社区	广外大街6号楼一层(商业银行后面)
手帕口南街社区	广安门铁路住宅小区（京铁和园）G1楼一层
京铁和园	广安门铁路住宅小区（京铁和园）G1楼一层
朗琴园	手帕口南街1号院11号楼一层
红居街	红居街4号楼A1
红居南街	红居斜街9号楼一层
车站西街15号院	车站西街15号院9号楼西侧平房
车站西街	车站西街17号院1号楼南侧平房
乐城社区	西城区红莲南路6号院2号楼0110室
红莲北里社区	红莲北里10号楼南侧

茶马北街社区	红莲中里28号楼东侧平房院
红莲中里社区	红莲中里28号楼东侧平房院
茶马南街社区	红莲南里8号
红莲南里社区	红莲南里8号
三义东里社区	马中街甲三号楼楼下东侧
三义里社区	三义里8号楼南侧
马连道中里社区	马中街甲三号楼楼下西侧
马连道社区	马连道路5号院北平房
湾子街社区	马连道路15号院3号楼1层103
依莲轩社区	马连道路6号院1号楼3单元负一层
小马厂西社区	小马厂路1号院1号楼北侧一层
小马厂东社区	小马厂路1号院1号楼北侧一层
手帕口北街社区	广外大街189号(广华轩会所一层)
天宁寺北里社区	天宁寺前街北里5－1－103室
天宁寺二热社区	天宁寺东里1号
天宁寺南里社区	天宁寺南里12号楼东侧平房
莲花河社区	莲花河胡同2号院1号楼1单元
荣丰社区	广外大街305号8区5号楼1层
广源社区	广外大街305号2区1号楼底商
蝶翠华庭社区	广外大街305号2区1号楼底商
中新佳园社区	马连道茶马街中新佳园二区10号楼一层

索　引

说明：1. 本索引基本按汉语拼音音序排列，汉字打头的主题词按首字的音序音调依次排列，首字相同时，则以第二字排序，以此类推；以阿拉伯数字、英文字母打头的主题词，排在最前面。

2. 主题词后的阿拉伯数字表示该词所在页码，其后的小写英文字母a、b、c表示正文中的栏别（从左至右）。

3. 部分主题词后面有若干个页码或栏别，则表示该词在这些地方均有出现。

4. 人物、统计资料、附录等栏目内容不在标引范围内。

A

B

C

D

F

G

H

J

K

L

R

S

T

W

X

Y

Z